매니지먼트 이론 2.0

최신 연구동향과 전망

매니지먼트 이론 2.0

한국인사조직학회 기획

—

정명호 이승윤 고성훈 김철영 박원우 전민종 이정연 최용득 이동섭 최병권 문형구 주영란
정재식 노현탁 유이정 김영춘 배종훈 김지은 김영규 이무원 박상찬 김동수 차현진 신동엽
정기원 노그림 김양민 박지성 류성민 김나정 김성철 박근형 최준하 이영면 정 철 지음

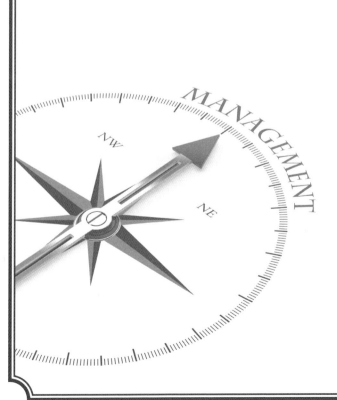

발간사

먼저 우리 학회에서 조직, 전략, 인사 분야를 포괄하는 매니지먼트 이론의 최신 주제를 정리한 핸드북을 출판하게 돼 기쁩니다. 한국인사조직학회는 1990년에 창립된 이후 우리나라 매니지먼트 학계의 성장과 발전을 이끌어온 국내 대표 학회이기 때문에 지난 30년간의 역사를 집대성하는 저서를 출판하는 것은 매우 뜻깊은 일이라고 생각합니다.

최근 기업과 조직을 둘러싼 경영환경이 급변하고 있으며, 그에 따라 새로운 경영현상을 설명하고 예측하려는 이론의 정립과 분석도 꾸준히 이루어지고 있습니다. 우리 학회는 매년 4회에 걸쳐 발간되는 공식 학술지 『인사조직연구』를 통해서 이러한 최신 이론과 연구들을 소개하고 있으며, 춘계·추계 등 정기 학술대회에서도 훌륭한 논문과 수준 높은 토론이 이루어지고 있습니다. 하지만 우리 학회와 『인사조직연구』가 추구하는 엄격한 기준과 전문성으로 인해 여러 연구자와 실무 담당자 등 일반 독자들을 위한 이론서 출판에 대해서는 조금 소홀한 측면도 없지 않았습니다.

물론 그동안 이러한 노력이 없었던 것은 아닙니다. 지난 2008년 고 故 이학종 초대회장님을 명예 편집인으로 모시고, 신동엽 전임 회장님의 수고로 1,000쪽에 달하는 방대한 매니지먼트 핸드북이 발간된 바 있습니다. 당시 학회의 공식사업은 아니었지만 우리 학회를 대표하는 30여 분의 저자들이 총 21편의 훌륭한 논문을 책으로 묶어 출판하여 많은 연구자 후학들과 일반 독자들에게 큰 도움이 된 바 있습니다. 이후 10여 년이 흐르는 동안 우리 인사조직학회도 많이 성장하고 발전하였지만 매니지먼트 이론에도 많은 변화와 발전이 있었습니다. 이제 10여 년 만에 다시 이러한 변화를 정리하고 향후 연구 방향에 대한 고민을 담은 두 번째 매니지먼트 핸드북을 발간하게 되었습니다.

『인사조직연구』14대 편집위원장을 역임한 정명호 교수님은 2018년 봄에 신동엽, 오홍석, 이무원 등 다섯 분의 교수님과 함께 핸드북 발간위원회를 구성하여 기본 출판 방향을 정하고 주요 논문을 선정하고 일부 논문을 추가하여 출판하는 전 과정을 총괄해 주셨습니다. 여기에는 『인사조직연구』특별주제의 초대 편집위원장으로 수고한 교수님들을 비롯한 많은 분들의 노력이 있었습니다. 이러한 노력으로 모두 18편의 논문으로 구성된 두 번째 매니지먼트 이론 핸드북이 탄생하게 되었습니다.

먼저 『인사조직연구』에 게재된 논문을 다시 다듬고 보완하여 책으로 발간할 수 있도록 수고해주신 저자분들께 깊은 감사의 말씀을 전합니다. 그리고 새롭게 논문을 작성하여 참여해주신 저자분들의 큰 수고에도 감사를 드립니다. 마지막으로 이 책의 출판을 위해 어려운 상황에서도 최선을 다해주신 클라우드나인 출판사 안현주 대표님과 장치혁 대표님과 직원 여러분, 행정지원을 충실하게 해주신 성상현 총괄부회장님과 김형탁 간사님, 그리고 이 책의 출판을 위해 지난 1년간 수고를 아끼지 않으신 정명호 매니지먼트 핸드북발간위원회 위원장님과 김지영 간사님께 다시 한 번 감사의 말씀을 전합니다.

아무쪼록 이 책이 한국에서 매니지먼트 이론을 연구하고, 우리의 매니지먼트 이론을 탐색하고 정립하는 데 정진하고 있는 연구자와 후학들에게 굳건한 초석이 되기를 기원합니다.

감사합니다.

2019년 4월
한국인사조직학회 제28대 회장 이영면

머리말

이 책은 지난 2008년 발간된 『21세기 매니지먼트 이론의 뉴 패러다임』(위즈덤하우스)을 계승하여 10년 만에 다시 출판되는 한국 매니지먼트 분야의 두 번째 핸드북이다. 당시 연세대 신동엽 교수님의 주도로 국내 매니지먼트 학계를 대표하는 26명의 저자가 조직, 인사, 전략 등 전 분야를 아우르는 21편의 논문을 1,000페이지에 달하는 기념비적 저작으로 묶어 출판한 바 있다. 2008년 핸드북과 이번 핸드북은 모두 우리나라 매니지먼트 분야의 최고 학회인 한국인사조직학회와 긴밀한 관계 속에서 출간되었다. 특히 이번 책은 한국인사조직학회가 공식적으로 후원하고 학회사업의 일환으로 추진한 매니지먼트 핸드북발간위원회에서 출판의 모든 과정을 담당하였다.

이 책은 필자가 학회의 공식 학술지인 『인사조직연구』의 14대(2016년~2018년) 편집위원장으로 일하던 당시 국내 매니지먼트 연구의 기반을 조성하고, 후속 연구를 촉진하기 위해 3회에 걸쳐 리뷰논문review paper 특별세션을 운영한 것에서 출발하였다. 특별세션에는 2017년 5월호에 조직행동 분야 논문 4편을 시작으로 8월호에 조직이론·전략경영 분야 논문 5편, 11월호에 인적자원관리·고용관계 분야 논문 3편 등 총 12편의 우수한 리뷰 논문이 출판되었다. 해당 논문들은 특별세션의 엄격한 심사과정을 거쳐 선정된 논문들로서 매니지먼트 분야별 최신 주제의 연구 동향을 충실히 정리하고 있고, 그 내용과 깊이 면에서 어떤 국제학술지나 저명한 핸드북에 실린 논문들보다 우수한 글들이었다. 이에 2008년 핸드북을 편집한 신동엽 교수님을 비롯한 많은 분들이 이 훌륭한 논문들을 모아 핸드북 형식으로 묶어서 후학과 실무자 등 여러 일반 독자가 광범위하게 읽을 수 있도록 출판하는 것이 좋겠다는 제안을 해주셨다. 이에 따라 특별세션 논문 12편을 중심으로 하고, 이 논문들이 다루지 못한 주제들은『인사조직연구』에 출판된 우수논문 중에서 선정하거나 신규 저자들에게 의뢰하여 총 18편의 리뷰논문을 모아 핸드북으로 출판하게 되었다.

핸드북은 특정 학문 분야의 주요 주제와 연구 현황을 소개하고 향후 연구 방향을 제시하는 책으로서 국내에서는 다소 생소하지만 해외 학계에서는 한 분야 전체를 조망할 수 있는 핸드북의 발행이 매우 활발하다. 특히 우수한 리뷰논문을 모은 핸드북과 정기간행물은 해당 분야의 발전을 이끄는 중요한 역할을 하고 있다. 매니지먼트 분야에서도 1979년 배리 스토Barry M. Staw와 래리 커밍스Larry L. Cummings가 공동편집인으로 발간하기 시작한『조직행동연구ROB, Research in Orga-nizational Behavior』는 지금까지 조직연구의 길잡이 역할을 해왔다. 아마 지난 30여 년 동안 매니지먼트 분야를 공부했던 연구자들 중에『조직행동연구』의 도움을 받지 않은 사람은 없었다고 해도 과언이 아닐 것이다. 최근에는 미국 매니지먼트학회AOM가 발행하는『매니지먼트학회 연보AMA, Academy of Management Annals』가 더욱 충실한 내용으로 이러한 역할을 하고 있다.

일반적으로 '인사조직'이라고 부르는 매니지먼트 분야는 내용상 조직행동, 조직이론, 전략경영, 인적자원관리 등으로 세분화되어 있으며, 유명 국제학술지만 따지더라도 연간 8,000여 편의 논문이 출판되고 있는 매우 방대한 학문 분야이다. 그러므로 아무리 성실한 학자라고 해도 매니지먼트 전 분야는 말할 것도 없고 자신의 전문 연구주제가 아닌 관련 분야의 최신 동향과 연구 흐름을 충실히 따라간다는 것은 매우 어려운 일이다. 특히 최근의 급속한 경영환경 변화에 따라 새로운 연구주제와 개념이 등장하고, 다양한 방법론을 사용하는 실증연구들이 쏟아지는 현실에서 방대한 선행연구를 체계적으로 이해하는 것은 결코 쉬운 일이 아니다. 이런 점에서 각 분야의 최신 연구들을 정리하는 권위 있는 리뷰논문과 핸드북의 역할은 매우 중요하다고 할 수 있다.

이 책은 총 3부로 구성되어 있다. 1부 조직행동론에서는 일work의 변화, 긍정 조직연구POS, 조직시민행동과 발언행동, 집단 다양성 등 최근 실무적으로도 매우 관심이 높은 주제들을 다루고 있다. 이어서 2부 조직이론과 전략경영에서는 미시와 거시이론을 이어주는 사회적 네트워크에 관한 글들을 시작으로 조직지위, 조직학습, 신제도주의 이론 등 거시 조직이론의 주요 주제들이 폭넓게 포함되어 있다. 아울러 프랙티스practice 전략을 비롯한 전략경영의 새로운 패러다임과 기업지배구조 연구의 새로운 시각 등 전략경영 분야의 최신 동향도 소개되고 있다. 마지막으로 3부 인적자원관리와 고용관계에서는 HR 부서의 역할, 노사협의회와 노동조합의 성격 등 핵심적 주제는 물론 인력 고령화와 인적자원관리, 다국적기업의 인적자원관리와 같은 최신 연구주제들이 포함되어 있다. 좋은 연구는 연구주제에 대한 기존 연구문헌을 정확히 이해하는 것에서 비롯되는 것임을 상기할 때, 이 책에 실린 글들은 향후 해당 분야 연구자나 실무자들이 반드시 읽어야 할 중요한 출발점이 될 것으로 확신한다.

이 책의 저자들은 모두 우리나라 매니지먼트 학계를 대표하는 우수한 학자들이다. 또한 현재 가장 왕성하게 연구활동을 하고 있으며, 세계적인 성과를 내놓고 있는 연구자들이다. 한 나라가 반도체와 철강 등 기초소재 산업기반이 갖춰지면 머지않아 큰 경제성장을 이루게 되듯이, 앞으로 이 책에 실린 글들이 관련 분야 연구자들에게 공통의 인식과 개념을 제공하는 기반이 되어 향후 우리나라 매니지먼트 학계에 창의적인 이론과 실무적으로 큰 영향을 끼치는 좋은 연구들이 꽃피우게 될 것이라고 믿는다. 그러므로 이 책은 조직, 인사, 전략 등 매니지먼트 분야를 전공하는 교수와 석·박사 대학원생은 물론 매니지먼트와 관련되는 심리학, 사회심리학, 사회학, 행정학 등 다른 분야의 연구자들에게도 연구과정의 필독서가 될 것이다. 그뿐만 아니라 조직관리와 인사실무의 최신 동향에 관심이 있는 경영자와 실무 관리자들에게 해당 주제에 대한 이론적 소개와 함께 쟁점들을 깊이 이해할 수 있게 하는 좋은 길잡이가 될 것이다. 특히 기획팀, 인사팀·피플팀People Team, 인재개발팀 등 매니지먼트 관련 부서들에서는 꼭 갖추어놓아야 할 참고문헌 중의 하나가 될 것으로 생각한다.

이 책이 나오기까지 많은 분들의 보이지 않는 헌신이 있었다. 먼저, 지난 1년간 핸드북 발간위원회에서 출판을 위해 함께 애써주신 신동엽, 오홍석, 이무원, 김양민, 권기욱 교수님께 깊은 감사를 드린다. 이 책의 출발이 되었던 『인사조직연구』 특별세션의 운영을 맡아주신 초대guest 편집위원장 오홍석, 이무원, 강성춘 교수님의 노고에 경의를 표한다. 특히 1년이 넘는 기간 동안 딱딱한 논문을 더 읽기 좋은 글로 다듬고, 분량을 줄이고, 보완해주신 저자 분들과 새로운 주제를 맡아 짧은 기간 동안 훌륭한 논문을 써주신 저자 교수님들께 특별한 감사를 드린다. 몇몇 저자분은 미국으로 연구년을 나가 있거나 반대로 한국에 연구년을 나온 귀중한 시간을 할애하여 옥고를 보내주셨다. 이

분들의 수고와 귀찮은 편집과정에 대한 넓은 이해가 없었다면 이 책은 출판되지 못했을 것이다. 핸드북의 기획단계에서부터 책이 출판될 때까지 아낌없는 지원을 해주신 한국인사조직학회 이영면 회장님과 임원진 여러분, 그리고 출판회의에서 좋은 의견을 주시고 후원해주신 조봉순 편집위원장님께도 특별히 감사드린다.

마지막으로 클라우드나인 출판사의 안현주 대표님과 장치혁 대표님과 직원 여러분은 학술적인 가치는 비교할 수 없을 만큼 크지만 쉽게 출판하기 어려운 방대한 분량의 핸드북 출판을 망설임 없이 흔쾌히 맡아주셨으며, 수십 명의 저자가 포함된 복잡한 출판과정을 훌륭하게 마무리해주셨다. 이분들의 노고에 깊은 감사를 드리고 싶다. 아울러 『인사조직연구』 14대 편집위원회부터 이번 출판위원회까지 간사 역할을 맡아 빈틈없이 출판과정을 도와준 이화여대 박사과정 김지영 선생에게도 감사의 마음을 전한다.

이제 이렇게 많은 분들의 자발적인 연대와 협력으로 탄생한 매니지먼트 핸드북이 앞으로 국내 관련 연구에 크게 기여할 것을 믿으며, 이 책에 참여한 모든 저자들은 출판과 관련된 일체의 인세수익을 한국인사조직학회에 기부하기로 결정했음을 함께 밝힌다. 앞으로 다시 10년 후, 20년 후, 이후로도 지속적으로 이 책과 같은 핸드북의 발간이 이어져서 한국 매니지먼트 연구자와 관련 실무자 모든 분들이 하는 일에서 큰 성취를 이루시기를 기대한다.

2019년 4월
저자들을 대표해서 정명호

──── 차 례 ────

17장 노사협의회는 노동조합의 대체재인가, 보완재인가 · 813

최준하 | 이영면

1부
조직행동론

1장

일과 직무관계의
변화와 조직행동 연구

정명호

이화여자대학교 경영대학 교수, E-mail: myhoc@ewha.ac.kr

연세대학교 경영학과를 졸업하고 동 대학원에서 조직행동으로 석사 및 박사학위를 받았다. 미국 펜실베이니아주립대와 메릴랜드대에서 방문교수로 연구하였다. 한국인사조직학회 14대 편집위원장을 역임했고 현재 부회장으로 활동하고 있다. 주로 사회적 네트워크 이론, 인력다양성 관리, 조직 내 권력관계에 관한 연구를 수행하고 있다. 지금까지 『매니지먼트 학회 저널Academy of Management Journal』『매니지먼트 학회 리뷰Academy of Management Review』『인사조직연구』『경영학연구』등 국내외 우수저널에 다수의 논문을 발표하였다. 주요 저서로는 『패러독스와 경영』『휴먼 네트워크와 기업경영』등이 있다.

*이 글은 『인사조직연구』 2019년 2월호(27권 1호)에 게재된 논문을 수정·보완한 것임.

1

서론

조직행동 연구는 일work의 역사와 함께 발전해왔다. 일은 조직의 목표를 달성하기 위해 제품이나 서비스를 생산하는 것인 동시에 일하는 사람들의 정체성을 형성하고, 삶의 목표를 실현하고, 다른 사람들과 관계를 맺는 사회적 맥락context이다(Okhuysen, Lepak, Ashcraft, Labianca, Smith, & Steensma, 2013). 이런 점에서 일은 조직 구성원의 삶에서 매우 중요한 의미를 갖고 있다.

최근 조직에서 사람들이 수행하는 일(또는 직무)의 성격이 크게 바뀌고 있다.¹ 이것은 조직환경과 기술 등 외부적 변화와 내부 조직 구성원의 변화라는 이중적 요인에서 비롯된다. 모든 조직이 더 좋고 새로운 제품과 서비스를 더 낮은 비용으로 더 빨리 생산해야 하는 압력에 직면해 있다. 이러한 경쟁 압력은 제조업에서 시작되어 서비스 부문으로 확산되었고 이제는 의료, 교육, 공공 서비스 영역에까지 영향을 미치고 있다(Gittell, 2016). 일의 변화는 새로운 정보시스템, 인공지능, 블록체인과 같은 기술적 측면에만 국한된 것이 아니다. 일을 둘러싼 사람들의 관계, 고객과의 관계, 경영진과 구성원의 관계 자체가 크게 바뀌고 있다. 대부분의 조직이 팀 단위로 일하면서 팀 목표관리와 성과관리가 함께 실행되고 있다. 이에 따라 팀 내 직무 간의 상호의존성이 높아지고 팀원 간 관계가 긴밀해지고 있다. 구글에서는 핵심목표지표OKRs, Objectives and Key Results라는 목표관리 제도를 도입하면서 모든 직원이 다른 직원들이 어떤 일을 어떻게 하고 있는지, 어떤 성과를 내고 있는지 투명하게 알 수 있게 되었다(Bock, 2015). GE가 사용하고 있는 쌍방향 평가용 어플리케이션app PD@GE는 관리자가 각 직원의 업무목표에 대해 실시간으로 피드백을 제공하고 직원도 언제든지 상사의 피드백을 요구할 수 있다(Cappelli & Tavis, 2016). 이렇게 동료의 프로젝트에 실시간으로 피드백을 주는 비공식적 상시평가나 온라인 평가 플랫폼 등이 활용되고 있다. 이제 일은 직무수행자가 고유의 업무권한을 갖고 수행하는 독립적이고 완결적인 과정이 아니라 상사나 동료의 반응에 따라 얼마든지 달라질 수 있는 유연하고 불확실한 과정이 되고 있다. 예상치 못한 변수가 수시로 발생하는 상황에서 질 높은 서비스를 제공하기 위해서는 빈번하고 즉각적인 피드백과 조정이 필요하기 때문이다. 심지어 고객들도 직무수행 과정의 일부가 되고 있다. 아마존 고 매장에서는 고객이 정보기술의 도움을 받아 별도의 계산과정 없이 쇼핑하고 있다. 아마존이 홀푸드마켓을 인수한 이후로 고객은 아마존에서 주문하여 홀푸드마켓에서 물건을 찾고 자신의 집까지 배달하는 서비스도 구매할 수 있다. 고객이 과거 기업이 수행하던 영업, 물류, 회계 업무의 일부를 담당하고 있는 것이다.

다른 한편으로 현대의 조직 구성원들은 과거와 달리 한 직장이 아닌 여러 직장에서 더 짧은 기간 동안 일하며 고용 안정성도 낮다. 양호한 조건의 정규직 일자리는 줄어들고 대신 임시직, 계약직, 비정기 고용 등 다양한 형태의 일자리가 점점 많아지고 있다. 이에 따라 일과 경력career에 대한 사람들의 생각 역시 급격하게 달라지고 있다. 이제 조직 구성원들은 경력 성공보다는 일과 삶의 균형WLB을 더 중요하게 생각한다. 유명 대기업을 그만두고 스타트업으로 향하는 젊은이들이나 안정적인 정규직을 스스로 포기하고 계약직이나 프리랜서로 활동하는 사람들을 어렵지 않게 찾아볼 수 있다. 이와 더불어 사회적으로 의미 있는 일, 세상에 좋은 영향을 주는 일에 관심이 많고 참여하려는 욕구도 증가하고 있다. '아이스 버킷 챌린지ice bucket challenge'를 생각해 보자. 몇 년 전 루게릭병 환자 지원과 기부를 위해 시작된 이 사회운동은 소셜 미디어를 타고 전 세계적으로 급속하게 확산되었다. 몇 사람이 시작한 작은 운동에 유명 정치인, 기업가, 연예인 등 전 세계의 수많은 사람이 얼음물을 뒤집어쓰는 대열에 합류했으며 국내에서도 큰 성공을 거두었다. 이제 일은 더 이상 생계 수단이나 사회적 지위의 상징이 아니라 자신의 가치를 실현하고 욕구를 만족시키는 수단으로 변하고 있다. 또한 구성원들은 스스로 조직의 일원보다는 독립된 계약주체로 인식하고 각자 나름의 방식으로 불확실성에 대응하기 위해 노력하고 있다(Grant & Parker, 2009).

물론 이러한 변화는 일하는 사람들이 먼저 시작한 것이 아니다. 수십 년 전부터 시작된 급격한 기술 발전과 환경 변화에 대응하는 과정에서 일과 관련된 불확실성이 증대되고 있다. 이제 일의 내용과 수행 방식은 물론 조직 내 직원 간 관계, 직원과 상사의 관계, 고객과 직원의 관계가 급격하게 변하고 있다. 이렇게 일을 둘러싼 '직무관계work relationship'가 과거와 크게 달라졌다는 것이 가장 핵심적인 변화라고 할 수 있다. 이러한 변화는 조직에 기회인 동시에 위협이 되고 있다.[2] 장차 직무관계의 변화에 어떻게 대응하는가에 따라 조직의 경쟁력과 성과가 결정될 것이다. 국내에서도 정보기술과 서비스 경제의 발전과 함께 최근 주 52시간 근로시간제 등 근무환경이 변화하는 상황에서 근무시간 중 몰입engagement을 증대시키려는 기업들의 관심과 노력이 지속되고 있다. 그렇다면 이렇게 변화된 상황에서 몰입과 조직성과는 어떻게 확보될 수 있을까?

일이 변한다면 직무를 설계하고 이를 통해 구성원의 동기부여와 조직성과를 이끌어내는 방식이 달라져야 한다. 또한 이러한 과정을 이해하고 분석하는 조직행동 연구도 달라져야 한다. 그러나 현대 조직행동 연구에서 직무설계job design 이론은 1980년대에 정립된 핵크맨과 올드햄(Hackman & Oldham, 1976, 1980)의 직무특성 모형JCM, job characteristics model이 직무설계 이론의 주류로 자리잡은 이후 최근까지 주목할 만한 발전은 거의 없었다고 해도 과언이 아니다(Grant & Parker, 2009; Kilduff & Brass, 2010). 이러한 연구 흐름이 지속되어 온 것은 나름대로 배경과 이유가 있지만 의도치 않게 직무의 사회적, 관계적 측면을 간과하는 결과를 가져왔다. 조직에서 수행하는 직무는 홀로 존재하는 원자가 아니다. 모든 직무는 다른 직무와 연결되어 있다. 외견상 완전히 홀로 수행하는 직무일지라도 그 수행결과에 영향을 받는 다른 구성원이나 고객이 있다. 이런 점에서 모든 일은 직무관계 속에 놓여embedded 있다고 할 수 있다. 따라서 일의 내용 변화는 직무관계의 변화를 가져오고, 반대로 직무관계가 바뀌면 일의 내용과 수행방식도 바뀐다. 한 마디로 일과 직무관계는 분리될 수 없다. 그럼에도 지금까지 조직행동 연구에서 직무설계나 직무에 관한 이론은 직무를 따로 분석하였고 직무관계를 충분히 고려하지 않았다.

직무관계는 각종 조직 프로세스의 토대이고 직무수행의 양상을 결정하는 배경이다. 또한 직무관계는 구성원이 조직에 머무르거나 떠나는 이유이고 고성과나 저성과를 내는 중요한 결정요인이기도 하다.

이제 기술 변화, 노동력 구성의 변화, 조직과 경력의 변화, 직무 자체
등 많은 요인들이 직무관계를 바꿔놓고 있다(Heaphy, Byron, Ballinger,
Gittell, Leana, & Sluss, 2018). 최근 들어 직무의 사회적 측면에 초점을
맞춘 연구 흐름이 새롭게 등장하고 있다. 그 중심이 바로 그랜트와 파
커(Grant & Parker, 2009)가 주도하는 관계적 직무설계relational job design
이론이다. 이 글은 관계적 직무설계 이론의 주요 내용을 비판적으로
검토하고 그 문제점과 대안을 모색하고자 한다. 이와 함께 일의 변화
를 직무관계 관점에서 분석하고 향후 연구 방향과 과제를 제시하고자
한다.

먼저 다음 절에서 직무설계 이론의 주요 흐름을 간략하게 살펴보고
이어서 관계적 직무설계 이론의 내용을 소개한다. 마지막으로 직무설
계와 직무관계 이론이 발전할 수 있는 몇 가지 이론적 자원들을 살펴
보면서 필요한 연구주제들을 제안하고자 한다. 여기에는 사회적 네트
워크 이론, 긍정조직행동 연구POS, 동기부여와 몰입 이론, 비판이론
등이 포함된다. 결론적으로 이 글은 지금까지 일과 직무관계에 관해
서 어떤 연구들이 있었고 현재 진행되는 주요 연구 흐름은 무엇이며
앞으로 어떤 연구 방향이 필요한지 검토해보기로 하겠다.

2

직무설계 이론의 발전과 한계

　일과 직무설계의 역사는 조직행동 연구는 물론 경영학의 역사라고 말해도 과언이 아닐 것이다. 직무설계는 과업, 직무, 역할이 어떻게 구조화되고 실행되고 수정되는가를 결정하는 중요한 요소이다. 따라서 직무설계의 결과는 구성원의 동기부여, 심리적 안녕well-being, 그리고 개인, 집단, 조직의 성과를 결정하게 된다.

　직무설계의 역사를 간략하게 살펴보기 위해서는 프레드릭 W. 테일러F. W. Taylor의 과학적 관리로 거슬러 올라가야 한다. 테일러는 과학적 관리가 경영의 한 기법이 아니라 어떤 산업, 어떤 기업에도 적용 가능하고 가정, 농장, 교회, 정부 등 모든 조직에 적용 가능한 경영의 보편적 원리라고 주장했다(Gabor, 2000). 테일러주의Taylorism의 핵심은 구상conception과 실행execution의 분리이다. 테일러 이전 19세기는 숙련된 장인craftsmen들이 생산을 주도하는 시기였고 고용주(경영진)는 작업과정을 직접 통제하지 못했다. 20세기 들어 대규모 공장이 생겨나고 숙련공의 숫자는 줄었지만 전반적인 작업장의 상황은 달라지지 않았다. 테일러는 작업자가 알아서 일하고 경영자는 감독만 하는 경영시스템은 많은 문제가 있다고 보았다. 즉 경영진이 작업과정에 대한 지식이 없어서 생산과정에 불확실성이 높기 때문에 비효율과 낭비를 피할 수 없다는 것이다. 따라서 경영에서 과학적 법칙을 실행하기 위해서는 경영자와 작업자 간에 '책임의 분업division of responsibility'이 있어야 한다고 생각했다. 즉 일(직무)의 구상과 설계는 전문적인 지식을 갖춘 경영진과 기사engineer가 담당하고, 작업자는 그들이 구상한 대로 실행만 하는 것이 가장 최선의 결과를 만든다고 보았다. 그리고 일을 수행하는 과학적 방법을 찾기 위해서는 직무를 가장 작은 단위인 과업task으로 쪼개서 과업마다 최선의 방법, 즉 유일 최선의 표준standard을 찾아야 한다. 테일러는 이렇게 과업표준이 미리 정해지고 작업자에게 무엇을, 어떻게, 얼마 동안 해야 하는가가 작업지시서로 명확하게 전달되어야 한다고 강조했다. 그래야만 숙련 수준이 낮은 비숙련공도 높은 생산성을 올릴 수 있다는 것이다. 실제로 테일러는 자신이 기사로 근무했던 베들레헴Bethlehem 철강회사의 선철pig iron 운반작업을 예로 들고 있다. 이것은 고릴라도 할 수 있는 가장 단순한 작업이지만 과업 관리가 잘된 경우, 슈미트Schmidt라는 한 작업자가 일반 작업자의 4배 이상을 운반하고 60% 높은 임금을 받는다고 강조하고 있다(Taylor, 1911).

이렇듯 과학적 직무설계의 핵심은 작업의 지식과 통제권(주도권)을 숙련된 노동자로부터 경영진의 손으로 이전시키는 것이었다. 그리고 바로 이 점이 과학적 관리가 인간을 도구화했다는 비판을 받는 주된 근거이다. 사실 모든 인간의 노동은 아무리 간단한 것이라도 구상과 실행이 통합되어 있다. 먼저 어떤 물건을 어떤 도구를 써서 어떻게 만들 것인지 구상하고 나서 실행하는 것이다. 이런 점에서 테일러가 제안하는 구성과 실행의 분리는 인간의 본성에 반대되는 것이다(Gabor,

2000). 실제로 과학적 관리를 기술적으로 완성했다고 평가되는 헨리 포드H. Ford는 '인간기계human machine'라는 용어를 썼다. 심지어 "나는 일할 수 있는 두 손만 필요한데, 왜 자꾸 사람이 따라오는가?"라는 한탄을 할 정도로 작업자를 생산과정의 도구처럼 취급하는 관점을 드러내기도 했다(Cohen & Prusak, 2001: 6에서 재인용). 그러나 100여 년이 지난 오늘날에도 대부분의 직장에서는 여전히 경영진이 설계한 직무기술서, 업무매뉴얼, 표준업무절차SOP가 준비되어 있다. 근로자가 이대로 작업하는 것이 너무나 당연하게 받아들여지고 있다. 이밖에도 기능별 감독자functional foremenship 제도 등 테일러의 직무설계와 조직운영 원리가 현대 조직의 원형을 만들었다고 해도 무리가 없을 것이다.

조직행동 연구에서 직무설계 이론의 또 다른 뿌리는 프레드릭 허츠버그F. Herzberg에서 찾을 수 있다. 흔히 허츠버그를 '직무충실화의 아버지The Father of Job Enrichment'라고 부르고 있다. 그의 내재적 동기부여intrinsic motivation 이론은 1970년대의 직무충실화 운동과 직무재설계 이론, 1990년대의 임파워먼트empowerment, 그리고 최근에 관심이 증대되는 직무재창조job crafting로 이어지는 직무관리와 동기부여 실무의 토대라고 할 수 있다. 허츠버그의 직무설계 이론은 과학적 관리의 문제점뿐만 아니라 이후에 나온 인간관계Human Relations 학파의 모호한 동기부여 방안들도 함께 비판하면서 동기부여의 핵심은 직무 외부가 아니라 내부에 있다는 점을 강조하였다. 허츠버그는 이전 시기의 분업화, 단순화된 직무, 저생산성의 문제를 해결하기 위해서는 수평적인 직무 확대job enlargement가 아니라 수직적인 직무충실화가 필요하다고 강력하게 주장하였다.[3] 그 내용은 직무수행자에게 추가적인 권한을 부여하고, 완결적인 작업단위를 수행하도록 책임을 강화하며, 새롭고 더 어려운 과업을 직무에 포함시키는 것이다. 이렇게 통제를 제거함으로써 직무수행자의 책임, 성취, 인정감을 향상시켜 동기부여와 성과를 제고시킬 수 있다고 강조했다(Herzberg, 1968). 허츠버그는 실제로 직무충실화의 원리에 따라 한 대기업의 주주관리IR 담당직원을 대상으로 실험을 설계하고 그 효과를 검증하였다. 그 결과 직무충실화 도입 초기에는 직무성과와 직무태도가 약간 하락하다가 이후 지속적으로 상승하여 통제집단을 추월하고, 8개월의 실험이 끝날 때에는 큰 격차로 앞서게 되는 결과를 보여주었다(Herzberg, 1968).

이후에 타비스톡Tavistock 학파의 사회기술시스템sociotechnical system 접근, 핵크맨과 올드햄(Hackman & Oldham, 1976, 1980)의 직무특성 모형JCM, 살란식과 페퍼(Salancick & Pfeffer, 1978)의 사회적 정보처리 모형SIP, social information-processing model 등 다양한 직무설계 연구가 등장하였다. 특히 1970~1980년대에는 직무특성 모형JCM과 사회적 정보처리SIP 모형을 지지하는 연구자들을 중심으로 직무특성이 과연 객관적인 것인가, 아니면 사회적(주관적)으로 구성되는 것인가에 관한 열띤 논쟁이 있었다. 직무특성 모형 이론은 직무수행자가 안정적인 욕구need를 갖고 있고 직무의 객관적인 특성이 이러한 욕구를 어떻게 만족시키는가에 따라 특정한 직무태도를 형성되고 직무성과도 결정된다는 관점이다(Griffin, 1987; Hackman & Oldham, 1976). 가장 널리 알려진 핵크맨과 올드햄(Hackman & Oldham, 1976)의 직무설계 이론은 직무 특성요인이 주요 심리상태를 만들고, 이것이 동기부여와 성과를 결정하는 과정을 종합적으로 제시하고 있다. 즉 핵심 직무 차원인 기술 다양성, 과업 정체성, 과업 유의미감, 자율성 등을 높이면 직무수행자가 업무상 책임감과 유의미감 등을 경험하고, 그러면 내적 동기부여를 높여서 양질의 업무성과로 연결된다는 것이다. 직무특성 이론은 이후 여러 조직에서 직무설계의 기본 원리가 되고 있다.

이에 반해서, 사회적 정보처리 이론은 직무수행자들이 놓여 있는 사회적 환경의 중요성을 강조한다. 조직 구성원들은 직무를 이해하고 평가할 때 객관적인 특성보다도 상사나 동료 등 다른 사람들이 제공하는 정보와 평가에 의존한다는 것이다(Salancik & Pfeffer, 1978). 직무수행자는 사회적 정보에 따라 직무 특성을 주관적으로 구성하고 이에 따라 직무태도가 형성된다(정명호·박혜원, 2009). 즉 사회적 정보처리 과정을 강조하는 연구들은 사람들이 수행하는 직무의 객관적인 특성이 직무태도와 동기부여 수준을 결정하는 것이 아니라 직무와 관련된 정보, 신호, 상징 등을 누구한테 어떻게 얻느냐에 따라 직무에 대한 반응과 성과가 달라질 수 있다고 주장한다(Griffin, 1987; Salancik & Pfeffer, 1978). 그러나 사회적 정보처리 이론을 검증하는 연구결과가 명확하지 않고 혼재되면서 결국 직무특성 모형이 직무설계 이론의 주류로 자리잡게 되었다. 이후로 주목할 만한 직무설계 이론은 나오지 않았으며, 최근까지 주류 조직행동 연구나 우수 학술지에서 직무설계 관련 논문은 찾아보기 어려웠다(Grant & Parker, 2009).

과학적 관리로부터 직무설계 이론으로 이어지는 조직행동 연구의 흐름에서 특징적인 것은 분석의 초점이 개별 직무와 개별 직무수행자에 맞춰져 있다는 것이다. 이것은 어떻게 보면 서구 학문과 인식론의 전통에 충실한 것이다. 예를 들어 일을 작은 과업으로 쪼개서 최선의 운영원리를 찾으려는 테일러의 노력은 사실 서구의 사상적 기초인 합리주의와 요소 환원주의를 그대로 따르는 것이다. 객관적인 직무특성과 직무를 담당하는 개인특성(예: 성장욕구 강도)의 상호작용에 주목하는 직무설계 이론도 마찬가지다. 지금까지 일과 직무에 대한 조직행동 연구의 문제점은 일의 '사회적 측면'에 대한 무관심이다. 타비스톡 연구가 사회기술시스템STS이라고 불렸음에도 불구하고 이후 연구에서 직무의 사회적 특성에 대한 관심은 별로 높지 않았다. 사회적 정보 처리 모형에서 직무의 사회적 측면이 일부 조명됐지만 그 이론적, 실무적 영향력은 크지 않았다. 한 가지 흥미로운 사실은 직무특성 모형이 정립되기 전인 1971년에 핵크맨과 롤러(Hackman & Lawler, 1971)는 직무특성 요인으로 '타인과의 관계dealing with others'와 '친교의 기회 friendship opportunities'를 고려했다는 점이다. 그러나 이 두 요인은 이후 모형의 정립 과정에서 빠졌다. 과업 피드백task feedback 역시 허츠버그의 내재적 동기부여 이론을 따라서 동료나 상사로부터의 피드백이 아니라 직무수행 자체에서 오는 피드백에 한정하였다(Kilduff & Brass, 2010: 309에서 재인용). 이러한 개인중심적 관점은 가장 최근의 직무설계 흐름인 직무재창조에서도 그대로 이어지고 있다.

그러나 일하는 과정에서 다른 사람과의 관계와 상호작용이 중요한 요인임은 부정할 수 없는 사실이다. 직무수행자가 어떤 사회적 관계 속에 놓여 있는가가 어떤 정보를 획득하고 받아들이는가에 영향을 주고, 결국 개인의 동기부여와 성과에 영향을 주게 된다. 특히 직무설계 이론이 형성된 지 40여 년이 지난 지금 조직에서 일의 내용과 수행방식에는 엄청난 변화가 일어나고 있다. 거의 대부분의 조직이 팀제를 기본으로 하는 조직구조를 채택하면서 구성원 간의 상호작용과 조정과 협력의 필요성은 날로 증가하고 있다. 이제 기술 환경의 급격한 변화로 직무수행자가 자신이 수행한 일의 결과를 직접 확인할 수 있고, 심지어 고객과 함께 새로운 제품과 서비스를 개발해나가는 경우도 많다. 주류 직무설계 이론에서 사라졌던 사회적 관점, 관계적 관점이 필요하게 된 것이다.

3
관계적 직무설계 이론의 검토와 평가

 현대 조직이 직면하고 있는 경영환경을 특징짓는 두 가지 핵심요인은 상호의존성interdependence과 불확실성uncertainty이다. 현대 조직에서 대부분의 일들은 상호의존적인 사회시스템에 배태되어embedded 있다. 대부분의 조직이 내부적으로는 팀제를 사용하고 있고 조직 외부관계 역시 과거에 비해 확대되고 점점 중요해지고 있다. 이에 따라 함께 일하는 상사나 동료와의 상호의존성과 서비스를 제공받는 고객들과의 직간접적 상호작용이 증대되고 있다. 또한 급격한 기술 변화에 따라 경쟁의 새로운 양상이 전개되고 있다. 고객 수요의 급속한 변화에 따라 투입, 프로세스, 산출의 전 과정에서 예측 불가능성이 커지고 있다.

 이러한 환경 변화에 대응하기 위해 최근 직무설계에 관한 새로운 연구들이 나오고 있다. 그 핵심내용은 크게 두 가지인데, 하나는 일의 관계적 성격이 증대되는 점에 주목하는 관계적 관점relational perspective 이고, 다른 하나는 일하는 사람들의 주도적 태도와 역할을 강조하는 주도적 관점proactive perspective이다(Grant & Parker, 2009).

1. 관계적 관점

먼저 관계적 관점은 현대 조직에서 사람들이 하고 있는 일이 과거보다 훨씬 조직 내부 및 외부와의 관계가 긴밀해진 상황에서 수행되고 있다는 사실에 주목한다. 실제로 대부분의 조직 구성원들은 자신의 일이 다른 구성원에게 어떤 영향을 끼치고, 사회적으로 어떤 결과를 만드는지에 큰 관심을 갖게 되었다. 산업구성에서도 서비스 부문이 지속적으로 증가함에 따라 고객, 환자 등 최종 소비자나 서비스 수혜자의 기대에 부응하는 것이 중요한 요소로 부각되기 시작했다.

사회적 지원

모게슨과 험프리(Morgeson & Humphrey, 2006)는 이러한 직무의 사회적 특성 요인을 사회적 지원, 조직 외부와의 상호작용, 상호의존성, 피드백으로 요약하고 각 요인을 측정할 수 있는 척도measure를 개발하였다. 또한 후속연구로 260여 개 연구의 메타분석meta-analysis을 통해서 이러한 직무의 사회적 특성요인들이 과업 특성과 지식 특성의 효과를 통제하고도 구성원의 조직몰입, 이직의도, 직무만족 등 직무태도에 유의적인 영향을 미치고 있는 것을 밝혔다(Humphrey, Nahrgang, & Morgeson, 2007).

먼저 사회적 지원social support은 직무가 다른 사람으로부터 조언이나 도움을 받을 기회를 제공하는 정도와 관련된 요인이다. 여기에는 상사나 동료의 지원과 일하는 과정에서의 친교 기회도 포함된다(Morgeson & Humphrey, 2006). 예를 들어 직무요구job demand가 높아서 스트레스나 소진burnout과 같은 부정적 효과가 있을 때 동료나 상사의 사회적 지원이 이를 완충하는 작용을 할 수 있다. 이와 유사한 맥락에서 사회적 교환 이론에 기반하고 있는 조직후원organizational support 이론은 보다 광범위한 사회적 지원의 효과를 입증하는 연구결과를 얻고 있다. 즉 구성원들이 소속 조직이 자신의 기여를 높이 평가하고, 안녕well-being을 배려하며, 우호적인 대우를 한다고 느끼면 이를 되갚으려는reciprocate 동기부여가 일어나서 정서적 몰입과 업무성과가 향상되고 역할 이외의 추가적인 노력(조직시민행동, OCB)을 하게 된다는 것이다(Rhoades & Eisenberger, 2002). 특히 상사의 후원이 중요한 것으로 밝혀지고 있다.

그러나 사회적 지원 이론은 앞으로 더욱 구체화되고 그 효과가 발휘되는 과정이 명확히 밝혀져야 한다. 막연히 사회적 지원이 직무수행에 긍정적인 영향을 준다는 식의 이론화는 위험할 수 있다. 실제로 각각의 사회적 요인이 영향을 미치는 메커니즘은 다르며 그 내용도 단순하지 않다. 그랜트와 파커(Grant & Parker, 2009)는 사회적 지원의 효과를 설명하는 이론으로 직무요구-자원JDR, job demands-resource 이론, 조직후원 이론, 그리고 사회적 저해social undermining 이론 등을 들고 있다. 예컨대 직무요구-자원 모형은 사회적 지원이 일종의 직무자원으로서 직무수행자와 직무역할의 분리disengagement를 완화시키고, 구성원의 개인적 성장과 안녕을 촉진하는 긍정적 효과를 밝히고 있다. 하지만 이와 동시에 직무요구가 소진을 증가시키는 효과 역시 독립적으로 존재한다는 결과가 있다(Bakker & Demerouti, 2007). 사회적 지원만으로 직무요구의 부정적 효과가 상쇄되거나 극복되는 것은 아니라는 결론이다. 이 점에서 사회적 저해이론의 연구결과는 상당히 흥미로운데, 사회적 지원의 원천source에 따라 그 효과가 다르다는 것이다. 더피, 갠스터, 페이곤(Duffy, Ganster, & Pagon, 2002)은 경찰관에 대한 연구에서 한 사람이 다른 사람으로부터 자신의 직무, 명성, 사회적 관계를 저해undermine받았을 때 다른 누군가로부터 사회적 지원을 받으면 그 부정적 효과가 상쇄되지만 사회적 지원과 저해를 동일한 사람으로부터 받는 경우에는 그 부정적 효과가 훨씬 강화된다는 결과를 얻었다. 그것은 해당 인물의 일관되지 않은 행동을 예측하는 데 많은 정서적 에너지를 쓰게 되고, 그 사람과 양면적ambivalent 관계를 유지하는 것이 어렵기 때문이다. 결론적으로 직장 동료나 상사의 사회적 지원이 직무 자체를 더 좋게 만드는가에 대해서는 더 많은 연구가 필요하다.

조직 외부와의 상호작용

다음으로 서비스 부문의 성장에 따라 고객, 환자 등 조직 외부 사람들과의 빈번한 접촉과 상호작용이 증가되고 있고 조직 외부와의 상호작용이 일의 중요한 요인으로 부각되고 있다. 지금까지 조직행동 연구에서는 고객 등 외부와의 상호작용이 감정노동이나 직무소진으로 연결된다는 연구가 많았다(Ashforth & Humphrey, 1993; Hochschild, 1983). 그러나 최근 이러한 상호작용과 관계가 직무수행자에게 미치는 영향에 대한 새로운 관점이 등장하고 있다. 이것은 핵크맨과 올드햄(Hackman & Oldham, 1976)이 이론화했던 과업 유의미감과 같은 과업 자체의 특성이 내재적 동기부여를 향상시키는 메커니즘과 다른 것이다. 즉 관계적 특성이 강화된 직무는 직무수행자로 하여금 자신의 일에 영향을 받는 수혜자들beneficiaries의 안녕을 보호하고 더 향상시키려는 친사회적 동기부여prosocial motivation를 증가시킨다는 것이다. 예를 들어 소방관은 재난 상황의 사람들과 신체적, 정서적인 접촉을 하고 그들의 생명을 구한다는 의미감을 직접 체험할 수 있다. 하지만 청소원의 일은 이러한 관계적 특성이 좀 더 약할 것이다. 하지만 전반적으로 기술 환경의 변화와 상호의존성의 증가로 인해 이제 직무수행자들은 과거에 비해 자신의 일에 영향을 받는 다른 사람들을 구체적으로 인식하고, 그 효과를 가시적으로 확인할 수 있게 되었다. 그리고 과업 자체로부터의 피드백뿐만 자신의 직무수행이 고객의 기대를 충족했는지에 많은 관심을 갖고 있다.

또한 직무수행자들은 의미 있는 일뿐만 아니라 의미 있는 관계도 추구한다(Kahn, 1990). 일의 사회적 영향력social impact과는 독립적으로 자신이 수행한 일의 수혜자와 접촉하게 된다면 일에 대한 정서적 몰입이 증가할 것이다. 특히 접촉빈도, 지속기간, 깊이와 폭에 따라 접촉의 의미감이 더 증가할 수 있다. 따라서 일하는 과정에서 수혜자들과 직접 만나거나 접촉할 수 있도록 직무가 설계된다면 직무수행자의 친사회적 동기와 자신의 직무가 갖는 사회적 영향력에 대한 관심은 매우 커질 수 있다. 이러한 효과는 직무수행자의 개인적 특성이 이기적인가 이타적인가에 상관없이 작용한다. 직무수행자가 자기 일의 수혜자가 누구인지 알고 만날 수도 있다면 그들의 처지에 공감empathy하고, 그들과 동일시하고, 그들의 관점으로 업무상의 문제를 인식함으로써 강한 정서적 애착을 느끼게 된다. 아울러 사회적 영향력을 실감함으로써 자신의 일(역할)에 더 많은 노력을 기울이고 지속하게 된다는 것이다(Grant, 2007).

실제로 사람들은 자신이 다른 누군가를 위해서 무엇을 하고 있다고 느낄 때 직무에 대한 헌신, 도움 행위, 업무상의 혁신 등 다양한 긍정적 성과를 만든다. 또한 사람들은 다른 사람들과 연결되어 있다고 느낄 때 더 보람과 행복을 느끼며 자신이 한 일이 다른 사람들에게 어떤 영향을 끼쳤는지 알고 싶어한다. 한 연구에서 방사선과 의사들이 CT 검사 결과를 판독할 때 환자의 사진을 함께 보여준 경우 판독의 정확성이 46%나 증가했다(Grant & Parker, 2009: 329에서 재인용). 환자들에게 더 공감을 느꼈기 때문이다. 이외에도 대학에서 기부금을 모금하는 콜센터 직원들을 대상으로 한 일련의 실험에서 콜센터 직원들이 실제로 장학금 수혜 학생을 만났을 경우 모금 노력과 모금액이 훨씬 증가했다.

이와 같은 직무설계의 원리는 이미 실무에도 적용되고 있다. 한 예로 웰스파고Wells Fargo 은행은 어려운 처지에 있는 고객들이 자사의 저금리대출을 받아서 불필요한 빚을 갚은 것에 대해 감사하는 영상video clip을 직원들에게 보여준 후 동기부여와 성과가 크게 향상되는 결과를 얻었다. 의료기기 회사인 메드트로닉Medtronic사는 영업사원은 물론 엔지니어들까지 정기적으로 병원을 방문해서 자사의 제품이 실제 환자들을 위해 어떻게 쓰이고 있는지를 살펴보도록 하고 있고, 전 직원이 모이는 연례모임에도 환자들을 초청하여 투병생활에 대한 이야기와 자사제품으로 어떠한 도움을 받고 있는지를 직접 듣도록 하고 있다(Grant, 2013). 주 고객이 대형병원과 의료기관인 제약사들도 자사 제품을 장기적으로 복용하는 환자들을 연말행사에 초청하고 있다. 환자 개인에게 약을 파는 회사가 아니어서 직원들이 자신이 하는 일의 영향력을 실감하기 어렵기 때문에 약품의 최종 고객들을 회사 행사에 초청하고 있고 좋은 반응을 얻고 있다고 한다(정명호, 2017).

그러나 이러한 상호작용의 효과를 과장하지 않도록 유의해야 한다. 일의 사회적 영향은 영향력의 범위, 지속기간, 빈도 등 여러 가지 세부 요인에 따라 다를 수 있는데, 긍정적 성과로 연결된 결과는 대부분 소방관, 의료진 등 상대방을 위험한 상황에서 구하는 방어적 초점prevention focus이 강한 일이거나 과업 유의미감이 높은 업무에 한정되는 효과였다. 사람들은 이익보다는 손실에 더 주의를 기울이기 때문에 다른 사람이 위험에 빠진 상황이 더 큰 공감과 위험에서 구하려는 동기부여를 증가시키기 때문이다(Grant, 2007). 또한 감정노동 연구에서 주로 연구대상이 됐던 고객들과는 다른 종류의 고객집단(예: 대학 장학금 기부자)과의 접촉이었다는 점, 직무수행자의 개인차이가 존재한다는 점 역시 고려해야 한다. 나아가서 이러한 효과는 고객과의 상호작용 수준에 따라 역U자형 비선형 관계가 있을 가능성도 있다. 아무리 사회적 영향력이 높은 일이라도 고객이나 수혜자와의 지속적이고 과도한 접촉과 상호작용은 역시 감정노동과 소진으로 연결될 수 있다. 특히 업무 환경이 열악한 수준의 서비스 부문(예: 단순영업직, 콜센터)에서 고객과의 접촉을 의도적으로 증가시키거나 과도한 친사회적 동기를 유도하려는 시도는 파괴적인 결과를 가져올 수 있음을 알아야 한다. 결국 상호작용을 강조하는 직무설계는 조직적 제약과 기회요인을 모두 고려해야 할 것이다. 일 자체는 사회적 영향력의 잠재력이 크지만 경직된 관료적, 제도적 제약하에서 일하는 간호사나 교사는 여전히 친사회적 동기가 약화될 수 있는 것이다.

관계적 직무설계의 경계조건

이렇게 일의 사회적, 관계적 특성이 강화됨에 직무설계나 직무관리가 달라져야 하겠지만 원하는 성과를 거두기 위해서는 그 정확한 경계조건boundary condition에 대한 연구결과가 축적되어야 할 것이다. 예를 들어 직무의 상호의존성은 그 수준에 따라 긍정적이거나 부정적 결과를 만들 수 있다. 중간 수준의 상호의존성은 직무수행자(구성원) 간의 응집성, 신뢰, 몰입을 증가시키는 이점이 있겠지만 매우 높은 수준에서는 당연히 의사소통과 조정비용이 증가하게 될 것이다. 또한 역할구분이 모호해지고 업무부하를 공유하게 됨으로써 부정적 결과로 연결될 수 있다(Kirkman, Rosen, Tesluk, & Gibson, 2004). 또 어떤 종류의 상호의존성인가에 따라서 다른 결과가 나올 수 있다. 상호의존성은 직무 간의 '연결성connectedness'을 말하는데 한 직무에서 다른 직무로 흐름이 연결되는 주도적initiated 상호의존성은 책임의식과 동기부여를 증가시키지만 다른 직무로부터 결과를 넘겨받는received 상호의존성은 자율성을 저해하여 부정적 결과를 산출할 수 있다. 최근의 연구는 상호의존성 자체가 호혜적reciprocal일 때, 즉 한 직무가 다른 직무로 결과를 넘겨주고 동시에 돌려받는 경우에 역할외 행동과 시민행동OCB이 증가할 뿐만 아니라 이러한 호혜적 관계에 대한 신뢰와 몰입이 증가해서 적극적인 도움행동helping이 강화되는 결과를 밝히고 있다(de Jong, Van der Vegt, & Molleman, 2007). 이것은 직무흐름work flow에서 호혜적인 관계가 직무수행자의 호혜적 행동을 유도한다는 것을 보여주는 결과이다.

이외에도 지금까지 직무의 관계적 특성이 미치는 효과를 살펴봤지만 직무의 사회적 맥락이 직무특성의 효과를 어떻게 바꾸는지도 함께 고려해야 한다. 직무수행에 있어서 개인의 자율성autonomy은 중요하지만 자율관리팀self-managed team과 같이 팀원 간 신뢰가 높은 상황에서 개인에게 자율성을 부여하면 다른 팀원의 성과를 감시하지 않게 되기 때문에 팀 성과는 오히려 떨어질 수 있다. 이런 경우에는 팀 전체에게 부여하는 자율성team autonomy이 더 효과적일 것이다. 반대로 직무의 상호의존성이 낮을 때는 개인 자율성이 동기부여를 증가시키지만 집단자율성은 오히려 조정비용을 증가시켜 부정적 효과를 가질 수 있다. 또 다른 예로 항공사에 대한 한 연구는 중간관리자 수가 적을수록 조직효과성이 높다는 일반적인 예상과 달리 중간관리자 수가 많고 한 관리자당 관리범위span of control가 좁을수록 코칭과 피드백을 통한 직원의 학습이 촉진돼서 고객만족과 같은 성과가 향상됨을 밝히고 있다

(Gittell, 2016).

결론적으로, 관계적 직무설계 이론은 최근의 변화를 반영하고 있지만 아직은 모호한 부분이 남아 있다. 즉 직무설계의 사회적 맥락에 대한 좀 더 포괄적인 이론모형이 필요하다. 예를 들어서 직무의 상호의존성은 어디서 생기는가? 조직구조인가, 구성원들의 가치관 변화인가, 아니면 최근 위워크WeWork의 사례에서 볼 수 있듯이 일하는 공간의 변화인가와 같은 구체적인 질문에 답할 수 있는 연구들이 여전히 필요하다.

2. 주도적 관점

관계적 직무설계 이론의 두 번째 흐름인 주도적 관점은 사람들이 수동적으로 주어진 일을 수행하는 것이 아니라 자신의 가치, 동기, 능력, 선호도에 맞춰서 직무를 스스로 만들어나가는 최근의 추세에 주목한다. 테일러 시대 이래로 직무설계는 경영진과 관리자의 몫이었다. 그러나 급격한 기술 변화와 불확실성의 증가로 인해 이제 조직은 직무수행자의 적응능력과 적극적인 직무변화 능력에 더욱 의존하게 되었다. 또한 직장 이동이 증가함에 따라 경영진은 능력 있는 직원들을 계속 보유하기 위해 보다 유연한 직무수행을 허용할 수밖에 없게 되었다.

이러한 관점에는 레즈뉴스키와 더튼(Wrzesniewski & Dutton, 2001)이 소개하여 잘 알려진 직무재창조job crafting와 루소, 호, 그린버그(Rousseau, Ho, & Greenberg, 2006)가 이론화한 독특한 계약idiosyncratic-deals: I-deals 이론이 있다. 내용상의 차이는 있지만 두 이론 모두 자율성을 부여하여 직무수행자가 자신의 역할을 넓게 인식하도록 함으로써 직무, 과업, 역할을 자신의 가치, 역량, 선호에 맞도록 수정하거나 재조정하는 것을 목표로 하고 있다. 물론 직무설계 자체로도 주도적 행동을 높일 수 있다. 예를 들어 자율성은 역할 범위를 확대하고 이와 관련된 효능감을 증가시킨다. 또 업무관련 모호성은 불확실성을 줄이려는 직무수행자의 동기부여를 향상시켜서 주도적 행동을 증가시킬 수 있다. 그러나 여기서 말하는 주도성은 직무특성이 만들어내는 것이 아니라 직무수행자 자신이 주도권을 갖고 직무를 수정하거나 재창조해 나간다는 데 특징이 있다.

직무재창조

최근 국내기업들도 관심이 높은 직무재창조Job Crafting는 기업이 직무수행자의 주도성과 적응능력을 더욱 필요로 하는 현재의 상황을 반영하고 있다. 직무재창조는 '물리적으로 과업의 범위를 바꾸고(과업의 수와 유형 수정), 인지적으로 과업의 의미와 관계를 다시 설정하고, 다른 사람들과 직무상의 관계와 상호작용을 바꾸는 것'을 의미한다 (Wrzesniewski & Dutton, 2001). 직무재창조가 일어나면 직무(과업), 일의 의미, 그리고 직무수행자의 정체성이 모두 변한다. 사실 어떤 조직에서도 직무 내용은 일하는 사람에 따라 어느 정도 다르다. 이런 점에서 완전히 객관적인 직무라는 것은 없으며 모든 직무는 지속적으로 재창조되고 있다. 전통적인 직무설계 이론은 직무의 정태적인 특성이 직무수행자의 특정한 경험을 만들어서 동기부여의 수준을 결정하는 과정에 초점을 맞추고 있지만, 직무재창조는 반대로 일하는 사람의 동기가 직무의 특성과 내용을 만드는 것이라고 볼 수 있다.

직무재창조의 동기는 자신의 일에 통제권을 갖는 것self-control, 일하는 과정에서 긍정적인 자기 이미지를 만드는 것, 그리고 다른 사람과 연결되려는 근본적인 욕구를 포함한다. 그러므로 아무리 자율성이 낮은 직무라도 직무수행자는 새로운 직무영역을 만들거나 수행방식을 바꿀 수 있고, 임시직원이라도 자신이 이미지를 향상시키기 위해 작업속도를 조정할 수 있다. 직무수행자는 직무재창조를 통해서 일의 의미, 목적, 그리고 자신의 정체성 측면에서 변화를 경험할 수 있다. 예를 들어 병원의 청소업무 담당자는 자신의 일을 환자에게 제공하는 의료care의 일환으로 재정의할 수 있고, 미용사는 단순한 미용 서비스 제공자가 아니라 고객들을 알아가고 고객들의 동반자가 되려는 방향으로 직무관계를 수정할 수 있다는 것이다. 구체적으로 일반적인 기업에서는 자신의 직무를 여러 과업으로 구분하여 각 과업수행에 쓰고 있는 시간을 측정하고 자신의 동기, 강점, 열정과 부합되는 과업의 비중을 늘리고 그렇지 않은 과업의 비중은 줄이는 방향으로 직무를 스스로 재창조할 수 있다. 예를 들어 어느 마케팅 중간관리자가 자신이 수행하는 주요 과업을 과업당 소요시간을 중심으로 열거해보니 자신의 열정과는 맞지 않는 팀원 성과평가와 시장조사에 가장 많은 시간을 쓰고 있었다. 이 관리자는 개인적 성장과 다른 사람과의 의미 있는 관계를 추구하려는 뚜렷한 동기motive를 갖고 있고, 정보기술과 일대일 의사소통에 강점strength이 있으며, 다른 사람을 가르치는 일에 열정passion이 있다. 이에 따라 그는 팀원평가와 시장조사에 쓰는 시간을 줄이고 자신에게 맞도록 마케팅 전략을 설계하고 동료들에게 소셜 미디어를 가르치는 업무의 비중을 늘리는 방향으로 자신의 직무를 재창조하였다(Wrzesniewski, Berg, & Dutton, 2010: 115쪽의 예).

이런 점에서 볼 때 직무재창조는 직무수행자가 자신의 직무, 과업, 역할을 자신의 특성에 맞도록 재조정해나가는 역할혁신role innovation, 또는 역할전환role transition과 유사한 개념이다. 하지만 역할재조정role adjustment과는 다르다. 역할재조정은 구성원이 고성과를 창출하고 관리자들이 해당 구성원에 대한 신뢰가 형성된 경우에 대인간 신뢰를 바탕으로 해당 구성원에게 더 많은 책임을 위임함으로써 역할을 확장시키는 것을 말한다. 여기서 역할재조정을 결정하거나 주도하는 것은 관리자이다. 그러나 직무재창조에서는 오히려 직무수행자가 관리자와의 협의를 주도할 수 있다. 이런 점에서 직무재창조는 직무설계 이론이 직무의 창조자crafter를 관리자로만 한정한 것을 극복하는 주도적인 관점이라고 할 수 있다. 직무채창조 이론가들은 그것이 자발적이고 주도적인 과정이고 직무재창조를 하더라도 직무수행자에게 업무가 더 늘어나는 것은 아니며, 근본적으로 개인 수준의 활동이기 때문에 상사나 동료가 특정 직무수행자의 직무재창조를 관찰하거나 인식하지 못할 수 있다고 말한다(Wrzesniewski & Dutton, 2001).

이렇게 직무재창조 이론이 일하는 사람을 수동적인 과업수행자가 아니라 직무관계를 주도할 수 있는 능동적인 주체agent로 자리매김하는 것은 분명 의미 있는 진전이다. 그러나 몇 가지 혼란스러운 점도 여전히 남아 있다. 첫째, 개인 수준에서 이루어지는 인지적 재창조(과업의 의미 재인식)가 핵심인지, 아니면 과업 범위와 대인관계의 조정 등이 핵심인지에 따라 그 효과와 실행가능성 여부가 달라질 수 있다. 만약 전자라면 개인의 주도에 따라 어느 정도의 재창조는 조건에 상관없이 가능할 것이다. 그러나 위에서 기술한 마케팅 관리자의 예처럼 과업수행에 소요되는 시간과 중요도를 재조정하고, 자신의 일과 관련된 상사나 동료와의 관계를 바꾸는 것은 혼자만의 결정으로 실행될 수 있는 것이 아니다. 당연히 관련 업무 수행자나 소속 팀 전체가 영향을 받을 수밖에 없으며 상사와의 협의도 필요할 것이다. 이 점에서 앞으로 집단적collective 혹은 협력적collaborative 직무재창조가 어떻게 실행될 수 있을 것인가에 관한 연구가 절실하게 요구된다. 둘째, 직무재창조가 그 자체로 조직에 득이 될지 해가 될지는 알 수 없다. 만약 개인이 주도하는 직무재창조가 조직 전체의 목표와 어긋난다면 당연히 부정적 효과를 가질 것이다. 그래서 막연히 직무재창조를 권장하거나 격려하고 그에 따르는 조정coordination을 게을리한다면 직무재창조는 지속되기 어렵거나 저항에 부딪힐 것이다. 따라서 그 경계조건에 대한 세밀한 연구들이 필요하다. 셋째, 직무재창조 이론은 어떤 유형의 일에도 재창조가 가능하다고 강조하지만 일하는 사람이 재창조 동기가 있더라도 그 기회를 충분히 지각하지 못하면 직무재창조는 실행되지 않을 수 있다. 이때 기회의 지각에 영향을 미치는 두 가지 요인은 과업의 상호의존성과 재량권의 수준이다(Wrzesniewski & Dutton, 2001). 예를 들어 공정 간의 의존성이 높은 조립라인에서 재량권이 낮은 상태에서 일하는 작업자보다는 미용사, 병원의 청소담당자와 같이 다른 사람과 의존성이 낮고 작업과정의 재량권도 있는 경우에 직무재창조가 더 쉽게 일어날 수 있다. 전반적으로는 일반 조직에서 독립적으로 업무를 수행하는 전문직과 업무과정에서 어느 정도 재량권을 가질 수 있는 관리직의 경우가 직무재창조의 주체가 되기 쉬울 것이다. 같은 맥락에서 저성과자보다는 고성과자가 직무재창조의 기회를 더 높게 인식할 것이다. 이러한 직종 간 혹은 조직 내 지위에 따른 차별성을 반드시 고려해야 한다.

독특한 계약

위에서 살펴본 직무재창조는 상사와 분리된 상태에서 이루어지기는 어렵다. 직무재창조를 실행할 때 어떤 방식으로든 상사와의 협의가 필요하기 때문에 자신의 역할과 직무내용에 대해 일종의 협상role negotiation이 요구된다. 이것을 더욱 강조하는 이론이 루소와 동료들

(Rousseau, Ho, & Greenberg, 2006)이 소개하는 독특한 계약idiosyncrat-ic deals이다. 독특한 계약은 '구성원과 상사 간에 독특하게 협의된 고용조건'을 말하는데, 주로 해당 구성원이 독특한 기술이 있거나 유연근무제 등을 필요로 하는 독특한 상황에 처해 있을 때 이루어진다. 이러한 협상은 고용 전에 이루어질 수도 있고 고용된 이후에도 가능하다. 하지만 독특한 계약은 특정 구성원에 대한 차별적 우대행위나 연고에 의한 특별대우cronyism와는 다르다. 조직의 입장에서 구성원이 가치가 있고, 독특한 협상을 통해서 조직과 개인 양자가 상호이익이 있을 때 가능한 것이다.

독특한 계약은 유연적flexible 독특한 계약과 개발적developmental 독특한 계약으로 나눌 수 있다(Rousseau et al., 2006). 전자가 주로 업무 스케줄링 면에서 유연성(예: 재택근무, 파트타임)을 확대시켜 일-가정 갈등WFC을 줄이는 데 목적이 있는 것에 비해서 후자는 별다른 업무조정 지원이 없이 개인의 학습과 성장(예: 대학원 진학)에 초점이 맞춰져 있기 때문에 일-가정 갈등이 증가하거나 직장에서 성과기대도 커질 수 있다. 결국 독특한 계약의 실행과 성과는 개인의 상황에 따라 다를 수밖에 없다. 이와 비슷한 맥락에서, 최근의 한 연구는 직무재창조나 독특한 계약 같은 역할재창조role crafting는 개인이 처한 상황에 따라 그 양상이 달라질 수 있으며, 직무자원-요구JD-R 관점과 연결되어야 한다고 주장한다. 즉 접근적approach 역할재창조는 역할의 확장과 사회적 관계의 조정을 통해 몰입의 향상과 스트레스 감소 등 긍정적 결과를 가져오지만 직무요구가 높을 때는 역할을 축소하고 불필요한 직무수행을 피하는 회피적avoidance 역할재창조로 연결되며, 이는 직무철회work withdrawal나 사회적 관계의 축소와 같은 부정적 결과를 가져올 수 있다는 것이다(Bruning & Campion, 2018).

이런 점을 고려할 때 독특한 계약의 성공적 실행을 위해서는 상사와의 원활한 관계LMX가 요구된다고 볼 수 있다. 경우에 따라서는 동료들과의 적극적인 독특한 계약도 필요할 수 있다. 결국 독특한 계약의 성공은 개인의 독특한 계약에 대한 동료들의 반응이나 조직 내 공정성 문제가 어떻게 처리되느냐에 크게 영향을 받을 것이다.

4
직무관계 연구를 위한
이론적 자원과 향후 연구 방향

　직무관계는 기술 변화, 조직구조, 인적자원관리에 영향을 받고 역으로 이들에 영향을 미친다. 또한 서비스업, 제조업과 같은 조직의 유형이나 복수 직무 종사자 등 다양한 상황적 요인에 따라 직무관계가 달라지게 된다. 따라서 앞에서 살펴본 직무관계의 변화와 관계적 관점의 직무설계 이론이 현실적인 변화로 연결되려면 다양한 이론적 자원과 연구주제에 대한 탐색이 필요할 것이다. 아래에서 몇 가지 이론적 자원과 향후의 연구 방향을 살펴보겠다.

1. 정체성 이론과 몰입[4] 이론

　앞서 논의한 바와 같이 직무특성 모형을 중심으로 한 직무설계 이론이 등장하게 된 것은 테일러 이후 과도하게 진행된 전문화, 분업화 위주의 직무설계가 동기부여 측면에서 큰 문제를 가져왔기 때문이다. 이후 허츠버그에서 직무특성 모형으로 이어지는 직무설계의 동기부여적 접근motivational approach이 완성되면서 '일을 어떻게 설계할 것인가?'라는 질문은 조직행동과 산업조직심리학I/O psychology 연구에서 거의 사라졌다(Humphrey et al., 2007). 그러나 일에서의 동기부여와 몰입engagement 문제는 여전히 해결되지 않고 남아 있다.

개인의 주도성이 강화되고 있는 현대 조직에서 동기부여는 정체성 문제와 깊이 관련되어 있다. 일을 통해서 경험하는 정체성이 달라지면 직무행동이 달라지고 성과와 몰입의 정도도 달라진다. 직무재창조 역시 일과 관련된 정체성을 바꾸는 과정이다. 이런 점에서 일 정체성work identity과 생활 정체성nonwork identity의 관계는 매우 중요하다. 이것은 최근 조직 구성원들의 최대 관심사가 '일-생활 균형' 혹은 '일-가정 갈등' 문제인 것에서도 쉽게 알 수 있다. 일에서 형성된 정체성이 생활의 영역으로 들어올 수 있고 직무 외적 영역의 정체성이 직장에서의 행동과 역할수행에 영향을 줄 수 있다. 특히 최근에 직무외 생활 부문의 중요성이 크게 증가하는 것은 중요한 변화이다. 앞으로 공적 자아public self와 사적 자아private self, 직업적 자아professional self와 개인적 자아personal self의 분리 문제가 더 심각해질 수 있기 때문에 이러한 변화가 직무관계에 미치는 영향에 대한 연구들이 필요하다.

예를 들어 일 정체성 측면에서 만족감을 느끼지 못하는 구성원은 다른 방향에서 정체성의 향상을 추구할 수 있다. 그랜트(Grant, 2012)는 최근 기업들의 사회공헌이나 사회적 가치추구 활동corporate volunteering이 증가하면서 단조롭고 사회적 관계가 양호하지 못한 일을 하는 구성원들이 사회적 활동에 더 적극적이고 지속적으로 참여할 것이라는 흥미로운 주장을 하고 있다. 그 이유는 동기부여 측면에서 열악한 직무특성과 직무관계가 그에 대한 보상으로 배려care와 긍휼감compassion과 같은 내재적 동기부여를 자극하기 때문에 사회적으로 가치 있는 일에 더욱 동기부여가 된다는 것이다. 이와 더불어 최근 소셜 미디어가 확산되면서 역설적으로 일 정체성과 생활 정체성의 구분이 점점 모호해지는 면도 나타난다. 특히 증가하는 소셜 미디어를 통해 개인적 이슈가 공유되거나 알려질 때 직무관계에 미치는 영향에 관한 연구도 필요할 것이다(Pillemer & Rothbard, 2018 참조).

　고용의 외부화outsourcing나 새로운 고용형태 역시 여러 가지 변화를 가져올 수 있다. 최근 정보기술의 발전으로 업무수행 방식이 혁신적으로 변하고, 이에 따라 직무 관련 정체성도 매우 달라질 것으로 예상된다. 가사도우미들이 플랫폼 기업이나 어플리케이션의 중개로 직접 최종 고객에게 서비스를 제공하는 경우를 예로 들 수 있다. 이러한 새로운 직무수행자들은 일을 본인이 원할 때 부정기적으로 하고 있다. 최근 국내 배송업체인 C사는 'C플렉스'라는 서비스를 시작했다. 하루 단위로 고용된 일반인이 자신의 차를 이용해 직배송을 하는 서비스이다. 2018년 8월 서비스를 시작한 후 누적인원이 30만 명에 달하며 배송 물량은 하루 약 30만 건으로 C사 총 물량 100만 건의 30%를 차지한다고 한다(중앙일보, 2019. 1. 9). 그렇다면 이들은 스스로를 '직장인'이라고 생각할 것인가? 아니면 일과 관련해서 어떤 정체성을 형성할 것인가? 만약 정체성이 달라진다면 그에 대응하는 조직의 역할 역시 바뀌어야 할 것이다. 새롭게 등장하는 직종이나 직무형태를 담당하는 사람들의 정체성과 동기부여 역시 중요한 연구주제가 될 것이다.

　이러한 일련의 변화를 반영해서 학계에서도 기존의 직무만족 중심 관점에서 벗어나서 '몰입'에 대한 관심이 증대되고 있다. 몰입은 자신의 일이나 역할수행에 스스로를 온전히 투입하는 상태self-in-role를 말한다. 사람들이 일하면서 자신의 역할에 투입하는 노력과 에너지의 정도는 다르다. 몰입은 일을 노동의 대상으로 보고 자신과 일을 분리시키려는 상태disengagement와 반대의 개념이다. 다시 말해서 자신의 일에 육체적, 인지적, 정서적 에너지를 모두 쏟아부어서 일과 하나가 되는 상태를 말한다(Kahn, 1990). 이것은 자신의 일에 '손hand과 머리head와 마음heart'을 모두 투입하고, 일 속에서 스스로의 정체성과 사고와 감정을 표현하는 것이다(Rich, Lepine, & Crawford, 2010: 619에서 재인용). 칸(Kahn, 1990)은 핵크맨과 올드햄(Hackman & Oldham, 1980)과 유사하게 개인이 자신이 수행하는 일에 몰입하기 위해서는 자신의 일(역할)이 의미 있다고 느끼고, 일에서의 관계가 안전하고, 일을 해낼 자신이 있을 때 몰입이 가능하다고 보았다.

자신의 역할과 일에 완전히 몰입한 구성원이 좋은 성과를 거두는 것은 당연하다. 한 연구는 몰입을 구성하는 세 가지 요인인 일에 대한 인지적 동일시job involvement, 정서적 만족job satisfaction, 신체적으로 노력을 기울이려는 내재적 동기부여intrinsic motivation를 몰입과 함께 매개요인으로 포함시켜 직무성과(과업성과, OCB)와의 관계를 분석한 결과, 세 가지 구성요인의 매개역할은 확인되지 않았지만 몰입만이 유의적인 매개효과를 갖는다는 결과를 얻었다. 이것은 몰입이 신체적, 인지적, 정서적 측면의 긍정적 요인을 단순히 합친 것이 아니라 세 요인이 동시에, 그리고 연결된 형태로 결합된 다차원적 개념임을 의미하는 것이다(Rich et al., 2010). 최근 실무기업에서도 어떻게 직원들을 몰입하도록 할 것인가가 중요한 과제가 되고 있다. 특히 노동시간 단축이라는 사회적 압력하에서 국내기업들은 주어진 근무시간 동안 직원들을 깊이 몰입시켜 초과근무 없이도 더 나은 성과를 만드는 것에 관심을 집중하고 있다. 그러나 몰입을 가능하게 하는 가장 중요한 심리적 조건은 의미감meaningfulness, 안전감safety, 가능성availability이라는 점을 인식해야 한다(Kahn, 1990). 경쟁적이고 상호통제와 감시가 높은 환경에서 의미 없는 일을 하는 사람들이 핵심(집중) 근무시간만 설정해놓는다고 해서 업무집중도와 몰입 수준이 높아질 것을 기대하기는 어렵다. 따라서 앞으로 몰입을 가능하게 하는 선행요인들이 어떻게 결합되어 몰입을 만드는가에 관한 구체적인 연구들이 필요하다. 예를 들어 업무내용의 변화와 안전한 대인관계 중 어느 쪽이 몰입에 더 효과적인가, 두 요인이 충족된 상황에서도 개인적 역량에 대한 확신 confidence이 없는 사람들은 여전히 몰입하지 못할 것인가? 이를 위해 경영진이나 관리자는 실무적으로 어떤 시도를 해볼 수 있는가와 같은 다양한 이론적, 실무적 탐색이 지속되어야 할 것이다.

아울러 몰입의 정도를 정확하게 측정할 수 있는 새로운 연구도 요구된다. 현재 실무에서도 많이 쓰이고 있는 '유트리히트 일 몰입 척도 Utrecht Work Engagement Scale: UWES'(Schaufeli & Bakker, 2004)는 몰입의 상태나 결과와 그 선행요인이 혼재되어confound 있다는 문제점이 있다. 리치와 동료들(Rich et al., 2010)은 이러한 문제를 해결하기 위해 칸(Kahn, 1990)의 원래 개념에 충실한 측정도구를 제안하고 있지만 향후 연구에서 보다 정확한 측정도구의 개발이 필요할 것이다.

2. 사회적 네트워크 이론

지금까지 직무설계와 동기부여 이론들은 일의 관계적 맥락을 간과했다. 직무수행자의 친사회적 동기부여 역시 개인적 소명calling, 이타적 가치관, 자혜로운 성향 등 개인적 특성으로 설명해왔다. 그러나 대인관계는 일하는 사람에게 자신의 일이 중요하고 의미 있다는 경험을 제공할 수 있는 핵심적 요인이다(Grant, 2007). 관계적 직무설계 이론이 관계의 중요성을 강조하고 있지만 여전히 모호한 부분이 있다. 관계적relational이란 무엇인가? 관계에 관한 규정이나 범위가 명확하지 않다. 예를 들어 관계적 직무설계 이론이 외부 수혜자와의 접촉, 외부 고객과의 관계가 직무수행에 영향을 주는 것을 강조하고 있지만 조직 내부의 동료와 상사도 역시 중요한 수혜자이다. 그렇다면 내부 관계와 외부 관계는 일하는 사람에게 차별적인 영향을 줄 것인가? 또한 직무수행자는 자신과 어떤 식으로든 연결되어 있는 모든 사람들과 동일한 영향을 주고받을 것인가, 아니면 직접 관계가 없더라도 자신과 유사한 위치에 있는 사람들과 비슷한 행동을 할 것인가 등 여러 가지 문제가 제기될 수 있다. 이런 점에서 관계적 직무설계 이론은 직무수행자가 놓여 있는 네트워크의 역할을 다각도로 고려해야 하며 사회적 네트워크social network 이론의 도움을 받을 수 있다.

사회적 네트워크 이론은 조직 내 직무 자체를 하나의 네트워크로 본다. 공식적인 업무work flow 네트워크는 의사소통communication, 업무조언task advice, 친교관계friendship 등 다른 비공식적 네트워크 속에 놓여embedded 있다. 다양한 네트워크는 서로 영향을 주고 서로의 제약조건이 된다. 그리고 네트워크의 특성은 구성원의 상호작용, 피드백과 지원의 유형, 직무수행 결과에 대한 사회적 비교 등 다양한 측면에서 영향을 미칠 수 있다. 직무의 객관적 특성 자체도 해당 직무수행자가 어떤 유형의 네트워크를 가졌는가에 따라 상이한 효과를 가질 수 있다. 예를 들어 과업 자율성task autonomy의 효과를 생각할 때 직무수행자가 놓여 있는 공식적, 비공식적 네트워크가 폐쇄적으로 연결된 네트워크라면 개인 직무의 자율성은 그다지 의미가 없을 것이다. 개별 직무수행자는 연결된 동료들의 감시와 암묵적인 규범하에서 일해야 하고, 이것을 벗어날 때는 제재가 가해질 것이다. 따라서 자율성은 네트워크 밀도network density와 같은 변수를 함께 고려할 때 그 효과가 명확해질 수 있다.[5] 반대로 이러한 상황에서 과업 피드백은 훨씬 풍부하고 더 중요한 역할을 할 것이다. 즉 직무를 따로 떼놓고 각 요인의 중요성을 분석하는 연구들은 직무관계를 함께 고려하지 않았기 때문에 혼란스러운 연구결과를 얻을 수밖에 없다. 과업 다양성skill variety 역시 직무 자체에 고유한 부분도 있겠지만 직무수행자가 갖고 있는 네트워크가 폐쇄형인지 아니면 연결되지 않는 사람들을 포함한 개방형인지에 따라 다를 수 있다. 일반적으로 약한 관계로 연결된 개방형 네트워크가 다양한 정보, 지식, 관점을 제공하여 혁신과 창의성을 높인다는 점을 고려하면 개방형 직무관계를 가진 직무수행자의 과업 다양성이 더 높아질 것이다(Kilduff & Brass, 2010).

또한 개인의 직무 관련 의사결정과 성과는 직장 내 친교관계나 의사소통 관계에 있는 동료들의 영향을 받는다. 특히 조직 내 여러 부서와 직무를 연결하는 브로커broker나 경계확장자boundary spanner의 중요성을 다시 생각해야 한다. 일반적으로 조직 내 네트워크는 유사한 특성이나 배경을 가진 사람들이 파당clique을 형성하는 것이 자연스러운 현상이기 때문이다. 각 파당이나 소집단이 보유한 지식과 업무 관련 정보가 적절히 공유되어야만 조직 수준의 성과가 극대화될 수 있다. 이런 점에서 각 팀이나 집단의 연결 역할을 하는 구성원이 그 역할에 맞는 개인적 특성(예: 높은 자기주시성향high self-monitor)을 가졌는지도 문제가 될 수 있다. 이런 사람들은 공식적 권한에서 생기는 재량과 상황에 따라 잘 적응할 수 있는 능력을 기반으로 조직 내 다양한 지식, 정보를 연결하여 혁신을 만드는 데 기여할 수 있다. 결론적으로 직무가 놓여 있는 사회적 관계를 고려해야 한다. 개인의 직무만족이나 경력 성공은 네트워크 내 위치에 의해 상당히 좌우되며, 집단성과 역시 내부적으로 밀도가 높고 외부적으로 다양한 약한 연결을 가진 경우에 더 양호할 것이다(Oh, Chung, & Labianca, 2004). 팀 설계 시 이런 점을 고려해야 한다.

최근 기업에서도 공식적 직무와 역할 중심의 직무관계에 변화가 생기고 있다. 특히 전통적인 폐쇄형 사무실에서 개방형 사무실로 변화하거나 공유오피스 활용으로 직장의 물리적 환경을 바꿈으로써 비공식 관계를 활성화하려는 시도가 나타나고 있다(Heaphy et al., 2018). 이것은 사무실 설계를 단순히 기술적 관점으로 보는 것이 아니라 의사소통과 영역성을 고려하여 관계구축과 관계제한 관점에서 보고 있는 것이다(Khazanchi, Sprinkle, Masterson, & Tong, 2018). 또 앞서 논의한 것처럼 몰입이 가능하기 위해서는 관계 측면에서 심리적 안전성 psychological safety이 확보되어야 한다. 개인의 행동결과가 예측가능하고, 경영진의 후원과 지원 그리고 신뢰할 수 있는 대인관계가 몰입으로 연결될 것이다(Rich et al., 2010). 그러나 이런 관계가 반드시 긍정적 효과로 연결되지 않을 수도 있다. 최근 연구는 직장에서의 친교관계가 부정적 효과도 있음을 지적하고 있다. 친구관계가 심리적 이점을 주지만 직무수행에 방해가 되고, 합리적 의사결정보다 친구관계를 우선하며, 파당을 형성하여 조직 차원의 지식공유에 해로울 수 있다는 것이다. 따라서 지금까지 친교관계의 이점에 대한 연구는 많았지만 직장에서 친구집단friendship clique이 형성됐을 때 어떤 결과가 있을지도 함께 고려해야 한다. 최근 개방형 사무실, 공유오피스, 비공식 소셜 미디어 등 직장 내 친교를 촉진하려는 시도가 많지만 그 부정적 효과에 대한 연구도 필요할 것이다(Pillemer & Rothbard, 2018).

직무재창조 이론 역시 사회적 네트워크 이론의 도움을 받을 수 있다. 개인은 자유롭게 직무를 재창조하는 주체가 아니다. 최근 동료 등 다른 사람과의 관계가 개인의 직무재창조에 미치는 영향에 관한 연구들이 나오고 있다. 한 연구에 따르면 직장에서 개인ego과 연결된 다른 사람들alter이 수행하는 직무의 자율성과 피드백 정도가 높을 경우, 해당 개인의 직무재창조에 긍정적 영향을 미치지만 과업 유의미성은 부정적 효과가 있었다. 네트워크로 연결된 사람들은 해당 직무수행자에게 역할기대role expectation를 보내고 있는데 개인이 이러한 역할기대에 부응하는 것과 자신의 주도적인 직무재창조는 상충관계에 놓이기 때문에 기대에 더 많이 부응할수록 직무재창조는 위축될 수 있기 때문이다(Bizzi, 2017). 물론 관계로 연결된 상대방 사람들은 직무수행자에게 자원과 지원, 격려를 제공할 수 있지만 직무재창조는 본질적으로 자기 주도적이어야 되기 때문에(Berg, Grant, & Johnson, 2009) 역할기대가 의도치 않게 직무재창조를 저해하는 효과가 있다는 것이다. 예를 들어 전문직의 경우와 같이 직무수행의 자율성이 높은 사람은 다른 개인의 직무 관련 행동에 별다른 관심이 없지만 자신의 과업이 다른 사람에게 큰 영향을 미친다고 생각하는(즉 유의미성이 높은) 사람들은 동료에게 자신의 기대를 강하게 요구하기 때문에 직무재창조에 해가 될 수 있다는 흥미로운 분석이다(Bizzi, 2017).

또한 직무재창조가 효과적일 것인가는 해당 구성원이 조직 전체의 맥락을 얼마나 이해하고 있는가에 따라 달라질 수 있다. 개인이 주도하는 직무재창조는 나름대로 최적화된 조직의 현 상태를 역기능적으로 바꿔놓을 수도 있기 때문에 팀이나 조직 전체 수준의 정보를 잘 알고, 이에 맞는 방향의 직무재창조를 시도하는 중심적 위치의 직무수행자가 더 성공적인 결과를 얻을 것이다. 즉 직무재창조를 개인의 동기나 열정과 같은 개인적 요인뿐만 아니라 그것에 영향을 받는 다른 사람들의 관점에서 바라볼 필요가 있다. 이러한 논의를 확장하면 개인 수준의 재창조는 어떤 식으로든 집단(팀)이나 조직 전체에 영향을 미칠 수밖에 없기 때문에 궁극적으로는 집단적 직무재창조collective job crafting에 대한 연구가 필요하게 될 것이다. 최근 어린이 보육센터에 대한 한 연구에서도 협력적 직무재창조가 개인 수준의 재창조와는 독립된 효과를 갖는다는 것이 확인되고 있다(Leana, Appelbaum, & Shevchuk, 2009).

앞서 살펴본 독특한 계약 역시 향후 연구에서 사회적 네트워크 관점이 필요하다. 독특한 계약과 역할재창조는 근무시간 조정이나 자기계발과 같은 개인적 필요에서 시작되겠지만 그 실행과정은 개인의 과거 업무성과와 역량 그리고 해당 조직과 팀에서 차지하는 위치 등 사회적 요인에 의해 크게 영향을 받게 될 것이다. 그러므로 동일한 개인적 요구를 가진 직무수행자라도 사회적 상황에 따라 접근적 혹은 회피적인 역할재창조를 시도할 수 있을 것이다(Bruning & Campion, 2018). 또 독특한 계약이 개인에게 독특한 근무조건이기 때문에 해당 개인이 조직 내 누구를 준거인물referent person로 생각하느냐에 따라 협상의 기대와 요구가 달라질 수 있으며 결과에 대한 공정성 지각도 다를 수 있다. 사회적 네트워크 연구는 개인이 전반적인 규범과 문화와 같은 조직 관련 정보를 얻을 때는 직접 연결된 동료들을 준거인물로 삼지만 직무 관련 정보는 자신의 구조적 등위자structural equivalence를 준거인물로 삼는다는 것을 밝히고 있다(Shah, 1998). 미국 의료계에서 새로운 항생제 테트라사이클린tetracycline이 확산되는 과정에 대한 연구에서도 의사들이 직접 연결관계가 있는 다른 의사보다는 다른 병원에서 구조적 등위 관계에 있는 의사들을 관찰하여 신약을 처방한다는 결과를 얻었다(Burt, 1987). 그렇다면 이와 같은 준거집단 선정과 공정성 지각이 직무재창조나 독특한 계약에 어떤 영향을 미치는가에 관한 연구결과들이 축적되어야만 실무적으로 보다 의미 있는 대안이 제시될 수 있을 것이다. 특히 사람들이 직무 관련 정보는 적극적으로 탐색하기보다는 주로 준거인물을 관찰함으로써 얻는다는 점을 고려한다면 개인에게 민감한 근무조건에 대한 개별적 협상을 지나치게 공개적인 논의로 제도화하기보다는 비공식 네트워크에 대한 관찰을 토대로 접근해야만 긍정적 조직성과로 연결될 수 있을 것이다. 상사와의 관계 역시 네트워크 관점의 고려가 필요한 것은 물론이다.

3. 긍정 조직연구

최근 긍정 심리학positive psychology과 긍정 조직행동연구POB, positive organizational behavior의 등장과 함께 긍정 조직연구POS, positive organizational scholarship 분야에서도 직무관계에 관한 관심이 증대되고 있다. 이것은 우리의 삶을 가치 있게 만드는 가족, 친구, 배우자와의 관계에 대해서는 관심이 많지만 정작 하루 중 대부분을 보내는 직장에서 일과 관련된 관계에 대해서는 별로 많은 연구가 이루어지지 않았다는 반성에서 출발하고 있다(Ragins & Dutton, 2007). 조직연구에서도 갈등, 고통, 탈진 등 역기능적 직무관계에 대한 연구는 많지만 일하는 사람들에게 긍정적 결과를 가져다주는 직무관계에 대한 연구는 여전히 부족하다. 더튼과 히피(Dutton & Heaphy, 2003)는 이러한 긍정적 관계를 '질 높은 연결HQC, high-quality connection'이라고 부르고 있다. 직장에서의 질 높은 연결은 첫째, 일과 관련된 감정을 자유롭게 표현할 수 있는 관계, 둘째, 어려운 상황을 함께 견뎌낼 수 있는 관계, 마지막으로 상대방의 새로운 생각을 이끌어내고, 상대방의 영향력을 개방된 태도로 받아들이는 관계를 의미하는데, 단기적이거나 장기적 관계를 모두 포함한다. 질 높은 연결을 비롯한 긍정적 직무관계는 이를 통해 활력과 에너지를 얻고, 구성원이 상호 성장하고, 자신이 상대방에게 중요한 존재라는 긍정적 감정을 갖게 된다. 이와 유사하게 칸(Kahn, 2007)은 긍정적 관계는 자신의 일에 몰입하게 만들고, 관계욕구를 만족시키며, 일에서 진정한 자아를 표현할 수 있는 관계라고 말하고 있다.

긍정 조직연구POS에서 강조하는 것은 주도성과 긍정성에 근거한 동기부여이다. 긍정적 관계에서 자신의 강점과 역량을 발견하고, 고양된 자아 정체성을 기반으로 상대방을 주도적 태도와 관점으로 대함으로써 긍정적 관계를 더욱 향상시키게 된다. 이는 앞에서 살펴본 관계적 직무설계 이론과 연결된다. 관계적 직무설계의 핵심은 자기 일의 영향력에 대한 인식과 공감이다. 그리고 일의 관계적 특성으로 인해 의미 있는 일에 몰입할 때 사람들은 스스로 역량 있고, 자기결정력이 있으며, 사회적으로 가치 있는 사람이라는 정체성을 형성하게 된다 (Grant, 2007). 그런데 이러한 긍정적 정체성과 공감을 인상관리impression management 행동과 구별할 필요가 있다. 각종 정보시스템과 소셜 미디어의 확산으로 현대의 조직 구성원은 이전 시기보다 훨씬 더 자기 행동의 노출과 가시성이 높아졌다는 사실을 잘 알고 있다. 인간은 누구나 자기향상self-enhancement 동기가 있기 때문에 타인에 대한 공감과 선한 영향력을 미치는 것이 사실은 자신의 명성과 이익을 극대화하는 행위가 될 수도 있다. 만약 그런 목적이 달성되지 않는다면 긍정적 직무수행을 그만두거나 그 질quality이 나빠질 수도 있기 때문에 지속가능성 면에서도 문제가 될 수 있다. 그러므로 이른바 '긍정성의 함정positivity trap'을 조심해야 한다.

또한 주도성proactivity이 반드시 좋은 결과를 가져오는 것은 아니고 때로는 해로울 수도 있다. 레즈뉴스키와 더튼(Wrzesniewski & Dutton, 2001: 195)은 직무재창조가 그 자체로 조직에 좋거나 나쁜 것은 아니라는 점을 강조하고 있다. 만약 직무재창조가 과업범위를 바꾸고 연결관계를 바꿔서 조직목표와 충돌한다면 당연히 조직에 해가 될 수 있다. 예를 들어 직무수행자가 원치 않는 과업을 회피하는 수단이 될 수도 있고, 이럴 경우 관리자들은 조직목표와 어긋나는 주도성을 억압할 수 있다. 보통 주도적인 직원들은 동기부여, 조직몰입, 성과가 높은 경우가 많으므로 직무수행에서 작은 일탈을 해도 된다는 '도덕적 허가의식moral licensing'을 가질 수 있기 때문에 동료들과 갈등상황으로 발전하는 경우도 있을 것이다. 결국 직무재창조 역시 기술적, 공학적 관점이 아니라 관리적 통제와의 갈등과 사회적 관계를 고려해야 한다. 카펠리와 켈러(Cappelli & Keller, 2013)가 지적하듯이 향후 연구는 일에서의 유연성 확대와 관리적 통제의 상충관계control-flexibility trade-off 문제에 주목할 필요가 있다.

또한 긍정 조직연구 관점에서 보면 직무몰입job engagement과 같은 정서적 측면에 초점을 맞춘 연구가 더 필요하다. 사실 관계적 직무설계 이론에서 주목하는 사회적 지원, 고객과의 관계 등 직무특성은 대부분 직무수행자나 성과에 미치는 효과에 있어서 비선형관계를 가진다(Grant & Parker, 2007). 이것은 우리가 직무특성이 성과에 영향을 미치는 내부 메커니즘을 정확히 모르고 있다는 것을 의미한다. 특히 정서적 요인과 동기부여의 메커니즘을 정확하게 이해하지 못하기 때문이다. 예를 들어 직무수행자가 자신의 일을 소명으로 생각할 때 의미감과 내재적 동기부여를 느낀다는 연구결과가 있다. 그러나 버그와 동료들(Berg et al., 2009)은 사람들이 직업적 소명occupational calling에 응답하기 위해 직무재창조를 시도할 수 있지만 그것이 실현되지 못했을 때는 더 큰 좌절감과 무력감을 갖게 될 수 있음을 보여준다. 이것은 긍정성과 주도성에 기초한 직무재창조가 그 수행자 자신에게조차도 부정적 결과를 가져올 수 있음을 의미하는 것이다. 이와 함께 몰입에 대한 사회적 관점도 필요하다. 한 연구는 103쌍(dyad)의 직무재창조 성과를 분석한 결과, 구성원들이 자신과 연결된 동료(파트너)의 직무재창조 행위를 모방하기 때문에 서로 상대방의 몰입에 영향을 준다는 것을 밝히고 있다(Bakker, Rodriguez-Munoz, & Sanz Vergel, 2016). 이것은 몰입이 순수하게 개인의 정서적인 경험이 아니라 다른 사람에게 영향을 받는 사회적 현상이라는 것을 말해준다. 따라서 앞으로 몰입의 맥락과 사회적 환경 그리고 개인적 특성을 연결하는 연구설계가 필요하다.

다른 한편으로 몰입의 비용cost과 지속가능성에 대한 연구도 요구된다. 한 사람의 전인적holistic 에너지를 요구하는 몰입은 소진으로 연결될 수 있다. 예를 들어 윌리엄 칸(Kahn, 1990)은 어빙 고프만E. Goffman을 인용하여 바쁜 출퇴근 시간에 몰아沒我의 상태에서 춤을 추듯 수신호를 보내며 교통정리를 하고 있는 경관을 몰입의 예로 들고 있다. 이러한 몰입상태가 장기간 유지될 수 있을 것인가, 그리고 그것이 과연 바람직한 것인가를 생각해볼 필요가 있다. 이렇게 일에 자신의 모든 것을 쏟아붓는 상태는 분명히 다른 대가를 요구할 것이기 때문이다. 단적으로 몰입 수준이 매우 높은 사람은 일-생활 균형 면에서 당연히 문제를 가질 것이다. 그리고 통상 전체 구성원 중 소수만이 몰입된 상태를 보이기 때문에 이들은 몰입되지 않은(또는 못한) 구성원들의 가치를 낮게 평가하거나 이들에 대해 특권적 태도를 보일 수도 있다. 이러한 현상은 직업집단의 계층적 불평등이나 조직 내 지위 불평등과 구조적으로 관련되어 있기 때문에 앞으로 직장에서 긍정성과 몰입을 향유할 수 있는 사람과 그렇지 못한 사람 간에 '정서적 분기affective divide'를 유도할 수 있다. 한 조직에 근무하는 사람들이 전혀 다른 감정과 정서를 갖는 것은 소득 불평등, 자원 불평등, 지식 불평등과 함께 새로운 종류의 갈등을 불러오게 될 것이다.

『피로사회』라는 저서에서 한병철(2012)은 현대사회를 '긍정성의 과잉'으로 인한 피로사회라고 규정하고 있다. 과거는 금지와 명령을 중심으로 운영되는 규율 사회, 부정성 사회였지만 현대는 긍정성을 칭송하고 권장하면서 타자에 의한 착취가 자기착취로 바뀐 성과사회가 됐다는 것이다. 그리고 이러한 변화는 신자유주의 자본주의의 기본원리로서 생산성의 한계를 뛰어넘어 더 큰 성과를 올릴 수 있는 대안으로 언급되곤 한다. 그러나 이와 같은 긍정성의 과잉과 강조는 사람들이 완전히 망가질 때까지 자기 자신을 자발적으로 착취하는 파괴적 결과를 만들 수 있음을 경고하고 있다. 한병철(2012)은 '우리는 무엇이든 할 수 있다Yes, we can.'라는 구호로 대표되는 현대사회(피로사회)의 전형적 질병인 우울증 역시 부정성이 아닌 긍정성의 과잉으로 인한 질병이며, 주의력결핍 과잉행동장애ADHD나 소진 증후군도 자아가 긍정성의 과잉에 따른 과열로 타버리는 현상으로 파악하고 있다. 이와 관련해서 최근 긍정성과 함께 포용inclusion과 진정성authenticity을 강조하는 조직변화와 리더십 이론이 유행하고 있는 것 역시 다른 각도에서 생각해볼 필요가 있다. 포용에 관한 담론이 증가하면서 역설적으로 직장 내 배제exclusion와 차별에 대한 인식이 첨예해질 수 있다. 그런데 명확한 진단과 대안이 동반되지 않는 모호한 포용론은 단순한 미봉책이 되거나 갈등을 더욱 악화시킬 수 있음을 인식해야 한다. 아울러 진정성에 대한 과도한 강조는 진정성을 자유롭게 표현할 수 없는 상태에 있는 구성원들에게 '허위의 진정성'을 강요함으로써 진정성을 연기해야 하는 새로운 감정노동이 증가할 수 있다. 결론적으로 현재 유행하는 긍정적 목적, 주도성, 진정성은 실제 구성원들이 경험하는 현실과 상당한 괴리와 마찰이 생길 수 있다. 그러므로 조직이 추구하거나 표방하는 상징적 변화와 구성원의 실제 경험이 연결될 수 있는 이론적, 실무적 대안이 절실히 요구된다.

4. 비판이론

비판적 조직연구critical organizational studies는 조직의 드러나는 현상이 아니라 이면에 숨겨진 권력관계와 이를 정당화하는 사회적 관계를 분석한다(Jermier, 1998). 노동과정 이론labor process theory에 따르면, 현대 조직에서 직무설계와 일하는 방식은 기술적 효율성이나 성과의 문제가 아니라 특정한 생산양식과 노동과정의 관리적 통제를 위해 필요한 방향으로 발전해왔다. 단적인 예로 현대 조직에서 대부분의 직무는 과학적 관리가 표방하는 '구상과 실행의 분리' 원칙에 충실하게 지속적으로 탈숙련화deskilling되어왔다(Braverman, 1974). 이것은 이전 시기에 숙련된 노동자들이 보유하고 있던 작업장의 통제권을 경영진의 손으로 이전하여 생산과정의 불확실성을 제거하기 위한 것이다. 따라서 직무설계나 직무관계의 변화를 기술적 효율성과 성과의 관점만이 아니라 왜 특정한 직무설계나 직무수행 방식이 선택되고 강화되는가를 생각해볼 필요가 있다. 이를 위해서는 조직 내 권력관계의 분석과 노동시장, 생산양식 등 사회적 차원의 요인들에 대한 고려가 필요하다.

앞으로 인공지능AI, 머신러닝, 로봇 등 혁신적인 기술이 조직에 본격적으로 들어오게 될 때 이러한 신기술을 어떻게 설계하고 직무에 활용할 것인가의 문제도 비판이론의 관점에서 접근할 수 있다. 예를 들어 최근 기업에 급격하게 도입되고 있는 인공지능과 로봇의 활용은 인간이 수행하던 단순한 작업을 더 빨리 더 효율적으로 수행하는 정도에 그쳐야 하는가, 아니면 로봇에게 어느 정도의 구상기능(사고능력)을 부여해야 하는가를 생각해보아야 한다. 만약 성과라는 관점에서만 본다면 사고와 학습능력을 가진 인공지능과 로봇이 사람들의 일자리를 급속하게 대체할 수 있다.[6] 그러나 로봇과 인공지능에 스스로 구상하고 학습하는 능력을 부여하는 것은 직무수행 과정의 불확실성이 증가하기 때문에 경영진은 이를 피하려 할 것이다. 특히 혁신적인 기술과 구성원의 주도적 직무수행이 결합된다면 미래의 경영진은 중요한 선택의 순간에 봉착할 수 있다. 테일러의 이상과 같이 인간이 설계한 대로 로봇을 활용하는 대신 성과를 일부 희생할 것인가, 아니면 로봇과 인공지능에 자율적인 사고기능을 허용하고 불확실성을 인내하면서 더 큰 성과를 기대할 것인가의 문제이다. 이것은 단순히 기술과 경영의 문제가 아니라 조직의 지배구조, 사회구조, 그리고 경제시스템의 변화를 고려해야 하는 매우 큰 문제가 될 것이다.

이와 유사한 맥락에서 사회적 저해, 감정노동과 소진 연구 등은 관계적 직무설계의 이면을 조명할 수 있는 이론적 자원이다. 조직 내 관계는 권력구조에 강하게 배태되어 있기 때문에 경영진은 고객에 대한 공감과 친사회적 행동을 나날이 직무요구와 업무부하가 증가되는 현상황을 정당화하는 수단으로 이용할 수도 있다. 주도적이고 관계적 직무수행이 경기침체기에 추가적인 자원투자 없이 구성원을 동기부여 시키려는 수단으로 변질될 수 있다는 것이다. 관계적 직무설계 이론에서 직무수행자의 주도성과 자율성을 강조하는 것은 비판이론의 관점에서 보면 관리적 통제managerial control가 노골적이고 위계적인 방식에서 보다 은근하고 암묵적인 형태로 바뀌는 것을 의미한다. 외견상 자율관리팀을 권장하고 주도성을 촉진하지만 한편에서는 정교한 정보시스템으로 감시와 성과관리는 더욱 강화되고 있다. 자율관리팀에서 강화된 팀원 간 관계 역시 강화된 감시와 통제의 수단으로 활용될 수 있다. 즉 주도성은 일하는 사람의 입장에서는 과거에는 없었던 추가적인 직무요구이고 피할 수 없는 부담이 될 수도 있다.

다른 문제는 관계적이고 주도적 일의 변화가 사실이라 해도 이는 '선택받은 소수'만의 문제일 수 있다는 점이다. 현대 조직은 다양한 직무, 다양한 직업집단, 다양한 역량집단skill group으로 구성된다. 그러므로 상위 관리자, 고숙련자, 고성과자가 주도하는 직무재창조와 역할재조정은 하위 직급, 저숙련자, 저성과자에게는 해당되지 않으며, 이들은 오히려 역할축소, 자율성 감소와 같은 부정적 연쇄작용에 직면할 수 있다. 현대의 기술 변화는 결국 괜찮은decent 일자리의 감소, 중위 소득자의 탈숙련화를 가져오고 불평등을 증가시킬 수 있다. 또 위험한 노동의 외부화와 같은 '위험이동risk shift' 현상도 벌어진다(Hacker, 2006). 앞으로 구성원의 인종, 학력, 교육배경에 따라 고용, 선발, 교육훈련, 동기부여 등 여러 측면의 격차가 더욱 심화될 수 있다. 결국 높은 수준의 몰입을 보이고, 고성과를 산출하며, 상사·동료와 좋은 관계에 있는 구성원은 점점 더 많은 기회와 좋은 직무조건을 얻게 되고 향후 더 좋은 성과를 내는 선순환 구조를 가질 것이다. 이는 사회적으로 부익부 빈익빈이 가속화되는 '매튜 효과Matthew effect'[7]가 조직 내에서 그대로 실현되는 것과 같다.

직무재창조 이론가들은 일 이외의 생활에서 통제권을 발휘하기 어려운 사람들이나 사회에서 낮은 지위로 낙인찍힌stigmatized 일(예: 3D 업무)을 하는 사람들이 자신들의 긍정적 정체성을 지키기 위해 직무재창조에 적극적으로 나설 것이라고 말한다(Wrzesniewski & Dutton, 2001). 혹은 단조롭고 열악한 일을 하는 사람들이 동기부여의 결핍을 보상하기 위해서 사회적 가치추구에 적극적으로 나설 것이라고 한다 (Grant, 2012). 그러나 이것은 긍정 조직연구의 전형적인 과도한 발상이라고 생각한다. 자신의 일에서 만족과 성취를 경험하지 못하는 사람들이 사회적 가치추구에 주도적이 된다는 것은 비현실적이다. 오히려 이러한 일을 하는 사람들은 통제불가능한 상황에 대한 '학습된 무력감learned helplessness'으로 인해서 일 이외의 삶에서도 주도성을 상실하는 것이 보다 현실에 가까울 것이다(Maier & Seligman, 1976). 따라서 일의 변화와 직무관계의 진전을 너무 과장할 필요는 없다. 진정으로 일의 변화가 필요한 단순 생산직이나 저성과자들은 앞으로 더욱 힘든 상황에 처할 수 있으며 조직 내에 여러 종류의 분기divide가 나타날 것이다. 고숙련 지식근로자와 저숙련 단순노동자의 분기가 직장에서 새로운 갈등과 사회문제를 일으킬 수 있다. 현재 국내에서도 여러 개의 저숙련, 저임금 직무를 동시에 수행하는 사람들이 늘어나고 있다. 이렇게 새로운 분단 노동시장segmented labor market이 형성되면 이질적인 노동력의 구성이 직무관계에 영향을 미칠 수 있다. 이것은 사회 전체 차원에서 불평등이 심화되고 특정 집단이나 사람들이 주변화marginalized되는 추세와도 관련된다.

지금까지 조직연구는 핵심인력에만 관심을 가져왔다. 그러나 주변적noncore 근로자의 수는 핵심 근로자의 수를 훨씬 초과한다. 앞으로 빅데이터 분석, 머신러닝, 재무공학 등 지식기술이 본격적으로 활용되면서 지식근로자군 내에서도 신기술의 사용 여부에 따라 새로운 계층 분화가 발생하게 될 것이다(Anthony, 2018). 이러한 주변적 근로자들이 스스로를 주변적 역할수행자로 정체성을 인식하고 자신의 역할에 동일시identification 할 수 있느냐에 따라 조직 유효성과 직무관계의 역학이 달라질 수 있다(Bolinger, Klotz, & Leavitt, 2018). 그러나 조직연구는 주변적 근로자들이 자신의 직업적 정체성을 어떻게 형성하는지 간과해왔다. 이들에 대한 관심이 없다면 앞으로 여러 개의 의미 없는 직무를 기계처럼 수행하면서 소외되어가는 '영혼 없는 근로자'군이 형성될 수 있으며 큰 사회적 문제가 될 것이다. 나아가서 이들에게 소명의식과 숭고한 목적을 가지라고 교화하는 것은 문화적, 상징적 폭력일 수밖에 없다.

5
결론

　일과 노동은 인간의 본성이다. 생존을 자연에 의존하는 동물과 달리 인간은 노동을 통해 자신의 생존수단을 만들고 자아를 실현한다(Marx, 1998). 이제 일은 더 이상 생계수단이 아니다. 우리의 일은 서로 연결되어 있고 동료, 고객, 사회와 연결되어 영향을 주고, 삶의 의미에 영향을 미치는 중요한 요인이 되었다. 따라서 조직에서 일을 어떻게 할 것인가의 문제는 과업이나 직무와 같은 미시적 요소뿐만 아니라 그 조직적, 사회적 맥락을 함께 고려해야 한다. 직무는 더 넓은 일하는 환경과 연결될 수밖에 없기 때문에 직무설계job design가 아닌 '일의 설계work design'가 필요하다(Humphrey et al., 2007). 이 글은 이러한 배경에서 직무관계라는 관점으로 일의 변화와 관련된 문제들을 살펴보았다.

　최근의 경영환경과 기술 변화는 일하는 과정의 상호의존성과 불확실성을 증가시켜서 관계적, 주도적 직무관계를 만들고 직무재창조와 같은 긍정적 변화를 만들고 있다. 그러나 다른 한편으로는 새로운 직무관계를 반영하지 못하는 직무설계와 실무가 사람들의 경력정체성에 부정적 변화를 가져오고, 그래서 조직애착organizational attachment을 감소시켜 동기부여 저하와 저성과를 일으키는 부정적인 측면 역시 동시에 존재한다(Grant & Parker, 2009). 많은 사람들이 미래에는 독립적이고 자유로운 프리랜서들이 조직적 제약 없이 자유롭게 공동체를 만들고 위워크와 같은 공동의 일터에서 일하게 될 것이라고 말한다. 결국 어떻게 관계 지향적이면서 동시에 자율성과 주도성을 발휘할 수 있는 직무설계와 직무관계를 만들 것인가가 문제다. 최근 구글의 인사부문 최고경영자는 자신의 저서에서 구글의 발전은 창의적이고 우수한 인재를 고용하여 최대의 자유를 주는 것에서 비롯됐으며, 경영은 고자유high-freedom 경영과 저자유low-freedom 경영으로 나눌 수 있는데 후자는 전자를 결코 이길 수 없다고 주장한다(Bock, 2015). 그러나 이 글은 이와 같은 장밋빛 청사진이 쉽게 이룰 수 있는 간단한 문제가 아니라는 것을 살펴보았다.

이 글에서 필자는 일의 변화에 발맞춰서 더 나은 직무관계를 만들기 위해서는 여러 측면에서 균형 잡힌balanced 관점, 분석, 그리고 실무적인 대안이 필요함을 말하고자 하였다. 첫째는 기술적 관점과 사회적 관점의 균형이다. 현대사회에서 일의 변화를 기술발전에 따른 결과로 보는 것은 일면적인 관점이다. 일의 변화는 일을 둘러싼 직무관계에 직접 영향을 받고 넓게는 조직구조와 사회 전체의 변화와 관련되어 있다. 따라서 급속한 기술 변화에 압도되어 성급하게 일의 내용과 수행방식을 바꾸기보다는 이를 뒷받침할 수 있는 직무관계의 변화를 함께 추구해야 한다(Barley & Kunda, 2001). 둘째, 미시적 관점과 거시적 관점의 균형이 필요하다. 새로운 직무설계, 직무재창조, 역할재조정은 개인의 희망이나 신념에서 비롯되거나 개별 직무차원에서 온전히 이루어질 수 있는 것이 아니다. 그에 영향을 받는 동료, 집단(팀), 넓게는 조직 수준의 변화와 연결되어야 한다. 정보기술의 발전에 의해 업무수행의 결과를 동료들과 실시간으로 공유하는 것은 일부 기업에서 모든 정보의 '공개를 기본으로default to open' 하는 조직 민주주의의 진전이 있었기 때문이라는 점을 잊지 말아야 한다. 물론 이러한 관점은 모든 문제를 거시적인 조직변화나 조직문화의 변화로 원인을 돌리는 관점과는 구별되어야 한다. 일은 거시적인 변화와 직무수행자라는 미시적 요인을 연결시키는 중요한 지점이며, 직무의 변화는 요원한 조직변화를 시작하는 현실적 대안이기 때문이다. 마지막으로는 사회기술 환경과 내부 구성원의 변화를 동시에 고려하는 외부적 관점과 내부적 관점의 균형이다. 급격한 외부 환경 변화가 일의 성격 자체를 바꿔놓았지만(Barley & Kunda, 2001) 이러한 불확실성에 대응하는 조직 구성원들의 전략적 선택 역시 직무관계 변화의 핵심적 요인이다. 조직 구성원의 동기와 직무 및 경력정체성의 변화, 구성원 간의 이질성 증대에 따라 파생되는 갈등과 분기는 향후 직무관계의 변화를 함께 만들어갈 것이다. 일은 구체적인 내용content인 동시에 이를 통해 개인이 역할과 정체성과 삶의 목적을 실현하는 맥락context이다(Okhuysen et al., 2013). 따라서 구조와 행위자를 균형 있게 고려하는 관점만이 일의 이중적 특성을 정확하게 파악할 수 있을 것이다.

이러한 배경에서 앞으로 일과 직무관계의 연구에서 조직행동 연구자가 해야 할 일도 더 많아질 것이다. 그 출발부터 다학제적multidisciplinary 뿌리를 갖고 있는 조직행동 연구가 노동사회학, 산업심리학과 같은 분과학문의 경계를 뛰어넘어서 새로운 인식론적 관점을 요구하는(Okhuysen et al., 2013) 일 연구에서 주도적 역할을 할 수 있기를 기대한다.

2장

공유된 긍정 정서와 긍정 조직학

이승윤

홍익대학교 경영학부 부교수, E-mail: syrhee@hongik.ac.kr

서울대학교 경영학과를 졸업했고 동대학원에서 석사학위를 받았다. 미국 미시건대학교 앤아버에서 조직행동 전공으로 박사학위를 취득하였다. 주요 연구분야는 조직 내 감정과 공유된 정서, 활력관계 등이며, 사회적 연결망 접근법으로 팀 내 프로세스 및 팀 성과를 연구하고 있다. 『인사조직연구』『비즈니스와 심리학 저널Journal of Business and Psychology』『국제 HR 매니지먼트 저널International Journal of Human Resource Management』『그룹과 팀 매니지먼트 연구Research on Managing Groups and Teams』등 국내외 다양한 학술지에 논문을 발표하였다.

고성훈

경북대학교 경영학부 초빙교수, E-mail: sunghoonko7@gmail.com

서울대학교 식물생산과학부를 졸업했고 한국외국어 대학교에서 석사학위를 받았으며, 홍익대학교 경영학과에서 박사학위를 취득하였다. 주요 연구 관심분야는 공감, 긍정적 조직 정체성, 미덕, CSR 인식 등이다. 현재 한국연구재단의 지원을 받아『공감경영』책을 집필 중이고,『인사조직연구』『제조 및 서비스 산업의 인적요인 및 인간공학Human Factors and Ergonomics in Manufacturing & Service Industries』『커리어 개발 인터내셔널Career Development International』『비즈니스 윤리학 저널Journal of Business Ethics』『커런트 사이콜로지Current Psychology』등 국내외 다양한 학술지에 논문을 발표하였다.

*이 글은『인사조직연구』2017년 5월호(25권 2호)에 게재된 논문을 수정·보완한 것이며 원 논문은 2016학년도 홍익대학교 학술연구진흥비에 의하여 지원되었음.

1

서론

　감정emotion, 기분mood 등 우리가 경험하는 정서affect는 우리 삶의 일부이다. 특히 타인과의 빈번한 상호작용을 전제로 하는 조직 맥락에서는 구성원들이 그 과정에서 다양한 감정과 기분을 느끼게 된다. 따라서 조직 구성원들의 정서적 경험에 대한 이해는 조직 내 개인, 팀, 그리고 조직을 이해하기 위한 근본적인 접근방법이라고 할 수 있다.

　감정과 기분 등의 정서는 개인의 인지, 태도, 행동에 영향을 미침이 그간의 많은 개인 수준의 연구를 통해 밝혀졌다(Clark & Isen, 1982). 예를 들어 개인의 긍정 감정은 인지적 유연성cognitive flexibility 및 창의성을 증진시키고(Isen, Niedenthal, & Cantor, 1992), 긍정적인 경험을 더 잘 기억해 내도록 하는 것으로 나타났다(Bower, 1981). 또한 긍정적인 정서를 느끼는 개인은 다른 사람들과 더 활발하게 상호작용하고(Clark & Watson, 1988) 다른 사람에게 도움을 주고 양보하는 등의 친사회적prosocial 행동을 보이며(Hollingshead & Carnevale, 1990), 협상 시에도 덜 경쟁적이고 보다 협력적인 협상전략을 채택함이 밝혀졌다(Carnevale & Isen, 1986). 정보처리 및 의사결정면에서는, 긍정 정서의 경험이 논리적이고 분석적인 방법보다는 직관적이고 경험적인 heuristic 방법과 관련이 높은 것으로 나타났다(Bless, Bohner, Schwarz, & Strack, 1990; Isen, 2000).

개인의 정서에 대한 연구에 비해 상대적으로 최근에 관심이 고조되고 있는 분야로 공유된 정서shared affect 또는 집단 정서collective affect에 대한 연구를 들 수 있다(권석균·최보인, 2010; Barsade & Knight, 2015; Rhee & Yoon, 2012). 개인 수준의 정서가 개인의 내적인 경험이라고 한다면, 공유된 정서는 개인들 간의 사회적 상호작용을 통해 공유된 정서적 경험을 의미한다(Parkinson, 1996). 예를 들어 한 팀원이 주말 동안 어려운 이웃을 위한 봉사활동에 참여하며 느꼈던 보람과 기쁨에 대해 다른 팀원들과 이야기를 나눔으로써 다른 팀원들도 뿌듯함과 기쁨을 느끼게 되고, 이는 팀 내 공유된 긍정 정서로 발전할 수 있다. 이처럼 한 집단이 단순히 개인들을 모아놓은 상태 그 이상의 의미가 있기 위해서는 그 집단의 구성원들이 공유된 정서를 경험하는 것이 중요하다(Sandelands & St. Clair, 1993). 특히 공동의 목표달성을 위해 구성원들이 활발하게 상호작용을 하는 경우, 또는 공통된 경험을 하거나 공동체 의식이 있는 경우에 팀이나 조직 내에 정서가 공유될 가능성이 높다(Parkinson, Fischer, & Masteand, 2005). 감정을 일으키는 대화를 통해서(Rimé, 1995) 또는 잠재의식적으로 타인의 표정과 어조에 동화되는 현상을 통해 정서가 공유되고(Hatfield, Cacioppo, & Rapson, 1992), 이는 개인 간, 팀 내, 그리고 조직 내 사회적 과정 및 결과에 영향을 미치게 되는 것이다. 지난 25년여 간 축적된 공유된 정서 연구를 통해 정서의 공유를 활발하게 하는 선행요인과 공유된 정서의 결과, 이러한 결과를 설명하는 다양한 기제에 대한 깊이 있는 이해가 가능해졌다. 이에 본 연구는 공유된 정서 문헌을 개관하는 데 그 첫 번째 목적이 있다. 특히 공유된 '긍정' 정서shared positive affect에 초점을 두고 관련 문헌을 고찰하고자 한다.

공유된 긍정 정서에 관한 관심은 조직 내 긍정적인 측면에 주목하고 뛰어나고 탁월한 조직을 구성하는 요소를 탐색하는 긍정 조직학positive organizational scholarship과 관련이 있다(Cameron, Dutton, & Quinn, 2003). 집단에 대한 기존 연구에서도 협력이라든지 집단 응집성, 구성원들의 집단에 대한 만족 등에 관심이 있었으나, 더 큰 관심은 주로 집단 내 부정적인 현상(예: 갈등, 무임승차 현상, 집단 사고, 순응에 대한 압력 등)을 해결하는 방법에 있었다고 볼 수 있다(Janis & Mann, 1977; Jehn, 1995; McGrath, 1984). 물론 집단 내에서 발생하는 문제들을 해결함으로써 집단이 원활하게 작용할 수는 있지만, 그로 인해 탁월하게 뛰어난 성과를 도출할 수 있을지는 미지수이다. 긍정 조직학은 조직 내 부정적인 측면의 해소보다는 긍정적인 요소의 개발과 조장과 활용을 통해 조직이 탁월한 성과를 낳고 구성원들 스스로가 최고의 모습을 발현하게 하는 데 그 목표가 있다(Cameron et al., 2003). 본 연구의 두 번째 목적은 개인 간, 집단 내, 조직 내 공유된 긍정 정서가 긍정 조직학에서 제시하는 긍정적 요소(예: 조직 내 공감, 활력 관계, 관계적 조정, 협력적 직무 재창조 등)를 조장하고 활성화하는 데 어떤 영향을 미칠 수 있을지 그 관계를 조명하는 것이다. 더 나아가 공유된 정서 연구 분야가 향후 탐색해야 할 연구과제를 제안하고자 한다.

본 연구의 첫 번째 부분은 공유된 긍정 정서 문헌의 개관으로, 정의와 공유 메커니즘, 선행요인, 결과들에 대해 기존 연구를 토대로 설명하고자 한다. 두 번째 부분은 공유된 긍정 정서와 긍정 조직학의 대표적인 개념 간의 관계 및 공유된 정서 분야의 향후 연구과제를 탐색해보는 것으로, 긍정 정서의 공유 현상이 조직 내 공감 문화에 의해 어

〈그림 1〉 공유된 긍정 정서 현상의 개념적 틀

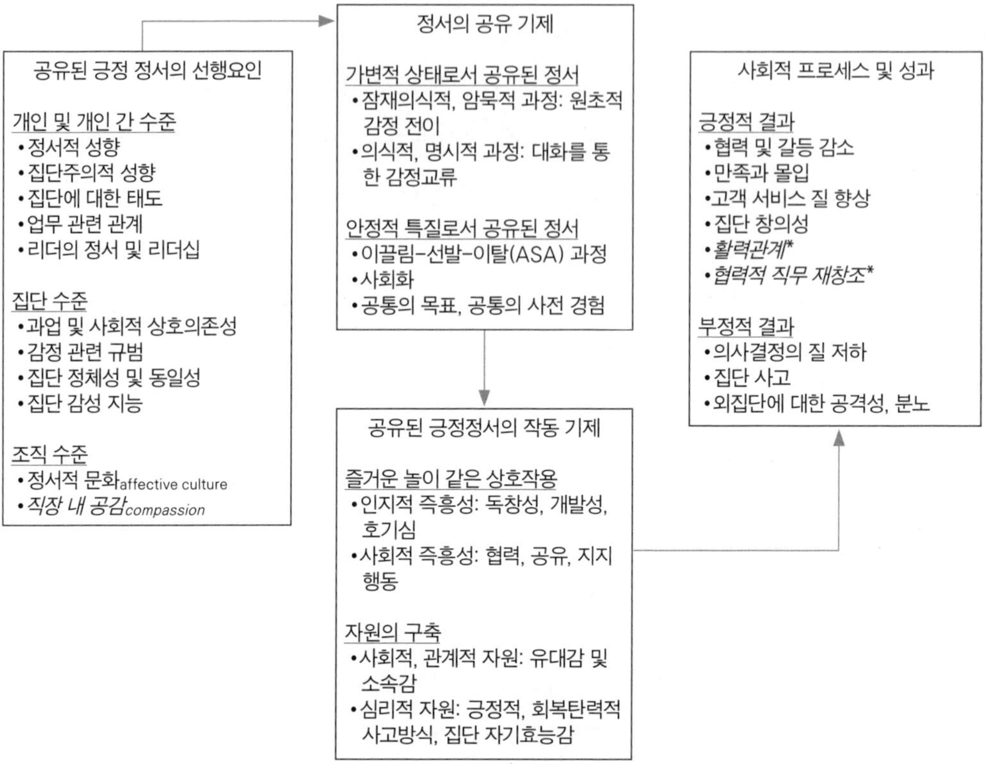

공유된 긍정 정서의 선행요인

개인 및 개인 간 수준
- 정서적 성향
- 집단주의적 성향
- 집단에 대한 태도
- 업무 관련 관계
- 리더의 정서 및 리더십

집단 수준
- 과업 및 사회적 상호의존성
- 감정 관련 규범
- 집단 정체성 및 동일성
- 집단 감성 지능

조직 수준
- 정서적 문화affective culture
- *직장 내 공감compassion*

정서의 공유 기제

가변적 상태로서 공유된 정서
- 잠재의식적, 암묵적 과정: 원초적 감정 전이
- 의식적, 명시적 과정: 대화를 통한 감정교류

안정적 특질로서 공유된 정서
- 이끌림-선발-이탈(ASA) 과정
- 사회화
- 공통의 목표, 공통의 사전 경험

공유된 긍정정서의 작동 기제

즐거운 놀이 같은 상호작용
- 인지적 즉흥성: 독창성, 개발성, 호기심
- 사회적 즉흥성: 협력, 공유, 지지 행동

자원의 구축
- 사회적, 관계적 자원: 유대감 및 소속감
- 심리적 자원: 긍정적, 회복탄력적 사고방식, 집단 자기효능감

사회적 프로세스 및 성과

긍정적 결과
- 협력 및 갈등 감소
- 만족과 몰입
- 고객 서비스 질 향상
- 집단 창의성
- *활력관계**
- *협력적 직무 재창조**

부정적 결과
- 의사결정의 질 저하
- 집단 사고
- 외집단에 대한 공격성, 분노

* 이탤릭체로 표기된 긍정조직학 분야의 개념들과 공유된 긍정 정서 간의 관계를 향후 연구 과제로 제안.

떻게 촉진될 수 있을지, 그리고 활력관계의 조성, 원활한 관계적 조정과 협력적 직무 재창조 활동에 미칠 수 있는 영향을 제안하고자 한다 (〈그림 1〉 참조).

2
공유된 긍정 정서

1. 정의 및 정서의 공유 메커니즘

공유된 긍정 정서는 두 개인 간, 팀원들 간 또는 조직 구성원들 간에 공유된 긍정적인 정서를 의미한다. 정서는 감정, 기분, 느낌 등을 포괄하는 개념으로 감정과 기분은 대상이나 원인의 유무, 그리고 지속성이나 강도에 따라 구분된다(Weiss & Cropanzano, 1996). 그러나 감정과 기분을 구분하는 것이 대개 모호하고 감정이 기분으로 전환되기도 하기 때문에(Barsade, 2002), 본 연구에서는 감정과 기분을 포함하는 '정서'라는 개념을 사용하고자 한다. '공유'는 집단 구성원들 간에 일치된 정도within-group agreement, conversion 또는 분산된 정도를 나타내는 것으로(Chan, 1998), 정서(Bartel & Saavedra, 2000), 인구통계 변수(Tsui, Egan, & O'Reilly, 1992), 인지된 업무 환경(Klein, Conn, Smith, & Sorra, 2001) 등이 집단 내 일치된 정도를 연구할 때 사용되는 개념이다. 긍정 정서가 집단 구성원들 간에 공유되었다는 것은 구성원들이 느끼는 긍정 정서의 일치된 정도가 크다는 것을 의미한다.

집단 내 긍정 정서가 구성원들 간에 공유 또는 일치된 정도 이외에 긍정 정서의 강도 또한 고려될 수 있는 요소이다(Barsade, Ward, Turner, & Sonnenfeld, 2000; Kaplan, LaPort, & Waller, 2013). 일반적으로 열정이나 열의가 과업에 요구될 때는 강한 긍정 정서가 효과적이지만, 팀원들 간에 인식을 공유하고 단일한 시각이 요구되는 과업일 경우에는 긍정 정서의 공유 정도가 높은 것이 효과적일 수 있다는 이론적 연구가 있다(Huang, 2009). 한편 정서의 강도와 공유된 정도 간에는 긍정적인 관계가 나타날 가능성이 높다. 아래의 정서 공유 기제에 대한 설명에서 볼 수 있듯이, 정서는 잠재의식적으로 타인의 감정 표현에 동화되거나 모방하는 과정을 통해(Hatfield et al., 1992), 또는 의식적으로 상대방의 감정표현을 관찰하거나 감정을 일으키는 대화를 통해 공유되는데(Rimé, 1995; Schachter, 1959), 상대방 정서의 강도가 강할수록 그 상대방의 감정표현은 높은 빈도로 더욱 분명하게 일어나는 경향이 있다(Bartel & Saavedra, 2000; Frijda, 1986; Lazarus, 1991). 강한 정서적 경험으로 인한 잦고 분명한 감정 표현은 잠재의식적, 의식적 정서 공유 과정을 활성화시켜 정서의 공유 정도가 높아질 것이다. 따라서 본 연구에서는 집단 내 긍정 정서의 공유 정도 및 구성원들 간 긍정 정서가 일치된 정도에 초점을 두고 논의를 진행하되, 이는 긍정 정서의 강도와도 밀접하게 연관되어 있음을 전제로 한다.

가변적 상태로서 공유된 긍정 정서

집단 내 공유된 긍정 정서에 대한 접근 방식은 크게 두 가지로 분류된다. 하나는 집단 내 일시적 또는 가변적으로 긍정 정서가 공유된 상태로 이해하는 방법으로 구성원 간의 상호작용 과정에서 자연스럽게 형성되는 집단 내 정서적 상태이다(Barsade, 2002; Bartel & Saavedra, 2000; Rhee, 2006; Sy, Côté, & Saavedra, 2005; Totterdell, 2000; Totterdell, Kellett, Teuchmann, & Briner, 1998; Totterdell, Wall, Holman, Dia-mond, & Epitropaki, 2004). 감정의 전이emotional contagion 현상이라고 도 불리는데, 이는 의식적 또는 잠재의식적으로 한 개인이나 집단이 다른 개인이나 집단의 감정, 행동, 태도에 영향을 미치는 과정을 의미한다(Schoenewolf, 1990). 대다수의 연구자들이 공유된 정서를 연구할 때 전제하는 접근법으로 리더와 부하 간(Sy & Choi, 2013; Sy et al., 2005), 간호사와 회계사 팀 내(Totterdell et al., 1998), 운동선수 팀 내(Totterdell, 2000), 업무관계에 있는 종업원 간(Totterdell et al., 2004), 종업원과 고객 간(Barger & Grandey, 2006; Pugh, 2001), 보험회사 지점 내(Choi, Sung, Lee, & Cho, 2011), 조직 내(Menges, Walter, Votel, & Bruch, 2011)에서 이 같은 현상이 나타남이 실증되었다.

정서의 공유 현상을 일으키는 기제로서 (1) 잠재의식적subconscious 또는 암묵적 과정implicit process과 (2) 의식적conscious 또는 명시적 과정explicit process 두 가지를 들 수 있다. 잠재의식적 또는 암묵적 과정은 상대방의 감정 표현에 동화되고 모방하게 되면서 정서가 공유된다(Barsade, Ramarajan, & Western, 2009). 대표적인 개념으로 원초적 감정의 전이primitive emotional contagion 현상을 들 수 있다. 상대방의 표정, 목소리, 자세, 행동을 자신도 모르게 모방하고 일치시킨 결과, 자신도 상대방의 감정을 느끼게 되고 서로 간에 감정이 수렴되는 경향을 의미한다(Hatfield et al., 1992). 비슷한 개념으로 모방 학습vicarious learning, 상호작용의 일치성interaction synchrony이 있다. 상대방의 정서적 표현을 관찰하면서 자신의 행동과 표현도 잠재의식적으로 조정함으로써 상대방과의 원활하고 순조로운 상호작용을 도모하는 것이다(Barsade, Brief, & Spataro, 2003; Kelly & Barsade, 2001). 이처럼 잠재의식적인 정서의 공유 현상은 주로 상대방의 표정, 어조, 자세, 행동

표현을 관찰함으로써 이루어진다(Neumann & Strack, 2000).

정서의 공유 상태를 형성하는 의식적인 또는 명시적 과정으로는 감정의 비교emotional comparison가 있다. 상대방의 감정 표현을 관찰하면서 자신이 느끼는 감정 상태가 적절한지 적절하지 않은지를 의식적으로 판단하고 조정함으로써 비슷한 정서 상태를 경험하게 된다(Schachter, 1959). 예를 들어 상대방의 찡그린 얼굴을 목격하면 현재 상황이 불쾌하거나 위협적이라는 판단을 하게 되고 자신의 감정도 상황에 적절하게 변화시킨다는 것이다(Bartel & Saavedra, 2000; Gump & Kulik, 1997). 한편, 감정을 일으키는 대화나 이야기를 통해 감정 교류가 일어나 정서가 공유되기도 하는데(Rimé, 1995), 상대방의 이야기는 듣는 사람으로 하여금 유사한 정서적 경험을 떠올리게 하고, 이는 둘 간의 공감empathy 및 정서적 교감을 불러일으킨다(Christophe & Rimé, 1997; Rimé, 2009). 특히 긍정적인 감정을 불러일으키는 이야기를 상대방과 나눔으로써 화자의 긍정 감정은 더 강화되는 효과를 경험하기 때문에(Rimé, 2009), 긍정적 이야기를 타인과 나누고자 하는 화자의 의식적인 동기가 있음을 유추할 수 있다.

사회적 정보로서의 감정 모델EASI, emotions as social information model(Van Kleef, 2009)은 한 개인의 정서 표현이 타인의 정서, 인지, 행동에 미치는 과정을 두 가지로 설명한다. 첫 번째 과정은 상대방의 감정 표현을 관찰하면서 비슷한 정서적 반응을 경험하게 되거나(암묵적 감정공유) 상대에 대한 호-불호의 정서적 반응을 형성하게 된다. 두 번째 과정은 감정 표현을 통한 정보의 전달과 관련된다(Schwartz & Clore, 1983). 사람들은 감정 표현을 통해 자신의 견해와 의도, 사물과 사람에 대한 평가 등의 정보를 전달한다. 이는 상대방으로 하여금 행동을 지속하거나 수정하게 하는 효과가 있다. 이와 같은 과정이 반복되다 보면 상호작용하는 개인 간 정서가 수렴될 가능성이 높다.

안정적인 특질로서 공유된 긍정 정서

집단 내 공유된 긍정 정서에 대한 또 다른 접근 방식은 집단의 정서 성향group affective tone(George, 1990) 또는 집단 구성원들의 유사한 정서적 기질trait affectivity(Barsade et al., 2000) 등 어느 정도 지속력 있는 정서적 성향이나 특질로서 이해하는 방법이다. 위에서 살펴본 일시적 또는 가변적 상태로서의 공유된 긍정 정서보다 상대적으로 긴 시간을 전제한다. 집단의 정서적 성향은 한 집단이 표출하는 일관되고 동질적인 정서적 반응으로, 집단 구성원들의 긍정적 및 부정적 정서 성향은 집단 전체의 긍정적 및 부정적 정서 성향과 관련이 있는 것으로 나타난다(권석균·최보인, 2010; George, 1990).

이 접근 방식은 시간이 지남에 따라 집단의 구성원들은 비슷한 정서적 성향을 지니게 된다는 가정에 근거하고 있다. 그 기제로 ASAattraction-selection-attrition 모델에 의하면 유사한 정서적 성향이 있는 사람들이 집단에 매력을 느끼고 선발되며, 이질적인 정서적 성향이 있는 사람들은 집단을 떠남으로써 결과적으로 비슷한 정서적 성향의 구성원들이 남게 된다(Schneider, 1987). 사회화나 사회적 영향 과정social influence process, 공통의 목표나 사건을 경험하는 것 또한 정서적 성향의 동질화에 영향을 미칠 수 있다(George & Brief, 1992). 본 연구에서는 일시적이고 가변적인 상태로서의 긍정 정서를 공유하는 경험이 장기간 축적되면 안정적이고 지속적인 특질로서의 공유된 긍정 정서로 발전될 수 있다고 가정한다. 따라서 두 가지 접근 방식을 구분하지 않고 논의를 이어가고자 한다.

공유된 긍정 정서의 측정 방법

긍정 정서의 공유 현상을 측정하는 방법은 우선 자기보고식self-report 설문을 통해 개인의 감정이나 기분, 정서적 기질을 측정한 뒤 개인들의 정서경험을 통합aggregate하여 집단 내 평균치를 집단 내 공유된 긍정 정서shared affect 또는 집단 정서 성향group affective tone 변수로 사용하는 것이 일반적이다(Barsade, 2002; George, 1990; Totterdell et al., 1998). 응답자 간 일관성 지표를 통해 응답의 유사성을 확인한 후 집단 수준의 공유된 정서 또는 정서 성향 변수로 사용한다. 응답자 간 일관성을 확인하는 방법으로 일반적으로 급내상관계수ICC, Intraclass correlation coefficient가 사용되고 측정자 간 신뢰도 계수Interrater reliability coefficient, 집단 내 수렴도rwg, within-group agreement도 사용되기도 한다. 현장 연구에서는 실제로 경험한 감정이나 정서, 정서적 기질 등을 자기보고식 설문으로 측정하는 반면, 실험 연구에서는 특정 감정을 유도하기도 한다(Barsade, 2002; Rhee, 2006). 또는 외부의 제3자가 집단을 관찰한 뒤 집단 내 공유된 정서를 평가하는 방식으로 측정하기도 한다(Barsade, 2002; Barsade & O'Neill, 2014; Bartel & Saavedra, 2000).

긍정 정서 공유현상의 결과물로서 개인들 정서경험의 평균치를 집단 수준 변수로 사용하는 방법 이외에, 집단 내 개인들의 정서 경험이 일치되는 정도 또는 분산된 정도를 집단 수준 변수로 사용하는 경우도 있다(Kaplan et al., 2013; Rhee, Park, Bae, & Moon, 2008). 표준편차(Kaplan et al., 2013) 또는 개인 정서와 집단 평균 정서의 차의 절댓값으로 개인 정서가 집단 정서에 수렴되는 정도를 보기도 한다(Rhee et al., 2008).

최근에는 정서 컴퓨팅affective computing이라는 연구 분야가 주목받고 있는데, 컴퓨터를 이용해 개인의 감정을 읽어들이는 방법에 대한 이론을 개발하고 실증연구 결과를 도출하고 있다(Poh, Swenson, & Picard, 2010). 문자화된 커뮤니케이션 내용 중 정서적인 부분에 관한 내용을 코딩하는 소프트웨어도 활용되기도 한다(Bollen, Mao, & Zeng, 2011). 이와 같은 정서 측정 방법들은 실시간 정서를 장시간에 걸쳐 지속적으로 측정할 수 있고 간섭을 최소화하여 측정unobtrusive measurement할 수 있기 때문에, 잠재의식적인 정서의 공유 현상이라든지 정서 공유 현상의 종단적 변화를 연구하는 데 도움이 된다.

2. 공유된 긍정 정서의 선행요인

긍정 정서의 공유 현상을 활성화하는 선행요인은 크게 두 가지 방식으로 접근할 수 있다(Kelly & Barsade, 2001). 하나는 하향식top-down 접근방법으로 조직이나 집단의 정서 표현 규범이나 문화, 집단의 사회적 구조 및 응집성 등이 집단 내 정서 공유 현상에 영향을 미치는 것이다. 다른 하나는 상향식bottom-up 접근방법으로 집단을 구성하는 리더나 개인의 정서 및 태도 그리고 구성원 정서적 성향의 조합이 집단 내 정서 공유 현상에 미치는 영향을 이해하는 방법이다. 그간 다수의 실험연구(Barsade, 2002; Rhee, 2006; Sy et al., 2005) 및 설문 또는 질적 연구(Bartel & Saavedra, 2000; Totterdell, 2000; Totterdell et al., 1998; 2004)를 통해 실증된 선행요인을 앞의 두 가지 접근방법을 토대로 개인의 정서나 태도, 행동적 특성 등 개인 수준의 요인, 리더와 부하 등 관계 수준의 요인, 집단 수준의 구조적 요인, 조직의 정서 규범이나 문화 요인으로 구분하여 살펴보고자 한다.

개인 또는 리더-부하 간 관계 수준의 선행요인

집단 구성원 개인의 속성에 따라 긍정 정서가 공유되는 정도가 달라질 수 있다. 영업팀 26개를 대상으로 한 연구에서 조지(George, 1990)는 팀원들의 정서적 기질이 유사할수록 집단의 정서적 성향이 더욱 명확하게 형성됨을 보여주었다. 토터델과 동료들(Totterdell et al., 1998)은 13개 간호사 집단과 아홉 명의 회계사 집단을 대상으로 각각 3주와 4주간에 걸쳐 매일의 기분을 측정하여 정서의 공유 현상을 밝혔다. 분석 결과에 의하면 나이가 많을수록, 집단에 몰입도가 높을수록, 긍정적인 집단 분위기를 인지할수록, 동료와 마찰이 적을수록 개인 정서와 집단 정서 간에 상관관계가 높았다. 최근에 개인의 성격적 특징으로 많이 연구되고 있는 개념이 타인의 감정에 쉽게 전이되는 성향susceptibility to emotional contagion이다. 이러한 성향이 있는 개인일수록 동료들과 정서의 공유가 더 활발하게 일어나는 것으로 나타난다(Ilies, Wagner, & Morgeson, 2007; Sy & Choi, 2013). 집단주의적 성향collectivistic tendencies이 강한 개인 역시 집단의 정서에 더 잘 동화되는 것을 볼 수 있다(Ilies et al., 2007).

두 개인 간 관계적 속성에 따라 긍정 정서의 공유 정도가 달라지기도 하는데, 이는 조직 구성원들이 맺고 있는 사회적 관계를 파악함으로써(예: 사회적 연결망 이론) 더 깊이 있는 이해가 가능하다. 토터델과 동료들(Totterdell et al., 2004)에 의하면 조직 내 업무 관련 관계work ties가 있을 경우 높은 빈도의 상호작용과 감정표현 규범으로 정서가 더 활발히 공유된다고 한다. 특히 사회적 연결망 구조 내에서 유사한 위치를 점하고 있는 두 개인일수록 정서의 유사성은 더 커지는 것으로 나타난다. 유사한 사회적 관계의 패턴을 공유하는 두 개인은 서로 비교하거나 직간접적인 의사소통의 기회가 많기 때문에(Shah, 2000)

정서의 수렴 가능성이 더 높은 것이다.

리더와 부하 간의 관계 및 상호작용의 질에 따라 정서의 공유 정도가 달라지는 현상에 대해서도 연구자들의 관심이 고조되고 있다. 리더는 특히 집단에 영향력을 행사할 수 있는 지위에 있다 보니 이들이 표출하는 감정이나 기분은 집단 내 공유되는 정서 및 감정표현 규범 등에 큰 영향을 미칠 수 있다는 점에서 리더의 정서에 대한 연구가 증가하는 이유를 찾을 수 있다(권석균·최보인, 2010; Pescosolido, 2002; Seong & Choi, 2014; Sy & Choi, 2013). 또한 이슈에 대한 리더의 해석 및 견해는 부하들의 인지적 과정에 상당한 영향을 미칠 수 있는데, 이는 이슈에 대한 부하들의 긍정 또는 부정적 인식과 정서적 반응을 통해 정서의 공유를 활발하게 하는 데 기여할 수 있다(Menges & Kilduff, 2015). 리더-부하 간 정서의 공유에 관한 초기 연구로는 리더의 정서에 의해 부하의 정서가 영향을 받는 현상을 밝힌 조지(George, 1995)의 연구가 대표적이다. 리더의 긍정적 기분은 집단 전체의 긍정적 기분과 관련이 있었으며, 집단의 공유된 긍정적 기분은 세일즈 팀의 성과를 향상시킴을 보여주었다. 싸이와 동료들(Sy et al., 2005)도 리더의 감정이 부하에게 전이되는 현상을 발견했고, 재즈 음악 연주 집단 및 운동선수 집단 등 20여 개의 집단을 관찰한 페스코솔리도(Pescoso-lido, 2002)는 불확실한 상황하에 리더가 특정한 감정을 표출할 경우 그 감정이 집단에 공유되는 현상을 다뤘다.

최근에 리더 점화-부하 전파 모델leader activation-member propagation model을 제안한 싸이와 최(Sy & Choi, 2013)의 연구에 따르면 리더가 감정 전이 과정을 집단 내에 점화시키면 리더의 감정이 전파되고 구성원들 간의 상호작용을 통해 더욱 확산된다는 것이다. 특히 이 모델에서는 집단 내 정서의 공유가 일어나는 이유와 과정을 리더와 구성원 간 성격의 이질성과 집단 구성원들 간의 성격 다양성, 감정에 쉽게 동화되는 개인 특성 등으로 설명한다. 부하들의 정서에 영향을 미치는 대표적인 리더십 유형으로 카리스마적 리더십이 있는데(이창준·윤정구, 2007; Barsade & Knight, 2015), 리더가 감정 표현을 적극적으로 할수록 카리스마가 있다고 평가되고 집단 내에 정서가 활발히 공유되며 리더의 효과성에 대해 호의적인 평가를 하는 것을 볼 수 있다(Sy, Choi, & Johnson, 2013). 또한 소규모 기업 리더를 대상으로 한 설문연구 결과, 진성 리더십authentic leadership이 집단 내 긍정 정서의 공유를 촉진시키며 이는 신사업 성과(예: 매출액, 기업규모)를 증진시키는 것으로 나타났다(Hmieleski, Cole, & Baron, 2012).

집단 수준의 선행요인

집단의 사회적 구조에 의해 정서의 공유 정도가 영향을 받는 현상을 밝힌 대표적인 연구로 바텔과 사베드라(Bartel & Saavedra, 2000)의 연구가 있다. 집단 구성원들이 서로 정서와 관련된 정보를 주고받고 확산시킬 기회는 근본적으로 사회적 구조 및 시스템에 의해 좌우된다는 전제에 근거한다. 70개의 작업집단을 관찰한 결과 과업이나 관계가 상호의존적일수록, 멤버십이 안정적일수록, 그리고 감정 관련 규범이 있을 경우 정서가 더 활발히 공유되는 것으로 나타났다. 또 다른 연구도 과업으로 연결되어 있을 경우 정서적으로 유사해지며 사회적 네트워크 구조 내에서 비슷한 위치를 점할 경우 정서적 반응이 유사함을 밝혔다(Totterdell et al., 2004). 결국 구성원 간의 상호작용이 활발할 때 잠재의식적 및 의식적 감정 전이과정이 활성화되고 정서의 공유가 촉진되는 것이라 볼 수 있다. 토터델(Totterdell, 2000)의 연구에서 그 단적인 예를 찾아볼 수 있는데, 크리켓 경기 팀 내에 정서가 가장 많이 공유된 때는 선수들 간에 주고받는 상호작용이 가장 활발하게 일어난 때로 밝혀졌다.

또한 집단의 정체성identity 또는 집단에 대한 동일시identification 정도가 강할수록 구성원들 간에 정서가 공유될 가능성이 높다. 예를 들면, 특정한 사회적 정체성이나 범주(예: 여성, 동양인 등)가 강조될 경우 구성원들이 정체성에 대해 가지는 정서가 촉발되고 이는 집단 내 정서 공유를 원활하게 한다(Mackie, Devos, & Smith, 2000). 특히 집단과 자신을 동일시하는 정도가 높은 구성원일수록 집단에 대한 강한 긍정 정서를 경험하고(Mackie, Silver, & Smith, 2004; Tanghe, Wisse, & van der Flier, 2010), 다른 구성원들에게도 전이될 가능성이 높다. 이와 반대로 집단 구성원들이 복수의 정체성을 가지고 있다든지 집단에 대한 동일시 정도가 낮을 경우 동일한 사건에 대해서도 서로 다른 감정을 경험할 확률이 높아지고 정서의 공유를 저해할 수 있다(Garcia-Prieto, Mackie, Tran, & Smith, 2007). 자신이 속한 집단이 매우 다양한 사람들로 구성되어 있다고 인식할수록 부정적인 정서가 공유되는 현상이 밝혀지기도 했다(Hentschel, Shemla, Wegge, & Kearney, 2013).

집단의 감성지능team emotional intelligence 또한 집단 내 정서가 공유되는 정도에 영향을 미칠 수 있다. 드루스캇과 울프(Druskat & Wolff, 2001)가 소개한 개념으로 집단 내 정서적 프로세스를 관리하는 규범을 통해 신뢰, 집단 정체성, 집단 효능감을 촉진할 수 있는 집단의 역량이라고 정의된다. 집단 감성지능 개념은 집단 구성원들 간의 상호작용 과정 중에 실제로 드러나고 발휘되는 감성지능을 다룬다는 점에서 구성원 개개인 감성지능의 총합과는 구별되는 개념이다(Elfenbein, 2006). 감성지능이 높은 집단 구성원은 서로의 감정이나 기분을 인지하고 그에 적절하게 대응할 수 있는 능력을 지니고 집단의 규범 또한 정서적 측면을 강조하여 구성원들 간 감정 표현을 존중하고 집단 자기효능감을 고취시키는 특징을 보인다(Druskat & Wolff, 2001; Elfenbein, 2006). 집단 감성 지능은 집단 내에 합의가 이루어지지 않을 때 창의적인 방법으로 합의를 도출하고 갈등을 해결하는 데에도 도움이 된다(George, 2002). 따라서 집단의 감성지능이 높을수록 구성원들 간에 긍정 정서의 공유가 활발히 일어날 것으로 예측할 수 있다.

조직 수준의 선행요인

조직 내에 형성된 정서 관련 규범 또한 구성원들의 정서 공유 정도에 영향을 미칠 수 있다(Barsade & O'Neill, 2014; Martin, Knopoff, & Beckman, 1998). 바디 숍The Body Shop의 정서적 문화에 대한 질적 연구를 통해 다양한 감정을 표출하는 것을 장려하면서도 동시에 실제 감정을 표현함에서 구성원 상호 간에 선을 지키는 정서 규범을 발견할 수 있다(Martin et al., 1998). 이 같은 조직 내 정서 규범을 발세이드와 오닐(Barsade & O'Neill, 2014)은 정서적 문화affective culture라고 했다. 이는 (1) 조직 내 감정의 표현 및 억제 풍토를 반영하는 행동 규범이나 가치체계와 더불어 (2) 감정의 경험과 표현이 적절한지를 터득하게 해주는 조직 내 규범이라고 정의된다. 요양병원의 정서적 문화에 대한 종단 연구(Barsade & O'Neill, 2014) 결과를 보면, 이 요양병원 내에 공유된 동료애companionate love라는 강한 정서적 문화는 팀워크와 만족도를 증진시켰고 정서적 고갈과 결근율을 줄이는 효과를 보였다. 더 나아가 종업원들 간의 끈끈한 동료애는 환자와 그 가족들에게까지도 전이되어, 이들 역시 긍정적인 기분과 높은 삶의 질을 경험하였고 가족들의 만족도도 높았으며 응급실 방문 횟수도 감소하는 탁월한 결과를 낳기도 했다.

3. 공유된 긍정 정서의 작동 기제: 인지적, 사회적 즉흥성 및 사회적, 심리적 자원의 구축

개인이 경험하는 긍정 감정의 효과는 긍정 감정의 확장-구축 이론 the broaden-and-build theory of positive emotions으로 설명된다(Fredrickson, 1998, 2001; Fredrickson & Branigan, 2000). 개인 수준의 이론으로 긍정 감정을 느끼게 되면 인지와 사고의 범위가 확장되어 문제를 해결할 때 다양한 접근법을 시도하고 문제를 다각적 관점으로 바라보는 것으로 나타난다(Fredrickson & Joiner, 2002). 이 같은 긍정 감정의 경험이 장기간 반복되면 개인에게 사회적, 심리적, 지적, 신체적 자원이 구축되는 효과를 가져온다. 긍정 감정의 경험은 서로 돕고 협력하는 행동을 통해 친교관계 등의 사회적 자원을 구축하고 긍정적이고 회복탄력적인 사고를 촉진해 당면한 난관과 스트레스를 극복할 수 있는 심리적 자원을 발달시킨다(Fredrickson, Tugade, Waugh, & Larkin, 2003). 또한 긍정 감정을 경험함으로써 학습역량이 증진되어 지적 자원이 발달하고 신체활동이 활발하고 역동적이게 되어 건강과 면역력 등의 신체적 자원도 구축된다.

이같이 개인 수준에서 기대할 수 있는 긍정 정서의 효과는 집단 수준의 공유된 긍정 정서에도 유사하게 나타날 것으로 예상할 수 있다(Kelly & Spoor, 2007). 이때 개인 수준의 긍정 정서 경험과의 차이점이라면 공유된 긍정 정서의 경우에는 집단 구성원들 간의 상호작용이 수반된다는 점이다. 긍정 감정을 느끼는 개인은 즐겁고 역동적playful이 된다는 논의에 근거해(Fredrickson, 1998) 긍정 정서가 공유된 집단 내의 상호작용은 즐겁고 역동적인 놀이play와 유사하게 나타날 것으로 생각해볼 수 있다(Rhee, 2007). 즐거운 놀이와 같은 상호작용playful interaction의 두 가지 특징은 인지적cognitive, 사회적 즉흥성social spontaneity

이다(Barnett, 1990; Lieberman, 1977). 인지적 즉흥성은 독창적이고 유연한 사고와 새로운 것을 추구하는 호기심을 의미하는데 함께 놀이할 때 기존의 것을 새롭게 해석해서 새로운 놀이 아이디어를 창조해내는 활동에 적극적으로 참여하는 모습과 유사하다(Fink, 1960). 이처럼 인지와 사고의 확장 경험이 반복되면 긍정적이고 회복탄력적인 사고를 촉진해 장기적으로는 심리적 자원이 팀 내에 구축될 수 있다(Rhee, 2007).

사회적 즉흥성은 협력하고 서로 이끌어주는 등 자발적이고 긍정적인 상호작용으로 나타나고, 이로 인해 공동체 의식이 발달하게 된다(Fink, 1960). 긍정적인 호혜관계positive reciprocity를 전제하는데, 놀이 과정에 서로의 의견이나 아이디어에 자발적이고 즉흥적으로 동의하고 적극적인 지지를 보내는 현상과 비슷하다. 사회적 즉흥성의 경험이 지속되면 유대감과 소속감이 강화되어, 장기적으로 집단 내 사회적, 관계적 자원이 개발될 수 있다(Rhee, 2007). 이와 관련하여 월터와 브루크(Walter & Bruch, 2008)는 공유된 긍정 정서의 순환적 증폭현상 positive group affect spiral이라는 개념을 제안했다. 공유된 긍정 정서를 통해 집단 구성원들은 더욱 양질의 인간관계를 맺게 되고 끈끈한 관계 덕택에 구성원들은 긍정 감정을 더욱 적극 표현함으로써 긍정 정서가 더 활발히 공유되는 순환적 증폭현상을 의미한다. 집단 내 긍정 정서 성향positive affective tone이 더욱 강화된 집단일수록 결근율이 가장 큰 폭으로 줄어드는 결과를 보인 종단연구(Mason & Griffin, 2003)에서 볼 수 있듯이 공유된 긍정 정서가 장기적으로 구성원 간 양질의 인간관계를 형성하고 집단에 대한 소속감과 애착을 고취시키는 결과를 가져옴을 알 수 있다. 이처럼 긍정 정서의 공유는 집단 내에 즐거운 놀이와 같은 상호작용을 촉진시켜 인지적, 사회적 즉흥성을 활성화하고,

장기적으로는 심리적, 사회적 자원을 구축하여 집단 내 사회적 프로세스와 성과에 영향을 미치게 된다.

4. 공유된 긍정 정서의 결과

개인 간, 집단 내, 조직 내 공유된 긍정 정서는 앞절에서 소개된 다양한 기제를 통해 집단 내 사회적 프로세스와 성과에 영향을 미치게 된다. 공유된 긍정 정서는 일반적으로 긍정적인 결과를 가져오는 것으로 나타나지만 의사결정 질의 저하나 집단사고 등의 한계도 지적된다.

집단 내 사회적 프로세스와 성과

발세이드(Barsade, 2002)는 경영 의사결정 과업을 수행하는 29개의 대학생 집단을 대상으로 실험연구를 진행했다. 공유된 긍정 정서가 구성원 간의 협력을 조장하고 갈등을 줄이는 것으로 나타났으며 구성원들이 집단의 성과를 높게 평가하는 결과를 보였다. 또한 긍정 정서를 공유한 경우 집단에 대한 만족도와 몰입도가 높게 나타나고 구성원들 간에 더 많은 도움 행동을 보이는 것으로 나타났다(Chi, Chung, & Tsai, 2011; Rhee, 2006). 깁슨(Gibson, 2003)은 집단 내 긍정 정서가 공유되면 집단에 대해 낙관적이고 긍정적인 생각이 촉진되어 과업을 성공적으로 수행할 수 있다는 자신감 및 효능감이 증가하는 결과를 보여주었다. 집단의 긍정적 정서 성향은 낮은 결근율과 관련이 있음이 밝혀지기도 했다(George, 1990; Mason & Griffin, 2003). 대규모 백화점 51개의 세일즈 팀의 긍정적 정서 성향은 높은 고객서비스 질과 관련이 있었다(George, 1995).

공유된 긍정 정서가 집단의 과업 수행기간 중간 시점midpoint(Gersick, 1991)에 어떤 작용을 하는지를 보여준 흥미로운 연구가 있다. 전술대회에 참가한 군인 팀들을 실증 분석한 결과 대회 기간의 중간 시점에 이르렀을 때 긍정 정서를 공유한 팀은 새로운 전략을 추가로 탐색하는 활동을 줄이고 전략의 실행으로 팀의 초점을 바꿈으로써 성공적인 결과를 도출한 반면, 부정 정서를 공유한 팀은 마감 시한이 다가오는데도 불구하고 새로운 전략을 탐색하는 활동을 중단하지 않아 팀 성과가 저하되는 결과가 나타났다(Knight, 2015). 과업 수행 초기에 과업에 대해 탐색하고 정보와 아이디어를 모으는 단계에서 긍정 정서를 공유한 팀은 인지와 사고의 확장 효과를 통해 적극적인 탐색활동을 보였다. 중간 시점에 도달하자 관심의 초점은 시간 내에 팀 목표와 성과를 달성하는 쪽으로 모아졌고 긍정 정서를 공유한 팀은 지금까지 도출된 정보와 아이디어에 대해 만족스럽다는 평가를 함으로써 추가 탐색활동보다는 전략의 실행으로 초점을 변화시킨 것이다.

한편, 대화를 통해 감정을 공유할 경우 대화 참가자들 간에 유대관계가 강해지는데(Peters & Kashima, 2007; Rimé, 2009) 사실이나 정보를 공유하는 대화보다는 감정을 교류하는 대화를 나눴을 경우 유대관계가 더 강해지는 것으로 나타난다(Laurenceau, Feldman- Barrett, & Pietromonaco, 1998). 특히 청중이 화자에게 열성과 열의를 보일 때 더 강한 유대감이 형성된다(Gable, Reis, Impett, & Asher, 2004).

고객과 서비스 제공자 간의 정서 공유에 대한 일련의 연구도 있다. 푸(Pugh, 2001)의 연구에 의하면 서비스 제공자가 고객에게 미소를 짓는 등 긍정 정서를 표현할 경우 고객이 긍정 정서를 경험하고 서비스 질에 대한 평가도 상승하는 결과를 가져온다. 그 반대의 관계도 입증되었다. 고객의 긍정 정서 성향은 패스트푸드 음식점 계산대 직원의 긍정적인 감정 표현(제3자가 평가)과 관련 있었고 고객 만족도 증가로 이어졌다(Tan, Foo, & Kwek, 2004).

조직 수준에서 공유된 긍정 정서의 결과를 보여주는 멩게스와 동료들(Menges et al., 2011)의 연구 또한 주목할 만하다. 조직 내 긍정 정서가 공유되었을 때 종업원 개개인의 조직시민행동을 통합한 값, 생산성 등 개인 업무성과를 통합한 값이 크게 나타났다. 이는 조직 구성원 간에 신뢰관계가 구축된 경우에만 유효한 것으로 밝혀졌다.

집단의 창의적 결과물과 의사결정의 질

개인의 긍정 정서가 창의적 사고를 촉진시키듯이(Isen et al., 1992), 집단 내 공유된 긍정 정서도 집단의 창의성을 높이는 것으로 나타난다. 대학생 및 MBA 학생으로 구성된 72개 집단을 대상으로 실험연구(Rhee, 2006)를 실시한 결과 긍정 정서가 공유되었을 때 서로의 아이디어에 대해 적극적인 지지를 보내고 아이디어를 함께 발전시켜 나가는 상호작용 패턴을 보인다. 이는 집단의 창의성과 집단 만족도를 높임을 밝혔다. 다른 연구에서도 긍정 정서가 공유된 집단에서 브레인스토밍 과업을 수행할 때 부정 정서를 공유한 집단에 비해 더욱 독창적이고 중요한 아이디어들을 산출하는 것을 실증하였다(Grawitch, Munz, & Kramer 2003; Grawitch, Munz, Elliott, & Mathis, 2003). 중국의 68개 연구개발팀을 대상으로 한 설문연구(Tsai, Chi, Grandey, & Fung, 2012)는 긍정 정서가 팀 내 공유된 경우 더욱 창의적인 산출물을 도출함을 밝혔고, 이는 팀에 대한 신뢰 정도에 의해 조절됐다.

공유된 긍정 정서가 의사결정의 질에 미치는 영향에 대해서는 서로 어긋나는 연구결과가 보고된다. 이승윤(Rhee, 2006, 2007)은 공유된 긍정 정서가 집단 구성원들로 하여금 비판적이고 논리적인 사고를 하기보다는 서로의 의견에 적극적으로 동조하는 상호작용을 증가시켜 의사결정의 질을 떨어뜨리는 결과를 보여주었다. 공유된 긍정 정서는 지나친 자신감과 통제의 환상illusion of control을 일으켜 분석적이고 논리적인 사고가 필요한 의사결정 과업의 결과를 저해한다는 해석이 가능하다(Kelly & Spoor, 2006). 체계적이고 논리적인 정보처리 과정을 거치기보다는 더 쉽고 빠르게 의사결정을 내릴 수 있는 직관적인 정보처리 과정을 선호하게 됨에 따라 집단 의사결정의 정확도나 질이 저하되는 것이다(Rhee, 2006). 같은 맥락에서 발세이드(Barsade, 2002) 또한 공유된 긍정 정서가 비현실적인 도취감이나 자신감을 확산시켜 집단사고 현상을 일으키거나 집단의 의견에 동조해야 하는 압력을 느끼게 할 수 있다고 하였다.

한편 분석적, 논리적인 사고 과정이 필요한 의사결정 과업 대신, 집단 구성원 각자가 가지고 있는 정보를 공유하는 과정이 중요한 과업의 경우에는 공유된 긍정 정서가 과업성과를 높인다는 결과도 있고(Bramesfeld & Gasper, 2008), 반대로 부정 정서를 공유한 집단이 정보를 더 상세하게 설명하고 공유함으로써 의사결정의 질이 높아진다는 결과도 있다(Kooij-de Bode, van Knippenberg, & van Ginkel, 2010; van Knippenberg, Kooij-de Bode, & van Ginkel, 2010).

결과적으로 공유된 긍정 정서는 일반적으로 집단 내 창의성을 촉진하는 한편, 의사결정의 질에 관해서는 과업의 종류에 따라(예: 정확도, 정보의 공유 또는 상세한 설명이 중요한 의사결정 과업 등) 그 결과가 다양하게 보고되고 있다. 뒤에 이어질 향후 연구과제 부분에서 더 자세히 다루겠지만, 정서의 공유와 대비되는 개념인 정서적 다양성affective diversity 또는 emotional variation이 인식과 사고를 다변화하여 창의성과 의사결정에 도움이 될 수 있다는 의견도 있다(Tiedens, Sutton, & Fong, 2004). 특히 오늘날의 복잡하고 변화무쌍한 환경하에서 정서적 동질성은 현실을 다각도에서 보기보다는 동일한 측면에서만 보게 하는 한계를 가져올 수 있기 때문이다(George & King, 2007). 아직도 개념적 논의에 그치고 있지만, 정서의 동질성 내지 수렴현상과 함께 정서의 이질성 및 확산현상에 대한 이해가 더욱 필요할 것으로 보인다.

요약하면, 공유된 긍정 정서는 일반적으로 집단 구성원 간에 협력적이고 원활한 상호작용을 가능하게 하여 긍정적인 결과를 가져오는 것으로 나타난다. 이는 주로 횡단 연구를 통해 밝혀진 내용으로 공유된 정서의 시간에 따른 변화와 그 영향에 대해서는 개념적 연구(Hareli & Rafaeli, 2008; Walter & Bruch, 2008)가 대부분이고 실증연구는 상당히 부족한 실정이다(예외: Ilies et al., 2007; Mason & Griffin, 2003). 개인 수준의 정서 연구는 경험 표집법experience sampling technique 등을 이용해 정서의 종단적 변화 형태와 그에 따른 업무성과, 태도 및 행동의 변화에 관심을 두고 활발하게 진행되고 있다(예: Amabile, Barsade, Mueller, & Staw, 2005; Rothbard & Wilk, 2011). 집단 수준의 정서 연구 또한 공유된 정서의 변화 형태와 집단 수준의 다양한 변수 간의 상호작용 및 인과관계를 탐색한다든지, 정서를 지속해서 공유하는 집단과 그렇지 않은 집단의 비교연구 등을 통해 공유된 정서 연구 분야를 더욱 발전시킬 수 있을 것이다.

이상에서 개인 간, 집단 내, 그리고 조직 내에서 일어나는 긍정 정서의 공유 현상에 대한 연구를 개관하였다. 이를 통해 조직 맥락에서 가장 근본적인 요소라 할 수 있는 감정과 기분 등의 정서가 사회적 관계 내에서 공유되는 과정과 그 결과를 살펴보았다. 이하에서는 공유된 긍정 정서의 개념 및 연구 성과가 긍정 조직학 분야로 확장되기 위한 점진적인 연구 방향을 제안하고 공유된 긍정 정서 연구가 향후 탐색해야 할 연구과제에 대해서 논의하고자 한다.

3

공유된 긍정 정서의 긍정 조직학에의
적용 및 향후 연구과제

긍정적인 측면에 주목하고자 한 긍정 심리학 연구의 발전과 더불어 조직과 그 구성원에 대한 연구에서도 긍정적인 측면에 초점을 두는 긍정 조직학에 관한 관심이 확대되고 있다(이동섭·조봉순·김기태·김성국·이인석·최용득, 2009; 이지영·김명언, 2008; Cameron et al., 2003). 긍정 정서는 긍정 심리학에서 다루고 있는 주요 개념 중의 하나로 긍정 정서가 조직 맥락에서 가지는 의미와 그 효과에 대해 긍정 조직학도 강조하고 있다(Rhee & Yoon, 2012). 그러나 개인 간, 집단 내 또는 조직 내 공유된 긍정 정서가 긍정 조직학의 주요 연구 분야들과 어떻게 관련되는지에 대한 고찰은 다소 부족한 실정이다. 공유된 긍정 정서와 양질의 연결 관계, 직장 내 공감, 그리고 활력 관계 등 긍정 조직학의 주요 개념 간의 관계를 살펴봄으로써 공유된 긍정 정서가 긍정 조직학 분야에 가지는 함의를 고찰해보고자 한다.

1. 공유된 긍정 정서의 긍정 조직학에의 적용

공유된 긍정 정서와 직장 내 공감

직장 내 공감compassion at work은 조직 구성원이 겪는 물질적, 정신적 고통 및 대인관계에서 유발되는 고통에 대한 인지적, 정서적, 그리고 행동적 반응을 의미한다(고성훈·문태원, 2012). 타인이 겪는 어려움과 고통을 인지하고 그 아픔을 나누며 타인이 어려움과 고통을 극복할 수 있도록 따뜻한 격려의 말, 유연한 업무 할당, 심리적 및 물질적 지원 등의 행동을 실제로 이행하는 것을 나타낸다(Dutton, Frost, Worline, Lilius, & Kanov, 2002; Frost, Dutton, Worline, & Wilson, 2000). 직장 내 공감은 고통을 겪는 사람과 고통을 공감하고 극복할 수 있도록 도움을 주는 주변 사람들 간의 상호작용 과정 및 관계적 측면에 주목한다는 점에 그 특징이 있다.

직장 내 공감을 경험한 종업원은 직장을 활력과 치유의 원천이라고 생각하고 긍정적인 시선으로 직장을 바라보게 되며(Frost, 2003), 심리적 웰빙과 조직에 대한 몰입도가 높아진다(고성훈 · 문태원, 2013; Lilius et al., 2008). 또한 질병에서 신속하게 회복되고 자존감이 상승하며(Dutton et al., 2014) 긴장과 불안함이 감소하고 긍정적인 사고가 촉진되기도 한다(Lilius, Worline, Dutton, Kanov, & Maitlis, 2011). 더 나아가 직장 내 공감은 정서적 몰입을 매개로 대인관계를 원활하게 하고 직무에 대한 헌신과 과업성과 수준을 높이는 효과도 있다(오아라·박경규·용현주, 2013). 특히 직장 내 공감을 경험할 경우 주변 사람들과의 유대감과 조직에 대한 소속감이 강해져 기쁨, 즐거움 등의 긍정적인 감정을 느끼게 되고(Frost et al., 2000; Lilius et al., 2008), 이에 관한 대화를 주고받으면서 감정의 전이가 일어나(Rimé, 1995) 공유된 긍정 정서가 형성될 수 있다.

집단 내 공유된 긍정 정서가 집단 내 공감을 활성화하는 관계도 앞서 논의된 공유된 긍정 정서의 작동 기제 중 사회적 즉흥성과(Fink, 1960) 집단 내 구축된 사회적, 심리적 자원으로 설명할 수 있다. 즉 집단 내 긍정 정서가 공유되는 경험을 통해 구성원 간 협력, 지지하는 상호작용이 원활해져 소속감과 유대감 등 사회적, 관계적 자원이 구축되고 긍정적이고 회복탄력적인 관점과 생각을 교환하며 집단 내 심리적 자원 또한 구축될 수 있다. 이렇게 구축된 사회적, 심리적 자원으로 인해 집단 내에 고통스럽고 어려운 상황이 닥쳤을 때도 이를 함께 극복하기 위한 공감 행동이 가능해질 수 있을 것이다. 직무 요구-자원 모델job demands-resources model(Schaufeli & Bakker, 2004) 논의에서도 상사나 동료와의 유대관계가 직무 자원으로 작용하여 직무 요구로 인해 발생하는 스트레스나 탈진을 줄여주는 효과가 있듯이 긍정 정서가 집단 내 공유되는 경험이 장기간 반복되면 어려운 상황 속에서도 공감 행동을 실천할 수 있는 사회적, 심리적 자원이 형성되는 관계를 예상해볼 수 있다.

공유된 긍정 정서와 활력 관계

활력 및 에너지는 개인이 의욕을 가지고 활동하게 하는 자원으로, 과업을 수행하고 목표를 달성하게 하는 원동력이라고 정의된다(Quinn, Spreitzer, & Lam, 2012). 기존에는 활력이 부족한 상태에서 발생할 수 있는 문제(예: 직무 탈진, 스트레스 등)에 초점을 둔 반면 (Demerouti, Bakker, Nachreiner, & Schaufeli, 2001; Sonnentag, Kuttler, & Fritz, 2010), 긍정 조직학에서는 개인, 집단, 조직 내 활력을 조성하고 촉진하는 요인에 주목한다(Baker, Cross, & Wooten, 2003; Owens,

Baker, Sumpter, & Cameron, 2016).

활력의 원천은 개인의 속성일 수도 있고 환경의 영향일 수도 있다. 콜린스(Collins, 1993)는 특히 사회적 관계 내에서 발생하는 활력에 초점을 두고 활력의 경험이 관계 내에서 공유되는 현상을 연구했다. 이승윤·박혜원·배종훈·문형구(2008)의 연구에서는 사회적 관계를 맺고 있는 구성원들 간에 공유된 긍정 감정이 더욱 강화되고 증폭되어 고강도의 긍정 감정을 경험하고, 더 나아가 행동의 동기가 부여된 상태가 활력을 경험하는 상태이고, 이러한 상태를 일으키는 관계를 조직 내 활력관계로 정의한다.

긍정 정서를 공유하여 비슷한 정서를 느끼는 단계에서 더 발전하여 관계 내에서 활력을 경험하기 위해서는 정서가 인지와 결합되는 과정이 필요하다(Tesser, 1991). 즉 자신에게 의미 있는 타인과 상호작용하는 과정에서 감정을 느낄 때 그 감정으로부터 더 많은 의미를 유추하고 추출하는 인지적 작용이 일어나고 그 결과 의욕과 활력이 발생하게 되는 것이다(이승윤 외, 2008). 특히 내적 동기 형성의 핵심 요인인 자율성, 역량, 소속감을 타인과의 상호작용 과정에서 인지할 때(Ryan & Deci, 2000), 공유된 긍정 정서가 활력으로 발전될 가능성이 높다. 또한 이승윤 외(2008)는 구성원 간 관계가 친밀할 때, 동일한 가치공동체에 속할 때, 그리고 긍정 정서의 경험과 표현이 장려되는 정서적 규범이 존재할 때 자율성과 역량 및 소속감의 인식이 더 강화될 수 있다고 함으로써 공유된 긍정 정서가 활력과 의욕의 경험으로 발전되기 위한 관계적 속성 또한 제안한다.

오웬스와 동료들(Owens et al., 2016)도 관계 에너지relational energy를 개인 간 상호작용 과정에서 발생하는 에너지로 보고 있는데 상호작용에 참여하는 개인들의 동기 및 심리적 자원이 강화되어 업무 역량이 증진된 상태로 정의하며 에너지를 받는 개인receiver의 관점을 택한다. 건강 관련 서비스업에 종사하는 157명을 대상으로 한 설문연구 결과, 관계 에너지를 경험한 사람은 한 달 후에 측정한 직무몰입 정도가 높게 나타났고, 이는 사회적 지원social support의 영향을 통제한 상태에서도 유의한 것으로 나타났으며, 업무성과에도 긍정적인 영향을 미침이 밝혀졌다(Owens et al., 2016).

이처럼 사회적 관계 속에서 창조되고 활성화되는 에너지 또는 활력에 관한 관심이 증가하고 있다. 조직 분야에서 직무 탈진의 원인과 해결방법에 대한 연구가 활발히 이루어지고 있는 만큼(Halbesleben & Buckley, 2004) 에너지, 활력, 의욕을 창출하고 유지하며 확산하는 방법에 대한 긍정 조직학 분야의 연구 또한 증가할 것으로 기대한다.

공유된 긍정 정서와 관계적 조정 및 협력적 직무 재창조

긍정 조직학에서 탁월한 개인, 집단, 조직을 창출하는 중요한 기제 중의 하나로서 주목하는 것이 바로 개인들 간에 형성되는 양질의 관계이다(Heaphy & Dutton, 2008). 조직 내 흩어져 있는 관계들이 공동의 목표를 추구하기 위해 서로 간에 활동을 조정하고 조화를 이루어 통합해가는 의사소통 과정을 특별히 관계적 조정relational coordination이라고 일컫는다(Gittell, 2002). 관계적 조정은 업무가 상호의존적이고 업무분장이나 직무기술서가 명확하지 않으며, 시장 환경 변화가 극심해 새로운 정보에 따라 활동을 신속하게 조정해야 하는 상황(예: 병원 응급실, 요양 병원, 비행기 이륙 훈련 등)에 그 중요성이 더 커진다(Gittell, 2001, 2002; Gittell, Seidner, & Wimbush, 2010).

원활한 관계적 조정이 일어나기 위해서는 공유된 목표shared goals, 각자의 과업이 전체 프로세스 내에서 어떻게 상호 연관되는지에 대한 공유된 지식shared knowledge, 그리고 상호작용하는 개인 간의 상호존중mutual respect이 필요하다(Gittell, 2002). 이는 공유된 긍정 정서에 의해 더욱 활성화될 수 있는 요소들이다. 예를 들어 긍정 정서가 공유되었을 때 나타나는 인지적 즉흥성은 인지와 사고의 폭을 넓히고 유연하고 개방적인 상호작용을 가능하게 하므로(Barnett, 1990) 목표와 지식을 공유하는 활동이 활발해질 수 있다. 또한 사회적 즉흥성은 공동체 의식과 유대감을 강화시킴으로써(Fink, 1960) 상호존중을 통해 관계적 조정이 원활해질 수 있다. 이처럼 공유된 긍정 정서 현상에 수반되는 인지적, 사회적 효과를 통해 관계적 조정이 일어남으로써 불확실하고 급변하는 상황에 신속하고 조화로운 협업으로 대처할 수 있게 된다.

협업을 수행하는 과정에 유연하고 개방적인 방식으로 활동을 조정하고 조화를 이루는 관계적 조정은 긍정 조직학의 또 다른 연구 분야인 직무 재창조job crafting와 관련이 있다. 이는 "개인이 물리적, 인지적으로 과업의 경계와 일을 통해 맺는 관계의 경계를 변화시키는 것으로, 자신의 직무를 형성, 변형 및 재정의하는 일련의 활동을 의미한다(채연주, 2015: 13)." 이러한 재창조 활동을 통해 직무를 수행하는 개인은 자신의 직무에서 새로운 의미를 찾아내고 긍정적인 정체성을 확립하는 긍정적인 결과를 경험하게 된다. 직무 재창조는 적극적이고 능동적인 개인의 활동으로부터 집단의 협력적 직무 재창조 활동으로 확대되어 연구되기도 한다(Leana, Appelbaum, & Shevchuk, 2009). 직무가 사회적 관계 내에 배태되어 고도로 상호의존적인 경우 협업 관계에 있는 구성원들과 공동으로 직무재창조 활동을 하게 되는데 상호 간의 활동을 조정하고 조화를 이루는 협력적 방식으로 직무를 재창조한다는 점에서 관계적 조정과 일맥상통하는 것을 알 수 있다. 따라서 긍정 정서가 공유된 집단에서 나타나는 인지적 즉흥성은 사고의 유연함과 개방성을 촉진하여(Barnett, 1990) 유연한 과업 경계 및 업무관계 설정과 과업에 대한 창의적인 인식을 도울 수 있다. 사회적 즉흥성에서 비롯된 유대감과 공동체 의식은 특히 협력적 직무 재창조 활동을 원활하게 하는 효과를 기대해볼 수 있다.

2. 공유된 긍정 정서 분야의 향후 연구과제

다음으로는 공유된 긍정 정서 연구가 향후 탐색해야 할 과제를 구성원 간 상호작용, 정서적 다양성, 공유된 부정정서에 대한 연구의 필요성에 중점을 두고 논의하고자 한다.

집단 구성원 간 상호작용에 대한 연구의 필요성

정서의 공유 현상을 설명하는 가장 중요한 기제는 집단 구성원들 간의 상호작용이라고 할 수 있다. 잠재의식적, 암묵적으로 정서가 공유되기 위해서는 상호작용 과정에서 상대방의 표정, 어조, 행동 등을 접하는 것이 그 시작이고(Hatfield et al., 1992), 의식적, 명시적인 정서의 공유 과정도 대화라는 상호작용을 전제로 한다(Rimé, 1995). 보다 지속적이고 안정된 집단의 정서적 성향 역시 구성원 간 상호작용 과정을 거쳐 유사한 정서적 성향 및 반응 양식이 발전된 결과이다(George, 1990).

그런데 집단 구성원 간 상호작용의 특징, 빈도, 집중 내지 분산된 정도 등 상호작용 그 자체에 대해서는 공유된 정서 문헌에서 매우 드물게 다루고 있다. 집단 구성원 간의 상호작용은 집단의 가장 근본적인 요소이다(Bales, 1950). 특히 감정에는 일반적으로 수반되는 행동 경향이 있는데(Frijda, 1986), 집단 내 공유된 감정은 구성원 간의 특정한 상호작용 경향을 유도할 것으로 짐작할 수 있다. 예를 들어 기쁨과 즐거움을 경험할 경우 타인에게 다가가서 경험을 공유하고자 하는 행동경향을 보이고, 긴장이나 두려움의 감정을 느낄 경우에는 불확실한 상황을 회피하고자 하는 행동경향을 보인다(Lazarus, 1991). 이를 집단 수준의 현상으로 예측해보면 구성원 간에 즐거운 감정을 공유했을 때 더 친근한 상호작용을, 불안이나 긴장의 감정을 공유했을 때는 불확실성을 조장하는 발언을 비판하는 등의 상호작용을 예상할 수 있다.

공유된 정서 문헌에서 집단 구성원 간의 상호작용에 주목하는 연구로는 확장 – 구축 상호작용broadening-and-building interactions 연구를 들 수 있다(Rhee, 2006, 2007). 개인 긍정 감정의 확장-구축 이론을 집단 구성원 간의 상호작용에 적용하여 집단 내 긍정 정서가 공유되었을 때 구성원의 사고와 인지의 폭이 넓어져 서로의 아이디어를 적극적으로 지지하고 점차적으로 발전시켜 나가는 유형의 상호작용이 일어나고, 결과적으로 집단의 창의성이 증진됨을 밝혔다.

구성원 간 상호작용의 구체적 속성 및 패턴이 집단 내 긍정 정서가 공유되는 정도에 미치는 영향을 알아보기 위해 사회적 연결망 분석 방법을 활용한 연구도 있다(Rhee et al., 2008). 대학생 및 MBA 학생으로 구성된 38개 팀의 상호작용 속성(적극적인 동의를 보이는 유형, 유머에 대해 웃음으로 반응을 보이는 유형)과 상호작용 패턴(네트워크 밀도, 중심성)을 분석한 결과 두 가지 유형의 상호작용 모두 팀 내에서 빈번하게 일어날수록 긍정 정서의 공유 정도가 높은 것으로 나타났다. 즉 긍정 감정을 일으키는 상호작용에 적극적으로 참여함으로써 다른 구성원들과 정서가 일치 동화되는 적극적인 정서의 공유 과정이 지지된 것이다. 반면 다른 구성원들이 유머를 주고받는 것을 관찰하기만 하고 자신은 유머 상호작용에 참여하지 않았던 개인의 정서는 나머지 구성원들의 정서와 괴리되는 것으로 나타났다. 이는 상대방의 감정 표현을 보는 것만으로도 잠재의식적으로 정서가 동화된다는 원초적 감정 전이primitive emotional contagion가 주장하는 바와 배치되는 결과이다. 베일즈(Bales, 1950)에 의하면 유머 상호작용은 긴장감을 해소하려는 목적을 지니는 반면 적극적인 동의는 팀의 단결력을 강화하려는 목적을 지닌다. 따라서 각기 다른 목적을 지닌 두 가지 유형의 상호작용이 팀의 긍정정서 공유 과정에 각기 다른 영향을 미친 것으로 볼 수 있다.

위의 두 연구는 정서의 공유 현상에서 가장 근본적인 기제인 집단 구성원 간의 상호작용에 초점을 두었다는 데 그 의의가 있다. 향후 연구에서는 구체적인 상호작용에 대한 이해와 더불어, 집단 수준에서 그간 상당한 연구가 진행되어 온 무임승차 현상, 집단사고, 다수와 소수 의견의 갈등, 핵심 또는 경계를 점하는 구성원, 동질적 또는 이질적 집단 구성 등의 개념이 긍정 정서의 공유 현상과 어떤 관계가 있을지 탐색할 것을 제안한다.

이와 더불어 구성원 간의 상호작용을 매개하는 매체media의 영향을 살펴보는 연구도 앞으로 더욱 주목받을 것으로 예상된다. 정보통신기술의 발달로 가상 팀virtual team이나 재택근무 방식이 확대되면서 대면 상호작용 상황에서 주로 연구된 정서의 공유 현상이 화상이나 가상 공간에서는 다르게 나타날 수도 있을 것이다(예: Friedman, Anderson, Brett, Olekalns, Goates, & Lisco, 2004; Moore, Kurtzberg, Thompson, & Morris, 1999). 전자 협상electronic negotiation 상황에서도 상대방의 언어화된 메시지(예: 길이, 문법 등)뿐만 아니라 정서적 메시지(예: 메시지의 어조, 직설적 또는 우회적인 정도 등)에 잠재의식적으로 동화되는 현상이 나타남이 밝혀지기도 했다(Chesin, Rafaeli, & Bos, 2011). 비언어적 표현(예: 얼굴 표정, 목소리 등)이 제한된다는 점에서(Belkin, 2009) 대면 상호작용에 비해 정서의 전달 및 전이는 상대적으로 제한적일 것으로 예상된다. 반면 이승윤과 윤혜정(Rhee & Yoon, 2012)의 개념적 연구에서는 부정적 정서를 내포하는 메시지는 사회적 규범에 위배되기 때문에 오히려 눈에 띄고 부정적인 정서의 전이를 촉진할 수도 있다고 제안한다.

정서적 다양성에 대한 연구의 필요성

정서의 공유 현상과는 반대되는 현상으로 집단 내 정서의 이질성 또는 정서적 기질trait affectivity의 다양성에 대해서는 그간 연구자들의 관심이 적은 편이었다. 발세이드와 동료들(Barsade et al., 2000)은 최고경영진 팀 내 긍정적 기질과 부정적 기질이 이질적으로 섞여 있을수록 팀 내 갈등이 많았고 협력 정도가 낮았으며 회사의 재무적 성과에도 부정적인 영향을 미침을 밝혔다. 최근에는 재난 시뮬레이션에 참가한 팀을 대상으로 한 연구가 있는데 팀원들의 정서적 기질이 이질적일수록 부정적인 감정을 더 많이 경험하여 성과가 저하됨을 밝혔다(Kaplan et al., 2013). 구성원 간에 이질적인 감정을 표현하는 집단은 외부의 제3자로부터 부정적인 평가를 받기도 한다. 예를 들면 공동체 의식이 약하다든지 공동의 책임의식이 약하다는 평가를 받는다는 것이다(Magee & Tiedens, 2006).

이러한 결과들을 보면 집단 내 긍정 정서를 공유하는 것이 중요하다는 결론을 내리게 된다. 그러나 공유된 긍정 정서가 항상 긍정적인 결과만을 가져오는 것은 아님을 앞서 설명한 바 있다. 비판적이고 논리적인 정보처리 및 의사결정에는 오히려 약간의 긴장감과 같은 부정 정서를 공유하는 것이 더 나은 결과를 가져올 수 있고(Rhee, 2006), 공유된 긍정 정서는 비현실적인 도취감이나 동조압력으로 인해 집단사고를 일으킬 수도 있다(Barsade, 2002). 특히 긍정 정서이건 부정 정서이건 집단 내 정서적 유사성 및 동질성은 현실을 한 가지 관점으로만 단순하게 이해하여 변화무쌍한 현실에 대한 대응력이 떨어질 수 있다(George & King, 2007). 티덴스와 동료들(Tiedens et al., 2004)의 개념적 논의에 따르면, 정서적 다양성이야말로 인식과 사고의 틀을 다변화하고 소수의견에 주의를 기울이게 함으로써 집단의 창의성과 의사결정의 질을 높이고 다른 사람들에 대한 설득 능력을 향상시킬 수 있다고 한다. 또한 조직의 60개 팀을 대상으로 로사다와 히피(Losada & Heaphy, 2004)는 긍정적 의사소통 대 부정적 의사소통의 비율이 팀 성과에 미치는 영향을 분석했는데 부정적인 언급 1개에 대해 긍정적인 언급 2.9개가 의사소통되는 팀의 성과가 가장 높은 것으로 나타났다. 이러한 연구결과들은 정서적인 다양성이 가져올 수 있는 긍정적인 효과들을 보여주고 있으며 향후 추가적인 실증연구를 통해 더 깊은 이해가 필요할 것으로 생각된다.

공유된 부정 정서에 대한 연구의 필요성

한편 부정적인 정서가 공유되었을 때 발생할 수 있는 부정적인 결과에 대한 연구도 찾아볼 수 있다. 애쉬포스와 험프리(Ashforth & Humphrey, 1995)의 논의에 따르면, 두려움이나 긴장감 등의 부정적 감정이 집단 내에 확산되면 구성원들은 과업보다는 감정을 유발하는 이슈나 사건에 더 주의를 기울이게 되어 성과가 저하될 수 있다. 특히 부정적인 정서가 구성원 간에 전이될 경우, 외부 집단에 대한 공격성이나 변화에 대한 저항 등과 같이 부정적인 행동을 정당화하는 정서적 분위기가 형성될 가능성에 대해 주의해야 한다고 한다. 또한 질투심envy이라는 특정한 부정적 감정이 집단 내에 공유되었을 경우 무임승차 문제가 증가하고 집단 응집성과 자기효능감이 감소하게 되며, 그 결과 결근율이 증가하고 집단 만족도와 성과가 감소하는 결과가 보고되었다(Duffy & Shaw, 2000). 무임승차 행동은 상대방의 성과를 저해하고 적대감을 표출하는 수단으로 활용되는 경향을 보였으며 적대감과 긴장감은 집단 응집성과 자기효능감을 감소시키는 것으로 나타났다. 콜, 월터와 브루크(Cole, Walter, & Bruch, 2008)는 제조업에 종사하는 61개 작업팀 내 부정적 정서 성향 정도가 높을수록 상사가 평가하는 작업팀 성과가 저조하게 나타나는 결과를 보여주었다. 특히 부정적인 감정을 비언어적으로 표현하는 정도nonverbal expressivity가 강할수록 부정적 정서 성향이 성과를 감소시키는 정도가 높게 나타났다.

부정적인 정서를 표출하는 집단을 관찰한 제3자는 그 집단의 성과가 저조할 것이라고 평가한다는 결과도 흥미롭다. 켈리와 스푸어(Kelly & Spoor, 2007)에 따르면 사람들은 타인을 평가할 때 자신의 지식과 신념의 범위 내에서 단순하게 평가를 하는 경향이 있기 때문이라는 것이다. 외부의 관찰자가 집단 구성원들이 표출하는 정서에 근거하여 집단의 성과를 예측하게 된다는 점에서 집단이 외부의 이해관계자들과 맺는 관계라든지 집단이 나타내는 이미지 등이 집단 내 공유된 정서와 밀접하게 관계됨을 알 수 있다.

공유된 부정 정서가 긍정적인 결과를 가져오는 흥미로운 결과도 있는데 싸이와 동료들(Sy et al., 2005)의 연구에 따르면 리더가 표출하는 분노 등의 부정적인 정서가 부하에게 전이되어, 부하로 하여금 현재의 부정적인 정서 상태에서 벗어나고자 더 많은 노력을 기울이게 하기도 한다. 반 클리프와 동료들(Van Kleef et al., 2009)은 리더가 표출하는 분노의 감정은 부하들이 평균적으로 친화적인 성격이 아닐 때 집단의 성과를 향상시키고 리더의 즐겁고 행복한 감정 표출은 부하들이 평균적으로 친화적인 성격일 때 집단에 성공적인 결과를 가져옴을 밝혔다.

요약하면, 공유된 부정 정서의 결과에 대해서는 연구가 제한적이고 그 효과에 대해서도 긍정과 부정의 양면성이 있는 것으로 설명된다. 나이트와 아이젠크래프트(Knight & Eisenkraft, 2015)의 메타분석 연구에 의하면, 공유된 부정 정서를 유발한 원천이 집단 외부에 있거나 일시로 존재하는 집단 내에 부정 정서가 공유되면 응집력이 강해지고 과업성과가 향상된다. 반대로 공유된 부정 정서의 원천이 집단 내부에 있거나 지속적으로 존재하는 집단 내에 부정 정서가 공유되었을 때는 응집력이 약해지고 과업성과도 저하되는 경향을 보인다. 이처럼 공유된 부정 정서는 제한적인 조건하에서만 긍정적인 결과를 가져오는 것으로 보인다. 향후 연구 방향으로 공유된 부정 정서가 집단 내 상호작용 등의 사회적 과정과 결과에 미치는 영향에 대해 더 폭넓은 탐색이 필요할 것으로 생각된다.

반면 긍정 정서의 확산과 공유는 전반적으로 긍정적인 결과를 불러온다는 것이 다수의 연구를 통해 입증되어 왔다. 따라서 실무적으로도 긍정 정서의 공유를 촉진하는 방법에 주목할 필요가 있다. 예를 들면 긍정적 정서기질을 지닌 개인으로 팀을 구성한다든지(George, 1990) 집단 내 과업 의존성을 높여 상호작용을 활발하게 하는 방법(Bartel & Saavedra, 2000)을 생각해볼 수 있다. 리더가 느끼는 감정과 표현하는 감정 모두 집단 내 정서의 공유에 상당한 영향을 미친다는 연구결과들을 볼 때(Sy et al., 2005; Van Kleef et al., 2009) 리더의 열정적인 감정 표현이 집단 내 활기를 불어넣는 데 효과적일 것이라는 시사점을 얻을 수 있다.

이상으로 개인 간, 집단 내, 그리고 조직 내에서 일어나는 긍정 정서의 공유 현상에 대한 고찰을 통해 조직 맥락에서 가장 근본적인 요소라 할 수 있는 감정과 기분 등의 정서가 사회적 관계 내에서 어떤 과정을 거쳐 공유되고 어떤 기제를 통해 결과에 영향을 미치는지 알아보았다. 특히 공유된 긍정 정서에 초점을 둠으로써 조직 내 긍정적인 요소들을 개발하고 촉진하여 구성원들의 번영감과 성장을 도모하고 평균 이상의 탁월한 조직으로 나아가는 방향을 제시하는 긍정 조직학과의 관계를 조명하고자 하였다. 나아가 공유된 긍정 정서 분야의 향후 연구과제를 제안하였다.

공유된 긍정 정서는 즐거운 놀이와 같은 상호작용을 통해 인지와 사고의 폭을 넓히고 새로운 생각을 촉진하는 인지적 즉흥성과 협력이나 적극적인 지지와 같은 사회적 즉흥성을 활성화시킨다. 장기적으로는 집단 내 사회적, 심리적 자원을 구축하여 유대감과 소속감을 강화하고 난관을 이겨낼 수 있는 역량을 길러주기도 한다. 공유된 긍정 정서의 이 같은 효과는 직장 내 공감을 불러일으키고 활력 관계를 구축하며 원활한 관계적 조정과 협력적 직무 재창조 활동에 도움이 될 것이다. 더 나아가 집단의 탁월한 성과를 도출하고 부정적인 상황으로부터 탄력적으로 회복되기 위한 집단의 역량을 구축하는 데에도 기여할 수 있다. 지금까지 축적된 연구결과를 토대로 공유된 긍정 정서에 대한 연구가 앞으로 더욱 활성화되고 긍정 조직학을 비롯한 다양한 연구 분야로 확대 적용되기를 기대한다.

3장

조직 구성원의 심리적 안녕
: 리뷰와 메타분석 연구[1]

김철영

명지대학교 경영학과 조교수, E-mail: kimcy@mju.ac.kr

서울대학교 공과대학 재료공학부에서 학사를, 서울대학교 경영학과에서 박사학위를 받았다. 『인사조직연구』 등 국내외 주요 학술지에 다수의 논문을 게재하였다. 한국경영학회와 매일경제신문으로부터 매경신진학자논문상, 인적자원관리학회와 인적자원개발학회로부터 우수논문상, 인사관리학회로부터 박사 후 연구계획서 콘테스트 우수상을 수상하였다. 조직행동과 인적자원관리의 여러 분야에 걸쳐 연구와 강의활동을 하고 있다. 연구 관심 분야는 구성원 행복, 심리적 안녕, 공정성 인식, 심리적 탈진 등이다.

박원우

서울대학교 경영대학 교수, E-mail: wwpark@snu.ac.kr

서울대학교 경영대학에서 학사와 석사를 취득한 후, 미국정부의 풀브라이트Fulbright 장학금을 받고 피츠버그대학교에서 수학하여 경영학(인사조직) 박사(1989년)를 취득하였다. 피츠버그대학교에서 조교수로 근무한 후 귀국하여 중앙대와 경희대 교수를 거쳐 1998년부터 서울대 교수로 근무하고 있다. 학계에선 한국경영학회 부회장, 한국인사조직학회 부회장, 한국윤리경영학회 회장 등으로 봉사하였으며 응용과학자로서 다양한 영리·비영리조직의 발전을 지원해왔다. 주요 연구 분야는 집단사고groupthink, 임파워먼트empowerment, 신뢰trust, 효능efficacy, 목표 지향goal orientation, 컬처체인지culture change, 행복happiness이다. 그간 130여 편의 국내외 학술논문과 16편의 단행본 도서를 출간하였고 서울대학교 경영대학의 우수강의상을 수차례 받았고 2018년엔 서울대학교 교육상을 수상하였다.

*본 연구는 『인사조직연구』 2017년 5월호(25권 2호)에 게재된 논문을 수정·보완한 것임.

1

서론

행복은 인간의 삶에 있어서 핵심적이며 대부분의 사회에서 높은 가치로 추구된다(Diener, 2000). 행복은 단지 일시적 즐거움뿐만 아니라 폭넓은 개념으로 수천 년간 쾌락주의와 자아실현의 두 가지 흐름으로 연구되었다(McMahon, 2006; Richardson, Fowers, & Guignon, 1999). 첫째, 쾌락주의 관점에서 아리스티푸스Aristippus는 행복은 즐거움을 극대화하고 고통을 최소화하여 얻어진다고 보았다. 에피쿠로스Epicurus의 윤리적 쾌락주의에 이르면 쾌락추구에 있어서 도덕적 의무가 강조되었다. 이런 개인주의적 쾌락의 관점은 흄Hume이나 벤담Bentham의 공리주의로 계승 발전되었다. 현대에 이르러서는 쾌락적 심리학(hedonic psychology, Kahneman, Diener, & Schwarz, 1999)으로 연구되고 있다. 둘째, 자아실현적 관점에서 아리스토텔레스Aristotle는 자아실현적 행복eudaimonia을 주장하였는바, 진정한 행복은 자신의 미덕을 확인하고, 그것을 계발하고 그것에 맞추어 살아가는 것으로 보았다. 밀Mill을 거쳐 인본주의 심리학(예: Maslow, 1979; Rogers, 1964)을 통해 발전하였고, 라이언과 데시(Ryan & Deci, 2000)에 의해 자기결정이론self determination theory으로 정리되었다. 이런 두 연구 흐름에서의 행복은 긍정심리학의 발전과 함께 재조명되었다. 긍정심리학 운동은 현대 심리학의 출발점이 된 프로이트와 융의 질병모형(Freud, 1894; Jung, 1933)의 한계를 극복하고, 과학적 방법론을 가지고 인간심리의 긍정적 측면을 연구해야 한다고 보았다(Seligman & Csikszentmihalyi, 2000). 이런 논의는 조직행동론에도 즉각적이고 직접적인 영향을 미쳤다. 조직행동론에서의 행복에 대한 연구는 다양한 구성개념과 변수들을 가지고 이루어졌으나 긍정심리학에서 영향을 받은 뒤 긍정조직학(positive organizational scholarship, Cameron & Caza, 2004; Cameron, Dutton, & Quinne, 2003)과 긍정조직행동론(positive organizational behavior, Luthans, 2002)으로 정리되기 시작하였다. 피셔(Fisher, 2010)에 의하면 조직행동론에서 연구되는 행복 관련 변수는 매우 다양하다. 그녀는 이들을 일시적 차원, 개인 차원, 팀 차원으로 구분하여 정리하였다. 일시적 차원 변수는 업무에서의 기쁨task enjoyment이나 몰입flow,[2] 업무감정emotion at work 등이 있고, 개인 차원 변수는 직무만족, 직무열의job engagement, 직무참여job involvement, 감정적 직무몰입affective commitment 등이 있으며, 팀 수준에서는 팀 정서group affective tone 등이 포함된다. 하지만 조직행동론에서의 행복연구의 중심은 심리적 안녕psychological well-being이다(Häusser, Mojzisch, Niesel, & Schulz-Hardt, 2010; Ilies, Aw, & Pluut, 2015; Luthans, 2002).

심리적 안녕과 다른 행복 관련 변수들은 세 가지 개념적 차별성을 가진다. 첫째, 조직 상황에서의 심리적 안녕은 일시적 차원의 변수들보다 종합적이고 장기간의 판단이다. 기쁨 등의 일시적 차원의 변수들의 연구는 주로 업무 상황에서의 기분과 감정 상태의 변화를 다룬다(Weiss & Cropanzano, 1996). 사건이나 조건에 따라 변화하지만 시간이 지나 영향력이 감소하면 원래 상태로 돌아가거나 다른 사건이나 조건의 영향을 받아 변화한다. 즉 개별적이고 단기간의 변수이다. 그에 비해 심리적 안녕은 상대적으로 시간 변화에 안정적이다.

둘째, 심리적 안녕은 스스로에 대한 평가이다. 직무만족은 직무경험으로부터 얻어지는 긍정적이고 기쁜 감정적 상태로 정의된다(Locke, 1976). 직무참여는 구성원이 직무를 자신의 정체성에 일체화시키는 정도로 정의되며(Brown, 1996), 감정적 직무몰입 또한 조직에 참여하고, 조직을 내재화하는 정도를 변수화한 것이다(Meyer & Allen, 1991). 마지막으로 직무열의는 직무성과를 위한 육체적, 인지적, 감정적 노력에 따라 결정된다(Kahn, 1990). 이상의 개인 차원의 행복 관련 변수들은 구성원들이 직무에 대해 내리는 평가라는 공통점을 가진다. 반면 심리적 안녕은 직무에 대한 평가라기보다는 조직에 소속되어 직무를 수행하는 자기 자신에 대한 평가이다. 즉 평가의 대상이 다르다.

셋째, 심리적 안녕은 자아실현적 측면을 가진다. 개인 수준에서 긍정 정서positive affect나 부정 정서negative affect, 그리고 팀 수준에서 팀 정서로 행복 관련 변수가 연구되기도 한다. 이들 변수는 일시적 차원의 행복 관련 변수보다는 시간에 따라 안정적이며, 개인 차원의 행복 관련 변수와는 다른 스스로에 대한 평가이다. 그러나 심리적 안녕은 정서적 측면뿐만 아니라 자아실현적 측면을 가진다. 현재의 정서 상태와 더불어 자신이 조직에서 과거보다 얼마나 성장했는지가 주요한 판단 척도이다. 이상으로 볼 때 심리적 안녕은 다른 행복 관련 변수들과는 차별화된 학문적 영역을 가진다. 본 연구에서는 조직 구성원의 심리적 안녕을 중심 개념으로 삼아 직무 상황에서의 행복을 정리할 것이다.

조직 구성원의 심리적 안녕에 대해 정리된 논문들이 있다. 하지만 그 논문들은 특정이론만을 다루고 있거나(Häusser et al., 2010; Van der Doef, & Maes, 1998), 실직상태 등 특별한 상황에서만 분석하거나 (McKee-Ryan, Song, Wanberg, & Kinicki, 2005), 정성적으로만 이루어 졌다(Danna & Griffin, 1999; Fisher, 2010). 그러다 보니 개념들 간의 구분이 명확하지 않고 정의나 측정 방법이나 사용된 이론들에 대한 종합적인 정리가 필요하다. 이를 위해 본 논문에서는 직무환경에서 다음과 같이 정리하고 분석한다.

(1) 심리적 안녕이 어떻게 정의되고 측정되는지를 정리한다.
(2) 심리적 안녕을 설명하기 위해 사용되는 이론들을 정리한다.
(3) 심리적 안녕이 어떤 선행변수로 인해 결정되는지를 정리한다.
(4) 심리적 안녕이 어떤 결과변수에 영향을 주는지를 정리한다.
(5) 메타분석을 통해 다양한 개념과 연구변수와의 관계를 정량적으로 분석한다.
(6) 심리적 안녕 연구가 발전해야 할 방향을 제시한다.

2
심리적 안녕의 용어, 정의, 측정도구

1. 심리적 안녕 연구에 사용되는 용어와 정의

조직 구성원의 심리적 안녕은 장기적, 거시적 관점에서 보면 그리스에서부터 수천 년의 기간 동안 다수의 철학자, 사회과학자, 심리학자들에 의해 관심의 대상이 되어온 행복 연구의 한 부분이고 단기적, 미시적 관점에서 보면 셀리그만(Seligman, 2002)으로 인해 촉발된 긍정심리학의 영향을 받은 긍정조직행동론(Luthans, 2002)의 한 연구 분야이다. 조직행동론에서 연구되는 변수들은 개념 정립 초기에는 다양한 용어들로 지칭되다가 논의가 성숙되며 하나의 용어로 수렴해 가는 경향이 있다(예: 조직시민행동, Podsakoff, MacKenzie, Paine, & Bachrach, 2000). 그런데 심리적 안녕은 정의, 용어, 측정도구에서 아직 하나로 충분히 수렴되지 못한 상황이다. 조직행동론에서 사용되고 있는 정의와 용어를 세 가지 기준으로 정리하여 〈표 1〉에 표시하였다.

사용되는 정의와 용어는 크게 세 분류로 나눠볼 수 있다. 첫째는 심리적 안녕의 감정적인 측면을 부각하여 정의하고 용어를 사용하는 연구이다. 이런 정서적 연구 흐름에서의 심리적 안녕의 정의는 조직 구성원이 업무 상황에서 경험하는 감정에 집중한다. 피터슨(Peterson, 2006)에 의하면 정서란 주관적 느낌으로 정의되는 심리적 상태일 뿐만 아니라 사고와 행동 패턴이다. 이것은 기분mood과 구분된다. 기분은 막연하거나 대상이 없거나 배후에서 의식을 점유하는 상태이다 (Fredrickson & Losada, 2005). 아가일(Argyle, 1987)과 디너와 라센 (Diener & Larsen, 1993), 워터맨(Waterman, 2008)은 심리적 안녕을 많

〈표 1〉 심리적 안녕의 정의와 용어

구분	사용되는 용어	저자	정의
정서 측면	• 정서적 안녕 • 정서적 기질 • 쾌락적 안녕 • 직무 관련 즐거움	아가일(1987), 워터맨(2008), 디너와 라센(1993)	많은 긍정정서의 경험과 적은 부정정서의 경험
		워(1990)	업무 상황에서 겪는 긍정적 정서와 부정적 정서의 조합
		호우벤, 반덴누게이트, 쿠펜스(2015)	심리적 적응기제의 존재와 부적응기제의 부재
		디너, 에몬스, 라르손, 그리핀(1985)	긍정적 감정이 존재하거나 부정적 감정이 부재한 삶의 만족
		디너(1984)	자신의 삶과 감정적인 반응에 대한 전반적인 만족
		디너(2000)	업무 상황에 대한 자신의 태도와 감정
		라이언과 데시(2001)	최고의 감정적 기능과 경험, 사회적 존재로서 느끼는 행복의 정도
정신 건강 측면	• 정신적 건강 우려 • 심리적 건강 (부담감) • 정신적 건강 (부담감) • 정신적 충격 • 일반적 건강	에드워즈(1992)	불안이나 우울과 같은 정신적 건강의 실질적 변화를 이끄는 기분과 정서
		큐리(2001)	업무 환경에서의 안전 경험과 적은 스트레스에서 기인하는 정신적 건강
		디너, 루카스, 스콜론 (2006)	개인의 신체반응, 불안, 우울, 수면장애, 사회적 부적응 등의 정신적 건강
		메튜스, 웨인, 포드 (2014)	정신적 건강에 대한 스스로의 평가
		지그리스트, 워렌돌프, 크네스백, 져지, 보쉬-수판(2007)	업무 상황에서의 정신적 건강 상태
		라이트(2005)	자신의 심리적 기능에 대한 전반적인 효과성 인식
		임전옥·장성숙(2003)	주관적으로 경험하는 개인의 안정과 외부 환경에의 적응 정도

자아
실현
측면
	• 심리적 안녕
	• 주관적 안녕
	• 종합적 안녕
	• 직장 내
	  행복
	• 심리적
	  안녕감
		디너 등(1985)	개인의 심리적 성장과 번영

		디너, 디너, 디너(1995)	자신의 삶에 대한 인지적, 정서적 평가
		그랜트, 크리스천슨, 프라 이스(2007)	업무 환경에서의 공정성과 인간적 관계 에 대한 양적, 질적 판단
		케이스, 스모킨, 리프 (2002)	삶의 기회에 대한 개인의 참여와 그에 대한 종합적인 평가

		리프(1989), 리프와 케
		이스(1995)
			• 자기수용: 자신의 강점과 약점에 대
			  한 이해
			• 삶의 목적성: 삶의 의미와 방향성에
			  대한 설정
			• 개인적 성장: 자신의 잠재력이 발현
			  되고 기술이 성장할 것으로 믿는 정
			  도
			• 타인과의 긍정적 관계: 타인과 가깝
			  고 가치 있는 상호작용을 가지는 정
			  도
			• 환경에 대한 통제: 삶의 요구에 반응
			  하고 조절할 수 있다는 믿음
			• 자율성: 스스로의 행동에 대해 결정
			  하는 정도

		리프(1995)	자신의 잠재력의 실현과 완성
		신현정·박진성(2010)	개인의 삶의 질을 구성한다고 여겨지는 심리적 측면

은 긍정 정서의 경험과 적은 부정 정서의 경험으로 정의하였다. 마찬 가지로 워(Warr, 1990)는 업무 상황에서의 긍정 정서와 부정 정서의 조합으로 심리적 안녕을 파악하였다. 호우벤, 반덴누게이트, 쿠펜스 (Houben, Van Den Noortgate, & Kuppens, 2015)도 비슷하게 문제 상 황에 대해 긍정적 적응이 크고 부정적 적응이 적은 상태로 정의하였 다. 디너, 에몬스, 라르손, 그리핀(Diener, Emmons, Larson, & Griffin, 1985)은 그리스의 철학적 전통을 받아들여 심리적 안녕과 쾌락적 안 녕을 구분하고 쾌락적 안녕을 긍정적 감정이 존재하거나 부정적 감 정이 부재한 삶의 만족으로 정의하였다. 이들의 경우 공통적으로 정 서를 긍정과 부정으로 구분하고 높은 심리적 안녕의 상태를 긍정 정 서가 많고 부정 정서는 적은 상태로 정의했다. 정서를 긍정과 부정으 로 구분하지 않고 심리적 안녕을 파악한 연구들도 있다. 디너(Diener,

2000)는 심리적 안녕을 업무 상황에 대한 자신의 태도와 감정이라 정의하였다. 라이언과 데시(Ryan & Deci, 2001)는 자기결정이론을 설명하면서 안녕을 최고의 감정적 기능과 경험 그리고 사회적 존재로서 느끼는 행복의 정도로 파악하였다. 이 연구 흐름에서는 심리적 안녕을 정서적인 기질affective disposition(Wright & Staw, 1999)이나 직무 관련 즐거움(Daniels & Guppy, 1994)의 용어로 파악하거나 심리적 안녕의 범위를 축소하여 직무 관련 정서적 안녕(예: 김해룡, 2009; Van Dierendonck, Haynes, Borrill, & Stride, 2004)을 용어로 사용하기도 하였다. 정서적인 측면의 심리적 안녕은 구성원의 긍정심리자본이나 열정, 문제대응방식, 통제위치, 노력 등을 심리적 안녕과 연결지어 연구한 경우가 많았다(예: Daniels & Guppy, 1994; Reis & Hoppe, 2015). 또한 조직성과와 연결하여 연구하거나(Wright & Staw, 1999), 상사나 동료 등 직무 상황에서의 갈등이 정서적 안녕을 낮춘다고 연구되고 있다(Lubbers, 2003). 두 번째 정신건강의 측면에서는 일반적인 건강을 신체적 건강과 정신적 건강으로 구분하고 조직 상황에서 구성원이 느끼는 심리적인 상태를 심리적 안녕으로 정의하였다. 에드워즈(Edwards, 1992)는 불안이나 우울과 같은 정신적 건강의 실질적 변화를 이끄는 기분과 정서로 정의하였고, 지그리스트 등(Siegrist et al., 2007)과 매튜스 등(Matthews et al., 2014)은 업무 상황에서의 정신적 건강 상태를 심리적 안녕으로 정의하였다. 국내 연구에서 임전옥·장성숙(2003)은 주관적으로 경험하는 개인의 안정과 외부 환경에의 적응도로 안녕감을 정의하였다. 이 측면에서는 정신적 건강에 대한 우려(Fritz & Sonnentag, 2006)나 심리적, 정신적 부담감(예: Rantanen, Kinnunen, Feldt, & Pulkkinen, 2008; Rydstedt, Devereux, & Sverke, 2007), 정신적 충격(Chen, David, Thompson, Smith, Lea, & Fahy, 1996) 등 정신적 건강이

부정적으로 침해당한 상태를 중심 용어로 사용하였다. 주로 업무 부담, 감정노동, 실직 등의 변수들과 연계되어 연구되었다. 심리적 건강(예: Lin, Wang & Chen, 2013; Noblet, Rodwell, & McWilliams, 2001), 정신적 건강(예: Clegg, Wall & Kemp, 1987; Munro, Rodwell, & Harding, 1998) 혹은 일반적 건강(예: Morrison, Payne, & Wall, 2003; Parkes, 1991)은 직무 환경의 변화에 따른 심리적 안녕의 변화를 검증하는 연구에서 주로 사용되었다. 이 측면의 실증연구들은 주로 스트레스 상황에서의 심리적 안녕의 변화를 연구하였다(예: Babajide & Akintayo, 2011; Chen et al., 1996).

세 번째 자아실현적 측면의 연구 흐름은 구성원들의 인지적인 평가에 더 주목한다. 디너 등(Diener et al., 1985)은 심리적 안녕을 개인의 심리적 성장과 번영으로 정의하였다. 케이스 등(Keyes et al., 2002)은 삶의 도전과 기회들에 대한 개인의 참여와 몰입의 반영이라고 정의하였다. 마찬가지로 리프(Ryff, 1995)는 심리적 안녕을 개인의 잠재력의 실현과 완성으로 파악하였다. 이상의 정의들은 업무 상황이나 사회활동 중에 발생하는 문제들을 적절하게 해결하는 것이 자아실현에 도움을 주고 높은 심리적 안녕을 이룬다고 보았다. 그란트 등(Grant et al., 2007)은 업무 환경에서의 공정성과 인간적 관계에 대한 양적, 질적 판단으로 정의하였다. 국내 연구에서 신현정·박진성(2010)은 안녕을 개인 삶의 질을 구성한다고 여겨지는 심리적 측면으로 정의하였다. 이 측면의 심리적 안녕에서 가장 널리 받아들여지는 정의는 리프(Ryff, 1989)와 리프와 케이스(Ryff & Keyes, 1995)가 한 심리적 안녕의 정의이다. 그들은 심리적 안녕의 인지적 측면을 다음 여섯 개로 구분하였다. 첫째, 자기 자신에 대한 긍정적인 평가를 의미하는 자기수용. 둘째 이상적인 자아와의 거리를 줄이는 개인적 성장. 셋째, 삶을 영위한 이유에 대한 삶의 목적성. 넷째, 사회적으로 타인과 맺은 긍정적 관계. 다섯째, 자신의 행동과 태도를 결정할 자율성. 여섯째, 환경에 대한 통제다. 국내 대부분의 논문들은 리프의 정의를 따르고 있다(예: 김상민·차민석, 2013; 박대훈·장영철·김진욱, 2015; 이정은, 2015). 이 측면의 연구 흐름에서는 주관적 안녕(예: Epitropaki & Martin, 1999; Matthews et al., 2014)이나 심리적 안녕(예: 김대용·김재관, 2014; Erkutlu & Chafra, 2014; Wright & Cropanzano, 2000)의 용어가 사용되었다. 이 경우 심리적 안녕의 세부 분야를 다루기보다는 종합적인 상태를 연구의 중심 개념으로 삼는다. 종합적 안녕(예: 한주희·고민정, 2015; Brunetto, Teo, Shacklock, & Farr-Wharton, 2012; Bygrave, 2011), 심리적 안녕감(예: 강재호, 2005; 손은일·송정수, 2012), 직장 내 행복(예: 정미경·정기주·조성도, 2015; Lucas, Clark, Georgellis, & Diener, 2004)을 용어로 사용하는 경우에도 심리적 안녕의 다양한 측면을 구성원이 스스로 판단한 종합적인 상태를 중심으로 논의를 전개한다. 이 분류의 종합적인 심리적 안녕은 자아실현적 측면에서 희망, 낙관성, 자기효능감, 회복탄력성 등의 긍정심리자본과 연결지어 연구되거나(예: 오기만, 2015; Pierce, Gardner, & Crowley, 2016), 다수준으로 변혁적 리더십과 함께 연구된다(예: 허남철·서재현, 2009; Arnold, Turner, Barling, Kelloway, & McKee, 2007). 또한 심리적 안녕이 높은 조직 구성원들은 직무만족이 높거나(예: 신현정·박진성, 2010; Bygrave, 2011), 직무몰입이 높거나(예: 우정원·홍혜영, 2011; Garg & Rastogi, 2009), 조직시민행동에 더 참여한다(Bygrave, 2011)고 보고하고 있다. 즉 심리적 안녕이 높은 구성원들은 조직에 긍정적인 영향을 미치게 된다.

2. 심리적 안녕의 측정도구

조직행동론을 포함한 범 사회과학에서 설문지를 이용한 행복의 측정은 전통적으로 두 가지 방식으로 이루어진다. 행복의 다양한 측면을 다차원으로 분류하고 각각의 차원에 대해 세부적인 문항을 할당하는 복합 차원 방식과 자신의 삶에 대한 종합적인 평가를 한 문장이나 그림으로 물어보는 단순 차원 방식이다. 단순 차원 방식에서는 쿠닌의 안면척도(face scale, Kunin, 1955)가 가장 잘 알려져 있다. 심리적 안녕의 측정도구는 연구가 속해 있는 전통, 연구자의 심리적 안녕에 대한 정의, 사용되는 이론, 함께 연구되는 변수 등에 따라 혼재되어 사용되고 있다. 심지어 같은 용어를 사용한 연구들끼리도 측정도구가 상이한 경우가 있다. 예로 매튜스 등(Matthews et al., 2014)과 에피트로파키와 마틴(Epitropaki & Martin, 1999)의 두 논문은 동일하게 주관적 안녕의 용어를 사용하였으나 그 측정에 있어서는 전자는 12문항의 일반 건강설문GHQ, General Health Questionnaire(Banks, Clegg, Jackson, Kemp, Stafford, & Wall, 1980)을 후자는 워(Warr, 1990)의 직무 관련 안녕설문JAWB, Job-related Well-being Questionnaire을 사용하였다. 정신적 건강의 용어를 사용한 경우에도 마찬가지로 크렉 등(Clegg et al., 1987)은 12문항의 일반 건강설문을 이용해서 라이트, 보넷, 스위니(Wright, Bonett, & Sweeney, 1993)는 버크만(Berkman, 1971)의 심리적 안녕지수IPWB, Index of Psychological Well-being를 이용해서, 게쉬먼과 위너(Gechman & Wiener, 1975)는 콘하우저(Kornhauser, 1965)의 긍정정신건강척도PMHS, Positive Mental Health Scale를 이용해서 정신적 건강을 측정하였다. 따라서 심리적 안녕을 다룬 논문들을 서로 비교할 때는 어떤 용어를 사용했는지, 어떤 정의에 따라 연구가 이루어졌는지와 함께 어떤 측정도구를 사용했는지를 파악해야 한다.

〈표 2〉 심리적 안녕의 측정도구

구분	측정도구 이름	출처	차원	문항수
정서 측면	직무 관련 안녕설문	워(1990, 1992)	복합	28
	긍정정서적 안녕척도	헤스 등(2005)	단순	6
	직무 관련 정서적 안녕척도	반 캣윅 등(2000)	단순	30
	정서적 안녕척도	다니엘스(2000)	복합	35
정신 건강 측면	일반건강설문-60	골드버그(1972)	복합	60
	일반건강설문-28	골드버그(1978)	단순	28
	일반건강설문-12	뱅스 등(1980)	단순	12
	일반건강설문-6	멀라키, 월, 워, 크랙, 스트라이드 (1999)	단순	6
	만하임 유로바로미터	디 텔라와 맥컬로쉬(2006), 마이어스(2000)	단순	1
	정신건강지수	랭너(1962)	복합	22
	긍정적 정신건강척도	콘하우저(1965)	단순	54
	주관적 안녕척도	류보미르스키와 로스(1997, 1999)	단순	4
	심리적 안녕 측정도구	브런토, 파워튼, 샥록(2011)	단순	4
	종합적 안녕 측정도구	니엘슨, 랜달, 야커, 브레너 (2008)	단순	5
	표준화된 행복 측정도구	포다이스(1988)	단순	-
	사회적 안녕 측정도구	보레헴, 포비, 토마스제스키 (2016)	단순	12
	단순차원 행복측정도구	위버(1978), 아델만(1987)	단순	1
	옥스퍼드 행복설문	힐스와 아가일(2002)	단순	29
	직무안녕척도	페이지(2005)	단순	16
	세계보건기구 안녕척도	세계보건기구(1998)	단순	5
	종합적 안녕척도	탐슨과 프로타스(2006)	단순	9
자아 실현 측면	심리적 안녕지수	버크만(1971)	단순	8
	심리적 안녕척도	리프(1989)	복합	42
	심리적 안녕척도-18	리프와 케이스(1995)	복합	18

조직행동론에서 사용되는 측정도구들을 심리적 안녕의 정의와 용어의 구분기준과 마찬가지로 세 가지로 분류하여 〈표 2〉에 정리하였다. 다만 심리적 스트레스나 직무탈진, 우울증, 긍정과 부정정서는 때로 심리적 안녕의 측정도구로 활용되지만(예: Fillion, Tremblay,

Truchon, Côté, Struthers, & Dupuis, 2007; Holman, Chissick, & Tot-
terdell, 2002; Karasek, 1979), 스트레스는 심리적 안녕을 저해하는 선
행변수로 보아야 하고, 직무탈진과 정서의 경우 기존에 정리된 연구
(예: Alarcon, Eschleman, & Bowling, 2009; Kaplan, Bradley, Luchman, &
Haynes, 2009)에서 그 선행변수와 결과변수가 분석되어 있고, 광범위
하게 논의가 진행된 상태이므로 본 논문의 분석 범위에는 포함시키지
않았다.

  측정도구 분류의 첫째는 직무 상황의 정서적인 측면을 강조하여 심
리적 안녕을 측정한 경우이다. 워(Warr, 1990, 1992)가 개발한 직무 관
련 안녕설문이 이 분류에서 가장 많이 쓰이는 측정도구이다(예: 김해
룡, 2009; Kelloway, Weigand, Mckee, & Das, 2013). 헤스, 켈로웨이, 프
랜시스, 카타노, 플레밍(Hess, Kelloway, Francis, Catano, & Fleming,
2005)이 개발한 긍정정서적 안녕척도positive affective well-being scale와 반
캣윅, 폭스, 스펙터, 켈로웨이(Van Katwyk, Fox, Spector, & Kelloway,
2000)의 직무 관련 정서적 안녕척도job-related affective well-being scale, 다
니엘스(Daniels, 2000)의 정서적 안녕척도affective well-being scale도 이 분
류에 포함될 수 있다. 이 분류의 측정도구들은 긍정심리자본과 연결
되어 연구되거나(박지연, 2013), 변혁적 리더십의 결과변수로 연구된
다(Arnold et al., 2007; Kelloway et al., 2013).

  둘째는 일반적인 정신건강이나 종합적인 행복감을 측정을 측정하
여 이를 심리적 안녕으로 활용한 경우이다. 일반적인 정신건강을 측
정하기 위해 가장 많은 논문에서 활용된 측정도구는 골드버그(Gold-
berg, 1972)가 개발한 복합차원의 일반 건강설문이다. 이 측정도구는
처음에는 60문항이었으나 현재는 12문항으로 간략화한 12문항의 일
반 건강설문이 가장 널리 쓰이고 있다. 콘하우저(Kornhauser, 1965)가

개발한 54문항의 복합차원 긍정정신건강척도와 랭너(Langner, 1962)가 개발하고 퍼넘과 새퍼(Furnham & Schaeffer, 1984)가 사용한 22문항 단순차원 정신건강지수index of mental health도 이 분류에 포함될 수 있다. 일반적 정신건강을 측정한 경우에 주로 목표일치goal congruence나 직무참여와 관련하여 연구된다. 종합적인 행복감을 측정한 경우는 독일의 만하임 대학교에서 개발하여 1970년에서부터 사용된 만하임 유로바로미터와 세계보건기구WHO에서 제공하는 측정방법, 옥스퍼드 대학의 힐스와 아가일(Hills & Argyle, 2002)이 개발한 옥스퍼드 행복설문Oxford happiness questionnaire이 대표적인 측정도구이다. 에쉴리, 힉스, 둘위츠(Ashleigh, Higgs, & Dulewicz, 2012)는 류보미르스키와 로스(Lyubomirsky & Ross, 1997, 1999)가 개발한 주관적 안녕척도subjective well-being scale를 사용하였고 니엘슨 등(Nielsen et al., 2008), 페이지(Page, 2005), 그리고 탐슨과 프로타스(Thompson & Prottas, 2006)는 스스로 만든 종합적 안녕 측정도구를 활용하여 조직 상황에서의 심리적 안녕을 측정하였다. 브루네토 등(Brunetto et al., 2011)의 측정도구와 보레헴 등(Boreham et al., 2016)이 개발한 사회적 안녕 측정도구는 주로 고성과작업시스템high performance work system과 연결되어 연구되었다(Brunetto et al., 2012). 아델만(Adelmann, 1987)과 위버(Weaver, 1978)의 한 문항의 단순차원 행복측정도구도 심리적 안녕을 측정하는 데 사용된다(Lucas et al., 2004). 단순설문은 아니지만 포다이스(Fordyce, 1988)가 개발한 표준화된 행복측정도구standardized measure of happiness도 유세프와 루탄스(Youssef & Luthans, 2007)에 의해 사용되었다. 이 분류의 측정도구들은 조직 구성원의 소득과 연계되어 연구되거나(Graham, Eggers, & Sukhtankar, 2004), 긍정심리자본의 결과변수로 연구되거나(하쾌남, 2016), 직무요구나 통제와 같은 업무환경적 요인들의 결과변수로 연구된다(Reis & Hoppe, 2015).

셋째는 자아실현적 측면을 강조하여 심리적 안녕을 측정한 분류이다. 이 분류에서는 리프(Ryff, 1989)가 개발한 42문항의 복합차원 측정도구나 리프와 케이스(Ryff & Keyes, 1995)가 18개 문항으로 단순화시킨 측정도구가 국내외에서 가장 널리 쓰인다. 이 측정도구는 단일차원으로 측정되어 분석되기도 하고(예: 우정원·홍혜영, 2011; Erkutlu & Chafra, 2014), 자기수용, 개인적 성장, 삶의 목적성, 타인과의 긍정적 관계, 자율성, 주변 환경에 대한 통제의 여섯 가지 세부 차원으로 나누어 측정되기도 한다. 두 번째로 많이 사용되는 측정도구는 버크만(1971)이 개발한 심리적 안녕지수이다. 8문항의 단순차원으로 측정되며 성과변수와 같이 연구되거나(예: Cropanzano & Wright, 1999; Wright & Staw, 1999), 창의성과 함께 연구되기도 한다(Wright, & Walton, 2003).

3
심리적 안녕을 설명하는 이론

1. 직무요구-통제-지지이론

조직행동론에서 심리적 안녕을 연구하는 데 있어서 가장 빈번하게 사용되는 이론은 직무요구-통제-지지이론Job Demand-Control-Support Theory이다. 케라섹(Karasek, 1979)에 따르면 조직 구성원의 인지와 평가에 영향을 주는 요인은 직무요구job demand와 직무통제job control로 구분할 수 있다. 이중 직무요구는 조직 구성원이 자신의 직무를 수행하는 데 있어서 필요한 자원의 질과 양에 대한 스스로의 평가이다. 업무량이 많거나, 어렵거나, 시간압박이 심하거나, 역할갈등이 있다면 직무요구량이 증대된다.

직무통제는 기술재량skill discretion과 결정권한decision authority으로 구성된다. 직무요구와 통제의 증감에 따라 두 가지 세부 방향성이 존재한다. 먼저 직무부담job strain 방향은 직무요구는 증가하는데 직무통제는 감소하는 경우이다. 직무부담이 증가할 때 조직 구성원들은 스트레스에 민감해지고 심한 경우 육체적 건강을 해치거나 심리적 탈진상태에 이르게 된다. 이와 반대 방향은 직무학습job learning 방향으로 직무요구는 감소하는데 직무통제는 증가하는 경우이다. 직무학습이 증가할 때 구성원들은 새로운 지식습득에 대한 동기가 부여된다.

존슨과 홀(Johnson & Hall, 1988)은 사회적 지지가 있다면 직무부담 방향에서 오는 스트레스에 잘 대처할 수 있다고 보아 사회적 지지를 포함하여 이론을 확장하였고, 그 결과 직무요구-통제-지지이론으로 재 명명되었다(Bakker & Demerouti, 2007). 완충가설buffer hypothesis에 따르면, 직무요구가 심리적 안녕에 미치는 부정적 영향을 직무통제나 사회적 지지가 완화시킬 수 있다(Häusser et al., 2010).

정신병리학에서의 완충이론(buffer theory, Alloway & Bebbington, 1987)을 조직 상황에 적응한 이 가설에 의하면 높은 직무통제의 환경에 있고, 상사나 동료로부터 지지를 많이 받는 조직 구성원은 그렇지 않은 구성원들에 비해 높은 직무요구로부터의 스트레스에 더 잘 대응하게 되고 따라서 심리적 안녕의 저하가 적다.

2. 자원보존이론과 긍정심리자본

홉폴(Hobfoll, 1989)은 사람들이 자신의 심리적, 사회적 자원을 획득하고 유지하고 보호하려는 경향이 있으며, 그런 자원의 손실이나 획득량의 감소가 있을 때 스트레스를 인지한다고 정리하고 자원보존이론Conservation of Resources Theory이라 명명하였다. 직무요구-통제-지지이론에서와 같이 조직 구성원들은 다양하고 광범위한 직무요구가 있을 때 이를 해결하기 위한 자원을 획득하고자 한다. 홉폴Hobfoll은 직무요구를 해결할 만한 충분한 심리적, 물질적 자원이 있을 때 구성원들의 동기부여가 가능하다고 보았다. 그렇지 못하거나 오히려 자원이 감소한다면 이것은 그들에게 위협으로 인지된다. 즉 조직 내 다양한 스트레스 상황에 대응하기 위한 자원이 조직 구성원에게 있거나 적어도 획득이 가능하다면 심리적 안녕에 긍정적인 영향을 미치지만 그렇지 않다면 심리적 안녕이 침해된다. 이때의 자원은 인지적 자원, 시간적, 물리적 자원뿐만 아니라 조직에 대한 애착과 조직 내 정보 등의 자원도 포함된다(Wright & Hobfoll, 2004).

긍정조직행동론에서는 긍정심리자본(positive psychological capital)을 핵심적인 자원으로 파악한다(Avey, Luthans, Smith, & Palmer, 2010). 긍정심리자본은 셀리그만(Seligman, 2002)으로부터 시작된 긍정심리학에서 처음 주목받았다. 셀리그만과 칙센트미하이(Seligman & Csikszentmihalyi, 2000)는 몰입을 통해 긍정심리자본을 축적할 수 있음을 밝혔다. 긍정조직행동론은 이 개념을 받아들여 측정 가능하고, 계발 가능하고, 주변 요인들에 의해 변화가 가능해서 관리가 가능한 심리적 자본을 키우는 것이 중요하다고 보았다(Luthans, Luthans, & Luthans, 2004). 긍정조직행동론에서 긍정심리자본은, 스타코비치(Stajkovic, 2003)의 핵심자신감요인core confidence factor이 수용·확장되어 네 가지 요인 - 자기효능감self-efficacy, 희망hope, 낙관주의optimism, 회복탄력성resilience - 으로 정리되었다.

첫째, 자기효능감은 스타코비치와 루탄스(Stajkovic & Luthans, 1998)의 정의에 의하면 주어진 환경에서 과업을 성공적으로 수행하기 위해 과정을 이해하고, 인지적 자원을 활용하고, 동기를 부여할 수 있다는 개인적 믿음이다. 반두라(Bandura, 1997)에 의하면 자기효능감이 높은 사람은 도전을 즐기고 업무에 몰입하고 목표달성을 위해 매진한다. 그들은 실패나 장애물을 더 쉽게 극복한다. 자기효능감과 성과와의 상관관계는 직무만족이나 성격요인, 목표설정, 피드백 등 전통적인 조직행동론의 변수들보다 더 크게 보고된다(Luthans, 2002). 자기효능감은 성과나 능력향상을 인지할 때, 자신의 역할모델을 통해 간접적으로 자신의 성장 가능성을 인지할 때, 사회적으로 인정을 받을 때, 과업 수행 중에 심리적인 각성을 느낄 때 향상된다.

둘째, 희망은 스나이더(Snyder, 2000)의 정의에 의하면 목표 지향적 에너지willpower와 목표달성을 위한 방법waypower에서 기인하는 긍정적인 심리 상태이다. 희망은 업무성과와 직접적으로 연결된다(Adams, Snyder, Rand, King, Sigmon, & Pulvers, 2003; Peterson & Luthans, 2003). 또한 스나이더, 어빙, 앤더슨(Snyder, Irving, & Anderson, 1991)의 연구에 의하면 희망은 정신적 건강과 고난에 대처하는 자세에 긍정적 영향을 준다. 스나이더(Snyder, 2000)와 루탄스와 얀센(Luthans & Jensen, 2002)은 희망은 다음의 7단계를 거치며 점차 증대된다고 보았다. 1단계, 조직과 개인의 목표를 명확히 설정한다. 2단계, 목표를 이루기 위한 각 단계를 구분한다. 3단계, 단계별로 대안을 설정한다. 4단계, 목표의 달성뿐만 아니라 그 과정에도 의미를 부여한다. 5단계, 어려움을 극복할 수 있는 의지를 가진다. 6단계, 문제 발생 시 대안 경로를 탐색한다. 7단계, 목표가 현실적이지 않으면 목표를 재정립한다.

셋째, 낙관주의이다. 셀리그만(Seligman, 2002)은 귀인이론attribution theory을 활용하여 낙관주의를 정의하였다. 어떤 사건이 발생했을 때 그 사건의 원인을 긍정적인 방향으로 귀인하고, 결과를 낙관적으로 예상한다. 즉 실패나 불운 등의 부정적 사건이 발생했을 때 낙관주의가 강한 사람은 그 사건의 원인을 외부로 귀인하고 그 사건의 영향이 단기간이고 해당 문제에만 국한될 것으로 예상한다. 셀리그만(Seligman, 2002)과 루탄스 등(Luthans et al., 2004)은 학습을 통해 계발이 가능하다고 보았다. 그들에 따르면 낙관주의는 좋은 리더의 핵심 요건이고, 낙관적인 사람은 좀 더 만족하고, 높은 도덕기준을 가지고, 높은 목표를 설정하고, 좌절에서 빠르게 벗어난다. 슐만(Schulman, 1999)은 낙관주의 계발에 있어서 사회적 지지와 도움이 필요하다고 보았다.

넷째, 회복탄력성이다. 회복탄력성은 정신병리학에서는 핵심적인 개념이다. 초기에는 소수의 사람들만이 정신병이나 우울증에서 벗어날 수 있는 특질을 가진 것으로 여겨졌으나, 현재는 누구나 가지는 상태로 여겨지고 있다(Masten, 2001). 스튜워트, 레이드, 맹엄(Stewart, Reid, & Mangham, 1997)에 의하면 회복탄력성은 변화와 역경과 위험에 직면한 개인의 대처능력으로 정의된다. 긍정조직행동론에서는 역경, 불확실성, 갈등, 실패, 책임증가, 심지어 긍정적인 변화에서도 원래 상태로 되돌아가려는 능력으로 정의된다(Luthans, 2002). 쿠투(Coutu, 2002)에 의하면 회복탄력성이 높은 조직 구성원은 현실을 더 명확하게 받아들이며 삶의 의미와 가치에 대해 더 깊은 믿음을 가지고 있고 변화에 더 쉽게 적응한다. 레뷔시와 샤테(Reivich & Shatté, 2002)에 의하면 회복탄력성은 문제 상황에 대해 감정적인 반응을 보이기보다는 해결해야 할 과제로 인식하고 극복에 초점을 맞추어야 증대된다.

3. 자기결정이론

라이언과 데시(Ryan & Deci, 2000)에 따르면 사람들은 자신의 행동에 대한 동기에 따라 행복을 판단한다. 즉 그들의 자기결정이론Self-Determination Theory에 따르면 조직 구성원들은 금전적 보상과 같은 외재적 요인보다는 자기 발전이나 내적 흥미와 같은 내재적 요인에 의한 직무수행에 더 큰 행복감을 느끼게 된다. 이런 내재적 요인은 세 개의 심리적 욕구로 나타나는데 자율성autonomy, 연계성relatedness, 유능감competence이다. 이 세 욕구가 충족되는 직무수행의 경우 심리적 안녕이 증대되고 부족할 때는 심리적 안녕이 침해된다. 자기결정이론은 다섯 개의 세부이론으로 나뉜다.

첫째는 인지적 평가이론cognitive evaluation theory이다. 이 이론에 따르면 조직 구성원들은 자신들의 행동을 평가하여 자신의 자율성, 연계성, 유능감을 파악한다. 그래서 같은 직무와 보상이 주어져도 이를 높은 자율성, 연계성, 유능감으로 인식하는 직원일수록 심리적 안녕 수준이 높게 나타난다.

둘째는 유기체적 통합이론organismic integration theory이다. 심리적 안녕은 외재적 요인들을 내재화하는 경향에 의해 결정된다. 외재적인 행동제약은 내재적으로 투사introjection된다. 이때 조직 구성원들은 외부 제약에 의한 행동이나 판단을 마치 자신의 내부에서 기인한 것처럼 동일시identification하고 통합integreation한다. 따라서 조직 구성원들은 내재화 정도가 높을수록 높은 자율성, 연계성, 유능감을 느끼게 되고 높은 심리적 안녕을 가지게 된다.

셋째는 인과방향성이론causality orientations theory이다. 조직 구성원들은 자신들의 행동의 제약에 대한 선호가 서로 다르다. 자율지향적 구성원들은 자신의 욕구와 행동을 일치시키려 하고 통제지향적 구성원들은 사회나 조직의 상황에 맞추어 자신의 행동을 조절한다. 자신의 성향에 맞추어 행동을 수행할 때 심리적 안녕이 증대된다.

넷째는 기본심리적 욕구이론basic psychological needs theory이다. 조직 구성원들이 가지는 자율성, 연계성, 유능감과 같은 욕구는 다시 기본적인 심리적 욕구로 세분화될 수 있다. 그리고 이들의 충족 여부에 따라 자율성, 연계성, 유능감의 충족도 결정되게 된다. 따라서 기본욕구의 충족이 심리적 안녕의 선행변수가 된다.

마지막 다섯째는 목표내용이론goal contents theory이다. 물질적 혹은 사회적 명성 등의 목표는 내재적 성취로 치환되지 않을 때 기본적 욕구를 충족시키지 못하고 심리적 안녕을 증가시키지 못한다(Kasser & Ryan, 1996; Niemiec, Ryan, & Deci, 2009). 반대로 개인적 성장이나 공동체에 대한 기여와 같은 목표는 내재적 성취로 치환되어 심리적 안녕을 증가시킨다.

4. 적응이론과 스트레스-분리 모형

프리즈와 자프(Frese & Zapf, 1988)는 스트레스 반응모형stress reaction model을 통해 스트레스-부담가설stress-strain hypothesis을 제시하였다. 이 모형은 심리적 안녕 연구에 있어서 시간에 따른 영향력 누적을 처음으로 제시하였다는 점에서 다른 이론과 차별화된다. 일-가정 갈등과 같은 특정한 스트레스가 직무 상황에서 반복되면 그 영향이 충분히 회복되기 전에 다음 스트레스가 발생하며 따라서 중첩된다. 그러므로 심리적 안녕의 연구는 반드시 시간의 영향을 확인해야 하며 종단적longitudinal으로 이루어져야 한다. 스트레스-분리 모형(Sonnentag & Fritz, 2015)에 따르면 스트레스와 심리적 안녕과의 관계는 심리적 분리psychological detachment에 의해 매개되고 조절된다. 직무 상황에서 받은 스트레스의 영향력은 직무 외 상황에서의 심리적 분리를 통해 완화된다. 만약 분리 시간이 너무 짧거나 물리적으로 분리가 되지 않은 환경에서는 심리적 분리가 스트레스를 충분히 완화시킬 수 없으며, 이 경우 심리적 안녕이 더 크게 저하된다.

스트레스-부담가설은 적응이론(Zapf, Dormann, & Frese, 1996)으로 발전하였다. 적응이론Adaptation Theory에 따르면 단기적으로 볼 때 스트레스 요인들은 심리적 안녕을 저해한다. 하지만 조직 구성원들은 이런 스트레스 요인들에 적응하며, 시간이 지남에 따라 원래의 심리적 안녕 상태에 근접하게 된다. 이런 경향성은 정신병리학에서 다루는 외상 후 성장모형(post-traumatic growth, O'Leary, Alday, & Ickovics, 1998)과도 비슷한 논리구조를 가진다. 사람은 배우자의 사망이나 심각한 외상 등의 인생에서 중요한 사건 뒤에 심리적 안녕이 저해되지만, 시간이 지남에 따라 이를 반추하며 그 부정적 영향을 감소시키게 된다. 스트레스-부담 가설과 적응이론은 과거 스트레스의 영향력이 중첩된다는 점에서는 동일하다. 그러나 적응이론이 스트레스-부담 가설과 다른 점은 그 영향이 체감한다는 점이다.

5. 정서와 관련된 이론

정서Affect는 그 자체로 심리적 안녕을 측정하는 지표로 사용되기도 하고, 한편으로 선행변수로 연구되기도 한다(예: Donovan, 2000; Wright & Cropanzano, 1998). 정서와 심리적 안녕을 연결하는 이론은 다음의 세 가지이다.

첫째, 프레드릭슨(Fredrickson, 2001)은 그녀의 구축 및 확장이론 broaden-and-build framework에서 긍정 정서는 인간의 지적, 신체적, 심리적 자원을 지속적으로 확장시키고 구축시키며, 인간은 문제가 발생할 때마다 이를 활용한다고 주장하였다. 이를 통해 스트레스에 따른 심혈관계 후유증을 약화시키거나 회복시킨다undoing effect. 구축되는 자원은 네 가지이다. 문제해결능력이나 학습능력 등의 지적 자원, 건강과 조정력 등의 신체적 자원, 관계유지와 관계맺기 등의 사회적 자원, 그리고 탄력성, 낙관성, 정체성, 목표지향성의 심리적 자원이다. 이런 심리적 자원이 구축되면 문제 발생 시에 일시적으로 사고와 행동을 확장시키고, 자신이 대처할 수 있는 행동양식repertory의 종류를 늘려 문제해결의 가능성을 향상시킨다.

둘째는 확산효과(spillover 혹은 carryover effect)이다. 선행연구들에 의하면 심리적 안녕은 직무만족, 삶의 만족, 긍정정서로 확산된다(예: Bowling, Eschleman, & Wang, 2010; Demerouti & Geurts, 2004; Tait, Padgett, & Baldwin, 1989). 또한 심리적 안녕은 동료나 조직 외부에 확산되는데, 만약 조직 내 직급이 높아 여러 사람에게 영향을 미칠 수 있다면 조직의 심리적 안녕이 높아지게 된다. 결국 나선형 성장효과 upward spiral effect가 발생해 조직을 성장시킨다.

셋째, 정서적 사건 반응이론affective event theory은 조직에서 발생하는 다양한 환경적 변화나 사건들이 어떻게 심리적 안녕에 영향을 주는지를 밝히는 이론이다. 직무특성이나 감정노동 정도 등이 변화하거나 동료와의 갈등, 상사와의 불화 등의 사건이 발생하면 구성원은 이에 대해 감정적 반응을 보인다(Weiss & Cropanzano, 1996). 발생한 감정적 반응은 그들의 직무, 직업, 조직에 대한 평가를 변화시키는데 이를 통해 심리적 안녕이 변화하게 된다. 이 이론은 직무요구, 통제, 지지와 같은 요인들에 대한 감정적 판단에 의해 심리적 안녕이 결정될 수 있다는 것을 보여준다.

6. 노력-보상 불균형 모형과 비타민 모형

노력-보상 불균형 모형Effort-Reward-Imbalance Model(Marmot, Siegrist, Theorell, & Feeney, 1999)은 의료사회학에서 처음 제시된 이론을 조직행동론에서 받아들여 발전시킨 이론체계이다(Rydstedt et al., 2007). 이 이론은 사회교환 이론(Adams, 1965)에 기반을 두고 있다. 지그리스트(Siegrist, 1996)에 따르면 조직 구성원들이 직무를 수행하다 보면 내재적, 외재적 노력을 요구받게 된다. 내재적 부분은 직무몰입, 조직충성, 목표내재화 등이고 외재적 부분은 직무요구나 의무규정 등이다. 조직 구성원들은 이런 노력과 자신들이 받는 보상을 교환한다. 이 교환과정에 있어서 충분한 공정성이 인식되지 않는다면, 혹은 높은 노력수준에 비해 작은 보상을 받는다면, 조직 구성원들은 추가적인 노력을 기울일 동기를 상실하게 된다. 이런 불균형이 누적되면 심리적 안녕이 저해되게 된다(Tsutsumi & Kawakami, 2004).

워(Warr, 1987, 1990)는 조직환경적 요인이나 보상의 영향력은 변화한다고 보았다. 마치 정신적 비타민과 같이 부족할 때는 심리적 안녕을 크게 저해하고 충분할 때까지는 심리적 안녕을 증가시키지만 최적점을 지나면 영향을 주지 못하거나 오히려 부정적인 영향을 주게 된다는 것이다. 이런 비선형적curvilinear모형에 의하면 공정성이 부족할 때 충족된다면 초기에는 심리적 안녕이 선형적으로 증가한다. 하지만 일정 지점을 지나면 두 가지 방향성을 가지게 된다. 첫째 방향성은 상수효과constant effect이다. 비타민 C와 E가 인간 신체에 작용하는 것과 같이 필요 이상의 추가분에 대해서는 심리적 안녕에 긍정적인 영향을 주지 못한다. 둘째는 비타민 A와 D가 작용하는 것과 같이 초과분이 오히려 부정적인 영향additional decrement을 주어 심리적 안녕이 감소하는 방향성이다. 따라서 이 이론에 따르면, 직무요구-통제-지지이론과 노력-보상 불균형 모형을 심리적 안녕에 적용하는 데 있어서 비선형적 효과를 확인해야 한다.

7. 이론 간 쟁점과 통합 가능성

심리적 안녕을 정의하는 방식과 학제 간 전통에 따라 상충되는 이론들이 있다. 대표적인 쟁점을 살펴보고 통합 가능성에 대해 논의하겠다. 첫째, 정서적 측면에서의 심리적 안녕이 특질trait인지 상태state인지에 대한 논쟁이 있다. 먼저 특질로 보는 관점에서 심리적 안녕은 일정 기준점을 지킨다. 인생에서 일어나는 사건들에 의해 긍정적인 혹은 부정적인 영향을 받지만 시간이 지나면 결국 원래 기준점을 회복한다. 브릭먼과 캠벨(Brickman & Campbell, 1971)의 쾌락적 쳇바퀴이론(hedonic treadmill theory)과 헤디와 웨어링(Headey & Wearing, 1989)의 동적평형이론dynamic equilibrium theory, 리켄과 텔레젠(Lykken & Tellegen, 1996)의 쾌락적 적응이론hedonic adaptation theory이 대표적인 이론들이다. 특질로 심리적 안녕을 정의하는 경우의 실증 논문들은 이런 자기회귀autoregressive한 경향을 보고한다. 복권에 당첨된 사람들의 행복도가 통제집단에 비해 높지 않다거나(Brickman, Coates, & Janoff-Bulman, 1978), 사고나 질병으로 신체 일부를 절단한 환자들의 심리적 안녕이 통제집단에 비해 낮지 않다는 연구결과(Tyc, 1992)가 대표적인 실증논문들이다.

이 논의가 사실이라면 심리적 안녕의 선행변수는 단지 단기간의 감정과 기분에 영향을 주는 요인에 그칠 것이다. 그러나 조직행동론의 많은 연구들은 정서적 측면에서의 심리적 안녕을 상태로 정의한다. 즉 기준점 자체가 변화할 수 있다고 보고 적절한 선행변수를 통해 향상시킬 수 있다고 본다. 앞서 논의한 프레드릭슨(Fredrickson, 2001)의 구축 및 확장이론과 류보미르스키, 디커호프, 보엠, 셸돈(Lyubomirsky, Dickerhoof, Boehm, & Sheldon, 2011)의 쾌락적 적응방지이론hedonic adaptation prevention model과 길버트와 윌슨(Gilbert & Wilson, 2007)의 정서추론affective forecasting 이론 등이 대표적인 이론들이다. 다양한 선행 변수에 의해 심리적 안녕의 정서적 측면이 향상될 수도, 침체될 수도 있다고 본다. 본 논문에서 다루고 있는 조직행동론의 대부분의 실증 논문들은 이 관점을 따르고 있다.

둘째, 심리적 안녕의 원천에 대한 논쟁이 있다. 방법론적 개인주의 methodological individualism의 관점에서 심리적 안녕은 개인의 내부에서 발현된다. 외부의 영향력은 개인에 의해 해석되거나 축적되어 심리적 안녕을 결정하지 직접적인 영향을 미치지 않는다. 따라서 같은 직무환경에서 개인별로 심리적 안녕이 다르게 된다. 정서적 사건 반응이론이나 긍정심리자본에 대한 이론들이 이 관점에 속한다. 반면, 방법론적 전체주의methodological holism의 관점에서 개인의 심리적 안녕은 개인이 속한 사회적 구조나 관계를 맺고 있는 외부환경에 의해 결정된다. 이 관점에서 개인은 동등하며 차별적인 반응을 보이지 않는다. 자살에 대한 뒤르켐(Durkheim, 1966)의 초기 연구에서부터 사회관계망social network에 대한 크리스태키스와 파울러(Christakis & Fowler, 2009)의 연구에 이르기까지 개인의 심리적 안녕을 그 사람이 속한 사회구조의 종속변수로 파악하는 관점이 꾸준히 연구되었다.

이런 이론적 쟁점은 통합의 가능성을 가진다. 심리적 안녕의 일부는 특질로, 일부는 상태로 파악할 수 있다. 특질적 측면은 쉽게 변화하지 않는다. 그러나 조직에서 변화시킬 수 있는 다양한 선행변수에 의해 상태적 측면의 심리적 안녕이 변화하며 이를 통해 전체 수준을 향상시킬 수 있다. 상태적 측면의 심리적 안녕의 일부는 개인 외부의 요인에 의해, 일부는 내부의 요인에 의해 결정된다. 예를 들어 긍정심리자본이 많은 구성원은 높은 심리적 안녕을 가지고 호의적인 직무환경에서 심리적 안녕을 증진시킬 수 있다. 따라서 심리적 안녕을 연구하는 데 있어서 특질적, 상태적 고려는 필수적이며 변화를 일으키는 선 행변수에 대한 종합적 분석이 필요하다.

4
심리적 안녕과 함께 연구되는 주요 연구변수

1. 심리적 안녕의 선행변수

무엇이 조직 구성원을 행복하게 만들고 어떤 조직 구성원들이 다른 구성원보다 행복한가? 이 질문은 단지 어떤 연구변수와 그 선행변수에 대한 정리일 뿐만 아니라 라이트와 라이트(Wright & Wright, 2002)가 언급한 대로 조직행동론을 경영지향연구committed-to-management research와 학술지향연구committed-to-science research에서 구성원지향연구committed-to-participant research로 발전하도록 이끄는 질문이다. 기존의 조직행동론 연구는 바리츠(Baritz, 1960)가 초기에 언급한 대로 실용주의적 관점에서 주로 진행되었다. 여기서의 실용은 기업의 주주나 이사회, 조직 상급자들의 효용의 극대화를 의미한다. 그들은 기존 연구와 처방이 구성원들을 조직의 목표를 달성하기 위한 수단으로 보는 한계점이 있다고 생각하였다. 구성원들을 논의의 중심에 놓고 이들의 행복과 긍정적 태도를 목적으로 삼아야 심화된 경쟁 환경에서도 지속적으로 변화하며 조직의 경쟁력을 유지할 수 있다고 보았다. 조직행동론에서 관련지어 연구되고 있는 변수들을 〈그림 1〉에 정리하였다.

<그림 1> 심리적 안녕과 같이 연구되는 주요 연구변수

선행변수		선행변수	결과변수
조직의 정책과 리더십		정서 측면	성과
•고성과작업시스템 •인적자원관리 •윤리적 리더십 •리더십 행동 •LMX	•변혁적 리더십 •리더의 진정성 •자애적 리더십 •임파워링 리더십 •폭력적 관리	•쾌락적 안녕 •정서적 안녕 •정서적 기질 •직무 관련 즐거움	•직무성과 •창의성, 창의적 성과 •조직시민행동 •임금
직무환경과 조건		정신건강 측면	직무태도
•직무요구 •직무통제 •사회적 지지 •직무복잡성 •직무 자율성	•조직공정성 •감정노동 •조직윤리성 •조직적합성 •임금	•정신적 건강우려 •심리적 건강(부담감) •정신적 건강(부담감) •정신적 충격 •일반적 건강	•직무몰입 •직무참여 •이직의도
구성원 요인		자아실현 측면	만족도
•긍정심리자본 •희망 •자기효능감 •낙관주의 •회복탄력성 •감정지능	•일-가족 갈등 •가족-일 갈등 •일-생활 균형 •스트레스 •스트레스 대응 전략 •욕구	•주관적 안녕 •심리적 안녕 •종합적 안녕 •심리적 안녕감 •직장 내 행복	•직무만족 •동료만족 •배우자만족

심리적 안녕을 변화시키는 선행변수들은 세 가지로-조직의 정책과 리더십, 직무환경과 조건, 조직 구성원 자체요인-구분해 정리할 수 있다.

첫째, 조직의 정책과 리더십이 심리적 안녕을 변화시킬 수 있다. 먼저 조직 수준에서는 고성과작업시스템이 활발하게 연구된다. 고성과작업시스템은 구성원들의 선발과 채용에 더 관심을 기울이고 높은 직무안정성과 교육훈련을 제공한다. 또한 전통적 관료제 조직구조에 비해 상대적으로 수평적인 조직구조를 가져 구성원들의 자율성을 보장하고 조직의 성과에 비례해서 보상을 한다(Huselid, 1995; Pfeffer, 1998). 이런 특징은 자기결정이론에서의 자율성, 연계성, 유능감을 만족시켜 심리적 안녕을 증대시킨다. 라이트와 홉폴(Wright & Hobfoll, 2004), 황, 알스톰, 리, 첸, 히에(Huang, Ahlstrom, Lee, Chen, & Hsieh,

2016)가 고성과작업시스템이 구성원의 심리적 안녕에 긍정적인 영향을 준다고 보고하였다. 비슷하게 알프스, 샨츠, 트루스(Alfes, Shantz, & Truss, 2012), 페케이(Peccei, 2004)도 인적자원관리에 대한 구성원의 인식이 그들의 심리적 안녕을 강화시킨다고 보았다. 리더십 행동은 그 자체로 심리적 안녕에 영향을 줄 수 있다(Gilbreath & Benson, 2004; Van Dierendonck et al., 2004). 관련 개념 중 변혁적 리더십이 가장 많이 연구되는 선행변수이다. 변혁적 리더십은 구성원들에게 비전과 이상을 제공하고, 높은 목표를 설정하고 달성가능 하도록 만들며, 지적 자극과 개인화된 관리를 통해 구성원의 성장을 돕는다(Bass, 1998). 변혁적 리더십을 경험한 구성원들은 많은 양의 심리적 자본을 가지고 성장을 경험함으로써 심리적 안녕이 증가한다(Kelloway et al., 2013; Nielsen & Munir, 2009). 투르와 오포리(Toor & Ofori, 2009)와 최우재·조윤형(2013), 정예지·김문주(2013)는 리더의 진정성이 심리적 안녕을 높인다고 보았다. 얼클루와 샤프라(Erkutlu & Chafra, 2014)는 자애적benevolent 리더십과 심리적 안녕의 긍정적 관계를, 주, 박, 임(Joo, Park, & Lim, 2016)은 임파워링 리더십과의 긍정적 관계를 보고하였다. 그러나 리더는 항상 긍정적 영향을 미치는 것은 아니다. 린 등(Lin et al., 2013)은 리더의 폭력적 관리abusive supervision가 구성원들의 심리적 안녕을 악화시키고 이 관계를 권력거리가 강화시킨다는 결과를 보고하였다. 한편 에피트로파키와 마틴(Epitropaki & Martin, 1999)은 리더와 구성원 간에 맺고 있는 관계에 집중하여 높은 LMXleader-member exchange가 구성원들의 심리적 안녕을 높임을 검증하였다.

둘째, 직무환경과 조건이 심리적 안녕을 변화시킬 수 있다. 핵만과 올뎀(Hackman & Oldham, 1975)이 진행한 초기의 연구는 직무특성을 직무 중요성, 기술다양성, 직무정체성, 자율성, 피드백의 다섯 가지로 구분하였다. 이 다섯 가지 종류의 직무특성은 조직행동론에서 연구가 진행되며 다양한 변수들로 분화하였다(Morgeson & Humphrey, 2006; Warr, 2007). 심리적 안녕 연구에서 가장 광범위하게 연구되는 직무환경은 직무요구-통제-지지이론에 기반한 분류를 따른다. 많은 연구들이 직무요구의 부정적 영향과 직무통제의 긍정적 영향을 보고하고 있다(예: Daniels & Guppy, 1994; Makowska, 1995; Noblet, Rodwell, & Mcwilliams, 2006). 사회적 지지까지 포함하여 진행한 연구들은 많은 지지를 받는 구성원일수록 심리적 안녕이 높다고 보고하였다(예: 정미경 외, 2015; Chay, 1993; Morrison et al., 2003). 이 관계는 대부분의 연구에서 선형으로 연구된다. 그러나 리스텟, 페리와 헤드(Rydstedt, Ferrie & Head, 2006)는 워(Warr, 1987, 1990)의 비타민 모형을 이용하여 특정 최적값이 있는 비선형 관계를 검증하기도 했다. 그밖에 직무복잡성이나 자율성도 심리적 안녕의 선행변수로 연구된다(예: Chung-Yan, 2010; Clegg et al., 1987; Reis & Hoppe, 2015).

조직의 공정성이 구성원의 심리적 안녕을 결정하기도 한다. 캘넌, 웨인라이트, 알몬드(Calnan & Wainwright, Almond, 2000)와 리스텟 등(Rydstedt et al., 2007), 반 이프렌과 스나이더(Van Yperen & Snijders, 2000)는 노력-보상 불균형 모형을 이용하여 이를 검증하였다. 노력에 따른 충분한 보상이 지급되지 않을 때 심리적 안녕이 저해되었다. 국내에서는 감정노동과 심리적 안녕 간의 관계가 활발하게 연구되었다. 강재호(2006)는 감정과장이나 고객접촉 수준, 감정통제노력, 감정전달노력을 선행변수로 연구하였다. 또한 박대훈 등(2015), 김효실(2014), 김효실·차석빈(2014)은 감정부조화도 주요 선행변수로 연구하였다. 이들 연구는 일관되게 감정노동의 부정적 영향력을 보고하였다. 그밖에 로젤버그, 리쉬, 워, 번필드(Rogelberg, Leach, Warr, &

Burnfield, 2006)는 비효율적이고 잦은 회의가 구성원의 심리적 안녕에 악영향을 준다고 보고하였다. 조직의 윤리적 분위기도 심리적 안녕의 선행변수로 보고된다(한주희·고민정, 2015). 조직에 적합성이 높은 구성원일수록 정신적 건강이 높으며(Furnham & Schaeffer, 1984), 소득이 높은 구성원일수록 심리적 안녕이 높다(Adelmann, 1987).

셋째, 조직 구성원 자체의 요인들이 심리적 안녕을 변화시킬 수 있다. 셀리그만(Seligman, 2002)의 긍정심리학 운동 이후 조직행동론에서도 긍정심리자본은 심리적 안녕을 높일 수 있는 대표적인 내부적 요인들로 연구된다. 이때 긍정심리자본은 하나의 종합적인 변수로 고려되기도 하고 희망, 자기효능감, 낙관주의, 회복탄력성으로 세부 차원을 나누어 연구되기도 한다.

손은일·송정수(2012), 에비 등(Avey et al., 2010)과 컬버트슨, 풀러거, 밀스(Culbertson, Fullagar, & Mills, 2010), 루탄스, 유세프, 스윗먼, 함즈(Luthans, Youssef, Sweetman, & Harms, 2013)는 세부 차원을 통합하여 하나의 종합적인 자본으로 연구하였다. 이들의 연구는 주로 자원보존이론을 이용하였다. 긍정심리자본이 많은 조직 구성원일수록 심리적 안녕이 높았다. 오기만(2015)과 유세프와 루탄스(Youssef & Luthans, 2007)의 경우는 세부 차원을 나누어 심리적 안녕과 연결했다. 하쾌남(2016)은 맞벌이 부부의 일-가족균형과 회복탄력성이 서로의 심리적 안녕을 예측하는 연구모형을 검증하였다. 많은 연구에서 일-가족갈등은 심리적 안녕을 악화시키는 요인이다(예: 우정원·홍혜영, 2011; 이정은, 2015; Rantanen et al., 2008). 매튜스 등(Matthews et al., 2014)은 일-가족 갈등이 심리적 안녕에 미치는 영향을 세 시점으로 나누어 종단적 연구를 수행하였고 지속적인 갈등이 발생하면 심리적 안녕이 떨어진다는 것을 검증하였다. 비슷하게 키누넌, 저츠, 마우

노(Kinnunen, Geurts, & Mauno, 2004)는 여성의 경우 일-가족 갈등이 심리적 안녕을 떨어뜨리는 경향이, 남성의 경우 낮은 업무상의 심리적 안녕이 일-가족 갈등을 야기시키는 경향이 강한 것으로 보고하였다. 일-생활 균형의 경우에도 심리적 안녕의 선행변수로 연구된다(박지연, 2013). 또한 구성원들의 기본욕구의 충족여부에 따른 심리적 안녕이 연구되었다. 이때 삶의 질 측정도구quality of work life scale에서 구분한 건강과 안전욕구, 경제와 가족의 욕구, 사회적 욕구, 효능감 욕구, 자아실현 욕구, 지식 욕구의 여섯 가지의 욕구가 이용된다. 챈과 와이엇(Chan & Wyatt, 2007)과 라티(Rathi, 2009)의 연구는 이들 욕구가 충족될수록 심리적 안녕이 증대된다고 보고하였다. 추가로 이마노글루와 베이도간(Imamoğlu & Beydoğan, 2011)은 연결욕구 또한 심리적 안녕의 선행변수로 연구하였다. 조직 상황에서 받는 스트레스도 심리적 안녕을 저하시킨다(예: 신현정·박진성, 2010; Babajide & Akintayo, 2011). 첸 등(Chen et al., 1996)은 스트레스 상황에 대응하는 방식과 전략에 따라 심리적 안녕이 변화된다고 보았다. 돌라드와 바인필드(Dollard & Winefiel, 1998), 구피와 웨더스톤(Guppy & Weatherstone, 1997), 이폴리토, 아들러, 토마스, 리츠, 호즐(Ippolito, Adler, Thomas, Litz, & Hölzl, 2005), 노블레 등(Noblet et al., 2006)도 비슷한 연구를 진행하였다. 문제를 회피하지 않고 적극적으로 대처하는 방식으로 대응전략을 사용한 조직 구성원들의 경우 회피하는 방식으로 대응전략을 사용한 구성원들에 비해 심리적 안녕이 높았다. 그밖에 감정지능과 직무만족 등이 안녕을 높이기도 한다(예: Brunetto et al., 2012).

2. 심리적 안녕의 결과변수

조직행동론에서 심리적 안녕은 주로 연구모형상에서 종속변수로 활용되는 경우가 많았다. 심리적 안녕이 독립변수로 활용된 경우는 다음 두 가지 연구질문으로 정리될 수 있다.

첫째, 행복한 조직 구성원은 조직에 긍정적인 영향을 주는가? 많은 연구들이 다양한 용어와 측정도구를 가지고 성과와의 관계를 연구하였다. 우선 직무성과와의 관련을 보면 크로판자노와 라이트(Cropanzano & Wright, 1999), 라이트와 스토(Wright & Staw, 1999), 그리고 신현정·박진성(2010)의 논문을 비롯한 다수의 논문들에서 긍정적인 관계를 보고하였다. 심리적 안녕이 높은 조직 구성원들은 직무에 더욱 참여하고 자신이 가지고 있는 긍정심리자본 등의 자원을 성과를 높이는 데 적극적으로 활용한다. 마찬가지로 직무몰입이나 참여와도 정적인 관계가 보고되었다(예: Brunetto et al., 2012; Garg & Rastogi, 2009). 또한 심리적 안녕이 높은 조직 구성원들이 타인을 돕고 규정을 준수하는 등의 조직시민행동에 더 많이 참여하였다(예: Alfes et al., 2012; Credé, Chernyshenko, Stark, Dalal, & Bashshur, 2005; Donovan, 2000). 긍정적인 심리적 안녕 상태의 조직 구성원들은 창의성도 높이 발휘한다. 애머빌(Amabile, 1983)의 초기 연구 이후 창의력과의 관계는 동기의 귀인모델(attributional model of motivation, Weiner, 1985)을 이용하여 연구되었다. 심리적 안녕이 높은 조직 구성원들은 현재의 실패를 단기간의 것이거나 외부의 상황에 의한 것으로 귀인한다. 그래서 상대적으로 실패를 두려워하지 않고 높은 창의성을 보인다. 슐베르그(Schuldberg, 1999)나 라이트와 월튼(Wright & Walton, 2003)의 연구가 창의성과의 정적 상관관계를 보고하였다. 이상의 연구결과를 종합하면 심리적 안녕이 높은 조직 구성원들은 조직에 긍정적 영향을 준다는 결론을 내릴 수 있다.

둘째, 행복한 조직 구성원은 성공할 가능성이 높은가? 심리적 안녕이 높은 직원들은 이직의도가 낮다. 현재의 조직에 만족하고 있고 자신의 성과가 인정받고 있을 가능성이 높기 때문에 이직의도를 낮게 보고한다(예: Bygrave, 2011; Thompson & Prottas, 2006). 또한 심리적 안녕이 높은 조직 구성원은 높은 임금을 받을 가능성이 높다. 패널자료를 이용한 분석에서 그래엄 등(Graham et al., 2004)과 루카스 등(Lucas et al., 2004)은 소득과의 높은 상관관계를 보고하였다. 이경애(2010), 디너와 셀리그만(Diener & Seligman, 2002)은 심리적 안녕이 높은 구성원들이 동료와의 관계가 긍정적이라는 결론을 내렸다. 동료뿐만 아니라 배우자와의 관계에서도 심리적 안녕이 높은 구성원들은 높은 만족도를 가진다(예: Gladow & Ray, 1986; Graham et al., 2004). 이는 앞에서 논의한 일-업무갈등이 심리적 안녕을 저해한다는 연구결과와도 일치하는 결과이다. 이상의 연구결과를 종합하면 심리적 안녕이 높은 조직 구성원들은 개인적으로나 타인과의 관계에 있어서 성공할 가능성이 높다는 결론을 내릴 수 있다.

3. 심리적 안녕연구의 조절변수와 매개변수

심리적 안녕의 실증연구들은 심리적 안녕을 변화시키는 과정과 그에 따른 조직의 변화양상을 밝히는 데 집중하였다. 이 과정들은 단순한 선행변수와 결과변수의 변화뿐만 아니라 다양한 조절과 매개과정을 포함한다. 첫째, 조직 구성원 내부의 요인들과 외부의 요인들이 상호작용을 일으켜 심리적 안녕을 변화시킬 수 있다. 특질발현이론(trait activation theory, Tett et al., 2013)에 따르면 개인이 가지고 있는 성격 등의 특질은 외부환경의 변화나 자극에 맞추어 그 발현 정도를 바꾸게 된다. 또한 심리적 안녕의 경우 취약성-스트레스 이론(vulnerability-stress theory, Abramson, Metalsky, & Alloy, 1989; Beck, 1967)에 따라 구성원 내부에 취약성이 있다면 외부의 심리적 충격에 더 크게 반응한다. 선행변수의 두 번째 분류에서 직무요구와 통제, 사회적 지지 등과 심리적 안녕의 관계를 정리하였다. 몰(Moyle, 1995)과 돌라드와 바인필드(Dollard & Winefield, 1989)는 부정 정서가 있다면 이 관계에 있어서 직무요구의 부정적 영향이 강화된다고 보고하였다. 또한 조직과 개인의 효능감이 높을수록 자아실현적 안녕이 높아지는데 직무참여가 활발한 구성원일수록 이 관계가 강화된다(Pierce et al., 2016).

둘째, 스트레스와 심리적 안녕의 관계에서 매개와 조절과정이 연구되었다. 심리적 분리는 스트레스와 심리적 안녕과의 관계를 매개한다. 분리가 있다면 스트레스로부터 회복하고 심리적 안녕의 저하를 막을 수 있다. 이 과정은 주로 스트레스-분리 모형(Sonnentag & Fritz, 2015)을 이용해 연구가 되었다. 프리츠와 소넨택(Fritz & Sonnentag, 2006)은 휴가와 휴식이 있다면 심리적 안녕을 회복할 수 있다고 보았다. 이는 직무요구-통제-지지이론과 완충가설을 이용한 연구에서도 비슷한 양상을 보인다. 사회적 지지가 있다면 직무요구나 스트레스가 심리적 안녕에 미치는 부정적인 영향을 완충한다(Häusser et al., 2010; Ippolito et al., 2005). 또한 감정노동으로 인한 스트레스는 심리적 안녕을 낮추는데 심층행위deep acting와 직업동일시는 이를 악화시킨다(강재호, 2006).

셋째, 리더십이 미치는 영향에 대한 연구에 있어서도 다양한 조절과 매개변수가 연구되었다. 칼소벤과 분(Kalshoven & Boon, 2012)은 리더의 윤리적 리더십이 구성원의 심리적 안녕을 증대시키는 관계를

〈표 3〉 연구변수와 심리적 안녕 간의 메타분석 결과

연구변수 종류	연구변수 이름	k	N	$\bar{r}$	ρ	SD	%VAR	80% CV 하한	80% CV 상한	95% CI 하한	95% CI 상한
개인특질 관련	신경성	3	806	-.51	-.57	.00	13.97	-.57	-.57	-.60	-.42
	통제위치	9	2,512	.30	.36	.00	12.30	.36	.36	.20	.41
	진정성	8	583	.35	.43	.25	19.68	.11	.75	.15	.56
	긍정심리자본	6	1,918	.46	.53	.16	9.24	.33	.74	.37	.55
	희망	17	4,945	.42	.53	.13	18.54	.37	.69	.33	.52
	회복탄력성	14	3,651	.38	.50	.10	28.38	.36	.64	.28	.58
	낙관주의	10	2,545	.42	.52	.15	14.81	.32	.71	.32	.62
	자기효능감	57	16,479	.16	.20	.25	7.54	.11	.52	.05	.27
직무 관련	직무만족	97	59,072	.24	.31	.26	3.12	.03	.65	.17	.32
	이직의도	28	13,697	-.25	-.31	.12	15.44	-.46	-.16	-.34	-.17
	직무몰입	41	12,852	.27	.33	.18	10.93	.09	.55	.17	.38
	직무열의	16	3,890	.26	.31	.16	15.94	.10	.52	.14	.38
	심리적 계약 위반	3	2,103	-.37	-.42	.00	45.35	-.42	-.42	-.43	-.31
	조직일체화	4	637	.34	.38	.11	33.92	.24	.52	.20	.48
	감정기반 대응	4	1,931	-.08	-.09	.52	1.18	-.75	.57	-.17	.01
	문제기반 대응	6	3,207	.08	.10	.09	24.75	-.02	.22	-.01	.16
	노력소모	13	4,621	-.29	-.34	.09	32.58	-.45	-.23	-.38	-.19
	직무요구	34	43,866	-.19	-.24	.16	3.97	-.45	-.03	-.24	-.13
	직무통제	16	20,443	.13	.15	.09	1.51	.03	.27	.08	.19
	직무적 지지	3	1,436	.44	.52	.00	50.98	.52	.52	.37	.52
	사회적 지지	44	46,098	.18	.21	.12	8.46	.06	.36	.12	.24
	직무복잡성	4	2,991	.04	.05	.07	22.14	-.05	.14	-.03	.11
	직무 자율성	15	7,743	.20	.23	.08	25.20	.13	.34	.12	.29
	감정부조화	16	4,104	-.17	-.23	.15	22.44	-.41	-.04	-.29	-.05
	직업 불안정감	2	1,106	-.40	-.46	.06	31.14	-.54	-.38	-.47	-.32
	윤리적 행동	2	792	.21	.24	.00	38.40	.24	.24	.12	.31
	업무의 의미성	5	1,276	.45	.57	.10	26.95	.43	.70	.35	.54
	금전적 보수	5	34,974	.20	.20	.02	26.70	.17	.22	.17	.22
	조직시민행동	13	4,333	.24	.30	.08	43.54	.20	.40	.14	.34
	직무성과	56	9,936	.29	.34	.20	14.68	.09	.60	.16	.43
리더십 관련	변혁적 리더십	9	3,066	.36	.40	.13	13.34	.23	.57	.26	.45
	진정성 리더십	2	847	.48	.53	.11	11.75	.38	.68	.40	.55
	폭력적 관리	2	1,109	-.26	-.32	.07	31.88	-.41	-.23	-.34	-.18
	상사에 대한 신뢰	2	1,049	.31	.38	.00	10.59	.37	.37	.23	.38
	LMX	4	1,407	.41	.51	.17	8.99	.29	.72	.32	.49

| 일-가정 관련 | 일-가정 갈등 | 33 | 12,551 | -.32 | -.37 | .17 | 8.61 | -.60 | -.15 | -.41 | -.23 |
| | 가정-일 갈등 | 26 | 11,276 | -.35 | -.41 | .18 | 7.02 | -.64 | -.18 | -.43 | -.26 |

k=분석에 포함된 논문 수; N=분석에 포함된 누적 인원 수; $\bar{r}$=측정오류 수정 전 효과크기; ρ=측정오류 수정 후 효과크기; SD=의 표준편차; %VAR=효과크기의 변량 백분률; CV=Credibility Interval; CI=Confidence Interval;

인적자원관리가 강화시킬 수 있다고 보고하였다. 켈로웨이, 터너, 바링, 로린(Kelloway, Turner, Barling, & Loughlin, 2012)은 변혁적 리더십이 구성원의 심리적 안녕에 긍정적 영향을 미치며 그 관계는 리더에 대한 신뢰가 강화시킬 수 있다고 보았다. 또한 그 관계는 직무명확성과 직무참여, 업무의 의미성이 조절하기도 하고(Arnold et al., 2007; Nielsen et al., 2008; Nielsen, Yarker, Brenner, Randall, & Borg, 2008), 구성원의 자기효능감이 조절하기도 한다(Nielsen, Yarker, Randall & Munir, 2009). 진정성 리더십의 정적 효과를 교육훈련전이transfer of education and training가 매개하기도 한다(김상민·차민석, 2013).

넷째, 심리적 안녕이 조절변수로 활용되는 경우도 있다. 주로 직무만족과 관련하여 연구되었다. 라이트, 크로판자노, 보넷(Wright, Cropanzano, & Bonett, 2007)은 직무만족이 직무성과를 높이는 관계를 심리적 안녕이 강화시킨다고 보고했다. 라이트 등(Wright et al., 2007)은 직무만족이 높다면 이직을 덜하게 되는데 이 관계를 심리적 안녕이 조절한다고 보고하였다.

5
메타분석

　앞선 논의에서 심리적 안녕에 대한 정의와 용어와 측정도구를 개괄하고 문헌정리를 통해 같이 연구되는 변수들을 선행, 결과, 조절, 매개변수로 구분하여 정성적으로 정리하였다. 이어 본 연구는 조직행동론 분야에서의 심리적 안녕에 대한 기존 실증연구들의 정량적인 종합 분석결과를 제시하기 위해 메타분석을 실시하였다. 1975년부터 2016년까지의 총 101개의 논문이 분석에 포함되었다.

1. 메타분석 결과

　다양한 변수와 심리적 안녕 간의 상관관계에 대한 메타분석 결과를 〈표 3〉에 표시하였다. 개인특질변수 중 회복탄력성과 정적인 관계를 가졌다($\bar{r}$=.38, ρ=.50). 직무 관련된 변수 중 직무만족과는 정적인 관계($\bar{r}$=.24, ρ=.31)를, 감정부조화와는 부적인 관계($\bar{r}$=-.17, ρ=-.23)를 가졌다. 직무요구-통제-지원이론에서 예측한 대로 사회적 지지와는 정적인 관계($\bar{r}$=.18, ρ=.21)를, 직무요구와는 부적인 관계($\bar{r}$=-.19, ρ=-.24)를 가졌다. 변혁적 리더십과는 정적인 관계($\hat{r}$=.36, ρ=.40)를, 일-가정 갈등과는 부적인 관계($\hat{r}$=-.32, ρ=-.37)를 가졌다.

6

기존 심리적 안녕 연구의 한계와
발전을 위한 제언

1. 기존 연구의 한계

　정성적 문헌정리와 정량적 메타분석에서 살펴본 것과 같이 심리적 안녕의 실증연구들은 조직행동론의 다양한 이론을 활용하여 많은 선행, 결과변수와 함께 연구되었다. 그러나 아직 연구가 미흡한 부분과 극복해야 할 한계도 있다. 먼저 조직행동론 전체의 수준에서 심리적 안녕은 다음의 세 가지 한계를 가진다.

　첫째, 용어와 정의가 명확하게 구분되어 사용되지 않아 연구 간 비교와 종합에 어려움이 있다. 이것이 심리적 안녕 연구가 일관된 체계를 이루지 못하고 산발적으로 진행된 주된 이유이다. 향후에 심리적 안녕의 연구 분야는 정서적 측면과 자아실현적 측면의 두 측면에서 정의, 용어, 측정도구가 일원화되어야 한다. 통일된 조작적 정의를 가지고 일관된 방식으로 측정되어야 다양하게 활용되어 학문적 영역을 넓힐 수 있을 것이다.

　둘째, 사용되는 이론이 다양화되어야 한다. 다수의 심리적 안녕 연구가 직무요구-통제-지지이론에 기반을 두어 진행되었다. 본 논문의 메타분석에도 101개의 논문 중 25개의 논문이 해당 이론을 사용하였다. 직무환경은 요구, 통제, 지지의 3개 차원보다 세부적으로 분석될 수 있으며(Morgeson & Humphrey, 2006; Warr, 2007), 차원을 세분화하면 적용될 수 있는 이론도 다양해질 것이다. 이는 직무환경뿐만 아니라 리더십이나 개인 태도와의 관계에서도 마찬가지이다. 직무만족, 이직의도, 직무몰입 등의 연구변수뿐만 아니라 인상관리impression management나 LMX 차별성 등의 논쟁적인 변수와도 같이 연구되어야 한다. 또한 이 과정에서 다수준, 종단적 연구가 필수적이다.

셋째, 현재 심리적 안녕은 주로 종속변수로 활용되며 제한적으로 독립변수로 활용된다. 공정성이나 변혁적 리더십이나 핵심자기평가 core self-evaluation 등의 변수가 많은 연구들에서 중심변수들 간의 관계를 변화시키는 조절변수로 활용되어 연구의 지평을 넓히고 있다는 점을 고려하면 심리적 안녕도 조절변수나 매개변수로의 활용이 모색되어야 한다.

개별 논문 수준에서는 다음의 세 가지 한계를 가지고 있다. 첫째, 대부분의 연구가 단발성이고 횡단적이다. 실증연구가 단발성, 횡단적으로 이루어진다면 해당 연구결과에 대한 외적 타당도가 떨어지게 된다. 심리적 안녕의 변화를 확인하기 위해서는 종단적이고 순환적인 연구가 필수적임에도 소수의 연구(예: Kinnunen et al., 2004; Lyubomirsky et al., 2011)만이 성공적이었다.

둘째, 정서적 측면과 자아실현적 측면 중 하나의 측면만을 연구하였다. 심리적 안녕은 두 가지 측면에 모두 영향을 받는다. 따라서 연구자의 관심이 어느 한 측면에 있다고 해도 두 가지 모두를 연구하여 다른 하나를 통제하는 방식으로 연구가 진행되지 않으면 관심 있는 측면에서의 인과관계가 왜곡될 우려가 있다.

셋째, 단일수준에서 주로 연구가 이루어졌다. 심리적 안녕은 개인의 주관적 경험과 평가로 정의되었기 때문에 타인이나 집단과의 상호작용에 대한 연구는 부족했다(Christakis & Fowler, 2009). 고성과작업시스템이 선행변수로 연구되는 경우나 직무요구-통제-지지이론에 따라 연구된 소수의 연구를 제외하면(예: Huang et al., 2016; Morrison et al., 2003) 심리적 안녕의 연구는 주로 개인 수준에서 진행되었다. 그러다보니 동일방법편의common method bias의 차단이 어려웠고 다양한 조직과 팀 수준의 연구변수들이 다뤄지지 않았다.

7
토의 및 결론

1. 연구결과 요약 및 시사점

다양한 학문 분야에서의 행복연구의 오랜 전통에 비해 조직행동론에서 구성원의 심리적 안녕에 대한 연구는 상대적으로 부족했다. 조직행동론의 초기 단계인 1930년대 메이요Mayo의 호손연구에서부터 구성원의 긍정적인 심리 상태와 성과와의 관계는 알려졌고, 점차 긍정정서와 같은 개념들이 포함되어 연구되기 시작하였다. 그러나 긍정조직행동론을 명명한 루탄스(Luthans, 2002)가 평가한 대로 그동안의 연구들은 구성원들의 잘못된 행동을 바로잡거나, 그들의 생산성을 고취하기 위한 방법에 집중되었다. 본 논문은 조직행동론 내에서 심리적 안녕을 어떻게 정의하는지, 용어를 사용하는지, 어떤 측정방식을 이용했는지 정리하였다. 또한 같이 연구되는 개념과 변수와의 관계를 문헌 리뷰와 메타분석을 통해 정성적, 정량적으로 분석하고 그 논리를 설명할 수 있는 이론에 대해 정리하였다.

정서적인 측면에서는 디너와 라센(Diener & Larsen, 1993)의 긍정정서의 잦은 경험과 부정 정서의 적은 경험이 가장 널리 쓰이는 정의

이고 이 경우 정서적 안녕으로 지칭되었다. 자아실현적 측면에서는 리프(Ryff, 1995)의 다차원 정의가 많이 활용되었다. 자아실현적 안녕을 용어로 사용하거나 심리적 안녕 자체를 사용하기도 하였다.

측정방법은 골드버그(Goldberg, 1972)의 측정방법을 12개 문항으로 단순화하여 만든 12문항의 일반 건강설문이 가장 널리 쓰였다. 메타분석에 포함된 101개의 논문 중 37개의 논문이 12문항의 일반 건강설문을 이용하여 심리적 안녕을 측정하였다. 정서적 측면에서는 워(Warr, 1990, 1992)의 측정방법이 11개의 논문에서, 자아실현적 측면에서는 리프(Ryff, 1989)의 측정방법이 총 25개의 논문에서 사용되었다. 특히 국내 연구들은 리프(Ryff, 1989)의 측정도구를 주로 사용하였다.

조직행동론에서 연구되는 심리적 안녕은 정의와 용어에서 일관성이 부족했다. 연구자들이 속한 학문 전통이나 같이 연구되는 개념들과의 관계에 따라 조금씩 정의를 변경하여 2015년까지도 정의를 개별적으로 사용하였고(Houben et al., 2015), 그 결과 〈표 1〉과 같이 총 21종류의 정의가 사용되었다. 이런 정의들은 심리적 안녕, 정신적 안녕감, 직무 관련 정서적 안녕 등을 포함하여 총 16개 용어로 나누어 지칭되었다. 그러다 보니 측정도구도 연구자 스스로 만들기도 하고 (예: Nielsen et al., 2008), 다른 연구자의 측정도구를 임의로 변형(Mullarkey et al., 1999)하기도 해서 종합적인 분석이 어려운 상황이다. 이런 한계 때문에 심리적 안녕을 종합하는 기존의 시도는 특정이론만을 다루고 있거나(Häusser et al., 2010; Van der Doef & Maes, 1998), 실직 상태 등 특별한 상황에서만 분석하거나(McKee-Ryan et al., 2005), 정성적으로만 이루어졌다(Danna & Griffin, 1999; Fisher, 2010). 본 논문은 이런 한계를 두지 않고 연구의 통합을 시도하였다.

본 연구는 실무적 시사점을 가지고 있다. 첫째, 그동안 일선 경영 현장에서는 필(Peale, 2012)의 『긍정적 생각의 힘the power of positive thinking』이나 코비(Covey, 1991)의 『성공하는 사람들의 7가지 습관 seven habits of highly effective people』과 같은 책이 인기를 얻어왔다. 이는 행복하고 긍정적인 조직 구성원에 대한 실무적 관심을 의미한다. 본 연구는 그 관심에 대한 대답이다. 실무 경영진과 조직 관리자에게 심리적 안녕을 관리해야 조직목표를 달성할 수 있다는 시사점을 준다. 본 연구에서 제시된 심리적 안녕의 선행변수를 관리하여 이를 달성할 수 있다.

둘째, 직무설계에 있어서 균형점의 중요성을 확인하였다. 직무요구-통제-지지이론의 실증적 타당성을 확인함으로써 직무환경의 세 측면이 균형을 이룰 때 조직 구성원의 심리적 안녕이 극대화된다는 것을 보여주었다. 이런 구성원일수록 창의성과 성과가 높고 조직시민행동을 활발히 참여한다. 그러므로 관리자들은 구성원의 직무를 설계함에 있어서 본인의 변혁적 리더십을 발휘함은 물론 직무요구와 통제, 지지의 균형을 맞춰야 할 것이다.

셋째, 긍정심리자본을 축적할 수 있는 교육과 훈련의 필요성을 지적하였다. 긍정심리자본이 축적된 조직 구성원들이 스트레스나 감정노동 등에 더 잘 대응하고 심리적 안녕이 높았다. 루탄스(Luthans, 2002)에 의하면 긍정심리자본은 일부는 유전적 영향에 의해 결정되지만 나머지 부분은 변화할 수 있다. 특히 조직 상황에서는 적절한 교육과 훈련을 통해 향상시킬 수 있다. 따라서 인적자원을 확보하기 위한 교육, 훈련에서 긍정심리자본의 축적을 고려해야 한다.

2. 연구의 한계점 및 향후 연구과제

앞의 논의에서 조직행동론에서의 심리적 안녕 연구의 한계를 지적하고 극복할 수 있는 연구모형을 제시하였다. 본 논문도 다음과 같은 한계를 가지고 있다. 첫째, 심리적 안녕의 많은 정의, 용어, 측정도구가 포함되어 연구가 되었음에도 빠진 연구들이 있다. 대표적으로 마슬라흐와 잭슨(Maslach & Jackson, 1981)의 탈진개념을 이용해 심리적 안녕을 측정한 경우가 빠져 있다. 또한 왓슨, 클라크, 텔레젠(Watson, Clark, & Tellegen, 1988)의 긍정적 정서 및 부정적 정서 검사PANAS를 이용해 심리적 안녕을 측정한 경우도 빠져 있다. 이들 개념은 선행변수로 볼 수도 있고, 기존에 분석된 리뷰와 메타분석 연구들이 있어서 본 연구의 범위에 포함되지 않았다. 만약 이 개념들을 이용한 실증분석이 포함되었다면 평균효과 크기가 변화하거나 통계적 유의성이 다르게 나올 가능성이 있다.

둘째, 본 연구에서 분석된 실증논문들은 개인 수준의 변수를 이용하거나 집단 수준이나 리더십 변수를 다루더라도 개인 수준에서 인지된 값을 이용했다. 심리적 안녕은 주관적 경험으로써 타인이 평가하기 어렵다. 그러나 다른 변수들은 타인이 측정하거나 평가할 수 있고, 특히 직무 상황이나 갈등 관련 변수들은 측정 원천을 다르게 해야 동일방법편의에 의한 과대추정을 막을 수 있다. 그런 점에서 분석에 포함된 실증연구의 한계점이 본 연구의 분석에서도 극복될 수 없었다.

셋째, 메타분석의 80% 신뢰구간credibility interval의 상하한 구간이 넓을수록 조절변수의 존재 가능성이 크다(Whitener, 1990). 심리적 안녕과 진정성, 자기효능감, 감정전달 및 통제 노력, 일-가정 갈등과의 관계에서 상하한 구간이 넓었다. 향후에는 이들 변수와의 관계가 다양한 조절변수와 함께 연구되어야 한다.

4장

조직시민행동의 개념, 시사점, 그리고 향후 연구과제

전민종

서울대학교 경영대학 경영학과 석사, E-mail: mjjun6115@snu.ac.kr

서울대학교 영어교육과와 경영학과에서 학사학위를, 동대학원에서 경영학 석사학위를 받았다. 주요 연구관심분야는 조직시민행동과 문화, 교육훈련과 자발적 이직률 간 관계, 리더십, 인적 자본 개발, 조직학습 등과 관련된 이슈이다. 그리고 한국직업능력개발원에서 주최한 제 7회 인적자본기업패널 대학원생 논문경진대회에서 우수 논문상을 수여 받았다.

이정연

서울대학교 경영대학 경영학과 교수, E-mail: jaytalks@snu.ac.kr

현재 서울대학교 경영대학 교수로 재직하고 있다. 연세대학교 경영학과에서 학사학위를, 인디애나 대학교에서 경영학 석사학위와 박사학위를 취득하였다. 서울대학교 부임 전 미국 캔자스 대학교에서 10년 간 부임하였으며 서울대학교에서는 인사관리, 평가/보상, 그리고 HR Analytics를 강의하고 있다. 최근 연구 분야는 주로 (1)이직과 연관된 관리자의 보상 및 커리어와 관련된 이슈, (2) 최고인사관리자의 역할을 비롯한 인사관리가 회사의 성과에 미치는 영향, 그리고 (3) 개인과 회사의 성과증진을 위한 지적 자본 (인적, 사회적 그리고 조직 자본)의 역할 등이다. 그리고 미국 산업조직심리학회에서 수여하는 최우수 논문상을 수여한 바 있으며 서울대학교 부임 후 차세대 신진학자 지원 그리고 경영대 석학연구지원을 받았다.

*본 논문은 서울대학교 경영대학 경영연구소 연구비 지원으로 수행되었습니다.

1
조직시민행동의 기본 개념 및 하위요인

　조직시민행동이란 개념은 스미스, 오간, 그리고 니어(Smith, Organ, & Near, 1983)가 처음으로 도입한 개념이다. 당시 조직시민행동은 도움이 필요한 특정 타인을 의도적으로 도와주는 행위로 소개되었으며, 이후 30년 남짓 동안 많은 인사·조직행동 연구자들이 조직시민행동의 선행요소 또는 그 결과에 대해 관심을 가지고 연구를 진행하였다. 많은 연구자들은 조직시민행동이라는 변수를 다양한 방식으로 측정하였고, 그 만큼 조직시민행동 관련 구성요소와 그 뜻에 대해 독자로서는 모호한 점이 있는 것도 사실이다. 본 문헌검토에서는 그동안 연구되어온 조직시민행동의 개념요소, 선행요소, 결과, 경계조건Boundary condition 등에 대해 재검토하면서, 전반적인 조직시민행동의 구성요소에 대해 살펴보겠다. 또한 이를 바탕으로 조직시민행동이 앞으로 연구되어야 할 방향과 실무적 시사점에 대한 이슈도 같이 제시하겠다.

　어떤 차원을 기준으로 보느냐에 따라서 조직시민행동의 의미에 대해서는 다양한 해석이 가능하다. 이는 연구자가 조직시민행동의 분류체계를 어떤 것으로 채택하느냐에 따라 정의와 측정방식이 조금씩 달라지기 때문이다. 연구 초기 단계부터 많은 연구자들은 조직시민행동의 여러 가지 하위구성요소 및 분류기준을 제안하였는데 크게 세 가지의 분류체계로 나누어볼 수 있다. 이 세 가지의 분류체계를 살펴보면서 조직시민행동의 기본 개념에 대해 살펴보고, 그 의미의 활용 및 응용방안을 검토해보겠다.

첫 번째 조직시민행동 분류체계는 오간(Organ, 1988)에 의해 만들어졌다. 오간(Organ, 1988)에 의하면, 조직시민행동은 공식적인 보상체계formal reward system에 의해 직접적으로 인정받는 것이 아니어도 조직과 동료들에게 도움이 되는 행위를 자발적으로 하는discretionary 행동이다. 이러한 조직시민행동에는 다섯 가지 하위 항목이 존재하는데 이타주의altruism, 공손함courtesy, 성실성conscientiousness, 시민 도덕civic virtue, 스포츠맨 정신sportsmanship이 바로 그것이다(Organ, 1988). 이후 퍼사코프 연구진(Podsakoff et al., 1990)이 하위 다섯 가지 조직시민행동의 측정방식을 발전시켰다. 오간Organ의 이러한 조직시민행동 분류체계를 폭넓게 이해하기 위해서, 우리는 오간이 조직시민행동을 재정의한 것에 주목할 필요가 있다. 1988년 오간의 조직시민행동 개념 도입 이후, 후속 연구들은 조직시민행동이라는 행동 자체가 항상 자발적인 것이 아니라고 비판하였다. 특히 주변 동료들이나 감독관에 의해 요구되어지거나 기대되어지는 분위기 속에서는 조직시민행동이 자발적이진 않아도 행동으로서 발현이 되기도 한다(Morrison, 1994).

오간(Organ, 1997)은 이러한 후속연구들의 비판에 반응하여 기존의 조직시민행동에 대한 정의를 수정하였다. 그의 두 번째 정의에 의하면, 조직시민행동은 과업 성과task performance가 일어나는 사회적·심리적 환경에 도움이 되는 행동이다. 이와 같은 오간의 조직시민행동 개념 재정립은 조직시민행동이 항상 일관되게 자신의 역할 밖extra-role에서만 일어나는 것이 아니라는 사실과 조직시민행동을 행한 개인도 공식적인 보상체계에 의해 간접적으로라도 좋은 성과평가나 인센티브 등의 보상을 받을 수도 있다는 사실을 받아들인 결과이다.

두 번째 조직시민행동 분류체계는 윌리암스와 앤더슨(Williams & Anderson, 1991)이 도입하였다. 그들은 조직시민행동의 주요 대상을 개인Individuals과 조직Organization으로 나누고, 이에 따라 조직시민행동을 OCBI와 OCBO라는 두 가지 형태로 나누었다. OCBIOrganizational Citizenship Behavior - Individuals는 특정 타인들에게 직접적인 혜택을 주면서 간접적으로 조직에 기여하는 조직시민행동이다. 반면 OCBOOrganizational Citizenship Behavior – Organization는 일반적으로 조직에 직접적으로 도움을 주는 조직시민행동이다(Williams & Anderson, 1991). 이 두 차원으로 나눈 개념은 기본적으로 오간(Organ, 1988)의 분류체계에 기초하고 있기 때문에 OCBI와 OCBO는 기존 조직시민행동의 다섯 가지 차원과 밀접한 관련이 있다. OCBI는 이타주의와 공손함과 관련이 있으며, OCBO는 시민 도덕, 스포츠맨 정신, 성실성과 관련이 있다 (Podsakoff et al., 2014). 여러 조직시민행동 관련 연구논문들이 이 조직시민행동 분류체계를 활용하여 조직시민행동을 독립변수 또는 종속변수로서 측정하였다. 예를 들어 오저, 샹, 그리고 스캐우브로어크 (Ozer, Shang, & Schaubroeck, 2014)는 OCBI·OCBO와 도전·방해 스트레스의 인지 간 관계를 상정하고 이 관계를 조절하는 변수로서 과업 상호의존성task interdependence과 리더-멤버 교환LMX을 제시하였다. 쒸, 후앙, 램, 그리고 미아오(Xu, Huang, Lam, & Miao, 2012)는 OCBI와 OCBO 개념체계를 활용하여 학대적인abusive 감독과 개인의 작업행동(과업성과, OCBI, OCBO) 간 관계를 밝히며, 이 관계의 매개변수로서 리더-멤버 교환LMX을 제안하였다. 스카릭키와 레담(Skarlicki &

Latham, 1996)은 요인분석을 통하여 노조 내 조직 정의justice 시행에 의해 증가한 시민행동은 두 가지 양상을 띤다고 하였다. 하나는 노동조합 내 조합원 개인들을 지지해주는 행동(OCBI와 일맥상통)이고, 다른 하나는 조직 자체로서 노동조합을 지지해주는 행동(OCBO와 일맥상통)이었다. 요약하자면, 윌리엄스와 앤더슨(Williams & Anderson, 1991)의 분류체계는 후속 조직시민행동 문헌에 많은 시사점을 던져주었다고 볼 수 있다.

세 번째 조직시민행동 분류체계는 밴 다인, 커밍스, 그리고 박(Van Dyne, Cummings, & Parks, 1995)에 의해 정립되었다. 그들의 기준에 의하면, 윌리엄스와 앤더슨(Williams & Anderson, 1991)의 분류체계처럼 조직시민행동의 대상target이 아닌 조직시민행동 특성 자체the essential nature of OCB에 따라서 조직시민행동이 두 가지로 나뉠 수 있다고 하였고, 그 하위 개념은 제휴 지향 조직시민행동AOCB, Affiliation-oriented OCB과 도전 지향 조직시민행동COCB, Challenge-oriented OCB 또는 Change-oriented OCB이다. 제휴 지향 조직시민행동은 협력적인 특성을 지니고 있으며 조직 내 개인들 간 건설적인 관계를 장려하는 성향을 보인다. 제휴 지향 조직시민행동의 주요 차원은 도와주는 행위 helping behavior와 관련이 높으며, 그렇기 때문에 주로 그 하위 차원에는 이타주의, 공손함, 평화유지peace keeping, 대인 간 관계 촉진, 그리고 OCBI가 지닌 특성(Podsakoff et al., 2000) 등으로 이루어져 있다. 제휴 지향 조직시민행동이 주로 현재의 환경과 관계를 유지하려는 특성을 지닌 반면, 도전 지향 조직시민행동은 현재의 상태에 도전Challeng-ing the status quo하는 특성으로 묘사되어 진다. 도전 지향 조직시민행동과 가장 관련이 높은 행동은 목소리를 내는 행위voice behavior이다. 이 행위는 단순히 자신의 생각만을 드러내는 것이라기보단 건설적인 변화를 위해 유용한 의견표명 및 제안을 하는 행위이며, 궁극적으로 긍정적인 변화를 촉진시키는 데 도움이 되기도 한다. 이런 종류의 행동은 실질적인 경영환경에서 굉장히 중요하다. 사업 모델 및 프로세스의 유연성, 개선, 그리고 혁신에 큰 도움이 되기 때문이다(LePine & Van Dyne, 1998). 그러므로 도전 지향 조직시민행동은 단순한 비판이라기보단 현재 공식적인 절차에 대한 개선을 위하여 내놓는 혁신적인 제안과 더 관련이 있다고 볼 수 있다. 제휴 지향 조직시민행동과 도전 지향 조직시민행동이 소개된 이래로, 다양한 연구진들이 도전 지향 조직시민행동의 선행 요인 또는 후속 요인을 밝혀내기 위해 노력해왔다. 예를 들어 최진남(Choi, 2007)은 도전 지향 조직시민행동의 혁신에 대한 중요한 역할을 강조하면서, 그 선행 요인으로 다양한 작업 환경(강한 비전, 혁신적 분위기, 지원적인 리더십)을 제시하며 근로자들의 심리적 권한부여psychological empowerment와 변화를 위해 느낀 책임감felt responsibility for change이 작업환경과 도전 지향 조직시민행동 간 관계를 매개한다는 사항을 제안하였다. 엔지와 펠드만(Ng & Feldman, 2012)은 작업장의 스트레스 요인과 부담감을 세 가지 차원(직무, 사회, 조직)으로 나누고, 이 요인들이 목소리 내는 행위에 부정적인 영향을 끼칠 것이라고 주장하였다. 또한 이 연구에 의하면, 목소리 내는 행위 자체

〈표 1〉 조직시민행동에 대한 세 가지 주요 분류체계

분류자	오간 (1988)	윌리엄스와 앤더슨 (1991)	밴 다인 등 외 (1995)
기준	조직·개인에 도움이 되는 (자발적) 행위	시민 행동의 대상 (개인 대 조직)	시민 행동 그 자체의 특성
하위 항목	이타주의, 공손함, 성실, 시민 도덕, 스포츠맨 정신	OCBI (이타주의, 공손함) OCBO (성실성, 시민 도덕, 스포츠맨 정신)	제휴 지향 조직시민행동 (주로 도와주는 행위) 도전 지향 조직시민행동 (주로 목소리를 내는 행위)

는 역할 내 성과in-role performance, 창의성, 그리고 새로운 아이디어 실행력에 긍정적인 영향을 미치는 것으로 보고하였다. 맥킨지, 퍼사코프, 퍼사코프(MacKenzie, Podsakoff, & Podsakoff, 2011)는 도전 지향 조직시민행동과 작업그룹 과업성과Workgroup task performance 간 역 U자형 관계가 있음을 발견하였다. 그리고 이 연구에 의하면, 도전 지향 조직시민행동과 그룹 과업성과 간 관계는 제휴 지향 조직시민행동에 의해 긍정적으로 조절이 된다는 결과도 내놓았다. 이처럼 밴 다인 연구진(Van Dyne et al., 1995)의 분류체계도 후속연구에 새로운 지표 및 시사점을 제공해주었으며, 조직시민행동을 변수로서 상정한 연구논문들의 대다수는 위에서 소개한 분류체계들을 조직시민행동 수준 측정에 활용해왔다.

위에서 논의되었던 이론작업들을 한 가지의 분류체계로 통합해본다면, 크게 두 가지의 기준으로 하위 조직시민행동 항목을 네 가지로 분류해볼 수 있다. 두 가지의 기준은 두 번째와 세 번째 분류기준에서 살펴보았던 조직시민행동의 의도된 대상과 조직시민행동 그 자체로의 행동 특성이다. 오간(Organ, 1988)의 분류체계는 사실 윌리엄스와 앤더슨(Williams & Anderson, 1991)의 두 차원 분류체계에 포괄되기 때문에 분류기준에 직접적으로 포함시키지 않았다. 결과적으로 아래의 표와 같이 AOCBI(개인에게 직접적인 도움이 되는 제휴 지향적 조직시

〈표 2〉 조직시민행동의 네 가지 유형

	제휴 지향 조직시민행동	도전 지향 조직시민행동
OCBI	AOCB-I (예: 도와주기, 이타주의, 공손함, 평화 유지, 대인관계 조화 추구 등)	COCB-I (예: 동료의 커리어·성과를 위한 건설적 비판, 사적으로 목소리 내기 등)
OCBO	AOCB-O (예: 조직 충성도, 조직 지지, 스포츠맨 정신, 사내 규칙 및 회의 관련 시민 도덕, 규율 준수, 조직과 동일시 수준 등)	COCB-O (예: 공적으로 목소리 내기, 조직 참여, 이슈 판매 행위, 목소리 내기 관련 시민 도덕, 건설적인 제안하기 등)

민행동), AOCBO(조직에게 직접적인 도움이 되는 제휴 지향적 조직시민행동), COCBI(개인에게 직접적인 도움이 되는 변화·도전 지향적 조직시민행동), COCBO(조직에게 직접적인 도움이 되는 변화·도전 지향적 조직시민행동)로 나눠볼 수 있다. 이 분류체계에서 재밌는 점은 COCBI에 대한 연구가 거의 없다는 것이다(Posakoff et al., 2014). 실제로 작업장 내에서 한 개인이 개별 동료의 커리어와 창의성에 도움이 되는 유용한 비판 및 그에 상응하는 행동을 충분히 제공할 수 있음에도 불구하고, 그동안 연구에서 주목받지 못했다는 점에 대해 향후 연구진들은 더 고민해봐야 할 것이다.

2
조직시민행동의 선행요소

앞서 살펴봤듯이 조직시민행동은 하나의 용어로 정의하기 힘든 개념이며 구성요소로 살펴보아도 다차원적이다. 그렇기 때문에 조직시민행동에 대한 선행요소를 파악하기 위해 수많은 연구 논문이 쏟아졌으며, 크게 네 가지의 주요 범주가 있다. 개인적 특성, 리더십을 포함한 그룹 특성, 과업 특성, 조직 특성이 바로 그 네 가지 범주에 들어간다.

첫 번째로, 많은 기존 연구들은 조직시민행동의 선행 요인을 찾기 위하여 다음과 같은 개인적 특성 요소에 집중하였다. 여러 연구에 따르면, 근로자의 몰입도commitments, 믿음·만족·역할갈등 등에 대한 인지력perceptions, 다섯 가지 성격 특성 요소(신경성, 외향성, 친화성, 성실성, 경험에 대한 개방성)나 경향성Orientation과 같은 개인의 기질적 특성, 지식·스킬·능력KSAs: Knowledge, Skill, & Ability, 기타 개인적 차이 등에 의해 조직시민행동의 정도가 달리 나타난다고 하였다(Deluga, 1995; Konovsky & Pugh, 1994; McAllister, 1995; Organ & Ryan, 1995; MacKenzie, Podsakoff, & Rich, 1999; Podsakoff, MacKenzie, & Bommer, 1996a; Podsakoff, MacKenzie, Moorman, & Fetter, 1990). 두 번째로 또

다른 많은 조직시민행동 연구진들은 그룹과 관련된 요소에 집중하였고, 특히나 리더십과 관련된 연구가 활발히 진행하였다. 조직시민행동의 선행요소로서 그룹 관련 요인들에는 그룹 응집력group cohesiveness, 변혁적 리더십(transformational leaderships: 비전제시, 적절한 롤 모델 제시, 그룹 목표의 수용 장려, 높은 성과 기대, 지적인 자극 추구 등), 리더 역할의 명확화, 리더-멤버 교환관계LMX, 리더로부터의 공간적 거리감, 지원적인supportive 리더 행동 등이 제시되었다(Chen & Farh, 1999; Deluga, 1998; Hui, Law, & Chen, 1999; Organ & Ryan, 1995; MacKenzie, Podsakoff, & Rich, 1999; Podsakoff, MacKenzie, & Bommer, 1996a, 1996b; Podsakoff, MacKenzie, Moorman & Fetter,1990; Settoon, Bennett, & Liden, 1996; Tansky, 1993; Wayne, Shore, & Liden, 1997; Witt, 1991). 세 번째로 일부 조직시민행동 연구에서는 과업과 관련된 변수를 조직시민행동의 선행요소로서 상정하였다. 예를 들면 과업 피드백, 과업의 관례화task routinization, 내재적으로 만족스러운 과업 등이 조직시민행동 증감의 선행 요인으로 제시되었다(Podsakoff, MacKenzie, & Bommer, 1996a). 끝으로 특정 조직시민행동 연구자들은 조직시민행동의 선행요소를 조직 자체의 특징에서 찾으려고 노력하였다. 조직 형식화 정도organizational formalization, 조직의 불가변성inflexibility, 조직의 지지도supports와 이 개념에서 파생된 인지된 조직의 지지 정도POS:

〈표 3〉 조직시민행동 선행요소의 네 가지 범주

구분	구체적 요소
개인적 요인	근로자의 몰입도, 인지도, 기질적 특성, KSAs, 개인적 차이 등
그룹 요인	그룹 응집력, 변혁적 리더십, 리더의 역할 명확화, 리더-멤버 교환관계LMX, 리더와의 공간적 거리감, 지원적인 리더 행동 등
과업 요인	과업 피드백, 과업 관례화 정도, 내재적으로 만족스러운 과업 등
조직 요인	조직 형식화 정도, 조직의 불가변성 정도, 조직의 지지도, 인지된 조직의 지지 정도, 보상체계 등

Perceived Organizational Support, 보상체계 등이 조직시민행동의 선행요소로서 제안되었다(Podsakoff, MacKenzie, & Bommer, 1996a; Moorman, Blakely, & Niehoff, 1998; Setton, Bennett, & Liden, 1996; Shore & Wayne, 1993, Wayne, Shore, & Liden, 1997).

　오늘날까지 많은 연구들이 시민적 행동 발현의 주요 기저 메커니즘을 밝혀내기 위해 수많은 노력을 쏟고 있다. 이와 관련된 후속연구들은 크게 세 가지의 접근법 양상(반복적 접근법, 탐험적 접근법, 학제 간 접근법)을 보인다. 첫 번째로 반복적 접근법Replicative Approach은 기존에 제시되었던 조직시민행동의 사전 요인들의 유의미성을 재검토하기 위해, 과거 이론적·실증적 모델을 동일하거나 비슷하게 적용하는 것이다. 대체적으로 기존에 제시된 변수를 그대로 활용하기보다는 개념을 보다 더 세분화시키거나 기존에 제시된 여러 요인들의 조합을 달리하여서 재검증해보는 연구 방향성을 보인다. 예를 들어서 텍립과 치에부루(Tekleab & Chiaburu, 2011)는 사회교환 이론Social Exchange Theory에 기초하여 조직과의 사회적 교환Organization-directed social exchange과 감독관과의 사회적 교환Supervisor-directed social exchange의 개념을 세부적으로 구분하여 각각 OCBO와 OCBSOCB to Supervisor에 긍정적인 영향을 끼치는지를 살펴보았다.

　그들의 실증연구에 따르면, 조직과의 사회적 교환은 심리학적 계약 충족도Psychological contract fulfillment, 인지된 조직 지원POS, 조직에 대한 신뢰로 구성이 되어 있기 때문에 조직에 직접적인 혜택을 주는 OCBO에 긍정적인 영향을 끼친다고 밝혔다(Tekleab & Chiaburu, 2011). 반면, 감독관과의 사회적 교환은 리더-멤버 교환관계LMX와 감독관에 대한 신뢰로 구성되어 있기 때문에 감독관에게 직접적인 도움을 주는 OCBS와 역할 내 행동in-role behavior에 긍정적인 영향을 끼친다고 보고하였다(Tekleab & Chiaburu, 2011). 이 연구는 기존에 조직 시민행동에 영향을 준다고 밝혔던 조직과의 교환관계 관련 변수(POS, 조직에 대한 신뢰 등)와 그룹·리더와의 교환관계 관련 변수(LMX, 리더에 대한 신뢰 등)를 선행 요인으로서 종합적으로 활용하고, 윌리엄스와 앤더슨(Williams & Anderson, 1991)의 분류법을 확장시켜서 OCBO와 OCBS에 각각 어떤 영향을 미치는지를 살펴본 연구이다.

두 번째로 탐험적인 접근법Exploratory Approach은 기존에 제시되지 않았던 새로운 요인을 발굴해내거나 조직시민행동 발현의 또 다른 대안적인 메커니즘을 발견해내는 방식이다. 앨제, 벌링거, 탱저라라, 그리고 오클리(Alge, Ballinger, Tangirala, & Oakley, 2006)는 근로자의 여러 인식 중에서 조직 내 정보 프라이버시information privacy에 대한 인식이란 개념을 도입하며, 정보 프라이버시 인식이 높을수록 심리적 권한부여psychological empowerment가 높아져서 결국 OCBI, OCBO, 그리고 창의적인 성과에 모두 긍정적인 영향을 미친다고 주장하였다. 여기서 정보 프라이버시란 사회적 합법성social legitimacy과 관련된 개념으로 개인의 사적 정보에 대한 개인의 통제력이 얼마나 높은지, 조직에서 개인에게 동의를 구하는지, 그리고 조직의 개인정보 활용에 대해 개인이 인지한 합법성 정도가 어느 정도인지를 나타내는 지표이다. 그렇기 때문에 조직 내 개인들이 인지한 정보 프라이버시가 긍정적일수록 개별 직원들이 심리적으로 권한을 부여받은 정도에 대한 인지도가 높아져서 시민행동과 창의성을 높이게 되는 것이다(Alge et al., 2006). 이와 같이 조직시민행동의 선행요소로서 새로운 요인을 발굴 및 측정하여 조직시민행동과의 상관관계를 증명해내는 후속연구가 존재한다.

세 번째로 학제 간 접근법Interdisciplinary Approach은 문자 그대로 학문 간 여러 분야에 걸쳐서 조직시민행동의 개념을 적용해보는 접근법이다. 조직시민행동은 기본적으로 개인의 행동에 대한 설명으로 주로 조직행동Organizational behavior 연구 분야에서 활용되는 개념이나 때에 따라서는 기업의 거시적 시스템 및 인적자원을 집합적으로 연구하는 인적자원관리HRM 분야나 조직론Organization theory에까지 확장되어 활용되기도 한다. 이를 위해서 주로 조직시민행동을 개인 수준이 아닌 조직 및 집합 수준으로 측정하고, 이후 이를 기업 시스템 및 조직 수준의 요인들과 연결 짓는 작업을 수행한다. 예를 들어서 공, 창, 그리고 츠엉(Gong, Chang, & Cheung, 2010)은 고성과를 위해 존재하는 일련의 제도들을 표현하는 고성과 작업시스템HPWS, High Performance Work System과 집합적인 조직시민행동 간 관계를 교환적 관점exchange perspective에서 설명하였다. 그들의 연구에 따르면 고성과 작업시스템이 집합 수준의 조직시민행동을 촉진시키는 데 긍정적인 영향을 끼친다고 하였다. 또 이때 집합 수준의 감정적 몰입도Collective affective commitment가 부분적으로 이 둘의 관계를 매개한다고 했다(Gong et al., 2010). 이처럼 조직시민행동이라는 개인 행동 수준의 변수를 거시 수준으로 끌어올리고 다른 분야(전략, 조직, HRM 등)에서 그 선행적 요소를 찾는 학제 간 연구 방향을 추구하는 후속 연구들도 종종 출현하고 있다.

3
조직시민행동 발생의 결과

앞서 조직시민행동 선행요소에 대한 세 가지 후속연구 방향에서 살펴봤듯이, 조직시민행동은 다차원적이고 종합적인 개념을 포함하고 있는 행동이므로 그 원인을 찾는 방식도 다양할 수밖에 없다. 하지만 모두 다 조직시민행동 개념 이해에 유의미한 시사성을 지니고 있다고 볼 수 있다. 조직시민행동이라는 행동 발생 자체로도 조직이나 그룹에 있어서 긍정적인 현상으로 볼 수 있지만, 조직시민행동이 조직의 성과에 구체적으로 어떻게 영향을 미치는지도 살펴볼 필요가 있다. 만약 조직시민행동 자체가 그룹이나 조직의 성과에 유의미하게 긍정적인 영향을 끼치는 것을 증명해내지 못한다면, 과연 시민행동 자체가 장려될 만한 행동인지에 대해 의문을 가질 수밖에 없기 때문이다. 바로 이러한 점 때문에 조직시민행동 개념 도입 이후 조직시민행동의 원인 및 선행요소 규명에 대한 연구 못지않게 조직시민행동의 결과에 대한 연구도 많은 주목을 받았다.

조직시민행동의 발생으로 인해 주로 나타나는 영향은 바로 조직시민행동을 행한 개인에 대한 긍정적인 평가 및 그룹·조직의 성과 그 자체의 향상이다. 우선, 조직시민행동을 행한 개인에 대한 긍정적인 평가는 기업성과 향상과는 완벽하게 직접적인 관계가 있다고 보기는 어려울 수 있으나, 오히려 행위자와 평가자 간 긍정적인 관계 형성에 직접적인 기여를 한다고 보는 것은 타당해 보인다. 그리고 조직시민행동 문헌에서 조직시민행동의 결과물로 상정되는 개인에 대한 평가는 일반적으로 감독관에 의한 평가와 고객·소비자에 의한 평가로 나뉜다. 조직시민행동이 긍정적인 평가로 이어지는 이유는 여러 가지가 있다. (1) 조직시민행동은 행위자와 평가자 간 상호 호혜interpersonal reciprocity적 관계를 형성하는 데 도움을 주기 때문일 수도 있고, (2) 조직시민행동이 암묵적 성과implicit performance에 기여한다는 평가자의 믿음 때문일 수도 있으며, 또는 (3) 조직시민행동이 긍정적인 스키마·감정positively schema-triggered affect을 평가자로 하여금 이끌어내는 것일 수도 있고, (4) 조직시민행동이 공식적으로 요구되는 것 이상의 행동으로 인지되어서 평가자로 하여금 더욱 긍정적인 평가를 이끌어내는 것일 수도 있고, (5) 조직시민행동이라는 행동의 원인을 귀속시키는 과정에서 조직시민행동이 개인의 내재적이고 안정적인 고유 특성으로 인지되는 경우도 있으며, (6) 최악의 경우 단순한 착각으로 인해 조직시민행동과 긍정적인 평가 간 상관관계가 보이는 것일 수도 있다(Podsakoff et al., 2000; Podsakoff, MacKenzie, & Hui, 1993). 팀장 및 감독관에 의한 평가의 경우, 주로 인사고과나 성과에 대한 평가 형태로 나타난다(Podsakoff et al., 2000). 그리고 고객에 의한 평가의 경우, 주로 서비스 품질(Allen, Smith, Mael, O'Shea, & Eby, 2009; Messersmith, Patel, Lepak, & Gould-Williams, 2011)과 고객만족도(Fisher, McPhail, & Mebghetti, 2010)로 나타나게 된다.

다음으로 조직시민행동은 평가자의 긍정적인 평가만 이끌어낼 뿐만 아니라 직접적으로 그룹 수준 및 조직 수준의 기업 성과에 긍정적인 영향력을 미치기도 한다. 많은 기존 연구에서는 조직시민행동이 팀·조직의 성과를 향상시킨다고 주장한다. 주로 조직시민행동이 동료 및 관리자의 능력과 생산성, 유지기능maintenance functions, 조화coordination, 가용자원, 조직의 안정성 등을 개선시키기 때문이다(Podsakoff & Mackenzie, 1997; Bolino, Turnley, & Bloodgood, 2002). 또한 조직시민행동의 성과에 대한 영향력은 각 연구진들의 관심사 기준에 따라 다양한 결과로 관찰된다. 퍼사코프 연구진(Podsakoff et al., 2014)의 조직시민행동 결과물 분류체계를 참조해보면, 그룹·조직 수준의 성과는 세 가지가 있다. 첫 번째는 전반적인 운영성과, 두 번째는 비즈니스 프로세스의 개선, 세 번째는 재무적 성과이다. 첫 번째 성과인 전반적인 운영성과는 주로 기업의 효과성effectiveness 향상(Chi, Chung, & Tsai, 2011; Choi & Sy, 2010; Frazier & Bowler, 2015; Hu & Liden, 2011; Kim & Gong, 2009; Nielsen, Bachrach, Sundstrom, & Halfhill, 2012; Tanghe, Wisse, & Van der Flier, 2010; Wang & Howell, 2010) 및 낮아진 이직률로 표현된다(MacKenzie et al., 2011; McClean, Burris, & Detert, 2013). 두 번째 성과인 비즈니스 프로세스의 개선은 최종 결과물의 개선이라기보단 절차적 운영의 효율화로 볼 수 있으며, 주로 전략적 절차쇄신 또는 리뉴얼(Zhang, Wan, & Jia, 2008)과 프로세스의 속도·정확성 향상(Bachranch, Powell, Collins, & Richey, 2006)으로 귀결된다. 세 번째 성과인 재무적 성과는 수익성(Chuang & Liao, 2010; Fisher, McPhail, & Menghetti, 2010; MacKenbzie et al., 2011), 매출 및 수익(Ahearne, MacKenzie, Podsakoff, Mathieu, & Lam, 2010; Fisher, McPhail, & Menghetti, 2010; Hunter, Neubert, Witt, Penney, & Weinberger, 2013, Lin & Peng, 2010; MacKenzie, Podsakoff, & Podsakoff, 2011), 총자산 이익률(ROA: Re-

<표 4> 조직시민행동 발생에 의한 결과물

주요 효과	세부 요소
긍정적 평가	관리감독자의 평가(인사고과, 성과평가 등), 고객 평가(서비스 품질, 고객 만족)
전반적인 팀·기업 성과	전반적인 효과성 향상, 이직률 감소
비즈니스 프로세스 개선	전략적 쇄신 및 리뉴얼, 프로세스의 속도 및 정확성
재무 성과	수익성, 매출 및 수익, ROA, 토빈 Q, 운영비용

turn on Assets; Chun, Shin, Choi, & Kim, 2013; Kim & Gong, 2009), 토빈 Q(물리적 자산의 시장가격과 그것의 대체가치 간 비율; Kim & Gong, 2009), 운영적 비용(Rego & Cunha, 2008) 등의 개선이 있다. 이와 같이 연구진이 어떤 결과변수에 관심을 가지느냐에 따라 조직시민행동의 긍정적 영향의 양상은 다양하게 나타난다.

더 세부적으로 나아가 조직시민행동의 성과에 대한 영향력 양상은 하위 조직시민행동 차원에 따라 다양하게 나타난다는 연구결과도 있다. 예를 들어 맥킨지 연구진(MacKenzie et al., 2011)은 그동안 조직시민행동과 기업 성과 간 긍정적인 관계를 분석함에 있어서 이론적·실증적 작업상 AOCB만 더욱 주목받았던 점을 꼬집으며 조직시민행동을 AOCB와 COCB로 구분하며 이 두 하위 조직시민행동들의 기업 성과에 대한 복잡한 영향력을 분석해냈다. 이 연구진에 의하면, COCB는 변화를 추구하는 시민행동이므로 특정 수준 이상으로 COCB가 발현되면 작업그룹 내 과업 성과Workgroup task performance에 부정적인 영향을 미칠 것으로 예측하였고, 미국 중서부 150개의 레스토랑을 표본으로 COCB와 그룹 과업 성과 간 역U자 관계를 입증했다(MacKenzie et al., 2011).

여기서 작업그룹 작업성과가 중요한 이유는 궁극적인 기업 성과(매출, 수익성, 근로자 이직률)에 긍정적인 영향을 미치기 때문이다. 그리고

AOCB가 높을수록 COCB와 그룹 과업 성과 간 관계가 더욱 긍정적으로 조절되는 것까지 입증하면서(MacKenzie et al., 2011), 하위 조직시민행동 차원의 기업 성과에 대한 복잡한 영향력의 가능성을 제시하였다. 린과 팽(Lin & Peng, 2010)은 그들의 사전적 기대와 다른 실증결과를 제시하며 하위 조직시민행동의 각기 다른 영향력을 암시하였다. 원래 이들은 OCBI와 OCBO가 모두 그룹 응집력과 집합적인 효능감collective efficacy을 매개로 하여 기업 매출액을 증가시킬 것이라고 예상하였다(Lin & Peng, 2010). 그러나 실제 타이완 데이터로 검증한 결과, OCBI는 그룹 응집력만을 매개하여 기업 성과를 증가시켰고, OCBO는 집합적인 효능감만을 매개하여 기업 성과를 증가시켰다(Lin & Peng, 2010). 이를 통해 조직시민행동의 행위대상에 따라서도 그룹·조직 내 그 효과는 다르게 나타난다는 것을 추측해볼 수 있다.

또한 볼리노, 터늘리, 그리고 블루드굿(Bolino, Turnley, & Bloodgood, 2002)은 조직시민행동과 기업 성과 간 관계를 보다 명확하게 규명하기 위하여 근대 정치이론과 조직시민행동의 개념을 접목시킨 그라함(Graham, 1991)의 시민행동 분류체계를 받아들이고 시민행동을 복종Obedience, 충성도Loyalty, 그리고 사회적·지지적인·기능적 참여(Social · Advocacy · Functional Participation; Van Dyne, Graham, & Dienesch, 1994)로 분류하여 각 하위 시민행동들의 여러 사회적 자본Social Capital에 대한 복잡한 영향력을 이론적으로 규명하였다. 간단히 살펴보면 복종, 충성도, 기능적 참여는 관계적relational 사회적 자본(연결성, 신뢰, 정체성)에, 지지적인 참여는 인지적cognitive 사회적 자본(공유된 언어와 설명)에, 그리고 사회적 참여는 전반적인 사회적 자본(구조적, 관계적, 인지적 차원 모두 포함)에 긍정적인 영향력을 미칠 것으로 논리를 펼쳤으며, 궁극적으로 조직시민행동에 의해 향상된 사회적 자본이 기업 성과를 증가시킬 것으로 보았다(Bolino et al., 2002). 이러한 조직시민행동과 기업 성과 간 복잡한 관계를 파헤치려 시도했던 여러 연구들은 조직시민행동과 기업 성과 간 추상적인 연결고리를 보다 더 구체적으로 잡아주는 데 큰 시사점을 제공했다고 볼 수 있다.

4

조직시민행동은 역할 내 영역인가,
역할 외 영역인가?

우리는 앞서 조직시민행동을 장려시키는 선행요소와 조직시민행동으로 인해 나타나는 긍정적인 평가 및 기업 성과 등과 같은 결과적 요소들을 다양하게 살펴보았다. 이러한 연구들을 통해서 HR 실무진들은 조직시민행동이 여러 요인에 의해 촉진될 수 있다는 것뿐만 아니라 전반적으로 다양한 기업 성과에 도움이 된다는 것을 알 수가 있다. 이 시점에서 우리는 조직시민행동이 발현되는 원인에 대해 보다 더 근본적으로 의문을 제기할 필요가 있다. 즉 조직시민행동이라는 행동은 앞서 소개되었던 여러 가지의 개인, 그룹, 과업, 조직 특성에 따라 장려가 되는 것인지, 아니면 조직과 리더가 개인들에게 요구되어서 나오는 행동인지 구별해볼 필요가 있다. 조직시민행동의 기초 개념 및 분류체계에서 언급되었듯이 모리슨(Morrison, 1994)은 20개의 조직시민행동 측정 아이템 중 18개가 역할 내 행동in-role behavior으로서 묘사가 되었다고 하였다(Organ, 1997). 또한 모리슨(Morrison, 1994)은 연구의 대상자들이 그들의 직무job의 범위breadth에 따라 조직시민행동을 다르게 인지한다는 점을 발견하였다. 심지어 근로자 개인들

간 및 근로자와 감독관 간에서도 조직시민행동을 다르게 인식한다는 점을 발견하였다. 결국 조직시민행동의 여러 하위요소 중 어느 것을 자신의 역할로 파악하고 나머지를 역할 밖의 행동으로 규정할 것이냐에 대해서는 개인별·그룹별·조직별로 자의성이 존재한다는 의미이다. 오간(Organ, 1997)은 이와 같은 후속연구들의 비판을 받아들여 조직시민행동은 과업성과가 일어나는 사회적·심리적 환경에 도움이 되는 행동으로 재규정하였으며, 이는 조직시민행동이 정말 공식적으로 보상받지 않음에도 불구하고 행하는 자발적인 '역할외행동'만으로 설명이 가능한지에 대한 비판을 받아들인 것으로 해석된다.

위의 논의를 종합해보면, 조직시민행동은 상황에 따라 역할 내 행동이자 역할외행동일 수 있다는 것이다. 이는 시간, 조직, 사람에 따라 자의적으로 역할의 의미가 바뀌는 경영환경 속에서 조직시민행동 개념구성을 보다 자유롭게 할 필요도 있다는 것이다. 실제로 리더와 멤버 간 교환관계를 연구한 문헌에서 오래 언급되었듯이(Dansereau, Graen, & Haga, 1975; Graen & Uhl-Bien, 1995), 역할Role이란 리더와 부하 간 주고받는give & take 관계에서 발전된 개념으로 상당히 가변적이다. 직무Job의 경우도 공식적인 직무기술서Job Description에 의해서 직무가 결정되지만, 시간의 흐름 및 상황의 변화, 그리고 실제 직무를 대면으로 요구할 수 있는 리더의 상황적 필요에 따라 실제 근무현장에서 요구되어지는 세부 직무는 근로자 체감상 달라지게 마련이다. 그렇기 때문에 오간(Organ, 1997)은 조직시민행동을 역할외행동ERB, Extra-Role Behavior에 직접적인 대응을 시키지 않고, 오히려 조직시민행동과 맥락성과Contextual Performance 간 비슷한 점이 있음을 강조하였다. 맥락 성과란 기술적 핵심 그 자체를 지원하기보단 그러한 핵심역량이 기능하는 데 배경이 되는 조직·사회·심리적 환경을 지원하는 행동을 일컫는다(Borman & Motowidlo, 1993). 앞의 정의에서 알 수 있듯이 맥락성 과는 조직시민행동의 재정의(Organ, 1997)와 개념상 비슷하다는 것을 알 수 있다. 실제 맥락성과의 하위 다섯 가지 요소(공식 직무 기대를 벗 어난 자발적 활동, 열정과 적용의 지속성, 다른 사람 도와주기, 불편하더라도 규칙과 절차 준수, 조직 목표를 지지하고 지키기)는 조직시민행동의 하위 다섯 가지 요소(이타주의, 규칙 준수, 스포츠맨 정신, 공손함, 시민 도덕)와 내용상 비슷하며 맥락성과의 요소가 보다 더 구체적인 것을 알 수 있 다. 다만, 맥락성과는 직접적인 과업과 관련된 활동이 아닐 뿐non-task, 역할외행동으로만 요구되어진 것이 아니라 여전히 주로 역할내행동in- role behavior으로 요구되어진 것으로, 그 성과에 대한 긍정적인 평가 및 공식적인 보상 체계를 통해 보수를 받을 수 있다는 점에서 조직시민행 동과 구분된다고 해석되기도 한다(Organ, 1997). 즉 맥락성과는 보다 더 조직 및 상관이 바라는 역할내행동expected in-role behavior에서 파생된 개념이며 보상의 가능성도 조직시민행동에 비해 더 확실하거나 높은 경향이 있다는 것이다. 결론적으로 조직시민행동은 보상 가능성이 다 소 불확실하더라도 과업이 일어나는 전반적인 환경에 도움을 주는 행 동으로 상황에 따라 그 하위 행동들은 역할 내 영역일 수도 있고 역할 외 영역일 수도 있다. 즉 조직시민행동의 상당 부분이 리더에 의해 기 대되어진 역할이라면 근로자들이 조직시민행동을 자연스레 행할 수 있지만, 그렇지 않을 경우 여러 개인·그룹·과업·조직 요소가 그 행위를 장려해야 근로자들이 조직시민행동 수준을 높일 수 있다.

위와 같은 논의는 급변하는 경영환경 속에 처한 경영자 및 관리자, HR 전문가들에게 어떠한 특정 조직시민행동을 어떻게 발현시킬지에 대해 큰 시사점을 던져준다. 예를 들어 경영진이나 HR 부서는 근로자 들의 조직시민행동 증가를 위해서 단순히 허울만 좋은 도덕적인 환경

조성에 힘쓰기보단, 현재 조직 내 개인들의 역할 행동이 무엇이 있는지를 우선적으로 파악하고, 역할외행동을 장려할 수 있는 특정 조직 분위기를 조성하는 데 노력하는 것이 더 효과적일 것이다. 또는 조직의 분위기 자체를 쇄신시킴으로써 장려하고자 하는 조직시민행동과 관련된 역할을 근로자들의 역할에 포함시키는 시도도 유효할 수 있다. 이와 관련된 연구도 존재한다. 코일-샤피로, 캐슬러, 그리고 퍼셀(Coyle-Shapiro, Kessler, & Purcell, 2004)은 조직시민행동이 조직과 개인 간 공정한 상호호혜적인 관계와 본인의 역할 규정이라는 두 원인에 의해 비롯된다는 관점에 기초하여 387명의 영국 병원 근로자들을 대상으로 조사하였다. 그 결과 조직-개인 간 상호호혜적인 관계를 표현해주는 인지된 절차적·상호적 정의Procedural & Interactional Justice가 상호 몰입Mutual Commitment을 증가시키며 동시에 직무 범위Job Breadth와 조직시민행동을 모두 증가시켰으며 더 나아가 이 연구의 결과는 직무 범위가 넓어짐에 따라 조직시민행동도 늘어날 수 있다는 가능성을 보여주었다. 이는 앞서 살펴본 오간(Organ, 1997)의 논의와 비슷하게 직무 범위는 조직 분위기에 따라 달라질 수 있음을 재확인시켜주었을 뿐만 아니라 직무 범위가 클수록 조직시민행동의 발현도 커질 수 있다는 실무적 시사점도 제공해준다. 디어도프, 루빈, 그리고 바크라크(Dierdorff, Rubin, & Bachrach, 2012)는 역할 이론role theory을 확장시켜서 역할 기대role expectation가 시민적 행동을 증가시킨다는 것을 실증적으로 검증하였다. 그들은 미국 중서부 사립 경영대학에 등록한 상근 직원full-time employee 198명을 대상으로 조사하였다. 그들은 상근직원에게 요구된 친사회적 역할 기대가 높을수록 시민적 행동이 증가하고 과업의 모호성, 자율성, 상호연관성, 사회적 지지도가 높을수록 시민적 행동 경향이 강해짐을 확인했다(Dierdorff et al., 2012). 이 연구를 통해서도 역할에 대한 기대에 따라 조직 내 근로자들의 조직시민행동이 향상될 수 있음을 알 수 있고, 과업 특성 및 그룹 내 분위기에 따라서 이러한 긍정적인 영향력은 더욱 극대화될 수 있음을 알 수 있다. 결론적으로 한 조직 내 조직시민행동을 증가시키기 위해서는 어떠한 최고의 시스템 및 방식이 존재한다고 믿고 최적의 제도Best practice를 규명하려고 노력하기보단, 조직과 환경의 특성 및 근로자들의 실질적 직무를 파악하고 이에 맞게 대응책을 세워야 할 것이다.

5

조직시민행동의 경계조건
: 조직 분위기, 문화, 환경

　그렇다면 조직시민행동 발현 및 역할 내외 행동으로서의 조직시민
행동을 보다 명확하게 파악하기 위해서 우선적으로 살펴볼 수 있는
경계조건은 조직 내 전반적인 분위기를 담은 문화적 요소와 환경적
특성이다. 아무리 개인의 조직몰입도, 능력, 친화력, 성실성 등 종합적
인 특성이 높은 수준이어서 조직시민행동을 행할 것으로 예상된다고
하여도 조직 분위기 자체가 조직시민행동에 대해 큰 의미를 부여하지
않거나 심지어 지양하는 성향이 있다면 시간이 흐름에 따라 조직 내
조직시민행동 발현의 숫자는 줄어들 것이다. 또한 조직 내 문화 성향
에 따라서 특정 조직시민행동은 관리자로부터 높은 평가를 받을 것이
지만, 다른 하위 조직시민행동 차원은 그렇지 못할 수도 있다. 그렇기
때문에 이론뿐만 아니라 실무에 있어서도 조직시민행동 발현 과정에
있어서 경계조건으로서 조직 분위기, 문화, 환경요소를 반드시 고려해
볼 필요가 있다.

　그동안 여러 조직시민행동 문헌에서도 이를 규명해내려는 노력이
있었다. 선, 애리이, 그리고 러우(Sun, Aryee, & Law, 2007)는 고용시

장 상황이 악화될수록 조직 시스템 차원에서 조직시민행동을 장려하는 것이 더 효과가 크다는 것을 제시하였다. 또한 그들은 비즈니스 전략과 대응되는 특정 조직시민행동(예-서비스 지향적인 조직시민행동)이 조직 성과와 직접적인 관련성이 더 크다고 밝혔다(Sun et al., 2007). 이를 통해서 조직시민행동은 회사가 추구하는 비즈니스 전략과 외부의 불확실성이란 환경에 따라 그 효과가 상이하게 나타난다는 것을 알수 있다. 다음으로 세팔라, 리포넨, 발디, 그리고 퍼틸라-배크만(Seppala, Lipponen, Bardi, & Pirttila-Backman, 2012)은 조직시민행동 중 현재의 상태에 변화를 추구하고 건설적인 대안을 제시하는 시민행동인 COCB가 개인에게 있어서는 상황에 따라 위험이 따르는 행동이기 때문에 특정 상황에서만 발현이 될 것임을 제시하였다. 바로 그 특정 상황은 작업조직에 대한 정체성과 자신의 힘에 대한 인식이 모두 클 때 변화에 대한 개인들의 개방성이 COCB란 유용한 변화를 추구하는 시민행동으로 이어진다고 실증적으로 검증하였다(Seppala et al., 2012).

모리슨, 휠러-스미스, 그리고 캠달(Morrison, Wheeler-Smith, & Kamdar, 2011)은 COCB의 주요 행동 양상인 목소리 내기 행동이 개인 요소에 의해 발현되는지 조직 분위기 요소에 의해 발현이 되는지를 비교하였다. 그들은 인도 화학 회사의 엔지니어들로 구성된 42개 그룹을 대상으로 실증연구를 진행하였으며, 그 결과 개인 수준의 정체성identification과 만족도보다 그룹 수준의 목소리 내기 분위기(Group Voice Climate: 목소리 냈을 때의 보장되는 안전성, 효과성, 사내 절차 유무 등)가 목소리 내기 행동의 발현 여부에 더 결정적으로 나타났다고 보고하였다(Morrison et al., 2011). 다른 연구결과와 마찬가지로 개인의 요인보다 조직 분위기 요인에 의해 개인들의 조직시민행동 동기부여가 더 좌지우지된다고 볼 수 있다.

조직 분위기뿐만 아니라 문화적 차원에서도 국가 간 조직시민행동에 대한 인식 및 발현 양상이 다를 수 있고, 이에 대한 일련의 연구들도 존재한다. 조직시민행동 연구가 활발히 이루어지기 시작한 1990년대에 무어만과 블레이클리(Moorman & Blakely, 1995)는 홉스테드(Hofsted, 1980)의 집단주의Collectivism와 개인주의Individualism를 주요 문화권 차이의 변수로서 상정하였다. 이들의 연구결과에 의하면, 집단주의 문화를 지닌 조직 내에서 개인들의 조직시민행동이 더욱 많이 행해진다. 이는 집단주의 특유의 조화에 대한 믿음, 가치, 규범이 개인주의에 비해 더 강하기 때문이다(Moorman & Blakely, 1995). 그러나 이 연구에서 제시한 전반적인 조직시민행동은 주로 개인 간 의사소통 주도, 도와주기, 그리고 외부에 대한 자신의 조직 이미지 개선Loyal boosterism 등과 같이 AOCB의 차원만 반영했다는 한계점이 있다. 추후 다른 연구자들은 이러한 한계점을 보완하기도 하였다. 그 결과는 기존 연구의 연속선상에 있다고 볼 수 있다. 예를 들면 지아오, 리차드, 그리고 헤켓(Jiao, Richards, & Hackett, 2013)은 국가 문화에 따라 직무 범위role-breadth가 다를 것이고, 이에 따라 조직시민행동의 양상도 다를 것이라고 주장하였다. 이를 검증하기 위하여 이들은 직무 범위라는 키워드가 들어가 있는 31개의 실증연구와 9,222개의 표본 크기에 대해 메타분석을 실시하였다.

분석 결과 유교 아시아인Confucian Asians이 백인Anglo에 비해 조직시민행동을 자신의 직무의 한 부분으로 보는 경향이 더 많게 나타났다. 특히나 COCB(목소리 내기, 책임지기, 자주성)보다 AOCB(돕기, 성실성, 공손함)를 자신의 직무로 파악하는 아시아인의 성향도 동시에 나타났다(Jiao et al., 2013). 여기서 유교 아시아인 조직을 기존의 집단주의에 대응시키고 백인 조직을 개인주의에 대응시킨다면, 기존 무어만과 블레이클리(Moorman & Blakely, 1995)의 연구결과와 크게 다르지 않음을 알 수 있다. 그리고 이 메타연구를 통하여, 문화권에 따라서 직무 범위에 대한 인식이 가변적이고 자연스럽게 이에 따라 조직시민행동 중 특정 시민행동 영역을 자신의 직무로 파악하는 경향이 나타난다는 것을 알 수 있다. HR 실무진 및 경영자들은 문화권에 따라 가변적인 직무 범위와 자신의 역할로서 인식하는 세부 조직시민행동 차원을 반드시 파악해야 조직시민행동을 효과적으로 관리할 HR 제도를 확립할 수 있을 것이다.

위의 연구가 문화권에 따른 전반적인 조직시민행동 또는 AOCB와 COCB 경향성의 차이에 초점을 맞추었다면 라이, 램, 그리고 램(Lai, Lam, & Lam, 2013)은 윌리엄스와 앤더슨(Williams & Anderson, 1991)의 조직시민행동 분류체계를 활용하여 문화 차이에 따라 OCBI와 OCBO에 대한 시각 차이가 나타남을 제시하였다. 특히나 이들은 국가 간 차이로 문화의 차이를 상정하지 않고, 팀·그룹 수준에서 나타나는 집단주의 또는 개인주의 경향성을 문화 차이로 파악하였다. 이는 같은 문화권 내 존재하는 기업 또는 그룹이라도 실질적인 문화요소 차이가 그룹 수준으로까지 내려갈 수 있음을 시사한다.

이 연구결과에 따르면, 집단주의 성향이 강한 팀에서는 OCBI에 더 높은 성과평가performance rating를 부여한 반면 개인주의 성향이 강한 팀에서는 OCBO에 더 높은 성과평가를 하였다(Lai et al., 2013). 집단주의를 중시하는 팀은 주로 사회적 조화, 협력, 대인 간 관계에 초점을 맞추는 경향이 있다. 그러다 보니 관리자들은 대인 간 도와주기나 관계촉진(Johnson, 2001; Podsakoff et al., 2009; Werner, 1994)과 관련성이 높은 OCBI에 더 큰 점수를 부여하게 되는 것이다. 한편 개인주의를 중시하는 팀에서는 대체적으로 개인의 성취, 자율성, 독특함uniquness, 자기의존self-reliance이 강조되는 경향이 있기 때문에 다소 인간미가 적고impersonal 자기 자신에게 초점이 더 맞추어진self-focused OCBO에 더 큰 점수가 부여되는 방향성이 나타나는 것이다(Lai et al., 2013). 이처럼 국가 수준이든 그룹 수준이든 개인주의나 집단주의 문화에 따라 구성원들이 조직시민행동을 인지하는 방식이 각각 다르다는 사실을 알 수 있다.

어떤 연구에서는 문화적 성향에 따른 조직시민행동에 대한 전반적인 경향성 차이 발견에서 더 나아가 구체적인 하위 시민적 행동 요인들의 구성적 차이를 발견하려고 노력하였다. 대표적으로 파흐, 종, 그리고 오간(Farh, Zhong, & Organ, 2004)은 중국과 미국 간 비교를 통하여 나라별 인지되는 조직시민행동 구성요소에 대한 공통점 및 차이점을 밝혀내려고 시도하였다. 파흐 연구진(Farh et al., 2004)은 우선 서구 조직시민행동 문헌에서 주로 등장하는 하위 시민행동의 구성요소를 아홉 가지로 요약하였다. 바로 이타주의, 성실성, 스포츠맨 정신, 공손함, 시민 도덕, 기능적 참여Functional participation, 지지적인 참여Advocacy participation, 충성도Loyalty, 목소리 내기Voice이다. 이는 조직시민행동의 기본 개념 및 분류체계에서 살펴봤듯이 주로 오간(Organ, 1988)의 조직시민행동 하위 다섯 가지 차원과 밴 다인 연구진(Van Dyne et al., 1994)의 참여 및 목소리 내기로서의 시민행동 개념을 합쳐놓은 것과 거의 동일하다.

그렇지만 파흐 연구진(Farh et al., 2004)은 이러한 조직시민행동의 하위 체계가 서구, 특히 미국에 해당되는 시민적 행동 분류체계라며 비판하였다. 그리고 이를 검증하기 위하여 귀납적인 방식inductive approach을 활용하여 중국기업 내 중국인들의 각종 행동적 사건들에 대한 서술을 수집한 후 각기 어떤 하위 조직시민행동에 해당하는지를

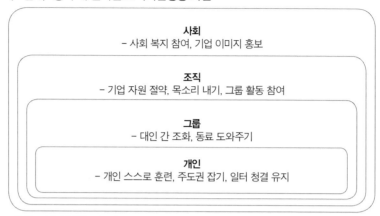

사회
– 사회 복지 참여, 기업 이미지 홍보

조직
– 기업 자원 절약, 목소리 내기, 그룹 활동 참여

그룹
– 대인 간 조화, 동료 도와주기

개인
– 개인 스스로 훈련, 주도권 잡기, 일터 청결 유지

(출처: 파흐 연구진, 2004)

분류하였다. 표본은 베이징, 상하이, 그리고 선전에서 72개의 회사와 158명의 중국인으로 구성되었고, 정부 소유 기업이 39%, 외국인 투자 기업이 31%, 정부기관 및 복합적인 종류의 기업이 16%, 사유 기업이 9%였다. 서구에서 시민적 행동으로 받아들여지는 조직시민행동 중 중국에서도 동일하게 취급되는 조직시민행동은 크게 주도권 잡기Taking initiative, 돕기helping, 목소리 내기, 그룹 활동 참여Group activity participation, 회사 이미지 홍보Promoting company image로 다섯 가지가 제시되었다(Farh et al., 2004). 반면, 서구권에서 실증적으로 발견되지 않았지만 중국에서 발견되는 조직시민행동도 크게 다섯 가지가 발견되었다. 먼저 개인 스스로의 훈련Self-training, 자원 보호 및 절약Protecting or saving resources, 일터 청결유지Keeping workplace clean라는 세 가지 조직시민행동이 바로 그것이다. 이는 미국과 달리 중국이 아직 경제적으로 덜 발전한 상태이고 자원이 부족하기 때문일 수도 있다(Farh et al., 2004). 다음으로 사회복지 참여Social welfare participation가 발견되었다. 이는 중국 사회주의 법에 따라 나타나는 현상으로 볼 수 있다(Farh et al., 2004). 마지막으로 제시된 중국에서만 관찰된 조직시민행동은 대인 간 조화interpersonal harmony이다. 이는 통일된 모습과 대인 간 융합에 대해 높은 가치를 부여하는 중국 문화권 특성에 기인했을 수도 있고(Farh et al., 2004), 서양과 달리 갈등 자체를 피하는 것을 더 좋게 바라보는 중국인들의 가치관에 의한 것일 수도 있다(Kirkbride et al., 1991). 파흐 연구진(Farh et al., 2004)은 이러한 연구결과를 바탕으로 중국에 적합한 조직시민행동 차원의 분류 모델을 그림 1과 같이 제시하였다.

위의 그림과 이전까지 논의되었던 문화에 따른 조직시민행동 인식의 차이를 같이 고려해보면 계속해서 비슷한 논의도 등장하고 있음을 알 수 있다. 예를 들어 유교권 문화와 공동체주의가 강한 조직에서는 OCBI가 보다 더 긍정적인 평가를 받고 근로자 개인들도 기본적으로 AOCB와 OCBI를 자신의 역할로 받아들여 행할 확률이 높다고 하였다. 파흐 연구진(Farh et al., 2004)의 중국 조직시민행동 분류체계에도 그룹 수준에서 개인 간 동료 도와주기가 조직시민행동으로서 등장은 앞의 연구들과 비슷한 논의 선상에 있다고 볼 수 있다. 또한 동양권 및 공동체주의 문화에서는 서양 및 개인주의와 달리 갈등 조장을 피하는 것을 선호하기 때문에 목소리 내기 행위와 COCB는 그룹과 개인 수준이 아닌 조직 이상의 수준에서 유의미하게 발현되는 것을 긍정적인 조직시민행동으로서 인지한다는 것도 알 수 있다. 그렇기 때문에 파흐 연구진(Farh et al., 2004)의 분류체계에서도 목소리 관련 조직시민행동이 조직 차원에서 등장하는 것이 아닐까 추측한다.

또한 이러한 논의를 역설적으로 다시 고려해보면 목소리 내기와 COCB라는 변화를 추구하는 시민행동의 경우, 공동체주의, 유교, 또는 아시아 국가 내 조직에서는 동료들 간 또는 그룹 내 대인관계 수준에서 발생했을 시 오히려 대인관계 갈등조장과 같은 역효과 가능성도 충분히 생각해볼 수 있다. 즉 공동체주의가 아직 존재하는 일부 우리나라 기업에서도 COCB의 대상이 개인이냐 조직이냐에 따라(COCBO vs COCBI) 기업 성과에 대한 효과는 달리 나타날 수 있음을 생각해볼 필요가 있다.

6
결론 및 토론

여태까지 살펴봤듯이 조직시민행동은 궁극적으로 기업 성과에 긍정적인 영향을 미치므로 마땅히 조직 차원에서 장려되어야 할 행동양식이다. 조직시민행동 개념이 도입된 이래로 약 30여 년 동안 많은 연구진들은 조직시민행동의 개념 자체 및 이를 장려시킬 만한 선행 요소를 밝히는 것에 많은 노력을 쏟아왔다. 그러나 과거 이러한 모든 연구의 노력은 의미가 있지만, 본 문헌 검토를 통해 알 수 있었던 핵심은 바로 조직 내 직무에 대한 범위에 대해 근원적인 고민이 우선적으로 이루어져야 기존 문헌에서 규명되었던 여러 차원의 조직시민행동을 효과적으로 활용할 수 있다는 것이다(Coyle-Shapiro et al., 2004; Dierdorff et al., 2012; Morrison, 1994).

그리고 근로자들의 직무와 상당히 연관이 되어 있는 조직 및 그룹의 문화(또는 분위기와 환경)의 특성에 대해 추가적으로 고찰할 필요도 있다(Farh et al., 2004; Lai et al., 2013; Moorman & Blakely, 1995; Morrison et al., 2011; Seppala et al., 2012). 조직 내 근로자들의 직무에 대한 대내외적 특성을 고려하여야 자신의 조직 내 사람들이 조직시민행동을 어떻게 바라보는지에 대한 혜안을 얻을 수 있을 것이고 향후 조직시민행동 제고에 대한 방안을 마련할 수 있을 것이다.

이를 위하여 향후 한국의 연구진들은 파흐 연구진(Farh et al., 2004)의 중국식 조직시민행동 규명 시도를 참고하여 한국에서의 조직시민행동이 무엇이 있는지를 연구할 필요가 있다. 한국 역시 중국과 같이 과거 유교주의 문화권에 속해 있었으며 공동체주의가 서구에 비해 강조되어 왔지만, 세상은 끊임없이 변하고 한국도 예외는 아니다. 현대 한국의 각 산업, 조직, 그룹의 특성에 따라 우리가 여태까지 주목하지 못했던 문화의 특성이 있을 것이다. 미국과 중국의 조직시민행동 문헌을 참고하여 한국의 조직시민행동에 대해 고민을 시작할 필요가 있다. 특히나 가능하다면 산업별 한국에서의 조직시민행동 종류를 개인, 그룹, 조직, 사회 수준에서 규명해낼 수만 있다면, 이러한 결과는 향후 정부, 기업, 그리고 HR 실무자들에게 큰 시사점을 제공해줄 수 있을 것이다.

다음으로 공동체주의 문화를 보이는 조직에서는 변화를 추구하는 시민행동인 COCB의 영향력이 어떠한 복잡한 양상을 띠는지에 대해 추가적으로 연구진이 검증할 필요도 있다. 앞서 실증연구에서 살펴봤듯이 공동체주의 문화의 특성을 보이는 조직 및 그룹에서는 개인의 커리어와 창의적 생각에 긍정적인 변화를 줄 수 있는 COCBI의 부정적인 측면도 엄연히 존재할 수 있다. 특히나 COCBI는 개인 간 관계적 갈등조정의 가능성도 충분히 존재하기에 COCBI와 각종 기업 성과(이직, 갈등, 이익 등) 간 관계 규명에 대해 실증적으로 향후 검증을 시도하는 것은 큰 의미가 있을 것으로 기대한다. 그리고 그동안 AOCBI, AOCBO, 그리고 COCBO에 대한 연구는 지속적으로 이루어졌으나 COCBI와 관련된 실증연구는 부족하였는데, 향후 연구진은 이러한 기존 연구의 부족한 점Research gap에도 주목할 필요가 있다.

본 문헌검토는 또한 HR 실무진에게도 다음과 같은 시사점을 던져줄 수 있을 것이다. 우선, 조직시민행동에 대한 이해를 효과적으로 증진시키기 위해서는 기존의 조직시민행동 분류체계(Organ, 1988)의 다섯 가지 하위 조직시민행동, 윌리엄스와 앤더슨(Williams & Anderson, 1991)의 OCBI와 OCBO, 밴 다인 연구진(Van Dyne et al., 1995)의 AOCB와 COCB를 개념적으로 검토해야 할 것이다. 그 후 자신의 조직 및 그룹의 근로자들에 대한 직무 범위 및 환경(또는 문화, 분위기 등)을 분석해야 한다. 이때 조직 분위기 및 문화에 따른 근로자 및 리더가 생각하는 직무 범위를 주요 분석대상으로 삼아야 한다. 그렇게 해야 향후 어떤 조직시민행동이 자신의 역할 범위로서 받아들여지고 있고, 어떤 조직시민행동은 자신의 역할 외 영역으로 간주되고 있는지를 파악할 수 있다. 여기까지 자기 조직 분석이 완료된다면, 이제 어떤 조직시민행동을 어떻게 장려할 것인지 전략을 세울 수 있을 것이다.

예를 들면 자신의 역할 범위로 파악되는 조직시민행동을 장려하기 위해선 기존의 직무지시사항 및 매니저의 기존 근로자 관리 역할을 강화 또는 현 인센티브 체계 강화 등의 방안을 검토하면 될 것이다. 반면 자신의 역할 밖으로서 파악되는 조직시민행동을 장려하는 것이 목적이라면, 전반적인 리더와 구성원 간 관계LMX 개선, 근로자들이 인지하는 조직에 대한 인식 개선을 위한 각종 인사제도 및 문화쇄신 등과 같이 직무의 외적 영역에서 그 해답을 찾을 필요가 있을 것이다. 결론적으로 조직시민행동에 대한 수많은 연구결과들을 현실 조직 세계와 동떨어진 이론의 영역이라고만 치부해선 안 된다. 오히려 앞서 제안하였던 것처럼 자신의 조직 문화 및 직무에 대한 사전 분석이 철저히 이루어진다면, 앞서 제시된 연구결과들의 의미가 실무세계와 만나게 될 것이라 기대한다.

5장

발언행동의 개념적 고찰과
연구 동향

최용득

전남대학교 경영학부 조교수, E-mail: ydchoi@jnu.ac.kr

서강대학교 석사학위를 받았고 고려대학교에서 박사학위를 받았다. 『기업윤리 저널 Journal of Business Ethics』『경영 심리 저널Journal of Managerial Psychology』『경영학연구』『인사조직연구』『조직과인사관리』 등 국내외 학술지에 다수의 논문을 발표하고 있다. 주요 연구 관심 분야는 발언행동, 리더십, 동기부여, 기업윤리 등이다.

이동섭

고려대학교 경영학과 교수, E-mail: dongseoplee@korea.ac.kr

서울대학교에서 경영학 학사와 석사를, 미국 위스콘신 주립대학교University of Wisconsin-Madison에서 조직행동 전공으로 경영학 박사학위를 받았다. 『응용심리학 저널Journal of Applied Psychology』『조직행동과 의사결정프로세스Organizational Behavior and Human Decision Processes』『기업윤리 저널Journal of Business Ethics』『경영학연구』『인사조직연구』 등 국내외 학술지에 다수의 논문을 발표하고 있다. 주요 연구 관심 분야는 동기부여, 리더십, 주도적 행동, 기업윤리 등이다.

*이 글은 『인사조직연구』 2017년 5월호(25권 2호)에 게재된 논문을 수정·보완한 것임

1
서론

최근 들어 조직 구성원의 발언행동voice behavior[1]에 대한 이론적·실무적 관심이 높아지고 있다. 이러한 관심의 증대는 조직 환경의 불확실성이 커져감에 따라 각 조직에게 요구되고 있는 변화와 혁신의 중요성과 무관하지 않은 것으로 보인다. 조직은 생존과 성장을 위해 잠재된 문제들을 규명하고 새로운 아이디어를 탐색해야 하는 과제를 안고 있다. 이와 관련하여 선행연구들은 조직 구성원들이 전달하는 다양한 정보와 의견이 조직의 당면 문제 또는 기회에 대한 다른 관점과 창의적인 시각을 제공함으로써 조직 변화와 혁신의 중요한 실마리가될 수 있음을 시사한다(Grant & Ashford, 2008; Hirschman, 1970; Morrison, 2014; Van Dyne & LePine, 1998).

구성원들은 조직의 다양한 제도, 절차, 업무 프로세스에 직간접적으로 관련되어 있으며 직무활동을 수행하고 서비스를 실행하는 과정에서 직접적인 경험과 고객, 동료, 부하, 혹은 상사와의 상호작용을 통해 조직의 변화와 관련된 새로운 기회, 문제, 비효율적인 측면, 개선사항 등을 파악할 수 있는 위치에 있다(Crant, 2000; Grant, 2013). 이런 맥락에서 구성원들의 발언행동은 현대 조직에서 더욱 중요하게 여겨지고 있으며, 그 촉진 요인과 효과에 대한 논문의 수도 빠르게 증가하고 있다(Barry & Wilkinson, 2016; Detert & Burris, 2007; Kaufman, 2014; Liang, Farh, & Farh, 2012; Morrison, 2014; Mowbray, Wilkinson, & Tse, 2015).

그러나 연구의 양적 증가에도 불구하고 발언행동의 개념적 본질에 대한 논의는 여전히 진행 중이다(Bashshur & Oc, 2015). 발언은 조직 현상에 대해 다채롭게 표출되는 구성원들의 의견을 총칭하는 포괄적인 용어이기에(Morrison, 2011), 연구자들의 관점에 따라 다양한 접근과 해석이 시도되고 있다. 예를 들면 발언을 고용관계employment relations라는 거시적인 맥락에서 인적자원관리제도, 조직 전략, 노조의 역할 등과 연계된 집단 수준의 문제제기나 경영 참여의 일환으로 바라보는 관점과 미시적인 맥락에서 조직 구성원들이 상사나 동료에게 자신의 아이디어나 의견을 개진하는 행동으로 바라보는 관점 등이 혼재한다(Barry & Wilkinson, 2016; Kaufman, 2014; Mowbray et al., 2015). 즉 발언행동에 대한 상이한 개념적 접근과 분류가 공존하고 있는 실정이다.

현재까지 제안된 발언행동의 유형은 조직의 향상과 관련된 대안제시 및 새로운 아이디어 제안, 반대나 찬성 혹은 문제제기 및 항의, 체념적 혹은 방어적 행동, 더 나아가 조직 중상, 비방 등으로 다양하다(예: Burris, 2012; Liang et al., 2012; Maynes & Podsakoff, 2014; Morrison & Milliken, 2003; Morrison, 2011; Van Dyne & LePine, 1998). 그러나 발언행동의 개념적 혼란이 존재하는 상태에서 이론적 관계의 실증에만 초점을 맞춘다면 연구결과가 축적되더라도 체계적인 해석이나 통합적인 이해에 기여하기 어렵다(Osigweh, 1989; Van Dyne, Cummings, &

Parks, 1995). 따라서 발언행동의 개념적 혼란을 일으키는 문제들을 논의하고 보다 명확하고 본질에 충실한 개념적 정립을 시도하는 것은 발언행동 연구의 질적 성장을 위한 시급한 과제라고 할 수 있다.

이러한 문제의식에 기초해서 본 연구는 크게 두 가지 목적을 추구한다. 첫째, 현재까지 진행된 선행연구들을 통해 조직행동 분야에서 발언행동의 개념이 어떻게 변화 및 확장되어 왔는지를 비판적으로 고찰하고 그 본질을 재조명하여 분명한 개념적 정의를 시도하는 것이다. 발언행동을 정의하면서 특성을 모호하게 제시하거나 혹은 동기, 의도, 기능 등에 준거함으로써 발생하는 개념적 혼란의 문제를 지적한다. 나아가 구체적인 행위로 나타나는 발언에 대해 의도, 동기, 혹은 기능을 기준삼는 것이 아니라 행위 그 자체를 구분하고 평가할 수 있는 특성들에 주목할 때 더욱 명확한 본질을 이해할 수 있음을 주장한다. 이러한 논의에 기초하여, 도전성과 조직기능 관련성을 발언행동의 본질적 특성으로 제시한다.

도전적 속성은 발언이 어떤 대상이나 현상의 변화를 촉구하거나 정면으로 맞서는 것을 의미하며 이로 인해 저항에 부딪히거나, 반발을 살 수 있는 특징을 대변한다(Detert & Burris, 2007; Liang et al., 2012; Morrison, 2011). 조직기능 관련성은 발언이 조직의 관행이나 절차, 운영 방안 등과 같은 기능적인 측면과 관련된 의견이라는 것을 의미하며 이로 인해 어떤 사건의 발생과 중단을 유도할 수 있는 특징을 대변한다. 아울러 본 연구는 발언이 조직 구성원이 상사나 동료와 같이 구체적인 대상을 선택하고 그에 맞는 내용을 전달하는 커뮤니케이션 행위라는 점을 분명히 한다. 따라서 본 연구에서는 조직의 구성원들이 특정한 대상에게 조직의 기능과 관련된 도전적 의견을 전달하는 의사소통 행위로 발언행동을 정의한다.

둘째, 본 연구는 이러한 발언행동의 개념적 정의에 기반하여 구체적인 유형화를 시도한다. 발언행동의 본질적 특성인 도전성과 조직기능 관련성에 주목하여 발언의 성격과 역할을 구분할 수 있는 세분화된 기준을 제시한다. 먼저 발언행동의 도전성은 주도적인initiative 도전과 반응적인reactive 도전으로 구분하였다. 발언행동의 도전성이 어떤 사안에 대해 변화를 시도하거나 맞서는 행동들을 포괄하고 있다는 점에서, 현상에 대해 어떤 방안이나 의견을 주도적으로 개진하는 것과 다른 사람에 의해 개진된 의견에 반응하는 것으로 도전성의 차원을 구분하였다. 이러한 구분은 조직의 변화제안 및 문제제기와 제기된 발언에 찬성과 반대의견을 밝히는 소통행위를 차별화시킬 수 있다는 점에서 의미가 있다. 조직의 기능과 관련된 변화제안이나 문제제기뿐만 아니라 이에 대한 반응으로서 이견이나 지원적 의견 제시 역시 중요한 소통과정의 한 측면으로 그 역할이 존재하기 때문이다.

또 다른 발언행동의 본질적 특성인 조직기능 관련성은 발언이 무엇인가를 일어나게 하는 촉진적promotive 성격인지, 아니면 정도를 넘어 진행되거나 예상되는 문제를 막고 그치게 하는 차단적prohibitive 성격인지로 구분하였다. 이를 통해 발언이 변화제안과 해결책 또는 아이디어 제시와 같은 촉매제 역할인지, 문제와 잘못을 지적하고 계속되는 것을 막기 위한 경계적 혹은 비판적 역할인지를 체계적으로 구분할 수 있다. 결국 본 연구는 도전적이고 조직기능과 관련된 행동의 속성을 세분화하여 주도적·촉진적(제안중심 발언), 주도적·차단적(문제중심 발언), 반응적·촉진적(지원적 발언), 반응적·차단적(반대 발언) 발언으로 유형화한다. 본 연구는 또한 개념적 정립을 토대로 새롭게 제시한 발언행동의 하위 차원들과 관련하여 향후 연구 방향과 과제를 논의하고자 한다.

2
발언행동의 개념적 이해와 과제

발언의 사전적 의미는 말을 꺼내어 의견을 밝히는 행위이다. 말을 통해 의견을 표명하는 것은 모든 사회구성원들의 일상적인 행위이며 그 내용이나 대상도 광범위하다. 따라서 조직 구성원들의 발언행동은 구체적인 기준들이 동원되고 제시되어야 의미의 한계가 분명해지는 포괄적 개념, 즉 우산개념umbrella term의 특징을 지녔다고 볼 수 있다(Withey & Cooper, 1989). 이런 맥락에서 연구자들은 각자의 조명을 통해 발언행동의 의미와 역할에 대한 이해를 시도해왔다. 결과적으로 현재까지 진행된 연구들은 발언행동의 의의, 내용, 구체적 유형에 대한 다양한 접근과 해석에 기초하고 있다. 이하에서는 이러한 발언행동의 개념 정의와 변화 추이에 대해 살펴보고 축적된 이해와 과제에 대해 논한다.

1. 발언행동의 개념적 배경

발언행동의 개념은 허쉬만(Hirschman, 1970)이 제안한 불만에 대한 반응 그리고 반 다인과 동료들(Van Dyne et al.,1995)이 제안한 역할외 행동을 토대로 변화 및 발전되어 왔다. 이러한 두 가지 접근은 발언행 동을 역할과 기능에 초점을 두고 설명한다는 공통점이 있지만 관점에 있어서는 분명한 차이가 있다. 허쉬만(Hirschman, 1970)은 발언행동 을 불만에 기반한 행위로 설명하고 있으며 조직의 문제를 알리는 기 능적인 역할을 강조한다. 즉 발언을 문제가 있는 상황과 결부된 개인 의 대응행동 혹은 집단적인 대응수단으로 설명하고 있다.

반면 반 다인과 동료들(Van Dyne et al.,1995)은 발언을 역할외행동 의 한 가지 유형으로서 조직의 바람직한 변화를 위한 건설적인 행동 으로 전제한다. 즉 발언행동을 조직의 문제에 대한 불만을 표현하는 행위가 아닌 자발적으로 새로운 아이디어나 제안을 표현하는 행위로 한정하는 것이다. 요약하면, 발언행동은 문제에 기반을 둔 행위 혹은 새로운 시도나 제안의 표명으로 크게 구분하여 논의되어 왔다고 할 수 있다. 이하에서는 발언행동을 다른 각도에서 조명하고 있는 두 접 근에 대해 보다 구체적으로 설명한다.

불만에 대한 반응으로서 발언행동

문제나 불만에 대한 반응으로 발언행동을 개념화한 허쉬만(Hir-schman, 1970)은 국가, 기업, 그리고 다양한 조직에서 문제가 발생하 고 쇠퇴할 경우 이를 치유하고 회복할 수 있는 중요한 기제mechanism 로서 발언행동의 의미를 설명한다. 즉 사회의 구성원들은 자신이 속 한 조직에서 발생하는 다양한 문제들에 직면해서 발언이라는 하나의 대안적 행동양식을 통해 조직이 문제를 파악하고 해결하여 치유의 길 로 이끌 수 있다는 것이다. 허쉬만(Hirschman, 1970)은 국가, 조직, 혹 은 기업의 퇴보나 쇠락에 직면하여 사회의 구성원이 취할 수 있는 대

〈그림 1〉 직무 불만족에 대한 반응 유형화

(출처: 러스볼트와 동료들, 1988: 601)

응방식이 이민, 이직, 제품구매 중지 등의 이탈 방식만 있는 것이 아님을 분명히 한다. 발언은 이탈과 더불어 혹은 이탈을 대신하여 개개의 구성원들 입장에서 선택할 수 있는 행동양식이고 해당 조직의 중요한 원상회복 기제가 될 수 있다는 것이다. 발언의 의의를 어떤 사회나 조직이 아무리 제도나 절차를 견고하게 구축한다 해도 문제나 역기능의 발생은 불가피하다는 점에서 찾는다. 즉 발언행동은 구성원들이 이의제기나 항의를 통해 의사결정자가 사태의 원인을 파악하고 대처할 수 있도록 돕는 기능적인 행동이라는 것이다.

인사조직 분야에서 진행된 이론 및 실증적 연구들은 허쉬만(Hirschman, 1970)이 제안한 발언행동의 개념을 직무 불만족에 대한 구성원들의 반응으로 구체화하였다(Farrell, 1983; Rusbult, Farrell, Rogers, & Mainous, 1988). 러스볼트와 동료들(Rusbult et al.,1988: 601)은 〈그림 1〉과 같이 조직의 구성원들이 가지고 있는 직무 불만족에 대한 종합적 반응을 이탈exit, 발언voice, 충성loyalty, 태만neglect의 네 가지 유형(이하, EVLN)으로 구분하여 제시하였으며, 발언을 "문제를 해결하기 위한 행동, 동료나 상사와 문제논의, 해결책 제시, 노동조합에 도움 요청, 혹은 내부고발 등의 행동들이며 이를 통해 문제나 상황을 개선시키고자 하는 적극적이고 건설적인 시도"라고 정의하였다. 구성원들이 조직을 떠나지 않고 머물면서 직무환경의 불만족스러운 요소들을 알

린다는 점에서 발언을 적극적이고 건설적인 행동으로 개념화하고 조직을 떠나는 이탈, 수동적으로 조직을 따르는 충성, 그리고 업무에 무관심한 태만과 구분하였다.

허쉬만(Hirschman, 1970)의 제안과 관련된 조직행동 분야의 연구들의 논의를 종합하면, 발언행동은 문제나 불만족스러운 상황에서 촉발될 수 있는 행동의 하나이며 문제제기, 항의, 그리고 그 문제에 대한 해결책 제시 등을 핵심요소로 한다는 것이다. 보다 중요한 것은 이러한 행동들이 문제시되는 혹은 반대할 만한 상황으로부터 도피하기보다는 이를 알리고 변화시키려는 시도라는 점에서 도전적인 속성을 내포하고 있다는 점이다.

역할외행동으로서 발언행동

발언행동에 대한 또 하나의 개념적 토대는 반 다인과 동료들(Van Dyne et al.,1995)이 제시한 역할외행동의 특성이다. 저자들은 역할외행동을 조직을 이롭게 하려는 의도를 가진 자발적인 행동으로 정의하고, 발언행동을 이러한 역할외행동의 개념적 속성을 내포하고 있는 하위 차원으로 제안한다. 〈표 1〉과 같이 역할외행동이라는 개념적 울타리 안에 있는 다양한 행동들의 범주화를 위한 분류 틀을 제시하고, 구체적인 행동이 친화적affiliative·도전적challenging인지 촉진적promotive·차단적prohibitive인지 여부로 구분하였다.

친화적·도전적 차원은 그 행동이 사회적 관계를 강화 또는 약화시키는지 여부로 판단한다. 이 기준은 행동을 통해 대인관계가 협력적이고 유대감을 높일 수 있는 방향으로 나아갈 수 있는지 아니면 관계가 위태로워지거나 손상될 수 있는지를 구분한다. 촉진적·차단적 차원은 어떤 일이 일어나도록 유도하는지 또는 어떤 일이나 상황을 멈

〈표 1〉 역할외행동의 범주화

	친화적	도전적
촉진적	도움	발언
차단적	스튜어드십	고발행위·소신적 불찬성

(출처: 반 다인과 동료들, 1995, 152)

추거나 중단시키는지의 구분이다. 다시 말해서 촉진적 행동이란 어떤 일을 하는 새로운 방법을 제안하거나 과업의 완료와 같은 바람직한 상황이 일어나도록 장려하는 것을 의미한다. 반면, 차단적 행동이란 안 좋은 상황 혹은 해로운 사건을 예방하기 위한 시도나 현재 문제가 되고 있는 상황을 중단하거나 막기 위해 나서는 것을 의미한다. 이 기준에 의해 발언행동은 도전적이고 촉진적인 특성을 가진 역할외행동으로 분류된다.

반 다인과 동료들(Van Dyne et al., 1995)은 조직을 향상시키고 변화시키기 위한 건설적인 제안으로 발언행동을 정의함으로써 조직의 변화를 제안하는 도전적 성격과 아이디어나 제안과 같이 전향적이고 촉진적인 특성을 동시에 강조한다. 다시 말해 발언을 명확한 아이디어와 해결책 없이 단순히 문제를 지적하거나 불만을 토로하는 행동들과 구분한다. 구체적으로, 비윤리적이고 불법적인 문제를 알리는 고발행위whistle blowing와 양심적인 원칙에 위배되는 상황에 문제를 제기하는 소신적 조직 불찬성principled organizational dissent은 현상이나 상황에 도전하지만 제안이나 아이디어를 제시하기보다는 비난과 문제제기에 초점을 맞추는 행동이라는 점에서 구별된다. 발언행동이 발생된 문제나 지나간 일과 같이 과거 사건에 천착하기보다는 미래의 바람직한 변화를 지향하며, 조직에 만족하고 있는 상태에서 적극적이고 긍정적인 일을 도모하는 자발적 역할외행동인 반면 고발행위나 소신적 조직 불찬성은 불만족에 기반을 둔 행동이기 때문에 서로 다른 행동이라는 것이다. 즉 역할외행동으로서 발언행동의 긍정적인 의도와 자발성을 강조함으로써 불만에 대한 반응을 발언행동과 구분한다. 결과적으로 역할외행동이라는 개념적 토대에서 발전되어온 발언행동 연구들은 새로운 아이디어나 의견제시와 같은 긍정적 측면의 행동들만을 발언 으로 한정하여 왔다. 예를 들면 반다인과 르파인(Van Dyne & LePine, 1998:109)은 발언행동을 "단순히 비판하기보다는 향상시키려는 의도 를 가진 건설적인 도전"으로 정의하였으며, 조직시민행동의 차원 중 하나인 옹호 참여advocacy participation의 측정항목을 기반으로 6개의 문 항으로 구성된 척도를 개발하고 타당성을 검증하였다. 건설적 제안 으로서 한정한 개념적 정의와 측정도구의 개발은 이후 실증연구를 위한 용이한 기반이 되었다(예: Burris, Detert, Chiaburu, 2008, Detert & Burris, 2007; LePine & Van Dyne, 2001, McClean, Burris, & Detert, 2013; Tangirala & Ramanujam, 2008; Venkataramani & Tangirala, 2010).

2. 발언행동의 개념 확장과 유형 구분

불만에 대한 반응과 건설적인 제안으로 발언행동을 구체화했던 두 가지 연구 흐름은 조직 구성원들의 발언행동에 대한 개념적 이해에 근간을 마련했다고 할 수 있다. 그러나 이러한 두 접근은 발언행동의 본질적 특성을 직접적으로 규명하기보다는 불만에 대한 반응 혹은 역 할외행동의 개념적 특징을 동원하여 발언행동의 개략적인 의미와 범 위를 설명하는 데 머무른다. 다시 말해 큰 틀에서 적극적이고 건설적 인 불만에 기초한 대응이며 도전적이고 촉진적인 역할외행동이라는 발언행동의 개념적 윤곽을 제공한 반면, 발언행동 자체에 집중해 본질적인 특성을 면밀하게 고찰했다고 보기는 어렵다.

한편, 이후에 진행된 인사·조직 분야의 연구들은 발언행동의 개념적 내포와 외연을 보다 명확히 하기 위한 노력을 기울여왔다. 즉 발언행동을 규정할 수 있는 속성들을 제시하고 이런 속성들을 포괄할 수 있는 발언행동의 범위를 구체화하였다. 예를 들면 발언행동의 의도나 동기, 내용, 기능과 같은 속성을 규명하고 이를 토대로 발언행동의 구체적인 유형을 분석하였다. 그 결과 최근 연구는 발언행동을 단일개념으로 고려했던 초기의 연구와 달리 다양한 개념적 축을 동원하여 다차원적인 개념으로 제안한다. 이하에서는 연구자들이 제안하고 있는 발언행동의 개념과 유형에 대해 논의를 이어간다.

먼저 반 다인, 앙, 보테로(Van Dyne, Ang, & Botero, 2003)는 발언과 침묵이 서로 독립적인 개념임을 지적하면서 그 동기에 따라 각각 세 가지 유형으로 분류할 수 있음을 제안한다. 구체적으로 저자들은 발언과 침묵을 체념적acquiescent, 방어적defensive, 친사회적prosocial 동기에 기반을 둔 의식적 행위로 정의한다. 체념적 발언은 상황을 감수하고 포기하는 체념의 동기를 기반으로 하여 다른 사람의 직무 관련한 아이디어, 정보, 의견에 자기의 의견을 일치시키거나 보조를 맞추는 표현으로 정의된다. 방어적 발언은 두려움에 기반을 둔 방어적 동기를 가지고 직무 관련 아이디어, 정보, 혹은 의견을 표명하는 것으로 정의된다. 예를 들면 자신이 저지른 잘못으로 인한 비난이나 불이익이 두려워, 자신을 보호하고 방어하려는 동기로 고객, 동료, 혹은 상사 등의 관심을 다른 곳으로 돌리기 위한 의견이나 정보를 제안하는 것을 의미한다. 마지막으로 친사회적 발언은 협력적이고 이타적인 동기에 기반을 둔 제안이며 다른 사람들과 조직의 이익을 위해 관련 아이디어,

정보, 혹은 의견을 표명하는 행동이다. 친사회적 발언행동은 역할외행동으로서 발언행동과 개념적으로 흡사하며 문제에 대한 해결책 제시, 변화를 위한 아이디어 표명 등과 같이 조직을 향상시키기 위한 시도를 의미한다. 침묵에 대해서도 동일한 세 유형을 적용한 저자들의 접근은 발언과 침묵을 통합적으로 이해하기 위한 시도라고 할 수 있다. 이를 통해 의견이 없기 때문에 침묵하는 행위와 의견이 있지만 체념적, 방어적, 친사회적 동기로 인해 의도적으로 침묵하는 행위의 차이에 대한 이해를 제공했다.

리앙과 동료들(Liang et al., 2012)은 발언행동에 대한 연구가 건설적인 제안 형태의 발언행동에만 집중되어 있음을 지적하고 문제에 기반한 발언행동을 재조명한다. 즉 저자들은 반 다인과 동료들(Van Dyne et al., 1995)의 도전적이고 촉진적인 속성에 기반한 발언행동 정의에서 탈피하여 아이디어 제안뿐만 아니라 문제를 차단하거나 예방하려는 행위 역시 건설적 의도를 지닌 역할외행동의 하나임을 강조한다. 따라서 조직의 제도나 절차를 향상시키는 데 초점을 둔 촉진적인 형태의 발언과 함께 EVLN 틀에서 논의되었던 조직의 문제나 해로움을 알리고 중단시키는 데 초점을 둔 차단적 특성의 발언의 영역을 구체화한다.

모리슨(Morrison, 2011)은 리앙과 동료들(Liang et al., 2012)의 두 가지 발언행동 유형에 추가해서 의견에 초점을 둔 발언의 형태를 새롭게 제시한다. 즉 발언행동을 전달하는 내용에 따라 문제에 초점을 둔 발언problem-focused voice, 제안에 초점을 둔 발언suggestion-focused voice, 의견에 초점을 둔 발언opinion-focused voice으로 구분한다. 문제에 초점을 둔 발언과 제안에 초점을 둔 발언은 리앙과 동료들(Liang et al., 2012)이 구분한 촉진적 발언 및 차단적 발언과 명칭은 다르지만 개념적으로 동일하다. 의견에 초점을 둔 발언행동은 과업과 관련된 이슈들에 대해 다른 사람들이 가지고 있는 생각과 다른 입장이나 의견을 피력하는 것을 의미한다. 조직정책이나 제도에 대한 다른 사람들의 의견에 동조하지 않는 발언이나 대립적인 견해를 제시하는 발언의 형태로 이견dissent이나 반대 의견과 유사한 개념이라고 볼 수 있다. 모리슨(Morrison, 2011)의 의견에 초점을 둔 발언의 제안은 의견 표명에 대한 대응이나 반응 차원에서의 의사전달 역시 발언의 영역에 포함되어야 함을 제시했다는 점에서 발언행동의 개념적 확장이라 볼 수 있다. 조직 구성원 중 누군가가 변화를 제안하고 문제를 지적했을 때 이에 대한 반대의견의 제시도 위험을 감수해야 하는 도전적 행위가 될 수 있다는 점에서 모리슨(Morrison, 2011)의 제안은 의미 있는 시도로 판단된다.

버리스(Burris, 2012)는 현상의 변화를 시도하거나 도전하는 발언challenging voice과 현상을 옹호하고 지지하는 지원적 발언supportive voice을 구분하였다. 구성원들은 조직의 절차, 정책, 관행, 그리고 전략적인 변화의 방향을 제안하고 문제점을 지적하는 도전적 발언을 할 수도 있지만, 기존의 정책과 제도를 옹호하고 지지하는 발언을 할 수도 있음을 지적한다. 동시에 이러한 특성의 발언들은 직속상사의 차별적인 반응과 결과를 가져올 수 있음을 역설한다. 요컨대 도전적 발언행동은 기존의 촉진적 및 차단적 발언, 제안에 초점을 둔 발언, 문제에 초점을 둔 발언을 통합하는 개념이다. 또한 지원적 발언은 모리슨(Morrison, 2011)이 제안한 의견에 초점을 둔 발언과 개념적으로 유사하지만 구체적인 내용에서는 차이가 있다. 즉 다른 사람의 의견과 다른 입장을 표명한다는 점에서 의견에 초점을 둔 발언과 지원적 발언은 유사한 측면이 있지만, 의견에 초점을 둔 발언은 상대방의 의견에 반대나 동의하지 않는 행동특성을 강조하는 반면 지원적 발언은 현존하는 제도나 관행에 대해 옹호하고 지지하는 행동특성을 강조한다. 두 연구자의 이러한 반응적 발언에 대한 접근은 변화를 제안하고 현상에 도전하는 발언에만 주로 맞춰져 있던 연구자들의 관점을 확장했다는 의의가 있다.

조직행동 분야에서 발언행동에 대한 가장 최근의 개념적 접근과 하위 차원의 분류는 메이네스와 포드사코프(Maynes & Podsakoff, 2014)에 의해 시도되었다. 저자들은 발언행동을 직무환경에 영향을 미치기 위해 조직 내에 있는 누군가에게 자발적으로 의사를 전달하는 것으로 포괄적으로 정의한다. 주목할 사항은 이러한 포괄적 정의는 이전의 연구자들보다 발언행동을 더 광범위한 개념으로 확장한다는 것이다. 저자들은 발언행동의 기능과 역할에 초점을 두고 발언을 조직에 양면적인 결과를 가져올 수 있는 행위로 규정한다. 즉 도전적이고 조직을 이롭게 하는 행동이란 기존의 개념적 전제를 제거하여 조직을 해롭게 하거나 현상유지를 주장하는 행동들도 발언으로 포함한다. 발언행동의 기능적인 측면과 역기능적인 측면을 모두 반영하기 위해 이전 연구에서 논의된 개념적 경계를 확장한 것이다. 그 결과 이전에 발언행동으로 인정되지 않았거나 혹은 논의되지 않았던 유형들도 새롭게 제안하고 있다. 구체적으로 저자들은 발언을 긍정적인 기능과 부정적인 기능에 따라 구분한다. 조직을 이롭게 하는 촉진적 의사표현뿐만 아니라 조직에 해를 끼칠 수 있는 역기능적이고 해악적인 의사표현도 발언의 범주에 포함될 수 있다는 것이다. 이러한 촉진적promotive · 차단적prohibitive 기준은 이전의 리앙과 동료들(Liang et al., 2012)의 분류 기준과 표현은 동일하지만 의미와 해석은 크게 다르다. 즉 리앙과 동료들(Liang et al., 2012)이 건설적인 의도를 지닌 발언행동을 분류하는

〈표 2〉 메이네스와 포드사코프(2014)의 발언행동 분류

	유지	도전
촉진적	지원적 발언	건설적 발언
차단적	방어적 발언	파괴적 발언

틀로서 촉진적·차단적 기준을 사용한다. 반면 메이네스와 포드사코프(Maynes & Podsakoff, 2014)는 발언행동의 긍정적 기능과 역기능을 구분하기 위해 촉진적·차단적 기준을 제안한다. 저자들의 논의에 따르면, 촉진적 발언은 조직에 이로운 것을 일어나게 하는 긍정적 기능을 가진 행동이며, 차단적 발언은 조직을 방해하고 해악을 미치는 부정적 기능을 가진 행동이다. 둘째, 발언을 현상에 도전하는challenge 기능과 이러한 도전과 반대로 현상을 지키거나 유지하는preserve 기능적 행동으로 구분한다. 이러한 두 가지 기준을 조합하여 저자들은 〈표 2〉와 같이 촉진적·도전적 성격의 건설적 발언constructive voice, 촉진적·유지적 성격의 지원적 발언supportive voice, 차단적·도전적 성격의 파괴적 발언destructive voice, 차단적·유지적 성격의 방어적 발언defensive voice을 제안한다.

이 분류에서 건설적 발언은 조직의 기능적인 변화에 초점을 둔 아이디어, 정보, 의견의 자발적 표현으로 정의된다. 반 다인과 동료들(Van Dyne et al.,1995)이 제안한 역할외행동으로서 발언, 모리슨과 밀리컨(Morrison & Milliken, 2003)이 제안한 친화적 발언, 리앙과 동료들(Liang et al., 2012)이 제안한 촉진적 발언 및 차단적 발언, 모리슨(Morrison, 2011)의 문제 및 제안 지향적 발언, 버리스(Burris, 2012)의 도전적 발언 등이 모두 이 유형에 포괄될 수 있다. 지원적 발언은 가치 있는 직무 관련 정책, 프로그램, 목표, 절차 등을 지지하거나 혹은 이러한 것들이 부당하게 비난받을 때 방어하는 의사표현을 의미한

다. 모리슨(Morrison, 2011)이 제안한 의견에 초점을 둔 발언 및 버리스(Burris, 2012)가 제안한 지원적 발언과 부분적으로 겹칠 수 있는 개념이다. 방어적 발언은 제안된 변화가 필요하고 장점이 있음에도 불구하고 조직의 정책, 절차, 프로그램, 제도 등의 변화에 대해 반대하는 부정적 의사표현을 의미한다. 이 역시 모리슨(Morrison, 2011)이 제안한 의견에 초점을 둔 발언과 일부 상응하는 측면이 있다. 파괴적 발언은 조직의 정책, 절차, 제도 등에 대해 악의적으로 비난하는 부정적 의사표현으로 정의되며 이는 역기능적인 행동과 개념적으로 상통한다.

3. 기존 발언행동 개념의 문제점

현재까지 연구자들은 발언행동이라는 포괄적인 개념을 보다 명확하게 이해하기 위해 다양한 기준을 동원하고 세분화된 구분을 시도해왔다. 예를 들면 연구자들은 발언행동이 구체적인 내용, 의도나 동기, 기능에 따라 서로 다른 유형으로 구분될 수 있음을 인정하고 있다. 그러나 연구자들의 이러한 차별적인 제안은 한편으로 다양한 각도에서 발언행동의 개념을 발전 및 확장시킬 수 있는 계기가 되었지만, 또 다른 한편으로는 개념적인 혼란을 가중시키는 원인으로 작용해온 것도 사실이다. 발언행동의 개념이 모호하거나 불분명한 상태에서 하위 차원의 행동들을 규명하고 체계적으로 분류하기란 어려운 일이다. 특히 개념적인 본질을 명확하게 규정하지 않은 상태에서 개념을 확장하고 유형화를 시도할 경우, 발언행동들 간의 개념적 중복이나 혹은 개념적 결핍의 문제를 피하기 어렵게 된다. 이하에서는 발언행동의 개념적 혼란을 야기하고 있는 문제들에 대해 살펴보고자 한다.

포괄적 정의로 인한 모호성

발언행동의 개념적 모호성은 개념을 너무 느슨하게 규정할 때 일차적으로 발생할 수 있다. 그 결과, 개념이 내포해야 하는 의미의 한계가 명확하지 않고 내용의 범위를 정확하게 규정지을 수 없게 되는 문제에 봉착하게 된다. 이러한 문제는 발언행동의 개념적 토대를 제공했던 초기연구뿐만 아니라 최근의 발언행동 개념의 확장을 시도하고 있는 연구에서도 나타나고 있다. 바로 EVLN 모형 및 메이네스와 포드사코프(Maynes & Podsakoff, 2014)의 연구에서 등장하고 있는 발언행동의 개념적 정의가 이에 해당된다고 할 수 있다. EVLN 모형에서는 발언행동을 불만족스러운 조건을 개선하기 위해 구성원이 대응하는 모든 활동으로 정의한다. 결과적으로 발언의 역할만 강조함으로써, 발언행동은 노조 참여, 제안 상자, 불만 접수, 동료와의 관심사 공유, 외부 시위 및 내부 고발 등 광범위하고 이질적인 행동들을 아우르는 불명확한 개념으로 남게 되었다(Rusbult et al., 1988, Withey & Cooper, 1989).

이러한 광범위한 개념화에 기반을 둔 발언행동의 측정도구 역시 낮은 신뢰도와 예측력의 문제를 야기하게 되었다. 예를 들어 러스볼트와 동료들(Rusbult et al., 1988)이 수행한 서로 다른 샘플을 사용한 독립적인 연구에서 발언행동의 신뢰도(Cronbach's α)는 .45, .57, .77로 다소 낮은 수준이었으며 위티와 쿠퍼(Withey & Cooper, 1989)의 연구에서도 발언행동의 신뢰도는 .41로 나타났다. 발언행동의 포괄적인 개념정의를 토대로 한 측정도구의 신뢰성 문제는 이후 직무불만족으로 인한 반응으로서 발언행동 연구가 지속되지 못한 중요한 원인으로 작용했을 것으로 보인다. 메이네스와 포드사코프(Maynes & Podsakoff, 2014)는 발언행동을 조직의 기능과 관련된 모든 의사표현으로 정의한다. 특히 저자들은 현상에 대한 도전과 조직에 기능적인 행동이라는 발언행동의 개념적 의미를 확장하여 현상 유지 및 조직에 역기능적인 행동까지 아우르는 광범위한 개념으로 탈바꿈시킨다. 그 결과 새롭게 정의된 발언행동은 조직 구성원들의 아이디어 제시부터 변화 반대 및 악의적인 비난까지 포괄할 수 있는 비대한 개념이 되었지만 역설적으로 그 의미를 정확하게 규정하기 어려운 개념적 모호함의 문제에 직면하게 된다(Bashshur & Oc, 2015). 즉 발언행동의 개념적 범위를 확장시킴으로써 불가피하게 개념의 명확성을 감소시키는 결과를 가져오게 된 것이다.

동기와 의도의 개입

발언행동의 개념적 혼란을 야기하는 또 다른 문제는 바로 발언행동을 정의하면서 의도나 동기 혹은 기능을 기반으로 하고 있다는 점과 관련된다(Detert & Burris, 2007; Van Dyne et al. 2003; Van Dyne & Lepine, 1998). 의도나 동기는 관측하거나 증명할 수 없는 행위 이전의 문제이기 때문에 행위자의 자기보고나 관찰자의 유추에 의존하여 발언의 의미와 내용을 해석하고 유형을 분류해야 하는 문제가 발생한다. 즉 실제 발언행동의 내용보다는 행위자가 보고하거나 관찰자가 귀인attribution하는 동기나 의도가 발언을 정의하고 구분하는 기준이 되는 것이다. 그럼에도 불구하고 일부 연구들은 발언행동을 정의함에 있어 의도나 동기를 전제한다.

먼저 앞서 설명한 것처럼 반 다인과 동료들(Van Dyne et al., 2003)은 발언행동을 결정하는 행위자의 동기에 기준하여 기존연구에서 제안되어온 건설적 동기뿐만 아니라 자기를 방어하거나 체념적인 동기에 따른 발언행동의 유형을 제시한다. 그러나 이러한 동기 기반 접근은 발언행동에 대한 심각한 개념적 혼란을 야기하고 있다. 행동은 관측 가능하지만 동기는 관측 불가능하다는 점에서 동기 기반 구분은 발언을 행동적 특성에 따라 엄밀하게 정의하기 위한 시도와 거리가 멀다. 저자들이 제안한 것처럼 동기로 행동을 구분한다면, 동기를 어떻게 해석하느냐에 따라 동일한 행동도 다른 유형으로, 다른 유형의 행동도 동일한 행동으로 분류되는 혼란이 발생할 수밖에 없다. 예를 들면 저자들이 제안하고 있는 방어적 발언과 체념적 발언은 다른 사람들의 의견에 동의를 표명하는 것으로 행동측면에서는 동일하다. 그러나 그 동기를 체념적 혹은 방어적으로 해석하느냐에 따라 결과적으로 구체적인 발언행동 유형이 달라진다. 동일한 행동을 관측하고 의도를 유추하여 유형을 구분하는 것은 귀인의 문제이지 행동의 문제가 아니라는 점에서 의도나 동기는 행동을 명확하게 규정하는 데 근본적인 장애가 된다.

또한 일부 연구들은 발언행동의 개념적 정의에 행위자의 긍정적인 의도를 결부시킴으로서 개념적 범위를 제한하고 있다. 예를 들면 발언행동을 건설적인 의도를 가진 행동으로 제안하는 대다수의 연구들은 불만을 기반으로 한 발언 혹은 조직을 이롭게 하려는 의도가 불분명한 행동들을 발언행동의 범주에 포함시키지 않는다. 대신 긍정적인 의도가 분명해 보이는 제안, 아이디어 제시, 문제제기 및 해결책, 개선점 제시 등을 발언행동으로 정의하고 있다(Detert & Burris, 2007; Van Dyne & LePine, 1998). 그 결과 이러한 접근은 발언행동이 행위자의 건설적이고 자발적인 의도를 강조하는 조직시민행동과 개념적으로 어떤 차이점이 있는지에 대한 논란을 자초하게 되었다(Brinsfield, Edwards, & Greenberg, 2009). 리앙과 동료들(Liang et al., 2012)은 발언행동을 아이디어 제시나 새로운 제안을 넘어 EVLN 모형에서 제안되어온 문제에 대한 대응의 영역까지 개념적인 확장을 시도하고 있으나 기존 연구와 마찬가지로 긍정적 의도라는 기준을 여전히 고수하고 있다. 이러한 긍정적 의도에 기반하여 발언행동을 정의했을 때 그 개념적 정의를 토대로 집약할 수 있는 발언행동은 제한적일 수밖에 없다. 예를 들면 EVLN 모형에서 제안하는 문제에 대한 대응으로서 발언은 조직의 문제에 우려를 표하고 알리는 다소 부드러운 형태부터 비효율적인 측면의 문제를 제기하고 항의, 반대, 비판하는 거친 형태의 발언까지 포괄하는 개념이다. 그러나 연구자들은 조직에서 해로움이나 문제가 발생하는 것을 우려하는 예방적 성격에만 초점을 맞춰 문제 기반 발언행동의 범위를 제한하고 있다. 요컨대 의도에 기반을 두고 되도록 긍정적이라고 파악되기 쉬운 행동들만 발언행동으로 규명함으로써 의도가 명확하게 파악되기 어렵거나 위험이 크게 배태되어 있는 발언행동들을 개념적 범위 안으로 끌어오지 못하게 된 것이다. 예를 들면 조직변화를 반대하거나 비판적인 의견의 제시, 상사의 의견에 반박하는 행동, 상사가 찬성하는 다른 사람의 의견에 이의를 제기하는 행동들은 긍정적 의도를 기준으로 했을 때 발언행동으로 정의되기보다는 비난, 변화저항, 볼멘소리, 혹은 불만표시 등으로 분류될 가능성이 높다.

반면, 메이네스와 포드사코프(Maynes & Podsakoff, 2014)는 역할과 기능을 토대로 발언행동에 대한 개념적 정의와 분류를 시도한다. 의도와 동기가 행위 이전의 문제임에 반해 기능과 역할에 주목하는 것은 행위의 결과로 발언행동을 구분하기 위한 시도라 할 수 있다. 여기서는 발언이 어떤 기여나 기능을 할 수 있는지가 기준이기 때문에 발언의 구체적인 내용과 의미의 차이는 고려대상이 아니며 발언행동이 어떤 결과를 가져올 수 있느냐에만 초점을 둔다. 예를 들면 저자들은 선행연구에서 발언의 내용적 측면을 기준으로 구분했던 아이디어 및 제안 중심의 발언promotive voice·suggestion-focused voice과 문제기반 발언 prohibitive voice·problem-focused voice의 유형을 동일한 긍정적 기능을 가지고 있다고 판단하여 건설적 발언으로 통합하였다. 그러나 기능을 기준으로 한 이러한 접근은 발언이 그 대상영역이나 내용에 따라 서로 다른 심리적 프로세스를 갖는 독립된 개념임을 반영할 수 없게 된다. 리앙과 동료들(Liang et al., 2012)의 연구는 제안 위주의 촉진적 발언 promotive voice과 문제 기반 차단적 발언prohibitive voice은 심리적 안전감 psychological safety, 변화에 대한 책임감felt-obligation for change, 조직 기반 자긍심organizational-based self-esteem이라는 서로 다른 심리적 프로세스를 차별적으로 요구하는 독립적 발언행동 유형임을 실증한 바 있다. 결국 메이네스와 포드사코프(Maynes & Podsakoff, 2014)의 기능 기반 접근 역시 발언행동 자체의 속성보다 그 결과나 기능에 초점을 둠으로써 동일한 내용의 발언 혹은 다른 내용의 발언도 평가에 따라 임의로 구분될 수 있다는 점에서 여전히 개념적 불확실성의 문제를 안고 있다.

3
발언행동의 개념 재정립을 위한 방안

조직 구성원들의 발언행동을 설명하기 위한 상당한 노력에도 불구하고 발언행동의 개념적 본질을 내포하는 구체적인 유형들에 대한 통합적 고찰은 여전히 과제로 남겨져 있다. 본 연구는 발언행동을 재조명하여 개념적 모호성과 혼란을 최소화할 수 있는 명확한 본질적 특성을 고찰하고, 이를 기반으로 한 체계적인 분류의 틀을 제시함으로써 발언행동의 개념적 재정립을 시도한다.

1. 발언행동의 개념 재조명

선행연구의 논의를 종합하여, 본 연구에서는 발언행동의 본질적 특성을 설명하기 위해 발언하는 사람의 의도나 동기 혹은 기대되는 기능이나 역할이 아닌 발언의 내용적 측면behavioral contents에 초점을 두고자 한다. 발언이 구체적인 메시지를 전달하는 커뮤니케이션 행위라는 점에서 그 내용에 해당되는 '무엇에 대한 어떤 의견'인지가 발언의 성격을 규정할 수 있는 본질적 특성이 될 수 있기 때문이다. 앞서 선행연구의 리뷰에서 제시한 것처럼, 발언행동의 내용이 아닌 의도나 동기에 초점을 둘 경우, 발언행동 내용 자체에 집중한 본질적 탐구보다는 동기나 의도를 어떻게 해석하느냐는 귀인의 문제 그리고 평가자의 기능적 관점에 따른 주관적 구분의 문제에 직면하게 된다. 그뿐만 아니라 조직시민행동에 제기되고 있는 문제와 마찬가지로 규명하기 어려운 동기나 의도를 발언의 개념적 정의에 포함시킬 경우 개념적 혼란을 자초할 수밖에 없다(Podsakoff & MacKenzie, 1997). 따라서 본 연구는 발언행동의 개념에 대한 접근방식의 문제점을 직시하고 발언행동의 내용을 분석하여 개념적 본질을 파악하고자 한다.

발언은 '어떤 대상에 대하여 가지고 있는 생각'을 표현하는 행동양식이다. 구성원들은 조직의 제도, 절차, 관행, 운영방안 등에 직·간접적으로 관여되어 있으며 이러한 조직의 기능적인 측면들의 변화, 개선, 혹은 문제점들에 대해 자신만의 생각이나 의견을 지니고 있게 마련이다. 이에 본 연구는 발언행동이라고 정의될 수 있는 본질은 그 내용이 조직의 기능과 관련되어 있어야 하고, 그 의견에 도전적인 색채가 내포되어야 한다는 내용적 특징에 있음을 주장한다(Detert & Burris, 2007; Maynes & Podsakoff, 2014; Morrison, 2011, 2014; Liang et al., 2012). 즉 조직 구성원들 간의 의견을 표명하고 주고받는 모든 행위가 발언으로 규정되는 것이 아니라 메시지가 조직의 기능적 측면에 관련된 변화, 중지, 반대, 비판, 지지 등의 형태 속에 도전적인 성격을 지녀야 한다는 것이다.

먼저, 발언은 조직의 기능과 관련된 메시지를 전달하는 커뮤니케이션 행위로 특징지을 수 있다. 즉 조직 구성원들이 업무를 수행하는 과정에서 경험하는 조직의 기능적 측면이나 업무수행과 관련된 다양한 이슈들이 발언의 주요한 주제와 대상이라고 할 수 있다. 구체적으로 발언은 조직의 운영이나 기능과 관련된 제도, 절차, 프로세스, 직무수행 방법 등에 대하여 어떤 변화나 개선이 일어나도록 촉진하거나 아니면 반대로 변화추진의 문제를 제시하거나 반대하는 내용을 담고 있는 행동이다. 발언의 대상이나 주제를 구체적이고 명확하게 규정하는 것은 발언의 범위와 관련한 개념적 모호함의 문제를 개선시킬 수 있다는 점에서 중요하다. 예를 들면 발언행동의 주제에 대한 개념적 경계제시를 통해 발언행동이 조직의 윤리적 및 공정성 이슈와 관련된 내부고발이나 소신적 조직 불찬성 등과 개념적으로 어떻게 구분될 수 있는지 설명할 수 있다(Morrison, 2014; Van Dyne et al., 1995). 내부고발 혹은 소신적 조직 불찬성 등은 발언행동과 마찬가지로 조직 구성원들의 의견개진이라는 점에서 공통점이 있다. 하지만 발언이 업무와 관련된 조직기능의 개선이나 효율성 문제들에 중점을 두는 반면, 내부고발이나 소신적 조직 불찬성 등은 문제의 초점이 윤리적인 처우나 위배 등에 중점을 두고 있다는 점에서 차이가 있다.

두 번째, 발언의 내용이 도전적이어야 한다는 것은 발언의 핵심적인 특성이다. 즉 발언의 내용이 조직의 기능적인 측면들에 대한 도전 혹은 변화의 의견을 내포하고 있을 때 발언행동 고유의 중요성과 독특함이 명확해질 수 있다. 발언행동 연구 흐름의 주요한 두 축인 EVLN 및 역할외행동 문헌들은 공통적으로 발언행동이 문제를 회피하지 않거나 변화를 지향하는 도전적인 행동이라는 점을 강조한다. 발언행동의 개념적 확장을 시도했던 후속 연구들 역시 발언행동이 내포해야 하는 가장 중요한 특성으로 도전성을 제안하고 있다(Burris, 2012; Liang et al., 2012; Maynes & Podsakoff, 2014; Morrison, 2011). 도전은 포괄적으로 새로운 것을 시작하거나 변화를 도모하는 것, 잘못된 것이나 문제에 대해 의문을 제기하는 것을 의미한다. 버리스는

(Burris, 2012: 852)는 도전적 발언의 내용을 "일반적으로 받아들여지는 관행, 정책, 또는 전략적 방향에 대하여 책임자에게 변경 또는 수정 의견을 제시하는 것"이라고 구체적으로 설명하고 있다. 또한 의사소통 행위로서 발언은 현상에 대한 도전뿐만 아니라 다른 사람의 의견이나 제안에 대한 반대나 찬성 등의 형태로 도전하는 행위이다 (Burris, 2012; Maynes & Podsakoff, 2014; Morrison, 2011). 이를 확장하면, 다른 구성원들이 대부분 동의하는 의견에 반대의사를 밝히거나 문제점을 지적하는 것, 반대로 구성원 대부분이 반대하는 의견에 지지와 동의의 의견을 제시하는 것은 모두 도전적인 발언행동에 포함될 수 있다.

이러한 도전적 속성은 발언행동이 위험을 수반하는 행위라는 독특한 지위를 획득하게 하고 다른 유사한 적극적 행동들proactive behaviors 과의 차별화에 기여할 수 있는 고유의 특성이다. 즉 조직 구성원이 현상이나 다른 사람의 의견에 도전하기 위해서는 상사나 동료의 저항이나 반발, 충돌 및 관계의 손상이라는 위험을 감수해야 한다(Detert & Edmondson, 2011; Morrison, 2011; Van Dyne et al., 2003). 특히 구성원들이 조직의 기능과 관련된 도전적 메시지를 상사에게 전달할 때 무릅써야 하는 위험은 상당하다고 할 수 있다. 이러한 위험은 발언을 도움이나 스포츠맨십과 같은 다른 조직시민행동과 구분할 수 있는 중요한 특징이다(Burris, 2012; LePine & Van Dyne, 1998). 예를 들어 조직의 제도나 절차의 변화를 제안하거나 혹은 문제를 제기하는 발언은 이러한 제도나 절차에 책임을 지는 상사의 입장을 난처하게 하거나 위협하는 행동으로 인식될 수 있다(Burris, 2012). 상사가 제안사항이나 문제점에 공감하고 변화를 모색하기 위한 조치를 취한다면 다행이다. 하지만 만약 발언을 불필요한 문제제기나 불만, 저항으로 받아들인다면 구성원 입장에서는 상사와의 관계손상 및 부정적 성과평가도 감내해야 하는 위험이 존재한다. 반면, 상사나 동료들이 조직 구성원의 도움행동을 위협이나 도전으로 인식할 가능성은 거의 없다(Morrison, 2011; Ng & Feldman, 2012).

발언내용의 조직기능 관련성 및 도전성과 함께 발언의 대상voice target 혹은 발언의 수신자recipient 특성 역시 발언행동의 개념적 이해에 보완적인 역할을 한다. 발언은 조직 구성원이 발신자가 되어 메시지를 구체적 대상에게 전달함으로써 반응이나 효과를 기대하는 커뮤니케이션 행동이다(Morrison, 2011, 2014). 조직 내 구성원들이 상호 수신자와 발신자가 되어 도전적 의견을 주고받는 행위라는 점에서 일차적으로 발신자가 익명이거나 수신자를 특정하고 있지 않은 제안 상자 및 내부고발 등은 발언행동과 구분된다. 또한 발언은 조직 구성원들 간의 단순한 대화나 의견 공유가 아닌 조직기능과 관련된 도전적 의견을 실행에 옮기거나 조치를 취할 수 있는 당사자에게 직접 전달하는 행동이다.

따라서 대부분의 발언행동 연구에서는 발언을 상사나 리더를 향하는 행동으로 개념화한다. 이는 발언행위가 기대하는 효과와 관련된다. 즉 조직 구성원들이 발언을 통해 제시하는 조직기능에 대한 도전적 의견이 상사의 역할이나 영향력이 필요한 이슈들을 포함하는 경우가 많기 때문에 발언행동의 메시지는 리더에게 전달되어야 기대하는 효과가 일어날 수 있다는 것이다. 예를 들면 위티와 쿠퍼(Withey & Cooper, 1989)는 발언행동이 가지고 있는 다른 행동들과 공유할 수 없는 속성을 발언행동의 효과가 응답하는 사람에게 의존해야 하는 점이라고 강조한다. 매클린과 동료들(McClean et al., 2013) 역시 본인이 문제를 해결하거나 기회를 추구할 수 없기 때문에 자신이 발견하거나 파악한 것을 보다 공식적인 권한을 가진 사람에게 전달하는 행위로 발언행동을 설명한다.

더 나아가 이러한 발언행동 효과의 수신자 의존성은 다른 변화 지향적이고 혁신적인 행동들과 구분할 수 있는 특징이 되기도 한다. 발언행동은 자신이 해결할 수 있는 문제나 아이디어가 아니라는 점에서 공식적인 권한이나 책임을 가지고 있는 대상에게 전달하는 행동이지만, 혁신적 행동과 같은 다른 능동적 행동은 스스로 건설적인 변화를 시작하는 데 초점을 둔다. 즉 다른 개인적 이니셔티브를 추구하는 행동들은 스스로 아이디어를 구현하거나 문제를 해결하는 것에 초점을 맞춘 행동이지만 발언행동은 수신자에게 의존하는 행동이다.

2. 발언행동의 구분과 체계화

앞서 재조명한 발언행동의 중요한 특징들에 기반하여, 본 연구에서는 발언행동을 특정한 대상에게 조직의 전반적인 기능(제도, 프로세스, 절차 및 관행 등)과 관련된 도전적인 의견을 전달하는 소통행위로 정의한다. 이러한 정의를 바탕으로 발언행동의 내용인 도전성과 기능 관련성을 구체화하고 이를 토대로 새로운 분류 틀을 제시하고자 한다.

먼저 발언행동 내용의 도전적 특성은 주도적initiative·반응적reactive 차원으로 의미 있는 구분이 가능하다. 커뮤니케이션 행위로서 발언은 서로의 의사를 소통하는 행위이며 누군가가 주도한 제안은 찬성이나 반대와 같은 반응적 의견을 동반하게 마련이다. 발언이 독백이나 강요가 아닌 이상 말을 듣는 사람은 말하는 사람의 의견이나 주장에 동의를 표하거나 의견을 추가하거나 혹은 이의를 표명하고 반론을 제기할 수 있다. 비록 커뮤니케이션 맥락에서 발언행동의 도전성을 주도적·반응적 측면으로 구분하고 있는 선행연구를 찾기는 힘들지만 관련된 논의는 존재한다(Burris, 2012; Maynes & Podsakoff, 2014; Premeaux & Bedeian, 2003; Van Dyne et al., 2003).

주도적인 성격의 도전적 행동은 조직의 기능과 관련된 사안들에 대해 자기고유의 의견을 제시하는 것을 의미한다. 반면, 반응적 성격의 도전적 행동은 다른 조직 구성원들, 예를 들면, 상사나 동료들이 제시한 조직기능과 관련된 도전적 의견에 이의를 제기하거나 지지의사를 밝히는 것을 의미한다. 주도적 도전과 반응적 도전은 조직의 다양한 이슈들에 대해 자신의 의견을 개진하기 위해 발언하는 경우와 동료나 상사의 의견을 듣고 반응하기 위해 발언하는 경우를 포괄적으로 설명할 수 있다. 현재까지 선행연구에서 논의하고 있는 발언행동의 내용을 살펴보면, 대부분이 조직의 변화를 도모하기 위한 주도적이고 도전적 성격의 발언유형에 초점을 두고 있다. 그러나 이러한 접근은 발언의 범위를 지나치게 한정하는 결과를 초래한다. 즉 행위의 주도성을 강조함으로써 다른 사람이 제기한 발언에 대한 반응적 의견제시를 발언의 유형에서 배제해왔던 것이다. 이에 반해 최근의 발언행동의 세부적인 유형 구분을 시도하고 있는 일부 연구들은 조직이나 다른 동료의 제안에 자신의 소신을 밝히는 대응적 형태의 의견제시도 발언행동으로 개념화할 필요가 있음을 제안하고 있다. 예를 들어 모리슨(Morrison, 2011)과 메이네스와 포드사코프(Maynes & Podsakoff, 2014)는 조직의 제도나 절차의 변화와 관련된 다른 사람의 제안에 문제를 제기하거나 이견을 제시하는 발언을 의견에 초점을 둔 발언과 방어적 발언으로 개념화하였다. 카싱(Kassing, 2002)은 조직의 관행과 정책에 대한 의견 불일치 또는 반대 의견 표현을 상향적 소통 방식의 하나로 제안하였다. 또한 버리스(Burris, 2012)와 메이네스와 포드사코프(Maynes & Podsakoff, 2014)는 변화제안이 있을 때 이에 대한 반응으로 현상을 지지하고 옹호하는 발언을 지원적 발언으로 개념화하였다. 이러한 논의를 종합할 때 현상에 대한 문제제기나 변화를 추구하는 것만이 아니라 이러한 의견에 지지하거나 반대하는 반응적 목소리를 내는 것 역시 도전적인 속성을 수반하는 한, 발언행동으로 간주하는 것이 타당하다.

둘째, 발언행동의 조직기능과 관련된 내용적 특성은 촉진적·차단적 성격으로 구분한다(Liang et al., 2012; Maynes & Podsakoff, 2014; Morrison, 2011; Van Dyne et al., 1995). 발언행동을 조직의 기능에 대하여 의견을 표명하는 행위로 정의한 많은 연구들에서는 제안의 내용이 새로운 시도, 아이디어, 제안, 변경, 개선 등과 같이 무엇인가를 진전시키는 촉진적 내용인지 아니면 조직이 처한 문제나 해로움과 같이 당면한 현실이나 앞으로 발생할 수 있는 상황에 대해 제동을 걸고 억제하기 위한 차단적 성격인지로 개념적 구분을 시도하였다(Liang et al., 2012; Maynes & Podsakoff, 2014; Van Dyne et al., 1995). 본 연구에서도 발언행동의 내용이 조직의 기능이나 업무 전반과 관련되어 있는 어떤 일의 발생을 장려하는지 아니면 어떤 일의 진행을 중단하거나 막는지를 구분할 수 있는 이론적 분류 틀로서 촉진적·차단적 기준을 활용하고자 한다.

특히 이 기준은 기존 발언행동 연구의 두 큰 흐름, 즉 발언을 문제나 불만에 대한 반응으로 바라보는 관점과 새로운 아이디어나 제안으로 바라보는 관점 모두를 포괄적으로 반영할 수 있는 접근이라 할 수 있다. 그뿐만 아니라 이 기준은 주도적인 의견제시의 영역을 넘어 반응적인 발언들까지 그 적용범위를 확장한다. 구성원들이 조직 관련 이슈에 대해 어떤 의견을 제시했을 때 그에 뒤따르는 동의나 반대의견

역시 촉진적 혹은 차단적 성격을 지니게 될 것이라는 점에서, 본 연구의 촉진적·차단적 기준은 실제 구성원들의 의사소통 과정 전반을 보다 세밀하고도 포괄적으로 포착할 수 있는 이점을 갖는다.

선행연구들에서 제안된 발언행동을 발언 내용에 초점을 둔 본 연구의 틀에 따라 분류한 〈표 3〉은 유형별로 적어도 부분적으로 상응하는 기존 발언의 유형들을 보여준다. 본 연구에서는 촉진적·주도적 특성은 제안 중심 발언행동suggestion-focused voice으로, 촉진적·반응적 특성은 지원적 발언행동supportive voice으로, 차단적·주도적 특성은 문제 중심 발언행동problem-focused voice으로, 차단적·반응적 특성은 반대발언행동dissenting voice으로 해당 특성에 부합하는 명칭을 제안한다.

먼저, 제안 중심 발언행동은 조직의 기능과 관련된 변화를 제안하거나 개선방법 혹은 새로운 방안이나 아이디어를 표현하는 커뮤니케이션 행동으로 정의한다. 이 발언행동은 새로운 프로세스, 프로젝트, 업무수행 방법 또는 이전에 발견 된 조직 문제에 대한 해결책과 아이디어 제안을 포함한다. 조직의 다양한 기능과 관련된 자신의 고유한 제안을 표명하는 것에 중점을 둔다는 점에서 주도적이고 촉진적인 특

〈표 3〉 본 연구의 분류 틀에 따른 기존 발언행동의 분류

	촉진적	차단적
	제안 중심 발언	문제 중심 발언
주도적	•친사회적 발언(Van Dyne et al. 2003) •제안에 초점을 둔 발언(Morrison, 2011) •촉진적 발언(Liang et al. 2012) •건설적 발언(Maynes & Podsakoff, 2014)	•문제에 초점을 둔 발언(Morrison, 2011) •차단적 발언(Liang et al. 2012) •파괴적 발언 일부 (Maynes & Podsakoff, 2014)
	지원적 발언	반대 발언
반응적	•의견에 초점을 둔 발언 일부(Morrison, 2011)	•의견에 초점을 둔 발언 일부(Morrison, 2011) •방어적 발언 일부 (Maynes & Podsakoff, 2014)

징을 내포하는 발언행동이다. 이러한 제안 중심 발언은 현재까지 선행연구들이 주로 다루어왔던 유형의 하나로, 척도개발 및 실증적 관계고찰이 활발하게 시도되어 왔다(Detert & Burris, 2007; Liang et al., 2012, Morrion, 2011). 예를 들면 연구자들은 이러한 제안이나 아이디어 제시가 조직을 발전시키기 위한 의도를 가진 행동으로 해석될 여지가 높다는 점에서 문제에 중점을 둔 발언행동보다 위험이 상대적으로 더 낮게 배태되어 있다고 설명한다(Liang et al., 2012; Morrison, 2011). 제안 중심 발언은 선행연구에서 구분해왔던 건설적인 의미의 발언행동 유형과 유사하게 제안, 아이디어, 개선책, 해결방안 등의 내용을 강조하고 있지만, 발언의 의도나 동기 혹은 기능적 속성을 전제하지 않는다는 점에서 개념적으로 분명한 차이가 있다.

문제 중심 발언행동은 조직의 기능적인 측면과 관련하여 문제가 있는 업무 관행, 프로세스 또는 절차에 대해 알리고 의견을 제시하는 커뮤니케이션 행위로 정의된다. 조직이 처한 문제에 기반을 두고 이것을 알리는 발언행동의 유형은 허쉬만(Hirschman, 1970)이 제안했던 중요한 발언행동의 개념에 토대하고 있다. 이러한 형태의 발언행동은 조직기능과 관련하여 예기치 않은 문제나 사고가 생기지 않도록 단속하거나 잘못된 일에 대해 지적한다는 점에서 발언의 내용이 갖춰야 할 중요한 속성을 충족한다(Liang et al., 2012; Morrison, 2011). 특히 문제 중심 발언행동이 문제를 지휘계통에 있는 상사나 당사자에게 알린다는 점에서 상대적으로 제안 중심 발언행동보다 더 큰 위험과 심리적 부담을 동반한다. 본 연구에서 제안하는 문제 중심 발언은 선행연구에서 논의되어 온 문제에 초점을 둔 발언행동들과 개념적으로 유사한 측면이 있다. 하지만 건설적 의도나 동기를 전제하지 않을 뿐만 아니라 조직에 긍정적인 기능이나 부정적인 기능을 가정하지 않는다는 차이가 있다.

지원적 발언은 조직의 기능과 관련된 다른 사람의 발언에 지지하거나 찬성하는 의견을 제시하는 커뮤니케이션 행동으로 정의된다. 지원적 발언은 구체적인 내용에서 차이가 있지만 조직기능과 관련된 도전적 의견제시라는 본질을 공유하고 있다. 즉 다른 사람의 발언행동에 자신이 동조하거나 지지하는 의견을 더한다는 것은 도전적인 입장을 같이하는 것이기 때문에 단순히 찬반 의사를 밝히는 행위와는 다르며, 다른 사람의 제안이나 의견에 동의하는 이유를 제시하고 추가적인 의견을 밝히는 소신행위라는 점에서 자신의 의견 없이 남이 시키는 대로 손을 드는 거수기 성격을 지닌 행위와도 다르다. 조직에서 새로운 제안이나 문제를 제기하는 발언들은 항상 환영받거나 비판받기보다는 의견이 갈리고 논쟁이 발생할 가능성이 높다. 이러한 상황에서 비판에 직면하거나 환영받지 못하는 다른 사람의 의견을 변호하고 지지하는 발언을 하는 것은 도전적인 성격을 충분히 내포한 행위라고 할 수 있다.

반대발언은 조직의 기능과 관련된 다른 사람들의 도전적 발언에 대해 이의를 제기하거나 반대의견을 제시하는 커뮤니케이션 행동으로 정의된다. 반대발언은 상사와 부하 혹은 동료들 간의 의견을 주고받는 과정에서 나타날 수 있는 반응의 하나로서 반대의견의 제시도 발언의 영역에 포함될 수 있음을 보여준다. 조직기능과 관련된 다양한 의견과 논쟁 속에서 반대발언은 중요한 존재감을 지닐 수 있다 (Premeaux & Bedeian, 2003; Tangirala & Ramanujam, 2008; Van Dyne & LePine, 1998). 반대발언은 집단사고와 같이 하나의 의견에 동조하는 현상이 가져올 수 있는 문제를 예방하기 위해 의사결정 분야에서 제시되어 왔던 악마의 대변인devil's advocate의 개념과도 일맥상통한다.

즉 다수가 현상의 변화를 제안할 때, 이에 대해 회의적인 시각이나 논리의 결함을 찾아내서 반대 의견을 제시하는 것은 왜곡된 의사결정을 막고 다양한 가능성을 신중하게 생각해볼 수 있는 계기가 된다. 특히 반대발언은 상대방의 의견에 제동을 걸거나 비판적인 견해를 제시하는 것이기에 상당한 잠재적 위험을 내포한다.

 본 연구에서 개념화하고 있는 반대발언은 반대나 이의를 제기하는 내용에 초점을 두고 있다는 점에서 모리슨(Morrion, 2011)의 의견에 초점을 둔 발언과 메이네스와 포드사코프(Maynes & Podsakoff, 2014) 방어적 발언의 일부 특성을 공유하지만, 발언의 의도나 기능 및 결과를 전제하지 않는다는 점에서 구별된다. 특히 메이네스와 포드사코프(Maynes & Podsakoff, 2014)는 조직이 주도하는 변화를 반대의 대상으로 상정하고 있으며, 이러한 조직변화에 대한 반대의견을 조직에 부정적이고 역기능적인 행동으로 단순히 규정하였다. 그러나 본 연구의 반대발언은 조직변화뿐만 아니라 상사나 동료의 다양한 의견에 대한 반대 의견이라는 점에서 기존 연구와 다른 접근이라고 할 수 있다.

4
토론

　본 연구는 발언행동의 개념적 토대구축 및 개념적 확장을 시도한 연구들을 고찰하고 발언행동의 개념적 본질을 탐색하였다. 이를 통해 커뮤니케이션 측면에서 구체적인 대상에게 전달되는 발언행동의 내용이 본질적 특성을 설명할 수 있음을 제안하였다. 구체적으로 발언행동의 내용이 도전적이고 조직의 기능과 관련성이 있는지에 주목하였으며, 이를 통해 발언행동을 네 가지 유형으로 분류하였다. 특히 대다수의 기존 연구들이 발언행동을 현상에 대한 변화제안이나 문제제기에 국한해서 개념화한 반면, 본 논문은 반응적인 의견의 형태로서 지원적 발언이나 반대 발언의 유형까지 아우르는 포괄적이되 서로 중복되지 않은 발언의 유형화 체계를 제시하였다. 이하에서는 본 연구에서 재정립한 발언행동의 개념과 유형을 바탕으로 향후 연구과제에 대하여 논의하고자 한다.

　첫째, 본 연구를 통해 제시된 발언행동 각 유형에 대한 타당성을 갖춘 측정도구의 개발이 요청된다. 개념적 수준에서 네 가지 유형의 발언행동들은 도전적이고 조직 기능과 관련된 커뮤니케이션 행동이라는 내포적 본질을 공유하면서 그 형태적 특성에 따라 서로 구분될 수 있음을 제안하였다. 후속연구를 통해 각각의 개념정의에 부합하는 측정도구가 개발되고 실증적인 분석을 통해 유의한 차이점을 확인한다면 네 가지 유형의 발언행동의 의미와 역할에 대한 보다 풍부한 논의와 연구가 뒤따를 수 있을 것이다. 또한 발언행동의 메시지나 내용이 구체적인 이슈를 반영할 수 있는 이슈 중점적인 측정도구를 개발하는 것도 의미가 있다. 조직의 기능과 관련된 표현으로 발언의 범위를 규정하고 있지만 조직의 기능은 여전히 광범위하고 포괄적이다. 따라서 연구자들이 자신의 연구 환경에 대해 충분히 이해하고 정보를 획득한다면 조직의 제도, 절차, 과정, 운영, 서비스 중에서 보다 구체적인 이슈를 선정하여 발언행동 측정문항에 반영할 수 있을 것이다. 예를 들면 자신에게 중요한 이슈들을 상사가 관심을 가질 수 있도록 영향력을 미치기 위해 시도하는 것으로 정의되는 이슈셀링issue selling 연구의 경우, 발언행동을 여성 매니저들의 성평등 이슈제기로 구체화하여, 다양한 선행요인들을 고찰한다(Ashford, Rothbard, Piderit, & Dutton, 1998). 마찬가지로 발언행동이라는 개념 자체가 발언의 주제나 맥락에 민감한 영향을 받을 수 있다는 점에서 구체적인 이슈를 발언행동의 측정에 반영하여 보다 상황에 적합한 설명을 제공할 수 있다면 실무적인 의의 또한 커질 것이다.

둘째, 발언행동에서 리더십연구는 필수불가결하다. 앞서 설명한 것처럼 발언행동은 조치를 취할 수 있는 공식적인 권한을 가진 사람에게 전달할 가능성이 높은 커뮤니케이션 행위이기 때문이다. 특히 발언행동의 유형별 특성의 차이를 감안한 리더십 연구는 의미가 있다. 발언행동 유형별로 구체적 의미와 역할이 다르다는 점에서 동일한 리더십이라도 각각의 발언행동에 일관적인 효과를 가질 것으로 기대하기는 어렵다. 예를 들면 아이디어나 제안에 기반을 둔 발언과 상사의 의견에 이의를 제기하는 발언은 상사에게 기대하는 리더십에 있어서 분명한 차이가 있다. 변화제안의 경우, 구성원들은 리더의 조직에서의 영향력이나 추진력과 같은 속성들에 대해 중요하게 생각할 것이다. 반면에 상사와 다른 의견을 제시하고 문제를 지적하는 반응적 의견의 경우, 상사의 능력이나 역량보다 개방성 혹은 친밀함과 같은 요소들을 중요하게 생각할 것이다. 따라서 본 연구가 제안하는 네 가지 발언행동 고유의 특성에 기반을 둔 리더십 고찰은 중요한 실무적 시사점을 제공할 수 있을 것이다. 더 나아가 향후 연구는 발언의 수신자가 상사인지 동료인지에 따라 조직 구성원들의 발언행동의 사용행태가 어떻게 다른지를 살펴보는 것도 흥미로울 것이다. 구성원들의 입장에서 볼 때 공식적인 권한과 영향력을 가지고 있는 상사에게 조직의 변화나 현상의 우려에 대하여 일반적으로 발언하는 것에 비해, 상사의 의견에 직접적으로 반대하고 다른 입장에 서서 발언을 할 가능성은 상대적으로 낮다. 대신 동료들의 의견에 찬성이나 반대의견을 표시하기 위해 발언할 가능성에 비해, 권한이 없는 동료들에게 변화를 제안하거나 문제를 알려서 조치를 취해달라고 발언할 가능성은 상대적으로 낮다고 볼 수 있다. 이러한 발언행동의 특성과 대상을 고려한 연구들은 발언행동의 연구영역을 확장할 좋은 기회가 될 수 있을 것이다. 특히 다른 사람의 발언에 대한 지원적 혹은 비판적 의견 제시는 팀원들 사이에 주고받을 수 있는 중요한 발언으로 고려할 수 있다. 오늘날 팀 단위로 업무를 추진하면서 과업 자체가 팀 전체 구성원들의 협업이 필요한 경우가 흔하다. 서로 간에 의견을 제시하고 제시된 의견에 대해 다양한 반응이 교환될 때 팀 성과를 높이고 변화나 개선의 목표를 달성할 수 있기 때문이다(Edmondson, 2003).

셋째, 제안된 발언 유형들은 도전적이고 기능적인 의견의 표현이라는 핵심적 특성을 공유하지만 서로 독립적인 개념들이다. 따라서 다양한 발언행동 유형의 조합이 가능하며 이러한 조합에 근거해 새로운 연구모형의 구축이 가능하다. 예를 들면 자신이 주도해서 변화를 제안하는 발언은 시도하지 않으면서 다른 사람의 발언에 의문점과 이의를 제기하기를 즐기는 구성원과 반대로 다른 사람들의 의견에는 반응을 보이지 않으면서 자신의 변화제안에만 집중하는 사람들에 대한 상사의 성과평가를 비교하는 것은 흥미로운 시도가 될 수 있을 것이다. 팀 수준 연구에서도 발언행동의 유형을 조합하거나 상호작용을 고찰하는 것은 의미 있는 시도가 될 수 있다. 팀은 구성원들이 서로의 의견을 펼치고 합의점을 찾아가면서 더 나은 대안의 선택이나 결정으로 수렴해간다. 따라서 팀은 단순히 한 가지 유형의 발언보다는 역할분배 차원에서라도 제안이나 반박 그리고 지원적 발언 등이 활발하게 펼쳐져야 집단사고나 오피니언 리더에 의해 의견이 주도되는 것을 막을 수 있다. 예를 들면 팀 수준에서 제안 중심적 발언행동과 반대 발언행동이 둘 다 높을 때 팀의 창의적 성과가 더욱 높을 것으로 예상할 수 있다. 또한 이러한 발언 유형의 조합은 팀 리더와 팀원들 간에도 가능하다. 팀장이 제안을 주도하고 팀원들이 지원적 발언에 몰두하는 팀과 팀원들이 제안을 주도하고 팀장이 지원적 발언을 담당하는 팀을 비교하는 것 역시 흥미로운 연구주제가 될 수 있을 것이다.

넷째, 발언행동은 문화적 관점에서 접근해야 할 연구주제이기도 하다. 조직 구성원들이 조직의 문제에 대해 의견을 표명하는 행동과 그것을 받아들이고 응답하는 상사의 반응은 사회적 규범이나 문화적인 맥락에 영향을 받는다. 더욱이 한국은 상대적으로 높은 권력격차와 조화를 중시하는 집단주의적 경향을 가진 나라 중 하나로 여겨진다

(Hofstede, 2001). 이에 네 가지 발언행동의 상대적 중요성이나 주요 심리적 기제 등은 문화적 맥락에 따라서 달라질 수 있다. 예를 들면, 서구 문화에서는 상대적으로 동료나 상사의 발언에 대한 찬성이나 반대의 의견을 자유롭게 표현할 수 있는 반면, 한국에서는 상사와 다른 의견을 제시하는 데 대한 문화적 거부감이 더 높을 것으로 여겨진다. 후속연구를 통해 다양한 문화적 맥락에서 각 유형의 발언행동을 연구하고 비교한다면 의미 있는 시사점을 얻을 수 있을 것이다.

다섯째, 유형별 발언행동의 결과를 탐색하는 것도 후속연구과제이다. 유형별로 내포적 특성이 다르다는 점에서 각각의 발언이 개인 수준의 성과, 공정성 인식, 직무태도, 심리적 안녕감 등에 미치는 효과를 체계적으로 확인하고 비교하는 것은 의미가 있다. 또한 제안 중심 발언이나 문제 중심적 발언은 기대하는 효과가 조직의 기능이나 업무 관련 변화와 문제의 개선이라는 점에서 결과변수 역시 이러한 특성을 반영할 필요가 있다. 따라서 발언행동 연구에서는 단순히 과업성과를 결과변수로 삼기에 앞서 제안의 반영이나 변화과정에 대한 인식을 측정하여 활용하는 것이 보다 적절하고 의미있는 선택이 될 수 있을 것이다.

6장

변혁적·거래적 리더십의
연구 동향과 과제'

최병권

상명대학교 경영학부 부교수, E-mail: jrpfeffer@smu.ac.kr

현재 상명대학교 경영학부 부교수로 재직 중이다. 고려대학교에서 경영학 박사학위를 취득하였다. 주요 연구 관심분야는 동기적 관점에서의 조직행동이다. 『인사조직연구』 『경영학연구』 등의 학술지에 논문을 발표하였다.

문형구

고려대학교 경영학과 교수, E-mail: hkmoon@korea.ac.kr

현재 고려대학교 경영학과 교수로 재직 중이다. 서울대학교에서 영문학 학사, 연세대학교에서 경영학 석사, 그리고 미국 미네소타 대학교에서 경영학 박사학위를 취득하였다. 주요 연구 관심 분야는 기업사회공헌, 섹터 간 파트너십, 비영리조직, 기업윤리, 동기부여, 조직시민행동, 문화지능 등이다.

주영란

고려대학교 경영학과 석박통합과정, E-mail: yrjoo@korea.ac.kr

고려대학교 경영학과에서 경영관리 전공으로 석박통합과정을 수료하였다. 주요 연구 관심 분야는 기업의 사회적 책임 및 조직 내 윤리적·비윤리적 행동 등이다. 『인사조직연구』 『경영학연구』 등의 학술지에 논문을 발표하였다.

정재식

상명대학교 경영학과 박사과정, E-mail: hechrd@daum.net

고려대학교에서 경영학 석사학위를 취득하고, 현재 상명대학교 경영학과 박사과정에 재학 중이다. 주요 연구 관심 분야는 리더십, 동기부여 등이다. 『인사조직연구』 『인적자원관리연구』 등의 학술지에 논문을 발표하였다.

*이 글은 『인사조직연구』 2017년 5월호(25권 2호)에 게재된 논문(변혁적·거래적 리더십의 국내 연구 동향과 향후 연구 방향)을 수정·보완한 것임.

1

서론

리더의 효과적인 리더십 발휘는 조직의 성공 및 구성원의 만족을 통한 성장에 있어서 매우 중요한 요소이다(Dinh, Lord, Gardner, Meuser, Liden, & Hu, 2014). 이러한 리더십의 중요성으로 인해 그간 많은 리더십 이론들이 개발·연구되어왔으며(DeChurch, Hiller, Murase, Doty, & Salas, 2010), 그중에서도 번스(Burns, 1978)가 제시하고 배스(Bass, 1985)에 의해 발전된 변혁적transformational 리더십과 거래적transactional 리더십은 리더십 분야에서 특히 많은 학문적·실무적 관심을 받아왔다. 여타의 리더십 이론들과 마찬가지로 변혁적·거래적 리더십은 구성원의 직무·조직에 대한 태도와 행동, 그리고 집단·조직 수준의 성과와 밀접한 관계를 갖는 것으로 알려져 있다(Dumdum, Lowe, & Avolio, 2002; Wang, Oh, Courtright, & Colbert, 2011).

이러한 변혁적·거래적 리더십의 광범위한 영향력으로 인해 번스(Burns, 1978)가 변혁적·거래적 리더십 이론을 제시한 이후 지금까지 변혁적·거래적 리더십의 개념, 하위 차원, 분석 수준, 효과성 등을 중심으로 수많은 개념적·실증적 연구가 이루어져 왔다. 예컨대 저지와 피콜로

(Judge & Piccolo, 2004)에 의하면, 사이크인포PsycINFO 데이터베이스에서 1990년부터 2003년까지 검색한 리더십 연구들을 분석한 결과, 여타의 리더십 이론에 비해서 변혁적 리더십 이론이 훨씬 높은 빈도로 검색되었다고 보고하였으며, 힐러 등(Hiller, DeChurch, Murase, & Doty, 2011)의 연구에서도 리더-구성원 교환 이론leader-member exchange theory 과 더불어 변혁적 리더십 이론은 1985년 이후부터 2009년까지 양적으로 가장 많이 증가한 리더십 이론이라고 밝히고 있다. 이처럼 해외의 경우, 변혁적·거래적 리더십 이론에 대한 많은 개념적·실증적 연구들이 축적되면서 변혁적·거래적 리더십 이론을 다양한 관점에서 종합적으로 살펴보는 양적·질적 리뷰review 논문들이 출간되고 있다(예: Bono & Judge, 2004; Leong & Fischer, 2011).

국내의 경우에도 변혁적·거래적 리더십 연구의 역사가 짧지는 않다. 이덕로(1994)의 『변형적·거래적 리더십이 부하의 추가노력, 직무만족 및 조직몰입에 미치는 영향에 관한 연구』가 출간된 이후, 지난 20여 년 동안 변혁적·거래적 리더십에 대한 많은 연구가 축적되어 왔다. 후술할 연도별 현황에서 보듯이(《표 4》 참조), 본 연구에서 분석대상으로 삼고 있는 인사·조직 분야의 학술지를 검색한 결과, 그간 총 116편의 연구가 이루어졌으며 이 중에서 약 55%는 2010년 이후에 출간되었다. 즉 국내의 경우, 2010년 이후 변혁적·거래적 리더십에 대한 관심이 매우 높아졌으며 이에 따라 많은 연구들이 이루어지고 있다고 볼 수 있다.

그러나 국내 변혁적·거래적 리더십 연구에 있어서 몇 가지 아쉬운 점도 있다. 첫째, 국내의 개별 연구들이 나름의 관점 및 연구모델을 갖고 변혁적·거래적 리더십의 다양한 현상을 규명하였다는 점에서 공헌한 점은 인정하지만, 그간에 수행된 변혁적·거래적 리더십 연구들의 분석 수준, 하위 차원, 연구모델, 연구방법 등을 종합적으로 분석하는 시도는 다소 부족하였다고 여겨진다. 앞서 언급한 바와 같이, 변혁적·거래적 리더십 연구 동향을 정리하고 향후 연구 방향성을 제언하는 다양한 리뷰 연구들이 출간되고 있는 해외에 비해서, 국내에서는 이에 대한 리뷰 연구가 아직까지 보고되지 않고 있다. 물론 국내 리더십 연구들을 종합적으로 리뷰하거나(백기복·신제구·차동옥, 1998), 특정 리더십 이론(예: 리더-구성원 교환 이론)을 리뷰한 연구는 수행된 적이 있다(고현숙·신제구·김정훈·백기복, 2010). 그러나 변혁적·거래적 리더십에 초점을 둔 리뷰 연구는 아직 이루어지지 않고 있다. 특히 경영환경의 불확실성이 증대되면서 창조성과 변화를 촉진하는 리더십에 대한 관심이 높아지는 상황임을 고려할 때 변혁적 리더십에 대한 그간의 국내 연구를 정리해보고 향후 연구의 나아갈 방향을 도출하는 것은 의미 있는 시도라고 판단된다.

둘째, 변혁적·거래적 리더십 연구의 균형적 발전 차원에서도 국내 연구들을 리뷰할 필요성이 있다고 여겨진다. 물론 연구자의 관심에 따라 연구영역 또는 연구변수 등이 달라질 수는 있으나, 지금까지의 국내 연구들을 살펴보면 변혁적 리더십 대비 거래적 리더십(특히, 예외관리 및 자유방임)에 대한 관심은 상대적으로 낮았으며, 변혁적·거래적 리더십의 결과변수가 일부의 태도(예: 직무만족, 조직몰입) 및 행동(예: 조직시민행동) 변수에 편중되는 등 연구영역 및 연구변수의 불균형이 발생하고 있다. 이러한 변혁적·거래적 리더십 연구의 불균형을 해소하기 위해서는 지금까지 어떠한 관점·영역·변수 등이 변혁적·거래적 리더십에서 연구되어 왔는지에 대한 정리가 선행되어야 한다. 그리고 이를 위해 그간의 선행연구들을 리뷰하는 작업은 반드시 요구되는 사항이라 할 수 있다.

셋째, 변혁적·거래적 리더십에 대한 인식 및 효과는 국가(문화)에 따라 상이할 수 있다는 점에서(Leong & Fischer, 2011) 해외와 국내의 변혁적·거래적 리더십 연구의 유사점과 차이점을 비교해보고 한국적 상황에서 변혁적·거래적 리더십 연구가 향후 다루어야 할 연구 영역이 무엇인가를 고민해보는 것도 의미 있는 작업일 수 있다.

이에 본 연구는 지난 20여 년간 이루어진 국내 변혁적·거래적 리더십 연구의 동향 및 한계점을 분석하고 변혁적·거래적 리더십 연구의 미래 연구 방향을 제언하고자 한다. 이를 위해 본 연구를 다섯 개의 부분으로 구성하였다. 우선, '분석대상 및 분석의 틀' 부분에서는 국내 인사·조직 분야의 주요 학술지를 중심으로 분석대상 논문의 선정 기준 및 분석 틀을 제시하였다. 다음으로 '해외 연구 동향 분석'에서는 해외의 변혁적·거래적 리더십의 연구 동향을 간략하게 정리하였으며, 국내 연구 동향과 비교하기 위한 준거점으로 활용하였다. 그다음으로 '국내 연구 동향 분석' 부분에서는 '전반적 연구 현황', '하위 차원·요인구조·관계성 분석', '연구 형태', '실증연구 현황', '연구방법' 등 다섯 가지 관점에서 국내 변혁적·거래적 리더십 연구 동향을 분석하고 해외 연구와 비교하였다. 이를 토대로 '향후 연구 방향 제언' 부분에서는 변혁적·거래적 리더십의 향후 연구 방향을 제시하였으며, 마지막으로 '맺음말' 부분에서는 본 연구의 의의 및 한계점을 정리하였다.

2
분석대상 및 분석의 틀

1. 분석대상

본 연구의 분석대상 논문을 선정하기 위해 국내 인사·조직 분야의 10개의 등재학술지를 중심으로 창간호부터 2016년 10월 25일까지 출간된 변혁적·거래적 리더십을 다룬 논문들을 검색하였다. 분석대상 논문 검색을 위한 사이트는 디비피아DBpia, 키스KISS, 교보스콜라 등의 데이터베이스를 활용하였으며, 키워드로는 '변혁적 리더십transformational leadership', '거래적 리더십transactional leadership' 등을 활용하여 검색되는 모든 논문들을 살펴보았다. 검색 결과 경영교육연구 14편, 경영연구 2편, 경영학연구 10편, 기업경영연구 6편, 대한경영학회지 18편, 산업관계연구 3편, 심리학회지(산업 및 조직) 14편, 인사조직연구 8편, 인적자원관리연구 22편, 조직과 인사관리연구 19편 등 총 116편이 검색되었다.

2. 분석 틀

분석 틀은 〈표 1〉에 정리되어 있다. 첫째, '진반적 현황 분석'에서는 변혁적·거래적 리더십 연구들을 연구 유형, 출간연도, 분석 수준별로 분석하였다. 둘째, '하위 차원·요인구조·관계성 분석'에서는 변혁적·거래적 리더십의 하위 차원 활용 현황, 도출된 요인구조, 그리고 하위 차원들 간의 상관관계에 대해 살펴보았다. 셋째, '연구 형태 분석'에서는 변혁적·거래적 리더십 연구의 연구모델, 변혁적·거래적 리더십 포함 방식, 가설형태, 대상으로 삼는 리더의 계층 등을 분석했으며 '실증연구 현황 분석'에서는 실증연구들이 다루어온 변수들(결과변수, 매개변수, 조절변수, 선행변수)에 대해 살펴보았다. 마지막으로 '연구방법 분석'에서는 변혁적·거래적 리더십의 측정원천, 측정시점, 연구표본 등의 측면에서 연구방법 동향을 살펴보았다.

〈표 1〉 국내 변혁적·거래적 리더십 연구의 분석 틀

	분석 내용	국내 연구 분석 틀
1	변혁적·거래적 리더십 연구의 전반적 현황은 어떠한가? (연구 유형·출간연도·분석 수준 등)	전반적 현황 분석
2	변혁적·거래적 리더십 연구에서 활용되는 하위 차원 현황은 어떠하고, 이들 하위 차원들의 요인구조는 어떻게 도출되고 있는가? 변혁적·거래적 리더십 간(또는 하위 차원 간)의 상관관계는 어떻게 나타나고 있는가?	하위 차원·요인구조·관계성 분석
3	변혁적·거래적 리더십은 어떠한 형태로 연구되고 있는가? (연구모델, 변혁적·거래적 리더십 포함 방식, 가설형태, 리더 계층 등)	연구 형태 분석
4	변혁적·거래적 리더십의 실증연구에서 다루어지고 있는 변수는 무엇인가?(결과변수, 매개변수, 조절변수, 선행변수 등)	실증연구 현황 분석
5	변혁적·거래적 리더십의 측정원천, 측정시점, 연구표본 등 연구의 방법은 어떠한가?	연구방법 분석

3
해외 연구 동향 분석

　해외의 질적qualitative 및 메타meta 리뷰 연구들을 분석한 내용을 바탕으로 변혁적·거래적 리더십의 개념 및 하위 차원, 연구 형태, 실증연구 현황 등을 간략하게 정리하였다.

1. 변혁적·거래적 리더십의 개념

　번스(Burns, 1978)가 변혁적·거래적 리더십 이론을 제시한 이후, 지난 약 35년 동안 많은 학자들이 변혁적·거래적 리더십에 대한 다양한 연구를 수행해왔다. 이 두 가지 리더십의 특징을 살펴보면, 변혁적 리더십은 단기적인 목표를 뛰어넘은 상위 차원의 목표를 통해 부하를 이끌고 부하의 내적 욕구를 자극하고 개발하는 리더십을 의미하는 반면, 거래적 리더십은 리더가 원하는 것(예: 성과, 목표달성)과 부하가 원하는 것(예: 보상)의 교환관계에 초점을 두면서 부하를 관리하는 리더십으로 볼 수 있다(Judge & Piccolo, 2004).

　번스(Burns, 1978)의 개념을 토대로 배스(Bass, 1985)가 수정을 거듭

한 끝에 변혁적·거래적 리더십의 하위 차원dimension을 카리스마, 영감적 동기부여, 지적 자극, 개별적 배려, 상황적 보상, 예외관리, 자유방임 등 일곱 가지 요인으로 제시하였다(Bass & Avolio, 1994, 1997). 이후 일부 학자들이 하위 차원의 개념을 달리 보거나 하위 차원의 수를 여섯 개로 분류하는 등 하위 차원에 대한 많은 연구가 이루어져 왔으나(Avolio, Bass, & Jung, 1999), 대체로 변혁적 리더십은 4차원, 거래적 리더십은 3차원 및 자유방임으로 구분하는 관점이 많이 활용되고 있다(Judge & Piccolo, 2004). 구체적으로 보면 우선 변혁적 리더십은 카리스마charisma 또는 이상화된 영향력idealized influence, 영감적 동기부여 inspirational motivation, 지적 자극intellectual stimulation, 개별적 배려individual consideration라는 4개의 하위 차원으로 구성되어 있다. 카리스마와 영감적 동기부여는 감정적인 요소와 관련된 것으로서(Bass, 1985), 리더가 바람직한 미래의 모습을 계획하고 실현할 수 있는 방법과 기준 등을 분명히 하며 의지와 확신을 보여주는 것이다(Bass, 1999). 카리스마 또는 이상화된 영향력은 리더가 부하에게 비전과 사명감을 제공하고 부하로부터 리더에 대한 동일시와 신뢰, 존경을 이끌어내며(Shamir, House, & Arthur, 1993; Van Knippenberg & Sitkin, 2013), 영감적 동기부여는 부하에게 높은 기대를 표현하고, 상징 등을 사용하여 부하가 비전을 실현하기 위해 헌신하도록 고무시키는 것을 의미한다(Bass, 1990, 1999). 또한 지적 자극은 부하들이 기존의 문제를 새로운 시각으로 접근함으로써 혁신성과 창의성을 향상시킬 수 있도록 지원해주는 것이며, 개별적 배려는 부하 개개인에게 관심을 기울이고 부하가 성장할 수 있도록 지도와 조언을 해주는 것을 의미한다(Bass, 1985, 1990, 1999).

둘째, 거래적 리더십은 리더와 부하가 자신들의 이익을 충족시키기 위한 교환관계에 기반하며(Bass, 1999) 구성원의 행동을 통제함으로써 순응을 이끌어내는 리더십이다(Kark & Van Dijk, 2007). 즉 거래적 리더십은 이성적, 경제적 수단을 통해 부하들을 감독하고 통제하는 리더십을 의미하며 상황적 보상contingent reward, 예외관리management by exception, 그리고 자유방임laissez-faire으로 구분된다(Bono & Judge, 2004). 상황적 보상은 자원의 교환에 초점을 둔 행동으로서 리더는 부하에게 기대하는 성과를 명확히 제시하고 기대를 충족시킨 부하에게 보상을 제공하는 행동을 의미한다(Bass, 1985, 1990, 1999; Judge & Piccolo, 2004). 예외관리는 리더의 개입 시기에 따라 적극적active 예외관리와 소극적passive 예외관리로 구분된다(Howell & Avolio, 1993). 적극적 예외관리란 리더가 부하의 행동을 감독하면서 부하의 행동이 문제를 초래하기 이전에 시정 조치corrective action를 취하는 것을 의미한다. 반면 소극적 예외관리는 부하의 행동에 사전적으로 개입하기보다는 부하가 심각한 문제를 초래한 경우에 사후적으로 개입하는 것을 의미한다(Judge & Piccolo, 2004). 마지막으로 자유방임이란 리더십을 발휘하지 않거나 리더십 자체가 존재하지 않는 것처럼 행동하는 것으로서 의사결정을 하지 않거나 리더가 필요한 상황에서도 리더십을 발휘하지 않는 행동 등을 의미한다(Bass, 1990, 1999; Hinkin & Schriesheim, 2008; Judge & Piccolo, 2004).

2. 변혁적·거래적 리더십의 요인구조 및 관계성

변혁적·거래적 리더십의 요인구조

배스(Bass, 1985)의 변혁석·거래적 리더십 이론 이후 후속 학자들에

〈표 2〉 해외의 변혁적·거래적 리더십의 하위 차원 활용 현황

리더십	차원	구성요소	연구
변혁적 리더십	6차원	비전 정립 및 구체화, 모범적 모델 제시, 집단목표수용 촉진, 고성과 기대, 개별화된 지원, 지적 자극	포드사코프, 맥킨지, 무어맨, 페터 (1990), 샤브록, 램, 차(2007), 왕, 로, 해캣, 왕, 첸(2005), 맥킨지, 포드사코프, 리치(2001)*
	5차원	카리스마, 이상화된 영향력, 영감을 통한 동기부여, 지적 자극, 개별적 배려	필라이, 슈리스하임, 윌리엄스 (1999)
		이상화된 영향력(귀인), 이상화된 영향력(행동), 영감을 통한 동기부여, 지적 자극, 개별적 배려	아볼리오, 배스(2004), 에피트로파키, 마틴(2005)
	4차원	이상화된 영향력, 영감을 통한 동기부여, 지적 자극, 개별적 배려	아볼리오, 주, 코, 바티아(2004), 아이젠바이스, 반 크니펜베르흐, 보어너(2008), 정, 소식(2002), 피콜로, 콜킷(2006)
		카리스마, 영감을 통한 동기부여, 지적 자극, 개별적 배려	하터, 배스(1988), 호웰, 홀 메렌다 (1999)
	3차원	카리스마(이상화된 영향력+영감을 통한 동기부여), 지적 자극, 개별적 배려	아볼리오 등(1999), 보노, 저지 (2004)
거래적 리더십	3차원	상황적 보상, 적극적 예외관리, 소극적 예외관리	에피트로파키, 마틴(2005), 로웨, 크록, 시바수브라마니암(1996)
		상황적 보상, 적극적 예외관리, 소극적 예외관리+자유방임	아볼리오 등(1999)
	2차원	상황적 보상, 예외관리(적극적+소극적)	배스, 아볼리오, 정, 버슨(2003)
		상황적 보상, 소극적 예외관리	배스(1985)

* 핵심 변혁적 행동(비전 구체화, 모델 제시, 집단목표수용 촉진), 고성과 기대, 개별화된 지원, 지적 자극의 4차원을 활용한 연구.

의해 변혁적·거래적 리더십의 하위 차원에 대한 수정 및 보완이 많이 이루어져 왔다. 최근에는 변혁적 리더십 4차원(카리스마 또는 이상화된 영향력, 영감을 통한 동기부여, 지적 자극, 개별적 배려)과 거래적 리더십 3차원 (상황적 보상, 적극적 예외관리, 소극적 예외관리), 그리고 자유방임 리더십으로 구분되고 있다(DeChurch et al., 2010: Dionne et al., 2014). 이러한 8개의 차원은 '전범위 리더십 이론full range leadership theory'으로 불리고

있다(Bass & Avolio, 1994; Hinkin & Schriesheim, 2008). 그러나 이후 학자들 간에 변혁적·거래적 리더십의 하위 차원을 다르게 구성하는 등 하위 차원들의 독립성에 대해서는 아직도 논의가 진행되고 있으며, 그에 따라 다양한 하위 차원들이 활용되고 있다(《표 2》 참조).

변혁적·거래적 리더십의 관계성

변혁적·거래적 리더십(전체 또는 하위 차원) 간의 관계성에 대한 논의도 많이 이루어졌다. 배스(Bass, 1985)는 번스(Burns, 1978)와는 달리 변혁적 리더십과 거래적 리더십은 양극단에 존재하는 반대 개념으로서의 리더십이라기보다는 상호 다른 개념의 리더십이며, 한 명의 리더가 변혁적 리더십과 거래적 리더십을 동시에 보유할 수 있다고 보았다(Bass & Avolio, 1993). 이처럼 변혁적 리더십과 거래적 리더십이 서로 다른 개념으로 인식되고는 있으나 선행연구들에 의하면 이 두 유형의 리더십은 상호 관련성이 높은 것으로 나타나고 있다(Bono & Judge, 2004; Breevaart, Bakker, Hetland, Demerouti, Olsen, & Espevik, 2013; Lowe et al., 1996). 예를 들어 저지와 피콜로(Judge & Piccolo, 2004)에 의하면 변혁적 리더십은 거래적 리더십 중 상황적 보상과는 강한 정(+)의 상관관계($r=.80$)를 보이는 반면, 자유방임과는 강한 부(-)의 상관관계($r=-.65$)를 갖는다고 보고하고 있다. 한편, 변혁적 리더십과 거래적 리더십 내의 하위 차원들 간의 상관관계에 대한 연구도 이루어졌다. 변혁적 리더십의 하위 차원들은 상호 다른 요인으로 구분은 되지만 이들 하위 차원 간의 상관계수의 평균은 매우 높은 것으로 나타나고 있다(Avolio et al., 1999). 예를 들어 로웨 등(Lowe et al., 1996)의 메타분석에 의하면, 변혁적 리더십의 하위 차원들 간의 상관관계는 .78 수준으로 높다고 보고하고 있다. 한편, 거래적 리더십의 경우, 상황적 보상은 적극적 예외관리와 부(-)의 상관관계를 가진다는 연구(Howell & Hall-Merenda, 1999)가 있으나, 일부 연구에서는 정(+)의 상관관계를 갖는다는 연구도 보고되고 있다(Breevaart et al., 2013). 자유방임은 상황적 보상 및 적극적 예외관리와 부(-)의 상관관계(Judge & Piccolo, 2004), 소극적 예외관리와 정(+)의 상관관계(Den Hartog, Muijen, & Koopman, 1997)를 갖는 것으로 보고되고 있으며, 적극적 예외관리와 소극적 예외관리는 부(-)의 상관관계를 갖는 것으로 나타나고 있다(Avolio et al., 1999).

3. 연구 형태 분석

변혁적·거래적 리더십의 단선적 영향력 연구

변혁적·거래적 리더십이 결과변수에 어떠한 영향을 미치는가의 관점에서 그동안 많은 연구가 이루어져 왔다. 첫째, 변혁적 리더십은 전반적으로 부하의 직무만족, 조직몰입, 상사만족, 조직시민행동organizational citizenship behavior: OCB, 업무성과 등에 긍정적 영향을 주는 것으로 보고되고 있다(Bommer, Rubin, & Baldwin, 2004; Breevaart et al., 2013; Sosik, Avolio, & Kahai, 1997). 이와 관련한 메타연구로서 저지와 피콜로(Judge & Piccolo, 2004)는 변혁적 리더십은 부하의 상사만족 및 직무만족을 높이며, 상사 자신의 성과 향상에도 긍정적 효과를 준다고 밝히고 있다. 로웨 등(Lowe et al., 1996)은 변혁적 리더십은 리더십 효과성에 대한 긍정적 인식에 유의한 영향을 주는데, 이는 조직유형 및 리더의 계층에 관계없이 유의하다고 보고하고 있다. 왕 등(Wang et al. 2011)은 변혁적 리더십과 성과 간의 관계를 분석하였는데 변혁적 리더십은 구성원 개인 수준의 성과(예: 업무성과, 맥락적 성과, 창의적 성과, 종합적 성과) 및 집단·조직 수준의 성과에 대해 긍정적 영향을 준다고 보고하고 있다.

둘째, 거래적 리더십의 경우, 상황적 보상은 대체로 효과적인 거래적 리더십 유형으로 보고되고 있다(Bass & Avolio, 1994; Lowe et al., 1996). 상황적 보상은 부하직원이 수행해야 할 목표를 명확히 설정하고 그러한 목표 달성에 대해 공정하게 보상을 제공하는 행동이기 때문에 구성원 동기부여 및 리더 만족을 높일 수 있다(Judge & Bono, 2000). 이와 관련한 연구로 왕 등(Wang et al., 2011)은 상황적 보상은 부하의 과업성과와 조직 수준의 성과에 긍정적 영향을 준다고 밝히고 있다. 저지와 피콜로(Judge & Piccolo, 2004)는 상황적 보상은 부하의 상사만족, 직무만족, 직무성과에 긍정적 영향을 준다고 보고하고 있다.

한편, 거래적 리더십의 하위 차원으로서 예외관리는 대체로 결과변수에 부정적 영향을 주거나 유의한 영향을 주지 못하는 것으로 보고되고 있다. 왕 등(Wang et al., 2011)은 적극적 예외관리는 개인 수준의 맥락적 성과 및 집단 수준의 성과에 부정적 영향을 주며, 소극적 예외관리는 조직 수준의 성과에 부정적 영향을 준다고 밝히고 있다. 저지와 보노(Judge & Bono, 2000)는 적극적 예외관리는 부하의 리더만족 및 직무만족에 부정적 영향을 주지만, 소극적 예외관리는 유의한 관계를 갖지 못한다고 보고하고 있다. 그러나 일부 연구(예: Hinkin & Schriesheim, 2008)에서는 부하의 리더십 효과성 인식 및 상사만족에 대해서 소극적 예외관리는 부정적 영향을 미치지만, 적극적 예외관리는 긍정적 영향을 주는 것으로 나타나고 있다.

마지막으로 자유방임의 경우, 부하직원의 동기를 저하시키고 업무성과를 하락시키는 리더십으로 보고되고 있다(Skogstad, Einarsen, Torsheim, Aasland, & Hetland, 2007). 예컨대 저지와 피콜로(Judge & Piccolo, 2004)는 자유방임 리더십은 의사결정을 회피하고 리더로서 행동을 취하는 것을 주저하며 적절한 지원을 수행하지 않기 때문에 부하의 상사만족, 리더 효과성 인식, 직무만족에 강한 부정적 영향을 미친다고 보고하고 있다.

변혁적·거래적 리더십의 상대적 영향력 연구

변혁적·거래적 리더십 연구에서 그간 학자들이 많은 관심을 가져온 연구주제 중의 하나는 변혁적 리더십과 거래적 리더십 중에서 어느 리더십의 효과가 상대적으로 더 강한가를 규명하는 것이었다. 이와 관련하여 크게 두 가지 관점에서 변혁적·거래적 리더십의 상대적 영향력을 규명하는 연구가 이루어져 왔다.

초창기에는 변혁적 리더십이 거래적 리더십 대비 상대적으로 결과변수에 미치는 긍정적 영향이 더욱 강하다는 일방향적 증분효과one-way augmentation effect에 대한 주장이 제기되었다(Bass, 1997). 이는 변혁적 리더십이 거래적 리더십의 효과 이상으로 결과변수에 더 강한 영향을 미친다는 것으로(Bass & Avolio, 1993), 변혁적 리더십은 거래적 리더십을 통제한 후에도 결과변수를 추가로 설명하는 힘을 가지고 있다는 주장이다(Bycio, Hackett, & Allen, 1995). 이러한 일방향적 증분효과를 지지하는 연구로서 하터와 배스(Hater & Bass,1988)와 왈드만, 배스, 그리고 야마리노(Waldman, Bass, & Yammarino, 1990)는 거래적 리더십을 통제하고도 변혁적 리더십이 부하의 성과를 유의미하게 설명한다는 연구결과를 보고하였다. 저지와 보노(Judge & Bono, 2000) 역시 변혁적 리더십을 통제할 경우, 거래적 리더십이 상사가 평가한 리더십 효과성에 미치는 영향은 사라지는 반면, 그 반대는 성립하지 않았다고 보고하고 있다.

둘째, 변혁적 리더십이 거래적 리더십의 효과 이상으로 결과변수에 영향을 줄 뿐만 아니라 반대로 거래적 리더십도 변혁적 리더십의 효과 이상으로 결과변수에 영향을 줄 수 있다는 관점에서의 연구도 이루어지고 있다. 즉 거래적 리더십은 변혁적 리더십과 서로 다른 개념으로서 상황적 보상과 같은 거래적 리더십은 변혁적 리더십의 토대가 될 뿐만 아니라 변혁적 리더십이 설명하지 못하는 고유한 영향력이 있다는 주장이다(Judge & Piccolo, 2004). 저지와 피콜로(Judge & Piccolo, 2004)는 변혁적 리더십뿐만 아니라 거래적 리더십(상황적 보상)은 다양한 결과변수와 유의하고 강한 상관관계를 가지고 있다고 보고하였으며, 슈리스하임 등(Schriesheim, Castro, Zhou, & DeChurch, 2006)과 베키오, 저스틴, 그리고 피어스(Vecchio, Justin, & Pearce, 2008) 등의 연구에서도 상황적 보상은 변혁적 리더십을 통제한 이후에도 부하의 성과에 유의미한 영향을 미쳤다고 밝히고 있다.

한편, 최근에는 변혁적 리더십과 거래적 리더십 모두 증분효과를 보유하고 있으며, 이는 결과변수에 따라 다르다는 연구도 이루어지고 있다. 왕 등(Wang et al., 2011)은 기존의 변혁적·거래적 리더십의 효과에 대한 실증연구들을 대상으로 메타분석을 수행한 결과 변혁적 리더십은 상황적 보상을 통제한 이후에도 부하 개인 수준의 맥락 성과, 팀 수준 성과를 유의하게 설명하는 반면, 상황적 보상은 변혁적 리더십을 통제한 이후에도 부하 개인 수준의 업무 성과를 유의미하게 설명한다고 보고함으로써 결과변수에 따라서 변혁적 리더십 또는 거래적 리더십의 증분효과가 상이할 수 있음을 제안하였다. 또한 저지와 피콜로(Judge & Piccolo, 2004)는 변혁적 리더십은 상황적 보상 대비 부하의 상사만족이나 리더 효과성과 더 강한 정의 관계를 가진 반면, 상황적 보상은 변혁적 리더십 대비 부하의 직무만족이나 리더의 직무성과와 상대적으로 더 강한 정의 관계를 보여주었다고 보고하고 있다.

리더의 계층 관점

변혁적·거래적 리더십 연구는 CEO에서부터 일선 하위조직의 상사에 이르기까지 다양한 조직 내 계층의 리더를 대상으로 연구해왔다(Judge & Piccolo, 2004). 연구대상으로 삼고 있는 리더의 계층level 측면에서 그간의 변혁적 리더십 이론을 분석한 드처치(DeChurch et al., 2010)의 연구결과를 보면, 최고경영층을 대상으로 한 연구가 21%로 가장 많았고 일선관리층 리더를 대상으로 한 연구가 18%, 다양한 계층의 리더들이 혼합된 연구가 16%로 나타나고 있다. 이 외에도 실험연구에서 선정한 리더 대상 연구가 13%, 리더의 계층을 명확히 파악하기 힘든 연구도 22%로 나타났다(참고: DeChurch et al., 2010: 1076).

4. 실증연구 현황

변혁적·거래적 리더십의 효과

변혁적·거래적 리더십의 결과변수로 다양한 변수들이 연구되어 왔다. 예컨대 변혁적 리더십은 미래의 비전을 구체화하고 변화를 이끌어내기 때문에 창의성(Bass & Riggio, 2006)을 높이는가 하면 구성원이 기존에 일하는 방식과 사고방식에 대한 비판적 생각을 촉진하기 때문에 자기효능감(Pillai & Williams, 2004)과 내재적 동기(Shin & Zhou, 2003)를 높이는 것으로 보고되고 있다. 변혁적 리더십의 결과변수를 유형별로 살펴본 힐러 등(Hiller et al., 2001)의 연구에 의하면, 태도 변수(예: 동일시, 냉소주의, 조직몰입)가 25%로 가장 많은 연구에서 다루어졌으며, 구성원이 조직을 어떻게 인식하는지 또는 정보를 어떻게 처리하는지 등과 관련한 인지 변수(예: 조직지원인식, 조직풍토)나 구체적인 결과물을 가시적으로 보여주는 변수(예: 수익, 매출), 리더십 효과성에 대한 평가(예: 리더 만족)는 12~18%로 비슷한 수준으로 연구되었다. 반면, 구성원의 감정 및 행동(예: 집단 프로세스, 조직시민행동, 자기보고행동)은 3~6%로 상대적으로 적게 다루어진 것으로 나타났다(〈표 3〉)(참고: Hiller et al., 2001: 26).

한편, 변혁적·거래적 리더십이 어떠한 메커니즘을 통해 결과변수에 영향을 미치는지에 대해서도 다양하게 연구되어 왔다. 예를 들면 변혁적 리더십은 구성원의 심리적 임파워먼트(Avolio et al., 2004)와 리더 동일시(Horstmeier, Boer, Homan, & Voelpel, 2016)를 향상시킴으로써 조직에 대한 긍정적인 태도를 촉진하며, 절차적 공정성(Pillai et al., 1999), 신뢰와 만족(Podsakoff et al., 1990), 리더-구성원 교환관계LMX(Wang et al., 2005), 긍정적 감정(Tsai, Chen, & Cheng, 2009) 등을 촉진함으로써 조직시민행동에 긍정적인 영향을 준다는 연구들이 이루어졌다.

또한 변혁적 리더십은 핵심직무특성core job characteristic을 긍정적으로 인식하게 함으로써 과업성과를 향상시킨다는 연구도 이루어졌다(Piccolo & Colquitt, 2006). 한편, 거래적 리더십의 매개변수를 다룬 연구들도 이루어졌는데, 클라크(Clarke, 2013)는 상사의 적극적인 거래적 리더십은 작업장에서 안전이 중요하다는 풍토를 형성함으로써 부하들의 작업장 안전 교육 및 준수에의 참여를 높이는 긍정적 효과를 발휘한다고

〈표 3〉 변혁적 리더십의 결과변수 연구 현황*

	효과성			태도			행동			인지	총합
	가시적 효과성	리더십 효과성	성과 평가	태도	동기 부여	감정	집단 프로세스	조직 시민 행동	자기 보고 행동	인지	
비율 (편수)	14% (42)	12% (34)	9% (25)	25% (71)	7% (20)	3% (8)	3% (8)	6% (17)	3% (9)	18% (53)	100% (287)
	35%(101)			35%(99)			12%(34)			18% (53)	

* 힐러 등(2011: 26)을 재정리함.

보고하고 있다. 또한 브리바트 등(Breevaart et al., 2013)은 변혁적 리더십과 상황적 보상은 구성원의 업무에 대한 자율성을 매개로 업무 몰입을 높이는 긍정적 효과를 미치는 반면, 적극적 예외관리는 부하의 자율성을 낮춤으로써 업무 몰입을 저해한다고 보고하고 있다.

마지막으로 변혁적·거래적 리더십과 결과변수 간의 관계 영향을 미치는 조절변수에 대한 연구도 많이 이루어지고 있는 편이다. 변혁적 리더십과 개인 수준의 태도의 관계에서 조절효과를 다룬 연구로서 에피트로파키와 마틴(Epitropaki & Martin, 2005)은 변혁적 리더십과 동일시의 긍정적 관계는 긍정적 정서성이 낮고 부정적 정서성이 높은 구성원들에게서 강하며, 거래적 리더십과 동일시의 긍정적 관계는 타인과의 유대를 중시하는 연결형 자기 스키마connected self-schema를 보유한 구성원에게서 더욱 강한 것으로 나타났다고 보고하고 있다. 변혁적 리더십과 팀 수준의 태도의 관계에서 조절효과를 다룬 연구로서 샤브록 등(Schaubroeck et al., 2007)은 팀장의 변혁적 리더십이 팀의 효능감을 촉진하는 효과는 팀 내 구성원들이 높은 권력거리 및 집단주의를 가지고 있을수록 더욱 강해진다고 밝히고 있다. 변혁적 리더십과 행동 간의 관계에서의 조절효과를 살펴본 연구로 피에테즈 등(Pieterse, Van Knippenberg, Schippers, & Stam, 2010)은 심리적 임파워먼트가 높은 경우에는 변혁적 리더십이 부하의 혁신행동에 긍정적 영향을 주는 반면, 거래적 리더십은 부하의 혁신행동에 부정적 영향을 준다고 보고하고 있다.

변혁적·거래적 리더십의 선행요인

그동안 변혁적·거래적 리더십의 결과변수에 대한 연구가 많이 이루어져 왔음에도 불구하고 '과연 어떠한 리더가 변혁적·거래적 리더십을 발휘하는가?' 하는 선행변수를 규명하는 연구는 상대적으로 부족한 편이었다(Bommer et al., 2004; Johnson, Venus, Lanaj, Mao, & Chang, 2012). 일부 학자들은 리더의 성격·기질(예: 성실성, 통제의 소재), 태도(예: 낙관주의), 인지(예: 도덕적 추론) 측면의 요소들이 변혁적 리더십의 선행요인이 될 수 있다고 제안하였으나(예: Bono & Judge, 2004) 변혁적·거래적 리더십의 선행변수를 규명하는 실증연구는 그다지 많이 이루어지지는 못하고 있다.

변혁적 리더십의 선행변수를 규명한 몇몇 실증연구를 살펴보면, 개인 특성과 관련하여 외향성과 친화성(Judge & Bono, 2000), 감정인지능력, 긍정적 정서성은 변혁적 리더십에 정적인 영향을 주는 것으로 나타나고 있다(Rubin, Munz, & Bommer, 2005). 또한 리더가 자신의 정체성을 집단 속에서 찾고자 할수록(collective identity)(Johnson et al., 2012), 리더가 내적통제 성향을 지니고 있을수록(Howell & Avolio, 1993), 지적 자극 및 개별적 배려 등 변혁적 리더로서의 행동을 수행한다고 보고한 연구도 있다. 변혁적 리더십의 선행변수로서 태도 및 인지 변수를 다룬 연구도 이루어졌다. 보머 등(Bommer et al., 2004)은 조직변화에 대한 냉소주의는 리더의 변혁적 리더십 발현을 저해하는 반면, 동료 리더들이 변혁적 리더십을 많이 발휘할수록 리더의 변혁적 리더십도 증가한다고 보고하였다. 한편, 거래적 리더십의 선행변수는 주로 개인 특성의 측면에서 다루어졌는데 리더의 친화성과 성실성이 높을수록 거래적 리더십의 발현은 줄어들고(De Hoogh, Den Hartog, & Koopman, 2005), 리더의 감성지능은 상황적 보상과는 정의 관계를 갖지만 소극적 예외관리와 자유방임은 부의 관계를, 그리고 적극적 예외관리는 유의미한 관계를 갖지 못하였다고 밝힌 연구도 있다(Harms & Credé, 2010).

5. 연구방법

연구설계 측면에서 보면, 힐러 등(Hiller et al., 2011)의 리뷰 연구에 의하면, 해외의 변혁적·거래적 리더십 연구의 약 58%가 횡단적 연구로서 단기적(18%) 및 장기적 종단 연구(24%)보다 상대적으로 많이 이루어지는 것으로 보고되어 있다. 변혁적·거래적 리더십을 측정하는 원천 측면에서 보면, 부하가 상사의 변혁적·거래적 리더십 측정한 연구가 70%로 가장 높은 비율로 나타났으며 그다음으로 실험에 기반하여 측정한 연구가 11%, 상사 스스로 본인의 리더십을 측정한 연구가 8%로 뒤를 이었다.

4
국내 연구 동향 분석

1. 전반적 현황 분석

연구 유형

국내의 변혁적·거래적 리더십의 연구유형을 살펴보면, 총 116편의 연구 중에서 98%(114편)의 연구는 설문조사나 실험을 통해 자료를 수집하고 통계분석을 통해 가설을 검증하는 경험적 연구empirical study 유형으로 나타났다. 한편, 변혁적·거래적 리더십에 대한 개념적 연구conceptual study는 2편(2%)이 이루어졌으며 사례연구case study 및 메타 분석meta-study은 아직까지 이루어지지 않고 있다. 이들 중에서 개념적 연구에 대해 살펴보면, 이임정·윤관호(2007)는 디지털 시대에서 조직의 지속적 변화 및 혁신의 추진을 위해서는 구성원의 상상력과 창조력을 북돋을 수 있는 변혁적 리더십이 중요하다는 연구를 수행하였다. 이준호(2009)는 팀 창의성의 발현을 위해서는 팀 내 다양성과 응집성이 통합적으로 발휘될 수 있는 메커니즘의 구축이 중요하고 이 과정에서 변혁적 리더십이 중요한 역할을 한다는 연구를 수행하였다.

출간 연도

출간 연도별 현황을 살펴보면(〈표 4〉), 본 연구의 검색 대상 학술지에 처음 출간된 연구는 이덕로(1994)의 '변형적·거래적 리더십이 부하의 추가노력, 직무만족 및 조직몰입에 미치는 영향에 관한 연구'이며, 그 이후 변혁적·거래적 리더십 연구가 매년 꾸준하게 출간되고 있다. 특히 2010년 이후 총 분석대상 연구의 55%에 해당하는 64편의 연구가 출간되는 등 인사·조직 분야에서 변혁적·거래적 리더십에 대한 관심 및 연구가 증가하고 있다고 볼 수 있다.

분석 수준

분석 수준별로 보면(〈표 4〉), 구성원이 인식한 변혁적·거래적 리더십과 개인 수준의 변수 간의 관계를 다룬 개인 수준individual-level의 연구가 81%(94편)로 가장 많이 이루어졌으며(예: 고수일, 2011), 집단 수준의 변혁적·거래적 리더십과 집단 수준의 변수 간의 관계를 다룬 집단 수준group-level의 연구도 10%(12편) 정도 이루어졌다(예: 차동옥·강대석, 2006). 반면 조직 수준organization-level에서 변혁적·거래적 리더십

〈표 4〉 출간 연도 및 분석 수준 현황

	~1999		2000~2004		2005~2009		2010~2016		총합	
	편수	비율	편수	비율	편수	비율	편수	비율	편수	비율
출간 연도	6	5%	18	16%	28	24%	64	55%	116	100%
분석 수준										
개인 수준	6	6%	18	19%	22	24%	48	51%	94	81%
집단 수준	-	-	-	-	4	33%	8	67%	12	10%
조직 수준	-	-	-	-	-	-	2	100%	2	2%
다수준										
다수준: 조직-집단	-	-	-	-	-	-	-	-	-	-
다수준: 조직-개인	-	-	-	-	-	-	-	-	-	-
다수준: 집단-개인	-	-	-	-	2	25%	6	75%	8	7%

을 다룬 연구는 2편(2%)으로 상대적으로 적게 연구되었다(예: 손성진, 2012). 한편, 다수준multi-level 연구도 일부 이루어지고 있다. 8편(7%)의 연구가 집단 수준의 변혁적 리더십과 구성원 개인 수준의 변수 간의 관계를 다룬 연구로 나타났으며(예: 권석균·오승희·최보인, 2016), 조직 수준과 개인·집단 수준의 변수를 동시에 활용한 다수준 연구는 아직 보고되고 있지 않다. 분석 수준과 관련하여 2010년 이후 집단 수준 및 다수준 연구들이 증가하고 있다는 점은 주목할 만한 특징으로서 12편의 집단 수준 연구 중 8편(67%)과, 8편의 다수준 연구 중 6편(75%)이 2010년 이후에 이루어졌다.

요약

전반적 현황 분석 결과를 요약해보면, 첫째 국내 변혁적·거래적 리더십 연구는 경험적 연구에 편중되어 있다. 반면, 개념적 연구 또는 사례연구는 상대적으로 취약하다고 볼 수 있다. 해외의 경우에도 경험적 연구가 83%, 개념적 연구가 17%로 경험적 연구에 치우쳐 있지만 국내 연구보다는 상대적으로 불균형이 덜 하다고 볼 수 있다(참고: Dionne et al., 2014: 11). 둘째, 변혁적·거래적 리더십에 대한 연구는 꾸준히 증가하고 있으며 2010년 이후에 양적으로 많은 연구가 이루어지고 있다고 볼 수 있다. 이러한 추세는 해외 연구와 크게 다르지 않는데 힐러 등(Hiller et al., 2011)의 연구결과와 비교해보면, 해외 연구가 국내 연구보다 약 10년 정도 연구의 증가 시점이 빠르기는 하지만 2000년 이후에 발간된 변혁적·거래적 리더십 연구가 전체 리더십 연구의 약 71%에 이를 정도로 비약적으로 증가함을 알 수 있다(참고: Hiller et al., 2011: 28). 셋째, 국내 연구의 80% 이상의 연구가 개인 수준에서 접근하고 있는 반면, 조직 수준의 연구와 다수준 연구는 상대적으로 부족한 것으로 판단된다.

해외 연구와 비교해볼 때 국내에서 개인 수준의 변혁적 리더십 연구가 많이 이루어지고 있다는 점은 해외 연구 동향과 유사하나, 해외 연구에서 개인, 집단, 조직 수준을 다룬 연구 비율이 각각 56%, 28%, 16%로 국내 연구보다는 불균형이 심하지 않으며, 국내 연구에 비해 조직 수준의 연구 비율이 높은 것은 차이점으로 볼 수 있다(참고: DeChurch et al., 2010: 1077).

2. 하위 차원·요인구조·관계성 분석

변혁적·거래적 리더십 하위 차원 활용 현황

분석대상인 총 114편의 실증연구를 대상으로 국내 변혁적·거래적 리더십 연구들이 어떠한 하위 차원을 활용하는지에 대해 살펴보았다(〈표 5〉와 〈표 6〉 참조).

첫째, 변혁적 리더십의 경우(〈표 5〉), 다차원으로 측정한 연구가 86%(98편)로 다수를 차지하였으며 단일 차원을 활용한 연구도 11%(13편) 정도 이루어졌다(예: 오선영·노상충·강민우·서용원, 2015). 이 외에 3%(3편)의 연구는 변혁적 리더십의 하위 차원에 대한 정보 부족으로 명확히 파악하기 힘들었다. 변혁적 리더십을 다차원으로 측정한 경우, 3차원으로 구분한 연구가 54%(62편)로 가장 많았다(예: 윤대혁·정순태, 2006). 이 중에서도 '카리스마, 개별적 배려, 지적 자극' 등 세 가지 하위 차원을 활용한 연구가 57편으로 가장 많았다. 그다음으로 4차원으로 구분한 연구가 23%(26편)로 나타났으며(예: 김병직·김지연, 2014) 5%(6편)의 연구는 6차원 '비전, 역할모델링, 집단목표육성, 고성과 기대, 개별적 배려, 지적 자극'을 활용하여 변혁적 리더십을 측정하였다(예: 이진규·박지환,

〈표 5〉 변혁적 리더십 하위 차원 활용 현황*

구분	구성요소	편수	비율
6차원	비전+역할모델링+집단목표육성+고성과 기대+개별적 배려+지적 자극	6	5%
4차원	카리스마+영감을 통한 동기부여+개별적 배려+지적 자극	12	11%
	이상적 영향력+영감을 통한 동기부여+개별적 배려+지적 자극	7	6%
	카리스마+비전+개별적 배려+지적 자극	7	6%
	소계	26	23%
3차원	카리스마+개별적 배려+지적 자극	57	50%
	카리스마+영감을 통한 동기부여+개별적 배려	1	1%
	카리스마+영감을 통한 동기부여+지적 자극	1	1%
	비전제시+개별적 배려+지적 자극	1	1%
	영감을 통한 동기부여+개별적 배려+지적 자극	1	1%
	핵심 변혁적 행동+개별적 배려+지적 자극	1	1%
	소계	62	54%
2차원	카리스마+개별적 배려	3	3%
	개별적 배려+지적 자극	1	1%
	소계	4	4%
단일차원	변혁적 리더십	13	11%
기타	명확한 파악 불가	3	3%
	총합	114	100%

* 〈표 5〉의 편수는 해당 연구의 측정도구에서 활용된 하위 차원이 아니라 측정도구 설명 부분에서
해당 연구가 변혁적·거래적 리더십의 개념을 정의할 때 활용한 하위 차원을 기준으로 분류한 것임.

〈표 6〉 거래적 리더십 하위 차원 활용 현황

구분	구성요소	편수	비율
3차원	상황적 보상+적극적 예외관리+소극적 예외관리	1	3%
2차원	상황적 보상+예외관리(적극적+소극적)*	19	54%
	상황적 보상+소극적 예외관리	6	17%
	상황적 보상+적극적 예외관리	2	6%
	소계	27	77%
단일차원	상황적 보상	5	14%
	적극적 예외관리	1	3%
	소계	6	17%
기타	불명확	1	3%
	총합	35	100%

* 직극직, 소극적 예외관리로 명확히 구분하기 힘든 경우, 이 둘을 모두 포함하는 예외관리로 판단함.

2005). 주목할 만한 점으로는 변혁적 리더십을 다차원으로 측정한 98편의 연구 중에서 95편은 개별적 배려와 지적 자극 차원을 모두 활용하였으며, 3편은 개별적 배려와 지적 자극 중 하나의 차원을 활용하였다는 점을 들 수 있다.

둘째, 거래적 리더십의 경우(《표 6》), 총 35편의 실증연구 중에서 다차원으로 측정한 연구는 80%(28편), 단일 차원으로 측정한 연구는 17%(6편), 나머지 3%(1편)는 측정한 차원이 불명확한 것으로 나타났다. 거래적 리더십을 다차원으로 측정한 경우, 54%(19편)는 상황적 보상과 예외관리(적극적+소극적)라는 2개의 하위 차원을 활용하였으며(예: 이문선·강영순, 2000), 상황적 보상과 소극적 예외관리를 활용한 연구는 17%(6편)(예: 김진희, 2008), 상황적 보상과 적극적 예외관리를 활용한 연구는 6%(2편)(예: 한광현, 1999)로 나타났다. 한편 1편의 연구(이덕로·서도원·김용순, 2003)는 거래적 리더십을 3차원(상황적 보상+적극적 예외관리+소극적 예외관리)으로 접근하였다. 이 외에 상황적 보상(예: 서준호·윤위석, 2003) 또는 적극적 예외관리(이철희·신강현·허창구, 2012) 등 단일 차원만을 활용한 연구도 각각 14%(5편), 3%(1편)로 나타났다. 마지막으로 자유방임 리더십을 다룬 연구는 1편(김정남·정연란, 2012)이 이루어졌다.

변혁적·거래적 리더십 요인구조 현황

앞서 살펴본 바와 같이 변혁적·거래적 리더십은 다양한 하위 차원으로 접근하여 연구되고 있다. 이러한 하위 차원들이 국내 연구에서는 어떠한 요인구조로 나타나고 있는가를 요인분석 결과를 토대로 살펴보았다(《표 7》 참조).

전반적으로 14~15%의 연구에서 변혁적·거래적 리더십의 하위 차원이 다소 불완전하게 도출되는 것으로 나타나고 있다. 우선 변혁적

〈표 7〉 요인분석 결과를 통해 살펴본 변혁적·거래적 리더십 요인구조 현황

구분	편수	비율	연구
변혁적 리더십 하위 차원이 묶이지 않은 연구			15(15%)*
6차원 요인구조	3	20%	김승곤·설현도(2014), 김학수·이준호·한수진(2013), 이동섭·최용득(2010)
4차원 요인구조	2	13%	설현도(2014), 황혜경·최세경(2015)
3차원 요인구조	7	47%	권석균·최보인(2010), 권혁기·박봉규(2010), 노영현·이원기(2012), 이덕로 외(2003), 임대환·김동주(2014), 정대용·박권홍(2010), 최석봉·김경환·문계완(2010)
기타	3	20%	김동배·김기태·최병권(2015), 이규만·안관영(2006), 이진규·박지환(2006)
거래적 리더십 하위 차원이 묶이지 않은 연구			4(14%)**
3차원 요인구조	1	25%	이덕로 외(2003)
2차원 요인구조	3	75%	김승곤·설현도(2014), 설현도(2014), 이문선·강영순(2000)

* 총 연구 편수 대비 비율

리더십의 경우, 하위 차원을 다룬 총 98편의 연구 중에서 변혁적 리더십의 하위요인이 제대로 묶이지 않은 연구는 15편(15%)으로 나타나고 있다. 구체적으로 보면, 포드사코프 등(Podsakoff et al., 1990)의 6차원 변혁적 리더십 하위 차원이 제대로 도출되지 않은 연구는 3편으로서 개별적 배려와 지적 자극은 2개의 요인으로 구분이 되지만, 그 외의 다른 차원(예: 비전, 역할모델링, 집단목표육성, 고성과기대)은 요인구조가 불안정한 것으로 나타났다. 가장 많이 활용되는 변혁적 리더십의 차원, 즉 카리스마(이상적 영향력), 영감을 통한 동기부여, 개별적 배려, 지적 자극 등 4개의 차원 중에서 3개의 차원이나 4개의 차원을 활용하여 변혁적 리더십을 측정하였으나 하나의 요인으로 묶인 경우가 8편(53%)으로 가장 많았다. 구체적으로 4차원의 변혁적 리더십 하위 차원이 제대로 도출되지 않은 연구는 2편으로서, 이들의 연구결과 이상적 영향력, 지적 자극, 영감을 통한 동기부여, 개별적 배려 등

4차원이 1개의 요인으로 묶이는 것으로 나타났다. 한편, 가장 많이 활용되는 변혁적 리더십의 3차원이 1개의 요인으로 도출되었다는 연구는 6편이다. 예를 들어 권석균·최보인(2010)은 카리스마, 개별적 배려, 지적 자극 등 3차원이, 권혁기·박봉규(2010)는 영감을 통한 동기부여, 개별적 배려, 지적 자극 등 3차원이 1개의 요인으로 묶였다고 보고하고 있다.

다음으로 거래적 리더십의 하위 차원을 다룬 총 28편의 연구 중에서 거래적 리더십의 요인구조가 제대로 도출되지 않은 연구는 4편(14%)으로 나타났다. 2차원 요인구조(상황적 보상, 예외관리)를 다룬 3편의 연구, 3차원 요인구조(상황적 보상, 적극적·소극적 예외관리)를 다룬 1편의 연구에서 거래적 리더십이 하나의 요인으로 도출된 것으로 나타났다.

변혁적·거래적 리더십의 관계성 분석

변혁적 리더십과 거래적 리더십 간의 관계성을 리더십 전체(하위 차원 합산) 기준과 하위 차원 기준으로 분석하였고, 각 리더십 내 하위 차원 간의 관계성에 대해서도 살펴보았다.

변혁적·거래적 리더십 전체(하위 차원 합산) 기준. 우선, 변혁적·거래적 리더십 간의 하위 차원들을 합산하여 전체 변혁적 리더십과 거래적 리더십의 상관계수를 보고한 연구(총 18편)를 대상으로 분석한 결과(〈표 8〉 참조) 정(+)의 상관계수를 보인다고 보고한 연구가 61%(11편), 부(-)의 상관계수를 보고한 연구가 39%(7편)로 나타났다. 연구 편수가 충분히 많지 않아 정확히 판단하기는 어려우나 국내 연구들에서는 변혁적 리더십과 거래적 리더십은 정(+)의 관계를 보이는 경향이 있으나, 부(-)의 관계를 갖는다는 연구도 나타나고 있어 하위 차원들의 합산 기준으로 변

〈표 8〉 변혁적·거래적 리더십 간 상관관계 분석(하위 차원 합산 기준)

구 분	편수	비율	연구
정(+)의 상관계수	11	61%	고수일(2011), 김정남·정연란(2012), 김태성·허찬영(2012), 박종훈·박경아(2001), 서준호·윤위석(2003), 설현도(2014), 이경근·박성수(2010), 이덕로 외(2003), 이인호·탁진국(2010), 이진규·박지환(2003), 이철희 외(2012)
부(−)의 상관계수	7	39%	김승곤·설현도(2014), 김진희(2008), 이문선·강영순(2000), 이종법·박미성·이도화(2009), 임준철·윤정구(1999), 전무경·이기은(2010), 정현우·김창호(2006)
총 합	18	100%	

〈표 9〉 변혁적·거래적 리더십의 하위 차원 간 상관관계 분석

		거래적 리더십 하위 차원			
		상황적 보상		예외관리	
		정(+) 상관관계	부(−) 상관관계	정(+) 상관관계	부(−) 상관관계
변혁적 리더십 하위 차원	카리스마	9(1)*	−	3(1)	5(1)
	지적 자극	7	−	3	1(2)
	개별적 배려	9(1)	−	3	5(1)
	영감적 동기부여	2	−	1	1
총 합		27	−	10	12

* 숫자는 연구 편수를 의미함, ( )=해당 셀(cell)에서 상관계수가 통계적으로 유의하지 않은 연구 편수임.

혁적 리더십과 거래적 리더십 간의 상관관계가 다소 혼재되어 있다고 볼 수 있다.

변혁적·거래적 리더십 하위 차원 간의 상관관계 기준. 변혁적·거래적 리더십의 하위 차원별로 상관관계 분석 결과를 제시한 연구들을 살펴보면 다음과 같다(〈표 9〉 참조).

거래적 리더십의 상황적 보상은 변혁적 리더십의 네 개의 하위 차원, 카리스마(9편), 지적 자극(7편), 개별적 배려(9편), 영감을 통한 동기부여

(2편)와 정(+)의 상관계수를 갖는다. 반면, 거래적 리더십의 예외관리는 변혁적 리더십의 네 개의 하위 차원과 정(+) 또는 부(-)의 상관계수가 혼재되어 나타나고 있다. 이러한 분석결과를 토대로 보면, 거래적 리더십의 상황적 보상은 변혁적 리더십과 정(+)의 관계를 갖고 있으며 변혁적 리더십과 같이 구성원에게 긍정적 영향을 미칠 수 있다는 추론이 가능할 수 있다. 반면, 예외관리는 상황적 보상과는 다른 방향으로 움직일 수 있으며, 어떠한 대상 또는 환경에서 발휘되는가에 따라 예외관리의 영향은 긍정적일 수도 부정적일 수도 있다는 추론을 해볼 수 있다. 실제로 추가 분석을 통해 살펴본 결과, 상황적 보상과 예외관리 간의 상관관계는 정(+)의 관계(2편), 부(-)의 관계(3편), 그리고 유의하지 않은 관계(3편) 등 다양하게 보고되고 있다.

변혁적·거래적 리더십 내의 하위 차원 기준. 마지막으로 변혁적·거래적 리더십 각각의 하위 차원 간의 상관관계를 살펴보면 우선, 변혁적 리더십의 하위 차원 간의 상관관계는 모두 정(+)의 방향으로 나타나고 있으나(이상호·이원우, 1995 외 97편) 거래적 리더십의 하위 차원 간의 상관관계는 하위 차원에 따라서 다른 양상으로 나타나고 있다. 총 9편의 연구에서 제시된 상황적 보상과 예외관리 간의 상관관계를 분석한 결과, 비교적 높은 수준의 정(+)의 상관관계를 보인 연구는 4편(고수일, 2011; 이강옥·손태원, 2004; 이철기, 2010; 탁진국·장종순, 2003)으로서 .27에서 .56 사이의 상관계수를 보여주었다. 반면, 비교적 높은 수준의 부(-) 상관관계를 보인 연구들도 2편(고환상, 2011; 한광현, 1999)이 있었는데 -.21에서 -.24의 상관계수를 보여주었다. 이 외에 3편의 연구(권석균·이춘우, 2004; 김문준·장석인, 2015; 장현재·탁진국, 2004)는 거래적 리더십의 하위 차원 간에 부(-)의 상관계수를 보였으나 통계적으로 유의하지는 않은 것으로 나타났다(r=-.01--.07, n.s.).

요약

지금까지 살펴본 하위 차원·요인구조·관계성 분석 결과를 정리하면, 첫째, 변혁적·거래적 리더십 하위 차원 활용 측면에서, 우선 변혁적 리더십 연구의 경우 일부 단일 차원으로 측정한 연구들이 있으나 약 86%의 연구는 다차원으로 측정하였다. 활용한 하위 차원으로는 3차원(카리스마+개별적 배려+지적 자극) 요인이 가장 많이 활용되었으며, 그다음으로 4차원(카리스마+영감을 통한 동기부여+개별적 배려+지적 자극) 요인의 활용 빈도가 높게 나타났다. 한편, 거래적 리더십의 경우, 2차원(상황적 보상+예외관리) 요인이 약 77%로서 가장 많이 활용되었으며, 단일 차원으로서 상황적 보상을 활용한 연구도 약 14% 정도 이루어졌다.

둘째, 요인구조 현황을 보면, 전반적으로 변혁적·거래적 리더십의 하위 차원들이 도출되는 것으로 나타나고 있다. 그러나 일부 연구(약 14-15%)에서 하위 차원들이 제대로 도출되지 않은 것으로 보고되고 있다. 이와 같이 변혁적·거래적 리더십의 하위 차원으로서 지적 자극, 개별적 배려, 상황적 보상 등이 많이 이용되고 일부 연구에서 하위 차원이 측정한 것과 상이하게 나타나고 있다는 점은 해외 연구와 유사하다고 볼 수 있다(Bass, 1985; Pillai et al., 1999).

셋째, 변혁적 리더십과 거래적 리더십 간의 관계성 측면에서 보면, 국내 연구에서 변혁적 리더십(하위 차원들의 합산)과 거래적 리더십(하위 차원들의 합산)은 정(+) 또는 부(-)의 상관관계가 혼재되어 나타나고 있는데, 이는 거래적 리더십을 어떠한 하위 차원으로 측정하였는가와 관련이 있는 것으로 추론된다. 즉 부(-)의 상관관계를 보인 국내 연구들은 주로 거래적 리더십을 '상황적 보상+예외관리'로 측정하고 있었는데, 변혁적 리더십은 상황적 보상과는 정(+)의 상관관계를 갖지만 예외관리와 부(-)의 상관관계를 갖는다는 점에서(Den Hartog et al., 1997; Judge & Piccolo, 2004), 변혁적 리더십은 예외관리를 포함한 거래적 리더십과 부(-)의 상관관계를 나타냈을 것으로 추론된다. 하위 차원별로 변혁적 리더십과 거래적 리더십 간의 상관관계를 보면, 상황적 보상은 변혁적 리더십의 하위 차원들과는 정(+)의 상관관계를 갖지만, 예외관리는 변혁적 리더십의 하위 차원들과 정(+) 또는 부(-)의 상관관계를 갖는 것으로 나타나고 있다. 상황적 보상이 카리스마, 지적 자극, 개별적 배려 등 변혁적 리더십의 하위 차원과 높은 상관관계를 보인다는 점은 해외 연구에서도 유사하게 나타나고 있다(Avolio et al., 1999; Den Hartog et al., 1997).

마지막으로 변혁적 리더십의 하위 차원 간에는 정(+)의 상관관계가 나타나고 있으나, 거래적 리더십의 하위 차원으로서 상황적 보상과 예외관리는 정(+) 또는 부(-)의 상관관계가 동시에 나타나고 있다. 해외 연구 역시 국내 연구와 유사한 결과를 보인다. 변혁적 리더십의 하위 차원들 간에 높은 정(+)의 상관관계(Avolio et al., 1999; Lowe et al., 1996)가 보고되지만, 거래적 리더십의 경우 상황적 보상은 적극적 예외관리와 정(+)(Breevaart et al., 2013) 또는 부(-)(Avolio et al., 1999)의 상관관계를 갖는다는 연구가 혼재되어 있다.

3. 연구 형태 분석

전체 연구모델 관점

연구모델을 설정하는 방식 측면에서 그간의 국내 연구들을 분석해 보면, 다음 세 가지 측면에서 특징을 찾아볼 수 있다(〈표 10〉 참조).

〈표 10〉 변혁적·거래적 리더십 연구모델 현황

연구모델 형태	편수	비율
1. 변혁적·거래적 리더십의 효과를 규명하는 연구모델		*87%(99편)*
변혁적·거래적 리더십→결과변수	17	15%
변혁적·거래적 리더십→매개변수→결과변수	58	51%
변혁적·거래적 리더십→조절변수→결과변수	22	19%
변혁적·거래적 리더십→매개변수·조절변수→결과변수	2	2%
2. 변혁적·거래적 리더십의 선행요인을 규명하는 연구모델		*6%(7편)*
변혁적·거래적 리더십=결과변수	3	3%
변혁적·거래적 리더십=매개변수	4	3%
3. 변혁적·거래적 리더십을 상황요인으로 설정하는 연구모델		*7%(8편)*
변혁적·거래적 리더십=조절변수	8	7%
총합	114	100%

첫째, 전반적으로 변혁적·거래적 리더십이 결과변수에 미치는 효과를 규명하는 연구모델을 설정하는 연구가 총 분석대상 연구의 87%(99편)를 차지하고 있었다(예: 정예지, 2014). 구체적으로 보면, 변혁적·거래적 리더십이 구성원 및 집단에 어떠한 영향을 미치는지를 규명하는 「변혁적·거래적 리더십→결과변수」 연구모델이 15%(17편), 이들 간의 관계를 설명하는 매개변수를 규명하는 「변혁적·거래적 리더십→매개변수→결과변수」 연구모델이 51%(58편), 그리고 이들 간의 관계를 강화 또는 제약하는 조절변수를 찾는 「변혁적·거래적 리더십→조절변수→결과변수」 연구모델이 19%(22편)로 나타나고 있다.

둘째, 변혁적·거래적 리더십의 선행요인을 규명하는 연구, 즉 상사의 변혁적·거래적 리더십을 촉진하는 선행요인은 무엇인가를 규명하는 연구모델은 6%(7편)의 연구에서 나타나고 있으며(예: 장현재·탁진국, 2004), 변혁적·거래적 리더십의 결과변수를 규명하는 연구모델에 비해 상대적으로 적게 이루어지고 있다.

셋째, 변혁적·거래적 리더십을 상황요인으로 설정한 연구는 7%(8편)로 나타났다. 이들 연구는 선행변수와 결과변수 간의 관계가 상사의 변혁적·거래적 리더십에 따라 어떻게 달라지는지를 규명하는 연구모델에 해당된다(예: 박희진, 2015).

변혁적·거래적 리더십의 포함 및 가설설정 형태 관점

우선, 변혁적·거래적 리더십 중에서 어떤 리더십을 포함하고 있는지의 측면에서 연구 형태를 살펴보면(〈표 11〉 참조), 총 분석대상 연구 중에서 변혁적 또는 거래적 리더십 중에서 어느 하나의 리더십만을 포함한 연구는 71%(77편)로 나타났다. 이들 연구는 모두 변혁적 리더십을 다루고 있었으며, 거래적 리더십만을 다룬 연구는 아직 보고되지 않고 있다. 한편, 변혁적 리더십과 거래적 리더십을 동시에 다룬 연구는 29%(32편)로 나타나고 있다. 세부적으로 살펴보면, 이들 연구 중 53%(17편)의 연구들은 변혁적 리더십과 거래적 리더십이 각각 타 변수에 영향을 미치는 '단선적 영향력 규명'에 해당하는 연구 형태이며 나머지 47%(15편)의 연구들은 변혁적 리더십과 거래적 리더십을 동시에 고려하면서 타 변수에 미치는 '상대적 영향력을 규명'하는 연구 형태로 나타나고 있다.

다음으로 변혁적·거래적 리더십을 동시에 다룬 연구를 대상으로 리더십 효과에 대해 어떠한 방식으로 가설을 설정하였는지를 세부적으로 살펴보았다(〈표 12〉 참조). 우선 변혁적·거래적 리더십의 단선적 영향력 규명 연구의 경우, 70%(12편)의 연구는 결과변수에 대해서 변혁적 리더십과 거래적 리더십 모두 동일한 방향으로 영향을 준다는 가설을 설정하고 있다. 반면, 변혁적 리더십과 거래적 리더십 간의 차별적 영향(12%, 2편)이나 하위 차원별로 차별적 영향(18%, 3편)에 대한 가설을 설정한 연구는 상대적으로 적게 나타나고 있다. 이러한 차별적 영향에 대한 가

⟨표 11⟩ 변혁적·거래적 리더십 포함 방식에 따른 연구 형태

포함 방식	편수	비율	연구
1. 변혁적·거래적 리더십 중 1개만 다룬 연구			77(71%)
변혁적 리더십 영향력	77	100%	정동섭·배범수·김학수(2014) 외 76편
거래적 리더십 영향력	–	–	–
2. 변혁적·거래적 리더십을 동시에 다룬 연구			32(29%)
단선적 영향력 규명*	17	53%	임준철·윤정구(1999) 외 16편
상대적 영향력 규명**	15	47%	김진희(2008) 외 14편
총 합	109		

*분석 수준에 대한 연구 1편, 변혁적·거래적 리더십의 선행변수 규명 연구(2편),
　변혁적·거래적 리더십을 조절변수로 다룬 연구(2편)는 제외함.
**변혁적 리더십과 거래적 리더십의 상대적 영향력에 대한 가설을 설정한 연구에 해당.

설을 설정한 연구의 예를 보면, 첫째, 변혁적 리더십과 거래적 리더십 간의 차별적 영향에 대한 가설을 설정한 연구로서 이문선·강영순(2000)은 변혁적 리더십은 구성원의 조직에 대한 자긍심에 정(+)의 영향을, 거래적 리더십은 부(-)의 영향을 준다고 가설을 설정하였다. 둘째, 변혁적·거래적 리더십 중에서 어느 한 리더십의 하위 차원에 따라서 영향력이 다르다는 가설을 설정한 연구로서 권석균·이춘우(2004)는 거래적 리더십의 상황적 보상은 리더에 대한 계산적·지식적 신뢰를 높이는 정(+)의 영향을 준다는 가설을 설정한 반면, 예외관리는 리더에 대한 계산적·지식적·동일시 신뢰를 낮추는 부(-)의 영향을 미친다는 가설을 설정하였다. 셋째, 변혁적 리더십과 거래적 리더십을 동시에 고려하면서 여러 하위 차원의 차별적 효과를 가설로 설정한 연구로서 한광현(1999)은 스트레스에 대해서 변혁적 리더십의 개별적 배려는 부(-), 지적 자극은 정(+)의 영향을 주며, 거래적 리더십의 상황적 보상은 부(-), 예외관리는 정(+)의 영향을 준다는 가설을 설정하였다.

변혁적·거래적 상대적 영향력 효과를 규명한 15편의 연구를 살펴보면, 4편의 연구(김남현·이주호, 1997; 김정남·정연란, 2012; 박종훈·박경아, 2001; 주은하·탁진국, 2005)를 제외한 11편(73%)의 연구들은 공통적으로

〈표 12〉 변혁적·거래적 리더십 효과에 대한 가설설정 현황

가설 형태	편수	비율
1. 변혁적·거래적 리더십의 단선적 영향력 규명 연구		
변혁적 리더십과 거래적 리더십 간의 차별적 영향에 대한 가설	2	12%
변혁적 리더십 또는 거래적 리더십 중 하나의 리더십의 하위 차원별로 차별적 영향에 대한 가설	1	6%
변혁적 리더십과 거래적 리더십을 동시에 고려하면서, 두 개의 리더십의 하위 차원별로 차별적 영향에 대한 가설	2	12%
변혁적 리더십과 거래적 리더십이 동일한 방향의 영향을 갖는다는 가설	12	70%
총 합	17	100%
2. 변혁적·거래적 리더십의 상대적 영향력 규명 연구		
변혁적·거래적 리더십 모두 긍정적 영향을 주지만, 변혁적 리더십이 거래적 리더십보다 상대적으로 더 강한 영향을 준다는 가설.	11	73%
변혁적 리더십과 거래적 리더십이 상대적으로 강한 영향을 주는 경우가 상황에 따라 다르다는 가설	4	27%
총 합	15	100%

변혁적 리더십과 거래적 리더십이 결과변수에 긍정적 영향을 주지만 변혁적 리더십이 거래적 리더십 대비 긍정적 영향이 더 강하다는 가설을 설정하고 있다(이덕로, 1994 외 10편).

리더의 계층 관점

변혁적·거래적 리더십을 발휘하는 주체인 리더의 계층을 살펴보기 위해 분석대상 논문들의 연구표본 부분을 검토하였다. 〈표 13〉에서 보듯이, 리더의 계층을 명확히 설정하여 설문 응답자가 분명히 인식하도록 한 연구는 총 분석대상 연구의 30%(34편)에 불과하였으며, 실험 연구 1편을 제외한 나머지 69%의 연구(79편)는 응답자들에게 상사의 변혁적·거래적 리더십을 측정하도록 하였다. 그러나 대상이 되는 리더를 명확히 지정하지 않음으로써 응답자가 정확히 어느 계층을 염두에 두고 설문에 응답하였는지를 파악하기 힘든 연구들이었다.

리더의 계층이 파악 가능한 34편의 연구들을 살펴보면, 최고경영층을 대상으로 한 연구가 6편으로서 CEO 및 임원급 대상 연구가 5편(예: 노영현·이원기, 2012), 군 조직의 대대장(중령 이상) 대상 연구가 1편(양봉희·김동주, 2010)으로 나타났다. 중간 리더 계층을 대상으로 한 연구는 28편으로서, 팀 조직의 팀장 또는 소속 부서의 직속상사 대상 연구가 19편(예: 정동섭 외, 2014)으로 가장 많았으며, 그다음으로 군 조직의 소대장급을 대상으로 한 연구가 7편(예: 한태영·탁진국, 2005), 그리고 노동조합의 리더 대상 연구가 2편(김태성·허찬영, 2012; 박동진·장은영·장은혜, 2015)으로 나타났다. 이처럼 리더의 계층 분석 결과, 군 조직 리더를 대상으로 한 연구한 연구가 비교적 많이 이루어지고 있다. 이는 군 조직 특성상 조직의 지휘계층이 명확하여 상사를 특정하기가 용이하기 때문인 것으로 추론해볼 수 있다.

요약

연구모델 분석 결과를 정리하면, 국내 연구들은 첫째, 변혁적·거래적 리더십이 결과변수에 미치는 효과를 규명하는 연구가 많이 이루어지는 반면, 변혁적·거래적 리더십의 선행변수를 규명하는 연구는 상대적으로 부족한 편이다. 특히 국내의 경우 변혁적·거래적 리더십의 효과를 규명하는 연구 중에서도 매개변수를 규명하는 연구(51%)가 가장 많이 이루어지고 있음을 알 수 있다. 이는 국내 연구들의 경우 변혁적·거래적 리더십이 결과변수에 영향을 미치는 내적 메커니즘을 규명하는 데 많은 관심을 두고 있는 것으로 추론된다.

둘째, 변혁적·거래적 리더십 포함 방식에 따른 연구 형태 관점에서 보면, 변혁적 리더십만을 포함한 연구는 많이 이루어지는 반면, 변혁적 리더십과 거래적 리더십을 동시에 나룬 연구는 상대적으로 부족한 편이다. 또한 가설설정의 형태를 보면, 단선적 영향력에 대한 가설의 경우 변혁적 리더십과 거래적 리더십 간의 차별적 영향력에 대한 가설을 설정한 연구가 일부 이루어지고 있으나, 대체로 변혁적 리더십과 거래적 리더십이 동일

〈표 13〉 리더 계층 현황

구분	편수	비율	
최고경영자 계층			5%(6편)
CEO·임원	5	4%	
대대장급(중령) 이상	1	1%	
중간 리더 계층			25%(28편)
팀장·직속상사	19	17%	
중대장·소대장	7	6%	
노동조합 리더	2	2%	
혼합 계층			69%(79편)
상사(군 조직 포함)	79	69%	
실험 연구	1	1%	1%(1편)
총 합	114	100%	

한 방향으로 결과변수에 영향을 준다는 가설이 다수를 이루는 것으로 나타났다. 한편, 변혁적 또는 거래적 리더십의 증분효과와 관련된 가설의 경우, 변혁적 리더십이 거래적 리더십 대비 상대적으로 더 강한 영향을 준다는 가설은 많이 나타나고 있다. 그러나 거래적 리더십의 상대적 효과가 더 크다거나 결과변수에 따라 상대적 영향력이 다르다는 가설은 찾아보기 힘들었다. 반면, 해외의 경우에는 변혁적 리더십의 상대적 영향력뿐만 아니라 거래적 리더십의 상대적 영향력을 다루거나(Breevaart et al., 2013) 결과변수에 따라 변혁적 리더십 혹은 거래적 리더십의 상대적 영향력이 다르게 나타날 수 있다는 연구가 이루어지고 있다(Wang et al., 2011).

셋째, 리더 계층 측면에서 보면, 팀장 또는 부서장 등 직속상사를 대상으로 한 연구가 많이 이루어지고 있는 반면에 최고경영자 계층을 대상으로 한 연구는 상대적으로 적게 이루어지고 있다. 또한 다수의 연구들은 변혁적·거래적 리더십을 발휘하는 리더의 계층이 어느 특정 계층이라기보다는 다양한 계층의 리더를 대상으로 부하들의 변혁적·거

래적 리더십에 대한 인식을 조사하는 것으로 나타나고 있다. 이러한 국내 연구 동향은 해외 연구 동향과 차이가 있다. 드처치 등(DeChurch et al., 2010)의 연구에 의하면, 해외의 변혁적 리더십 연구에서 리더 계층이 불명확한 비율은 21.5%로서 국내의 약 3분의 1 수준이며, CEO 등 최고경영진을 대상으로 한 연구(20.8%)가 비교적 많이 이루어진 것으로 나타나고 있다.

4. 실증연구 현황 분석

실증연구 현황은 크게 세 부분으로 나누어서 살펴보았다. 우선, '변혁적·거래적 리더십의 효과' 부분에서는 변혁적·거래적 리더십이 영향을 미치는 결과변수(매개변수 포함)와 이들 간의 관계에 영향을 미치는 조절변수에 대한 실증연구 현황을 다루었다. '변혁적·거래적 리더십의 선행변수' 부분에서는 변혁적·거래적 리더십에 영향을 미치는 변수를, 그리고 '조절변수로서의 변혁적·거래적 리더십'에서는 선행변수와 결과변수 간의 관계에 영향을 미치는 상황변수로서 변혁적·거래적 리더십을 다룬 실증연구 현황을 정리하였다.

변혁적·거래적 리더십의 효과

전반적 현황. 첫째, 변혁적·거래적 리더십의 결과변수로 매우 다양한 변수들이 다루어지고 있는데(〈부록 1〉참조) 태도, 동기, 행동 등 세 가지 영역에서 높은 빈도로 다루어진 결과변수들을 〈표 14〉에 정리하였다. 구체적으로 살펴보면, 태도 영역에서는 조직몰입(16%)과 직무만족(11%), 동기 영역에서는 임파워먼트(7%), 리더신뢰(6%), 행동 영역에서는 조직시민행동OCB(7%)과 혁신·창의적 행동(5%)이 가장 많이 활용된 것으로 나타났다. 한편, 변혁적 리더십과 거래적 리더십을 비교하여 살펴보면, 예외관리의 결과변수에 대한 연구는 상대적으로 적게 이루어지고 있으며 조직몰입, 직무만족, 조직시민행동OCB 등이 소수의 연구에서 예외관리의 결과변수로 다루어졌다.

한편, 변혁적·거래적 리더십과 결과변수 간의 관계에서 매개변수를 규명하기 위한 연구도 많이 이루어졌다. 총 분석대상 연구(58편) 중에서 51편(88%)의 연구는 부하 개인 수준의 변수를 매개변수로 선정하고 있었으며, 집단 수준 및 조직 수준의 매개변수를 다룬 연구도 각각 6편(집단수준 3편, 다수준 3편)(10%)과 1편(2%)이 이루어졌다. 이 중에서 집단 및 조직 수준의 연구결과를 살펴보았다. 우선, 집단 수준의 매개변수를 다룬 연구로서 정예지(2014)는 팀 수준 연구에서 팀 리더의 변혁적 리더십은 팀 에너지를 매개로 팀 성과를 향상시킨다고 보고하고 있으며, 정예지·김문주(2014)는 팀 수준 연구에서 변혁적 리더십에

⟨표 14⟩ 변혁적·거래적 리더십의 결과변수 실증연구 현황*

구 분	결과변수	변혁적 리더십		거래적 리더십 (상황적 보상+ 예외관리)		거래적 리더십 (예외관리)		총 합	
		횟수	비율	횟수	비율	횟수	비율	횟수	비율
태도	조직몰입	35	14%	12	19%	4	29%	51	16%
	직무만족	24	10%	10	16%	2	14%	36	11%
	총합	59	24%	22	35%	6	43%	87	27%
동기	임파워먼트	18	7%	4	6%	1	7%	23	7%
	리더신뢰	14	6%	5	8%	1	7%	20	6%
	총합	32	13%	9	14%	2	14%	43	13%
행동	조직시민행동	15	6%	5	8%	2	14%	22	7%
	혁신·창의적 행동	14	6%	2	3%	–	–	16	5%
	총합	29	12%	7	11%	2	14%	38	12%

* 변혁적·거래적 리더십의 결과변수와 매개변수로 많이 활용된 변수(총합이 5% 이상인 변수)를 중심으로 정리하였음.

대한 공유된 인식이 팀 혁신 성향에 영향을 미치는 과정에서 팀 효능감의 매개효과를 발견하였다. 배범수·노명화(2016)는 팀 수준 연구에서 팀장의 변혁적 리더십과 팀 적응성과 간의 관계는 팀 공유 멘탈 모델에 의해 부분적으로 매개된다고 밝히고 있다. 정동섭 외(2014)는 다수준 연구에서 팀장의 변혁적 리더십과 개인 적응성과 간의 관계에서 팀 지식공유, 개인 지식획득의 교차 수준 매개효과가 있다고 밝히고 있다. 한주희·강은주(2011)는 다수준 연구에서 팀 수준의 변혁적 리더십(카리스마)은 리더-구성원 교환관계LMX를 매개로 팀 몰입을 높인다고 보고하고 있다. 박동호·윤필현(2015)은 다수준 연구에서 팀장의 변혁적 리더십은 개인 수준 창의성을 매개로 개인 효과성에 긍정적 영향을 미치는 반면, 팀장의 변혁적 리더십이 팀 수준 효과성에 영향을 미치는 과정에서는 팀 창의성의 매개효과는 유의하지 않았다고 보고하였다. 다음으로 조직 수준의 매개변수 연구로서 정대용·박권홍(2010)은 중소기업의 경영자(CEO, 임원 등)를 대상으로 한 조사에서 경영자의 변혁적 리더십이 조직의 시장 지향성 및 학습 지향성을 촉진함으로써 혁신성과를 촉진한다고 밝히고 있다.

둘째, 변혁적·거래적 리더십과 결과변수 간의 관계를 조절하는 변수에 대한 실증연구 현황을 살펴보면(〈부록 2〉 참조) 부하의 개인적 특성(외향성 등 11개)과 태도 변수(심리적 임파워먼트 등 9개)가 조절변수로 많이 활용되었으며 리더의 특성으로는 1개(감성지능)의 변수만이 다루어졌다. 변혁적·거래적 리더십의 결과변수로서 많이 활용된 변수(예: 조직몰입, 직무만족, 임파워먼트, 리더신뢰, 조직시민행동, 창의적·혁신적 행동)를 중심으로 조절변수 현황을 정리하면 〈표 15〉와 같다. 〈표 15〉에서 보듯이 조절변수로서 부하의 성격 및 기질(예: 감성지능, 학습지향성, 팔로워십), 직무 및 조직에 대한 태도(예: 심리적 임파워먼트, 조직공정성) 등이 주로 다루어져 왔다. 한편, 변혁적·거래적 리더십과 임파워먼트 간의 관계에 관한 연구는 많이 이루어져 왔지만, 이들 간의 관계에 영향을 미치는 조절변수에 관한 연구는 찾아보기 힘들었다는 점은 주목할 만하다.

변혁적·거래적 리더십의 단선적 영향력에 대한 실증연구 결과. 우선, 변혁적 리더십만을 다루었거나 변혁적·거래적 리더십을 동시에 다룬 연구 중에서 단선적 영향력을 규명한 실증연구 결과에 대해 살펴보고자 한다(〈부록 3〉 참조). 전반적으로 변혁적 리더십은 결과변수에 긍정적 영향을 미치는 것으로 나타나고 있으나 거래적 리더십은 결과변수에 미치는 영향이 혼재되어 나타나고 있다. 이들 연구들 중에서 주목할 만한 연구결과를 살펴보면 다음과 같다.

첫째, 변혁적 리더십의 하위 차원으로서 카리스마는 조직몰입(이강옥·손태원, 2004), 직무만족(김문준·장석인, 2015), 조직시민행동OCB(고환상, 2011) 등 다양한 결과변수에 긍정적인 영향을 주는 것으로 보고되고 있다. 한편, 지적 자극은 리더에 대한 지식 기반 신뢰(권석균·이춘우, 2004)와 임파워먼트(이강옥·손태원, 2004)에 부(-)적 영향을, 개별적 배려는 조직몰입(고환상, 2011; 이철기, 2010), 직무만족(김문준·장석인, 2015)에 유의한 영향을 주지 못한다고 보고한 연구도 나타나고 있다. 이러한 예상외의 연구결과에 대해 권석균·이춘우(2004)는 지적 자극은 부하들이 상사의 행동을 예측하는 데 있어서 효과적이지 않을 수 있으며, 고환상(2011)에서는 연구대상이 된 금융업계 구성원들은 지나친 경쟁 상황에서 일하기 때문에 리더가 부하를 개별적으로 배려하더라도 조직몰입이 증가하지 않았을 수 있다고 추론하였다.

둘째, 거래적 리더십은 결과변수에 대해서 긍정적, 부정적, 그리고 유의하지 않은 영향을 주는 등 다소 혼재된 결과를 보이고 있다. 예컨대

〈표 15〉 변혁적·거래적 리더십→결과변수 관계에서 조절변수 연구 현황*

구분	결과변수	조절변수	연구
태도	조직몰입	학습 지향성·부하 성숙도	이원일·정수진(2010)
		팔로워십	이도화·강기형·이종법(2009)
		리더감성지능	이화용·장영철(2004)
		리더신뢰	김정원·채순화·배성현(2005)
	직무만족	결혼여부	이준호·박노윤·한준구(2013)
		내부 통제 성향·집단주의 성향	류동웅·신진교(2013)
		부하성숙도	류동웅·신진교(2013), 이원일·정수진(2010)
		학습 지향성	이원일·정수진(2010)
		팔로워십	박종훈·박경아(2001)***, 이도화 외(2009)
		리더 감성지능	이화용·장영철(2004)
		조직문화	김남현·이주호(1997)***, 김학돈(1997)***
		국가 간 차이	주은하·탁진국(2005)***
동기	임파워먼트**	–	–
	리더신뢰	리더–구성원 교환관계	김수겸·홍남선(2015)
행동	조직시민행동	외향성·집단주의 성향	오종석·정동섭·정현우(2002)
		심리적 임파워먼트	최충식·안종태·김정원(2007)***
		팔로워십	이도화 외(2009)
		조직공정성	윤대혁·정순태(2006)
		국가 간 차이	주은하·탁진국(2005)***
	혁신·창의적 행동	자기효능감	채주석·이길환·김찬중(2011)
		조직공정성	윤대혁·정순태(2006)
		팔로워십	이도화 외(2009)
		가치일치성	양봉희·김동주(2010)
		리더 감성지능	이화용·장영철(2004)

* 가장 많이 활용된 결과변수를 기준으로 조절변수 현황을 정리함.
** 변혁적·거래적 리더십과 임파워먼트 간의 조절변수를 다룬 연구는 본 분석대상 논문에서는 없었음.
***변혁적 리더십과 거래적 리더십이 모두 독립변수로 활용된 연구.

거래적 리더십은 상사 신뢰(이진규·박지환, 2003), 혁신행동(고수일, 2011; 이인호·탁진국, 2010; 이종법 외, 2009), 직무열의(이철희 외, 2012) 등에 긍정적 영향을 준다고 보고한 연구도 있으나, 일부 연구에서는 거래적 리더십이 상사 신뢰(이덕로 외, 2003)와 조직 자긍심(이문선·강영순, 2000)을 낮추거나 인상관리행동(이경근·박성수, 2010)과 조직 냉소주의(김진희, 2008)를 높이는 등 부정적 영향을 주었다고 밝히고 있다. 한편, 거래적 리더십의 하위 차원으로서 예외관리는 대체로 결과변수에 부정적 영향을 주거나 유의한 영향을 미치지 못하는 것으로 나타나고 있다. 다만, 일부 소수의 연구에서 예외관리의 긍정적 효과를 보고하고 있다. 예를 들어 김문준·장석인(2015)은 정서몰입, 고수일(2011)은 혁신행동, 이덕로(1994)는 직무만족에 대해서 예외관리가 긍정적 영향을 준다고 보고하고 있다.

변혁적·거래적 리더십과 결과변수 간의 관계는 상황에 따라 달라질 수 있는데, 변혁적 리더십과 조직몰입 및 직무만족, 리더만족 간의 관계는 학습 지향성이나 부하의 감성지능(박혜정·유태용, 2006), 팔로워십(권중생, 2013), 리더에 대한 신뢰(김정원 외, 2005) 등에 따라 달라지는 것으로 나타나고 있다. 변혁적 리더십과 조직시민행동 간의 관계는 외향성(오종석 외, 2002), 심리적 임파워먼트(최충식 외, 2007), 조직공정성(윤대혁·정순태, 2006) 등에 따라, 그리고 변혁적 리더십과 혁신행동 및 혁신성과 간의 관계는 조직공정성(윤대혁·정순태, 2006), 리더의 감성지능(이화용·장영철, 2004), 팀의 심리적 안전 풍토(김학수 외, 2013) 등에 따라 달라지는 것으로 나타났다. 한편, 구성원이 임파워먼트를 높게 인식할 때는 거래적 리더십과 조직시민행동(OCB)의 일부 하위 차원 간(예: 스포츠맨십)의 정적인 관계가 강화된다는 결과를 보고한 연구도 있다(최충식 외, 2007).

변혁적·거래적 리더십의 상대적 영향력에 대한 실증연구 결과. 변혁적·거래적 리더십의 상대적 영향력에 대한 연구결과들을 보면(〈부록 4〉

참조) 총 15편의 연구 중에서 11편의 연구는 동일한 결과변수에 대해서 변혁적 리더십과 거래적 리더십 간의 상대적 영향력을 살펴본 연구인 반면, 4편의 연구는 상황요인을 고려한 후 상황에 따라서 변혁적 리더십과 거래적 리더십의 영향력이 다르다는 관점의 연구이다.

주요 연구결과를 살펴보면, 팀워크 증가 및 냉소주의 감소(김진희, 2008), 부하의 임파워먼트 인식(이종법 외, 2009), 조직몰입 및 직무만족(이철기, 2010), 혁신성향(임준철·윤정구, 1999), 그리고 조직시민행동(이덕로 외, 2003)에 대해서 변혁적 리더십이 거래적 리더십보다 더 긍정적 영향을 주는 것으로 보고되고 있다. 그러나 이러한 변혁적 리더십의 증분효과를 지지하는 연구와는 달리 이덕로(1994)와 김태성·허찬영(2012)의 연구에서는 다소 의외의 결과가 도출되었다. 이덕로(1994)의 연구에서는 부하의 조직몰입 및 직무만족에 대해서 거래적 리더십의 효과를 넘어선 변혁적 리더십의 효과는 유의하지 않은 것으로 보고되었다. 김태성·허찬영(2012)의 연구에서는 노동조합 위원장의 리더십을 대상으로 연구하였는데 노조원의 직무만족에 대해서는 거래적 리더십보다 변혁적 리더십이 상대적으로 더 강한 정의 영향을 주었으나(가설과 일치), 조직몰입에 대해서는 변혁적 리더십보다 거래적 리더십이 상대적으로 더 강한 정의 영향을 주었다고 보고하고 있다(가설과 반대). 김태성·허찬영(2012)은 조직몰입에 대해서 변혁적 리더십의 증분효과가 나타나지 않은 이유에 대해서 리더십 발휘의 주체가 노동조합위원장이라는 점을 언급하고 있다. 즉 이들은 노동조합위원장이 변혁적 리더십을 발휘할 경우 조합원들은 노동조합의 비전 달성에 대해 긍정적으로 인식함으로써 조직원의 노조몰입 또는 직무만족을 이끌어낼 수 있지만, 노동조합이 아닌 소속된 조직에 대한 몰입을 이끌어내는 데 한계가 있을 수 있다고 추론하였다.

한편, 변혁적·거래적 리더십의 상대적 영향력은 조절변수에 따라 달라지는 것으로 나타나고 있다. 이와 관련한 연구로서 박종훈·박경아(2001)는 부하의 팔로워십 유형에 따라서 변혁적·거래적 리더십의 상대적 효과가 다를 수 있다고 보고하고 있다. 모범형 추종자의 경우에는 상사가 거래적 리더십보다는 변혁적 리더십을 발휘하고 수동형 추종자의 경우에는 상사가 변혁적 리더십보다는 거래적 리더십을 발휘할수록 직무만족이 더 높아진다고 밝히고 있다. 주은하·탁진국(2005)은 한국과 중국의 비교 연구에서 거래적 리더십보다 변혁적 리더십이 직무만족 및 조직몰입에 미치는 긍정적 영향은 중국 대비 한국에서 상대적으로 더 강하게 나타나는 특징을 보였다고 밝히고 있고, 김남현·이주호(1997)는 CEO의 리더십이 구성원의 직무만족, 조직몰입, 이직의도에 미치는 영향은 변혁적 리더십은 혁신문화에서, 거래적 리더십은 안정문화에서 상대적으로 더 강하다고 보고하고 있다.

변혁적·거래적 리더십의 선행변수

〈표 16〉에서 보듯이, 변혁적·거래적 리더십의 선행변수를 규명하는 연구 현황을 보면 총 5개의 선행변수가 7편의 연구에서 이루어졌다.

상사의 개인 특성 변수로서 빅 파이브 성격(홍용기·박종혁, 2009)과 MBTI 유형(이임정·윤관호, 2006; 장현재·탁진국, 2004) 등 성격변수와 정서지능(박혜정·유태용, 2006; 임유신·박오수, 2012), 그리고 서번트 리더십(신구범, 2009)이 변혁적·거래적 리더십의 선행요인으로 보고되고 있다. 차상위 상사와의 관계 측면에서 선행요인을 규명한 연구도 1편이 이루어졌는데 박오수·고동운(2009)은 차상위 상사의 리더 모욕행동이 해당 리더의 변혁적 리더십 발휘에 부(-)의 영향을 미친다고 밝히고 있다.

조절변수로서의 변혁적·거래적 리더십

변혁적·거래적 리더십을 조절변수로 설정한 연구는 8편이 이루어졌다

<표 16> 변혁적·거래적 리더십의 선행변수 연구 현황

선행변수	연구	결과변수	결과
MBTI	장현재·탁진국(2004)	변혁적 리더십 거래적 리더십	외향형, 판단형→정(+) 외향형, 판단형→정(+)
	이임정·윤관호(2006)	변혁적 리더십(카리스마) 변혁적 리더십(지적 자극)	ISTP, ENTJ, ENFJ→정(+) INTP, INFP, ENFP→정(+)
빅 파이브 성격	홍용기·박종혁(2009)	변혁적 리더십(카리스마) 변혁적 리더십(지적 자극) 변혁적 리더십(개별적 배려)	성실성, 개방성→정(+) 성실성, 개방성→정(+) 성실성, 개방성→정(+)
정서지능	임유신·박오수(2012)	변혁적 리더십	정서지능→정(+)
	박혜정·유태용(2006)	변혁적 리더십	타인정서파악→정(+)
서번트 리더십	신구범(2009)	변혁적 리더십 거래적 리더십(상황적 보상) 거래적 리더십(예외관리)	정(+)의 영향 정(+)의 영향 부(−)의 영향
차상위 리더 모욕행위	박오수·고동운(2009)	변혁적 리더십	부(−)의 영향

<표 17> 변혁적·거래적 리더십을 조절변수로 다룬 연구 현황

연구	선행변수→결과변수	조절변수	조절효과
변혁적 리더십만 다룬 연구			
박희진(2015)	팀 성격→팀 학습행동	변혁적 리더십	낮은 경우
안여명·유태용(2010)	팀 경험개방성→팀 적응성과	변혁적 리더십	높은 경우
김동배 외(2015)	근로자 참여→조직몰입	변혁적 리더십	높은 경우
홍계훈·양회창(2014)	빅파이브 성격→혁신행동	변혁적 리더십	높은 경우
윤소천·이지현·손영우·하유진(2013)	소명의식→심리적자본 소명의식→조직동일시	변혁적 리더십 변혁적 리더십	높은 경우 유의하지 않음
유치성·손영우·박인조(2016)	긍정·부정 감정→삶의 의미	변혁적 리더십	높은 경우
변혁적·거래적 리더십을 동시에 다룬 연구			
정현우·김창호(2006)	감성지능→혁신행동 감성지능→혁신행동	변혁적 리더십 거래적 리더십	높은 경우 유의하지 않음
이인호·탁진국(2010)	자기계발동기(내적)→혁신행동 자기계발동기(외적)→직무열의	변혁적 리더십 거래적 리더십	유의하지 않음 높은 경우

(〈표 17〉 참조).

우선, 변혁적 리더십만을 조절변수로 선정한 연구를 보면, 박희진 (2015)은 팀 수준의 성격(우호성)과 팀 학습활동 간의 정의 관계는 상사의 변혁적 리더십이 높은 경우에 더 강할 것이라는 가설과는 달리 오히려 변혁적 리더십이 낮은 경우에 더욱 강했다고 보고하고 있다. 홍계훈·양회창(2014)은 다수준 연구설계를 통해 구성원의 빅 파이브 성격(사교성)과 혁신행동 간의 정의 관계는 상사의 변혁적 리더십(지적 자극)이 높은 경우에 더욱 강해진다고 밝히고 있다. 유치성 외(2016)는 긍정 및 부정 감정과 직무만족의 관계를 삶의 의미가 매개하며, 긍정 및 부정감정과 삶의 의미의 매개관계가 변혁적 리더십에 의해 조절된다고 보고하고 있다.

한편, 변혁적·거래적 리더십을 동시에 다룬 연구로서 정현우·김창호(2006)는 부하의 감성지능이 높을수록 혁신행동을 많이 하는데, 이러한 정의 관계는 변혁적 리더십이 높을수록 강해지는 반면, 거래적 리더십의 조절효과는 나타나지 않았다고 보고하였다. 이인호·탁진국(2010)은 부하의 자기계발 동기 중에서 외적 동기는 거래적 리더십이 높은 경우 혁신행동 및 직무열의에 정적 영향을 주지만, 내적 동기와 변혁적 리더십의 상호작용 효과는 발견하지 못했다고 보고하고 있다. 이인호·탁진국(2010)은 변혁적 리더십의 조절효과가 지지되지 않은 이유에 대해 내적인 자기계발 동기를 지닌 구성원은 자기 주도적이므로 변혁적 리더십의 영향력이 개입될 여지가 적기 때문일 것이라고 추론하고 있다.

요약

변혁적·거래적 리더십의 실증연구에 대한 분석 결과를 요약하면 다음과 같다. 첫째, 변혁적·거래적 리더십의 결과변수로서 소수의 태도 및 행동 변수(예: 조직몰입, 직무만족, 임파워먼트, 조직시민행동, 혁신행동)에 편중되어 연구되고 있다. 반면, 팀·부하의 성과나 감정 또는 집단 프로세스를 결과변수로 한 연구는 상대적으로 부족한 편이다. 둘째, 실증연구 결과를 보면, 전반적으로 결과변수에 대해서 변혁적 리더십은 긍정적 영항을 주는 것으로 나타나고 있으나 거래적 리더십(상황적 보상, 예외관리)은 긍정, 부정, 그리고 유의하지 않은 영향 등 혼재된 결과를 보이고 있다. 셋째, 개인 수준의 태도 및 행동 변수들이 매개변수로 많이 연구되는 가운데 일부 연구에서 집단 및 조직 수준의 매개변수가 활용되고 있다. 넷째, 조절변수 측면에서 보면, 부하의 개인 특성(예: 성격, 기질)과 상사·직무·조직에 대한 태도 변수가 많이 다루어지고 있다. 다섯째 변혁적·거래적 리더십의 선행변수에 대한 연구(7편)는 상대적으로 적게 이루어지고 있다. 마지막으로 변혁적·거래적 리더십을 조절변수로 선정한 연구도 일부(8편) 이루어지고 있다. 해외 연구 역시 변혁적 리더십의 결과변수로서 감정 및 집단 프로세스 간의 관계를 다룬 연구가 적다는 점은 국내 연구와 유사하나, 국내 연구에 비해 수익이나 매출 등의 가시적 효과성이나 리더 효과성을 상대적으로 많이 다루고 있다는 점에서는 차이가 있다(Hiller et al., 2011). 또한 변혁적 리더십의 선행요인에 대한 연구가 상대적으로 적다는 점은 해외 연구 동향과 유사하다고 볼 수 있다(Bommer et al., 2004).

5. 연구방법 분석

연구설계

연구설계 측면에서 보면, 본 연구의 분석대상인 경험적 연구 114편 모두가 특정 시점에 연구모델의 모든 변수들을 측정하는 횡단적 설계 cross-sectional design의 연구로 나타났으며, 변혁적·거래적 리더십과 타 변수 간에 시차를 두고 측정하는 종단적 설계longitudinal design를 활용한 연구는 아직까지 보고되지 않고 있다.

자료원천

연구 변수에 대한 자료 수집의 원천은 연구모델 전체의 관점에서 자료의 원천과 변혁적·거래적 리더십을 측정하는 자료의 원천 등 두 가지 측면에서 살펴보았다.

연구모델 측면. 연구모델 전체의 변수에 대한 자료의 원천 측면에서 보면, 모든 연구변수를 하나의 원천으로부터 수집하는 단일원천single-source 기반의 연구가 85%(97편)로 많은 반면, 다양한 원천으로부터 자료를 수집하는 다원천multi-source 기반의 연구는 15%(17편)로 나타났다. 단일원천 기반의 연구 97편의 경우, 변혁적·거래적 리더십을 비롯한 모든 연구변수를 부하로부터 측정한 연구가 98%(95편)로 거의 대부분이었으나, 2편(2%)의 연구는 상사로부터 모든 연구변수를 측정하였다. 이러한 2편의 연구로서 정대용·박권홍(2010)은 중소기업 대상 연구에서 최고경영자(대표이사 및 임원)를 대상으로 한 설문조사에서 최고경영자 자신이 인식하는 변혁적 리더십과 기업의 혁신성 및 기업 성과에 대해 응답하도록 하였다. 장현재·탁진국(2004)은 MBTI 성격과 변혁적·거래적 리더십과의 관계를 살펴보면서, 리더(관리자)로부터 이들의 성격과 변혁적·거래적 리더십을 모두 설문조사를 통해 측정하였다.

변혁적·거래적 리더십 측정 주체. 변혁적·거래적 리더십을 측정하는 원천 측면에서 보면, 국내 연구의 93%(106편)는 부하로부터 상사의 변혁적·거래적 리더십을 측정하는 것으로 나타났으며, 상사 스스로에게 자신의 변혁적·거래적 리더십에 대해 응답하도록 한 연구는 4%(5편)로 적게 이루어지고 있다. 한편, 부하 및 상사로부터의 변혁적·거래적 리더십을 측정하고 이를 합산하거나 차이 값을 활용한 연구도 2편(2%)이 이루어졌다. 이와 관련한 연구로서 정예지·김문주(2014)는 팀의 공유 리더십이 팀 효능감을 매개로 팀 혁신 성향에 미치는 영향을 연구하면서, 팀 전체적으로 변혁적 리더십에 대한 공유된 리더십을 발휘한다는 것은 공식적 팀장과 팀원 모두가 변혁적 리더십을 발휘할 때 가능하다는 주장에 기반하여 팀장과 팀원 모두에게 변혁적·거래적 리더십을 측정하고 이를 합산하여 분석하였다. 또한 이진규·박지환(2006)은 상사와 부하를 대상으로 변혁적 리더십을 측정하고, 이들 간의 변혁적 리더십에 대한 인식 수준의 합치 수준에 따라 부하의 리더 신뢰, 충성심, 리더 만족이 차이가 존재한다고 밝히고 있다.

연구표본

연구표본의 분석은 연구대상이 되는 조직 특성과 변혁적·거래적 리더십의 영향을 받는 대상인 부하의 인구통계 특성의 분포 등 두 가지 측면에서 살펴보았다.

조직 특성. 연구표본이 되는 조직 특성을 보면, 총 분석대상 중 71%(81편)의 연구가 기업 조직을 대상으로 변혁적·거래적 리더십을 연구하였으며, 그다음으로 군 조직 10%(11편), 공공 조직 5%(6편)의 순으로 나타났다. 소수의 연구이지만 학교(3%, 3편), 병원(1%, 1편), 교회(1%, 1편), 교향악단(1%, 1편) 등의 조직을 대상으로 한 연구도 이루어지고 있었다. 한편, 구체적으로 어떠한 조직을 대상으로 변혁적·거래적 리더십을 연구하였는가에 대한 정보를 충실히 제공하지 않고 있어 연구표본을 정확히 파악하기 어려운 연구(9%, 10편)도 있었다.

부하의 인구통계 특성. 분석대상 논문에서 파악할 수 있는 부하의 인구통계 특성으로서 성별을 중심으로 살펴보았다. 우선, 연구별로 응답자의 표본 분포에서 남성 비율이 90% 이상인 연구가 10%, 남성 비율이 80%, 70%, 60%인 연구가 각각 10%, 21%, 17%로 비교적 높은 비율로 나타나고 있다. 이처럼 남성 비율이 60% 이상인 연구는 전체 연구의 약 60% 정도로 나타나고 있다. 반면, 남성 비율이 40%대 이하인(즉, 여성 응답자가 남성 응답자보다 많은) 연구는 11%로 상대적으로 적게 이루어지고 있다.

요약

연구방법 분석을 통해 나타난 연구 동향을 보면, 첫째, 변혁적·거래적 리더십 연구는 모두 횡단적 연구로서 종단적 연구는 아직 이루어지지 않고 있다는 특징이 있다. 둘째, 약 85%의 연구들이 단일원천에 의해 자료를 수집하여 변혁적·거래적 리더십과 타 변수 간의 관계를 살펴보는 것으로 나타나고 있다. 셋째, 상사의 리더십을 측정하는 원천은 약 90% 이상이 부하이며 일부 소수의 연구에서 상사 스스로가 응답한 변혁적·거래적 리더십을 활용하고 있었다. 넷째, 연구표본은 일반 기업조직, 군 조직, 공공기관의 순으로 연구되고 있으며 응답자 특성으로는 여성 대비 남성이 인식하는 변혁적·거래적 리더십을 다룬 연구가 상대적으로 많았다. 해외 연구 역시 리더십을 측정하는 주체가 부하인 연구가 70%로 가장 많은 비중을 차지한다는 점은 유사하나 부하 외에 본인, 차상위 상사, 실험 자료, 회사 내부 자료 등 다양한 원천으로 측정하고 있으며 종단적 연구가 42%로 절반 정도를 차지한다는 점에서는 국내 연구 동향과 차이가 있다고 할 수 있다(참고: Hiller et al., 2011: 25-26).

5
향후 연구 방향 제언

1. 변혁적·거래적 리더십 효과에 대한 다양한 관점

지금까지 국내 연구에서는 변혁적 리더십의 긍정적인 효과에 관심을 두어왔다. 향후에는 보다 다양한 관점, 예컨대 변혁적 리더십의 부정적인 효과나 거래적 리더십의 긍정적인 효과에 대해서도 주목할 필요가 있을 것이다. 이때 변혁적 리더십과 거래적 리더십이 서로 다른 개념이지만 상관성이 높다는 점에서 이 두 유형의 리더십을 분리하여 연구하는 것은 특정 리더십의 타당성 및 영향력을 왜곡할 수 있기 때문에 변혁적·거래적 리더십을 포괄하여 연구하는 것이 필요하다 (Judge & Piccolo, 2004). 즉 변혁적 리더십이나 거래적 리더십의 효과를 검증하고자 하는 경우, 다른 유형의 리더십의 효과를 통제한 후 검증하고자 하는 리더십 효과를 규명하는 연구 형태를 갖추는 것이 바람직할 것으로 보인다.

변혁적 리더십의 부정적 효과성 관점의 연구

그동안 많은 선행연구들은 변혁적 리더십은 부하 및 조직에 긍정적 영향을 준다는 관점하에서 연구를 수행해왔으나 향후에는 변혁적 리더십의 부정적 영향에 대해서도 관심을 가질 필요가 있다. 실제로 해외에서는 변혁적 리더십의 부정적 영향을 주장 또는 보고하는 연구들이 나타나고 있다. 예를 들어 카크, 새미르, 첸(Kark, Shamir, & Chen, 2003)은 부하들은 변혁적 리더십을 발휘하는 리더는 매우 탁월한 능력을 갖고 있다고 생각하고 동일시하기 때문에 리더에 대한 과도한 의존성dependence을 초래할 수 있다고 주장하였다. 이처럼 상사의 변혁적 리더십이 높은 경우, 부하의 상사에 대한 의존성이 높아져 자발적인 의사결정 및 창의적 행동이 저하될 수도 있을 것이다.

이러한 변혁적 리더에 대한 의존성으로 인한 부정적 효과 외에 구성원이 어떠한 동기를 갖고 있는가에 따라 변혁적 리더십의 특정 하위 차원은 부정적 결과를 초래할 수도 있다. 예를 들어 리더의 지적 자극은 부하의 새로운 사고를 촉진하고 참신한 방법을 모색하도록 자극하는 리더십으로서 과업을 자기주도적으로 수행하고자 하는 내적동기가 약한 부하에게는 오히려 일에 대한 만족을 낮추고 스트레스를 초래할 수도 있다(한주희·정진철, 2001). 다른 한편으로는 과업 수행에 대한 내적동기가 매우 강한 부하는 자기주도적으로 일하는 것을 선호하기 때문에 지적 자극의 긍정적 효과성이 약화되거나 오히려 리더가 자신의 일에 간섭한다고 생각함으로써 부정적 결과를 초래할 수도 있을 것이다.

상황요인을 고려한 거래적 리더십의 긍정적 효과성 관점의 연구

지금까지 많은 선행연구들은 거래적 리더십보다는 변혁적 리더십이 긍정적인 효과를 지닌다는 관점을 취해왔으나 향후에는 거래적 리더십의 긍정적인 측면에도 주목할 필요가 있을 것이다(Breevaart et al., 2013; Vecchio et al., 2008). 이와 관련하여 첫째, 기업규모 또는 근로환경을 고려하여 거래적 리더십, 특히 상황적 보상의 효과성을 연구해볼 수 있을 것이다. 중소기업 종업원을 대상으로 한 연구를 살펴보면, 조직몰입에 대해서 거래적 리더십은 긍정적인 영향을 미치는 반면 변혁적 리더십은 유의한 영향을 미치지 않거나(장석인, 2009) 거래적 리더십에 비해 변혁적 리더십의 영향력이 크지 않다는 결과가 보고되고 있다(이덕로, 1994). 이러한 연구결과는 중소기업의 경우 대기업 또는 공공기관에 비해 직무 불안정성이 높고 임금 수준이 낮기 때문에 직원들이 상사의 변혁적 리더십(예: 지적 자극, 영감을 통한 동기부여)보다는 노력이나 성과에 대한 즉각적인 보상과 같은 거래적 리더십을 더 선호하기 때문일 수 있다. 이러한 추론을 확장하여 최근 증가하는 기업 내 비정규직과 정규직 직원 간에 변혁적·거래적 리더십이 어떠한 효과성의 차이가 있는가를 규명하는 연구도 추진해볼 수 있다. 지금까지 국내에서 비정규직 대상으로 변혁적·거래적 리더십의 상대적 영향력을 살펴본 연구는 아직 보고되지 않고 있는데 향후 비정규직이 증가할 것으로 예상되는 바, 비정규직을 대상으로 한 변혁적·거래적 리더십 연구도 의의가 있을 것이다.

한편, 상황적 보상뿐만 아니라 예외관리와 자유방임의 긍정적 효과에 대한 연구도 시도해볼 만하다. 예를 들어 부하가 리더에 대해 신뢰를 갖고 있거나 질 좋은 교환관계를 가지고 있을 경우, 부하는 리더의 예외관리 리더십을 자신에게 의사결정할 기회를 부여하거나 스스로 주도하여 일을 수행할 수 있는 여건을 만들어준다고 긍정적으로 인식할 수도 있을 것이다. 실제로 최근 해외에서는 자유방임 리더십의 긍정적 측면을 보고자 하는 연구들이 등장하고 있다. 양(Yang, 2015)은 자유방임 리더십은 부하의 의사결정에 대한 자율성을 높일 수 있다고 주장하였으며, 저지와 보노(Judge & Bono, 2000)의 연구에 의하면, 자유방임 리더십은 부하의 직무만족, 조직몰입, 동기부여에 부정적 영향을 주기보다는 유의한 영향을 주지 못하는 것으로 나타나고 있다. 이러한 결과는 잠재적 조절(상황) 변수가 존재할 수 있음을 의미한다고 추론해볼 수 있다. 예를 들어 상사의 자유방임 리더십이 부하에 미치는 영향은 부하가 상사의 자유방임 행동의 동기에 대해서 긍정적으로 귀인하는지, 상사와 부하 간의 관계의 질이 좋은지, 부하가 일에 대한 능력과 의지를 보유하고 있는지, 조직의 통제시스템이 행동 중심인지 결과 중심인지, 조직의 풍토로서 권한위임 풍토가 존재하는지 등 다양한 상황적 요인에 따라서 달라질 수 있을 것이다. 따라서 향후에는 자유방임 리더십과 결과변수의 관계에서 작동할 수 있는 다양한 조절변수에 대한 연구가 필요해 보인다. 이는 특히 최근 많은 조직들이 구성원들의 자율적 사고와 주도적 행동을 강조하고 있다는 점에서 자유방임 리더십이 과연 어떠한 상황에서 긍정적 결과를 가져올 수 있을 것인가에 대한 연구는 의미 있는 시도일 수 있다.

리더십 측정에 대한 다양한 관점의 연구

국내 변혁적·거래적 리더십 연구를 보면, 대부분의 연구에서 부하를 대상으로 상사의 리더십을 측정하고 이를 평균함으로써 리더십의 효과를 검증하고 있다. 그러나 리더십 인식에 부하와 상사 간에 차이가 있을 수 있고 동일한 상사에 대해서도 부하 간에 리더십에 대한 인식이 다를 수 있다는 점에서 변혁적·거래적 리더십이 구성원에게 미치는 영향은 다양한 관점에서 살펴볼 수 있을 것이다.

우선, 리더십을 측정하는 주체의 측면에서 보면, 국내 연구의 경우 대부분이 부하에 의해 리더십을 측정하고 있는 반면, 일부 연구에서만 상사 본인이나 상사와 부하에 의해 측정하고 있다. 리더십은 부하에게 미치는 영향력이므로 많은 연구들이 부하를 대상으로 리더십을 측정하고 있으나 연구자의 관심에 따라 리더십을 측정하는 주체와 리더십 측정 방법을 다양하게 활용할 필요가 있을 것이다. 리더십이 부하의 상사 및 조직, 직무 태도에 미치는 영향을 밝히기 위해서는 부하로부터 상사의 리더십을 측정할 수도 있고(예: 김태성·허찬영, 2012; 이진규·박지환, 2005), 팀 내 공유 리더십shared leadership을 측정하기 위해서는 팀장과 팀원이 팀 내 리더십이 공유된 정도를 각각 측정하여 평균할 수도 있다(예: 정예지·김문주, 2014). 리더십과 리더 성과 간의 관계를 검증하기 위해 리더가 자신의 변혁적 리더십을 측정할 수도 있다. 이 경우 리더의 사회적 바람직성의 영향을 받을 수 있다는 점을 연구 설계 시 고려할 필요가 있을 것이다.

다음으로 리더가 발휘하는 리더십에 대한 인식에 있어서 리더와 부하 간에 차이가 있을 수 있으므로 이를 활용한 연구도 시도해볼 만하다. 예컨대 리더는 자신의 변혁적 리더십을 높은 수준으로 인식하는 반면, 부하는 낮게 인식할 수도 있고(과대평가), 반대의 경우도 있을 수 있다(과소평가)(Sosik & Godshalk, 2004; Yammarino & Atwater, 1997). 이를 고려하여 향후에는 각각의 상황에서 집단의 성과가 어떻게 달라지는지를 연구해볼 수 있을 것이다. 예를 들어 리더가 자신의 리더십을 과대평가하는 경우, 문제를 정확히 인지하지 못하고 부하의 피드백에 무관심하며 팀원들과 원만한 관계를 형성하지 못하기 때문에(Sosik & Godshalk, 2004; Yammarino & Atwater, 1997) 오히려 집단성과에 부정적인 영향을 미칠 수 있을 것이다. 반면, 리더가 자신의 리더십을 과소평가하는 경우에는 오히려 겸손함으로 인식될 수 있으므로(Sosik & Godshalk, 2004) 부하가 리더에 대해 호의적인 태도를 가짐으로써 집단성과가 향상될 수도 있을 것이다. 국내 연구의 경우 이러한 선행연구에 근거하여 변혁적 리더십에 대한 리더와 부하 간 인식의 차이가 개인 수준의 태도에 미치는 영향을 다룬 연구가 1편(이진규·박지환, 2006) 있으나, 향후에는 리더십의 인식의 차이가 협력이나 의사소통 등 집단의 역동성에 어떠한 영향을 미치는지 연구하는 것도 의미 있을 것이다.

마지막으로 국내 연구에서는 아직 찾아보기 힘들지만, 부하들이 동일한 리더의 리더십에 대해 서로 유사하게 인식하는지 또는 상이하게 인식하는지에 따라 결과변수가 어떻게 달라질 수 있는지에 대한 연구도 흥미로울 것이다. 즉 부하들이 인식하는 변혁적·거래적 리더십의 차별화differentiation에 주목하여 새로운 관점의 연구를 시도해볼 수 있을 것이다. 예컨대 리더의 변혁적 리더십에 대한 부하들 간의 인식 차이가 클 때는 리더와의 일체감과 팀원들의 집단효능감을 낮춤으로써 집단의 효과성을 감소시킬 수 있다(Wu, Tsui, & Kinicki, 2010).

조직 수준에서도 CEO가 모든 최고경영자팀top management teams에 대해 동일하게 변혁적 리더십을 발휘할 경우에는 조직의 성과가 향상될 수 있지만, CEO가 차별적으로 변혁적 리더십을 발휘할 경우에는 오히려 최고경영자팀 내의 역동성을 해침으로써 팀의 효과성과 조직의 성과를 감소시킨다는 결과를 보고한 연구도 있다(Zhang, Li, Ullrich, & Van Dick, 2015). 이러한 결과는 변혁적·거래적 리더십 연구에서 평균적인 mean 리더십 외에, 리더 본인과 부하 간의 리더십 인식에 있어서 합치정도agreement, 나아가 집단 내 부하들 간의 리더십 인식의 차이differentiation 등에 주목함으로써 다양한 관점에서 효과적인 리더십에 대해 재고할 필요가 있음을 시사하고 있다.

2. 리더의 계층 및 부하의 특성 관점

리더의 계층을 고려한 연구

향후에는 리더의 계층을 고려한 연구가 보다 활발히 이루어질 필요가 있을 것이다. 지금까지의 국내 연구를 살펴보면, 약 70%의 연구는 특정한 리더의 계층을 설정하지 않고 변혁적·거래적 리더십을 연구해 왔으며 CEO 등 최고경영층에 대한 연구도 부족한 편이다. 따라서 향후에는 특정한 리더 계층을 고려한 다수준 연구와 최고경영층 등 상위 계층의 리더를 대상으로 한 연구가 보다 활성화될 필요가 있어 보인다.

우선, 다수준 관점에서 보면, 조직 내에는 최고경영층에서부터 중간관리자, 하위관리자까지 다양한 리더 계층이 존재한다. 이들 각 계층의 리더들이 어떠한 리더십을 발휘하는가에 따라서 조직 및 구성원에게 미치는 영향은 다를 수 있다(Chun, Yammarino, Dionne, Sosik, & Moon, 2009). 이와 관련한 연구로서 최고경영자와 직속상사의 리더십이 동일한 경우와 다른 경우에 구성원의 태도, 정서, 행동이 어떻게 달라지는가에 대한 연구를 시도해볼 수 있을 것이다(Hiller et al., 2011). 즉 최고경영층과 직속상사가 모두 변혁적 리더십을 활용하는 경우, 최고경영자는 변혁적 리더십을 활용하지만 직속상사는 거래적 리더십을 사용하는 경우, 또는 그 반대의 경우 등 다양한 조직 계층 수준별로 변혁적·거래적 리더십의 조합이 가능하며, 조합별로 구성원이 어떠한 반응을 보이는지에 대해 연구해볼 수 있을 것이다.

또한 왕 등(Wang et al., 2011)이 주장한 바와 같이 변혁적 리더십의 적하효과trickle-down effect가 어느 계층까지 이어질 수 있는지에 대한 연구도 의미 있는 향후 연구주제일 수 있다. 예를 들어 최고경영층의 변혁적 리더십이 조직 수준의 결과변수에만 영향을 주는지, 혹은 구성원 개인 수준까지 영향을 줄 수 있는지 등에 대한 연구도 시도해볼 만하다. 요컨대, 조직 내의 다양한 계층의 리더들의 리더십을 동시에 고려할 때 보다 변혁적·거래적 리더십에 대한 정확하고 풍부한 이해가 가능할 수 있다는 점에서(Dansereau & Yammarino, 1998) 향후에는 다수준 연구가 보다 많이 이루어져야 할 것이다.

다음으로 최고경영층을 비롯한 상위 계층의 리더십에 대한 연구에도 많은 관심이 필요하다(Dumdum et al., 2002). 해외의 경우, CEO(20.8%)와 상위 계층(10.4%)의 리더를 대상으로 한 변혁적 리더십 연구가 비교적 많이 이루어진다(DeChurch et al., 2010). 반면 국내의 경우 5%(6편)의 연구만이 CEO 또는 상위 계층 리더의 변혁적·거래적 리더십을 다루고 있어서 한국기업에서 CEO 및 상위 계층의 리더들이 발휘하는 변혁적·거래적 리더십이 어떠한 효과를 발휘하는지에 대한 이해가 부족한 상황이다. 이러한 상위 계층의 리더십을 연구하는 과정에서 부하들이 응답한 상위 계층의 변혁적·거래적 리더십이 실제 발휘하는 리더십인지 아니면 심리적 거리감psychological distance에 의해 귀인된 리더십인지를 규명하는 것은 중요한 의미를 지닐 수 있을 것이다. 포퍼(Popper, 2013)에 의하면, 심리적 거리감은 다분히 주관성을 내포하고 있기 때문에 응답자의 리더에 대한 인식을 형성하고 귀인하는 방식에 영향을 줄 수 있다고 한다.

예컨대 거리가 먼 상위 리더에 대해서 부하는 구체적인 것보다는 추상적인 것에 의해 리더에 대한 이미지를 형성할 수 있으며 리더의 행동보다는 리더의 특성trait에 의해 리더에 대한 인식을 형성할 수 있다고 주장하였다. 이러한 심리적 거리감의 특성을 고려 시 CEO를 비롯한 상위 계층의 변혁적·거래적 리더십을 연구함에 있어서 부하들이 인식하는 변혁적·거래적 리더십이 과연 상위 계층이 실제 보여주는 리더십(행동)인지 아니면 부하들의 귀인인지를 살펴보는 것도 필요할 것으로 보인다.

리더와 부하의 인구통계학적 특성을 고려한 연구

리더와 부하의 인구통계적 관점에서 변혁적·거래적 리더십에 대한 연구도 향후 관심을 기울일 필요가 있다. 리더십은 상사와 부하 양자 간의 관계dyadic relationship 속에서 이루어지기 때문에 상사와 부하가 어떠한 인구통계적 특성을 갖고 있는가에 따라서 발휘하는 리더십과 그에 대한 반응은 다를 수 있을 것이다. 해외의 경우, 상사의 성별(남성, 여성)에 따른 변혁적·거래적 리더십의 차이에 대한 연구가 이루어지고 있다. 예를 들어 배스, 아볼리오, 그리고 앳워터(Bass, Avolio, & Atwater, 1996)는 남성 대비 여성 리더가 변혁적 리더십 중에서 특정한 하위 차원(예: 카리스마, 개별적 배려)의 리더십을 더 자주 발휘한다고 보고하고 있다.

한편, 부하의 성별에 따른 변혁적·거래적 리더십의 인식의 차이에 대한 연구도 이루어지고 있는데 아이만, 코라빅, 그리고 모리스(Ayman, Korabik, & Morris, 2009)는 남성 상사의 변혁적 리더십에 대한 부하의 인식은 성별에 따라 차이가 없으나 여성 상사의 변혁적 리더십에 대해서는 여성 부하 대비 남성 부하들이 덜 긍정적으로 인식하였다고 밝히고 있다. 한국의 경우, 과거에 비해 여성 직장인이 늘어나고 있고, 여성이 리더의 지위로 승진하는 경우 역시 증가하고 있다. 그런 점에서 성별의 관점에서 남성과 여성이 발휘하는 변혁적·거래적 리더십은 어떠한 차이가 있는지, 성별에 따른 변혁적·거래적 리더십이 부하에게 어떻게 인식되고 영향을 미치는가를 연구하는 것은 우리 기업들에게 의미 있는 시사점을 제공해줄 수 있을 것으로 예상된다.

그러나 국내 연구의 경우, 부하로부터 변혁적·거래적 리더십에 대한 인식을 측정하는 연구가 대부분으로서 상사의 인구통계적 특성에 대한 자료의 수집 및 연구는 다소 소홀시 되어왔다. 그 결과, 변혁적·거래적 리더십을 발휘하는 상사의 성별, 연령, 직위 등을 명확히 파악하는 것은 힘든 실정이다. 또한 부하의 인구통계적 특성의 경우에도 주로 남성 중심의 표본이 많다 보니 국내 연구결과들은 한국의 남성 부하들이 인식하는 변혁적·거래적 리더십의 결과에 가까우며 여성 부하들이 인식하는 변혁적·거래적 리더십을 이해하는 데에는 한계가 있다. 따라서 향후에는 변혁적·거래적 리더십을 발휘하는 상사는 물론 이를 인지하는 부하의 인구통계적 특성을 자료수집 과정에서 다양하게 하고 이를 적시하는 노력이 필요하다. 이러한 자료의 축적은 리더 및 부하의 인구통계적 특성에 따른 변혁적·거래적 리더십의 차이를 살펴보는 메타 분석에 도움이 될 수 있을 것이다.

3. 리더십 개발의 관점

변혁적 리더십이 개인, 집단, 그리고 조직의 성과에 긍정적 영향을 준다는 점을 고려할 때 리더가 변혁적 리더십을 발휘할 수 있도록 교육·훈련하는 것은 매우 중요하다. 그러나 지금까지의 국내 연구를 살펴보면, 변혁적 리더십 연구가 학문적으로 리더십 분야에 기여해온 것에 비해 실무적인 측면에서 변혁적 리더십 개발을 위해 함의를 줄 수 있는 연구는 상대적으로 부족한 측면이 있어 보인다. 이에 변혁적 리더십의 향상을 위한 시사점을 도출하는 연구, 변혁적 리더십을 보다 효과적으로 발휘하기 위한 상황에 대한 연구 등 두 가지 측면에서 향후 연구 방향을 제언하고자 한다.

변혁적·거래적 리더십의 선행변수 및 조절변수 연구 활성화

우선, 변혁적 리더십을 촉진하는 선행요인이 무엇인가를 규명하기 위한 연구가 강화될 필요가 있다. 그간 국내 연구들은 변혁적 리더십이 개인, 집단, 조직에 어떠한 영향을 미치는가를 규명하는 차원에서 변혁적 리더십의 효과성(결과변수 또는 매개변수)에 대한 연구는 많이 수행해왔으나 상대적으로 변혁적 리더십의 선행요인을 찾는 연구는 부족하였다. 변혁적 리더십의 개발이라는 관점에서 볼 때, 과연 어떤 특성을 지닌 리더가 변혁적 리더십을 발휘하는지, 어떤 환경이 변혁적 리더십의 발현을 촉진하는가 하는 선행변수를 규명하는 연구는 조직의 변혁적 리더의 개발(예: 선발, 교육)에 대해 의미 있는 실무적 시사점을 제공해줄 수 있을 것이다. 물론 성격(예: 빅 파이브 성격, MBTI), 정서지능 등 일부 개인 특성 요소들이 변혁적 리더십의 선행변수로 연구되어 왔으나, 향후에는 변혁적 리더십을 향상시키기 위한 집단 및 조직의 특성 등에도 관심을 갖고 변혁적·거래적 리더십 개발을 위해 실무적인 함의를 줄 수 있는 선행변수에 대한 연구를 수행해야 할 것이다.

한편, 조절변수를 규명하는 것은 과연 변혁적·거래적 리더십이 언제 효과적인지를 규명하는 측면에서 매우 중요하나(Avolio, Walumbwa, & Weber, 2009), 이에 대한 연구는 결과변수 연구에 비해 상대적으로 관심이 적었다고 볼 수 있다. 또한 지금까지의 연구를 살펴보면 조절변수로서 부하의 성격·기질이나 상사·동료·조직에 대한 태도 등이 많이 다루어져 온 반면, 직무나 집단 또는 조직 수준의 특성은 많이 다루어지지 않았다. 변혁적 리더십의 긍정적 효과 여부는 조직문화(적응지향적 대 효율지향적), 조직구조(유기적 대 관료적) 등 다양한 조직 상황에 따라서 달라질 수 있다는 점에서(Pawar & Eastman 1997) 집단 또는 조직의 상황을 고려하여 변혁적·거래적 리더십의 긍정적 효과를 높이는 요인이 무엇인가를 규명하는 연구가 이루어져야 할 것이다.

마지막으로 리더의 변혁적 리더십을 효과적으로 개발하기 위해서는 하위 차원별로 어떠한 선행변수 및 결과변수와 고유한 관계를 맺고 있는가를 규명하는 연구도 이루어질 필요가 있다. 변혁적 리더십 하위 차원 간의 상관관계가 높기 때문에 연구의 간결성parsimony 차원에서 하위 차원들을 병합하는 연구도 필요하지만(Bass, 1999), 강한 또는 약한 변혁적 리더십의 하위 차원을 찾아내고 리더십 교육을 통해 부족한 차원을 보완하기 위한 구체적 시사점을 도출하기 위해서는 하위 차원별로 어떠한 선행변수 또는 결과변수와 차별적 메커니즘을 맺고 있는가를 규명하는 연구가 필요할 것으로 판단된다.

변혁적·거래적 리더십의 상호작용 및 구성형태 관점의 연구

리더십의 효과적 발휘를 위해서는 조직이나 집단특성 등의 상황요인도 중요하지만, 리더가 이미 지니고 있는 리더십의 유형이나 수준 역시 중요한 상황요인이 될 수 있다. 즉 변혁적 리더십과 거래적 리더십이 상호 반대 개념이 아니라 동시에 발휘될 수 있다는 점을 고려할 때(Bass & Avolio, 1993; Judge & Piccolo, 2004), 이들 두 리더십이 어떻게 상호 작용하는지에 대한 연구도 가능할 것이다(예: Schriesheim et al., 2006; Vecchio et al., 2008). 예컨대 변혁적 리더십은 발휘하지만 거래적 리더십은 발휘하지 않는 경우, 반대로 변혁적 리더십은 발휘하지 않지만 거래적 리더십을 발휘하는 경우에 리더십의 효과성이 어떻게 달라지는지 살펴봄으로써 리더의 현재 리더십 상태에 따라 어떠한 리더십을 훈련하고 개발해야 하는지에 대해 시사점을 제공해줄 수 있을 것이다.

변혁적·거래적 리더십의 상호작용 효과를 살펴보는 것에서 나아가 리더십의 하위 차원들의 구성형태configuration를 도출하고 구성형태별 리더십 효과성을 검증하는 연구도 필요하다. 지금까지 변혁적·거래적 리더 십을 다룬 연구에서는 하위 차원의 단순 합을 활용하거나 또는 개별적 인 하위 차원별로 효과성을 검증해왔다. 그러나 이들 연구는 리더가 변 혁적 리더십 혹은 거래적 리더십의 하위 차원을 복수로 지닐 수 있다는 점, 그리고 각 하위 차원들 간에 복잡한 상호작용을 통해 리더십의 효 과성이 달라질 수 있는 가능성에 대해서는 충분히 고려하지 못한 측면 이 있다. 따라서 지금까지의 변수 중심의 접근variable-centered approach에 서 나아가 사람 중심의 접근person-centered approach을 취할 필요가 있다 (Meyer, Stanley, & Vandenberg, 2013). 즉 리더가 리더십의 어떠한 하위 차원들을 보유하고 있는지 그리고 어느 수준으로 리더십을 발휘하고 있 는지에 따라 리더십의 효과성이 어떻게 달라지는지에 대한 연구가 이루 어질 필요가 있다. 이러한 연구는 리더에게 적합한 리더십 프로그램을 개발하고 운영하는 데 도움이 될 것이다.

4. 환경 및 문화의 관점

급변하는 조직 환경을 반영한 변혁적·거래적 리더십 연구

오늘날 많은 조직들은 급변하는 경영환경에 유연하게 대응하기 위해 팀 단위로 조직을 운영하고 있지만, 변혁적·거래적 리더십 분야에서 팀 수준의 연구는 많이 이루어지지 않고 있다. 앞서 전반적 현황에서 살펴 본 바와 같이 국내의 경우 집단 수준의 변혁적·거래적 리더십 연구가 전 체에서 차지하는 비중은 10% 수준으로 많지 않은 편이다. 팀 리더의 변 혁적 리더십은 팀원들의 집단 목표의 수용을 촉진하고(Schaubroeck et al., 2007) 팀원 간의 협력을 이끌어낸다는 점에서(Richardson & Vandenberg, 2005), 팀 리더의 변혁적 리더십에 대한 연구는 팀 단위로 조직을 운영하는 오늘날의 기업들에게 많은 시사점을 줄 수 있을 것이다. 이와 관련하여 힐러 등(Hiller et al., 2011)은 변혁적 리더십 분야야말로 긍정적 팀 상태를 만들고 팀의 다양한 프로세스(예: 응집력, 정체성, 효능감)에 영향을 줄 수 있다는 점에서 팀 단위에서 변혁적 리더십 역할에 대한 연구가 한층 활성화될 필요가 있다고 제안한 바 있다. 해외의 경우, 혁신지원인식(Eisenbeiss et al., 2008), 집단응집력(Jung & Sosik, 2002), 반성성reflectivity 및 비전 공유(Schippers, Den Hartog, Koopman, & Van Knippenberg, 2008) 등 팀 리더의 변혁적 리더십이 팀 혁신(또는 팀 효과성)에 영향을 주는 팀 내부의 내적 프로세스를 규명하는 연구가 많이 이루어지고 있다. 따라서 향후에는 팀 수준에서 변혁적 리더십과 팀 성과 간의 관계를 설명하는 내적 프로세스를 밝히는 연구가 국내에서도 많이 이루어져야 할 것이다.

한편, 환경 변화와 관련하여 최근 부각되고 있는 4차 산업혁명 시대를 고려한 변혁적 리더십 연구도 의의가 있을 것이다. 지금까지 많은 선행연구들은 변혁적 리더십의 긍정성을 가정해왔지만 인공지능, 로봇, 생명과학 등이 정보통신기술ICT과 융합되어 나타나는 혁신적 변화로 대변되는 4차 산업혁명(김한준, 2016) 시대에서 변혁적 리더십의 효과성이 유효할 것인가에 대해서도 연구해볼 만하다. 4차 산업혁명은 20세기 후반 컴퓨터에 의한 정보화 및 자동화 생산시스템이 주도한 3차 산업혁명과는 차원이 다른 개념으로서, 4차 산업혁명 시대에 조직 구성원은 전문성을 지닌 핵심인력과 그 외 파견직 등의 형태로 조직에 필요한 자원을 제공해주는 인적자원으로 나뉘게 될 것이라고 한다(허재준, 2017). 이러한 변화를 고려 시 변혁적 리더십의 효과성에도 변화가 생길 수 있다. 예를 들어 전문가로 구성된 핵심인력은 내재적 동기와 자율성이 높은 편이므로 변혁적 리더십에 무관하게 혁신적 행동을 할 수 있을 것이다(이인호·탁진국, 2010). 이는 연구개발팀을 대상으로 변혁적 리더십과 팀 혁신 성과 간의 관계를 연구한 결과, 지적 자극을 제외한 변혁적 리더십의 하위 차원이 팀 혁신성과에 긍정적인 영향을 미치지 못했다는 김학수 외(2013)의 연구와 관련될 수 있을 것이다. 이러한 핵심인력의 특성을 고려할 때 리더의 변혁적 리더십보다는 구성원 스스로의 변혁적 리더십 발휘가 더 중요할 수도 있을 것이다. 더욱이 4차 산업혁명 시대에서의 조직은 과업의 상호의존성 및 복잡성이 증가하고 창의성이 더 많이 요구되기 때문에 리더 한 명의 리더십보다는 팀원들의 공유된 리더십이 더 효과적일 수도 있다(Pearce, 2004). 이와 같이 4차 산업혁명 시대에서 부하 및 조직의 특성 변화가 변혁적 리더십의 효과성에 어떠한 영향을 미치는지에 대한 연구가 이루어져야 할 것이다.

문화 및 세대 관점의 변혁적·거래적 리더십 연구

향후 한국의 문화적 특성을 고려한 변혁적·거래적 리더십의 효과에 대한 연구가 필요할 것으로 판단된다. 많은 선행연구들이 관심을 가져왔듯이, 비록 다소 논쟁의 여지는 있으나 변혁적·거래적 리더십에 대한 부하들의 인식과 효과는 문화적 가치cultural value에 의해 영향을 받을 수 있다(Bass, 1997; Den Hartog et al., 1999). 왈룸바, 로울러, 그리고 아볼리오(Walumbwa, Lawler, & Avolio, 2007)는 조직몰입 및 상사만족에 대해서 집단주의 문화에서는 거래적 리더십이, 개인주의 문화에서는 변혁적 리더십이 더 긍정적 영향을 준다고 보고하였다. 이처럼 해외의 경우, 문화적 가치를 고려한 변혁적·거래적 리더십에 대한 인식 및 효과를 규명하는 연구가 이루어지고 있으나, 국내의 경우에는 문화적 가치를 고려한 연구는 일부(주은하·탁진국, 2005)를 제외하고는 미흡한 실정이다. 변혁적·거래적 리더십은 서구에서 개발된 이론으로서 그동안 국내 연구는 한국의 직장인을 대상으로 변혁적·거래적 리더십이 어떻게 작동하는가를 규명하기 위해 연구를 수행해왔다고 볼 수 있다. 그러나 향후에는 과연 변혁적·거래적 리더십이 한국의 문화 속에서도 서구와 같이 그대로 적용되는지, 서구와 다르다면 어떠한 변혁적·거래적 리더십 요인들의 효과가 다른지에 대한 심층적 연구가 이루어질 필요가 있다. 이를 위해 향후 비교문화 연구 등이 활성화될 필요가 있을 것이다.

또한 최근 한국기업들이 직면하고 있는 세대 간 차이 이슈를 고려할 때 기성세대와 신세대가 추구하는 가치관에 따라서 변혁적·거래적 리더십에 대한 인식 및 효과가 어떻게 다른지에 대한 연구도 시도해볼 수 있을 것이다. 조직에는 서로 다른 가치를 보유한 다양한 세대들이 공존하고 있기 때문에 동일한 리더십에 대해서도 세대에 따라 다르게 인식하고 반응할 수 있다(김나정, 2014). 특히 1980년에서 2000년 사이에 출생한 밀레니얼 세대millennial generation는 조직에 대한 충성보다는 개인적인 삶의 가치와 일의 의미를 중요하게 여기는 성향이 강하며(Ng, Schweitzer, & Lyons, 2010; Wesner & Miller, 2008), 이직의도도 높다고 한다(딜로이트 글로벌, 2016). 이러한 밀레니얼 세대의 특성을 고려할 때 조직의 비전과 개인의 비전을 일치시키는 리더십, 구성원이 일을 통해 삶의 의미를 찾을 수 있도록 지원하는 리더십, 업무 수행의 결과에 대한 즉각적인 피드백과 기여에 대한 인정과 보상 등이 변혁적·거래적 리더십의 발휘에서 있어서 더욱 중요할 수 있을 것이다. 이렇듯 향후에는 한국 리더들이 세대의 특성에 맞는 변혁적·거래적 리더십을 발휘하는 데 도움을 줄 수 있도록 세대 간 차이를 고려한 연구를 수행하는 것이 필요할 것이다.

6
맺음말

본 연구는 국내 인사·조직 분야의 학술지에 게재된 논문들을 중심으로 변혁적·거래적 리더십에 대한 국내 연구 동향을 비판적으로 고찰하고 향후 연구 방향을 제안하고자 하였다. 그동안 국내에서 리더십에 대한 리뷰 논문들이 이루어져 왔으나 2000년대 이후부터 증가하고 있는 변혁적·거래적 리더십의 연구들을 종합적으로 리뷰하는 시도는 없었다. 그러한 점에서 본 연구는 지금까지 국내 연구들이 변혁적·거래적 리더십을 어떻게 연구해왔는지를 이해하고 향후 연구 방향을 가늠하는 데 도움이 될 것이라 기대된다. 또한 본 연구에서는 해외에서 발간된 양적·질적 리뷰 논문들을 통해 해외의 변혁적 리더십 연구에 대한 연구 동향을 살펴봄으로써 국내 연구 동향과의 차이점 및 유사점을 비교·분석하였다는 점에서도 의의가 있다.

이러한 의의에도 불구하고 본 연구는 몇몇 한계점도 내포하고 있다. 첫째, 본 연구에서는 인사·조직 분야의 학술지에 게재된 논문을 중심으로 리뷰하였으나 전략경영, 행정학 등 다양한 학문 분야에서도 변혁적·거래적 리더십 연구가 이루어지고 있다는 점에서, 본 연구의 리뷰 결과가 한국 조직을 대상으로 한 변혁적·거래적 리더십 연구결과를 포괄하고 있다고 보기는 어렵다. 따라서 향후에는 다양한 학문 분야의 학술지에 게재된 논문을 포함한 고찰이 필요할 것으로 보인다. 특히 기업 조직을 대상으로 한 본 연구결과를 기업 조직이 아닌 조직을 대상으로 한 연구에서의 변혁적·거래적 리더십의 효과와 비교하는 것도 의의가 있을 것이다.

둘째, 본 연구는 변혁적·거래적 리더십에 대한 국내 연구 동향의 분석을 위한 기준점을 도출하고 해외 연구 동향과의 비교를 위해 몇몇 해외 리뷰 논문들이 제시하고 있는 변혁적 리더십의 연구 동향을 제시하였다. 그러나 이들 해외 리뷰 논문들마다 리뷰의 대상이 되는 학술지와 포함되는 논문들이 상이하기 때문에 해외 리뷰 자료의 일관성을 유지하기 어렵다. 또한 이들 해외 논문에서는 주로 변혁적 리더십에 초점을 두고 있기 때문에 거래적 리더십에 대한 연구 동향을 정확히 파악하기에는 한계가 있다. 이러한 이유로 본 연구에서 정리하고 있는 해외 연구 동향이 해외의 변혁적·거래적 리더십 연구 동향을 제대로 대변하고 있다고 보기는 어려울 수 있으며, 이를 기준으로 국내 연구 동향과의 차이점 또는 유사점을 논의하는 것은 다소 한계가 있을 수 있다.

셋째, 본 연구의 분석결과 중에서 일부는(예: 변혁적·거래적 리더십과 결과변수 간의 관계, 변혁적·거래적 리더십 간 상관관계 현황, 변혁적·거래적 리더십의 상대적 영향력) 메타분석을 통해 도출된 결과가 아닌 분석대상 논문들의 기술적 통계 또는 가설 검증 결과에 기반하여 정리한 내용이다. 보다 정확한 분석을 위해 향후에는 메타분석과 같은 통계적 분석이 이루어져야 할 것이다. 이를 위해서 변혁적·거래적 리더십과 관련한 연구들이 지속적으로 이루어져 메타분석이 가능한 실증연구들이 많이 축적되어야 할 것이다.

〈부록 1〉 변혁적·거래적 리더십의 결과변수 실증연구 현황

구 분		결과변수	변혁적 리더십		거래적 리더십 (상황적 보상 +예외관리)		거래적 리더십 (예외관리)		총 합	
			횟수	비율	횟수	비율	횟수	비율	횟수	비율
리더십 효과성	정량적 효과성	정량적 성과								
		생산성	2	1%					2	.6%
		혁신성	1	.4%					1	.3%
		품질경영*	1	.4%					1	.3%
	리더 효과성	리더 효과성	2	1%	2	3%			4	1%
		리더만족	8	3%	5	8%			13	4%
	팀·부하 성과	성과(팀)	4	2%					4	1%
		혁신 성과(팀)	1	.4%					1	.3%
		직무 성과(부하)	6	2%					6	2%
		적응 성과(부하)	1	.4%					1	.3%
		적응 성과(팀)	1	.4%					1	.3%
		창의적 성과(부하)	4	2%					4	1%
		창의적 성과(팀)	2	1%					2	.6%
		소 계	33	14%	7	11%	0	0%	40	13%
태도	태도	조직몰입	35	14%	12	19%	4	29%	51	16%
		팀몰입	4	2%					4	1%
		직무만족	24	10%	10	16%	2	14%	36	11%
		팀만족	1	.4%					1	.3%
		리더-구성원 교환관계	5	2%					5	2%
		팀-구성원 교환관계	3	1%					3	1%
		동일시	3	1%	1	1.6%	1	7%	5	2%
		냉소주의	1	.4%	1	1.6%			2	.6%
		자긍심	3	1%	2	3%			5	2%
		노조몰입	2	1%					2	.6%
	동기	임파워먼트	18	7%	4	6%	1	7%	23	7%
		리더신뢰	14	6%	5	8%	1	7%	20	6%
		팀원 간 신뢰	3	1%					3	1%
		직무동기·직무몰입	4	2%					4	1%
		자기효능감*	2	1%	1	1.6%			3	1%
		팀 효능감	7	3%					7	2%
		핵심자기평가*	1	.4%					1	.3%

〈부록 1〉 변혁적·거래적 리더십의 결과변수 실증연구 현황

구 분		결과변수	변혁적 리더십		거래적 리더십 (상황적 보상+예외관리)		거래적 리더십 (예외관리)		총 합	
			횟수	비율	횟수	비율	횟수	비율	횟수	비율
태도	동기	셀프 리더십	6	2%					6	2%
		팔로워십*	1	.4%					1	.3%
		직무열의	1	.4%	1	1.6%			2	.6%
		심리적 주인의식	2	1%					2	.6%
		혁신 성향	1	.4%	1	1.6%			2	.6%
		팀 혁신 성향	1	.4%					1	.3%
		학습 지향성*	1	.4%					1	.3%
		시장 지향성*	1	.4%					1	.3%
		목표 지향성*	1	.4%	1	1.6%	1	7%	3	1%
		기업가적 성향*	1	.4%					1	.3%
		이직의도	2	1%	1	1.6%			3	1%
	감정	신바람 정서	1	.4%					1	.3%
		행복감*	1	.4%					1	.3%
		감사·삶·만족*	1	.4%					1	.3%
		회복탄력성*	1	.4%					1	.3%
		집단정서	2	1%					2	.6%
		스트레스	1	.4%	1	1.6%	1	7%	3	1%
		팀 에너지(정서)	2	1%					2	.6%
		소 계	157	65%	41	66%	11	79%	209	66%
인지	지각	조직정치지각	1	.4%					1	.3%
		학습조직분위기	1	.4%					1	.3%
		팀 응집력	1	.4%					1	.3%
		긍정심리자본	3	1%					3	1%
		심리적 자본*	1	.4%					1	.3%
		가치일치성*	1	.4%	1	1.6%			2	.6%
		협력적 노사*	1	.4%	1	1.6%	1	7%	3	1%
		지각된 통제감*	1	.4%					1	.3%
		소 계	10	4%	2	3%	1	7%	13	4%
행동	집단 프로세스	팀워크	1	.4%	1	1.6%			2	.6%
		팀 프로세스	1	.4%					1	.3%
		팀 학습	2	1%					2	.6%
		팀공유멘탈모델*	1	.4%					1	.3%
		동료협력지원*	1	.4%					1	.3%

〈부록 1〉 변혁적·거래적 리더십의 결과변수 실증연구 현황

구 분	결과변수	변혁적 리더십		거래적 리더십 (상황적 보상+예외관리)		거래적 리더십 (예외관리)		총 합	
		횟수	비율	횟수	비율	횟수	비율	횟수	비율
조직시민행동	조직시민행동	15	6%	5	8%	2	14%	22	7%
기타 행동	혁신행동	12	5%	2	3%			14	4%
	창의적 행동	2	1%					2	.6%
	지식창출 ·지식공유	3	1%	1	1.6%			4	1%
	개인지식획득*	1	.4%					1	.3%
	인상관리행동			1	1.6%			1	.3%
	신바람 행동	1	.4%					1	.3%
	추가노력	2	1%	2	3%			4	1%
	소 계	42	17%	12	20%	2	14%	56	17%
총 합		242	100%	62	100%	14	100%	318	100%

* 매개변수로만 활용된 변수.

〈부록 2〉 변혁적·거래적 리더십→결과변수 관계에서 조절변수 연구 현황

구 분		조절변수	연구*	선행변수→결과변수	결과**
부하 개인 특성 (11개)		결혼여부	이준호 외(2013)	변혁적→직무만족	S(기혼여성)
		감성지능	박혜정·유태용 (2006)	변혁적→상사만족	S(높음)
		내통제 성향	류동웅·신진교(2013)	변혁적→직무만족	S(높음)
		집단주의 성향	류동웅·신진교(2013) 오종석 외(2002)	변혁적→직무만족 변혁적→조직시민행동	R(낮음) E(높음)
		완벽주의	김병직·김지연(2014)	변혁적→감사	S(낮음)
		외향성	오종석 외(2002)	변혁적→조직시민행동	E(높음·낮음)
		자기효능감	채주석 외(2011)	변혁적→창의성	S(높음)
		자율욕구	한주희·정진철(2001)	변혁적→팀효능감	S(높음)
		학습 지향성	이원일·정수진(2010)	변혁적→직무만족·조직몰입	S(높음)
		부하성숙도	이원일·정수진(2010) 류동웅·신진교(2013)	변혁적→직무만족·조직몰입 변혁적→직무만족	S(높음) S(낮음)
		팔로워십	이도화 외(2009)	변혁적→직무만족·조직시민 행동·조직몰입·혁신행동	R(n.s.)
			박종훈·박경아(2001)	변혁적·거래적→직무만족· 리더만족	S(변혁: 모범형, 거래: 수동형)
			권중생(2013)	거래적→직무몰입	S(높음)
부하 태도 (9개)	상사 (2개)	리더-구성원 교환관계	김수겸·홍남선(2015)	변혁적→CEO 신뢰	S(높음)
		리더 신뢰	김정원 외(2005)	변혁적→조직몰입	S(일부지지)
	직무 (1개)	심리적 임파워 먼트	최충식 외(2007)	변혁적·거래적→조직시민행 동	S(일부지지)
	팀· 동료 (2개)	대인 간 관계 갈등	설현도(2014)	변혁적·거래적→지식공유· 지식창출	R(n.s.)
		심리적 안전풍 토	김학수 외(2013)	변혁적→팀 혁신성과	S(높음)
	조직 (4개)	가치일치성	양봉희·김동주(2010)	변혁적→창의적 행동	S(높음)
		조직공정성	윤대혁·정순태(2006)	변혁적→조직시민행동·혁신 행동	S(높음)
		조직신뢰	전무경·이기은(2010)	변혁적·거래적→리더만족	S(일부지지)
		조직문화	김학돈(1997)	변혁적·거래적→조직유효성	S(일부지지)
리더 특성 (1개)		감성지능	이화용·장영철 (2004)	변혁적→직무만족·조직몰입 ·혁신행동	S(일부지지)

구분	조절변수	연구*	선행변수→결과변수	결과**
기타 (3개)	국가 간 차이	주은하·탁진국 (2005)	변혁적·거래적→조직몰입· 직무만족·상사만족·조직 시민행동	S(한국=변혁) R(중국=n.s.)
	팀 유형	김정남·정연란(2012)[a]	변혁적·거래적→팀 효율성 ·팀 만족	S(변혁: 가상팀) 대면팀)
	조직문화 유형	김남현·이주호(1997)	변혁적·거래적→직무만족 ·조직몰입·이직의도	S(변혁: 혁신문 화, 거래: 안정문 화)

* a=팀 수준 연구.
** S=지지, R=기각, E=가설 설정하지 않은 연구, ( )=조절효과 강한 상황, (n.s.)=조절효과가 유의하지
　않음.

<부록 3> 변혁적·거래적 리더십의 단선적 영향력 연구의 결과

		변혁적 리더십 (전체)	하위 차원			
			카리스마	지적 자극	개별적 배려	
개인차	자기 효능감	임준철·윤정구 (1999)(+)				
태도	신뢰	이진규·박지환 (2003)(+) 이덕로 등(2003) (+)				
	계산적 신뢰		권석균·이춘우 (2004)(+)	권석균·이춘우 (2004)(+)	권석균·이춘우 (2004)(+)	
	지식 기반 신뢰		권석균·이춘우 (2004)(+)	권석균·이춘우 (2004)(−)	권석균·이춘우 (2004)(+)	
	동일시 신뢰	이경근·박성수 (2010)(+) 서준호·윤위석 (2003)(+)	권석균·이춘우 (2004)(+)	권석균·이춘우 (2004)(ns)	권석균·이춘우 (2004)(+)	
	조직몰입	노영현·이원기 (2012)(+) 김태성·허찬영 (2012)(ns) 장석인(2009)(ns)	이철기(2010)(+) 이강옥·손태원 (2004)(+) 고환상(2011)(+) 이덕로(1994)(+)	이철기(2010)(ns) 이강옥·손태원 (2004)(ns)	이덕로(1994)(+) 이철기(2010)(ns) 이강옥·손태원 (2004)(ns) 고환상(2011)(ns)	
	정서몰입	김승곤·설현도 (2014)(ns) 노영현·이원기 (2012)(+)	김문준·장석인 (2015)(+)		김문준·장석인 (2015)(ns)	
	지속몰입	김승곤·설현도 (2014)(+) 노영현·이원기 (2012)(ns)				
	규범몰입	김승곤·설현도 (2014)(ns) 노영현·이원기 (2012)(+)				
	직무만족	박종훈·박경아 (2001)(+) 노영현·이원기 (2012)(+) 김태성·허찬영 (2012)(+) 전무경·이기은 (2010)(+)	김문준·장석인 (2015)(+) 이덕로(1994)(+)	이덕로(1994)(+)	이덕로(1994)(+) 김문준·장석인 (2015)(ns)	
	내적 직무만족		이철기(2010)(+)	이철기(2010)(+)	이철기(2010)(ns)	
	외적 직무만족		이철기(2010)(+)	이철기(2010)(ns)	이철기(2010)(ns)	
	임파워 먼트	이종법 등(2009)(+) 장석인(2009)(+)	이강옥·손태원 (2004)(+)	이강옥·손태원 (2004)(−)	이강옥·손태원 (2004)(+)	

| 하위차원 | 거래적 리더십 (전체) | 하위 차원 | |
분발고취		상황적 보상	예외관리
	임준철·윤정구 (1999)(ns)**		
	이진규·박지환 (2003)(+) 이덕로 등(2003)(−)		
	이경근·박성수 (2010)(+) 서준호·윤위석 (2003)(+)	권석균·이춘우 (2004)(ns)	권석균·이춘우 (2004)(−)
	서준호·윤위석 (2003)(+)	권석균·이춘우 (2004)(ns)	권석균·이춘우 (2004)(−)
		권석균·이춘우 (2004)(ns)	권석균·이춘우 (2004)(−)
이강옥·손태원 (2004)(ns)	노영현·이원기 (2012)(ns) 김태성·허찬영 (2012)(+) 장석인(2009)(+)	이철기(2010)(+) 이강옥·손태원 (2004)(+) 고환상(2011)(+) 이덕로(1994)(+)	이덕로(1994)(+) 이철기(2010)(ns) 이강옥·손태원 (2004)(ns) 고환상(2011)(ns)
김문준·장석인 (2015)(ns)	김승곤·설현도 (2014)(+) 노영현·이원기 (2012)(ns)	김문준·장석인 (2015)(ns)	김문준·장석인 (2015)(+)
	김승곤·설현도 (2014)(−) 노영현·이원기 (2012)(ns)		
	김승곤·설현도 (2014)(+) 노영현·이원기 (2012)(ns)		
김문준·장석인 (2015)(+)	박종훈·박경아 (2001)(+) 노영현·이원기 (2012)(+) 김태성·허찬영 (2012)(+) 전무경·이기은 (2010)(ns)	김문준·장석인 (2015)(+) 이덕로(1994)(+)	이덕로(1994)(+) 김문준·장석인 (2015)(ns)
		이철기(2010)(+)	이철기(2010)(ns)
		이철기(2010)(ns)	이철기(2010)(ns)
이강옥·손태원 (2004)(ns)	이종법 등(2009)(ns) 장석인(2009)(+)	이강옥·손태원 (2004)(+)	이강옥·손태원 (2004)(ns)

〈부록 3〉 변혁적·거래적 리더십의 단선적 영향력 연구의 결과

		변혁적 리더십 (전체)	하위 차원 카리스마	지적 자극	개별적 배려	
태도	팀-구성원 교환관계	김승곤·설현도 (2014)(ns)				
	리더만족	박종훈·박경아 (2001)(+) 전무경·이기은 (2010)(+)	이상호·이원우 (1995)(+)	이상호·이원우 (1995)(+)	이상호·이원우 (1995)(+)	
	자긍심	이문선·강영순 (2000)(+)				
	스트레스		한광현(1999)(−)	한광현(1999)(ns)	한광현(1999)(−)	
	가치일치	이진규·박지환 (2003)(+)				
	냉소주의	김진희(2008)(−)				
	직무몰입	권중생(2013)(+)				
	혁신성향	임준철·윤정구 (1999)(+)				
	직무열의	이철희 등(2012)(+) 이인호·탁진국 (2010)(+)*				
	심리적 자본	이철희 등(2012) (+)				
행동	조직 시민 행동	서준호·윤위석 (2003)(+) 이덕로 등(2003)(+)	고환상(2011)(+) 최충식·안종태·김 정원(2007)	최충식 등(2007)(+)	고환상(2011)(+) 최충식 등(2007) (ns)	
	혁신행동	고수일(2011)(+) 이종법 등(2009) (ns) 정현우·김창호 (2006)(+)* 이인호·탁진국 (2010)(+)*				
	팀워크	김진희(2008)(+)				
	지식창출	설현도(2014)(+)				
	지식공유	설현도(2014)(+)				
	추가노력	이진규·박지환 (2003)(+) 이덕로(1994)(ns)				

* 변혁적·거래적 리더십을 조절변수로 활용한 연구 2편 포함
** (ns)=리더십의 유의한 영향력이 없음

하위차원		거래적 리더십 (전체)	하위 차원	
	분발고취		상황적 보상	예외관리
		김승곤·설현도 (2014)(ns)		
		박종훈·박경아 (2001)(+) 전무경·이기은 (2010)(ns)		
		이문선·강영순 2000(−)		
			한광현(1999)(−)	한광현(1999)(+)
		이진규·박지환 (2003)(+)		
		김진희(2008)(+)		
		권중생(2013)(ns)		
		임준철·윤정구 (1999)(+)		
		이철희 등(2012)(+) 이인호·탁진국 (2010)(+)*		
		이철희 등(2012)(+)		
		서준호·윤위석 (2003)(ns) 이덕로 등(2003)(−)	고환상(2011)(+) 최충식 등(2007)(+)	고환상(2011)(ns) 최충식 등(2007) (ns)
		이종법 등(2009) (+) 정현우·김창호 (2006)(−)* 이인호·탁진국 (2010)(+)*	고수일(2011)(+)	고수일(2011)(+)
		김진희(2008)(ns)		
		설현도(2014)(ns)		
		설현도(2014)(ns)		
		이진규·박지환 (2003)(ns) 이덕로(1994)(ns)		

〈부록 4〉 변혁적·거래적 리더십의 상대적 영향력 연구 현황

구 분	결과변수	상대적 영향력	
		연구결과*	상황요인
1. 결과변수에 미치는 상대적 영향력 관련 연구			
김진희(2008)	팀워크	변혁적 리더십〉거래적 리더십	
	냉소주의	변혁적 리더십〉거래적 리더십	
김태성·허찬영 (2012)	직무만족	변혁적 리더십〉거래적 리더십	
	조직몰입	변혁적 리더십〈거래적 리더십	
	협력적 노사관계	변혁적 리더십〉거래적 리더십	
이종법 외(2009)	임파워먼트	변혁적 리더십〉거래적 리더십	
이철기(2010)	직무만족	변혁적 리더십〉거래적 리더십	
	조직몰입	변혁적 리더십〉거래적 리더십	
이강옥·손태원 (2004)	조직몰입	변혁적 리더십〉거래적 리더십	
	임파워먼트	변혁적 리더십〉거래적 리더십	
임준철·윤정구 (1999)	자기효능감	변혁적 리더십〉거래적 리더십(n.s.)	
	혁신성향	변혁적 리더십〉거래적 리더십	
노영현·이원기 (2012)	조직몰입	변혁적 리더십〉거래적 리더십(n.s.)	
	직무만족	변혁적 리더십〉거래적 리더십(n.s.)	
장석인(2009)	임파워먼트	변혁적 리더십〉거래적 리더십	
이덕로(1994)	직무만족	변혁적 리더십〉거래적 리더십(가설기각)	
	조직몰입	변혁적 리더십〉거래적 리더십(가설기각)	
이덕로 외(2003)	조직시민행동	변혁적 리더십〉거래적 리더십	
	신뢰	변혁적 리더십〉거래적 리더십	
권석균·이춘우 (2004)	계산기반신뢰	변혁적 리더십〉거래적 리더십	
	지식기반신뢰	변혁적 리더십〉거래적 리더십	
	동일기반신뢰	변혁적 리더십〉거래적 리더십	
2. 상황에 따른 변혁적·거래적 리더십 상대적 영향력 차이 규명 연구			
박종훈·박경아 (2001)	직무만족	변혁적 리더십〉거래적 리더십	팔로워십 유형(모범형)
		변혁적 리더십〈거래적 리더십	팔로워십 유형(수동형)
김정남·정연란 (2012)	팀 만족	변혁적 리더십〉거래적 리더십	팀 유형(가상팀)대면팀)
	팀 과제 효과성	변혁적 리더십〉거래적 리더십	팀 유형(가상팀)대면팀)

〈부록 4〉 변혁적·거래적 리더십의 상대적 영향력 연구 현황

구 분	결과변수	상대적 영향력	
		연구결과*	상황요인
주은하·탁진국 (2005)	조직몰입	변혁적 리더십〉거래적 리더십	한국〉중국
	직무만족	변혁적 리더십〉거래적 리더십	한국〉중국
	조직시민행동	변혁적 리더십〉거래적 리더십	한국〉중국
	상사만족	변혁적 리더십〉거래적 리더십	한국〉중국
김남현·이주호 (1997)	조직몰입	변혁적 리더십〉거래적 리더십 변혁적 리더십〈거래적 리더십	혁신문화 안정문화
	직무만족	변혁적 리더십〉거래적 리더십 변혁적 리더십〈거래적 리더십	혁신문화 안정문화
	이직의도	변혁적 리더십〉거래적 리더십 변혁적 리더십〈거래적 리더십	혁신문화 안정문화

* (n.s.)=거래적 리더십의 유의한 영향력이 없는 연구.

7장

집단 내 '다름'과 '직무성과'

노현탁

연세대학교 경영대학 부교수, E-mail: hroh@yonsei.ac.kr

미국 일리노이 주립대학에서 인사·노사관리 전공으로 박사학위를 취득했다. 『경영학회 저널Academy of Management Journal』『인적자원관리Human Resource Management』『인사조직연구』『경영학연구』등 국내외 주요 학술지에 다수의 논문을 게재하였다. 미국 경영학회로부터 최우수 논문상, 인사조직학회로부터 국제학술상, 일리노이 대학과 연세대학교에서 우수 강의상 또한 수상하였다. 인적자원관리와 조직행동의 여러 분야에 걸쳐 활발한 연구와 강의활동을 하고 있다. 특히 기업 내 다양성관리에 초점을 두고 여러 연구를 진행하고 있다.

유이정

연세대학교 경영학과 박사과정, E-mail: 51532jeong@yonsei.ac.kr

현재 연세대학교 경영학과 박사과정에 재학 중이다. 『집단과 조직관리Group and organization management』『인사조직연구』『연세경영연구』등 국내외 주요 학술지에 논문을 게재하였다. 주요 연구관심 분야는 조직 내 인력 다양성관리이다.

*이 글은 『인사조직연구』 2016년 8월호(24권 3호)에 게재된 논문(집단 내 개인의 비유사성이 직무성과에 미치는 영향: 비유사성 유형에 따른 차별적 효과와 과업특성의 조절효과에 관한 메타분석 연구)을 수정·보완한 것임.

1

서론

조직 내 인력 다양성은 다양한 인종과 문화를 가진 미국에서뿐 아니라 국내 조직에서도 중요한 경영 이슈로 부상하고 있다. 주로 집단의 특성으로 고려되어 온 다양성은 개인 수준에서는 관계적 인구통계 relational demography라는 명칭하에 연구가 진행되어 왔다(Tsui & Gutek, 1999). 와그너와 동료들(Wagner, Pffefer, & O'Reilly, 1984)에 의해 처음 소개된 관계적 인구통계는 개인 간 혹은 집단 대 개인 간 관계에서 개인이 가지는 상대적인 특성(타인 또는 소속집단의 특성과 비교한 차이점 또는 다름의 정도)을 의미한다. 관계적 인구통계 연구들은 개인이 지닌 인구통계학적 특성 자체의 효과(예: 여성이라는 것이 개인에게 미치는 효과)에 그치는 것이 아니라 개인이 속한 상황 내 상대적인 인구통계 특성의 효과(예: 남성이 많은 집단 혹은 여성이 많은 집단에서 여성이라는 것이 개인에게 미치는 효과)에 주목할 필요성을 제기하며, 이러한 상대적 특성이 개인의 태도, 행동, 성과 등에 어떠한 영향을 미치는지에 대해 고찰해왔다(Riordan, 2000; Tsui & O'Reilly, 1989).

지난 수십여 년간 축적되어온 관계적 인구통계 관련 연구결과들을 살펴보면 다소 혼재된 패턴을 보이고 있음을 확인할 수 있다(Riordan, 2000; Tsui & Gutek, 1999). 일군의 학자들은 집단 내 개인이 가지는 상대적 차이(소속집단-개인 간 비유사성의 정도)가 클수록 직무만족, 조직몰입, 조직의 지원에 대한 인식 등 개인의 태도 관련 변수들에 부정적인 영향을 미친다는 연구결과를 보고해온 반면(예: Chattopadhyay, 2003; Liao, Joshi, & Chuang, 2004), 또 다른 학자들은 승진 기회, 조직시민행동 등과 같은 업무 관련 결과변수에는 아무런 영향을 미치지 않거나(예: Kirchmeyer, 1995; Klein, Lim, Saltz, & Mayer, 2004), 심지어 긍정적이라는 연구결과를 보고하였다(예: Glomb & Welsh, 2005; Tsui, Porter, & Egan, 2002). 이러한 혼재된 연구결과에도 불구하고 기존 연구들은 언제, 왜 이러한 차이를 보이는지에 대한 세밀한 이해가 부족하다는 한계점이 존재한다.

전술한 문제의식에 근거하여 본 장에서는 대표적인 정량적 문헌분석 방법 중 하나인 메타분석meta-analysis 방법을 통해 관계적 인구통계의 영향력을 보다 명확하게 이해하고자 하였다. 특히 본 연구는 개인이 갖는 비유사성(다름)의 정도가 직무성과에 미치는 영향력에 초점을 두었다. 직무성과는 실무 현장에서 연봉 인상, 승진, 전직, 훈련, 성과 피드백, 인재개발과 같은 중요 인사 고과를 결정짓는 기준으로 활용될 뿐 아니라 전체 조직의 성과와도 연결된다는 점에서 중요한 변수이다(Landy & Farr, 1983). 하지만 기존 연구들은 성과보다 개인의 지각, 태도, 일부 행동결과에 미치는 관계적 인구통계 효과를 살펴보는 데 상대적으로 집중되어 있다. 특히 기존 실증 결과들에서 관계적 인구통계와 직무성과의 관계가 긍정과 부정으로 혼재되었음에도 불구하고 이를 종합적으로 고찰하고자 하는 시도는 부족한 실정이다.

따라서 본 연구는 집단 내 개인이 갖고 있는 상대적 차이가 직무성과에 미치는 영향력을 보다 효과적으로 살펴보기 위하여 다음과 같은 작업을 수행하였다. 먼저 기존 문헌에 근거하여 관계적 인구통계 특성들의 유형을 구분하고, 각 유형의 비유사성이 직무성과에 미치는 차별적 영향력을 살펴보았다. 학자들은 다양한 비유사성 특성들을 아우르는 유형 구분을 통해 혼재된 영향력을 보다 명확히 밝힐 필요가 있음을 제기해왔다(Jackson, May, & Whitney, 1995; Jehn, Northcraft, & Neale, 1999). 특히 관계 관련 특성과 과업 관련 특성에 따른 구분은 다양성의 긍정적 효과와 부정적 효과를 모두 설명할 수 있다는 점에서 집단 수준 다양성 연구에서 활용되어왔지만, 아직 관계적 인구통계 연구에서 전술한 유형의 차별적 효과에 대해 종합적으로 검증한 바가 없다(예외: Guillaume, Brodbeck, & Riketta, 2012). 따라서 본 연구는 젠과 동료들(Jehn et al., 1999)의 구분법에 근거하여 관계적 인구통계 유형을 크게 사회범주 비유사성social category dissimilarity과 정보 비유사성information dissimilarity으로 구분하고 각 유형의 비유사성이 직무성과에 어떠한 영향을 미치는지 살펴보고자 하였다.

두 번째로 본 연구는 상황론적 관점contextual perspective에 근거하여 개인이 수행하는 과업특성이 관계적 인구통계와 직무성과 간 관계를 어떻게 강화 또는 약화시키는지에 대한 종합적 분석을 실시하였다. 개인을 둘러싼 여러 상황변수 중 특히 과업특성은 직무수행과 관련한 개인의 태도 및 행동에 직접적인 영향을 미칠 수 있다는 점에서 그 영향력에 대한 고려가 특히 중요하나, 지난 관련 연구에서 과업특성의 조절효과를 종합적으로 고찰한 연구는 존재하지 않는다. 따라서 본 연구에서는 과업특성의 주요 측면, 즉 과업 상호의존성interdependence, 불확실성uncertainty, 자율성autonomy의 영향력에 초점을 두고 메타분석을 실시하였다.

본 장의 구성은 다음과 같다. 다음 절에서는 집단 내 개인의 비유사성과 직무성과 간 관계를 설명하는 기존 이론 및 연구들을 소개하는 한편, 여기서 더 나아가 비유사성의 유형별(사회범주 및 정보 비유사성) 차별적 영향력에 대한 이론적 논의를 제시할 것이다. 또한 주요 과업특성(상호의존성, 불확실성, 자율성)이 비유사성과 직무성과 간 관계에 어떤 영향을 미치는지에 대한 논거도 함께 제시할 것이다. 그다음 절에서는 본 연구에서 활용하고 있는 메타분석 방법에 대해 간략하게 소개하고 주요 메타분석 결과를 제시할 것이다(연구방법 및 결과에 대한 보다 상세한 기술적 설명은 유이정·노현탁 [2016] 참고). 마지막 절에서는 주요 연구결과의 이론적, 실무적 시사점에 대해 논의하고 향후 연구과제에 대해서도 기술할 것이다.

2

집단 내 '다름'이 직무성과에 미치는 영향

기존 관계적 인구통계 연구들은 성별, 나이, 교육배경, 성격 등의 개별 특성에 대한 집단 내 개인의 비유사성 효과를 고찰해왔다. 집단수준 다양성 연구의 경우 개별 특성들을 유형별로 구분하여 다양성의 효과를 보다 체계적으로 설명해왔지만(Jackson et al., 1995; Jehn et al., 1999), 개인 수준 비유사성의 유형별 검증은 (특히 직무성과와 관련하여) 상대적으로 부족한 실정이다. 본 연구에서는 다양성 문헌에서 주요하게 활용된 젠과 동료들(Jehn et al., 1999)의 다양성 유형에 근거하여 집단 내 개인이 갖는 비유사성의 유형을 구분하고자 하였다.

젠과 동료들(Jehn et al., 1999)은 다양성의 유형을 사회범주 다양성, 정보 다양성, 가치 다양성의 세 유형으로 구분하였다. 이는 다양성의 표면수준 특성과 심층수준 특성, 그리고 관계 관련 혹은 과업 관련 여부를 모두 반영한다는 점에서 가장 포괄적인 다양성 분류 방법이라고 볼 수 있다. 관계적 인구통계의 효과를 종합적으로 살펴보기 위해서는 앞서 언급한 세 가지 유형을 모두 고려하는 것이 바람직하나, 가치 비유사성(예: 성격, 가치관)과 직무성과 간 관계를 실증한 연구들(메타

분석에 활용이 가능한 연구들)이 아직 충분히 축적되지 않아, 본 연구에서는 사회범주 비유사성과 정보 비유사성이 직무성과에 갖는 영향력에만 초점을 두었다. 사회범주 비유사성은 구성원들 간 관계에 주요한 영향을, 정보 비유사성은 개인의 과업수행에 보다 직접적인 영향을 미친다는 점에서 두 비유사성 유형은 구분될 수 있고, 따라서 각각 직무성과에 다른 형태의 영향을 미칠 것으로 예측된다.

1. 사회범주 비유사성

사회범주 비유사성은 나이, 성별, 인종과 같이 가시적인 사회범주 특성을 집단 내 다른 구성원들과 비교하였을 때 개인이 가지는 상대적인 차이(거리)를 의미한다(Jehn et al., 1999). 집단 내 개인의 나이, 성별, 인종 비유사성에 대한 연구는 지금껏 축적된 관계적 인구통계 문헌에서 과반 수 이상을 차지할 만큼 가장 많은 연구관심을 받아왔으며, 사회적 통합, 갈등, 업무관계의 질 등과 같은 집단 구성원들 간 관계에 주로 영향을 미친다고 보고되어 왔다(노현탁·유승희, 2014).

사회범주 비유사성이 직무성과에 미치는 영향력은 유사성-매력 패러다임(similarity- attraction theory; Byrne, 1971)과 사회적 정체성 관점(social identity perspective; Tajfel & Turner, 1979)을 통해 설명될 수 있다. 사회적 정체성 관점에 따르면 개인은 다른 집단 구성원들을 자신과 유사한 내집단 구성원들과 유사하지 않은 외집단 구성원들로 구분하고, 내집단 구성원들에게는 호감과 신뢰를 표현하며 협력하려고 하는 성향을 보이는 반면, 외집단 구성원들에게는 편견과 차별을 보인다(Tajfel & Turner, 1979). 동일한 맥락에서 유사성-매력 패러다임 역시 사람들이 자신과 유사한 사람들에게 매력을 느끼며 호의를 보인다고 주장한다(Byrne, 1971). 두 이론적 견해를 지지하는 많은 실증연구 결과가 축적된 바 있다. 예를 들어 개인이 집단 내 다른 구성원들과 갖는 상대적 거리는 부정적인 편견과 선입견과 차별을 불러일으키고, 조직몰입과 직무만족과 잔류의도와 같은 주요 직무태도에 부정적 영향력을 미치며(예: Tsui et al., 2002), 사회적 상호작용과 커뮤니케이션 등에도 어려움을 가져올 뿐 아니라 이직이나 결근과 같은 부정적 행동결과로 이어지게 된다는 다수의 연구결과들을 확인할 수 있다(예: Jackson, Brett, Sessa, Cooper, Julin, & Peyronnin, 1991; Tsui et al., 2002).

그뿐만 아니라 집단 내 사회범주 특성 차이가 큰 구성원은 일상의 업무 네트워크에서 배제되어 과업 수행에 필요한 정보 및 자원 접근에 어려움을 겪을 수도 있다. 예를 들어 짐머(Zimmer, 1988)는 남성주도적인 환경에서 여성들의 권력이 약하고, 업무 관련 기회들이 차단됨을 밝혔으며, 이와 유사하게 길리안과 동료들(Kilian, Hukai, & Mc-Carty, 2005)은 흑인 종업원들과 여성 종업원들이 백인 또는 남성 중심의 집단 환경하에서 백인, 남성 종업원들에 비해 경력개발에 어려움을 겪는다는 연구결과를 보고하였다. 이 밖에도 다수의 연구결과들은 사회범주 비유사성이 클 경우 집단 구성원들과의 의사소통이나 사회적 상호작용이 어려워 과업 수행에 필요한 정보 및 네트워크를 확보하거나 활용하기 어렵고, 그로 인해 향후 경력개발에 어려움을 겪어 이직 가능성 또한 높아짐을 보고하고 있다(Elfenbein & O'Reilly, 2007; Jackson et al., 1991; Riordan & Shore, 1997; Tsui et al., 2002).

전술한 이론적 논의 및 지난 실증연구 결과들에 근거하여, 집단 내 사회범주 비유사성이 클수록 개인의 직무성과는 부정적일 것임을 예측할 수 있다. 다수의 지난 연구들은 앞서 논의한 사회범주 비유사성의 보다 직접적 영향력을 받을 수 있는 주요 태도(직무만족, 몰입 등) 및 행동변수들(이직, 결근 등)이 개인 직무성과에 영향을 미칠 수 있는 주요 선행요인임을 밝힌 바 있다(예: Chuang & Liao, 2010; Gelade & Ivery, 2003). 또한 사회범주 비유사성으로 인해 겪을 수 있는 다른 측면의 불이익, 즉 집단 내 네트워크에서의 배제, 정보부족, 경력개발의 기회차단 등은 개인의 직무성과창출에 부정적인 영향력을 미치는 구조적인 장애물로 작용할 수 있을 것이다.

2. 정보 비유사성

정보 비유사성은 업무배경, 교육배경, 근속연수와 같이 업무에 필요한 경험, 지식의 기반이 되는 정보적 특성을 집단 내 다른 구성원들과 비교하였을 때 개인이 가지는 상대적인 차이(거리)를 의미한다(Jehn et al., 1999). 정보 비유사성 역시 집단 내 소수의 위치라는 점에서 유사성 매력 패러다임과 사회적 정체성 관점 논리에서 완전히 자유로울 수 없다. 그러나 정보적 특성은 사회적 지위에 근거한 범주화 과정에서 비교적 자유롭고 그 특성 자체가 직무수행 과정에 직접적인 영향을 미친다는 점에서, 직무성과에 있어 사회범주 특성과 다른 영향력을 보일 것으로 기대할 수 있다(Riordan, 2000).

정보 비유사성의 영향력을 이해하기 위해 정보적 특성들은 사회범주 특성들과 달리 다르다는 것이 부정적인 것이 아니라 독특성 uniqueness 측면에서 긍정적으로 인정되는 경향이 있음을 먼저 이해할 필요가 있다. 다른 구성원들이 갖지 못하는 독특한 정보가 과업수행에 있어서 이점으로 작용할 수 있는 것이다. 또한 다른 구성원들과 정보적 특성이 다르다는 것은 중복되지 않은 네트워크로부터 새롭고 다양한 지식과 자원을 얻을 수 있음을 의미하고(Burt, 1992; Podolny & Baron, 1997), 이를 통해 다른 기존 구성원들이 보지 못하는 관점에서 문제를 바라보고 해결하는 과업수행을 할 수 있다는 장점이 있을 수 있다. 더 나아가 남이 보유하고 있지 않은 차별적이고 독특한 정보를 보유하고 있는 개인은 문제해결 과정에서 보다 높은 수준의 통제감을 느낄 수 있고, 이로 인한 자기효능감과 개인 역량의 향상은 궁극적으로 더 나은 직무수행(직무성과)으로 이어질 것으로 기대된다(Elsass & Veiga, 1997).

이러한 예측을 뒷받침하는 다수의 실증연구 또한 존재한다. 베크만과 하운실드(Beckman & Haunschild, 2002)는 서로 유사한 배경특성을 공유한 이들은 그만큼 유사한 네트워크를 공유하기 때문에 접근하고 활용할 수 있는 정보 및 자원이 중복되고 한정될 수 있지만, 집단 내 기존 구성원들과 차별화된 경험을 가진 구성원의 경우 다른 구성원들이 가지지 못한 정보 및 자원을 바탕으로 보다 탁월한 문제해결 방식에 접근할 수 있다는 점을 밝힌 바 있다. 뷔르세마와 반텔(Wiersema & Bantel, 1992)은 다른 이와 차별화된 경험을 가진 구성원일수록 복잡한 환경을 해석하고 불확실한 상황을 대처하는 데 도움이 된다고 밝혔으며, 잭슨과 동료들(Jackson, May, & Whitney, 1995)은 개인이 다른 구성원들과 같은 정보를 가졌을 때보다 차별화되는 정보를 가졌을 때 더욱 창의적인 결과, 효과적인 의사결정을 도출해낸다고 보고하였다.

또한 집단 내 개인의 정보 비유사성이 큰 경우 그 정보의 차이를 바탕으로 다른 구성원들과의 관계에 있어서 정보적, 관계적 우위를 점할 수도 있음을 지난 연구들을 통해 확인할 수 있다. 버트(Burt, 1992)는 네트워크 내에서 다른 구성원들과 중복되지 않은 정보를 가지고 있을 때 강한 중재자의 장점을 확보할 것이라고 주장하였다. 즉 다른 행위자들이 필요로 하는 자원(다양하고 독특한 정보)으로의 접근이 용이하고 그 자원에 대한 통제권이 주어진 경우, 다양한 기회의 선점이 가능하여 자신의 가치를 향상시킬 수 있을 뿐 아니라 네트워크 내부에서 자원을 교환하기 위해 자신에게 의지하는 경쟁자들에 대해 경쟁우위를 확보할 수 있는 것이다. 집단 내 정보 비유사성이 큰 구성원은 이러한 경쟁력을 바탕으로 다른 구성원들과 호의적인 유대관계를 유지하게 되어 필요할 때 다른 구성원들의 지원을 이끌어낼 수 있을 뿐 아니라(Gargiulo & Benassi, 2000) 자신에게 의존하는 이들에 대해 직무수행에 필요한 영향력과 권한을 행사할 수도 있다(Astley & Sachdeva, 1984; Brass, 1984).

전술한 내용을 종합하면 집단 내 정보 비유사성이 큰 개인은 보다 효과적인 직무수행이 가능하고 따라서 높은 수준의 직무성과 달성이 가능하리라 예측할 수 있다. 이는 정보 비유사성이 갖는 정보적 이점(독특성) 및 업무 네트워크상의 장점(강력한 중재자의 이점)에 초점을 둔 이해라고 할 수 있다. 그러나 정보 비유사성과 관련한 지난 연구들 중 정보 비유사성 또한 (예: 서로 다른 직무경험, 교육배경 특성) 구성원 간 집단구분 및 범주화 과정에서 자유로울 수 없으며, 이는 종종 인식의 불일치representation gap, 소통 및 통합의 문제, 문제해결의 어려움을 초래할 수 있음을 지적한 연구 또한 존재함을 간과해서는 안 된다(Bunderson & Sutcliffe, 2002; Cronin & Weingart, 2007). 과거 문헌을 종합적으로 고려했을 때 정보 비유사성이 직무수행에 미치는 긍정적, 부정적 영향력을 모두 확인할 수 있으나, 본 연구에서는 관련 연구(집단 수준 다양성 연구, 최고경영진 다양성 연구 등)에서 보이고 있는 주장 및 전반의 연구결과 등을 고려하여 정보 비유사성의 긍정적 효과에 보다 초점을 두고자 한 것이다. 예를 들어 집단 수준 다양성 연구에서도 직무경험, 교육배경 이질성이 갖는 정보적 이점과 동시에 집단구분으로 인한 구성원들 간 응집과 통합의 어려움을 동시에 지적한 바 있으나, 직무수행 과정에 있어서 이질적 구성원들은 정보 비유사성의 부정적 측면보다는 긍정적 측면(정보적 이점)에 초점을 두는 경향이 있다(van Knippenberg, De Dreu, & Homan, 2004). 실제로 집단 다양성 메타분석 연구에서 정보 다양성이 성과(집단 수준의 종합적 성과)에 미치는 영향력이 긍정적임이 밝혀진 바 있다(예: 노현탁, 2014; Joshi & Roh, 2009).

3. 과업특성의 영향력

본 연구에서는 사회범주 및 정보 비유사성과 직무성과 간 관계에 영향을 미칠 수 있는 과업특성 중 과업의 상호의존성, 불확실성, 자율성에 초점을 두었다. 이러한 변수들은 과업특성을 구분하고 이해하기 위한 주요한 요소로서 과거 연구에서 많은 관심을 받아왔고 개인의 동기부여, 태도, 상호작용 등에도 차별적인 영향을 미치는 것으로 알려진 바 있다(Auster, 1989; Hackman & Oldham, 1976; Thompson, 1967).

과업 상호의존성

과업 상호의존성은 집단 구성원들의 과업이 서로 긴밀하게 연결되어 구성원들 상호간 업무수행 과정이나 결과에 대해 책임을 지거나 의존하게 되는 특성을 의미한다(Thompson, 1967; Van de Ven & Ferry, 1980). 과업수행의 결과가 개인의 능력이 아닌 여러 구성원들의 협동에 의해 결정되기 때문에 과업 상호의존성이 높은 상황에서 집단 내 구성원들은 직무 수행을 위한 자료, 정보, 전문 지식을 공유하기 위해 잦은 소통을 하게 된다(Van de Ven & Ferry, 1980). 이때 발생하는 결과는 사회접촉 가설contact hypotheses에 의해 이해할 수 있다. 일반적으로 사람들은 인지적 한계로 인해 타인을 판단할 때 모든 정보를 객관적으로 처리해서 평가하기보다 일정한 범주 내지 고정관념에 근거하여 판단하는 경향을 가지고 있다. 이러한 경향은 상대에 대한 정확한 정보가 없을 때 더욱 활성화된다. 접촉가설에 의하면 사람들 간의 직접적이고 빈번한 접촉이 있을 경우 보다 객관적이고 정확한 정보에 기초한 판단을 하게 되며, 관계 초기에 상대방에게 가지고 있던 편견과 선입견의 영향력이 감소된다고 한다(Allport, 1954; Pettigrew, 1998).

실제로 서로 다른 배경특성을 가진 구성원들이 상호의존적인 과업을 수행하면서 협력하게 되고, 그로 인해 서로에 대한 인식이 긍정적으로 변화한다는 결과를 보고하는 선행연구들이 다수 존재한다. 게르트너와 도비디오(Gaertner & Dovidio, 2014)는 상호의존적인 과업을 수행하는 집단 구성원들이 그렇지 않은 집단 구성원들보다 개인의 이익이 아닌 공동의 목표를 위해 협력하는 경향을 보이고, 협력 과정에서 서로 간의 차이를 덜 인식함을 밝혔다. 켑하트(Kephart, 1957)는 흑인 경찰과 백인 경찰이 함께 구역 검찰을 수행할 때 상호 간 지시를 적극적으로 수렴하고 긍정적인 파트너십을 보인다는 연구결과를 보고하였으며, 브로피(Brophy, 1946)는 백인 선원과 흑인 선원이 항해를 함께하면서 서로에 대한 인종적 편견이 감소되고 협력하였다는 연구결과를 보고하였다.

위에서 제시한 이론적 논의 및 선행연구결과들에 따라 과업 상호의존성은 사회범주 비유사성의 부정적 효과를 낮추고 정보 비유사성의 긍정적 효과를 강화할 것이라고 추론할 수 있다. 일반적인 경우 집단 내 타 구성원들에 비해 사회범주 비유사성이 큰 구성원은 인구통계적 특성에 의한 범주화로 인해 다른 구성원들로부터 부정적인 편견을 경험할 가능성이 높다. 하지만 과업 상호의존성이 큰 상황에서는 자연스러운 사회적 접촉으로 인해 개인이 받는 부정적 편견이 감소하게 되면서 과업 수행에 필요한 자원 및 정보를 보다 쉽게 획득할 수 있게 되고, 이는 보다 적극적인 과업수행과 성과창출로 이어질 수 있을 것이다. 또한 상호의존성이 큰 상황(접촉빈도가 크고 상호간 정보교류 및 의존성이 큰 상황)에서 개인이 보유하고 있는 독특한 정보의 효용성은 더 크게 인식될 것이고 집단 내 관계에 있어서의 통제감 또는 중재자로서의 영향력 또한 강화될 것으로 예측할 수 있다.

과업 불확실성

과업 불확실성은 연구관점에 따라 다양하게 정의될 수 있기 때문에 그 효과를 살펴보기 위해서는 사전에 개념을 명확하게 하는 것이 중요하다. 본 연구에서는 다수의 선행연구에서 정의된 바에 따라 과업 자체에 변화가 많거나 과업 수행 환경을 예측 또는 통제하기 어려운 경우를 과업 불확실성이 높은 것으로 정의하고자 한다(Thompson, 1967).

과업 불확실성이 개인에게 미치는 영향력에 대해서는 긍정과 부정의 상반된 논의가 존재한다. 일군의 학자들은 과업 불확실성이 클 경우 개개인의 다양한 관점이 활용될 수 있는 기회가 증가할 것이라고 제시해왔다. 이는 복잡하고 불확실한 환경에서의 성공은 새로운 전략적 대안의 창출 여부에 달려 있기 때문이다(Haleblian & Finkelstein, 1993; Tushman & Anderson, 1986). 지난 연구들은 역동적인 환경에서 다양한 구성원들이 갖고 있는 견해, 경험적 특성 등이 정보처리, 문제 해결 과정에 반영될 가능성이 커지며(Finkelstein & Hambrick, 1996), 안정적인 환경하의 구성원들은 다양한 정보를 활용하여 새로운 대안을 찾아낼 필요성을 느끼지 못하기 때문에 집단 사고에 빠지게 되는 등 비생산적인 결과로 이어진다는 연구결과를 보고하였다(Carpenter & Westphal, 2001).

이와 반대로 과업 불확실성이 클 경우 개인의 판단 및 의사결정 과정에 더 많은 인지적 노력을 투입하게 만든다는 점에서 부담으로 작용될 수 있다는 논의 또한 존재한다(Chaiken, 1980; Nisbett & Ross, 1980; Petty & Cacioppo, 1986). 과업 불확실성이 커질 경우 구성원들은 과업 목표를 설정하기 어려워지고 전체 성과에 특정 개인이 기여한 부분을 명확히 규명하는 것이 어려워진다(Auster, 1989). 사람들은 인지적 부담을 줄이기 위해서 단순하고 효율적인 방법(휴리스틱)을 활용하는데, 다수의 지난 연구들은 휴리스틱의 활용이 구성원들이 가지는 편견을 더욱 강하게 만들고 개인의 태도 및 행동을 한정시킨다는 결과를 보고해왔다(Chaiken, 1980; Nisbett & Ross, 1980; Petty & Cacioppo, 1986).

전술한 논의들을 종합하였을 때 과업 불확실성의 조절효과는 관계적 인구통계 유형에 따라 구분하여 이해할 필요가 있다. 먼저 사회범주 비유사성이 직무성과에 미치는 부정적 영향력은 과업 불확실성이 높은 상황에서 더욱 강화될 것으로 추론할 수 있다. 인종, 성별, 나이와 같은 사회범주 특성은 가시적으로 두드러지고 범주화 과정과 밀접한 관계가 있기 때문에 사람들의 휴리스틱 의존 성향을 강화시킬 수 있다. 휴리스틱 활용은 과업이 불확실할수록 강해지기 때문에 불확실한 과업 상황에서 사회범주 비유사성이 큰 구성원에게 가해지는 부정적 선입견은 더욱 강해질 것이다. 그리고 이는 업무 정보 획득 실패와 부정적 직무태도로 이어져 궁극적으로 개인의 성과에 부정적인 영향을 미칠 것임을 추론할 수 있다.

또한 정보 비유사성이 직무성과에 미치는 긍정적 영향력 역시 과업 불확실성이 높은 상황에서 더욱 강화될 것이라고 예측할 수 있다. 정보적 특성은 상대적으로 범주화 과정으로부터 자유롭기 때문에 과업 불확실성이 큰 경우 집단 구성원들과의 정보적 차이가 다른 이들에게 부정적 선입견의 대상이 아닌 새로운 문제해결의 원천으로써 매력적으로 받아들여질 가능성이 높다. 과업 불확실성이 큰 상황에서 사람들은 다양한 정보를 활용하여 새로운 대안을 찾아내고자 하기 때문에, 정보 비유사성이 큰 구성원들이 보유한 독특한 정보 및 네트워크를 공유하기 위하여 호의적 행동과 사회적 지지를 보이게 될 것이다. 이러한 과정에서 정보 비유사성이 큰 구성원의 집단 내 영향력이 강화되어 직무성과에 긍정적인 영향을 미칠 수 있다.

과업 자율성

과업 자율성은 과업 수행 시 개인이 재량권을 가지고 독립적으로 업무 관련 일정 및 작업방법을 계획하거나 의사결정을 할 수 있는 과업특성을 의미한다(Hackman & Oldham, 1976). 즉 높은 수준의 자율성이 보장된 과업환경에서 개인은 타인(팀 내 타 구성원)의 영향에서 자유로울 수 있고, 보다 독립적이고 자발적인 과업수행이 가능하다. 선행연구결과들은 과업 자율성이 클수록 과업 수행 시 개인이 가진 정보를 보다 효과적으로 활용하여 의사결정할 수 있음을 제시한 바 있다(Locke, Alavi, & Wagner, 1997; Miller & Monge, 1986). 대표적인 연구 사례로 로크와 동료들의 연구(Locke et al., 1997)를 들 수 있다.

이들은 상사-부하 간 과업 관련 정보에 차이가 존재할 경우 과업 자율성이 부하의 의사결정에 어떠한 영향을 미치는지 검증하였다. 연구 결과에 의하면 상사가 가지지 못한 정보를 가지고 있는 부하(정보 비유사성이 큰 개인)의 과업이 자율적인 경우 부하는 본인만의 정보를 효과적으로 활용하며 언제 어떻게 과업을 수행할 것인지에 대해 더 나은 의사결정을 할 수 있다는 것을 확인할 수 있다. 그뿐만 아니라 지난 연구들은 자율성이 높은 과업 상황에서 개인의 업무 통제감 및 책임감이 증가한다는 결과들을 보고해왔다(Adelmann, 1987; Champoux, 1991; Saavedra & Kwun, 2000). 개인이 과업 수행 방법을 스스로 통제할 수 있다고 지각할 때 보다 다양한 방법을 활용하여 창조적인 성과를 만들어내고자 하는 동기가 증가하며(Jung & Sosik, 2002), 자율적인 과업 상황에서 부여되는 재량권을 내재적 보상으로 인식함으로써 스스로를 개발하게 된다는 연구결과 또한 보고된 바 있다(Thomas & Velthouse, 1990).

전술한 연구결과들을 바탕으로, 자율성이 높은 과업 상황은 집단 내 사회범주와 정보 비유사성이 직무성과에 미치는 영향력을 긍정적으로 조절할 것이라고 추론할 수 있다. 자율성이 낮은 과업 상황에서는 개인의 의사결정 권한 및 참여가 제한적이고 외부(집단 내 타 구성원)로부터의 간섭 또는 영향력이 클 수 있기 때문에 집단 내 정보 비유사성이 큰 구성원들이 보유한 정보의 가치를 실현시킬 기회가 제한될 것이다. 반면 과업 자율성이 클 경우 외부 상황과 관계없이 본인의 판단에 따라 자유롭게 독특한 정보 및 네트워크를 활용할 수 있고 이는 더 나은 직무수행 결과로 이어질 수 있다. 이는 사회범주 비유사성이 큰 구성원에게도 유사하게 적용될 수 있다. 앞서 논의한 바와 같이 사회범주 비유사성이 큰 구성원은 일반적으로 인구통계학적 특성에 근거한 부정적 선입견으로 인해 업무 참여기회가 제한되며 과업 수행에 필요한 자원 확보에 어려움을 겪을 가능성이 높다. 하지만 자율성이 큰 과업환경에서는 독립된 업무범위와 재량권, 의사결정 권한으로 인해 불필요한 외부의 편견, 범주화의 영향력을 피할 수 있고 그래서 부정적 결과(업무동기 감소, 효능감 저하, 업무 네트워크로부터의 배제 등)를 최소화할 수 있을 것이다.

3
메타분석 방법 및 결과

1. 메타분석 방법

메타분석은 해당 주제 관련하여 지금까지 축적된 실증연구들을 표본으로 활용하여 정량적 문헌분석을 실시하는 연구방법이다. 먼저 엄격한 기준에 의해 표본에 포함될 실증연구들을 선정한 뒤, 각 실증연구에서 분석에 필요한 효과크기(effect size, 예: 상관계수)를 추출한다. 추출된 효과크기는 표본규모, 측정오차 등을 고려하여 수정되고 이후 평균 효과크기(예: 평균 상관계수)를 도출하는 과정을 거친다. 메타분석은 정성적 문헌조사와는 달리 엄격한 통계절차를 통한 정량적 분석이 가능하다는 점에서 큰 차이가 있으며, 이를 통해 해당 주제에 대한 보다 체계적이고 종합적 이해가 가능하다는 큰 장점이 있다.

본 연구를 위해 지난 30여 년간 출간된 관계적 인구통계 관련 실증연구를 전수조사하였고, 최종적으로 본 연구에 적합한 것으로 판단된 40개의 개별 실증연구에서 추출된 총 141개의 효과크기(상관계수)를 본 메타분석의 표본으로 활용하였다. 사회범주 비유사성은 과거 실증연구에서 일관되게 조사된 바 있는 나이, 성별, 인종 비유사성을 포함하였고, 정보 비유사성의 경우 교육배경, 전공배경, 근속연수를 포함하였다. 직무성과는 주관적 성과(예: 자기평가, 상사평가, 동료평가에 의한 성과평가 결과)와 객관적 성과(예: 승진, 보상)를 모두 포함하였다. 과업특성(상호의존성, 불확실성, 자율성)은 미국 직업정보 네트워크O*Net: Occupational information Network에서 제공하는 광범위하고 객관적인 데이터를 활용하여 코딩하고 이를 분석에 활용하였다(메타분석 연구방법에 대한 보다 상세한 기술적 설명은 유이정·노현탁 [2016] 참고).

2. 메타분석 결과

사회범주 및 정보 비유사성과 직무성과의 관계에 대한 메타분석 결과를 〈표 1〉에 제시하였다. 결과표의 첫줄에서 확인할 수 있듯 비유사성 유형을 구분하지 않고 모든 비유사성 요소(나이, 성별, 인종, 교육배경, 전공배경, 근속연수)를 함께 고려하여 직무성과와의 관계를 살펴본 경우 유의미한 관계(비유사성의 유의미한 영향력)를 발견할 수 없었다(가중평균 r = .00). 그러나 비유사성 유형을 구분하여 분석한 경우에는 직무성과에 미치는 비유사성 유형별 차별적 영향력을 분명히 확인할 수 있었다. 본문에서 예측한 바와 같이 사회범주 비유사성은 직무성과에 부정적인 영향력을 보인 반면(가중평균 r = -.01, p 〈 .01 [1% 오차가능성으로 통계적으로 유의]), 정보 비유사성은 직무성과에 긍정적인 영향력을 미치는 것으로 나타났다(가중평균 r = .04, p 〈 .001 [0.1% 오차가능성으로 통계적으로 유의]).

〈표 1〉에는 출판편향publication bias*을 고려한 통계지수인 페일세이

---

* 통계적으로 유의미한 결과를 보이지 못한 연구들이 출간되지 못하는 경향성

〈표 1〉집단 내 개인의 비유사성과 직무성과 관계: 메타분석 결과[1)]

인구통계유형	효과크기 (k)	개인총합 (N)	가중평균 r	95% 신뢰구간		페일세이프 k	Q_B
모든 비유사성	141	61,378	.00	-.01,	.01		31.31***
사회범주 비유사성	108	41,945	-.01**	-.02,	-.01	298	
정보 비유사성	33	19,433	.04***	.02,	.05	63	

1) k: 메타분석의 표본으로 활용된 효과크기의 수; N: 각 효과크기별 표본(개인 수)의 총합; 페일세이프 k: 해당 분석결과가 통계적 유의성을 잃기 위해 (p ≥ .05) 필요한 서랍 속 연구의 수; QB: 소집단 간 차이의 통계적 유의성을 나타내는 지표.

** p < .01, *** p < .001

프failsafe k가 보고되었다. 페일세이프 k 지수는 메타분석을 통해 얻어진 연구결과가 통계적 유의성을 잃기 위해서 얼마나 많은 수의 서랍 속 연구file-drawer study*가 필요한지를 나타내는 지수로서, 높은 페일세이프 k 지수는 곧 해당 분석결과의 통계적 강건성robustness을 의미한다. 〈표 1〉의 페일세이프 k 검증 결과에서 알 수 있듯 본 메타분석을 통해 얻어진 결과가 통계적인 유의성을 잃기 위해서는 상당한 수의 서랍 속 연구들(지금까지 축적된 관련 실증연구들의 약 2배에 해당하는 서랍 속 연구들)이 필요한 것을 확인할 수 있다(사회범주 비유사성의 경우 페일세이프 k = 298, 정보 비유사성의 경우 페일세이프 k = 63).

〈표 2〉의 메타분석 결과는 사회범주 및 정보 비유사성과 직무성과 간 관계에 미치는 과업특성의 영향력 패턴을 분명하게 보여준다. 먼저 〈표 2〉의 오른편에 표기된 정보 비유사성 관련 결과표를 살펴보면, 상대적으로 상호의존성이 낮은 과업 상황(과업 상호의존성 수준이 평균 이하인 집단)에서 보고된 정보 비유사성의 긍정적 효과는(가중평균 r = .08), 상호의존성이 상대적으로 높은 과업 상황에서는 그 영향력이 사

* 유의미한 결과가 도출되지 않아 출간되지 못하고 연구자의 서랍 속에 묻혀 있으리라 생각되는 연구

〈표 2〉 과업특성의 영향력: 메타분석 결과[1)]

조절변수	사회범주비유사성–직무성과						정보비유사성–직무성과					
	효과크기 (k)	개인총합 (N)	가중평균 r	95% 신뢰구간	페일세이프 k	Q_B	효과크기 (k)	개인총합 (N)	가중평균 r	95% 신뢰구간	페일세이프 k	Q_B
과업상호의존성						1.31						11.64***
낮은 상호의존성	28	11,538	.00	-.02, .02			8	4,511	.08***	.06, .11	19	
높은 상호의존성	30	5,948	-.02	-.04, .01			10	2,629	.00	-.04, .04		
과업 불확실성						2.85						27.68***
낮은 불확실성	24	10,736	.01	-.01, .02			4	3,749	.11***	.08, .14	13	
높은 불확실성	34	6,750	-.02	-.05, .00			14	3,391	-.01	-.05, .02		
과업 자율성						1.30						39.53***
낮은 자율성	35	8,326	-.02	-.04, .01			5	1,057	-.13***	-.19, -.07	17	
높은 자율성	23	9,160	.00	-.02, .02			13	6,083	.09***	.06, .12	39	

1) k: 메타분석의 표본으로 활용된 효과크기의 수; N: 각 효과크기별 표본(개인 수)의 총합; 페일세이프 k: 해당 분석결과가 통계적 유의성을 잃기 위해 (p ≥ .05) 필요한 서랍 속 연구의 수; QB: 소집단 간 차이의 통계적 유의성을 나타내는 지표.

** p ⟨ .01   *** p ⟨ .001

라짐을 확인할 수 있다(가중평균 r = .00). 불확실하거나 자율적인 과업 상황에서는 보다 극단적인 변화를 보인다. 상대적으로 불확실성 수준이 낮은 과업상황(불확실성 수준이 평균 이하인 집단)에서 보고된 정보 비유사성의 긍정적 효과는(가중평균 r = .11), 불확실성 수준이 큰 과업상황에서는 부정적으로 변화되었음을 확인할 수 있다(가중평균 r = -.01). 상대적으로 자율성 수준이 낮은 과업 상황(과업 자율성 수준이 평균 이하인 집단)에서 보고된 정보 비유사성의 부정적 효과는(가중평균 r = -.13), 자율성이 큰 과업 상황에서는 긍정적으로 변화하였다(가중평균 r = .09). 종합하자면, 과업이 상호의존적이고 불확실할수록 정보 비유사성이 직무성과에 미치는 긍정적 영향력은 약화되는 반면, 과업자율성 수준이 높을수록 정보 비유사성과 직무성과 간 정적인 상관관계는 강화됨을 확인할 수 있었다. 정보 비유사성과 달리, 앞서 확인된 사회범주 비유사성과 직무성과 간 부정적 관계 패턴은 과업특성에 의해 유의미한 수준의 영향을 받지 않는 것으로 확인되었다(〈표 2〉 왼쪽 결과표 참고: 모든 분석결과가 통계적으로 유의미하지 않음).

4

연구결과 논의 및 시사점

1. 연구결과 요약

본 연구의 주요한 목적은 집단 내 개인의 상대적 차이와 직무성과 간의 불분명한 관계를 명확히 이해하는 데 있다. 이를 위해 본 연구는 선행연구를 바탕으로 비유사성의 유형을 사회범주 및 정보 비유사성 으로 구분하고, 각 유형에 따라 비유사성이 직무성과에 미치는 영향력이 다를 것으로 예측하였다. 실증검증을 위해 지난 30여 년간 축적된 관계적 인구통계 실증연구 중 본 연구의 목적에 부합하는 총 40개의 연구(141개의 효과크기)를 표본으로 하여 메타분석을 실시하였다. 메타분석 결과, 본 연구에서 예측한 바와 같이 사회범주 비유사성은 직무성과에 부정적 영향을 미치고 정보 비유사성은 직무성과에 긍정적 영향을 미치는 것임이 확인되었다.

본 연구는 집단 내 비유사성과 직무성과 간 관계를 보다 입체적으로 살펴보기 위하여, 개인이 수행하는 과업의 특성(상호의존성, 불확실성, 자율성)이 집단 내 비유사성의 효과를 어떻게 조절(강화 또는 약화)하는지도 추가적으로 살펴보았다. 개인의 직무수행에 영향을 미칠 수 있는 주요한 상황요인으로서 과업특성에 대한 고려가 반드시 필요함에도 불구하고, 지금껏 과업특성의 주요 측면들이 비유사성의 영향력(특히 직무성과에 미치는 영향력)을 어떻게 조절하는지에 대한 종합적 분석은 이루어지지 않았다. 메타분석 결과, 정보 비유사성과 직무성과 간 관계는 모든 과업 특성에 의해 조절됨을 확인할 수 있었다. 상호의존적이고 불확실성이 큰 과업 상황에서는 정보 비유사성과 직무성과 간 긍정적 관계가 약화되었고 자율성 수준이 높은 과업 상황에서는 정보 비유사성과 직무성과 간 긍정적 관계가 강화됨을 확인할 수 있었다. 그러나 사회범주 비유사성과 직무성과 간 관계에 있어서는 과업 특성의 조절효과를 발견할 수 없었다.

2. 연구결과의 해석 및 시사점

본 연구에서는 이론적 추론과는 반대의 패턴으로 결과가 도출되거나 유의미한 결과가 도출되지 않은 경우도 종종 확인할 수 있는데, 이에 대해서도 좀 더 세밀한 고찰이 필요하다. 먼저 정보 비유사성의 영향력에 대한 과업 상호의존성과 불확실성의 영향력의 경우 본 연구의 예측과 반대의 결과가 도출되었다. 이와 관련하여 다음과 같은 가능성을 추론해볼 수 있을 것이다. 상대적으로 상호의존성이 높은 과업 상황에서 정보 비유사성의 긍정적 효과가 약화되는 이유는 그들이 보유한 정보적 가치가 희석되었기 때문이라고 추측할 수 있다. 과업 상호의존성이 높은 경우 정보 비유사성이 큰 개인이 가진 정보의 가치가 주변 동료들에게 인식되는 것을 넘어, 교류과정에서 정보가 공유되어 그 희소성이 사라질 가능성을 고려할 수 있다. 한편 불확실성 수준이 큰 과업 상황에서 정보 비유사성이 갖는 긍정적 효과가 약화되는 것은 앞서 논의한 과업 불확실성이 갖는 두 가지 가능성의 영향력 중 두 번째 가능성, 즉 휴리스틱 의존 성향을 강화하는 효과가 정보 비유사성과 성과 간 관계에도 영향을 미쳤기 때문이라고 추측할수 있다. 즉 불확실성이 큰 상황에서 구성원들은 정보의 이점을 적극 활용하려 하기보다는 인지과정의 단순화, 효율화를 위한 선택을 하는 경향이 크다는 점을 확인하는 결과라고 할 수 있을 것이다. 이와 관련한 이론적 이해와 실증검증은 후속 연구를 통해 보다 구체적으로 진행될 필요가 있다.

또한 본 연구에서는 사회범주 비유사성과 직무성과 간 관계에 영향을 미치는 과업특성의 유의미한 영향력을 확인할 수 없었다. 메타분석 결과, 과업특성에 의해 영향을 받는 패턴은 정보 비유사성의 경우와 유사함을 확인할 수 있지만, 통계적 유의성이 확인되지 않아 유의미한 해석은 어려울 것이다. 이는 향후 보다 다양한 환경에서 연구된 많은 실증연구들의 축적을 통해 재검증할 필요가 있다. 본 연구결과를 통해서는 사회범주 비유사성이 갖는 전반의 부정적 영향력을 확인할 수 있고, 과업특성에 크게 영향 받지 않고 그 영향력을 유지하는 것을 확인했다고 할 수 있을 것이다. 그러나 과업특성 외 다른 상황변수들의 경우 사회범주 비유사성의 유의미한 영향력에 영향을 미칠 가능성이 있음을 배제해서는 안 될 것이다. 과업특성의 경우 사회범주 비유사성이 직무성과에 미치는 메커니즘(선입견, 편견, 배제 등)에 직접적 영향력을 행사하지 않는 변수들이기 때문에 본 연구에서 유의미한 분석결과를 확인하지 못 했을 수도 있다. 추후 연구에서는 이에 영향을 미칠 수 있는 다른 변수들(예: 조직 또는 해당 직업의 인구통계학적, 구조적 분포특성[Joshi, Son, & Roh, 2015], 기업 내 인사제도 특성, 조직문화 특성)을 적극적으로 고려할 필요가 있다.

앞서 논의한 바와 같이 본 연구에서는 표본의 부족이라는 현실적 한계를 감안하여 사회범주 비유사성과 정보 비유사성의 영향력에만 초점을 두었다. 하지만 관계적 인구통계의 영향력을 종합적으로 이해하기 위해서는 관계 지향-과업 지향에 근거한 구분뿐 아니라 표면 수준-심층 수준에 근거한 차별적 영향력 또한 동시에 고려되어야 할 필요가 있다(Harrison, Price, & Bell, 1998; Jehn et al., 1999). 심층 수준의 비유사성은 표면 수준의 비유사성과는 달리 쉽게 눈에 띄지 않고, 보다 깊은 수준의 특성, 즉 개인의 성격, 인지적 스타일, 또는 일에 대한 가치(과업 및 조직목표에 대한 믿음, 태도, 생각 등)의 차이를 의미한다(Jehn et al., 1999). 지난 관련 연구들을 통해 가치 비유사성을 포함한 심층수준 비유사성 요소들 또한 개인의 직무태도, 행동 등에 부정적 영향력을 미칠 수 있음을 확인할 수 있으나(예: Guillaume et al., 2012; Harrison et al., 1998), 직무성과에 미치는 직접적 영향력 관련해서는 아직 명확하게 밝혀진 바는 없다. 일부 연구들의 경우, 심층 수준 비유사성의 부정적 영향력이 사회범주의 경우보다 더 강할 수 있다고 주장하거나, 시간이 지남에 따라 부정적 영향력이 쉽게 사라지지 않는다는 연구결과를 보고한 바 있다(예: Harrison et al., 1998; Harrison, Price, Gavin, & Florey, 2002). 이에 근거하여 심층 수준 비유사성이 가질 수 있는 잠재적 부정적 영향력과 여타 상황변수(예: 공통 근속기간)와의 상호작용 양상을 보다 심층적으로 조사할 필요가 있을 것이다.

3. 실무적 시사점

본 연구결과는 기업의 인력관리 측면에서 실무적인 시사점 또한 제시할 수 있다. 예를 들어 기업들은 개인과 팀의 직무를 설계하고 그 효과성을 극대화하기 위해 개개인의 정보 관련 비유사성의 긍정적 가능성을 염두에 둘 필요가 있다. 정보 비유사성이 갖는 긍정적 영향력을 극대화하기 위해 기업들은 직무설계 시 무엇보다도 개개인의 과업 자율성 부여(책임 및 권한 부여, 업무 통제감)에 초점을 둘 필요가 있다. 동시에 업무수행을 위한 명확한 가이드라인을 제공하여 불필요한 편견의 개입 가능성, 휴리스틱 의존 가능성 등을 사전에 차단할 필요가 있을 것이다. 또한 다양한 정보를 가진 이질적 개인들이 심리적 안전감psychological safety을 갖고 논의하고 정보를 활용할 수 있게끔 유도하는 조직문화, 리더십 개발 등에도 노력을 기울일 필요가 있다. 물론 이러한 전반의 변화노력은 기업들에게 많은 비용을 초래할 수도 있고 기존 구성원들의 반발을 초래할 수도 있다. 그러나 경영환경, 전략, 인력구조 등의 변화로 인해 다양한 배경을 가진 인력 수급을 계획하고 있는 기업이거나 어쩔 수 없이 이러한 전반의 변화에 동참해야 하는 기업의 경우라면(예: 제도적 변화 또는 산업전반의 변화에 동참), 이러한 비유사성의 긍정적 가능성을 염두에 두고 장기적 관점에서 이를 보다 적극적으로 관리하고 활용할 방법을 고민해야 할 것이다.

본 연구결과는 사회범주 비유사성의 부정적 효과에 대해 비교적 일관된(과업특성에 영향을 받지 않는) 결과패턴을 보고하고 있다. 앞서 논의한 바와 같이 조직 내 다양성의 유입 및 활용이 필요하거나 불가결한 상황인 경우라면, 사회범주 비유사성의 강한 부정적 영향력을 인지하고 이를 통제하기 위한 다각도의 노력을 기울일 필요가 있다. 예를 들어 과업특성을 통한 조절보다는 편견, 선입견 개입가능성을 직시하고 이를 성과평가 등에 반영할 수 있게끔 하는 평가자 교육 프로그램, 다양성 훈련 프로그램의 도입을 적극적으로 고려할 필요가 있다. 또한 성과평가 시 평가자의 주관성 개입을 최소하기 위한 여러 시도들(예: 평가지표의 객관화, 단순화, 평가과정 상의 투명성 확보) 또한 함께 고려할 필요가 있을 것이다.

4. 연구의 한계 및 향후 연구 방향

본 연구를 통해 발견된 바 있는 정보 비유사성이 직무성과에 미치는 긍정적 영향력을 보다 면밀히 이해하기 위해, 향후 연구에서는 구체 메커니즘에 대한 보다 정교한 이론적, 실증적 검증이 필요할 것이다. 본 연구에서는 이와 관련하여 네트워크 이론에 기반하여 몇몇 이론적 가능성을 제시하고 이를 개념적으로 설명하려 했으나, 구체 과정(정보적 가치의 이해, 업무 네트워크에서의 통제감, 중재자로서의 이점 등)에 대한 직적접인 측정 및 분석은 실행하지 못한 한계가 존재한다. 이러한 한계는 본 연구에서 제시한 이론적 방향과는 다른 이론적 가능성에 대한 설명alternative explanation을 효과적으로 배제하지 못 한다는 문제점 또한 가진다고 할 수 있다. 향후 관련 연구가 보다 활발히 진행되어 구체 프로세스 메커니즘에 대한 이론적, 실증적 분석이 이루어질 필요가 있고, 이를 통해 비유사성이 직무성과로 이어지는 심리적, 사회적 과정에 대한 보다 구체적이고 종합적인 이해가 가능할 것이다.

또한 본 연구에서는 집단 내 비유사성의 효과에 영향을 미치는 요인으로서 과업 상호의존성, 불확실성, 자율성과 같은 주요 과업특성을 고려하였으나, 이 외 개인과 소속 집단을 둘러싼 다양한 상황변인들의 영향력에 대한 보다 폭넓은 고려가 필요하다. 예를 들어 펠드Pelled, 신Xin, 바이스Weiss(2001)의 연구에서는 국가별 문화특성을 비유사성의 효과에 영향을 미치는 주요한 요인으로 고려한 바 있다. 저자들은 멕시코 기업에서 추출된 표본을 통해 연령 비유사성은 정서적 갈등을 유발하고, 근속연수 비유사성은 과업 갈등과 정서적 갈등을 모두 완화시키며, 성별 비유사성은 갈등에 유의미한 영향을 미치지 않는다는 결과를 보고했다. 그러면서 이러한 연구결과들이 기존 미국 세팅에서의 일반적 연구결과들과 차이가 있음을 지적하였다. 저자들은 미국 세팅의 연구에서 일반적으로 연령 비유사성과 정서적 갈등 간 유의한 관계가 도출되지 않고 근속연수 비유사성과 성별 비유사성이 정서적 갈등을 유발함을 밝히며, 이러한 차이가 발생하는 이유를 문화적 차이를 바탕으로 설명하였다. 이들의 설명에 따르면, 멕시코 세팅에서 연령 비유사성과 정서적 갈등 간 정적 관계가 도출된 것은 사회정치적 변화로 인한 세대차이generation gap 때문이거나 혹은 미국과 달리 멕시코에서 나이에 대한 구별이 두드러지기 때문이며, 성별 비유사성의 영향력이 유의하지 않게 나온 것은 여성이 무조건 남성에 순종적으로 따르는 멕시코 특유의 남성우월주의적 문화machismo ethic에 의한 것으로 이해할 수 있다.

또한 저자들은 미국에서는 회사에 오래 머무는 것에 대한 가치가 상대적으로 덜 인정되는 반면, 멕시코에서는 회사에 오래 머물수록 충성심과 경험이 인정되기 때문에 근속연수 비유사성의 효과에 있어서도 두 국가 간 차이가 있다고 설명하였다. 멕시코에서 신입사원들은 시니어 사원들에 대항하여 의견을 개진하거나 눈 밖에 날 만한 행동을 회피하는 모습을 보이기 때문에 근속연수 차이가 있더라도 낮은 정서 및 과업 갈등을 보이게 되는 것이다. 이러한 국가별 독특한 문화적, 제도적, 관습적 특성의 영향력에 대한 고려는 한국을 포함한 여러 문화 세팅에서도 적용되어 광범위한 비교문화 연구로도 이어질 수 있을 것이다. 향후 연구에서는 국가 수준의 문화적 특성 외에도 조직 수준의 여러 상황변수, 예를 들어 조직문화, 조직의 구조적 특성, 인적자원관리 관행, 리더십 특성 등과 같은 변수들에 대한 보다 면밀하고 종합적인 고려 역시 필요할 것이고, 이러한 다각도의 분석은 집단 내 비유사성이 미치는 영향력에 대한 보다 종합적이고 입체적인 이해를 도울 수 있을 것이다.

5. 결론

본 연구의 메타분석 결과에서 확인한 바와 같이 집단 내 '다름', 즉 개인 수준의 상대적 비유사성이 직무성과에 미치는 영향력은 단순히 부정적이거나 또는 긍정적이지만은 않다. 비유사성의 영향력을 명확히 이해하기 위해서는, 비유사성의 유형별 차별적 영향력을 이해해야 함은 물론이고 개인이 수행하고 있는 과업의 특성 역시 면밀하게 고려해야 함을 본 연구결과를 통해 확인할 수 있다. 향후 관계적 인구통계 연구에서는 기존의 제한된 이론적 논의 및 개인 수준의 분석단위 초점에서 벗어날 필요가 있다. 이를 위해서는 보다 다양한 이론의 통합 및 확장이 필요하고, 개인을 둘러싼 다양한 상황변수들의 다각적 분석을 통해 관계적 인구통계의 영향력을 보다 입체적이고 종합적으로 분석하고 이해하려는 노력이 필요할 것이다.

2부
조직이론과
전략경영

8장

사회적 네트워크 연구의 동향

김영춘

울산과학기술원UNIST 경영학부 부교수, E-mail: yckim@unist.ac.kr

서울대학교 사회학과에서 학사와 석사학위를 받았고 미국 스탠퍼드대학교의 사회학과에서 조직이론을 전공하여 박사학위를 받았다. 현재 울산과학기술원 경영학부장 및 융합경영대학원장으로 재직 중이다. 『경영과학Management Science』『국제경영연구저널Journal of International Business Studies』『연구정책Research Policy』『인사조직연구』 등 국내외 학술지에 논문을 발표하고 있다. 주요 연구 관심 분야는 조직 내외 협력네트워크와 조직학습, 기술혁신과 조직변화, 신제도주의적 조직이론 등이다.

*이 글은 『인사조직연구』 2017년 8월호(25권 3호) pp.19~47에 게재된 논문(사회적 네트워크 조직연구의 동향)을 수정·보완한 것임.

1

서론

　본 논문은 조직연구 분야를 중심으로 사회적 네트워크social networks 연구의 주요 내용을 개관하고 최근 연구 동향을 소개하고자 한다. 사회적 네트워크는 하나의 연구 프로그램이라기보다는 여러 가지 분야에 다양하게 걸쳐진 학문 분야로 볼 수 있다.[2] 소위 사회적 네트워크라는 이름의 연구는 미국 사회학계의 소규모 사회집단 연구에서 시작되었다. 조직이론 분야의 연구는 1960~1970년대를 거쳐 그 개념과 방법론이 발전되었다. 관계론적relational perspectives 관점에서 조직의 내부·외부를 조망하는 연구 흐름에 위치하면서, 특히 '열린체계로서의 조직organization as an open system'(Scott & Davis, 2006)의 연구관점에서 일반적이고 추상적인 조직환경의 개념을 조직 간 관계interorganizational relationships로 구체화시키는 데 기여하였다.

　이 글에서는 조직연구 분야 중에서 사회적 네트워크 관련 대표적 이론화의 사례로서 약한 유대weak ties, 구조적 공백structural holes, 지위·정체성identity·status 개념을 살펴보고, 이와 함께 진행된 네트워크 동학dynamics에 대한 논의를 살펴본다. 그리고 최근의 연구 동향을 이론적 동향(복수성, 구조, 상충관계), **방법론적 동향**(독립성, 내생성, 시뮬레이션), 경험적 분야(협력과 경쟁, 기술혁신, 신흥시장) 측면에서 살펴본 후, 사회적 네트워크 연구가 앞으로 나아갈 방향에 대해서 토론하도록 한다.

2
사회적 네트워크 개관

　역사적으로 보면, 사회적 네트워크 연구는 사회적 행위자들(예컨대 개인 혹은 집단) 간의 관계와 상호작용으로 구성된 사회구조social struc-ture를 분석하는 사회과학적 접근에서 출발했다고 볼 수 있다. 1970년 대 이후 사회구조에 대한 이론과 경험적 연구가 왕성해지면서 미국 사회학계의 해리슨 화이트Harrison White, 마크 그라노베터Mark Granovet-ter, 제임스 콜먼James Coleman, 로놀드 버트Ronald Burt 등 중견학자를 중심으로 거시조직 분야의 큰 학문적 흐름을 형성했다. 그 이후 조직 내 관계, 조직 간 관계, 조직과 환경, 특히 조직과 시장의 관계를 분석하는 이론 틀과 방법론으로 발전되었다.

　네트워크적 시각의 관점은 행위자 간 관계가 체계적인 패턴으로 분포되어 있다고 보고, 이러한 패턴은 행위를 지배하는 사회적 혹은 경제적 로직에 의해서 작동하고 있으며 사회적 관계의 구체적 패턴이 개인·조직의 행위와 결과에 영향을 미친다고 본다(Granovetter, 1985; Sytch & Gulati, 2013). 네트워크 연구는 크게 보아 두 가지 현상에 대한 연구이다(Borgatti & Halgin, 2011; Sytch & Gulati, 2013). 하나는 네트워크의 관계와 구조의 설명요인을 찾는 연구 분야이다. 행위자 간 관계의 형성, 발전, 소멸에 대한 연구, 네트워크 형성, 재생산, 변화에 대한 내생적 과정에 대한 연구, 네트워크 구조에 대한 진화론적 발전 과정에 대한 연구 등 구체적인 패턴의 조직 간 네트워크가 어디에서 출발하여 어떻게 형성되어 가는가를 연구한다. 다른 하나는 네트워크 구조가 조직의 행위와 결과에 미치는 영향에 대한 연구 분야이다. 사적 정보, 지식 및 자원에 대한 접근성, 네트워크 관계구조에 의한 의존성과 권력관계, 조직 간의 계층화 과정 등을 연구한다.

사회적 네트워크와 직접적으로 연결되는 연구 프로그램으로는 경제 행위가 사회구조에 자리매김하고 있다는 점을 밝히는 배태성 연구 embeddedness research (Granovetter, 1985; Uzzi, 1996, 1997)와 시장과 위계조직의 중간 지대에 위치한 새로운 거버넌스 양식으로서의 네트워크 연구(Powell, 1990)를 들 수 있다. 이외에도 사회적 네트워크 접근 방식은 다수의 조직이론들과도 친화성을 보여왔다. 대표적인 네트워크 친화적 이론 분야로는 조직의 학습과정에 대한 행동주의적 접근 (Cyert & March, 1992; March & Simon, 1993), 교환 이론에 뿌리를 두고 조직 간 상호의존적 관계에 초점을 두는 자원의존이론resource dependence theory(Pfeffer & Salancik, 1978), 자원분포와 조직의 지위를 연구하는 조직생태학Organization ecology(Hannan & Freeman, 1989), 사회적 의미와 정당성을 반영하는 기제로서의 네트워크를 연구하는 조직지위이론status theory(Podolny, 2008) 및 정체성이론identity theory(Zuckerman, 1999) 등이 있다. 사회적 네트워크적 접근은 전략경영 분야에도 확산되었으며, 대표적으로 산업조직론의 경쟁구조 분석에 네트워크의 이론과 방법이 적용되어왔다. 전략 분야의 자원기반이론이나 역량이론에서 기업 내외부의 협력관계를 연구하는 데 활용되고 있다.

3

사회적 네트워크 이론화

 이 장에서는 사회적 네트워크 연구에서 이루어진 대표적 이론화로서 약한 유대weak ties, 구조적 공백structural holes, 지위status와 정체성identity 개념을 소개한다. 이 세 가지는 사회학 전통의 이론을 조직과 시장 분석에 적용한 이론화로서 많은 실증적인 조직연구의 이론적 배경이 되었으므로 여기에서 소개하고자 한다.

1. 약한 유대

 사회적 네트워크 연구에 있어서 미시-거시 연계의 개념으로 제시된 중요한 논제 중 하나는 그라노베터(Granovetter, 1973)가 『미국 사회학 저널American Journal of Sociology』에 발표한 '약한 유대의 강함 strength of weak ties'이다. 당시까지 네트워크 연구가 주로 소규모 집단에서 형성된 친밀한 관계를 대상으로 이루어져왔다. 이러한 연구에서는 친구나 동료관계와 같이 강한 유대strong ties처럼 해당 집단에서 서로 짜여진, 높은 밀도를 형성하는 관계에 초점을 맞추었고, 상대적으로 단순히 아는 사람acquaintances과 같은 약한 유대와 이를 둘러싼 낮은 밀도의 관계는 주요 연구관심에서 멀어져 있었다. 그런데 그라노베터는 소규모 집단 내의 관계 둘레를 벗어난 집단과 집단의 연결에 관심을 두고 그에 따른 사회적 관계의 효과에 관심을 두었다. 상대적으로 집단 내의 관계와 집단 간의 관계를 비교해볼 때 집단 내의 관계는 강한 유대라면, 집단 간의 관계는 약한 유대에 의해 연결된다고 볼 수 있다. 따라서 집단을 상호 연결시키는 데 있어서는 약한 유대가 중요하며 사람들은 약한 유대를 통해서 새로운 집단의 새로운 정보, 중복되지 않는 정보에 접할 수 있게 된다. 이렇게 약한 유대를 통하여 집단 내 미시적 측면에서 벗어나 사회관계의 거시적 측면을 살펴볼 수 있다. 특히 전통사회에서 근대사회로 변화할수록, 1차 집단적 관계보다는 2차 집단적 관계가 중요해지고 개인이 영향을 받는 사회적 범위가 넓어지면서 약한 유대의 중요성이 커진다고 볼 수 있다. 이러한 기본개념을 바탕으로 첫 논문 발표 10년 후에 '약한 유대의 강함' 논제를 다시 검토하면서, 약한 유대가 개인에 미치는 영향, 아이디어의 전파에서의 역할, 나아가 사회조직과 통합에서의 역할을 논의하고, 이에 대한 경험적 실증의 필요성을 제기했다(Granovetter, 1983).

그라노베터의 약한 유대 논제는 미국 보스턴 지역에 거주하는 전문직 종사자의 구직활동에 대한 박사논문 연구를 통하여 형성되었다. 전문직 종사자 200여 명에 대한 면접 및 우편조사 결과, 많은 수의 응답자들이 상대적으로 약한 유대관계(예컨대 동창회에서 우연히 만나게 된 다른 기수의 동문)를 통하여 직장을 구한다는 사실을 발견했다. 약한 유대가 새로운 집단을 연결시킴으로써 중첩되지 않는, 새로운 정보를 제공해주어 구직활동에 도움을 준다는 것이다. 이 박사논문은 『직업 구하기Getting a Job』(1995)라는 저서로 출간되었는데 '약한 유대의 강함' 논제를 노동시장에 적용한 실증연구라고 할 수 있다.

위에서 언급했듯이 약한 유대에 대한 논의는 양자관계dyad의 특성 자체에 초점이 맞추어져 있다기보다는, 약한 관계를 통해서 서로 다른 집단이 연결되어지는 매개성에 초점이 맞추어져 있다. 즉 사회적 네트워크에서 약한 유대의 중요성은 미시적 동학이 거시적 구조특성으로 연계되는 지점에 있다고 볼 수 있다. 이러한 미시적 관계의 거시적 중요성에 대한 관념은 이후 네트워크 과학을 통하여 발전된다. 대표적으로 작은 세계small world(Watts, 1999)의 네트워크 모형으로 이어지면서 거시적 조직 및 사회체계의 구조에 대한 분석으로 발전하였다 (예컨대 Schilling & Phelps, 2007; Uzzi & Spiro, 2005).

2. 구조적 공백

약한 유대의 개념은 로놀드 버트Ronald Burt에 의해서 자기중심적 네트워크ego network의 구조적 위치 개념으로 발전되었다. 버트(Burt, 1980, 1982)는 경제학의 과점oligopoly 개념과 사회학의 집단소속group-affiliation 개념을 이용하여 구조적 자율성structural automomy, 즉 다른 행위자로부터 상대적으로 자유로운 네트워크상의 위치를 정의하였다. 이를 바탕으로 1992년 『구조적 공백: 경쟁의 사회구조Structural Holes: The Social Structure of Competition』라는 저서를 통하여 구조적 공백structural holes 개념을 제시했다. 구조적 공백 개념은 네트워크 양자관계의 속성에서 벗어나 네트워크의 구조structure 혹은 형태topology에 초점을 맞춘다. 네크워크 구조나 형태로 보면, 매개자brokerage의 역할을 통해서 구조적으로 분리된 네트워크 집단들이 연결되며, 그렇게 분리되는 네트워크 집단 사이에는 구조적 공백이 존재한다. 이를 바탕으로 버트는 1970년대 네트워크 연구에서 발전되어온 개념, 즉 직접적 연결 direct tie과 구조적 등위성structural equivalence의 통합을 통하여 네트워크 구조의 중복성redundancy으로 개념화하고 이를 통해 구조적 공백을 경험적으로 측정하는 방안을 개발했다. 이러한 구조적 공백의 측정도구가 네트워크 제약성network constraints이다. 버트는 이 지수를 활용하여 기업 관리자의 인적 네트워크에 따른 구조적 위치에 따른 승진가능성, 기업의 협력관계 네트워크의 구조적 위치에 따른 기업 성과, 산업 네트워크 구조적 위치에 따른 산업별 수익률 등 다양한 층위 수준에서 구조적 공백 이론의 일반화 가능성을 보여주는 경험적 연구를 진행했다. 특히 최근에는 미국기업 관리자들의 네트워크와 중국 창업자들의 네트워크에 있어서 구조적 공백의 효과를 비교하는 연구를 수행하여 중국 사업환경에서도 사적 네트워크의 구조적 공백효과가 있음을 실증하였다(Burt & Burzynska, 2017).

버트의 이론은 사회연결망 구조의 특성에서 비롯되는 경쟁적 이익의 메커니즘을 구조적 형태의 차원에서 보다 명료하게 제시하였다. 이러한 이론적 명료화는 1960~1970년대 이루어졌던 네트워크 연구와 개념을 종합하면서 사회적 네트워크에서의 중요한 논쟁, 매개성과 폐쇄성에 대한 논쟁을 주도하였다. 네트워크 폐쇄성의 효과가 집단의 네트워크를 통해 작동하는 신뢰trust와 명성reputation 메커니즘을 통한 사회적 효과social benefit를 나타낸다면(Coleman, 1988), 구조적 공백으로 대표되는 네트워크 매개성은 행위자가 취하는 정보와 권력의 사적 효과private benefit를 발휘한다(Burt, 1992). 구조적 공백이론의 개념을 통하여 네트워크 효과의 대표적인 상충관계로서 네트워크 매개성과 폐쇄성이 체계적으로 제시되었다(Burt, 2005). 또한 버트의 이론은 그 이론적 매력과 더불어, 이를 실증연구에서 활용할 수 있는 구체적인 측정도구를 제시함으로써 많은 경험적 연구를 양산해왔다.

3. 지위와 정체성

위의 사회적 네트워크 연구가 자원과 정보의 흐름으로서의 네트워크에 초점을 맞추었다면, 경제사회학적 시각에서는 정체성identity과 지위status[3]를 전달하는 네트워크의 특성에 주목하여 경제학의 주 대상인 시장의 움직임을 분석하였다. 대표적인 연구로는 포돌니(Podolny, 1993)가 시장의 경쟁을 분석하는 데 사용한 지위기반이론status-based theory of market competition이다. 지위Status의 개념은 막스 베버Max Weber가 근대사회의 분석도구로서 중시한 이래, 미국사회학의 지위획득모형status attainment model에서 직업 및 계층이동을 연구하는 데 광범위하게 이용되었다. 포돌니는 이 개념을 시장경쟁에 적용했는데 시장도 사회적 원리에 따라 움직인다는 시각에 입각해 있다. 포돌니가 중요하게 기여한 부분은 지위라는 개념을 시장행위자 간의 경의deference를 표하는 네트워크로 개념화하여, 이러한 네트워크 관계를 통하여 시장행위자의 지위가 시장경쟁과 성과에 영향을 미친다는 점을 경험적으로 보여준 것이다. 지위의 개념은 각 연결자의 네트워크 구성을 고려한 보나치치 권력 중심성Bonacich power centrality을 사용하여 측정하였다. 이러한 지위를 통한 시장경쟁은 투자은행의 신디케이트 네트워크, 벤처캐피털의 신디케이트 네트워크, 반도체 회사의 특허인용 네트워크, 와인업체의 와인재배지역 표기 네트워크 등 다양한 경험적 맥락에 적용되었다(Podolny, Stuart, & Hannan, 1996; Podolny & Stuart, 1995; Podolny, 2001, 2008).

포돌니와 배론(Podolny & Baron, 1997)은 네트워크 연구에 있어서 행위자의 사적 이익을 설명하는 구조적 공백 이론과 공동체의 사회적 이익을 강조하는 사회적 자본 이론을 대비하여 구조적 공백의 긍정적 효과와 함께 부정적 혹은 중립적 효과도 보여주었다. 인텔의 관리자 승진에 대한 인적 네트워크 자료를 분석하여 관리자의 네크워크상의 구조적 공백의 위치가 승진에 불리하게 작용할 수도 있음을 보여주었다. 이 연구에서 보듯이 포돌니의 네트워크 개념은 구조적 공백 이론과 대비점에 위치하며 네트워크의 공동체적 효과를 강조한다는 점을 알 수 있다.

이와 더불어 에즈라 주커만Ezra Zuckerman의 연구도 경제사회학적 시각 접근을 이용하여 시장분석에 기여했다. 주커만(Zuckerman, 1999)은 후보자-청중모델을 통해서 시장에서의 정체성identity과 정당성 legitimacy에 기반한 네트워크 이론을 정립했다. 정체성의 개념은 내부자와 외부자의 시각에서 볼 수 있는데, 한편으로 내부자의 시각에서 '내가 누구인가'에 대한 정체성도 있지만, 외부자와의 관계에서 접근한 '나를 어떻게 보는가'의 정체성도 있다. 물론 전자와 후자는 서로 상호작용하며 연결되기도 하지만 후자, 즉 외부환경에 대하여 조직을 대표하는 정체성이 외부 청중의 평가에 기반한 정당성과 연결된다. 주커만은 이러한 외부적 시각의 정체성에 기반하여 주식시장에 상장된 기업의 주요 청중으로서 주식 애널리스트stock analyst들의 주식평가에 주목하여, 이들이 어떠한 산업 분야와 기업을 평가하는지를 분석했다. 주식에 대한 평가 자체도 중요하지만, 그 이전에 어떤 기업의 주식을 선정하여 평가하는지가 평가의 첫 번째 단계라고 보았다. 따라서 첫 단계에서 애널리스트를 통해서 기업 주식의 정당성이 전달되고, 그 정당성 위에서 두 번째 단계의 평가가 이루어진다고 보았다. 이러한 정당성 모델을 기반으로 사회적으로 구성된 카테고리에 부합하지 않는 기업에 대해서는 부정적인 평가illegitimate discount를 유발한다는 점을 주식가치 분석을 통해서 경험적으로 증명하였다.

포돌니와 주커만의 연구는 지위와 정체성이라는 사회학적 개념이 네트워크 접근을 통해서 충실하게 개념화된다는 점을 보여주었다. 네트워크가 시장에서 자원과 정보를 전달하는 운송수단pipe으로 이용될 뿐 아니라 지위와 정체성이라는 시장의 신호signal를 반영하는 프리즘prism의 역할을 한다는 점을 강조하였다(Podolny, 2001). 이들의 연구는 행위의 의미와 사회구조를 강조하는 사회학적 전통을 반영하였고 시장에서의 불확실성uncertainty에 대한 네트워크의 역할을 설명하는 등 전통적인 경제학의 주제로 여겨졌던 시장동학에 대한 새로운 접근을 제시함으로써 경제학적 접근과도 건설적인 논점을 형성하는 데 기여했다(Podolny, 1994; Zuckerman, 2003).

4
사회적 네트워크의 형성

앞에서 살펴본 이론화는 네트워크의 효과, 즉 네트워크를 통해 형성되는 결과적 영향에 주된 관심을 가졌다고 볼 수 있다. 그런데 네트워크의 효과를 제대로 이해하기 위해서는 사회적 네트워크가 형성되는 과정에 대해 연구해야 할 필요성이 지속적으로 제시되어왔다. 여기에서는 그동안 이루어진 네트워크 동학에 대한 연구 중에서 관계의 형성에 대한 연구를 간략히 소개한다.

1. 관계의 형성

사회적 네트워크 자체의 형성과정을 이해하려는 연구에서는 조직 간 전략적 제휴의 관계 형성에 영향을 미치는 요인에 대한 연구가 대부분이다. 이 연구의 주제는 어떠한 구조적 혹은 환경적 조건하에서 조직들이 네트워크 관계를 형성하는가(혹은 하지 않는가)이다. 경험적 연구에서 보면, 이 분야 연구는 주로 양자관계의 형성과정과 조건에 대한 실증연구가 많다. 양자관계의 형성을 촉진 혹은 억제하는 대표적인 조건으로서 자원의 분포, 시장에서 차지하는 지위, 제삼자third party를 통한 매개, 전체 협력관계 내에서의 위치 등이 검토되었다(Ahuja, 2000; Chung, Singh, & Lee, 2000; Gulati & Gargiulo, 1999; Gulati, 1995). 이 중에서 흥미로운 이론적 측면을 부각한 연구로서 구조적 제약과 행위자의 동기유인을 구분한 아후자(Ahuja, 2000)의 연구를 들 수 있다. 대부분의 네크워크 연구들이 구조 중심적 시각, 즉 구조적, 환경적 조건에 따른, 네트워크 형성 기회에의 불균등한 분포와 접근에 초점을 맞춘 데 비해 아후자는 행위자의 입장에서 자원의 필요inducement에 의한 제휴관계 형성도 함께 보아야 한다고 주장했다. 이에 따라 세계 화학산업에서의 기업 간 전략적 제휴관계 형성을 분석하여 네트워크 구조상의 기회opportunity에 의해 규정되는 제휴관계 형성과 행위자의 자원과 동기에 의해 유발되는 제휴관계의 형성을 동시에 고려했다. 이 연구는 네트워크 관계 형성에 있어서 상대적으로 덜 중요시되었던 요인, 즉 행위자의 필요성과 동기를 재조명했다고 볼 수 있다.

조직이 추구하는 네트워크 관계의 종류와 의미를 좀 더 깊게 천착한 시도도 있었다. 포돌니(Podolny, 1994)는 자신이 발전시킨 조직지위status 개념을 이용하여 조직의 지위에 따른 제휴관계 형성을 연구하여 비슷한 지위의 조직 간의 관계 형성status homophily이 불확실한 거래관계의 상황 속에서 강화된다는 점을 보여주었다. 투자은행의 신디케이트 형성에 대한 양자관계 분석을 통하여 정크본드 시장의 경우 상호 비슷한 지위의 조직 간에 신디케이트 형성이 더 자주 일어남을 밝혔다. 또한 불확실성 속에서는 기존의 파트너와 반복적으로 관계를 형성하는 현상도 밝혔다.

소렌슨과 스튜어트(Sorenson & Stuart, 2001, 2008)는 벤처투자회사의 벤처에 대한 투자패턴을 투자회사-벤처의 양자관계 형성으로 분석했는데 자신과 가까운 벤처에 투자하는 경우와 대비하여 멀리 떨어진 벤처에 투자하는 경우distant tie에 초점을 맞추었다. 공간적 거리와 산업·분야의 거리에 있어서 서로 멀리 떨어진(공간적 특성) 혹은 이질적인(산업성격) 벤처기업에 대한 투자 간의 양자관계 형성이 어떠한 상황 속에서 이루어지는지를 살펴보았다.[4] 한편, 네트워크 관계 형성에 대한 연구는 양자관계 중심에서 삼자관계를 포함한 좀 더 복잡한 동학에 대한 관심으로 진전되었다.

2. 네트워크 동학

네트워크 형성에 대한 연구에서 한층 더 나아가 네트워크 동학과 진화에 대한 관심이 높아지고 이에 따른 개념적, 연구 도구적 진전이 이루어졌다. 네트워크의 효과는 네트워크상에 위치하는 행위자들의 행위와 이에 따른 네트워크 구성과 구조의 변화에 의해서 나타나는 것이므로 종합적으로 이해하려면 네트워크 구조의 동학을 이해하는 것이 필수적이다(Ahuja et al., 2012).

대표적으로 조직연구에서 네트워크 동학에 대한 실증연구를 몇 가지 소개하면, 삼자관계를 중심으로 시간에 따른 네트워크 매개성 효과의 변화과정에 대한 연구(Baum, McEvily, & Rowley, 2012), 협력과 갈등으로 이루어진 삼자관계에서의 균형·불균형balanced·unbalanced 관계의 형성과 그 거시적 결과로서의 네트워크의 구조적 분리structural segregation에 대한 연구(Sytch & Tatarynowicz, 2014b), 전략적 제휴관계에서 보완적 지식knowledge complementarity의 역할과 네트워크 동학에 대한 시뮬레이션 연구(Baum, Cowan, & Jonard, 2010), 양자관계의 중단이 그 후의 국지적, 거시적 네트워크 형성에 미치는 파급적 효과에 대한 연구(Zhelyazkov & Gulati, 2016), 다양한 행위자 결합의 논리logics of attachment, 이에 따른 조직 간 협력관계의 동학, 그리고 그 동학에 의한 개별 행위자의 기회구조의 변화를 다룬 연구(Powell et al., 2005) 등이 있다.[5]

5

최근 사회적 네트워크 연구 동향

이 장에서는 조직연구 분야에서 최근 이루어지는 사회적 네트워크의 연구 동향을 이론적, 방법론적, 경험적 이슈로 나누어서 몇 가지 선택적으로 고찰해본다. 이론적 동향에서는 네트워크 복수성pluralism, 구조structure 및 상충관계trade-offs의 문제를 중심으로, 방법론적 동향에서는 분석단위의 독립성independence과 네트워크 내생성endogeneity, 시뮬레이션 방법을 중심으로, 경험적 연구 분야에서는 협력과 경쟁, 기술혁신, 네트워크 전파 및 신흥시장 연구를 중심으로 살펴본다.

1. 이론적 연구 동향

네트워크 복수성

사회적 네트워크를 연구하는 데 중요한 출발점은 어떤 종류의 네트워크에 초점을 맞출 것인가에 관한 문제이다. 기존의 사회적 네트워크 연구는 특정한 종류의 네트워크 형태에 초점을 맞추어왔다. 예컨대 기업 연구에 있어서는 주로 동종 산업 내에 형성되는 기업 간 전략적 제휴관계가 네트워크 연구의 주 대상이었다. 그런데 최근 연구 동향에서는 조직을 둘러싼 다양한 네트워크 관계를 연구해야 할 필요성이 대두되어 왔으며 관계의 다중성multiplexity과 복수성relational pluralism을 강조하고 있다(Shipilov, Gulati, Kilduff, Li, & Tsai, 2014).

시장관계에서도 가치사슬value chain 구조에 있어서 수평적 관계horizontal ties와 수직적 관계vertical ties를 구분해볼 수 있다. 예컨대 구매-공급의 관계는 수직적 관계로 볼 수 있고 기업 간의 연구개발 협력은 수평적 관계로 볼 수 있다. 또 다른 예로는 주식발행에서의 기업-은행 네트워크를 개념화함에 있어서 같은 기업의 주식발행에 참여한 은행-은행 간의 관계는 수평적 관계로 볼 수 있고 기업-은행의 관계는 수직적 관계로 볼 수 있다(Shipilov & Li, 2012). 이러한 관계의 다양성은 산업의 가치사슬value chain에 따라서 상류관계upstream와 하류관계downstream를 구분해서 살펴볼 수 있다. 이와 같이 다중적 네트워크를 함께 분석한 연구들이 최근의 경향이다(예: Beckman, Schoonhoven, Rottner, & Kim, 2014; Mahmood, Zhu, & Zajac, 2011; Ranganathan & Rosenkopf, 2014; Wang, Rodan, Fruin, & Xu, 2014). 또한 같은 범주의 관계에 있어서도 다른 종류가 네트워크 다중성이 있을 수 있다. 예컨대 투자은행가 기업과 형성하는 협력 네트워크에 있어서도 주식발행 신디케이션과 인수합병M&A 자문 네트워크는 그 성격에 따라 서로 다른 효과를 발휘할 수 있다. 한편, 네트워크 관계의 복수성relational pluralism은 복잡적응체계complex adaptive system로서 조직이 다양한 행위자들 간의 이질적인 네트워크에 배태되어 있으며 해당 행위자가 다른 행위자들의 복수의 관계로부터 의미와 행위를 도출한다는 점을 강조한다. 기존의 네트워크의 다중성muliplexity에 대한 연구에 덧붙여 정체성이론identity theory과 사회범주연구social categorization research의 개념을 네트워크 연구에 적극적으로 이용한다.

네트워크 구조

사회적 네트워크에 대한 이론적 연구의 한 축으로서 사회학의 기본 개념인 사회집단의 근본 개념을 네트워크 관계망을 통해서 재해석하려는 시도들이 이루어졌다. 무디와 화이트(Moody & White, 2003)는 구조적 응집력structural cohesion과 배태성embeddedness 개념을 네트워크 행위자 간 중첩적 연결성에 의해서 위계적 내포화hierarchical nesting를 기반으로 한 알고리즘으로 구체화하였다. 이 개념과 도구를 이용하여 마니와 무디(Mani & Moody, 2014)는 인도 기업 간의 소유구조 네트워크를 분석하고 이러한 기업소유의 관계가 거래적 모델transactional model과 좁은 세상 모델small world model이 내포화된 클러스터의 형태로 결합된 혼합 모델hybrid model의 성격을 가진다는 점을 보여주었다.

구조적 공백 형태의 네트워크에 대한 새로운 개념으로서, 경제사회학적 시각에서 베드레스와 스타크(Vedres & Stark, 2010)는 네트워크 매개성을 통한 구조적 공백이 새로운 아이디어를 찾고 인지하는 데는 유용하겠지만, 지식을 재결합하고 새로운 지식을 만들어내는 데는 큰 한계가 있다고 보고 구조적 접합structural fold라는 새로움 개념을 제시했다. 구조적 접합은 네트워크 관계를 통해서 다양한 자원에 연결되면서도 상호간의 관계가 긴밀한 형태로 매개성과 폐쇄성이 결합된 형태의 네트워크 위치라고 볼 수 있다.

최근에는 중범위 수준의 네트워크 구조를 개념화하려는 시도들이 있다. 행위자 중심의 네트워크와 시스템 전체 네트워크의 중간 형태인 네트워크 공동체network communities라는 중범위적 범주를 제시하고,

이에 따라 기업들이 속하는 공동체의 구조적 효과를 보여준다. 예컨 대 시치와 타타리코위츠(Sytch & Tararynowicz, 2014a)는 글로벌 컴퓨터 산업에서 각 기업의 네트워크 공동체에의 다중적 소속여부member-ship 및 공동체 내에서의 위치(핵심부 vs. 주변부)에 따라 기업의 다양한 지식에 대한 접근이 영향을 받고, 이에 따라 기업의 특허생산성이 달라짐을 밝혔다.

네트워크 상황의존성

최근의 연구를 보면, 기존에 이론화되었던 사회적 네트워크의 효과를 분석적으로 분해하여 그 속에 포함되는 본질적인 상충관계에 따른 상황의존성Contingencies을 천착하는 연구를 볼 수 있다. 앞서 대표적인 이론화로 언급되었던 그라노베터의 약한 유대 논제의 경우에도 네트워크에 있어서 약한 유대와 강한 유대의 상충관계를 강조하는 방향으로 발전되었다. 그 대표적인 연구로서 한센(Hansen, 1999)은 약한 유대를 통한 네트워크가 지식의 탐색에는 도움이 되지만, 복잡한 지식complex knowledge의 전달에는 효과가 없고 오히려 강한 유대의 네트워크가 복잡한 지식의 전달과 이를 통한 제품혁신에 도움이 된다는 점을 보여주었다.

리갠스와 주커만(Reagans & Zuckerman, 2008)은 또 하나의 대표적 사회적 네트워크 이론인 구조적 공백에 대한 이론적 재검토를 통해서 네트워크 위치에 따른 지식knowledge과 권력power의 상충관계를 제시한다. 버트의 1992년 구조적 공백 개념화에 따르면, 비중복적 네트워크 관계는 지식의 확장에 도움이 되며 정보·자원의 흐름을 독점함으로써 행사하는 권력도 증대한다. 하지만 리갠스와 주커만에 따르면, 정보·자원의 공급자의 관점에서는 비중복적 네트워크상에 위지한 행위자는 정보·자원 흐름의 독점에 의해서 권력이 증대되지만, 정보·자원의 수요자의 관점으로 바꾸어보면, 상대방의 정보·자원의 독점에 의해서 권력이 약화된다. 이러한 비중복적 네트워크 위치의 권력에 대한 상반된 효과로 인해서 구조적 공백은 지식 확대에 기여할지언정, 권력 강화에는 도움을 주지는 못한다는 점을 보여주었다. 이 외에도 레이저와 프리드만(Lazer & Friedman , 2007)은 시스템 수준에서 네트워크의 전파성과 시스템의 다양성 간에 상충관계가 있음을 보여주었고, 아랄과 반알스타인(Aral & Van Alstyne, 2011)은 이메일 교환에 대한 네트워크 분석을 통하여 네트워크 다양성과 네트워크 연결의 용량bandwidth 사이에 상충관계가 존재한다는 점을 밝혔다. 이러한 사회적 네트워크 효과의 상충관계에 대한 연구는 네트워크 이론을 정교화하고 발전시키는 데 좋은 시사점을 제공한다.

네트워크 효과의 상황의존성을 정치화하는 흐름이 사회적 네트워크 연구에 지속적으로 이어져오고 있다. 대표적으로 네트워크 효과의 시간의존성time dependence에 대한 연구로서 구조적 공백과 매개자의 네트워크 효과가 시간이 지남에 따라 어떻게 변화하는가에 대한 연구가 활발히 이루어졌다(Baum et al., 2012; Burt, 2002; Rhee, 2004, 2007). 버트(Burt, 2002)는 은행가들의 사회적 관계망에 대한 분석을 통해서 네트워크 매개자적 위치bridge는 다른 종류의 관계와 비교해볼 때 더 빨리 소멸되는 점을 밝혔다. 바움(Baum et al., 2012)은 캐나다 투자은행의 신주발행 신디케이트 관계에 대한 분석을 통해서 네트워크 폐쇄성의 성과에 대한 효과는 시간이 지날수록 증가하지만, 네트워크 매개성의 성과에 대한 효과는 시간에 따라 감소한다는 점을 보여주었다.

네트워크 효과의 부정적 측면

네트워크 효과에서 긍정적 측면뿐만 아니라 부정적 측면도 고려해야 한다는 연구의 경향도 등장했다. 다수의 사회적 네트워크 연구가 네트워크의 순기능과 그 긍정적 효과에 치중했지만, 그 반대의 측면도 존재한다(Podolny & Page, 1998). 네트워크의 부정적 영향의 하나로서 반복적이고 배태된embedded 관계의 부정적 효과를 제시하고 실증한 연구를 들 수 있다. 소렌슨과 웨이구팩(Sorenson & Waguespack, 2006)은 할리우드 영화제작사와 배급사의 관계에 있어서 배급사의 자원 배분에 편향성이 있을 수 있다고 보았다. 즉 반복적, 배태적 관계에 있을 경우, 배급사가 영화 개봉 시기와 프로모션에 있어서 해당 제작사에게 더 유리한 환경을 제공한다는 것이다.

실제로 제작사-배급사 간의 편향된 자원배분을 통제한 후에는 배태적 관계에서 상영된 영화의 성과(관객 수)가 그렇지 않은 경우보다 더 낮게 나온다는 것을 밝혔다. 배태된 관계 속에는 그 속에 내재된 행위자 간의 자기확신적self-confirming 믿음과 그에 따른 편향된 행위가 있으며 이 점을 고려하지 않은 배태성과 성과의 상관관계는 허위일 가능성이 있는 것이다. 이와 유사한 동학이 합병의 과정에도 작용하는데 광고회사가 합병 파트너를 선택하는 데 있어서 배태된 관계의 회사와 합병할 경우에도, 위에서 기술한 자기확신적 편향성에 의해서 그 합병의 결과는 부정적일 수 있다(Rogan & Sorenson, 2014).

이러한 연구는 네트워크를 통한 관계의 이면에는 행위자의 믿음과 편향에 따른 왜곡된 결정과정이 개입될 가능성을 보여주었다. 따라서 행위자의 전략적 사고에 기반하여 사적이익을 최대화하는 방식으로 네트워크가 구성될 수도 있지만, 동시에 행위자의 자기확신적 편향성에 의해서 자신의 이익에 반하는 방식으로 네트워크가 구성될 수도 있는 것이다.

이러한 네트워크의 부정적 측면에 대한 연구를 시장시스템 수준에서 그 속에서 활동하는 조직이 구성하는 네트워크의 역할에 대해서도 균형된 시각과 면밀한 검토가 필요함을 알려준다. 한편으로 시장기제가 부재한 제도적 환경에서(예컨대, 저개발국가의 경제환경) 네트워크 효과의 작동이 시장기제의 미비를 대체해주는 측면, 또는 시장기제가 시스템의 비효율성으로 이어지는 시장실패market failure의 상황에서 네트워크를 통하여 시장의 효율성을 높여주는 효과efficiency enhancing effect가 있다. 반면, 다른 한편으로는 시장기제의 작동 속에서 네트워크의 배태성embeddedness에 의하여 다른 조직에 대한 배타적 기능excludability을 발휘함으로써 시장의 효율성이 저해되는 효과를 가져오는 면도 존재한다. 따라서 네트워크 효과의 긍정성을 기계적으로 적용하기보다는 네트워크의 형성과정을 통해서 나타나는 긍정적, 부정적 측면을 면밀하게 검토하는 것이 필요하다.

2. 방법론적 동향

상호의존성

사회적 네트워크 분석에 있어서의 기본적인 이슈 중 하나가 분석단위의 문제이다. 사회적 네트워크의 존재론적 인식이 개별 노드node의 특성보다는 관계tie의 성격을 중시한다고 할 때 많은 경우 네트워크 관계가 경험적 분석의 단위가 된다. 단적인 예로 앞에서 살펴본 네트워크 양자관계dyad의 형성에 대한 연구의 경우, 분석단위가 개별조직이 아니라 양자관계라는 점에서 분석 데이터 포인트 간 통계적 독립성의 문제가 발생한다. 따라서 분석단위 간의 독립성을 가정하는 일반적인 통계분석으로는 추정과정에 문제가 생기게 되며, 이러한 독립성의 문제를 해결하기 위한 여러 가지 방법이 개발되어왔다. 기존의 통계적 분석법이 요구하는 관측치 간 독립성의 요건은 관계 구조를 바탕으로 하는 사회적 현상의 상호의존적 특성을 충분히 반영하지 못한다는 한계점이 있다. 따라서 이를 극복하기 위해 비모수 접근에 기반한 방법론들이 제시되고 있다(Kim, Howard, Pahnke, & Boeker, 2016; Wasserman & Faust, 1994). 『소셜네트워크Social Networks』『사회학 방법론Sociological Methodology』 등의 저널을 중심으로 네트워크 동태적 분석dynamic network analysis과 함께 네트워크 분석에 맞는 새로운 통계적 기법이 지속적으로 제시되고 있다.

내생성

이와 연관되어 사회적 네트워크 연구에 있어서 중요한 방법론적 문제 중의 하나가 내생성endogeneity이다. 예컨대 행위자의 네트워크 지위와 성과 간의 상관관계는 지위가 성과에 영향을 주는지 혹은 지위가 성과를 주는지가 섞여 있는 내생성 문제가 있다. 이정식(Lee, 2010)은 바이오 산업의 연구자 네트워크에 대한 연구에서 네트워크 매개성과 성과와의 관계를 분석하였다. 연구자의 과거성과를 통제할 경우 매개성의 효과가 약화되었으며 연구자 고정효과fixed-effects를 추가함에 따라 그 관계가 사라짐을 보여주었다. 따라서 네트워크 효과를 실증하는 연구에서는 이러한 내생성의 문제를 잘 처리해야 한다. 내생성을 다루기 위해서는 기본적으로 패널 데이터를 사용하고 이에 적합한 통계적 방법, 대표적으로 좋은 인스트루먼트instrument에 기반한 2단계 최소자승법2-stage least square을 적용할 수 있다. 또한 네트워크 내생성의 문제

를 최소화하는 유사실험quasi-experiment의 조건을 사용하기도 한다. 예
컨대 정부 정책에 의한 네트워크의 단절(Zhang & Zhu, 2011), 자연재
해에 의한 네트워크의 중지(Toh, 2013), 기업의 부도에 따라 발생한 네
트워크 이동(Rider, 2014) 등 외부 충격external shock이 연구를 위한 좋은
조건이 되기도 한다.

시뮬레이션 분석

시뮬레이션 분석은 사회적 네트워크 이론적 발전을 위하여 지속적
으로 사용되고 있는 방법이다. 이론적 논의의 정치화와 메커니즘 규
명을 위하여 에이전트 기반 시뮬레이션agent- based simulation을 이용한
테스트 활용이 증가하고 있다. 레이저와 프리드만(Lazer & Friedman,
2007)은 에이전트 기반 시뮬레이션agent-based simulation을 통해서 시스
템 수준의 네트워크 구성과 시스템의 성과를 연구했다. 네트워크 연
결에서 효율적인 시스템은 정보를 빠르게 전파하는 데 있어서는 이점
이 있지만, 이러한 빠른 전파로 인하여 시스템의 정보의 다양성이 줄
어드는 약점을 지닌다는 점을 보여주었다. 이러한 전파성과 다양성
간의 상충관계로 인해서 네트워크의 효율성이 단기적으로 시스템의
성과를 올리지만, 장기적으로는 부정적인 영향을 미친다. 실링과 팡
(Schilling & Fang, 2014)은 조직구조에 대한 시뮬레이션 분석을 통하
여 중간 정도로 집중화된 네트워크 구조가 양 극단의 구조, 즉 고도로
집중화된 구조나 민주적으로 분산된 구조보다 좋은 조직성과를 거둔
다는 점을 보여주었다.

시뮬레이션 연구는 실제 데이터를 이용한 경험적 연구와 함께 사
용되기도 한다. 최근의 연구사례로서 시치와 타타리노위츠(Sytch &
Tatarynowicz, 2014b)는 글로벌 제약회사와 바이오테크 회사에 대한

분석을 통하여 두 가지 종류의 양자관계(협력과 갈등)가 새로운 삼자관계tradic structure의 형성에 미치는 영향을 분석하였다. 이러한 미시적 양자·삼자관계의 동학이 거시적 수준의 기업 간 협력 네트워크와 갈등 네트워크에 미치는 구조적 과정을 미시적 수준의 기업 간 관계의 누적적 효과를 분석하기 위하여 에이전트 기반 시뮬레이션을 사용하였다.

3. 경험적 연구 분야

협력과 경쟁

네트워크 연구가 가장 활발한 대표적 경험적 분야가 조직 간 협력관계에 대한 연구이다. 앞서 언급했듯이 기업조직에서의 전략적 제휴관계나 투자은행이나 벤처캐피털의 신디케이션 협력관계(예컨대 Chung et al., 2000; Gulati, 1995; Gulati & Gargiulo, 1999)에서 조직 간 네트워크의 형성, 진화, 소멸 및 네트워크 효과에 대한 다양한 경험적 연구가 축적되었다. 이렇듯 대다수의 네트워크 연구가 협력관계에 초점을 맞추었지만, 동시에 경쟁이나 갈등관계에 대한 분석도 이루어졌다. 경쟁관계의 네트워크에서는 정보와 자원이 유출될 가능성이 있다. 경쟁관계를 인지한 조직이 직접적인 네트워크 연결을 주의한다 하더라도, 제삼자를 통한 간접적인 네트워크 연결을 통해서(예컨대 벤처투자회사나 법률회사와 같은 지원조직) 중요한 자원이 유출될 수 있다 (Somaya Williamson, & Lorinkova, 2008; Pahnke, McDonald, Wang, & Hallen, 2015). 따라서 조직 간의 네트워크 관계는 그 조직이 서로 협력관계에 있는가 경쟁관계에 있는가에 따라 상반된 결과를 초래한다고 볼 수 있다.

지금까지의 연구를 보면, 경쟁과 협력은 전통적으로 기업 상호작용의 분리된 양식으로 접근되어 왔고 대부분의 협력 전략의 연구가 경쟁전략의 문헌과 통합되지 못했다. 하지만 협력과 경쟁이 이분법적으로 나누어지는 것은 아니므로 협력관계와 경쟁관계에 대한 동시 고려한 연구를 생각해볼 수 있다. 이러한 방향으로의 선행연구로는 사업부 조직에서의 사업부 간 경쟁과 협력 관계를 함께 고려해서 연구한 채Tsai(2002)의 논문, 바이오 산업에서 협력적 관계(전략적 제휴 네트워크)와 갈등적 관계(특허침해와 반독점소송)의 형성과정을 살펴본 시치와 타타리노위츠(Sytch & Tatarynowicz, 2014b)의 연구가 있다.

기술혁신과 네트워크

네트워크 이론 및 방법론이 활발히 적용되고 있는 경험적 연구 분야는 지식생산 및 기술혁신 관련 네트워크이다. 전략경영 분야의 자원기반관점, 역량기반관점, 지식기반관점에서 자원, 역량, 지식을 조직 차원에서 개념화하고 이를 경험적으로 측정하는 연구들이 축적되어 왔다. 대표적인 시도로서 기업 특허 데이터를 분석하여 기업의 기술적 발전과 지역화된 탐색localized search의 개념을 발전시킨 연구가 있다(예: Stuart & Podolny, 1996; Rosenkopf & Nerkar, 2001). 또한 특허 데이터를 활용하여 기술자, 엔지니어의 회사 이동과 지식의 탐색 과정에 대한 연구가 활발히 이루어졌다(예컨대, Rosenkopf & Almeida, 2003; Song et al., 2003; Tzabbar, 2009).

기업의 협력관계 네트워크상의 구조는 기업의 혁신적 성과에 영향을 미친다. 좁은 세상small world에 대한 물리통계학의 연구를 수용하여 사회의 혁신과정에서 어떠한 네트워크 형태가 나타나는지, 그리고 이러한 네트워크의 패턴이 창의성이나 혁신적 성과와 어떻게 연관되는지를 연구했다. 예컨대 뉴욕 브로드웨이 뮤지컬 팀(Uzzi & Spiro, 2005)에 대한 연구, 바이오기업의 전략적 제휴관계(Schilling & Phelps, 2007)에 대한 연구에서는 각각의 실증자료를 이용하여 작은 세계 지수small world index: shortest path-length, local clustering coefficients와 혁신·창의성의 관계가 비선형적임을 밝혔다.

기업 내부의 지식구조에 대한 네트워크 분석도 활발히 이루어졌다. 대표적인 연구로서 야야바람과 아후자(Yayavaram & Ahuja, 2008)는 기업 내 지식요소가 연결되어 있는 패턴knowledge coupling pattern을 분석하여 지식기반의 분할성decomposability이라는 개념을 제시했다. 어떤 기업은 분리된, 모듈화된 지식 기반을 가지고 있는 반면, 다른 기업은 분리되지 않고 연결된 지식 기반을 가지고 있다. 세계 반도체 기업이 출원한 특허의 인용빈도를 바탕으로 지식 기반의 변화와 유연성에 대한 분석을 통하여 지식 기반의 분할성 정도가 중간적 수준일 때 기업의 기술의 유용성이 높다는 점을 밝혔다.

신흥시장 연구

신흥시장의 조직연구 중에서 특히 아시아 지역의 기업집단에 대한 네트워크 연구가 활발히 진행되고 있다. 대표적으로 대만 기업집단에 대한 최근의 연구를 보면, 기업집단 소속 기업 간의 공급자-구매자의 네트워크 관계를 기업집단의 혁신성과에 연결시키는 연구가 있다(Mahmood et al., 2013). 기업집단 내 기업 간 네트워크를 통하여 혁신을 위한 아이디어와 자원이 결합됨으로써 기업집단의 전체적인 혁신성과에 영향을 미친다는 점을 보여주었다. 이러한 기업집단 내 공급자-구매자의 네트워크 밀도와 기업집단 혁신 성과의 관계는 기업집단 외부의 시장환경이 자유화되고 발전함에 따라 약화되는 것으로 나타났다. 또한 기업집단 최고경영자들의 인적 관계에 대한 연구에서도 기업집단 내 경영자들이 이너서클, 즉 가족관계와 동향관계로 연결된 정도에 따라 기업집단의 기업 성과가 달라지는 것으로 나타났다. 이러한 관계의 정도는 시장환경이 변화, 시장자유화 이전과 이후의 시기에 따라 달라짐을 보였다(Chung & Luo, 2005). 네트워크 관계를 기업과 정치영역에까지 확대하여 기업집단 내 기업 CEO의 정당과의 네트워크 포트폴리오에 대한 연구를 통하여 기업집단의 정치적 네트워크가 그 기업집단의 비관련 다각화에 영향을 준다는 점도 밝혔다(Zhu & Chung, 2014).

6

결론

　본 논문은 조직이론 분야를 중심으로 사회적 네트워크 접근에 대한 개관과 연구 동향을 살펴보았다. 대표적인 이론화의 사례로서 약한 유대, 구조적 공백, 지위·정체성 개념과 이와 함께 대두된 네트워크 동학에 대한 논의를 살펴보았고, 최근의 연구 동향을 이론적 동향(복수성, 구조, 상황의존성), 방법론적 동향(상호의존성과 내생성, 시뮬레이션), 경험적 분야(협력과 경쟁, 기술혁신, 신흥시장) 측면에서 짚어보았다. 그럼 마지막으로 사회적 네트워크 연구의 앞으로 나아갈 방향에 대해서 이론적 측면을 중심으로 간단히 토론하는 것으로 글을 맺고자 한다.

　최근 조직이론이 앞으로 나아가야 할 방향에 대해 국내외적으로 논의가 활발히 일고 있다(예컨대, 신동엽·정기원, 2016; 이무원, 2015, 2016; Davis & Marquis, 2005; Davis, 2006, 2014). 그중 하나의 연구 방향으로 제시되는 것이 조직화의 프로세스와 그 메커니즘에 대한 분석이다. 지금까지 이루어진 다수의 조직연구가 회계적으로 표준화된 기업 데이터를 이용한 정형화된 조직에 대한 분석이었다면, 이를 넘어서 조직화 프로세스와 메커니즘에 대한 관심이 점점 더 늘고 있다(Davis, 2006). 기본적으로 네트워크의 개념이 정지된 개체보다는 관계와 과정을 중시한다는 점에서 사회적 네트워크 접근이 이러한 프로세스와 그 메커니즘에 대한 연구와 친화력이 높을 것으로 생각한다. 네트워크 개념 자체가 조직 및 사회현상을 설명하는 (더 넓게는 자연현상까지 포괄할 수 있는) 관계론적 관점에 기반하기 때문에 어떤 의미에서는 모든 사회이론은 네트워크 개념으로 사고할 수 있다고 볼 수 있다 (Granovetter, 1990). 따라서 관계론적 관점이 약했던, 기존의 조직 및 사회에 관한 이론적 명제들의 작동 메커니즘을 정교화시키는 데 네트워크 연구가 도움을 줄 수 있다고 본다. 명사형인 '조직organization'보다는 동사형인 '조직화organizing'의 과정을 네트워크의 관점에서 더 잘 이론화하고 분석할 도구를 제공할 수 있다고 본다. 따라서 사회적 네트워크 연구는 매니지먼트(조직행동, 조직이론 및 전략경영 등) 분야의 이론적 프로그램theoretical programs에서 제시되는 명제들에 대한 구체적인 메커니즘을 정치화해주는 데 있어서 지속적인 역할을 할 것으로 기대된다.

이를 통해서 사회적 네트워크 연구가 기여할 수 있는 중요한 부분이 오랫동안 사회과학의 해묵은 주제로서 지목되어온, 미시-거시 연계의 문제를 보여주는 것이다. 그동안 행위·의미 중심의 미시이론과 구조·시스템 중심의 거시이론 사이의 간극을 해소하려는 노력이 기든스Giddens, 브르디외Bourdieu와 같은 유럽학자들과 콜만Coleman, 화이트White와 같은 미국학자들 모두에게 중요한 주제였다. 매니지먼트 분야에서도 유럽을 중심으로 확산되는 프랙티스practice 관점의 이론에서 행위와 구조의 상호작용을 강조하고 있다(신동엽·정기원, 2016). 미시-거시 연계를 지향하는 논의들이 철학적으로 깊이 있고 이론적으로 전개되는 측면이 있다고 한다면, 사회적 네트워크 접근은 이러한 철학적, 이론적 논의를 경험적, 실증적 수준에 좀 더 접근시킬 수 있는 방식을 제공할 수 있다고 본다. 포괄적이고 일반적인 의미에서의 미시-거시 연계이론의 발전이 사회철학자 및 이론가의 몫이라면, 이러한 이론의 발전을 구체적인 수준으로 맞닿게 해주는, 중범위 이론적 역할을 사회적 네트워크 연구에서 소화해낼 수 있다고 본다.

앞에서 소개된 사회적 네트워크 이론화는 기존의 사회이론에 창의성을 불어넣은 중범위 수준의 이론화로서 기존의 미시-거시 연계 문제에 대하여 새로운 관점을 제시한, 매우 창의적이고 혁신적인 사례라고 생각한다. 약한 유대, 구조적 공백, 지위·정체성 이론 모두 기존의 조직·사회 이론이 관심을 가지고 있던 문제를 관계론적 관점에서 재해석하고 새로이 조명한 것이다. 예컨대 지위의 개념은 사회학에서 전통적으로 사용되는 이론의 틀인데 포돌니(Podolny, 1993, 2008)에 의해서 시장행위자들의 관계 속에서 구성되는 네트워크 개념으로 미시-거시 현상을 연계시켜 창의적으로 재해석되었다. 안타깝게도 요즘 이루어지는 조직연구들은 과거의 이론적 개념을 응용하거나 기존에 마련된 방식으로 모방하여 이루어진다. 많은 경우에는 사회적 네트워크 이론이 단순히 정형화된 측정도구measure의 수준에서 사용되는 경우가 많다. 그런데 여기에서 우리가 유의해야 할 점은 이러한 네트워크 측정도구들이 기존의 이론적 틀에 대한 치열한 고민을 통해서 만들어졌다는 것이다. 포돌니가 했던 방식으로 앞으로의 사회적 네트워크 연구도 기존의 조직 분야 이론에 새로움을 불어넣고 앞으로의 사회적 네트워크의 연구에 있어서도 창의적인 발전이 다시 한 번 일어나기를 기대해본다.

최근 사회 변화의 큰 흐름 중에 하나가 소위 '소셜social'이라는 접두어 붙어 다니는 현상이다. 소셜 비즈니스, 소셜 마케팅, 소셜 네트워크, 소셜 벤처, 소셜 기업 등이 그러하다(김홍중, 2016). 우리가 일상생활에서 사용하는 카카오톡, 페이스북, 트위터는 물론이고 위키피디아, 네이버 지식인과 같은 집단지성 혁신, 온라인과 오프라인을 잇는 다수의 신생 비즈니스들이 이를 대표한다. 이렇게 '소셜'로 대표되는 사회변화는 조직연구에 있어서도 새로운 기회와 도전을 준다. 한편으로는 조직 내외부의 연결, 특히 조직 대 조직의 연결과 더불어 조직과 조직 외부 사회와의 상호작용, 흐름, 소통이 중요해지며 기존 형태의 관료제적 조직보다는 사회 기반으로 일어나는 느슨한 형태의 새로운 조직화가 출현한다(Puranam, Alexy, & Reizig, 2014). 다른 한편으로는 이러한 '소셜'들이 사물인터넷, 센서, 인공지능 등 새로운 기술과 결합하여 실시간으로 빅데이터가 축적되어 가공되기를 기다리고 있다. 이러한 거시적인 사회적 흐름과 함께 기술, 조직, 시스템의 변화와 혁신이 진행되면서 이에 대한 사회적 네트워크 연구의 기회가 더욱더 풍성해질 것이다.

9장

관계와 추론
: 구조주의자의 시선

배종훈

서울대학교 경영대학 교수, E-mail: jbae01@snu.ac.kr

현재 서울대학교 경영대학 교수로 재직 중이다. 프랑스 인시아드INSEAD에서 조직이론 전공으로 박사학위를 취득하였다. 관심 분야는 네트워크 이론을 이용하여 경제 제도의 특성을 분석하는 것이다.

*이 글은 『인사조직연구』 2017년 8월호(25권 3호)에 게재된 동명의 논문을 수정·보완한 것임.

1

서론

초월적 주체이든, 합리적 주체이든, 근대 사회의 중핵을 이루는 계몽주의 프로젝트는 행위의 온전한 주체인 개인으로부터 시작된다. 대안적 사고의 이론 체계로서 네트워크 관점 혹은 이론은 근대적 개인의 지위를 의심하는 것에서 출발한다. 행위의 온전한 주체라는 개인이 의무론적deontological으로도 그리고 경험적으로도 성립될 수 없다는 의심에서 출발한다.

현장에서 그리고 학계에서 네트워크 이론은 급속히 확산되었다. 정치학자 퍼트남(Putnam, 1995, 2000)의 저술로 대중적 관심이 촉발된 이래 사회적 자본이라는 이름으로 1990년대 사회과학 연구의 한 축을 점하였다(Adler & Kwon, 2002; Coleman, 1988; Portes, 1998). 최근에는 빅데이터로 대변되는 계산기술과 더불어 상업적 응용이 폭증하고 있으며 복잡계complex system를 연구하는 학제적 접근의 결과로 이론적으로도 새로운 전기를 맞이하고 있다(Albert & Barabasi, 2002; Barabasi & Albert, 1999; Watts, 2004; Watts & Strogatz, 1998).

그러나 네트워크 이론은 그 인기만큼 오용되거나 남용되는 경향이 크다. 특정 사회 현상에 대한 단순 비유로 쓰이거나, 적절한 실증 척도 없이 사용되거나, 고유의 네트워크 이론 없이 그저 실증 수단으로만 맹목적으로 사용되는 경향이 있다(Castells, 1996; Latour, 2005; Powell, 1990; Stuart, 2000). 네트워크 이론 자체만 보더라도 이론의 인기만큼 새로운 연구 성과를 조직이론 내부에서 축적하고 있지도 못하다. 복잡계 네트워크에 대한 연구가 발전하는 속도 대비, 그 연구 성과를 조직이론 내부에 적시에 담아내지도 현장의 실무적 응용을 적시에 평가하지도 못하는 실정이다.

이 글은 네트워크 이론을 오해와 남용의 차원에서 검토하고자 한다. 이 글은 기존의 네트워크 이론 연구를 메커니즘 차원, 즉 이론화 방식 차원에서 비판하고 구조 사회학 입장에서 타당한 이론이 되기 위한 구성 요소를 살펴보고자 한다. 따라서 다음의 두 가지 차원에서 네트워크 이론을 평가하고자 한다.

첫째, 경영의 본질이 성과와 실패, 효율과 비효율과 같은 범주적 추론에 따라 생산활동을 조율하는 것이라면(배종훈, 2016; Hannan, Polos, & Carroll, 2007; Hsu, 2006; Kovacs & Hannan, 2015; Wellman, 1983), 네트워크 이론은 그러한 범주적 판단 너머에 있는 교환 관계를 노정하는 것이어야 한다. 둘째, 사회구조로서 교환관계는 추상적 원칙이 아니라 구체적 물성物性으로 분석되어야 한다. 즉 교환관계가 선택 주체를 제약하는 방식은 자원의 희소성과 같은, 일반적 경제 원리에 부합되어야 한다. 요약하면, 범주적 추론을 해체하고 구체적 물성을 복원하는 차원에서 네트워크 이론의 구성 요소를 살펴보겠다.

2
네크워크 이론의 구조

1. 네트워크 이론의 오용과 남용

네트워크 이론은 사회적 관계를 연구대상으로 한다. 그러나 선택의 독립성獨立性 가정이 무너질 때마다, 즉 개인의 선택이 독립적이기보다는 사회적 요인에 의해 영향 받는다고 가정할 때마다, 네트워크 이론을 자동적으로 불러 들이는 경향이 있다. 이러한 시도는 해당 이론의 고유 특징을 무시하고 오히려 이론으로서의 가치를 훼손할 위험이 크다. 크게 다음의 네 가지 유형이 있다. 신뢰trust와 혼용, 시장주의市場主義와 혼용, 사회제도와 혼용, 그리고 행위자 속성과 혼용 등이 바로 그것이다.

첫째, 사회적 관계의 본질을 상호간 신뢰에서 찾는 용법이다. 퍼트남(1995, 2000)의 사회적 자본 연구에서 나타나고 있고 정치학과 언론학 일각에서 나타나는 대표적 오류이기도 하다(Fischer, 2005; Kadushin, 2012; Woolcock, 2010). 결합형 사회적 자본bonding social capital과 중개형 사회적 자본bridging social capital을 측정하는 설문항목을 보면 잘 드러난다(Ellison, Steinfield, & Lampe, 2007; Williams, 2006). 한 개인이 타자를 얼마나 신뢰하는가와 같은 심리 지표에서 사회적 관계를 읽는 것이다.

그러나 린(Lin, 2001)이 이미 명쾌하게 비판하였듯이 신뢰와 같은 규범적 요소는 사회적 자본의 선행 요인이거나 결과 변수이지, 네트워크 이론의 연구대상인 '사회적 관계' 그 자체는 아니다. 더욱이 개념을 이렇게 혼용할 경우, 사회적 관계의 본질을 개별 행위자의 성향 혹은 인식과 같은 주관적 심리 상태에서 찾게 되기 때문에 개인의 인식과 독립적으로 존재하는 (사회적) 실재를 고민하는 구조 사회학의 전통과 충돌한다.

따라서 사회적 관계 그리고 관계에 배태된 사회적 자본을 측정하는 구조 사회학적 접근은 (1) 상호작용하는 구체적인 상황을 확인하고, (2) 거기에 관여하는 행위자를 개별적으로 확인하는 방식을 택하고 있다. 설문조사 기법을 택하는 경우, 각종의 명부名簿, name generators 혹은 개인 식별이 가능한 디지털 장비를 활용하고 있다(Christakis & Fowler, 2010; Lin & Dumin, 1986; Mastrandrea, Fournet, & Barrat, 2015; Merluzzi & Burt, 2013; van der Gaag & Snijders, 2005). 즉 개인 간 상호작용의 유무에서 사회적 관계를 읽고 있다.

둘째, 사인私人 간 자발적 협력과 조율 과정을 사회적 과정의 핵심으로 보고, 탈관료제적 생산을 대안으로 제시하기 위해 네트워크 현상을 자유주의적 시장 개념과 동일시하거나, 그 역으로 몰인격적이고 기계적인 가격 기구를 대체하는 일체의 시도로 보는 경향이다. 자기 조직화(Hodgson, 1993) 혹은 네트워크 경제(Powell, 1990)라는 개념으로 사회적 관계의 본질을 특정 경제 현상으로 한정시키는 작업이 대표적 사례이다.

그러나 사회적 관계에서 비롯되는 생산자의 정체성을 비효율의 원천으로 보는 자유주의 '시장'(Akerlof & Kranton, 2010)과 중앙집권적 관리자 혹은 제삼자 개입 없이 사회적 관계에 의존하여 자율적으로 계약 이행을 하는 탈관료제적 '시민'은 양립 불가능하다. 네트워크 이론이 이 둘 모두를 지칭하는 것은 모순이다.

물론 네트워크 이론이 경제사회학에서 광범위하게 활용되는 것은 사실이나(Krippner & Alvarez, 2007; Smelser & Swedberg, 1994) 네트워크 이론이 곧 특정 생산 관계에 관한 이론인 것은 아니다. 오히려 사회적 관계를 특정 경제 현상과 동일시하기보다는 다양한 경제 현상이 발현되는 물적 토대substrate로 보는 것이 더 타당하다. 사회 구조로서의 네트워크는 개별적이고 특정한 현상을 만들어내는 선행 요인이기 때문이다. 예를 들어 중국의 사회적 관계에서 가능한 경제 조율 방식과 미국의 사회적 관계에서 가능한 경제 조율 방식의 차이가 있다면, 그 차이를 설명하는 하나의 변수로 사회적 관계를 보아야 한다는 뜻이다(White, 2002).

셋째, 사회제도 일반과 사회적 관계를 동일시하는 입장이 있다. 지위와 역할처럼 범주적 가치 판단을 내리는 기준이 되고, 규범規範의 발원지로서의 '사회 구조'와 사회적 관계를 동일시하는 경향이다. 그러나 네트워크 이론은 사회 구조를 이해하는 하나의 방식일 뿐이다. 물론 포돌니(Podolny, 1993)의 연구 이후 사회적 지위를 측정하는 수단으로 사회 연결망 분석이 각광 받는 것은 사실이다(Bothner, Smith, & White, 2010; Chung, Singh, & Lee, 2000; Jensen, 2003). 그러나 사회적 지위의 체계가 곧 사회적 관계의 체계인 것은 아니다. 양자는 개념적으로 독립적이다.

구조 사회학에서 고민하는 사회 구조의 본질이 무엇인지를 따져보면 사회적 지위와 사회적 관계, 두 개념 간의 차이를 이해할 수 있다.

단지 한 개인의 취향과 역량의 문제로 돌려버릴 수 없는 개인행동의 원천을 이해하려는 시도, 사회적 존재로서의 개인을 구성하는 원천을 이해하려는 시도가 곧 구조 사회학이다(김영규·박상찬·배종훈, 2015; Anheier, Gerhards, & Romo, 1995; Bourdieu & Wacquant, 1992; Emirbayer & Goodwin, 1994; Martin, 2003). 사회 구조는 그러한 원천의 이름이다. 사회적 환경이라고 혹은 사회적 맥락 또는 사회적 공간이라고 지칭하기도 한다(Entwisle, Faust, Rindfuss, & Kaneda, 2007; Martin, 2003). 구체적이고 특수한 개인의 보편적 사회적 근간이 바로 사회 구조이다.

네트워크 이론의 고유한 가치는 자칫 형이상학적 담론에 머무를 수 있는 사회 구조라는 개념을 관찰 가능한 방식으로 정식화定式化하는 것에 있다(Wellman, 1983). 개인의 인식 구조에 흔적만 남아 있는 심층 구조 같은 개념이 아니라 일상적으로 관찰 가능한 개인 간의 상호작용, 즉 사회적 관계의 총합에서 사회 구조를 이해하려는 시도가 바로 네트워크 이론이다. 특정 역할 규범에 순응하거나 일탈행위를 처벌하는 방식으로만 그 존재를 간접적으로 확인할 수 있는, 고정된 지위의 체계와는 달리 사회적 관계로서의 구조는 본래적 불안정성, 즉 가소성可塑性, plasiticity을 가지고 있다는 점에서 또한 차이를 보인다. 복수의 행위자 간의 부단한 제안提案과 수락受諾을 통하여 매 순간 재생산되거나 소멸되는 유동적 사회적 관계로부터 사회 구조를 파악하기 때문이다.

사회적 관계를 이해하는 네트워크 이론 고유의 방식은, 주커만(Zuckerman, 2010)이 지적하고 있듯이, 소위 '약분 가능성commensuration'의 문제에서 잘 드러난다(Espeland & Stevens, 1998; Wellman, 1983). 주커만은 사담私談 네트워크를 예로 설명한다. "이건 너에게만 알려주는 건데."와 같이 은밀한 이야기를 주고받는 관계를 사담私談 네트워크라고 하자. 그리고 모든 사람들이 네트워크에서 서로 연결되었다고 하자. 약분 가능성은 두 사람 간의 은밀한 대화가 집단 차원에서 필연적으로 공유되는 조건에 관한 고민을 지칭한다. 이러한 주장이 참값이 되기 위해서는, 너와 나의 사담관계에서 다루는 이야기 중 일부가 너와 제삼자 간의 사담관계에서 다루는 이야기에 포함되어야 한다. 그렇지 않다면 모든 은밀한 이야기는(네트워크가 설사 연결되어 있다고 해도) 두 사람 간에만 공유될 뿐이다. 이런 경우를 사회적 관계의 약분 가능성이 낮다고 한다.

현실 세계에서 사회적 관계는 약분 가능성이 낮다. 즉 네트워크 이론에서 다루는 사회적 관계는 상호 비교 불가능한, 즉 불균질不均質의 사회적 관계이다(Zuckerman, 2010). 사람들의 사회적 관계는 그 자체로 개별적이고 특수하기 때문에 개별 사회적 관계를 묶어 내적으로 일관된 사회 구조를 도출하기 어렵다. 이처럼 약분 가능성이 낮은 경우에도 이론화 작업이 가능할 수 있을까? 이것을 고려하지 않은 연구는 비현실적이고 현장과 유리된 연구가 될 위험이 있기 때문이다.

통상적으로, 약분 가능성이 낮은 사회 구조를 이론화하는 작업은 둘로 나뉜다. 하나는 문화 영역, 경제 영역 등 다양한 영역의 지위 체계가 동시적으로 하나의 행위를 결정하는 중층결정重層決定, surdetermination 모형이고, 다른 하나는 동일한 영역 내부에서 두 개 이상의 지위 체계가 서로 경쟁하는 제도적 복잡성 모형이다(Greenwood, Raynard, Kodeih, Micelotta, & Lounsbury, 2011; Jones, Maoet, Massa, & Svejenova, 2012; Thornton, 2002). 바로 이 지점에서 네트워크 이론의 고유성이 드러난다.

네트워크 이론은 형식주의形式主義의 입장에서 불균질의 사회 구조를 표현한다. 구체적이고 개별적인 상호작용을 발생시키는 물적 토대 substrate로 본다. 개별적 상호작용의 플랫폼이다. 소위 하나의 그래프로 표현되는 네트워크는 관계의 질적 통일성으로 묶어진 것이 아니라 관계의 유무라는 형식적 통일성으로 묶어진 결과이다. 따라서 네트워크 이론에서 사회 구조는 관계의 내용에 의해서 결정되기보다는 관계의 형식, 즉 관계의 구조에 의하여 결정된다. 관계의 구조를 측정하는 수단으로 그래프 이론graph theory을 사용하는 이유도 바로 그 때문이다. 동시에 네트워크 이론이 사회 연결망 분석 방법론으로 오해되는 이유이기도 하다.

넷째, 사회적 관계의 특징을 나와 연결된 타자의 특성에서 찾는 경향이다. 사회적 관계의 본질을 희소한 자원에 대한 제한된 접근에서 찾고(Marsden, 1983; Podolny, 2001), 자원 혹은 정보 접근의 개인차를 나와 연결된 타자의 자원 혹은 정보의 차이에서 찾는 입장이다. 스튜어트(Stuart, 2000)의 연구가 좋은 예이다. 여기서 스튜어트는 특정 기업의 전략적 제휴 활동의 경제적 가치를 해당 기업의 제휴 파트너의 기술 역량으로 측정하고 있다. 그러나 이러한 접근은 다음과 같은 이론적 문제를 노정한다.

우선, 양자관계의 특성을 종합하여 해당 기업의 제휴 관계의 가치를 측정하는 것은 충분히 구조적이지 못하다. 굳이 네트워크 이론을 사용하지 않더라도 특정 기업의 속성(예를 들자면, 해당 기업이 제휴 역량, 학습 능력 등등) 수준에서 설명할 수 있기 때문이다. 양자관계의 특징은 당사자 간의 개인 특성으로 충분히 환원할 수 있기 때문이다. 매력적인 파트너를 알아보고 협업할 수 있는 개인의 능력 혹은 경제적 합리성을 반영하기 때문이다(Lee, 2010). 이 경우, 네트워크는 단지 외부환경의 속성을 총칭하는 지시어에 불과하다.

따라서 당사자 간의 개인 특성으로 설명되지 않는 것을 찾을 수 있어야 네트워크 이론은 개념적 가치를 가질 것이다. 그런 맥락에서 강조되는 것이 바로 제삼자第三者의 역할이다. 네트워크 이론에서는 양자관계의 특징이 제삼자의 존재 유무, 그리고 개별 당사자가 제삼자와 어떠한 관계에 있는가에 따라 달라질 수 있다고 본다(Burt & Knez, 1995; Simmel, 1955; Wellman, 1983). 양자관계dyad가 아닌 삼자관계triad를 사회 구조의 최소 단위로 보고 있다. 직접적으로 연결되어 있는 타자의 속성으로부터 해당 개인의 사회적 관계를 이해하는 것은, 제삼자의 역할이 고려되어 있지 않기 때문에 충분히 구조적이지 않다.

혹자는 파트너 간의 특성 차이, 예를 들면 기술적으로 유사한 파트너인지, 사업 영역이 유사한 파트너인지 등을 살피는 방식으로 행위자의 사회적 관계를 평가하는 것도 관계의 구조를 담아내는 것이라고 반문할 수 있다. 전략적 제휴 연구에서 최근 많이 다루고 있는, 제휴 파트너의 기술 다양성이 대표적 사례이다(Goerzen & Beamish, 2005; Phelps, 2010). 그러나 네트워크 이론에서는 이러한 접근법을 관계의 구성network composition이라고 부르고 관계의 구조network structure와 구분하고 있다. 행위자 간 경제적 혹은 사회적 카테고리의 유사성만을 단순히 따지고 있기 때문이다.

보다 근본적으로는, 사회적 관계의 본질을 자원의 제한된 접근에서 찾으려는 기능주의적 관점 자체가 만들어내는 오류가 있다(Coleman, 1988; Marsden, 1983). 포돌니(Podolny, 2001)에서 구분했듯이, 사회적 관계는 '공개시장open market'에서 얻을 수 없는 자원을 얻는 창구pipe로 이해하거나 '공개시장'에서 유통되는 행위자 자신에 대한 기호signal로 이해할 수 있다. 예를 들면 평판 혹은 사회적 지위와 같은 정보를 전달하는 장치prism라는 의미이다.

자원 획득 수단으로 사회적 관계를 보는 입장은 역시 충분히 구조적이지 못하다. 자원의 교환이란 것은 결국 명시적 혹은 암묵적 계약의 대상이 되는 것이기 때문에 교환의 이행을 강제할 수 있는 당사자의 경제적 합리성만이 문제가 될 뿐이다.

사회적 관계를 사회적 '기호'로 이해하는 입장 역시 사회적 기호를 희소한 자원으로 간주할 수 있다면, 여전히 기호를 축적하고 유통하려는 개인의 합리성 측면에서 네트워크 현상을 한정하는 위험이 있다.

그러나 네트워크 현상을 타당하게 이해하기 위해서는 사회적 관계의 효과와 그러한 관계를 형성하는 데 기여한 개인의 합리성과 구분하여야 한다. 내생성endogeneity의 문제가 생기는 이유가 바로 거기에 있다(Aral, Muchnik, & Sundararajan, 2009; Bae & Gargiulo, 2004; Banerjee & Munshi, 2004; Jackson, Rogers, & Zenou, 2017; Kossinets & Watts, 2009; Manski, 2000; Van den Bulte & Lilien, 2001).

따라서 약분 가능성이 낮은 상황에서도 적용되는 이론을 만들기 위해서는, 자원의 제한된 접근limited access 차원에서 사회적 관계를 이해하기보다는 타자의 행동을 제한적으로 관찰하는 차원limited observability에서 접근할 필요가 있다. 즉 사회적 관계는 모든 이의 선택과 의견이 동시적으로 관찰 가능한 '효율적 시장'과 달리 타자의 선택과 의견이 제한적으로 관찰되는 물질적 토대, 즉 생물학적 제약 조건이다. 사회적 관계는 그리고 그의 구조는 타자의 관찰 가능성을 표현하는 하나의 형식形式인 것이다.

2. 네트워크 이론의 구조

이상의 네 가지 오류로부터 역逆으로 네트워크 이론의 주요 구성 요소를 확인할 수 있다. 무엇보다도 네트워크 이론은 타자와의 상호작용 형식形式을 연구하는 이론 체계이다. 네트워크 이론은 사회 구조를 사회적 관계의 형식, 즉 관계의 구조로 이해하고 개인의 선택 혹은 의견이 관계의 구조에 부분적으로 종속되어 있다고 전제한다. 당사자 간에 다루는 구체적인 내용과 교환하는 자원 등은 양자관계의 성격에 따라 다양하기 때문에 양자관계를 연계하는 제삼자까지 포함한 삼자관계, 그것의 총합으로부터 관계의 구조를 특정하고 이해한다 (Newman, Strogatz, & Watts, 2002). 이를 위해 다음의 세 가지가 정의되어야 한다. 먼저 상호작용이 발생하는 공통의 맥락 혹은 상황(Feld, 1981), 그다음으로는 상호작용의 주체인 행위자의 집합, 마지막으로 당사자 간 상호작용의 집합. 관계의 구조는 이러한 세 가지 요소를 기초로 그래프 이론을 활용하여 특정한다(Borgatti, Everett, & Johnson, 2013; Goyal, 2007; Jackson, 2008; Newman, 2010).

제한적 관찰limited observability 차원에서 사회적 관계는 다음의 두 가지 형식으로 설명할 수 있다. 관찰 가능하고 부분적으로 통제 가능한, 개인의 일상생활에서 직접적으로 체험하는 미시적 네트워크local network process와 관찰이 어렵고 통제 역시 불가능한, 개인의 일상생활에서 간접적으로 체험하는 거시적 네트워크global network process이다. 전자는 소위 자기 중심 네트워크ego-centered network라고 하여, 나와 내가 교류하고 있는 타자와의 사회적 관계를 지칭하고, 후자는 내가 직접 교류하고 있지 않는, 즉 사회 전체의 사회적 관계global network를 지칭한다.

구조 사회학적 입장에서는 거시적 네트워크를 분석하는 작업이 사회 구조의 이해라는 측면에서 더 선호된다. 그러나 살란시크(Salancik, 1995)가 이미 지적하였듯이, 새로운 사회 구조가 만들어지고 다른 것으로 대체되는 과정을 이해한다는 것은 개인이 관계 하나 하나를 어떻게 형성하고 유지하는지 연구자가 이해하고 있다는 것을 전제한다. 미시적 네트워크에 대한 이해가 필요하다는 말이다. 사회 구조의 형성과 변화가 구체적인 물리법칙에 종속되기 위해서라도 미시적 네트워크에 대한 이해가 필요하다. 결국 개인의 생물학적 제약, 시간과 공간의 제약, 그리고 가용한 자원의 제약으로 인하여, 새롭게 사회적 관계를 형성하거나 기존의 관계를 유지하는 선택이 제약을 받기 때문이다. 사회적 관계의 물성物性은 바로 이러한 미시적 네트워크에서 발현된다. 물론 미시적 네트워크 현상은 그 자체로 완결되지 않는다. 거시적 네트워크의 특성에 따라서 다양한 방향으로 그 효과가 발현되기 때문이다. 따라서 미시적 네트워크 현상과 거시적 네트워크 현상을 종합을 할 때 주어진 연구 문제에 대한 적절한 답을 찾을 수 있다.

이상의 논의를 정리하면 〈그림 1〉과 같다. 먼저 선택의 주체인 개인을 특정하는 범주적 추론의 층위가 있다(Hannan et al., 2007; Hsu & Hannan, 2005; Hsu, Hannan & Polos, 2011; Pontikes & Hannan, 2014). 성공한 사람, 높은 지위의 고귀한 사람, 여성 CEO, 원어민 교사, 판사 출신 변호사, 삼성이 만든 자동차 등이 개인을 특정화하는 범주이고 개개인의 각종 의사결정 상황, 특히 추론 과정에서 중요하게 활용되는 정보이다.

네트워크 이론을 단순히 범주적 추론의 층위와 혼용하는 경우도 있으나(앞서 언급한 세 번째 경향 참조), 네트워크 이론은 범주적 추론 너머에서 각종의 범주를 만들어내는 그리고 범주적 추론에 의하여 은닉되어 있는 사회적 구조, 특히 사회적 관계를 밝혀내는 것을 목표로 한다. 예를 들어 상호 간 신뢰(앞서 언급한 첫 번째 경향 참조)를 만드는 추론의 원천을 읽어내는 작업이 그러하다. 자유주의적 시장 혹은 탈관

〈그림 1〉 네트워크 이론의 구조

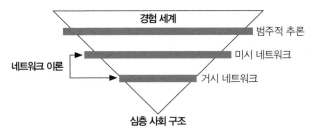

료제적 생산과 같은 구체적 경제 현상(앞서 언급한 두 번째 경향 참조)을 발현시키는 경제적 관계를 추적하는 작업 또한 그러하다.

관찰 가능성의 차원(앞서 언급한 네 번째 경향 참조)에서 네트워크 현상은 미시적인 것과 거시적인 것으로 나뉜다. 추후 논의하는 바와 같이, 미시적 네트워크는 네트워크 현상의 물성을 가장 잘 반영하는 층위이다. 반면에 동일한 미시적 네트워크에 노출되어 있더라도, 미시 네트워크의 효과는 거시적 네트워크의 특성에 따라 달라진다. 미시적 네트워크(Burt, 1992)와 거시적 네트워크(Watts, 2004) 모두에서 중개자 네트워크brokerage network에 관한 연구를 중요시하는 이유 역시 중개자 네트워크가 거시적 네트워크 과정을 직간접적으로 반영한다고 보기 때문이다(Granovetter, 1973). 결국 범주적 추론의 완전한 해체를 위해서는 미시적 네트워크와 거시적 네트워크에 관한 이론의 종합이 필요하다.

3

경영 현장과 범주적 추론의 구성

범주적 추론이란 특정의 범주에 따라 현상을 평가하는 경향을 말한다(Zuckerman, 2012). 조직 열망 수준이 그 대표적 예이다(Cyert & March, 1963; Greve, 2003). 조직 내부에서 합의한 특정 수준, 즉 '열망 수준'보다 시장성과가 높으면 '성공'이고 그렇지 않으면 '실패'라고 규정하고, 그에 따라 조직 내부의 의사결정 과정이 조율되는 것이 바로 범주적 추론이다(배종훈, 2016). 조직의 내부 구성원 혹은 외부 이해관계자와 커뮤니케이션하는 수단이 되는 조직 정체성(Albert & Whetten, 1985; Ashforth, Rogers, & Corley, 2011) 혹은 핵심 역량(Selznick, 1957) 역시 조직의 의사결정의 기준점이 되는 카테고리이다. 조직의 형태 혹은 조직의 당위적 형태institutional logic에 대한 연구 또한 범주적 추론을 두고 각축을 벌이는 경영 현상을 담아내려는 노력이다(Hannan et al., 2007; Pontikes & Hannan, 2014; Thornton, Ocasio, & Lounsbury, 2012). 반면에 네트워크 이론은 현상을 구성하는 범주적 추론 이면에서 경쟁하고 협업하는 교환관계의 역할을 밝히는 것을 목적으로 한다.

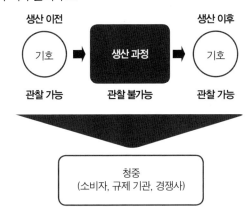

현상으로서의 범주적 추론은 〈그림 2〉와 같은 구조를 가진다. 먼저 특정 생산 과정을 상정할 수 있다. 여기에는 다양한 이해관계자가 개입되어 있으나, 어떠한 의사결정이 내부에서 내려지는지 외부인(예를 들면 소비자, 규제 기관, 경쟁자 등)은 알 수 없다. 즉 생산 과정은 관찰 불가능하다. 그리고 생산 이전 혹은 이후 단계에서 생산 과정에 관한 정보를 담고 있는 다양한 사회적 기호를 유통시키거나 해석하는 과정이 있다. 사회적 기호는 외부인의 입장에서 관찰 가능하고 사회적 카테고리의 형식으로 표현되기 때문에 범주적 추론의 대상이다.

네트워크 이론에서 중요시하는 내용은 기호가 가지는 사회, 경제적 효과를 분석하는 것이 아니라(최근 유행하는 시장 카테고리 연구가 그 대표적 예이다. 배종훈, 2016 참조), 그러한 기호를 만들고 유통시키는 사회적 관계를 규명하는 데 있다. 네트워크 이론에서는 행위자의 행동 동기, 즉 인센티브로부터 현상의 원인을 찾기보다는, 관찰 가능한 범주적 추론 뒤에 가려져 있는 사회적 관계로부터 현상의 원인을 찾으려 한다. 현상을 설명할 수 있는 사회적 관계, 관계에 참여한 행위자의 집합 등을 찾아낼 수 있어야 개인의 행동 동기를 더 잘 설명할 수 있기 때문이다.

직장 내 양성 평등의 문제를 예로 살펴보자. 신규 인력을 채용하면서 지원자 중 우수한 여성을 배제하려고 할 때 다음과 같은 범주적 추론이 '여성 노동'이라는 카테고리와 더불어 통용된다. 소극적인 형식으로는 '여성 인력과 같이 일하는 것은 여러모로 불편하니 기왕이면 남성 지원자를 채용합시다.' 좀 더 적극적인 형식으로는 '지금까지 관찰해보니 여성 인력은 직무 근태가 매우 나쁘다. 서류상 성적이 낮더라도 남성 지원자를 채용합시다.' 내부인과 외부인을 가르는 심리적인 성향이 이러한 편견의 원인으로 지목되기도 하고, 통제 불가능한 생물학적 차이에서 편견을 합리화하기도 하고, 실상은 새로운 경쟁자가 나타나는 것을 두려워하는 경제적 인센티브 때문에 편견을 유포한다고 볼 수 있다. 또한 남성 중심 조직에서 여성임원이 여성 지원자에게 더 박한 평가를 내리는 것을 보고, 자신의 행동을 합리화하기도 한다 (Duguid, Loyd, & Tolbert, 2012).

그러나 네트워크 이론의 관점에서 찾을 수 있는 직접적인 원인으로는 새로운 사회적 관계 혹은 생산 관계를 제약하는 작업 환경을 들 수 있다. 먼저 집단 내에 여성 상사의 비율이 애초에 낮았기 때문에, 직장에서 여성 인력이 생산성 높은 교환관계를 만들고 유지하는 데 어려움을 겪을 수 있다(Burt, 1992). 그러한 어려움이 여성 인력의 근태에 대한 평판으로 곡해되어 여성 노동에 대한 범주적 추론에 영향을 줄 수 있다. 주류 집단의 시선에서 이방인은 언제나 소수이고 미성숙하며 위험하게 보이기 때문이다. 보다 근본적으로는 직장 외부의 교환 관계가 직장 내 양성 평등에 영향을 미칠 수 있다. 예를 들어 남성의 근태가 여성의 근태보다 좋아 보이는 이유는 가사 노동과 같은 직장 외부의 교환관계에서 일방의 희생이 뒷받침되기 때문이다. 직장에 충실한 우수한 남성 사원이라는 카테고리는 결국 가사 노동의 배분을 조율하는 다양한 사회적 관계(가족으로부터 지역 공동체까지)를 토대로 유지된다고 볼 수 있다. 이처럼 현상을 규정하는 교환관계로부터 행동 동기를 그리고 범주적 추론을 설명하는 것이 네트워크 이론의 과제이다.

4

미시적 체계

미시적 네트워크 분석이란 관찰 가능한 사회적 관계가 개인에게 어떠한 영향을 미치는지 살펴보는 것이다. 조직이론에서는 사회적 자본과 관련된 논의가 미시微視 네트워크의 작동 방식으로 제시되어 왔다. 개인이 접근 가능한 사회적 관계에 따라 그 개인이 향유할 수 있는 경제적 기회나 자원 등이 달라진다는 것이다. 여기서 개인의 사회적 관계는 자원 획득 창구pipe이거나 상징적 기호 유통의 창구prism이다. 따라서 사회적 관계는 그저 개인의 이런저런 경제적 활동을 제약하는 물적 토대일 뿐이다.

그러나 앞서 언급하였듯이, 약분 가능성의 문제를 고려할 때 그리고 개인의 사회적 관계가 개인 자신의 자원 획득 역량의 차이를 단순 반영하는 경우를 피하려면 사회적 관계는 형식주의의 차원에서 관찰 가능성으로 이해하여야 한다. 그럴 경우, 개인의 사회적 관계의 작동 방식은 어떻게 이해할 수 있을까?

사회적 자본 대신 사회적 영향social influence 혹은 사회적 학습social learning이라는 개념이 바로 이런 목적에서 네트워크 연구자 사이에서 오래전부터 사용되어 왔다(김영규·박상찬·배종훈, 2015; 이무원, 2015; Lopez-Pintado & Watts, 2008). 프리드킨(Friedkin, 1998)의 연구가 대표적이다. 여기서 사회적 관계는 개인이 자신을 둘러싼 외부환경을 이해하는 창구, 즉 외부환경에 대한 관측 표본으로 기능한다. 나와 관계를 맺는 타자의 의견, 태도, 그리고 선택 등을 불확실한 환경에 대한 기초 자료로 활용되는 것이다. 사회적 영향이란 사회적 관계로부터 얻은 관측 표본을 활용하여 개인이 의사결정을 내리는 과정을 일컫는다. 최근 들어 이러한 입장은 저커 던렐Jerker Denrell과 그의 동료들의 연구에서 다시금 재조명받고 있다(Denrell, 2005; Denrell & March, 2001; Denrell & Mens, 2011).

기성의 네트워크 연구에서는 사회적 영향을 세분하여 연구하지는 않고 있다. 그러나 사회적 관계의 본질을 형식주의로 이해하기 위해서는 타자와 내가 맺고 있는 사회적 관계가 나의 선택에 왜 영향을 주는지 세밀하게 살펴볼 필요가 있다. 사회학적 입장에서 유형 분류를 한 대표적 시도로는 폴 디마지오Paul DiMaggio의 연구(DiMaggio & Garip, 2012)를 들 수 있다. 경제학 전통에서 이러한 분류를 한 경우로는 아버리와 젬스키(Avery & Zemsky, 1998)의 연구, 그리고 복잡계 네트워크 전통에서는 이슬리와 클라인버그(Easely & Kleinberg, 2010)의 연구가 대표적이다. 비록 서로 다른 용어를 사용하지만, 사회적 영향을 분류하는 방식에 큰 차이가 있지 않다.

예를 들면 디마지오이 연구(DiMaggio & Garip, 2012)에서는 '타자의 행동'이 나에게 미치는 영향을 '네트워크 효과'라고 하고 그 하위 개념으로 다음의 세 가지를 들고 있다. 사회적 학습social learning, 규범적 영향normative influence, 그리고 외부성network externality이다. 사회적 학습은 타자의 행동에 관한 정보를 해석하여 나의 행동을 선택하는 과정을, 규범적 영향은 긍정적 보상이나 부정적 처벌 때문에 나의 행동을 선택하는 과정을, 마지막으로 외부성은 내 선택의 실질적 이익이 타자가 얼마나 많이 선택했는가에 따라 달라지는 과정을 지칭한다. 반면에 이슬리와 클라인버그(Easely & Kleinberg, 2010)의 연구에서는 동일한 개념을 각각 정보 연계 효과information cascade, 사회적 영향social influence, 직접 효익이 만들어내는 군중 효과herding with direct benefits라고 부르고 있다. 경제학자의 경우 정보 연계 효과를 단순히 정보 효과information effect라고 부르기도 한다(Drehmann, Oechssler, & Roider, 2005). 특기할 사항은 명성 효과reputation concern인데 자신의 과거 명성을 지키기 위해 타자의 선택에 동조하는 경향을 일컫는다(Cipriani & Guarino, 2005; Scharfstein & Stein, 1990).

물론 경제학에서 바라보는 사회적 영향과 네트워크 이론에서 바라보는 사회적 영향은 이론적인 측면에서 근본적 차이가 있다. 경제학의 경우, 자유주의의 전통을 따르고 있기 때문에 특정 개인이 자신의 신념 혹은 자신의 판단을 따르지 않고, 타자의 판단을 따르는가를 문제시하고 있다면, 네트워크 이론에서는 '타인 읽기'를 인간의 본래적 존재 형식으로 보고(Dunbar, 1998; Dunbar, Amabildi, Conti, & Passarella, 2015; Mehra, Kilduff, & Brass, 2001; Oh & Kilduff, 2008; Pierce & Lydon, 2001), 사회적 관계를 개인이 세상을 이해하는 물적 토대로 간주한다. 본 논문에서는 개념적 통일성을 위해 미시적 네트워크 현상과 관련한 네트워크 효과 일체를 '사회적 영향social influence'이라고 부르고 그 세부 유형으로 모방, 규범, 외부성을 두겠다. 구체적으로 살펴보면 다음과 같다.

1. 사회적 영향의 유형

모방은 사회적 관계에서 얻은 관측 표본을 합산하여 외부 세계, 즉 실재의 표상representation을 추론inference하는 행위를 말한다. 예를 들어 특정 회사의 공기 청정기가 효과가 있는지 없는지 여부를 주변사람들의 의견에서 찾아내는 것을 말한다. 따라서 나의 의견, 나의 선택은 내 주변에서 얻을 수 있는 관측 표본의 성격에 따라 좌우될 것이다. 저커 덜넬의 연구가 대표적이다(Denrell, 2005; Denrell & March, 2001; Denrell & Mens, 2011). 사회적 관계는 표집할 수 있는 관측 표본의 성격, 내 주변의 특성을 결정짓게 된다.

규범은 사회적 관계에서 얻은 관측 표본을 합산하여 당위當爲 세계의 표상을 추론하는 행위를 말한다. 당위 세계의 표상이란 특정 행위에 대한 보상과 처벌이 있는지 여부이다. 데이먼 센톨라Damon Centola의 벌거벗은 임금님 연구가 대표적 예이다(Centola, Willer, & Macy, 2005). 권위주의 통제 아래에서 지식인의 자기 검열 역시 규범의 작동 사례이다.

마지막으로 외부성外部性은 타자와 나의 전략적 상호작용을 의미한다. 특정 의견 혹은 선택과 관련된 관측 표본이 많이 표집될수록 내가 내리는 선택의 예상 이익이 변경되는 경우를 말한다. 죄인의 딜레마와 같은 상황에서 타자의 행위를 관찰하고 나의 행위를 결정하는 모형이 대표적 예이다(Ahn, Esarey, & Scholz, 2009). 검찰이 기소 중인 두 공범 간의 상호작용을 막으려고 하는 이유도 바로 외부성을 차단할 필요가 있기 때문이다.

경험 세계에 관한 정보는 본질적으로 크게 세 가지 원천이 있다. 특정 현상에 관한 나의 개인적인 생각, 사회적 관계에서 관찰한 의견, 그리고 공동체 전반에서 관찰한 의견 등이다. 세 번째 정보의 경우, 거시 네트워크에서 관찰되거나 혹은 객관화된 자료, 즉 다양한 형식의 자료집database에서 얻은 내용도 포함한다. 본 논문에서는 사회적 영향의 세 가지 유형을 두 번째 원천의 정보, 즉 사회적 관계에서 관찰한 의견을 중심으로 분류하였다.

사회적 영향을 이론화하기 위한 지금까지의 논의는 네트워크 현상의 미시적 기초, 보다 구체적으로는 심리학적 기초를 살펴려는 최근의 연구 동향과는 구분되어야 한다(Burt, 2010; Burt, Kilduff, & Tasselli, 2013; Tasselli, Kilduff, & Menges, 2015). 우선, 네트워크 현상의 개인차를 밝히는 작업과 (개인의 특성과 무관한 상황적 요인인) 사회적 관계의 효과 그 자체를 규명하는 작업은 서로 다르기 때문이다. 예들 들면 개인의 사회적 관계의 특성에 따라 자신에게 맞는 정보 처리 방식 혹은 의사결정 스타일이 달라질 수 있다는 카나부치Carnabuci의 연구(Carnabuci & Dioszegi, 2015)는 미시적 네트워크 현상이 적어도 개인 수준 심리 변수와 긴밀한 상관관계가 있음을 보여준다. 같은 방식으로 피어스의 연구(Pierce & Lydon, 2001)는 개인 인식이 자신의 사회적 관계의 형성과 유지 자체에 영향을 줄 수 있음을 보여준다. 일상적 사회생활로부터 사람마다 사회적 관계에 대한 다양한 경험과 인식이 형성될 수 있고, 그것이 다시 추후 사회적 관계의 형성과 유지에 영향을 줄 수 있다. 그러나 사회적 관계 자체가 개인 심리 특성을 적극적으로 구성하는 과정을 분석하지는 못했다(Brands, Menges, & Kilduff, 2015; Burt, Jannotta, & Mahoney, 1998; Fang, Landis, Zhang, Anderson, Shaw, & Kilduff, 2015; Mehra, Kilduff, & Brass, 2001; Oh & Kilduff, 2008).

2. 표집과 합산의 방식

표집된 주변의 의견과 선택을 두고 개인은 어떤 의사결정을 내리는가? 이것은 사회적 관계에서 표집된 정보의 합산 방식에 관한 문제이다. 궁극적으로는 개인의 합리성, 즉 정보처리 역량에 관한 문제이기도 하다. 이를 다시 세분하면 정보 표집 방식sampling과 정보 합산 방식aggregation의 모형으로 크게 구분된다.

정보 표집 방식은 자기 주변의 사회적 관계를 제대로 파악하고 있는지, 그리고 누구의 의견과 선택을 관찰할 것인지의 문제이다(Borgatti & Cross, 2003; Smith, Menon, & Thompson, 2012). 크래크하르트(Krackhardt, 1987, 1990)의 사회적 관계에 대한 '인지구조모형'이 대표적이다. 객관적 실재라는 것이 당사자 간의 주관적 합의에 좌우된다는 구성주의 입장을 취한다. 예를 들면 두 사람이 서로 친구라고 인정할 때 상호작용의 질적인 특성은 그렇지 않을 때와 대비하여 현저하게 달라진다는 입장이다.

인지 구조에 대한 이러한 논의는 기성의 네트워크 이론과 상보적이기는 하지만 약분 가능성과 형식주의 관점에서 다음과 같은 한계가 있다. 첫째, 실재하는 사회적 관계는 개인마다 상이하게 지각될 수 있는데 이러한 개인 차는 결국 거시 네트워크 현상을 개별적인 미시 네트워크 현상으로 파편화시켜 이해할 위험이 있다. 즉 상호 독립적인 개인 중심 네트워크ego centered network 수준에서 사회 현상을 이해할 위험이 있다. 설문을 통하여 얻은 자료를 분석할 때 약분 가능성의 문제가 심각해진다는 뜻이기도 하다.

물론 특정 사회적 관계를 형성하게 되는 초기 조건에는 개개인의 인식의 차이가 큰 역할을 할 수 있다(Casciaro, 1998; Janicik & Larrick, 2005; Obstfeld, 2005). 나와 비슷한 사람인지 아닌지 여부를 따지며 사회적 관계를 형성하는 동류현상homophily이 대표적 예이다(McPherson, Smith-Lovin, & Cook, 2001; Rivera, Soderstrom, & Uzzi, 2011). 그러나 사회적 관계 형성 이전의 인식과 그 이후의 인식을 구분하고 사회적 관계와 후자 간의 관계를 살펴보기 위해서는 미시적 네트워크 현상과 거시적 네트워크 현상을 종합해서 분석할 필요가 있다(Aral et al., 2009; Ingram & Morris, 2008). '친구의 친구는 친구다'와 같은 관계의 이행성transitivity을 거시 네트워크 차원에서 논증하는 '약한 연결의 강함' 모형(Granovetter, 1973)이 대표적 사례이다.

둘째, 디지털 장비를 활용한 최근의 연구를 보면, 설문지를 통하여 측정한 사회적 관계, 즉 개인이 인지하는 사회적 관계가 객관적으로 존재하는 상호작용 패턴과 매우 유사하다는 것을 알 수 있다. 즉 개인에게 중요하고 의미 있는 사회적 관계일수록(통상적으로 강한 관계strong ties라고 하는데) 설문지를 통하여 측정된 사회적 관계에 적절하게 반영되고 있다(Mastrandrea et al., 2015). 따라서 관계의 형식적 구조는 행위자가 '알고 있는' 세계 속에 적절히 담겨 있고 '알고 있는' 세계의 개인차 역시 낮다고 볼 수 있다(Denrell, 2005; Denrell & March, 2001; Denrell & Mens, 2011).

이와 관련하여 한 가지 특기할 사항이 있다. 야니치크와 라리크(Janicik & Larrick, 2005)에서 보이듯이 '정보 표집 방식'과 '사회적 관계 형성'은 동일 현상의 양면과 같다. 상대의 존재를 인지하여야 서로 관계가 형성되기 때문이다. 그런 의미에서 표본 형성 비용, 즉 주변의 의견과 선택을 관찰하는 것을 방해하는 물질적인 제약에 따라 '정보 표집 방식'이 다르게 발현될 가능성에 주의할 필요가 있다. 웰만(Wellman, 1983, 1974)과 살란시크(Salancik, 1995)가 이미 지적하고 있듯이 사회적 관계를 유지하는 것에는 비용이 발생하기 때문이다.

이러한 비용을 감당할 수 있는 개인만이 사회 구조에 안착할 수 있기 때문에, 사회적 자본 연구처럼 사회적 관계로부터 향유할 수 있는 효익만을 강조하다 보면, 사회적 관계의 형성과 관련된 개인 차, 즉 사회적 불평등을 간과할 위험이 있다. 버트(Burt, 1992)의 네트워크 이론 역시 사회적 관계를 형성하는 데 물질적 제약이 존재한다는 문제의식에서 출발하였다. 따라서 정보 표집 방식의 개인차를 네트워크 이론에 반영할 때 표본 형성 비용이라는 '사회적' 제약 조건을 고려할 필요가 있다.

정보 합산 방식은 표집된 정보로부터 개인이 느끼는 사회적 영향의 강도를 추정하는 문제이다. 가장 오래된 이론으로 구조적 균형이론structural balance theory이 있다. 주변으로부터 얻은 정보가 충돌할 경우에 개인이 어떠한 의사결정을 내리는가에 관한 이론이다(Davis, 1963). 양자관계가 아니라 삼자관계에서 정보의 합산을 고민하고 있기 때문에 네트워크 이론의 대표적 '미시' 모형이기도 하다.

반면에 주변으로부터 얻은 정보가 동질적일 경우, 두 가지 방식의 합산 모형이 제시되어 왔다(Abrahamson & Rosenkopf, 1997; DiMaggio & Garip, 2012). 하나는 연속 합산, 즉 선형 혹은 비선형의 방식으로 사회적 영향의 강도를 증가시키는 방식이 있고(Bikhchandani, Hirshleifer, & Welch, 1992; Dodds & Watts, 2004; Strang & Macy, 2001), 다른 하나는 불연속 합산, 즉 특정한 임계점을 넘어야 사회적 영향이 발현되는 방식이다(Granovetter, 1978; Valente, 1996; Watts, 2002; Watts & Dodds, 2007).

지금까지 논의한 표집과 합산의 방식에 관한 모형은 네트워크 현상의 한 축인 개인 혹은 행위자를 네트워크 이론에서 어떻게 다루어야 하는지를 보여준다. 네트워크 이론에서 행위자의 합리성은 외생변수로 다루어져 왔다. 이론 내부에서 체계적으로 다루고 있지는 않다. 연구자의 입장에 따라 자신의 연구주제에 맞는 합리성을 가정하고 있다. 특히 정보 연계information cascade 모형에서는 합리적인 행위자라도 자신의 의견을 버리고 타자의 의견을 모방할 수 있다고 보기 때문에 (Avery & Zemsky, 1998; Bikhchandani et al., 1992), '사회적 영향'의 작동 방식이 행위자의 합리성에 크게 좌우되지 않는다고 말할 수 있다. 더욱이 네트워크 이론에서는 사회적 관계의 구조적 효과를 문제시하고 있기 때문에 행위자 합리성에 대한 논의는 최소화하고 있다. 그러나 행위자에 대한 가정을 명시적으로 하기 위해서는 표집과 합산의 방식에 대한 논의가 필요하다. 네트워크 이론 안에서 합리성을 논의할 수 있는 최소한도의 기초이기 때문이다.

5

거시적 체계

네트워크 이론의 주요 특징은 거시적 네트워크 현상, 즉 시스템 전체 수준에서 사회적 관계의 형식을 파악하는 것이다. 그러나 조직이론에서는 역설적으로 미시적 네트워크 현상만을 다루었다. 나와 나의 주변부의 사회적 관계의 경제적 이익만을 탐구하였다. 론 버트(Burt et al., 2013)의 연구가 대표적 예이다. 그러나 거시적 네트워크 현상을 고려하지 않은 네트워크 이론은 잠정적이고 불완전하다. 양자 간의 상호작용을 통해서 새로운 현상이 발현되기 때문이다.

범주적 추론과 관련하여 대표적인 네트워크 이론은 제임스 콜만(Coleman, Katz, & Menzel, 1966)의 구조 응집성 모형structural cohesion과 론 버트(Burt, 1987)의 구조 동위성 모형structural equivalence이 있다. 주위 사람들의 압박(구조 응집성) 혹은 사회적 지위가 같은 사람과의 경쟁(구조 동위성) 때문에 새로운 혁신에 대한 수용도가 달라진다는 이론이다. 구조 응집성과 동위성 양자 간의 상대적 우위를 두고 논쟁이 있었지만(Bothner, 2002; Burt, 1987) 양자 간의 대립은 사실상 무의미하다. 네트워크 효과를 미시적 네트워크 과정(구조 응집성)과 거시직 네트워크 과정(구조 동위성)으로 분리한 채 접근한 오류가 있기 때문이다.

네트워크 현상의 미시적 측면과 거시적 측면을 종합하려는 시도는 네트워크 효과를 개인 합리성과 집단 합리성의 혼재로 풀어내거나(Gabbay & Zuckerman, 1998), 공동체의 내부local structural hole와 공동체 외부global structural hole의 상호작용으로 풀어내기도 한다(Reagans & Zuckerman, 2001). 그러나 양자 간의 본격적 종합은 작은 세상 네트워크small world network 연구처럼 복잡계 네트워크 연구가 급성장하면서 촉발되었다(Albert & Barabasi, 2002; Barabasi & Albert, 1999; Watts, 2004; Watts & Strogatz, 1998).

통상적으로 사회학자는 거시적 네트워크 과정을 사회적 지위의 측면에서 살펴보았다(Borgatti & Everett, 1999; Bothner, Kim, & Smith, 2012; Burt & Talmud, 1993; Kitsak et al., 2010; Padgett & Ansell, 1993; Podolny, 1993; White, Boorman, & Breiger, 1976). 그러나 복잡계 네크워크 연구의 성장 이후, 거시적 네트워크 현상 자체를 일반화할 수 있는 방법론이 축적되었다. 네트워크 위상 구조topology가 그것이다.

미시와 거시 네트워크 현상의 종합은, 우선 거시적 네트워크를 위상 구조 측면에서 특정하는 것에서 출발한다. 특히 거시 네트워크 현상을 차수의 분포degree distribution로 요약한다. 차수次數, degree란 특정 행위자가 상호작용하는 주변 사람들의 수이다. 그다음 미시적 네트워크 과정의 사회적 영향을 특정한다. 마지막으로 거시적 네트워크 차원에서 개인들의 범주적 추론이 수렴하는지 혹은 그러한 수렴 과정에 중요한 공헌을 한 개인이 누구인지를 확인하는 순서로 진행된다(Easely & Kleinberg, 2010; Jackson, 2008; Newman, 2010).

구체적으로는 특정 행위자의 차수 기대값과 그의 주변 사람들의 차수 기대값, 이 두 가지 통계량으로 차수의 분포를 요약한다. 통상적으로 균질의 거시 네트워크 현상을 귀무가설로 하고, 현실의 네트워크 현상을 대립가설에 담아서 이론을 만든다. 여기서 균질의 네트워크라 함은 비차별적 구조를 의미한다. 거시 네트워크 내부의 어느 누구라도 동일한 차수 기대값을 가지는 경우이다. 네트워크 위상 구조의 불균질성을 파악하려는 시도로는 네트워크의 공동체 구조community structure에 관한 연구가 대표적이다(Ahn, Bagrow, & Lehmann, 2010; Girvan & Newman, 2002; Watts & Dodds, 2007). 상호간 교류는 적으나 내부적으로는 응집성이 높은 하위 집단으로 세분하여 '거시' 네트워크를 살피는 시도이다.

균질의 거시 네트워크의 대표적인 사례는 포아송 차수 분포Poisson degree distribution를 따르는 정태적 무작위 네트워크static random network 모형을 들 수 있다(Albert & Barabasi, 2002; Erdos & Renyi, 1959; Newman, 2010). 반면에 최근 각광받고 있는 두 가지 거시 네트워크 모델은 작은 세계 네트워크small-world network와 멱함수 차수 분포Power law distribution를 따르는 무척도 네트워크scale-free network가 있다. 전자는 정태적 무작위 네트워크의 한 예로 이해할 수 있다(Watts & Strogatz, 1998). 반면에 후자는 동태적 무작위 네트워크의 예이다(Barabasi & Albert, 1999).

거시 네트워크 모형을 정태와 동태로 나누는 기준은 미시 네트워크 차원에서 정보 표집 모형 혹은 관계 형성 모형이 있는가 여부이다. 정태와 달리 동태 모형은 그러한 미시 차원의 모형이 명시적으로 존재한다. 바라비시와 알버트(Barabasi & Albert, 1999)의 모형은 사회학에서 전통적으로 마태효과Matthew effect라고 부르는 승자 독식winner-take-all 현상을 관계 형성 모형으로 택하고 있다. 정보 표집 모형이 명시적으로 없더라도, 기성의 사회 심리학적 경향을 미시 네트워크 차원에서 표현하기도 한다. 차수degree의 측면에서 동류현상을 표현하는 뉴먼(Newman, 2003)의 연구가 대표적이다.

6

사회적 관계와 범주적 추론

범주적 추론에 관한 네트워크 이론은 행위자의 지금 그리고 이곳의 사회적 관계의 특성에서 추론의 원인을 찾아내거나, 행위자가 직접 관찰할 수 없는 사회적 관계의 총체성에서 풀어내는 방식으로 나뉜다. 전자는 미시적 네트워크 구조의 특성을 살피는 것이고 후자는 거시적 네트워크 구조를 살피는 것이다.

미시 네트워크를 분석하는 입장에서는 개별 추론 행위가 사람마다 달라지는, 즉 개인차에 관심을 보이는 경향이 있다. 의사결정 양식 혹은 의사결정의 질적 차이와 개인의 미시 네트워크 특성 간의 상관관계를 살피는 것이 주된 목적이다(Bae et al., 2017; Carnabuci & Dioszegi, 2015; Oh & Kilduff, 2008).

반면에 거시 네트워크를 분석하는 입장에서는 서로 다른 개인의 의견이 수렴되는 사회 구조적 조건을 살피고 있다. 거시 네트워크에서 개인이 어떤 위치에 있는가에 따라 혹은 거시 네트워크의 여론 주도층, 특히 네트워크 중재자의 영향력에 따라 의견 수렴의 정도가 달라신다는 연구가 내표적이다(Friedkin, 1998; Uzzi & Spiro, 2005; Valente,

1996).

그러나 범주적 추론을 미시 네트워크와 거시 네트워크로 나누어 파악하는 것은 다음의 두 가지 이유로 불완전하다. 첫째, 앞서 언급하였듯이 미시 혹은 거시 네트워크의 특성이 서로 누락되어 있기 때문에 그 자체로 불완전한 설명체계이다. 둘째, 특히 미시 네트워크 이론의 경우, 제 삼자가 해당 행위자의 추론행위에 영향을 주는 네트워크 메커니즘(즉 정보 표집과 합산 방식)을 상정하지 않는다면, 단순히 개인의 기질의 차이로 추론 행위를 환원시킬 위험이 상존한다. 물론 미시 네트워크와 거시 네트워크를 종합하여 이론화하는 시도는 아직 드물다. 거시 혹은 미시 수준에서 이론이 먼저 완결되어야 양자 간의 종합이 가능하기 때문이다. 그러나 개별 수준의 이론화 작업이 숙성되고 있는 현시점에서는, 양자 간의 종합의 필요성은 높다. 본 절에서는 양자의 성공적 결합을 던칸 와츠(Watts, 2002)의 연구에서 살펴보고 관련된 이론적 문제를 조망하고자 한다.

1. 와츠의 모형: 미시와 거시의 종합

범주적 추론이 수렴하면 사회적 합의가 발현되었다고 하는데, 실재 혹은 규범적 가치가 사회적으로 구성되는 경우이다(Zuckerman, 2012). 범주적 추론의 측면에서 미시 네트워크와 거시 네트워크 현상을 종합하여 이론화한 대표적 사례는 와츠(Watts, 2002)의 모형이다. 통상적으로 사회적 영향을 모방의 측면에서 이해하면 정보 합산 방식으로 선형 모형을 채택한다. 반면에 규범 측면에서 이해할 경우에는 임계점 효과와 같은 불연속 모형을 택한다. 와츠(Watts, 2002)의 모형은 임계점 효과(Granovetter, 1978)를 정보 합산 방식으로 사용한 사례이다. 여기서 거시 네트워크 현상이 발현된 공간은 하나의 사회로 보아도 되고 하나의 기업으로 보아도 된다.

와츠(Watts, 2002)는 평상시에는 사회적 합의를 이루고 있으나 매우 예외적인 경우에 기성의 합의가 무너지고 새로운 합의로 전환되는 경우를 설명하고자 했다. 즉 외강내유外剛內柔, robust fragility라는 속성을 설명하려 한다. 이를 위해 임계점 효과를 정보 합산 방식으로 택하고 있다. 특정 임계점 아래에서는 기성의 합의가 안정적으로 유지되고 임계점을 넘을 때 새로운 변화가 급작스럽게 발현하는 것을 표현하려는 의도이다. 행위자별로 상이한 임계점을 무작위의 방식으로 부여하고 초기의 사소한 변화가 새로운 사회적 합의를 출현시키는지를 살피고 있다. 이때 와츠의 모델에서 가장 중요한 특징은 두 가지 개인 차를 구분하여 효과를 살피고 있다는 것이다(Watts, 2002: 5768, 식 (1a)와 식 (1b) 참조). 즉 개인별로 상이한 임계점 값을 가지고 역시 개인별로 상이한 차수 값을 가진다. 앞서 언급한 대로 전자는 미시 네트워크 현상을 반영하는 것이고 후자는 거시 네트워크 현상을 반영하는 것이다. 즉 네트워크의 미시적 과정과 거시적 과정이 구분되어 이론의 요소로 들어와 있다.

와츠(Watts, 2002: 5766)의 모형에서는 사회적 영향의 두 가지 형식인 모방과 외부성을 구분하지 않고, 모든 범주적 추론을 '외부성'이라는 개념으로 포괄하고 있기 때문에 독자의 오해를 불러일으킬 위험이 있다(Lopez-Pintado & Watts, 2008; Watts, 2002; Watts & Dodds, 2007). 특히 와츠의 모형에서는 임계점 효과를 정보 합산 방식으로 사용하고 있기 때문에 모형의 특성은 규범과 같은 사회적 영향에 더 적합하다. 구체적으로는 개별 의사결정자가 범주적 추론을 내리는 상황을 대상에 대한 정보가 부족하거나, 정보가 너무 낳아서 정보를 해석할 능력이 없는 경우로 대별하고 있다. 센톨라와 메이시(Centola & Macy, 2007)가 단순한 확산simple contagion과 복잡한 확산complex contagion 으로 범주적 추론의 상황을 나누는 것과 상통한다.

던칸 와츠의 일반적 예측과 대비하여, 실증연구는 실제 거시 네트워크 데이터를 이용하여 실험(Kitsak et al., 2010)하거나 연구자가 임의로 만든 거시 네트워크 데이터로 실험(Salganik, Dodds, & Watts, 2006)하는 두 가지 방향으로 진행되고 있다. 던칸 와츠의 모델에서 행위자를 혁신 집단, 초기 채택 집단, 그리고 후기 채택 집단으로 나누고 있는데 대부분의 실증은 초기 채택 집단의 특성에 집중되어 있다. 즉 변화의 초기에 관찰되는, 열성적 지지자들의 활동을 사회적 합의 발현의 중요한 원천으로 보고 있다.

우선 전자의 연구 동향을 살펴보면, 키트사크의 연구(Kitsak et al., 2010)에 주목할 필요가 있다. '미시' 네트워크의 특징보다는 '거시' 네트워크의 특성이 사회적 합의 출현에 더 중요하다는 점을 보여주기 때문이다. 정보 합산 방식으로는 전염병 연구에 많이 사용하는 '연속' 합산 모형을 사용하고 있다.

와츠(Watts, 2002)의 예측과 견주면, 이들의 연구는 개별 행위자들의 차수degree 이외에 크게 세 가지 사항이 추가적으로 중요하다는 것을 시사한다. 먼저 개별 행위자가 어떠한 하위 집단에 소속되어 있는지, 즉 거시 네트워크의 공동체 구조community network structure를 이해하는 것이 범주적 추론의 형성 과정을 이해하는 데 중요하다. 개별 행위자가 주변부에 있는지 중심부에 있는지는 거시 네트워크의 공동체 구조에 달렸기 때문이다(Abrahamson & Rosenkopf, 1997). 그다음으로는 미시 네트워크 측면에서 혁신가와 그의 주변 간의 구조적 응집성이 중요하다. 응집성이 높은 소집단은 새로운 혁신이 쉽게 잊혀지지 않고 장기간 명맥을 유지하는 저수지의 역할을 하기 때문이다(Aral et al., 2009; Bae, Lee, Baek, Kang, & Noh, 2013; Centola et al., 2005). 마지막으로 새로운 혁신이 동시 다발적인지 여부가 기성의 논의에 추가될 필요가 있다. 즉 거시 네트워크 내부에서 새로운 아이디어 혹은 새로운 사회적 기호가 순차적으로 전파되는지, 아니면 동시적으로 여러 곳에서 진행되는지 여부와 같은 상황적 맥락 역시 고려해야 한다는 뜻이다.

연구자가 임의로 만든 거시 네트워크 데이터로 실험하는 접근과 관련하여 데이먼 센톨라의 일련의 연구는 매우 중요한 시사점을 가진다. 미시 네트워크 과정의 특성에 따라 거시 네트워크의 특성이 연동되고, 사회적 합의의 발현 역시 영향을 받는다는 2015년도 작업(Centola, 2015) 이외에도 인기 없는 극단적 아이디어의 규범적 효과를 규명한 2005년도의 시뮬레이션 결과 역시 주목할 필요가 있다(Centola et al., 2005). 개인의 신념과 사회적 평판이 충돌하는, 즉 두 가지 신호가 충돌하는 상황을 담고 있는 대표적 시도이기 때문이다(Centola & Macy, 2007; De Kerchove, Krings, Lambiotte, van Dooren, & Blondel, 2009).

센톨라 모형의 특징은 그의 실험 논문에서 잘 나타난다(Centola, 2010). 건강 정보를 공유하는 인터넷 커뮤니티를 직접 만들어 관찰한 실험에서, 국지적으로 응집성이 높고 동일한 정보를 여러 사람에게서 들을수록 새로운 건강 정보의 채택 확률이 증가한다는 것을 발견했다. 같은 맥락으로 네이버 블로그에서 인기 있는 글이 확산되는 과정 역시 글쓴이 주변의 구조적 응집성이 중요한 역할을 하는 것으로 보고되었다(Bae et al., 2013). 다만, 미시 네트워크 과정에서 '외부성'이 사회적 영향의 원천일 때, 던칸 와츠의 네트워크 실험에서는 거시 네트워크의 구조가 개인의 행동에 미치는 영향은 사실상 무시할 만한 수준이라고 보고하고 있다(Suri & Watts, 2011).

지금까지 살펴보았듯이, 복잡계 네트워크와 사회학 각각 독립적으로 네트워크 이론을 숙성시켰다. 그러나 생산 이전 그리고 생산 이후 단계에서 사회적 기호를 유통하고 소비하는 범주적 추론에 대한 우리의 이해가 숙성되었는지 여부는 다툼의 여지가 있다. 이론의 구성 차원에서 추가적인 기여가 필요한 내용을 살펴보면 다음과 같다.

첫째, 사회적 자본social capital에 대한 사회학적 논쟁을 복잡계 연구 성과를 반영하여 거시 네트워크의 위상 구조 중심으로 재해석할 필요가 있다. 예들 들어 버트Burt(1992)의 중재자 네트워크brokerage network의 경제적 효과 역시 집단 혹은 사회 전체의 네트워크 특성에 따라 변동할 수 있고, 또 중재자가 네트워크의 어디에 위치하고 있는가에 따라 그 역량의 차이가 달라질 수도 있기 때문이다(Kitsak et al., 2010).

둘째, 경제학적 접근에서 강조되어온 네트워크에 참여하는 비용, 즉 각자의 사회적 관계를 형성하고 유지하는 데 필요한 물적 토대 그리고 그와 관련된 개인 차를 명시적으로 반영할 필요가 있다. 개인이 가지고 있는 물리적 제약 그리고 범주적 추론의 결과에 따라 네트워크 구조가 동태적으로 변하는 상황에서 이론을 개발할 필요가 있다(Bae & Koo, 2008; Centola, 2015).

셋째, 미시 네트워크 수준에서 개개인이 주변을 이해하는 다양한 방식, 즉 정보 합산 방식을 추가적으로 개발할 필요가 있다(Barkoczi & Galesic, 2016; Banerjee, Chandrasekhar, Duflo, & Jackson, 2013). 사회적 관계에 대한 경제학적 접근에서는 개인의 합리성을 과대 계상하고 있지만 네트워크 이론의 구조주의적 특성을 살리기 위해서라도 교환 관계, 생산 관계의 특징을 반영하는 정보 합산 방식을 고려할 필요가 있다. 예들 들면 네트워크 교환 이론network exchange theory과 같이 외부환경 혹은 제삼자가 강제한 '거래의 규칙'에 따라 정보 처리 방식을 달리하는 것도 고려할 수 있다(Willer, 1999). 즉 배분적 협상을 하는가 혹은 통합적 협상을 하는가에 따라 정보 처리 방식이 달라질 수 있을 것이다.

마지막으로 미시 혹은 거시 네트워크 과정 자체가 개인의 정보 합산 방식에 영향을 미치는, 즉 개인이 주변을 이해하는 방식이 그가 속해 있는 사회적 관계의 특징에 의해 역으로 규정되는 과정을 규명할 필요가 있다. 사회적 관계의 밀도가 높은 곳에서 자란 사람과 그렇지 않은 사람 간에 사회적 정보를 처리하는 방식에 개인차가 존재할 수 있기 때문이다(Bae et al., 2017; Tetlock & Gardner, 2015; Zuckerman, 2012). 던칸 와츠의 또 다른 연구(Salganik et al., 2006)처럼 개인의 추론 행위가 사회적 환경에 따라 유동적일 수 있다는 것은 한 단계 더 깊은 수준에서 개인의 정보 처리 양식 자체도 사회적 환경에 따라 유동적일 수 있다는 것을 보여준다. 궁극적으로는 실재와 무관한 사회적 가치의 존재 가능성을 따져볼 수 있을 것이다.

7

결론: 상상의 제도

사회적 관계는 양면적이다. 공식 조직의 비효율을 극복하는 사회적 자본의 원천이 될 수도 있고 자율과 협업의 공동체를 만들어내는 기반이 될 수 있다. 사회적 자본 중심의 네트워크 이론은 사회적 관계의 긍정적 측면, 특히 시장의 실패를 해결할 수 있는 역량을 강조하였다. 그러나 사회적 관계는 본래적으로 사회의 불평등을 반영하는 것이기도 그리고 그것을 강화하는 것이기도 하다.

네트워크 이론의 본령은 현실의 사회적 관계가 균질적이지 않다는 것을 인정하는 것에서 출발한다. 자율과 협업의 지표이면서 불평등의 원천이기도 한 사회적 관계를 이해하기 위해서는 결국 구체적인 경영 현장에서 개별 문제를 풀어나가는 수밖에 없다. 사회적 관계의 양면성이 구현되는 방식이 개별 문제마다 다를 것이기 때문이다. 선행연구에 추가할 필요가 있는 개별적 경영 현장의 문제로 다음의 두 가지를 결론에 대신하여 언급하고자 한다.

첫째, 사회적 관계의 다중성 차원에서 범주적 추론을 풀어볼 필요가 있다. 개인의 범주적 추론의 관계적 해체를 위해서는 지금까지 관찰하지 못한 그러나 여전히 중요한 사회적 관계를 확인하는 것이 필요하다.

예를 들면 비효율적 관료 혹은 비효율적 경영자가 오히려 효율성을 강제하는 담론 행위에 참여하는 것 역시 또 다른 사회적 관계의 이익을 위한 것일 수 있다. 같은 맥락에서 하나의 기업의 선택은 결코 최고경영자 일인의 혹은 경영자 집단만의 추론 행위의 결과는 아닐 것이다(Dahl, 1961). 기업 수준의 집단과정에는 경영진 내부의 사회적 관계, 종업원 내부의 사회적 관계, 협력 업체와의 사회적 관계 등등이 얽혀 있기 때문이다. 따라서 개별적 경영 문제에 직접적으로 관여한 행위자를 중심으로 사회적 관계를 구성하기보다는 동일한 행위자와 연계된 다른 종류의 사회적 관계를 추가해서 분석할 필요가 있다.

둘째, 관계의 내적 모순에 주목할 필요가 있다. 범주적 추론은 그것을 희석시키는 경향이 있기 때문이다. 예를 들면 우리의 사회적 관계는 종종 공식적 위계hierarchy보다 더 위계적인 경우가 있다. 관료제의 경직성을 극복하기 위해 비공식적 사회적 관계를 강조하는 것이 영미 계열의 사회적 자본 이론의 입장이지만, 우리의 사회적 관계는 수직적이다. 개인 간의 자율 조정의 여지가 부재하다. 쌍방향 커뮤니케이션이 활성화되기보다는 '지시와 수행' 같은 공식적 직무 관계와 동조화하는 경향이 있다. 결국 경영 현장의 공식적인 범주적 추론은 사실상 관료제적 경직성을 그대로 재현하는 비공식적 사회적 관계를 지원하는 방식으로 이루어지는 경향이 있다. 창의 경영을 말하면서 론 버트(Burt, 1992) 식의 개방형 네트워크를 배척하는 비공식적 사회적 관계가 그것이다. 우리의 일상에서 사회적 관계가 가지는 본질을 다시 고찰할 필요가 여기에 있다.

같은 맥락으로 사회적 관계는 불평등의 원천이기도 하지만 '집단

지성'의 지표이기도 하다. 작업 집단의 창의성과 성과를 조율하는 하나의 변수로 사회적 관계가 언급되는 이유도 바로 거기에 있다(Reagans & Zuckerman, 2001; Pentland, 2014). 그러나 집단 과정team process은 자유주의적 시장이 될 수도, 무질서가 될 수도 혹은 집단 지성이 될 수 있다(Bonner & Rajiva, 2007). 그에 따라 집단 수준의 무수한 '추론' 행위는 의사결정의 실패로 혹은 성공으로 나타난다. 그러나 작업 집단 내부의 사회적 관계만으로는 집단 과정의 다양한 양태를 적절히 추적할 수는 없을 것이다. 팀의 구성과 운용은 다른 팀의 구성과 운용과 긴밀하게 연계될 것이기 때문이다. 이는 여타의 팀을 포함한 거시 네트워크 과정에서 개별 팀의 구성과 운용을 이해할 필요가 있다는 뜻이다.

사회적 관계는 사회적 존재의 물적 토대이고 제약조건이다. 네트워크 이론은 의사결정자의 객관적 제약 조건을 규명하는 작업이다. 다른 여타의 구조주의적 이론과 마찬가지로 행위의 제약 조건을 강조할수록 결정주의적 세계관에 경도될 위험이 있다. 그러나 새로운 상상이 엄정한 객관 위에 서 있다면 구조주의적 네트워크 이론은 새로운 상상을 위한 규범적 도구로 활용될 수 있을 것이다.

10장

조직지위 이론의
발전과 전망

김지은

고려대학교 경영학과 박사과정, E-mail: tbpoet@korea.ac.kr

고려대학교 대학원 경영학과에서 경영관리를 전공으로 박사과정을 수료했다. 현재 졸업 논문을 준비 중이다. 경희대학교 경제학과를 졸업했고 고려대 대학원에서 경영학 석사학위를 받았다. 주요 연구 분야는 조직이론과 경영 전략이며, 특히 조직지위의 생성 및 변화과정, 시장범주와 조직지위의 상호작용, 조직 간 네트워크와 조직정체성 등에 이론적으로 기여하는 것을 목적으로 연구를 진행 중이다.

김영규

고려대학교 경영학과 부교수, E-mail: youngkyu_kim@korea.ac.kr

현재 고려대학교 경영대학 부교수로 재직하고 있다. 서울대학교 경영학과에서 학사와 석사를, 미국 카네기 멜론대학에서 정보시스템경영 석사를, 미국 시카고대학 경영학과에서 석사와 박사 학위를 취득하였다. 이론적으로는 조직지위 및 조직정체성, 소셜 네트워크 이론, 기업가정신 등에 관심이 있으며, 주로 법률 및 금융, 문화 및 스포츠, 미디어 등 전문 서비스 분야를 실증대상으로 연구를 진행해오고 있다.

*이 글은 『인사조직연구』 2017년 8월호(25권 3호)에 게재된 논문을 수정·보완한 것임.

1
서론

　"조직이론 및 경영 전략연구에서 조직지위 개념은 필요 이상으로 많이 활용되고 연구된 것은 아닌가?" '지위'라는 개념이 조직 또는 기업 간 경쟁을 이해하기 위해 경영학 분야에 도입된 지 25년이 된 지금 이미 10년 전에 받은 이 질문에 대해 답하고자 이 글을 쓰게 되었다. 지위란 '시장 내 행위주체 간의 존중deference에 의해 구성되는 사회의 위계질서 내에서 각 주체가 차지하는 상대적 위치'를 일컫는다 (Sauder, Lynn, & Podolny, 2012:268). '사회의 위계적 구조 내에서 높은 지위를 지닌 주체는 낮은 지위를 가진 행위주체에 비해 다양한 특권을 누리게 되며'(Weber, 1978: 305), 비슷한 수준의 성과에 대해서 훨씬 더 큰 보상과 인정을 받게 된다(Merton, 1968). 이렇듯 지위의 차이에 따라 발생하는 불균형적disproportional 혜택이 발생하는 현상을 머턴(Merton, 1968)은 『신약성경』「마태복음」 25장 29절 '무릇 있는 자는 받아 풍족하게 되고 없는 자는 그 있는 것까지 빼앗기리라'는 구절을 인용 '매튜효과matthew effect'[1]라고 명명했다. 포돌니(Podolny, 1993)는 같은 시장에서 경쟁하는 기업들 간에도 이리한 현상이 발견됨을 보였고, 이를 기반으로 기업의 성과의 차이를 설명할 수 있는 주요 메커니즘으로 조직지위가 탐구되기 시작하였다. 이후 조직지위 이론은 2000년대 조직이론 및 경영 전략 이론에서 주류라고 부를 수 있을 정도로 많은 학자들에 의해 탐구 발전되었다.

본 논문은 이와 같이 1990년대 중반 이후 빠른 속도로 조직이론 및 경영 전략 분야의 중요한 이론으로 자리잡은 조직지위 이론의 발전 과정을 시기별로 살펴봄으로써 조직지위 이론의 미래 발전 방향을 가늠해보고자 한다. 지난 20여 년 동안 다양한 세팅에서 조직지위 관련 연구가 급속도로 많이 진전되었기 때문에 이미 수년 전부터 다양한 연구결과를 보다 체계적으로 종합하여 이론의 발전 방향 제시가 필요하다는 데 학계의 공감대가 형성되었다. 이에 첸, 피터슨, 필립스, 포돌니, 리즈웨이(Chen, Peterson, Phillips, Podolny, & Ridgeway, 2012), 사우더 등(Sauder et al., 2012), 피아차와 카스텔루치(Piazza & Castel-lucci, 2014)와 같은 지위의 의의와 발전과정을 성찰하고, 향후 연구 방향을 제시하는 논문들이 발표되어 조직지위 연구자들에게 큰 도움을 주었다. 이 논문들은 조직지위의 의의와 발전 과정을 다루었다는 점에서 공통점을 보이지만 접근방식에는 차별성을 두고 있다. 지위 연구에 관한 조직과학Organization Science의 스페셜 이슈의 서문으로서 작성된 첸 등(Chen et al., 2012)은 지위는 그룹, 조직, 시장에서 사회현상을 이해하기 위해 매우 중요한 개념임에도 불구하고 경영학에서 지위 연구가 사회심리학 및 사회학에 비해 충분하지 못하다는 점과 지위 연구가 다양한 학문적 바탕에서 개별적으로 이루어졌음을 한계로 지적하면서 지위의 생성, 유지, 변화 등의 원동력에 초점을 맞추어 지위에 관한 개별 이론과 연구방법을 통합적으로 접근하는 것이 필요하다는 점을 강조하였다. 사우더 등(Sauder et al., 2012)은 사회적 구조로서 지위를 이해하기 위해 네트워크 관점에서 지위의 결정요인과 효과, 지위의 효과가 나타나는 메커니즘에 관한 이전 연구들을 체계적으로 정리하였다. 피아차와 카스텔루치(Piazza & Castellucci, 2014)는 경영학 분야에 지위 연구가 미친 영향력에 초점을 두어 지위의 연구를 분석 수준(시장수준, 조직 수준, 팀 및 개인 수준 등)과 역할(신호, 무형의 자산, 유동적 자원)에 따라 분류하여 정리하였다. 그 결과 거시 및 미시적 접근에 비해 메소meso 수준의 접근이 상대적으로 적음을 발견, 지위를 이해함에 있어 각 분석 수준의 통합과 다른 분야의 새로운 시각에 대한 열린 태도가 중요함을 주장하였다.

본 논문은 이론의 발전 과정을 시대별로 고찰함으로써 기존 리뷰 논문들과 차별화된 방법으로 학문의 발전 방향에 대해 보다 직접적인 시사점을 제공하고자 하였다. 지위연구 3단계 발전과정을 구분하기 위해 지위연구에 가장 영향력을 끼쳤다고 판단되는 대표논문을 선정한 후 독립변수, 종속변수, 측정방법, 실증연구의 맥락 주제 등을 정리하고 분류하는 작업을 진행하였는데 공통된 특성과 차별성이 발견되는 시점을 기준으로 각 시기를 구분하였다(〈표 1〉 참조).

분석결과 본 논문은 지위 연구를 태동기, 성장기, 성숙기로 구분할 수 있었다. 1993년에서 1999년을 조직지위 연구의 태동기로 보았는데 태동기 조직지위 연구는 포돌니와 그의 동료들을(Benjamin & Podolny, 1999; Podolny & Morton, 1999; Podolny & Page, 1998; Podolny & Phillips, 1996; Podolny & Stuart, 1995; Podolny, Stuart, & Hannan, 1996) 중심으로 거시 수준에서 조직지위를 자산으로 바라본 관점에 기반하여 이루어진 것으로 나타났다. 대부분의 주요 논문은 『미국 사회학 저널American Journal of Sociology』『계간 관리과학Administrative Science Quarterly』 등 사회학으로서 정체성을 갖고 있는 학술지에 게재되었다.

〈표 1〉 지위 연구의 발전 양상

	태동기	성장기	성숙기
주요 연구 내용	지위의 정의 지위 기반의 경쟁에 대한 이해 지위로 인한 이점	지위의 다양한 효과 지위의 원동력	조직지위와 개인지위의 상호작용 지위로 인한 비용 지위의 형성 지위와 정체성
정의	신호로서의 지위 안정적인 사회 메커니즘 청중의 합의에 기반한 지위	지위와 다른 평가 메커니즘의 구분 청중의 동일성을 가정	유동적이며 더 역동적인 메커니 즘으로서의 지위
관심	자산으로서의 지위	제약으로서의 지위 지위의 원동력	지위의 원동력 지위의 기원과 발전 과정 채무로서의 지위 지위의 다양성 다양한 맥락과 청중에 따라 발생 하는 지위의 평가 차이
측정	내차중심성 위세중앙성 순위 기관 및 전문가로부터의 인증	내차중심성 위세중앙성 순위 기관 및 전문가로부터의 인증 지배기반 지위	내차중심성 위세중앙성 순위 기관 및 전문가로부터의 인증 지배기반 지위 지위 강건성 본원적, 보조적 지위
대표적 연구	벤자민과 포돌니(1999) 다베니(1996) 포돌니와 머턴(1999) 포돌니와 필립스(1996) 포돌니와 슈튜어트(1995) 폴도니, 스튜어스, 한나 (1996) 포돌니(1993) 스튜어트, 호앙, 하이벨스 (1999)	보트너, 강, 스튜어트(2007) 정, 상, 리(2000) 굴드(2002) 젠슨(2006, 2008) 필립스와 주커만(2001) 포돌니(2001) 라오,모닌,뒤랑(2005) 시필로브와 리(2008) 워싱턴과 자작(2005) 자이어와 소다(2009)	벤더스키와 헤이즈(2012) 보트너, 김, 스미스(2012) 보트너, 스미스, 화이트(2011) 카스텔루치와 에르투그(2010) 그로이스버그, 폴저, 엘펜바인 (2011) 젠슨, 김, 김(2011) 필립스, 터코, 주커만(2013)

그러나 성장기인 2000년대에 들어서면서 포돌니와 그의 동료들에 한
정되어 있던 연구자 풀이 다양해졌을 뿐만 아니라 연구의 주제 역시
지위에 따른 행동 양상의 차이, 지위의 기원, 지위의 개념 명확화, 지
위의 원동력 등으로 확장되었다. 또한 거시 수준뿐만 아니라 개인과
메소 수준에서의 연구가 증가하였고, 『매니지먼트 학회 저널Academy
of Management Journal』 『조직 과학Organization Science』 『전략경영학 저널

Strategic Management Journal』 등으로 지위 연구가 출판되는 경로 역시 다양해졌다. 또한 전략적 제휴, 인수합병, 기업지배구조, 혁신 등 다양한 연구주제에 지위가 주요한 변수로 탐구되었다. 2010년대에 접어들면서 지위 연구는 성숙기에 이르게 되는 것으로 판단된다. 이 시기에 가장 두드러지는 경향은 자산으로서뿐 아닌 부채로서 지위 등 지위의 다양한 면모가 부각되었다는 점이다. 예컨대 비록 조직 수준의 지위에 관한 연구는 아니었지만, 보트너 등(Bothner et al., 2012), 그로이스버그, 폴저, 엘펜바인(Groysberg, Polzer, & Elfenbein, 2011)은 지위의 부정적 효과가 존재함을 보여주었다. 이 논문들을 시작으로 지위의 평가의 다양성, 지위의 상승과 하락에 따른 행동 양상, 지위 평가자의 역할 등에 관한 연구가 활발히 진행되었으며 더불어 지위의 개념 및 측정에 대해 더욱 세부적으로 구분하려는 시도가 나타났다(예: Bothner et al., 2011, 2015; Jensen, Kim, & Kim, 2011).

시대별 흐름을 파악하는 방법은 지위이론의 발전과 확장에 있어 다양한 이론과의 통합 및 교류를 살펴보는 데도 유익할 것으로 판단한다(예: 김영규·박상찬·배종훈, 2015)(〈표 2〉 참조). 포돌니(1993)는 지위가 다른 생산자들과의 관계로 구성되는 시장 안에서 결정되는 위치로 보는 점에서는 해리슨 화이트Harrison White가 시장을 보는 견해의 영향을 받았다. 지위 위계에 대한 생산자들의 동의가 자원(예: 브랜드)이나 역량의 차이에 따라 주로 이루어질 것을 시사하는 점에서 자원의존이론의 영향을 찾아볼 수 있다. 조직지위를 사회적 정체성의 차이에서 비롯된다거나, 여러 가지 지위를 구성하는 속성들에 근거하여 발생하는 것으로 개념화하지 않은 것은 분명 기존 사회학의 지위 이론과 차별화되는 부분으로 볼 수 있다. 그러나 지위가 높은 조직들에게 생존에 유리한 자원이 집중되는 현상에 대한 이론화는 기존 사회

〈표 2〉 지위이론과 타 이론 간 통합 및 교류

이론	효과	주요연구
경제학이론	• 실제 품질에 대한 불확실성이 존재할 때 지위가 품질에 대해 가지는 신호효과에 집중함 • 경쟁적인 시장에서보다는 덜 경쟁적인 시장에서 지위가 조직의 성과에 미치는 영향력이 더 크다는 것을 연구 • 기존 경제학에서 설명하지 못하는 현상을 지위 이론으로 설명하려는 시도. 높은 수준의 시장점유율을 보이지 않는 이유를 지위로 설명함	포돌니(1993, 2001)
네트워크이론	• 사회적 연결을 기반으로 지위의 개념과 측정을 정립 • 지위의 생성과 변화를 연구하는 데 네트워크 연구가 사용됨	포돌니(1993, 2001) 시필로브와 리(2008) 자이어와 소다(2009) 스튜어트 등(1999)
조직생태학이론	• 지위의 긍정적인 효과로 시장의 경쟁, 조직의 생존을 연구 • 지위를 시장구조의 한 측면으로 이해 • 시장 니치와 지위의 트레이드오프 관계가 존재함을 설명 • 2000년대 이후 니치를 기반으로 한 스페셜리스트와 제너럴리스트의 논점이 범주 및 정체성이론과 통합되는 양상을 보임	파크와 포돌니(2000) 포돌니와 스튜어트(1995) 포돌니 등(1996) 스튜어트 등(1999)
자원기반이론	• 지위위계에 대한 생산자들의 동의가 자원이나 역량의 차이에 따라 발생함을 시사 • 조직이 순수한 시장에서의 불확실성을 낮추는데 교환관계를 힘의 관계로 변화시킨다는 자원기반이론의 가정을 지위이론에 도입	포돌니(1993, 1994)
조직학습이론	• 주어진 지위에 따른 주체들의 행동과 적응을 파악하는 종합적 메커니즘(이무원, 2015) • 지위에 맞는 열망 수준을 하회하는 성과를 보일 경우 위험감수를 감행할 가능성이 높아짐을 발견 • 지위에 따라 탐색활동 및 학습에 차이가 발생하는 것을 발견	카스텔루치와 포돌니(2017) 그레브(2008) 시필로브, 리, 그레브(2011)
신제도주의이론	• 조직의 지위가 시장에서 지니는 정당성에 집중 • 조직의 사회적 관계가 제3자가 해당 조직의 가치를 평가하는데 중요한 역할을 함을 시사 • 높은 지위의 행위(시장의 규범을 위반하는 경우라도)는 다른 행위 주체로 하여금 모방하게 하는 효과를 지님 • 제도화과정 및 제도의 변화에 따른지위의 변화 및 이에 대응하는 행위주체들의 행동 양상을 연구함	듀랑,라오,모닌(2007) 그린우드 등(2011) 라운즈버리와 라오(2004) 필립스와 주커만(2001) 포돌니(2001) 라오, 그레브, 데이비스(2001, 2005)

이론	효과	주요연구
사회학 및 사회심리학이론(예: 지위기대이론, 지위형성이론)	• 사회적 영향력은 인해 주어진 품질에 비해 높은 지위의 행위주체로 하여금 더 많은 보상을 받게 되는 반면 상호호혜의 원칙은 이런 효과를 가감시킴 • 지위를 사회적 자본으로 이해, 긍정적 효과를 연구함 • 지위에 따른 이해관계자의 기대수준이 달라지며 이를 조직 수준에 적용함 • 그룹간 지위의 차이발생에 대한 연구를 기반으로 지위와 정체성의 연구의 통합에 기여함 • 지위의 생성과 협력관계에서의 행동 양상을 설명함 • 지위를 다른 생산자들과의 관계로 구성되는 시장 내에서 결정되는 위치로 바라봄	정 외(2000) 굴드(2002) 린, 포돌니, 타오(2009) 포돌니(1993)
평판	• 지위의 개념을 사회평가 메커니즘인 평판과 구분하였으며 효과성의 차이를 입증함	카스텔루치와 에르투그(2010) 에르투그와 카스텔루치(2013) 젠슨과 로이(2008) 워싱턴과 자작(2005)

학 및 사회심리학에서 발전된 지위 관련 이론들과 일관된 것이다. 한편 획득한 조직지위가 시장에서 생산자의 품질에 대한 신호로 받아들여질 수 있다는 견해는 스펜스(Spence, 1974)의 신호이론의 영향으로, 경제학에서 발전된 평판 이론과 맥락을 같이하는 부분으로 볼 수 있다. 다만 역시 차별되는 것은 지위는 과거의 성과보다 다른 시장 참여자들과의 관계에 의해 형성되며 네트워크 참여자뿐 아니라 외부인들도 지위에 대한 정보에 쉽게 접근할 수 있다는 점이다. 이러한 바탕 속에 태동기 지위 이론은 주로 조직생태학 연구와 긴밀하게 이루어진 측면이 있다. 이는 같은 니치niche를 공유하는 조직 간에 형성된 위계 속에서 조직이 갖게 되는 지위가 조직이 니치 속에서 점유할 수 있는 위치에 영향을 미치기 때문이다(White, 1981).

한편 성장기에는 신제도주의 이론과 함께 연구되는 경우가 많아지는데, 이는 조직이 다른 조직들과 맺고 있는 관계가 제3자가 해당 조직에 대한 가치를 평가하는 데 중요한 역할을 힌다는 측면에서 조직시위

이론과 범주이론(예: Zuckerman, 1999)이 접점을 찾을 수 있었기 때문이다(Phillips & Zuckerman, 2001; Podolny, 2001). 조직지위의 위계가 제도화되는 과정이나 제도적 변화에 따라 일어나는 조직지위 위계의 변화, 제도적 변화에서 조직지위의 역할 등과 같은 다양한 주제의 논의(예: Durand et al., 2007; Rao et al., 2005; Washington & Zajac, 2005)가 성장기부터 활발히 전개되었다. 조직정체성 연구를 중심으로 조직생태학과 신제도주의이론이 통합되는 경향은 조직지위 연구에도 영향을 미치게 되었으며(예: Jensen et al., 2011; Phillips et al., 2013; Pontikes, 2012), 초기 네트워크 관점을 강조하면서 상대적으로 거리를 두었던 전통적인 사회학이나 사회심리학의 바탕 위에서 발전된 지위 이론들(예: Blau, 1964; Jasso, 2001; Lin, 1999; Ridgeway, 1991; Weber, 1978)의 영향을 받은 연구들(Bendersky & Shah, 2012; Castellucci & Ertug, 2010; Hahl & Zuckerman, 2014; Kilduff et al., 2016; Lynn et al., 2009; Phillips et al, 2013; Shipilov et al., 2011; Zhao & Zhou, 2011)이 다수 나타나고 있는 것을 성숙기의 특징으로 볼 수 있다. 결국 태동기에는 조직지위 이론이 다른 이론들과 구별되는 독자적 영역을 확보하는 데 초점이 있었지만, 성장기에 그 외연을 넓히고 성숙기에는 보다 포괄적인 이론으로 발전해 나감을 의미한다. 이하에서는 조직지위 이론의 발전과정을 태동기(1993~1999), 성장기(2000~2009), 성숙기(2010~2016)로 나누어 고찰함으로써 연구의 트렌드에 대한 통찰력을 높이고자 하였다. 최근 증가하고 있는 조직지위에 대한 국내 연구들에 대해 살펴보아 이를 통해 미래 연구 방향에 대한 시사점을 제공하고자 하였다.

2

태동기
: 조직 현상 설명을 위한 지위 개념 도입(1993~1999)

1. 조직지위 연구의 시작

1993년『미국 사회학 저널』에 게재된 조엘 포돌니Joel Podolny의 「시장경쟁의 지위 기반 모형A Status-based Model of Market Competition」은 조직지위 이론의 시작을 알리는 논문이었다. 포돌니(1993)의 지위 개념은 페퍼(Pfeffer, 1997: 61)가 그라노베터(Granovetter, 1973)의 약한 유대weak tie, 버트(Burt, 1992)의 구조적공백structural holes과 함께 조직의 네트워크 분석에 있어 가장 중요한 개념의 하나로 소개할 정도로 큰 반향을 일으켰다. 이후 포돌니는 스탠퍼드대에서 만난 동료들과 함께 1990년대 활발한 연구 활동을 통해 조직지위 이론을 정립하게 된다.

포돌니(1993: 803)는 시장을 사회적 구조로 보는 관점(예: White, 1981)에 따라 주어진 사회적 구조 속에서 생산자가 점유하고 있는 상대적 위치가 주는 제약과 기회를 설명하였다. 이 논문에서 지위는 "시장에서 경쟁자의 제품의 인지된 품질 대비 생산자의 인지된 제품의 품질perceived quality of a producer's products in relations to perceived quality of other producer's products"로 정의되었다. 실제 품질이 거의 같은 경우에도 인지된 품질의 차이가 있는 현실을 반영한 것으로 지위와 실제 품질의 약한 연관성loose linkage을 상정한 점이 향후 이론 발전에 중요한 초석이 되었다. 그에 따르면 실제 품질과 인지된 품질의 관계는 동료 생산자, 소비자, 또는 시장의 중재자와 같은 제3자들과 같은 다른 시장 참여자들과의 사회적 관계에 의해 매개된다고 주장하였다. 따라서 품질을 평가하기 어려운 상태, 즉 불확실성 속에서 이러한 사회적 관계가 품질을 나타나는 중요한 신호 역할을 하는 것으로 볼 수 있다. 카터와 마나스터(Carter & Manaster, 1990)는 IPO 수익과 언더라이터underwriter의 평판reputation 간의 관계를 살펴보는 연구에서 언더라이터인 투자은행들의 평판을 1979년부터 1983년 사이의 툼스톤 광고에서 다른 투자은행들과의 위치 비교에 의해 9점 척도로 측정한 바 있다. 포돌니(Podolny, 1993)는 각 광고에서 보여지는 투자은행 간의 상대적 위치를 보나치치(Bonacich, 1987)가 제시한 네트워크 중심성 지표를 적용하여 측정해냈다. 보나치치(Bonacich, 1987)는 비대칭적인 관계에서 자신의 방법으로 중심성을 구한다면 그것은 지위의 차이를 보여줄 수 있을 것이라고 언급한 바 있었다. 이후 많은 조직지위 연구에서 중심성 지표를 통해 지위가 측정되는 이론적 기초가 되었다.

2. 자산으로서 조직지위

포돌니(Podolny, 1993) 이후 본격적으로 시작된 초기 조직지위 연구는 높은 조직지위가 제공하는 이점에 초점이 맞춰져 있었다. 그리고 이를 통해 조직지위는 가격, 비용, 판매성과 등 돈으로 환산할 수 현실적 이익tangible benefits과 보다 많은 사회적 관심, 영향력 등 돈으로 환산하기 어렵지만 기업 성과에 긍정적 영향을 미칠 것으로 기대할 수 있는 비금전적 이익intangible benefits 모두를 제공할 수 있음을 밝혔다.

높은 조직지위가 제공하는 첫 번째 현실적 이익은 프리미엄 가격과 이에 따른 수익 증대이다. 즉 비슷한 품질의 제품이나 서비스를 더 비싼 가격으로 제공할 수 있어 수익 및 이익이 증대된다는 것이다. 예컨대 와인산업에서 높은 지위를 가진 생산자는 품질을 높일 경우 낮은 지위를 가진 생산자에 비해 더 높은 가격을 받을 수 있어 그 이익이 더 커진다. 따라서 품질에 대한 투자와 이에 이어지는 평판 및 지위 향상을 기대할 수 있다(Benjamin & Podolny, 1999). 이후 다른 세팅에서도 지위와 가격의 긍정적 상관관계는 실증되었다(예: 법률서비스 시장을 대상으로 한 우지와 랑카스터(Uzzi & Lancaster, 2004)의 연구).

두 번째 현실적 이익은 비용 절감이다. 높은 조직지위는 동일한 품질의 제품 및 서비스 공여에 대한 대가로 더 비싼 가격을 받게 할 뿐 아니라 거래비용, 인적자원 및 재무자원 조달비용, 광고비 등 생산에 소요되는 비용을 절감하는 효과가 있다(Podolny, 1994). 일반적으로 높은 지위의 생산자는 낮은 지위의 생산자보다 더 높은 품질을 추구하므로 더 높은 단위당 평균 비용을 갖고 있을 것이다. 하지만 동일한 투입요소를 획득하는 비용은 지위가 높을수록 더 낮기 때문에 만약 동일한 품질의 제품이나 서비스를 생산한다고 가정하면 높은 지위의 생산자가 비용우위를 가질 수 있다(Podolny & Phillips, 1996). 현실적으로 비슷한 지위에 있는 경쟁자들이 다수 존재하는 경우 프리미엄 가격에 따른 수익 증가보다는 비용 절감 효과가 더욱 명확하게 나타날 수 있다(Podolny, 1993). 수익 증가 및 비용 절감 외에도 높은 지위는 판매량의 증가(Podolny et al., 1996) 및 빠른 제휴자본의 축적(Stuart, 1999; Stuart et al., 1999)에 유리하게 작용하는 것으로 나타났다.

한편 높은 지위는 다양한 비금전적 이익도 제공한다. 에컨대 톰스톤 광고에서 높은 지위를 가진 투자은행은 낮은 지위의 투자은행에 비해 더 두드러지게 보일 수 있도록 배려된다. 이와 같이 높은 지위는 더 높은 정당성legitimacy과 가시성visibility을 갖게 한다(Podolny, 1993). 높은 지위의 조직이 갖고 있는 정당성과 가시성은 관계를 통해 다른 조직이나 분야로 전이되게 된다. 이러한 지위의 긍정적 여파positive spillover에 관해서도 여러 연구를 통해 실증되었다. 예컨대 기술집약적 산업에서 지위가 높은 기업이 속해 있거나 진출하려고 하는 분야 및 기술이 더욱 유망한 것으로 인식되고(Podolny & Stuart, 1995), 정보의 비대칭성 및 불확실성으로 인해 정확한 가치 판단을 받지 못하는 기술 벤처에게 높은 지위를 가진 창업투자자Venture Capitalist의 투자는 해당 벤처의 기업가치에 관한 긍정적 인식 변화를 초래하며(Stuart et al., 1999), 이러한 긍정적 기대는 큰 관심과 자원 유입으로 이어져 해당 분야 및 벤처의 성장에 도움을 준다는 것이다. 조직의 정당성을 제도적으로 얻기 어려운 상황에서 높은 지위의 조직과의 관계가 정당성을 얻는 중요한 수단이 된다는 것은 조직지위 이론이 본격화되기 이전의 연구에서도 찾아볼 수 있다. 예컨대 바움과 올리버(Baum & Oliver, 1991)는 보육원이 잠재적 소비자에게 정당성을 얻는 과정에서 명성 있는 지역사회 조직들과 관계가 중요하다는 점을 밝히기도 하였다.

높은 지위가 주는 또 다른 이익으로는 시장에서의 높은 협상력과 통제력(Podolny & Phillips, 1996; Stuart, 1999)을 들 수 있다. 조직은 자원에 관해 발생하는 외부로터의 제약 및 불확실성을 줄이기 위해 자원을 보유한 주체와 제휴해야 할 필요가 있다(Hannan & Freeman, 1977; Podolny & Page, 1998). 이때 높은 지위를 가진 주체는 의사결정의 주도권을 갖거나 리더로 선출될 가능성이 높으며 교환관계에 있어서도 높은 협상력을 지닌다(Gould, 2002; Thye, 2000). 예컨대 포돌니와 머턴(Podolny & Morton, 1999)은 영국 조선산업에서 자주 시도되는 카르텔의 분석을 통해 높은 지위의 기업은 제도적 보호의 부재 속에서도 계약 상대자의 기회주의적 행동을 막고 계약 이행 가능성을 높일 수 있음을 보여주었다.

3. 조직지위가 조직 간 관계에 미치는 영향

어떻게 관계가 형성되는지는 네트워크 연구자들의 오래된 관심이었다. 그중 가장 중요한 메커니즘 중 하나가 지위가 비슷할수록 관계가 형성될 가능성이 크다는 '같은 지위에 대한 선호status homophily'이다(McPherson & Smith-Lovin, 2001). 사람 간 관계에서 일반적으로 관찰되는 이러한 선호가 조직 간에도 중요한 관계 형성의 메커니즘이 되는지, 그리고 그렇게 형성된 관계가 실제 조직의 성과에는 어떤 영향을 주는지 등에 관한 연구가 이 시기에 이루어졌다.

초기 연구는 조직 간에도 같은 지위에 대한 선호가 뚜렷하게 나타남을 실증하였다. 조직지위를 높이기 위해서는 높은 지위의 상대와 협력하는 것이 유리하다. 따라서 높은 지위의 조직들은 다른 조직들의 협력 상대로서 우선적으로 고려되고, 이에 고려되지 못한 낮은 지위의 조직들은 경제적 필요에 의해 서로 협력하게 되어 결국 지위가 비슷한 조직끼리 협력관계를 형성하는 결과로 관찰된다는 것이다(Podolny & Phillips, 1996). 특히 시장의 불확실성이 큰 상황에서 조직은 불확실성을 줄이기 위해 과거 협력한 경험이 있거나 지위가 높은 조직과 관계를 맺으려는 경향을 보이게 된다(Podolny, 1994). 이는 불확실성이 클 경우 지위의 변화가 그만큼 어려워지고 계층화가 보다 뚜렷해질 것을 시사하는 결과이기도 하였다.

한편 비슷한 지위를 가진 조직 간 제휴는 제휴의 성과에도 긍정적 영향을 미치는 것으로 나타났다. 예컨대 정, 상, 리(Chung, Singh & Lee, 2000)는 미국의 투자은행의 제휴 형성에 영향을 미치는 자원의 보완성, 지위의 유사성, 사회적 자본의 역할에 관한 연구에서 지위의 유사성은 제휴 형성 및 성과에 긍정적 영향을 미치는 것을 발견하였다. 이들에 따르면, 지위의 유사성은 사회적 상호작용에 대한 신호를 줄 뿐만 아니라 미래의 자본시장과 고객의 선정에 영향을 미칠 수 있으며 비슷한 지위의 기업들은 서로 경쟁관계에 놓이게 된다. 이때 경쟁적 동형화competitive isomorphism(Hannan & Freeman, 1977)를 통해 운영 시스템의 유사성 및 호환성을 갖게 되어 협력 시 평가, 의사소통, 조정에 유리한 측면이 있다. 또한 제휴과정에서 지위의 따른 몰입, 공헌 정도가 다를 수 있기 때문에 비슷한 지위를 가진 기업들의 제휴가 더 효과적이라고 설명하였다.

비슷한 지위 간의 교류는 미국 대학교육 산업에서도 발견되었다. 다베니(D'aveni, 1996)는 미국의 경영대학과 지역사회, 학생을 분석한 결과 높은 지위를 가진 개인과 집단의 상호 교류를 통해 높은 지위가 지속적으로 재생산되고 있는 것을 발견했다. 이 연구에서는 비슷한 지위를 가진 주체들의 협력이 다양한 자원으로의 접근을 막을 수 있다는 점을 시사하였지만 부정적인 역할에 초점을 맞춘 것은 아니었다. 이렇듯 조직지위가 개별 조직들의 관계 형성 및 성과에 미치는 영향들이 이론화되었으며, 높은 지위에 대한 선호와 비슷한 지위 간에 이루어지게 되는 조직 간 협력관계는 조직지위에 따른 위계질서가 안정적으로 재생산될 것이라는 견해를 뒷받침하는 것이었다. 한편 높은 지위의 조직들이 낮은 지위의 조직들과 관계를 맺게 되는 이유나 낮은 지위의 조직들과 관계를 맺었을 때 높은 지위에 부정적 영향을 미치는지 등에 관해서 이 시기에는 충분한 연구가 이루어지지 않았다.

4. 조직지위와 니치

조직지위의 효과가 생산자들이 속한 시장의 특성에 따라 달라질 가능성에 대한 탐구와 자원환경을 공유하는 조직의 경쟁과 생존에 개별 조직들이 점유하고 있는 니치niche의 폭과 중복, 위치가 미치는 영향에 대한 조직생태학 연구는 이론적으로 서로 보완될 여지가 많이 있었던 것 같다. 예컨대 포돌니와 스튜어트(Podolny & Stuart, 1995)는 기술 혁신 과정을 설명하면서 해당 기업의 조직지위뿐 아니라 해당기업과 같은 니치를 점유하고 있는 다른 조직들의 조직지위가 해당 기업의 기술성과에 중요한 영향을 준다는 것을 발견하였다. 포돌니 등(Podolny et al., 1996)은 보다 덜 경쟁적인 시장에서 조직지위가 성과에 미치는 긍정적 영향이 크다는 것을 발견하였다. 특히 이 연구는 조직지위를 조직의 니치를 구성하는 하나의 차원으로 제시하였다. 이러한 견해는 후에 조직지위와 조직이 속한 범주를 조직의 정체성을 규정하기 위한 각각의 차원으로 보는 견해의 기초가 되었다고 본다.

한편 포돌니(Podolny, 1994)는 높은 지위의 기업이 파트너를 비슷한 지위의 기업들로 제한할 경우, 낮은 지위의 기업에게 더 큰 니치가 허용되는 것이라고 주장하였다. 이는 높은 지위의 기업이 시장점유율을 더 넓히려면 낮은 지위의 기업과 관계를 맺는 것이 불가피하며, 따라서 지위와 시장점유율 간에 상충관계trade-off가 있을 수 있음을 시사하였다. 이는 시장을 네트워크로 보는 관점(Leifer & White, 1987; White, 1981)에서 개별 생산자들의 가격과 생산량은 사회적 구조에 의해 제약받는다는 이론과 맥을 같이 한다고 할 수 있다. 다만 반드시 지위가 높은 기업이 좁은 니치를 갖는다는 것을 의미하는 것은 아니며, 시장에 따라서는 지위가 높은 기업 간에 더 큰 니치를 두고 경쟁하는 상황이 벌어질 수 있는 것이다(Park & Podolny, 2000).

5. 지위의 측정

조직지위 이론이 정립되는 과정에서 지위를 어떻게 측정할 것인지 역시 중요한 이슈였다. 지위는 사회적 존중social deference에 의해 발생되는 것으로 사회적 관계구조 안에서 정의되는 만큼 행위주체의 관계성과 사회적 위치를 나타내기 위해 주로 사용되었던 방법은 네트워크 중심성network centrality을 통한 지위의 측정이었다. 중심성이 계산되는 네트워크는 존중 관계deference relationships를 반영할 수 있어야 한다. 포돌니(Podolny, 1993)에서 존중 관계는 주식발행에 참여하는 투자은행들의 툼스톤 광고에서의 위치에 의해 파악되었다. 예컨대 두 투자은행이 함께 주식발행에 참여했을 때 한 투자은행이 참여의 조건으로 다른 투자은행보다 광고 상단에 이름을 올리기를 원하고 이러한 요구가 받아들여졌다면 그 요구를 받아들임으로써 존중 관계가 성립된 것으로 보았다. 따라서 높은 지위를 가진 투자은행은 툼스톤 광고에서 대부분의 투자은행보다 상단에 표시되었다고 할 수 있다. 한편 다른 조직들로부터 많은 존중을 받는 조직에게서 받은 존중이 그렇지 못한 조직에게서 받는 존중보다 더 가치 있다고 생각할 수 있다. 따라서 이러한 가중치를 반영한 것이 위세중앙성eigenvector centrality(Bonacich, 1972, 1987)이다. 한편 일부 연구에서는 보다 단순한 방법으로 상대방으로부터 받게 된 존중 관계의 총합, 즉 내차중심성indegree centrality으로도 측정되었다(예: Gould, 2002; Podolny et al., 1996). 포돌니 등

Podolny et al.(1996)의 경우 지위를 특허 인용관계로 이루어진 네트워크에서 내차중심성과 위세중앙성의 두 가지 지표로 지위를 측정하여 지위의 효과를 검증하였는데 실제 연구결과에는 별 영향을 미치지 않았다. 다만 높은 지위의 상대방과 연결될 경우 자신의 지위가 더 커진다는 이론적 가정을 반영하는 데는 위세중앙성이 더 적합하다고 볼 수 있다. 네트워크 중심성은 이후에도 계속 지위를 측정하는 주요한 지표로 사용되었다(예: Bothner et al., 2011; Jensen, 2006, 2008; Piazza & Catellucci, 2014; Podolny, 2001; Shipilov & Li, 2008).

한편 네트워크 중심성 이외에 다른 방법으로도 지위를 측정하는 연구들이 다수 있다. 예컨대 시장에서 중요한 역할을 하는 제3자(산업전문가, 비평가critics 등)에 의해 공식화된 판단formal judgement을 통해서도 측정되었다. 예컨대 벤자민과 포돌니(Benjamin & Podolny, 1999)는 와인생산자의 지위를 측정하기 위해 네트워크 중심성에 더하여 10여 명의 와인전문가가 매긴 등급expert ratings을 평균 내어 지위의 지표로 사용하였다. 포돌니와 머턴(Podolny & Morton, 1999)은 조직지위를 사회적 배경, 즉 명문가와 비명문가로 나누어 측정하기도 하였다. 또한 아이젠하르트와 순호펜(Eisenhadt & Schoonhoven, 1996)은 조직의 전략적 위치와 사회적 위치가 전략적 제휴의 결정에 미치는 영향력을 살펴본 연구에서 강화된 사회적 위치를 잘 연결된 높은 지위의 최고경영층TMT, top management team으로 측정하였다. 이때 잘 연결된 높은 지위의 최고경영층이란 최고경영층 크기가 크며, 산업 전문가를 많이 보유하고, 과거에 높은 직위를 가진 경영층이 더 많을 경우를 일컫는다. 이처럼 지위 측정은 다양한 사회적 맥락과 평가기준을 반영하여 이루어짐을 알 수 있다. 그러나 동일한 대상을 이용한 실증연구 간에도 서로 다른 방법으로 지위를 측정한 경우가 발견되는 등 지위 측정이 실증 결과에 미칠 수 있는 영향에 관한 고려가 충분하지 않았다는 지적도 있어(Sauder et al., 2012) 지위 측정에 대해 이론적으로 보다 정교화해야 할 필요는 여전히 남아 있는 것으로 보인다.

3

성장기
: 조직지위 이론 정립과 다양한 실증연구(2000~2009)

태동기의 조직지위 연구가 경쟁적 시장 상황에서 조직지위의 역할과 다양한 긍정적 효과에 초점을 맞추어 진행되었다면 성장기의 조직지위 연구는 조직지위의 형성, 조직지위에 따른 시장의 규범에 대한 대응방식과 행동양상의 차이 등에 더욱 관심을 가졌다. 2000년대에는 지위 연구에 네트워크 이론이 활발히 사용된 시기라고 할 수 있다. 2000년대 중반부터는 조직지위와 다른 사회적 평가 메커니즘과 명확한 구분이 시도되어 이론적 완성도가 높아졌다. 한편 태동기에는 주로 포돌니와 그의 동료 연구자를 중심으로 조직지위에 대한 연구가 이루어졌던 반면 성장기에는 보다 다양한 소속과 다양한 학파의 연구자들이 조직지위 연구에 동참하였다.

1. 조직지위의 원동력

높은 조직지위가 주는 긍정적 효과에 대해 상당한 연구가 이루어지면서 학문적 관심은 자연스럽게 높은 조직지위를 어떻게 얻을 수 있을까에 관한 연구로 이어졌다. 지위는 한 번 획득할 경우 매튜효과(Merton, 1968), 그리고 비슷한 지위를 가진 조직 간의 동종선호status homophily 등으로 인해 계속 유지되려는 경향이 강하기 때문에 조직 간 지위 위계는 상대적으로 안정적일 것으로 생각할 수 있다. 그러나 지위가 쉽게 변화하지 않는 것은 사실이지만 시간을 두고 위계가 변화하는 것이 관찰되면서 그 이유를 설명하기 위한 연구들이 진행되었다. 태동기 대부분 연구들이 지위를 독립변수, 성과, 행위를 종속변수로 하여 관계를 살펴보았다면(Benjamin & Podolny, 1999; Podolny, 1993; Stuart et al., 1999; Stuart, 1999), 2000년대가 되면서 지위를 종속변수로 한 연구들이 더욱 많이 등장하게 되며(Gould, 2002; Lynn et al., 2009; Shipilov & Li, 2008; Soda & Zaheer, 2009) 이에 따라 지위를 높이기 위해 필요한 전략적 행위에 대해서도 흥미로운 연구가 진행되었다고 할 수 있다.

물론 태동기에도 조직지위의 원동력에 대한 연구가 있었다. 포돌니와 필립스(Podolny & Phillips, 1996)로서 지위는 이전 시기의 지위와 성과에 의해 결정됨을 보여주었다. 지위가 높은 기업은 자원 조달 등의 이점으로 성과를 높이기 유리하고, 또한 지위가 비슷한 조직끼리 관계를 맺는 메커니즘에 의해 높은 지위를 가진 다른 조직과 관계를 맺기 수월하므로 결국 조직지위는 재생산됨을 보여주는 모델이라고 할 수 있다. 이 모델에 따르면, 지위가 높음에도 불구하고 성과가 기대에 미치지 못하거나 높은 지위의 다른 조직들과 관계를 맺지 못하면 지위가 낮아질 수 있어 조직 간 위계에 변화가 생길 수 있음을 설명할 수 있었다. 그러나 태동기에는 조직지위를 안정적이며 쉽게 변화하지 않는 것으로 간주하는 경향이 지배적이었기 때문에 지위 변화에 관한 후속연구가 활발히 이루어지지 않았다.

이와 달리 성장기에는 조직지위의 변화를 더욱 적극적으로 연구하면서 크게 두 가지의 흐름을 보여주었다. 하나는 사회적 구조로서 지위에 따른 위계가 어떻게 형성되고 변화하는가에 대한 연구이고, 또하나는 개별 조직의 입장에서 이전 지위나 성과 외에 다른 특성, 예컨대 개별 조직이 갖고 있는 네트워크의 특성이 어떻게 지위 변화에 영향을 미치는가에 관한 연구이다. 특히 네트워크 이론은 존중 관계에 의해 생겨나는 지위의 진화과정 설명에 유용하였다(Chen et al., 2012).

비록 조직 대상 연구는 아니었으나 『미국 사회학 저널』에 발표된 굴드(Gould, 2002)의 「신분 계층의 기원The Origins of Status Hierarchies」는 어떻게 조직들이 지위에 따라 위계를 형성하는지에 관한 이해를 높이는 데 중요한 이론적 기여를 하였다. 굴드(2002)는 지위를 즉시 관측 가능한 행동이 아닌 추상적인 사회의 위치로부터 개인이 얻게 되는 위신이라고 정의했다. 그는 호혜성이 일반적인 규범으로 받아들여지는 상황, 그리고 그럼에도 불구하고 상대방의 선의에 화답하지 않아도 사회적인 제재를 받지 않을 수 있는 주체들이 존재할 때 지위의 차이가 발생하는 것으로 보았다. 그는 행위주체가 1) 재능이 있거나 자격이 있는 행위주체와 어울리는 것을 선호하고, 2) 이런 애착 및 선호가 상호호혜적인 것이 아닐 때 좌절하며, 3) 지위를 판단함에 있어 주위의 평가가 매우 중요하다고 가정하였다. 결국 네트워크 구성원들이 이해할 만한 재능이나 자격이 있다면 사회적 제재를 받지 않고도 호혜성 규범에 따르지 않을 수 있을 것이다. 따라서 대부분의 네트워크 구성원에 비해 작은 차이라도 더 능력이 있다면 지위 측면에서는 큰 차이로 나타날 수 있음을 시사한다. 그에 따르면 상호호혜의 원칙이 매우 중요하게 생각되는 경우 능력과 지위의 상관관계가 더욱 증가하며, 지위를 판단하는 데 내재되어 있는 불확실성은 집단으로 하여금 사회적으로 제공된 평가에 더욱 의존하도록 지위를 스스로 재생산 self-reproducing한다. 또한 높은 지위는 청중으로 하여금 행위를 자신에게 유리한 방향으로 해석하게 할 수 있는 통제력을 제공한다(Martin, 2009).

린 등(Lynn et al., 2009)은 굴드(Gould, 2002)에서 가정된 것보다 지위와 품질과의 관계가 더 약할 것이라고 주장하였다. 품질 관측이 어려운 만큼 사회적 구성 개념으로서의 지위와 품질 간의 비동조화 decoupling가 존재한다는 데 초점을 맞췄다. 이들은 품질과 지위의 비동조화 정도를 곧 지위가 사회적으로 구조화되는 정도로 이해했다. 지위의 축적이 발생하는 네 가지 메커니즘을 구조적 이점(즉 품질과는 관계없는 명목지위, 명성, 사회적 영향력 등의 사회구조적 특성), 품질의 불확실성, 상호호혜성의 원칙, 자기충족적 예언으로 가정하고 시뮬레이션을 통해 연구한 결과 사회적 영향력, 상호호혜성, 자기충족적 예언만으로는 위계적 질서의 재구성이 발생하는 것은 쉽지 않은 반면, 명목적 특성 등의 지위특성, 초기관계, 불확실성은 기존의 질서구조에 새로운 사회적인 가치를 반영할 수 있다는 것을 발견하였다.

한편 조직의 네트워크 특성이 조직지위에 어떤 영향을 주고받는지에 대한 연구도 활발하게 이루어졌다. 대표적 연구로 시필로브와 리(Shipilov & Li, 2008)가 있다. 그들에 따르면, 기업은 시장 성과와 지위 축적이라는 두 가지 목표를 갖는데 구조적 공백의 효과는 지위 축적과 시장성과에 상충되는 영향을 준다. 그 이유는 명망 있는 다른 기업과 협력관계를 맺음으로써 지위를 높일 수 있는 기업의 역량개발에 구조적 공백은 기업에게 새롭고 다양한 기회에 관한 정보를 제공함으로써 긍정적인 영향을 미치는 반면, 다수의 구조적 공백은 해당 기업의 파트너 간 협력 가능성을 낮추기 때문에 시장 성과에는 부정적일 수 있다는 것이다(Podolny, 2001). 이와 관련 포돌니(Podolny, 2005)는 지위가 높아지기 위해서 필요한 전략과 구조적 공백을 많이 보유하기 위한 전략이 상충되는 특징을 가지고 있다고 주장한 바 있다. 구조적 공백을 많이 가지고 있으려면 낮은 지위의 주체들과도 연결 관계를 맺어야 하지만 그렇게 될 경우 높은 지위에 부정적 영향을 미칠 수 있다는 것이다. 다만 지위 축적은 장기적으로 기업 성과에 긍정적 효과를 주기 때문에 구조적 공백의 시장 성과에 대한 효과를 연구하는 데 간접적 효과 역시 고려되어야 한다(Shipilov & Li, 2008).

한편 지위가 네트워크 특성에 미치는 영향에 관한 대표적 연구로는 자이어와 소다(Zaheer & Soda, 2009)가 있다. 그들의 연구에 따르면 높은 지위의 팀은 정보 유출에 대한 위험을 회피할 수 있을 뿐만 아니라 특별하고 예외적인 것을 좋아하는 성향 때문에 구조적 공백을 선호하며, 기존의 높은 중심성과 지위는 신호signaling 효과로 인해 기존에는 연결되지 않았던 다양한 주체들과의 연결을 가능하게 한다. 따라서 높은 지위는 구조적 공백을 증가시키며 긍정적 성과로 이어진다. 이는 '구조적 공백을 더하는 관계의 형성과 지위를 높이기 위한 관계 형성 간에는 실질적인 트레이드오프가 있다는 견해'(Podolny, 2005: 233)와 배치되는 측면이 있다. 이 논문은 과거의 네트워크 구조는 주체들에게 경험, 사회적 맥락, 또는 지식 등으로의 접근을 가능하게 하면서 미래의 네트워크 구조에 영향을 미치도록 한다고 주장하며 관성inertia과 배태성embeddedness을 강조하기도 하였다. 이는 지위가 미래 네트워크 선택에 중요한 제약으로 작용할 수 있다는 것을 시사하는 내용이기도 하다. 이외에도 다른 네트워크 특성의 효과를 통제한 조직지위의 순수한 효과를 측정하기 위해 다양한 상황에서 조직지위와 다른 네트워크 특성이 함께 고려된 실증연구들이 다수 소개되었다

(예: Jensen, 2008; Podolny, 2001).

2. 조직의 선택 및 행위에 대한 제약으로서 조직지위

태동기에는 주로 조직지위의 효과, 특히 긍정적 효과에 대해 주로 연구가 되어 높은 조직지위가 주는 이점에 대해 연구결과가 상당히 축적되었다. 따라서 긍정적으로 해석될 수 없는 효과에 대한 탐색의 필요성은 당연한 것이었다고 본다. 다만 조직지위의 부정적 효과를 쉽게 찾을 수 없는 상황에서 조직지위가 기업의 전략적 선택 및 행위의 해석에 제약을 줌으로써 성과에 부정적인 영향을 줄 수 있다는 점이 제시되었다. 이러한 측면은 네트워크가 구성원들의 행동을 제약한다는 이론이나 제도화된 위계질서가 구성원들의 행동을 제약한다는 제도 이론적 관점과 맥락을 같이한다고 볼 수 있다. 2000년대 들어서면서 조직생태학과 신제도주의이론은 대립적이라기보다는 상호보완적인 연구 경향을 보인다. 이러한 경향이 조직지위 연구에도 반영된 것으로 볼 수 있다.

이 시기에 조직지위를 네트워크상의 위치에 기반한 경쟁우위의 하나로서 보던 관점의 변화를 가져온 것은 조직이 다른 조직과 맺는 관계 속에서 청중들이 해당 조직의 역할에 대한 기대를 형성하며, 이에 부합하는 정도가 조직의 성과에도 영향을 미치며(Zuckerman, 1999), 조직지위는 청중들의 기대를 형성하는 하나의 중요한 네트워크 특성(Podolny, 2001)이라는 것이 이론화되었기 때문이다. 포돌니(2001)는 네트워크는 자원의 통로network as the pipes일 뿐 아니라 생산자가 다른 생산자들과 차별되는 고유의 특성을 드러내는 것network as the prism으로 보고, 이를 불확실성과 연관하여 네트워크가 성과에 미치는 영향을 이론적으로 체계화하였다. 예컨대 생산자가 생산과정 및 결과 등에 대해 스스로 갖게 되는 자기 중심적 불확실성egocentric uncertainties이 높은 상황에서는 자원의 통로로서 네트워크의 역할이 중요하며, 다양한 범위의 기회와 정보에 접근할 수 있기 때문에 구조적 공백이 많은 네트워크를 가진 조직의 성과가 높을 것으로 기대할 수 있다. 반면 (Beckman, Haunschild, & Phillips, 2004), 생산자 산출물의 품질에 대해 생산자의 거래 상대들이 갖고 있는 타인 중심적 불확실성altercentric uncertainties이 높은 상황에서는 품질을 추론할 수 있는 생산자 고유의 특성이 중요하다. 조직지위는 이러한 특성의 하나로서 조직성과에 중요한 영향을 미칠 것이라는 주장이었다.

　조직지위에 따라 청중의 기대도 달라진다는 견해는 통상적인 규범이 적용되는 강도가 조직지위에 따라 달라진다는 필립스와 주커만 (Phillips & Zuckerman, 2001)의 연구를 통해 보다 구체화되었다. 모든 조직은 사회적으로 제도화된 규범에 순응해야 할 필요가 있지만, 순응하지 않았을 때 발생할 수 있는 사회적 제재의 영향이 지위에 따라 다르기 때문에 순응 정도도 달라지게된다는 것이다. 예컨대 낮은 지위의 조직은 청중의 기대가 낮아 사회적 제재의 영향이 상대적으로 크지 않고, 시장에서 이미 배제된 상태에서 규범에서 벗어나는 선택 또는 행위가 좋은 결과로 이어질 경우 지위를 높일 수 있는 기회를 제공하기 때문에 순응해야 할 유인이 적다. 반면 높은 지위의 조직은 어느 정도 규범에서 벗어나더라도 청중들이 조직에 대한 정당성에 대해 의심을 하기보다는 긍정적으로 받아들일 가능성이 크기 때문에 규범에서 벗어나는 행동deviation을 시도할 수 있다. 그러나 중간 수준의 지위middle-status를 가진 조직들은 규범에서 벗어날 경우 조직의 정당성에 대해 의문을 초래할 수 있으며, 지위가 낮아지는 결과를 초래할 수도 있으므로 상대적으로 가장 크게 시장규범에 순응하려는 압력을 받게 된다는 것이다. 결국 지위가 조직에 미치는 영향을 설명하는 데 있어 청중의 반응audience reception이 중요한 메커니즘으로 제시되었다 (Zuckerman, 1999, 2000).

지위에 따라 다르게 나타나는 청중의 반응은 제도 변화를 설명하는 여러 메커니즘의 하나로서 제시되었다. 예컨대 높은 지위를 가진 행위자가 청중에게 중요한 행위를 제도에 순응하지 않는 방식으로 보여줄 때 제도 변화의 단초를 제공할 수 있다는 것으로, 높은 조직지위를 가진 행위자의 새로운 시도는 정통에서 어긋나는inauthentic 것으로 인식되었을 때 발생하는 사회적 제재를 좀 더 효과적으로 피할 수 있게 해주는 한편 역할 모델role model적 특성으로 인해 다른 시장 행위자들의 모방을 증가시켜 새로운 시도가 제도화되는 데 중요한 역할을 한다는 것이다(Rao et al., 2005). 이와 같이 태동기 조직지위 연구가 조직생태학과 교류가 뚜렷했다면, 성장기 조직지위 연구는 신제도주의 이론과도 활발히 교류하여 제도 변화와 행위주체의 규범과 역할을 규명하는 데 기여하였다.

지위가 행동양상에 미치는 영향을 설명하는 메커니즘으로서 현재 지위를 잃을지도 모른다는 불안status anxiety 역시 중요하게 제시되었다. 알랭 드 보통은 저서 『불안』(정영목 역, 2004)을 통해 이것을 인간의 본성이자 현대사회의 많은 문제점들의 근본적인 원인으로 지목한 바 있다. 젠슨(Jensen, 2006)은 조직 역시 지위에 대한 불안status anxiety이 존재한다고 주장하였다. 그는 이를 '조직이 관계를 맺고 있는 다른 조직들의 품질에 대해 의문을 가지게 됨으로써 해당 조직 역시 가치에 대한 평가가 낮아질 수 있다는 우려a concern about being devalued because other actors question the quality of one's partners, which, in turn, can motivate focal actors to disassociate themselves from their partners to protect their own status position'로 정의하고(Jensen, 2006: 98) 아더 앤더슨Arthur Anderson의 청산과정을 통해 부정적인 사건에 휘말린 기업과 제휴관계에 있는 기업은 파트너에 대한 부정적인 인식이 해당 기업의 품질에 대해 의구심을 품게 하는 등 부정적인 영향을 미칠 것을 염려해 제휴기업과의 관계를 청산하게 된다는 것을 발견했다. 보트너 등(Bothner et al., 2007)은 나아가 더 높은 지위에 오르기 어려운 상황보다 더 낮은 지위로 떨어질지 모른다는 불안이 행위에 더 큰 영향을 주는 요소라는 것을 발견했다. 그들은 전미 스톡 자동차 경주 협회NASCAR, National Association for Stock Car Auto Racing 레이서들이 자신이 역전할 수 있는 범위에 있는 경쟁자들의 숫자보다 자신을 역전할 수 있는 범위에 있는 경쟁자들이 많아질수록 더 큰 위험을 감수한다는 것을 증명하였다. 이는 해당 행위자의 지위 향상과 경쟁자의 지위 향상이 제로합 성격을 띠는 상황zero-sum competition context에서 보다 두드러질 것으로 상정되었다. 이는 남성 및 나이가 많은 부하직원에 대한 여성 및 젊은 상사들의 부정적 평가 경향이 자신의 위치에 대한 위협을 경계하는 데 비롯된다는 연구(Pearce & Xu, 2012)에서도 재확인되었다. 젠슨(2008) 역시 높은 지위의 조직은 높은 지위의 조직과 관계를 맺는 것을 선호한다는 기존 예측(Benjamin & Podolny, 1999)과는 달리 낮은 지위를 가진 신규경쟁자를 오히려 선호할 수 있다는 점을 보였다. 그 이유로 기존 시장에 새롭게 진입한 경쟁자가 지위가 높고 투자 및 자원의 제약이 별로 없을 경우 기존기업은 이들을 위협으로 느끼기 때문이라고 주장하였다. 이와 같이 이 시기의 다양한 연구들은 지위 질서 내에서의 위협, 경쟁, 그리고 지위를 지키기 위한 조직의 선택 및 행동 양상을 잘 밝혀냈다고 평가할 수 있다.

한편 지위의 효과가 나타나는 맥락으로 불확실성을 강조하던 기존 연구들과는 달리 이해관계자에게 자신의 특정 행위와 결정을 정당화시키기 위해, 즉 책무성accountability을 높이기 위해 높은 지위를 유지하기 위한 선택이 이루어진다는 것도 발견되었다(Jensen, 2006; Jensen & Roy, 2008). 예컨대 법무법인이나 회계법인의 서비스 품질에 대한 불확실성이 낮은 상황에서도 기업은 청중과 자신의 이해관계를 일치시킴으로써 특정 행위에 대한 관심을 집중시키고 그 과정에서 필요한 자원을 획득하고 행동에 제약이 될 수 있는 조사와 감시를 피하기 위해(Sutton & Galunic, 1996) 높은 지위의 법무법인이나 회계법인을 고용한다는 것이다. 이러한 결과들은 지위가 품질에 대한 신호효과뿐 아니라 청중이 기대하는 역할의 충족과 같은 정체성 측면에서 지위가 이해될 수 있다는 점을 시사하였다.

3. 지위와 평판

포돌니(1993, 2005)에 따르면 조직지위는 개념적으로 동료, 고객, 시장에서 중요한 역할을 하는 제3자 등과의 관계에 의해 형성되는 것으로, 그리고 평판은 과거의 성과에 기초하여 발생하는 것으로 구분된다. 그럼에도 불구하고 실제로 지위와 평판은 많은 경우 명확히 구분되지 않고 사용되었다. 예컨대 포돌니(Podolny, 1993)는 툼스톤 광고를 통해 조직지위를 측정하고 있는데, 카터와 마나스터(Carter & Manaster, 1990)는 툼스톤 광고를 통해 평판을 측정하고 있다. 이와 같이 태생적으로도 구분이 어려운 측면이 있었다. 평판뿐 아니라 정당성, 권력, 명성 등의 개념과도 명확한 구분이 없이 사용되기도 하였다. 예컨대 스튜어트 등(Stuart et al., 1999)은 조직지위 연구에 중요한 문헌이지만 논문은 조직지위 대신 투자한 창업투자자의 명성에 대해 얘기하고 있다. 따라서 지위 연구가 확장되어 왔음에도 불구하고 사회적인 평가 메커니즘으로서의 다른 개념들과 명확히 구분되지 않은 채 사용되어 왔기 때문에 개념적 혼란이 있었다는 비판이 있었다. 이러한 비판에 대한 해소를 위한 개념 정립은 포돌니와 연구를 함께 진행하던 학자들이 아닌 학자들 사이에서 오히려 더 적극적이었던 것으로 보인다. 대표적인 연구로는 카스텔루치와 에르투그(Castellucci & Ertug, 2010), 젠슨과 로이(Jensen & Roy, 2008), 워싱턴과 자작(Washington & Zajac, 2005) 등이 있다. 이들은 공통적으로 지위가 경쟁자에 비해 인지된 상대적 품질에서 비롯된 사회적 위치를 나타내는 관계 기반의 메커니즘인 반면 평판은 과거의 성과 및 품질에서 비롯되어 미래의 행위를 더 구체적으로 예측할 수 있게 하는 경제적인 메커니즘이라고 주장한다.

이러한 개념적 구분은 지위와 평판을 동시에 고려하는 실증연구로 구체화되었다. 지위와 평판의 차이점을 매우 구체적으로 제시한 워싱턴과 자작(Washington & Zajac, 2005)은 경쟁적인 상황에서 지위의 효과와 기존의 성과에서 비롯된 평판의 효과가 개별적으로 존재한다는 것을 증명하기 위해 전미 대학 체육 협회NCAA, National Collegiate Athletic Association 토너먼트에 초대될 확률에 대해 조사하였다. 각 팀의 성과를 통제한 후에도 기존에 초대된 팀이거나 높은 지위를 가진 팀과 경기를 한 팀일수록 초대될 확률이 높았으며 낮은 지위를 가진 팀과 경기를 한 경우 초대받을 확률이 더 감소한 것으로 나타났다. 이를 통해 지위는 역사적 유산legacy, 높은 지위를 가진 주체와의 관계, 그리고 낮은 지위를 지닌 주체와의 관계에 영향을 받는 것을 밝혔다. 젠슨과 로이(Jensen & Roy, 2008)는 지위는 사회구조 안에서 행위주체가 차지하고 있는 위계질서에서 발생하는 명성prestige인 반면, 평판은 과거에 했던 특정 행동의 성과를 기반으로 주어지는 명성prestige으로 정의했다. 그들은 지위와 평판이 파트너 선택에 미치는 영향을 분석하였다. 그들에 따르면, 지위는 일단 생기게 된 후에는 행위주체, 또 이와 교환관계를 맺고 있는 주체들에 대한 인식에 지속적으로 영향을 미치기 때문에 전반적인 품질에 대한 신호를 주는 반면, 평판은 특정 서비스에 대한 과거의 성과에서 비롯된 더욱 구체적인 개인의 특성에 대한 정보를 전달한다. 따라서 파트너의 선택에 우선적으로 고려되는 것은 사회적 지위이며, 일단 지위가 선택되면 그 안에서 과거 성과로부터 발생한 평판이 주요한 선택기준이 된다는 단계적 선택이론을 제시하였다. 에르투그와 카스텔루치(Ertug & Castellucci, 2013)는 기업의 평판은 지위보다 최종 제품의 품질에 더욱 큰 영향을 미치는 반면, 지위는 평판에 비해 기업의 수익에 더 큰 영향을 미치는 것을 발견하였다.[2]

한편 이 시기에는 지위가 존중 관계에 기반하기도 하지만 상황에 따라서는 지위는 경쟁을 통해 쟁탈되는 것이라는 관점에서 정의되고 측정되는 연구가 나타나기 시작하였다(Bothner et al., 2007).

4

성숙기(2010~2016, 현재)

이 시기에 접어들면서 조직지위에 관한 리뷰 논문들이 발표되었다. 이들 리뷰는 두 가지 측면을 공통적으로 지적하였다. 첫째, 지위는 안정적이며 대부분의 이해관계자들이 동의하는 것으로 간주하던 가정에서 벗어나 다양한 행위주체들의 교환관계 및 다양한 맥락에서 지위의 역할과 의미의 차이 그리고 지위의 변화 양상 등에 관한 연구가 필요하다는 것이었다. 둘째, 지위의 긍정적인 측면에만 집중한 나머지 높은 지위로 인한 부정적인 성과에 대한 연구도 미흡했다는 것이었다. 실제로 이런 한계점을 극복하기 위한 노력이 이 시기에 상당히 진전되었다.

1. 부채로서 조직지위

태동기에는 지위의 긍정적인 측면을 부각시켰다면, 성숙기에 접어들면서 높은 지위에 수반되는 부정적 효과에 관한 관심이 증대되었다. 예컨대 보트너 등(Bothner et al., 2012)은 일반적으로 지위가 높아질수록 성과가 향상되지만, 지위가 너무 높아지면 지위 향상에 따른 자기만족complacency이 커지고 관심의 분산distraction으로 인해 성과를 유지하고 향상시키기 위한 노력이 감소하게 되어 오히려 성과에 부정적인 영향을 미친다는 이론을 프로 스포츠 세팅을 통해 증명하였다. 따라서 지위는 항상 자산으로 작용하기보다는 때에 따라 부채로 작용할 수 있으며, 결국 이는 미래의 지위와 성과에 부정적인 영향을 끼치게 된다. 비슷한 맥락에서 벤더스키와 샤(Bendersky & Shah, 2012)는 지위가 높아진 경우, 업무와 관련된 일에 집중하기보다는 지위 중심의 목표에 자원을 배분하게 되므로 개인의 성과를 낮출 수 있다는 연구를 발표하였다. 또한 그로이스버그 등(Groysberg et al., 2011)은 높은 지위를 가진 팀원의 존재는 해당 팀의 성과에 긍정적인 영향을 미칠 수 있지만, 지위가 높은 팀원이 너무 많을 경우에는 오히려 전문성이 충분히 통합되지 못하기 때문에 팀 성과에 부정적인 영향을 미치게 됨을 발견했다.

나아가 그라핀 등(Graffin et al., 2013)은 지위의 안정성이 당연한 것으로 받아들여질 수 없을 뿐만 아니라 높은 지위로부터의 특권 또한 기존의 가정보다는 더 복잡하다고 주장하였다. 그들은 높은 지위를 가진 행위 주체가 마주할 수 있는 두 가지 위험을 제시하였다. 첫째, 그들이 자신의 특권을 남용하여 결국은 지위 혹은 사회적 규범을 위반하게 되는 경우. 둘째, 더 많은 관심을 받는 만큼 더 높은 기대를 충족시켜야 한다는 것이다. 연구결과 높은 지위를 가진 엘리트들에게 특히 위협이 되는 것은 더 엄격한 조사로 나타났다. 이 연구결과는 리와 하운실드(Rhee & Haunschild, 2006)의 연구결과-평판이 높은 자동차 회사가 제품에 대한 소비자의 기대를 저버렸을 때 평판이 낮은 기업에 비해 훨씬 더 많은 언론의 관심을 받게 된다는 것-와 일관된 것이었다.

같은 맥락에서 지위의 상승이 오히려 부정적인 결과를 수반할 수 있다는 연구들이 제시되었다. 예컨대 저명한 상에 후보로 지명된 책들은 더 많은 독자층을 갖게 되지만popularity, 독자층이 넓어지면서 오히려 다양한 취향을 만족시키지 못하게 되거나 특권의식exclusivity을 잃게 되면서 부정적인 평가를 받게 될 수 있으며(Kovács & Sharkey, 2014), 급작스런 지위 향상은 결국 부정적 결과를 초래할 가능성이 있으며(Jensen & Kim, 2015), 지위 향상은 정보 공유의 감소로 이어져 성과에 부정적 영향을 미칠 가능성(Bendersky & Hays, 2012)도 제기되었다.

2. 조직지위의 다양한 측면

조직지위가 청중에 대한 기대를 반영한다는 견해에서 더 나아가 청중들 대부분이 조직지위에 대한 평가에 동의할 것(Lounsbury & Rao, 2004; Malter, 2014; Washington & Zajac, 2005)이라는 가정에 대한 의문이 제기되면서 조직지위의 효과가 청중에 의해 달라질 가능성이 제기되었다.

예컨대 보트너 등(Bothner et al., 2011)은 조직지위의 형성과정에서 중요한 존중관계가 얼마나 광범위한지에 따라—이를 지위의 강건성 status robustness이라고 명명—지위는 안정적일 수도, 가변적일 수도 있다는 견해를 제시하였다. 코바치와 샤키(Kovács & Sharkey, 2014)는 일반 대중의 평가와 보다 전문적인 독자들의 평가가 일치하지 않게 됨(예: Bourdieu, 1984)에 따라 발생할 수 있는 지위 하락에 대해 논의하였다. 이들 연구는 동일한 지위를 갖고 있는 주체들 사이에서도 지위의 질이 다를 수 있으며, 이에 따라 지위의 변동성에 차이가 발생할 수 있다는 점을 보여준다. 연관된 연구로 할과 주커만(Hahl & Zucker-man, 2014)은 설문 참가자들에게 특정한 과제를 주고 수행하는 중에 생긴 지위와 능력에 대해 평가하게 하였다. 지위에 따른 우월성이 의도치 않은 결과로 평가될 때는 지위의 진정성이 인정되는 반면, 그렇지 않은 경우에는 도덕적moral standing으로 정당하지 못하다고 평가했다. 또한 아스킨과 보트너(Askin & Bothner, 2016)는 미국의 대학들이 지위의 하락을 경험할 때 오히려 지위를 높이기 위해 명성의 상징인 가격을 인상하여 자신의 지위에 대한 신호를 보내려고 하는 지위 열망적 행동status- aspiring behavior을 보이는 것을 발견하였다. 델메스트와 그린우드(Delmestri & Greenwood, 2016)는 역사적으로 낮은 지위를 가지고 있던 이탈리아의 전통주가 오래된 이미지를 벗고 지위를 상승시키기 위해 범주로부터 분리category detachment, 범주 경쟁category emula-tion, 범주 승화category sublimation 등의 과정을 거쳤다는 것을 보여주었다. 이와 같이 지위는 지위 자체에 대한 경쟁과 지위를 높이기 위한 주체들의 노력에 의해 보다 복잡하게 전개되는 과정 속에서 변화된다는 것을 알 수 있게 되었다.

한편 지위에 대해 대부분의 청중들이 동의할 것이라는 가정에 대해서도 도전이 있었다. 킴과 젠슨(Kim & Jensen, 2014)은 시장에서 행위 주체가 교환관계를 맺을 때 사용되는 신호market signal가 청중에 따라서 다르게 해석될 수 있다는 것을 주장하였다. 유럽 영화산업에서 영화 수입국과 수출국의 관객의 문화적 차이가 클수록 상업적 성공보다는 예술적 성과(국제영화제 수상 및 참가)가 시장의 신호로서 성과에 더욱 중요하게 작용한다. 시장 신호의 중요성은 거래 주체에 따라서도 달라지는데 독립영화배급사에서 영화를 수입했을 때가 주요 영화배급사에서 영화를 수입했을 때보다 관객 입장에서 영화에 대한 불확실성이 크기 때문에 시장 신호로서 상업적 성공과 예술적 성과의 영향이 더 크게 작용할 것으로 예측하였다. 이는 지위에 따른 조직의 위계가 청중에 따라 다르게 형성될 수 있음을 시사하는 것이었다. 또한 에르투그 등(Ertug et al., 2016)은 청중에 따라 보다 민감하게 반응하는 신호가 다르기 때문에, 예컨대 박물관은 수상과 관련된 품질의 신호에 더 민감하게 반응하는 반면 갤러리는 시장의 성공 또는 인기와 같은 대중성에 관련된 신호에 더 민감하게 반응하기 때문에 지위가 다르게 해석될 수 있다고 주장하였다. 기존 조직이론의 시장범주와 정체성의 연구에서는 넓은 니치를 차지하거나 여러 시장범주에서 활동하는 생산자의 정체성이 좁은 니치 혹은 한 범주에 집중하는 생산자에 비해 모호하기 때문에 청중으로부터 부정적인 평가를 받을 수 있다는 견해가 지배적이었다(Hsu, 2006; Hsu, Hannan, & Koçak, 2009; Zuckerman, 1999; Zuckerman, Kim, Ukanwa, & Rittmann, 2003).

하지만 2010년 이후 청중의 다양성과 맥락에 따라 시장범주에서 비롯되는 정체성의 해석이 달라질 수 있다는 차이를 다룬 연구들이 등장하면서(Bowers, 2015; Pontikes, 2012; Smith, 2011) 이런 추세가 지위 연구에까지 확장된 것으로 볼 수 있다. 자오와 조우(Zhao & Zhou, 2011)는 시장의 다양한 청중과 연관된 다양한 조직지위 지표가 있는데 이들의 일치성이 중요하다는 주장을 하였다. 예컨대 와인 시장에서의 지위에 영향을 주는 다양한 지표상에서 조직의 위치가 조직지위와 일치할 경우 이는 상품의 가격에 긍정적인 효과를 가져오지만 지위의 불일치는 지위의 긍정적인 효과를 감소시키는 것으로 나타났다. 특히 각각의 지표를 제시한 기관들이 모두 높은 지위를 가졌을 때 지위에 대한 정당성이 높아지는 것으로 보았다. 이는 사회학에서 개인의 지위를 구성하는 속성들에 대해 연구하는 지위속성 이론status characteristics theory이 조직지위에 적용된 것으로 볼 수 있다. 조직지위 이론이 발전되면서 사회심리학이나 사회학에서 발전되어 온 지위에 관련된 이론들이 조직에도 다양하게 적용되고 있는 경향이 보인다.

비슷한 맥락으로 킬더프 등(Kilduff et al., 2016)은 지위에 대한 평가 불일치가 성과에 부정적인 영향을 미칠 수 있음을 시사하였다. 평가 불일치의 원인으로 첫째, 자신의 지위가 상대방의 평가보다 더 높다고 생각하는 것(상향적 부동의 upward disagreement), 둘째, 자신의 지위가 상대방의 평가보다 더 낮다고 생각하는 것, 셋째, 제3자의 지위에 대해 서로 다른 의견을 갖는 것이 있다. 이 중에서 그룹성과에 가장 부정적인 영향을 미칠 가능성이 높은 것은 상향적 부동의라는 것이다. 지위에 대한 불일치 경향이 나타난다면 상대방의 의견, 공헌, 보상 등에 의문을 갖게 되고 협동에 부정적인 영향을 미치며 결국 이는 팀 성과에 부정적인 영향을 미칠 것이라는 것이다. 이는 조직이 스스로에 대해 갖고 있는 정체성과 조직을 둘러싼 이해관계자가 갖고 있는 정체성 간에 차이가 있다는 이론(Brickson, 2005; Gioia, Schultz, & Corley, 2000)과 연결지어 생각할 수 있다고 본다. 이와 같이 조직지위 연구는 보다 미시적인 지위 연구들과 교류를 통해 발전하고 있다.

3. 지위가 다른 조직 간의 협력관계

높은 지위의 조직이 언제나 선호되는 것은 아니라는 것이 밝혀지면서 높은 지위의 조직이 왜 낮은 지위의 조직과 관계를 맺을까에 관한 연구도 활발히 진행되었다. 실제로 태동기 연구들이 이질적인 지위를 가진 행위주체들의 교환관계에 대해서는 인지하고 있었음에도 불구하고(Podolny, 1994, 2005) 그 원인에 대해서 명확한 해답을 제시하지 못했기 때문에 더욱 의미가 있다고 할 수 있다. 이전 시기의 연구로는 높은 지위를 유지하려면 높은 지위의 고객과 생산자와 어울려야 하는데 이렇게 될 경우 낮은 지위의 조직들이 점유하고 있는 시장(예: 낮은 지위의 니치)에는 접근하지 못하게 될 수 있기 때문에(Podolny, 2005; Shipilov & Li, 2008) 시장성과를 더욱 중시하는 기업이라면 낮은 지위 파트너와의 협력을 고려하게 될 것으로 보았다. 그러나 이 시기에는 이 문제에 대해 보다 많은 탐구가 이루어졌다.

첫 번째 원인으로 제시된 것은 높은 지위의 조직이 낮은 지위의 조직과 협력할 경우 낮은 지위의 조직으로부터 최대의 노력을 기대할 수 있기 때문이다. 카스텔루치와 에르투그(Castellucci & Ertug, 2010)는 F1 레이서들이 낮은 지위의 엔진공급자들과 거래하게 되는 것은 기존의 엔진품질에서 문제점이 발생한 경우임을 발견하였다. 이는 비록 낮은 지위의 공급자와의 거래가 지위 측면에서는 부정적 결과를 가져올 수 있지만 낮은 지위의 공급자들이 더 많은 노력을 기울여 서비스를 제공하는 결과로 증가한 경기성과가 낮은 지위의 공급자와의 거래에 따른 부정적인 효과를 부분적으로 매개하게 된다는 것이다.

두 번째 원인은 열망 수준에 비해 떨어지는 성과이다. 열망 수준에 비해 성과가 미흡할 경우 행위주체는 위험을 감수하는 경향을 보이는데(Greve, 1998; Heath, Larrick, & Wu, 1999; Kahneman & Tversky, 1979), 마찬가지로 시필로브 등(Shipilov et al., 2011)은 중개자 역할의 개인이 열망-성과의 간극aspiration-performance gaps을 경험하게 되면 다른 지위와의 파트너를 선정하는 경향이 더 높아지는 것을 발견했다. 다만 이에 따른 성과가 기대에서 벗어나게 된다면 다시금 같은 지위의 파트너를 선정하게 된다. 개인의 사회적 위치 및 심리사회적 요인(특히 조직학습)의 영향력이 파트너의 지위를 고려하는 방식에 영향을 미치게 되는 것이다. 셋째, 낮은 지위와의 관계가 반드시 지위에 부정적 영향을 끼치지 않을 수 있기 때문이다. 필립스 등(Phillips et al., 2013)은 높은 지위의 로펌이 낮은 지위의 로펌이 수행한다고 여겨지는 사업영역에 진출하는 것이 언제나 지위에 부정적 영향을 주지 않는다는 것을 발견하였다. 시장 규범의 종류에 따라 기업이 순응해야 하는 압력의 정도가 다르기 때문이라는 것이다. 예컨대 지위가 높은 경우 주요 고객과의 관계에서 신뢰와 관련된 충성 규범royalty norm에서 벗어나는 경우는 큰 사회적 제재가 따르지만 범주 순수성 규범categorical purity norm에서 벗어나는 행동의 경우에는 부정적인 영향은 거의 없는 것으로 나타났다. 이러한 연구들을 통해 지위의 변화에 영향을 미치는 보다 복잡한 현상들에 대한 설명이 가능해지고 있다.

4. 지위와 정체성

이전 시기에 이어 2010년대 들어 조직지위 연구에서 정체성, 범주 등에 대한 연구는 다양한 측면에서 고려되고 있다. 기존에도 조직지위와 정체성 및 범주의 상호작용에 대한 연구(Durand et al., 2007; Park & Podolny, 2000; Rao et al., 2005; Zuckerman et al., 2003)가 존재했지만, 지위의 의미를 확장하기 위해 정체성과 범주 개념이 적극적으로 사용된 것은 2010년 이후라고 볼 수 있다. 이는 조직생태학에 기반을 둔 학자들과 신제도주의에 기반을 둔 학자들이 정체성과 범주 연구를 통해 통합되는 추세를 반영한다고 볼 수 있다.

젠슨 등(Jensen et al., 2011)은 범주와 지위는 함께 연구되어야 한다고 주장하면서 지위는 불확실성을 줄여주는 신호일 뿐 아니라 곧 정체성이라고 주장하였다. 범주가 정체성의 수평적 차원에 관한 것이라면 지위는 수직적 차원에 관한 것이라는 견해이다. 지위와 정체성은 함께 고려해야 한다는 젠슨 등(Jensen et al., 2011) 이후 시장의 범주에 따른 정체성과 지위의 상호작용을 적극적으로 연구하려는 경향이 두드러지게 되었다(Durand & Kremp, 2016; Slavich & Castellucci, 2016). 예컨대 코바치와 존슨(Kovács & Johnson, 2014)은 기존의 범주 멤버십categorical membership 및 정체성 연구가 정체성과 품질의 상호작용을 적극적으로 연구하지 않았다고 주장하면서 샌프란시스코의 레스토랑 중 높은 품질의 음식을 제공하는 레스토랑일수록 비전형성atypicality으로부터 긍정적인 청중의 평가를 통한 이익을 얻을 수 있다는 것을 발견해 제품의 품질과 전형성은 상호작용을 한다는 점을 실증했다. 같은 맥락에서 스구레프와 알트하이젠(Sgourev & Althuizen, 2014)은 예술작품의 스타일이 일관되지 않고 섞여 있을 경우(비전형성) 상업적, 예술적으로 어떻게 평가받는지 살펴본 결과, 오직 높은 지위의 작가로 알려진 작품만 비전형성으로 발생하는 패널티penalty를 줄일 수 있다는 것을 발견했다. 이는 조직의 정체성이 청중별로 다른 방향으로 해석될 수 있다는 견해 속에서 지위가 미치는 영향이 중요하게 고려된 예들로서 향후에도 지위에 따라 달라지는 정체성의 효과와 관련된 연구는 다양하게 시도될 것으로 예상할 수 있다.

한편 범주 간의 지위의 차이에 관한 연구에 대한 요구(Chen et al., 2012; Piazza & Castellucci, 2014)도 제기되었다. 이는 그룹 간 지위 차이가 어떻게 발생하며 어떤 영향을 미치는지에 관한 사회심리학의 지위형성이론status construction theory과 궤를 같이한다고 할 수 있다. 예컨대 샤키(Sharkey, 2014)는 조직의 지위가 사회적 정체성(범주 내에서의 멤버십 혹은 비슷한 조직의 집합체로서 사회적인 정당성을 얻을 때 발생하는 정체성)에 의해 형성될 수 있다고 주장한다. 즉 특정 범주에 속한 다는 사회적 정체성은 조직지위를 부분적으로 결정하며, 결국 범주의 지위categorical status가 청중이 조직의 행동을 해석하고 평가하는 데 영향을 준다는 것이다. 제공하는 서비스 영역, 즉 범주 멤버십에 따라 청중들이 조직의 사회적 지위를 다르게 인식하는 것은 이미 기존 연구들을 통해 실증된 바 있는데(Heinz & Laumann, 1982; Phillips & Zuckerman, 2001), 샤키(Sharkey, 2014)는 미국에서 가장 높은 지위로 인식되는 산업은 생명공학, 투자 은행 등이며 가장 낮은 지위로 인식되는 산업은 폐기물관리waste management, 컨테이너, 제지 및 포장 산업인데 높은 지위의 범주에 속한 조직은 낮은 지위의 범주에 속한 조직에 비해 부정적인 사건이 발생했을 때 주식시장에서 부정적인 영향을 적게 받는 것을 발견하였다. 관련하여 델메스트리와 그린우드(Delmestri & Greenwood, 2016)는 특정 범주의 지위가 급격히 변화하는 현상을 이해하기 위해서는 수평적 차원으로서의 범주와 수직적 차원으로서의 지위를 함께 고려해야 한다고 주장했다. 이들은 지위 상승을 위해서는 기존의 낮은 지위의 범주로부터 분리가 선행되어야 하며, 높은 지위의 범주의 특징적인 관행을 보여줌으로써 높은 지위의 범주 안의 경쟁자로서 인지를 높이고, 지위를 높일 수 있는 요소들로 내러티브narrative를 구성할 수 있어야 함을 주장하였다. 범주의 지위가 개별 조직의 지위 상승에 한계로 작용할 수 있는데 이를 극복하기 위해서는 다른 범주로의 정체성 이동이 필요하다는 것을 시사한 것이다. 이론적으로는 조직의 지위와 범주의 지위는 함께 고려되어야 함을 시사하고 있다.

한편 조직의 서로 다른 역할을 수행할 때 각 역할에 따라 지위에 따른 조직 위계가 별도로 형성될 수 있다는 주장도 제기되었다(Bothner et al., 2015). 포돌니(Podolny, 2001)와 동일한 창업투자 산업Venture Capital을 대상으로 한 이 연구에서 창업투자자들은 프로젝트 리더로서 지위와 프로젝트에 공동으로 투자하여 리드 창업투자자를 보완하는 역할과 관련된 지위가 일치하지 않음을 보이며, 이들 지위가 개별적으로 조직의 생존에 영향을 미침을 보였다. 하나의 주체가 리더와 조력자로서의 역할을 번갈아 수행할 수 있는 환경, 예컨대 영화의 주연과 조연, 학계에서 주저자와 공동저자 등에서는 '조력자'로서의 지위complementary status가 리더로서의 지위primary status만큼 중요할 수 있다는 것이다. 이때 '조력자'로서의 지위가 높은 기업이 '리더'로서 지위를 높이는 것, 또는 그 반대가 생존에 시너지를 제공하지 않는다는 것 역시 발견하였다.

5. 국내에서 조직지위 연구 본격화

앞서 살펴본 것처럼 경영학 연구에서 지위이론이 개인과 조직의 행위를 이해하기 위한 주요 이론으로 발전했음에도 불구하고 국내 경영학 분야에는 이 시기가 되어서야 조직지위에 관한 연구가 본격화되었다. 가장 처음 조직지위를 노사관계 연구에 소개한 문헌으로 배와 리(Bae & Lee, 1998)가 있으나, 지위보다는 사회적 자본으로서 네트워크에 보다 초점이 맞춰져 있었다. 조직지위가 주요하게 다루어진 초기논문으로 한준·신동엽·기노경(2004)이 있다. 이 논문은 생태지위 niche의 한 종류로서 조직지위가 기업 성과에 미치는 영향을 살펴보았다. 한준 외(2004)는 동일 산업 분야에 대한 공동참여 네트워크(전략적 제휴)에서 다른 참여기업의 위세중앙성이 높을 경우 강력한 내부경쟁의 압력에 놓이게 되어 해당기업의 성과에 부정적 영향을 미칠 수 있다는 것을 이론화하였다. 태동기 조직생태학과 함께 교류하며 이론 발전에 기여했던 포돌니 등(Podolny et al., 1996), 포돌니와 스튜어트(Podolny & Stuart, 1995) 등과 맥락을 같이하는 연구로 볼 수 있다. 그러나 이러한 예외적 연구들을 제외하고는 2000년대까지 우리 경영학자들 사이에서는 조직지위에 대한 연구는 큰 관심사가 아니었던 것으로 보인다. 그러던 것이 2010년대 들어서면서 조직지위 연구는 보다 활발하게 수행되고 있다. 이는 비단 경영학뿐 아니라 사회학에서도 마찬가지였던 것으로 보인다.

2010년대 초반 국내 저널을 통해 소개된 연구들의 대부분은 조직지위 이론의 발전과 흐름을 같이 하는 연구였다. 예컨대 김(Kim, 2010)은 조직지위의 변화양상과 관련하여 조직이 갖고 있는 네트워크의 속성-예컨대 응집형 네트워크를 갖고 있는 조직인지 구조적 공백이 많은 가교형 네트워크를 갖고 있는 조직인지-이 조직지위에 미치는 영향을 분석하였는데, 해당 주체의 속성은 구조적 공백이 많은 네트워크를 통해 더 도드라져 보이게 된다는 버트(Burt, 1992)의 '소개 효과referral effect' 때문에 지위의 높낮이에 따라 효과가 달라질 수 있음을 보여줬다. 강(Kang, 2010)은 조직지위가 선택 및 행동에 미치는 영향과 관련하여 조직 혹은 개인에게 부여된 여러 가지 지위가 일치하지 않으면 스트레스 혹은 불만족을 느끼게 되며(Lenski, 1954, 1967), 지위의 불일치에 따라 발생한 상대적인 박탈감은 자신의 현실과 비교집단과의 차이에 대해 인지하게 하여 실제로 행동에 영향을 미칠 수 있다는 것을 주장하면서, 미국의 창업투자 산업을 분석, 창업투자자들은 지위의 불일치를 겪을 때 시장의 규범에서 벗어난 행동deviant behavior을 할 가능성이 높아진다는 것을 보였다. 비슷한 주제로 김관우·박찬웅(2012)은 할리우드 영화감독들을 대상으로 낮은 지위를 가진 감독들은 다양한 장르를 시도하면서 자신의 정체성을 확립하려는 경향을 보이지만, 일단 수상을 통해 지위의 상승을 경험하게 되면 한 가지 장르에 집중하는 경향이 있음을 발견했다. 중간지위의 순응성(Phillips & Zuckerman, 2001)이 나타나는 메커니즘으로 개별 주체들의 자율적인 정체성 전략을 제시하여 이론적 깊이를 더했다. 또한 김(Kim, 2012)은 조직지위가 조직 간 관계에 미치는 영향에 관해 조직지위가 조직이 거래에 관한 불만족을 표현하거나 기존 관계를 정리하게 하는 요인이 될 수 있음을 밝혔다. 미국 법률서비스 시장을 대상으로 한 이 연구에서는 일반적인 기대처럼 높은 지위를 지닌 개인 및 조직은 상대방으로부터 관계 끊김 tie dissolution을 덜 경험하는 것은 아니지만, 높은 지위를 가진 고객일수록 법률회사의 품질에 대한 다양한 정보에 대한 접근이 가능하여 법률회사와의 기존 관계를 더 쉽게 정리하는 것을 발견하였다.

한편 최근 들어 국내 경영현상 및 사회현상 설명에 조직지위 이론이 사용되기 시작하였다. 예컨대 정대훈·신동엽(2016)은 조직지위가 조직학습에 미치는 영향을 국내 4년제 종합대학의 연구개발 현황을 통해 살펴보았다. 김영규·김화리(2016)는 로스쿨 졸업생들의 진로 및 경력개발에 로스쿨의 조직지위가 미치는 영향에 대해 살펴보았다. 특히 정대훈·신동엽(2016)은 이론적 측면에서도 조직지위 이론과 조직학습 이론의 융합을 시도했다는 의의가 있다. 조직지위가 높은 경우, 자신의 잘못을 쉽게 인정하지 않거나 실패의 원인을 외부로 귀인하려는 경향을 보이며 또한 비슷한 지위에 있는 기업들을 모방하게 될 가능성도 감소하게 되어 조직성과에 대한 피드백과 유사지위집단에 대한 모방적 학습이 연구개발 투자에 미치는 영향력을 감소시킬 수 있다는 이론은 조직지위의 부정적 측면에 대한 이론적 시사점과 조직학습의 내부 여건에 관련된 이론의 발전에도 공헌하고 있다.

5
한계점 및 미래의 연구 방향

　본문에서는 조직지위 이론 발전에 중요하다고 생각되는 논문들을 중심으로 시대에 따른 논의주제의 변화 및 이론적 발견 등을 고찰하였다(이에 대한 요약은 〈표 3〉 참조). 개략적 흐름의 변화를 제시하는 것을 주요 목적으로 하였기 때문에 더 많은 논문을 소개하지 못한 점은 아쉽지만 앞으로의 조직지위 연구의 흐름에 대한 시사점을 제공하는데는 본 논문의 접근방법이 유용할 것으로 기대한다. 그렇다면 어떤 부분이 아직 이론적으로 미진한가?

　첫째, 다양한 수준에서 개별적으로 발전해온 지위 연구의 통합에 어려움이 있어 이를 극복할 수 있는 이론적 틀의 제시가 필요하다. 지위에 대한 연구는 거시 수준(조직)의 연구가 미시 수준의 연구(개인, 팀)에 비해 압도적으로 많은 가운데 연구 수준에 따라 이론적 배경이나 측정이 다르게 이루어져 왔다(Chen et al., 2012). 본 리뷰는 주로 거시 수준의 연구에 초점을 두어 진행되었지만, 성장기를 지나 성숙기에 이르면서 미시 수준 이론과의 통합에 대한 요구가 커지고 있음을 발견할 수 있었다. 그럼에도 불구하고 거시 수준과 미시 수준을 통합

〈표 3〉 지위이론의 발전

시기	핵심주장	내용	주요연구
태동기	조직지위 연구의 시작	• 주어진 사회구조 속에서 생산자가 점유하고 있는 상대적 위치가 주는 제약과 기회를 설명하였으며 실제 품질과 지위의 약한 연관성을 상정함	포돌니(1993, 1994)
	자산으로서의 조직지위	• 가격, 비용절감, 판매성과 등 현실적 이익과 사회적 관심, 협상력 및 통제력 등 영향력 등을 제공할 수 있음을 밝힘	벤자민과 포돌니(1999) 포돌니와 머턴(1999) 포돌니와 필립스(1996) 포돌니와 스튜어트(1995) 스튜어트 등(1999)
	조직지위가 조직 간 관계에 미치는 영향	• 조직 간 같은 지위에 대한 선호가 뚜렷이 나타남을 실증 • 비슷한 지위를 가진 조직 간의 제휴는 제휴 성과에도 긍정적인 영향력을 미침	정 등(2000) 다베니(1996) 포돌니와 필립스(1996) 포돌니(1994)
	조직지위와 니치	• 조직지위를 조직의 생태지위를 구성하는 하나의 차원으로 제시함 • 높은 지위의 기업이 파트너를 비슷한 지위로 제한할 경우 지위와 시장점유율 간에는 트레이드오프 관계가 발생함을 연구	파크와 포돌니(2000) 포돌니 등(1996) 포돌니와 스튜어트(1995) 포돌니(1994)
	지위의 측정	• 네트워크 중심성(특히 위세중앙성)이 대표적인 측정 방법으로 사용됨 • 네트워크 중심성 이외에도 제3자에 의한 평가, 사회적 배경 등으로 측정하여 다양한 사회적 맥락과 평가기준을 반영함	벤자민과 포돌니(1999) 아이젠하르트와 순호펜(1996) 포돌니와 머턴(1999) 포돌니(1993)
성장기	조직지위의 원동력	• 조직지위의 주어진 것으로 가정한 기존의 연구와는 달리 조직지위의 형성, 유지, 변화과정에 대한 관심이 높아짐 • 개별조직의 네트워크에 따라 지위가 변화함을 연구. 즉 네트워크이론이 지위의 진화과정을 설명하는데 유용하게 사용됨	보트너 등(2007) 굴드(2002) 젠슨(2006, 2008) 포돌니(2005) 시필로브와 리(2008) 자이어와 소다(2008)
	제약으로서의 지위	• 지위에 따른 청중의 기대를 충족시키기 위해 조직의 행위에 제약이 발생함 • 지위에 기반하여 제도화된 규범에 순응 및 벗어나는 행동 양상을 연구 • 높은 지위의 기업의 부정적인 평가가 제휴관계에 있는 기업에도 부정적인 영향력을 미칠 수 있음	듀랑 등(2007) 젠슨(2006) 필립스와 주커만(2001) 라오 등(2005)
	지위와 평판	• 지위의 개념을 정교화하여 사회적 평가 메커니즘인 평판, 정당성 등과 구분하려고 시도함 • 지위와 평판을 동시에 고려하고 각각의 효과를 실증함	젠슨과 로이(2008) 워싱턴과 자작(2005)

〈표 3〉 지위이론의 발전

시기	핵심주장	내용	주요연구
성숙기	부채로서의 지위	• 높은 지위 및 지위의 상승에 수반되는 부정적인 영향력에 대한 관심이 증대됨	보트너 등(2012) 그라핀 등(2013) 그로이스버그 등(2011) 코바치와 샤키(2014)
	조직지위의 다양한 측면	• 조직지위에 대한 평가가 일괄적일 것이라는 기존의 가정에 의문을 제기 • 청중과 상황에 따라 조직지위의 효과가 달라질 수 있음을 실증(조직지위에 대한 상반된 평가가 있을 수 있음을 발견)	할과 주커만(2014) 킬더프 외(2016) 피어스와 쑤(2012) 자오와 주오(2011)
성숙기	다른 지위 간의 협력관계	• 이질적인 지위를 지닌 조직 간의 협력관계의 발생을 연구 • 낮은 조직은 높은 조직과 협력관계에서 더 높은 헌신과 몰입정도를 보임 • 열망수준에 비해 성과가 미흡할 경우 위험감수의 방안으로 낮은 지위와의 협력관계 구축	카스텔루치와 에르투그(2010) 필립스 등(2013) 시필로브 등(2011)
	지위와 정체성	• 지위의 의미 확장에 정체성과 범주개념이 적극적으로 도입(지위를 수평적, 수직적 개념으로 확장하여 이해) • 조직의 정체성과 지위의 상호작용에 대한 연구 • 개별조직의 지위뿐만 아니라 범주의 지위의 중요성을 인식, 연구	보트너 등(2015) 듀랑과 크램프(2016) 에르투그 등(2016) 젠슨 등(2011) 코바치와 존슨(2014) 필립스 등(2013) 스구레프와 알트하이젠(2014) 샤키(2014) 슬라비치와 카스텔루치(2016)

한 연구, 또는 다수준multi-level을 포괄하는 통합적인 지위 연구가 여전히 드물게 이루어지는 이유는 피아자와 카스텔루치(Piazza & Castellucci, 2014)가 지적한 것처럼 다른 수준 예컨대 시장 수준, 조직 수준, 팀수준, 및 개인 수준에서 주로 사용되는 지위에 관한 이론이 다르기 때문일 것이다. 통합적 지위 연구의 방안으로서 시장 수준, 조직 수준, 개인 수준으로 지위의 연구를 나누기보다는 메소 수준meso-level을 포함시키는 것이 더 바람직하다는 주장(Piazza & Castellucci, 2014)이 제기되었다. 메소 수준 연구를 통해 CEO의 지위, 이사의 지위 등과 같은 개인의 지위가 조직 수준의 지위와 어떻게 상호작용하는지에 대해

더욱 자세히 살펴볼 수 있으며, 이는 결국 조직지위가 어떻게 생성되며 변화하는지 연구하는 데 매우 중요한 역할을 할 것이라는 주장이다. 이와 관련 조지, 달랜더, 그라핀, 심(George & Dahlander & Graffin & Sim, 2016)은 다른 분석 수준의 연구들을 통합하기 위한 다양한 방법론의 필요성의 중요성을 강조하기도 하였다.

또한 분석 수준이 다르고 학문적 배경이 다름에 따라 연구에서 사용되는 지위의 측정방법이 달라 지위연구의 통합을 어렵게 하고 있다. 예컨대 사회학, 사회심리학을 기반으로 한 지위연구에서는 지위가 사회적 배경, 인구통계학적 특성, 개인의 속성 등으로 정의, 측정되어왔다. 리즈웨이(Ridgeway, 1991)는 지위를 종교, 출신지역, 인종, 성별 등 명목적 특성nominal characteristics과 부, 직업, 교육 수준 등 등급특성graduated characteristics으로 구분하였다. 한 사회에서 더욱 가치 있다고 여겨지는 특성을 지니고 있는 개인의 지위가 높게 평가될 수 있다는 생각에 기반하여 지위를 측정하거나(예: Jasso, 2001; Thomas-Hunt & Phillips, 2011), 한 그룹 내의 개인을 직접 설문 조사하여 얻은 주관적 지위(예: 영향력, 인기 등)로 측정(예: Anderson, Ames, & Gosling, 2008; Bendersky & Shah, 2012; Flynn, 2003; Kilduff et al., 2016)하는 방법이 보다 보편적이었다. 그러나 주로 거시 수준에서 이루어진 포돌니(Podolny, 1993) 기반 연구들은 지위가 다른 사회평가 메커니즘과는 달리 관계에 기반하며 지위의 이전효과status leakage와 매튜효과가 존재하는 만큼 네트워크 중심성이 가장 적절한 측정도구임을 주장하였다. 따라서 분석 수준에 따른 배경이론과 지표상의 차이가 뚜렷이 나타남을 알 수 있다. 또한 동일한 대상으로 한 실증연구 간에도 지위 측정이 일관되지 않아 실증결과에 차이를 가져올 수 있다는 점도 한계로 지적되었는데(Sauder et al., 2012), 이를 극복하기 위한 방안으로 지위연구의 초기단계부터(Benjamin & Podolny, 1999; Podolny et al., 1996) 다양한 지위의 측정척도를 모두 반영한 후 효과를 비교하거나 가중치를 주는 방법이 제시되기도 하였다. 그럼에도 불구하고 여전히 네트워크의 성격과 형성과정이 모두 반영된 측정법이 아니란 점에서 높은 지위의 형성과정 혹은 역할 및 정체성의 측면이 지위측정에 반영되어야 하며, 다양한 수준에서 공통적으로 사용될 수 있는 지표의 탐색이 필요하다.

둘째, 조직지위의 긍정적 효과 또는 부정적 효과에 대한 연구를 보다 체계화할 필요가 있다. 지위의 긍정적 효과에 대한 연구 편향성에 대한 문제 제기(Chen et al., 2012)는『매니지먼트 학회 저널』에 실린 평판 및 지위 관련 연구를 분석한 조지 등(George et al., 2016)에 의해 확증된 바 있다. 그들에 따르면 이들 연구의 67%가 긍정적 효과에 집중되어 있으며, 오직 13%만이 부정적 효과에 관한 것이었다. 양적인 집중뿐 아니라 지위의 부정적 효과에 대한 연구들 대부분은 '왜' 지위가 부담이 되는지에 대해서만 관심을 기울였기 때문에 '어떤 맥락에서' '어떻게' 지위가 부담으로 작용하는지에 관한 폭넓은 연구가 진행될 필요가 있음이(Sauder et al., 2012) 지적되기도 하였다. 예컨대 보트너 등(Bothner et al., 2012)에서 태만함complacency과 주의분산distraction이 그 원인으로 지적되었다. 그러나 이들 역시 이러한 심리적 변화가 모든 상황에서 발생할 것으로 보기는 어렵다는 점을 지적하고 있으며, 또한 이러한 부정적 효과가 나타나는 변곡점threshold이 상황에 따라 다르게 나타날 수 있음을 보였다. 따라서 조직지위의 효과와 반응이 다르게 나타날 수 있는 상황에 대한 연구가 필요할 것이다.

또한 지위의 효과가 다르게 나타나는 맥락과 청중 역할에 대한 후속연구들이 지속적으로 이뤄져야 할 것이다. 필립스와 주커만(Phillips & Zuckerman, 2001)은 지위가 행동의 제약으로서 작용할 수 있음을 밝혔는데 필립스 등(Phillips et al., 2013)에 따르면 행동의 제약이 행위를 판단하는 주된 이해관계자와의 충성규범을 저버리지 않는 제약으로 적용하지 않는 것을 발견했다. 반면 수상으로 인해 지위의 상승을 경험하였지만 오히려 청중의 범위가 넓어지면서 부정적인 평가가 발생할 수 있다(Kovács & Sharkey, 2014). 즉 지위의 부정적인 효과는 기존 이론이 가정했던 것보다는 더욱 다양한 요소들과 상호작용하며 나타나고 있다는 것을 알 수 있다.

부정적인 효과를 연구하는 데 있어서 앞서 언급된 분석 수준의 통합이 긍정적인 영향을 미칠 것으로 기대한다. 지위연구에서 개인, 팀 등 미시 수준에서 사회, 심리적인 행동양상을 구체적으로 살펴보고 이를 조직 수준에도 적용하여 지위의 역할을 통합적으로 연구할 수 있을 것이기 때문이다. 지위의 상승에 따른 자원분배의 문제점(Bendersky & Shah, 2012), 지위가 높은 팀원의 비중이 커질수록 전문성의 통합이 저해되는 점(Groysberg et al., 2011), 자신이 속한 그룹의 상대적인 지위를 높은 것으로 간주할 때 그룹성과에 덜 공헌하는 것을 발견한(Kilduff et al., 2016) 최근의 연구들은 지위연구의 새로운 지평을 열 수 있을 것으로 기대한다.

셋째, 지위의 형성과정과 변화과정에 대한 이해가 아직도 미흡하다. 지위 변화에 대한 일관된coherent 이론이 부족하다는 지적(Chen et al., 2012)도 있으며, '태생적으로 안정적인 힘an inherently conservative, stabilizing force'(Podolny, 2005: 244)으로 간주되던 조직지위가 생각했던 것보다 더 역동적이고 유동적일 수 있다는 주장과 이를 뒷받침하는 연구결과(Bothner et al., 2011; Bothner et al., 2015; Sauder et al., 2012; Ertug et al., 2016)는 이에 대한 보다 깊은 연구를 요구하고 있다. 특히 조직지위를 기업이 갖고 있는 시회적 관계 속에서 갖고 있는 위치에 기반한 경쟁우위로 보는 관점에서는 관계 자체의 변화를 초래하는 급격한 환경 변화가 큰 상황에서 지위의 변화를 일으키는 요인에는 어떤 것이 있고, 이러한 지위 변화에서 어떤 조직이 더 유리하게 반응하는가와 같은 주제는 보다 충분한 연구가 필요하다고 본다.

또한 지위체계 내에서의 지위 변화와 이에 따른 지위체계 내 이웃에게 미친 영향력에 대한 연구가 더욱 활발히 진행될 필요가 있다. 기존의 연구는 높은 지위를 획득한 주체에만 관심을 기울여왔기 때문에 지위체계의 나머지 행위주체들이 어떻게 행동하는지에 관한 연구는 매우 미흡하다. 레슈케, 아줄레, 스튜어트(Reschke, Azoulay, & Stuart, 2017)는 저명한 의학연구기관인 하워드휴스 의학연구소HHMI, Howard Hughes Medical Institute의 수사관으로 임명된 경우 지위가 상승했다고 볼 수 있다. 이때 임명된 과학자의 논문과 유사한 기존 논문의 경우 오히려 매우 적은 관심을 받는 것으로 나타나 부정적인 이전효과negative spillover가 발생하는 것을 발견하였다. 이와 관련하여 앞으로는 지위의 상승을 경험한 경우 기존의 협력관계를 어떻게 변화시키는지, 수상자와의 정체성의 공통점 및 차이점이 이전효과에 미치는 영향력 등에 관심을 기울일 필요가 있다. 최근에는 지위체계 내에서의 순위변화 및 지위를 결정하는 결정요인들의 변화 양상에 관한 연구들이 진행되는 추세이다. 예컨대 닐리와 뒤마(Neeley & Dumas, 2016)에 따르면 미국 기반의 일본기업이 영어 사용을 의무화하면서 영어를 모국어로 사용하는 직원들의 지위가 더 높아졌으며 지위의 향상을 경험한 직원들은 높은 소속감, 낙관성optimism, 경력발전, 확장된 네트워크로의 접근 등을 경험하는 것을 발견했다. 이를 통해 개개인의 특징은 변함이 없지만 제도가 변화하면서 조직 내 지위가 새롭게 재배열된다는 것을 이론화하였다. 이와 관련하여 기존 위계질서가 새로운 위계질서로 대체되는 과정에 대한 연구 필요는 이미 오래전부터 제기되고 있으며, 권위가 있는 제3자에 따른 새로운 정의(Sauder, 2006) 외에도 제도 변화를 설명하는 다른 이론들과 통합될 때 조직지위의 변화와 관련된 보다 완성된 이론을 기대할 수 있을 것이다.

넷째, 지위를 경쟁을 통해 획득하는 것으로 보는 관점에서 이루어지는 연구가 더 필요하다. 첸 등(Chen et al., 2012)은 이전 지위에 관한 연구들이 주로 존경·존중admiration, respect, deference에 의해 형성되는 명성prestige에서 비롯되는 것으로 보고 이루어진 반면, 두려움이나 순응을 통해 형성되는 지배 기반의 지위에 대한 연구는 부족했다고 지적하고 있다. 지배 기반의 지위는 관중으로 하여금 행위를 자신에게 유리한 방향으로 해석하게 할 수 있는 통제력을 일컫는 만큼(Gould, 2002; Martin, 2009) 토너먼트나 경쟁 상황에서 지위를 획득하는 맥락(Bothner et al., 2012)에서 지위를 이해하는 데 효과적일 수 있다. 이는 조직지위의 형성방법에 따른 지위효과의 차이의 연구를 가능하게 할 수 있다. 보다 다양한 주체로부터 존중을 받는 것이 지위를 보다 굳건하게 하는 것이라고 한다면(Bothner et al., 2011), 과연 지배 기반의 지위를 굳건히 하기 위해서는 어떤 네트워크적 특성이 필요한지에 대해서도 연구될 필요가 있다고 본다. 즉 지위의 개념화와 지위효과의 동태적 변화를 연구하는데 지배기반의 지위에 관한 연구가 공헌할 수 있다고 본다.

마지막으로, 조직지위 이론 연구를 통해 한국적 경영학 이론 확립에 기여할 수 있는 방안을 모색하는 것이다. 국내의 지위 연구가 해외 조직지위 연구의 흐름과 맥을 같이해왔지만 한국의 특수한 경영환경을 적극적으로 반영하여 이해하려는 노력은 다소 부족했다고 평가할 수 있다. 기업 간 협력관계가 매우 중시되는 국내 경영의 특성상 기업지배, 조직구조, 전략적 제휴, 혁신 등에 지위가 미치는 영향력을 연구할 수 있다고 본다. 최근 한국사회 및 소비자들에 대한 폭넓은 이해(예: 김난도, 2008)를 바탕으로 다양한 차원의 네트워크(예: 혼맥, 제휴, 인력이동)를 고려한 연구와 로스쿨 졸업생의 진로 및 경력개발(김영규·김화리, 2016), 국내 4년제 종합대학의 연구개발 현황(정대훈·신동엽, 2016)의 연구접근방법은 긍정적으로 평가할 수 있다. 특히 인터넷 등을 통한 정보 공유 속도가 빠르고 취향의 변화가 빠르고 급진적인 특징을 갖고 있는 우리 사회에서 조직지위 및 지위 위계의 변화 양상에 대한 연구는 일반적 지위이론의 발전에도 공헌점이 클 것으로 생각한다.

11장

조직학습이론의
과거, 현재, 그리고 미래[1]

이무원

연세대학교 언더우드 특훈교수이자 경영대학 현대자동차·YSB 석학교수, E-mail: mooweon@yonsei.ac.kr

미국 스탠퍼드대학교에서 경영학 박사학위를 취득하였으며 하와이대학교 경영대학 석좌교수를 역임하였다. 2018년 이후 한국경영학자협회AKMS, Association of Korean Management Scholars 공동 회장을 역임하고 있다. 『매니지먼트 학회 저널Academy of Management Journal』『매니지먼트 학회 리뷰Academy of Management Review』『조직 과학Organization Science』『경영 과학Management Science』『국제 경영 연구 저널Journal of International Business Studies』『하버드 비즈니스 리뷰Harvard Business Review』등 국제 저명 학술지에 다수의 논문을 게재했으며 『경영과 조직 리뷰Management and Organization Review』의 시니어 에디터로 활동하고 있다.

해외 권위 학회 및 학술지로부터 다수의 최우수 논문상을 수상하였으며 2009년에는 미국 웨스턴 경영학회에서 올해의 라이징 스타rising star로 선정되었고, 2015년 한국인사조직학회로부터 국제학술상을 그리고 2019년 한국경영학회로부터 중견학자상을 수상하였다. 조직학습, 조직 정체성과 명성, 사회연결망, 동양 사상에 기반을 둔 조직이론, 혁신적 산업생태계 연구에 관심을 가지고 있다.

*이 글은 『인사조직연구』 2015년 11월호(23권 4호)에 게재된 논문을 수정·보완한 것입니다. 본 연구는 2015년 7월 한국인사조직학회 제1회 콜로퀴엄 발표에 기반하여 작성되었습니다. 발표에 대한 토론에 참여해 주신 김영규, 김지현, 박상찬, 배종훈 교수님과 문헌 자료 수집에 도움을 준 최재호 학생에게 감사드립니다. 그리고 논문에 대해 건설적이면서 유용한 제안들을 주신 배종석 교수님과 익명의 세 분 심사자들께도 깊은 감사를 드립니다.

1

서론

1970년대 후반부터 급속도로 발전된 소위 '현대조직이론' 내 여러 이론적 틀 중 큰 축을 담당해온 조직학습 이론Organizational Learning Theory의 태동과 과거를 살펴보고, 현재 논의되고 있는 연구 흐름을 짚음으로써 미래의 이론적 방향을 가늠하고 제시하는 목표를 가지고 이 글을 시작하고자 한다. 그리스 신화와 고대·중세 문학에서 그 기원을 찾고, 불가지론으로 해석될 정도로 다양한 경로들이 예상되는(March, 1999; March & Weil, 2005; Miner & Mezias, 1996) 깊은 과거와 넓은 미래를 가진 조직학습이론의 진화 과정을 이 한 편의 글 속에 담는다는 것은 분명 필자의 능력을 벗어나는 일이다. 하지만 현재 『계간 관리과학Administrative Science Quarterly』의 편집장인 제럴드 데이비스Gerald Davis 가 2000년대 초반 미국경영학회Academy of Management의 한 심포지엄에서 발표한 것처럼 거래비용이론Transaction Cost Economics, 자원의존이론Resource Dependence Theory, 연결망이론Network Theory, 조직생태학Organizational Ecology, 신제도주의론Neo-Institutionalism이 제시하는 패러다임들이 1980~1990년대 조직이론을 이끌어왔다면, 21세기에는 조직학습이론이 조직이론의 중흥을 불러올 것이라는 예측에 힘을 얻어 조직학습이론을 전공하는 한 연구자로서 조그만 용기를 내 집필을 하고자 한다.

2

이론적 기원과 태동기 청사진

조직학습이론의 태동 시점이 『조직이론Organizations』(March & Simon, 1958)과 『행동주의 기업이론A Behavioral Theory of the Firm』(Cyert & March, 1963)의 출간 즈음으로 거슬러 올라간다는 데는 큰 이견이 없을 것이다.[2] 리처드 사이어트Richard Cyert, 제임스 마치James March, 허버트 사이먼Herbert Simon이라는 삼두마차를 중심으로 탄생한 '카네기 학파Carnegie School'가 제시하는 조직이론의 결정판으로 여겨지는 이 두 대작은(Argote & Greve, 2007) 경영학, 경제학, 교육학, 심리학, 사회학, 인공지능, 정치학 분야의 새로운 지평을 여는 조직연구 패러다임을 제공해왔다. 두 저서 모두 2015년 8월 기준 구글 학술검색 Google Scholar에서 피인용지수가 2만 번을 훌쩍 뛰어넘을 정도로 사회과학 전반에 큰 영향력을 발휘해왔다. 신고전주의 경제학Neo-Classical Economics의 합리적 행위모델-행위자는 분명한 목표를 가지고 있고, 그 목표를 달성할 수 있는 모든 가능한 대안들을 알고 있다. 각각의 대안 추구에 필요한 정보에 접근이 가능할 뿐만 아니라 대안들 간의 성과를 비교할 수 있다.-에 반기를 들고 '제한된 합리성bounded rationality'이라는 새로운 개념으로 무장한 카네기 학파가 제시하는 핵심 명제는 '행위자들은 모호한 목표를 가지고 있을 뿐만 아니라 목표를 달성하기 위한 대안들을 완벽하게 평가하지 못하고 '만족과 희생satisficing'[3]을 병행하는 탐색search 과정을 거쳐 대안이 선택된다. 이러한 과정은 반복을 통해 규칙화rules·routines된다'는 것으로 요약될 수 있다. 특히 『조직이론』의 경우 그 당시 머튼(Merton, 1949), 굴드너(Gouldner, 1954), 블라우(Blau, 1955) 등의 사회학자들로 이어지는 '콜럼비아 학파Columbia School'가 주창한 관료제이론에 대한 대응적 성격이 짙은 글이다. 콜럼비아 학파는 막스 베버Max Weber의 관료제이론에 기반하면서도 관료제를 기술적 합리성의 구현으로 보는 시각을 뛰어넘어 조직디자인의 '의도하지 않은 결과unintended consequences'(Merton, 1936), 특히 관료 조직의 역기능적인 특성에 관심을 두었다면(Haveman, 2009), 카네기 학파는 『조직이론』에서 제한된 합리성이라는 개념을 중심으로 조직 내 행위자들의 의사결정 및 문제해결과 관련된 선택의 문제를 관료제와 연결하는 데 주력하고 있다. 한편 카네기 학파의 독창적인 조직이론에 기초하여 조직의 학습과정에 대한 여러 핵심 명제들을 제시한 『행동주의 기업이론』은 이후 조직학습 연구자들에게 고전 교과서로서 자리매김했다.

『행동주의 기업이론』 이후 조직학습 연구자들은 『행동주의 기업이론』의 여러 주요 개념들 중에서도 특히 네 가지 개념에 초점을 맞춰 연구의 청사진을 그려왔다. 다음 절에서 더 자세하게 논의하겠지만, 흥미롭게도 이후 경로의존성path dependence을 가지게 된 초창기 연구 흐름의 네 가지 핵심 개념들은 제임스 마치의 1세대 제자들이 몰두한 연구 영역과 밀집한 관련이 있다. 『행동주의 기업이론』의 첫 번째 핵심 개념은 '조직의 적응organizational adaptation'이다. 기존 조직이론에서는 조직을 전지전능한 합리적 시스템omnisciently rational system으로 본 반면 『행동주의 기업이론』에서는 조직을 불확실한 환경에 적응해나 가는 합리적 시스템adaptively rational system으로 상정하고 적응 시스템의 주요 속성들-시스템 상태들states 간의 선호, 외부 충격, 내부 의사결정 규칙, 의사결정 선택 규칙, 장기적 경험에의 적응-에 주목할 것을 주 문하고 있다. 사실 1980년대 후반부터 '조직학습organizational learning' 이라는 용어가 조직이론 학계에서 널리 사용되기 이전에는 적응이라 는 개념이 학습 개념을 포괄하거나 학습 개념과 동일한 개념으로 취 급되어 왔다. 심지어 오늘날에도 제임스 마치를 포함하여 몇몇 학자 들은 두 개념을 크게 구분 짓지 않고 있다.

『행동주의 기업이론』에 나와 있는 두 번째 핵심 개념은 이후 조직학 습의 시발점으로 여겨지는 '조직의 주의organizational attention'이다. 조직 은 여러 목표와 어젠다를 가지고 있지만 제한된 합리성과 자원제약으 로 인해 각 목표 및 어젠다에 제한된 주의를 배분attention allocation할 수 밖에 없고, 이러한 주의의 배분은 향후 조직의 학습 방향과 성과에 결 정적인 영향을 미치기 때문에 주의 배분 과정에 대한 연구는 매우 중 요하다. 사실 1963년 출간된 『행동주의 기업이론』 초판에서는 주의에 대한 논의가 두드러지지는 않았지만 1992년 개정판에서 저자들은 에 필로그를 통해 이 개념의 중요성을 환기시키고 있다.

세 번째 주요 개념은 '(좁은 의미로서의) 조직학습organizational learning (in a narrow sense)'이다. 앞서 살펴보았듯 넓은 의미에서의 학습 개 념과 유사하게 사용되는 적응과는 달리 좁은 의미에서의 조직학습에 초점을 맞춘 연구자들은 특정한 경험에 따라 조직의 목표, 주의, 절차 등이 변화하는 양상을 경험함수function of experience로 조명해왔다.

마지막으로 『행동주의 기업이론』은 오늘날 광범위한 영역에서 실증연구의 이론적 틀로 활용되는 성과 피드백 모델performance feedback model의 뿌리를 제공하고 있다. 조직의 성과와 목표치·열망치aspiration levels 간의 차이가 조직의 여러 탐색 경로를 규정지음으로써 혁신 과정 및 성과에 영향을 준다는, 어찌 보면 단순한 명제는 훗날 다양한 형태 의 연구가설로 발전되어 왔다.

3

조직학습연구 제1세대의 공헌

『행동주의 기업이론』의 엄청난 이론적 파괴력에도 불구하고 그 영향력은 경영학 내 조직학습 연구로 바로 이어지지는 않았다. 제임스 마치의 제자들로 구성된 조직학습 연구의 제1세대가 1980년대부터 1990년 초반에 형성되기까지는 (경영학 내에서) 학술사적 공백이 있었다. 흥미롭게도 이는 조직학습이론 창시자들의 개인사와 그들이 몸담았던 학문 분야들의 역사에 기인한다. 제한된 합리성 이론을 주창한 공로를 인정받아 1978년 노벨 경제학상을 수상한 허버트 사이먼 Herbert Simon은 카네기 학파의 입지를 공고히 하는 중요한 기여를 했다. 하지만 정작 본인은 노벨상 수상 이후 카네기학파를 공격하는 경제학자와 심리학자에 대응하느라 조직이론의 한 줄기로서 조직학습 연구를 심화하는 데 큰 에너지를 쏟지 못했다. 또한 리처드 사이어트 Richard Cyert는 1972년부터 카네기멜론대학교의 총장을 역임하면서 이전처럼 연구 활동에 매진할 수 없었다. 제임스 마치 또한 1960년대 후반 캘리포니아대학교 어바인 분교 사회과학대학 학장으로 부임하여 학계와 거리를 두는 듯 하였으나 자의반 타의반으로 1년 만에 학장직에서 물러나고 1970년 스탠퍼드대학교의 평교수로 부임하게 된다. 부임 초기 제임스 마치는 본인의 기존 연구 영역인 정치학, 경제학, 심리학 분야에서 행동주의 기업이론의 패러다임을 계속 주창하다가 1980년대로 넘어가면서 『행동주의 기업이론』의 틀을 가지고 경영학 내 조직학습 연구자들을 양성하기 시작하였으며 경영학 학술지에도 본격적으로 글을 실으면서 경영학계와 소통을 강화해나갔다. 본인은 다른 대안이 없었다고 하지만 제임스 마치의 학계 복귀는 조직이론 및 학습연구 분야, 아니 매니지먼트 영역 전체에 큰 행운이었다고 할 수 있다.

1. 조직 적응

경영학 내에서 제임스 마치를 사사한 초창기 학생들은 조직학습 연구의 제1세대를 형성하면서 이후 학자들의 연구 방향을 이끌었다. 특히 이들은 앞에서 언급한 『행동주의 기업이론』의 네 가지 핵심 개념 각각을 연구 프로그램으로 정착시키면서 향후 연구주제 및 연구 방법론을 제시하는 등대 역할을 해왔다고 해도 과언이 아니다. 조직 적응 organizational adaptation에 대한 연구의 선봉은 현재 펜실베이니아 대학교 경영대학 교수로 있는 댄 레빈탈Dan Levinthal이었다. 원래 경영학 내 경제학 분야 박사과정 학생이었던 그는 제임스 마치와 사제지간의 연을 맺으며 조직이론, 특히 조직학습을 주 연구 분야로 삼게 되었다. 특히 제임스 마치와 공저한 1981년 논문(Levinthal & March, 1981)에서 제시한 모델은 조직 적응에 대한 체계화된 모델의 시초로 여겨지고 있다. 그들의 시뮬레이션 모델은 불안정하고 모호한 환경에 적응하기 위해 탐색 전략, 역량, 열망을 변화시키는 조직의 모습을 잘 보여줄 뿐만 아니라 이러한 각 조직들의 변화 분포가 조직의 성과를 결정지음을 잘 보여주고 있다. 또한 최근 많은 관심을 받고 있는 '빠른 학습fast learning의 역효과'도 이 모델에서 이미 선보이고 있다. 이 모델은 이후 수많은 시뮬레이션 연구들의 기본 모델로 채택되면서 교과서적인 역할을 해왔다.

이후 댄 레빈탈과 제임스 마치는 더욱 발전된 적응 모델을 발전시켜나가면서 조직학습에서 일어나는 여러 한계점을 밝혀내는 데 주력하였다. 그들은 무엇보다도 복잡하고 모호한 조직의 경험을 지나치게 단순화하여 협소하게 해석할 때 발생하는 세 가지 형태의 근시안적myopic 특성의 위험성을 경고했다(Levinthal & March, 1993). 즉 시간적으로 장기적인 목표, 공간적으로 멀리 있는 사건, 그리고 실패 경험은 간과한 채 기존 역량을 활용하는 데 치중하느라 새로운 영역을 탐색하는 활동을 소홀히 하는 조직은 궁극적으로 큰 문제에 직면하게 된다. 특히 세 번째 형태의 근시안은 이후 '성공의 덫success trap' 그리고 '실패의 덫failure trap'에 관한 연구에 큰 통찰을 제공하였다.

조직학습이론이 제시하는 적응 모델이 조직이론 내 큰 관심을 받기 시작하면서 댄 레빈탈은 적응 모델에 대한 타 조직이론의 비판에 대응하는 모델 또한 제시하였다. 그는 특히 적응 모델과 대척점을 이루는 선택 모델selection model을 주창해온 조직생태학 연구자들에 대응했다. 댄 레빈탈은 조직생태학자들이 즐겨 사용하는 시뮬레이션 모델인 NK 모델을 이용하여 조직 적응과 환경선택 간의 상호작용을 설명하고, 그러한 상호작용을 통해 조직형태organizational form의 정합성fitness이 어떻게 결정되는지 분석함으로써 조직형태의 다양한 구성요소들 사이의 상호작용이 조직성과에 미치는 영향을 고찰하였다(Levinthal, 1997). 아울러 초창기 조직형태가 장기성과를 결정 짓는다는 스틴치

콤(Stinchcombe, 1965)의 '각인 효과imprinting effect'를 보여준 것은 물론 불확실한 환경에서는 요소 간 느슨하게 연결된loosely-coupled 형태의 조직이 긴밀하게 연결된tightly-coupled 형태의 조직보다 더 잘 적응할 수 있다는 와익(Weick, 1976)의 이론을 함께 검증해 보였다.

2. 조직 주의

『행동주의 기업이론』의 주의 개념을 연구의 중심에 놓는 데 선구적 역할을 한 학자는 현재 노스웨스턴대학교 경영대학 교수 윌리엄 오카시오William Ocasio였다. 그는 기업에 대한 '주의기반적 관점attention-based view of the firm'의 중요성을 역설했다. 그러면서 기업 행위는 기업 내 의사결정자들이 어떻게 주의를 분배하느냐에 따라 결정되고, 의사결정자들의 행위는 그들이 어떤 이슈들과 해답들에 주의를 두느냐에 의해 결정되며, 그들의 주의 패턴은 처한 상황, 그동안 견지해온 규칙, 보유하고 있는 자원 등에 의해 결정된다고 주장했다(Ocasio, 1997). 하지만 후속 연구에 대한 윌리엄 오카시오의 간절한 바람에도 불구하고 손꼽을 만한 몇몇 연구들(다음 절 참조)을 제외하고는 주의 개념에 초점을 둔 실증연구는 전무하다시피 하였다. 아마도 이는 주의라는 개념이 심리학이나 조직행동론에서 요구하는 연구 방법론에 의해서만 정확히 측정될 수 있기 때문에 조직이론 연구자들에게는 실증적으로 접근하기가 불편했기 때문이었던 것 같다. 최근 오카시오(Ocasio, 2011)는 이러한 연구 공백을 아쉬워하며 연구자들이 좀 더 주의 개념에 주의를attention to attention 가져줄 것을 당부했는데, 이는 주의 개념을 더욱 정교화했다는 의의를 가지지만 다른 한편으로는 연구자들을 더욱 혼란에 빠뜨린 측면도 있다. 신경과학에서 발견한 두 가지 방향

의 주의과정-도식schema에 의한 위로부터의 주의과정과 자극stimulus
에 의한 아래로부터의 주의과정-에 영감을 얻어 조직의 주의과정을
관점perspective, 참여engagement, 선택selection적 측면에서 다양하게 분류
하다 보니 결과적으로 실증연구가 더욱 힘들어졌기 때문이다.

3. 좁은 의미의 학습

좁은 의미의 학습, 즉 경험을 통한 조직의 변화 및 성과를 보는 연구
에 대한 총괄적 가이드는 레빗과 마치(Levitt & March, 1988)가 제시한
바 있다. 자기 조직의 경험과 타 조직이 보유하고 있는 경험으로부터
의 학습에 대한 연구를 절절히 주문하면서, 특히 조직이 경험을 해석
하는 데 있어서 부딪치는 여러 문제점과 오류들을 짚고 있다. 또한 경
험에 대한 조직의 기억이 어떻게 선별적으로 이루어지고 망각되는지
에 대한 연구의 중요성도 강조하고 있다. 또한 1989년 카네기멜론대
학교에서 제임스 마치의 업적을 기리기 위해 개최된 콘퍼런스에서 휴
버(Huber, 1991)는 지식 습득, 정보 분배, 정보 해석 등 학습의 주요과
정에 대한 좀 더 구체적인 연구 가이드를 제시하였다.

하지만 이러한 연구 설계는 학습을 하지 않고도 조직의 성과가 향
상되거나, 학습을 하고도 조직의 성과가 향상되지 않는 경우를 포용
하지 못하기 때문에 불완전하다(March & Sutton, 1997). 학습이 이루
어짐을 검증하기 위해서 취할 수 있는 일반적인 실증연구에서는 학습
이 이루어짐을 검증하기 위해 경험 변수를 독립 변수로 설정하고, 조
직의 성과를 종속 변수로 취하게 된다. 이러한 연구 설계는 학습을 하
지 않고도 조직의 성과가 향상될 수 있고, 학습을 하고도 성과가 향
상되지 않을 수 있음을 포용하지 못하기 때문이다(March & Sutton,

1997). 제임스 마치를 비롯해 몇몇 조직학습 연구자들이 실증연구보다 시뮬레이션연구를 선호하는 것도(제임스 마치는 종종 본인이 게을러서 실증연구를 하지 못한다고 하지만) 이런 이유에서이다. 예를 들어 한 기업의 재무지표 또는 판매량 지표를 학습의 산물로 상정하고 실증연구를 한다면 단기성과의 변화로 이어지지 않는 경험 축적의 효과를 과소평가하게 된다. 반대로 많은 경험을 축적하였음에도 불구하고 많은 기업들이 도산한 경우에는 생존 기업을 주 대상으로만 실증연구를 할 위험성에 빠지게 되어 소위 말하는 표본 추출 편향sample selection bias으로 인해 경험 축적의 효과를 과대평가하게 된다.

따라서 경험을 통한 학습에 대한 제1세대 연구자들은 제임스 마치의 직접적인 제자들이기보다는 그의 몇몇 명제들을 실증연구로 보여주고자 하는 타 학교의 조직이론가 또는 조직학습 연구자들이었다. 그중 가장 대표적인 학자가 현재 카네기멜론대학교 경영대학Tepper School of Business at Carnegie Mellon University의 교수로 있는 린다 아고트 Linda Argote이다. 린다 아고트는 스탠퍼드대학교Stanford Universit에서 교환 교수를 지내면서 제임스 마치와 긴밀한 연구 교류를 통해 기존의 단순한 학습곡선learning curve 이론을 『행동주의 기업이론』과 연결시켜 더욱 정교화하였으며, 이와 관련하여 조직망각organizational forgetting과 조직기억organizational memory에 대한 이론적 실증적 연구 지침을 제공하였다(Argote, 1999). 하지만 린다 아고트의 실증연구들은 개인 수준 또는 그룹 수준에서 그쳤는데, 역설적이게도 조직 수준에서 경험으로부터의 학습에 대한 실증연구의 선봉에 선 학자들은 당시 조직생태학 연구를 해왔던 토론토대학교 경영대학의 조엘 바움Joel Baum과 콜롬비아대학교 경영대학의 폴 잉그람Paul Ingram이었다. 호텔(체인) 산업 자료를 이용하여 자기 조직 경험으로부터의 학습experiential learning, 타 조직 경험으로부터의 학습vicarious learning, 자기 조직 생성 이전의 경험 congenital learning을 (조직망각까지 고려하면서) 계량화하여 이러한 경험이 조직의 생존에 어떠한 영향을 미치는지 살펴보았다(Baum & Ingram, 1998; Ingram & Baum, 1997). 하지만 그들의 계량화 작업이 이후 실증연구에 지대한 공헌을 했음에도 불구하고, 조직생태학연구에서의 단골 종속변수인 생존 변수를 그대로 사용하면서 '생존을 증대시키는 학습survival-enhancing learning'이라는 재개념화를 시도함으로써, 눈 가리고 아웅 하는 식이라는 비판에 직면하는 등 『행동주의 기업이론』의 근본 철학과 이질적인 측면을 노출하기도 하였다. 즉 이 연구에서의 독립변수들과 생존이라는 종속변수를 학습과정으로 연결시킬 수 있는 아무 질적 자료들을 제공하지 않은 상태에서 과연 이 연구가 조직학습연구로 분류될 수 있는가 하는 의문에 직면하게 된 것이다.

4. 성과 피드백

성과 피드백performance feedback 모델의 실증연구를 이끌고 활성화시킨 학자는 인시아드대학교의 교수로 있는 헨리 그레베Henrich Greve이다. 선구적 실증연구인 1998년 출판된 논문(Greve, 1998)에서 그는 조직의 성과와 열망치 간의 차이가 조직 변화, 즉 위험 추구 경향risk-taking tendency과 맺을 수 있는 여러 함수 관계를 포괄적으로 제시했을 뿐만 아니라 두 종류의 열망치, 즉 역사적 열망치historical aspiration levels와 사회적 열망치social aspiration levels를 어떻게 측정해야 하는지에 대한 가이드를 제공하였다. 다음에서 살펴볼 수 있듯이 이 연구는 성과 피드백 모델에 기반한 실증연구의 폭발적인 증가의 도화선이 되었다. 헨리 그레베Henrich Greve는 이후 수많은 실증연구들을 정리하고 그 흐름을 평가하면서 성과 피드백 연구의 주요 이슈들을 하나하나 짚어가면서 향후 연구 방향을 제시하기도 하였다(Greve, 2003). 아울러 마치와 샤피라(March & Shapira, 1987; 1992)의 시뮬레이션 연구는 열망치에 더하여 생존점survival point에도 주목할 것을 권유하면서 기업이 파산 직전에 몰렸을 때의 위험감수 경향을 모델링하여 이후 실증연구의 중요한 참고대상이 되었다. 경험으로부터의 학습에 대한 실증연구와 마찬가지로 성과 피드백 모델에 기반한 실증연구 역시 방법론적 비판을 완전히 면할 수는 없으나 종속변수가 성과가 아닌 변화 및 위험 감수 경향과 같은 행동 변수라는 점에서 나름대로『행동주의 기업이론』의 철학에 부합한다고 볼 수 있다.[4]

4

필드 내 확장

1. 조직 적응의 후속연구

느린 학습에 대한 연구

제1세대 조직학습 연구자들이 제시한 네 가지 연구 흐름을 따라 수많은 이론 및 실증연구들이 줄을 이었으며 아울러 네 흐름 간의 통합 움직임도 활발하게 이루어졌다. 우선 조직적응에 관한 후속 연구는 시뮬레이션 연구를 통해 계속해서 적응 모델을 보완하고 발전시키는 방향으로 이루어졌다. 각각의 후속 연구들은 나름대로 독립적인 주제를 가지고 있지만, 흥미롭게도 후속 연구들에서는 역설적이게도 빠른 학습fast learning이 아닌 느린 학습slow learning이 장기적인 관점에서 조직의 성공적인 적응에 도움이 됨을 일관되게 확인할 수 있다. 덴렐과 마치(Denrell & March, 2001)가 보여준 뜨거운 난로 효과hot stove effect는 그 대표적인 연구이다. 뜨거운 난로 뚜껑에 한 번 올라가서 덴 적이 있는 고양이가 이후 뜨거운 난로뿐만 아니라 차가운 난로 뚜껑에도 오르지 않음을 묘사한 문학가 마크 트웨인Mark Twain의 서신에 착안하여 위험

회피 경향이 개인 또는 조직 속성이나 문화적 속성에 기인한다는 기존의 연구들로부터 벗어나서, 적응 과정에서의 샘플링에서 일어나는 편향으로 인한 것임을 시뮬레이션 모델을 통해 보여주고 있다. 즉 어떠한 선택이 잠재적으로 더 나은 결과를 가져올 수 있음에도 불구하고, 그 선택과 관련된 한두 번의 실패를 경험한 의사결정자는 위험 회피 경향으로 인해 다시는 그 선택을 하지 않음으로써 장기적으로 낮은 성과를 초래하게 된다. 저자들은 이러한 편향을 극복하기 위한 방안으로 경험에 대한 느린 적응, 경험에 대한 부정확한 해석, 경험에 대한 부정확한 기억 등 반직관적인 방안을 제시하고 있다.

시뮬레이션과 실증연구를 병행한 그레베(Greve, 2002)의 연구는 적응 모델과 본인이 개척한 성과 피드백 모델을 연결하여 시뮬레이션과 실증연구를 병행한 그레베(Greve, 2002)의 연구는 피드백에 따른 열망치의 적응이 느릴수록, 즉 성과에 대해 둔감할수록 이후 성과가 좋으며, 이러한 느린 적응의 긍정적 효과는 경쟁이 치열한 환경에서 더욱 두드러짐을 시사하고 있다. 느린 적응의 긍정적 효과는 포젠과 레빈탈(Posen & Levinthal, 2012)의 시뮬레이션 결과에서 정점을 보여주고 있다. 급변하는 환경하에서는 지속적인 적응보다 오히려 무적응無適應으로 대응하는 것이 더 나을 수 있다는 일면 놀라우면서도 어떤 측면에서는 조직생태학이론과 맞닿아 있는 발견을 제시하고 있다.

적응 모델과 성과 피드백 모델을 결합한 또 하나의 시뮬레이션 연구인 팽, 김지현, 그리고 밀리켄(Fang, Kim, & Milliken, 2014)의 발견은 실제 경영현장에서도 중요한 의미가 있는데, 연구결과에 의하면 성과가 열망치보다 낮을 경우 성과와 관련된 정보를 왜곡sugarcoating하는 경향과 관련하여 높은 수준의 정보 왜곡은 성과를 악화시키지만 낮은 수준의 정보 왜곡은 오히려 성과를 향상시킨다. 저자들이 직접적으로 언급하지는 않았지만, 낮은 수준의 정보 왜곡은 낮은 성과에 대응해 재빠르게 전략을 수정하지 않는 느린 적응을 택한 것이라 할 수 있다.

『도덕경道德經』과 『후한서後漢書』에 나오는 일화에서 유래한 사자성어인 대기만성大器晚成에 기반하여 최근 시뮬레이션 모델을 제시한 이무원과 김도현(Rhee & Kim, 2015)의 연구는 조직의 생애 주기에서 성공 경험을 이른 시기에 할수록 '성공의 덫'에 더 빠져들 수 있음을 보여준다. 조직의 역량과 열망치를 좀 더 느리게 적응시켜나가는 극복 방안을 제시함으로써 선행연구들에 대해 총체적인 지지를 보내고 있다.

탐험과 활용에 대한 연구

또 다른 흐름에서 보았을 때 조직적응 연구의 화룡점정은 아마도 마치(March, 1991)의 탐험exploration과 활용exploitation에 대한 시뮬레이션 연구라 할 수 있다. 새로운 가능성에 대한 탐험과 기존 루틴routines의 활용 간의 관계가 적응 연구의 핵심임을 제시하고 그 두 활동 간의 균형, 특히 탐험 활동을 지속적으로 유지하는 것이 조직의 흥망성쇠를 가르는 관건임을 주장한다. 이 연구는 2015년 8월 기준 구글 학술 검색Google Scholar 피인용 횟수 1만 5,000에 육박할 정도로 광범위한 학문 영역에 영향을 미쳤다. 그러다 보니 이 연구에 대해 제임스 마치 본인이 부여한 해석과 의미도 후학들에 의해 오류로 부정될 정도로 이 연구는 다양한 해석을 낳았다.[5]

탐험과 활용에 관한 후속 연구들은 크게 세 가지 흐름으로 진행되었다. 그 첫 번째 흐름은 탐험과 활용 간 균형을 이루는 메커니즘을 규명하는 작업이다. 기존의 마치(March, 1991) 모델에서는 느린 학습과 조직 구성원의 이직 및 새로운 구성원의 영입이 주요 메커니즘으로 제시되었다. 후속 연구에서는 마치(March, 1991) 모델을 확장하면서 새로운 메커니즘이 규명되었다. 마치(March, 1991) 모델이 구성원 간 접촉을 고려하지 않았음을 간파하고 밀러, 자오, 그리고 칼랜턴(Miller, Zhao, & Calantone, 2006)은 구성원 간 학습을 시뮬레이션 모델에 포함시킴으로써 가까이 있는 비슷한 구성원보다 멀리 있는 이질적인 구성원으로부터 학습할 수 있는 기회를 보장하는 것이 중요한 균형 메커니즘임을 피력하고 있다. 마치 모델이 닫힌 체계closed system를 상정한데 반하여 김도현과 이무원(Kim & Rhee, 2009)의 시뮬레이션 연구는 환경의 여러 속성을 고려한 열린 체계open system를 상정하였으며, 불확실하고 급격하게 변화하는 환경에서는 내적 다양성internal variety을 담보하는 여러 조직 관행을 두는 것이 탐험 활동을 지속적으로 유지하는 관건이 됨을 보이고 있다. 이외에도 탐험과 활용 간 균형에 공헌하는 조직 내 다양한 규정과 절차들을 규명하는 실증연구들이 발표되었다(Lavie, Stettner, & Tushman, 2010).

두 번째 연구 흐름은 탐험과 활용의 관계를 규명하는 작업이다. 마치(March, 1991) 모델 이후의 거의 모든 연구들은 탐험과 활용을 서로 반대되는 활동으로 가정하여 제로섬zero-sum 관계로 보았지만, 최근에는 탐색과 활용의 관계를 직교적orthogonal 관계(예: Beckman, Haunschild, & Phillips, 2004), 상호보완적 관계(예: He & Wong, 2004; Piao & Zajac, 2015), 변증법적 관계(예: Smith & Lewis, 2011), 음양陰陽의 관계(예: Li, 2012) 등으로 재정립하는 여러 시도들이 등장하고 있다. 데이비드 티스David Teece와 미에 오지에Mie Augier가 집대성한 전략경영 백과사전에서 '탐험과 활용'의 정의를 맡은 이무원과 김도현(Rhee & Kim, 2013)은 처음에 한두 단락으로 이 개념을 정의내릴 수 있을 거라 판단했다가 여러 연구들을 검토하면서 하나의 짧은 논문을 작성하게 되었을 정도로 탐험과 활용의 관계에 대해서는 매우 복잡하면서도 다양한 해석이 가능하다.

마지막 연구 흐름은 조직의 성과와 생존 가능성을 높이기 위한 탐험과 활용의 균형점을 모색하는 연구로서, 아마도 탐험과 활용에 대한 세 가지 연구 흐름 중 학계와 실제 경영계 모두에서 가장 많은 인기를 얻어온 연구 흐름이라고 할 수 있다. 특히 '양손잡이 조직ambidextrous organization'이라는 강력한 슬로건을 내세운 이러한 연구 흐름은 어떻게 하면 구조적 양면성structural ambidexterity 또는 맥락적 양면성contextual ambidexterity을 통해 탐험과 활용의 균형을 유지하며 조직의 성과를 높일 수 있는지에 연구의 초점을 두고 있다(예: Gibson & Birkinshaw, 2004; Tushman & O'Reilly Ⅲ, 1996). 하지만 이 연구 흐름은 주제의 중요성에 비해 과다하게 강조되어왔을 뿐만 아니라 제임스 마치의 본래 의도에서도 좀 벗어난 측면이 있다. 탐험과 활용은 내용면이나 시간적으로 각기 다른 성과 목표와 연결되어 있기 때문에 실증연구에서도 서로 다른 종속 변수로 측정되어야 함에도 불구하고, 앞서 인용한 연구들을 포함하여 거의 모든 연구들이 성과를 동일 종속변수로 측정하기 때문에 탐험과 활용의 균형을 통해 단일성과를 올린다는 연구 가설 자체가 모순을 안고 있다고 할 수 있다. 장기 성과와 관련된 생존을 종속변수로 설정하게 되면 이러한 비판으로부터 좀 자유로워질 거라고 생각할 수 있지만, 그럴 경우에는 양손잡이 조직을 통한 생존 연구라기보다는 앞에서 언급한 첫 번째 흐름의 연구로 봐야 할 것이다. 하지만 필자와의 대화에서 제임스 마치 자신도 인정했듯이 이 흐름은 이미 오래전에 그의 손을 벗어나 지속적으로 가속화되어 왔으며 이는 앞으로 당분간 계속 유지될 것으로 보인다.

2. 조직 주의의 후속연구

윌리엄 오카시오William Ocasio에 의해 촉발된 주의에 관한 연구는 앞서 언급한 이유로 인해『행동주의 기업이론』에서 파생된 다른 세 연구 줄기에 비해 후속 실증연구가 상대적으로 빈약하였다. 조직 주의와 관련된 가장 대표적인 후속연구는 현재 스탠퍼드대학교 사회학과 교수로 있는 쉐광 저우Xueguang Zhou가 본인의 박사학위 논문을 지도교수 그리고 동료와 함께 발전시킨 책인『규칙의 역동성The Dynamics of Rules』(March, Schulz, & Zhou, 2000)이다. 스탠퍼드대학교의 교칙(룰)의 역사를 막스 베버의 이론과 조직학습적 관점에서 살펴본 실증연구로서[6] 룰의 생성과 변화를 '주의에 대한 경쟁competition for attention'과 '주의의 전염contagion of attention'이라는 두 가지 종류의 주의 배분 과정에 의하여 이루어지는 현상으로 접근하고 있다. 예를 들어 교수와 관련된 룰에 주의를 기울여 룰을 생성하고 변화를 하다 보면 그와 주의에 대한 경쟁 관계에 있는 학생과 관련된 룰에 주의를 집중할 수 없어 학생과 관련된 룰의 생성과 변화는 줄어들게 된다. 반면 교수의 연구기준에 대한 룰을 생성하거나 바꾸게 되면 자연스럽게 교수의 보상과 관련된 룰도 새로 만들거나 바꿔야 하는 하는 주의의 전염 현상이 일어나기도 한다.

룰의 생성 과정에 대한 주의적 접근을 산업 수준에 적용한 설리번(Sullivan, 2010)은 미국 항공 산업의 룰 생성이 항공 사고와 관련된 문제들에 주의를 배분하는 과정에 의해 결정된다는 것을 보여주었는데, 특히 이러한 주의 배분 과정은 문제의 긴급성urgency에 의해 크게 영향을 받는다. 최근 윌리엄 오카시오William Ocasio도 제자와 함께 실증연구에 동참하여(Joseph & Ocasio, 2012) 1951년부터 2001년까지 GE의 조직구조와 지배체제를 분석하면서 기업과 사업부 간 그리고 각 사업부 간의 주의 집중 및 배분 과정을 지배체제의 성과와 연결지었다.

3. 좁은 의미의 학습에 관한 후속연구

경험으로부터의 학습에 대한 후속 실증연구들은 흥미롭게도 대부분 실패(또는 사고 및 오류) 경험으로부터의 학습 연구에 집중되어 있다. 예를 들어 미국 자동차 산업의 제품 리콜 데이터를 분석한 헌스차일드와 이무원(Haunschild & Rhee, 2004)은 자기 조직의 리콜 경험이 이후 학습과정을 통해 리콜 발생률을 줄일 수 있다는 가설을 제시하였다. 특히 저자들은 자동차회사의 자발적 리콜과 정부 지시에 의한 비자발적 리콜을 분리하여 검증함으로써 자발적 리콜의 경우에만 학습 효과가 있음을 발견했다. 김지엽과 마이너(Kim & Miner, 2007)는 이러한 실패로부터의 학습이 조직 간 또는 조직군 간에도 일어날 수 있음을 보여주었다. 즉 동일 산업 내 타 조직 또는 타 산업에 속한 조직의 실패 경험으로부터도 학습을 통해 자기조직의 실패율을 줄일 수 있다. 이들 연구에서 한 가지 흥미로운 발견은 타 조직의 완전한 실패 경험(회사의 도산)보다 실패에 거의 근접한 경험near-failure이 더 큰 학습효과가 있다는 점이다.

실패 경험으로부터의 학습에 대한 연구가 증가하면서 자연스럽게 실패 경험과 성공 경험을 동시에 고려한 균형 잡힌 연구의 필요성이 대두되었다. 이에 부응하여 메드슨과 데사이(Madsen & Desai, 2010)는 우주 로켓 산업에서 성공과 실패 경험의 학습 효과를 직접 비교함으로써 실패 경험이 더 큰 학습 효과가 있음을 입증하였고, 나아가 실패 경험에 대한 망각이 성공 경험에 대한 망각보다 더 느리게 진행된다는 것을 발견하였다. 여러 연구 영역을 넘나들면서 타 영역 간 통합을 즐기는 조엘 바움Joel Baum은 역시나 여기서도 장기를 발휘하는데, 그는 본인의 제자와 함께(Baum & Dahlin, 2007) 경험으로부터의 학습 연구와 성과 피드백 모델을 연결하여 미국 철도 산업의 사고 데이터를 분석하였다. 각 철도 회사의 실제 사고율과 열망치 간의 차이를 주요 변수로 삼았다. 그 결과 철도 회사의 실제 사고율과 열망치의 차이가 클수록 타 철도 회사의 사고 경험으로부터의 탐험적·전체적exploratory·global 학습이 일어나는 반면, 그 차이가 작을수록 자신의 사고 경험으로부터의 활용적·부분적exploitative·local 학습이 일어난다는 것을 발견할 수 있었다.

4. 성과 피드백의 후속연구

성과 피드백 모델에 기반한 대부분의 후속 실증연구는 헨리 그레베와 그의 동료들의 의해 이루어졌는데, 이러한 연구들은 크게 두 방향으로 진행되어 왔다. 첫째, 수많은 실증연구들이 성과-열망치 간의 차이와 조직 변화 및 위험감수 경향의 함수 관계에 영향을 미치는 조절변수를 검증해왔다. 조직의 경험, 정당성, 나이가 그러한 조절변수가 될 수 있음을 보여준 데사이(Desai, 2008)의 연구, 성과 피드백뿐만 아니라 성과 기대치도 조직의 탐색 행위에 큰 영향을 미친다는 것을 보여준 첸(Chen, 2008)의 연구, 그리고 비즈니스 그룹과의 연결 유무가 성과 피드백에 따른 탐색 행위에 미치는 영향을 고찰한 비사, 그레베, 그리고 첸(Vissa, Greve, & Chen, 2010)의 연구가 그러한 대표적인 연구들이다. 특히 마지막 연구는 성과 피드백 모델에 주의 이론에서 제시한 개념들을 추가함으로써 연구의 이론적 모델을 더욱 공고히 하고 있다.

둘째, 성과 피드백 모델의 핵심 요소인 목표 또는 성과 지표에 대한 단선적인 가정들에 의문을 제기하는 연구들이 등장했다. 예를 들어 쇼트와 팔머(Short & Palmer, 2003)는 성과 지표를 하나로 상정하는 기존의 연구관행에서 탈피하여 조직은[7] 여러 성과 지표들을 준거로 삼으며, 특히 성과 상황에 따라 내적 준거 지표나 외적 준거 지표를 달리 선택한다는 것을 보여주었다. 오디아와 브리옹(Audia & Brion, 2007)은 의사결정자들이 여러 성과 지표들 중 자신들을 고양하는self-enhancing 성과 지표를 선택한다는 것을 발견하였다. 또한 그레베(Greve, 2008)는 조직의 목표가 순차적으로 바뀔 수 있음을 보여주었다. 그가 연구한 보험 산업의 경우 재무성과가 충족된 보험회사들은 조직 규모를 키우는 목표에 더 주의를 두었다. 그레베(Greve, 2008)는 여기서도 성과 피드백 모델과 주의 이론의 결합을 시도하는데, 그는 주의의 시간적 배분 과정에 주목하여 '순차적 주의sequential attention'라는 매우 흥미로운 개념을 제시하였다.

5

필드 간 확장

1. 자원의존 관점과의 통합

조직학습 연구의 확장은 비단 학습이론 내에서 그치는 것이 아니라 타 조직이론과의 연결을 통해서도 이루어졌으며 최근에는 이러한 작업에 가속도가 붙고 있는 것 같다. 우선 위에서 1세대 학습이론 연구자들 중 이 작업의 선봉에 선 학자는 윌리엄 오카시오이다. 본인의 박사학위 졸업 논문에서 그는 본인의 두 스승이었던 제프리 페퍼Jeffrey Pfeffer의 자원의존 관점과 제임스 마치James March의 『행동주의 기업이론』을 연결해보고자 시도하였다. 그는 조직 내 권력의 제도적 유지에 관심을 둔 기존의 이론적 틀과 달리 조직 생성 초반기 주의의 배분 과정 등 여러 정치적 동학에 의해 조직 내 권력의 순환 과정을 이론화하였다(Ocasio, 1994). 하지만 이후 이 두 이론 간의 통합 연구는 더 이상 활발히 추진되지 않았다. 두 이론의 특성상 상호 통합의 여지가 많지 않다는 이유에서이기도 하지만 오래전 권력에 대한 마치(March, 1966)의 논의에서 암시되듯이 자원의존 관점에서 보는 권력 개념에 대한 학습이론 연구자들의 불편함 때문인 것으로 풀이할 수 있다. 자원의존이론에서 다루는 권력 개념을 차용하다 보면 자칫 동어반복tautology의 오류에 빠진 이론을 전개하게 되어 조직학습이론이 관심을 가지고 있는 권력화 과정이 학습에 주는 시사점을 제대로 볼 수 없게 되기 때문이다.

2. 연결망 이론과의 통합

조직학습이론과 가장 활발하게 소통한 타 조직이론 중 하나는 아마도 연결망이론일 것이다. 연구개발R&D 제휴 자료를 분석한 파웰, 코풋, 그리고 스미스-도르(Powell, Koput, & Smith-Doerr, 1996)는 그 선구적인 역할을 하였다. 저자들은 혁신의 궤적이 개별 기업이 아닌 기업 간 연결망에 위치한다고 주장하면서, 연결망 내 조직의 위치와 경험으로부터의 학습을 연결시키고 있다. 이 연구는 『계간 관리과학』 최우수 논문으로 선정될 정도로 학계에 큰 영향을 끼쳤으며 이후 연결망이 학습의 통로 역할을 수행한다는 것을 보여주는 수많은 연구들이 줄을 이었다. 그러나 또 한편으로는 이 연구가 학습과정 자체를 연구한 것은 아니기 때문에 『행동주의 기업이론』 계열의 학습이론가들로부터는 상대적으로 주목을 덜 받아왔다. 필자가 판단하기에 이 두 이론 간의 통합 연구를 가장 모범적으로 보여준 학자는 조엘 바움Joel Baum이다.

예를 들어 바움, 로울리, 시필로프, 그리고 촹(Baum, Rowley, Shipilov, & Chuang, 2005)의 연구는 조직의 성과가 사회적·역사적 열망치에서 멀어질수록 조직은 문제해결적 탐색problemistic search과 여유기반 탐색slack search을 추구하여 새로운 타 조직들과 관계를 맺는 반면 성과와 열망치가 가까워질수록 기존과 동일한 조직들과 관계를 맺는 경향이 있음을 규명하고 있다. 이는 타 기업과의 연결 행위가 위험감수 행위의 일환이 될 수 있음을 보임으로써 성과 피드백 모델의 실증연구 범위를 확대했을 뿐만 아니라 연결망의 선행 요소를 성과 피드백에서 찾음으로써 연결망 연구를 더욱 풍성하게 한 점에서 진정한 의미에서의 필드 간 통합을 제시하고 있다.

3. 조직생태학과의 통합

적응 모델에 기반한 조직학습이론이 선택 모델에 기반한 조직생태학과 통합을 추구하는 것은 인식론적, 방법론적 측면에서 쉽지 않은 작업인데, 역설적이게도 조직학습이론과 조직생태학을 통합하는 연구는 마이클 해넌Michael Hannan과 글렌 캐롤Glenn Carroll의 뒤를 이어 조직생태학 연구의 청사진을 완성시킨 윌리엄 바넷William Barnett에 의해 촉발되었다. 그는 루이스 캐롤Lewis Carroll의 소설 『이상한 나라의 앨리스』의 속편인 『거울 나라의 앨리스』에 나오는 붉은 여왕이 앨리스에게 한 이야기에서 영감을 얻어 '붉은여왕이론Red Queen Theory'을 제시하였다.[8] 그는 조직학습이론과 조직생태학의 통합을 목표로 이 이론을 고안하였음을 직접 거론하고 있다(Barnett & Hansen, 1996). 주위 환경과 경쟁 조직들이 지속적으로 변화하기 때문에 높은 성과는 차치하고 조직생태학의 핵심 변수인 단순 생존을 위해서라도 지속적으로 적응하고 변화해야 한다고 주장하면서, 생존을 유지시켜주는 적응은 타 조직과의 최근 경쟁 경험으로부터의 학습을 통해 이루어진다는 것을 보여주고 있다. 이후 바넷(Barnett, 2008)은 붉은여왕이론을 총체적으로 정립하고 제반 실증연구들을 포괄적으로 검토하는데, 1980년대 중반 이후 북미 시장에서 생존하고 성장해온 한국의 현대

자동차 사례(Rhee, Barnett, & March, 2003)를 붉은여왕이론과 연결시켜 자세히 논의한 점은 눈여겨볼 만하다. 그 외 두 필드 간의 통합 연구는 붉은여왕이론처럼 거대 담론 수준의 통합이 아니라 대부분 조직 생태학의 핵심 개념들을 조직학습의 관점에서 재조명하는 작업이었다. 조직의 나이와 혁신 역량의 관계를 조직학습의 눈으로 규명한 소렌슨과 스튜어트(Sørensen & Stuart, 2000)의 연구와 사고·오류로부터의 학습과 관련하여 조직의 적소너비niche width가 어떤 역할을 하는지를 본 헌스차일드와 설리번(Haunschild & Sullivan, 2002)의 연구가 그 대표적인 예이다.

4. 신제도주의론과의 통합

조직학습과 신제도주의론과의 통합 연구는 매우 활발하게 이루어져 왔는데 크게 두 연구영역에서 필드 간 접점을 찾아볼 수 있다. 그 첫 번째는 조직 간 모방interorganizational imitation에 대한 연구이다. 조직학습이론에서는 타 조직으로부터의 학습 관점에서 그리고 신제도주의이론에서는 모방 동형화mimetic isomorphism 관점에서 조직 간 모방을 접근해왔다. 이 두 이론을 통합하는 연구들은 조직 간 모방의 행위 메커니즘과 구조 메커니즘을 좀 더 포괄적으로 볼 수 있는 틀을 제공해왔다. 예를 들어 헌스차일드와 마이너(Haunschild & Miner, 1997)는 세 가지 형태의 조직 간 모방-빈도frequency에 기반한 모방, 특성trait에 기반한 모방, 성과outcome에 기반한 모방-을 상정하고, 불확실성하의 조직 간 모방 행위를 조직학습과 제도적 동형화의 공동 과정으로 접근하였다. 이무원, 김영춘, 그리고 한준(Rhee, Kim, & Han, 2006)은 피모방 조직 그룹의 분포에 따라 모방 양태가 달라짐을 보임으로써 두 필드를 통합하는 또 다른 유형의 연구를 선보였다.

두 번째 접점 영역은 제도 논리institutional logic에 대한 연구 흐름으로, 제도 내 루틴과 룰을 지배하는 조직학습이론의 주의 관점에서 설명하는 실증연구들이 계속 증가하고 있다. 1958년부터 1990년까지 미국 출판 산업에 대한 연구에서 손턴과 오카시오(Thornton & Ocasio, 1999) 해당 기간 동안 미국 출판 산업의 제도 논리가 편집 논리 editorial logic에서 시장 논리market logic로 바뀌면서 교체executive succession 를 결정하는 요소들이 변화했고, 결과적으로 경영자가 주의를 기울이는 대상도 함께 변화(예: 작가-편집인 간의 관계에서 자원 경쟁으로)한 것을 보여주었다. 이러한 두 접점의 통합 연구는 단일 조직과 다른 조직의 관계를 분석하는 새로운 시각을 제시했을 뿐만 아니라 조직군과 필드 전체 차원의 동학에 대한 연구 흐름에도 새로운 전기를 마련하였다. 예를 들어 마이너와 헌스차일스(Miner & Haunschild, 1995)는 조직군 및 조직필드 수준에서의 변화가 개별 조직 혹은 필드 수준에서의 차별적 모방selective imitation과 추론적 학습inferential learning을 통해 이루어질 수 있다고 제안하였다. 그리고 헌스차일드와 챈들러(Haunschild & Chandler, 2008)는 제도적 변화를 설명하는 이론적 기틀로서 조직학습이론의 역할을 강조하였다.

5. 조직정체성·지위이론과의 통합

최근에 조직학습이론이 통합을 시도하는 조직이론은 조직정체성이론Organizational Identity Theory, 특히 지위이론Status Theory이다. 현재 애플 대학 학장으로 재직 중인 조엘 포돌니의 박사학위 논문에 의해 본격적으로 정립된 지위이론(Podolny, 1993)은 1970년대 후반 또는 1980

년 초반에 탄생한 여타 조직이론들과 대응한 위치에 오를 수 있는 유일한 1990년대 태생 조직이론으로 주목을 받아왔으며, 2008년 포돌니가 학계를 떠나면서 동력을 잃는 듯하였지만 지위이론은 여전히 많은 젊은 학자들에게 가장 매력적인 연구 분야 중 하나로 인정받고 있다. 1990년대 대부분의 지위이론 연구는 조직의 지위와 성과를 연결 짓는데 초점을 두었지만, 필립스와 저커만(Phillips & Zuckerman, 2001)의 '중간지위 순응middle-status conformity' 가설 이후 지위와 행동 변수를 연결 짓는 연구들이 나타났다.

하지만 사회학적인 관점에 더 큰 비중을 둔 연구자들은 지위에 따라 행위자들이 어떻게 적응해 나가는지에 대한 종합적인 행위 메커니즘을 깊이 들여다보지 못한 측면이 있었으므로 조직학습이론의 역할이 필요하게 되었다. 이에 부응하여 페레티와 네그로(Perretti & Negro, 2006)는 탐험과 활용 관점을 이용하여 중간지위 순응 가설을 재정립하였다. 흥미롭게도 기업 명성reputation과 오류로부터의 학습의 관계를 연구한 이무원(Rhee, 2009)은 중간지위 순응 가설과 정면으로 배치되는 결과를 발견했다. 최근 김도현과 이무원(Kim & Rhee, 2014)은 수직 차원의 정체성을 나타내는 조직지위에 더해 수평 차원의 정체성을 나타내는 조직 특수성distinctiveness이 조직 행위에 영향을 미치는 메커니즘을 성과 피드백 모델과 결합하여 설명함으로써 다른 통합의 길을 모색하였다.

6. 미시이론과의 통합

마지막으로 눈여겨봐야 할 필드 간 확장 작업은 인지심리학에 기반한 미시조직이론의 주요 이론을 활용하여 조직학습이론을 더욱 풍성하게 만드는 작업이다. 원래 조직학습이론은 개인학습이론과 공유할 부분이 많음에도 불구하고 『행동주의 기업이론』이 조직행위의 행동적behaviroal, 경로의존적path dependent 측면을 부각시키다 보니 조직 내 의사결정자의 인지적cognitive 측면을 상대적으로 덜 고려해왔다고 볼 수 있다. 사실 『행동주의 기업이론』내 큰 흐름을 주도한 린다 아고트의 연구들은 대부분 그룹 단위의 분석으로서, 린다 아고트는 학습 곡선, 지식 이전, 지식 망각 등 조직학습이론의 주요 개념들의 미시적 기반을 심도 있게 고찰할 것을 주창하였지만(Argote, 1999; Darr, Argote, & Epple, 1995) 후속 연구들은 기대에 부응하지 못하였다. 몇몇 예외적인 연구로는 심리적 안정psychological safety이 팀 내 피드백을 추구하고 오류를 논의하는 등의 학습 행동에 긍정적 영향을 미친다는 것을 밝힌 에드먼드슨(Edmondson, 1999)의 연구와 에드먼드슨(Edmondson, 1999)과 자신의 실패보다는 성공 경험으로부터 그리고 타인의 성공보다는 실패 경험으로부터 더 많은 학습을 하는 현상을 심리학의 귀인이론Attribution Theory과 연결 짓는 케이시, 스탯츠, 그리고 지노(KC, Staats, & Gino, 2013)의 연구를 들 수 있다.

6

미래의 궤적

조직학습이론은 수많은 경로로 발전할 수 있으리라 확신하지만 필자의 인지능력하에서 예측할 수 있는 미래의 궤적은 다음과 같다.

1. 확장과 통합의 연구

조직학습이론의 미래 궤적은 크게 세 가지 방향으로 이어질 것이다. 그 첫째 방향으로서 앞에서 논의한 필드 내 또는 필드 간 확장과 통합 연구가 향후에도 지속적으로 이루어질 것이라고 본다. 이미 많은 연구들이 이러한 흐름에 따라 진행되어 왔지만, 여전히 많은 조합의 통합 연구가 진행될 수 있으므로 당분간 이러한 방향에 부합하는 연구주제들은 조직학습 연구자들, 특히 실증연구자들에게 인기를 끌 것이 분명하다. 예를 들어 조직학습이론과 조직생태학이론의 통합을 꾀한 윌리엄 바넷의 붉은여왕이론(앞 절에서의 논의 참조할 것)은 조직학습이론 내 적응 및 경험으로부터의 학습에 초점을 두었지만 주의 배분 과정이나 성과 피드백 모델을 통합할 수 있다면 너욱 풍부한 결합 효과를 기대해볼 수 있을 것이다. 아울러 이러한 실증연구의 발전을 뒷받침할 수 있는 연구방법론을 개발하고 보강하는 작업도 큰 발전을 이룰 것으로 기대한다. 특히 그동안 조직학습 연구자들이 이론을 구축하는 데 많이 의존해온 시뮬레이션 방법론은 아직 여타 조직이론 연구자들에게는 그리 친숙하지 않기 때문에 이론 분야 간 소통이 용이한, 그러면서도 앞에서 언급한 학습과정 분석에서 종종 일어나는 오류를 줄일 수 있는 방법론을 개발하는 작업은 조직학습 연구를 진일보 시키는 데 큰 공헌을 하리라 확신한다.

2. 행동주의 기업이론에 대한 재조명

두 번째 방향은 여전히 사이어트와 마치(Cyert & March, 1963)의 『행동주의 기업이론』에서 많은 미래의 방향을 이끌어내는 작업이다. 조직학습이론은 현재까지 초창기 제1세대 연구자들이 제시한 네 가지 연구 흐름을 바탕으로 엄청난 발전을 이뤄왔지만, 이러한 연구 흐름이 미래의 발목을 잡는 것 또한 사실이다. 따라서 『행동주의 기업이론』의 핵심 개념임에도 불구하고 네 가지 흐름으로부터 벗어나 있어 많은 관심을 받지 못한 영역들을 재조명하고 이론적으로 심화해 나가야 한다. 다시 말해, 연구가 미흡한 영역이 남아 있다는 평가를 넘어서 미래의 연구를 밝힐 수 있는 고유하고도 구체적인 연구주제를 제시할 수 있어야 한다. 몇 가지 가능한 예를 든다면 우선 기존 실증연구들을 지배해온 성과 피드백 모델을 넘어서서 『행동주의 기업이론』이 가진 원래의 포괄성을 복원할 수 있을 것이다. 대부분의 실증연구들에서는 조직 변화 혹은 위험 감수 경향 등이 종속변수로 채택되지만, 사실 『행동주의 기업이론』의 최초 모델(그리고 이후 몇몇 시뮬레이션 모델)과 관련해서 연구자들은 조직의 열망치가 어떻게 결정되고 조정되는지에 관심을 두었다. 하지만 자료 부족으로 인해 실험 연구(예: Lant, 1992)나 극소수의 필드 연구(예: Mezias, Chen, & Murphy, 2002)를 제외하고는 열망치를 종속 변수로 설정한 연구는 찾아보기 힘들다. 오늘날 자료 수집 기술의 급격한 발전은 이러한 연구 갈증을 해소하는 데 큰 도움을 줄 것이며, 만약 열망치에 대한 자료를 수집할 수 있게 된다면 열망치 결정에 대한 지식을 오랜 기간 축적해온 인지·사회 심리학(예: Locke & Latham, 2002)과의 통합 연구도 중요한 연구 흐름이 될 것이다.

재조명해야 할 또 하나의 연구 영역은 조직 내 의사결정과정decision-making process을 조직학습이론에 복원하는 작업이다. 『행동주의 기업이론』에서는 물론이고 이후 제임스 마치의 수많은 핵심 연구들에서는 의사결정 과정에서 발생하는 여러 편향과 오류에 초점을 맞추고 있다. 그런데 이후 의아할 정도로 의사결정에 대한 논의가 조직학습이론에 제대로 담기지 못하였다. 모순적으로 이러한 경향의 책임은 어느 정도 코헨, 마치, 그리고 올슨(Cohen, March, & Olsen, 1972)의 '쓰레기통 모형garbage can model'에 있다고 볼 수 있다. 이 모형은 조직 내 의사결정 과정을 복합하고 무질서한 형태로 그리고 있다. 선택이 문제에 선행하고 이슈가 해답에 선행하며 의사결정자가 과업보다 선행한다는 획기적인 구도를 제시함으로써 기존의 경제학, 경영학, 심리학에서 다룬 의사결정 모형과는 정반대의 모형을 제시하다 보니 학자 간 논의에 불을 붙이기보단 단절을 가져오게 되었고 자연스럽게 조직학습 연구자들도 의사결정 문제에 다소 침묵을 취해왔다. 하지만 로미와 해리슨(Lomi & Harrison, 2012)이 편집한 여러 연구들에서 확인할 수 있듯이 최근 쓰레기통 모형을 조직학습이론과 연결시키려는 작업이 강화되고 있으며 이는 향후 연구의 중요한 이정표가 될 수 있다.

　『행동주의 기업이론』 내에서 그동안 간과되어 온 또 다른 핵심 문제는 조직 내 갈등organizational conflict이다. 이미 마치와 사이먼(March & Simon, 1958)은 조직학습이 개인학습individual learning과 다른 가장 큰 특징으로 조직 내 정치와 연합coaliton을 들고 있으며, 이후 정치학 학술지에 게재된 제임스 마치의 논문들은 이 문제를 집중적으로 다루고 있음에도 불구하고 후속 연구들은 아직 이 특징을 조직학습이론에 제대로 승화시켜내지 못하고 있다. 예를 들어 조직 내 학습 과정이 조직 내 또는 조직 간 정치와 연합에 의하여 어떻게 굴절되어 왜곡된 학습 결과를 낳게 되는지는 조직학습이론을 한 단계 상승시키는 계기가 될 것이다. 가까운 미래에 이 방향에 부합하는 연구들을 만나볼 수 있기를 기대해본다.

3. 새로운 인식론 및 방법론의 도입

　미래 조직학습 연구의 마지막 궤적은 지금까지의 이론적 틀에 정면으로 도전하고 새로운 인식론과 방법론에 기반한 이론을 정립해나가는 것이다. 조직학습 연구에 대한 행동주의 기업이론의 공헌은 여러 번 강조해도 지나치지 않지만, 미래의 연구 방향이 계속 『행동주의 기업이론』이 던진 질문과 분석 틀에 갇혀 있는 것 또한 경계해야 한다. 『행동주의 기업이론』의 울타리를 벗어날 수 있는 여러 돌파구를 생각할 수 있겠지만 아시아 문화에 몸담고 있는 필자의 한계일지 몰라도 아시아의 철학에서 나온 인식론과 방법론으로 조직학습이론을 재정립하는 길이 그 하나가 될 수 있지 않나 감히 예상해본다.

　한편으로 보면 아시아의 여러 철학적 흐름들이 학습이라는 개념과 매우 밀접하게 연결되어 있음에도 불구하고 그동안 독자적인 이론 틀을 구축하지 못했다는 점이 의아할 정도이다. 때마침 조직학습이론을 이끌어온 대표적인 학자들이 서구 일변도의 학습이론에서 탈피하고 아시아의 철학적 접근에 관심을 가질 것을 요구하고 있기 때문에(Baum, 2007; March, 2005) 이 방향의 돌파구는 매우 시의적절하다고 판단된다. 이러한 요구에 대한 1차 작업으로써 이무원(Rhee, 2010)은 제임스 마치의 제반 이론들과 유교의 여러 가르침들 간에 공통적인 부분을 하나하나 논의하면서 아시아의 철학과 조직학습이론 간 대화의 장을 열었다. 최근에는 아시아에서 가르쳐온 지혜를 조직학습이론의 적응모델을 통해 구현하기도 하였다(Rhee & Kim, 2015).

이제 한 걸음 더 나아가 양 진영 간 공유되지 않은 영역을 규명하면서 아시아의 독자적인 조직학습이론에 대한 청사진을 마련해나가야 할 때가 다가온 것 같다. 혹자는 이러한 독자성 추구가 고유한 인식론적, 방법론적 접근에 기반하여 강력한 이론 체계를 구축한 조직학습이론의 발전에 과연 긍정적 영향을 미칠 수 있을지 회의를 품을 수도 있다. 하지만 필자는 보완적이면서도 경쟁하는 패러다임 간 대화만이 상호 발전하는 길이며 그렇지 않을 경우 유럽 조직이론과 북미 조직이론 간의 관계 발전사에서 보여왔듯이 상호 고립 또는 상호 무시로 치달아갈 수 있다고 생각한다. 또한 아시아 철학 내에도 여러 다양한 갈래가 존재하고, 고전 철학과 근현대적인 가치와의 긴장 또한 무시할 수 없지만, 어쩌면 이에 대해 논의하는 것은 건설적인 이론 발전을 위해서 꼭 필요할 절차일 것이다. 아무쪼록 여기에서 제시하는 하나의 청사진이 밑거름이 되어 조직학습이론의 미래를 더욱 풍성하고 밝게 비추는 데 큰 일익을 담당하기를 희망하면서 본 논문을 맺고자 한다.

12장

신제도주의 이론과
디커플링 연구

박상찬

한국과학기술원KAIST 경영대학 조교수, E-mail: parks@kaist.ac.kr

박상찬 교수는 경영대학·경영공학부 소속 교수로 미국 코넬대학교에서 박사학위를 받았다. 조직이론 및 전략경영을 중심으로 새로운 지식, 혁신적 환경기술, 경영기법 및 관행이 기업조직들 사이에서 새롭게 나타나고 널리 퍼지는 현상을 연구하고 있다. 다수의 연구논문들이 국내외 전문학술지에 발표되었다.

김동수

한국과학기술원KAIST 경영학과 박사과정, E-mail: kds1214@kaist.ac.kr

김동수는 한국과학기술원KAIST 경영대학 경영공학부 조직 전략 분야 박사과정을 수료하였다. 서울대학교에서 경영학 석사를 마친 후 기업의 사회적 책임CSR 지표개발, 평가, 사회 책임 투자 분야에서 실무 경험을 쌓았다. 최근에는 조직이론을 기반으로 CSR 분야에 대한 다양한 연구를 진행하고 있다.

차현진

미국 오리건 대학교 경영학과 박사과정, E-mail: hjcha90@kaist.ac.kr

울산과학기술원UNIST에서 경영학 학사, 한국과학기술원KAIST 경영대학에서 조직 전략 전공으로 경영공학 석사학위를 받았고 현재 미국 오리건 대학교 경영학 박사과정에 재학 중이다. 거시조직이론을 바탕으로 친환경정책의 도입 및 확산과 그 실제 활용의 괴리를 주로 탐구하고 있다.

*이 글은 『인사조직연구』 2017년 8월호(25권 3호)에 게재된 논문을 수정·보완한 것임.

1

신제도주의 이론과 디커플링 연구[1]

신제도주의 조직이론에 따르면 조직은 사회구성원이 바람직하고 당연하다고 여기는 가치와 규범을 반영하는 공식구조를 일률적으로 채택하도록 동형화 압력을 받는다. 그러나 제도화된 구조는 개별 조직의 특이성을 반영하지 못하므로 일상적 조직활동의 효율성을 높이려는 기술적 합리성 추구와 상충될 수 있다. 이처럼 의례적 규율로서 공식구조를 채택해야 하는 제도적 요구와 일상업무의 기술적 요구가 서로 다른 경우 공식구조의 채택과 실제 운영 사이에 생겨나는 괴리현상이 디커플링이다.

제도적 디커플링 개념의 묘미는 신제도주의 조직이론의 일반적 주장을 적절히 담아내면서도 신제도론 접근방식의 한계와 모순을 비판적으로 드러내는 양면성에 있다. 이 글은 제도적 디커플링 개념이 신제도주의 조직이론에서 차지하는 의미를 논의하되, 관련 연구 동향을 소개하는 것에서 벗어나 신제도론의 핵심주장과 이론 패러다임의 확장 가능성을 근본적 수준에서 재고찰한다.

1. 신제도주의 조직이론과 디커플링

신제도주의 조직이론의 참신함과 진리 추구

신제도주의 조직이론은 기능주의 관점 등 1960~1970년대 당연시 여겨지던 조직연구의 기본명제에 의문을 제기하고 이를 비판적으로 성찰하면서 이론적 참신함을 추구하였다. 조직관리 및 상황이론 등 당시 대표적인 조직연구들은 기능주의 관점에 매몰되어 조직 구성원의 의사결정 및 과업수행에 영향을 미치는 조직 내부의 기술적 요구와 조직구조에 초점을 맞추었지만, 신제도이론은 그러한 조직활동이 사회적으로 바람직하고 당연하다고 널리 수용된 규범, 가치, 문화 등 제도적 요구에 상당한 영향을 받는다고 주장했다. 특히 신제도론의 초기 연구자인 존 마이어John W. Meyer와 브라이언 로완Brian Rowan은 조직의 공식구조가 기능주의 관점에서 강조되던 기술적 효율성과 상관없이 여러 조직에 확산될 수 있다고 주장했다(Meyer & Rowan, 1977).

이후 수많은 연구자들이 다양한 맥락에서 여러 조직관행 및 구조에 대한 실증연구들을 통해 신제도론의 주요 주장을 엄밀히 검증하고 다양한 혜안을 제시하면서, 신제도주의는 과거 조직이론 연구의 흐름을 바꾸어놓은 대안적 패러다임으로 발전했다(Powell & DiMaggio, 1991; Scott, 1987; Tolbert & Zucker, 1983). 최초 제시된 시점에서 신제도주의 조직이론은 그 이전에 널리 받아들여져 당연시되던 이론 패러다임과 대비하여 참신함을 지녔다. 그 후 이론적, 방법론적 검증을 거치면서 점차 명확성과 엄밀함에 기반한 진리추구 측면에서도 상당한 성과를 이루었다. 즉 신제도론은 참신함과 진리 추구의 상호배제보다는 이전에 존재했던 패러다임 간 상호검증 및 대화를 통해 조직연구를 풍부하게 했다(이무원, 2016).

그러나 신제도론이 지난 수십 년 동안 이루어왔던 발전을 지속하여, 앞으로도 참신함과 진실함을 동시에 추구하고 다른 이론 패러다임에 학문적으로 기여할 수 있을지 불확실하다(김영규·박상찬·배종훈, 2015). 최근 신제도론이 예전의 학문적 역동성과 참신성을 찾기 어려워졌다고 지적하는 연구자가 점차 늘고 있다는 점은 이러한 우려를 반영한다(Davis, 2015). 물론 신제도론이 여전히 상당한 수준의 잠재성을 지니고 있다는 반론도 제기된다(Lounsbury & Beckman, 2015). 그럼에도 불구하고 신제도주의 조직이론 자체가 과거의 이론적 참신함을 점차 잃고 연구자들이 의례적으로 채택하는 관행적 이론체계로 굳어질 가능성을 완전히 무시하기 어렵다. 예를 들어 폴 디마지오Paul J. DiMaggio와 월터 파월Walter W. Powell이 제도적 동형화를 이론적으로 정립한 논문이 1983년 출판된 이후 30년이 넘었으나 이 연구를 능가하는 근본적 진전이 아직 이루어지지 않았다. 특히 이 연구에서 제시된 여러 제도적 동형화의 설명기제들 중에서 모방적 동형화가 후대 연구자들에게 과도하게 선택적으로 수용되는 등 학문적 역동성이 오히려 저하되고 의례적 연구가 증가했다는 비판도 제기되었다(Mizruchi & Fein, 1999).

제도적 디커플링

신제도주의 조직이론에 따르면 외부의 가치와 규범적 압력에 조응하기 위해 그러한 가치와 규범을 잘 드러내는 제도화된 공식구조를 채택adoption하되 내부에서는 기술적 합리성을 유지하기 위해 실질적인 활용implementation을 하지 않는 괴리가 생겨날 수 있다. 이를 마이어와 로완(Meyer & Rowan, 1977)이 디커플링이라고 명명했나. 외부환경에서 비롯된 동형화 압력에 조응하는 조직은 의례적 규율에 따른 행위와 일상업무의 기술적 합리성 달성 사이에서 상충된 요구를 경험하는데, 제도적 디커플링은 조직이 이러한 상충적 요구에 대응하는 한 가지 방안으로 볼 수 있다. 조직이 제도화된 공식구조를 채택함으로써 사회적으로 바람직한 규범과 가치체계에 조응한다는 점을 명시적으로 드러내지만, 그러한 의례적 행위가 실제 조직의 일상적 기능이 발휘되는 것을 방해하지 않도록 실질적 실행에서 분리해낼 수 있다는 것이다. 특히 외부 제도적 압력을 행사하는 사회구성원들이 사회적으로 바람직한 공식구조의 채택을 비교적 쉽게 인지할 수 있으나 조직 내부에서 그 구조가 실제로 활용되는지 여부를 알기 어렵다면 제도적 디커플링이 정당성 확보를 위한 유용한 대안으로 여겨질 가능성도 그만큼 높을 것이다. 이러한 측면에서 널리 받아들여진 기술, 경영기법, 조직운영 방식, 전략 등을 채택하는 의사결정이 일상적 조직활동과 통합되지 않는 '의례'와 '신화'에 불과한 경우가 나타날 수 있다.

마이어와 로완(Meyer & Rowan, 1977)이 제시한 원래 논의에 근거하자면, 제도화된 공식구조의 채택과 실질적인 실행이라는 두 가지 서로 다른 의사결정이 제도적 디커플링의 핵심 요소이므로 이에 영향을 미치는 요인들도 체계적으로 구분될 수 있다. 즉 제도화된 공식구조를 채택하는 의사결정은 일반화된 외부의 기대와 규범적 압력에 의해 영향받으나 일상적 운용에 있어서 해당 구조를 실행하는 의사결정은 조직 고유의 기능적 필요성에 영향을 받는다. 채택과 실행 구분은 신제도론의 몇 가지 문제점을 해결하는 데 유용하다. 예를 들어 초기 제도론적 연구는 조직필드 수준에 존재하는 제도적 환경이 행위자를 강제하는 과정을 강조한 반면, 의사결정의 주체적 행위자를 충분히 고려하지 않는다는 비판에 직면했다(DiMaggio, 1988; Oliver, 1991,

1992). 사실 디커플링 개념은 초기 신제도론 연구에서 제안되었으나 안타깝게도 이후 주류 연구가 이 개념의 본질적 의미를 적극적으로 수용하여 반영하지 못했다. 제도적 압력에 따라 구조를 공식 채택하는 과정에 비해 실제 조직 내부에서 운용하는 과정에서 의사결정의 주체적 행위자의 역할이 상대적으로 더 커질 것이므로, 제도적 디커플링 연구는 위 비판에 대한 유용한 대안이 될 수 있다. 과업환경에 기반한 조직 특유의 기능적 요구와 일반화된 제도환경의 압력이 공식구조의 채택 및 실행에 미치는 영향을 함께 포착해야 한다는 것이 제도적 디커플링 개념의 핵심적 의의이다. 이를 통해 기술적 과업환경과 제도환경에서 비롯된 영향력의 상대적인 크기를 직접 비교할 수 있다. 또한 제도적 압력과 조직 고유의 기능적 요구가 함께 존재하는 다양한 경험적 맥락으로 확장하여 신제도론의 핵심 명제들을 검증하고 기존 제도이론의 연구문제 및 연구방법을 개선하는 데 제도적 디커플링 개념이 유용하다.

이러한 문제점을 다룰 수 있는 유용성에도 불구하고 제도적 디커플링이 지닌 잠재적 문제점을 함께 논의하는 균형 잡힌 접근이 중요하다(Park, Sine, & Tolbert, 2011). 제도화된 조직구조에서 '제도화'의 정의가 의미하는 바는 사회구성원들이 문화적 이해, 규범적 가치, 정당성 측면에서 채택된 구조를 인정하고 당연시하여 내적으로 수용했다는 것을 의미한다. 따라서 제도화된 구조는 안정적이고 일관된 행동을 불러일으키고 특정한 행위의 지속적인 패턴과 유사성을 높인다는 것이 제도주의 조직이론의 근본적인 시사점이다(Tolbert & Zucker, 1996). 그리고 이처럼 제도화된 구조와 조직내부 행위 간 긴밀한 관계에 대한 혜안이야말로 신제도론이 이론 패러다임의 참신함을 획득한 핵심적 이유이기도 하다. 따라서 구조와 행위 간 관계가 의도적으로 단절될 수 있다는 점에 주목하는 제도적 디커플링 개념이 신제도론의 본질적 입장과 사뭇 다른 것처럼 보일 여지가 있다. 또한 그러한 의도적 단절이 왜 어떻게 일어날 수 있는지를 제도주의 관점과 잘 어울리는 방식으로 설명하기 쉽지 않다. 제도화된 구조가 개인에게 실질적 영향을 행사하면서도 그 구조의 영향력에서 개인의 행위가 의도적으로 벗어날 수 있다는 일면 모순적 상황을 논리적으로 풀어내야 하기 때문이다. 게다가 초기 신제도론이 외부에서 획득되는 정당성과 제도환경을 본격적으로 검토하면서 제도화된 구조의 공식적 채택 이후 조직 내부의 실제 운영 단계에 상대적으로 깊은 관심을 기울이지 않았으므로 제도적 디커플링이 드러내는 개념적 모호성이 충분히 논의되지 못했다.

예를 들어 기업의 사회적 책임CSR, corporate social responsibility을 수행하는 것이 정당성의 중요한 근거가 되는 제도환경에서, 기업의 사회적 책임이 반영하는 사회적 가치와 문화적 규칙을 잘 따르고 있음을 기업이 외부에 가시적으로 보여주는 특정 프로그램이나 경영 관행을 채택할 것이다. 그러한 프로그램과 관행이 강하게 제도화되어 있을수록 이에 결합된 규범적 가치와 정당성을 공유한 사회구성원으로서 기업 임직원도 제도화된 기업의 사회적 책임 활동을 당연하게 여기고 내재화할 가능성도 높다. 제도화된 구조로서 기업의 사회적 책임 프로그램과 관행은 임직원의 행위에 상당한 영향을 미칠 것으로 기대되지만, 디커플링은 그러한 기대와 어긋난 방식으로 조직 내부의 행위가 일어날 수 있음을 지적한다. 만약 조직이 외부 이해관계자로부터 정당성을 획득하되 내부 과업환경의 기술적 요구를 동시에 달성하기 위해 상당히 잘 짜인 합리적 계산과 전략적 의도를 적극적으로 반영하여 디커플링을 선택한다고 주장한다면, 이는 기능주의 합리성과

거리를 두었던 제도주의의 근본 입장과 일면 배치되는 것으로 여겨질 수 있다.

　따라서 제도적 디커플링 개념과 신제도론의 본질적 주장이 서로 잘 어울리는지 면밀히 따져볼 필요가 있다. 그러나 제도화된 구조가 실질적 행위를 동반하지 않는 순수한 상징적 수준에서 운영될 수 있는지, 그러한 경우가 가능하다면 정당성의 획득과 효율성 유지가 과연 얼마나 동시에 달성될 수 있는지 제도이론적 체계 안에서 본격적으로 다룬 연구가 거의 없다(Tolbert & Zucker, 1996). 이 같은 개념적 모호성이 제도적 디커플링 연구의 초기부터 최근까지 지속적으로 영향을 미쳤을 가능성이 높다. 다음 장에서는 이러한 주장의 근거를 제시하기 위해 제도적 디커플링 연구 동향과 주요 내용을 비판적으로 검토한다.

2

제도적 디커플링 연구의 과거와 현재

　마이어와 로완(Meyer & Rowan, 1977)이 제시한 디커플링 개념은 제도환경의 압력하에서 조직의 공식구조 채택과 실행 간에 나타나는 괴리에 초점을 맞추었다. 그러나 제도적 디커플링에 관한 지금까지 연구들은 이 개념을 해석하고 적용하고 실증분석을 실시하는 과정에서 원래 제시된 디커플링의 두 대상, 즉 조직의 공식구조의 채택과 실행을 넘어 상당한 개념적 확장을 시도하였다. 개념적 확장은 이론 발달의 중요한 단계로 볼 수 있으나 이러한 확장이 지나치지 않고 적절했는지에 대한 비판적 논의는 향후 제도적 디커플링 연구발전을 위해 필수 과제라 할 수 있다. 그러한 확장 과정에서 인접한 다른 분야와 학문적 대화와 통합이 시도되는 점 역시 충분한 논의가 필요하다.

1. 디커플링 개념의 진화

초기 발전과 재해석

제도적 디커플링의 개념이 최초로 제시된 이후 해당 개념은 대체로 두 단계로 확장되었다. 우선 초기 신제도주의 연구자들(DiMaggio & Powell, 1983; Scott & Meyer, 1994; Tolbert & Zucker, 1983)이 제도의 도입과 실제 실행 간 디커플링의 발생 가능성에 대해 간접적으로 언급하였다. 그 후 제도적 디커플링이 상징적 행위symbolic action로 재정의되고 실증연구의 확장 기반이 마련되었다(Westphal & Zajac, 1994, 1998, 2001; Zajac & Westphal, 2004). 이 두 단계를 잘 드러내는 실증분석 연구를 예시로 살펴보면 다음과 같다.

첫째, 제도적 디커플링을 실증분석에서 논의한 연구로 톨버트와 저커(Tolbert & Zucker, 1983)의 20세기 초 미국 지방정부 행정개혁civil service reform에 대한 분석이 대표적이다. 공공부문 행정개혁 초기에 선도적으로 지방정부가 조직을 혁신하기 위해 기업형 정부조직이라는 일종의 혁신적 공식구조를 도입하였지만, 후기에 해당 구조를 채택한 지방정부들은 그러한 혁신이 사회적으로 바람직하다는 인식과 문화적 규범이 확산되며 증가된 제도적 압력에 조응하였다는 사실에 주목한 것이다. 이러한 연구결과로부터 제도적 압력이 점증하여 정당성 확보에 도움이 되는 조직구조를 채택한 행정개혁 후기에 그러한 공식구조의 채택과 실제 운용상의 괴리가 더 강하게 나타날 것임을 논리적으로 도출할 수 있다.

둘째, 제도적 디커플링은 두 연구자 제임스 웨스트팔James D. Westphal과 에드워드 자작Edward J. Zajac이 수행한 다수의 연구를 통해 개념적으로 재해석되었고 공공 부문에서 일반기입 부문으로 확대 적용되었다(Westphal & Zajac, 1994, 1998, 2001; Zajac & Westphal, 2004). 특히 조직이론 분야의 세계적 학술전문지인 『계간 관리과학Administrative Science Quarterly』에 1994년과 1998년 게재된 연구에서 제도적 디커플링 개념이 본격적으로 다루어지면서 이를 재해석하고 확장하는 후속 실증연구들의 발판이 마련되었다. 이들은 기업주주의 대리인에 해당하는 전문경영인CEO이 단기성과 극대화를 추구하는 경향을 막고자 도입되는 장기성과 보상계획LTIP, long term incentive plan이 실제 활용되는 정도에 상당한 차이가 있음을 발견하였다. 기업조직이 장기성과를 실제 추구하기 위해 장기성과 보상계획을 도입하기보다, CEO가 단기이익을 극대화하는 문제를 방지하고 주주의 권익을 보호하고 있다는 것을 외부 이해관계자에게 가시적으로 보여주기 위한 의례적이며 상징적 행위로써 도입한다는 것이다. 또한 CEO의 정치적 권한이 강하거나 과거 재무성과가 나쁜 경우 이러한 상징적 채택 경향이 더욱 강해진다(Westphal & Zajac, 1994).

후속 연구에서 웨스트팔과 자작(Westphal & Zajac, 1998)은 제도적 디커플링을 다음과 같이 두 가지 상징적 행위로 세분화하였다. 첫째, 조직이 공식구조에 장기 성과 보상 계획을 도입하나 실제 장기 성과 보상을 하지 않는 것은 장기 성과 보상 계획의 상징적 채택을 의미하며 이는 공식구조의 채택과 실행 간 디커플링이다. 둘째, CEO가 사회적으로 널리 받아들여지는 규범적 가치인 주주이익 극대화를 강조하는 표현을 장기성과 보상계획 도입과 관련시켜 상징적 수사로 제시하는 것으로 언어적 표현과 행동적 실행 간의 디커플링이다. 저자들은 장기성과 보상계획이 공식구조로서 채택된다는 점을 전제하되, 공식적 채택 이후 장기성과 보상계획을 실제로 운용하지 않는 소극적 행위와 장기성과 보상계획의 규범적 가치와 의미를 설파하는 적극적 행위를 포괄하여 논의함으로써 디커플링 개념을 확장하였다.

웨스트팔과 자작(Westphal & Zajac, 1994, 1998) 이후 제도적 디커플링을 실질적 행위와 유리된 채 발현되는 순수히 상징적 행위로 규정하는 연구들이 늘어났다. 이를테면 굴러, 기엔, 맥퍼슨(Guler, Guillén, & Macpherson, 2002)은 조직이 ISO9001 품질인증 제도를 도입하는 것을 상징적 의미로만 존재한 것only on a symbolic basis으로 파악하였으며, 이와 유사하게 안사리, 피스, 자작(Ansari, Fiss, & Zajac, 2010) 역시 제도의 확산에 관한 문헌연구에서 제도적 디커플링을 표면적 차원의 의례적 활동으로 정의하였다.

본 연구는 이처럼 제도적 디커플링을 '상징symbol과 실질substance의 괴리'로 보는 개념적 재정의가 상당히 여러 연구에서 공통적으로 나타나는 현상임을 발견하였다. 〈표 1〉은 조직이론 분야의 주요 학술지에 게재된 연구들이 실제로 제도적 디커플링을 어떻게 정의하고 있는지를 원문 그대로 나타낸 것이다. 이 중 제도적 디커플링 연구의 대표격인 마이어와 로완(Meyer & Rowan, 1977)과 웨스트팔과 자작(Westphal & Zajac, 1994, 1998)을 동시에 인용한 실증분석 위주의 논문들에 초점을 맞추어 특징적 경향을 파악하면 다음과 같다. 첫째, 조직이 도입하였지만 실제 활용하지 않는 상황을 상징적 의미에서 도입되었다고 해석하며 이를 제도적 디커플링으로 파악하는 연구 흐름이 있다. 이러한 개념화는 초기 신제도론 연구자들이 주장하는 바에서 크게 벗어나지 않는다(Meyer & Rowan, 1977; DiMaggio & Powell, 1983; Scott & Meyer, 1994). 둘째, 조직의 실질적 행동을 수반하지 않는 수사적rhetoric 표현을 제도적 디커플링 범주에 넓게 포함시키는 연구 경향이 나타났다.

본 연구는 두 번째 관점을 과도한 개념석 확장으로 보며, 다음과 같

〈표 1〉 제도적 디커플링 개념의 다양한 정의

번호	저자	연도	학술지	제도적 디커플링의 개념
1	마이어와 로완	1977	『미국 사회학 저널』	"조직은 의식적 동조를 유지함으로써 제도적 규칙을 반영한 조직의 공식구조와 실제 기술적 활동 간 불확실성을 완충하고자 하는데, 이를 위해 조직은 공식구조와 실제 활동 간 차이를 만들어 둘 사이를 느슨하게 연결한다."
2	오튼과 와익	1990	『매니지먼트 학회 리뷰』	"조직은 공식구조와 실제 업무 활동간 차이를 만들고, 조직의 공식구조와 실제 활동을 느슨하게 연결하거나, 디커플링함으로써 '의식적 동조'를 유지한다."
3	웨스트팔과 자작	1994	『계간 관리 과학』	"제도적 관점에서 보면, 조직의 실제 보상 관행은 제도화된 정책과 다를 수 있다. 조직은 제도적 관행과 프로그램을 도입하지만, 이러한 정책은 조직의 실제 기능과 다를 수 있다."
4	웨스트팔과 자작	1998	『계간 관리 과학』	"…공식구조는 외부 이해관계자의 요구에 대응하기 위해 도입되지만, 실제 관행은 내부 구성원의 요구에 맞추어 진다(Meyer and Rowan, 1977; Scott, 1995)." "우리는 하나의 이슈에 집중하기 보다, 두 가지 상징적 행위, 공식구조와 실제 행동 간의 디커플링과, 이와 같은 행동을 강화하는 사회적으로 정당성이 부여된 언어의 사용을 선별하고 측정하였다."
5	굴러, 기옌, 맥퍼슨	2002	『계간 관리 과학』	"제도이론자들은 제도적 정당성을 보장하기 위해 도입된 관행이 조직의 실제 기술적 활동으로부터 '디커플링'될 수 있으며 상징적으로만 존재할 수 있다고 주장해왔다."
6	털락	2007	『매니지먼트 학회 리뷰』	"…기업은 선행을 하지 않고 선해 보이기 위해, 조직이 도입한 제도가 의미하는 바와 실제 행동을 디커플하는 전략적 행동을 추구할 수 있다."
7	파넬리, 미상이, 토시	2009	『조직 과학』	"연구결과는 조직이 공개하는 정보와 조직의 공식정책 발표는 실제 조직의 활동으로부터 디커플되어 있을 수 있으며(예: Westphal and Zajac 1995, 1998, 2001), 그럼에도 불구하고 외부 관계자들은 이 상징적인 행동을 하는 조직들을 긍정정으로 생각할 수 있다는(예: Zajac and Westphal 2004) 것을 보여준다."
8	안사리, 피스, 자작	2010	『매니지먼트 학회 리뷰』	"디커플링이란 적극적인 '재작업'이나 수정을 통해 제도를 조직에 적합하게 적용하는 것이 아니라 '표면적 수준'이나 의식적(광범위하지 않게)으로 적용하는 것을 의미한다."
9	브롬리와 파월	2012	『매니지먼트 학회 연보』	"조직들은 외부 기대에 부응하기 위해 공식적으로 명시된 목표와 운영 절차에 관한 정책을 도입하지만, 실제 경영방식에 현저한 변화는 없을 수 있다(Scott, 2008)."

| 10 | 마르퀴스, 토펠, 조우 | 2016 | 『조직 과학』 | "조직은 종종 상징적 동조를 통해 새로운 재도적 요구에 대응하는데, 이는 단지 표면적으로 순응하는 것처럼 보여지는 것이다(Meyer and Rowan 1977, Zajac and Westphal 2004, Bromley and Powell 2012)." |

은 이유로 비판적으로 파악한다. 조직의 이해관계자들에 대한 커뮤니케이션 전략 차원에서 이루어지는 다양한 수사적 표현에 초점을 맞추는 방식은 '상징적 행동의 유무'를 제도적 디커플링의 중요한 판단기준으로 보지만, 이는 '공식구조의 채택과 실행 간 차이'라는 본래의 개념적 정의와 관련성이 낮다. 마이어와 로완(Meyer & Rowan, 1977)이 제시한 제도적 디커플링 개념에 따르면 디커플링 연구의 분석대상은 공식구조의 채택 이후 실제 운용상 나타나는 괴리이며 행동이 뒤따르지 않는 선언적 수사에 초점을 맞춘 일종의 인상관리impression management와 구분된다(Boxenbaum & Jonsson, 2008). 엄격히 말해 신제도이론에서 제시하는 제도적 디커플링은 채택과 활용이라는 구체적인 행위 간에 드러나는 괴리doing-doing gap이며 언어적 표현과 행위 간에 드러나는 괴리saying-doing gap와 직접적 상관이 없다.

웨스트팔과 자작(Westphal & Zajac, 1998)이 제시한 상징적 행위는 이후 연구에서 공식구조의 채택과 실행의 괴리와 상관없이 언어적 선언만으로도 달성될 수 있는 것으로 해석되는 경우가 늘어났다. 언어적 표현과 수사 등 상징적 행위 자체에 초점이 맞춰지면, 제도적 디커플링의 본질적 의미에 적합하지 않거나 무관한 주제들로 이 개념이 과도하게 확장되는 문제가 발생한다. 이러한 현상은 웨스트팔과 자작(Westphal & Zajac, 1998)의 연구 이후 최근까지 제도적 디커플링에 관한 다수의 실증연구에서 확인되고 있다(Carlos & Lewis, 2017; Marquis, Toffel, & Zhou, 2016; Shin & You, 2017). 예를 들어 파넬리,

미상이, 토시(Fanelli, Misangyi & Tosi, 2009)는 CEO 취임사 분석을 통해 CEO가 새로운 비전을 선포하고 제시된 비전이 실행되지 않는 것을 제도적 디커플링으로 설명했다. 이는 제도화된 공식구조의 채택과 실행 간 디커플링이 아니라 CEO의 열망 수준을 나타낸 의사표현aspirational talk과 실천 간 불일치를 의미한다. 이러한 현상은 CEO 인상관리의 일환으로 보는 것이 타당하다(Christensen, Morsing, & Thyseen, 2013; Schultz, Castelló, & Morsing, 2013). CEO의 비전발표에 포함된 내용은 단지 자신의 생각이나 야망 또는 향후 계획 정도를 발표한 것이며 제도적 압력이 반영된 조직구조의 채택과 실제 운용상의 상충된 요구에 대한 고민이 수반되지 않기 때문이다. 다른 사례로서, 마르퀴스와 첸(Marquis & Qian, 2013)은 1,600개 중국 상장 기업의 사회적 책임 정보공개 분석을 통해 정부정책에 호응하고 있음을 상징적으로 보여주는 목적으로 정보공개가 이루어진다고 주장하였다. 이는 제도화된 공식구조의 채택과 실행의 괴리에 대한 연구이기보다 언어적 약속과 실천의 격차에 관한 연구라 할 수 있다.

요약하면, 제도화된 구조가 그 구조를 당연시하는 개인의 행위에 영향을 미친다는 신제도론적 통찰과 제도화된 구조와 행위 간 상당한 간극이 있다는 제도적 디커플링 개념 사이에 존재하는 괴리가 이론적 확장을 가로막는 측면이 있었다. 제도적 디커플링이 개인의 행위에 영향을 미치는 제도화된 구조의 실질적 영향력을 제외한 채 상징적 속성을 강조하는 방식으로 재개념화되면서 다양한 비실질적 행위에 유연하게 적용하는 이론적 확장이 일어났다. 그러나 이러한 확장이 과연 제도화된 구조와 개인의 행위 간 미묘한 긴장 관계를 근본적 수준에서 잘 설명하는지 확실치 않다.

디커플링의 유사 개념

제도적 디커플링이 조직구조의 채택과 실행으로 명시된 두 대상 간 괴리를 포착하는 개념이다. 하지만 학자들은 다양한 대상들 사이의 관계를 커플링으로 지칭하여 보다 일반적인 의미로 널리 사용했다. 예를 들어 와익(Weick, 1976)은 교육기관 내부 조직단위 사이의 관계적 특성을 느슨한 결합loose coupling으로 개념화하였다. 그리고 이후 개인, 집단, 조직 등 매우 다양한 대상들 사이의 관계를 분석하는 연구에서 이 개념이 폭넓게 사용되었다(Keidel, 1984; Manning, 1979; Provan, 1983).

오튼과 와익(Orton & Weick, 1990)은 커플링 개념을 이용한 수많은 연구를 체계적으로 정리하였다. 이에 따르면 느슨한 결합은 두 대상이 명확히 구분되면서도 서로 반응하는 속성을 지닌다. 이처럼 두 대상 간 구분이 명확한 정도를 가늠하는 독특성distinctiveness과 상호 영향관계를 포착하는 반응성responsiveness을 기준으로 구성한 분류체계에서, 디커플링은 두 대상이 명확히 구분되나 서로 반응하지 않는 속성을 지닌 것으로 파악된다. 다시 말해 구조의 공식적인 채택과 실질적인 조직운영은 두 개의 서로 다른 조직활동이자 제도환경과 과업환경에서 비롯된 두 가지 개별적인 요구 사이의 괴리가 반영되지만 이둘 사이에 상당한 반응성은 없다. 두 대상이 서로 반응하나 구분이 없다면 강한 결합이고 반응과 구분이 모두 없는 경우 무결합 상태로 분류된다. 이처럼 느슨한 결합과 제도적 디커플링을 적어도 개념적으로 구별할 수 있으나, 실제 연구에서 결합의 정도를 정확히 측정할 수 없는 현실적 한계와 두 개념 모두 환경에 대한 조직의 유연한 대응을 강조한다는 효과의 유사성 측면에서 실질적 구별이 언제나 가능한 것은 아니다. 이에 따라 이 두 개념을 엄밀히 구분하지 않고 혼용하는 경우도 있다(Bromley & Powell, 2012).

최근 조직의 공식구조와 실제 실행 간 차이가 아니라 실행 이후 조직이 기대하는 결과를 달성하는가 여부에 초점을 맞추는 수단-결과 디커플링means-ends decoupling 개념이 제시되었다. 예를 들어 브롬리와 파월(Bromley & Powell, 2012)과 바이엔(Wijen, 2014)은 실질적인 성과 향상으로 반드시 이어지지 않는 여러 경영기법이나 관행을 실행에 옮기는 경우가 점차 늘어나고 있으나 이러한 현상을 기존 제도이론의 관점에서 분석하기 어렵다고 지적한다. 기존 제도적 디커플링 개념이 공식구조의 상징적 채택 이후 실행이 뒤따르지 않는 상황에 초점을 맞춘다면, 수단-결과 디커플링은 상징적 실행 이후 실질적 결과가 뒤따르지 않는 상황을 포착한다. 수단-결과 디커플링은 조직 운영의 투명성이 강조되면서 공식구조의 채택뿐만 아니라 그 이후 실제 활용단계까지 제도적 압력이 증가하는 최근 현상과 무관하지 않다. 이러한

〈그림 1〉 제도적 디커플링의 개념적 변이

참조: 일부 학자들은 제도적 디커플링과 느슨한 결합을 넓게 해석하여 유사한 개념으로 혼용해서 사용하고, 다른 학자들은 제도적 디커플링 개념을 수단-결과 디커플링, 역 디커플링, 선택적 디커플링 개념으로 세분하여 발전시키고 그 차이점을 강조한다.

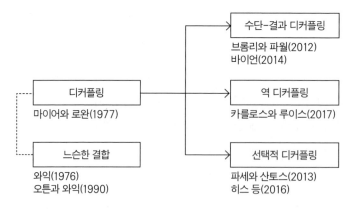

최신 경향은 제도적 디커플링 연구가 오랜 역사에도 불구하고 여전히 이론적 발전에 의미있는 기여를 하며 향후 연구에서 충분히 확장될 가능성을 드러내고 있음을 시사한다. 〈그림 1〉은 이처럼 제도적 디커플링이 최초 제시된 이후 최근까지 개념이 확장된 과정과 이를 반영하는 대표적인 연구를 보여준다.

2. 제도적 디커플링 연구의 다학문적 접근

신제도론은 조직이론의 다른 패러다임과 적극적인 상호대화와 통합을 이루어왔으며, 이러한 패러다임 간 생산적인 상호작용이 제도적 디커플링에 관한 연구 분야에서도 최근 일어나고 있다. 본 연구는 그러한 상호작용이 비교적 활발히 드러난 실증연구들을 중심으로 이러한 최근 경향을 조감하고자 한다. 이 장에서 다루고 있는 제도적 디커플링 연구의 다학문적 접근 방식은 가능한 모든 경우를 포괄하지 않는 예시이며, 논의 순서는 이론 패러다임에 대한 객관적 우수성이나 저자들의 개인적 선호를 따르지 않음을 밝혀둔다.

조직학습이론과 제도적 디커플링

조직학습이론과 신제도주의 이론은 상호보완을 통해 발전적 접점을 찾기 위해 노력해왔다(이무원, 2015). 예를 들어 디마지오와 파월(DiMaggio & Powell, 1983)을 비롯한 신제도주의 연구자들은 불확실성이 큰 상황에서 모방적 동형화mimetic isomorphism 기제가 작동하여 조직이 새로운 구조나 정책을 받아들인다고 설명하고 있으며(Haunschild & Miner, 1997), 조직학습이론은 대리학습vicarious learning의 개념을 활용하여 조직의 모방적 동형화에 대한 설명을 제공하고 있다

(Baum, Li, & Usher, 2000). 털락과 공(Terlaak & Gong, 2008)은 다른 조직에 대한 관찰 및 모방을 통해 개별 조직마다 가치가 상이한 공식 구조를 채택하고, 그 이후 활용할 것인지 여부를 결정한다고 보고 이를 예측할 수 있는 학습 모형을 제안하고 있다. 이러한 연장선상에서 조직학습이론을 제도적 디커플링 개념과 상호연계하여 설명한 연구들은 조직이 다양하고 복합적인 제도적 압력에 대응하는 과정과 결과에 대해 흥미로운 설명을 시도한다.

기존 제도적 디커플링 연구들은 조직이 디커플링을 추구할 수 있다는 점을 부각할 뿐 조직이 어떻게 제도적 디커플링을 통해 내부 효율성을 추구하는지, 왜 조직 간 디커플링 수준에 차이가 나는지 명쾌한 설명을 제시하지 못했다. 그러나 조직학습이론과 제도적 디커플링의 상호연계는 불확실성하에서 조직의 디커플링 의사결정과정을 탐구하는 데 있어 추가적인 논리적 기제를 제공하고 있다. 크릴리, 졸로, 한센(Crilly, Zollo, & Hansen(2012)은 17개 다국적기업의 내부 관리자 및 외부 이해관계자들을 대상으로 한 설문조사와 심층 인터뷰를 통해 다양한 이해관계자들의 기대가 충돌하는 상황에서 조직은 문제해결형 탐색활동problemistic search을 실행하고 이에 따른 결과로 실제 경영 활동에서 제도적 디커플링의 수준 차이가 발생할 수 있다는 것을 밝히고 있다. 이는 조직이 학습을 통해 제도적 논리가 충돌하는 상황에 대한 이해를 높여 제도적 디커플링 수준을 탄력적으로 적용할 수 있다는 것을 의미한다.

제도적 디커플링 개념과 조직학습이론의 상호연계는 두 이론적 관점이 지닌 장점을 상호보완적으로 통합함으로써 이론적 발전에 기여하고 있는 것으로 보인다. 그러나 조직학습관점과 신제도론이 기반을 둔 행위자에 대한 기본 가정이 다르다는 점에서 두 이론이 깊은 수준에서 상호연계되는 것이 얼마나 가능하며 적절한가 확실치 않다. 신제도론은 실용적 행위자를 기본 가정으로 삼고 경제적 합리성과 유리된 의례적 동조 현상을 설명하나 조직학습관점은 행위자가 기본적으로 합리성을 추구하나 결과적으로 제한된 수준에 그친다는 가정에 근거한다(Cyert & March, 1963; Huber, 1991; Levitt & March, 1988; March, Sproull, & Tamuz, 1991). 따라서 두 관점은 이론적 출발점이 상당히 다르다. 그리고 이러한 차이가 구체적으로 어떻게 제도적 디커플링 연구에 반영이 될 것이며 상호 대화가 각 이론의 발전에 얼마나 생산적인 영향을 미칠지에 대한 추가 논의가 필요하다. 이러한 진지한 논의 없이 섣불리 이론적 상호연계를 도모한다면 겉보기에 그럴싸하지만, 이론 패러다임 간 의미있는 대화와 통합에 근본적으로 기여하기 어려울 것이다.

권력, 지위, 조직정체성 이론과 제도적 디커플링

제도적 디커플링과 권력power, 지위status, 조직 정체성organizational identity 개념을 상호연계하려는 시도는 기존 신제도주의 연구 확장에 새로운 기회를 열어주고 있다. 앞서 설명한 바와 같이 웨스트팔과 자작(Westphal & Zajac, 1994, 1998)은 장기성과 보상계획을 도입하는 것과 실제 장기성과급을 지급하는 과정에서 CEO의 권력이 클 경우 제도적 디커플링이 크게 발생하는 것을 확인하였다. 피스와 자작(Fiss & Zajac, 2006)은 내부의 권력보다 외부 이해관계자의 권력에 초점을 맞추어 정부나 은행과 같은 외부 이해관계자의 소유권이 높아 조직에 상당한 영향력을 행사 할 수 있는 경우, 조직은 이해관계자의 이익을 저해할 수 있는 주요한 전략적 변화에 대해 표현 조절을 통해 디커플링을 추구한다는 점을 밝혔다. 베버, 데이비스, 그리고 런스버리

(Weber, Davis, & Lounsbury, 2009)는 지위개념에 초점을 맞추어 개발도상국의 증권거래소 도입과 활용 간 차이가 높은 지위의 행위자들에 의해 영향을 받는다고 주장한다.

이러한 연구들의 공통점은 권력, 지위, 조직 정체성과 같이 사회적 영향관계를 파악할 수 있는 관련 개념들이 제도적 디커플링과 통합될 때 상당히 의미있는 연구결과가 도출된다는 사실이다. 특히 여러 이해관계자로 둘러싸인 조직이 권력, 지위, 정체성 측면에서 복합적인 방식으로 영향을 주고받는다는 점은 제도환경에서 비롯된 사회적 압력을 적극적으로 조율하려는 행위자의 주도적 의사결정 과정과 의도성을 강조하는 구제도론old institutionalism의 핵심적인 시사점과 잘 어울린다(Hirsch & Lounsbury, 1997; Selznick, 1996). 다시 말해서 제도적 디커플링이 제도화된 공식구조의 채택과 일상적 생산활동의 기술적 요구 사이의 괴리를 근본적으로 고찰함으로써 신-구제도론 사이 생산적인 결합을 통한 이론적 깊이가 더해졌고 일반적인 사회적 영향관계를 포착하는 권력, 지위, 정체성 등 관련 개념들과 제도이론 간 상호연계가 더 쉬워졌다(Scott, 1987, 1995).

연구 실증맥락의 확장

다양한 연구맥락에 제도적 디커플링 개념이 적용된다면 이 개념의 반복된 검증과 일반화 가능성 판단에 긍정적인 영향을 줄 것이다. 그러나 본 연구는 실증맥락의 확장이 모두 적절한 것인지 비판적으로 따져보아야 할 중요한 문제라고 주장한다. 〈그림 2〉는 마이어와 로완(Meyer & Rowan, 1977)이 제도적 디커플링 개념을 최초 제시한 이후 2017년까지 『계간 관리과학』『매니지먼트 학회 저널』『매니지먼트 학회 리뷰』『조직 과학』,『경영 전략 저널』『국제 비즈니스 연구 저널』

〈그림 2〉 제도적 디커플링 관련 주요 학술지 게재 현황: 이론 및 실증연구 누적
게재수

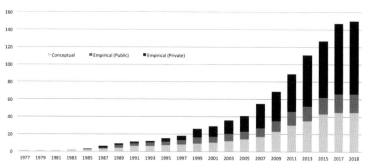

참조: 제도적 디커플링 개념이 제시된 마이어와 로완(Meyer & Rowan, 1977)의 논문 이
후 2018년 9월말까지 조직이론 및 경영 전략 분야의 주요 학술지 가운데 『계간 관리과학』
『매니지먼트 학회 저널』『매니지먼트 학회 리뷰』『조직 과학』『경영 전략 저널』『국제 비즈
니스 연구 저널』에 출판된 논문들을 전수 조사하여 150편의 제도적 디커플링 연구를 확인
했다. 세로축은 연구 누적게재수이고, 가로축은 연도를 나타낸다.

〈표 2〉 제도적 디커플링 개념을 활용한 실증연구: 자료와 방법론

저자	연도	측정		방법론	데이터
		종속변수	독립변수		
카를로스와 루이스	2017	DJSI 편입여부	평판위협(+), 조직평판(-), 인증정당성(-)	해커만 프로빗 회귀 분석	다우존스 지속 가능경영지수 (1999~2012)
크리스텐슨, 모르싱, & 티센	2013	경영시스템 인증표 준의 품질	고객에 대한 이슈의 중요 성(+), 직접고객모니터링 빈도(+), 협력업체 인증프 로그램(-), 인지된 고객전 환비용(+), 신규고객과의 관계 형성(+), 외국 소비자 판매 비용(+)	OLS 회귀분석	설문, 중국 내 ISO인증기업 현황 (2003)
크릴리, 모르싱, 졸로	2016	인지된 지속가능경 영 성과	디커플러(-), 자원조달(+), 전문가집단(-)	OLS & 오더드 프로 빗 회귀분석	12개 다국적기 업 임원 인터뷰 (2005~2007)
델마스와 토펠	2008	시장과 비시장 압 력에 대한 수용성, ISO14001 도입여 부, 자선활동 참여	법적사건의 영향(+), 마케 팅(-), 비시장 수용성(-), 시장압력(+)	구조방정식 모델	설문, 오염물 질 다배출 산업 (1996~2000)
에들맨	1990	비노조원 불만접수 절차 도입	외부협업(+), 공공/미간부 문(+), 노조가입율(+), 이 직(+)	사건사 분석	샌프란시스코 지역 52개 조직의 공식불 만수 제도의 도입 (1850~1983)

〈표 2〉 제도적 디커플링 개념을 활용한 실증연구: 자료와 방법론

저자	연도	측정		방법론	데이터
		종속변수	독립변수		
에들맨	1992	동등채용기회 제공, 소수집단 우대정책, 차별금지제도	산업(+), 서비스(+), 연방 정부 계약자(+), 이직(+), 노조가입율(+)	사건사 분석	동등한 채용기회 부여
파넬리, 미상이, 토시	2009	애널리스트 추천 호감도, 애널리스트 추천간 통일성, 애널리스트 예측 오차	CEO의 카리스마틱 비전(+)	위계적 선형 모형	CEO승계 후 주주통지 (1990~2000)
피스와 자작	2004	주주가치 극대화 발표	독일은행 지분율(+), 독일은행 비지분율(-), 독일기업 지분율(+), 독일기업 비지분율(-), 기업친화 독일정부 지분율(+), 노동친화 독일정부 지분율(-)	사건사 분석	112개 독일기업 (1990-2000)
피스와 자작	2006	주주가치 극대화를 위한 전략적 변화, 배당금	가시성(+), 지분율(+), 구조적 변화(+)	로지스틱 회귀분석	100개 독일기업 (1990)
굴러, 기엔	2002	ISO9000 인증	정부소비(+), 외국인투자(+), 기술적 출판물(+), 수출집중도(+)	고정효과 음이항 회귀분석	85개국 IOS9000 인증현황 (1993~1998)
케네디와 피스	2009	통합품질관리 동기예측	초기 도입(+), 얼라이언스 멤버십(+), 시스템 멤버십(+), 기술적 세련미(+), 교육병원(+), 병원간 경쟁(+) 등	OLS 회귀분석	설문, 통합품질관리 도입 US병원 (1993)
킴과 리온	2014	보고-실제 온실가스 감축 차이	외적 성장률(+), 순이익(-), 규제완화(-)	OLS 회귀분석	미국 내 기관투자가 소유 전력회사 (1995~2003)
마르퀴스, 토펠, 조우	2016	선택적 정보공개 규모	환경손실(-), 인구 백만명당 환경 NGO 비율(+), 시민의 자유와 정치적 권리(+), KOF 세계화 수준(-)	다수준 혼합효과선형 회귀분석	45개국 4,570개 기업 (2004-2007)
런스버리	2001	재활용 프로그램 도입	프로그램 도입비율(+), 공립학교(+)	사건사 분석	미국 대학내 자원재활용 도입 (1975~1995)
소피와 히로나카	2005	글로벌 탄소 배출량, 연간 변화량	세계 환경체제 구조(-), 글로벌 환경주의 확산(-), 글로벌 환경주의 지속성(-)	OLS 회귀분석	탄소배출 및 산림파괴 (1980~1996)

〈표 2〉 제도적 디커플링 개념을 활용한 실증연구: 자료와 방법론

저자	연도	측정		방법론	데이터
		종속변수	독립변수		
쇼트와 토펠	2010	규제 위협 수준, 규제 감시	정보공개(+), ISO14001 인증(+)	로지스틱 회귀분석	공기청정법이 적용되는 미국 내 산업시설 (1993~2003)
베버, 데이비스, 런스버리	2009	증권시장 설립, 증권시장 활력성	국가적 지지(+), 국제보조금 의존도(+), 국가간 경쟁(+), 국가간 학습(+), 규범적 경쟁(+)	콕스 비례위험모형	글로벌 증권거래 확산 (1980~2000)
웨스트팔과 자작	1994	장기보상제도 도입	CEO 재임기간(+), 사내이사 비율(+), 사외이사 비율(+), CEO와 이사회 의장 겸직(+), 주가수익률(−), 매출액(+)	사건사 분석	CEO 장기보상제도 도입 570개 미국 대기업 (1972~1990)
웨스트팔과 자작	2001	주식 재구매 제도 도입	이사회에 대한 CEO 권한(−), 내부 결속에 의한 디커플링(−), 디커플링 경험(−)	OLS 회귀분석	주식 재구매 제도 도입 412개 미국 중견기업 (1985~1991)
웨스트팔, 굴라티, 쇼텔	1997	통일성, 효율성, 정당성	후기 도입(+), 네트워크 타이(Tie) (+)	OLS 회귀분석	미국 내 모든 지역 종합병원 (1985~1993)

등 조직이론 및 경영 전략 분야의 주요 6개 학술지에서 제도적 디커플링을 키워드로 포함한 총 150편 논문들의 누적 게재수를 시점별로 보여준다. 이 같은 맥락에서 〈표 2〉는 디커플링 개념을 활용한 대표적인 실증연구를 소개한다. 본 장에서는 제도적 디커플링 연구의 양적 성장 과정에서 연구맥락의 확장이 어떻게 이루어졌는지 비판적으로 살펴보고, 연구맥락의 확장이 제도적 디커플링 연구와 신제도주의 이론의 발전에 어떤 기여를 하고 있는지 논의하고자 한다.

영리조직에 대한 연구 증가

제도적 디커플링에 관한 논문 수가 최근 크게 늘어났다. 1990년대 이전까지 관련 논문 편수는 조직이론 및 경영 전략 분야 주요 학술지에 10편이 실렸으나 1991~2000년 18편, 2001~2010년 53편으로

폭증하였다. 이러한 증가 추세는 이후에도 지속해서 이어져 2011년 이후 2018년 3/4 분기까지 6년 9개월 동안 조직이론 및 경영 전략 분야의 주요 학술지에 게재된 제도적 디커플링 관련 연구는 69편에 이른다. 전체 150편 논문 중 문헌연구를 포함해 제도적 디커플링에 대한 개념을 이론적으로 연구한 논문이 45편(30%)이고 실증연구들이 105편(70%)을 차지한다. 1990~2018년 사이 5편이던 제도적 디커플링 관련 이론연구들이 45편으로 늘어난 반면, 동일 기간 실증연구들은 5건에서 105건으로 무려 20배 이상 증가하였다.

이러한 양적 증가와 함께 실증연구의 자료가 수집 및 분석되는 맥락이 확장되었다. 실증연구가 활성화되기 시작하는 1990년대 중반까지 제도적 디커플링에 대한 연구들은 영리와 비영리조직에 비슷한 비중을 두었으나 2000년 이후부터 영리 기업에 대한 실증연구의 비중이 급증하였다(〈그림 2〉 참고). 다양한 맥락에서 제도적 디커플링 개념이 적용되는 것은 제도적 디커플링 연구를 보다 풍부하게 할 수 있다는 점에서 일단 긍정적으로 볼 여지가 있다. 그러나 앞서 개념적 확장의 긍정적, 부정적 측면을 모두 종합적으로 살펴보는 것이 중요했던 것과 마찬가지로 실증맥락 확장의 양 측면도 검토하는 것이 바람직할 것이다.

비영리 조직과 영리 조직은 조직의 목표, 형태, 지배구조 등 다양한 면에서 구분된다(Pache & Santos, 2013). 이를테면 비영리 조직은 조세 혜택 제공에 대한 당위성 등의 이유로 조직의 설립 목적과 활동 분야가 제한적이다(Townsend & Hart, 2008). 따라서 정부, 종교, 의료기관 등 비영리 조직은 영리 조직에 비해 제도적 압력의 원천과 대상이 대체로 명확하고(Zucker, 1987), 제도적 압력이 조직구조와 의사결정 과정에 큰 영향을 끼친다(Ashworth, Boyne, & Delbridge, 2007). 제도적 디커플링 개념을 비영리 조직의 공식구조 변화에 적용한 실증연구들은 지방정부 내 행정개혁 등 조직운영체계(Tolbert & Zucker, 1983), 품질관리total quality management 등 조직운영시스템(Kennedy & Fiss, 2009; Westphal, Gulati, & Shotell, 1997), 대학 교원의 종신재직권(Park et al., 2011) 등 성과측정의 객관적 지표가 명확하게 존재하지 않고 사회적 가치와 규범이 반영되기 쉬운 공식구조의 확산에 초점을 맞추었다.

반면 영리를 추구하는 기업에게 그러한 제도적 압력이 발휘되는가를 밝혀내고 그 영향력을 정확히 측정하기 어려운 경우가 많다. 또한 제도적 압력에 조응하기 위해 공식구조를 채택하는 경우와 경영환경에 따른 전략적 선택의 결과로 나타나는 경우가 혼재되어 있다. 예를 들어 관련 또는 비관련 다각화, 사업구조조정, 인수합병 등을 추구하는 과정에서 조직구조의 변화가 유동적으로 일어나는지, 이러한 과정에서 구체적으로 어떠한 제도적 압력이 작동하는지, 그러한 제도적 요인이 전략적 요인과 상대적인 영향력의 측면에서 차이가 얼마나 나는지 엄밀하게 구분하기 어렵다(Ginsberg & Buchholtz, 1990). 이로 인해 제도적 압력이 영리 조직의 구조와 의사결정 과정에 미치는 영향, 그 결과의 불확실성은 비영리 조직에 비해 크게 나타날 수 있다(Frumkin & Galaskiewicz, 2004). 비영리 조직의 경우 상대적으로 명확한 제도적 맥락에서 디커플링이 추구되는 과정과 결과를 연구자가 비교적 쉽게 포착할 수 있다. 반면 영리 조직의 경우 그렇지 못할 가능성이 더 크다. 따라서 영리 조직의 제도적 디커플링을 연구하기 위해 연구대상, 분석 수준, 변수 설정에 있어 제도적 디커플링이 일어나는 여러 복잡다단한 요인들과 경험적 맥락을 충분히 고려해야 한다는 최근 주장에 일리가 있다(Haack & Schoeneborn, 2014).

제도적 디커플링 연구가 영리 조직으로 확대되는 현상은 다양한 조직적 특성과 환경에서 제도적 디커플링을 이해할 수 있다는 점에서 매우 고무적이다. 하지만 영리 조직들이 활동하는 다양한 경험적 맥락을 이론적으로 충분히 반영해내지 못하는 연구는 새로운 현상을 소개하는 데 그치고 깊은 수준에서 이론적 고찰을 이루어낼 수 없다. 현재 출현하는 독특하고 흥미로운 현상을 재빨리 포착하고 기존 이론을 적용해보는 논문을 많이 양산하는 것도 나름 의미가 있겠으나 그러한 양적 확대가 실질적으로 엄밀한 검증을 통해 진리 추구에 도움이 되는지 여부를 비판적으로 따져보는 일 또한 게을리할 수 없다.

외부감시 강화

제도적 디커플링을 통해 조직은 사회적 정당성을 획득하는 동시에 기술적 효율성이 담보되어야 하는 생산활동을 외부 제도적 압력에서 보호할 수 있다. 이를 위한 한 가지 전제조건은 제도화된 공식조직의 채택과 실행 간 차이가 존재하더라도 정당성을 평가하는 사회구성원들이 그러한 차이를 인지하지 못하여 조직이 제도적 디커플링을 추구함에 따른 부정적 효과가 없거나 매우 낮아야 한다는 것이다(Crilly, Hansen, & Zollo, 2016; Crilly et al., 2012; Fama, 1980; Hill & Jones, 1992; Jensen & Meckling 1976; Terlaak & Gong, 2008). 만약 사회구성원이 제도적 디커플링을 알아차리고 이를 가식적이고 조작된 행위라고 인식하며 부정적 평가를 내린다면 정당성과 효율성을 동시에 달성하기 어려울 것이다.

최근 경영 투명성이 사회적 담론으로 발전하면서 조직과 이해관계자 간 정보의 비대칭성을 감소시키고 이해관계자들의 감시 활동을 증가시키려는 경향이 점차 뚜렷해졌다(Fama, 1980; Hart, 1995; Jensen, 1986). 이러한 감시 활동의 증가로 조직 내부의 일상적 활동이 외부로 투명하게 알려지게 되면 제도적 디커플링을 추구할 가능성이 낮아질 수 있다. 특히 외부 감시의 주체가 지닌 권한이 크거나 조직 내 이해관계자들 사이의 의견이 통일되지 않을 때, 또는 평가기관이나 사회활동가 집단 등 비정부기관의 역할이 활성화되어 있을 때 제도적 디커플링을 추구할 가능성이 낮아진다(Fiss & Zajac, 2006; Thornton, Ocasio, & Lounsbury, 2012). 예를 들어 마르퀴스 등(Marquis et al., 2016)은 조직에 대한 감시가 증가하는 상황에서 조직의 의례적 조응 수준이 낮아지는 것을 발견했다. 제도적 압력이 높은 상황에서 조직이 이를 수용하지 않으면 사회적 정당성을 잃게 된다. 또한 조직에 대한 감시가 높은 상황에서 조직이 제도적 디커플링을 추구하게 되는 경우 역시 정당성을 잃게 될 가능성이 커진다. 이러한 상황에 조직이 어떻게 대응하며 그 대응의 결과는 무엇인지에 대한 이론적 정립과 실증적 검토는 아직 본격적으로 이루어지지 않았다.

다만 이러한 문제에 관심을 촉발하고 해결의 실마리를 제공하는 연구들이 점차 나타나고 있다. 예를 들어 델마스와 토펠(Delmas & Toffel, 2008)은 이해관계자와 접촉이 많은 제도적 압력을 민감하게 수용한다는 결과를 도출했다. 쇼트와 토펠(Short & Toffel, 2010)은 환경정책 연구를 통해 조직에 미치는 제도적 압력이 높은 법적 제도라 할지라도 환경정책 위반에 대한 처벌이 미약한 경우, 제도적 디커플링을 추구할 가능성이 높다는 것을 확인하였다. 이러한 연구들은 외부 감시를 수행하는 이해관계자들의 관심이 크고 활발한 이슈에 대해서는 낮은 수준에서 제도적 디커플링을 추구하지만, 그렇지 않은 경우 높은 수준의 제도적 디커플링을 추구하는 것을 시사한다. 그러나 제도의 압력과 조직이 도입한 제도의 실행이 잘 이루어지고 있는지 감시하는 수준이 동시에 높은 상황에서 조직이 어떻게 제도적 디커플링을 추구하는지에 대해서는 향후 추가적인 연구가 필요하다. 특히 제도적 압력이 높은 상황에서 조직의 디커플링에 대한 외부 감시가 증가하고 기술 변화로 인한 감시 방식이 발전한다는 점을 감안하면, 과연 디커플링이 정당성과 효율성의 동시 추구에 도움이 되는 지속가능한 대응 방식인지 면밀히 살펴볼 필요가 있다.

제도적 압력의 복잡성 증가

최근 이루어지고 있는 제도적 디커플링 연구의 또 다른 특징은 다원화된 제도적 환경에서 다수의 복합적 압력이 증가했다는 점이다. 제도적 압력의 복잡성은 여러 형태로 나타날 수 있다. 첫째, 둘 이상의 제도적 논리를 혼합한 형태로 반영한 하이브리드 조직에서 제도적 압력이 복잡해질 수 있다(Heese et al., 2016; Pache & Santos, 2013). 둘째, 다국적기업과 같이 제도적 환경이 다른 지역에 사업장이 위치하는 경우, 복합적인 제도적 압력이 동시에 작용할 수 있다(Kostova & Roth, 2002; Kostova, Roth, & Dacin, 2008; Marano, Tashman, & Kostova, 2017). 셋째, 조직의 내부 구성원 간 또는 내부 구성원과 주주, 기관투자가, 사내하청업체 등과 같은 외부 이해관계자가 이질적이고 양립하기 어려운 가치와 규범에 근거할 때 제도적 복잡성이 증가할 수 있다 (Greenwood, Raynard, Kodeih, Micelotta, & Lounsbury, 2011; Kodeih & Greenwood, 2014). 이에 따라 복잡한 제도적 환경에서 디커플링이 어떻게 일어나는지에 대한 경험적 연구 문제에 대한 학자들의 관심 역시 커졌다(Battilana & Dorado, 2010; Kostova et al., 2008). 특히 조직이 영리 또는 비영리와 같은 단일한 목표가 아니라 사회적기업과 같이 영리적 목표와 비영리적 목표를 동시에 추구하는 하이브리드 조직이 어떻게 서로 상충 또는 경쟁하는 제도적 논리에 대응하는지에 대한 연구도 점차 관심을 끌고 있다(Carlos & Lewis, 2017; Crilly et al., 2016; George, Chattopadhyay, Sitkin, & Barden, 2006; Greenwood et al., 2011; Heusinkveld, Benders, & Hillebrand, 2013; Hesse et al., 2016; Pache & Santos, 2013; Wijen, 2014).

초기 신제도론에서 조직은 외부의 사회 구성원들로부터 정당성과 지원을 확보하기 위해 제도화된 요구를 수용하고 재현하는 비교적 수동적 객체로 간주되었는데, 그러한 이론적 지향은 다양한 제도적인 논리들이 동시에 존재하는 실증적 맥락에 적절히 적용되기 어렵다 (Besharov & Smith, 2014; Tracey, Phillips, & Jarvis, 2011). 다양한 제도적 논리의 영향 중 어떤 것이 수용되고 또 어떤 것이 거부되는지를 알기 위해서 조직 내부의 능동적 의사결정 과정에 대한 분석이 필수적이기 때문이다. 이와 마찬가지로 조직을 단일한 객체로 단순하게 파악하는 제도적 디커플링 연구 역시 명백한 한계를 지닐 것이다. 모든 조직 구성원이 일관된 방식으로 외부 제도적 압력을 수용한다고 전제하는 한 제도적 복잡성의 영향을 충분히 고려하기 어렵기 때문이다.

디커플링에 관한 최근 연구들은 이러한 한계를 극복하려고 시도한다. 예를 들어 바틸라나와 도라도(Battilana & Dorado, 2010)는 사회적 기업 등 하이브리드 조직의 경우 영리 또는 비영리 단일 목적을 추구하는 조직과 다른 제도적 논리가 적용된다고 주장하였다. 코스토바와 로스(Kostova & Roth, 2002)는 다국적기업이 모회사와 자회사 간 제도적 논리와 자회사가 위치한 지역과의 제도적 논리의 이중성에 노출되어 있다는 점을 강조하였다. 자회사가 모회사에 대한 자원 의존성이 높을수록 모회사가 추진하는 정책을 공식 채택할 가능성이 높지만 실제 운용에 반드시 반영된다고 볼 수 없다는 것이다. 이를테면 모회사와 자회사 간 신뢰가 낮을 경우 또는 자회사가 위치한 국가의 법적 규제나 규범적 가치가 자회사와 일치되지 않을 경우 디커플링이 발생할 수 있다. 또한 이러한 경향은 진출국의 제도적 환경에 따라 크게 다르게 나타난다(Kostova et al., 2008). 히스 등(Heese et al., 2016)이 복합적인 목적을 지닌 하이브리드 조직에 관해 수행한 연구에 따르면, 자선 치료 및 의학 교육을 제공하는 이른바 '선한 병원'이 보험 환자들에게 규정보다 높은 비용을 청구하더라도 규제 당국이 관대하게 처벌한다는 점을 밝혔다. 이처럼 제도적 압력의 복잡성이 증가하는 현실을 충분히 반영한 최근 연구들은 제도적 디커플링 개념을 통하여 수동적 조직관이라는 신제도론 초기의 이론적 한계를 극복할 수 있다는 점을 시사한다.

3
향후 연구 방향

　제도적 디커플링 개념이 확장되어 조직이론의 다른 패러다임과 상호대화가 촉진되고 실증연구로 검증되는 과정에서 개념적, 맥락적 범위가 크게 확대된 점은 분명 바람직하다. 그러나 개념의 확장과 이에 따른 모호성 증가 등 시급히 해결해야 할 과제도 있다. 이러한 과제 해결의 시작점으로 다음 세 가지 쟁점 사항들을 논의하고 향후 연구 방향을 소개한다.

1. 제도적 디커플링은 의도적으로 계산된 고도의 전략적 선택인가?

　제도적 디커플링과 관련된 최근 연구의 중요한 특징은 제도화된 공식구조의 채택과 실제 활용 간 괴리가 전략적 선택의 결과라고 주장하는 등 행위자의 목적성과 의도성이 크게 강조되고 있다는 점이다. 웨스트팔과 자작(Westphal & Zajac, 1994, 1998)은 조직의 디커플링 수준에 CEO가 매우 중요한 영향을 미치고 있다고 주장한다. 파세와 산토스(Pache & Santos, 2013)는 사회적기업을 대상으로 진행한 연구에서 제도적 압력에 대해 조직이 선택적으로 대응할 수 있음을 실증하고 있다. 김은희와 리온(Kim & Lyon, 2014) 역시 조직이 유불리를 따져 적정한 수준에서 디커플링을 추구하는 등 제도적 압력에 나름대로의 재량권을 행사함을 밝혔다. 킹, 레녹스와 털락(King, Lenox, & Ter-laak, 2005)과 카를로스와 루이스(Carlos & Lewis, 2017)는 조직의 의도적인 측면을 보다 강조하여 특정 제도적 압력에 대해 전략적으로 유리한 선택적 대응을 할 수 있다고 보았다. 그리고 조직이 외부 이해관계자들의 인식에 긍정적 영향을 미치는 방식으로 의사소통의 내용과 형식을 조정 및 가공함으로써 디커플링 관련 정보를 의도적으로 설정한다고 주장하는 일련의 연구들이 있다(최수빈·지형주·김상준, 2018; Crilly et al., 2016; Fiss & Zajac, 2006; George et al., 2006; Kennedy & Fiss, 2009; Marquis et al., 2016).

이러한 시각이 제도적 환경에서 비롯되는 획일적 압력과 개별 조직이 처리해야 할 기술적 요구를 균형 있게 다룬다면 제도적 디커플링의 본질적 의미가 이상적으로 반영될 것이나, 실제 연구에서 이러한 균형이 쉽게 달성되는지 확실치 않다. 마이어와 로완(Meyer & Rowan, 1977)이 정의한 바로는 제도화된 공식구조를 조직이 도입하는 과정에서 제도적 디커플링이 의도치 않게 발생하는 비자발적 결과인지 내부 효율성 유지를 위한 전략적 의도에서 비롯된 자발적 선택의 결과인지 명확히 구분하기 어렵다. 제도적 디커플링이 전략적 선택에 따른 합리적 결과라고 주장하는 최근의 연구 경향이 전부 잘못되었다고 보기 어려우나, 행위자의 의도성을 본격적으로 제도이론의 체계 안에서 풀어내려는 시도가 충분치 않은 것이 사실이다. 디마지오(DiMaggio, 1988)는 이러한 점을 지적하며 신제도주의 이론이 성공적으로 제도화된 공식구조의 확산과 재생산에 대해서는 뛰어난 설명력을 제공하지만, 제도의 생성과 변동을 이끄는 목적성 있는 행위자의 역할을 간과하고 있다고 지적한 바 있다.

제도적 압력이 실재하나 행동을 규정짓는 제약요인으로 전혀 작동하지 않고 행위자의 전략적 의도가 공식구조의 채택과 활용을 전적으로 결정짓는다고 주장한다면, 이는 신제도론의 핵심적인 통찰력이 상실되는 접근이다. 또한 제도적 압력이 존재하지 않는 상황에서 행위자의 의사결정 과정이 주로 조직 특유의 기능적 요구와 이를 위한 경제적 합리성에 좌우되는 것이 당연할 것이다. 이러한 맥락에까지 제도적 디커플링 개념을 확대 적용하는 것은 과도한 확장에 해당할 것이다. 따라서 행위자의 목적 지향성과 합리적 선택 가능성을 감안하면서도 제도화된 구조의 행위 규제력 등 신제도론의 본질적 혜안을 충분히 담아낼 수 있는 연구 방향에 대한 고민이 필요하다. 이러한 양면성을 제도적 디커플링 연구에 있어 강점으로 볼 것인지 아니면 약점으로 볼 것인지 연구자의 고민과 선택이 중요하다. 조직 외부 제도적 환경과 내부 기술적 요구를 포괄하여 체계적으로 분석할 수 있는 유용한 개념으로 디커플링을 이해하는 연구자가 있는 반면, 상반된 영향력을 동시에 설명하려는 이론적 모순으로 치부하는 연구자도 있을 것이다.

이러한 논의가 의미 있고 생산적인 토론으로 발전되기 위해서 제도적 디커플링 개념의 유용성을 무조건 지지하거나 무용성을 성급히 받아들여 이 개념을 폐기해야 한다는 양극단적 주장을 경계해야 한다. 이 개념이 신제도론의 핵심 주장을 검증하고 이론적 지평을 확장하는 데 실제로 어떠한 도움을 얼마나 줄 수 있는지를 객관적으로 따져보고, 개념의 본질적 가치를 비판적으로 고찰하는 과정이 시급하다. 이러한 과정에 도움이 될 만한 기존 연구가 상당수 있다. 이를 테면 신제도론에 전략적 선택 관점을 접목하여 행위자의 의도적 선택이 가능한 제도적 기반과 조건을 탐색한 기존 연구들이 시사하는 바가 크다 (Edelman, 1990; Goodrick & Salancik, 1996; Park et al., 2011; Sutton & Dobbin, 1996). 이러한 연구들의 핵심주장은 제도화된 공식구조가 조직 구성원들에게 구체적인 실행의 절차와 결과를 알려주지 못하는 본질적 모호성을 내포하고 있다는 것이다. 그러한 상황에서는 개별 행위자가 각 상황에 적합한 방식으로 나름대로의 주도적 의사결정을 내리는 것이 불가피한데, 이러한 과정에서 제도적 디커플링이 나타날 수 있다. 예를 들어 기업의 사회적 책임이라는 규범적 담론과 기대를 따르기 위해 제도화된 기업의 사회적 책임 정보공개 프로그램을 채택할 수 있으나, 그러한 프로그램의 실행을 위해서 어느 정도의 내부 자원을 투입할 것이며 무슨 정보를 어디까지 공개할 것인지 등에 대한 매우 구체적인 지침과 행동규칙은 제도화된 공식구조에 담기기 어렵다. 따라서 기업의 사회적 책임 정보공개 프로그램의 실행을 담당하는 직원이 상황마다 나름대로의 판단을 내릴 수밖에 없으며 이러한 과정이 계속되면서 동일한 정보공개 프로그램을 채택한 기업들 간 실행 방식 및 범위에 상당한 차이가 발생할 수 있다. 어떤 조건에서 제도화된 공식구조의 불확실성이 커지고 개인의 전략적 선택의 여지가 확장되는지, 또 이러한 선택이 조직성과에 어떤 영향을 미치는지를 검토하는 연구가 중요하다.

2. 제도적 디커플링은 조직 내부구성원들에게 어떻게 수용되는가?

제도적 디커플링은 주로 거시적인 수준에서 제도적 압력이 조직의 사회적 정당성 획득에 미치는 영향을 설명하지만, 미시적인 수준에서 조직 내 구성원들이 어떻게 반응할 것인가?라는 질문이 제기될 수 있다(Goodstein, 1994; Mezias, 1990; Oliver, 1991). 그럼에도 불구하고 미시적인 기반에 관한 제도적 디커플링 연구는 거의 이루어지지 않았다(Hirsh, 1997; Powell & Colyvas, 2008). 조직이 제도적 디커플링을 추구하게 되면 조직 외부의 사회구성원들은 가시적인 채택 행동을 규범적 조응의 중요한 판단기준으로 삼겠으나, 조직 내부 사정을 잘 알고 있는 조직 구성원들은 도입목적과 취지에 부합되지 않는 디커플링 현상을 누구보다도 쉽게 파악할 것이다. 따라서 조직 구성원들이 내리는 정당성 평가는 외부 사회구성원이 내리는 평가와 다를 가능성이 높다. 맥클린, 리츠키, 그리고 홀더니스(MacLean, Litzky, & Holder-ness, 2015)는 제약 및 금융서비스 산업에 종사하는 전문가 조직 구성원 182명을 대상으로 실시한 설문조사를 통해 조직이 윤리경영정책을 도입한 후 디커플링이 발생하는 경우 조직원들의 심리적 계약파기psychological contract breach로 인해 조직 냉소주의organizational cynicism가 증가하는 것을 발견하였다. 이러한 이유에서 조직이 제도적 디커플링을 추구하기 위해 내부 구성원의 동조와 수용이 필요하다는 점을 지적하는 연구들이 있다. 예를 들어 조선미·강정한(2011)은 노사 간 협의체가 발달하여 경영진과 조직 구성원 간 의사소통이 활발한 경우 경력개발 프로그램 도입에 따른 제도적 디커플링 정도가 낮아지는 것을 발견하였다. 크릴리 등(Crilly et al., 2012)은 조직 내 관리자들의 인식공유가 제도적 디커플링 수준에 영향을 미칠 수 있다는 점을 확인하고 있다.

이러한 관점에서 본다면 몇몇 학자들이 지적한 바와 같이(Suchman, 1995; Yoon & Thye, 2000), 정당성의 근원을 내부와 외부로 구분하되 이를 통합적으로 논의할 필요가 있다. 제도적 디커플링에 관한 기존 연구들은 사회적 기대에 대한 조응을 통해 정당성을 확보한다는 점을 강조하지만, 내부 구성원들로부터 어떻게 정당성을 확보하는지에 대해 상세하게 다루지 못하고 있기 때문이다. 따라서 외부에 비해 조직 내부 사정에 대해 자세히 알고 있는 내부 구성원들을 대상으로 디커플링 과정을 면밀히 살펴보는 연구가 필요하다. 또한 디커플링이 진행되는 과정에서 내부 구성원들이 경험하는 내적 긴장이 일어나는지 여부와 긴장이 어떻게 증가 또는 완화되는지에 대한 추가 연구가 필요하다. 사회적 기대와 조직 내부의 효율성 요구가 상충되면서 나타나는 디커플링의 개념적 본질을 고려하면, 제도적 환경의 일방적 영향에만 초점을 맞추기보다 조직 내부의 역동에 관심을 기울이는 것이 디커플링 연구를 심화시킬 수 있는 유용한 방안이 될 것이다.

　이러한 관점에서 문은미와 정지욱(Mun & Jung, 2018)은 조직 내에서 제도적 디커플링으로 인한 긴장이 어떻게 관리되는지 의미 있는 시사점을 준다. 이 연구는 여성인력 확대를 통한 양성평등 달성이라는 외부 글로벌 규범에 조응하는 동시에 조직 내부 기술적 효율성을 제고하려는 인사관리 담당자들과 충돌이 어떻게 조절되는지 검토한다. 이 연구에 따르면 여성인력 확대라는 글로벌 규범을 따르기 위해 일본 내 기업들은 이사회 및 관리자 내 여성인력 비율을 확대하고 생산직 등 비관리자 인력은 현상태를 유지함으로써 내부의 기술적 효율성을 보호하는 것을 알 수 있다. 그리고 이러한 과정에서 기업의 사회적 책임 담당자들은 조직 내 인사담당자와 여성인력 확대를 요구하는 제도적 압력을 가하는 글로벌 투자기관들과 투자자 커뮤니케이션 담당자 간 소통을 촉진함으로써 조직 내외부 간 긴장관계를 완화하는 것으로 나타났다. 이처럼 제도적 디커플링이 조직 내부에 미치는 영향을 세세하게 파헤치는 미시적 접근이 더욱 활성화될 것으로 전망된다(김재엽·맹현아·최장호, 2018).

3. 제도적 디커플링이 적용되는 조직의 범위가 어디까지 확장될까?

지금까지 제도적 디커플링을 다루는 기존 연구의 대부분은 사회적 기대에 부응하여 제도화된 공식구조를 도입하는 영리 및 비영리 조직이 주요 연구대상이었다. 도빈과 서튼(Dobbin & Sutton, 1998)은 대부분의 연구가 제도적 압력을 받는 조직에 국한되는 문제를 지적하고, 이를 제도적 압력의 원천인 정부, 시민단체, 사회운동가 등 다양한 집합적 행위자collective actors로 확장할 것을 주장한다. 예를 들어 정부 규제 기관들이 서로 완벽히 독립적인 의사결정을 내리는 것이 아니라 다른 원천으로부터 비롯되는 여러 제도적 압력에 노출되어 있으며, 이에 대응하여 사회적 정당성을 확보하는 과정에서 이들 기관의 정책 의사결정이 영향을 받는다는 점을 고려하면 위 주장이 타당한 것으로 보인다(Hiatt & Park, 2013).

이와 관련하여 최근 시민단체, 국제기구 등 다양한 외부기관의 영향력이 점차 커지는 상황에서 향후 제도주의 조직이론의 분석대상이 다양해지고 확대될 여지가 크다. 기업의 투명성과 사회적 책임 활동이 강화되고 환경과 에너지 자원의 지속가능성에 대한 관심이 커짐에 따라 많은 국가에서 정부 주도의 정책수립과 실행이 증가하고 있다(Bansal & Hoffman 2012; York, Hargrave, & Pacheco, 2016). 미국의 그린 뉴딜정책, 중국의 재생에너지법, 한국의 저탄소녹색성장기본법 등 다양한 기후변화 및 환경정책이 여러 국가에 도입되고 있다. 또한 글로벌녹색성장기구Global Green Growth Institute와 녹색기후기금Green Climate Fund 등 국제기구들이 에너지 및 환경 분야의 국제적 담론 형성과 정책적 공조를 촉진시키고 있다(Delmas & Montes-Sancho, 2010; Delmas & Terlaak, 2001).

이러한 기관들이 영리 및 비영리 부분의 조직들에게 제도적 압력을 행사하는 원천으로 작동한다. 이들에 대한 향후 연구로 크게 세 가지를 생각해볼 수 있다. 첫째, 기존 연구들이 제도적 환경의 압력을 중요하게 여기면서도 그러한 압력을 행사하는 구체적인 원천과 작동기제에 대해서 본격적으로 다루지 않았다. 예를 들어 정부기관의 정책수립과 규제의 영향은 행정학, 정치학 등 다른 학문의 영역에 속한 것으로 여기는 경우가 많다. 그러나 법적 체계와 조직 간 관계는 조직이론 패러다임의 중요한 분석대상이라는 것이 학자들의 공통된 견해이다(Dobbin & Sutton, 1998; Edelman & Suchman, 1997). 최근 정부, 시민단체, 국제기구 등 다양한 규제기관의 영향력이 커지고 있음을 감안하여 이들을 제도적 압력의 구체적인 원천으로 특정하고 중요한 연구대상으로 삼는 것이 바람직할 것이다.

둘째, 각종 규제의 수립과 실제 집행 사이에서 나타나는 괴리현상을 새로운 형태의 제도적 디커플링으로 연구할 수 있다. 히스 등(Heese et al., 2016)은 병원의 보험료 청구를 감독하는 규제기관이 자선활동이 활발한 병원에 대해서는 보험료 청구가 과다하더라도 관대하게 처벌하는 것을 발견하였다. 이를 규제기관의 공식정책 수립과 실제 규제적용 간 디커플링으로 파악할 수 있다는 것이다. 왕 등(Wang et al., 2018)은 디커플링의 주체를 기업이 아닌 규제기관인 중앙정부와 지방정부로 두고 중앙정부와 지방정부 간 정책 간policy-policy 디커플링 수준이 조직의 환경 활동에 어떤 영향을 미치는지에 대해 연구하였다. 이러한 논의를 종합하면, 디커플링 연구의 실증맥락을 기업 등 규제대상에서 정부기관 등 규제원천으로 확대하려는 연구가 향후 의미 있는 분야로 대두될 가능성이 있다(Tashman & Kostova, 2018).

셋째, 신제도론의 전통적 연구는 제도화가 충분히 진행되어 상당한 제도적 압력이 조직필드에 작용하는 단계를 상정했다. 그러나 신재생에너지, 전기차, 환경기술 등 정부 주도로 정책이 수립되고 실행되는 분야는 대체로 새로 창출되는 산업 부문이거나 시장 범주로서 당연시되는 사회문화적 규범에서 비롯된 압력이 충분치 않은 경우가 많다(박상찬·차현진, 2017). 이런 상황에서 제도적 디커플링이 과연 개인과 조직의 행위를 설명하는 데 여전히 유용한가, 산업과 시장 성숙에 따라 디커플링이 어떻게 다른 형태와 방향으로 나타나는가, 정부정책의 효과성을 담보하기 위해 디커플링 현상을 어떻게 다룰 수 있는가 등 이론과 실무적 시사점이 큰 연구가 가능하다.

4
결론

　마이어와 로완(Meyer & Rowan, 1977)이 제도적 디커플링 개념을 '제도화된 공식구조의 채택과 실제 활동 간 차이'로 정의하고 신제도론의 핵심 주장으로 도입했으나, 이론적 중요성에 비해 조직이론 연구에서 그동안 충분히 다루어지지 않았다. 웨스트팔과 자작(Westphal & Zajac, 1994, 1998, 2001)이 수행한 일련의 연구는 제도적 디커플링 개념을 상징성 중심으로 재해석하고 실증분석의 가능성을 제시하였고, 이후 다양한 경험적 연구 맥락에서 디커플링 개념이 적용되면서 연구의 양적 확대로 이어졌다. 다양한 맥락에서 한 개념을 반복하여 검증하여 제도적 디커플링 연구가 양적으로 성장하는 것이 참신함의 추구와 진리 추구의 긴장관계를 해소하고 이론적 발전을 이루는 데 일조할 수 있다. 그러나 앞서 논의한 바와 같이 양적 성장에 못지 않게, 또는 오히려 더 중요하게 여겨지는 것이 제도적 디커플링 연구의 질적 성장이다. 이러한 질적 성장이 이루어지고 있음을 어떻게 가늠해볼 수 있는가?

　한 가지 방법은, 디커플링 개념이 신제도론의 고유한 강점에 얼마나 기여하는가를 질문하는 것이다. 조직이론의 여러 패러다임들이 대화와 상호학습을 통해 발전해왔음을 고려하면 각 패러다임이 지닌 고유한 강점들을 갖는 것이 생산적인 대화의 핵심 전제조건이다. 제도적 디커플링은 외부 제도적 환경의 압력과 내부 기술적 요구의 괴리가 존재함을 강조하는 독특한 접근법이다. 이러한 고유한 특성이 과연 디커플링 개념에 관한 기존 연구들에서 충분히 발현되고 탁월한 사유의 시선으로 연결되었는지 확실치 않다. 이 글에서 앞서 논의한 바와 같이 개념적으로 과도하게 확장되면서 디커플링이 지닌 본래의 의미가 혼재되거나 모호해진 측면이 있기 때문이다. 이는 제도적 디커플링 연구가 향후 해결해야 할 중요한 과제이다.

질적 성장을 판단할 수 있는 또 한 가지 방법은, 디커플링 개념이 이웃한 다른 이론 패러다임과 생산적인 대화를 얼마나 촉진시켰는가 질문하는 것이다. 사회적 가치와 문화적 규칙 등 제도적 환경에서 비롯된 요구에 초점을 맞추면서도 의사결정자가 고려하는 경제적 합리성과 조직 고유의 기술적, 기능적 요구 등 타 이론적 체계의 주장을 함께 수용함으로써 제도적 디커플링은 조직이론의 다른 이론 패러다임과 상호보완적 대화에 상당히 적합하다. 본 연구에서 검토한 바와 같이 조직학습, 지위, 정체성 등 인접한 다른 이론 패러다임과 연계를 통해 통찰력 있는 결과가 도출되었다는 점이 이러한 해석을 뒷받침한다.

이에 추가하여 지금까지 조직이론 내 패러다임 간 대화가 활발하였으나 향후 조직이론 경계에서 벗어나 정치학과 경제학 등 다른 학문 체계로 개념적 외연을 넓히는 시도가 중요할 것이다. 예를 들어 파월과 디마지오(Powell & DiMaggio, 1991)는 사회학에서 주로 다룬 제도론뿐만 아니라 거래비용에 초점을 맞춘 신제도주의 경제학과 정치제도 및 국제정치의 역학관계에 대한 정치학의 제도적 접근방식을 폭넓게 소개하면서, 이처럼 다양한 제도적 관점으로 구성된 학문적 지평에서 신제도주의 조직이론이 차지하는 위치와 여러 관점 사이의 차이를 분석했다. 여러 제도적 관점의 특이성에 근거하여 상호 생산적인 대화가 일어날 가능성이 큼에도 불구하고 아직까지 충분히 의미 있는 학문적 성과가 도출되었다고 보기 힘든 상태이다. 제도적 디커플링 개념이 신제도론의 핵심주장을 함축적으로 담고 있으면서도 과업환경의 기술적 효율성을 감안한 합리적 의사결정 과정과 이해관계의 역학을 무시하지 않는다. 이런 점을 고려하면 이 개념이 다양한 제도적 관점 간 개방적 대화와 이론적 외연 확장에 기여할 가능성이 크다.

결론적으로, 제도적 디커플링이 이론적 패러다임의 설계와 검증, 기존 패러다임들 간 대화와 통합, 참신함과 진리 추구에 미치는 근본적인 기여와 영향의 측면에서 상당히 큰 잠재력이 있으나 여전히 해결해야 할 과제를 안고 있다. 제도적 디커플링이 조직이론의 다른 패러다임과 상호보완적 협력을 용이하게 하고 여러 경험적 맥락으로 확장하기 유용하나, 그 개념이 기반한 신제도주의 조직이론에서 갖는 본질적 의미에 대해 재고찰이 필요하다. 또한 개념적 명확성과 방법론적 엄밀성을 제고함으로써 이론 패러다임의 신뢰성을 향상시키는 것이 중요할 것이다. 이를 위해 제도적 디커플링이 행위자의 전략적 의도와 선택을 언제 얼마나 반영하는가, 조직 외부와 내부의 이해관계자들에게서 정당성을 획득하는 과정은 어떠한가, 제도적 압력의 대상뿐만 아니라 그러한 압력의 원천과 압력의 종류를 세분화하여 연구범위를 확장할 수 있는가 등 중요하고 새로운 질문을 면밀하고 체계적으로 분석할 가치가 크다.

13장

전략경영의 대안적
패러다임들과 미래 방향
: 프랙티스 전략과 행동 전략의 발전과 과제[1]

신동엽

연세대학교 경영대학 교수, E-mail: dshin@yonsei.ac.kr

예일대학교에서 조직이론으로 박사학위를 취득하고 현재 연세대학교 경영대학 매니지먼트 분야 교수로 재직 중이다. 제도이론과 사회 네트워크이론, 사회운동이론 등에 기반한 거시 조직 이론 연구가 주 관심사이다. 『행정 과학 계간지Administrative Science Quarterly』『조직과학Organization Science』『시론Poetics』를 비롯한 국내외 주요 학술지에 다수의 논문을 게재하였고 5권의 책에 저자로 참여하였다.

정기원

연세대학교 경영연구소 전문연구원, E-mail: onejk@yonsei.ac.kr

연세대학교 경영대학에서 학사, 석사, 박사학위를 받았고 현재 연세대학교 경영연구소 전문연구원이다. 『아시안 경영과 매니지먼트Asian Business & Management』『아시아 퍼시픽 경영저널Asia Pacific Journal of Management』『오스트레일리언 경영저널Australian Journal of Management』『경영학연구』『인사조직연구』 등 국내외 학술지에 다수의 논문을 발표하였다. 한국기업의 다각화 전략의 수립과 실행, 사업철수, 조직 학습 등에 관심을 가지고 연구를 지속하고 있다.

노그림

연세대학교 경영연구소 전문연구원, E-mail: grimmnoh@gmail.com

연세대학교 경영대학에서 학사, 석사, 박사학위를 받았고 현재 연세대학교 경영연구소 전문연구원이다. 『아시안 경영과 매니지먼트Asian Business & Management』『인사조직연구』『전략경영연구』 등 국내외 학술지에 다수의 논문을 발표하였다. 거시 조직이론과 경영 전략 분야를 주로 연구하며 구체적인 연구대상은 기업집단, 다국적기업, 문화산업 등이다.

*이 글은 『인사조직연구』 2016년 11월호(24권 4호)에 게재되었던 논문(프랙티스 관점 전략이론Strategy As Practice의 전망과 과제: 전략연구에서 경제학기반 방법론적 개인주의의 극복가능성을 찾아서)과 『인사조직연구』 2017년 8월호(25권 3호)에 게재되었던 논문(행동 전략의 발전과 과제: 전략연구의 행동과학적 전환)을 통합하고 수정·보완하여 완성되었음을 밝힌다. 따라서 이 글의 내용에는 두 논문과 중복되는 부분이 포함되어 있다.

1

머리말: 전략경영의 패러다임 위기와 대안들

　1980년대 초에 '산업구조론industry structure perspective'과 '자원기반
관점resource based view'을 양대 축으로 전략경영이 독립적인 학문 영역
으로 확립된 지 40년 가까운 시간이 경과된 현재 이 분야가 연구, 교
육, 그리고 실천 등 모든 면에서 심각한 한계에 직면하고 있다(Porter,
1980; Wernerfelt, 1984). 전략경영을 대표해온 이 두 관점은 그동안 많
은 연구의 기반이 되어왔으나 최근에는 그 잠재력을 소진하여 더 이
상 학문적으로나 실천적으로 의미 있는 시사점을 제공하는 새로운 연
구들이 나타나지 않고 있다. 전략경영 분야가 학문적 활력과 역동성
을 상실함에 따라 이 두 기존 패러다임을 대체할 수 있는 새로운 패
러다임의 발전이 절실하게 필요해졌다. 이런 시대적 요구에 부응하여
2010년 무렵부터 두 가지의 대안적 전략경영 패러다임이 유럽과 미
국 매니지먼트 학계에서 각각 제시되어 현재 빠르게 성장하고 있다.
이 글은 기존 전략경영의 이론과 방법론적 한계를 극복하는 데 기여
할 잠재력이 큰 새로운 패러다임인 '프랙티스 전략strategy as practice'과
'행동 전략behavioral strategy'의 핵심 논지와 과제, 그리고 미래 발전 방

향을 토론함으로써 아직 초기 단계에 있는 이 새로운 전략경영 패러다임들의 발전은 물론 전략경영을 비롯한 전체 매니지먼트학계의 미래 발전에 기여하고자 한다.[2]

크게 거시 조직이론과 전략경영, 미시 조직행동, 인적자원관리로 구성되는 매니지먼트 분야는 경영학의 모든 분야들을 통틀어 가장 학문적 수월성이 높고 이론적 폭과 깊이가 뛰어나지만 최근에는 새로운 이론 패러다임들의 등장이 뜸해지면서 정체기에 빠진 것이 아니냐는 비판을 받고 있다(Hambrick, 2007; Davis, 2010, 2015; Suddaby, Hardy, & Huy, 2011). 현재의 패러다임 정체가 사실인지 여부에 대한 찬반논란이 치열하고(March, 2007; Lounsbury & Beckman, 2015), 또한 새로운 이론 패러다임들을 끊임없이 양산해내던 매니지먼트 분야의 과거 추세가 오히려 당시에는 필드가 미성숙했다는 증거라고 보는 관점도 있다. 예를 들면 페퍼(Pfeffer, 1993)는 기존 이론 패러다임들을 정교화하려고 노력하기보다 새로운 이론 패러다임들을 계속 양산해내던 매니지먼트 분야의 기존 관행이 오히려 패러다임 발전을 방해했다며 특정 패러다임에 대한 반복적 검증, 수정, 그리고 누적적 발전을 촉구했다. 심지어 햄브릭(Hambrick, 2007)은 매니지먼트 분야의 새로운 이론에 대한 집착을 '이론의 우상화idolization of theory'로 부르며 이 같은 새 이론 편향성이 실세계 현상에 대한 정확하고 깊이 있는 이해를 가로막는 가장 큰 장애요인이라고 비판했다. 패러다임 위기 여부에 대한 이런 논쟁에 더하여 해결책과 처방 또한 다양하게 제시되었다. 데이비스(Davis, 2010)와 햄브릭(Hambrick, 2007)은 새로운 이론 패러다임의 계속적 발굴에 집착하지 말고 경영 현상과 문제 자체에 초점을 맞추어 다각적이고 엄밀한 이해와 분석에 집중하는 방향으로 매니지먼트 학계가 전환해야 한다고 주장했다. 반면, 수더바이와 동료들

(Suddaby st al., 2011)은 다른 분야들에서 개발된 이론과 방법론의 차용과 응용이 아니라 경영 현상의 핵심 본질에 초점을 맞춘 매니지먼트 분야만의 독창적인 새 이론의 개발을 촉구하고 있다.

매니지먼트 분야의 최근 패러다임 위기 여부를 둘러싼 이견과 논란에도 불구하고 제도이론(Meyer & Rowan, 1977; DiMaggio & Powell, 1983), 조직생태학(Hannan & Freeman, 1977), 사회 네트워크이론(White, Boorman, & Breiger, 1976; Granovetter, 1973, 1985), 거래비용경제학(Williamson, 1975, 1985), 조직학습이론(Levitt & March, 1988), 자원의존이론(Pfeffer & Salancik, 1978), 산업구조론(Porter, 1980), 진화경제학(Nelson & Winter, 1982), 자원기반관점(Wernerfelt, 1984) 등 매니지먼트 분야 전체를 근본적으로 변화시킨 다양한 이론 패러다임들이 거의 동시에 등장했던 1970년대 중반에서 1980년대 중반에 이르는 시기에 비교하면 확실히 패러다임 역동성이 낮아진 것은 사실이다. 이런 사실은 21세기에 접어들어서도 새로운 매니지먼트이론의 출현은 거의 없고 오히려 1970년대 중반에서 1980년대 중반까지의 패러다임 황금기에 배출되어 고전이 된 논문들의 인용빈도가 최근 들어 더 높아지고 있다는 추세에서 명확하게 확인될 수 있다(Davis, 2015).

이런 관점에서 최근 기존 주류 전략경영 패러다임들의 한계를 극복하기 위해 등장하여 급성장하고 있는 프랙티스 전략과 행동 전략은 학문 연구, 교육, 그리고 실천의 양면에서 모두 중요한 시사점을 제공한다. 이 두 가지 새로운 전략경영 패러다임은 모두 산업구조론과 자원기반관점이라는 기존 전략경영의 주류 패러다임의 한계 인식과 비판에서 출발하고 있으므로 정확한 이해를 위해서는 먼저 기존 패러다임들의 역사적 발전과정, 핵심 주장, 그리고 한계를 살펴보는 것이 필요할 것이다.

2

전략경영의 역사적 발전과 한계

1. 전략경영의 탄생과 발전

현재 대안적 전략경영 패러다임으로 급부상하고 있는 프랙티스 전략과 행동 전략은 모두 산업구조론(Porter, 1980)이나 자원기반관점(Wenerfelt, 1984) 등과 같은 기존 주류 패러다임들과 확연히 대비되는 특징들을 가지고 있다. 변증법적 역사관에서 제시하는 역사발전의 일반적 원리와 마찬가지로 학문세계에서 이론 패러다임의 발전사도 기존 패러다임의 한계와 모순으로부터 출발하는 것이 대부분이다(Radar, 1979). 그리고 변증법적 역사관에서 제시하듯이 기존 이론 패러다임의 한계를 극복하려는 과정에서 그 자체의 새로운 한계와 모순을 잉태하게 된다. 따라서 새로운 이론 패러다임의 등장 배경과 핵심 논지, 그리고 그 한계를 정확하게 이해하려면 기존 패러다임의 한계를 먼저 살펴봐야 하므로 먼저 전략경영 패러다임의 발전 역사를 고찰하는 것이 필요하다.

전략경영은 독자적 정체성을 가진 별도 분야로 정착된 지 그리 오래되지 않은 젊은 학문이다. 1960~1970년대까지 전략은 경영진

executives을 비롯한 일반관리자general managers의 기능 중 하나로 이해되었으며 포괄적인 표현인 '전략strategy'보다는 구체적 표현인 '사업정책business policy'으로 불리었다(Learned 1969; Glueck, 1972; Schendel & Hatten, 1972). 따라서 전략을 별도의 기능이나 분야로 보지 않았다. 예를 들면 바나드(Barnard, 1938)의 잘 알려진 저작 『경영진의 기능들 The Functions of the Executive』을 보면 현대적 관점에서의 전략적 역할인 전략수립과 전략실행 등은 포함되어 있지 않고 대신 지속적인 새로운 목표제시와 같은 포괄적 의미에서의 전략적 행위의 일부만 커뮤니케이션이나 인센티브와 같은 조직관리 기능들에 포함되어 있다. 대표적 매니지먼트 학회인 아카데미 오브 매니지먼트Academy of Management의 전략분과의 명칭이 여전히 '경영정책과 전략Business Policy and Strategy' 인 사실에서도 그 역사적 흔적을 발견할 수 있다. 이런 역사적 사실은 1972년에 사업정책과 전략경영을 대비시키면서 후자가 새로운 학문 영역으로 부상하고 있다는 점을 설명한 쉔델과 해튼(Schendel & Hatten, 1972)의 논문에서 자세히 토론되고 있다.

그러나 1960년대 초에도 벌써 '정책policy'이 아닌 '전략strategy' 개념에 관심을 가졌던 예외가 챈들러(Chandler, 1962)이다. 역사학적 조직이론가였던 챈들러는 1960년대 초에 조직구조가 각 기업이 선택한 전략의 유형에 의해 결정된다는 '구조는 전략을 따른다structure follows strategy.' 명제를 제시하면서 이미 단순한 정책기능을 넘어선 현대적 의미의 전략 개념을 제시했다. 그리고 조직이론적 전통에서 차일드 (Child, 1972)가 상황적합성이론의 결정론적 한계를 비판하기 위해 경영진의 '전략적 선택strategic choice'이라는 표현을 사용하기도 했다. 그러나 챈들러나 차일드는 자신의 정체성을 전략경영학자로 인식하지 않았으며 당시 급속하게 발전하던 거시 조직이론organization theory의

상황적합성이론contingency theory의 일원으로 동일시하였다. 물론 1970
년대 초 중반에 루멜트(Rumelt, 1974)의 다각화 유형구분 연구가 있었
으나 챈들러의 이론을 실증연구로 확장시킨 것이었지 이론 자체의 발
전은 크지 않았고, 또 민츠버그(Mintzberg, 1973)가 후에 전략의 프로
세스 이론process theory의 단초가 될 경영자의 실제 일과에 대한 연구들
을 시도하였으나 그때까지는 전략 분야 연구라기보다는 조직행동이
나 조직이론 연구에 가까웠다.

　전략경영이 조직이론을 비롯한 주변 경영학 분야들과 구분되는 독
립적 정체성을 확고하게 가지게 된 것은 1980년대 초 산업구조론
(Porter, 1980)과 자원기반관점(Wenerfelt, 1984)이라는 두 가지 경제
학기반 이론의 등장이 결정적 계기가 되었다. 이 두 이론은 그 이후
현재까지 전략 분야의 주류 패러다임의 지위를 지켜왔다. 물론 그 이
후 거래비용경제학(Williamson, 1975)이나 네트워크이론(Burt, 1992)
등이 전략연구에 빈번하게 활용되어 왔으나 전략이론이라기보다는
조직이론의 전략경영 주제에 대한 적용에 더 가까웠다. 또한 최고경
영진의 특수한 리더십과 이들의 배경이 기업 전체의 전략적 선택에
미치는 영향에 초점을 맞춘 전략적 리더십strategic leadership과 최고경
영진이론upper echelon theory은 독창적 전략이론이라기보다는 조직행동
의 리더십 이론과 매우 유사한 관심사를 가지고 있었다(Hambrick &
Mason, 1984).

　이 두 가지 주류 전략이론 중 산업구조론은 산업을 구성하는 공급
자, 소비자, 경쟁자 등과의 관계구조에서 기업의 위치선정positioning이
경쟁우위에 미치는 영향에 초점을 맞추는 반면, 자원기반관점은 기업
이 내부에 보유한 쉽게 모방하기 어려운 루틴, 역량, 지식 등의 전략
적 자원들이 차별적 경쟁우위에 미치는 영향을 강조한다(Porter, 1980;

Wernerfelt, 1984; Barney, 1991). 포터(Porter, 1980)의 경쟁전략 이론은 1960, 1970년대에 발전했던 산업조직경제학의 독과점이론oligopoly theory과 시장권력이론market power theory이 토대가 된 데 비해(Caves & Porter, 1978), 자원기반관점은 펜로즈(Penrose, 1959) 등에 의해 계승된 오스트리아학파의 슘페터(Schumpeter, 1934) 경제학의 전통에 기반하고 있다. 기업의 외부환경과 내부 자원에 각각 초점을 맞추는 이두 가지 전략경영이론은 모두 경제학에 뿌리를 두고 있다는 공통점을 가진다(Stigler & Becker, 1977). 즉 그 이전까지 전략과 관련된 이슈들을 다루었던 챈들러(Chandler, 1962)나 차일드(Child, 1972), 윌리엄슨(Williamson, 1975) 등의 이론이 주로 조직이론이나 사회학이나 역사학의 영향을 받은 데 비해 이 두 가지 이론은 명시적으로 경제학적 전통을 그 이론적 기반으로 하고 있으며 1980년대 초에 등장한 이래 대부분의 전략연구의 이론적 기반이 되어 강력한 헤게모니를 형성하였다.

이 두 가지 주류 전략경영 패러다임을 학술사적으로 분석해보면 공통적으로 경제학의 '방법론적 개인주의methodological individualism'와 '합리적 선택rational choice' 모형에 강하게 뿌리내리고 있다는 것을 알 수 있다. 경제학을 중심으로 정치학과 일부 사회학에 이르기까지 폭넓은 영향을 미쳐온 방법론적 개인주의와 합리적 선택 관점은 거시적 사회현상은 각자 자신의 이익을 추구하는 개인 경제행위자들의 선택행위들이 시장의 보이지 않는 손에 의해 합산되어 결정되므로, 개인 경제행위자들의 선택의 기반이 되는 이해관계를 미시적으로 분석하는 데초점을 맞추어야 한다고 주장한다(Stigler & Becker, 1977; Coleman & Coleman, 1994; Shepsle, 2006). 또한 개인 경제행위자들의 선택은 가격과 소득 등과 같은 제약조건하에서 각자의 선호체계를 기준으로 자신의 주관적 기대효용subjective expected utility을 극대화하는 대안을 선택하는 합리적 과정을 통해 이루어지며 개별 경제행위자들의 합리적 선택이 합산되면 전체 사회 수준에서 최적의 사회적 결과(optimal social outcome)를 창출하게 된다고 본다(Hodgson, 2007; Coleman & Coleman, 1994).

방법론적 개인주의와 합리적 선택모형은 신고전파 경제학에서 주로 연구되고 발전되었으나 정치학이나 사회학 등 다양한 사회과학들에 폭넓게 영향을 미친 강력한 패러다임이다. 스티글러와 베커(Stigler & Becker, 1977)는 이와 같은 경제학 기반의 방법론적 개인주의와 합리적 선택은 모호한 철학적 사유나 추상적 가치관 또는 구조적 결정론에 기반한 다른 사회이론들에 비해 월등하게 과학적이기 때문에 다른 이론들은 필요 없으며 경제학이론이 다른 학문 분야들의 연구에도 그대로 적용되어야 한다는 '경제학적 제국주의론economic imperialism'을 주장하기도 했다. 사회과학 분야 중에서도 특히 학제 간interdisciplinary 학문의 특성이 강한 경영학은 조직이론·조직행동론을 제외한 거의 모든 분야들에서 신고전파 경제학적 세계관이 당연시되어 왔다. 그중에서도 전략경영은 전체 경제보다는 개별 기업의 성과에 초점을 맞추고 또 높은 기업 성과를 창출하고 차별적 경쟁우위를 달성할 수 있는 구체적인 방향과 방법론을 규범적normative으로 선택하는 방법을 제시하고자 하는 분야의 정체성 때문에 특히 신고전파 경제학의 방법론적 개인주의와 합리적 선택모형의 영향을 강하게 받았다(신동엽·정기원, 2016; 신동엽·노그림, 2017; Hill, Jones, & Schilling, 2014). 따라서 기존 전략경영 연구를 주도한 산업구조론과 자원기반관점은 신고전파 경제학적 가정들에 깊이 뿌리 내리고 있다는 점에서 공통점이 있으며, 단지 성과창출의 핵심 원천이 기업 외부의 산업구조에서의 위치선정이냐, 아니면 내부에 보유한 자원과 역량이냐의 차이만 있을 뿐이다.

2. 주류 전략이론의 한계: 방법론적 개인주의와 합리적 선택의 한계

프랙티스 전략과 행동 전략은 2010년을 전후하여 기존 전략경영 패러다임의 한계에 대한 문제의식에서 발생했다. 기존 주류 전략경영 패러다임인 산업구조론과 자원기반관점은 오랜 기간 전략경영 분야의 발전에 토대가 되었으나, 신고전파 경제학의 논리를 직접 차용했기 때문에 방법론적 개인주의와 합리적 선택의 한계들을 대부분 그대로 가지고 있을 뿐 아니라 전략 현상의 특수성에서 오는 다양한 다른 한계들까지 가지게 되었다. 기존 주류 전략경영 패러다임의 한계는 다양하나 다음 아홉 가지가 특히 중요하다고 생각된다.

구체적 실제 전략 프로세스에 대한 이해 부족

첫째, 기존 전략연구들은 대부분 개별 기업들의 전략적 선택과 그 결과를 대규모 표본을 활용하여 합산해서 회귀분석 스타일의 통계적 실증분석을 하는 방식을 주로 사용해왔기 때문에 실제 전략 프로세스나 구체적인 성과창출 메커니즘을 파악하기 어렵다. 즉 기존 연구들에서는 통계적으로 특정 선행요인과 성과변수 사이에 통계적으로 유의한 인과관계가 발견되면 그것을 성과의 원천으로 일반화하여 왔다.

그러나 그 과정에서 이런 통계적 인과관계 검증을 제외하고는 실제로 특정 요인이 특정 성과로 연결되는 구체적이고 생생한 과정과 메커니즘에 대한 지식을 제공하지 못해왔다. 단순히 통계적으로 합의한 인과관계 검증 기법을 통해 지지되었다는 사실만이 강조되었고 나머지 구체적인 프로세스와 메커니즘은 연구자의 주관적 추론과 직관에 의해 설명될 수밖에 없었다. 따라서 특정 전략적 행위가 특정 성과로 연결되는 구체적 프로세스나, 다양한 관련 요인들이 그 프로세스에 영향을 미치는 방식에 대한 체계적 지식이 절실하게 필요하게 되었다.

비재무적 성과 경시

둘째, 계량적 방법론을 중시하는 경제학의 영향을 받은 기존 전략 연구들은 다양한 성과들 중 화폐가치로 환산하여 계량화될 수 있는 재무변수들에 주로 집중해왔다. 따라서 계량화가 어렵지만 실무 경영자들에게 큰 영향을 끼친 많은 전략 관련 개념들은 『하버드 비즈니스 리뷰Harvard Business Review』형의 잡지나 사례에서만 다루어지고 주류 전략 논문에서는 직접 측정되고 분석된 적이 거의 없었다. 예를 들면 차별적 경쟁우위의 원천이 되는 '핵심역량'이나 '모방불가능한 전략적 자원'에 대한 연구는 대규모 표본의 합산을 이용한 계량적 방법론으로는 사실상 불가능하다. 이런 계량적 합산 접근법의 또 다른 한계는 특정 집단의 이익만 편중되어 강조되는 이익의 편중현상을 초래한다는 것이다. 즉 주주 가치나 이익은 매년 회계정보에 의해 객관적으로 측정 가능하고 장기적으로 축적되어 분석 가능한 데 비해, 다른 다양한 이해관계자들과 특히 전체 사회의 이익에 대한 정보는 데이터 자체가 획득이 어렵기 때문에 분석에서 원천적으로 배제되어 전략적 성과에서 고려되지 않게 되는 위험이 있는 것이다(Hillman & Keim, 2001). 따라서 화폐가치로 계량화되기는 어렵지만 전략 현상에 대한 중요한 통찰력을 제공할 가능성이 큰 추상적 개념들의 본질과 그 구체적 작동 과정에 대해 체계적인 지식을 제공할 수 있는 새로운 방법론이 필요하게 되었다.

비경제적 요인들의 경시

셋째, 기존 전략 분야 연구들은 경제학적 변수들을 중심으로 주 인과관계를 구성하는 모델을 구성하고 나머지 무수한 비경제학적 변수들은 무시되거나 간헐적으로 통제변수 정도로 취급하였다. 즉 기존 전략연구는 경제학적 가정에만 초점을 맞추어 기업조직의 경제인 economic man적 측면만 고려한다. 그러나 경제학적 종속변수인 경제적 이익극대화를 예측하는 연구를 하는 경우에도 이익극대화를 추구하기 위한 전략적 의사결정과 실행 과정에 영향을 미치는 수많은 비경제적 요인들을 무시한 연구는 실세계에서의 전략 현상에 대한 정확한 지식을 제공하는 데 한계를 가질 수밖에 없다(Colin & George, 2004; Camerer & Loewenstein, 2011). 뒤에서 자세히 설명하겠지만 행동 전략은 과거 기준에서는 비경제학적 요소였던 심리적 성향 등이 경제적 요소들에 대한 전략적 의사결정에 미치는 중대한 영향을 보여준다. 즉 전략의 선택, 수립, 실행과 관련된 감성적, 사회적, 구조적, 문화적 및 기타 비경제적 요인들이 미치는 영향을 체계적으로 관찰하고 설명할 수 있는 이론과 방법론이 시급히 필요하게 된 것이다.

집합적 행위자의 특수성 경시

넷째, 개인, 기업, 국가 할 것 없이 모든 수준의 행위자를 효용극대화를 추구하는 경제행위자로 동일하게 간주하는 경제학적 접근법을 따르는 기존 전략연구는 무수한 구성원들과 다양한 집단들로 구성되는 기업조직을 마치 한 명의 개인 경제 행위자처럼 일사불란하게 움직이는 존재로 간주하여왔다. 그 과정에서 기업조직을 대표하는 최고경영자를 제외하고는 대다수의 행위자들이 기존 전략연구에서 완전히 실종되었다. 조직이론의 카네기학파의 행동과학적 기업이론 Behavioral Theory of the Firm에서 이미 오래전에 강조했듯이 기업조직은 서로 다른 다양한 이해관계를 가진 복수의 집단들로 구성되고 이들 간의 갈등은 완전히 해결되지 않으며 부분적으로 봉합되는 정도quasi resolution of conflicts이기 때문에 모든 집단들이 일사불란하게 한 가지의 전략적 목표를 추구하는 경우는 실제로는 매우 드물다(Cyert & March, 1963). 바로 이런 이유 때문에 아무리 합리적으로 수립된 전략이라도 그 실행과정에서 다양한 문제가 생길 수밖에 없음에도 불구하고 기존 주류 전략연구의 틀에서는 수립된 전략이 그 실행과정에서 확산되면서 변형, 수정, 왜곡되는 구체적 메커니즘과 과정을 설명하기 어렵다. 따라서 최고경영자뿐 아니라 기업조직을 구성하는 다양한 행위자들과 집단들이 전략 현상에서 수행하는 역할을 생생히 보여줄 수 있는 새로운 접근법이 절실히 필요하게 된 것이다.

전략 실행과정에 대한 설명 부족

다섯째, 전략경영의 두 가지 핵심 단계인 전략 수립formulation과 실행implementation 중 기존 주류 패러다임은 수립에 대해서는 나름대로의 이론을 제시하나 실행에 대해서는 체계적 설명이 심각하게 부족하였다(Pearce, Robinson, & Subramanian, 1997). 전략 실행이 수립 못지 않게 중요하다는 원론적 주장은 있었으나(Galbraith & Nathanson, 1978), 기존 전략연구에서 실행을 논리적으로 설명하는 이론은 조직이론 분야에서 주로 다루어온 분권화-집권화 논의 이외에는 거의 없는 형편이다. 따라서 기존 전략연구들은 수립된 전략을 최종 결과인 성과로 연결시켜주는 실행과정을 구체적으로 보여주지 못하며 대신 앞에서 이미 지적했듯이 통계적 인과관계로 설명을 대체하고 있다. 그러나 수립된 전략계획의 상당수가 실행상의 한계 때문에 실패한다는 점을 고려할 때(Gupta & Govindarajan, 1984) 전략이 수립된 후 실제로 누구에 의해 어떻게 실행되거나 변형되고, 또 그 과정에 영향을 미치는 요인들은 무엇이며, 그 결과는 어떤 과정을 거쳐 결정되는가를 보여주는 새로운 전략 이론과 방법론이 필요하다.

상황별 특수성 간과

여섯째, 신고전파 경제학에서는 개별 경제행위의 선택을 일반화를 위해 합산하는 접근법을 택하기 때문에 각 경제행위자들의 선택을 둘러싼 상황마다의 특수성이 무시되게 된다. 따라서 신고전파 경제학의 영향을 받은 기존 전략연구도 마찬가지의 한계를 가지는데 대부분의 경우 실제로 각 전략이 수립되고 실행되는 구체적 상황, 구조적 맥락, 환경의 특수성은 단순히 모든 상황에 공통으로 존재하는 몇 개의 변수로 단순화된다. 그러나 실제 전략적 의사결정과 실행은 그 과정에 참여하는 다양한 개인들의 개인 수준 요인들, 그 과정이 진행되는 팀 수준의 요인들, 전략수립과 실행의 핵심 주체인 전체 조직 수준의 요인들, 그리고 제도적 맥락이나 산업 또는 사회 전체 수준의 요인들이 복합적으로 영향을 미치며 진행된다. 예를 들면 기존 전략연구에서는 동일한 전략적 요소들이 각 전략적 상황마다 다르게 작동하고 다른 기여도를 가지게 되는 현상을 설명하기 어렵다. 즉 기존 전략연구는 동일한 전략적 역량이나 자원이 기업별로 다른 의미와 가치를 가지게 되는 이유를 설명하기 어렵다. 이 문제는 결과적으로 전략연구의 가장 중요한 주제인 기업 간 성과와 경쟁력의 차이와 차별적 경쟁우위의 원천을 효과적으로 설명하지 못하게 함으로써 중대한 한계로 작용하게 된다. 이런 한계는 특히 자원의존관점에서 강하게 나타나는데 자원의존관점의 주 관심사인 기업마다의 모방 불가능한 전략적 자산을 합산과 일반화를 추구하는 방법론적 개인주의로 정확하게 분석하거나 표현히기는 매우 어렵다. 예를 들면 동일한 전략적 자산을 보유하더라도 기업마다 성과와 경쟁력이 다르고, 또한 같은 기업 내부에서도 동일한 전략적 자산이 성과에 미치는 영향이 시기별로 다른 것은 결국 각 전략적 행위의 상황마다의 특수한 상황 때문이다. 이런 무수한 요인들과 이들 간 관계는 각 전략적 상황마다 서로 다르고 독특하기 때문에 한두 가지 변수로 표준화하여 통계적 기법으로 검증하기는 매우 어렵다. 그러나 기존 전략연구에서 상황마다의 특수성이 전략 현상에 미치는 영향은 반영될 여지가 거의 없었다. 따라서 각 전략 현상을 둘러싼 구체적 상황들에 대한 세밀한 관찰, 분석, 이해를 제공해줄 수 있는 새로운 이론과 방법론이 필요하게 된 것이다.

발생적 전략 행위에 대한 설명 부족

일곱째, 기존 전략연구는 포터(Porter, 1980)의 5요인 모델five forces model에서 볼 수 있듯이 과거에 자주 발생한 전략 현상에 대한 관찰에 기반하여 전략적 성과에 영향을 미친 빈도가 높은 몇몇 공통 요소들과 성과 간의 관계에 대한 프레임워크를 제시하고 이를 통계적으로 검증하는 과거 기반 정태적 분석에 초점을 맞추어왔기 때문에 이제까지 관찰된 적이 없는 새로운 상황에서의 전략 현상을 설명하기 어렵다. 그러나 21세기 환경은 갈수록 불안정하고, 복잡모호하며, 파편화·분절화되어 있으며, 극도로 불확실하며(Kinsinger & Walch, 2012), 무엇보다 과거에 관찰된 적이 없는 새로운 상황들이 끊임없이 출현하는 과거와의 불연속성discontinuity이 특징이다(Drucker, 2011). 그 결과 과거에 자주 발생했던 전략 현상들에 대한 관찰에 기반한 정태적 분석이 중심인 기존 전략이론은 이런 완전히 새로운 상황에 대한 이해와 의미부여가 어렵기 때문에 시대적 정합성을 상실해버렸다. 이런 상황에서는 전략행위자들이 과거에 기반한 기존 분석틀에 의존하기보다는 처음 당면하는 환경에 주도적이고 역동적이며 적극적으로 나름대로의 의미를 부여하고 그 본질을 파악하는 것이 필요하며 이런 발생적인emergent 전략적 행위의 지적 기반이 될 수 있는 새로운 전략이론이 절실히 필요하게 되었다.

협력적 행위에 대한 설명 부족

여덟째, 기존 주류 전략이론은 경제학적 시장논리에 기반을 두고 있기 때문에 경쟁현상에 대해서는 흥미로운 이론적 설명을 제시하고 있으나(Porter, 1980), 기업경영에서 경쟁 못지않게 중요한 협력과 신뢰, 헌신, 몰입 등과 같은 친사회적 행위prosocial behavior에 대해서는 거의 설명하고 있지 못하다. 이런 이유 때문에 경제학적 전통에서는 경쟁과 정반대의 성격을 가진 친사회적 행위도 역설적으로 경쟁과 이기적 이익추구의 논리로 설명하려는 한계를 보이고 있다(Sen, 1977). 그러나 최근 실제 기업경영에서의 환경 변화는 전략에서 제휴, 네트워킹, 협력전략, 생태계경쟁, 개방적 혁신, 공유경제 등 협력적 경제행위를 주축으로 일어나고 있다(Dyer & Singh, 1998). 협력과 친사회적 행위는 모두 다른 행위자들과의 관계에 관한 개념이므로 무엇보다 관계에 관한 이론이 필요한데, 경제학 기반 방법론적 개인주의는 그 명칭 자체가 시사하듯이 관계적 맥락을 무시하고 각 개별 경제행위자가 자신의 효용을 극대화하며 이들의 경제행위의 합산이 시스템 수준의 최적화를 낳는다고 주장하기 때문에 협력관계에 대한 효과적 설명이 매우 어렵다. 따라서 다양한 가치관과 규범과 이해관계를 가진 행위자들 간의 상호작용과 관계구조의 원리를 사실적으로 파악할 수 있는 새로운 이론이 필요하게 되었다.

합리성 가정의 비현실성

아홉째, 기존 경제학적 전략 패러다임들은 '합리적 선택'이라는 표현이 시사하듯이 행위자의 합리성을 지나치게 강조하는 과정에서 심각한 비현실성의 문제를 가진다(Simon, 1959; Green & Shapiro, 1996). 하위 수준 의사결정에 비해 전략적 의사결정 상황은 불확실성uncertainty과 모호성ambiguity이 특히 높다는 점을 고려할 때 합리적 선택모형의 행동가정들이 전략적 행위와 선택의 설명에 부적합할 가능성이 높다(Coleman & Fararo, 1992). 일상 관리적 의사결정과 달리 기업의 소수 최고경영진이 담당하는 전략적 의사결정은 무엇보다 불확실한 환경과 극도의 시간제약 속에서 긴박하게 진행되는 경우가 많아서 주어진 시간 내에 기대효용을 극대화하는 최선의 전략적 대안을 비교와 계산을 통해 선택하는 것이 매우 어렵다(Brown & Eisenhardt, 1998).

또한 주어진 효용함수를 극대화하는 합리적 선택모형의 구조와 달리 실세계에서의 전략적 의사결정은 효용함수가 무엇인지 모호한 경우가 많기 때문에 기대효용을 극대화하는 최적의 대안을 선택한다는 이미지 자체가 비현실적인 경우가 많다(March, 1976). 이런 면에서 브라운과 아이젠하트(Brown & Eisenhardt, 1998)는 실제 전략 프로세스는 주어진 함수를 수학적으로 풀어서 정답을 찾는 질서정연한 행위라기보다는 무수한 요소들이 예측 불가능하게 상호작용하며 긴박하게 수시로 변하는 '구조화된 혼돈 상태structured chaos'에 가깝다고 주장한다. 또한 마치(March, 1976)의 구분에 따르면 관리적managerial 의사결정이나 운영적operational 의사결정은 주어진 목적함수를 어떻게 추구하느냐라는 목적추구형goal-pursuing 의사결정인 반면, 전략적 의사결정의 상당수는 어떤 목적함수를 추구할 것인가를 찾는 목적발견형goal-finding 의사결정에 가깝다. 따라서 신고전파 경제학의 합리적 선택모형에 강하게 영향을 받은 기존의 주류 전략 패러다임들은 실세계 기업경영에서의 전략 프로세스를 정확하게 반영하지 못할 가능성이 높고, 그러므로 현실성을 대폭 강화한 새로운 전략이론이 절실하게 필요하게 된 것이다.

이상에서 살펴본 바와 같이 신고전파 경제학의 방법론적 개인주의와 합리적 선택의 전통을 강하게 가지고 있는 기존 주류 전략 패러다임의 이론과 방법론적 한계는 전략학자들에게 보다 풍부하고, 사실적이며, 깊이 있고, 일반화뿐 아니라 개별 상황의 특수성을 동시에 설명할 수 있는 새로운 이론과 방법론을 요구하게 되었다. 새로운 전략이론은 주류 전략이론의 기반이 되어온 경제학적 관점의 폭 좁은 인간관, 조직관, 경제관, 세계관의 한계를 넘어서야 하기 때문에 다양한 사회이론들과의 폭 넓은 소통이 필요하게 된 것이다. 바로 이런 시대적 역할에 부응하여 최근 등장한 것이 사회학의 영향을 받은 프랙티스 전략과 인지심리학의 영향을 받은 행동 전략이다.

3
프랙티스 전략

1. 프랙티스 전략의 탄생과 발전

'프랙티스practice'는 우리 말로 실천, 실행, 실무, 관행, 관습, 연습 등 다양하게 번역될 수 있으나 그 어느 번역도 원래의 뜻을 정확하게 반영하지 않기 때문에 이 논문에서는 원어 발음 그대로 '프랙티스'로 부르기로 한다. 프랙티스는 반복 발생하는recurrent 행위 패턴으로서 행위자들이 그 프랙티스를 실제로 수행하는 구체적 상황과 과정에 따라 그 의미와 결과가 달라지는 '상황화된 행위situated action'를 말한다 (Vaara & Whittington, 2012). 이는 1970년대 이래 사회학, 사회철학, 인류학, 정치학, 인지심리학 등 다양한 사회이론들에서 가장 중요한 이론적 개념으로 자리잡았으나 경영학에서는 거시 조직이론의 제도이론institutional theory을 제외하고는 거의 활용된 적이 없다.

프랙티스로서의 전략경영

'프랙티스 전략'은 프랙티스 관점에서 전략 현상을 이해하고 분석하며 설명하고자 하는 새로운 이론적 접근이다. 프랙티스 전략은 유럽 경영학계를 중심으로 형성되었지만 이제는 글로벌 전략학계의 가장 중요한 새로운 동향으로 인정받고 있다(Lounsbury & Beckman, 2015). 프랙티스 전략 이론은 전략의 수립과 실행이 상황마다 조직이나 사회적 프랙티스들에 의해 가능해지거나enabled, 제약되고constrained, 다른 의미를 가지게sense-making 되는지를 설명하며, 동시에 이런 상황화된 행위들이 어떻게 조직이나 사회적 프랙티스에 영향을 미치고 변화시키며 또는 새로운 프랙티스를 생성하는지를 설명한다(Golsorkhi et al., 2010). 이런 측면에서 프랙티스 전략은 전략 현상의 사회적 조건, 전략적 행위의 구체적 발생 과정, 그리고 그 과정에 참여하는 행위자들과 그 결과에 대해 기존 전략이론들이 설명할 수 없었던 새로운 이론적 통찰력을 제공한다(Vaara & Whittington, 2012).

프랙티스 전략은 과거에 시도된 '전략 프로세스strategy process 이론'과 달리 전략적 행위의 프로세스 자체가 초점이라기보다는 그 전략 프로세스와 주위를 둘러싼 다양한 조직적·사회적 프랙티스들과의 긴밀한 상호작용에 초점을 맞추어 다양한 행위자들의 전략적 의사결정과 행동이 구체적으로 어떻게 프랙티스들에 의해 영향을 받고 또 영향을 미치는가를 연구한다(Johnson et al., 2007). 프랙티스 전략은 그 이론적 기반을 기존 주류 전략이론에서 헤게모니를 행사해온 신고전파 경제학을 넘어서 최근 다양한 사회이론 분야들에 폭넓은 영향을 미쳐온 '프랙티스 이론practice theory'에 두고 있기 때문에 앞으로 전략 분야를 넘어서 매니지먼트와 경영학 전체에 획기적으로 기여할 가능성이 높다. 특히 프랙티스 전략은 높은 이론적·개념적 유연성을 가지고 메타 이론적 성격이 강하기 때문에 글로벌 학문공동체 수준에서의 공통의 언어로서의 역할을 할 수 있을 뿐 아니라 각 사회나 역사적 전통의 특수성을 이론형성에 효과적으로 반영할 수 있어서 한국적 경영학이론인 'K-매니지먼트'를 찾고 있는 우리 매니지먼트학계의 발전에 중요한 역할을 할 수 있을 것으로 기대된다(인사조직연구 K-매니지먼트 특별이슈, 2015).

이런 측면에서 유럽 경영학계를 중심으로 최근 10년간 빠르게 발전해온 프랙티스 전략은 글로벌 매니지먼트학계에 실로 오랜만에 나타난 새로운 이론 패러다임으로서 아직 그 연한이 그리 길지 않으나 전략은 물론 매니지먼트 분야 전체를 획기적으로 발전시킬 가능성이 높다는 평가를 받고 있다(Lounsbury & Beckman, 2015). 그러나 이론적 깊이와 유연성, 전략연구 영역의 확장 가능성, 주변 학문 분야들과의 소통성, 방법론적 풍부성, 그리고 전략교육과의 긴밀한 연계성 등에서 가까운 미래에 글로벌 전략학계를 주도할 가능성이 높음에도 불구하고 프랙티스 전략은 국내 매니지먼트 학계에서는 아직 인식 자체가 거의 안 되어 있는 실정이다. 따라서 이 글에서는 프랙티스 전략의 학술사적 의의, 이론의 구조와 핵심 주장들, 가능성과 한계, 그리고 미래 발전 방향에 대한 전망과 제언을 제시함으로써 한국 매니지먼트학계가 이 새로운 패러다임에 대한 정확하고 풍부한 이해를 구축하여 궁극적으로는 그 미래 발전에 주도적 역할을 할 수 있는 토대를 제공하고자 한다.

프랙티스 전략의 학술사적 의의

프랙티스 전략은 학술사적으로 사회이론 전반에 걸쳐 1970년대 중반에서 1980년대 중반에 이르는 기간에 걸쳐 발생한 '프랙티스로의 전환practice turn' 추세의 일환으로 이해되어야 할 것이다. 1970년대 중반에서 1980년대 중반에 이르는 시기에 프랙티스에 대한 연구가 인류학(Bourdieu, 1977), 사회학(Giddens, 1984), 정치철학(Foucault,

1977) 등 다양한 사회이론 분야들에서 동시에 폭발적으로 증대하면서 그 이전까지 공리주의 철학과 신고전파의 전통을 이어받아 사회이론 전체를 주도해오던 방법론적 개인주의와 합리적 선택을 대체할 대안 으로 급속히 확산되었다.

골소르스키, 룰로, 세이들과 바라(Golsorskhi, Rouleau, Seidl, & Vaara, 2010)는 다양한 프랙티스 관점 사회이론들의 세 가지 공통점 이 있다. 첫째, 미시 수준에서의 사회적 행위와 이를 통한 사회적 맥락 이나 필드의 구성 과정에 대한 관심. 둘째, 방법론적 개인주의의 비판 에 기반하여 모든 행위를 필드의 기존 프랙티스들과의 관계에서 재해 석하는 것. 셋째, 행위와 구조간의 관계에 대한 탐구 등을 들고 있다. 다양한 사회이론 분야들에서 발전해온 프랙티스 관점에 대해 가장 잘 리뷰하고 있는 글 중 하나는 매니지먼트 분야 거시 조직이론의 핵심 패러다임 중 하나인 신제도이론neoinstitutional theory의 거장 디마지오 와 파월(DiMaggio & Powell, 1991)이 썼다. 이론 발생시부터 프랙티스 관점을 적극적으로 받아들인 신제도이론의 핵심 주제들을 정리한 책 의 서론에서 디마지오와 파월(DiMaggio & Powell, 1991)은 전의식pre-conscious 수준에서 인지적으로 당연시되는cognitively taken-for-granted 행 동의 맥락이 바로 제도라고 정의함으로써 프랙티스 관점이 신제도이 론의 핵심 미시적 기반이라는 점을 명시적으로 강조했다.

그런데 올리코우스키(Orlikowski, 2010)는 사회이론에서 프랙티스 에 대한 접근법을 '현상phenomenon'으로서의 프랙티스, '관점perspective' 로서의 프랙티스, 그리고 '철학philosophy'로서의 프랙티스 등 세 가지 로 구분한다. 그녀에 따르면 프랙티스를 '현상'으로 보는 접근법은 연 역적 이론이나 논리에 기반하여 발생할 것으로 기대되는 현상에 초점 을 맞추는 것이 아니라 실세계에서 실제로 발생하는 현상을 이해하는 데 초점을 맞춘다. 이에 비해 '관점'으로서 프랙티스를 강조하는 접근법에서는 전략 현상의 특정 측면에 대해 프랙티스에 초점을 맞춘 이론을 구성하는 데 관심을 가진다. 이와 달리 '철학'으로서의 프랙티스를 강조하는 접근법은 프랙티스가 조직과 전략을 비롯한 모든 사회적 실체의 근본 구성요소라고 보는 존재론ontology에 초점을 맞춘다.

　그러나 본 저자들은 올리코우스키(Orlikowski, 2010)가 제시한 이 세 가지 접근법 간 구분은 그 핵심 본질이 프랙티스 전략연구들을 구성하는 다양한 수준이나 차원들에 대한 개념적 분석틀이기 때문에 그 자체가 개별 연구들을 구분하는 분류학적 기준이 되어서는 안 된다고 생각한다. 즉 프랙티스를 적용하는 모든 전략연구에는 이 세 가지가 반드시 동시에 활용되어야 한다. 그리고 연구마다 상대적으로 강조되는 정도의 차이가 있으나 모든 프랙티스 전략 논문에는 실제로 이 세 가지가 동시에 어느 정도씩 다루어지고 있다. 올리코우스키(Orlikowski, 2010) 자신도 일부 인정했듯이 이 세 가지 접근법은 결코 상호배타적이지 않으면서 이론 구성과 검증에서 서로 다른 수준에서 동시에 작동해야 할 것이다. 예를 들면 올리코우스키(Orlikowski, 2010)는 '철학으로서의 프랙티스'는 존재론적으로 프랙티스를 모든 사회적 실체의 핵심 구성요소로 보는 접근이라고 했다. 이것은 존재론과 함께 철학의 또 다른 핵심 기둥인 인식론epistemology을 철학의 영역에서 배제한 입장으로 오해될 소지가 있다. 인식론적으로 프랙티스에 접근하는 입장은 결국 그녀가 두 번째 접근법으로 제시한 '관점으로서 프랙티스', 그리고 그 인식을 수행하는 구체적 실천 방법론 수준으로 내려간다면 첫 번째 접근법인 '현상으로서의 프랙티스'와도 필연적으로 만날 수밖에 없는 것이다. 이런 이유에서 이 글에서는 '프랙티스 전략strategy as practice'이라는 명칭을 사용할 때 올리코우스키(Orlikowski,

2010)가 말하는 현상, 관점, 철학의 세 요소를 모두 포괄하는 개념으로서 전략연구와 이론을 프랙티스를 중심으로 모든 수준에서 재구성할 것을 주장하는 것이다.

전략경영 분야에서 '프랙티스 전략'이라는 명칭을 처음 사용한 것은 1996년 영국 경영학자인 리처드 위팅턴(Richard Whittington, 1996)이 유럽 중심의 전략 분야 학술지인 『롱 레인지 플래닝Long Range Planning』에 기고한 논문이다. 위팅턴(Whittington, 1996, p.731)은 전략을 사회적 프랙티스로 보는 프랙티스 전략은 동적 과정으로서의 전략화strategizing와 그 과정을 수행하는 구체적 행위자로서의 전략가strategists에 초점을 맞추어서 전략적 활동을 실제로 수행하는 행위자들이 구체적으로 어떻게 행동하고 상호작용하는가를 연구한다고 주장했다. 이후 프랙티스 전략이 본격적으로 발전하기 시작한 것은 2000년대 중반경 이 새로운 전략이론에 대한 중요한 논문들이 거의 동시에 출간되었을 때부터다. 그 후 프랙티스 전략은 유럽 경영학계 중심의 이론적 패러다임으로 성장하여 왔으며 지난 10년간 급속하게 발전한 결과 2014년에는 미국 중심의 학회인 매니지먼트 학회에 이 주제에 대한 연구분과interest group가 결성되기도 했다.

2. 프랙티스의 개념과 이론적 기반

프랙티스 전략은 지난 10여 년간 급속하게 발전하면서 많은 양의 연구결과를 이미 배출했기 때문에 그 방대한 주장과 내용을 한 편의 논문에 포괄적으로 정리하는 것은 쉽지 않다. 따라서 이 글에서는 먼저 프랙티스 전략의 핵심 논지를 그 학문적 원천인 프랙티스 개념과 이론, 그리고 프랙티스 전략 접근법으로 저술된 대표적 연구결과들을 중심으로 간략하게 소개한다.

프랙티스 전략의 정확한 이해를 위해서는 무엇보다 프랙티스의 개념을 이해하는 것이 중요하다. '프랙티스'는 거시 조직이론의 제도이론을 제외하고는 매니지먼트 분야에서 생소한 개념이나 경영학과 경제학을 제외한 나머지 사회이론들에는 1980년대 이래 광범위한 영향을 미친 이론적 관점이다(Bourdieu, 1977; Giddens, 1984; DiMaggio & Powell, 1991). 개별 경제행위자들의 효용극대화 행동의 합산이 최적의 시스템을 만든다고 가정하는 방법론적 개인주의나 반대로 전체 사회의 거시적 구조나 규범이 개별 행위자들의 행동을 결정한다고 전제하는 구조적 결정론과 달리(Granovetter, 1985), 프랙티스 관점은 사회적 행위가 실제로 일어나는 구조적 상황과 각 행위자 간의 구체적인 상호작용 과정에 초점을 맞춘다는 측면에서 앞에서 토론한 기존 주류 전략 패러다임들의 한계를 극복하는 좋은 출발점이 될 수 있다.

'프랙티스'는 한 마디로 명확하게 규정하기 쉽지 않은 개념이다. 1980년대 이래 사회이론 전반에 걸쳐 큰 영향을 끼쳐온 프랙티스 관점은 워낙 다양하고 방대해서 일반화하기는 쉽지 않으나 대부분 1) 반복발생적recurrent 관습적habitual 행위패턴, 2) 행위자가 각 상황적 맥락에 따라 프랙티스의 의미와 내용을 적절하게appropriate 변화시켜 수행하는 상황특수적situated 행위, 3) 사회적 맥락으로서의 구조와 행위가 서로에게 영향을 미치며 적응하는 상호구성mutual constitution 등 세가지를 핵심 특성으로 공유하고 있다. 매니지먼트 학자들이 이해하기 쉽게 설명하자면 프랙티스는 카네기학파의 루틴routine 개념과 유사하나, 루틴이론이 행동패턴의 반복적인 자동 재생산에 초점을 맞추기 때문에 루틴 자체의 변화는 크게 강조하지 않는 데 비해(March & Simon, 1958; Cyert & March, 1963), 프랙티스 이론에서는 각 프랙티스를 행위자들이 그대로 자동적으로 반복 수행하는 것이 아니라 행동의 주체로서 상황적 맥락마다 프랙티스를 적극적으로 재해석하고 새롭게 의미부여하여 상황에 적절하게appropriate 변화시켜 수행하고 또한 이런 프랙티스의 수행이 그 프랙티스와 다른 관련된 프랙티스들로 구성된 구조적 맥락 자체를 재구성하게 된다는 것을 강조한다는 점이 다르다(Bourdieu, 1977; Feldman & Orlikowski, 2011).

반복발생적 관습적 행위 패턴

프랙티스 개념에서 가장 핵심적인 특성은 프랙티스가 반복발생하는 관습적 행위 패턴recurrent habitual action pattern이라는 점이다. 이런 점은 카네기학파의 루틴과 유사하다(Cyert & March, 1963). 바로 이런 반복발생성과 패턴화 때문에 프랙티스는 사회적 패턴이 필드 내에서 다양한 복수의 행위자들 사이에 폭넓게 공유되고 확산되며 제도화되는 단위가 될 수 있는 것이다(DiMaggio & Powell, 1991). 즉 프랙티스는 그 행위가 처음 발생한 특정 맥락을 넘어 더 큰 필드나 시스템으로 확산되고 공유되어 사회적으로 재생산됨으로써 사회구조를 구성하게 되는 것이다(Bourdieu, 1977; Giddens, 1984).

또한 프랙티스는 당연시되며 자동 재생산되는 일종의 관습적 행위이다. 제도이론에서 특정 조직 형태가 확산되어서 제도화되는 기반이 인지적으로 당연시되면서cognitively taken for granted 정당성을 획득하는 것이라고 주장한 것은 바로 프랙티스적 행위를 행동 가정으로 삼고 있다는 점을 보여준다(Zucker, 1977; DiMaggio & Powell, 1991). 이런 관점에서 프랙티스는 행위과정에서 '당연시되는 사회적 맥락'을 의미하는 제도institution에 초점을 맞추는 제도이론의 미시적 기반이 되며(DiMaggio & Powell, 1991), 조직형태의 확산과 지속을 인지문화적으로 설명하는 제도이론의 한 흐름을 낳게 되었다(Zucker, 1977). 그러나 카네기학파의 루틴이나 인지심리학의 스키마schema와 달리 프랙티스는 그 유형이 광범위하다. 부르디외(Bourdieu, 1977)는 프랙티스는 관습적 행위이지만 그 범위는 경제적이나 정치적 이해관계를 내포한 선택에서부터 일상적으로 자동반복하는 루틴과 같은 모든 행위가 프랙티스의 대상이라고 주장한다. 또한 프랙티스 관점에서는 단순 자동 재생산이 아니라 각 행위자가 각 행동 상황에서 적절한 프랙티스를 선택하여 상황에 맞게 적절하게 변화시켜 수행한다. 즉 프랙티스 관점에서 각 행위자는 다양한 프랙티스들을 내면화해서 당연시하고 적절한 상황에서 적절하게 수행하는 사회적 존재이면서 동시에 '지적knowledgeable' 존재인 것이다.

상황화된 행위

프랙티스 관점은 동일한 프랙티스도 그 행위가 실행되는 구체적 구조적 맥락, 즉 상황에 따라 의미와 결과가 달라지기 때문에 특정 행위 자체만 분리시켜서 이해하는 것이 불가능하다고 주장한다. 그런데 이 구조적 맥락은 다양한 프랙티스들의 네트워크로 구성되기 때문에 각 행위가 수행되는 상황을 구성하는 프랙티스들을 총체적으로 이해하지 않고는 그 행위의 원천과 의미를 이해할 수 없다. 즉 모든 사회적 행위는 프랙티스들로 구성된 구조 속에 배태되어서 발생하고 진행되는 것이다.

그러나 구조결정론적 입장과 달리 프랙티스 관점은 행위자들의 자율성과 구조에 대한 영향력도 동시에 강조한다. 각 상황을 구성하는 기존 프랙티스들이 그대로 복제되어 재생산되는 것이 아니라 각 행위자가 그 상황적 맥락에 적절하게 의미를 부여하여 재구성하여 실행한다는 것이다. 이런 측면에서 프랙티스 관점에서 행위자는 각 상황을 구성하는 문화적 코드나 사회적 기대 등을 이해하고 이를 프랙티스 실행과정에 적절하게 반영하고 의미부여하는 지적이며 세심한heedful 존재인 것이다(Weick & Roberts, 1993). 이렇게 볼 때 프랙티스는 상황마다 개별 행위자들이 서로 다른 논리에 따라 실천하게 되므로 다양한 실현형phenotypes을 가지게 된다. 즉 동일한 뿌리의 프랙티스라도 각 행위자가 그 프랙티스를 수행할 때마다 항상 다르게 재창조되는 것이다(Feldman & Orlikowski, 2011).

상호 구성주의

프랙티스 관점은 또한 각 행위자들이 각 상황적 맥락 속에서 적절하게 재해석하고 재구성해서 실행한 반복발생적 프랙티스들이 모여 사회 구조를 구성하며, 이렇게 구성된 구조가 동시에 상황마다 제약조건으로 행위에 영향을 미치는 구조와 행위 간 상호구성주의적mutual constitution 관점을 가진다. 즉 기든스(Giddens, 1984)의 구조화structuration 이론에서 제시하듯이 특정한 시간적, 공간적, 사회적 맥락 속에서 적절하게 재창조되는 '상황화된 행위situated action'로 실행하는 프랙티스들이 그 행위가 일어나는 사회적 현실social reality을 재구성한다고 본다. 이렇게 볼 때 각 구조적 맥락 속에서 상황화된 행위와 그 행위를 둘러싼 구조적 맥락인 사회적 현실을 서로 별도로 이원화dualism하여 이해해서는 안 되며 결과성의 원칙principle of consequentiality에 따라 특정 사회구조적 맥락 속에서의 상황화된 행위들이 결과적으로 그 사회적 현실을 만들고 그 사회적 현실은 그 행위가 발생하고 진행되는 사회구조적 맥락이 되기 때문에 서로가 서로를 구성하는 상호구성적 mutually constitutive 관계를 가진다는 것이다. 이렇게 볼 때 프랙티스 이론에서는 사회적 현실social reality은 행위자 외부에 객관적으로 존재하는 것이 아니라 모든 관련 행위자들의 매일 매일의 프랙티스 실행 행위에 의해 현실이 된다고 전제하는 것이다. 이런 면에서 프랙티스 이론은 사회이론의 오랜 논쟁이었던 객관과 주관의 이분법을 넘어서 이두 가지가 서로를 구성하는 구조화structuration 관점을 강조하는 것이다(Giddens, 1984).

3. 프랙티스 전략의 핵심 주장

전략 현상에서 프랙티스의 예에는 기업의 전략 프로세스와 절차, 계획 수립 루틴, 분석 틀framework, 다양한 분석 도구와 기법들, 전략적 의사결정 규정과 규칙, 전략실행 수단들 등 광범위한 패턴화된 전략 행위들이 포함된다(Vaara & Whittington, 2012). 기존 주류 전략 패러다임들에 비해 프랙티스 전략은 다음과 같은 이론적 차이점을 가진다.

정태적 전략을 넘어서 역동적 전략화

기존 전략연구들이 정태적으로 특정 전략의 유형이 성과에 영향을 미치는지 여부를 검증하려고 시도한 데 비해, 프랙티스 전략은 전략 프로세스가 구체적 행위자들에 의해 실제로 시작되고 수립되고 실행되며 변형되고 진화해나가는 역동적인 전략화strategizing 과정을 이해하는 데 초점을 맞춘다. 따라서 조직 내외적으로 공표되거나 관찰가능한 공식적인 수치나 의사결정 또는 이벤트가 아니라 전략과 관련된 행위자들의 구체적인 행위들이 발생하고 실행되어가며 서로 영향을 미치고 재생산되며 재구성되고 변형되며 진화해나가는 역동적 전략화의 과정이 프랙티스 전략의 주 관심사이다(Jarratt & Stiles, 2010). 따라서 프랙티스 전략은 기존 주류 전략연구에서 범주나 유형 등 정태적으로 개념화되고 측정되던 전략이 아니라 그런 전략 현상이 형성, 발전, 실행, 변형, 중단되어가는 실제 과정과 그 과정에 영향을 미치는 다양한 행위자와 집단들의 구체적 행위들, 그리고 구조적 맥락을 심층적으로 이해하고자 한다. 따라서 프랙티스 전략은 그동안 유형이나 범주로 처리되어 오던 전략의 실제 과정을 탈신비화demystification시킴으로써 겉으로 관찰되는 전략 현상의 실제 내부를 깊이 있게 이해하고자 한다(Vaara & Whittington, 2012).

최고경영진을 넘어서 모든 참여자들의 전략적 역할 강조

프랙티스 전략은 전략적 현상의 핵심은 최고경영자의 전략적 선택이나 계획, 시스템 설계가 아니라 모든 전략 관련 행위자들의 매일 매일의 활동activities이라고 본다. 이런 측면에서 프랙티스 전략은 각 전략적 상황마다 전략 현상의 전체 과정에 걸쳐 영향을 미칠 가능성이 있는 모든 관련 행위자들과 집단들을 최대한 많이 포함시켜서, 이들이 다양한 다른 시간과 공간, 조직, 제도, 환경적 맥락에 따라 실제로 전략적 활동들을 어떻게 수행하는가, 그리고 관련 행위자들은 왜 그렇게 행동하는가를 심층적으로 분석한다.

기존 주류 전략이론들이 전략경영을 최고경영자만의 영역인 듯이 간주해온 데 비해 프랙티스 전략은 실제 전략의 수립과 실행 과정에 다양한 맥락에서 참여하여 다양한 방식으로 상호작용하는 다양한 개인과 집단들의 행위와 상호작용의 원천, 의미, 결과에 폭넓게 관심을 가진다. 즉 전략은 소수 최고경영진의 배타적 영역이 아니라 모든 조직 구성원들이 다양한 단계에서 다양한 형태로 영향을 미치며 집단적으로 만들어나가는 과정이라는 것이 프랙티스 전략의 입장이다.

경제적 요인을 넘어서 사회문화적 요인들의 영향

프랙티스 전략은 전략적 과정과 결과가 경제적 요소들에 의해서만 결정된다고 보지 않고 다양한 사회문화적 프랙티스들과의 관계성 속에서 형성된다고 주장한다. 푸코(Foucault, 1978)는 어떤 사회 현상도 다른 현상들과의 관계성에서 분리되어 발생할 수는 없다고 강조한다. 그러나 기존 주류 전략연구에서는 재무적 성과에 영향을 미칠 가능성이 있는 경제적 요인에만 관심을 가져왔다.

그러나 거시 조직이론이나 미시 조직행동에서 이미 무수히 검증되었듯이 기업의 경제적 성과는 조직의 심리, 사회, 정치, 문화적 특성과 같은 다양한 비경제적인 요인들에 의해 강하게 영향을 받는다. 이런 측면에서 프랙티스 전략은 전략 현상의 경제적 측면도 실제로는 다양한 비경제적 요소들과의 관계성 속에서 이해되어야 한다고 보기 때문에 모든 종류의 사회적 프랙티스들이 전략연구에 포함되어야 한다고 주장하고, 따라서 독립변수와 종속변수의 구성에 다양한 사회문화적 요인들을 포괄적으로 포함시켜 전략연구의 범위를 대폭 확대한다 (Golsorkhi et al., 2010).

경제적 성과를 넘어서 비경제적 전략 성과들

프랙티스 전략은 전략행위의 목적과 결과로서의 성과에 대해서도 기존의 경제적 성과뿐 아니라 다양한 심리적, 조직적, 사회적 결과들을 중요한 전략 성과로 간주하기 때문에 비영리조직이나 공공조직 등 다양한 유형의 조직들로 전략연구의 폭을 넓힌다(Vaara & Whittington, 2012). 이익극대화를 모든 행동의 원천으로 믿는 경제학적 관점에 경도되어 있던 기존 전략경영에서는 연구대상이 기업조직들로 한정되어 왔다. 그러나 전략을 '제약조건하에서 목적달성의 방향성과 방법론의 선택'이라고 폭넓게 정의한다면 전략적 사고와 행위는 영리 기업뿐 아니라 비영리·공공 조직에도 적용될 수 있다. 이런 관점에서 프랙티스 전략은 다양한 유형의 조직들의 전략 현상에 대한 학문적 연구의 문을 열었을 뿐 아니라 기업조직의 경우도 경제적 성과 이외에 다른 다양한 전략적 성과들에 대한 체계적 연구의 가능성이 열리게 되었다. 예를 들면 기업의 사회적 책임과 같은 사회기여도 기업의 중요한 전략적 성과로 간주될 수 있으며, 전략행위의 정치적·사회적 결과, 각 구성원들의 역할 수행 정도, 그리고 단기간에 화폐가치로 계량화하기는 어려우나 장기적으로는 중요한 의미를 가질 수 있는 존경할만한 조직문화, 구성원들의 행동패턴 형성과 변화 등도 기업의 전략적 성과로 볼 수 있을 것이다. 이런 측면에서 프랙티스 전략은 전략연구의 사실성과 깊이뿐 아니라 그 폭을 크게 넓힐 가능성이 높다.

계량적 방법론을 넘어서 다양한 대안적 방법론들

　방법론적으로 기존 주류 전략연구가 대규모 표본의 합산에 의한 통계적 가설검증에 초점을 맞춘 데 비해, 프랙티스 전략은 각 상황적 맥락에서 다양한 행위자들이 기존 프랙티스들을 활용하거나 변형하여 전략적 행위를 실행하는 구체적 과정에 대한 풍부하고 깊이 있는 이해를 목적으로 하고 있으므로 다양한 질적 연구 방법론을 적극적으로 활용한다. 프랙티스 전략은 일반화를 위해 각 전략적 상황의 특수성에 대한 풍부한 이해를 희생시켰던 기존 전략연구의 방법론에 대한 비판을 기반으로 각 상황에서의 전략 수립과 실행의 실제 과정과 그 과정에 영향을 미치는 구조적 환경에 대한 행위자의 성찰reflexivity을 통해 심층적이고 풍부한 이해를 제공할 수 있는 심층 인터뷰, 민속방법론ethnomethodology, 참여관찰, 사례사case history, 담론분석 등의 질적 방법론을 주로 활용한다. 즉 프랙티스 전략은 방법론적으로 몇 가지 계량화 가능한 변수들 간의 관계를 다수의 표본에 대한 통계적 분석을 통해 일반화하는 '얕픈thin' 인과관계 검증보다는 실제 전략 행위와 프로세스에 대한 '두터운 묘사thick description'를 선택하고 있는 것이다(Geertz, 1973).

4. 프랙티스로서의 전략과 새로운 가능성

앞에서 살펴보았듯이 개념적 유연성과 확장성이 큰 프랙티스 관점에 기반한 프랙티스 전략은 새로운 전략이론의 계속적 창출을 위한 메타 이론적 기반이 될 수 있을 것으로 기대된다. 특히 프랙티스 전략은 다음과 같은 분야에서 전략연구에 크게 기여할 수 있을 것으로 기대된다.

미시-거시 전략 현상 간 연결

프랙티스 전략은 특정 기업의 특정 행위자가 처한 특정한 상황이라는 미시적 수준에서 전략적 행위가 산업과 필드와 같은 거시적 수준의 프랙티스로 제도화되는 구체적 연결 프로세스를 설명한다. 특정 전략 프랙티스의 유행에 대해 거시 조직이론의 제도이론은 일단 제도화된 프랙티스들이 조직 간 모방 등에 의해 필드에 확산되고 동형화되는 과정은 설명하지만(DiMaggio & Powell, 1983), 그런 프랙티스가 구체적으로 누구의 어떤 전략적 선택과 행동에 의해 탄생하며, 반복발생하고, 거시적으로 확산되는가에 대한 구체적인 발생 과정에 관한 설명은 약하다. 이에 반해 프랙티스 전략은 프랙티스 관점의 상호구성주의에 기반하여 미시적 행위와 거시적 구조 간의 구체적 연결 메커니즘으로서 전략 프랙티스의 탄생에서 재생산, 변형, 확산에 이르기까지의 전체 과정을 설명할 수 있기 때문에 전략 현상의 미시-거시 연결에 대한 연구의 효과적인 이론적 기반이 될 수 있을 것이다.

예를 들면 회계 프랙티스가 조직 내 담론으로 주입되는 과정을 살펴본 에자멜과 윌모트(Ezzamel & Willmott, 2008)의 연구에서 나타나듯이 푸코(Foucault, 1977)가 제시한 담론 프랙티스들discursive practices에 대한 지식이 권력으로 작용하게 되는 과정에 대한 통찰력은 프랙티스 전략연구에 권력과 이해관계와 갈등 등 정치적 요인들이 반영될 수 있는 가능성을 보여준다. 같은 맥락에서 프랙티스 관점을 거시 조직이론에 적극 수용한 신제도이론의 대표적 이론가 디마지오(DiMaggio, 1983)는 이해관계와 행위자, 권력 등 정치적 요인들이 제도의 지속이나 변화에 어떻게 영향을 미치는가를 설명함으로써 제도변화institutional change에 관한 많은 후속 연구의 문을 열었다. 새로운 전략 프랙티스가 어떻게 처음에 발현되고 생성되는가의 과정을 살펴보는데는 프랙티스 이론의 대표적 거장 부르디외(Bourdieu, 1976)의 미시와 거시의 연결에 대한 이론도 중요한 통찰력을 줄 수 있다. 고메즈와 보우티(Gomez & Bouty, 2011)는 부르디외(Bourdieu, 1976)가 각 행위자가 특정 프랙티스들을 당연시하고 반복 수행하는 기반이 되는 성향을 뜻하는 개념으로 제시한 아비투스habitus 관점을 활용하여 레스토랑 조직을 대상으로 각 셰프의 아비투스와 필드 내에서 그 셰프의 구조적 위치가 그 사람이 제시한 새로운 전략 프랙티스가 필드 수준 프랙티스로 확산 공유되는 과정에 미치는 영향을 관찰하였다. 이를 통해 조직 내 개인 차원에서 시작된 전략적 행동이 필드 수준의 새로운 전략 프랙티스로 제도화되는 과정을 설명함으로써 조직 내 개인 전략적 행위자 수준의 미시적 전략 행위와 필드 수준의 거시적 전략 프랙티스를 연결하고자 하였다.

전략 실행의 성공과 실패 요인

기존 전략연구는 대부분의 전략 수립에 관한 것들이었고 실행은 상대적으로 경시되었을 뿐 아니라 특히 실행 실패에 대한 연구는 드문 편이었다(Govindarajan, 1988). 특히 기존 전략연구는 기업조직을 개인과 동일한 경제행위자의 일종으로 간주했기 때문에 조직 내에서의 갈등이나 저항을 거의 고려하지 않았다(Cyert & March, 1963). 이에 비해 프랙티스 전략은 서로 다른 이해관계, 가치관, 그리고 경험을 가진 다양한 참여자들의 전략과 관련된 구체적인 행위에 초점을 맞추기 때문에 경영진이 수립한 전략이 구성원들에 의해 해석되고, 의미부여 되어서 수용되거나, 변형되거나, 혹은 거부되는 다양한 상황들에 대해 효과적으로 설명할 수 있다. 예를 들면 스텐세이커와 폴켄버그(Stensaker & Falkenberg, 2007)는 프랙티스 전략 관점에서 전체 조직 수준의 전략적 선택과 결정이 그대로 구성원들에게 공유되어 실행되는 것이 아니라 각 개인 구성원들 수준에서 전사 수준의 환경 변화와 조직 변화를 해석하는 내용들이 모여 조직 수준의 해석으로 발현됨으로써 전략 실행의 성패에 결정적인 요소는 각 구성원 개인 수준의 이해와 해석이라고 주장한다.

그리고 프랙티스 전략연구자들은 개별 관리자들의 공식적 혹은 비공식적 행동들이 기업의 전략적 경쟁우위를 형성하게 되므로 결국 전략 실행의 기반 역량은 관련 구성원들이라는 연구결과(Ambrosini et al., 2007) 등을 통해 전략 실행에서 조직 내 개별 행위자들의 역할을 강조하고 있다. 특히 자잡코우스키와 펜톤(Jarzabkowski & Fenton, 2006)은 공공 부문이나 비영리 부문 조직들을 대상으로 한 다원주의적 맥락

연구에서 조직의 전략화 과정 속에 구체적으로 누구의 전략적 의지, 목적, 행동 등이 어떻게 반영되는지가 매우 중요하다고 주장한다. 즉 프랙티스 전략은 동일한 전략의 실행이 조직이나 상황에 따라 성공하기도 하고 실패하기도 하는 원인을 다양한 참여자들과 상황의 특수성에 초점을 맞추어서 이해할 수 있다고 본다. 이런 관점에서 프랙티스 전략은 기존 전략연구가 상대적으로 약한 영역이었던 전략 실행에 대한 학문적 연구를 한 단계 업그레이드할 수 있을 것으로 기대된다.

경쟁우위 원천으로서 전략적 자원의 재해석

프랙티스 전략에서는 기존 전략연구들에서 모호하거나 부정확하게 사용되어온 전략의 핵심 개념들을 새롭게 재해석할 수 있다. 프랙티스 전략에 따르면 경쟁우위의 원천이 되는 프랙티스들은 원형대로 복제되어 똑같이 실행되는 것이 아니라 기업마다의 특수한 맥락과 상황에 따라 다르게 변형되어 실행된다. 따라서 프랙티스 전략 관점에서 보면 실제로 경쟁우위의 원천이 되는 것은 각 프랙티스 자체의 우수성이 아니라 기업마다의 특수한 전략적 상황에서의 적절성appropriateness이다. 예를 들면 명확하게 정형화되어 폭넓게 활용되어온 스왓SWOT 분석이나 5요인Five Forces 모델 같은 전략 프랙티스들도 실제로는 경쟁우위와 성과에 기여하지 않고 형식적 절차에 머무르는 경우는 허다한데, 그것은 프랙티스 전략 관점에서 보면 실제로 실행되는 상황적 맥락과 참여자들의 행위의 성격에 따라 동일한 프랙티스가 천차만별로 변형되고 재구성되기 때문이다.

이런 면에서 전략적 자원의 대표적 예로 강조하는 루틴도 프랙티스 전략에서는 다르게 재해석될 수 있다(Barney, 2001). 자원기반관점에서 루틴이 지속가능한 차별적 경쟁우위의 원천이 될 수 있다고 주장하는 것은 루틴이 각 조직의 특수한 경험에 의해 축적되기 때문에 단기간에 모방하기가 어렵기 때문이다(Barney, 2001; Cyert & March, 1963). 그러나 프랙티스 관점에서 루틴의 역할을 새롭게 재해석한다면 설사 경쟁자가 똑 같은 루틴을 똑 같이 모방해서 복제할 수 있더라도 그 루틴이 실제로 실행되는 상황과 맥락에 따라 전혀 다르게 변형되고 재구성되기 때문에 같은 성과를 낼 가능성이 낮다고 볼 수 있을 것이다. 즉 프랙티스 전략에서는 루틴이나 핵심역량 등 기존 전략이론에서 지속가능한 차별적 경쟁우위의 원천으로 강조했던 전략적 자원들이 결코 시간과 공간적 맥락에 상관없이 항상 동일한 기능을 수행하는 것이 아니라 상황에 따라 극도로 동태적으로 변화하면서 다양한 결과들을 창출한다는 점을 강조하는 것이다.

이런 관점에서 자렛과 스타일즈(Jarratt & Stiles, 2010)는 조직의 리더가 조직구조와 다양한 방식으로 상호작용을 하면서 실제 스왓, 페스트PEST, BCG 매트릭스와 같은 제도화된 프랙티스들의 전략화가 다양한 양상으로 발생한다는 것을 주장하였다. 또한 존슨과 그 동료들(Johnson et al., 2010)은 전략 워크숍과 같은 공식적 전략 프로세스가 실제 전략 수립과 실행에 기여하기 보다는 다양한 집단들이 참여했다는 것을 과시하기 위한 일종의 의례ritual 같은 역할을 수행한다고 주장하였다. 또 호지킨슨과 동료들(Hodgkinson et al., 2006)은 전략 워크숍이라는 공식적 전략 프랙티스가 폭넓게 사용되는 프랙티스이지만 많은 경우 두서 없는 담론 행위의 경향을 보이기 때문에 조직 구성원들도 습관적으로 냉소적으로 받아들이는 경우가 많다는 것을 보여주었다. 이러한 연구들을 통해 프랙티스 전략에서는 공식 프랙티스와 실제 실행 디커플링에 관심을 가진다. 따라서 프랙티스 전략은 기존 전략연구에 차별적 경쟁우위의 원천으로 강조되어온 전략적 자원이 실제로 작동하는 구체적 과정에 대해 새로운 해석을 제시할 수 있을 것으로 기대된다.

21세기 환경에서 기존 전략 프랙티스들의 재평가

프랙티스 전략은 대량생산과 규모의 경제 논리가 지배했던 20세기 산업사회 환경에서의 전략적 행위를 위해 고안된 다양한 전략 프랙티스들은 끊임 없는 혁신을 요구하는 21세기 환경에 적합하지 않을 수 있다고 보고 근본적 재평가를 시도한다(Moisander & Stenfors, 2009). 즉 프랙티스 전략은 특정 프랙티스가 원형 그대로 복제되어 반복 발생하는 것이 아니라 각 맥락에 따라 행위자들이 적극적으로 재해석하고 재구성하여 상황에 적절하게appropriate 실행한다고 보기 때문에(J ø r-gensen & Messner, 2010), 기존 전략 프랙티스들의 의미와 가치를 21세기적 맥락에서 재해석하고 재평가하는 작업을 시도하는 것이다.

그러나 프랙티스 전략의 상황화된 행위 관점은 1960년대 상황적합성이론contingency theory의 적합성fit 개념과는 전혀 다르다(Lawrence & Lorsch, 1967). 차일드(Child, 1972)에 의해 정확하게 지적되었듯이 상황적합성이론은 일종의 구조결정론structural determinism으로서 행위자의 역할이나 주체적인 전략적 선택 가능성은 전혀 허용하지 않았다. 단순히 특정 환경조건이 특정 조직구조를 결정한다고 주장한 데 비해, 프랙티스 전략의 핵심은 각 상황적 맥락에서 지적인 행위자의 기존 프랙티스들에 대한 적극적 재해석과 재구성을 통한 실행이다. 즉 전략적 행위자들이 20세기 환경에서 형성된 전략 프랙티스들이 상황적 맥락이 완전히 달라진 21세기 환경에는 적절하지 않다고 주체적이고 판단해서 이를 변형 혹은 폐기한다는 것이다. 예를 들면 모이샌더와 스탠포스(Moisander & Stenfors, 2009)는 정형화된 합리석 문제해결에 초점을 맞추어왔던 기존의 전략 프랙티스와 도구들은 집단지식의 창출, 대화와 신뢰의 촉진, 계속적 학습의 기능이 중요시되는 21세기 조직들의 지식문화에는 맞지 않는다는 점을 지적하였다. 이런 관점에서 21세기 환경에서의 적절성 관점에서 기존 전략 프랙티스들이 어떻게 재해석되고 재평가되며 수정되거나 혹은 폐기되는가는 프랙티스 전략의 중요한 연구주제가 될 것으로 기대된다.

최고경영진 이외의 다양한 행위자들의 전략적 역할에 대한 재평가

프랙티스 전략은 최고경영진의 전사 수준 전략적 선택에 초점을 맞췄던 기존 전략연구와 달리 최고경영진 이외에 실제 전략 현상의 전체 과정에 참여하는 다양한 유형의 행위자들, 이들의 구체적 행동, 그리고 그 상황에 관심을 가진다. 특히 그동안의 전략연구에서 경시되어왔던 중간관리자의 전략적 역할이나 컨설턴트의 전략적 역할도 프랙티스 전략은 의미 있는 연구주제로 주목한다. 실제 기업경영에서 외부 전문업체의 컨설팅을 가장 많이 받는 분야가 바로 전략임에도 불구하고, 그동안 주류 전략학자들 사이에서 컨설턴트들의 전략적 역할과 이들과 내부 전략담당자들 간의 차이나 관계에 대한 연구는 거의 없었다. 프랙티스 전략은 최고경영진뿐 아니라 모든 참여자들의 구체적 행동과정에 관심을 가지기 때문에 전략 컨설턴트의 실제 행동과 결과에 대한 체계적 연구가 가능하다(Hoon, 2007; Sturdy et al., 2006).

또한 기존 전략연구들이 조직 내부 구성원들 중에서 최고경영진에만 초점을 맞춰온 데 비해 프랙티스 전략에서는 중간관리자들의 전략적 역할에 큰 관심을 가지고 있다. 최고경영진에서 발표하거나 지시하는 전략의 실행은 실무적 책임을 가진 중간관리자들이 주로 담당하는데(Balogun & Johnson, 2005), 이들이 최고경영진의 전략을 어떻게 해석하고 수정하거나 변형하여 실행하는가는 프랙티스 전략이 매우 효과적으로 설명할 수 있다(Mantere, 2005; Vaara & Whittington, 2012). 예를 들면 중간관리자들은 전략 변화를 스스로 개념화하고 이를 실행하는 과정을 통해 조직이나 사업부 그리고 과업의 성격 등을 더 깊이 있게 이해하고 조직의 창조적 사고를 촉진할 수 있다(Heracleous & Jacobs, 2008). 프랙티스 전략에서는 또한 최고경영진이 수립한 전략을 실행하는 데 필요한 예산수립 및 집행 문제라든지(Faure & Rouleau, 2011), 이해관계자들stakeholder에게 전략을 설명하는 문제(Rouleau, 2005) 등 다양한 전략적 사안들에서 중간관리자의 역할이 핵심적이라고 보고 있다. 이런 중간관리자의 전략적 행위와 역할에 대한 프랙티스 전략연구는 최고경영진의 공식적 전략 선택과 실제 전략 실행 간 디커플링을 효과적으로 설명함으로써 전략 실행 실패에 대한 새로운 관점을 제시할 수 있을 것이다.

발현적 전략

프랙티스 전략은 전략과정에 참여하는 모든 행위자들이 공식적으로 내려진 전략적 의사결정이나 패턴화된 전략 프랙티스를 원형 그대로 정확하게 실행하는 것이 아니라 각 상황적 맥락에 적절하게 변형시키고 재구성한다고 보기 때문에 미리 치밀하고 계산되고 계획된 전략이 아닌 상황마다의 특수한 조건들에 대해 각 행위자가 자발적으로 혹은 즉흥적으로 대응하는 데서 나오는 '발현적emergent' 전략의 설명에 효과적이다(Weick, 2000). 이런 발현적이고 즉흥적 행동들은 기존 전략연구에서는 예외로 간주하거나 분석에서 제외하였다. 그러나 격변하고 극도로 불확실한 21세기 환경에서는 과거에 전혀 경험해보지 못한 낯선 상황들에 대해 적절하게 대응하는 전략적 역량이 특히 중요하므로 이런 새로운 유형의 전략 현상을 효과적으로 설명할 수 있는 새로운 이론적 관점이 필요해졌다. 즉 환경이 파편화되어 있고 복잡하며 불확실하고 급변할 때는 전략의 상당 부분은 각 현장에서 각 행위자가 주체적으로 각 상황에 적절한 전략적 선택과 대응을 해야 하므로 발현적 전략에 대한 체계적 설명이 절실히 필요하다(Lawrence & Lorsch, 1967).

이와 관련하여 몰로이와 위팅턴(Molloy & Whittington, 2005)에 따르면 동일한 전략 프랙티스라 할지라도 조직마다 적용과정에서 맞춤형 수정customize이 발생하면서 실제로는 새로운 특성을 가지게 되므로 프랙티스의 발현적인 재구성이 발생한다. 또한 레그너(Regner, 2003)는 전사 수준의 전략이 각 현장의 전략으로 하향적으로 일사불란하게 전파되어 실행되는 것이 아니라 많은 경우에 각 현장에서의 자율적 대응이 모여 상향적으로 전사 수준의 전략적 대응을 구성한다고 주장하였다. 같은 맥락에서 살바토(Salvato, 2003)는 전략적 변화는 기존 프랙티스를 버리고 새로운 프랙티스를 채택하는 불연속적 이벤트에 의해 이루어지는 것이 아니라 기존에 존재하던 다양한 프랙티스들의 동적 재조합recombination이 반복되는 미시적 프로세스들의 집합을 통해 새로운 전략 프랙티스들이 발현된다고 주장한다. 이와 같이 프랙티스 전략은 기존 전략연구에서 상대적으로 경시되었던 발현적 전략의 연구에 이론적 기반을 제공할 수 있을 것으로 기대된다.

필드 수준 전략 담론과 베스트 프랙티스의 유행

프랙티스 전략은 다양한 전략적 프랙티스들 중에서 왜 특정 시기에 특정 필드에서 특정 프랙티스가 유행하며 다른 대안들은 경시되는 지에 대한 설명을 제공할 수 있다. 6시그마, 워크아웃, ERP 등 유행하는 베스트 프랙티스들은 각기 다른 담론들에 기반하고 있으므로 담론 분석이 핵심 방법론 중의 하나인 프랙티스 전략은 필드수준 전략 담론 분석에 효과적이다(Whittle, Suhomlinova & Mueller, 2010). 즉 프랙티스 전략은 전략 수립과 실행에 관련된 다양한 담론 프랙티스들 discursive practices을 분석함으로써 각 전략적 프랙티스들의 유행과 확산에 어떤 담론들이 어떻게 정당성을 부여했는가를 구체적으로 밝힐 수 있다. 예를 들면 바라와 동료들(Vaara et al., 2004)은 항공산업에서 전략적 제휴가 20여 년간 어떤 과정을 거치면서 전체 글로벌 필드 수준의 정당성을 확보했는지에 대해 설명하고 있다.

그러나 프랙티스 전략은 거대 담론의 존재를 전제로 특정 담론 프랙티스가 전체 필드에 대해 헤게모니를 행사하는 원리를 찾기보다는 다양한 대안적 담론들이 상황마다 행위자들에 의해 형성되고 실행되며 확산되는 과정에 관심을 가진다(Foucault, 1977). 이런 관점에서 프랙티스 전략에서도 각 조직의 전략적 상황마다 존재하는 다양한 대안적 전략 담론들 중에서 어떻게 특정 담론이 다른 대안들을 압도하고 조직이 당연히 추구해야 할 전략적 방향으로 정당성을 확보하며 또 이것이 어떻게 전체 필드 수준의 전략적 추세로 제도화되는지, 그리고 그 과정에서 다양한 전략적 행위자들이 어떻게 그런 전략 담론들을 내면화하고 또 활용하는지 그 구체적 과정을 분석한다(Seidl, 2007; Boje, 2008). 따라서 프랙티스 전략은 기존 전략연구에서 다루지 않았던 필드 수준에서 유행하는 베스트 프랙티스의 형성과 확산 과정을 체계적으로 설명할 수 있을 것으로 기대된다.

보편적 최적화가 아닌 상황마다 적절한 전략

프랙티스 관점의 가장 중요한 이론인 '상황화된 행위situated action' 개념은 파슨스(Parsons, 1960)의 구조기능주의에서 찾고자 했던 모든 상황에 일반화될 수 있는 '패턴변수pattern variables'와 같은 최적optimal의 행위패턴이란 존재하지 않으며 각 상황에서 적절한appropriate 행위를 하는 것이 중요하다고 주장한다. 이렇게 본다면 1960년대에 상황 적합성이론 관점에서 시작된 초기 전략연구 이래 산업구조론과 자원 의존관점을 포함한 기존 전략연구는 대부분 최적의 전략 유형을 찾아서 이를 보편적으로 적용될 수 있는 분석 틀로 일반화하려고 시도해 왔다. 이에 비해 프랙티스 관점의 상황화된 행위 개념은 모든 상황, 모든 행위, 그리고 모든 행위자의 특수성을 강조한다(Orlikowski, 2010). 예를 들면 룰로(Rouleau, 2005)는 의류회사를 대상으로, 메이틸리스와 로렌스(Maitilis & Lawrence, 2003)는 오케스트라를 대상으로 내부 행위자들이 조직의 전략적 방향성을 각기 처한 상황에 적절하게 제각기 다르게 해석하는 과정을 조명하였다. 즉 다양한 상황적 맥락들에 획일적으로 적용 가능한 최적의 전략적 행위 패턴이 있는 것이 아니라 각 행위자가 각 상황에서 적절하다고 판단하는 프랙티스를 적절한 형태로 변형시키고 재구성해서 수행한다는 것이다. 그러므로 프랙티스 전략에서 전제하는 기업들의 전략적 선택의 기준은 최적화optimization이 아니라 적절성appropriateness 혹은 정당성legitimacy이다. 이런 관점에서 프랙티스 전략은 전략적 의사결정과 행동의 기준에 대해 근본적으로 다른 대안을 제시할 수 있을 것을 기대된다.

실무 경영자들에게 실천적 방향제시가 가능한 실용적 연구

프랙티스 전략을 연구하는 학자들은 '프랙티스'라는 표현이 2중적 의미를 가진다고 주장한다. 첫째는 최근 사회이론의 핵심 개념인 구체적인 사회적 맥락 속에서 반복 발생하는 관습적 행위패턴을 뜻한다. 그러나 두 번째는 바로 실무경영자를 위한 실용성practical을 의미한다(Vaara & Whittington, 2012). 앞에서 제시하였듯이 기존 전략연구는 대다수의 실무 경영자들이 실제 업무수행 과정에서 당면하는 일상적인 전략적 상황에 적용하기에는 큰 괴리가 있었다. 따라서 전략 분야에서 실무 경영자들에 대한 실천적 방향제시는 전략연구와는 거의 상관없이 단편적 사례 중심으로 이루어져왔다. 이런 의미에서 각 전략적 상황에서의 다양한 행위자들의 실제 전략 프로세스를 깊이 있고 풍부하게 설명하는 프랙티스 전략은 실무 경영자들이 매일 당면하는 전략적 상황에 체계적이고 유용하며 실용적인 지식을 제공할 수 있다. 다양한 프랙티스 전략연구들이 전략을 실제 수립하고 실행하는 실무 경영자들이 업무 수행과정에서 다양한 실행 과제들과 어떻게 상호작용해 나가는지에 대해 설명해주고 있다. 비치와 존슨(Beech & Johnson, 2005)의 연구나 샘라 프레드릭스(Samra-Fredericks, 2003)의 연구 등은 최고경영자가 경영진들과의 상호작용을 통해 전략적 의사결정을 내리고 전략을 수립하는 역학과 프로세스를 자세히 보여줌으로써 실무 경영자들의 실제 전략적 역할수행을 자세히 설명한다. 이런 측면에서 프랙티스 전략은 기존 전략연구와 달리 실무 경영자들에게 실제 전략적 역할 수행에 유용하게 사용될 수 있는 실천적 지식을 제공할 수 있을 것으로 기대된다.

5. 프랙티스 전략의 과제

프랙티스 전략은 지난 10여 년간 연구의 수와 양 그리고 영향력에서 빠르게 성장해왔으나 여전히 젊은 이론 패러다임으로서 해결해야 할 과제들이 산재해 있다. 프랙티스 전략이 오랜 기간 강력한 영향력을 행사해온 경제학 기반 주류 전략이론들을 대체할 미래 전략 패러다임으로 확고하게 자리잡기 위해서는 다음과 같은 과제들을 해결해야 할 것이다.

첫째, 1980년대 초중반에 걸쳐 유럽 매니지먼트학계의 주도하에 한동안 급속히 발전하다 빠르게 쇠퇴한 비판조직이론critical organization theory의 경우가 잘 보여주듯이(Clegg & Dunkerley, 1980), 프랙티스 전략이 새로운 전략 패러다임으로 제도화되려면 무엇보다 프랙티스 관점을 공유하는 주변 사회이론을 넘어서서 전략이론으로서의 특수성과 정체성을 확립하는 것이 필요하다. 당시 비판조직이론이 주류 조직이론 패러다임으로 자리잡는 데는 실패한 주된 이유는 일반적인 맑시스트 사회이론과의 차별성이 약했기 때문이다. 물론 학제 간interdisciplinary 관점에서 주변 학문들의 발전을 수용하여 새로운 이론적 발전으로 연결시키려는 시도는 바람직하다. 그러나 행동주의 심리학의 학습이론과 인지심리학의 의사결정이론, 정치학의 권력과 갈등조정이론, 경제학의 선택이론, 사회학의 관료제이론 등을 학제적으로 연결시켜 그 어떤 분야에도 존재하지 않던 독창적인 행동과학적 기업이론과 조직학습이론을 발전시켰을 뿐 아니라 거꾸로 경제학, 정치학, 사회학, 심리학에 역수출하여 큰 기여를 한 카네기학파의 예에서 볼 수 있듯이(March & Simon, 1958; Cyert & March, 1963), 프랙티스 전략이 새로운 전략 패러다임으로 확고하게 자리잡을 수 있느냐의 여부는 단순히 사회이론에서 발전된 프랙티스 관점을 전략 현상에 적용하는 것을 넘어서서 독창적 전략이론을 제시할 수 있는가에 달려 있다. 이런 관점에서 전략 현상에서의 프랙티스와 사회현상에서의 프랙티스 간 공통점과 차이점에 대한 체계적 논의가 반드시 필요할 것이다. 즉 프랙티스 전략의 미래는 과연 이 새로운 이론이 기존 프랙티스 이론의 전략 현상에 대한 단순한 적용에 그칠 것인가, 아니면 프랙티스 관점을 활용한 새로운 전략이론으로 발전할 것인가의 여부에 달렸다고 할 수 있을 것이다.

둘째, 프랙티스 전략의 가장 중요한 한계는 그 가장 강력한 강점의 정반대 이미지이다. 즉 프랙티스 전략은 기존 전략연구가 의존해온 대규모 표본의 합산을 통해 얇은thin 일반화를 추구하는 계량적 방법론의 한계를 극복하기 위해 전략 상황마다의 특수한 구조와 과정의 두터운 묘사thick description와 깊은 이해in-depth understanding를 강조하는 질적 방법론을 적극적으로 활용해왔다(Geertz, 1973). 그런데 이런 질적 연구에 대한 강조의 결과, 프랙티스 전략의 연구결과는 기존 계량적 전략연구와 정반대로 깊이는 있으나 폭넓은 일반화가 어렵게 되었다. 더구나 프랙티스 이론은 각 사회적 행위의 특수한 맥락의 의미를 중시하는 상황화된 행위를 전제하고 있기 때문에 프랙티스 전략연구를 통해 발견된 결과의 적용성은 그 특수한 맥락에만 한정될 가능성이 높다. 이런 면에서 프랙티스 전략의 지속적 발전을 위해서는 연구결과의 축적과 일반화 가능성에 대한 입장이 정리되어야 할 뿐 아니라 기존 계량적 전략연구와의 소통과 연결 가능성도 적극적으로 모색되어야 할 것이다.

셋째, 프랙티스 전략이 새로운 전략이론 패러다임으로 확고하게 자리잡기 위해서는 기존의 주류 전략 패러다임들과의 관계 정립이 필요하다. 프랙티스 전략은 산업구조론과 자원기반관점이라는 두 가지 경제학적 전통의 전략 패러다임들에 대한 비판적 인식에서 출발했다. 따라서 기존 양대 주류 패러다임의 핵심 논지들에 대한 명확한 입장정리가 필요하다. 이에 더하여 이 두 가지 기존 주류 전략 패러다임 정도의 위상은 안 되지만 여전히 상당한 영향력을 가진 다른 전략이론들도 있다. 특히 프로세스 이론의 경우 마이크로 전략 프로세스 자체에 관심을 가진다는 면에서 프랙티스 전략과 일맥상통하는 면이 많다(Bower, 1982; Burgelman, 1996). 또한 전략 분야에서 내재적으로 발생하지는 않았으나 주변 분야에서 발전되어 전략연구에 활발하게 사용되어온 이론들도 많다. 특히 거시 조직이론은 1960년대 상황적합성이론부터 전략 분야와 밀접하게 상호작용해왔으며 최근에도 조직이론 분야에서 발전된 거래비용경제학(Williamson, 1975), 사회 네트워크이론(Burt, 1992), 탐색과 활용적 조직학습이론(March, 1991), 지위기반경쟁이론 status-based competition(Podolny, 1993) 등은 전략연구에 크게 기여해왔을 뿐 아니라 프랙티스 이론과도 상당 부분 문제의식을 공유하고 있다. 따라서 프랙티스 전략이 글로벌 전략학계에서 중추적 위상을 가진 주류 전략 패러다임 중 하나로 성장하기 위해서는 이들 다양한 전략이론들과의 관계 정립도 필요하다. 이제 프랙티스 전략이 많은 연구자들에 의해 본격적으로 연구되기 시작한 지 10여 년이 지났으므로 이런 다양한 전략이론들의 네트워크 속에서 프랙티스 전략을 자리매김하려는 노력이 시도되어야 할 시점이라고 생각된다.

4
행동 전략

1. 행동 전략의 탄생과 발전

기존 주류 전략경영에 대한 대안으로 앞에서 토론한 프랙티스 전략과 함께 급부상하고 있는 또 다른 패러다임은 '행동 전략behavioral strategy'이다. 행동 전략은 인지심리학을 중심으로 한 행동과학behavioral sciences 분야의 최근 발전을 적극적으로 수용하여 전략연구의 현실성과 설명력을 강화하려는 중요한 학문적 발전이다(Bromiley, 2009). 행동 전략에 대한 학계의 관심은 꾸준히 증가되어 왔으나 개념적 통일성의 부재와 패러다임 범위의 모호성으로 인해 연구자들이 많은 혼란을 겪고 있는 것도 사실이다. 이 글에서는 인지심리학을 바탕으로 전략적 프로세스에 직접적인 함의를 담고 있는 논문들을 행동 전략 연구로 규정하여 행동 전략 분야의 등장배경과 발전과정을 살펴보고자 한다.

행동과학의 등장

방법론적 개인주의와 합리적 선택을 양대 축으로 20세기 중반 급속히 발전한 신고전파 경제학을 정면으로 비판하고 근본적인 대안을 제시한 첫번째 시도는 1950년대를 전후하여 사이먼과 마치 등 카네기학파였다(March & Simon, 1958; Cyert & March, 1963; Bromiley, 2009). 카네기학파는 인간의 선호는 모호할 때가 많을 뿐 아니라 불안정하며, 완벽한 대안과 정보 집합을 가지고 의사결정하는 것은 탐색비용search cost 때문에 불가능하고, 설사 모든 대안과 정보가 주어지더라도 완벽하게 계산하여 최적의 대안을 선택하는 데 필요한 인지적 능력이 제한되어 있기 때문에 신고전파 경제학의 효용극대화utility maximization 는 극도로 비현실적인 전제라고 비판하였다. 따라서 인간행동을 사실적으로 정확하게 설명하고 분석하며 예측하려면 행동의 다양한 측면들을 최대한 현실에 가깝게 포괄적으로 고려하는 학제적인 '행동과학behavioral science' 접근법이 필요하다고 주장하면서 '행동과학적 기업이론the behavioral theory of the firm'을 제안하였다(Cyert & March, 1963). 카네기학파는 신고전파 경제학의 합리적 선택모형의 가정들을 신화에나 나오는 영웅들에게게나 기대할 수 있는 비현실적 가정이라며 '영웅적 가정heroic assumptions'이라고 비판하였고, 일상생활에서 항상 만나는 보통 사람들의 행동을 설명할 수 있는 가정을 기반으로 이론을 만들어야 한다며 '우리가 익숙하게 잘 알고 있는 인간의 본성human nature as we know of'에 최대한 가까운 현실적 가정에 기반한 이론화를 주장하였다(March & Simon, 1958).

1950년대에 본격적으로 시작된 카네기학파의 행동과학적 기업이론은 거시 조직이론의 핵심 패러다임 중 하나로 자리잡아 최근까지 조직학습을 중심으로 활발하게 연구되고 있으며 다양한 사회과학 분야들에서 폭넓게 수용되었다(Greve, 2003). 카네기학파는 특히 심리학, 사회학 등 다양한 행동과학 분야들 간의 학제적 접근interdisciplinary approach을 강조했는데 그중에서도 특히 심리학과 인지과학의 최근 발전들을 적극적으로 수용할 것을 주장하였다(Simon, 1959).

행동과학적 의사결정이론과 행동경제학

제한된 합리성 개념을 중심으로 한 카네기학파의 행동과학적 기업이론은 사회과학 전반에 큰 영향을 미쳤으나 유독 기존 주류 전략경영의 이론적 기반이 된 경제학은 폐쇄적 입장을 굳게 지켜왔다(Coleman & Fararo, 1992). 그러던 중 심리학이 경제학자들의 관심을 끌기 시작한 계기가 있었는데 1979년에 행동과학적 의사결정이론behavioral decision theory을 연구하는 인지심리학자인 카네만과 트베르스키(Kahneman & Tversky, 1979)가 경제학의 대표 학술지인『이코노메트리카Econometrica』에 '전망이론prospect theory' 논문을 게재한 것이었다. 전망이론은 위험이 수반된 의사결정에서 인지적 편향성cognitive bias을 가지는 사람들의 실제 의사결정 메커니즘을 심리학적 실험에 기반하여 설명하고 있다. 기대효용이 커질수록 선택의 가능성이 높아진다고 보는 기존 합리적 선택모형의 예측과 달리 전망이론은 이익과 손해가 동일한 지점인 기준점reference을 중심으로 좌우 곡선의 기울기가 달라지는 현상, 즉 손해가 이익보다 그 가치가 더 크게 왜곡되어 인식되는 현상을 설명한다. 이러한 인지적 왜곡 때문에 이익추구보다는 손실회피가 의사결정자에게 훨씬 더 중요하게 받아들여진다는 것이다. 따라서 실제로는 똑같은 의사결정이라도 그 제시되는 틀frame을 손실회피로 할 때 이익추구로 제시할 때보다 훨씬 더 중요하게 인식될 가능성이 있다. 즉 전망이론은 신고전파 경제학적 전통의 합리적 선택모형의 기대효용이론이 실세계 의사결정에서는 왜곡되고 편향되어 나타난다는 사실을 행동과학적 의사결정이론의 관점에서 비판한 것이다.

카네만과 트베르스키(Kahneman & Tversky, 1979)의 행동과학적 의사결정이론이 경제학자들의 관심을 끌면서 1990년대부터 인지심리학의 최근 발전을 경제학에 접목시키려는 행동경제학behavioral economics이 본격적으로 발전하기 시작하였다. 행동경제학에서는 불확실성이 높은 상황에서의 의사결정은 합리적 계산보다는 비합리적인 인지적 단순화와 편향성에 의해 영향을 받는다고 전제하고, 다양한 형태의 인지심리학적 메커니즘들이 합리적 선택을 왜곡시키는 상황에 대해 집중적으로 연구하여 왔다.

행동 전략의 등장

경제학 분야에서 1990년대 들어 행동경제학이 본격적으로 패러다임화된 것과 마찬가지로 전략행위자들의 전략적 의사결정과 대안선택 과정에 대한 과도한 합리성 가정을 비판하는 연구들이 전략경영 분야에서도 비슷한 시기에 등장하기 시작하였다. 더구나 인접 분야인 거시 조직이론이나 미시 조직행동에서는 행동과학적 기반을 가진 연구들이 이미 1970년대 중반부터 활발하게 진행되었기 때문에 그 영향으로 전략경영에서도 1980년대에 간헐적으로 행동 전략과 유사한 관점을 가진 연구들이 시도되었다.

특히 21세기로 접어들면서 전략적 의사결정의 주 대상인 환경의 불확실성과 인과관계 모호성 급증하면서 전략행위자들이 각자의 인지심리적 성향에 따라 동일한 환경이라도 서로 다르게 인식하고 서로 다른 대안들을 도출하며 선택하는 현상에 관심을 갖는 연구자들이 생겨난 것이다(Schoemaker, 1993; Dutton et al., 1997). 그러나 여전히 이런 연구들은 전략경영 분야에서 새로운 이론 패러다임으로 인정될 정도의 큰 흐름이나 세력을 형성하지는 못하였고 간헐적으로만 시도된 예외에 머물렀다.

전략경영 분야에서 인지심리학적 편향성이 전략 프로세스에 미치는 영향을 많은 학자들이 연구하기 시작한 것은 불과 10년도 채 되지 않는 2010년 전후경이다. 1990년대부터 일부 전략경영 연구들이 행동과학적 혹은 인지적 요인들을 연구모델에 포함하기 시작하였으나, 본격적으로 '행동 전략'이라는 표현과 분야의 정체성을 공유하며, 인지적 단순화나 편향성이 전략 프로세스에 미치는 영향에 직접 초점을 맞춘 논문들이 집중적으로 나오기 시작한 것은 2010년을 전후해서이다(Levinthal, 2011; Powell et al., 2011). 이들 행동 전략연구들은 환경의 불확실성과 모호성을 어떻게 합리적으로 대응할 것인가에 초점을 맞추었던 기존 전략경영 연구들과는 달리 불확실성과 모호성으로 인하여 왜곡되는 전략적 의사결정의 과정 자체에 관심을 가졌다는 점에서 기존 전략이론들과는 근본적 차이가 있다.

2. 행동 전략의 개념과 이론적 기반

행동 전략은 합리적 선택모형의 이론적 가정으로만 존재하는 비현실적 경제행위자가 아닌 실세계 전략 프로세스에 참여하는 개인들의 실제 인지심리적 프로세스에 초점을 맞춘다. 즉 행동 전략은 전략적 성과와 경쟁력에 영향을 미칠 것으로 추측되는 기업 내외부의 객관적 조건보다는 개인 전략행위자들의 주관적이고 인지심리적인 과정이 분석의 초점인 것이다(Bromiley, 2009). 따라서 기존 전략 패러다임들이 산업구조 내에서의 기업의 객관적인 포지셔닝(Porter, 1980)이나 기업 내부의 전략적 자원들(Wernerfelt, 1984)에 초점을 맞추어 온 데에 비해 행동 전략은 기업 경영진이 이런 내외부의 조건들을 인지하고 해석하며 의미를 부여하여 전략적 대응을 선택하는 실제 과정이 주 관심사이다. 행동 전략의 기본적인 주장은 이런 인지, 해석, 의미부여 과정을 통해 실세계 경영자들의 전략적 선택과 행동은 신고전파 합리적 선택모형에 기반한 예측과 달라진다는 것이다.

르빈틀(Levinthal, 2011)은 실세계 전략 행위자들이 당면하는 대부분의 상황은 복수의 대안들 중 기대효용을 극대화하는 최적의 대안을 선택하는 신고전파 경제학의 합리적 선택모형과는 거리가 멀다고 강조한다. 구체적 전략적 대안들이 명시적으로 주어지는 경우는 거의 없고 오히려 대안들을 발견하는 과정이 더 중요한 전략적 행위라는 것이다. 또한 실세계에서 전략적 선택을 어렵게 만드는 불확실성은 단순히 각 대안의 발생확률 분포나 어느 대안이 다른 대안보다 더 큰 기대효용을 가져올지의 추정 문제가 아니라 대안 자체나 효용의 기준이 무엇인지 모를 때가 많다는 것이 진짜 문제라고 설명한다. 그리고 의사결정의 과정을 차치하고라도 실제 현실에서 해결해야 하는 문제가 제시되는 프로세스 자체 또한 주관적인 인지적 프로세스이기 때문에 합리적 선택모형으로는 현실을 객관적으로 보여줄 수 없다고 지적한다.

행동 전략연구들은 다양한 전략 프로세스와 행동들에 대해 합리적 선택모형과 구분되는 다양한 행동과학적인 대안적 설명을 제시하고 있다. 그런 차이를 낳게 되는 전략행위자들의 인지심리적 본성으로 행동 전략 연구는 행동경제학의 최근 발전을 차용하여 다음 두 가지 유형을 제시한다. 첫째는 '인지적 단순화cognitive simplification'로, 인지적 오류는 아니지만 환경인식이나 전략적 대안들 간 비교 등 인지적 부하가 과중한 활동을 단순화하기 위해 사용하는 주관적 의미부여 sensemaking와 직관institiuition을 통한 발견법heuristics 등이다. 행동 전략의 인지심리적 기반 중 둘째는 전략적 의사결정자들이 자주 영향을 받는 다양한 인지적 오류들인 '인지적 편향cognitive bias'이다. 물론 이 두 가지는 개념적으로는 구분이 되나 현실세계의 전략적 과정에서는 명확하게 나누어지지 않는 경우가 많고 발견법이 다양한 인지적 편향의 원인이 되는 등 복잡하게 상호작용하는 경우가 많다.

인지적 단순화

인지적 단순화의 가장 대표적 형태인 주관적 의미부여sensemaking는 복잡하고 모호한 환경이나 상황에 대해 치밀하게 계산하고 분석하기보다는 전략적 의사결정자가 주관적으로 해석하여 의미를 부여하는 심리적 경향이다. 전략경영과 조직이론 분야에서 의미부여의 중요성을 강조한 대표적 학자는 와익(Weick, 1995)이다. 그에 따르면 조직현상에서 모든 행위자가 동의하는, 개별 행위자들의 심리적 과정으로부터 분리된 객관적 현실은 없으며 각 행위자들은 주관적인 의미부여를 통해 현실을 심리적으로 구성해나간다. 즉 포터(Porter, 1980) 등의 전략이론에서 전제하는 산업구조와 같은 객관적인 환경조건은 존재하지 않으며, 기업들은 각 기업의 전략적 의사결정자들이 주관적으로 의미 부여하여 구성한 규정된 환경enacted environment에 적응하려고 노력한다는 것이 와익의 의미부여이론이다.

인지적 단순화의 또 다른 유형인 발견법heuristics은 기존 이론들이 가정하였듯이 완벽한 대안들과 정보를 분석하여 최선의 행동대안을 선택하는 합리적 프로세스에 의해 의사결정이 이루어지는 것이 아니라, 과거의 경험을 통해 형성되고 축적된 직관에 기반한 추정을 통해 전략적 의사결정이 이루어진다고 주장한다(Lieberman, 2000; Kahneman & Klein, 2009). 데인과 프렛(Dane & Pratt, 2007)은 발견법을 신속하고 무의식적이며 총괄적인 연관 짓기에 의해 발생하는 정서적 판단이라고 정의한다. 즉 발견법 관점에서 볼 때 실세계에서의 전략적 의사결정 프로세스는 정교한 계산과 분석의 과정이 아니라 과거 경험을 통해 학습된 직관에 의존하여 대략의 어림짐작을 하는 과정에 가깝다는 것이다(Simon, 1959). 발견법은 실세계에서의 실제 문제해결에 폭넓게 사용되는데 특히 불완전 정보와 불완전 대안의 상황에서 신속한 의사결정이 필요할 때 자주 사용된다. 합리적 선택과정을 통해 효용 극대화를 하려면 다양한 변수들을 비교분석해야 하지만 현실적으로는 시간 제약과 정보 부족으로 인해 어렵다. 특히 급변하는 환경하에서는 전략적 대응 방향을 짧은 시간 내에 결정해야 하므로 발견법을 통해 완벽하지는 않지만 현실적으로 만족할 만한 수준의 해결책을 도출해서 행동한다는 것이다. 발견법의 가장 대표적인 예가 바로 카네기학파의 만족화satisficing로 의사결정 과정에서 특정 대안이 적정한 열망 수준만 초과하면 선택하는 행위이다(March & Simon, 1958).

발견법은 특히 전략적 의사결정에 상존하는 높은 불확실성을 고려할 때 매우 중요한 의미를 가진다(Courtney, Kirkland, & Viguerie, 1997). 기업이 당면한 전략적 문제에 대한 해결책이 명확하지 않거나, 그 문제해결의 과정이나 절차도 불분명하며, 문제해결에 필요한 정보가 불충분하고, 심지어 문제의 본질이 무엇인지 명확히 규정하기 어려울 때는 제한된 합리성을 가진 의사결정자들로서는 발견법밖에는 다른 의사결정 방법이 없는 경우가 많다(Reed & De Fillippi, 1990). 신사업 진출이나 신시장 개척 등과 같은 많은 주요 전략적 의사결정들이 바로 이와 같이 구조화의 정도가 낮고 극도로 불확실성이 높은 상황에서 이루어지므로 발견법의 적용 가능성이 매우 높음에도 불구하고 합리적 선택모형에 기반한 기존 전략경영 연구들은 발견법에 거의 주목하지 않았으나 행동 전략의 발전과 함께 발견법이 중요한 전략적 의사결정 방식으로 재조명되고 있다.

예를 들면 빙햄과 아이젠하트(Bingham & Eisenhardt, 2011)는 기업들이 시행착오와 경험학습을 통해 전략적 의사결정에 필요한 선택 기준, 절차, 우선 순위 등에 대한 발견법의 포트폴리오를 학습하게 되며, 이렇게 학습된 발견법 포트폴리오는 그 기업이 급변하는 환경에서 적시에 전략적으로 대응하는 데 결정적으로 기여한다고 주장한다. 또한 카트리와 엔지(Khatri & Ng, 2000)는 직관에 기반한 발견법은 불안정한 환경에서는 성과에 긍정적 영향을 미치나 안정적 환경에서는 부정적 영향을 미친다고 보고하기도 했다. 그리고 아르팅거Artinger와 동료들(2014)은 발견법은 적응적adaptive 의사결정 방식으로서 특히 복잡하고 불확실한 환경에서 효과적이라고 주장했다. 즉 급변하고 불확실한 환경에서는 복잡한 계산절차보다 단순한 발견법이 더 우월한 전략적 의사결정으로 연결된다는 것이다.

인지적 편향

한편 행동경제학의 발전을 자극한 카네만과 트베르스키(Kahneman & Tversky, 1979)의 논문에서 강조된 인지적 편향이란 어떤 대상이 인지되는 맥락이나 그 대상이 제시되는 틀 또는 방식에 따라 같은 대상을 다르게 왜곡해서 인지하는 현상들을 총칭한다. 인지편향에는 다양한 유형이 있지만 가장 대표적인 것이 프레이밍 효과framing effect이다. 프레이밍 효과란 동일한 의사결정 문제라도 그것이 어떤 틀로서 의사결정자에게 제시되었느냐에 따라 그것의 인식과 대응이 달라지는 현상이다. 카네만과 트베르스키(Kahneman & Tversky, 1979)의 전망이론에서는 같은 의사결정 문제를 손실을 줄이는 것과 이익을 늘이는 것으로 제시할 때 실제로는 동일한 문제임에도 불구하고 이익 추구보다 손실 회피를 더 크게 인식한다는 것을 보여주었다. 즉 의사결정자의 선택이 그 문제가 제시되는 틀과 방식에 따라 달라진다는 것을 보여줌으로써 신고전파 경제학의 합리적 선택모형의 예측과 차별화되는 프레이밍 효과의 중요성을 인식시킨 것이다.

카네만과 트베르스키(Kahneman & Tversky, 1979)의 전망이론에서 제시된 프레이밍 효과는 다양한 행동 전략연구에서 활용되거나 재검토 혹은 수정되었다. 밀러와 사피라(Miller & Shapira, 2004)는 전망이론을 다양한 전략적 옵션들에 대한 평가에 적용하여 어떻게 프레이밍이 전략적 옵션들의 주관적 평가에 영향을 미치는지를 연구하였다. 차토파디아이Chattopadhyay와 동료들(2001)은 위협-경직threat-rigidity이론과 전망이론을 통합적으로 비교한 연구에서 환경으로부터의 위협은 기업을 보수적이고 내부 지향적인 전략적 행동을 선택하게 만드는 반면 손실은 상대적으로 보다 위험한 외부 지향적 전략적 행동을 선택하게 한다고 주장하였다. 로웬스타인Loewenstein과 동료들(2001)은 의사결정자들이 위험을 감정risk as feeling으로 파악하기 때문에 위험한 환경에서의 전략적 의사결정은 감정적 반응에 의해 결정되는 경우도 많다고 주장하였다. 이처럼 전망이론에 기반한 프레이밍 효과에 대한 전략연구들이 다수 존재하여 어느 정도 합의가 이루어진 반면, 이를 제외한 나머지 유형의 인지적 편향들에 대한 논문은 대부분 특수한 상황에 관한 단편적 연구들이어서 행동 전략의 주장으로 일반화되지는 못하고 있는 실정이다.

예를 들면 칼슨, 로웬스타인, 세피(Karlsson, Lowenstein, Seppi, 2009)는 전략 프로세스에서 심리적으로 불편하거나 고통스러운 정보에 노출되는 것을 회피하는 경향인 '타조효과Ostrich effect'라는 인지적 편향을 연구하였다. 전략적 의사결정자는 부정적 초기 정보를 접하면

이와 관련된 추가 정보를 수집하는 것을 회피하게 되는 반면 긍정적 초기 정보를 접하면 이를 더 강화하고 확인시켜줄 추가 정보를 적극적으로 구하게 된다고 한다. 레거와 팔머(Reger & Palmer, 1996)는 탈규제deregulation라는 환경 변화에 대한 기업의 전략적 대응에 대한 연구에서 경영자들은 탈규제와 같이 급진적인 환경 변화에 당면해서도 규제가 철폐된 새로운 시장환경을 반영한 새로운 인지적 틀을 찾기보다는 기존 산업구조를 그대로 반영하는 인지적 틀에 의존한다고 주장하며 이를 '인지적 관성cognitive inertia'이라는 인지적 편향의 일종으로 규정하였다. 카네만과 로발로(Kahneman & Lovallo, 1993)는 의사결정자들이 현재의 문제를 독특한 것으로 취급하는 강한 경향을 가지고 있다면서 이를 '고립오류isolation error'라는 인지적 편향의 유형으로 규정하였다. 고립오류로 인해 기업들은 미래 성과를 과거에서 현재까지의 연속선상의 결과로 보는 것이 아니라 고립된 미래의 성공을 낙관적으로 전망하고, 한편으로는 과거로부터 현재까지 축적되어온 여러 가지 위험들이 한꺼번에 실현될 가능성을 무시하는 경향이 있다고 한다. 이와 같은 다양한 인지적 편향들은 실제 기업에서 나타나는 전략적 행동과 프로세스를 합리적 선택모형에 기반한 기존 전략이론의 예측과 달라지게 만든다.

3. 행동 전략의 핵심 주장과 새로운 가능성

이 글에서는 앞에서 설명한 인지적 단순화와 편향과 같은 인지심리적 요인이 전략적 행위에 미치는 영향을 다룬 연구들을 행동 전략연구로 규정하고, 최근까지의 행동 전략연구들의 주요 결과들을 소개하고자 한다. 이를 위해 행동 전략연구들의 '전략적' 초점을 상조하기 위하여 전략의 프로세스를 1) 환경인식, 2) 전략 수립과 실행, 3) 전략적 변화라는 3단계로 나누고, 행동 전략의 핵심 주장과 연구결과들을 이러한 3단계에 따라 체계적으로 분류하고 정리하여 제시한다. 행동 전략연구들을 이와 같은 단계적 전략 프로세스에 따라 소개하는 이유는 기존 전략경영 연구들에서 보편적으로 인정되고 연구되는 주제들과 행동 전략과의 연결성을 보여줌으로써 전략경영 내 다른 연구주제들과의 개념적 소통을 용이하게 하면서 또 한편으로는 행동 전략만의 독특한 특성을 제시하기 위함이다. 또한 실무 경영자들이 실제 경영 환경에서 일상적으로 경험하는 전략 프로세스의 단계별로 연구들을 소개함으로써 실무자들이 행동 전략연구들의 발견을 실제 경영 현장에 적용하기에도 유용한 분석틀이 될 것으로 기대한다. 특히 이를 통해 전략 프로세스의 단계별로 인지적 요인들이 어떻게 합리적 선택모형의 예측과 어긋나는 결과를 초래하는지 보여줄 것이다.

환경인식 단계

외부환경을 관찰하고 분석하며 이해하고 예측하는 것은 전략 프로세스의 출발점이다. 1980년대 이래 학계의 자원의존관점(Wernerfelt, 1984)과 실무 경영자들의 핵심역량개념(Prahalad & Hamel, 1990)의 확산을 계기로 마치 전략경영의 출발점과 차별적 경쟁우위의 궁극적 원천이 기업 내부에만 있는 듯이 인식되는 경향이 있었다. 그러나 아무리 내부에 가치 있는 핵심역량과 전략적 자원이 있더라도 해당 자원 및 역량이 외부환경의 요구에 적합하지 않으면 그 기업의 생존은 보장될 수 없다. 이런 면에서 포터(Porter, 1980)로 대표되는 산업구조론은 외부 산업환경을 경쟁우위의 핵심 원천으로 강조하고, 기업이 산업구조 내에서 차별적 경쟁우위를 갖는 가장 유리한 위치에 포지셔닝할 것을 주장한다. 1960년대를 전후한 10여 년간 전략경영과 거시 조직이론을 주도했던 상황적합성이론도 환경의 기회와 제약을 탐지하고 이에 적합한 조직 구조를 가질 것을 강조했다(Lawrence & Lorsch, 1967).

그런데 산업구조론과 상황적합성이론은 외부환경을 객관적인 조건으로 보고 환경으로부터 제공되는 객관적인 기회와 위협들에 대한 기업의 대응이 성과와 생존을 결정한다고 전제하였다. 즉 이 연구들에서 외부환경의 기회와 위협은 객관적 실체reality인 것이다. 이와 달리 데프트와 와익(Daft & Weick, 1984) 등은 객관적인 실체로서의 환경은 존재하지 않으며 환경을 해석하는 방식과 해석결과에 따라 같은 환경도 이질적으로 이해될 수 있고, 그 결과 서로 다른 전략적 의사결정으로 이어진다고 주장하였다. 행동 전략 관점의 연구들은 데프트와 와익(Daft & Weick, 1984)의 관점과 마찬가지로 객관적인 외부환경 조건이란 존재하지 않으며 환경을 인식하는 전략적 행위자들의 인지적 성향에 따라 동일한 외부환경도 전혀 다르게 파악될 수 있다고 주장한다. 이 과정에서 앞서 논의한 인지적 단순화와 인지적 편향이 영향을 미치게 되며, 따라서 환경분석 결과와 대응도 합리적 선택모형에 기반한 예측과 달라질 수 있다. 이제까지의 행동 전략연구들은 환경인식과 관련하여 다음과 같은 결과들을 제시하고 있다.

외부 환경인식의 주관성과 기업 간 이질성: 행동 전략은 기업 외부의 환경은 모든 기업들이 동일하게 인지할 수 있는 방식으로 객관적으로 주어지는 것이 아니라 그 환경을 인지하는 전략행위자들의 주관적 인지심리 메커니즘에 의해 각기 다르게 인식된다고 주장한다. 이런 관점에서 아난드와 피터슨(Anand & Peterson, 2000)은 시장에 대한 인지 자체가 사회적 구성social construction에 의한 집단 의미부여에 의해 형성된다면서, 시장참여자들의 시장에 대한 이해는 시장에 대한 정보들이 제시되는 인지적 틀에 의해 영향을 받는다고 주장하였다. 또 행동 전략은 인지적 프레임이 다른 행위자들은 다양한 환경자극들 중 서로 다른 자극에 반응하며, 또한 동일한 환경자극도 다르게 해석할 수 있다고 본다(Bogner & Barr, 2000). 호지킨슨과 클락(Hodgkinson & Clarke, 2007)은 전략적 행위자의 인지적 스타일에는 다양한 유형이 있다. 이런 이질적 인지 프레임에서 오는 환경 해석 방식의 차이가 전략적 행위의 차이로 이어진다는 점을 보여주었다. 쿡(Cook, 1975)도 유사하게 다양한 경영자들이 동일한 외부환경에의 위협 정도를 서로 다르게 해석하며 위협을 높게 인식한 경영자들은 수동적인 전략적 대응을 선택하는 데 비해 위협 정도를 낮게 인식한 경영자들은 적극적인 전략적 대응을 한다는 것을 발견했다. 마이어(Meyer, 1982)도 1975년도에 샌프란시스코에서 일어난 마취과 의사들의 대대적 파업과 그에 대한 병원들의 대응에 대한 분석을 통해 인지적 프레임의 중요성을 강조하였다. 객관적인 요인들보다는 환경탐지 전략과 위기에 대한 해석과 같은 정성적, 인지적 요인들이 위기 대응방식의 선택에 더 큰 영향을 미치는 것으로 확인되었다.

이와 같이 각 기업 최고경영진 간의 인지심리적 메커니즘에 따른 환경인지의 차이는 기업 간 이질성의 중요한 원천이 될 수 있다. 파월과 동료들은(Powell et al., 2011) 기존 전략연구에서는 기업 이질성의 원천에 대해 산업구조나 전략적 자산 혹은 혁신으로 단순하게 설명하고 있으나 이 세 가지 설명들은 실제 전략적 행위자들이 자주 저지르는 산업구조 파악의 오류나 전략적 자산의 저평가 혹은 고평가 등의 인지적 오류는 고려하지 않고 있다고 비판한다. 그들은 기업 이질성이 물론 전략적 자원의 희소성이나 산업구조의 제약 등에 의해서도 영향을 받을 수 있지만, 그보다는 최고경영자들의 인지적 한계 때문에 일부 기업들이 기회를 포착하고 문제를 해결하는 데 실패하고 그 결과 기업 간 성과 차이가 생기는 경우가 더 많으나 기존 전략연구에서는 이러한 점을 설명하지 못한다고 지적하였다.

　　조직 내부의 환경인식 다양성: 외부환경에 대한 인식의 차이는 조직 내부에서도 발생한다. 행동 전략은 최고경영자라는 소수의 전략적 행위자뿐 아니라 조직의 중간관리자와 일반 구성원들도 그들의 인지적 단순화 및 편향에 따라 동일한 환경을 다르게 인지하게 되며 그 결과 다양한 전략적 결과들이 발생한다고 주장한다(Markle, 2011). 조직 내부의 환경인식 차이는 전략실행에 중요한 영향을 미치게 된다. 일반적으로는 조직 내부에 존재하는 환경인식 프레임의 다양성이 높을수록 환경을 객관적 실제와 가깝게 인식할 수 있는 반면, 기업 내부에서 외부환경에 대한 일치된 인식이 없으면 적시에 효과적인 전략적 대응이 불가능하다. 이런 면에서 조직 내부 구성원들 간 환경인식 불일치는 심각한 조직갈등의 원인이 되어 전략실행의 실패를 초래하기도 한다. 골든과 동료들(Golden et al, 2000)은 기업 내 전문가들과 라인관리자들 간 갈등의 주 원인은 동일한 환경을 다르게 해석하는 인지적 차이 때문이라고 주장하였다. 밀러와 동료들(Miller et al, 1998)도 전략 프로세스에 참여하는 최고경영진 내부의 인지적 의미부여와 이해의 차이는 당면한 기회와 위협에 대한 포괄적이고 체계적인 검토와 장기 전략계획의 수립과 실행을 방해한다고 경고하기도 하였다.

전략 수립과 실행 단계

환경인식을 통해 기회와 위협을 탐지하면 이에 대응하기 위한 전략을 수립하고 실행함으로써 기업이 생존하고 성장할 기회를 포착하게 된다. 전략경영 프로세스가 수립formulation과 실행implementation이라는 두 하위 단계로 구성된다고 개념화한 것은 오랜 전통이었다(Pearce & Robinson, 1985). 3단계 전략 프로세스 중에서도 가장 핵심인 실제 전략의 수립과 실행에 대해 기존 주류 전략 패러다임은 합리적 선택모형의 논리 프로세스를 그대로 차용했다. 예를 들면 월리와 바움(Wally & Baum, 1994)은 기존 전략경영에서 일반적으로 통용되는 전략 수립과 실행 프로세스를 정보 수집과 처리를 통해 전략적 대안들을 제시하는 정보활동intelligence activities, 제시된 대안들과 기업이 추구하는 전략적 목표와의 관계를 기대되는 미래 결과 관점에서 파악하는 설계활동design activities, 그리고 대안들 중 기업의 미래 성과 관점에서 최고의 대안을 선택해서 실천하는 선택활동choice activities으로 구분했다. 이 논리 흐름은 합리적 선택의 기대효용 극대화 프로세스와 거의 완벽하게 일치한다.

그러나 행동 전략의 출발점이었던 1950년대 카네기학파의 행동과학적 기업이론에서는 이미 이런 합리적 선택모형에 기반한 최적화 의사결정이 실제 기업경영에서는 비현실적이라는 점을 명확히 비판했고 대안으로 그 후 행동 전략의 핵심 기반이 된 제한된 합리성, 만족화satisficing, 발견법 등을 제시했다. 이런 개념들을 기반으로 발전해온 행동 전략 관점은 실제 기업에서의 전략의 수립과 실행이 행동과학에서 제시하는 다양한 인지심리적 요인들 때문에 왜곡된다고 주장한다. 즉 의사결정자들의 인지적 단순화 경향과 다양한 인지적 편향으로 인해 실제 의사결정자들의 전략 수립 및 실행은 합리적 선택모형에 기반한 예측과는 달라지게 된다는 것이다.

　　전략수립에서 인지적 편향과 단순화: 넛(Nutt, 1993)은 다양한 전략적 대안들 중 하나의 전략을 선택해서 실행하는 프로세스 자체가 최고경영진의 인지적 스타일과 성격적 특성들에 의해 크게 영향을 받는다고 주장한다. 넛(Nutt, 1993)은 기업들의 163개 실제 전략적 의사결정 사례들을 분석하였다. 기업들이 전략적 의사결정 상황에 적합한 전략수립 프로세스를 선택하는 데 실패하게 되는 원인으로 전략수립을 담당하는 최고경영진들이 인지적 노력을 최소화하려는 경향을 지적하였다. 즉 앞에서 제시한 인지적 단순화cognitive simplification와 인지적 관성cognitive inertia 등이 전략수립 과정에 영향을 미친 것이다. 파욘과 라이(Farjoun & Lai, 1997)는 전략수립에서의 전략적 의사결정 대상 간 유사성 판단에 관한 연구에서 다양한 인지적 요인들이 기업들의 유사성 판단에 인지적 편향을 초래하고 그 결과 적절한 전략 수립이 이루어지지 않는다고 주장하였다. 유사성 판단은 다각화에 있어서의 산업 간 관련성의 기준이나 전략적 그룹strategic group을 구분하는 기준이 된다. 다양한 인지적 요인들이 유사성 판단에 인지적 편향을 일으키고 결과적으로는 전략 수립과 실행의 유효성 역시 낮아진다는 것이다. 레이직과 소렌슨(Reitzig & Sorenson, 2013)은 인지적인 내집단 편향in-group bias이 전략 수립에 미치는 영향을 분석하였다. 한 소비재 기업의 혁신 프로젝트 과정에서 조직 구성원들이 내집단 편향으로 인해 자신과 같은 내집단에 속한 구성원들이 낸 혁신 아이디어를 높게 평가하고 상대적으로 외집단out-group으로부터의 아이디어는 낮게 평가한다는 사실을 발견했다. 이와 같은 내집단 편향에 의한 전략 수립의 왜곡 현상은 실제 경영환경에서의 의사결정이 기존 전략이론의 합리적 선택 모형과는 차이가 크다는 점을 보여준다.

한편 가베티와 리브킨(Gavetti & Rivkin, 2007)은 기업들이 새로운 전략을 탐색하는 프로세스를 연구하였는데 기업들이 적합한 전략을 선택하기 어려운 구조적 이유를 앞에서 설명한 인지적 관점에서 심층적으로 분석하였다. 인터넷 포털 기업인 라이코스에 대한 사례연구에서 경영진의 환경 프레이밍, 개인적 가치, 그리고 환경 탐지 스타일과 같은 인지적 특성의 중요성과 그 영향을 행동 전략적 관점에서 분석했다. 이들의 연구는 인지적 단순화의 대표적 유형인 발견법heuristics이 전략의 수립과 실행에서 실제로 어떻게 적용되는지를 잘 보여준다. 발견법 자체도 반복적 경험과 기업의 성숙에 따라 국지적 탐색에서 사례기반 탐색, 그리고 연역적 탐색으로 변화해나간다는 것을 보여줌으로써 앞에서 제시한 행동과학의 발견법의 정교화와 포트폴리오 관점을 확인시켜준다.

전략 수립과 실행의 속도: 최근 환경 변화의 속도가 급증함에 따라 전략 수립과 실행에서 속도의 중요성이 중요한 관심사로 대두되면서 행동 전략에서는 최고경영진의 위험감수risk taking 성향이 전략 수립과 실행 프로세스의 속도에 미치는 영향을 연구하였다(Wally & Baum, 1994). 설사 합리적 선택모형의 예측대로 기대효용을 극대화하는 최적의 전략적 대안을 선택해서 실행하더라도 타이밍이 늦으면 환경이 제공하는 일시적 기회를 포착할 수 없기 때문에(Eisenhardt, 1989), 기존 전략 이론에서 설명할 수 없었던 속도와 타이밍에 대한 연구는 행동 전략이 전략 분야 전체에 결정적 기여를 할 수 있는 중요한 주제이다.

행동 전략연구들은 의사결정자들이 전략적 대안의 위험성 정도를 고위험 또는 저위험으로 단순화하는 경향과 빠른 행동을 선호하는 인지적 편향 등에 의해 전략 프로세스의 속도가 어떻게 영향을 받는지 설명하고 있다. 월리와 바움(Wally & Baum, 1994)도 151개 기업 최고 경영진의 인수대상기업 평가에 대한 연구에서 의사결정 속도에 영향을 미치는 요인들 중 의사결정자의 다양한 인지심리적 속성들을 모형에 포함하여 분석하였다. 이들의 연구결과에 따르면 의사결정자의 인지적 능력이 높고, 직관 기반 발견법을 자주 사용하며, 위험에 대한 인내도가 높고, 행동 지향성이 강할수록 전략적 의사결정의 속도가 빠른 것으로 나타났다. 월리와 바움Wally & Baum의 연구는 시간압박이 있는 의사결정에서 경영진의 인지적 능력과 성향이 속도에 영향을 미친다는 것을 보여준다.

전략실행을 위한 조직내부 의사소통: 전략실행에 대한 기존 연구들이 주로 과업과 관련된 기술적 요인들에 초점을 맞춘 것과 달리 행동 전략연구들은 전략실행 과정에서 구성원들 간 의사소통에도 관심을 가진다. 전략실행에서 최고경영자가 환경 변화에 따른 전략적 대안의 필요성을 어떻게 인지적으로 단순화해서 구성원들이 받아들이기 쉽게 명확하게 전달하고, 선택된 전략에 대한 자신의 몰입을 얼마나 강하게 의사소통 하느냐에 따라 전략실행의 효과성이 달라진다는 것이다(Govindarajan, 1988). 따라서 전략실행에 관한 대부분의 행동 전략적 연구들은 효과적 전략실행의 가장 중요한 요소로 최고경영진이 수립하여 제시한 전략에 대한 구성원들의 이해와 몰입을 강조하고 있다. 전략수립은 최고경영진들 사이에서 주로 이루어지지만 수립된 전략이 효과적으로 실행되기 위해서는 모든 조직 구성원들의 정확한 이해와 몰입과 적극적 참여와 실천이 중요하다는 것이다.

포스와 린덴버그(Foss & Lindenberg, 2013)은 전략실행을 조직 구성원에게 동기부여하기 위한 의사소통에서 전략목표의 프레이밍 효과를 연구했다. 흔히 목표로 제시되는 주주이익이나 수익성 극대화 등 '이익 프레임gain frame'은 구성원들이 자신의 일로 인식하기 어렵기 때문에 동기부여가 잘 이루어지지 않는 반면, 고객이나 사회 가치 등과 같은 거시적 가치 지향성을 강조하는 '규범적 프레임normative frame'은 구성원들이 자신이 공동체적 목표를 달성하는 데 기여한다는 사실을 인식하게 되면서 동기부여가 효과적으로 이루어진다고 한다. 한편 레이직과 마시조브스키(Reitzig & Maciejovsky, 2015)는 상향식 아이디어 전달 프로세스를 연구하였다. 조직 내 위계와 중간관리자들의 아이디어 전달 경향에 정보경제학과 조직심리학이 서로 다른 예측을 한다고 설명한다. 즉 정보경제학은 위계적 계층이 많은 조직에서는 아이디어가 상향 전달 과정에서 탈락할 가능성에 대비해서 중간관리자들이 더 많은 아이디어를 전달하려고 노력한다고 보는 반면, 조직심리학적으로는 계층이 많을수록 중간관리자들이 평가에 대한 불안과 통제력 결여를 인지하여 상향식 아이디어 전달에 소극적이 된다고 보았다. 실험연구결과, 조직심리학적 관점을 뒷받침해주는 결과가 상당 부분 관찰되었다. 특히 상향 전달된 아이디어가 탈락될 시 중간관리자에게 잠재적 불이익이 발생할 가능성이 있을 때 아이디어 전달에 소극적이 되었다.

전략수립과 실행에서 중간관리자의 이슈셀링: 앞에서 설명한 상향이나 하향적 전략 의사소통에 더하여 전략실행을 좀 더 발생적이고 다원적으로 다룬 이슈셀링issue selling에 대한 연구들도 행동 전략에서 수행되었다. 이슈셀링이란 중간관리자들이 최고경영진의 주의를 특정 전략 이슈에 집중시키고 해당 이슈를 이해시키기 위해 취하는 다양한 행동양식이다. 중간관리자들은 최고경영진에 비해 환경과 직접 상호작용하는 경우가 많기 때문에 중간관리자들의 이슈셀링이 활성화되어야 최고경영진의 전략수립과 실행이 효과적으로 이루질 수 있다. 더튼 등(Dutton et ad., 2001)은 미국 북동부의 한 대형 대학병원 내에서 일어난 81건의 이슈셀링 케이스들을 분석하였다. 중간관리자들은 자신들이 선호하는 대안을 최고경영진이 선택하도록 하기 위해 다양한 방식으로 이슈셀링을 하는 것으로 나타났다. 효과적 이슈셀링은 첫째, 최고경영진이 사용하는 전략적 프레임 및 목표와 상응하는 언어를 사용하여 해당 이슈를 표현하였다. 둘째, 최고경영진이 해당 사안에 대해 대응하기 쉽도록 이슈를 작은 부분으로 나누어 점진적으로 제시하였다. 셋째, 해당 이슈가 조직 성과에 미치는 영향을 구체적으로 명시한 것으로 나타났다. 더튼 등(Dutton et ad., 2001)의 연구는 최고경영진과 중간관리자들의 환경 분석에 대한 인지적 프레임이 서로 상호작용하면서 전략의 수립과 실행에 영향을 미치며, 상호작용이 긍정적으로 작동할 수 있도록 하는 의사소통이 중요함을 보여준다.

정체성과 전략실행: 행동 전략은 전략실행에서 수립된 전략에 대한 구성원들의 이해, 수용, 몰입을 유도하기 위해서는 이들의 정체성 identity 인식을 파악하는 것이 중요하다고 주장한다. 휴이(Huy, 2011)는 조직 내부에서 구성원들의 사회적 정체성이 전략의 실행에 미치는 영향을 분석하였다. 비공식적인 집단들이 존재할 때 중간관리자가 어떤 집단과 동일시하는 정체성을 가지고 있느냐에 따라 수립된 공식 전략을 지원할 수도 있고 암암리에 묵살할 수도 있다는 점을 발견했다. 또한 마귀르와 하디(Maguire & Hardy, 2005)는 전략적 제휴나 합작투자와 같은 협력적 전략에 관한 연구에서 다른 기업과의 협력적 전략을

효과적으로 실행하기 위해서는 조직정체성을 기존 정체성에서 분리하여 협력 파트너의 정체성과 가까운 지점으로 이동시키는 것이 필요하다고 주장하였다. 즉 협력 파트너와 명확하게 분리된 조직정체성을 유지하면서 그 조직과 긴밀한 협력관계를 통해 공동의 목적을 추구하는 것은 인지부조화 때문에 한계가 있다는 것이다.

전략적 변화 단계

최근 환경이 예측불가능한 방향으로 격변함에 따라 전략적 변화strategic change가 전략경영의 가장 중요한 관심사로 대두되고 있다(Brown & Eisenhardt, 1998). 전략의 본질이 조직의 환경에 대한 적응 방향과 방법의 선택이며, 현 환경이 다양한 강도로 끊임없이 예측불가능하게 변한다는 점을 고려할 때 전략적 변화는 3단계 전략 프로세스 중에서도 특히 그 중요성이 최근 급증하고 있다. 환경인식 단계에서 위협과 기회를 탐지하였을 때 기업은 새로운 환경의 요구에 맞추어 조직의 전략과 구조를 재구성해야 한다(Teece, 2007). 그러나 기존 전략연구에서는 경영자들의 인지심리적 특성이 어떻게 전략적 변화에 영향을 미치느냐에 대해서는 거의 관심을 가지지 않았다. 행동 전략은 바로 이점에 초점을 맞추어 경영자들의 인지적 단순화와 편향이 전략적 변화를 촉진하거나 방해하는 프로세스를 연구하였다.

인지적 신념체계의 변화와 전략적 변화: 전략적 행위자들이 가지고 있는 성과와 경쟁력 창출 방법에 대한 인지적 신념체계cognitive belief system는 과거의 반복 경험에 의해 형성되기 때문에 기존 환경에 대한 효과적 전략적 대응에는 적절한 인지적 지도cognitive map를 제공할 수 있으나 새로운 환경에서 부적절할 가능성이 높다(Weick, 1995). 특히 최근 글로벌 환경과 같이 환경의 성격이 근본적으로 변화할 때는 기업들이 과거 경험해보지 않은 낯선 환경에 전략적으로 대응하기 위해서 이제까지 가지고 있던 인지적 신념체계를 새로운 환경에 적합하게 변화시켜야 된다. 그런데 인지적 관성cognitive inertia이나 인지일관성cognitive consistency 경향은 이를 방해하게 된다(Hodgkinson, 1997). 이런 관점에서 행동 전략은 객관적 환경 변화의 실체와 그 변화에 따른 경영자들의 인지적 신념체계의 변화 여부를 연구해왔다(Gavetti & Levinthal, 2000). 성공적인 전략적 변화를 위해서는 반드시 경영자들의 '조직 미션과 목적의 재정립과 우선순위와 목표의 변화'(Gioia et. al, 1994: 364)가 인지적으로 선행되어야 한다는 것이다.

이런 관점에서 란트 등(Lant et ad., 1992)은 40개 가구 기업과 63개 컴퓨터 소프트웨어 기업의 연말보고서 분석을 통한 연구에서 경영자들의 환경에 대한 인지적 해석interpretation이 전략적 변화에 미치는 영향을 연구하였다. 이들의 연구결과에 따르면 경영자들이 환경 변화를 적시에 정확하게 인지할수록 전략적 변화의 가능성이 높아지는 반면, 과거의 낮은 성과의 원인을 내부보다는 외부 요인으로 귀인하는 인지적 편향성이 높을수록 성공적 전략적 변화의 가능성이 낮아지는 것으로 나타났다. 즉 란트 등의 연구는 환경에 대한 인지적 해석과 성과 귀인의 인지적 편향성이 전략적 변화에 미치는 영향을 잘 보여준다. 유사한 관점에서 바르(Barr, 1998)는 6개 미국 제약회사들에서 10년간 일어난 전략적 변화의 타이밍과 그 내용을 연구하였다. 주주보고서에서 제도적 환경의 중요한 변화의 의미와 영향을 어떻게 표현하였는지를 추적하여 인지적 지도를 작성해 분석한 결과 제도환경의 변화에 대한 해석이 기업 성과와의 구체적 연결성을 제시하는 단계까지 진행되어야 비로소 연구개발R&D 투자 확대, 마케팅 투자 확대, 해외시장 진출, 다각화 등의 전략적 변화가 일어났음을 발견하였다. 또 바르와 허프(Barr & Huff, 1997)는 같은 데이터를 다르게 분석한 연구에서 환경 변화가 기업 성과에 직접적 영향을 줄 것이라는 명백한 해석이 인지적으로 공유되고, 이에 더하여 경영자들이 경험하는 인지적 압박감이 전략적 변화를 회피하고자 하는 인지적 관성을 초과해야 전략적 변화가 일어난다고 주장하였다.

인지적 성향의 다양성과 전략적 변화: 행동 전략은 전략적 행위자들 간 인지심리적 차이에 따른 전략적 변화의 차이에 관심을 가진다. 경영진들이 환경을 단순화해서 인지하는 방식이나 전략적 변화 능력에 대한 인지적 편향 등과 같은 개인적인 인지적 성향의 차이로 인해 전략적 변화의 시도 여부나 방향성 그리고 정도가 달라진다는 것이 행동 전략의 주장이다.

예를 들면 사이먼과 휴톤(Simon & Houghton, 2003)은 컴퓨터 산업에 종사하는 55개 소규모 기업들에 관한 연구에서 자기과신overconfidence이 전략적 변화의 유형선택에 미치는 영향을 연구하였다. 연구결과 인지적 자기과신 성향이 강한 경영자일수록 기존 제품을 개선한 신제품보다는 기존 제품과 근본적으로 다른 혁신적 신제품을 출시할 가능성이 높았고 이로 인해 실패 확률도 높아지게 된다는 것을 발견하였다. 즉 자기과신이라는 인지적 편향이 강한 전략적 행위자일수록 외부환경과 자신의 역량을 자기에게 유리한 방향으로 단순화하여 인지하고 그 결과 실패의 위험이 높은 전략적 변화를 선택한다는 것이다. 토마스 등(Thomas et ad., 1993)의 연구 역시 최고경영진의 정보활용 성향에 따른 환경에 대한 인지적 해석 차이와 그에 따른 전략적 변화 및 성과의 차이를 분석하였다. 병원 조직들의 최고경영진들이 활용하는 정보의 양이 많고 내부보다는 외부 정보를 활용할수록 전략적 문제들을 통제 가능한 것으로 인식하기 때문에 제품이나 서비스를 다양화하는 전략적 변화를 더 강하게 추구하는 것으로 나타났다. 한편 나카미와 나라야난(Nadkarni & Narayanan, 2007)은 전체 조직 수준에서의 인지적 스키마가 전략적 변화에 미치는 영향을 연구했다. 서로 연결된 다양한 개념들을 통해 환경을 탐지하는 '복잡한 전략 스키마 complex strategic schema'를 가진 기업일수록 다양한 상황과 요인들을 고려하기 때문에 환경 변화를 더 포괄적으로 감지할 수 있기 때문에 전략적 변화의 유연성이 높아지는 것으로 나타났다. 반면 몇 가지 핵심 개념에 집중하여 환경을 탐지하는 '집중적 전략 스키마focused strategic schema'를 가진 기업은 주로 소수의 핵심 개념들과 관련 있는 환경 변화만 탐지하기 때문에 전략적 변화를 시행하기보다는 같은 전략을 지속적으로 유지하는 경향이 높은 것으로 나타났다.

전략적 변화와 인지적 의미부여와 의미전달: 전략적 변화에 대한 대부분의 기존 연구들이 변화의 시도 여부, 타이밍, 방법 등을 다루었다면, 행동 전략에서는 전략적 변화의 필요성, 방향, 내용을 의미부여 sense-making하고 의미전달sense-giving하는 인지적 프로세스의 중요성을 강조한다. 인지적 단순화의 대표적 유형인 의미부여와 프레이밍 효과를 이해관계자 관계에 적용한 행동 전략 논문에서 피스와 자작(Fiss & Zajac, 2006)은 '의미부여sense-making' 못지 않게 '의미전달sense-giving'이 중요하다고 지적하였다. 이들은 독일기업들이 새롭게 채택한 주주가치 극대화 목표를 어떤 방식으로 주주 및 다른 외부 이해관계자들에게 전달했는지를 분석하였다. 미국식의 주주가치 극대화라는 목표가 긍정적으로 받아들여지지 않는 독일에서 주주가치 극대화라는 새로운 전략적 목표를 채택했음을 조직 외부 이해관계자들에게 설명할 때 피할 수 없는 시대적 조류여서 할 수 없이 채택한다는 식으로 '묵인 acquiescence 프레임'을 사용하거나, 반대로 종업원과 같은 기존 이해관계자들과 마찬가지로 주주의 중요성도 인정한다고 약하게 표현하는 방식의 '균형balancing 프레임'을 사용하는 것으로 나타났다. 지오이아와 치티페디(Gioia & Chittipeddi, 1991)도 역시 유사한 관점에서 전략적 변화의 전 과정에 걸쳐 나타나는 인지적 의미부여와 의미전달의 중요성을 강조하였다. 대학조직 내에서 새로운 총장의 부임과 함께 시작된 다양한 전략적 변화의 실행을 분석한 결과 비전의 재정립 이후부터는 조직 내외부의 이해관계자들에 대한 의미전달이 핵심적인 인지적 활동으로 나타났다.

이상에서 살펴본 전략적 변화에 대한 행동 전략 관점의 연구들은 전략적 변화에 선행하는 인지적 변화의 중요성을 강조하며, 이런 인지적 변화가 경영자 및 조직의 이질적 인지적 성향에 의해 영향을 받고, 전략적 변화가 성공하기 위해서는 조직 내부의 구성원들과 외부의 이해관계자들이 해당 변화를 긍정적으로 인지할 수 있도록 다양한 의미전달 메커니즘을 활용해야 한다고 주장한다는 것을 알 수 있다.

4. 행동 전략의 과제

이상에서 최근 전략경영 분야의 새로운 대안적 패러다임 중 하나로 급부상하고 있는 행동 전략의 학술사적 등장 배경, 이론적 기반, 그리고 핵심 주장과 연구결과들을 간략하게 살펴보았다. 행동 전략은 환경인식, 전략 수립과 실행, 그리고 전략적 변화 등 전략 프로세스의 전 과정에 대해 다양한 새로운 설명을 제공하는 많은 연구들을 생산하였고 최근에는 전략경영의 대안적 패러다임으로 등극할 가능성이 높은 단계까지 급속히 발전하였다. 행동 전략이 최근 급속하게 발전하였지만 산업구조론과 자원기반관점과 대등한 새로운 전략경영 패러다임으로 정착되기 위해서는 다음 몇 가지의 중요한 한계들을 극복해야 할 것으로 생각된다.

첫째, 행동 전략의 가장 중요한 이론적 한계는 여전히 극복하지 못한 환원주의reductionism다. 앞에서 자세히 토론한 바와 같이 행동 전략의 학술사적 등장배경은 기존 전략 패러다임의 기반이 되었던 신고전파 경제학의 방법론적 개인주의와 합리적 선택모형의 극복이다. 행동 전략은 합리적 선택의 비현실적 합리성 가정의 문제는 어느 정도 극복하였으나 또 다른 중요한 특성인 방법론적 개인주의methodological individualism로 인한 환원주의적 경향은 여전히 해결하지 못 하고 있다. 그 결과 행동 전략에서도 여전히 개인 수준에서 일어나는 인지 프로세스가 기업 수준의 전략 프로세스로 연결되는 구체적 메커니즘이나 프로세스가 명확하지 않다(Powell et al., 2011). 이와 관련하여 나라야난 등(Narayanan et al., 2011)도 행동 전략 관점의 연구들에서 기업이 환경을 인식하고 이에 대응하는 전체 조직 수준의 하나의 통일된 전략 프레임이 있는 것이 전제하는 경우가 많으나, 실제로 이런 통일적 프레임이 존재하는지, 만일 그렇다면 이런 전사 수준 전략 프레임은 어떻게 형성되는지에 대한 설명은 없다고 비판한다. 즉 행동 전략은 개인행위자들의 인지적 단순화와 편향에 대해서는 풍부한 설명을 제공하나 여러 개인들과 집단들이 모인 집합적 행위자인 조직 수준의 전략적 의사결정이 개인 의사결정과 어떻게 다른지에 대해서는 설명은 여전히 부족하다.

둘째, 행동 전략의 또 다른 중요한 한계는 방법론적 불안정성이다.

행동 전략이 본격적인 새로운 전략경영 패러다임으로 제도화되려면 방법론적 정교화와 실증연구의 대폭 확대가 시급히 필요하다. 행동 전략은 오랜 전통의 다양한 행동과학과 최근의 행동경제학을 비롯한 행동과학적 의사결정이론의 발전에 힘입어 이론적으로는 빠르게 성장했다. 그러나 이에 비해 실증연구의 양이 매우 적고 특히 계량적 실증연구는 턱없이 부족한 상황이다. 그 결과 행동 전략의 이론을 구성하는 다양한 변수와 현상들은 개념적으로는 잘 체계화되어 있으나 이를 뒷받침할 측정도구나 방법론의 발전은 매우 느린 편이다. 그 결과 많은 행동 전략연구들이 심리학적 실험이나 질적 사례연구에 의존하고 있는 상황이다(Narayanan et al., 2011). 이와 관련하여 나라야난과 동료들(Narayanan et al., 2011)은 예를 들면 연말 경영보고서가 어떤 논문들에서는 기업 수준 인지를 측정하는 데 사용되고 또 다른 논문들에서는 최고경영자의 인지를 측정하는 도구로 사용되고 있다고 지적하면서 이런 현상들이 편재하는 한 행동 전략 논문들의 연구결과를 신뢰하기 어렵다고 비판한다. 그 결과 행동 전략뿐 아니라 행동경제학과 행동과학적 의사결정 등 대부분의 행동과학적 연구에서 연구결과들 간의 일관성은 그리 높지 않은 편이다(Fudenberg, 2006; Gneezy & List, 2006). 학문 패러다임의 정착과 확산에는 풍부한 이론뿐 아니라 정밀한 방법론도 동시에 필요하다는 점을 고려할 때 행동과학의 학문적 입장에 적합한 다양한 방법론들의 발전이 시급히 요구된다.

셋째, 대안적 패러다임으로서의 행동 전략의 가장 중요한 학술사적 한계는 개념적 통일성conceptual unity의 부재와 이론범위의 모호성이다. 이 글을 집필하는 과정에서도 이 문제가 무수히 관찰되었다. 행동 전략에 대한 기존 국내외 리뷰논문들에서 대상의 범위가 과도하게 광범위해서 기존 전략 패러다임에 대해 조금이라도 대안적 설명을 제시하면 모두 행동 전략의 틀 안에 포함시키려는 경향이 있었다. 이런 면에서 파월과 동료들(Powell et al., 2011)은 행동 전략의 한계는 좋은 연구의 수가 적은 것이 아니고 어디까지가 행동 전략의 경계인지를 구분할 수 있는 개념적 통일성의 부재라고 지적했다. 파월과 동료들은 더 이상 새로운 인지심리적 개념들을 전략 프로세스의 설명에 도입하기보다는 전략 프로세스에 대한 설명을 보다 더 실세계에서의 전략 현상에 가깝게 현실화하는 데 초점을 맞추어야 한다고 주장한다.

행동 전략이 산업구조론과 자원기반관점을 대체하는 새로운 전략경영 패러다임으로 성장할 가능성이 있음에도 불구하고 위와 같은 한계들로 인해 고전하고 있는 원인은 역설적으로 이 대안적 전략이론의 출발이 기존 전략 패러다임들에 대한 비판적 문제인식이라는 점일 수 있다. 행동 전략은 기존 전략연구의 비현실성을 상당 부분 극복하고 경영 전략 이론을 보완하는 데는 성공하였으나 여전히 대체하지는 못하고 있다. 행동 전략이 기존 이론 패러다임들을 대체하는 진정한 대안적 패러다임으로 제도화되려면 행동 전략연구들에서 밝혀낸 연구결과들이 그 특수한 연구 맥락을 넘어 다른 분야에도 일반화되고 확장 적용 가능해야 하며, 새로운 실증연구 세팅에서도 예측한 가설이 동일한 결과를 도출할 수 있어야 한다. 그러나 행동 전략연구들은 왜 기존 전략이론의 설명이 어떤 특수한 연구 세팅에서는 지지되지 않는가를 설명하는 것들이 대부분이었다. 이런 결과는 상당 부분 행동 전략연구자들이 스스로 자초한 면이 있다. 르빈틀(Levinthal, 2011)은 행동 전략연구자들이 과도하게 관대하거나, 합리적 선택 연구자들 앞에서 지나치게 소심한 것 같다고 지적한다. 르빈틀은 그 어떤 사회이론도 복잡하고 심오한 사회현상을 있는 그대로 정확하게 설명하는 것이 불가능하므로 결코 '유일한 최선the best'이 될 수는 없고 모든 이론들은 예외 없이 차선second best일 수밖에 없다는 면에서 경제학적 전통의 기존 전략이론이나 행동 전략 간에는 그 어떤 자연적 위계질서가 없다고 선언한다. 이런 면에서 행동 전략이 기존 전략이론들의 그늘에서 벗어나 실세계 전략 현상에 대해 기존 전략이론들은 아예 생각할 수도 없었던 진정으로 독창적인 관점을 제시하는 완전한 대안적 전략 경영 패러다임으로 제도화되기를 기대해본다.

5

결론: 2중 정합성을 가진
21세기형 전략 패러다임을 향하여

앞에서 소개한 두 가지 새로운 전략경영 패러다임은 그 출발점이된 문제의식은 동일하였으나 대안으로 제시한 해결책은 전혀 달랐다. 두 전략이론 모두 산업구조론과 자원기반관점이라는 주류 전략 패러다임이 기반하고 있는 경제학적 접근의 방법론적 개인주의와 합리적 선택모형의 한계에 대한 비판에서 출발했다. 그러나 프랙티스 전략이그 해결책으로 사회이론의 프랙티스 관점을 전략 현상에 적용하는 데초점을 맞춰온 데 비해 행동 전략은 행동과학적 의사결정이론과 행동경제학의 최근 발전을 전략 현상에 적용하는 데 주력해왔다. 이 두 가지 새로운 패러다임들의 핵심 주장들은 기존 주류 패러다임들에 대한 문제의식 이외에는 중복된 주장이 거의 없이 서로 다른 관심사를 가지고 있기 때문에 앞으로 전략경영 분야를 풍부하게 만드는 데 크게 기여할 것으로 기대된다.

특히 이 두 가지 새로운 전략이론은 기존 주류 패러다임들의 한계인 학문적 연구와 실천적 교육 간 괴리를 극복하는 데 기여할 수 있을 것으로 기대된다. 대규모 표본의 합산과 통계분석에 의존하는 기존 경제학적 전략 패러다임들의 계량적 연구방법론은 기업과 경영자들에게 규범적 방향을 제시해야 하는 전략 분야의 교육적 필요와 충돌을 초래하게 되며, 결과적으로 연구와 교육 간 심각한 괴리를 초래하였다. 조직이나 인사 등과 인접 매니지먼트 분야는 물론 전체 경영학을 구성하는 모든 전공분야들 중에서 전략은 현상에 대한 기술적 descriptive 분석에 초점을 맞추는 연구와 규범적normative 측면이 강조되는 교육 간의 괴리가 가장 큰 분야일 것이다. 국내외를 막론하고 기존 전략연구의 대다수가 채택하고 있는 대규모 표본을 이용한 합산과 계량적 분석은 각 산업에 속한 기업들의 평균적 행동은 잘 설명할 수 있을지 모르지만, 모순적으로 전략교육에서 필요로 하는 것은 대다수의 평균적 행동이나 성과가 아니라 예외적인 극소수만이 달성할 수 있는 탁월한 행동과 성과를 위한 규범적 대안제시라는 점에서는 결정적 한계를 가진다. 이런 연구-교육 간 괴리는 특히 학부와 MBA 수준 전략교육에서 심각한데, 다수 중 하나가 되는 선택보다는 예외적으로 높은 경쟁력을 가진 극소수가 될 수 있는 선택에 초점을 맞추어야 하는 전략교육의 기반 자료로 대다수 기업들의 평균적 행동을 계량적으로 산출한 기존 전략연구의 결과는 정합성이 낮을 수밖에 없다.

그 결과 학부나 MBA 교육에서 실제로 활용되는 전략교육 콘텐츠의 대부분은 엄밀한 학술연구의 결과가 아니라 간헐적으로 관찰되는 극소수 초우량 기업들의 예외적 행동과 성과에 대한 사례를 중심으로 이루어져 왔다. 그러나 하버드 경영대학원 사례 시리즈로 대표되는 이런 기존 전략교육의 한계는 예외적으로 높은 성과를 창출한 소수 기업들의 행동 특성들을 드라마틱하게 묘사할 뿐 실제로 그런 행동들이 과연 성과의 실제 원천이 맞는지, 그리고 그런 성과를 구체적으로 어떻게 창출하였는지에 대한 엄밀한 학문적 뒷받침이 부족하다는 것이다. 잘 알려진 '생존자 편중survivors' bias' 현상을 고려할 때 단일 사례에 기반하여 특정 초우량 기업의 예외적으로 높은 성과의 원천을 베스트프랙티스로 규범적으로 제시하는 교육방식은 정합성과 정확성에 심각한 문제를 가지게 된다. 따라서 표면적으로 관찰되는 기업특성들과 결과들의 기술적descriptive 분포가 아니라 전략교육에서 요구하는 규범적 방향제시의 기반이 될 수 있는 새로운 전략이론이 필요하게 된 것이다.

이런 면에서 프랙티스 전략과 행동 전략은 새로운 가능성을 제시한다. 이 두 이론은 공통적으로 실세계에서 실제로 진행되는 전략적 프로세스와 행동을 최대한 사실적으로 연구에 반영해야 한다고 강조한다. 앞에서 자세히 설명하였듯이 프랙티스 전략은 계량적 일반화를 일부 희생하더라도 실세계 전략적 의사결정 상황에서 실제 전략적 행위자들의 사고 프로세스와 행동을 깊이 있고 풍부하게 묘사하기 위해 질적 방법론을 적극 활용하고 있다. 또한 행동 전략도 신고전파 경제학의 합리적 선택모형에서 전제하고 있는 비현실적 행동 가정들에서 과감하게 탈피하여 인지심리학의 최근 발전들을 대폭 차용함으로써 이론의 사실성을 대폭 높였다. 이렇게 볼 때 비현실성으로 인해 교육과 심각하게 괴리되었던 기존 전략경영 연구들과 달리 프랙티스 전략이나 행동 전략연구들은 학술연구는 물론 학부나 MBA 그리고 실무 경영자들을 위한 교육에도 그대로 적용될 수 있을 것으로 기대된다.

또한 이 두 가지 전략 패러다임은 그 특유의 개방성과 유연성 때문에 다양한 새로운 전략이론들의 계속적 창출을 위한 메타 이론적 기반이 될 가능성을 가지고 있다. 앞에서 자세히 소개하였듯이 프랙티스의 개념은 행위와 구조, 재생산과 변화, 동질성과 이질성, 미시와 거시를 아우르는 특성을 가지고 있기 때문에 다양한 전략 현상들을 프랙티스 전략의 관점에서 재해석하면 다채로운 새로운 이론들이 다수 탄생할 수 있다. 또한 행동 전략도 그 관심 범위가 앞에서 예시한 구체적 이론들에만 제한되는 것이 아니라 인지심리학의 최근 연구결과들을 대폭 수용하여 전략적 행위의 가정과 프로세스에 대한 사실성을 추구하는 모든 연구들을 포괄한다는 면에서 그 개방성과 유연성이 매우 높다. 즉 신고전파 경제학의 영향을 받아 계량적 정형화, 일반화, 보편화를 추구하는 과정에서 이론이라기보다는 오히려 도그마적 성격이 강해진 기존 전략 패러다임들에 비해 프랙티스 전략과 행동 전략은 그 이론적 개방성과 유연성이 훨씬 높은 메타 이론적 지위를 가지고 있는 것이다. 이런 관점에서 아직 이 두 가지 전략 패러다임이 발전의 초기 단계인 현재 우리 매니지먼트 학계가 신속하고 적극적으로 탐구하고 창조적으로 재해석하여 확장 발전시키면 우리가 글로벌 학계에서 전략경영의 발전을 선도할 수도 있고, 그 과정에서 우리 매니지먼트 학계가 절실히 필요로 하는 탁월한 새 이론을 발전시킬 가능성이 매우 높을 것으로 기대된다(정명호, 2016).

14장

대리인 이론의 비판적 분석과 기업지배구조 연구의 새로운 시각

: 좋은 기업지배구조란 무슨 뜻인가?

김양민

서강대학교 경영대학 교수, E-mail: ymkim@sogang.ac.kr

텍사스 A&M 대학교에서 경영학 박사학위(경영전략 전공)를 취득하고, 미국 밀워키에 위치한 마케트Marquette 대학교 경영학과 조교수를 역임했다. 미국 서던 캘리포니아 대학교 방문교수와 텍사스 주립대학교 방문교수를 지냈고 학술지들인『전략경영연구』의 편집위원장,『경영학연구』의 경영전략 분야 에디터를 역임했다. '한국갤럽학술논문상' '경영학연구 우수논문상'과 두 차례에 걸쳐 '인사조직연구 논문상'을 수상하였고, 미국 박사과정 시절부터 현재까지 소속학교들에서 다수의 우수강의상을 수상하였다. 연구 분야는 글로벌 경쟁 및 혁신, 신성장 발굴 전략, 전략적 제휴, 인수 및 합병, 기업지배구조, 최고경영진 등이며,『세계경영저널Journal of World Business』『기업지배구조: 국제 리뷰Corporate Governance: An International Review』등의 해외 학술지와『인사조직연구』『전략경영연구』『경영학연구』등 국내 학술지에 다수의 논문을 발표하였다. 저서로는 대한민국 학술원에 의해 사회과학부문 우수 도서로 선정된『한국기업의 경영패러다임 혁명』(공저)과『중소기업을 위한 컨설팅 방법론 입문서』(공저), 그리고 2019년 출간된『불확실을 이기는 전략: 센스메이킹』등이 있다.

*본 논문은『인사조직연구』2009년 6월호(17권 2호)에 '대리인 이론의 비판적 분석과 기업지배구조연구의 새로운 시각'이라는 제목으로 게재된 바 있다. 이 논문은 그 후 10년의 연구성과를 추가하여 작성한, 앞서 출판된 논문의 개정판이다.

1

대리인 이론

　대리인 이론은 주로 소유와 경영이 분리된 현대 주식회사의 문제점을 다룬 이론이다. 현대 주식회사의 주인은 주주다. 그러나 실제 경영은 주주를 대리하여 전문 경영인들이 한다. 젠슨과 멕클링은 이를 '계약'이라는 메타포로 설명한다. 그들에 따르면 대리인 관계는 '한 명 이상의 개인(주인)이 자신을 대신하여 의사결정을 포함하는 서비스를 수행하도록 다른 사람(대리인)을 고용하도록 하는 계약'이다(Jensen and Meckling, 1976: 308). 파마, 젠슨, 멕클링은 자신의 의사결정에 의해서 이루어지는 부富의 결과에 의해 매우 미미한 이익만을 얻는, 대리인들에 의해 전적으로 경영되는 조직이 생존하는 이유를 설명하기 위해 이 이론을 만들어냈다(Fama, 1980; Fama and Jensen, 1983; Jensen and Meckling, 1976; Jensen and Meckling, 1979). 애덤 스미스는『국부론』에서 주식이 여러 사람에 의해 공유되는 회사(joint stock company, 즉 현대의 주식회사 같은 체제는 그 낭비와 비효율성 때문에 생존할 수 없을 것이라 보았다(Smith, 1776).

　위험을 감수하는 사람(주로 그 조직에 돈을 투자한 사람이나, 그 조직의 주인을 의미한다)과 해당 조직을 위한 전략적 의사결정을 내리는 사람이 다를 경우 그런 조직이 어떻게 생존이 가능하냐는 것이 위에서 언급한 이론가들이 주목한 주제였다. 그러므로 사실 대리인 이론은 주식회사에만 국한되는 것은 아니다. 현대의 뮤추얼 펀드 회사나 파트너십으로 이루어진 거대 유한회사, 또는 심지어 비영리기관에서도 대리인 관계는 발생한다. 젠슨과 멕클링은 현대 주식회사를 비롯한 이런 조직들은 사실상 '법적 허구legal fiction'로 '개인 간의 복잡한 계약 관계의 결합a nexus for a set of contracting relationships among individuals'이라 주장하였다(Jensen and Meckling, 1976: 310).

대리인 이론에 따르면 이 두 진영, 즉 주인과 대리인의 이익이 상충할 때 대리인 문제가 발생한다. 대리인 이론의 기본 가정은 현대 주류 경제학의 그것과 같다. 인간은 이기적이고 자신의 이익을 위해 그 교활성을 발휘할 수 있고, 인간의 판단은 제한적 합리성에 제약을 받는다는 것이다. 아이젠하트(Eisenhardt, 1989)는 대리인 문제를 두 가지로 설명한다. 하나는 주인과 대리인의 목표가 다를 때 주인 입장에서 대리인이 주인의 이익을 위해 충실히 행동하였는지를 검증하는 것이 어렵거나 지나치게 비용이 많이 드는 문제이다. 또 다른 하나는 주인이 보는 리스크와 대리인이 보는 리스크가 다를 때이다. 자본이 많이 필요한 인수합병이나 다각화 또는 단기적 결실에 구애 받지 않고 장기적인 투자가 요구되는 연구개발 관련 의사결정 같은 것들은, 이 두 진영의 리스크를 보는 시각이 다를 때 얼마든지 문제의 소지가 될 수 있다.

대리인이 주주의 이익에 반하는 다각화나 인수합병을 할 수도 있다는 주장에 관해서는 상당한 분량의 선행연구들이 있다(예: Amihud & Lev, 1981; Baysinger, Kosnik, & Turk, 1991; Hill & Snell, 1988, 1989; Hayward & Hambrick, 1997). 이러한 연구들은 기업의 크기 확대를 통한 전반적인 경영자의 급여 상승을 대리인이 주주의 이익을 침해하면서 취할 수 있는 이득으로 꼽는다. 경영자의 급여는 해당기업의 크기와 비례하는 경향이 있다. 따라서 경영자들은 기업의 규모를 늘리기 위해서 자칫 무리한 인수합병을 단행하고 이는 기업을 그 최적의 크기보다 크게 함으로써 오히려 주가의 하락을 가져온다는 주장이다(Finkelstein & Boyd, 1998).

대리인은 또한 기업의 사업 범위를 그 최적의 상태보다 더 넓게 만들어 주주의 이익을 감소시킬 수 있다는 주장도 있다. 이 주장에 따르면 사업 다각화는 경영자의 고용 위협을 감소시킨다. 기업이 정해진 이윤 목표를 달성하지 못하면 주주들은 그 최고경영자에게 책임을 묻게 되고, 심한 경우 파면시킬 수도 있다. 따라서 위험 회피형의 경영자는 특정 사업에 올인하기보다는 궂은 날이나, 맑은 날이나, 일정한 기업수익을 거둘 수 있도록 문어발식 다각화를 통해 자신의 고용 위험을 감소시키려 한다는 것이다. 사업 다각화는 산업특정위험industry specific risk을 분산하는 경향이 있기 때문이다(김양민, 2005).

예를 들면 우산 제조와 선글라스 제조를 같이함으로써 비 오는 날에는 우산을 팔아 돈을 벌고 해가 나는 날에는 선글라스를 팔아 돈을 번다는 논리이다. 이런 다각화는 경영자의 입장에서는 기업 수익의 안정화에 도움이 됨으로써 결과적으로 자신의 고용 리스크를 감소시킬 수 있다. 문제는 이러한 다각화는 주주에게는 결코 도움이 되지 않을 수 있다는 점이다. 주주들은 스스로 만든 주식 포트폴리오를 통해 다양한 회사의 주식들(이를테면 선글라스 전문회사의 주식과 우산 제조 전문회사의 주식)을 따로 구입함으로써 훨씬 더 저렴한 비용으로 위험 분산 효과를 볼 수 있기 때문이다(Amihud & Lev, 1981). 그런데 만약 선글라스 전문 기업이 비 오는 날에도 수익을 내겠다고 우산 제조업으로 다각화하는 투자를 하면 경영자의 고용 리스크는 감소할 수 있을지 모른다. 그러나 투자자들이 이것이 이 기업을 위한 최적의 투자가 아니라는 판단을 하게 되면 해당기업의 가치는 감소할 수 있고 그것은 주주의 손실로 이어진다.

따라서 대리인 이론의 초점은 주주와 대리인의 계약을 어떻게 관리하는 데 맞춰져 있다. 그 계약은 대리인 비용을 최소화하는 방향으로 맺어져야 한다는 것이다. 대리인 비용은 확증 비용bonding cost과 감시 비용monitoring costs, 잔여 손실residual losses로 나뉜다(Jensen & Meckling, 1976). 확증 비용은 대리인이 주주나 채권자 등 주인의 이해에 상반되는 행동을 하지 않고 있음을 증명하는 과정에서 발생되는 비용이다. 즉 대리인이 기업의 재무상황을 보고하고, 제3자에게 기업의 재무상황을 공인받는 데 소요되는 비용을 말한다. 감시 비용은 주인이 대리인을 감시하는 데 드는 비용이다. 이를테면 기업 업무에 직접 관여하지 않는 사외이사를 두어 경영진을 감시하도록 하고 그들에게 그 대가로 주는 급여도 일종의 감시비용이다. 잔여 손실은 확증 비용과 감시 비용이 지출되었음에도 대리인 때문에 발생한 주주의 재산손실을 뜻한다. 대리인 이론은 이러한 비용과 대리인 문제를 최소화하는 최적의 계약 방법을 찾아내는 이론이다.

본 논문의 목적은 (1)대리인 이론을 바탕으로 한 기업지배구조 연구를 고찰하고 (2)그 이론의 기본 전제에 대한 비판적 분석과 (3) 대리인이론을 보완하는 논의를 제공하는 것이다. 대리인 이론과 그 실증연구들의 비판적 분석을 통해 기업지배구조 연구-그중에서도 특히 이사회의 역할-에 대한 새로운 이론의 필요성을 제기하고, 그러한 이론들이 실증연구들로 이루어질 수 있도록, 실제 한국 경영환경을 고려한 제안 제시로 이 논문을 마무리할 것이다.

2

대리인 이론을 바탕으로 한 실증연구 고찰

1. '좋은' 기업지배구조의 유주얼 서스펙트와 그것이 기업가치에 미치는 영향

대리인 이론이 기업지배구조 연구의 논리적 기반을 제공하는 가장 큰 패러다임으로 성장하면서 그 이론을 바탕으로 한 실증연구도 엄청 난 숫자로 늘어나게 되었다. 이 장에서는 대리인 이론을 바탕으로 기업지배구조를 '측정'한 매니지먼트 분야의 논문들을 간단히 고찰한다. 대리인 이론에 따르면 잘 짜인 기업지배구조는 경영자들이 주주들에게, 주주의 이익이 극대화되는 결과를 얻기 위해 노력할 것이라는 확신을 준다. 그럼 대리인 이론가들이 주목한 좋은 기업지배구조를 만드는 변수는 무엇인가? 매니지먼트 분야에서 가장 많이 주목받은 변수들은 이사회 내 사외이사의 비율, CEO-이사회 의장직의 분리, 그리고 경영진의 주식 보유였다. 핑켈스타인과 무니(Finkelstein and Mooney, 2003)는 이들 변수들을 기업지배구조연구의 '유주얼 서스펙트Usual suspects'라 명명하면서 이들이 실제로 기업가치에 영향을 미치는지 관련 연구들을 고찰하였다.

사외이사 비율과 기업 성과

단순히 선악의 이분법으로 나눌 수 없는 것이 기업지배구조다. 그럼에도 불구하고 '대체로 좋은 기업지배구조'를 나타내는 변수는 존재한다. 가장 대표적인 것이 이사회의 독립성이다. 대리인 이론에 따라 많은 학자들이 독립적인 이사회가 기업가치를 증진시킨다고 주장한다. 이론적으로 주주를 대표하는 이사회가 독립적으로 운영된다면 경영진의 기회주의적 행동을 막아 주주의 이익을 극대화시킬 것이다. 이 가설은 직관적으로 설득력이 있다. 문제는 이사회의 독립성을 측정하는 방법이다. 지난 몇십 년간의 기업지배구조 연구에서 이사회의 독립성을 측정하기 위해 가장 많이 다루어진 대리지표Proxy는 이사회 멤버 중 사외이사가 차지하는 비율이었다.

이 변수를 주목한 결과는 이론의 예상과 반대로 나타나거나 엇갈리고 다소 실망스러웠다. 달튼, 데일리, 엘스트랜드, 존슨(Dalton, Daily, Ellstrand, & Johnson, 1998)은 1990년대 중반까지 출판된 51개의 논문들을 메타분석 방법으로 종합 분석한 후 이사회구조가 기업 성과에 미치는 영향은 통계적으로 극히 미미하거나 일관성이 존재하지 않는다고 결론 내렸다. 예를 들면 힐과 스넬(Hill & Snell, 1988), 슐렌거, 우드, 타샤코리(Schelenger, Wood & Tashakori, 1989), 피어스와 자라(Pearce, & Zahra, 1991) 등은 사외이사 비율과 기업 성과 사이에 정(+)의 관계를 보고하였다. 반면 아그라왈과 크노버(Agrawal & Knoeber, 1996)는 부(-)의 관계를 보고하였다. 바가트와 블랙(Bhagat & Black, 1999; 2002), 몰즈(Molz, 1988), 말렛과 파울러(Mallette & Fowler, 1992), 데일리와 존슨(Daily & Johnson, 1997)은 통계적으로 유의한 관계를 발견하지 못했다. 미국 이외의 기업들을 대상으로는 요시카와와 팬(Yoshikawa & Phan, 2003), 펭, 벅, 필라도트체브(Peng, Buck, &

Filatotchev, 2003), 김양민(Kim, 2007), 가그(Garg, 2007)는 각각 일본, 러시아, 한국, 인도 기업들을 대상으로 한 연구에서 사외이사 비율과 기업 성과 사이에 유의한 관계를 발견하지 못했다. 김양민(Kim, 2007) 은 한국에서는 자산 2조 원 이상의 대기업의 경우 사외이사의 비율 이 기업의 자율적 선택이 아닌 제도에 의해 정해져 있기 때문에(무조 건 50% 이상을 사외이사로 구성해야 한다) 모든 대기업이 사외이사 비율 이 비슷하게 되는 강압적 동형화(coercive isomorphism, DiMaggio & Powell, 1983)가 일어난다고 지적하고, 따라서 한국 대기업을 대상으 로 한 연구에서 사외이사 비율로 이사회 독립성을 측정하는 것의 문 제를 제기한 바 있다.

물론 사외이사의 비율이 기업 성과와 정의 관계를 보인다는 연구들 도 많다. 압둘라(Abdullah, 2004)는 말레이지아의 대기업을 대상으로 한 연구에서 렁, 리차드슨, 재기(Leung, Richardson and Jaggi, 2014)는 홍콩 대기업을 대상으로 한 연구에서 펭(Peng, 2004)은 중국 대기업을 대상으로 한 연구에서 사외이사 비율과 기업 성과 사이에 정의 관계 를 보고하였다. 하지만 그 반대의 결과를 발견한 경우도 소수 있으니 무조건 사외이사 비율이 높을수록 기업 성과가 좋아진다고 주장하기 는 어렵다. 다만 사외이사의 비율을 높이면 '대체로' 이사회 독립성을 높일 것으로 '추정'되고 미미하게나마 기업 성과에도 기여할 수도(그 렇지 않을 수 도 있지만) 있다는 조금 맥 빠진 처방 정도는 도출할 수 있 을 듯하다.

CEO-이사회 의장직 분리와 기업 성과

대리인 이론을 바탕으로 한 기업지배구조 이론에서는 'CEO가 이 사회 의장직을 겸직하는 것'(서구의 인사조직전략연구자들은 주로 이를 'CEO 듀얼리티duality'라 부른다)이 대체로 바람직하지 않다고 본다. CEO가 이사회 의장으로서 큰 영향을 휘두르면 자칫 이사회는 CEO의 거수기 역할밖에는 못하고 결과적으로 주주의 이익에 반하는 결정을 할 수 있다는 것이다. 실제 미국에서는 1990년대 초까지만 해도 거대 상장기업의 80% 이상이 CEO 듀얼리티 체제로 운영되었다. 그러나 1990년대 중반 이후 기업지배구조 개선의 목소리가 높아지면서 그 비율은 2010년, S&P 1500 기업의 절반이 약간 넘는 54% 수준으로 내려갔다(Yang & Zhao, 2014). 문제는 이렇게 두 직을 분리하여 이사회 의장을 사외이사가 맡는 것이, 기업지배구조 이론가들의 기대대로 기업 성과에 긍정적일 영향을 줄 것인가 하는 것이다.

달튼과 그 동료들(Dalton et al., 1998)은 1990년대 중반까지 발표된 31개의 실증연구를 분석한 결과 CEO와 이사회 의장을 겸직하거나 분리하는 차이가 기업 성과에 미치는 영향은 없다고 결론 내렸다. 강과 자쿠히(Kang & Zardkoohi, 2005) 역시 1978년부터 2002년까지 발표된 30개의 논문을 고찰한 후 일부 연구에서 CEO 듀얼리티가 기업 성과에 부(-)의 영향을 미친다는 결과를 찾아냈고, 1개에서는 정(+)의 영향을 미친다는 결과를 발견했으며, 10개의 연구에서는 관계가 없다는 것을, 그리고 전체 논문 중 절반에서는, 즉 정(+)과 부(-) 효과 모두 발견하였다. 크라우스, 세마데니, 카넬라(Krause, Semadeni, & Cannella, 2014)는 1988년부터 2013년 사이에 발표된 18개의 CEO 듀얼리티 논문을 검토했다. 이들 중 7개 연구는 CEO 듀얼리티와 기업 성과 사이에 별다른 관계가 없다고 보고했고, 4개는 부정적인 관계를, 2개는 긍정적인 관계를 보고했다. 나머지 5개 연구는 CEO 듀얼리티가 기업 성과에 주 효과는 미치지 않고 조절 효과만 보인다거나 또는 CEO 교체의 맥락에 따라 긍정적 또는 부정적 효과가 다 나타나는 것으로 보고하였다.

비교적 최근 연구인 양과 자오(Yang and Zhao, 2014)는 미국과 캐나다의 FTA 발효를 기점으로 그 전후 다년간의 미국 기업 데이터를 분석했다. 그 결과 CEO 듀얼리티를 가진 기업이 그렇지 않은 기업에 비해, 경쟁이 심해질수록(즉 FTA발효로 외국기업과 국내기업의 차별이 없어 질수록) 토빈의 Q로 측정한 기업 성과가 확실히 좋다는 것(약 3%의 차이)을 발견했다. 이들은 1,927개의 대기업을 대상으로 22년 동안의 데이터를 사용했다. 데이터의 내생성 문제를 해결하기 위해 방법론적으로 많은 노력을 기울였다. 물론 이 연구결과 하나만으로 'CEO 듀얼리티가 두 직을 분리하는 것보다 더 나은 기업지배구조 체제'라고 결론을 내릴 수는 없다. 그러나 확실한 것은 지난 30년의 연구결과를 보면 'CEO 듀얼리티가 기업에 좋지 않다'는 가설은 아직까지 확실한 지지를 받지 못한다는 것이다.

이 분야의 연구 경향 중 하나는 CEO와 이사회 의장직을 분리하는 것 자체가 기업으로선 전략적 필요나 대리인 비용을 줄이기 위한 하나의 선택 옵션이지 필수는 아니라는 것이다(예: Kwok, 1998). 예컨대 대리인 비용이 크게 발생할 것으로 예상되는 기업이나 상대적으로 빠른 의사결정의 필요성이 덜한 기업에서는 CEO와 이사회 의장직을 분리하는 경향이 있을 수 있다. 하지만 대리인 비용이 적게 예상되고 빠른 의사결정이 매우 중요한 기업에선 굳이 CEO·이사회의장을 분리함으로써 발생할 이득보다 조직의 수뇌부가 이원화되어 효율적이고 신속한 의사결정을 못하는 것에서 오는 불이익이 더 클 수도 있을 것이다. 따라서 상황에 따라 CEO 듀얼리티는 기업 성과에 약이 될 수도 독이 될 수도 있다고 하겠다. 즉 CEO 듀얼리티가 기업 성과에 미치는 영향을 조절하거나 매개하는 제3의 가능성이 있을 가능성이 있다

(Kang & Zardkoohi, 2005).

경영진의 지분 보유와 기업 성과

경영자의 임금을 현금이 아닌 성과급(스톡옵션같은)으로 주어야 한다는 주장은 가장 기본적인 동기부여 이론을 따른 것이다. 만약 경영자가 자신의 능력을 십분 발휘하여 일정 수준 이상으로 회사 성과를 높인다면 거기에 금전적 보상을 한다는 것이다. 이 방법은 경영자가 내린 전략적 결정이 기업의 성과로 이어지고 그 인과관계가 분명하다는 전제가 수반된다. 문제는 기업 성과에 대한 경영자의 기여가 측정 불가능하다는 점에 있다(Simon, 1991). 기업의 성과-특히 주가-는 숱하게 많은 요인들에 의해서 결정되며, 이 중 많은 부분은 경영자가 통제할 수 있는 영역이 아니다. 따라서 경영자에게 스톡옵션 같은 성과급을 준다고 해서 그 이유 때문에 기업 성과가 향상될 것이라는 주장은 논리적으로 반박의 여지가 많다.

실증연구에서도 CEO 급여와 기업 성과와의 관계는 정(+)으로 보고되는 경우(예: Belliveau, O'Reilley, & Wade, 1996)와 미미하거나 부(-)의 관계를 갖는다는 연구들(예: Finkelstein & Boyd, 1998; Johnson, 1982)이 공존한다. CEO 급여에 관한 한 가장 많은 논문을 발표한 학자 중의 하나인 고메즈-메히야(Gomez-Mejia, 1994)는 CEO 급여가 기업 성과에 미치는 영향을 비롯해서 CEO 급여와 관련된 많은 의문들이 아직도 해결되지 않은 숙제라고 결론짓고 있다(이 분야의 연구에 대한 문헌 고찰은 Tosi, Werner, Katz, & Gomez-Mejia, 2000에 비교적 잘 되어 있다).

대리인 이론의 주창자 중 하나인 마이클 젠슨Michael Jensen 역시 전문경영인에게 스톡 옵션을 준다고 해서 특별히 경영성과가 좋아지지는 않는다는 것을 인정한 바 있다(The Economist, 2002년 11월 16일: 66, Ghoshal, 2005에서 재인용). 달튼, 데일리, 써토, 로엥피트야(Dalton, Daily, Certo, & Roengpitya, 2003) 역시 메타 종합분석으로 이사진의 주식소유와 기업 성과 관계를 분석한 후 사내이사진(최고경영진)과 사외이사진의 주식보유는 기업 성과와 통계학적 관계가 없다고 보고하였다. 데일리와 그 동료들(Daily et al., 2003)도 오늘날 미국에서 주식을 중심으로 한 급여 체제가 1990년대에 비해 훨씬 더 보급된 것은 사실이지만 이것이 주주의 이익으로 이어졌는지에 대한 증거는 없다고 지적하였다. 따라서 성과급 위주의 경영자 보수가 기업 성과를 향상시킨다는 주장 역시 아직까지 실증연구에 의한 검증을 받는 데 실패하였다고 하겠다.

2. 기업지배구조와 배당

위의 절에서 언급한 좋은 기업지배구조의 유주얼 서스펙트들 외에 주로 재무 분야에서 나타난 연구 흐름 중 하나는 좋은 기업지배구조가 야기하는 결과 중 기업가치에 영향을 주는 기업의 선택에 대한 관심이다. 예를 들면 주주를 위한 기업의 인위적 선택, 즉 자사주 매입이나 배당 같은 행동을 하는 기업들이 그렇지 않은 기업과 지배구조 측면에서 무엇이 다른지에 대한 연구들이 많다. 그렇다면 높은 배당이 시공을 초월하여 '좋은 기업지배구조'의 증거가 될 수 있을까? 라 포타, 로베즈 데 샐래인스, 쉴레이퍼, 비쉬니(La Porta, Lopez-de-Silanes, Shleifer, and Vishny, 2000)는 배당과 관련해 두 가지 이론을 제시했다. 결과모델가설outcome model hypothesis에 따르면 배당은 주주를 보호하는 결과물의 하나로 주주의 권리가 잘 보호되는 환경, 예컨대 미국 같은 나라에서 고성장 기업의 경우 저성장 기업보다 더 낮은 배당 성향을 갖고 대신 그 돈을 성장을 위한 투자에 사용하게 된다. 대체모델가설substitute model hypothesis에 따르면 배당은 주주에 대한 법적 권리보호에 대한 대체물로 주주 권리보호가 취약한 국가에서는 고성장 기업이라 할지라도 주주 권리를 보호한다는 신호로 배당정책을 사용한다(La Porta et al., 2000). 즉 배당의 많고 적음은 기업지배구조에 의해서가 아니라 그 기업이 속한 국가 환경의 영향을 받는다는 것이다. 그렇다면 한 국가 내에서 기업지배구조는 배당에 어떤 영향을 미칠 것인가?

최근 어떤 기업에 강연하러 갔다가 교육생인 사원으로부터 "우리나라 재벌 지배구조와 낮은 배당률의 상관관계는 없는 건가요?"라는 질문을 받았다. 실제 한국기업의 배당 성향은 2015년 말을 기준으로 세계 최하위권이었다. 그리고 2010년대 초반까지는 대기업 집단, 즉 소위 말하는 재벌 기업들의 배당률이 전체 평균보다 낮았다. 소유구조와 배당에 대해서는 이론적으로는 두 가지 상반된 견해가 존재하며둘 다 대리인 이론에 그 근거를 둔다. 하나는 큰 지분을 가진 창업자나 그 가족의 경영이 배당에 부(−)의 영향을 미친다는 주장이다. 최고경영자가 곧 최대주주인 가족기업은 소유와 경영이 분리된 기업에서 발생하는 대리인 문제로부터 자유롭다. 따라서 CEO이기도 한 최대주주는 굳이 대리인 문제를 무마하기 위한 배당 지급을 하지 않을 것이라는 것이다. 또한 전문경영인은 자신이 자칫 주주이익을 침해할 무리한 투자를 하지 않겠다는 의지를 보여주기 위해서 배당을 높게 지급하는 경향이 있다. 그런데 가족기업은 이게 필요 없다는 것이다. 실제로 거글러(Gugler, 2003)는 가족기업은 가장 낮은 목표 배당 성향target payout ratios을 갖는다는 것을 밝혀냈다.

반면 가족경영이 배당에 플러스(+)의 영향을 미친다는 주장이 있다.

이런 주장을 펴는 학자들은 "소액주주에 대한 배려 차원에서 가족기업이 배당을 지급할 수 있다."라는 견해를 피력한다. 미케일리와 로버츠(Michaely and Roberts, 2006)는 대리인 이론을 기반으로 가족기업은 경영자와 주주의 이해일치도가 높기 때문에 비가족기업에 비해 배당을 증가시킬 것이라 주장하였다. 다시 말해 자기 지분율이 높으면 배당이 대부분 자기 것이니 배당을 많이 할 가능성이 높다는 것이다.

한국은 위 두 가지 가설 중 어떤 쪽에 해당될까? 비교적 최근 연구인 김동욱, 전영환, 김병곤(2014)에 따르면 대주주 일가의 지분율이 50%를 넘어서는 등 압도적인 지배력을 가진 기업의 경우에는 배당을 야박하게 준다고 한다. 그들은 또한 지배구조가 소위 우량한 기업일수록 배당을 더 많이 지급하는 경향이 있다는 것을 밝혀냈다. 이 연구에서는 기업을 SCG그룹과 WCG그룹으로 나누었다. SCG그룹은 양호한 지배구조를 지닌 기업(총 321개)을 의미하고 WCG그룹은 취약한 지배구조를 지닌 기업(총 4,066개)을 의미한다. 이 구분은 한국기업지배구조원Corporate Governance Service에서 발표하는 지배구조 등급을 사용하였다.

그런데 여기에 큰 반전이 숨어 있다. 지배구조가 우량한 기업은 대체로 대기업이고 실제 2015년 이후 이들 기업의 배당이 크게 늘어나는 추세이다. 큰 기업일수록 외국인 지분율이 높고, 연기금 같은 영향력 있는 기관투자자의 지분도 높고, 법에 따라 사외이사 비율도 높기 때문에 제도적 압력을 받아서 좋은 지배구조를 가진 기업으로 분류되는 것이다. 대부분의 대기업들이 소위 재벌기업이라는 점을 감안하면 재벌기업이 그렇지 않은 기업에 비해 기업지배구조가 좋고 배당도 많이 한다는 연구결과가 나오게 된다. 그럼 배당을 많이 하면 정말 주주 입장에서 무조건 좋은 기업이 되는 것일까? 상당수 주주들 입장, 특히 비교적 단기적(1-2년)으로 주식을 보유하고 배당을 노리는 투자자나 많은 외국인투자자 입장에서는 '그렇다'고 답변할 것이다.

그러나 모든 기업에서 모든 주주에게 배당이 많은 것이 무조건적으로 좋은 일이 되는 것은 아닐 것이다. 앞서 라 포타와 그 동료들(La Porta et al., 2000)의 지적대로 해당 기업이 성장의 어떤 단계에 놓여 있느냐가 배당 의사결정에 영향을 미치고 나아가 그 결정에 의해 기업가치도 영향 받을 수 있다는 재무 분야의 연구들이 많다(Gaver and Gaver, 1993; Jensen, 1986; Myers, 1977; Myers and Turnbull, 1977; Smith and Watts, 1992; Stulz, 1990). 이들 연구에 따르면 고속으로 성장하는 기업이 해마다 성장을 위한 투자 대신 보유현금을 배당에 사용하면 더 큰 성장의 기회를 잃을 수 있다는 것이다. IBM은 1950년대부터 1980년대까지 근 30년에 이르는 기간 동안 배당을 한 번도 하지 않았고, 아마존도 1997년 상장 이후 단 한 번도 배당을 하지 않았다. 이 두 기업은 수익을 꾸준히 회사의 기술과 혁신에 투자했고 IBM은 1980년대 초에 이르러 시가총액 기준으로 세계 최대의 기업이 되었고 아마존은 2018년 애플과 더불어 시총 1조 달러를 달성한 두 번째 미국기업이 되었다. 이 두 사례가 주는 교훈은 성장 가능성이 높은 기업에서 기업의 현금을 투자에 활용하지 않고 배당을 실시하게 되면, 투자를 위한 자본조달 비용이 높아져 기업가치가 극대화되지 않을 수도 있다는 것이다.

반면 성장 기회가 적은 기업에서는 배당 대신 무리하게 투자를 할 경우 과대투자 문제over-investment problems를 가져올 수도 있다(강윤식, 국찬표, 윤진수, 2015). 앞서 언급한 선글라스 제조기업의 우산 제조업 투자처럼 말이다. 문제는 이 기업이 배당을 더 해야 하는 시점인지, 아니면 배당을 최소한도로 하고 남은 보유현금을 후일의 투자를 위해

아껴두어야 하는지를 누가 결정하느냐는 것이다. 한국 증시에서 가장 큰 기관투자인 국민연금은 스튜어드십 코드의 도입을 통해 연금과 그의 위탁을 받은 기관 투자자들로 하여금 투자 기업에 대해 배당을 요구할 권리를 강화하려고 한다. 국민연금은 이 결정을 기업 경영자나 이사회가 잘하지 못한다고 생각될 경우, 국민연금운용위원회나 국민연금의 위탁을 받은 여타 기관투자자들이 하는 것이 좋다는 판단을 한 것이다. 기업 경영자나 이사회의 판단을 100% 믿을 수 없기 때문에 이 판단을 단기적인 투자를 하는 기관투자자들이나, 특히 정부의 영향을 강하게 받는 국민연금이 대행한다면 이 역시 또 다른 종류의, 그리고 어쩌면 기존의 문제보다 더 심각한 대리인 문제를 일으킬 가능성이 있을 것이다. 개인 투자자라면 내가 투자한 회사가 배당이 적어서(또는 드물게는 배당이 너무 많기 때문에 정작 기업 성장을 위한 투자가 충분치 않다고 판단해) 불만일 경우 그 회사의 주식을 팔아 치울 수 있다. 그러나 국민연금에 돈을 맡긴 국민이 국민연금의 투자행태나 배당 권유가 마음에 들지 않는다고 국민연금을 탈퇴하기는 어렵기 때문이다.

그리고 장기적인 안목으로 보았을 때 기업이 배당을 많이 한다고 무조건 투자자에게 좋은 건 아닐 수 있다. 1950년대에서 1980년대까지의 많은 IBM 주주들이나 1997년 이후의 많은 아마존 주주들은 단기차익이나 배당을 노리지 않았고, 회사가 배당 대신 투자를 통해 기업가치를 높이려고 노력하는 것에 별 불만을 제기하지 않았다. 만약 그들이 적은 배당에 불만을 품었다면 그 주식을 팔았을 것이고, 그랬다면 IBM 주식이나 아마존 주식이 그 기간 동안 그렇게 고공 성장을 하기는 어려웠을 것이다. 다시 언급하지만 기업지배구조에서는 절대선이나 절대악이라고 부를 만한 것이 있을 만큼 선악의 경계가 분명하지 않다. 즉 배당이 많은 것이 무조건 좋은 것도, 무조건 나쁜 것도 아닐 수 있다는 뜻이다. 그리고 배당 지급의 판단을 누가 하는 것이 가장 좋은지는(해당기업의 이사회가 하는 것이 좋은 지 연기금을 포함한 기관투자자가 하는 것이 좋은지) 아직까지 학문적으로 정답이 나오지 않은 주제이다.

단 여기서 또 한 가지 짚고 넘어가야 할 것은, 기업이 배당이나 자사주 매입 같은 주주 환원 정책보다는, 무조건 국내 투자와 고용을 늘림으로써 국민경제에 이바지하는 것이 좋다는 주장에 대한 논의이다. 이런 주장이 나오면 적어도 현재 기업지배구조 연구 패러다임하에서의 '좋은 기업지배구조'를 논하기는 어려워진다. 만약 그런 주장들에 동의하는 학자들이 많다면 연구자들은 일단 좋은 기업지배구조를 만들어 달성하고자 하는 궁극의 목표가 무엇인지에 대한 의견일치부터 보아야 할 것이다. 본 논문은 기존의 통념대로 기업지배구조 개선의 궁극적 목적은 기업가치의 상승이라는 전제하에 썼였다. 한국기업들이 잉여 현금을 외국인 주주를 다수 포함한 기존 주주의 이익을 위해 쓰거나, 불확실성에 대비해 현금보유를 늘리는 데 쓰거나. 또는 주로 해외 투자를 통해 성장을 도모하는 것이 좋지 않고, 오로지 국내투자와 고용을 늘려 국민경제에 기여하고 직원의 수익을 극대화하는 것이 좋은 기업지배구조를 만드는 궁극의 목표라면 본 논문의 논의는 부적절할 것이다.

3. 소결론

칼 포퍼(Popper, 1984)는 좋은 이론은 관측에 의해서 반증되거나 그 오류가 지적될 수 있는 많은 지적을 한다고 주장한다. 새로운 실험결과가 예측과 일치할 때마다 그 이론은 존속되고 우리의 그 이론에 대한 신뢰감은 늘어나지만, 그 이론의 예측에 불일치하는 새로운 관찰 결과가 발견되면 우리는 그 이론을 수정하거나 폐기시켜야 한다는 것이 포퍼의 주장이다. 그의 기준을 엄격히 적용한다면 대리인 이론은 심각하게 도전을 받아야 하는 이론이다. 위에서 검토된 세 분야의 연구들-이사회 구조가 기업 성과에 미치는 영향, CEO·이사회 의장 겸직이 기업 성과에 미치는 영향, CEO 급여와 기업 성과 간의 관계-들이 비록 인사조직 분야의 대리인이론 연구 모두를 망라한 것은 아니지만 적어도 가장 연구가 많이 된 분야들임에는 틀림이 없다. 그런데 이 세 분야에서 대리인 이론은 통일된 지지를 전혀 받지 못할 뿐 아니라 심지어 사외이사 비율이나 CEO·이사회 의장 겸직 등의 변수와 관련해서는 오히려 대리인 이론의 예측과 반대 방향으로 기업 성과에 영향을 준다는-즉 대리인 이론을 정면으로 반박하는 증거를 제시하는-연구가 있는 것이다.

그럼에도 불구하고 대리인 이론을 바탕으로 한 기업지배구조는 실물경제에서나 학계에서나 여전히 매우 큰 영향력을 과시하고 있다. 핑켈스타인과 무니(Finkelstein & Mooney, 2003)는 기존 대리인 이론에서 제시된 이사회 독립성 보장 제도(예: 사외이사의 비율, 이사회의 크기, CEO와 이사회 의장직 분리)가 그 실효를 잃고 있으므로 이사회의 실제 운영 과정을 보다 깊숙이 연구하여야 한다고 강조한 바 있다. 다음 장과 그 다음 장에서는 본 장에서 제기된 문제들을 고려하여 대리인 이론에 대한 비판적 분석과 그 분석을 바탕으로 한 몇 가지 제안들을 제시한다.

3

대리인 이론에 기반한
기업지배구조 이론에 대한 비판적 분석

　대리인 이론에 대한 비판은 매우 많지만(구글에 이 검색어- criti-cism or critics on agency theory- 를 넣으면 2018년 8월 초를 기준으로 약 2,080만 개의 관련 링크가 나온다), '인사·조직·전략' 즉 매니지먼트라는 학문체계 안에서 가장 많이 알려진 것 중 몇 개를 꼽으라면 데일리Daily, 달튼Dalton, 카넬라Cannella의 2003년 논문과 수만트라 고셜 Sumantra Ghoshal의 유작이 된 2005년 논문을 들 수 있을 것이다. 이 두 논문 다 대리인 이론만을 비판하는 것은 아니다. 데일리와 그 동료들 (Daily et al., 2003)은 기업지배구조 연구에 대해 고찰하면서 그중 가장 큰 비중을 차지하는 대리인 이론을 비판적으로 분석하였고, 고셜 (Ghoshal, 2005)은 '나쁜 경영이론'들이 좋은 경영 프랙티스를 망친다 면서 그 나쁜 이론의 대표로 대리인 이론을 거론하고 있다. 그밖에 매니지먼트 전공자는 아니지만 관련 분야의 연구자 중에 20세기의 저명 사회학자인 찰스 페로우Charles Perrow는 대리인 이론을 '사소하고trivial', '비인간화dehumanizing를 조장하며' 심지어 '위험한dangerous' 이론이라 고 주장했다(Perrow, 1986: 235).

데일리와 그 동료들(Daily et al., 2003)은 기업지배구조 연구에서 대리인 이론의 압도적인 인기를 다음 두 가지 요인으로 설명한다. 첫째, 그것이 '극단적으로 단순한 이론'으로 현대의 거대 주식회사(참여자)를 단 '두 부류'-경영자와 주주-로 분류하고 그 두 부류의 이익들이 '명확하고 일관성이 있다'고 '가정'한다는 것이다. 둘째, '인간이 이기적이고 일반적으로 타인의 이익을 위해 개인의 이익을 희생하기를 꺼린다'는 전제가 '매우 오래되었고' '많은 사람이 추종'한다는 것이다(Daily et al., 2003: 372). 첫 번째 인기 이유, 즉 대리인 이론이 극단적으로 단순한 이론이어서 인기 있다는 주장은 사회과학자들이 자연과학의 단순함을 부러워하기 때문에 자연과학같이 복잡한 사회현상을 단순화함으로써 설명하는 것에 매력을 느낀다는 뜻이다. 사회과학이 오랜 기간 자연과학을 '흠모'하고 '동경'하는 이유 중 하나가 물리학 같은 자연과학에서는 시간과 장소에 구애받지 않고 적용되는 단순 명쾌한 이론-엄청나게 복잡한 자연현상을 단 한 개의 수식(예컨대 E=MC2같은)으로 표현할 수 있는-을 만들어낼 수 있기 때문이라는 점을 감안할 때 설득력이 있다.

이 자연과학적 단순함을 경제학자들이 추종하는 것에 대한 비판은 프리드리히 하이에크F. A. Hayek의 1974년 노벨 경제학상 수상 연설(이 연설문이 1989년 AER에도 실림, Hayek, 1989참조)에 잘 나타나 있고, 고셜(Ghoshal, 2005)도 그 연설의 일부를 인용하고 있다. 하이에크는 경제학자들이 경제정책에 관련해 종종 잘못된 처방을 내리는 이유를 그들의 '과학적인' 태도에서 찾는다. 여기서 과학은 자연과학을 말한다. 그에 따르면 경제학자들은 경제를 물리학처럼 다루려고 노력했지만 결코 경제학은 물리학같이 될 수 없었다. 하이에크가 지적한 경제학과 자연과학과의 가장 큰 차이점은 주요 변수의 측정가능성이다.

경제학자들이 실제 측정할 수 있는 변수들은 사실 사회현상을 설명하는 중요한 변수들이 아닐 수 있다. 그럼에도 불구하고 경제학자들은 그것들이 단순히 측정 가능하다는 이유로, 쉽게 정량화되고 측정할 수 있는 몇 가지 것들을 잘못해서 강조해왔다고 하이에크는 주장한다(Hayek, 1989). 동시에 더 중요할 수도 있는 다른 변수들은, 측정이 불가능하다는 이유로 경제학자들이 의도적으로 무시해왔다는 것이다. 이 지적은 경제학자뿐 아니라 경영학자에게도 해당된다. 앞선 장에서 고찰하는 기업지배구조 관련 실증연구에서 연구자들이 일관된 결과를 얻지 못하는 것은 바로 하이에크의 이 주장과 어느 정도 맞닿아 있는 것으로 보인다. 예컨대 사외이사의 비율이나 CEO·이사회 의장직의 분리를 우리 연구자들이 주목해온 것은 앞서 언급한 하이에크의 지적대로 이 비율이 실제 이사회 독립성을 정확히 측정해서라기보다는 연구자들이 이 변수를 정량적으로 쉽게 측정 가능하기 때문에 주목 받았다는 쪽에 가까울 듯하다.

본 논문은 대리인 이론을 그토록 '번성'시킨 그 두 가지 전제 중, 그 자연과학적인 단순함을 강조한 두 번째 전제에 대해 비판적인 분석을 하고자 한다. 즉 모든 주주들은 과연 동일한 요구needs와 이해관계interest를 갖느냐는 것이다. 또한 비판적으로 분석하고 싶은 주장은 인사조직연구의 기업지배구조 연구에서 광범위하게 통용되는 '이사회는 기업 성과에 영향을 미친다.'라는 전제다. 이 두 번째 질문을 보다 세분화시켜 '이사회가 과연 기업 성과에 영향을 주는지'와 '이사회가 기업 성과에 영향을 미친다면 그 영향력은 어떤 내·외부 상황에서건 동일할 것인지'라는 의문에 대한 대답을 통해 대리인 이론의 보완책을 강구하고자 한다.

1. 모든 주주들은 동일한 요구와 이해관계를 갖는가?: 주주 종류에 따른 분류의 필요성

경제학을 바탕으로 한 이론들, 특히 대리인 이론은 주주들은 어느 정도 동일한 요구needs와 기업 전략에 관한 비슷한 선호를 갖는다는 전제를 한다. 궁극적으로 이 전제는 모든 주주는 주가의 극대화를 지향한다는 점에서 옳다. 그러나 그 주가를 올리기 위한 방법이나, 또는 단순히 단기적인 주가의 극대화보다 더 우선적인 요구를 갖는 주주들도 있다는 사실을 무시하고서는 실증연구에서 자칫 잘못된 가설을 세우거나 가설에서 원하는 결과를 얻지 못하게 될 것이다.

예컨대 5% 이상의 지분을 보유하고 경영까지 맡고 있는 오너 CEO의 이해관계와 0.000001% 미만의 지분을 소유한 개미투자자의 요구는 다를 것이다. 또한 똑같은 기관투자자라고 하더라도 단기투자를 주로 하는 뮤추얼 펀드와 장기투자 중심의 연금기관은 그 욕구가 다를 것이다. 즉 단기 지향적인지 장기 지향적인지에 대한 선호도 다를 것이고, 따라서 기업 전략에 대한 선호도 다를 것이다. 호스키슨과 그 동료들(Hoskisson et al., 2002)은 기업의 혁신 전략 선호도에 관한 연구에서 공적인 연금투자기관이 큰 지분을 갖는 기업은 내부개발을 선호하고 전문적인 투자펀드사가 지분을 갖는 회사는 외부에서 신기술을 사오는 전략을 선호한다는 사실을 발견하였다.

공적인 연금투자사나 전문 투자 펀드사나 많은 국내 연구에서는 같은 '기관투자자'로 묶여버린다. 한 묶음으로 분류되는 이 기관투자자들조차 다른 투자 성향을 갖고 다른 요구를 갖는데 오늘날의 기업들처럼 다양한 투자자들에 의해 소유된 기업들의 수많은 주주들이 같은 요구를 갖는다고 전제한다면 그야말로 순진한 발상이라 하겠다. 클레인, 샤피로, 영(Klein, Shapiro, & Young, 2005)은 주식회사를 소유구조에 따라 최소 네 가지로 구분해야 된다고 주장한다. 그 네 가지는 (1) 가족 소유 기업(창업자의 가족과 그 유관기관이 대부분의 주식을 소유한 기업), (2) 기관투자자나 기업, 은행 등의 기관이 대부분의 주식을 보유한 기업, (3) 정부 소유 내지는 정부가 대주주인 기업, (4) 다양화된 주주를 갖고 대주주의 존재가 희미한 기업 등이다. 여기에 호스키슨과 그 동료들(Hoskisson et al., 2002)의 분류를 더한다면 (2)에 속하는 기업을 세 종류로 더 세분화할 수 있을 것이다. 즉 공적인 연금투자사가 주요 대주주인 기업과 전문 투자 펀드사가 주요 대주주인 기업, 그리고 은행이 주요 대주주인 기업 등이다. 따라서 이 분류에 의하면 여섯 가지 종류의 소유구조를 가진 기업들이 존재하는 셈이다.

이러한 여섯 가지 종류 기업들의 주주들은 각기 다른 목소리를 낼 것이고 다른 목표가 있을 것이다. 가족 소유 기업에서는 당장의 주가보다는 경영권의 보존과 기업의 영속이 더 중요한 당면과제일 것이다. 전문 투자 펀드사가 대주주라면 단기 차익의 실현을 추구하는 경향이 있을 것이고 공적인 연금투자사가 주요 대주주라면 장기보유를 통해 안정적인 이윤을 실현하려고 할 것이다. 또한 실제로 전략을 집행하는 경영자가 전문 경영인인지 오너 경영인인지에 따라 기업 전략의 선호도 달라질 것이다. 여섯 가지 종류의 소유구조에다가 전문 경영인 체제·오너 경영인 체제의 변수를 조합하면 무려 12가지의 경우의 수가 탄생한다. 이 열두 가지 종류의 지배구조는 각기 다른 목소리, 다른 전략에 의해 움직일 것이고 이러한 고려 없이 지배구조 연구를 한다면 많은 감춰진 변수hidden variables를 무시하고 실증연구를 하게 되는 우를 범할 수 있다. 따라서 향후의 기업지배구조 연구는 이렇게 다양한 주주들의 목소리를 감안해서 행하지 않으면 안 될 것이다. 예컨대 박지현, 김양민(2012)은 한국기업을 대상으로 한 연구에서 기관

투자자의 종류에 따라 연구개발 투자의 선호도가 달라지는 것으로 보고하였는데 대체로 연기금이나 보험회사의 지분은 기업의 연구개발 투자와 정의 관계를 갖는 것으로, 반면 증권회사나 은행의 지분은 연구개발 투자와 유의미한 관계를 나타내지 않는 것을 발견하였다. 이런 연구는 호스키슨과 그 동료들(Hoskisson et al., 2002)이 미국기업을 대상으로 한 연구처럼, 한국기업들 사이에서도 기관투자자의 부류에 따라 서로 다른 이익을 추구한다는 것을 시사한다.

2. 이사회가 기업 성과에 영향을 미친다면 그 영향력은 어떤 내외부 상황에서건 동일할 것인가?: 이사회 재량 개념과 이사회 권력 개념 도입의 필요성

'이사회는 기업 성과에 영향을 준다'는 가설은 사실 대리인 이론에서 직접 '세운' 것은 아니다. 다만 많은 기업지배구조 연구자들이 흔히 범하는 실수 중의 하나가 바로 이사회는 반드시 기업 성과에 영향을 줄 것이라는 맹목적인 믿음을 갖는 것이다. 사외이사의 비율과 기업 성과와의 관계를 연구한 많은 연구자들이 그러하고 최근 들어 이사회 멤버와 CEO와의 관계가 기업 성과에 미치는 영향 등을 연구하는 학자들이 그러하다. 그러나 이러한 가정은 어떤 기준을 적용해서 생각해도 지나치게 순진한 것이다. 이사회가 실질적으로 아무 역할을 못하는 단순 거수기라는 주장은 구미에서도 많이 회자되는 이야기이기 때문이다(Tosi, Shen, & Gentry, 2003).

따라서 이사회가 과연 기업의 주요 의사결정에 참여하여 궁극적으로 기업 성과에 영향을 미치는지는 대한 분석을 해보아야 하고 그러기 위해서는 이사회가 하는 일이 무엇인지를 주목할 필요가 있다. 이사회의 업무는 크게 통제control, 서비스service, 자원접근resource dependence의 세 가지 기능으로 분류할 수 있다(Johnson, Daily, & Ellstrand, 1996). 이중 대리인 이론의 영향을 받은 역할은 통제기능으로, 이는 주인인 주주들을 대신해서 대리인인 최고경영자를 감시하는 기능을 의미한다. 다시 말하면, 이사회가 최고경영자를 임명하고 평가하여 보수를 결정하며 최고경영자가 주주의 이익에 반하는 행동을 하지 못하도록 감시하는 활동인 것이다. 서비스 기능은 이사회가 일반적인 경영 문제뿐만 아니라 전략적 의사결정 과정에서 최고경영자에게 조언과 충고를 제공하는 기능을 의미한다. 마지막으로 자원의존resource dependence 기능은 이사회가 다른 조직과의 네트워크를 활용하여 자본이나 기업 파트너십 등과 같은 기업의 생존과 성장에 필수적인 자원의 획득을 가능하게 하는 역할이다. 이론적으로 이사회는 이러한 세가지 역할의 수행을 통해서 기업 성과에 영향을 미치게 된다.

상황에 따라 더 큰 영향력을 행사하는 이사회도 있을 것이고 그렇지 않은 이사회도 있을 것이다. 따라서 이사회가 기업 성과에 항상 영향을 줄 것이라는 위의 전제가 틀린다면, 언제 이사회의 영향력이 늘어나고, 언제 줄어들 것인지를 예측할 수 있는 방법을 마련하는 것이 인사조직 분야의 기업지배구조 연구에서 해결해야 할 숙제 중의 하나일 것이다. 다음에 제시하는 두 가지의 요인은 바로 이사회의 영향력이 언제 늘어나고 언제 줄어드는지에 대한 해답을 제공한다.

이사회 재량

기업의 주요 의사결정에 영향을 미치는 여러 자리position들 가운데 가장 영향력이 큰 것은 두말할 나위 없이 CEO와 최고경영진이다. 그 CEO와 최고경영진조차도 항상 기업 성과에 영향을 줄 수는 없다는 것이 최고경영층 이론Upper Echelon Theory에서 지적하는 점이다. 그러한 점을 고려할 때 이사회의 영향력에 영향을 미치는 요소는 크게 두 가지로 나뉠 수 있을 것이다. 하나는 최고경영층 이론에서 말하는 관리자의 재량Managerial Discretion에서 영감을 받은 이사회의 재량Board Discretion이라는 개념이고 다른 하나는 이사회의 CEO에 대한 상대적 권력이다. 이 두 가지 변수가 결국 이사회의 영향력을 조절하는 요인이 될 것이다.

햄브릭과 핑켈스타인(Hambick & Finkelstein, 1987)은 경영자가 과연 언제 그 역량을 발휘할 수 있을까라는 질문에 답하기 위해 관리자의 재량이라는 개념을 만들어냈는데 이는 경영자의 행동 폭latitude of action을 의미한다. 즉 햄브릭과 핑켈스타인(Hambrick & Finkelstein, 1987)에 따르면 경영자는 항상 기업 성과에 영향을 줄 수 있는 것이 아니며 경영자가 기업 성과에 미치는 영향은 그의 재량권에 의해 조절된다는 것이다. 예컨대 완벽하게 짜여진, 즉 수요도 예측가능하고 제품 차별이 불가능하여 오로지 가격만으로 승부를 보아야 하는 과점적 시장에서는 관리자의 재량권이 클 수가 없다. 반면 많은 수의 경쟁자가 존재하고 제품이나 서비스 차별화가 가능한 시장에서는 관리자의 재량은 커진다. 실례로 햄브릭과 핑켈스타인(Hambrick & Finkelstein, 1987)의 분류에 따르면 수도공급이나 전력사업의 경영자에 비해 컴퓨터 소프트웨어 개발업이나 향수·화장품제조사 경영자가 훨씬 더 큰 관리자 재량을 갖는다. 수도공급이나 전력사업은 그 사업의 특성상 새로운 상품이나 제품 혁신이 이루어지기 어려운 분야들이다. 반면 컴퓨터소프트웨어나 화장품·향수 등의 품목은 나날이 새로운 상품과 서비스가 선을 보이는 제품군이다.

이 관리자의 재량권을 늘리는 요소는 완전경쟁이 이루어지고 고성장인 산업구조, 제품의 차별가능성, 수요의 불안정성, 자본집약적이지 않은 산업, 법적인 제재가 없을 것, 힘 있는 외부세력의 부재不在 등 인데 이 중 상당수는 이사회(더 정확하게는 사외이사진)의 재량(영향력) 을 줄이는 요소들이라고 할 수 있다. 즉 관리자의 재량과 이사회 재량 Board discretion은 어느 정도 반비례의 관계에 있으며 이 둘의 공통 선행 요인 중 일부의 요인들은 이 두 변수를 각기 다른 방향-즉 하나는 정 (+)으로 하나는 음(-)으로- 움직인다는 것이 본 논문의 주장이다.

예컨대 힘 있는 외부세력이나 법적 제재가 존재할 경우 관리자의 재량은 줄어든다는 것이 햄브릭과 핑켈스타인(Hambrick & Finkel-stein, 1987)의 주장이다. 반면 본 논문에서 힘 있는 외부세력이나 법 적 제재의 존재는 이사회 재량 내지는 영향력을 크게 하는 요인이라 주장한다. 그 이유는 이사회의 중요 역할 중의 하나가 바로 앞서 설명 한 자원의존 역할, 즉 외부로부터 주요 자원을 끌어오는 것이기 때문 이다. 여기서 힘 있는 외부세력이란 기업이 외부에 눈치를 보아야 할 세력 내지는 이해집단(stakeholder: 예컨대 지역사회, 정치집단, 주 공급 자, 또는 주 구매자들)이 존재한다는 뜻으로 이를 뒤집어 설명하면 기업 입장에서는 강력한 외부세력에 연줄을 갖고 그들을 통제하고 그들의 간섭 내지는 방해를 무마할 수 있도록 하는 인맥이 무엇보다도 절실 해지는 것이다. 이사회의 자원의존 역할은 바로 그러한 로비활동 내 지는 외부활동을 하는 이사회를 상정하고 있다. 이러한 경우 이사회 의 영향력은 세지고 나아가 기업의 주요 의사결정에 이사회의 활동이 미치는 힘도 커질 것이다. 본 논문의 주장은 힘 있는 외부세력과 법적 인 외부 제재가 많이 존재하는 기업일수록 이사회 멤버들의 자원의존 역할이 커지고 따라서 이사회 재량도 증가할 것이라는 것이다.

이사회권력

이사회가 기업의 주요 의사결정에 미치는 영향을 결정하는 또 하나의 변수는 이사회의 CEO에 대한 상대적 권력이다. CEO의 영향력이 큰 회사의 이사회는 아무래도 그 영향력이 축소될 수밖에 없다(Tosi et al., 2003). 사회과학의 정치모델Political models은 기업을 하나의 정치적 모임political coalition으로 그리고 기업의 이사회와 경영진을 '중요한 정치 브로커primary political brokers'로 묘사해왔다(Cyert & March, 1963; March, 1962; Ocasio, 1994; Pfeffer, 1992). 이런 정치모델에 따르면 CEO들은 기업의 '주체세력the dominant coalition' 중에서도 핵심역할을 한다(Pfeffer, 1992). CEO의 권력은 주로 얼마나 CEO로서 오래 재직했는지tenure, CEO와 이사회의장 겸직, 주식의 보유, 그리고 창립자와의 친분에 의해 결정된다(Boeker, 1989; Ocasio, 1994; Pfeffer, 1981; Salancik & Pfeffer, 1977).

이사회와 CEO의 파워게임은 어떤 의미에서 제로섬 게임이다. 대체로 이사회가 강해질수록 상대적으로 CEO의 영향력은 줄어들고 그 역 또한 성립한다. 힘 있는 CEO는 사외이사 선정에도 관여할 것이고 강력한 현직 CEO에 의해서 선정된 사외이사가 자신을 뽑아준 CEO에 반대하는 결정을 하기는 어려울 것이기 때문이다(Wade, O'Reilly, & Chandratat, 1990; Westphal & Zajac, 1995). 따라서 단순히 이사회의 권력을 사외이사의 비율 같은 변수로 측정할 경우 나무를 보지 못하고 숲만 보는 격이 될 수 있다. 아무리 사외이사의 비율이 높은 이사회라 하더라도 그 사외이사 모두가 제왕적인 오너경영인에 의해 낙점된 인사들이라면 통제역할에서 영향력을 발휘하기 힘들 것이기 때문이다. 따라서 CEO에 대한 이사회의 상대적 권력을 측정하지 않고서는 이사회가 기업 성과에 미치는 영향을 가늠하기가 어려울 것이다.

인사·조직·전략 학자들이 이사회가 기업 성과에 미치는 영향을 연구한다면 어떻게 이사회 권력을 정교하게 측정할지를 고민해야 할 시점이라 하겠다.

4

대리인 이론을 보완하는 제안들

이 장에서는 전 장에서 제기한 대리인 이론의 전제에 대한 문제점들을 고려하여, 대리인 이론을 보완하는 몇 가지의 제안을 하고자 한다. 먼저 통제 역할만이 이사회의 역할이 아니라면, 과연 서비스 역할이나 자원의존 역할과 관련해서 이사회에 필요한 덕목은 무엇인지 토론하고, 전 장에서 소개된 이사회 재량과 이사회 권력을 어떻게 측정할지 그 방법을 토론한다.

1. 이사진 효과성에 영향을 미치는 이사회 내부요인들: 내부사회적 자본과 외부사회적 자본

단순히 사외이사의 비율이나 이사회의 인구통계학적 다양성 같은 특징이 아닌, 이사회의 여러 가지 특성을 갖고 이사회 효과성board effectiveness, 나아가 기업 성과를 예측하려는 시도는 전부터 있어왔다. 포브스와 밀리켄(Forbes & Milliken, 1999)은 이사회의 여러 문화적 특징들, 예컨대 인지적 갈등cognitive conflict, 응집력cohesiveness, 창조성creativity

몰입commitment, 합의consensus 등을 주목했고 핑켈스타인과 무니(Fin-kelstein & Mooney, 2003)는 이사회 과정board process이 이사회 효과성board effectiveness을 증진시킬 것이라 주장한 바 있다. 본 논문에서는 이러한 연구들과 같은 맥락에서 이사회의 서비스 역할과 자원의존 기능을 향상시키는 두 가지 개념을 주목하고자 한다. 그것을 바로 내부 사회적 자본internal social capital과 외부 사회적 자본external social capital이다.

사회적 자본이라는 개념은 19세기 프랑스 사회학에 그 뿌리를 두고 있지만 세 미국인 사회학자-로널드 버트Ronald Burt, 제임스 콜맨James Coleman, 그리고 로버트 퍼트넘Robert Putnam-가 그 개념의 보급과 개발에 가장 큰 공헌을 했다. 콜맨(Coleman, 1990)은 사람들 간의 관계가 어떤(생산적인) 행동으로 이어질 때 사회적 자본이 발생한다고 주장하였고, 버트(Burt, 1992)는 인간이 다른 사람-동료나 친구-과의 관계에서 얻는 기회를 사회적 자본이라 정의하였다. 반면 퍼트넘(Putnam, 1993)은 사회적 자본이 개인이 소유한 것이 아니고 그룹이나 조직 또는 국가가 공동으로 소유하는 신뢰, 규범norms, 네트워크 등에서 발생한다고 주장하였다.

본 연구에서는 이사진의 사회적 자본을 기업의 이사진이 갖는 기업 내외부의 잠재적, 실제적 네트워크에서 발생하는 자원의 합으로 정의하였다. 실제적 네트워크란 현재 그 사람이 알고 가지고 있는 인맥을 말한다. 그리고 잠재적 네트워크는 현재 그 사람이 갖고 있는 인맥에는 포함이 되어 있지 않지만 그 인맥이 현실화되어 자본화될 수 있는 가능성이 있는 자원을 의미한다. 본 연구는 기업의 이사진이 가지고 있는 사회적 자본이 그 기업의 내외부의 네트워크 형성에 도움을 주어 궁극적으로 기업 성과 향상에 이바지하는 경쟁우위의 근원 중의 하나라고 주장한다.

퍼트넘(Putnam, 2000)은 사회적 자본의 여러 가지 측면을 설명하면서 가장 확실한 구분 방법은 묶는bonding 사회적 자본과 연결하는bridging 사회적 자본으로 나누는 것이라고 주장하였다. 본 논문에서 내부 사회적 자본의 기능은 주로 묶는 역할이고 외부사회적 자본의 기능은 주로 연결하는 역할을 하는 것이 될 것이다. 즉 이사진이 보유한 네트워크가 회사 내부에 있는지 외부에 있는지에 따라 두 가지 사회적 자본으로 나눌 수 있다. 이사진들은 기업 내부에서 그들 자신들끼리의 의사소통을 원활하게 하고 서로를 신뢰하게 하는 내부 사회적 자본을 가지고 있고, 다른 한편으로는 기업 외부의 중요한 이해관계자(예: 공급자, 구매자, 투자자, 정치인, 입법기관 등)들과의 네트워크로 구성되는 외부 사회적 자본을 갖고 있다.

이사진의 내부 사회적 자본

버트(Burt, 1992)의 구조적 공백 이론structural hole theory과 콜맨(Coleman, 1990)의 사회적 폐쇄social closure 이론은 연결하는 사회적 자본과 묶는 사회적 자본을 설명하는 논리로 여겨져왔다. 버트(Burt, 1992)는 사회적 자본을 단순한 정보의 통로로 보고 느슨하고 넓은 네트워크 구조의 장점을 강조하였다. 버트에 따르면 구조적 공백이 많은 네트워크는 연결관계에서의 중복이 없는 산재한 네트워크로서 효율성이 높고, 네트워크 간의 허브hub, 또는 중간다리bridge의 역할을 할 수 있어 경쟁우위를 누릴 수 있다는 것이다(Burt, 1992). 반면 콜맨(Coleman, 1990)은 묶는 사회적 자본에 대한 이론적 근거를 제공한다. 그에 따르면 사회적 자본의 중요기능은 신뢰와 협동심이다. 따라서 그는 강하고 응집력 있는, 그리고 어느 정도의 폐쇄성이 있어서 그 성원에게 강한 팀 정신을 고취시킬 수 있는 네트워크의 중요성을 강조하였다. 폐쇄성이 있는 네트워크에서는 모든 성원이 연결되어 있고 서로를 지지하므로 상호를 신뢰하는 것이 덜 위험하다는 것이다. 레이건과 주커만(Reagan & Zuckerman, 2001)은 이러한 관점에서 팀의 네트워크 밀도가 팀 생산성을 향상시키는 것을 224개의 미국 기업 연구개발팀 연구를 통해 밝혀낸 바 있다.

콜맨Coleman의 사회적 폐쇄성처럼 이사진의 내부 사회적 자본은 이사진 내부에 존재하는 응집력의 정도라고 정의할 수 있다. 이사진의 내부 사회적 자본은 만약 이사진 개개인이 서로 끈끈한 네트워크를 갖고 있을 경우 극대화된다. 그러나 이러한 네트워크는 단순히 컨트리 클럽에서 맺어진 우정이나 족벌주의nepotism에서 우러나오는 네트워크와는 다르다. 내부 사회적 자본이 높은 이사진은 내부 사회적 자본이 낮은 이사진에 비해 포브스와 밀리켄(Forbes & Milliken, 1999)이 이사회 효과의 선행변수로 뽑은 노력규범effort norms, 응집력cohesiveness, 인지적 갈등cognitive conflict이 높아질 수 있다.

노력규범은 이사 개개인이 얼마나 이사회 업무를 충실히 준비하고, 참여하고 분석하는지에 의해 결정된다. 내부 사회적 자본이 약한 이사진은 서로를 불신하거나 심한 경우 싫어하는 수도 있다. 이런 경우, 노력규범의 수준이 높다고 하더라도 그것이 과연 기업을 위해 긍정적인 방향으로 작용할는지는 의문이다. 오히려 이사회 내 소모적인 논쟁으로 이어져 기업 성과를 저해할 수도 있기 때문이다. 이사회 내에 소모적인 언쟁을 지양하고 건설적인 논쟁을 가져오는 노력규범과 인지적 갈등을 위해서는 내부 사회적 자본의 역할이 중요할 것이다. 인지적 갈등은 올바른 결정을 내리기 위한 건전하고 바람직한 갈등이다. 그리고 노력규범과 인지적 갈등이 높은 집단이 내린 결정은 가능한 모든 대안을 고려한 합의에 바탕을 둔 것이므로, 이러한 과정에 의해 내려진 결정은 조직이 일심 단결해서 추진하게 될 것이다.

웨스트팔과 베드나(Westphal & Bednar, 2005)는 만약 이사회 성원이 서로 잘 모를 경우 현재 기업 전략에 대한 서로의 의도를 잘못 읽을 가능성이 있음을 발견하였다. 서로 신뢰하지 않은 성원끼리 모인 집단에서는 설사 형식적인 합의가 이루어져도 그것은 집단 내 다수파를 차지한 성원들에 의해 일방적으로 결정된 것일 가능성이 많다. 반면 서로 잘 알고 신뢰하는 이사회 성원들이라면 서로의 의도를 정확히 파악하여 합리적인 대안을 제대로 된 합의에 의해 선택할 것이다. 또한 신뢰감을 갖고 있는 이사진이라면 CEO에게 합리적인 대안을 제시하거나 전략적 자문을 할 가능성도 더 높을 것이다. 웨스트팔(Westphal, 1999)은 CEO와 이사회가 우정의 관계friendship-ties로 맺어져 있을수록 더 적극적으로 CEO에게 의견을 개진하고 자문역할을 하는 것을 발견하였다. 따라서 내부사회적 자본이 높은 이사진일수록 이사회의 서비스 역할을 더 잘할 수 있을 것이다. 따라서 다음의 제안을 추론할 수 있다.

제안 1: 이사회가 기업 성과에 서비스 기능을 수행함으로써 미치는 영향은 이사회의 내부 사회적 자본에 의해 결정될 것이다. 내부 사회적 자본은 기업 이사진의 응집력, 노력규범, 인지적 갈등을 높이고 CEO와의 협력을 촉진시킴으로써 보다 바른 의사결정을 내리도록 하고 이사회의 서비스 기능을 향상시킬 것이다.

이사진의 외부 사회적 자본

내부 사회적 자본과 달리 이사진의 외부 사회적 자본은 이사진이 제도환경institutional environment에서 갖고 있는 외부 인맥의 합이라고 정의할 수 있다. 제도 환경은 정부, 주 공급자, 구매자, 경쟁자를 포함하는 관련기업, 또는 지역사회, 입법기관, 금융기관 등 해당기업의 성과에 직간접적으로 영향을 줄 수 있는 기관들을 포함하는 환경이다. 이사진의 내부 사회적 자본이 주로 묶는 기능을 수행하는 반면, 외부 사회적 자본은 주로 연결하는 역할을 한다. 본 논문의 주된 주장 중의 하나는 기업이 외부의 제도적 환경으로부터 가치 있는 자원을 끌어오는 능력은 그 조직원들이 보유한 인맥, 그중에서도 그 기업의 이사진이 보유한 외부의 사회적 네트워크에 달려 있다는 것이다. 예를 들어 기업은 정부, 의회, 또는 중요한 시민단체 등의 주요 의사결정자들에게 로비 활동을 통하여 자기 조직에 우호적인 환경을 조성하도록 할 수 있다.

자원의존이론에서는 조직의 이사회 구성원들이 조직과 외부의 기관을 연결하는 역할을 한다고 주장하는데 톰슨과 맥큐웬(Thompson & McEwen, 1959)은 회사와 많은 이해관계가 걸려 있는 주요 은행의 임원을 사외이사로 위촉하는 것을 그러한 우호적 외부환경 조성노력의 하나로 설명한 바 있다. 페퍼(Pfeffer, 1973) 역시 종합병원에서 이사회를 구성할 때 외부의 자원을 습득하는 데 도움되거나 만약 조직에 위기가 닥칠 때 외부와의 연결고리가 될 만한 사람들을 이사로 임명한다고 보고하였다. 이사회의 외부 사회적 자본은 또한 외부에서 얻은 중요한 정보를 바탕으로 경영진에게 조언이나 전략적, 전술적 도움을 주는 데도 사용될 것이다. 이 주장은 결국 이사회의 외부 사회적 자본은 기업의 외부 연결망을 증대시켜 기업의 적법성legitimacy을 높이고 생존 가능성을 증진시킬 뿐 아니라 외부에서 얻은 정보를 바탕으로 경영진이 올바른 판단을 내리도록 돕는, 이사회의 서비스의 역할까지 증진시킬 것이라는 것이다. 따라서 다음의 제안이 수립될 수 있다.

제안 2: 이사회가 기업 성과에 자원의존기능을 수행함으로써 미치는 영향은 이사회의 외부 사회적 자본에 의해 결정될 것이다. 외부 사회적 자본은 이사회의 외부 연결망 확대를 통해 정보의 습득과 정당성의 증진 효과를 얻음으로써 이사회의 자원의존 역할 기능을 향상시킬 뿐 아니라 가치 있는 외부 정보의 습득을 통해 이사회의 서비스 역할도 증진시킬 것이다.

2. 이사진이 기업 의사결정에 미치는 영향을 결정하는 요인들: 이사회 재량과 이사회 권력

이사회 재량의 효과와 측정방법

전 장에서 소개한 이사회 재량과 이사회 권력은 선행연구에서 이론적으로 언급된 적이 있으나 그 측정방법은 이사회 재량의 경우 아예 언급된 적이 없었거나 아니면 이사회 권력의 경우 각 연구마다 조금씩 달랐다. 필자가 아는 한 이사회 재량을 학술적인 맥락에서 언급한 것은 핑켈스타인, 햄브릭, 카넬라(Finkelstein, Hambrick, & Cannella, 2008)가 유일하다. 그들은 기본적으로 햄브릭과 핑켈스타인(Hambrick & Finkelstein, 1987)의 관리자의 재량과 거의 같은 의미로 이사회 재량이라는 말을 사용하였다. 하지만 이사회 재량과 관리자의 재량은 조금 다른 개념으로 취급되어야 할 것이다.

햄브릭과 핑켈스타인(Hambrick & Finkelstein, 1987)의 관리자 재량은 크게 세 가지 부류-외적요인, 내적요인, 그리고 관리자 자신의 특성-의 요인에 의해서 결정된다. 그중 첫 번째인 외적 요인은 제품차별성(+), 시장 성상율(+), 과점적 산업구조(-), 수요 불안정성(+), 외부의 법적 재제(-), 강력한 외부의 힘(-), 그리고 자본집약도(-) 등으로 구성된다. 앞에서 지적한 대로 이들 중 관리자의 재량을 줄이는 마이너스 요인으로 꼽히는 강력한 외부세력의 존재나 법적인 제재는 오히려 이사회의 재량을 증대시키는 플러스 요인이 될 것이다. 이러한 외부 요인들이야말로 이사회의 자원의존 역할을 필수적으로 만드는 것들이기 때문이다. 나머지 요인들은 관리자의 재량에 미치는 영향과 똑같이 이사회 재량에도 영향을 줄 것이다.

관리자의 재량에 영향을 주는 조직 내적 요인은 기업규모(-), 기업연령(-), 자본집약도(-), 필요자원의 존재(+), 그리고 강력한 내부의 세력(노조 등:-) 등인데 이들은 이사진의 재량에도 똑같이 작용할 것이다. 마지막으로 이사진 자신들의 특성에 따라 이사진 재량이 결정될 것이다. 관리자의 재량권을 만드는 관리자 특성요인은 열정aspiration, 관리자의 모호성에 대한 적응력tolerance for ambiguity과 인지적 복잡성Cognitive complexity, 그리고 관리자의 권력 기반Power base이 있다(Hambrick & Finkelstein, 1987). 이들 중 열정, 모호성에 대한 적응력과 인지적 복잡성은 앞서 언급한 포브스와 밀리켄(Forbes & Milliken, 1999)의 이사회의 네 가지 덕목 중에서 노력규범, 인지적 갈등, 지식과 기술의 보유와 사용presence and use of knowledge and skills과 그 맥을 같이한다고 하겠다. 즉 노력규범은 열정을 대체하고 인지적 갈등은 인지적 복잡성을 대체하고 지식과 기술의 보유와 사용은 모호성에 대한 적응력을 대체한다고 할 수 있을 것이다. 또한 관리자의 권력 기반은 이사회의 권력으로 대체할 수 있다. 따라서 다음의 제안이 성립될 수 있다.

제안 3: 이사회의 재량은 이사회가 기업의 주요 의사결정에 미치는 영향을 좌우할 것이다. 이사회 재량에 영향을 미치는 요소는 외적 요인으로 제품차별성(+), 시장 성장율(+), 과점적 산업구조(-), 수요불안정성(+), 외부의 법적 재제(+), 강력한 외부의 힘(+), 자본집약도(-)이며, 내적 요인으로 기업규모(-), 기업연령(-), 자본집약도(-), 필요자원의 존재(+), 그리고 강력한 내부 세력의 존재(-), 마지막으로 이사진 자신들의 노력규범(+), 인지적 갈등(+), 지식과 기술의 보유와 사용(+), 그리고 이사회 권력(+) 등이 있을 것이다.

이사회 권력의 효과와 측정방법

위의 제안에서 언급된 '이사회 권력'은 사실 이사회 재량을 결정하는 선행요인의 하나로만 보기에는 그 영향력이 실로 막대하다. 그렇기 때문에 다수의 조직 및 전략 학자들은 이사회 권력의 중요성을 간파하고 그것을 정확히 측정하기 위해 노력해왔다(Cannella & Lubatkin, 1993; Golden & Zajac, 2001; Harrison, Torres, & Kukalis, 1988; Rechner & Dalton, 1991; Singh & Harianto, 1989; Zajac & Westphal, 1996). 앞서 이사회 권력과 CEO 권력과의 관계는 어느 정도 제로섬 게임관계라고 지적하였다. 실제로 앞서 이사회 권력을 연구한 많은 학자들은 이 양자관계를 전적인 제로섬 게임으로 생각하였다. 예컨대 골든과 자작(Golden & Zajac, 2001)은 의료기관 이사진연구에서 이사진의 권력을 측정하는 네 가지 요인으로 (1) 사외이사 추천위원회에 CEO가 포함되는지 여부, (2) CEO가 기관의 미션 수립에 참여했는지 여부, (3) CEO의 재직기간, (4) 이사회 투표권을 CEO가 갖는지 여부를 꼽았다. 이는 이사진 권력을 전적으로 CEO 권력의 종속변수로 본 것으로 위의 네 요인은 뒤집어 말하면 CEO의 권력을 나타내는 변수라 해도 무방할 것이나.

한편 사외이사의 비율이나 사외이사의 주식보유 여부로 이사진의 권력을 측정하는 방법은 한국의 현실을 고려할 때 적절하지 않다. 한 국기업들은 사외이사의 비율을 늘리기 위해 분자인 사외이사 숫자를 늘리기보다는 분모인 총 이사진 수를 줄임으로써 사외이사의 비율을 높이고 있기 때문이다(상장사협의회, 2005). 특히 자산 규모 2조 원 이 상의 대기업이나 은행의 경우는 전 등기 임원의 과반수를 사외이사 로 채우도록 그 비율마저 법으로 정해져 있다. 결과적으로 대기업의 경우는 사실상 거의 비슷한 비율의 사외이사를 보유하게 되므로 기 업 간 사외이사 비율의 변별력은 사라진다. 앞서 언급한 김양민(Kim, 2007)은 이러한 이유에서, 한국 대기업을 대상으로 사외이사 비율과 기업 성과 간 관계를 연구하는 것의 무용론無用論을 제기한 바 있다. 마찬가지 논리로 한국의 대기업을 대상으로 한 연구에서는 사외이사 비율로 이사회 권력이나 독립성을 측정하는 것은 의미가 없다고 하겠 다. 사외이사의 주식보유 또한 국내기업에서는 지극히 드문 실정이므 로 이를 가지고 사외이사의 권력을 측정하는 것은 어려울 것이다.

본 논문에서는 완벽하지는 않지만 이사진의 권력을 측정하기 위한 요인 세 가지를 제시하고자 한다. 첫째, 사외이사가 최대주주가 아닌 주주단체 또는 채권단으로부터 추천을 받은 경우 사외이사 추천위원 회나 최대주주 및 특수관계인으로부터 추천받은 경우 보다 더 많은 권력을 가질 것이다. 한국의 현실상 아직까지는 사외이사 추천위원회 는 최대주주의 영향을 강하게 받는다. 따라서 그들의 추천보다는 채 권단이나 최대주주가 아닌 주주단체로부터 추천받은 사외이사가 더 독립적인 목소리를 낼 수 있을 것이고 따라서 그 권력도 더 강할 것이 다. 두 번째의 요인은 사외이사의 임용시기이다. 만약 사외이사가 현 직 CEO 체제하에 임용되지 않고 그 전부터 있던 사람이라면 상대적으로 CEO에 대한 파워는 더 강해질 것이다. 세 번째는 사외이사 자신이 갖는 개인적 권력 기반이다. 만약 사외이사 자신이 해당 기업의 입장에서 보았을 때 '갑'의 위치에 있는 권력기관 출신이라면(예컨대 건설회사 입장에서 전직 건설부 고위 공무원인 사외이사) 그 사외이사는 다른 직종에 있는 사외이사보다 더 강한 권력 기반을 갖는다 하겠다. 비록 여기서 적시한 요인들이 이사진의 권력을 완벽하게 측정하지는 못한다고 하더라도 적어도 사외이사의 비율이나 주식소유 여부보다는 더 정확한 이사진의 권력을 나타내는 변수들일 것이다. 따라서 다음의 제안을 추론할 수 있다.

제안 4: 이사회가 기업의 주요 의사결정에 미치는 영향은 이사회 재량에 영향을 미치는 여러 요소 중 이사회 권력에 의해 가장 크게 좌우될 것이다. 이사진 전체의 권력은 전체 이사 중 채권단이나 최대주주가 아닌 주주단체로부터 추천받은 사외이사 비율, 현직 CEO 체제 하에 임용되지 않고 그전부터 있던 사외이사의 비율, 그리고 해당기업에서 보았을 때 '갑'의 위치인 권력기관 출신 사외이사의 비율 등으로 측정 가능할 것이다.

5

맺음말

　본 논문은 대리인 이론을 기본 가정이나 그 이론을 기업지배구조 연구에 적용하는 과정에 문제가 많다는 전제하에 과연 그렇게 대리인 이론을 적용한 기업지배구조 연구가 과연 얼마나 학문적인, 그리고 실제 기업 경영에 도움이 되는 성과를 거둘 수 있을까 하는 의구심에서 시작되었다. 본 논문의 궁극의 목적은 대리인 이론의 엄격한 적용이 현대자본주의, 특히 한국적 경영상황에서 가능할지, 그리고 그것이 과연 바람직한 일인지에 대해 논의해보려는 것이었다. 만약 대리인 이론의 엄격한 적용이 한국의 경영 상황에서 가능하지 않거나 바람직하지 않다면 우리는 대리인 이론을 대체하는 새로운 패러다임-대이론grand theory-을 만들어내거나 아니면 대리인 이론의 약점을 보완하는 작은 이론들이라도 수립하여야 할 것이다. 본 논문은 대리인 이론을 대체할 대이론을 만들어내지는 못했지만, 그 약점을 보완해 기업지배구조 연구에 사용할 수 있는 논의와 제안들을 제공한다.

　한국의 기업지배구조 연구에서는 막강한 오너가 존재하는 한국의 기업에서 대리인 이론에서 강조하는 이사회의 통제역할 수행이 가능할지, 그 실효성이 있을지에 대한 논의가 이루어져야 한다고 본다. 누군가가 확실한 오너 경영인 체제하의 사외이사를 맡고 있다고 가정하자. 그는 대표이사이자 오너인 CEO에 의해 낙점되었으며 그를 돕는 것이 주 업무이다. 그런 경우 과연 그가 이사회의 통제기능을 제대로 수행할 수 있을까? 비록 대리인 이론가들은 이사회의 "가장 중요한 임무는 기업의 최고 의사결정권자를 철저하게 따지고 속속들이 알아보는 것most important role is to scrutinize the highest decision makers in the firm"이라고 했지만(Fama, 1980: 294), 막강한 오너 또는 오너의 지시를 받는 전문 경영인에 의해 임명된 사외이사가 실제로 그러한 통제 역할을 충실히 수행할 수 있는 경우는 제한적일 것이다.

이 점을 고려할 때 향후 한국의 지배구조연구는 대리인-주주 문제보다는 대주주-소액주주 문제나 크론크비스트와 닐슨(Cronqvist & Nilsson, 2003) 등이 연구한 지배적인 소수주주controlling minority shareholders 등의 문제에 초점을 맞추어야 할 것이다. 또한 한국 주식시장에 상장되어 있는 공기업들이나 과거 공기업이었으나, 현재도 정부의 강력한 영향권하에 있는 사기업들 역시 또 다른 형태의 매우 심각한 대리인 문제를 갖고 있고, 이런 종류의 문제들에도 학문적 관심이 필요하다. 서구의 재무 학자들은 이미 창업자나 그 가족이 운영하는 기업과 그렇지 않은 기업을 대리인 비용 계산 시에 구별해야 한다는 지적을 오래전부터 해왔다(Mork, Shleifer, & Vishny, 1988; Shleifer & Vishny, 1986; Cronqvist & Nilsson, 2003).

매니지먼트 분야에서는 이러한 지적을 쫓아 기업지배구조(창업자 가족이 경영하는 기업 대 대주주가 없는 기업 또는 전현직 공기업)에 따라 이사진의 역할이나 그 최적의 구성방법이 다를 수 있다거나, 이사회의 역할을 대신하는 다른 내외부 조직을 주목한다거나. 최적의 CEO

급여 방법이 조직마다 다를 수 있다는 것을 증명하는 연구가 가능할 것이다. 예컨대 김준철, 신현한, 장진호(2005)는 국내 대기업을 대상으로 한 연구에서 국내 대규모 기업집단의 그룹 본부가 관계회사의 최고경영진에 대한 평가와 보상을 결정하는 사실상의 이사회 기능을 수행하고 있음을 시사하는 결과를 도출하였다. 이런 연구는 다각화된 한국의 기업집단이 나름 대리인 문제를 해결하려고 어떤 시도를 해왔는지를 보여준다.

마지막으로, 현재 기업지배구조에 관한 사회적 담론에서 필요한 것은 앞서 언급한 대로 '좋은 기업지배구조'의 뜻, 다시 말하면 좋은 기업지배구조가 지향하는 궁극적 목표가 무엇인지에 대한 의견 일치를 보는 것이다. 기존의 통념대로 '기업가치의 증대와 성장'으로 볼 것인지, 또는 일부 정치인들의 주장대로 국내 투자를 극대화하여 '국민경제에 이바지하는 기업을 만드는 것'(이 목적의 정확한 의미에 대한 논의도 필요하겠지만)인지, 아니면 더 세분화된 목표로 '직원의 수익과 고용을 최대화하는 기업을 만드는 것'인지 등에 대한 논의 말이다. 앞서 언급한 대로 본 논문은 '기업가치의 증대와 성장'이 '좋은 기업지배구조'의 궁극의 목표라는 전제하에 쓰였기에, 그것이 궁극의 목표가 아니라면 본 논문의 논의들은 부적절하다. 만약 위에서 두 번째, 세 번째로 거론한 목표들이 '좋은 기업지배구조'의 궁극적 지향점이라면 그 기준에 부합하는 '좋은 기업지배구조'에 대한 논의가 새롭게 필요할 것이다. 다만 그 두 번째와 세 번째의 목적에 따라 기업지배구조를 설계할 경우 과연 그런 기업의 생존과 지속 성장이 가능할지는 또 다른 거대한 논의의 주제가 될 것으로 생각한다.

3부
인적자원관리와
고용관계

15장

인적자원관리 부서의 역할에 대한 연구동향 및 과제[1]

박지성

충남대학교 경영학부 조교수, E-mail: jspark1@cnu.ac.kr

서울대학교 경영학과와 동대학원에서 학사, 석사, 박사학위를 받았다. 인사조직 시니어 컨설턴트와 서울대학교 노사관계연구소 객원연구원, 남가주대학교USC 방문연구원으로 일한 바 있다. 한국인사조직학회, 한국인사관리학회 등 여러 학회에서 임원을 맡고 있다. 『조직 행위 저널Journal of Organizational Behavior』『국제 인적자원관리 저널International Journal of Human Resource Management』『아시아태평양 인적자원관리 저널Asia Pacific Human Resource Management Journal』『인사조직연구』 등 국내외 학술지에 다수의 논문을 게재 및 발표하고 있다. 한국기업의 전략적 인적자원관리, 인사부문의 역할 및 역량, 조직 구성원들의 지식공유 등의 연구에 관심을 가지고 있다.

류성민

경기대학교 경영학과 부교수, E-mail: ryu@kyonggi.ac.kr

한국항공대학교 항공경영학과에서 학사학위를 받았고 서울대학교 대학원 경영학과에서 석사 및 박사학위를 받았다. 한국인사조직학회, 한국인사관리학회 등 여러 학회에서 임원을 맡고 있다. 『경영 저널Journal of Management』『조직 행위 저널Journal of Organizational Behavior』『인적자원관리Human Resource Management』『국제 인적자원관리 저널International Journal of Human Resource Management』『인사조직연구』 등 국내외 학술지에 다수의 논문을 발표하고 있다. 한국기업의 전략적 인적자원관리, 인사부문의 역할 및 역량, 라인관리자의 역할 및 역량, 일-가정 균형 등의 연구에 관심을 가지고 있다. 정책개발에도 관심을 가지고 고용노동부, 교육부, 중소기업벤처부 등에 정책자문을 제공하고 있다.

*이 글은 『인사조직연구』 2017년 11월호(25권 4호)에 게재된 논문을 수정·보완한 것임.

1

서론

지난 30여 년간 전략적 인적자원관리의 확산으로 인사관리의 계획 및 실행 주체actor인 인적자원관리 부서(인사부서) 역할에 대한 관심 역시 증대되었다. 인적자원관리 부서의 역할은 환경 변화 및 기술 변화에 따라서 과거와는 상당히 달라지고 있는데, 선행연구에 따르면 인적자원관리 부서의 역할 변화는 크게 두 가지의 방향성을 띤다. 한편으로는 주주의 가치를 극대화하는 경영방식으로 인해 직원들을 비용으로 간주하여 인건비를 최소화하는 데 초점을 둠으로써 인적자원관리 부서의 규모와 중요성이 상당 부분 줄어드는 흐름이다. 또 다른 한편에서는 정반대의 움직임이 감지되기도 한다. 즉 기업의 경쟁우위를 단기적인 시장성과가 아닌 기업 내부의 지식자본 및 조직자본과 같은 모방이 불가능한 면에서 찾는 경영방식을 추구하는 기업들의 경우, 인적자원관리 부서가 그 어느 때보다 중요해지고 기업 내에서 전략적인 차원의 역할들을 수행하게 되었다(Jacoby, Nason, & Saguchi, 2005).

지난 수십 년간 인적자원관리 부서의 역할 변화에 대해 후자의 방향성을 일관되게 주장해왔던 인적자원관리 학자들과 현업 전문가들은 앞으로 인적자원관리 부서가 기업의 전략적 파트너로서 전사적 의사결정 과정에 적극적으로 참여해야 하며, 이것이 바로 조직 성과 창출과 경쟁우위 제고에 이르는 길임을 제시해왔다(김재원·김성수· 류성민, 2004; 류성민, 2013; 류성민·김성수, 2007; Bennett, Ketchen, & Schultz, 1998; Buyens & De Vos, 2001; Hailey, Famdale, & Truss, 2005; Sheehan, Cooper, Holland, & Cieri, 2007; Wright, McMahan, McCormik, & Sherman, 1998).

비록 재무성과와 관련해서는 일관된 결과를 보고하지 못하고 있으나(류성민·김성수, 2007; Bennett et al., 1998; Martell & Carroll, 1995), 수많은 실증연구들은 인적자원관리 부서가 전략적 의사결정에 참여하여 적극적으로 참여하는 것이야말로 인식된 인사관리의 효과성(김재원 외, 2004; Teo & Rodwell, 2007), 직원 중심의 조직 효과성(직원 사기, 핵심인재 유치, 이직률 등)(Buyens & De Vos, 2001; Chang & Huang, 2010), 그리고 조직의 가치와 생존(Welbourne & Andrews, 1996; Welbourne & Cyr, 1999), 재무 및 시장성과(류성민, 2013; Kim & Kang, 2013)를 높이는 길임을 입증하였다. 이들 연구들은 기본적으로 조직에서 인적자원관리 부서가 전략적 역할을 수행하고 있음을 전제하고, 인적자원관리 부서의 전략적 역할 수행이 구성원 및 조직 효과성 제고에 기여함을 실증적으로 보여주었다.

그러나 인적자원관리 분야에서 지난 수십 년간 전략적 파트너로서의 역할 수행이 인적자원관리 부서의 궁극적인 역할 목표라는 주장이 지속적으로 이루어져 왔으나, 실제 그러한 역할을 수행하고 있느냐를 살펴본 연구들에 따르면 여전히 많은 기업의 인적자원관리 부서의 역할은 전통적 기능인 운영적 수준에 머무르고 있으며, 지향점으로 여겨졌던 전략적 역할 정도 또한 기업들 간 상당한 차이가 있음이 드러나고 있다(류성민, 2007; Bennett et al., 1998; Brandl & Pohler, 2010; Sheehan, 2005; Teo & Rodwell, 2007; Truss, 2009; Truss, Gratton, Hope-Hailey, Stiles, & Zaleska, 2002; Wright et al., 1998).

이러한 지향점과 현실상의 괴리는 과연 어떠한 요인들이 인적자원관리 부서의 역할을 결정하는가에 대한 보다 근본적인 물음으로 귀결된다. 이러한 근원적 의문을 해소하기 위한 시도로 2000년대 중후반 인적자원관리 부서 관련 연구들은 인적자원관리 부서가 전략적 역할을 수행해야 한다는 당위적인 주장이나 단순한 역할유형 제시에서 벗어나, 어떠한 요인들이 인적자원관리 부서의 전략적 역할형성이나 확대에 영향을 줌으로써 조직 간 편차가 발생했는지를 규명하는 방향으로 연구의 관심이 점차 전환되고 있다. 그러나 이와 관련된 논의들은 여전히 초기 단계 수준에 머물러 있어 연구 수 자체도 절대적으로 부족할 뿐만 아니라 몇몇 연구들(예: 류성민, 2007; Bennett et al., 1998; Kim, Ryu, Kim, & Lepak, 2017)을 제외한 대부분의 연구들이 사례분석이나 정성연구들로 이루어져 있는 실정이다(예: Sheehan, 2005; Truss, 2009; Truss et al., 2002). 이러한 연구들은 기업 간 인적자원관리 부서의 전략적 역할 비중 차이가 조직의 다양한 내외부 요인들에 기인하고 있음을 주로 심층 인터뷰나 사례 연구를 통해 제안하고 있는데, 학계에서 주장하고 예견했던 인적자원관리 부서의 전략적 역할 수준이 왜 조직마다 상당한 변이variation를 가지는지를 심층적으로 보여주었다는 점에서는 의의가 있다.

그러나 앞서 언급한 것처럼 관련 연구가 보다 양적으로 활성화되고, 질적으로 심화되기 위해서는 인적자원관리 부서의 전략적 역할에 영향을 주는 요인들에 대한 보다 체계적인 고찰이 요구된다. 이러한 조직 간 변이를 가져온 영향요인들에 대한 고찰은 비단 인적자원관리 부서의 역할 관련 연구들의 양적 활성화 측면뿐 아니라, 지난 수십 년 간 인적자원관리 연구자들과 현업에서 주장했던 인적자원관리의 전략적 역할 수행의 타당성을 근원적으로 되짚어보고, 이러한 역할로의 이행 과정에서 발생하는 현실적 이슈들을 점검하고 함의점들과 향후 과제들을 제안하는 의미 있는 출발점이 될 수 있을 것이다. 또한 기업마다 상이한 맥락 요인을 고려하여 적합한 인적자원관리 부서의 역할 수행을 통해 궁극적으로 인사관리 효과성을 증대시킬 수 있다는 점에서 중요한 함의점을 제시할 수 있다.

이를 위해서 본 논문에서는 인적자원관리 부서 역할유형에 대한 선행연구들을 검토하고, 인적자원관리 부서의 역할유형들 중 전략적 역할을 강화하는 요인들은 무엇인지를 기존 연구들을 중심으로 살펴본다. 이러한 논의들을 바탕으로 인적자원관리 부서의 역할 관련 연구들에 있어 논의가 보다 필요한 측면들에 대해 이론적·방법론적·연구 함의적 측면으로 나누어 향후 연구과제들로 제시한다. 이를 통해 본 논문은 인적자원관리 부서의 전략적 역할 수행에 대한 기업들의 현황을 보다 현실적으로 보여줌으로써 인사 기능에 대한 이해를 제고하는 한편, 인적자원관리 부서 역할 관련 향후 논의들이 보다 활성화되고 심화되는 데 기여하고자 한다.

2

선행연구 검토

1. 인적자원관리 부서 역할에 대한 선행연구

인적자원관리 부서가 조직과 구성원들을 위해 어떠한 역할을 담당하고 있는가는 매우 고전적인 질문이다. 하지만 이에 대한 답을 구하는 연구들은 1970년대 후반에서야 비로소 시작되었다. 본 연구에서는 1970년대 후반 이후 제시된 인적자원관리 부서의 역할유형에 대한 주요한 연구들을 고찰하였다.

일반적으로 인사 부문의 활동에 따른 역할유형 구분의 시작은 레게(Legge, 1978)에 의해 이루어졌다. 레게(Legge, 1978)는 문제해결에 주안점을 두고 인사 부문의 역할을 순응형 혁신자 역할conformist과 이질형 혁신자 역할deviant로 구분하였다. 전자는 인사전문가가 조직의 성공지표와 인적자원관리 부서 활동 간 연결 관계를 입증할 수 있는 전문 지식을 가질 때 발생하는 것인 반면, 후자는 조직 성공과 관련된 평가기준 및 조직 성공에 대한 인적자원관리 부서의 공헌을 평가하는 수단과 결과 간 관계를 변화시키려 할 때 나타나는 역할이라고 주장하였다. 이후 다이슨(Tyson, 1987)은 복지, 고용관리, 노사관계, 전문성 정도에 따라 인적자원관리 역할을 업무 서기 모형clerk of works model, 계약 관리자 모형contract manager model, 건축가 모형architect model으로 구분하였고, 슐러(Schuler, 1990) 역시 조직 내외부 환경 분석을 통해 인적자원관리 부서의 새로운 역할들로서 사업가business person, 변화 형성자shaper of change, 조직 컨설턴트·현장 파트너consultant to organization'partner to line, 전략 형성가 겸 이행자strategy formulator and implementor, 인재 관리자talent manager, 자산 관리자 겸 비용 절감자asset manager and controller를 제안한 바 있다.

또 다른 구분은 스토리(Storey, 1992)에 의해 제시되는데, 1986년부터 1988년까지 영국의 15개 주요 기업들과 공공기관들에 대한 사례 조사를 바탕으로 간섭intervention 대 비간섭non-intervention, 전략strategy 대 전술tactics이라는 두 축으로 총 네 가지의 구분법을 제안하였다. 인적자원관리 부서의 역할이 전략적이고 개입이 있는 경우를 변화 촉진자Change makers, 전략적이되 개입이 없는 경우를 조언자Advisors, 전술적이되 개입이 있는 경우를 규제자Regulators, 그리고 마지막으로 전술적이고 비간섭을 지향하는 유형은 하인Handmaidens으로 명명하였다.

여기서 하인은 라인 관리자들에게 구체적인 인사 서비스를 제공하는 역할을 의미하는데 이러한 안내하는attendant 역할은 반응적이고reactive 비간섭주의적non-interventionist 측면과 관련된다. 반면 규제자는 고용관계에 대한 규칙과 노사관계의 정책들을 만들고 알리며 모니터링하는 전술적 역할에 적극적으로 개입하는 것이다. 조언자의 경우 라인 관리자들에게 전문성을 바탕으로 한 인사관리 관련 조언들을 제공하는 일종의 내부 컨설턴트로서의 역할이지만, 근본적으로는 비간섭주의 방식으로 운영된다. 마지막으로 변화 촉진자는 직원들의 몰입과 동기부여를 증진하고 사업 성과의 실질적인 향상을 위해 전략적 어젠

다를 가지고 적극적으로 개입하는 역할을 의미한다. 이 역할은 전통적인 인사관리와 새로운 인사관리를 가장 극명하게 구분해주는 새로운 기능으로 평가된다.

코너와 울리히(Conner & Ulrich, 1996)의 경우 256명의 중간 및 상급 인사 관리자들을 대상으로 한 설문을 통해 ① 전략적 역할, ② 변화관리 역할, ③ 직원복지 관리 역할, ④ 기능 서비스 제공 역할을 도출하였으며, 이들 역할들의 판별 타당도 분석을 통해 전략적 역할과 변화관리 역할을 하나의 요인으로 통합하여 총 세 가지 역할을 제시하였다. 코너와 울리히(Conner & Ulrich, 1996)를 기반으로 정성연구와 정량연구(지역은행 대상)를 실시한 레머가드(Lemmergaard, 2009) 역시 이러한 세 가지 유형으로 역할이 구분될 수 있음을 보여주었다.

이후 연구자들은 주로 인적자원관리 담당자의 역할을 통해 인적자원관리 부서의 역할을 간접적으로 언급하고 있었으나, 인적자원관리 부서의 기능과 역할 자체에 대한 관심과 보다 정교한 유형 구분은 1997년 울리히에 의해 비로소 이루어진다. 인적자원관리 담당자의 역할은 미래·전략 대 운영·관리, 프로세스 대 사람이라는 두 축으로 구분할 때 크게 관리 전문가administrative expert, 종업원 대변자employee champion, 변화 촉진자change agent, 전략적 파트너strategic partner로서의 역할을 담당하게 된다(Ulrich, 1997). 관리전문가와 종업원 대변자로서의 역할이 전통적으로 인적자원관리 부서에서 담당해오던 운영 혹은 관리의 영역이라면, 변화 촉진자와 전략적 파트너로서의 역할은 오늘날 중요성이 강조되면서 그 비중이 확대되는 전략의 영역이라고 할 수 있다.

〈표 1〉에서 보듯이, 이러한 사분면 각각에 대응되는 역할로는 전략적 파트너, 관리 전문가, 직원 대변자, 변화 촉진자가 있다. 각각의 특

〈표 1〉 인적자원관리 역할과 활동

역할	전달·결과물	비유	활동
전략적 인적자원관리	전략 실행	전략적 파트너	인사와 사업전략의 연계: "조직 진단"
기업 인프라 관리	효율적인 인프라 구축	관리 전문가	조직 프로세스 재설계: "공유된 서비스"
직원 헌신 관리	직원몰입과 역량 제고	직원 대변자	직원의견 청취와 대응: "직원들에게 자원 제공"
변혁과 변화관리	새로운 조직 창조	변화 촉진자	변혁과 변화 관리: "변화 역량 강화"

주) 울리히(Ulrich, 1997): 25.

성에 대해 보다 자세히 살펴보면, 전략적 파트너로서의 역할은 인사 전략들과 관행들을 사업 전략과 연계시켜align 사업 목적들을 달성하는 데 기여하는 것을 말한다. 이러한 전략적 파트너로서의 역할은 인적자원관리 부서가 단지 전략을 지원하고 보조하는 역할을 수행하는 것이 아니라, 사업 전략을 정의하는 과정에 적극적으로 참여하고, 전략을 실행하는 전 과정에서 발생하는 이슈를 해결하며, 조직의 사업 전략과 일치되는 인사제도들을 설계하고 구현하는 활동들을 한다는 점을 강조한다. 이를 위해 인적자원관리 부서에서는 사업 프로세스 전반의 운영 관련 지식과 나아가야 할 조직의 방향성, 비전, 그리고 외부 환경 변화 등에 대한 정보들을 명확히 파악하고 전략적 파트너로서 사업 전략을 달성하는 데 적극적으로 기여함으로써 궁극적으로 조직성과창출에 공헌해야 한다.

다음으로 관리전문가는 기업의 인프라를 관리하는 역할로 인적자원관리 부서의 전통적인 역할인 충원, 평가, 보상, 승진, 교육훈련, 인력 흐름관리 등에 있어 효율적인 인사 프로세스를 설계하고 구현하는 것을 말한다. 직원 대변자는 직원들의 일상적인 관심사를 파악하고 고충을 해소하는 것과 관련된다. 이러한 직원 개개인의 니즈를 청취하고 대응하며 필요 시 자원을 제공하는 활동들을 통해 직원들의 조직에 대한 헌신과 기여가 증대될 수 있으며 이렇게 향상된 조직 몰입과 증가된 직무 만족은 개인성과 향상과 더 나아가 조직성과 증진에도 도움이 될 수 있다. 마지막으로 변화 촉진자는 조직의 변혁과 변화를 관리하는 역할로 인적자원관리 부서는 조직문화의 변화를 적극적으로 이끌어내고 관리함으로써 직원들과 조직에 혁신과 변혁의 체질 DNA을 심어주어야 한다.

이러한 네 가지 유형 구분이 제안된 이후 10여 년이 지나 울리히와 록뱅크(Ulrich & Brockbanck, 2005)는 현실에 보다 원활한 적용을 위해 재분석을 시도하여 인적자원관리 부서의 역할들로 종업원 대변자, 인적 자본 개발자, 기능 전문가, 전략적 파트너, 리더를 제시하였다. 〈표 2〉는 1997년의 구분 유형과 2005년의 구분을 비교한 것이다. 울리히와 브록뱅크(Ulrich & Brockbanck, 2005)는 직원 개인 수준에 대

〈표 2〉 인적자원관리 역할의 진화

1990년대 중반	2000년대 중반	사고의 진화
직원 대변자	직원 수호자 인적자본 개발자	직원들은 점차 조직 성공에 핵심이 됨. 직원 수호자는 지금의 직원에게 초점을 둔다면, 인적자본 개발자는 어떻게 직원들이 미래에 준비할 것인가에 관심을 둔다.
관리 전문가	기능 전문가	인사제도들은 인적자원관리 가치에 있어 핵심이다. 어떠한 인사 제도들은 관리적 효율성(기술과 같은)을 통해 전달되고, 다른 제도들은 정책, 메뉴, 개입 등과 같이 기능적 전문가 역할을 확대하는 과정을 통해 이루어진다.
변화 관리자	전략적 파트너	전략적 파트너가 되는 것은 다중 차원을 가진다: 사업 전문가, 변화 관리자, 지식 관리자, 컨설턴트. 변화 관리자가 되는 것은 전략적 파트너 역할의 아주 일부분일 뿐이다.
전략적 파트너	전략적 파트너	상동
	리더	위 네 가지 역할의 합은 리더십과 같으나, 인적자원관리 리더가 되는 것은 인사 기능을 선도하고, 다른 기능들과 협력하며, 기업지배구조를 강화하고, 인사 커뮤니티를 모니터링하는 것에 있어서도 시사점을 가진다.

한 역할로 1997년에 제시했던 직원 대변자 역할을 직원들의 현재 니즈나 고충 등의 청취와 해결에 집중하는 직원 수호자와 직원들의 미래 역량과 능력을 개발하는 활동과 관련된 인적 자본 개발자로 구분하여 제시하고 있다. 또한 기존의 관리 전문가는 개별 기능을 원활하게 수행함으로써 기능상 효과를 최대화할 수 있어야 한다는 점에서 전문성을 보다 강조하여 기능 전문가로 대체하였다. 마지막으로 변화관리자는 전략적 역할 중 하나로 간주되어 전략적 파트너 역할로 통합되었으며, 전략적 파트너 역할은 전략적 파트너와 리더 역할로 보다 세분화되어 제시되었다. 이와 같이 기존 네 가지 역할은 크게 보면 세 가지(리더는 전략적 역할에 포함)로 분류되었음을 확인할 수 있다.

이처럼 국외 연구들이 인사 부문의 역할에 대해 비교적 활발히 탐색한 것과는 대조적으로, 국내 연구들은 주로 전략적 역할의 중요성을 강조함으로써 역할의 구분이나 다른 역할들의 효과 등에 대해서는 상대적으로 연구들이 거의 이루어지지 않아왔다. 이 중 인적자원관리 부서의 역할유형 자체에 대한 논의는 박우성·유규창(2001)의 연구가 현재까지 유일하다. 1999년에서 2000년으로 바뀌는 시점에 한국노동연구원의 지원으로 박우성·유규창(2001)은 107명의 전문가들(교수 33명, 연구원 8명, 컨설턴트 14명, 기업체 인사담당 임원 52명)을 대상으로 설문을 진행하여 인적자원관리 부서가 향후 어떠한 역할을 담당해야 하는지에 대해 탐색하고 '전략적 3차원 파트너십 모델'을 제안하였다. 이 연구결과에 따르면, 향후 인적자원관리 부서가 경영층과는 사업의 동반자Business partner의 역할을 수행해야 하며, 현장관리자line manager 와는 대내적인 유지관리 이슈에 있어 내부 컨설턴트Internal consultant의 역할을 수행해야 하고, 근로자들과의 파트너십과 관련해서는 종업원 개발자로서의 역할을 담당해야 한다고 보았다. 이처럼 저자들은 3차

〈표 3〉 인적자원관리 부서의 역할유형 정리

연구자	구분 기준 또는 기반 연구	유형
레게(1978)	문제해결 기능	순응형 혁신자 역할 이질형 혁신자 역할
타이슨(1987)	복지, 고용 관리, 노사관계, 전문성 정도	업무 서기 모형 계약 관리자 모형 건축가 모형
슐러(1990)	조직 내외부 환경 분석	사업가 변화 형성자 조직 컨설턴트·현장 파트너 전략 형성가 겸 이행자 인재 관리자 자산 관리자 겸 비용 절감자
캐롤(1991)	조직 효과성 증진에 대한 조직의 요구	인사 정책 형성자 인사 서비스 제공자 위임자 기술 전문가 혁신가
스토리(1992)	간섭 대 비간섭 전략 대 전술(2×2)	변화 촉진자 조언자 규제자 하인
코너·울리히 (1996)	전략 대 관리 프로세스 대 사람(2×2)	전략적 인적자원관리·노사관계 기획 및 정책 과 변화 관리 직원 복지 관리 운영 및 기능적 서비스 개발 및 제공
울리히(1997)	전략 대 관리 프로세스 대 사람(2×2)	관리전문가 종업원대변자 변화 관리자 전략적 파트너
라이트 외 (1998)	울리히(1997)의 네 가지 구분 유형을 보다 세분화	전략적 파트너 제도 운영 인사 서비스 제공 변화 컨설팅 제공 조직 기술과 역량개발
브록뱅크 (1999)	반응적 대 선제적 전략적 대 기능적(2×2)	기능적으로 반응하는 유형 기능적으로 선제적인 유형 전략적으로 반응적인 유형 전략적으로 선제적인 유형
부엔·디보스 (2001)	보다 인적자원에 관련된 의사결정 정도 울리히(1997) 분류에 대응	가치기반 인적자원관리 → 전략적 파트너, 변화 관리자 적시 참여 → 전략적 파트너, 관리 전문가 수행적 인적 　자원관리 → 관리전문가, 직원 대변자 반응적 인적자원 　관리 → 직원 대변자, 변화 관리자

〈표 3〉 인적자원관리 부서의 역할유형 정리

연구자	구분 기준 또는 기반 연구	유형
렝닉홀·렝닉홀 (2003)	지식 경영시대에 핵심역량 창출할 수 있는 기능	인적 자본 간사 지식 촉진자 관계 구축차 역할 인력운용 전문가 역할
칼드웰(2003)	스토리(1992)의 구분법과 울리히(1997)의 유형분류를 바탕	조언자 서비스 제공자 규제자 변화 관리자
울리히·브록뱅크 (2005)	울리히(1997) 유형을 현실 조직에 재분석	직원 수호자 인적 자본 개발자 기능 전문가 전략적 파트너 리더
테오·로드웰 (2007)	전략에의 참여와 현장 관리에 인사 활동 전파	전략적 활동들 운영적 인적 자원 활동들
수멜리우스 외 (2008)	전통적 대 전략적	기술적 인적자원관리 전략적 인적자원관리
박우성·유규창(2001)	연결 대상: 경영진, 관리자, 근로자	사업의 동반자 내부 컨설턴트 종업원 개발자

주) 각 연구자가 제시한 유형을 저자가 정리.

원 파트너십 모델이 21세기 국내 인사 부문의 지향점이 될 것으로 제시하였다.

　이상의 인적자원관리 부서의 역할유형에 대한 선행연구 내용을 요약하면 다음과 같다. 전반적으로 국외에서는 인적자원관리 부서의 역할에 대한 연구가 1970년대 후반부터 비교적 활발하게 진행되었다고 평가할 수 있다. 초기에는 주로 조직의 필요에 따라 제기된 역할들을 도출하는 것에 머물렀지만(Caroll, 1991; Legge, 1978; Tyson, 1987), 1990년대 스토리(Storey, 1992)와 울리히(Ulrich, 1997)의 연구부터는 연구자들 각자의 기준에 따라 차원을 구분하여 역할유형을 정리하고 있다. 반면 국내에서는 인적자원관리 부서의 역할유형 구분 연구는 거의 진행되지 않았는데, 유일한 연구인 박우성·유규창(2001) 연구에서는 이해관계자들의 응답에 기반하여 세 가지의 역할(사업 동반자, 내부 컨설턴트, 종업원 개발자)을 제시하였다.

한편, 전반적으로 인적자원관리 부서의 역할유형은 과거에 비해서 크게 변화되고 있는데 1990년대 중반까지 주로 전문가로서의 전통적·관리적 역할이 대하여 강조된 반면, 1990년대 중반 이후에는 전략적·혁신적 역할이 강조되었고, 2000년대 중반 이후에는 비즈니스 파트너 혹은 컨설턴트로서의 보다 통합적인 역할의 필요성이 제시되고 있다.

이상에서 살펴본 여러 연구자들에 의해 제시된 인사 부문의 유형과 구분 기준(혹은 기반 연구)을 정리하여 제시하면 〈표 3〉과 같다.

2. 인적자원관리 부서의 전략적 역할 차이에 영향을 미치는 요인들

앞서 살펴본 인적자원관리 부서의 역할유형에 대한 논의들은 점차 역할유형들 중 전략적 역할의 중요성을 강조하는 형태로 진행되었다. 1990년대부터 본격적으로 등장한 인적자원관리 부서의 전략적 역할 이행에 대한 이러한 흐름은 기존 전통적 역할의 축소로 인해 정당성을 위협받는 상황에서 몰락이냐 아니면 변혁을 통한 자기쇄신이냐 하는 기로에서 인적자원관리 부서가 선택한 자구책인 동시에 인적 자원의 중요성이 조직 경쟁우위에 미치는 영향이 증대되는 시대적 흐름에 대한 반응적 성격 역시 띄고 있었다(Cunningham & Hyman, 1999; Schuler, 1990). 1990년대와 2000년대 초반에 이르기까지 인적자원관리 부서가 조직의 전략적 파트너로서 그 위상과 기능을 강화해야 한다는 주장은 이견이 없어 보였다.

그러나 인적자원관리 전문가들의 확고한 신념이나 단언적 주장과 달리 현실에서 인적자원관리 부서가 전략적 역할을 이상적으로 수행하는 조직은 드물게 나타났다. 오히려 인적자원관리 부서의 전통적 역할은 여전히 많은 비중을 차지하는 가운데 새롭게 수행해야 한다고 요구받는 전략적 역할이 더해지게 되면서 기업에서는 이 두 역할을 동시에 수행해야 하는 부담이 가중되었다(Caldwell, 2003; Hailey et al., 2005; Kochan, 2007; Sheehan, De Cieri, Greenwood, & Van Buren, 2014).

실제로 남가주대학USC 산하 효과적 조직 연구센터Center for Effective Organization의 인적자원관리 역할 관련 다년(1995, 1998, 2001, 2004, 2007) 연구인 롤러·보드로(Lawler & Boudreau, 2009)에 따르면, 5~7년 전에 비해 전략적 사업 파트너로서의 역할에 할애하는 시간은 두 배 이상(12.1%→25.6%) 증가하는 것으로 나타나 전략적 역할 수행 비중이 강화된 것을 알 수 있으나, 여전히 인사 서비스 제공, 시스템 및 제도 설계, 내부 규율 및 법률 준수 등과 관련된 전통적 역할들에 전체 활동 시간의 3분의 2 정도를 소비하는 것으로 나타나 절대적인 비중은 여전히 관리적 역할이 컸다. 이처럼 현실에서 인사부서의 역할 수행 업무 비중을 보면 전략적 파트너로서의 역할은 여전히 제한적임을 알 수 있다.

울리히(Ulrich, 1997)의 네 가지 구분법 - 전략적 파트너, 변화 촉진자, 종업원 대변자, 관리 전문가 - 을 국내기업 유형 분류에 적용한 연구인 류성민(2007)에서도 300개 기업을 분석한 결과 노동조합의 유무나 규모와 상관없이 모두 전략적 역할보다는 여전히 관리적 역할 중 관리(운영) 전문가 역할을 더 많이 수행하는 것으로 나타났다. 즉 관리 전문가 역할 다음으로 관리적 역할의 또 다른 측면인 종업원 대변자 역할이 그다음으로 나타났으며, 변화 촉진자 역할이 그다음으로 나타났고, 전략적 파트너 역할을 가장 낮은 점수를 보여 그 활동 정도가 가장 적은 것으로 나타났다.

이는 여전히 인적자원관리 부서의 운영적 역할이 가장 큰 비중을 차지하고 있다. 앞으로 전략적 역할의 비중이 강화되는 방향으로 진행될 것이지만 이러한 비중 증가가 인적자원관리 부문의 운영적 역할을 완전히 대체하지는 못할 것이라는 점을 보여준다. 이러한 운영적 역할상의 비중은 인적자원관리 부서의 근간이 되는 뿌리와 같은 기능이고 전략적 역할은 인적자원관리 부서의 역할을 확대하고 강화시키는 기능이기 때문으로 풀이된다.

반면 1995년에 『포천』 500대 기업들 중 89개 기업 115개 사업부들을 대상으로 한 연구(Martell & Carroll, 1995)에서는 전략적 역할 관련 논의가 주창된 초기 단계였음에도 불구하고 설문에 응답한 67.8%의 기업들이 자신들의 회사에서 인사 중역들이 전략적 의사결정에 중대하게 참여하는 등 전략적 역할을 담당한다고 응답하였으며, 인적자원관리 관련 이슈들과 전략 수립이 긴밀하게 연동되어 결정된다는 응답 역시 68.7%로 조사되었다. 은행을 대상으로 한 레머가드(Lemmer-gaard, 2009)의 연구에서도 인사 직원들이 운영적 역할보다는 전략적 파트너 역할과 변화 관리자 역할에 더 많은 시간을 할애하고 있음을 보여주었다.

이러한 인적자원관리 부서의 전략적 이행에 있어서 조직 간 현상학적 차이는 인적자원관리 부서의 확고한 지향점이었던, 그리고 지금도 여전히 다다라야 할 목표인 인적자원관리 부서의 전략적 역할 수행이 왜 기업마다 그토록 다양한 편차를 보이는가라는 근원적 의문을 제기한다. 이러한 의문에 대해 2000년대 중후반 인적자원관리 부서 관련 연구들은 어떠한 요인들이 기업의 전략적 역할 수행에 영향을 주어 조직 간 차이를 가져왔는지를 규명하기 시작하였다. 예를 들어 외부적인 요인들에 주목한 연구들은 상황이론과 제도론을 기반으로 노동시장 상황, 법률 사항, 동형화 압력 등을 인적자원관리 부서 분화의 주된 요인들로 고려하였으며(예: 류성민, 2007; Bennett et al., 1998; Kim et al., 2017; Truss et al., 2002), 내부적인 요인들에 주목한 연구들은 교섭 진화negotiated evolution와 역할 설정role-set 관점을 바탕으로 최고경영자의 태도 및 인식, 조직의 전략유형, 인적자원관리 부서의 능력 및 파워, 노사 분위기 등을 제시하였다(예: 류성민, 2007; Bennett et al., 1998; Brandl & Pohler, 2010; Kim et al., 2017; Sheehan, 2005; Truss et al., 2002; Truss, 2009).

인적자원관리와 관련된 주요 저널들(예: 『휴먼 리소스 매니지먼트』 『휴먼 매니지먼트 저널』 『인터네셔널 저널 오프 휴먼 리소스 매니지먼트』 『아시아 퍼시픽 저널 오브 휴먼 리소스 매니지먼트』 『퍼스널 리뷰』 등)과 국내 문헌 전체에서 인적자원관리 부서의 전략적 역할을 핵심어로 검색하여 이들 논문들 중 인적자원관리 부서의 전략적 역할형성과 관련한 선행요인들을 주요 연구주제로 선정한 논문들을 살펴본 결과 총 14편으로 나타났다.

이들 연구들에서 제시한 영향 요인들에 대해 보다 자세히 살펴보면, 쉬한(Sheehan, 2005)은 호주 13개 베스트 프랙티스 기업들의 중견 인적자원관리 관리자, 재무관리자, 현업관리자를 심층 인터뷰하여 전략적 인적자원관리의 통합을 가로막는 요인들을 도출하고자 하였다. 인터뷰 결과 전략적 인적자원관리 통합에의 참여는 상징적symbolic이고 의례적인ritualistic 제스처들gestures을 요구하는데, 이러한 상징적 변화들이 반드시 바람직한 전략적 인적자원관리 성과로는 이어지지 않으며 인적자원관리 담당자들과 조직 내 다른 이해관계자들stakeholders

모두에서 상징적 조정symbolic adjustments이 보다 심연의 수준에서 이루어져야 함을 주장하였다. 또한 인적자원관리 전문가들의 경력 기획에 있어 보다 넓은 사업적 경력배경을 가지는 것이 전략적 의사결정 수준에 신뢰할 수 있는 참가자로서 필요한 사업적 감각business acumen을 제공할 수 있음을 보여주었다. 그뿐만 아니라 인터뷰 결과 중역회의에 인적자원관리 담당자 참여, 최고경영자에게 직접적인 보고 및 우호적인 관계 이외에도 인적자원관리 담당자의 사업 신뢰성business credibility, 최고경영자의 인사관리에 대한 헌신HRM commitment 수준, 인사관리를 위한 기업의 문화적 지지 수준 역시 인사관리의 전략적 통합을 결정하는 주요 인자로 드러났다.

트러스 외(Truss et al., 2002)는 역할설정이론role set theory과 협상된 순서 개념concepts of negotiated order을 바탕으로 인적자원관리 부서가 전략적 역할로 이행하는 데 있어 촉진요인들과 제약요인들을 영국의 대조적인 두 조직인 엔에이치에스 트러스트NHS Trust와 시티은행의 7년(1994~2000년) 동안의 설문, 재무자료, 인적자원관리 부서 문서자료, 심층인터뷰 등을 통해 살펴본 바 있다. 종단연구결과, 인적자원관리 부서의 속성과 역할은 조직 내외부 이해관계자들의 기대들을 충족하는 과정에서 다양한 조직 맥락과의 상호작용을 통해 사회적으로 구축되는 것으로 나타났다. 이에 대해 보다 상세하게 기술해보면, 조직 환경적 측면으로는 지배적인 경제 상황prevailing economic climate이, 조직 자체로는 산업, 조직 규모, 문화, 노동력 속성the nature of workforce, 집중화 정도, 다양성, 최근 기업 쇼크 경험recent experiences of corporate shocks 등의 요인들이 인적자원관리 부서가 전략적인 역할의 촉진 혹은 저해 요인으로 작용하였다.

보다 인적자원관리 부서 자체에 초점을 두고 살펴보면 인사 전문지식의 수준, 인적자원관리 관리자 리더십, 사업에 대한 지식과 이해, 다른 핵심 부서원들에게 권력을 행사하는 정도가 포함되었다. 저자들은 인적자원관리 부서가 다른 이해관계자들과 활발히 의사소통하여 조직 내에서 인적자원관리 부서 역할 및 중요성에 대한 가시성visibility을 확보하고 이를 지속적으로 교섭negotiation함으로써 인적자원관리 부서가 조직 내 자원을 어떻게 확보하여 궁극적으로 전략적 역할을 담당하게 될 수 있는지를 보여주었다. 이렇게 기대 역할을 보내는sent 대상들의 기대들을 충족함으로써 집단의 정당성과 파워를 얻고자 하는 인적자원관리 부서의 상호작용은 시간이 지남에 따라 또 다른 새로운 기대들을 만들어내게 되고, 이에 대응하고 반응하는 과정에서 인적자원관리 부서의 역할은 지속적으로 진화한다.

후속 연구에서 트러스(Truss, 2009)는 공공 영역의 의회council, 병원, 경찰자치구police borough 각각 두 곳을 선정하여 매칭 쌍 사례연구matched-pair case studies를 실시한 결과, 인적자원관리 담당임원이나 최고경영자의 전략적인 부분에 대한 집중도 및 우호적 태도 정도는 인적자원관리 부서의 전략적 역할 증가를 가져오는 것으로 나타났다. 인적자원관리 담당임원들의 장기근속 역시 이러한 전략적 역할로의 변화를 장기적인 관점에서 이끌어내는 데 중요한 요인으로 나타났다. 또한 인적자원관리 담당임원의 타 부서와의 관계적 사회적 자본은 인적자원관리 부서의 전략적 역할 수행 정도를 높이는 것으로 나타났다. 그뿐만 아니라 인적자원관리 부서의 전통적 업무의 이전devolution 역시 전략적 역할 수행을 보다 집중할 수 있게 만드는 요인으로 나타났다. 비록 이러한 업무 이전으로 인해 조직에 따라서는 역할상의 혼란이 일어나는 것에 대한 우려도 제기되고 있으나, 인터뷰한 조직 대부분이 여전히 과도한 양의 관리운영적 업무 수행함으로써 전략적 역할 수행을 제대로 하지 못하는 것으로 나타났으며, 역량이 낮은unqualified 인사 직원들의 경우 기본적으로 인적자원관리 부서의 전략적 역할 이행에 크나큰 제약요인임을 고려할 때 전통적 업무의 이전이 선택과 집중 측면에서 인적자원관리 부서의 전략적 역할 정도를 높이는 데 기여하였다고 해석할 수 있다.

보다 최근 연구인 브랜들과 폴러(Brandl & Pohler, 2010)는 인적자원관리 부서의 전략적 역할 발전에 영향을 주는 요인들 중 인적자원관리 부서에 대한 최고경영자의 인식과 태도가 핵심적인 요소임에도 이에 대한 체계적인 검증이 이루어지지 않았음을 지적하면서 호주 다섯 개 기업 최고경영자들을 대상으로 심층 인터뷰를 통해 최고경영자 행동에 대한 범위, 책임 이양의 의지, 인적자원관리 부서의 적성을 인적자원관리 부서의 전략적 역할 발전에 영향을 미치는 요인으로 도출하였다. 최고경영자의 행동 범위에 영향을 주는 요인들은 다시 세 가지로 나뉘는데 기업지배구조, 노동력의 기술과 가치, 노동법률 등이 포함된다. 책임 이양의 의지와 관련해서는 전략, 통제기제, 인적자원관리 관리에 있어 최고경영자의 역량이 포함되었다. 마지막으로 인적자원관리 부서의 능력과 관련해서는 인적자원관리 부서의 역량, 경영진들의 인적자원관리 부서 수용, 자원, 사업구획 자율성이 제시되었다. 이 연구는 인적자원관리 부서 역할 분화에 대해 최고경영자에 초점을 두고 심층적인 정성연구를 진행하였다는 점에서 의의가 있으나 호주의 기업 다섯 군데만을 대상으로 했다는 점에서 보다 다양하고 폭넓은 샘플을 대상으로 이러한 요인들을 검증하는 작업이 요구된다.

영국 및 호주 이외의 연구로는 골든과 라마누잠(Golden & Ramanujam, 1985)의 경우 미국 클리블랜드 지역 10개 기업들의 인사중역들을 대상으로 심층 인터뷰를 진행하여 각 회사늘이 인사관리 기능과 전략적 사업 기획SBP, Strategic Business Planning 프로세스가 어느 정도 통합되어 있는지를 살펴보고 통합 정도에 영향을 주는 요인들을 인터뷰를 통해 도출하고자 하였다. 저자들은 이러한 요소들을 크게 조직 특화 요인들과 인사 기능 특화 요인들로 구분하여 제시하고 있다.

먼저 조직에 특화된 영향 요인들로는 노동력 요건들(labor require-ments: 노동 강도 수준the level of labor intensity)과 사업에 요구되는 기술 수준, 어려운 사업 환경, 사업부 자율성 정도, 인사 기능에 대한 경영진의 기대, 비공식적 파워 구조, 사업 전략, 전략적 인사 기능에 대한 경영진의 지지가 포함된다. 인사 기능에 보다 특화된 요인들로는 인적자원관리 직원들의 사업 관련 지식 획득과 활용, 인적자원관리 전문성 제시, 인사정보시스템 발전, 사업부들의 전략적 기획 노력에 있어 능동적인 인적자원관리 부서의 참여, 변화 촉진 기술, 부서 간 연결성, 미래 도전들을 인식하고 대비하는 능력을 도출하였다.

또 다른 미국 연구인 베넷 외(Bennett et al., 1998)의 경우 전략적 인적자원관리 역할을 전략적 의사결정과의 통합으로 보고, 이러한 통합에 영향을 주는 전략적·조직적·환경적 요인들로 전략 유형과 직원에 대한 최고경영진의 관점, 노동시장 풍족함, 조직 성장률을 제시한 바 있다. 미국의 148개 조직을 대상으로 실증한 결과, 앞의 두 요인들인 전략 유형(분석가 전략: analyzer)과 직원을 전략적 자원으로 여기는 최고경영진의 관점이 역할 통합과 밀접한 관련이 있는 것으로 나타났다.

86개의 미국 정유공장이라는 운영단위 수준에서 인적자원관리 부서의 전략적 참여가 인사 효과성 및 재무성과에 어떠한 영향을 주는지를 살펴본 라이트 외(Wright et al., 1998)의 연구에서는 조직 전략이 제품 확대 전략보다는 혁신 전략인 경우 인적자원관리 부서의 전략적 참여가 인사 효과성에 미치는 효과(재무 성과에는 영향 없음)를 증폭시

컸으며, 조직의 핵심역량 세 가지 – 숙련된 직원 역량, 효율적 생산 역량, 신사업 개발 역량 – 의 경우 숙련된 직원 역량 수준은 인적자원관리 부서의 전략적 참여가 인사 효과성에 미치는 영향을 강화하는 것으로 나타났다. 흥미롭게도 효율적 생산 역량은 인적자원관리 부서의 전략적 역할이 재무성과에 미치는 영향을 오히려 저해하는 것으로 나타났다.

아시아 기업을 대상으로 한 연구들로는 카트리와 부드워(Khatri & Budhwar, 2002)를 들 수 있다. 싱가포르의 9개 제조업체 35명의 최고경영자, 현장 관리자, 인적자원관리 관리자들을 대상으로 심층 인터뷰를 실시한 결과 CEO의 인적자원관리 부서 전략적 역할에 대한 인식top management enlightenment, 인적자원관리 역량 수준, 조직문화control-based vs. commitment-based culture, 인사 전략(공식성과 의사소통을 축으로 네 가지 유형 구분) 등이 인적자원관리 부서의 전략적 역할 수행 정도에 영향을 미치는 요인으로 도출되었다.

국내에서는 류성민(2007)의 경우 상황적 요인들로 환경의 불확실성과 전략 변화(방어형 전략→공격형 전략), 적대적 노사관계 분위기를, 제도적 상황요인으로는 규범적 동형화(사외이사 비율, 외국인 지분율, 인사관리 관련단체와의 연결성, 국제화 정도)와 모방적 동형화(벤치마킹 정도, 외부 컨설팅 받는 정도)에 주목하여 이러한 조직 내외부 요인들이 인적자원관리 부서의 전략적 역할형성에 어떠한 영향을 미치는지를 살펴보았다. 300개 기업을 대상으로 설문한 결과에 따르면, 환경 불확실성, 노사관계 분위기, 제도적 상황요인들(벤치마킹 정도, 인사단체 연결성 정도)이 인적자원관리 부서의 전략적 역할 확대와 관련이 있었다. 이러한 전략적 역할 정도는 인사 효과성 증진에 기여하는 것으로 나티났다.

보다 최근 연구인 김 외(Kim et al., 2017)에서는 제도적 상황요인들 중 규범적 동형화와 기술적 상황요인들인 환경의 불확실성 및 노사관계 분위기가 독립적인 형태로, 그리고 상호작용을 통한 결합을 통해서 인적자원관리 부서의 전략적 역할 구축에 영향을 미친다는 점을 한국기업 300개 자료를 통해 실증적으로 제시하였다.

인적자원관리 부서의 전략적 역할 수행을 보다 구체적인 주제에 집중하여 다룬 연구들도 이루어졌다. 예를 들어 인수합병 사례를 통하여 살펴본 연구인 안틸라와 카코넨(Antila & Kakkonen, 2008)에서는 핀란드 글로벌 기업들 세 군데 12명의 사업본부장급 리더들을 대상으로 어떠한 요소들이 전략적 역할에 영향을 주는지를 심층 인터뷰 한 결과, 사람 관리에 대한 최고경영진의 지향, 현장관리자가 가진 인적자원관리에 대한 기대, 인적자원관리 담당자들의 기술, 능력, 역량, 인사기능과 특성, 외부 요소들(경제 상황, 기술 변화, 사업 라인, 세계화와 경쟁 수준 등), 내부 요소들(크기, 구조, 역사, 파워, 정치 등)을 도출하였다.

다국적기업의 글로벌화에 있어 인적자원관리 부서의 역할과 역할 정도에 영향을 미치는 요인들을 살펴본 연구인 타이트, 부드워, 윌슨(Thite, Budhwar, & Wilinson, 2014)은 인도 IT 서비스 다국적기업 네 곳의 본사 및 지사에서 일하는 51명 중견 관리자들(32명의 라인 관리자, 19명의 인사 담당자)을 대상으로 심층 인터뷰를 진행하여 다섯 가지 역할들 - 전략적 사업 파트너, 문화 수호자, 글로벌 인력과 역량개발자, 프로세스 챔피언, 직원 개발 촉진자 - 을 도출하고, 이러한 역할 수행에 있어 기업 간 차이를 가져오는 영향 요인들과 직면 이슈들에 대해 선행연구 검토 및 심층 인터뷰 결과를 통합적으로 제시하였다.

본 연구의 관심 영역인 전략적 사업 파트너 역할의 경우 조직 수익성 및 전략에 있어 핵심인재 관리의 중요성, 인사 기능의 중요성과 역할에 대한 최고경영진의 인식, 인사 기능에 있어 현장 관리자들의 참여, 전략에 있어 인적자원관리의 중요성, 인적자원관리 부서와 사업단위들 간 구조상의 유사성 등이 주요 영향 요인으로 나타났다.

문헌연구를 바탕으로 인적자원관리 부서의 새로운 역할 변화에 영향을 주는 요인들을 도출한 연구들도 있었다. 비어(Beer, 1997)는 인사 기능의 변화를 가져온 동인들을 내외부 요소들로 구분하여 제시한 바 있다. 조직 외부 요인들로는 경쟁, 세계화, 끊임없는 시장 및 기술의 변화 등이 있으며 조직 내부 요인들로는 비용 절감을 통한 효율성 압력, 인적자원관리 부서에 대한 CEO의 태도, 경쟁우위의 원천이 되기 위한 조직과 직원들의 잠재적인 지식 발전 수준 등이 제시되었다. 또한 이러한 새로운 역할로의 전환에 있어 가장 큰 장애물로 인적자원관리 담당자의 역량capability을 들고 있다. 저자는 대부분의 인적자원관리 담당자들이 조직 변화를 이끌거나 전략적 의사결정에 참여할 만한 사업에 대한 지식 수준과 변화관리에 대한 이해가 매우 부족하다고 지적하고 있다.

이러한 인적자원관리 담당자의 역량 미비와 더불어 최고경영자의 태도 역시도 인적자원관리 부서의 역할 변화에 큰 걸림돌이 됨을 지적하고 있다. 저자의 주장에 따르면, 최고경영자들은 인적자원관리 부서가 전략적 역할을 수행해야 한다고 이야기하지만 실상은 운영적 역할에 머물러 있도록 혁신 활동을 좌절시키거나 권한이나 자율성을 부여하는 것을 꺼려 한다고 비판한다. 이러한 소극적인 태도는 최고경영자가 인사에 대해 갖는 가정, 신념, 태도 등에 의해 지대한 영향을 받게 된다. 이러한 시각 자체는 인적자원관리 부서가 지속적인 경영우위 원천인 인적 자원을 어떻게 전략과 연계해야 하는지에 대한 조직의 비전이 부족함을 드러낸다고 할 수 있다.

〈그림 1〉 인적자원관리 부서 역할 관련 통합 프레임워크

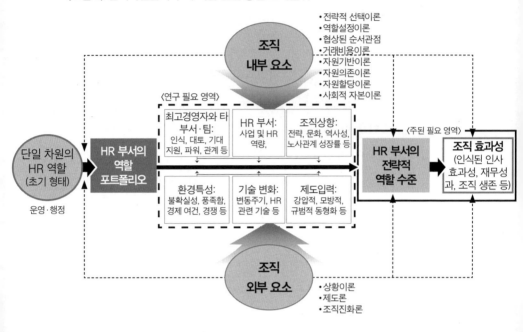

결국 이러한 인식의 부재는 인적자원관리 부서에 대한 지원과 지지를 제약함으로써 인적자원관리 부서의 새로운 역할 이행을 제한하게 된다. 이와 더불어, 전략적 인적자원관리의 진행단계별로 영향을 주는 요인들을 도출하면서 이 과정에서 인적자원관리 역할과 관련된 요소들을 다룬 연구인 크리시난과 싱(Krishnan & Singh, 2011)은 초기 단계에는 외부환경적 요인들(예: 경제 상황, 산업 구조 등)이 인사 전략 수립, 즉 전략적 인적자원관리 이행에 영향을 주지만, 조직 내에서 구체적으로 전략과 인적자원관리가 융합되는 단계에서는 조직 내 인적자원관리의 중요성에 대한 전반적인 인식, 최고경영진들의 인적자원관리에 대한 지원, 인적자원관리 담당자들의 역량 수준, 현업 관리자들과의 업무 분화 등이 중요하다고 주장한 바 있다.

이러한 선행연구들을 기반으로 한 통합적 연구 틀을 도식화하면

〈그림 1〉과 같이 제시할 수 있다. 이를 특징별로 정리하자면 다음과 같다. 첫째, 연구방법에 따라 구분해보면 14편 중 인터뷰 및 사례를 통하여 정성적으로 연구한 논문이 7편, 이론적인 모형을 제시하여 연구한 논문이 2편이었다. 정량적인 자료를 수집하여 분석한 실증연구는 국내문헌까지 총 5편으로, 아직까지 인적자원관리 부서의 전략적 역할형성 및 확대에 영향을 주는 선행요인 관련 실증연구가 수적으로 부족한 상황임을 알 수 있다.

둘째, 연구된 국가를 구분해보면 이론연구 2편을 제외한 12편 중 8편의 연구가 미국, 영국, 호주 등 서구권 국가에서 이루어졌고 동양권 국가를 대상으로 연구된 논문은 단 4편에 불과하다. 한국기업들에게 보다 많은 시사점을 주기 위해서는 아시아나 한국의 상황적 맥락을 고려한 인적자원관리 부서 역할의 선행요인에 대한 연구가 좀 더 활발히 이루어질 필요성이 제기된다.

셋째, 적용이론으로 구분해보면 14편의 연구 중 5편만이 이론을 적용하고 있어서 보다 심층적인 이론 적용 연구가 활발히 이루어질 필요성이 제기되고 있다. 적용된 이론을 살펴보면 전략적 선택이론, 상황이론, 제도론이 각 2편에서 적용되었다. 이외에도 거래비용이론, 사회적 자본이론, 역할설정이론, 공진화 관점 등도 적용되었다. 아직까지 인적자원관리 부서의 역할형성에 영향을 미치는 요인을 설명하는 지배적인 이론을 제시하기는 어려운 상황임을 고려할 때 보다 다양한 이론적용 연구가 진행될 필요성이 있다.

넷째, 선행연구에서 인적자원관리 부서의 역할형성에 영향을 미치는 요인으로 주요하게 제시되고 있는 것은 기업 내부적 요인으로 14편의 연구 모두 기업 내부요인들을 도출하고 있다. 주요한 기업 내부 요인으로는 최고경영자의 태도 및 인식, 조직의 전략유형, 인적자원관리 부서의 능력 및 파워, 노사 분위기 등이 제시되었다. 반면 기업 외부적 요인에 초점을 둔 연구는 14편 중 8편인데 대부분 기업의 경영환경, 기술환경, 노동환경 등의 변화로 인한 경쟁심화 측면을 제시하고 있고, 제도론을 적용한 연구들에서는 제도적 환경의 동형화 요인들을 선행요인으로 제시하고 있다.

다섯째, 인적자원관리 부서의 전략적 역할형성에 영향을 미칠 가능성이 있지만 선행연구에서 다소 소홀하게 다루어진 변수들로는 내부적으로는 최고경영자와의 관계, 인적자원관리 부서의 역량, 인적자원관리 부서와의 타 부서 간 관계 등의 변수를 생각해볼 수 있다. 외부적으로는 정보통신기술의 발전에 따라서 변화된 기술환경과 온라인 인적자원관리Electronic HR의 다양한 요소들의 영향도 별로 연구가 진행되지 않았다. 따라서 이러한 측면들에 대한 연구들이 추후 진행될 필요성이 있음을 알 수 있다.

여섯째, 인적자원관리 부서의 전략적 역할형성에 영향을 미치는 요인들과 관련한 전반적인 연구의 흐름은 초기에는 연구자마다 다양한 영향변수들을 제시해오다가, 이런 변수들을 체계화하고 이론과 연결하여 연구하는 형태로 발전해왔다. 최근에는 보다 진보된 측면에서 영향요인들 간 상호작용에 대한 고려와 같은 새로운 시도들이 나타나고 있는 것으로 판단된다.

다음 장에서는 지금까지의 선행연구들에 대한 고찰을 토대로 향후 요구되는 연구과제들을 이론적, 방법론적, 연구함의적 측면에서 살펴본다.

3
향후 연구과제

1. 이론적 측면에서의 향후 과제

앞서 살펴본 바에 따르면, 조직 간 인적자원관리 부서의 전략적 역할 수준에 있어 왜 차이가 나는지를 설명하는 이론적 논의들은 주로 시간의 개념을 기반으로 한 선택이론이나 공진화 관점을 활용하고 있다. 이는 특정 기업의 인적자원관리 부서 역할이 시간의 흐름에 따라 어떻게 변화해 나가는가를 효과적으로 보여주기 위함이다. 이러한 연구에는 장기간의 사례연구(예: Truss et al., 2002; Truss, 2009)나 일정기간 동안 수행한 심층면접 방식의 정성연구(예: Brandl & Pohler, 2010; Golden & Ramanujam, 1985; Sheehan, 2005; Thite et al., 2014) 등 그동안 이루어진 대부분의 연구가 포함된다. 이러한 접근은 인적자원관리 부서의 역할 변화상을 설명하는 데 있어 풍부한 이론적 설명력을 제공해준다는 점에서 충분히 의미가 있다.

그러나 기존의 제한된 논의의 틀을 벗어나 인적자원관리 부서 역할에 대한 담론의 외연을 확장시키기 위해서는 보다 다양한 이론적 스펙트럼을 확보할 필요가 있다. 이때 조직 내부적 요인들에 보다 초점을 둔 전략적 선택이론, 거래비용이론, 자원기반이론, 자원할당이론, 자원의존이론, 사회적 자본이론 등은 인적자원관리 부서가 전략적 역할에 있어 왜 조직 간에 큰 차이를 보이는지를 설명하는 유용한 이론적 틀로서 활용할 수 있을 것이다(류성민, 2007; Truss, 2009).

최근 들어 다양한 이론적 접근을 활용하여 인적자원관리 부서 역할의 선행요인에 대한 이론적인 확장을 시도하는 연구들이 진행되고 있다. 예를 들어 박지성(2016)은 세 가지 자원 관련 이론들인 자원기반이론, 자원할당이론, 자원의존이론을 활용하여 최고경영자 지지, 인적자원관리 부서 역량, 라인(현업)으로의 전통적 인적자원관리 업무 이전 정책HR devolution 등 조직 내부 요인들에 따라 인적자원관리 부서의 전략적 역할 정도에 있어 조직 간 차이가 발생한다는 점을 실증적으로 보여주었다. 또한 김 등(Kim et al., 2017)은 규범적 요인, 환경 불확실성, 노사관계 분위기 세 가지 변수들의 효과를 상황이론 및 제도론을 통합적으로 적용하여 인적자원관리 부서의 전략적 참여 정도에 영향을 미치는 조직 내외부 요인들의 결합효과를 검증한 바 있다.

자원 관련 이론, 상황이론, 제도론적 관점뿐만 아니라 조직정치나 부서갈등 등과 같이 기업 내부의 역학dynamics 변화를 보다 반영할 수 있는 접근법들(Galang & Ferris, 1997; Russ, Galang, & Ferris, 1998) 역시 기존 연구들의 이론적 담론을 보다 확장시킬 수 있는 방안이 될 수 있다. 예를 들어 갈랑과 페리스(Galang & Ferris, 1997)의 경우 다양한 이해관계자들에게 상징적 행위들symbolic actions을 취함으로써 인적자원관리 부서가 조직 내에서 파워를 획득한다는 주장을 실증적으로 보여주었으며, 러스 외(Russ et al., 1998)의 경우 인적자원관리 부서가 경계 확장boundary spanning을 통해 조직 내에서 권한과 영향력을 증대시켜 전략적 역할을 제고해나가는 과정들을 통시적으로 보여준 바 있다. 한국기업의 맥락에서 이러한 파워 기반 접근법은 그동안 제대로 다루어지지 않아왔던 인적자원관리 부서의 역할 및 위상 변화에 대해 보다 심층적인 설명의 틀을 제공해줄 수 있으리라 생각한다. 즉 기업 오너나 최고경영자의 인적자원관리에 대한 태도나 시각이 인적자원관리 부서의 역할 확대 및 위상 강화와 매우 밀접하게 관련되어 있는 한국적 상황에서 이러한 파워 기반 접근법은 또 다른 이론적 설명력을 제공하는 방안이 될 수 있다.

그뿐만 아니라 아직 관련 연구가 초기 단계이므로 다양한 이론적 틀을 활용하여 논의를 진행할 경우 예측의 방향이 상이하게 나타날 수 있다는 이론들 간 충돌 가능성 역시 염두에 둘 필요가 있다. 이 경우 어떠한 이론적 예측이 현실을 보다 잘 설명하는지에 대해 탐색적인 연구를 수행해볼 수 있을 것이다. 예를 들어 박지성(2016)의 경우 최고경영자의 강한 지지가 조직 내 실질적인 자원 지원이나 상징적 정당성 부여로 이어짐으로써 인적자원관리 부서의 역량 수준이 전략적 역할 이행 정도를 강화할 수도 있다는 예측과 함께, 이와는 반대로 최고경영자의 높은 개입 수준이 강한 상황strong situation을 구축시킴으로써 조직 간 인적자원관리 부서의 역량 차이를 균질하게 만들어 인적자원관리 부서가 전략적 역할 수행에 미치는 효과를 약화시키거나 상쇄할 수 있다는 상반된 예측 또한 가능함을 보여주었다. 이러한 다양한 이론들의 활용을 통한 현실 설명은 인적자원관리 부서 역할과 관련된 연구에 있어 보다 풍부한 시각을 제공하는 데 기여할 것이다.

2. 방법론적 측면에서의 향후 과제

일반적으로 사례연구와 심층 인터뷰를 통한 정성적 연구는 상대적으로 논의가 많이 이루어지지 않은 분야에서 현상에 대한 통찰을 얻거나 이와는 반대로 상대적으로 연구가 많이 되어 있지만 보다 심층적인 논의로의 이행이 필요할 때 그 가치가 배가 된다. 인적자원관리 부서의 전략적 역할 분화에 관련된 연구들은 전자의 경우에 해당한다고 볼 수 있다. 왜 조직 간 인적자원관리 부서의 전략적 역할 수행에 있어 차이가 나는지를 규명하고자 한 이들 초기 연구들은 인적자원관리 부서의 역할이 환경 변화에 따라 그리고 기업 역사성에 따라 인적자원관리 부서 역할이 어떻게 진화하는지를 통시적으로 보여준다는 점에서 연구 태동기에 적합한 의미 있는 통찰력과 시사점을 제공해주었다(Truss et al., 2002; Truss, 2009).

그러나 관련된 연구들의 학문적 논의가 성숙되고 있는 오늘날 다수 기업들을 대상으로 인적자원관리 부서 역할 변화를 보다 일반화하여 보여줄 수 있는 통합적 연구가 필요하다는 측면에서는 향후 보다 많은 조직들을 대상으로 한 정량적 분석이 활발히 이루어질 필요가 있다. 이러한 양적인 샘플 확장뿐만 아니라 다양한 요소들이 시간의 흐름에 따라 어떠한 인과적 관계성을 통해 전략적 역할 차이를 발생시키는지에 대한 시계열 자료를 활용한 종단 분석 역시 인과성과 일반화를 확보해준다는 측면에서 향후 활성화되어야 하는 접근법이라 할 수 있다. 앞서 살펴본 바와 같이 문헌연구, 사례연구, 심층 인터뷰 등을 통해 이미 다양한 요소들이 도출되어 있다. 따라서 이러한 영향요인들을 정량적으로 검증해보는 작업들이 필요하다. 이러한 작업들은 앞서 진행되어 온 통찰력 있는 정성연구의 결과물들을 가치 있게 활용하는 동시에, 이를 기반으로 새로운 연구결과의 일반화를 도모할 수 있는 유용한 방안일 수 있다.

방법론적 측면에서 또 다른 향후 과제로는 인적자원관리 부서의 역할과 관련한 변수들의 측정도구들을 보다 정교화하는 부분을 들 수 있다. 먼저 인적자원관리역할의 경우 울리히가 1997년 네 가지 역할 유형을 제시한 이후 2005년 울리히와 브록뱅크(Ulrich & Brockbank, 2005)의 추가 연구에서는 크게는 세 가지, 세부적으로는 다섯 가지의 역할유형을 제안한 바 있다. 이후 연구자들은 주로 울리히가 1997년 에 제안한 네 가지 유형과 문항들을 기반으로 인적자원관리의 각 역할 수준을 측정하고 있다. 이러한 네 가지 역할이 오늘날에도 여전히 유효한지, 한국기업 또는 아시아기업의 맥락에서 이러한 역할 구분은 적절한지, 각 역할에 대한 측정문항들이 타당한지에 대한 엄밀한 검증은 지금까지 제대로 이루어지지 않고 있다. 인적자원관리 부서 역할 관련한 부분뿐만 아니라 이와 긴밀하게 연관되어 함께 고려되는 인적자원관리 부서 역량이나 파워 등 관련 개념들 역시 정의, 유형, 측정도구 등에 있어 합의되거나 통일되지 못한 부분들이 많아 향후에는 보다 근본적인 개념 정의와 유형 구분, 측정문항 개발이 필요할 것으로 생각된다.

3. 연구함의 측면에서의 향후 과제

이론적·방법론 측면에서는 어떠한 요인들이 조직 간 인적자원관리 부서의 전략적 역할 차이를 가져왔는가를 논의하는 것이 필요하지만, 인적자원관리 부서의 역할 관련한 논의는 실무와의 연관성이 매우 높기 때문에 연구함의 측면에서는 오히려 이러한 전략적 역할로의 이행이 전반적인 조직 효과성에 도움되는지, 이행 과정에서 기존에 수행하고 있던 역할과의 충돌이나 긴장은 없는지 등이 대한 보다 근본적인 의문점을 던지는 연구들이 보다 많은 실무적 시사점을 제공할 수 있을 것으로 생각된다. 예를 들어 인적자원관리 부서가 전략적 역할을 수행하는 비중이 높아진다는 것은 기존에 수행했던 관리적 업무들은 대거 현장 관리자에게로 이전됨을 의미하고, 이러한 업무 구조의 전환은 단순한 업무 이관을 넘어 기존에 수행했던 업무에 대한 전문성의 단절 또는 부서 권한 및 영향력의 약화 등 보다 복잡한 구조적 이슈들로 귀결될 수 있다(박지성, 2016; Kulik & Perry, 2008; Whittaker & Marchington, 2003). 즉 인적자원관리 부서의 선발, 평가, 승진 등과 같은 전통적 인적자원관리 업무를 현업으로 이전하는 정책이 선택과 집중이라는 효율성 측면에서는 인적자원관리 부서의 전략적 역할 수준 제고에 기여할 수 있다.

그러나 현업 업무량과 인적자원관리에 대한 이해도를 고려했을 때 이러한 정책이 현업에서도 과연 수용도가 높을 것인지, 인적자원관리 부서에서도 그간 축적해온 역량과 전문성을 단절하는 것이 실제 운영적 측면과 상징적 파워 측면에서 전략적 역할 수행 시 긍정적으로 작용할지에 대한 우리의 이해는 여전히 매우 제한적인 수준에 머물러 있다. 이와 관련된 연구들은 단순히 인적자원관리 부서가 전략적 역할을 수행해야 한다는 선언적 담론에서 벗어나 현실 조직에서 발생 가능한 여러 가지 이슈들을 가늠하고 이에 대한 방안을 도출하는 데 보다 유용한 함의를 제공해줄 수 있을 것이다.

그뿐만 아니라 인적자원관리 부서의 전략적 역할은 단순히 기능이나 역할의 전환을 넘어 관련 인사제도의 수행(김진희, 2010; Arthur, Herdman, & Yang, 2016; Kim & Kang, 2013), 조직 혁신(김현동·이동진, 2012; Kim & Ryu, 2011), 전략의 효과성(Wright et al., 1998) 등과도 관련되어 복합적인 효과를 발생시킬 수 있다. 예를 들어 김·강(Kim & Kang, 2013)은 고몰입 작업관행들의 활용 정도가 높을수록 전략적인 측면에서 통합적 역할을 수행하는 인사 기능이 조직성과 향상에 미치는 긍정적 효과를 보다 강화함을 보여준 바 있다. 라이트 외(Wright et al., 1998)의 경우에는 조직 전략의 유형이 인적자원관리 부서의 전략적 참여와 인사 효과성에 미치는 영향을 살펴보았다. 전략의 유형에 따라 이러한 효과가 증폭되거나 오히려 약화되는 등 복잡한 양상을 나타냈다.

그럼에도 여전히 인적자원관리 부서의 전략적 역할 관련 내용들은 주로 전략적 역할 수행이 조직 효과성에 긍정적 영향을 준다는 측면에서만 다루어진 상태이므로 다른 인사제도들과의 관련성, 경영 전략 및 조직문화와의 적합성, 다른 인적자원관리 부서 역할들과의 상호작용 효과 등과 관련된 주제들은 조직 내 다양한 맥락들의 복합적인 효과들을 다각적으로 파악하게 함으로써 인적자원관리 부서 역할에 대한 보다 폭넓은 이해를 제고해줄 수 있을 것이다.

이러한 다양한 맥락적 요인들에 대한 고려뿐 아니라 인적자원관리 부서의 역할과 조직 효과성 간 관계를 매개하는 경로에 대한 탐색하는 작업 역시 가능하다. 인적자원관리 부서의 역할과 조직 효과성 간 관계가 상당히 멀기 때문에 역할 수행이 조직 효과성을 높인다는 단순한 예측을 넘어 그 과정에 대한 부분들을 찾아 탐색적 연구를 수행한다면 인적자원관리 역할과 조직 효과성 간 관계에 대한 블랙박스를 보다 명확히 파악하는 데 도움이 될 것이다.

또 다른 연구함의를 제공해줄 수 있는 부분은 국가 간 인적자원관리 부서의 전략적 역할 수행에 대한 측면이다. 조직 간 인적자원관리 부서의 역할 차이가 국가 문화나 제도의 차이에서 기인할 수 있으므로 향후에는 국가 간 비교 연구 역시 방법론적으로 고려할 필요성이 있다. 수렴 및 분기 관점convergence and divergence에 근거할 때 인적자원관리 부서의 역할은 국가별로 다양할 수도 있고 유사할 수도 있다. 류성민(2007)은 국제적 수렴 관점에 근거하여 인적자원관리 부서의 전략적 역할이 기업의 해외활동에 영향을 받을 것이라고 설정하였지만 실증적으로 지지되지는 않았다. 보웬·갈랑·필라이(Bowen, Galang, & Pillai, 2002)은 한국기업은 경제적 근접성으로 인해 미국과 유사한 인적자원관리 부서의 지위와 형태를 나타내고 있다고 제시한 바가 있다.

그러나 류·김(Ryu & Kim, 2013)이 한국기업에서 고성과작업시스템 HPWS이 제도적으로 새롭게 출현한 관행institutionally emerging practices으로서 다루어질 필요성을 제시한 것처럼, 국가 맥락에 따라서 다양한 형태의 인적자원관리 활동이 나타날 수 있다는 점을 완전히 배제할 수 없다. 실제로 싱가포르 기업을 대상으로 한 카트리·부드워(Khatri & Budhwar, 2002)은 기업에 따라 정도의 차이는 있으나 영미 국가 기업들에 비해 전반적으로 싱가포르 기업들의 인적자원관리 부서들은 전략적 역할 이행 정도가 낮은 수준임을 보고한 바 있다. 이처럼 영미 기업들과 아시아권인 한중일 기업들의 전략적 역할 정도 차이가 국가 수준에서의 어떠한 요인들로 인해 달라지는지를 비교하고 분석하는 작업들은 기존 연구들의 결과들의 외연을 확장하는 동시에 특수성에 관련된 보다 풍부한 함의들을 제공해줄 수 있을 것이다. 이러한 국가 간 비교 또는 다양한 국가들에서의 검증은 단순히 모든 인적자원관리 부서가 전략적 역할로 이행해야 한다는 주장을 넘어 다른 국가들에서는 왜 그러한 방향으로 모두 이행하지 않느냐에 대한 이유들을 발견하는 데 매우 유용한 접근이 될 것이다.

이외에도 시대적 변화와 관련하여 현재 사용되고 있는 울리히의 1997년 유형 구분이 적절한가에 대해 고민하고 이를 시대 변화에 맞추어 새롭게 도출하는 작업 역시 실무적 시사점을 제공해줄 수 있을 것이다. 주지하듯이, 2000년대 후반 이후 기업의 경영환경은 크게 변화해 왔다. 특히 4차 산업혁명 등 인공지능을 비롯한 기술 변화와 이에 따른 노동환경 변화, 극심한 경쟁 환경과 세계화에 따른 시장환경의 변화 속에서 인적자원관리 부서의 역할을 새롭게 정립할 필요성역시 대두된다. 이런 환경 변화를 고려할 때 인적자원관리 부서에서 중요해진 역할은 무엇이고 새롭게 요구되는 역할은 무엇인지, 또한 중요성이 줄어든 역할은 무엇이고 사라지는 역할은 무엇인지 등에 대한 연구가 새롭게 진행된다면 변화된 시대에 적합성이 높은 보다 발전적 담론이 가능할 것이다.

4
결론 및 토의

1. 연구의 함의점

이상의 논의들을 바탕으로 도출한 학문적, 실무적 함의는 다음과 같다. 먼저 학문적 시사점으로 지금까지 인사 관련 학계와 실무 전문가들이 인적자원관리 부서의 미래 지향점으로 여겨왔던 전략적 역할로의 이행이 왜 모든 조직에서 나타나지 않는지, 오히려 왜 전략적 역할 정도가 조직 간 큰 차이를 보이는지에 대한 의문을 제기하며 관련 선행연구들을 통합적으로 검토하는 한편, 향후 필요한 연구과제들을 다각적으로 제안함으로써 그간 인적자원관리 부서의 전략적 역할 관련 연구의 외연을 확대하였다는 점에서 학문적 함의를 가진다.

특히 이론적·방법론적 측면에서 제시한 향후 연구과제들을 통해본 연구는 인적자원관리 부서의 향후 역할에 대해 보다 다양하게 고민할 수 있는 지점들을 제공하고자 하였으며, 보다 엄정한 방법론을 제안함으로써 인적자원관리 관련 연구의 학문적 실증 토대가 보다 견고해지기를 제안하였다. 또한 기업마다 상이한 맥락 요인을 고려하여 적합한 인적자원관리 부서의 역할수행을 통해 인사관리 효과성을 증대시킬 수 있는 기반을 제공했다는 점에서 본 연구의 의의가 있다.

실무적 시사점으로는 기업 현장에서 고민하고 있는 인적자원관리 부서의 향후 역할에 대해 조직 상황에 따라 인적자원관리 부서의 전략적 역할로의 이행 속도와 정도에는 차이가 있음을 보여줌으로써 인적자원관리 부서가 전략적 역할을 수행해야 한다는 학계의 일반화된 주장에 대해 보다 다양한 시각을 제공한다는 점을 들 수 있다. 이러한 측면은 모든 조직의 인적자원관리 부서가 전략적 역할을 수행해야 하는가, 향후 전략적 역할과 다른 역할들의 비중을 어떻게 수행해야 하는가, 전략적 역할로 이행하는 것이 해당 조직에 적합한 지향점이라면 그러한 역할로의 이행 과정에서 발생하는 문제점들은 무엇이며 어떻게 이것들을 해결해야 하는가 등에 대한 보다 실질적인 이슈들을 제기함으로써 실무에 보다 함의가 큰 후속연구들을 촉발시키는 출발점이 될 것이다. 그뿐만 아니라 향후 연구과제들 중 연구함의 부분에서 제시한 주제들은 현업에서 고민하고 있는 내용들이기도 하다. 따라서 이러한 이슈들에 대한 학계의 적극적인 논의와 통합적 검증은 산학연의 협업을 통한 실제 조직의 이슈 해결이라는 결과물을 제공할 수 있을 것이다.

2. 연구의 한계점

본 연구는 위에서 언급한 이론적, 실무적 시사점에도 불구하고 다음과 같은 한계점을 가지고 있다. 첫째, 본 연구는 리뷰 논문이므로 향후에는 인적자원관리 부서 역할 관련 논의의 외연을 확장할 수 있는 보다 많은 실증연구들이 이루어질 필요가 있다. 보다 많은 실증연구들이 이루어진 이후 인적자원관리 부서의 역할에 대한 메타연구를 통하여 역으로 보다 심층적인 문헌연구가 다시금 가능할 것이다.

둘째, 본 연구는 인적자원관리 부서의 전략적 역할에 있어 조직 간 차이가 나는 요인들을 전반적으로 살펴보았으나, 인적자원관리 부서의 전략적 역할 수행이 모든 조직들의 효과성 제고에 기여하느냐에 대해서 보다 근원적으로 검증할 필요가 있다. 국가별·산업별 특수성이나 기업의 역사성 등에 의해 어떠한 역할이 보다 조직 효과성에 기여할 수 있는지를 상이할 수 있다. 향후 연구들에서는 맥락적 특수성을 강조한 연구들을 통해 이러한 차이들을 도출해낼 필요가 있다. 특히 국내에서는 인적자원관리 부서의 역할유형 구분에 대한 심층적인 연구가 거의 진행되지 않았다. 따라서 아시아 및 우리나라 기업의 맥락에서 인적자원관리 부서에게 요구되는 역할은 무엇인지에 대한 보다 심층적인 연구가 진행될 필요성이 있다.

마지막으로 본 연구는 인적자원관리 부서의 전략적 역할 이행 과정에서 발생할 수 있는 잠재적 이슈에 대해 연구함의 측면에서의 향후 과제로서 개념적으로 제안하였으나, 이러한 이슈들은 무엇보다 실무적 측면에서 의미 있는 시사점을 제공해주므로 앞서 연구함의에서 논의한 여러 주제들과 관련한 실증연구가 향후에는 활발히 이루어져야 할 것이다.

3. 결론

인적자원관리 부서는 그 자체로 딜레마적 속성을 가진다. 조직 전체 구성원들에게 인적자원관리 서비스를 제공한다는 점에서 조직 내 어느 부서들보다 전체 조직 구성원들과의 접점이 넓고 영향력이 크지만, 성과의 계량화가 힘들고 단기적으로 산출되기 어렵다는 점에서 가시적인 결과물들을 즉시 제공하기 힘들기 때문에 인적자원관리 부서의 존재 의의는 다양한 이해관계자들(최고경영자, 현장 관리자, 일반 직원들 등)이 인식한 가치와 평판에 의존할 수밖에 없다(류성민·박지성, 2015; 박지성, 2016). 이러한 다양한 이해관계자들은 상이한 평가 기준들을 가지고 자신들의 다양한 기대와 요구를 어떻게, 그리고 얼마나 충족시킬 수 있는가로 인적자원관리 부서의 효용 가치를 판단하게 된다.

그동안 학계와 실무의 인적자원관리 분야 전문가들은 인적자원관리 부서가 전략적 역할을 보다 많이 수행하는 것이 다양한 이해관계자들에게 인식된 인적자원관리 부서의 효용성을 높여줄 것이라 믿었으며, 이에 인적자원관리 부서가 전략적 역할을 강화하는 방향으로 변화할 것이라고 예측하였다. 그러나 본 연구에서 살펴본 것처럼, 인적자원관리 부서의 전략적 역할 수행 정도에는 조직마다 차이가 있으며, 여기에는 다양한 조직 내외부 요인들이 작용하고 있는 것으로 나타났다. 본 연구를 통해 보다 비판적인 시각에서, 그리고 보다 실질적인 관점에서 인적자원관리 부서의 전략적 역할 수행 정도에 영향을 주는 선행 요인들과 맥락적 요인들과 그로 인한 결과에 대한 연구들이 보다 활발히 이루어질 수 있기를 기대해본다.

16장

인력의 고령화와
인적자원관리 연구[1]

김나정

국민대학교 경영대학 조교수, E-mail: najungkim@kookmin.ac.kr

현재 국민대학교 경영대학 조교수로 재직 중이다. 영국 런던정경대에서 조직사회심리학으로 석사를 받고, 미국 보스턴컬리지 캐롤 스쿨 오브 매니지먼트Carroll School of Management에서 경영학 박사학위를 취득하였다. 일을 통한 정체성, 조직 내 감정, 조직 문화 등을 연구하고 있다. 특히 고령화 현상, 이직 현상의 맥락에서 이 개념들의 시간에 따른 변화와 지속성에 대해 관심을 두고 있다.

김성철

부산외국어대학교 산학협력교수, E-mail: sckim@bufs.ac.kr

현재 부산외국어대학교 산학협력교수로 재직하고 있다. 부산대학교(공학사)를 졸업한 후 두산그룹 계열사에서 연구개발, 기술기획, 경영 전략, 경영혁신 및 인재육성 직무를 수행하였고 임원을 역임하였다. 국민대학교에서 경영대학원 석사과정을 거쳐 인사조직전공으로 박사학위를 취득하였다. 주요 연구 관심 분야는 글로벌 비즈니스 현장에 있는 인재들의 성장과 관련된 영역 즉 인재육성, 조직문화, 리더십, 경영 전략 및 변화관리(혁신) 등이다.

박근형

국민대학교 경영학과 박사과정, E-mail: harrybest@naver.com

현재 독일 프루이덴베르크 그룹 한국법인 인사부서장으로 재직 중이다. 국민대학교에서 인사조직을 전공으로 박사과정을 수료했고 현재 졸업 논문을 준비 중이다. 주요 연구 관심 분야는 리더십, 동기부여, 권한위임, 조직변화 관리, 고령화 인력, 전략적 인적자원관리 등이다.

*이 글은『인사조직연구』2017년 11월호(25권 4호)에 게재된 논문(인력의 고령화와 인적자원관리 연구: 국외연구의 동향과 국내연구의 향후 과제)을 수정·보완한 것이며 원논문은 2015년 대한민국 교육부와 한국연구재단의 지원을 받아 수행된 연구임(NRF-2015S1A5A8018244).

1
서론

　통계청(2017)의 고령노동자 고용동향 데이터에 의하면, 55~64세 노동자의 고용률은 2003년 57.8%에서 2009년 60.4%, 2016년 66.1%로 꾸준히 증가하고 있다. 특히 1997년~2016년 기간 중 고령생산인구와 고령자 고용률 추이를 살펴보면, 1998년~2010년 약 13년 동안 고령자 고용률은 2.1% 증가한 반면, 2011년~2016년 약 5~6년 동안 5.2%라는 큰 폭의 증가세를 보이는 현상을 확인할 수 있다. 2016년부터 60세 정년을 의무화하는 고용상 연령차별 금지 및 고령자 고용촉진법 시행이 본격화되면서 일정 기간 동안 기업 내 직원들의 고령화는 가속화될 것이다.

　인구학 전문가들은 이미 상승세에 있는 고령자의 고용률이 인구고령화와 저출산율로 인하여 더욱 가파르게 증가할 것이며 이에 따라 노동시장의 구조개혁이 필연적으로 일어날 것이라 예측한다(조영태, 2016). 구체적으로 통계청의 장래인구추계에 따르면 15~49세 연령그룹과 50~64세 연령그룹이 각각 생산가능인구에서 차지하는 비율은 2015년 70.8%와 29.2%에서 2025년 64.0%와 36.0%로 노동시장의 구성비율이 크게 달라질 것이라 예측한다(통계청, 2017). 인적자원관리 차원에서 이와 같은 현상은 단순히 조직 구성원들의 고령화뿐만이 아니라 지금까지 실행해온 인력확보 방식, 교육훈련 프로그램, 동기부여 방법, 성과관리 및 보상 방식이 가까운 미래의 조직 구성원들에게는 적용하기가 어려울 수도 있다는 것을 의미한다.

고령노동자의 비율이 높아지면서 인력의 평균연령이 높아지는 현상으로서의 인력의 고령화는 국내에 국한된 것이 아니라 전 세계적으로 일어나는 현상이다(United Nations, Department of Economic and Social Affairs, Population Division, 2015). 국내에서는 최근 급속하게 고령화가 진행되고 있으나, 우리나라에 비해 산업화가 먼저 이루어지고 베이비붐 시기가 더 빨리 온 나라들에서는 먼저 고령화 시대가 도래했고(Hedge & Borman, 2012) 고령화에 대한 인사조직 분야 연구가 오랜 기간 이루어지고 있다(Rhodes, 1983; Waldman & Avolio, 1986). 1970년대부터 활발하게 연구가 진행된 노인학gerontology, 평생발달심리학life span developmental psychology, 고령화에 대한 사회학sociology of aging 분야의 연구들에 기초하여 지난 30여 년 동안 국외에서는 일과 인력의 고령화에 대한 연구가 지속되었다. 반면 국내에서는 고령화 사회가 늦게 도래한 만큼 2000년대에 들어서야 인력의 고령화에 대한 연구가 서서히 진행되기 시작했다(박경숙, 2002; 윤석명·박성민, 2002). 더구나 고령화 현상에 대한 연구 중 국책기관의 보고서들이 학술연구 논문보다 더 많다는 점은 인력의 고령화에 대해 학술적으로 체계적인 접근은 아직 미흡하다는 것을 보여준다. 하지만 일과 고령화 현상의 관계는 인적자원관리 차원에서 피할 수 없는 이슈인 만큼 현 시점에서 국외 연구들의 인력 고령화에 대한 학술적 접근법을 살펴보고 해당 주제에 대한 국내 연구가 어떻게 진행되고 있는지를 점검해볼 필요가 있다.

따라서 본 논문에서는 궁극적으로 고령화된 노동인구를 대하는 조직이 인적자원관리 차원에서 고려할 수 있는 실무적인 이슈들에 대해 고민을 해보고 이와 같은 이슈들을 해결하기 위해 학술적 차원에서 연구의의가 있는 고령 노동인구에 대한 인적자원관리 연구주제들과 이에 적용 가능한 이론들을 살펴보고자 한다. 이러한 목적을 위하여 본 논문은 일차적으로 인적자원관리의 기능별로(예: 인력확보, 보상, 교육훈련) 고령노동자 및 노동인구의 고령화와 관련한 새로운 인적자원관리 이슈들을 고려하여 국내 인적자원관리 연구들의 현황을 점검하고 연구가 필요한 추가 영역들을 도출하려 한다. 문헌고찰 및 정리 대상으로는 고령노동자들의 특수성에 국한된 연구뿐만 아니라 고령노동자 및 고령화된 노동시장의 이해를 도울 수 있는 다양한 연령 간의 유사성과 차이점을 살펴보는 국내외 연구들도 포함하여 수행하였으며, 이를 통하여 향후 국내 인적자원관리 연구가 고령화된 노동인구라는 현상에 대해 학술적으로 체계적이며 실무적으로 의의가 있는 방향으로 나아갈 수 있도록 도움을 제공하고자 한다. 또한 한국사회에서 고령자라는 대상이 갖는 의미와 연령차가 생겨나는 요인 등 국내기업 및 사회환경의 특수성을 반영하여 한국의 인력의 고령화에 대한 인적자원관리 연구 방향을 모색하려 한다.

2
인적자원관리 관점에서 인력의 고령화 및 연령에 대한 국내 연구의 현황

1. 연구 논문 선정

고령화 현상과 일의 관계에 대한 국내 연구의 역사가 짧기 때문에 본 연구에서는 연구 현황을 살펴보기 위해서 가급적 여러 학술지를 고려하여 문헌고찰을 진행하려 했다. '인력의 고령화'가 주제가 된 논문이 10여 편밖에 되지 않는다는 것을 고려하여 인력의 고령화와 일의 관계를 규명하기 위해서 도움이 될 수 있는 주제어를 포괄적으로 적용하여 문헌고찰 대상 논문을 선정하였다. 구체적으로 2017년 4월 29일자 기준 시점까지 게재된 논문들에 대하여 '고령' '연령' '세대' '퇴직' '고령화' '나이' '노령' 총 7개의 주제어 검색을 통하여 검토 대상 논문 선정을 위한 작업이 진행되었다. 주제어 검색 결과 '고령화' '나이' '노령' 등 3개의 주제어 검색을 통해서는 최초 의도된 논문 검색이 되지 않았으며, 이러한 사유로 '고령' '연령' '세대' '퇴직' 등 4개 주제어 중심으로 검토 대상 논문 선정에 활용하였다.

논문 검색 결과, 연구 목적에 부합된 최종 검토대상 논문은 『경영학연구』 『대한경영학회지』 『산업관계연구』 『조직과 인사관리연구』

〈표 1〉 연도별 게재 논문 수

연도	1997	1999	2001	2002	2003	2005	2006	2007	2008
논문 수	1	2	2	7	2	1	4	4	5
연도	2009	2010	2011	2012	2013	2014	2015	2016	2017
논문 수	5	5	11	7	11	15	9	10	4

『한국콘텐츠학회논문지』『인적자원개발연구』『호텔경영학연구』『노동정책연구』『전략경영연구』에 1997년 이후 게재된 105편으로 한정되었다.

먼저 최종 선정한 검토대상 논문 105편의 연도별 게재된 현황을 보면 〈표 1〉과 같다. 2014년 15편, 2011년과 2013년 각 11편, 2016년 10편, 2010년 5편, 2017년 4편 등 2010년 이후 발표된 논문이 총 72편으로 전체 논문 수 105편의 약 70%(68.6%)를 차지하고 있다. 이는 인력의 고령화 및 연령 차이에 대한 연구가 최근에 들어와서 주목을 끌고 있다는 것을 보여준다.

2. 인적자원관리 기능별 연구주제 유형화

국내에 인력의 고령화와 고령노동자에 대한 인적자원관리 연구는 거의 없었지만 연령, 고령자, 은퇴 등 인력의 고령화와 연결될 수 있는 인적자원관리 주제들을 정리하는 것을 본 현황조사의 목표로 삼았기 때문에 최대한 인적자원관리 기능별 분류를 따르려고 노력했다. 최종적으로 다음과 같이 10개 영역으로 정리하였다. 인사 전반에 대한 개념연구 2편, 세대 간 인식차이 5편, 인력확보 27편, 성과관리 7편, 보상(급여와 복리후생 및 연금 포함) 16편, 동기부여(직무만족, 이직의도, 조직몰입) 19편, 교육훈련 5편, 경력개발 13편, 그리고 고령자 특성 8편으로 분류하였다. 3편은 인력확보와 보상 두 기능을 모두 다루고 있었기 때문에 인력확보 및 보상으로 따로 분류하였다.

3. 인적자원관리 기능별 연구주제와 변수들의 연령효과

〈표 2〉은 105편의 연구 중 인적자원관리 기능에 해당하는 연구주제를 다룬 연구들 중 연령효과에 대해 분석을 한 연구들의 연구결과를 정리한 것이다. 앞서 분류한 10개 영역 연구주제 유형 중 인적자원관리 기능에 해당하는 6개 영역의 연구주제들(인력확보, 동기부여, 성과관리, 보상, 교육훈련, 경력개발)에 대한 연구들을 추가 분석하여 〈표 3〉을 작성하였다. 인적자원관리 차원에서 인력의 고령화를 이해하기 위해서는 고령노동자에 대한 연구뿐 아니라 연령 간의 차이를 분석한 연구를 고찰하여 고령자의 특성에 대한 통찰을 얻을 수 있기 때문에 이와 같은 분석을 진행하였다.

연령 및 고령자에 대한 국내 연구가 그다지 많지 않다는 점을 고려하여 그 한계점을 인식하고 이해해야 할 것이지만, 그간의 국내 연구들을 분석한 결과 크게 다음 세 가지를 관찰할 수 있었다. 첫째, 연령대를 정의하는 방법이 연구마다 상이하다는 것을 알 수 있었다. 차종석·김영배(1997)와 같이 연령을 연속변수로 측정하는 연구가 있기도 하지만, 대부분의 연구는 20대, 30대, 40대 등 연령대로 구분하여 범주형 변수로 연령을 접근하여 연령대 간의 차이를 분석하였다(예: 심재구·정흥량·유인규, 2012). 하지만 베이비부머 세대 등 구체적인 연령그룹을 대상으로 하는 연구를 제하고(예: 유용식, 2013), 어떤 연구는 10년 단위로 연령그룹을 나누기도 하고(박상현·곽대영, 2007) 다른 연구에서는 5년 단위로 연령대를 구분하고 있는(김용민, 2009; 임정도, 2013) 등 연령대 구분에 대한 일관성 및 근거를 찾는 것은 매우 어려

〈표 2〉 국내 연구의 연구주제 현황

연구주제 (인적자원 관리 기능별)	연구주제 (소분류)	연령과의 관계	변수(연구대상 연령)	문항수
인력 확보	취업	연령이 높을수록 증가	시간제 근로형태 희망(20, 30, 40, 50, 60대)	이정숙·강기정 (2015)
			취업 소요 기간(20대, 30대)	강주연·오유·김기 승(2015)
		연령이 높을수록 감소	실업 상태에서 취업이 될 확률 (15~29세, 30~54세, 55~)	김가율(2006)
			괜찮은 장애인 일자리 취업률 (20~30대, 40대~)	손지아·박순미 (2011)
			남성 대학졸업자의 구직기간 (~23세, 24~27세, 28~34세)	최기성(2016)
	이직 의도	연령이 높을수록 감소 U자 커브	이직의도(20, 30, 40, 50대~)	박상현·곽대영 (2007)
			이직의도(~39세, 40대, 50대, 60대, 70세~)	이연숙·박경일 (2016)
			이직의사(청년(20~29세), 중년(30~49세), 장년(50~59 세)	김정은·강경주·이 영면(2017)
	정규직 전환	연령이 높을수록 감소	정규직 전환 가능성(~29세)	정흥준·최용득 (2016)
			정규직 전환율(~29세, 30~39 세, 40세~)	장지연·양수경 (2007)
	은퇴	연령이 높을수록 증가	은퇴연령 시점(20, 30, 40, 50, 60대) 빈곤할 확률(55세~)	조동훈(2014) 강성호·조준용 (2016)
	차별	연령이 높을수록 증가	학력과잉상태(20대, 30대, 40대, 50대, 60대)	김주섭(2005)
			근로배제(65세~)	강현정·김윤정 (2011)
		연령이 높을수록 감소	위기지각(20~30세, 31세~)	이종환(2014)
동기 부여	직무 만족	연령이 높을수록 증가	직무만족(~25세, 26~30세, 31~35세, 36~40세, 41세~)	김용민(2009)
			직무만족(23~65세)	이서영·임효연 (2013)
			직무만족(45~49세, 50~54 세, 55~59세, 60세~)	정효채·석진홍·박 우성(2013)
			직무만족(17~83세)	김(2007)
		연령이 높을수록 감소	유리천장인식(··30세, 31~35 세, 36~40세, 41세~)	장영(2006)

〈표 2〉 국내 연구의 연구주제 현황

연구주제 (인적자원 관리 기능별)	연구주제 (소분류)	연령과의 관계	변수(연구대상 연령)	문항수
동기 부여	직무 만족		생활만족(청년(20~29세), 중년(30~49세), 장년(50~59세))	김정은·강경주·이영면(2017)
		역 U자 커브	직무만족(청년(20~29세), 중년(30~49세), 장년(50~59세))	김정은·강경주·이영면(2017)
		연령차 없음	조직몰입도, 직무만족도(20, 30, 40, 50대)	심재구·정홍량·유인규(2012)
			직무만족(20~25세, 26~30세, 31~35세, 36~40세, 41세~)	강건구·천명환(2007)
	자기 효능감	연령이 높을수록 증가	자기효능감과 심리적 안녕감(21~30세, 31~40세, 41세~)	김경희·김선희(2016)
			자기효능감(60세~)	이신숙(2017)
			자기효능감(20대, 30대, 40대 이상)	박은영·김은주(2008)
	조직 몰입	연령이 높을수록 증가	조직몰입(40대 이하, 50대, 60대 이상)	임동호·황지숙(2014)
		연령이 높을수록 감소	조직몰입(~30세, 31~39세, 40~49세, 50세~)	이혜남·임정환(2013)
		U자 커브	정서적 몰입(20~25세, 26~30세, 31~35세, 36~40세, 41세~)	문호성(2016)
	내재적 동기	연령이 높을수록 증가	내재적 동기(전 연령)	고수일(2002)
		연령이 높을수록 감소	자아실현, 사회적 활동, 사회적 책임감, 개인성취로 동기부여되어 자원봉사활동 참여할 확률(60~64세, 65~69세, 70세~)	김창석·최수일(2012)
	직업 의식	연령이 높을수록 증가	전문직업의식(20~25세, 26~30세, 31~35세, 36~40세, 40세~)	김동훈·손명주(2015)
			직업가치관(19~20세, 21~22세, 23세~)	송강영·이태용(2009)
	직무 역량	연령이 높을수록 증가	직무수행능력과 직무의미성(~24세, 25~29세, 30~34세, 35~39세, 40세~)	임정도(2013)
			직무에 대한 영향력(~24세, 25~29세, 30~34세, 35~39세, 40세~)	임정도(2013)

<표 2> 국내 연구의 연구주제 현황

연구주제 (인적자원 관리 기능별)	연구주제 (소분류)	연령과의 관계	변수(연구대상 연령)	문항수
동기 부여	직무 역량	역 U자 커브	직무 자율성(~24세, 25~29세, 30~34세, 35~39세, 40세~)	임정도(2013)
	기타	역 U자 커브	직장에 대한 애착(~24세, 25~29세, 30~34세, 35~39세, 40세~)	임정도(2013)
성과 관리	조직 성과	연령이 높을수록 증가	수입(세일즈성과)(40세 이하, 41~45세, 46세~)	신재웅·김문석 (2010)
			성과(전 연령)	백유진·김언수 (2014)
			조직성과(24세 이하, 25~29세, 30~34세, 35~39세, 40세 이상)	임정도(2013)
성과 관리	혁신 · 투자	연령이 높을수록 감소	하이테크 기업의 기술적 혁신(전 연령)	채희원·송재용 (2009)
			벤처캐피탈 투자(전 연령)	최영근·정승화·임지선(2011)
			신기술 도입 확률(~29세, 30~49세, 50세~)	장윤섭·양준석 (2017)
보상	임금	연령이 높을수록 증가	급여(~23세, 24~27세, 28~34세)	최기성(2016)
			임금(전 연령)	김유선(2009) -중상위 분위의 경우
			임금격차(20, 30, 40, 50, 60대)	조동훈(2015)
		연령이 높을수록 감소	소득보장성(15~29세, 30~54세, 55~64세)	유홍준·김기헌·오병돈(2014)
			임금(전 연령)	김유선(2009)-하위 분위의 경우
			급여(특수형태근로 부문의 레미콘 운송종사자와 골프장경기보조원)(30대 이하, 40대, 50대 이상)	조선주·최윤영 (2008)
			급여(여성)(20~35세, 50~65세)	김수현·이정아·정주연(2013)
		연령차 없음	저임금 위험(여성)(15~29세, 30~54세, 55세~)	저임금 위험(여성)(15~29세, 30~54세, 55세~)

〈표 2〉 국내 연구의 연구주제 현황

연구주제 (인적자원 관리 기능별)	연구주제 (소분류)	연령과의 관계	변수(연구대상 연령)	문항수
보상	복리 후생	연령이 높을수록 증가	구직급여 수급 가능성(~29세, 30~49세, 50세~)	유길상(2003)
			육아휴직급여 수여 시 복귀율 (전 연령: 평균 29.21세)	김정호(2013)
		연령이 높을수록 감소	산재가입가능성(전 연령)	이승렬(2011)
	급여 제도	연령이 높을수록 증가	임금(55세~)	박준성(2012)
		연령이 높을수록 감소	최저임금 상승이 고용확률을 낮추는 효과(~24세, 25~34 세, 3 5~44세, 45~54세, 55~64세, 65세~)	김민성·김영민· 박태수(2013)
		연령차 없음	선호하는 연봉제(20세~)	인태붕·정범구 (1999)
교육 훈련	만족도	연령이 높을수록 증가	교육 만족도(~39세, 40세~)	임소라(2006)
	필요성	연령이 높을수록 증가	노인교육의 필요성(45세~)	홍석태·양해술 (2008)
	훈련 참여 여부	연령이 높을수록 감소	교육훈련(50세~)	이병훈(2008)
		연령차 없음	근로자들의 공식적 교육훈련 참여 여부(전 연령: 평균 36.57 세)	노용진(2009)
경력 개발	은퇴 준비	연령이 높을수록 증가	은퇴준비 중 경제적 준비(베이 비부머: 49~63세)	유인순·최수일 (2012)
			은퇴준비 중 신체적 준비 (30~34세, 35~39세, 40~44 세, 45~49세, 50세~)	신계수·조성숙 (2011)
			노후준비도(베이비부머: 50~64세)	유용식(2013)
		연령이 높을수록 감소	은퇴준비 중 정서적 준비 (56~61세 〈53~55세)	강인(2016)
	자영업 · 창업	연령이 높을수록 증가	임금근로에 비해 자영업에 종사 할 확률(여성)(26세~)	조동훈(2013)
			자영업 미경험자의 자영업선택 율 (50~75세)	성지미(2011)
		연령이 높을수록 감소	창업효능감, 창업의도(40~60 세)	최명화·조성숙 (2014)
		연령차 없음		

<표 2> 국내 연구의 연구주제 현황

연구주제 (인적자원 관리 기능별)	연구주제 (소분류)	연령과의 관계	변수(연구대상 연령)	문항수
	급여 제도	연령이 높을수록 증가	임금(55세~)	박준성(2012)
		연령이 높을수록 감소	최저임금 상승이 고용확률을 낮추는 효과(~24세, 25-34 세, 3 5~44세, 45~54세, 55~64세, 65세~)	김민성·김영민· 박태수(2013)
		연령차 없음	창업의지(20, 30, 40, 50, 60 대~)	육창환·전인오 (2014)
	자원 봉사	연령이 높을수록 증가	자원봉사활동 참가율(20, 30, 40, 50, 60대~)	조선주(2011)
			사회적기업 근무 종사자(~49 세, 50세~)	김미화·이용재 (2016)

웠다. 둘째, 동일 변수도 연구에 따라서 연령효과를 다르게 보고하고 있었다. 예를 들어 20대부터 50대 이상까지의 다양한 연령대의 직무만족을 조사한 연구들의 경우, 많은 연구들은 연령과 정적인 관계에 놓였다고 보고하고 있으나(Kim, 2007), 역 U자 관계를 보고하거나(김정은 외, 2017) 아무런 차이가 없다고 보고하는 연구(심재구 외, 2012)도 있었다. 셋째, 연령에 따른 변화를 전반적으로 살펴보면, 연령이 증가함에 따라서 긍정적인 변화도 있었으나 부정적인 변화도 있었다. 예를 들어 빈곤(강성호·조준용, 2016), 학력과잉상태(김주섭, 2002), 근로배제(강현정·김윤정, 2011) 등을 경험할 확률은 연령이 증가함에 따라 겪게 되는 부정적인 변화였으나 이직의도(박상현·곽대영, 2007), 스트레스(이정화·김지화, 2012)가 줄어든다는 변화는 인적자원관리 차원에서 긍정적인 변화였다. 전반적으로 연령이 증가할수록 전문직업의식(김동훈·손명주, 2015), 심리적 안녕감(김경희·김선희, 2016), 조직몰입(임동호·황지숙, 2014) 등 내재적 동기와 관련된 변수와 전반적인 성과(백유진·김언수, 2014; 신재웅·김문석, 2010)는 증가하는 것으로 나타

났지만 혁신적 행동과 관련된 성과(장윤섭·양준석, 2017; 채희원·송재용, 2009)는 감소하는 것으로 나타났다. 또한 훈련에 대한 만족도와 교육에 대한 필요성 인식은 높아지나(임소라, 2006; 홍석태·양해술, 2008) 실질적인 교육훈련 참여는 줄어든다는(이병훈, 2008) 연구결과도 있었다. 임금의 경우에는 중상위 분위의 경우에는 연령에 따라 임금이 늘어나나 하위 분위의 경우에는 연령에 따라 임금이 줄어드는 현상을 보였다(김유선, 2009).

3

인적자원관리 관점에서 인력의 고령화 및 연령에 대한 국외 연구의 현황

　앞장에서 인력의 고령화와 연령효과에 대한 국내 연구를 인적자원 관리 기능별로 묶어 정리하였다. 국내 연구의 현황을 살펴보면서 크 게 두 가지 측면이 부각되었다. 첫째, 국내 연구의 연구주제를 인적자 원관리 기능별로 나누어보니 정년연장, 퇴직제도, 은퇴연령, 고용안정 성과 같이 중고령자들을 위해 조직 내 경력을 늘리는 방법과 주된 경 력으로부터의 은퇴 후 재취업 가능성에 대한 논의 등 인력확보 분야 에 연구주제가 몰려 있었다(29.5%). 하지만 고령화된 인력구조는 인 적자원관리의 모든 기능에 영향을 주기 때문에 전사적 차원에서의 새 로운 접근이 요구된다(Hedge, Borman, & Lammlein, 2006; Rothwell, Sterns, Spokus, & Reaser, 2008; Shultz & Adams, 2009). 정년연장, 노 후준비 등 인력의 고령화라는 현상에 즉각적으로 연결되어 주로 논의 되는 이슈들을 넘어서 인력확보, 보상, 성과관리, 교육훈련, 경력개발, 복지 등 인적자원관리의 여러 기능에서 고령인력을 관리하는 방법을 모색하고 연구하는 것이 필요하다. 또한 인력의 고령화는 단순히 고 령노동자가 늘어난다는 현상을 묘사하는 것뿐만 아니라 조직 구성원의 연령구조가 바뀐다는 것을 의미하기 때문에, 고령노동자가 많아지는 맥락하에 상대적으로 젊은 노동자들의 관리도 함께 변해야 한다는 것을 시사하며 여러 연령대가 공존할 수 있는 새로운 인적자원관리 방법을 찾아봐야 한다는 것을 의미한다. 따라서 인력확보에 대한 연구에 집중되어 있는 현재까지 이루어진 국내 연구로는 다양한 인적자원관리 기능들을 고려하여 인력의 고령화에 대비하기 어려운 것이 현실이다. 이와 같은 이유로 인력의 고령화에 대해 연구가 오랜 기간 이루어져온 국외 논문들의 연구주제들을 살펴볼 필요가 있었다.

둘째, 연구주제에 대한 국내 연구 현황을 평가하면서 저자들의 주목을 끈 또 다른 부분은 인력의 고령화에 대한 대다수의 인적자원관리 연구에서 고령자의 특성을 설명하는 이론적 프레임이 거의 부재했다는 것이다. 많은 인사조직 분야 연구에서 연령을 핵심 변수가 아닌 주변peripheral 변수로 다루듯이(Lawrence, 1996) 대부분의 국내 인적자원관리 연구에서 연령은 성별과 함께 인적자원관리 결과 변인에 영향을 줄 수 있는 이론적인 의미가 없는 인구통계학적 변수로 취급하거나 핵심 변수들 간의 관계를 조명할 때 영향을 줄 수도 있는 조절변인 정도로 인식되었고 연령이 갖는 인과관계에 대한 고찰이 거의 이루어지지 않고 있었다. 이러한 이유 때문에 대부분의 실증연구들의 이론적 배경은 그 연구에서 살펴보는 핵심 변수에 대한 이론들로 채워졌다. 예를 들어 육창환·전인오(2014)는 연령을 포함한 창업가의 개인특성이 창업의지에 미치는 영향을 조사하면서 맥클러랜드(McClelland, 1961)의 욕구이론과 창업가의 특성에 대한 연구들을 바탕으로 가설을 세웠다. 따라서 연령에 대한 구체적인 이론적인 배경은 부재하였다. 대부분의 실증연구들은 이와 유사한 패턴을 보였다. 연령에 대한 이론적 배경을 제공한 예외는 정효채 외(2013), 이정숙·강기정(2015), 김정은 외(2017)의 연구 이렇게 세 편이었다. 정효채 외(2013)의 연구는 고령자의 특성에 대한 이론을 적용한 유일한 연구였다. 정효채 외(2013)는 연령이 직무만족에 미치는 영향을 살펴보며 사회 정서적 선택이론과 그간의 연령 효과 연구에 대한 메타분석 결과(Ng & Feldman, 2010)를 바탕으로 가설을 세웠다. 김정은 외(2017)는 수퍼Super의 생애주기에 대한 분류기준을 적용하여 연령대별 효과를 살펴보았다. 고령자의 특성에 대한 이론을 적용한 것은 아니나 연령대를 나누는 기준을 생애주기에 대한 이론에서 가져왔다는 점이 다른 연구들과 큰 차별점을 갖고 있었다. 이정숙·강기정(2015)은 고령자를 대상으로 연구를 진행하지는 않았으나 경력단절여성을 연구하며 생애주기이론을 적용하여 가설을 세웠다. 인생단계에 따른 변화과정을 고려했다는 측면에서 이 연구도 고령화에 대한 이론을 적용했다고 볼 수 있다. 이 세 연구 외에는 고령화에 대한 이론을 바탕으로 하는 국내 연구가 없었다. 하지만 교육훈련, 성과관리, 동기부여, 경력개발 등 인적자원관리의 여러 기능이 고령자들에게 어떻게 받아들여지고 또한 다른 연령대마다 어떠한 방식이 효과적인지를 알아보기 위해서는 이론을 바탕으로 한 연구 접근이 필요하다. 이와 같은 국내 연구 현황을 고려했을 때 인력의 고령화에 대해 연구가 오랜 기간 이루어져온 국외 논문들에서 적용된 연령에 대한 이론들을 정리하는 것이 필요하였다.

따라서 이번 장에서는 인적자원관리 기능에 해당하는 6개 영역 주제(인력확보, 교육훈련, 성과관리, 보상, 동기부여, 경력개발)에 대한 연구 주제와 이론적 관점에서 인력의 고령화 및 연령효과에 대한 국외 연구의 진행상황을 정리하여 보고하려 한다. 현재 국내에서 인력의 고령화에 대한 연구가 많이 이루어지지 않았다는 점을 고려했을 때 105편의 논문에 대한 분석만으로는 이론적으로 의미 있는 결과를 보고하기 어려웠던 만큼, 본 장의 목표는 차후 해당 분야에 대한 연구를 생각하고 있는 연구자들을 위해서 국외 인력의 고령화와 고령화 현상에 대한 폭넓은 문헌을 기준으로 연구주제별로 미흡한 부분을 파악하고 연구를 진행할 수 있는 방향을 제시하는 것이다.

1. 인력의 고령화 및 연령에 대한 국외 연구의 이론적 고찰

국내 연구에서 현재 가장 부족한 부분이 이론의 부재라고 판단하여 국외 문헌의 이론 현황부터 소개하려 한다. 이를 위해 〈표 3〉에서 40여 년간 평생발달심리학, 노인학 등의 분야에서 개발된 인적자원관리 차원에서 적용할 수 있는 고령화 과정과 특성에 대한 이론들을 정리하였다. 이 이론들은 지난 30여 년간 국외 문헌에서 여러 인적자원관리 기능에 적용되어 온 이론들로 각 이론을 이해하기 위해 핵심적으로 참고해야 하는 논문들, 그리고 각 이론에 대한 간략한 소개도 표에 포함하였다.

앞선 국내 연구 현황 보고에서는 연구주제별로 연령에 따라 증가하는 변수는 무엇이며 연령에 따라 감소하는 변수는 무엇인지를 정리하였다. 인력의 고령화를 이해하기 위해서는 연령에 따른 변화를 체계적으로 접근해야 할 필요가 있음에도 국내 연구에서는 이론적 접근이 거의 부재하였기 때문에 이론에 대한 고찰이 불가능하였다. 본 국외 연구 문헌 현황 보고에서는 연령에 따라 어떤 변수는 증가하고 어떤 변수는 감소하는지에 대한 이론적 근거를 정리하는 것을 목표로 한다. 〈표 3〉에서 정리한 대부분의 이론들은 개인의 연령이 증가함에 따라 신체적(선택, 최적화, 보상이론), 인지적(유동 지능과 결정적 지능이론), 감정적(사회 정서적 선택이론), 통제양식의 방법(전생애 제어이론),

〈표 3〉 고령화 과정 및 특성에 대한 이론

이론	이론이해를 위한 주요논문	이론에 의거한 고령자 특성
사회 정서적 선택이론	직무 관련 웰빙 설문	• 부정적인 감정을 빨리 잊고 긍정적인 감정을 오래 기억함. • 정서적 안정감을 주는 친밀한 사회관계가 정보 습득을 위한 관계보다 중요함. • 남은 시간이 살아온 시간보다 짧다고 인지하며 이에 따라 발전 중심이 아니라 예방 중심으로 행동함.
선택, 최적화, 보상이론	볼티즈와 볼티즈(1990), 볼티즈 외(1980)	• 노화로 인해 잃어버리는 능력 혹은 자원보다는 늘어나는 능력과 자원에 집중하며 자원의 유실을 다른 자원의 습득으로 보상함.
자아발달이론	에릭슨(1963)	• 생성감에 대한 욕구가 늘어남.
인생단계이론	르빈슨, 대로우, 클라인, 르빈슨, 매키(1978)	• 그간 쌓아온 경험과 정체성에 대해 성찰함.
경력단계모델	수퍼, 그리츠, 허멜, 모저, 오버스트릿, 워내스(1957) 혹은 수퍼 외(1957)	• 은퇴를 한 후 경력을 마무리해감.
미니사이클 경력모델	홀(2002)	• 인생 전반에 걸쳐서 짧은 경력개발주기를 반복함.
지속이론	애츌리(1989)	• 나이가 들어도 젊은 시절과 유사한 관계와 행동을 유지함.
인생여정이론	엘더(1998)	• 인생여정에 걸친 지속성과 변화가 반복되며 시간과 타이밍의 영향을 받음. • 인생의 전반에서 연결된 삶들linked lives의 영향이 중요함.
유동 지능과 결정적 지능이론	카텔(1963), 혼(1994)	• 유동 지능 능력은 줄어드나 결정적 지능 능력은 좋아짐.
누적적 이득과 불이익이론	대너퍼(2003)	• 인생의 초기 단계에서의 경험과 선택이 쌓이기 때문에 인생의 후기에는 개인차가 더 심해지게 됨.
연령계층이론	해지스테드, 얼런버그(2006)	• 인생의 초기 단계에서의 경험과 선택이 쌓이기 때문에 인생의 후기에는 개인차가 더 심해지게 됨.
전생애 제어이론	헥하우젠, 슐츠(1995), 헥하우젠 외 (2010), 슐츠, 헥아우젠(1996)	• 인생발달 단계에 따라 1차적 통제 양식(자기 주변 환경을 변화시키려는 행동양식)과 2차적 통제 양식(개인 스스로를 변화시키려는 행동양식) 적용 패턴이 달라짐. 일차적 통제 양식은 연령과 Inverted U-Shape 관계에 있고 이차적 통제 양식은 연령 증가에 따라 더욱 급격하게 증가함.

그리고 욕구(자아발달이론)의 변화가 왜 일어나는지에 대한 이유를 설명하고 있다. 또한 인생 전반을 보았을 때 변화와 지속성이 공존한다고 주장하고 있으며(인생여정이론) 연령 증가를 뛰어넘는 지속성도 존재한다(지속이론)고 주장한다. 반면 개인 차는 인생 전반에 걸쳐 경험의 축적과 성향의 지속성 때문에 점점 더 심화된다고 한다(누적적 이득과 불이익 이론). 그 외에도 연령의 증가와 긴밀하게 연결되어 있는 경력단계와 인생단계에 초점을 맞추어 인생단계별, 경력단계별 특성을 정리하기도 하였다(인생단계이론, 경력단계모델, 미니사이클 경력 모델). 마지막으로 사회적인 차원에서 구성원들을 분석해보았을 때 연령별로 차지하는 공간과 시간의 차가 존재한다고 한다(연령계층이론). 이와 같은 이론들은 다양한 인적자원관리 기능과 연결되어 연구가 진행되어 왔다.

구체적으로 연령이 증가함에 따라서 신체의 전반적인 기능은 떨어지게 되나 자신이 잘 수행할 수 있는 과업과 그렇지 않은 과업을 잘 분별할 수 있기 때문에 잘하는 과업을 선택하고 그 과업 수행의 최적화를 이루는 것을 더 잘하게 된다. 또한 잘하는 과업으로 잘 수행하지 못하는 과업을 보상할 수 있는 요령도 많이 생기게 된다(선택, 최적화, 보상이론; Baltes & Baltes, 1990; Baltes, Reese, & Lipsitt, 1980). 따라서 전반적인 신체적 기능은 떨어질 수 있으나 이에 따른 과업에 대한 부정적인 영향은 생각보다 크지 않을 것이라고 주장한다. 이와 유사하게 전생애 제어이론(Heckhausen & Schulz, 1995; Heckhausen, Wrosch, & Schulz, 2010; Schulz & Heckhausen, 1996)은 나이가 들어갈수록 환경의 변화를 통해 상황을 변화시키려는 1차적 통제 양식보다 자신의 내부 인식을 변화시키려는 이차적 통제 양식의 활용이 빈번하게 일어나기 때문에 인지적 차원에서는 연령이 증가함에 따라 유동 지능은 줄지만 결정적 지능은 더 늘어난다고 한다(Cattell, 1963; Horn, 1994). 따라서 유동 지능을 통해 얻게 되는 새로운 상황에서 대응할 수 있는 임기응변 능력과 관련된 과업들은 수행이 어려울 수 있으나 그간의 축적된 경험과 문화에서 요구되는 행동 패턴 등과 연결되어 있는 결정적 지능에 직접적인 영향을 받는 과업들은 고령노동자가 더 잘 수행할 수 있다고 한다. 고령자가 젊은이들에 비해 갖고 있는 가장 큰 장점은 감정적 차원에서 나타난다. 사회 정서적 선택이론에 따르면(Carstensen, 1995, 2006) 연령이 증가할수록 부정적인 감정을 빨리 잊고 긍정적인 감정을 오래 기억하게 되기 때문에 긍정적인 정서를 느끼는 기간이 더 길어진다고 한다. 또한 정서적 안정감을 주는 친밀한 사회관계가 정보 습득을 위한 넓은 관계보다 중요하게 되어 친밀한 사회관계를 통해 얻는 만족감이 더 높다고 한다. 사회 정서적 선택이론은 감정적 변화 외에도 시간 인식에 따른 변화도 설명하고 있는데 남은 시간이 살아온 시간보다 짧다고 인지하며 이에 따라 발전 중심이 아니라 예방 중심으로 행동하게 된다고 한다. 연령의 변화는 개인의 욕구에도 변화를 주게 된다. 생애주기에 따라 욕구의 변화를 살펴본 자아발달이론(Erikson, 1963)에 따르면, 인생의 중후반부에 들어올수록 생성감generativity 욕구가 강해지게 되어 자신의 후손을 돌보고 육성하기를 원하며 자신의 발자취를 죽기 전에 남기는 것에 초점을 맞추게 된다고 한다. 이와 같은 자아발달이론을 바탕으로 레빈슨 등(Levinson et al. 1978)은 인생단계이론을 창시하여 생성감에 초점을 맞춘 고령자가 그간의 경험과 정체성에 대해 성찰하는 데 많은 시간을 보내게 된다고 정리하였다.

위 7개의 이론은 모두 심리학을 기반으로 하는 이론으로 연령이 증가함에 따라 나타나게 되는 변화에 초점을 맞추었다. 하지만 연령에 따른 발달상의 변화 외에도 고령노동자는 사회라는 맥락 속에서 살아가기 때문에(Elder, Johnson, & Crosnoe, 2004) 좀 더 넓은 사회 차원에서 연령의 효과를 살펴볼 필요가 있다. 이러한 목적을 위하여 인적자원관리 차원에서 주로 인용되는 사회학적 접근법을 기반으로 하는 이론에는 인생여정이론과 지속이론이 있다. 지속이론(Atchley, 1989)은 성격과 같은 요인들은 나이가 들더라도 지속성 있게 유지된다고 말하고 있다. 인생여정이론(Elder, 1998)은 인생 전반을 살펴보았을 때 변화가 일어나는 부분이 있지만 동시에 지속성을 갖고 유지되는 부분도 있다고 주장한다. 추가로 연령이 증가하면서 개인들 간의 차가 심화된다고 주장하는 누적적 이득과 불이익 이론(Dannefer, 2003)은 개인들마다 고유한 경험을 인생 전반에 걸쳐서 하게 되고 자신이 갖는 성향을 바탕으로 의사결정을 해나가기 때문에 개인들 간의 차가 나이가 많을수록 심해진다고 주장한다. 이 이론 역시 사회학에서 처음 나온 이론으로 빈부의 격차가 연령이 높아질수록 심해지는 것에 대한 이유도 본 이론으로 설명하고 있다.

사회학적 접근을 바탕으로 나온 마지막 이론은 연령계층이론(Hagestad & Uhlenberg, 2006)이다. 이 이론은 지역별로 연령대가 낮은 구성원들이 많은 곳과 연령대가 높은 구성원들이 많은 곳이 각기 다르다고 설명하며 동일한 공간이라도 시간대에 따라 그 공간을 차지하는 사람들의 연령대가 달라진다고 한다. 예를 들어 지하철의 경우, 출퇴근 시간대에는 한창 경제 활동에 참여하는 20~40대가 많이 있으나 점심시간 혹은 오후 시간대에는 지하철이라는 공간을 차지하는 연령대가 더 높아지게 된다고 한다. 대한민국을 분석해볼 경우, 대학가의 평균 연령은 낮지만 농촌의 평균 연령은 높다는 현상도 본 이론을 통해 설명할 수 있다.

심리학적 기반과 사회학적 기반을 바탕으로 한 위의 이론들 외에도 인사조직 분야에서 자생된 이론들도 인적자원관리 이슈와 연결되어 국외 문헌에서 다루어지기도 했다. 경력단계모델(Super, Crites, Hummel, Moser, Overstreet, & Warnath, 1957)과 미니사이클 경력모델(Hall, 2002)이 대표적인 예다. 경력의 단계를 조사하는 것을 목표로 한 이 두 이론들은 경력주기에 따라 개인의 경력 목표가 어떻게 달라지는지를 살펴보는 이론들이다. 경력단계모델은 르빈슨 등(Levinson et al., 1978)과 유사하게 전 생애를 놓고 보았을 때 연령에 따라서 경력 목표가 달라진다고 주장한다. 전통적인 경력개발모델에 따르면, 개인의 경력 단계는 0~14세에 성장하고, 15~24세에 진로를 탐색하며, 25~30세에 시행착오 시기를 겪고, 31~44세에 주된 경력 안에서 배우며 정착하고, 45~64세에 44세까지 배우고 닦아놓은 입지를 유지하며, 65세 이상에는 경제활동에서 떠나가는 쇠퇴의 단계로 구성된다고 한다(Super et al., 1957). 하지만 고령화 사회가 도래할수록 사람들은 자신의 능력을 한 분야 안에서 발휘하는 것에 만족을 느끼지 않게 되며, 조직이 정의내리는 경력 단계를 따르기보다 본인이 주도적으로 정의하는 경력 단계를 밟고 싶어 하는 욕구가 상승한다(Hall, 1986). 그렇기 때문에 전통적인 경력개발모델이 아닌 새로운 경력개발 방식이 필요하다. 홀(Hall, 2002)은 수퍼 등(Super et al., 1957)이 제시한 경력 단계가 짧은 주기로 반복되는 경력 미니사이클career mini-cycles 모델을 제시하였다. 홀(Hall, 2002)은 현대 경력은 시도기, 성장기, 그리고 유지기를 여러 번 반복하는 형태를 띤다고 한다. 한 번 선택한 경력을 전생애에 걸쳐서 따르는 것이 아니라 끊임없는 배움의 과정으로 새로운 직무, 직업, 혹은 경력을 추구하면서 성장하고 유지하기를 반복한다고 한다. 특히 평균수명이 길어지기 시작하면서 제2의 인생, 이모작 인생 등의 용어가 나타나는 등 평생 하나의 경력을 갖는 경우는 드물기 때문에 미니 사이클 경력모델의 일반화가 진행되고 있다고 한다.

지금까지 살펴본 다양한 이론들은 국외 문헌에서 인력의 고령화와 고령자에 대한 연구를 진행할 때 자주 적용되어 왔으며 동기부여, 교육훈련과 같은 인적자원관리의 기능별 프로그램의 구성에 대한 이론적 근거를 제공해주었다.

2. 인력의 고령화 및 연령에 대한 국외 연구의 연구주제 정리

그렇다면 국외 연구들은 위와 같은 이론들을 구체적으로 어떻게 적용하여 연구를 진행하여 왔을까? 이에 대한 답을 찾기 위해 본 절에서는 국내 연구 현황 때 적용한 인적자원관리 기능별 연구주제를 끌어와서 국외 연구에서는 각 연구주제에 대해 어떠한 이론을 바탕으로 연령에 따른 차이를 반영한 연구를 진행하였는지를 정리하려 한다. 국외 문헌이 각 이론을 어떠한 연구주제와 연결시켜 진행해왔는지에 대한 정리는 국내 연구의 현황을 평가하는 데 큰 도움을 줄 수 있기 때문에 국외 문헌 내 구체적인 연구주제에 대한 정리는 현재까지의 국내 문헌에 대한 평가와 향후 연구 방향에 대한 제언과 밀접한 관계가 있었다. 따라서 다음 절에서 이론 및 연구주제 차원에서 국내 연구의 현황을 평가하고 동시에 향후 방향에 대해 제언을 할 때 국외 문헌에 대한 구체적인 예시들을 언급할 계획이다. 따라서 보다 효율적인 논의를 위해 본 절에서는 〈표 4〉에 국외 문헌에서 고령화에 대한 이론들을 어떠한 주제에 접목시켜 연구해왔는지에 대한 내용을 정리하는 것으로 한정짓는다.

〈표 4〉국외 연구의 연구주제 및 이론 현황

연구 주제	소주제	국외 연구 사례	이론 적용 방법
인력 확보	이직의도	재니보니, 트룩실로, 프라카롤리(2013)	사회 정서적 선택이론과 선택, 최적화, 보상이론을 바탕으로 직무 다양성이 이직의도에 미치는 부정적인 영향은 낮은 연령대에서 더 강하게 나타나지만 스킬 다양성이 이직의도에 미치는 부정적인 영향은 높은 연령대에서 더 강하게 나타나는 현상을 설명함.
		재커, 프레즈(2011)	선택, 최적화, 보상이론을 바탕으로 연령이 경력에서 남은 시간에 미치는 부정적인 영향이 선택, 최적화, 보상 전략 활용도에 따라 줄어들 수 있다는 것을 설명함.
	은퇴 후 취업 여부(징검다리 고용 및 점진적 퇴직제도)	김성수, 펠드만 (2000)	지속이론을 바탕으로 징검다리 고용 형태로 일을 지속하는 이유를 설명하고 또 삶 전반에 대한 만족도도 높아진다는 것을 설명함.
		본 돈즈도르프, 슐츠, 레스키넨, 탠스키(2009)	지속이론과 인생여정이론을 바탕으로 징검다리 고용을 하게 되는 원인을 분석함.
		카힐, 지안드레아, 퀸(2013)	인생여정이론을 바탕으로 건강 상태, 경제적 상황, 결혼 유무, 배우자의 상황이 징검다리 고용 여부에 미치는 영향을 설명함.
		고베스키, 비어 (2009)	지속이론을 바탕으로 주된 경력에서 직무 스트레스 수준, 경력 몰입도, 직무 특성 등이 징검다리 고용 형태에 미치는 영향에 대해 설명함.
	은퇴시기	레모, 워런, 스위니, 하우저, 호 (2011)	누적적 이득과 불이익 이론을 바탕으로 인생의 초기단계에서 실직을 당하거나 안 좋은 직업을 갖게 될 경우 재정적 상황이 은퇴연령이 되어도 좋지 않을 것이기 때문에 은퇴 가능성이 낮다는 것을 설명함.
동기 부여	동기부여 요인	모바락(1995)	자아발달이론을 적용하여 고령노동자의 동기부여 요인 중 생성감 요인을 추가하여 분석함.
		홀, 머비스(1995)	인생단계이론을 바탕으로 고령노동자가 해당 경력단계에서 자아통합에 대한 동기부여 욕구가 더 강할 것이라고 주장함.
		캔퍼, 아커만 (2004)	선택, 최적화, 보상이론, 사회 정서적 선택이론, 자아발달이론, 인생단계모델 등 여러 이론을 바탕으로 고령노동자의 동기부여 수준이 다른 연령대의 노동자들에 비해 낮지 않다고 정리함. 고령자는 유동 지능보다는 결정적 지능을 활용한 직무에서 동기부여를 느끼고 성과를 낳을 수 있다고 주장함.
		쿠이즈, 드란지, 잰슨, 칸퍼, 디커즈 (2011)	선택, 최적화, 보상이론, 전생애 제어이론 등과 동기부여에 대한 이전 연구들을 바탕으로 동기의 종류를 성장 동기, 사회적 동기, 그리고 안정성 동기, 내재적 동기와 외재적 동기로 나누어봄.
		인세오글루, 세저스, 바트람(2012)	자아발달이론과 사회 정서적 선택이론을 바탕으로 연령 증가에 따른 동기부여 요인 변화를 살펴봄. 연구결과, 경쟁심, 성취욕, 성장욕구 등은 나이가 들며 낮아지고 개인의 원칙, 관심사, 유연성, 그리고 자율성은 나이에 따라 증가한다고 밝힘.

〈표 4〉 국외 연구의 연구주제 및 이론 현황

연구주제	소주제	국외 연구 사례	이론 적용 방법
동기부여	동기 감소 요인 (스트레스)	웡, 쇼보(2017)	인생여정이론을 바탕으로 젊은 나이에 은퇴를 한 사람이 나이가 들어 은퇴를 한 사람보다 일상생활에서 받는 스트레스가 더 클 것이라고 예상함.
		허틀, 하우쉔바흐, 티엘겐, 크룸(2015)	전생애 제어이론을 바탕으로 고령노동자의 경우 스트레스를 받는 상황에서 젊은 노동자에 비하여 문제 중심 대처 전략과 감정 중심 대처 전략을 더 많이 쓰는 현상을 설명함.
성과관리	전반적으로 낮아지는 성과	재커, 휴즈너, 슈미츠, 쥐어잰스카, 프레즈(2010), 재커, 프레즈(2011)	사회 정서적 선택이론을 바탕으로 연령의 증가에 따라 경력에서 남은 시간이 줄어든다고 인식하게 되는 것은 발전 중심이 아닌 예방 중심으로 행동하게 만들며 결국 직무성과에 부정적인 영향을 준다고 함. 하지만 직무복잡성이 높은 직무의 경우에는 직무복잡성이 낮은 직무일 때보다 나이가 직무성과에 주는 부정적인 영향이 약해지게 됨. 선택, 최적화, 보상이론을 바탕으로 연령이 경력에서 남은 시간에 미치는 부정적인 영향이 선택, 최적화, 보상 전략 활용도에 따라 줄어들 수 있다는 것을 설명함.
	직무에 따라 성과가 높아지기도 하고 낮아지기도 함 (맞춤형 직무 설계 필요)	니그, 펠드만(2013b)	유동 지능과 결정적 지능에 대한 이론과 선택, 최적화, 보상이론을 바탕으로 사회의 선입견과 달리 고령노동자가 나이가 적은 노동자에 비해 혁신 관련 행동을 적게 하는 것이 아니라는 결과를 설명함. 동일 이론에 따르면 창의성 측면에 있어서는 연령과 부정적인 관계를 보이나 고령노동자가 축적한 절차적 지식과 선언적 지식은 직무에 대한 이해도와 직무 수행 절차에 대한 이해도를 높이기 때문에 (Anderson, 1993) 상대적으로 낮은 창의성을 보상할 수 있어서 혁신 관련 행동이 가능하다고 설명함.
		캔퍼, 아커만(2004)	유동 지식과 결정적 지식이론을 바탕으로 유동 지식과 관련된 직무는 노력에 비해 그 성과가 낮겠지만 결정적 지식을 바탕으로 하는 경험 위주의 직무에서는 들인 노력에 비해 젊은이들보다 더 높은 성과를 낼 수 있을 것이라 설명함.
		트루실로, 카디즈, 리니어, 재니보이, 프라카롤리(2012), 고베스키, 비어(2009)	유동 지식과 결정적 지식이론, 사회 정서적 선택이론, 선택, 최적화, 보상이론 등을 바탕으로 직무특성이론의 직무다양성, 직무 자율성, 직무 중요성, 전문성, 스킬 다양성이 높을수록 고령노동자의 만족도, 몰입도, 그리고 성과가 높아진다고 설명함. 지속이론을 바탕으로 주된 경력에서 직무 스트레스 수준, 경력 몰입도, 직무 특성 등이 징검다리 고용 형태에 미치는 영향에 대해 설명함.
		니그, 펠드만(2013a)	사회 정서적 선택이론과 유동 지식과 결정적 지식이론, 그리고 추가로 성격심리학의 연구결과를 근거로 고령노동자의 경우 조직시민행동과 같은 직무 외 생산성을 높일 것이라고 설명함.
	낮아지는 성과를 보상할 수 있는 전략 활용 방안	웨글, 뮬러, 호닝, 재커, 앙게러(2013)	선택, 최적화, 보상이론을 바탕으로 연령이 물리적, 심리적 직무 요구를 수행하는 능력에 미치는 부정적인 영향이 선택, 최적화, 보상 전략의 활용도에 따라 줄어들 수 있다는 것을 설명함.

〈표 4〉 국외 연구의 연구주제 및 이론 현황

연구주제	소주제	국외 연구 사례	이론 적용 방법
보상	불균등한 보상	브랭크(2011)	연령계층이론을 적용하여 연령별로 차지하는 공간의 차가 일터에 존재하는 고령노동자에 대한 편견과 차별을 더 심화시킨다고 설명함.
	맞춤형 복리후생제도	벌, 드종, 잰슨, 바커 (2012)	인생여정이론을 바탕으로 젊은 나이에 은퇴를 한 사람이 나이가 들어 은퇴를 한 사람보다 일상생활에서 받는 스트레스가 더 클 것이라고 예상함.
		김나정, 고든(2014)	인생단계이론을 바탕으로 인생의 후반부에 적합한 워크라이프밸런스를 위한 제도(예: 고령자의 노부모 봉양 혹은 건강이 좋지 않은 배우자 돌봄에 대한 복지제도)가 고령노동자가 추구하는 급여 외 요인들이라고 설명함.
		코젝, 톰슨, 라우취 (2015)	인생단계이론을 근거로 인생단계에 따라서 '라이프' 이슈가 달라지기 때문에 개인이 추구하는 복지도 달라진다는 것이라 주장함.
	맞춤형 복리후생제도	볼티즈, 영(2009)	인생여정이론과 인생단계이론을 적용하여 노부모 및 고령의 배우자를 돌보면서 동시에 손주 혹은 자녀를 돌봐야 하는 샌드위치 세대를 위해 노인봉양을 위한 그룹 세미나 및 상담 등의 복리후생제도를 기업에서 도입의 필요성을 강조함.
		호닝, 루소, 글레이저(2008)	선택, 최적화, 보상이론을 바탕으로 연령이 경력에서 남은 시간에 미치는 부정적인 영향이 선택, 최적화, 보상 전략 활용도에 따라 줄어들 수 있다는 것을 설명함.
교육훈련	자신에 대해 부정적으로 인식하고 있는 고령노동자를 위한 교육 프로그램	체리, 폴모어(2008), 르비(2001, 2003)	자아발달이론을 적용하여 고령노동자의 동기부여 요인 중 생성감 요인을 추가하여 분석함.
		모러(2001)	특정 연령에 대한 차별 문헌과 사회적 상황을 고려하여 고령노동자가 자기계발에 대한 부정적인 태도를 형성하게 되는 이유를 주변 환경과 사회의 선입견에서 비롯된다고 정리함.
	다른 연령대가 고령노동자에 갖고 있는 편견을 극복하는 교육훈련 프로그램	암스트롱–스타센, 템플러(2005), 로레토, 와이트 (2006), 무디 (2076), 스턴즈 (1986)	인생여정이론을 바탕으로 젊은 나이에 은퇴를 한 사람이 나이가 들어 은퇴를 한 사람보다 일상생활에서 받는 스트레스가 더 클 것이라고 예상함.
		밴비어넨, 달회븐, 드파터(2011)	연령차별 문헌을 바탕으로 고령자의 배움에 대한 태도는 상사의 종업원 자기계발에 대한 후원 인식 정도와 상사의 나이에 따른 배움 태도에 대한 선입견의 영향을 받는다는 결과를 설명함.
	고령노동자를 위한 맞춤형 교육훈련 프로그램	샤핀, 할로(2005)	연령에 대한 차별의 원인을 분석하는 문헌과 고령자의 특성에 대해 설명하는 여러 이론들을 바탕으로 고령자가 컴퓨터를 배우는 프로세스를 조명함.

〈표 4〉 국외 연구의 연구주제 및 이론 현황

연구 주제	소주제	국외 연구 사례	이론 적용 방법
교육 훈련	고령노동자를 위한 맞춤형 교육훈련 프로그램	샤핀, 할로(2005)	연령에 대한 차별의 원인을 분석하는 문헌과 고령자의 특성에 대해 설명하는 여러 이론들을 바탕으로 고령자가 컴퓨터를 배우는 프로세스를 조명함.
		무디(1976)	누적적 이득과 불이익 이론과 인생여정이론을 바탕으로 고령노동자의 다양한 유형에 초점을 맞추어 고령노동자의 훈련은 모든 고령노동자가 동일하다고 접근하지 않고 다양성을 고려하여 훈련을 제공해야 한다고 주장함.
		라자짜라, 카핀스카, 헨젠스(2013)	나이가 적은 노동자의 경우에는 자신이 갖지 못한 기술과 역량을 습득하기 위해서 훈련에 임하지만 고령노동자의 경우에는 성과를 잘 내는 노동자일수록 배움에 대한 열망이 강하며 교육훈련 프로그램을 많이 이용한다는 것을 밝힘. 따라서 고령노동자의 교육훈련 욕구의 원인에 맞추어 비고령자와 다른 교육훈련법을 개발해야 함. 이와 같은 연구결과는 누적적 이득과 불이익 이론과 인생여정이론 그리고 무디(1976)의 제언을 통해 설명 가능함.
경력 개발	미니사이클 패턴	김나정, 홀(2013)	미니사이클 경력모델과 경력단계모델을 바탕으로 고령노동자가 인생의 후반부에 따를 수 있는 경력 패턴을 살펴봄.

4

인력의 고령화에 대한 국내 인적자원관리
연구평가 및 향후 연구를 위한 제언

앞장에서 지난 40여 년간 국외에서 이루어진 연령효과 및 고령화 과정에 대한 이론들과 연구들을 정리하였다. 이를 바탕으로 본 장에서는 먼저 구체적으로 이론들을 적용한 국외 문헌의 사례들을 살펴보고 국내 연구의 현황을 평가하며 향후 국내 연구가 나아갈 수 있는 방향에 대해 고민해보려 한다. 국외에서 논의된 고령화 과정과 현상에 대한 여러 학문 분야들을 아울러 고려한 만큼 국내 인력의 고령화에 대한 인적자원관리 연구의 현황과 이론에 근거하여 앞으로 나아갈 방향을 제시하는 데는 적합한 절차일 것이다. 하지만 개인의 고령화 과정은 인간발달 과정 측면에서는 보편적일 수 있으나 사회의 연결된 관계들의 영향을 받기 때문에(Elder et al., 2004) 한국사회 속에서 고령화 이슈가 갖는 의미를 조명하고 이를 반영한 인력의 고령화 대상 인적자원관리 연구가 진행되어야 할 것이다. 따라서 이번 장에서는 국내 연구가 이론과 연구주제 차원에서 어떠한 방향으로 나아갈 수 있는지에 대한 정리(4.1) 외에도 한국사회의 특수성을 고려하기 위해 고령화 차원에서 한국사회를 분석하고(4.2) 한국에서 어떤 그룹을 고령노동자라고 칭하는지, 고령자에 대한 다른 세대의 인식은 어떠한 지를 살펴본다(4.3). 마지막으로 이와 같은 한국 고령노동자의 특수성 이 향후 국내 인적자원관리 연구에 반영될 수 있는 실무적인 방법들 에 대해 제언한다(4.4).

1. 국외 문헌 고찰을 바탕으로 고령화에 대한 이론에 근거한 국내 문헌의 연구 방향에 대한 제언

인력확보: 징검다리 고용과 점진적 퇴직제도

기존 국내 연구에서도 은퇴와 퇴직연령에 대한 논의는 앞서 살펴본 바와 같이 적극적으로 이루어져왔다. 하지만 은퇴연령, 정년연령을 높 이는 정책적인 접근 혹은 개인 차원에서 은퇴 후 노후 준비를 하는 상 황에 대한 연구가 주로 이루어졌을 뿐 기업 입장에서 퇴직예정자의 퇴직 후 취업을 돕는 아웃플레이스먼트outplacement를 논의하는 연구 나 주된 경력에서 퇴직 후 새로운 직장을 구하는 고령자의 경력개발 에 대한 연구는 미흡한 편이다(권대봉·김재현·이형민·이윤수, 2012). 하 지만 인력의 고령화에 대해 좀 더 긴 기간 동안 고민해 온 국외 연구 들에서는 기업에서 적용할 수 있는 인적자원관리 프로그램인 아웃플 레이스먼트의 일환으로 점진적 퇴직제도phased retirement를 살펴보는 연구들이 활성화되어 있으며 주된 경력에서 퇴직 후 개인이 취택할 수 있는 고용 형태의 다양한 선택지를 살펴보는 징검다리 고용bridge employment에 대한 논의가 활발히 이루어지고 있다(예: Kim & Feldman, 2000).

징검다리 고용 형태는 주된 경력을 떠나는 순간부터 더 이상 경제

활동을 하지 않는 상태 사이에 이루어지는 여러 종류의 고용 형태를 의미한다(Shultz, 2003). 징검다리 고용에 대한 연구들에 따르면(Cahill et al., 2013; Wang, Zhan, Liu, & Shultz, 2008) 주된 경력을 떠나며 개인이 취할 수 있는 선택은 다음 네 가지 형태로 나뉜다. (1) 본인의 주된 경력과 연결되어 있는 일을 시간제근무, 자영업 등의 형태로 지속하는 방법으로 경력 내 징검다리 고용이라고도 불리며 본인의 전문 분야 혹은 전문 산업에서 일을 지속하는 모습으로 나타난다. 보험회사에서 근무하던 상무가 퇴직 후 개인 보험 컨설팅 회사를 차려 일을 하는 경우, 게임회사에서 아트디렉터로 일하던 게임 원화가가 퇴직 후 계약직 형태로 게임원화 일을 지속하는 경우 등이 경력 내 징검다리 고용의 예라 할 수 있다. (2) 본인의 주된 경력과 상관없는 분야 및 산업에서 일을 하는 형태로 경력 밖 징검다리 고용이라 불린다. 무역회사 부장이 퇴직 후 강원도 홍천에 펜션을 짓고 펜션 자영업을 시작하는 경우, 숙련노동자로 자동차부품 회사에서 일을 하던 조장이 퇴직 후 과일음료 프랜차이즈 영업권을 따서 가게를 오픈하는 경우 등이 경력 밖 징검다리 고용 형태의 예일 것이다. (3) 주된 경력에서 퇴직 후 경제활동을 하지 않다가 일정 시기 후에 일을 다시 시작하는 노동시장 재진입의 경우도 있을 수 있다. (4) 마지막으로 주된 경력에서 은퇴 후 경제활동을 전혀 하지 않는 경우가 있다. 마지막 두 상황의 경우에는 주요 경력에서 은퇴 후 바로 재취업이 필요하지 않는 경우이기 때문에 엄밀히 징검다리 고용의 형태는 아니지만 중고령자가 어느 선택을 하는지를 살펴보기 위해 선택지의 하나로 추가하여 다항 로지스틱 회귀 분석기법multinomial logistic regression을 적용한 연구가 많다(예: Cahill et al., 2013; Gobeski & Beehr, 2009; von Bonsdorff et al., 2009).

징검다리 고용으로 경제활동을 지속하는 고령노동자와 완전한 은퇴full retirement를 계획하는 고령노동자의 수요를 예측하고 준비할 수 있기 위해서는 징검다리 고용 유형의 결정요인을 살펴보는 것이 중요하다. 기업의 입장에서 경력 내 징검다리 고용을 원하는 고령노동자는 상대적으로 저임금을 지불하며 경험이 많은 사람을 지속적으로 고용할 수 있는 기회이기 때문에 이와 같은 연구주제들은 인적자원관리 차원에서 큰 실무적 의의를 가질 것이다.

징검다리 고용 형태의 결정요인에 대한 국외 연구에서는 지속이론과 인생여정이론, 그리고 누적적 이득과 불이익 이론 등을 근거로 연령, 성별, 교육 수준 등 인구통계학적 변수는 물론이고 건강상태, 경제적 상황, 결혼유무 및 배우자의 상황(Cahill et al., 2013; von Bonsdorff et al., 2009; Weckerle & Shultz, 1999), 주된 경력에서 직무 스트레스 수준, 경력 몰입도, 직무 특성(Gobeski & Beehr, 2009) 등이 징검다리 고용 형태에 미치는 영향에 대해 살펴보았다. 물론 국가별 고유한 환경 문화 등의 특수성 때문에 타국에서 진행된 연구가 국내에 그대로 적용되는 데 어려움이 따를 것이다. 하지만 이와 같은 국외 연구결과들은 국내 고령노동자들의 징검다리 고용 형태의 결정요인을 연구하는 것에 도움을 줄 수 있을 것이다. 또한 지속이론과 인생여정이론은 해당 그룹의 연결된 삶들과 지속성 있는 요인들에 주목할 수 있게 하며 누적적 이득과 불이익 이론은 고령자들의 극심한 빈곤차를 설명하는 데 도움이 되기 때문에 은퇴 후 생계를 위한 취업 유무까지도 설명할 수 있을 것이다. 하지만 현재로서는 이 영역에 대한 국내 연구가 미흡한 것으로 보인다.

또한 인적자원관리 차원에서는 은퇴를 앞둔 고령노동자들이 어떠한 직무에 매력을 느끼는지를 조사하는 것도 경험이 많고 유연근무제를 자발적으로 원하는 인력확보에 도움이 될 수 있을 것이다. 징검다리 고용과 관련하여 라우와 아담즈(Rau & Adams, 2005)는 징검다리 고용을 고려하는 고령노동자를 모집할 수 있는 방법에 대해 조사를 해본 결과, 모집공고문에 유연근무제와 고용평등기회의 이슈가 언급된 경우 징검다리 고용직에 지원욕구를 높이는 효과가 있음을 밝혔다. 재니보니 외(Zaniboni et al., 2013)는 사회 정서적 선택이론과 선택, 최적화, 보상이론을 직무특성모델job characteristics model에 적용하여 고령자와 비고령자가 추구하는 직무 유형에 대해 분석을 진행한 결과, 직무 다양성은 비고령자들의 이직의도를 줄이고 직무소진을 줄인 반면, 스킬다양성은 고령자의 이직의도를 훨씬 더 많이 줄였다고 밝혔다.

또한 재커와 프레즈(Zacher & Frese, 2011)은 선택, 최적화, 보상이론을 바탕으로 연령이 높을수록 남은 경력의 기간이 줄어든다고 인식하기 때문에 은퇴를 생각하게 된다고 설명하고 있다. 이와 같이 고령화에 대한 다양한 이론들은 고령노동자가 점진적 퇴직제도, 징검다리 고용 등의 형태로 경제활동을 지속하는지 아니면 은퇴를 하는지 그리고 어느 시기에 은퇴를 하는지 등에 대한 인력확보 이슈에 대한 이론적 프레임을 제공하고 있다. 따라서 40대 이상의 노동자가 주된 경력을 떠나 새로운 직장을 찾는 것이 더 이상 신기한 일이 아닌 사회가 다가오고 있는 한국사회에서 국내기업들에서도 이와 같이 고령화에 대한 이론을 근거로 한국 고령노동자들이 선호하는 직무 조건을 분석하여 이들을 채용하고 모집하는 데 도움이 되는 직무설계 및 채용공고 방법을 모색하는 것이 필요할 것이다.

점진적 퇴직제도는 큰 그림 안에서는 징검다리 고용 형태 중 경력 내 고용 형태와 동일할 수 있으나 개인 입장에서 선택지 중 하나로써가 아니라 기업의 입장에서 현직이 주된 경력인 사람들을 위해 그들이 경력의 다음 단계로 넘어가는 상황에서 완전한 은퇴 전에 어떠한 일자리를 종업원에게 제시할 수 있는지를 고민하는 문제이기 때문에 인적자원관리 차원에서 독자적인 연구주제로 볼 수 있다. 더구나 기업 입장에서 점진적 퇴직제도 도입을 위해서는 연금제도과 복지 등과 연결시켜 프로그램을 설계해야 하기 때문에(Johnson, 2011) 점진적 퇴직제도는 인적자원관리 차원 및 고용관계 차원에서 모두 의미가 있는 연구주제이다. 예를 들어 의료기기를 만드는 기업에서 대체하기가 어려운 특수기기를 제작하는 숙련노동자 및 연구인력이 정년에 다다르고 있을 때 이들이 공식정년 후부터 경제활동을 멈추기 전까지 본인들의 경험과 지식을 전달해줄 수 있는 컨설턴트직, 일용직, 파트타임직을 맡아 활동을 할 수 있도록 노후설계 재무상담 프로그램 제공 등 다양한 복지를 연결하는 형태가 점진적 퇴직제도의 일환이라 할 수 있을 것이다.

점진적 퇴직제도의 가장 큰 특징은 단계적으로 근로시간을 줄여나가는 방식이라는 점이다. 점진적 퇴직제도가 활성화되기 위해서는 연금제도와의 연계가 필수적이라 외국에서는 국가의 사회보장 정책으로 점진적 퇴직제도를 지원하고 있다. 예를 들어 독일의 경우, 고령자 파트타임근로법을 제정하여 고용주와 근로자간의 합의에 따라 55세 이후 일정 시점부터 근로시간을 줄여나갈 수 있게 하고, 근로시간 단축으로 인해 줄어드는 임금과 연금상의 불이익은 고용주가 보전해주는 정책을 실시하고 있다(이정우, 2015). 하지만 고용주 입장에서 어떠한 형태의 점진적 퇴직제도가 전문 인력활용에 도움이 될지에 대한 고민은 인적자원관리 차원에서 적합한 연구주제라 할 수 있다. 따라서 지속이론과 인생여정이론 등 한국 고령노동자 고유의 특성을 반영하여 기업의 인사관리담당자 입장에서 점진적 퇴직제도를 국내기업에 적용할 수 있는 방법에 대한 연구를 진행하는 것이 필요할 것이다.

동기부여: 이론을 바탕으로 한 연령차 동기부여

인적자원관리 차원에서 몰입도를 높이는 방법이 종업원의 성과를 높일 수 있는 중요한 기능을 하기 때문에 조직몰입, 직무몰입, 자기효능감 등의 동기부여 변인들을 국내 연구에서 조사해왔다(예: 심재구 외, 2012; 임동호·황지숙, 2014). 하지만 이들 연구는 모두 특정직업군을 대상으로 하여 동기부여가 연령에 따라 높은지 낮은지를 살펴보는 연령차 연구들이다. 예를 들어 임동호·황지숙(2014)은 요양보호사들에 대한 연구를 진행한 결과 40대 이하와 50대, 그리고 60대를 비교해본 결과 나이가 많을수록 조직몰입이 높아진다는 것을 밝혔다. 김경희·김선희(2016)는 21~30세, 31~40세, 41세 이상의 보육교사들을 비교한 결과, 나이가 많을수록 자기효능감과 심리적 안녕감이 높다는 연구결과를 보여줬다.

하지만 인력의 고령화를 관리하기 위해서는 기존의 직군별 동기부여 변수들의 연령차를 조사하는 것 이상의 고령노동자에 대한 이해가 필요하다. 단순히 고령자가 조직몰입이 높다가 아닌 왜 조직몰입이 높은지에 대한 이론 보강이 필요하다. 특히 〈표 2〉에 나와 있는 국내 연구결과들을 보면 동일한 변수도(예: 직무만족) 연령에 따라 증가하기도 하고, 감소하기도 하고, 역 U자 커브 형태를 보이기도 하며 연령차가 없는 것으로 나타나기도 한다. 이와 같은 다양한 연구결과에 대한 설명을 위해서는 이론적 메커니즘에 대한 규명이 더욱 필요할 것이다.

〈표 4〉에서처럼 국외 논문들은 동기부여 변수들이 연령에 영향을 받는 이론적 이유를 노인학gerontology, 평생발달심리학life span developmental psychology, 고령화에 대한 사회학sociology of aging 분야의 연구들에

기초하여 고령노동자의 특성을 집중적으로 조사한 후 인력의 고령화에 대한 동기부여 방법들에 대한 연구를 지속해왔다(Kanfer & Ackerman, 2004; Rhodes, 1983; Warr, 2001). 예를 들어 칸퍼와 아커만(Kanfer & Ackerman, 2004)은 선택, 최적화, 보상이론(selection, optimization, and compensation theory, Baltes & Baltes, 1990), 사회 정서적 선택이론(socioemotional selectivity theory, Carstensen, 1995, 2006), 자아발달이론(Erikson, 1963), 인생단계모델(life stage model, Levinson et al., 1978) 등의 이론을 바탕으로 고령노동자의 동기부여 수준이 다른 연령대의 노동자들에 비해 결코 낮지 않다고 정리하며, 개인의 역량이 집중되어 있는 직무와 자기효능감을 높이는 직무로 마음이 쏠리는 현상은 연령에 상관없이 공통적인 특징이라고 주장한다. 단, 연령차가 관찰되는 부분은 풍부한 자원의 종류와 자원을 활용하는 방법이라고 한다. 구체적으로 고령자는 인지적 능력 중 창의적 사고를 바탕으로 문제를 해결하는 유동 지능보다는 경험과 통찰을 바탕으로 한 통합적인 사고로 문제를 해결하는 결정적 지능을 더 잘하기 때문에 (Cattell, 1963) 이러한 자원을 활용한 직무에서 동기부여를 느끼고 성과를 낳을 수 있다고 한다. 또한 나이가 들면서 정보 습득을 위한 목적으로 행동했던 것에서 정서적인 안정감과 편안함을 목적으로 두고 자원을 선택하고 배분하게 된다고 한다(Carstensen, 1995). 이와 같이 국내 연구에서도 고령노동자의 동기 수준을 높일 수 있는 인적자원관리 방법을 강구할 때 고령자에 대한 타 분야의 이론을 바탕으로 체계적인 접근을 하는 것이 필요할 것이다. 이를 위해 본 논문에서 기존의 국외 연구에서 이루어진 동기부여에 대한 접근법을 정리해보며 국내 고령자 동기부여를 위한 연구에 어떠한 프레임워크가 적용 가능할지에 대해 고찰해본다.

먼저, 쿠이즈 외(Kooij, de Lange, Jansen, Kanfer, & Dikkers, 2011)는 이전 연구들을 바탕으로 동기의 종류를 성장 동기, 사회적 동기, 그리고 안정성 동기, 내재적 동기와 외재적 동기로 나누어 보았다. 메타분석 결과, 나이가 들수록 성장 동기와 안정성 동기는 약해지지만 내재적 동기는 강해진다는 것을 밝혔다. 구체적으로 성과에 대한 직무 특성, 재미있는 일, 자율성, 사회적 환원, 직업안정성 동기는 연령에 따라 증가하지만 발전과 도전과 관련된 직무 특성, 승진, 인정, 외재적 보상과 복지에 대한 동기는 연령에 따라 감소하였다. 김나정·차종석(2014)의 연구에 따르면 한국사회에서도 경력에서 중요하게 생각하는 변인들이 연령에 따라 달라지기 때문에 한국의 고령노동자들이 어떠한 종류의 동기부여 요인들에 더 민감한 반응을 하는지를 조사하는 것이 인적자원관리 차원에서 큰 의미가 있을 것이라 생각한다.

인세오글루 등(Inceoglu et al., 2012)도 1만여 명의 표본을 대상으로 진행한 연구를 바탕으로 일에 대한 동기는 연령이 늘면서 줄어드는 것이 아니라 동기를 주는 요인이 달라질 뿐이라고 하며 고령자의 특성을 고려하여 동기부여 작업을 해야 한다고 주장하였다. 이들은 동기의 종류를 에너지와 관련된 개인적 자원personal resources, 내재적 요인, 그리고 외재적 요인으로 분류하여 연구를 진행하였다. 쿠이즈 외(Kooij et al., 2011)의 메타분석 결과와 유사하게 개인적 자원에 속하는 경쟁심, 성취욕, 성장욕구 등은 나이가 들며 낮아졌다. 경쟁심은 꾸준히 줄어들었고 성취욕은 36~45세까지 오르다가 그 후 줄어들고, 성장욕구는 26~35세까지 오르다가 그 후 줄어드는 현상을 보였다. 내재적 동기 중 개인의 원칙, 관심사, 유연성, 그리고 자율성은 나이에 따라 늘었으며 물질적 보상, 승진, 인정 등에 대한 외재적 동기는 나이가 들면서 점점 낮아졌다. 이와 같은 연구결과는 그들이 참고한 생성감이론과 사회 정서적 선택이론으로 뒷받침 가능하였다.

인간이 나이가 들어가며, 인생의 단계를 밟아가며, 어떠한 신체적, 인지적, 정서적, 사회적 변화를 겪는지에 대한 심리학, 사회학 이론을 바탕으로 동기부여를 접근하는 것이 인적자원관리 연구 차원에서 의미 있는 고령노동자에 대한 연구가 되고 해당 분야의 발전을 도모할 수 있을 것이다. 이와 같은 목표 달성을 위해 일차적으로 내재적 동기, 외재적 동기, 성장 욕구, 사회성 욕구, 안정성 욕구, 성취 욕구 등 다양한 동기 종류가 연령에 따라 어떻게 달라지는지를 기존 국외 연구들의 이론적 틀을 바탕으로 연구를 진행하고 차후 관찰과 인터뷰를 통해 한국 고령노동자의 특수성을 반영한 이론 개발도 병행되어야 한다고 생각한다.

성과관리: 연령대에 따른 성과 변화

앞서 살펴본 바와 같이 동기부여 요인은 연령별 변화 과정에 영향을 받는다. 이와 마찬가지로 개인이 좋은 성과를 낼 수 있는 분야도 연령에 따라서 달라질 수 있다. 니그와 펠드만(Ng & Feldman, 2010)은 메타분석을 통하여 열 가지의 직무성과 변수가 연령에 따라 어떠한 영향을 받는지 조사하여 나이가 많을수록 훈련 프로그램 습득 성과가 약간 낮지만, 안전수칙을 잘 지키고 조직시민행동을 더 많이 하며, 비생산적 행동, 직장 공격행동, 약물복용, 지각, 결근 등 생산성에 부정적인 행위를 덜 한다는 분석 결과를 보고하였다. 국내 연구 현황을 정리한 결과를 보면 한국 노동자에 대한 연구에서도 연령 차를 살피려는 노력이 보인다. 예를 들어 네트워크 사업자를 연구한 신재웅·김문석(2010)의 연구에 따르면 고령자일수록 수입이 더 많다는 결과를 보여준다. 조직 차원에서는 고령노동자의 비중이 높을수록 기업의 신기술 도입율이 낮아지며(장윤섭·양준석, 2017) 젊은 경영자로 구성된 최고경영진이 있는 조직일수록 혁신결과를 더 많이 내고(채희원·송재용, 2009) 창업자 연령이 낮을수록 벤처캐피탈 투자를 유치할 확률이 높아진다(최영근·정승화·임지선, 2011). 하지만 성과의 종류에 따라 연령 차가 존재한다는 결과 보고만으로는 인적자원관리 연구 차원에서 의미 있는 기여를 하기가 어렵다. 따라서 동기부여와 마찬가지로 성과 관리 차원에서도 이론에 근거하여 연령마다 적합한 성과의 종류를 판별하는 것이 중요할 것이다.

니그와 펠드만(Ng & Feldman, 2013a)은 평생발달심리학, 노인학, 고령화에 대한 사회학 등 많은 분야의 연구결과 및 이론을 바탕으로 개인이 나이가 들면서 겪게 되는 변화를 다섯 가지로 분류하면서 각 변화가 개인의 성과에 미칠 수 있는 영향에 대해 논의하였다. 먼저 인지적 능력 측면에서 나이가 들수록 정보를 빨리 처리하고 멀티태스킹을 하고 시간에 쫓기면서 일을 끝내는 정보처리 속도 인지능력은 떨어지지만(Byran & Luszcz, 1996), 상식과 지혜를 바탕으로 의사결정을 하거나 일상생활에서 맞닥뜨릴 수 있는 이슈들을 해결하는 등 암묵적 지식tacit knowledge과 경험을 바탕으로 판단을 내리는 인지능력은 더 좋아진다고 한다(Masunaga & Horn, 2001). 이와 같은 인지능력 차원의 변화는 핵심 직무성과에 부정적인 영향을 미칠 수 있으나 의사결정력 부분에서 긍정적인 영향을 미칠 수 있을 것이다. 또한 이와 같은 변화는 조직시민행동을 늘리고 반생산적 행위를 줄이는 역할을 할 수 있다.

둘째, 성격 측면에서도 변화를 겪을 수 있다. 청소년기에 형성된 성격이 잘 변하지 않는다고 성격 심리학자들이 이야기를 해왔지만 최근에 들어서는 새로운 경험을 하거나 도전적인 경험을 할 경우, 성인도 성격 변화를 겪을 수 있다는 연구결과가 보고되고 있다(Caspi, Roberts, & Shiner, 2005). 워트만, 루카스, 도넬란(Wortman, Lucas, Donnellan, 2012)은 나이가 들면서 빅파이브Big 5 성격요인 중 성실성과 친화성이 높아지고 외향성은 낮아진다고 보고한다. 경험에 대한 개방성의 경우, 30~60세 사이에 지속적으로 낮아지다가 그 이후에는 더 이상 낮아지지 않고 유지되는 결과가 다른 연구에 의해 보고되었다(Specht, Egloff, & Schmukle, 2011). 신경성neuroticism도 다른 요인들에 비해 나이의 영향을 덜 받는 요인이다(Lucas and Donnellan, 2011). 니그와 펠드만(Ng & Feldman, 2013a)은 성실성과 친화성이 높아지는 변화는 핵심 직무성과와 조직시민행동 등의 직무 외 생산적 행동을 높일 수 있을 것이라 정리한다. 셋째, 사회 정서적 선택이론에 따르면, 나이가 들면서 개인은 인생의 시간 중 남은 시간이 살아온 시간보다 짧다고 느껴지게 되고 이와 같은 시간에 대한 인지적 변화는 자원 획득 목표에서 자원 보존 목표로 전환시킨다(Ebner, Freund, & Baltes, 2006). 이와 같은 목표는 기술 습득 등 핵심 직무성과에는 부정적인 영향을 주지만 조직시민행동은 높일 수 있다. 넷째, 사회 정서적 선택이론은 나이가 들면서 긍정적인 정서를 추구하는 성향이 강해지고 부정적인 기억은 빨리 지우는 능력을 갖게 된다고 한다(Carstensen, Pasupathi, Mayr, & Nesselroade, 2000). 또한 친밀한 사람과의 관계를 통해서 얻을 수 있는 긍정적인 마음 상태와 심리적 안정감을 더 원하게 되기 때문에(Lansford, Sherman, & Autonucci, 1998) 직무 내외 성과를 모두 높일 수 있는 자원을 습득할 수 있다. 마지막으로 연령이 높아지면 신체적으로 약해질 수 있지만 신체적으로 많이 힘들어질 경우 주된 경력을 끝내는 상황이 주로 벌어지고 또한 선택, 최적화, 보상이론(Baltes & Baltes, 1990)에 따르면, 신체적으로 약해지는 부분을 다른 능력으로 보상할 수 있게 되기 때문에 신체적인 변화는 주요 경력 기간에는 별 영향을 주지 않게 된다. 하지만 신체적 저하가 지속될 경우, 직무성과 및 조직시민행동 모두 부정적인 영향을 받을 수 있다.

재커 외(Zacher et al., 2010)는 사회 정서적 선택이론을 바탕으로 인생에서 남은 시간이 줄어든다는 것은 기회가 줄어든다는 것을 인지하게 만들고(Zacher & Frese, 2009) 발전 중심이 아닌 예방 중심으로 행동하게 만든다고 정리한다. 연구결과에 따르면, 이런 변화는 직무성과에 부정적인 영향을 주게 된다. 하지만 직무복잡성job complexity이 높은 직무의 경우에는 직무복잡성이 낮은 직무일 때보다 나이가 직무성과에 주는 부정적인 영향이 약해지게 된다. 이와 같은 결과는 인지적 능력면에서 경험을 요하는 복잡한 의사결정의 경우 고령자의 능력이 발휘되기 좋을 것이라는 기존의 다른 연구결과들과 일치한다. 니그와 펠드만(Ng & Feldman, 2013b)도 혁신 관련 행동innovation-related behavior과 창의성에 대한 메타분석을 실시하며 사회의 선입견과 달리 고령노동자가 나이가 적은 노동자에 비해 혁신 관련 행동을 적게 하는 것이 아니라고 밝혔다. 창의성 측면에 있어서는 연령과 부정적인 관계를 보이나 고령노동자가 축적한 절차적 지식procedural knowledge과 선언적 지식declarative knowledge은 직무에 대한 이해도와 직무 수행 절차에 대한 이해도를 높이기 때문에(Anderson, 1993) 상대적으로 낮은 창의성을 보상할 수 있어서 혁신 관련 행동이 가능하다.

니그와 펠드만(Ng & Feldman, 2013a)의 연구 동향 정리논문을 비롯한 일련의 연구결과들은 고령노동자의 성과가 늘 낮은 것이 아니라 직무의 종류와 상황에 따라 상대적으로 나이가 적은 노동자들에 비해 더 좋은 성과를 낼 수도 있음을 보여준다. 고령화에 대한 구체적인 이론들을 바탕으로 고령자의 특성을 고려하는 연구 접근법이 고령노동자를 대상으로 하는 인적자원관리 차원에서 직무성과를 올릴 수 있는 직무배치 및 설계를 구상하는 데 기여할 수 있음을 보여준다. 구체적으로 타 분야 이론들과 국외 연구결과들은 안정적인 감정 상태가 필요한 직무(예: 고객상담), 경험을 필요로 하는 복잡한 의사결정(예: 미숙련노동자를 지도하는 컨설턴트 역할), 성실성과 친화성이 도움이 되는 직무(예: 고객서비스), 가까운 사람들과의 관계를 중요시하는 직무(예: 멘토링) 등이 고령노동자가 높은 성과를 낼 수 있는 직무가 될 수 있다는 점을 보여준다.

보상과 복리후생: 인생단계 맞춤형 보상과 복리후생제도

국내 연구에서는 고령자 대상 및 연령차를 보상과 연결하여 조사한 16개의 논문 중 3개는 임금피크제에 대한 연구, 6개는 연령에 따른 연봉 및 급여 차에 대한 연구, 3개는 산재수급에 대한 연구, 2개는 연금에 대한 연구, 1개는 구직급여, 그리고 마지막 1개는 육아휴직급여에 대한 연구이다. 연령에 따른 급여의 차이를 조사한 6개의 연구를 제하면 고령노동자의 보상에 대한 연구는 10개이다. 그중 보험회사 혹은 정부를 통해 지급하는 연금, 산재수급, 육아휴직급여, 구직급여를 제하면 기업이 주도적으로 고령노동자를 대상으로 실시하는 보상제도는 임금피크제가 유일하다. 이는 2017년 1월부터 300인 미만 조직에도 정년 60세 이상 의무화가 시행되면서 국내기업의 67.7%가 임금체계를 개편한 사실과 밀접한 연구들이 이루어졌음을 보여준다. 고령화 시대를 앞둔 상황에서 기업들이 이렇게 임금체계를 개편한다는 사실과 임금피크제에 대한 연구가 이루어진다는 것은 큰 의미를 가지나 고령노동자의 경우 외재적 동기의 영향력이 줄어든다는 연구결과들에 비추어보았을 때(Inceoglu et al., 2012; Kooij et al., 2011) 고령노동자가 추구하는 보상 및 복리후생은 급여 외 요인들이 있을 것이라고 추측할 수 있다.

벌 외(Bal, de Jong, Jansen, & Bakker, 2012)의 연구에서 제시한 유연한 근무시간 조정flexible work schedule과 김나정과 고든(Kim & Gordon, 2014)이 살펴본 인생의 후반부에 적합한 워크라이프밸런스를 위한 제도(예: 고령자의 노부모 봉양 혹은 건강이 좋지 않은 배우자 돌봄에 대한 복지제도)는 고령노동자가 추구하는 급여 외 요인들이라고 볼 수 있다. 이는 코젝 외(Kossek et al., 2015)가 말한 대로 인생단계에 따라서 삶 영역 이슈가 달라지기 때문에 개인이 추구하는 복지도 달라진다는 것을 의미한다. 볼티즈와 영(Baltes & Young, 2009)도 노부모 및 고령의 배우자를 돌보면서 동시에 손주 혹은 자녀를 돌봐야 하는 낀 세대에 대해 언급하면서 노인봉양을 위한 그룹 세미나 및 상담 등의 복리후생제도를 기업에서 도입하는 것이 고령노동자의 신뢰를 얻고 성과를 높이는 중요한 요인이 될 것이라고 이야기한다.

또한 국외 연구에서는 다양성 관점에서 다년간 쌓여온 특정 연령대에 대한 차별적 태도ageism에 대한 연구를 근거로 고령노동자의 임금이 줄어드는 현상을 설명하기도 하였다(Brank, 2011). 연령계층이론에 따르면 같은 공간에 여러 연령대가 존재하지 않고 연령대별로 차지하는 공간이 다르기 때문에 다른 연령대에 속한 사람들과의 소통 및 관계 유지가 쉽지 않아서 서로에 대한 편견이 심해지기 때문에 고령자의 임금이 점점 낮아지는 것이라고 설명한다. 국내 연구에서도 연령계층이론 및 연령 간 편견에 대한 연구들을 근거로 연령별 보상 및 복리후생의 차를 고찰해볼 수도 있을 것이다.

또한 고성과 고령노동자의 경우, 이들이 조직에 남아 지속적으로 높은 성과를 낼 수 있도록 다양한 외재적·내재적 보상을 마련하는 방법이 필요할 것이다. 예를 들어 조직구조로 인하여 승진을 하지 못하는 상황이 발생할 때 이들이 원하는 복리후생, 근무시간, 그리고 기타 보상제도들을 종업원-고용주 간의 협상을 통해 맞춤형으로 설계하여 (idiosyncratic deals, "i-deals", Hornung et al., 2008) 고성과 고령노동자가 높은 성과를 유지할 수 있도록 돕는 방법들에 대해 연구를 하는 것도 기업 차원에서 큰 도움이 될 것이다(Hedge et al., 2006). 고령 직원을 포함한 구성원들의 개별 환경 및 특성이 고려된 맞춤형 보상제도에 대한 연구주제가 이론을 바탕으로 국내에서도 진행될 필요가 있다.

교육훈련: 배움에 대한 자세와 맞춤형 훈련 제도

국내 인적자원관리 관련 학술지에 게재된 연구 중 교육훈련에 대한 연구는 5개밖에 없었으며 그중 고령자의 훈련 태도 및 행동에 대한 연구는 홍석태·양해술(2008)의 고령자의 노후준비를 위한 교육훈련에 대한 연구뿐이었다. 인적자원관리 차원에서 고령노동자의 훈련과 관련하여 실무적으로 의의 있는 연구주제는 노후준비의 태도 및 행동에 대한 것이 아니라 기업 내 근무 기간 중 훈련에 대한 고령자들의 자세와 훈련의 효과일 것임에도 이에 대한 연구는 아직 부족하다. 하지만 국외 연구에서는 일터에서의 훈련과 고령화 이슈를 연계시킨 연구를 산업노인학industrial gerontology이라고 명명해오며 오랜 기간 진행해오고 있어(Sterns, 1986; Sterns & Miklos, 1995) 이 분야의 기존 이론과 연구결과를 바탕으로 국내 인적자원관리 연구에서 고령노동자의 훈련에 대한 연구를 보강할 수 있을 것이라 평가한다.

특히 교육훈련 부분에 있어서 고령노동자가 갖는 어려움을 산업노인학에서는 다양성 및 편견에 관련된 이론들을 접목하여 특정 연령에 대한 차별로 설명하고 있다. 이와 같은 차별은 고령자가 교육을 잘 받지 않고 혹여 훈련을 받더라도 그 효과가 비고령자에 비해 좋지 않을 것이라는 편견을 갖게 만든다. 또한 사회적 인식 때문에 고령자 스스로도 자신에 대한 부정적인 인식을 학습하게 되어 자신에 대한 편견을 갖게 된다. 구체적으로 고령자의 훈련에 대한 인사 실무자들의 태도는 무디(Moody, 1976)가 40여 년 전 기념비적인 논문을 통해서 비판을 통한 해결방법을 제시한 바 있다.

첫째, 배우는 사람이 나이가 많아서 배움에 대한 태도 및 조건이 좋지 않을 것이라는 선입견을 버려야 한다. 둘째, 나이가 적은 종업원은 새로운 프로젝트를 시작하게 되면 프로젝트 수행을 위한 새로운 기술 습득 훈련 프로그램이 주어지지만 나이가 많은 종업원이 새로운 프로젝트를 시작하게 되면 지금까지 그들의 경험 때문에 그 프로젝트팀에 들어간 것이라 교육훈련의 기회가 주어지지 않는다. 이와 같은 고령노동자에 대한 태도는 변해야 한다. 셋째, 고령노동자의 훈련은 그들의 필요에 따라 맞춤형으로 제공 가능해야 한다. 넷째, 모든 고령노동자가 동일하다고 접근하지 않고 다양성을 고려하여 훈련을 제공해야 한다. 이러한 무디의 제안은 40여 년이 지난 오늘 한국기업의 인사담당자에게도 해당하는 것이며, 고령자의 배움에 대한 태도를 부정적으로 인식하기 전에 고용주의 인식 전환이 필요하다는 것을 강조한다. 배움에 대한 태도는 상사의 종업원 자기계발에 대한 후원 인식 정도와 상사의 나이에 따른 배움 태도에 대한 선입견의 영향을 받는다는 최근 연구결과는(van Vianen et al., 2011) 무디(Moody, 1976)의 비판이 지금의 기업환경에도 적용된다는 것을 보여준다고 할 수 있다.

국외 문헌에서는 자기자신에 대한 부정적인 편견을 갖게 된 고령노동자들에 대해 설명을 하며 고령노동자 개인이 훈련에 대해 부정적인 인식을 가지고 있을 경우에 대한 해결 방법 도출을 위한 연구도 필요하다고 한다. 모러(Maurer, 2001)는 고령노동자가 자기계발에 대한 부정적인 태도를 형성하게 되는 이유를 네 가지로 나누어보았다. 성공적인 훈련 경험, 같은 연령대 동료 및 선배들의 훈련 성공 및 나이와 배움 능력에 대한 선입견의 정도, 훈련에 필요한 자원 지원의 정도, 그리고 환경적 불안감과 건강 상태가 개발에 대한 자기효능감을 결정하고 이것이 배움과 교육훈련에 대한 태도를 결정한다고 정리하였다. 결국 고령노동자의 배움에 대한 태도는 주변 환경과 사회적 선입견에 의해서 영향을 받는 것일 수 있기에 한국사회에서 고령노동자에 대한 태도를 살펴보는 것이 교육훈련의 효과성을 높이는 데 기여할 수도 있을 것이다.

또한 고령자에 대한 부정적인 인식이 팽배한 조직일수록 조직 구성원들의 조직몰입도가 낮아지게 되어 결과적으로 낮은 성과를 낳는다는 연구결과는(Kunze, Boehm, & Bruch, 2011) 다른 연령대에 속한 사람들에 대한 편견과 선입견을 극복하는 교육훈련 프로그램이 인적자원관리 차원에서 얼마나 중요한지를 보여준다.

또 라자짜라 외(Lazazzara et al., 2013)는 이탈리아의 고령노동자와 인사담당자에 대한 연구를 통해 나이가 적은 노동자의 경우에는 자신이 갖지 못한 기술과 역량을 습득하기 위해서 훈련에 임하지만 고령노동자의 경우에는 성과를 잘 내는 노동자일수록 배움에 대한 열망이 강하며 교육훈련 프로그램을 많이 이용한다는 것을 밝혔다. 이는 고령노동자를 하나의 부류로 보지 않고 다양성을 고려하여 훈련을 제공하라는 무디(Moody, 1976)의 제언과 일치하며 누적적 이득과 불이익 이론 그리고 인생여정이론에서 이야기하는 고령노동자의 다양성에 근거하여 설명할 수 있다. 이외에도 주된 경력 은퇴 후 새로운 직장으로 옮겨가는 형태의 징검다리 고용을 생각하는 고령자의 경우에는 아웃플레이스먼트를 위한 훈련이 필요할 것이다. 이는 앞서 보상 파트에서 살펴본 종업원-고용주 간의 협상을 통한 맞춤형 프로그램 설계 (idiosyncratic deals, "i-deals", Rousseau, Ho, & Greenberg, 2006) 관점이 훈련에도 적용될 수 있다는 것을 보여준다. 벌 외(Bal et al., 2012)의 연구결과는 훈련에 대한 맞춤형 프로그램은 고령노동자의 일을 하고자 하는 동기를 높인다는 것에서 보여주듯이, 고령자의 특성을 고려한 훈련 프로그램 설계는 인적자원관리 차원에서 성과를 높이는 등의 효과를 낳을 수 있을 것이다. 따라서 인생여정이론, 누적적 이득과 불이익 이론, 그리고 지속이론 등 고령노동자의 다양성에 대해 설명하는 이론적인 배경을 바탕으로 국내 고령노동자를 대상으로 필요한 훈련 프로그램을 조사하고 설계하는 연구가 필요할 것이다.

경력개발: 전통적 경력모델을 벗어난 미니사이클들의 연속

국내 고령자 대상으로 한 경력개발 연구주제 연구들을 보면, 주로 노후준비와 관련된 변수들을 중심으로 연구가 진행되어 왔다. 노후준비도, 노후준비행동, 은퇴준비 등의 개념으로 노후에 대한 태도, 은퇴준비 행동, 은퇴만족도와 같은 변수들로 측정하여 노후에 대한 준비 정도와 만족도를 조사한 연구들이 대부분이었다. 이와 같은 변수들은 구체적인 경제활동의 유형을 정의한다기보다 인생의 후반부에서의 삶 전체를 어떻게 준비하고 대하는지에 대한 총체적인 차원에서의 변수들이다. 예를 들어 유용식(2013)의 연구에서 도입한 양순미·홍숙자(2002)의 노후에 대한 태도 변수는 노후준비 시기, 노인 연령선, 노후준비 현황, 노후의 주거 및 경제생활 선호 형태, 유료양로원 이용태도 등으로 노후의 삶 전반에 대한 태도를 측정하는 변수이다. 이와 같은 태도 변수는 구체적인 경력개발 차원에서의 행보보다는 삶의 질에 대한 변수들이기 때문에 경력개발에 대한 인적자원관리 차원의 접근이라고 보기 힘들다. 기존 국내 연구에서 노후 경력 선택에 대한 연구는 창업의지 혹은 창업의도(육창환·전인오, 2014; 최명화·조성숙, 2014)로 좁혀져 있어 다양한 경력 옵션이 아닌 창업과 관련된 의지를 탐색하는 연구로 한정되어 있다. 하지만 고용관계 및 인적자원관리 차원에서 의미 있는 연구주제로서의 경력개발 연구는 개인이 고령노동자로서 어떠한 경력 선택지를 갖고 있으며 그 경력을 밟아가기 위해 어떠한 준비를 해야 하는지 등의 구체적인 경력개발 문제들을 다루어야 한다. 외국에서도 베이비부머가 은퇴 연령에 진입하는 시기 즈음에 경력개발 관점에서 고령노동자의 경력개발과 관리를 살펴보는 연구들이 많아졌듯이(Wang & Wanberg, 2017) 베이비붐세대가 은퇴연령대에 진입한 국내 사회에서도 고령자의 경력개발에 대한 연구가 활성화될 필요가 있다. 더구나 인력의 고령화를 대상으로 하는 경력개발 및 관리 방법은 기존의 방법과는 다른 문제들이 있을 수 있기 때문에 여기서 국외 문헌들을 바탕으로 국내 인력의 고령화에 적용 가능한 새로운 경력 접근법을 제시해본다.

앞절에서 정리한 바와 같이 전통적인 경력개발모델에서는 개인이 일생에 거쳐 하나의 거대한 경력 사이클maxi-cycle의 각 단계를 밟아가는 것이라고 했으나 홀(Hall, 2002)은 개인이 경력단계 중 탐색, 시도, 정착, 유지의 4단계의 미니사이클을 여러 번 반복하며 삶 속에서 경력을 쌓아간다는 관점을 갖고 있다. 이와 같은 새로운 관점을 고령자의 경력에 적용한 연구들도 최근 등장하고 있다. 예를 들어 김나정과 홀(Kim & Hall, 2013)은 인생의 후반부에서 겪는 미니사이클과 인생의 전반부와 중반부에서 겪는 미니사이클의 특징이 다를 수 있다고 제안했다. 후반부에서 겪을 수 있는 미니사이클은 크게 세 부류로 나뉜다.

먼저 전통적인 경력개발단계와 동일하게 한 분야에서 경력을 추구하는 부류가 있다. 이들이 시작하는 후반부의 미니사이클은 기존의 경험으로 인해 축적된 자원을 가장 많이 활용할 수 있는 동일 산업 혹은 전문 분야에서의 탐색으로 시작한다. 따라서 이 첫 번째 부류(한 분야에서 경력을 추구하는 부류)들에게는 경력 내 고용 형태를 추구할 수 있는 경력개발 상담 및 도움이 필요하다. 한 경력을 평생 풀타임으로 추구해온 사람들이기 때문에 풀타임에서 파트타임으로 전환하는 부분에 있어서 특히 많은 도움이 필요할 것이다.

두 번째 부류는 평생 여러 종류의 직업들을 갖는 사람들이다. 이들은 인생 후반부에서 한 분야에서의 경험으로 쌓인 자원이 아닌 여러 번의 전환 경험으로 인해 쌓인 자원을 활용하여 다시 새로운 분야에서 일을 시작하는 사람들이다. 이들에게 전환 비용은 별로 들지 않지만 새로운 직무에서 필요한 기술을 짧은 시간 내 습득할 수 있도록 돕는 경력개발 지원이 필요할 것이다. 특히 고령노동자의 경우 그동안의 경험을 반추하여 구체적으로 추구하는 배움의 분야가 정해져 있기 때문에 이들이 배움을 원하는 분야를 잘 잡을 수 있도록 구체적인 도움을 주는 것이 필요하다.

세 번째 부류는 인생의 후반부에 그간의 환경적 제약 혹은 개인의 깨달음 부재로 인하여 추구하지 못했던 열정의 대상이 되는 직업을 시도하는 경우이다. 이들은 평생 한이 맺힌 것을 죽기 전에 해보자는 생각으로 경력 전환을 하는 경우가 많다. 이들은 이미 열정으로 가득 차 있기 때문에 배움의 의지 측면에서 그다지 많은 도움을 필요로 하지 않는다. 하지만 해당 분야에서 일을 할 때 필요한 기술을 습득하는 도움과 정보를 얻을 수 있는 분야 네트워크의 소개가 이루어지는 것이 중요하다.

위와 같이 고령화 사회에서는 기존 경력개발 방법이 적용되기 힘들기 때문에 조직의 특수성을 고려하여 그 조직 구성원들이 인생 후반부에서 겪을 수 있는 미니사이클 형태를 조사하고 이에 대비할 수 있는 풀타임-파트타임 전환, 직업 전환, 교육 및 훈련 프로그램 등이 병행되는 새로운 경력개발 방법을 구상해봐야 할 것이다. 미니사이클 경력모델을 바탕으로 하는 이와 같은 연구주제들은 고령노동자들의 경제활동을 늘릴 수 있는 데 도움을 줄 수 있을 것이다.

2. 인력의 고령화 관점에서 본 한국사회 및 기업의 특성

앞 절에서 정리한 것과 같이 국내 문헌에서는 인력의 고령화에 대한 연구를 진행하기 위해서 고령화 과정에 대한 이론들을 숙지하고 적절한 이론을 바탕으로 인력의 고령화가 인적자원관리 차원에서 어떠한 결과를 갖고 오는지를 논의할 필요가 있다. 하지만 국외 문헌의 적용은 한국사회의 특수성을 고려해야 그 효용성이 더 높아질 것이다. 따라서 이번 절과 다음 절에서는 한국사회에서의 현실과 한국사회 내에서 고령자가 갖는 의미를 살펴보려 한다.

한국의 고령화는 다른 나라에 비하여 훨씬 급속한 속도로 진행되고 있다. 최근 행정안전부(2017)는 2017년 8월 말 기준 65세 이상 주민등록 인구는 전체 인구에서 차지하는 비율이 14.0%를 넘어섰다는 내용을 공지하였다. 이는 우리나라가 다른 국가와는 달리 고령화 사회에 접어든 지 불과 17년 만에 급속한 속도로 고령사회로 진입하게 됨을 의미한다. 이와 같은 추세는 지속될 것으로 예측된다. 2050년경에는 OECD 국가 중 우리나라가 38.2%의 고령화율에 도달할 것으로 보여 39.6%일 것으로 예상되는 일본 다음으로 가장 고령화된 나라가

될 것이라 예측되고 있다(김태정, 2011; 박명호, 2011; United Nations, 2001, 2009).

빠르게 진행되고 있는 인구 고령화 현상은 현재 한국사회를 규정 짓는 가장 큰 특징 중 하나일 것이나 기업에서는 대부분 고령화로 인 한 영향이 클 것이라는 막연한 예측만 있을 뿐 실제적인 진단과 대책 마련 그리고 구체적인 연구조차 부족한 실정이다(정순돌·김성원, 2012; 최선미·최지민·김순은, 2014). 하지만 고령화 진행 속도가 빠르다는 것 은 인적자원관리 차원에서 인력구조가 급격하게 바뀔 것이라는 것을 의미하며 기업은 빠른 인력구조 변화가 가져오는 파장에 대한 준비 를 할 필요가 있다. 실제로 한국기업의 연령대별 인적 구성은 1980년 에서 2004년 사이 25년 만에 피라미드 구조에서 역피라미드 구조로 바뀌었으며 2012년에는 20대가 19.9%로 줄어든 반면 40대 이상은 47.6%로 절반 가까이 차지하였다(한국경영자총협회, 2013). 이와 같은 추세는 한국기업을 규정짓는 문화와 맞물려져서 연령 차원에서 기업 구성원들의 양극화를 가져올 수 있다.

본래 국내기업의 특성과 관련한 기존 문헌들을 살펴보면, 한국 대 기업의 조직문화에서 작동하고 있는 핵심 기저가치를 '위계적 서열주 의'로 제시하고 있다(이춘우, 2014: 52). 이와 같은 기업 문화는 전통적 으로 고령자들에게는 환영받는 문화이며 따라서 고령자의 조직에 대 해 높은 신뢰도와 긍정적인 태도로 이어지고 있다(박주완·이성·황성록, 2011). 하지만 비고령자들에게는 위계적 서열주의로 표현되는 한국기 업 문화가 적대시되고 있다. 특히 1997년 외환위기 이후 조기퇴직 또 는 명예퇴직 등 고용조정으로 상대적으로 나이가 많은 조직 구성원들 이 기업에서 이탈되고 있는 현상은 고령자들이 기업 내에서 갖는 위 상을 떨어뜨렸고 비고령자들은 서열주의가 '무너지는 탑'이라고 인식하기 시작했다. 더구나 고용조정의 기준 중 연령을 최우선으로 하고 있는 한국기업들의 현실은 연령의 증가와 생산성 저하를 연결 짓는 편견과 맞물려 고령자 스스로에게 위축감을 주고 있다(Loretto & White, 2006; van Vianen et al., 2011). 실제로 많은 조직에서 고령자를 고용하기 꺼려 하는 이유가 '연령에 적합한 직급을 부여하기 어려워서(김시진·김정원·김종인, 2008: 20)'라는 것을 고려해볼 때 인력의 빠른 고령화에 따른 인력구조의 변화는 한국기업의 위계적 서열주의와 부딪혀 대부분의 구성원들의 불만도를 높이고 구성원들 간의 갈등을 심화시킬 수 있을 것이다. 즉 연공서열이 높은 고령자들은 연령증가에 따라 보장되던 지위가 사라지고 오히려 연령으로 인하여 가장 손쉬운 명예퇴직 대상이라는 점에 큰 불만을 느낄 수 있고 반면 연공서열이 낮거나 상대적으로 나이가 어린 자들은 인력구조상 상부가 이미 포화 상태인 상황에서 자신들의 늦은 승진의 원인을 고령자들에게 돌릴 수 있다.

이와 같은 한국사회의 상황을 고려해보면 국외에서 논의된 고령화 이슈들이 한국사회에서 더 극단적인 모습으로 나타날 수도 있을 것이다. 따라서 다음 절에서는 구체적으로 한국사회 내에서 고령자의 의미가 무엇인지를 살펴보려 한다.

3. 한국사회에서의 고령노동자 정의

국가마다 고령자를 정의하는 기준이 다르며 각 나라 안에도 여러 잣대가 존재할 수 있다(Kooij, de Lange, Jansen, & Dikkers, 2008). 예를 들어 미국의 경우 연령차별 고용보호법ADEA, Age Discrimination in Employment Act에 의거한 법률상의 고령노동자 기준은 40세 이상이지만,

고령자를 정의하는 다른 법률Older Americans Act, Job Training Partnership Act, Workforce Investment Act에 의거하여 55세 이상을 고령노동자로 정의하는 경우도 있고 통상적 은퇴 연령인 65세 이상을 고령노동자로 보는 경우도 있다(Hedge et al., 2006). 스턴즈와 도벌스파이크(Sterns & Doverspike, 1989)는 법률상의 고령노동자의 정의, 사회통념을 반영한 고령노동자의 정의, 조직 내에서의 상황을 반영한 고령노동자의 정의가 다를 수 있다고 정리하였다. 따라서 국외 연구결과로는 고령노동자의 정의를 명확히 하기 어려우며 국내 법률, 사회통념, 조직 내의 상황을 반영하여 한국사회에서 고령노동자가 누구인지 정의 내리는 것이 국내 인적자원관리 연구를 위해 필요할 것이다. 이와 같은 취지로 〈표 5〉에서는 경제활동인구 대상이 되는 연령을 적고 각 연령이 갖는 의미를 정리하며 다양한 고령노동자의 기준을 살펴보았다.

한국 상황을 보면 인적자원관리 차원에서 의미 있는 고령노동자의 기준이 될 수 있는 연령은 (1) 고용상 연령차별 금지 및 고령자 고용촉진에 관한 법률의 고령자 정의에 따라 55세 이상, (2) 동일 법률의 정년 나이에 따라 60세 이상, (3) 노인복지법의 적용 대상 기준을 적용하여 65세 이상, (4) 한국 대기업 평균 임원 승진 시점을 적용하여 51세 이상, (5) 현재 경제활동인구의 세대 비율로 보았을 때 산업화·민주화 세대에 해당하는 1970년 이전 출생자들(현재 47세 이상)이 있을 수 있다. 이 기준들은 스턴즈와 도벌스파이크(Sterns & Doverspike, 1989)가 제시한 법률, 사회통념, 그리고 한국기업 상황을 반영한 고령노동자의 정의들이라고 할 수 있다.

본 논문에서 검토한 국내 논문에서도 첫 번째 기준을 근거로 삼아 55세 이상을 고령노동자로 정의내리는 경우(강성호·조준용, 2016; 박준성, 2012), 정년 연령인 60세를 기준으로 삼아 진행된 연구(박호환,

〈표 5〉 고령자 연령 기준

나이 (2017년 기준)	연령대 정의	산출근거 및 기타	출생 시기	세대명*		경제활동인구 (2015년 기준)	
				대분류	소분류	명 (1,000명)	%
15	'경제활동인구' 시작 연령	통계표준용어(통계청, 2017)	1991~ 2005	탈냉전 · 정보화 세대	웹2.0세대, 2.0세대	1,863	6.93
20							
24							
25							
26							
27~31			1981~ 1990		신인류 세대, W세대, 광장세대, 88만 원 세대	2,473	9.19
32~36						2,960	11.00
37~41	한국근로자 평균 연령 (41.5세, 2016 기준)	고용노동부(2016)	1971~ 1980	신세대, IMF세대, 자율화 세대		2,897	10.76
42~46	대졸 사원 부장 승진시점(입사 후 평균 15.5년 소요)	한국경영자총협회 (2014)				3,365	12.50
47~49			1961~ 1970	산업화 · 민주화 세대	386세대, 민주화 세대	3,461	12.86
50	준고령자로 분류	고용상 연령차별 금지 및 고령자 고용촉진에 관한 법률					
51	임원 평균 승진 나이: 51세 입사 후 평균 22.4년 소요	한국경영자총협회 (2014)					
52	임원(상무) 평균나이: 52.5세						
53							
55	•고령자로 분류 •원로교사 대우 시작 •일부 기업에서 임금피크제(5년 적용) 시작	•고용상 연령차별 금지 및 고령자 고용촉진에 관한 법률 •OECD 분류 고령자 기준: 55~64세(고용 정책대상)				3,361	12.49
56	일부 기업 임금피크제(4년 적용) 시작						

〈표 5〉 고령자 연령 기준

나이 (2017년 기준)	연령대 정의	산출근거 및 기타	출생 시기	세대명*		경제활동인구 (2015년 기준)	
				대분류	소분류	명 (1,000명)	%
57	일부 기업 임금피크제(3년 적용) 시작		1951~ 1960	산업화 · 민주화 세대	베이비붐 세대, 유신 세대, 경제 부흥기 세대	2,778	10.32
58	일부 기업 임금피크제(2년 적용) 시작						
59	일부 기업 임금피크제(1년 적용) 시작						
60	근로자 정년 시점(한국)	60세 정년연장법 (2016)					
62						1,669	6.20
65	노인으로 분류, 유럽국가 정년	노인복지법(1981)					
67	독일 근로자 정년		1941~ 1950	산업화 · 민주화 세대	탈식민지 세대, 4.19 · 6.3세대, 근대화 세대	2,087	7.75
68~69							
70~76	한국 남성의 평균 실제은퇴 연령 72.9세, 한국 여성의 평균 실제은퇴 연령 70.6세 (2009~2014 기간 기준)	OECD(2014a)					
77			1911~	식민지 · 전쟁 체험 세대			
79	한국남성기대수명 (2014) 79세	OECD(2014b)					
80~81							
82	한국인 평균기대수명 (2014) 82.2세	OECD(2014b)					
83~							
85	한국여성기대수명 (2014) 85.5세	OECD(2014b)					
86~							

주) *박재흥(2005, 2009)의 분류를 따름.

2014; 조동훈, 2014), 노인복지법의 혜택을 받을 수 있는 65세로 보고 진행된 연구(강현정·김윤정, 2011; 주민경·송선희, 2012), 세대 기준 중 베이비붐세대를 고령노동자라 정의한 연구(강인, 2016; 이호길, 2016) 등 여러 잣대가 적용되어 고령노동자가 정의되고 연구되었다. 네 번

째로 제시한 조직 내에서의 상황을 반영한 기준도 몇몇 논문에서 발견되었다. 한국사회에서 기업이 속한 산업군, 기업의 크기 등 기업의 종류에 따라 기준도 바뀔 수 있어 여러 기준들이 존재할 수 있다. 예를 들어 고령노동자의 기준은 산업에 따라 편차가 심할 수 있다. 본 논문에서 검토한 국내 연구 중 보육교사에 대한 연구(문호성, 2016)는 연령대 구분을 20~25세, 26~30세, 31~35세, 36~40세, 41세 이상으로 나누어 41세가 고령노동자의 기준이 될 수 있음을 보여주었으나 요양보호사에 대한 연구(임동호·황지숙, 2014)에서는 연구대상의 연령대 구분을 40대 이하, 50대, 그리고 60대 이상으로 나누어 고령자의 기준을 60대로 두고 오히려 40대는 젊은 노동자로 분류하였다. 유사하게 평균 연령이 22.48세인 프로게이머 선수들에게 30대는 초고령노동자로 인식될 테지만(OSEN, 2016) 평균 근속연수가 15년을 상회하는 조선업, 중공업에 해당하는 기업의 경우(고용노동부, 2015) 30대는 젊은 노동자에 해당될 것이다. 이 외에도 고령자의 입장을 대변할 수 있는 노동조합의 유무, 경영자의 철학 등은 조직 내 고령노동자의 정의에 영향을 줄 수 있다.

위에서 정리한 고령자의 기준은 출생연도를 기준으로 살펴본 객관적인 연령을 바탕으로 고령자의 정의를 내리는 여러 방법을 생각해 본 것이다. 하지만 최근 국외 연구에서는 고령자 스스로 생각하는 주관적인 연령도 성과관리, 경력개발 등 인적자원관리 차원에서는 큰 의미를 가질 수 있다고 언급되고 있다(Barnes-Farrell & Piotrowski, 1989; Heckhausen et al., 2010). 25세 전에는 주관적 연령이 객관적 연령보다 높지만 25세 후부터는 주관적 연령이 더 낮아지고 그 폭은 40세까지 넓어지다가 40세부터 유지된다는 연구결과는(Rubin & Berntsen, 2006) 인력의 고령화에 대한 연구에서 주관적 연령이 미칠 수 있는 영향이 클 수 있다는 것을 시사한다. 예를 들어 쿤제, 래스, 브런치 (Kunze, Raes, & Bruch, 2015)는 조직 구성원들이 인식하는 주관적 연령의 평균이 낮을수록 성과가 높아진다는 결과를 보고하여 주관적 연령이 인적자원관리 차원에서 갖는 의의를 보여주기도 했다.

따라서 향후 국내 연구들은 보다 다양한 고령자의 정의들을 바탕으로 인적자원관리를 접근할 필요가 있다. 다른 정의를 적용하였을 때 성과, 동기부여 수준 등을 경험하는 고령자의 태도와 행위가 달라지는지 등의 정의 간의 비교 연구, 성과에 미치는 고령자 특성을 고려하여 어떠한 기준으로 고령자를 정의할 수 있는지 등의 기능별 고령노동자 정의에 대한 연구 등 국내기업에서 규명할 수 있는 고령노동자 정의와 연결된 연구들은 한국의 특수성을 반영한 인력의 고령화 연구를 가능케 할 것이다.

더불어 위에서 제시한 고령노동자의 기준 중 다섯 번째 기준인 현재 경제활동인구의 세대 비율은 앞절에서 언급한 한국이 처한 특수한 상황과 맞물려 고령자와 비고령자 간의 심화되는 갈등의 원인이 될 수 있다. 〈표 6〉에서 제시한 세대명과 경제활동인구 비율을 보면, 2017년 현재 한국사회는 크게 두 그룹으로 나뉜다는 것을 알 수 있다. 1971년 이후 출생자로 구성된 탈냉전·정보화 세대는 총 경제활동인구의 50.38%를 차지하고 있고 1970년 이전 출생자로 구성된 산업화·민주화 세대(41.87%)와 식민지·전쟁 체험 세대(7.75%)는 총 49.62%를 차지한다. 이는 대부분의 기업에서 나타나는 세대 간의 갈등에서 유추 가능하듯이 현재 한국 인력구조가 세대에 따라 반으로 나뉠 수 있다는 것을 보여준다. 이러한 사회적 환경은 구성원들이 '나이 든 사람'을 바라볼 때 '많은 경험을 갖추고 조직의 발전에 기여를 한 세대, 조직 경영 방향에 일치하는 모습을 보이려고 노력하는 그룹'

으로 인식하는 긍정적인 시각과 함께 '변화를 거부하고 현상유지하면서 편하게 살아가려는 세대' '조직 내에서 끼리끼리 정치를 하면서 자신의 이익을 취하려고 하는 그룹' 등의 부정적인 관점도 갖고 있을 수 있다는 것을 나타내고 있다.

고령자에 대한 다른 세대의 인식은 고령자의 정년연장, 재고용, 재취업, 성과평가 등에 있어 실질적인 영향을 줄 가능성이 크다. 실제 최근 쿨릭, 페레라와 크레간(Kulik, Perera, & Cregan, 2016)은 고령노동자의 정체성을 위협하는 편견과 선입견은 고령노동자의 일에 대한 몰입도에 영향을 줄 수 있음을 밝혔다. 이와 같은 편견의 부정적 효과는 세대 간의 갈등을 넘어서 고령노동자 스스로가 자신에 대해 부정적인 인식을 갖게 만들어(Levy, 2001, 2003) 고령노동자에게 이중으로 불리하게 작용할 수 있다. 핑클스타인과 버트(Finkelstein & Burke, 1998)는 평가자가 본인과 동일한 연령대에 속한 사람들에게 더 높은 점수를 줄 것이라 가설을 세웠으나 고령평가자는 연령에 대한 자극이 높을 때 오히려 고령노동자에게 낮은 점수를 준다는 결과를 보고하여 고령노동자가 겪을 수 있는 불리한 상황을 실험으로 보여준 바 있다.

따라서 기업 차원에서 고령자에 대한 편견을 없애기 위해 적극적인 훈련 프로그램을 제공하고 기업의 경영진이 앞장서서 이러한 편견을 깨는 행동을 하는 것이 도움이 될 수 있다. 뵘, 쿤제, 브루흐(Boehm, Kunze, & Bruch, 2014)는 여러 연령대가 공존하는 조직일수록 연령차별적 조직 분위기가 형성되지만 최고경영진이 특정 연령 그룹에 대한 편견을 갖지 않거나 연령 다양성을 존중하는 인적자원관리 정책을 펼칠 경우, 연령차별적 조직 분위기의 형성을 막고 나아가 성과를 높일 수 있다는 것을 보여줬다. 또한 쿠이즈 외(Kooij, Guest, Clinton, Knight, Jansen, & Dikkers, 2013)는 개인의 역량과 경력 발전을 도모하는 인적자원관리 프로그램들은 나이가 적은 노동자보다 고령노동자에게 더 큰 효과를 발휘한다는 것을 밝혔다. 폴랏, 벌, 잰슨(Polat, Bal, & Jansen, 2017)도 발전도모 인적자원관리 프로그램들은 심리적 계약 이행의 매개를 통하여 고령자가 일을 지속적으로 하고 싶게 만든다고 보고했다. 이와 같은 연구결과들은 한국기업에서도 인적자원관리 프로그램들을 통해 고령노동자에 대한 다른 세대의 편견을 줄일 수 있고 고령노동자의 성과도 높일 수 있다는 가능성을 제시하며 한국 세대 분류를 적용하여 기업 성과 향상을 위한 연구를 시도해볼 필요가 있음을 보여준다. 이와 같은 맥락으로 다음 절에서는 여섯 가지 인적자원관리 기능을 기준으로 국내 인력의 고령화와 고령자들을 위한 인적자원관리 프로그램들을 실무적인 입장에서 제안해본다.

4. 국내 인력의 고령화와 고령자를 고려한 인적자원관리 프로그램에 대한 제언

인력확보 관점에서 인력의 고령화를 고려한 인적자원관리 추진 방향에 대한 제언

현재 한국기업의 채용 형태는 특별한 경우를 제외하고는 고령인력 채용보다는 젊은 인력 중심으로 채용이 진행된다. 또한 고령 인력을 바라보는 기업의 다양한 관점을 고려하여 고령 인력 고용 측면에서 보면, 기업들은 새로운 고령인력의 신규 채용보다는 기존 조직시스템에 익숙한 고령 인력들의 고용연장 또는 유지 형태를 선호할 것으로 보인다.

2016년 국내기업의 정년이 60세로 연장되면서 대부분의 국내기업

들은 정년연장과 동시에 임금피크제를 도입하여 적용하고 있다(한국경영자총협회, 2013). 아울러 임금피크제와 연계하여 현재 일부 기업에서는 정년에 도달한 종업원 중 탁월한 전문 기술력을 가졌거나 기업의 성과창출에 지속적으로 기여가 가능한 고령 인력을 대상으로 1~2년 기간의 계약을 통하여 고용계약을 연장하는 방안이 실시되고 있다. 이러한 고용 연장 유지 형태는 고령 인력의 고용유지 측면에서의 훌륭한 모델이 될 수 있을 것이다. 이들에 대한 근무 형태는 전일 근무, 파트타임 근무, 재택근무 등 다양한 근무 형태를 기업의 상황에 맞게 적용할 수 있을 것이다. 이러한 인적자원관리 프로그램의 도입은 개인의 고용 유지와 더불어 조직의 성과창출에 기여할 수 있는 기회를 제공함으로써 궁극적으로는 인적자원 활용의 극대화라는 긍정적인 효과가 기대된다.

또한 앞절에서 언급한 경력 밖 징검다리 고용과 점진적 퇴직제도에 대한 적용 및 연구가 보다 더 활성화되면 고령 인력들의 고용 확대 또는 안정적인 고용 유지에 긍정적인 효과가 기대된다. 독일처럼 고령자 파트타임 근로법을 제정하여 일정 시점부터 근로시간을 줄여 나갈 수 있게 하고 근로시간 단축으로 인해 생겨나는 임금과 연금상의 불이익은 고용주가 보전해주는 정책을 실시하는 것도 방법일 수 있다(이정우, 2015). 물론 현 시점에서 독일과 우리나라는 정치·경제 수준, 문화 등의 측면에서 차이가 있어 제도를 적용하는 방식이나 적용 시기에 대해서는 많은 의견이 있을 수 있으나 고용주의 입장, 고령노동자의 입장, 연금제도 등 관련된 제도 도입이 필요할 것으로 보인다.

마지막으로 숙련된 인력의 직무 배치를 통해 고령화 인력을 최대한 활용할 수 있을 것이다. 최근 글로벌 기업들을 중심으로 동일한 조직 내에서도 직무의 상대적인 가치에 따라 급여, 복리후생 등의 보상 수준이 달라지고, 이러한 직무에서 요구하는 필요 역량과 이전 경험들도 서로 상이하게 운영되는 경향이 두드러진다. 끊임없이 새로운 아이디어가 필요한 직무, 회사 규정에 명시되어 있는 업무 프로세스를 잘 준수하는지 감시하고 통제하는 직무, 이전의 경험과 시행착오 등을 기반으로 높은 숙련도를 필요로 하는 직무 등 기업이 처한 환경 및 직무별로 요구하고 있는 전제 요건들이 다양하다. 이와 같이 경험과 숙련도를 필요로 하는 직무에 한해, 주된 경력에서 퇴직 후 오랜 시간 경제활동을 하지 않은 퇴직한 고령 인력들을 우선적으로 채용하여 이들에게 이러한 직무를 수행할 수 있는 기회를 제공한다면, 양질의 우수한 노동력을 계속적으로 사회적으로 활용할 수 있다. 기업 및 고령 인력들은 물론이고 더 나아가서 국가 차원에서의 혜택으로도 이어질 수 있는 바람직한 프로그램으로 자리 매김할 수 있을 것으로 기대된다.

동기부여 관점에서 인력의 고령화를 고려한 인적자원관리 추진 전략에 대한 제언

대부분 국내기업의 경우, 기업 내 모든 구성원들은 사원-대리-과장과 같은 직위와 병행하여 팀원-팀장-임원(실무자-리더-경영진) 중 하나의 직책을 부여받게 된다. 고령노동자의 경우도 예외가 될 수 없다. 이러한 직책을 수행하는 고령 직원은 인지적 능력 중 창의적인 사고로 문제를 해결하는 것보다 경험과 통찰을 바탕으로 한 통합적인 사고로 문제를 해결하는 능력이 있기 때문에(Cattell, 1963) 이러한 특성이 고려된 직무부여 등 조직적 지원 등을 통하여 지속적인 동기부여할 필요가 있다. 또한 생성감과 책임감에 보람을 느끼는 고령자의 욕구를 반영하여 조직 내에서 고령화 인력이 스스로 동기부여될 수 있고, 가장 잘할 수 있는 분야를 찾으려는 기업들의 체계적인 노력이 필요하다. 산업별, 업종별로 각기 조금씩 다를 수는 있겠지만, 이론을 바탕으로 생각해볼 때 고령 인력들이 가장 잘할 수 있는 분야 중 하나는 이전 경력에서 본인이 경험했던 다양한 실제 사례를 통한 육성 관점의 코칭 및 피드백 분야이다. 구체적으로는 조직 내에 전문코치를 한 명 이상 두고 직원들의 고충처리 상담부터 업무에 대한 비즈니스 코칭, 개인 삶의 질 향상 목적의 라이프 코칭 역할 수행을 맡기는 것을 고려해볼 수 있다. 국내 대기업들은 이미 4~5년 전부터 비즈니스 관점에서 팀장급 이상에게 정기적인 코칭 및 피드백 교육을 지속적으로 시키고 있는데 체계적으로 훈련된 고령화 인력은 비즈니스는 물론이고 직원들의 삶의 질 향상을 목적으로 개인 단위의 라이프 코칭 영역에서도 새로운 가치를 창출할 수 있을 것으로 기대된다. 특히 위계적 서열주의로 설명되는 한국기업 문화상 후배를 양성할 수 있는 코치 역할은 고령노동자의 내재적 동기를 불러일으키는 과업일 수 있다.

성과관리 차원에서 인력의 고령화를 고려한 인적자원관리 추진 방향에 대한 제언

성과관리 차원에서도 고령자가 강한 부분을 고려하여 직무를 설계하는 것이 인력의 고령화를 고려한 성과체계 확립의 시작이 될 것이다. 한국사회에서는 특히나 인력 구조상 산업화·민주화 세대 혹은 그 이전 세대들과 탈냉전·정보화 세대 간의 갈등이 첨예하기 때문에 어느 집단이나 받아들일 수 있는 공정한 직무설계와 성과평가가 이루어지지 않는다면 조직에 대한 불만이 점점 더 커지고 이직의도가 높아질 수밖에 없을 것이다. 앞항에서 언급한 코칭과 연결된 직무들은 고령자들이 자신의 능력을 발휘할 수 있는 영역이기 때문에 그 성과 역시 높아질 수 있을 것이다. 그러한 고령자에게 유동지식을 요하는 직무를 맡긴다면 업무를 수행하기도 전부터 비고령자보다 낮은 성과평가를 예측할 수 있을 것이다. 따라서 직무설계 단계에서부터 각 연령대의 강점을 고려하고 각 연령대에게 맞는 직무를 배치하는 것이 고령화 사회에서 필요한 성과관리 프로그램일 것이다.

보상 차원에서 인력의 고령화를 고려한 인적자원관리 추진 방향에 대한 제언

박오수·김기태(2001)는 조직 세대별 인사제도 선호 경향에 대한 탐색 연구를 진행하였다. 그 결과 계층별로 3개의 세대가 존재한다고 정의를 하였다. 이 중 기성세대의 경우에는 장기적 경력계획이나 고용형태를 선호하며 집단기준의 평가나 보상제도를 선호한다고 제시하면서 세대별 특징을 반영하여 각 세대에 적합한 차별적 인사관리를 해야 한다고 주장하였다. 구체적으로 능력주의, 성과주의, 단기 중심의 개인주의 가치 성향에 적합한 인사제도는 신세대에게 우선적으로 적용하고 고령 인력들에 대해서는 한국의 문화, 해당 기업의 조직문화를 우선적으로 고려하여 단계적 도입할 것을 제안하고 있다. 인력의 고령화가 빠르게 진행되는 상황에서 임금피크제 등 보상체계의 변화를 막을 수는 없을 것이기에 줄어드는 보상에 대한 고령자의 수용도를 높일 수 있는 절차를 고려할 필요가 있을 것이다.

교육훈련 차원에서 인력의 고령화를 고려한 인적자원관리 추진 방향에 대한 제언

기업에서는 통상 직책 기준 임원-팀장-팀원(경영진-관리자-실무자) 3개 그룹으로 구분되며, 직위체계는 사원-대리-과장 또는 연구원-선임연구원-수석연구원 등의 다양한 방식으로 적용되고 있다. 또한 각 개인은 또 고성과자와 저성과자 등으로 평가되는 방식에 따른다. 이러한 다양한 상황에 위치하고 있는 각 개인은 업무 수행, 교육 훈련 등을 통한 자기계발 동기부여 또는 의지에 있어서도 차이가 존재하므로 과거 획일적인 교육방식으로는 투자 대비 높은 교육성과를 기대하기 어려울 것이다. 이를 극복하기 위하여 동일한 참여 기회를 모든 구성원들에게 제공하되 고령 여부에 관계없이 고성과자, 자기계발 의지 또는 교육훈련에 참여하고자 하는 동기부여 수준이 높은 사람들을 중심으로 교육훈련 프로그램에 참여시켜 진행하는 것이 교육 투자성과 측면에서도 효과적일 것이다. 이 과정에서 고령 인력들에게도 동일한 기회를 제공하는 것이 바람직할 것이다.

또한 개인별 맞춤형 훈련 프로그램을 짜서 실행하는 주체는 직책 또는 고령 여부에 상관없이 각 개인이 되는 것이 바람직하다. 전문기술 역량, 의사소통 역량, 리더십 역량 등 각 개인의 역량 수준에 맞는 교육훈련 프로그램 개발 및 실행이 중요하다. 특히 편견에 의해 고령자들이 훈련에서 배제되는 경우가 많기 때문에 고성과 저직급 고령노동자의 경우, 지속적인 성과창출을 하기 위하여 교육훈련 프로그램에 적극 참여시키는 것도 바람직할 것이다. 이를 실행하는 과정에서 교육 전문가 또는 부하직원의 육성에 관심을 갖는 상사의 참여가 필수적이다. 고령자의 훈련 참여도는 상사가 갖고 있는 편견의 정도의 영향을 받기 때문에(van Vianen et al., 2011) 상사의 참여가 중요하다. 또한 한국기업에서는 회사 전체 차원에서 추진되는 사안이라도 직속 상사의 동의가 없다면 실행되기 어렵기 때문에 부하직원의 육성을 위한 상사의 동의는 필수적이며, 이와 함께 교육훈련 대상자에게 가장 필요하고 효과적인 교육과정이 무엇인지를 함께 고민하고 지원을 해줄 수 있는 역량을 보유한 전문가의 지원도 병행되면 그 효과성이 늘어날 수 있을 것이다.

경력개발 차원에서 인력의 고령화를 고려한 인적자원관리 추진 방향에 대한 제언

앞절에서 살펴본 바와 같이 김나정과 홀(Kim & Hall, 2013)이 고령화 사회에서 나타날 수 있는 인생 후반부의 미니사이클 유형을 제시하였으나 이 세 유형이 한국사회에서는 어떻게 발현되는지 고민해볼 필요가 있다.

기존의 경험을 활용하는 첫 번째 유형은 동일 산업이나 전문 분야에 남길 원할 것이나 기업에서는 경험이 있는 고령자를 파트타임직 등 직급을 낮춰서 고용할 확률이 높다. 이와 같은 접근법은 위계적 서열주의가 약한 다른 국가에서는 도입이 가능할 수 있을 것이나 한국사회에서는 전문 분야에서 높은 직책을 유지하고 싶어 하는 고령자가 많을 경우 적용이 어려울 수 있다. 이러한 상황에서 기업의 급여는 낮아질 수 있으나 고령자의 상징적인 직책은 높이고 다른 직원들과의 관계에서도 높은 지위를 느낄 수 있는 문화를 조성하는 등 지위 저하 인식을 가급적 피하는 방법들을 고민해볼 필요가 있을 것이다.

두 번째 부류는 평생 여러 번의 전환을 반복한 그룹이기 때문에 한 조직 내의 직위 등에 마음을 두고 있지 않을 확률이 높다. 하지만 이들에게는 자율성과 조직이동 가능성이 중요할 것이기 때문에 급변하는 인력시장의 훈련 프로그램들을 꾸준히 제공할 필요가 있을 것이다. 이 두 번째 그룹에 속한 사람들은 연령이 증가함에 따라 다음 직장을 구하지 못할 것에 대한 두려움이 클 것이다. 그러다 보니 고용가능성을 높여줄 수 있는 프로그램 제공을 중요하게 생각할 것이기에 이러한 훈련 프로그램을 제공하는 기업들에 대한 선호도가 강할 것이다.

세 번째 부류는 주된 경력과 전혀 관계가 없는 새로운 경력을 시작하는 고령자들이다. 이들의 경우에는 기업 차원의 지원보다는 정부 차원의 지원이 필요할 것이다. 예를 들어 창업을 하는 경우, 정부에서 지원해주는 네트워킹 모임, 훈련 프로그램 등이 큰 도움이 될 수 있을 것이다. 이처럼 고령자들이 인생 후반부에 따를 수 있는 경력개발 경로는 다양하기 때문에 각기 다른 상황에 놓여 있는 개인의 현재 입장을 고려하여 경력개발 및 연관된 인적자원관리 프로그램들에 대해 안내 또는 지원하는 것이 중요할 것이다.

5

결론

　인력의 고령화와 고령노동자에 대한 인적자원관리 연구 현황을 파악하고 건설적인 제언을 위하여 본 논문은 지난 20년간 경영 관련 분야에서 연령대의 차이 혹은 유사성을 살펴보거나 고령노동자 혹은 인력의 고령화에 대해 살펴본 연구들을 정리하고 향후 연구가 진행되어야 하는 영역에 대해 정리해보았다. 고령화 시대를 먼저 살아가고 있는 국외 연구들이 쌓아온 40여 년간의 문헌들은 준비를 할 시간조차 없이 고령화 시대를 급격하게 경험하는 한국사회에서 고령 인력을 이해하고 관리하는 데 학술적 틀을 제공해줄 수 있을 것이다. 특히 국외 문헌 조사를 함에 있어서 인적자원관리 분야 등 경영학 분야에 국한되지 않고 평생발달심리학, 노인학, 사회학을 아울러 살펴보아 고령노동자의 특성을 이론적으로 풍부하게 접근하는 국내 인적자원관리 연구가 진행될 수 있는 터전을 마련하려고 노력하였다.

　연구주제 측면에서 국내 연구들은 인적자원관리 기능들을 고려하고는 있으나 인력확보 등 몇몇 기능에 치우쳐 있었다. 따라서 본 논문에서는 기능별로 가능한 연구주제들을 국외 학술 연구들의 논의를 참고하여 조사하였다. 현 국내 문헌은 특히 이론적 측면에서 미흡하였다. 따라서 10여 개의 이론을 정리하여 향후 고령 인력에 대한 국내 연구의 이론적 프레임을 강화할 수 있는 활용법을 제안하였다. 이 이론들은 인적자원관리의 전 기능과 연관된 연구주제에 적용될 수 있는 이론들로 고령노동자와 나이가 상대적으로 적은 노동자 간의 비교는 물론 인력의 고령화 전반을 이해하는 데 도움을 줄 수 있는 이론들이다.

또한 고령화 현상은 조직이 속한 환경의 영향을 크게 받는다는 인생여정이론life course theory에 근거하여 한국사회에서 고령노동자는 누구인지에 대한 기준들을 논하고 고령노동자에 대한 사회통념을 고려하여 부정적인 결과를 방지할 수 있는 인적자원관리 접근법을 논하였다. 앞서 해당 주제에 대한 연구를 시작한 국외 연구들의 이론적 틀을 도입하여 연구의 체계를 세우면서 한국의 특수성을 반영하여 연구 분야를 발전시켜나가는 일은 결코 수월한 일은 아닐 것이다. 국외 최신 연구 동향을 파악하면서 동시에 한국사회의 변화를 놓치지 않고 귀 기울여야만 가능한 성과일 것이다. 하지만 한국사회에서 '나이'가 갖는 의미를 생각해보고 한국사회에서 고령화가 얼마나 빠르게 진행되고 있는지를 고려해보면, 이와 같은 과정은 실무적으로도 학술적으로도 심도 있는 연구 영역을 개척할 수 있는 계기가 될 것이다. 해당 사안에 대해 아직 많은 연구가 이루어지지 않았다는 것은 지금부터의 행보가 향후 문헌의 질을 결정한다는 것을 의미하는 만큼 탄탄한 이론적 체계와 생생한 한국 실정이 반영된 인력의 고령화와 고령노동자에 대한 연구들이 많이 나오길 기대해본다.

17장

노사협의회는 노동조합의 대체재인가, 보완재인가'

최준하

고용노동부, E-mail: cjha27@korea.kr

동국대학교 대학원에서 근로자대표제도에 관한 연구로 박사학위를 취득하였다. 『노동정책연구』 등에 논문을 발표한 바 있으며, 박사학위 취득 후에도 근로자대표제도, 비정규직 등에 대한 학술적 연구에 지속적인 관심을 가지고 있다. 현재 고용노동부 소속 공무원으로 재직 중이다.

이영면

동국대학교 경영대학 교수, E-mail: youngman@dongguk.edu

연세대학교 학사, 서울대학교 석사를 거쳐, 미국 미네소타 대학교에서 노사관계·인적자원관리로 박사학위를 취득하였다. 비정규직, 근로자대표제도, 윤리경영 등에 관심이 많으며, 『노사관계Industrial Relations』『노사관계 저널Journal of Industrial Relations』『중국: 국제 저널China-An International Journa』『코리아 옵저버Korea Observer』『경영학연구』『인사조직연구』『산업관계연구』 등에 논문을 발표했고, (공)저서로는 『고용관계론』『직무만족의 의미와 측정』『국가 간 인적자원관리의 발전The Development of Human Resource Management Across Nations』『한국의 고용과 노사관계의 진화The Evolution of Korean Employment and Industrial Relations』(에드워드 엘가, 2018) 등이 있다.

*본 논문은 『인사조직연구』 2017년 11월호(25권 4호)에 '노사협의회에 대한 최근 연구성과 및 향후 연구과제: 노동조합의 대체재와 보완재 논의를 중심으로'란 제목으로 게재된 논문이며, 일부 수정하였음을 밝힙니다.

1

서론

　우리나라의 노동조합 조직률은 사회민주화를 수반한 노동자 대투쟁의 시기인 1989년 19.8%를 기록한 이래 지속적으로 낮아졌다. 2000년대 들어서는 10%까지 낮아진 이후 2015년에도 10.2%로 오랜 기간 동안 정체상태를 보이고 있다(고용노동부, 2016). 문재인 정부 출범 이후 약간의 증가를 보이고 있지만 전반적으로 노동조합 조직률 하락으로 인해 집단적 노사관계 차원의 근로자 대표 기능이 약화되고 있다는 지적이 많다. 노동조합 조직률 하락에 따른 근로자 목소리voice 기능의 약화는 단지 우리나라에만 국한되는 현상이 아니며 선진국 여러 나라에서 나타나는 공통적 현상이다. 그 결과 근로자들의 집단적 의사표시 및 이해관계 대변기능에 있어 사회적 요구와 현실 간에 괴리 문제가 지적되고 있다.

　특히 1970년대 이후 사용자 주도의 고참여·고몰입high commitment·high involvement 인적자원 관리 관행이 강화됨에 따라, 근로자대표제도employee representation system가 이러한 고성과작업시스템high performance work system에 의해 위축되거나 그 기능이 대체되고 있다는 주장도 많이 제기되고 있다(이영면·이동진, 2009; Appelbaum & Batt, 1994; Cappelli & Neumark, 2001; Godard, 2004; Pil & MacDuffie, 1996).

노동조합이나 노사협의회works council와 같은 근로자대표제도는 단순히 근로자의 근로조건 보호나 권익신장 이외에 다양한 효용을 창출할 수 있다. 예를 들면 경영진과 근로자 사이에 정보교류의 가교역할을 함으로써 소통을 촉진하고 이해관계를 조절하면서 장기적 협력을 유도할 수 있다. 또한 근로자 고충처리와 근로조건 향상을 통해 직무만족과 조직몰입을 높임으로써 이직을 낮추면서 근로의욕 제고를 통해 기업 생산성을 높일 수 있다. 다른 한편으로 근로자의 이익을 보호하는 데 치중하여 기업의 노동비용을 높이고 노동시장 유연성을 저해하면서 시장환경 변화에 따른 유연한 경영의사결정을 저해할 수 있는 한계도 있다.

한편, 노동조합이나 노사협의회 제도가 발전해온 역사적 경험을 돌이켜볼 때 근로자대표제도는 단순히 사업장 차원의 의사소통의 수단만이 아니라 산업민주주의의 토대를 이루면서 사회적 대화와 타협 및 분배적 정의를 실현하는 데도 기여할 수 있다(Poole, 1992). 이러한 근로자대표제도의 효용에 비추어 최근의 노동조합 조직률 하락에 대응하여 비노조 근로자대표제도 등에 대한 이론적 논의를 심화시켜 나갈 필요가 있다.

하지만 기존의 연구들은 자본주의 시장 경제 아래에서 노동조합의 기능과 역할을 탐색했고 제도적 효용성을 높이기 위한 차원에서 주로 접근하고 있다(Bennett & Kaufman, 2007; Freeman, 1981, 1984; Freeman & Medoff, 1979, 1984). 그렇다 보니 대안적 근로자대표제도로서 노사협의회제도가 갖는 유용성과 한계에 대한 연구는 상대적으로 적은 편이다(Gollan, 2007; Kaufman & Levine, 2000; Kaufman & Taras,

2000; Wilkinson, Donaghey, Dundon, & Freeman, 2014). 미국의 경우 클린턴 정부 시절 던롭위원회에서 노사협의회를 제도화하려는 시도가 있었으나 노사협의회가 노동조합의 역할을 대신할 수 없다는 법원의 판결[2] 이후 활성화 노력이 좌절된 바 있다. 우리나라의 경우 노사협의회제도를 30인 이상 사업장에서 도입을 의무화하고 있으나, 아직까지 유용성에 대해 이론적으로는 물론 현장 노사관계 전문가들 사이에서도 논란이 있는 실정이다.

노동조합이 근로자들의 자주적 결사체로서 단결권, 단체교섭권, 단체행동권 등에 의해 근로조건 향상을 주목적으로 하는 것과 달리 노사협의회는 근로자의 이익 대변을 추구하면서도 사용자와 근로자간 협의와 소통을 중시함으로써 사용자의 거부감이 덜 하고, 상대적으로 일방의 이익을 추구하지 않는 특색이 있다. 즉 노사협의회는 경영 상황에 대한 정보공유 등을 통해 노사 간 의사소통을 촉진하고, 기업의 생산성 향상을 통해 사용자와 근로자의 장기적 협력관계를 도모하는 것을 주된 목적으로 한다(Freeman & Lazear, 1995; Müeller, 2012; Nienhüser, 2014). 또한 노사 간 의사소통, 근로자 교육훈련, 산업안전 등에 있어서도 중요한 역할을 한다(Gollan, 2007; Rogers & Streeck, 1995).

이에 따라 노사협의회제도는 노동조합 조직률 하락에 따른 근로자 목소리 기능의 약화를 보완하고 근로자 대표기능의 사회적 수요와 공급 사이의 괴리를 해소할 수 있는 잠재적 유용성이 있다. 이러한 노사협의회제도의 성격을 고려할 때 이론적 논의를 한층 심화시켜 나갈 필요가 있다. 본 논문은 노사협의회가 노동조합의 보완재인가 아니면 대체재인가에 대한 이론적 논의를 중심으로 그간의 연구 성과를 되돌아 보고 향후 연구 방향을 개관하는 것을 주된 목적으로 한다.

2

노사협의회의 의의, 연혁, 효용

1. 노사협의회제도의 의의

근로자대표제도는 일반적으로 사업장 내에서 근로자의 이익을 대변하거나 경영참여를 위해 마련된 제도라고 정의하는 경우가 많다(Dobbins & Dundon, 2014; Kaufman & Taras, 2000). 근로자대표제도로서 가장 대표적인 형태인 노동조합은 근로조건 개선과 고용안정을 통해 근로자의 경제적 이익을 추구하는 것을 주된 목적으로 한다(Hammer & Avgar, 2005).

한편 노사협의회와 같은 비노조 근로자대표제도(이하 NER)는 노동조합과 같이 근로조건 개선을 위해 근로자의 이익을 대변하는 기능을 하지만 사용자의 동의와 지원 아래 조직되고 운영된다는 점에서 노동조합과는 다르다(Gollan, 2007; Kaufman & Taras, 2000; Rogers & Streeck, 1995). 이러한 비노조 근로자대표제도는 많은 경우 근로자 이익을 대변하면서도 참여와 협력을 통해 노사 간 의사소통을 활성화하고 공동이익을 추구하는 것을 목적으로 한다.

이러한 근로자대표제도는 다원주의적 정치이념을 반영하는 근로자 목소리 대변형태로 분류할 수 있다(Budd & Bhave, 2008). 즉 근로자대표제도는 견제와 균형, 대화와 타협을 통한 이해관계 조정을 중시한다. 그러한 점에서 조직 내 조화와 화합을 중시하면서 근로자의 직접참여를 강조하는 일원주의적 관점과는 대비된다(Kaufman, 2014). 근로자대표제도가 집단적이고 간접적 참여형태를 취한다면 직접참여 방식은 개별적이면서 대면적인 참여형태를 갖는다. 이익 지향에 있어서도 근로자대표방식이 경합적이고 분배적인 성격을 갖는다면, 직접참여는 통합적이고 공동이익을 추구하는 방식이다. 또한 근로자대표방식은 비용편익을 고려하면서 상대방에 대한 영향력 행사를 의도한다는 점에서 직접참여 방식이 의사교환 및 소통에 강조점을 두는 것과는 차이가 있다(Kaufman, 2014).

노사협의회는 근로자와 사용자가 참여와 협력을 통해 근로자의 복지증진과 기업 발전을 도모하기 위해 구성되는 기구라고 할 수 있다. 우리나라 노사협의회제도의 연원이 되는 독일의 작업장평의회Betrieb-srat[3]는 산별차원에서 구성 및 운영되는 노동조합의 역할을 보완하여 기업이나 사업장 단위에서 근로자대표기구의 역할을 하고 있다. 독일의 경우 현재 5인 이상 사업장에서 근로자들이 우리나라의 노사협의회라고 볼 수 있는 작업장평의회Betriebsrat를 설립할 수 있는 권리가 보장되어 있다(Müeller, 2012).

이러한 작업장평의회는 나치 정부 아래서 기업들의 협력에 대한 반성으로 산업민주주의를 위한 노력의 일환으로 제도화되었고, 한편으로 강력한 산별노조에 대해 대응 필요성이 작업장평의회 설립에 대한 사용자의 지지를 이끌어낸 측면도 있었다(Müeller, 2012). 현재 독일 이외에도 네덜란드, 스웨덴, 프랑스, 이탈리아, 스페인 등 유럽 여러 나라에서 작업장평의회 제도가 법률적으로 보장받고 있다. 또한, 유럽연합의 입법지침Directives에 따라 기업의 의사결정에 있어 노사협의회를 의무적으로 두어야 하는 기업들이 늘어나고 있고,[4] 이 경우 근로자대표들은 정보권과 의결권을 갖고 기업의 경영활동에 참여할 수 있다.

이러한 작업장평의회는 사업장 내에서 근로자들의 이해관계와 관련된 고용, 작업방식, 직업훈련, 산업보건 등의 안건에 대해 정보제공을 요구할 수 있고, 여러 가지 안건에서 협의나 동의권을 행사하며, 일부 안건에 대해서는 공동결정권을 가지는 참여 권리를 가지고 있다 (배규식·노용진·심상완, 2007). 우리나라의 경우 노동조합과의 관계에 있어 근로자 과반수로 구성된 노동조합이 있는 경우에는 노동조합이 노사협의회 근로자대표를 위촉할 수 있다. 그렇지 않은 경우에는 근로자들의 직접, 비밀, 무기명 투표에 의해 근로자대표를 선출하게 된다. 현행 근로자 참여 및 협력증진에 관한 법률은 노사협의회의 기능을 보고사항, 협의사항, 의결사항 등으로 구분하여 규정하고 있다.

2. 노사협의회제도의 연혁

노사협의회제도가 최초에 도입된 계기는 노동조합과의 관계에 있어서 유럽기업의 사용자들이 산별노조의 정치화를 우려하여 사업장 단위에서 노조의 영향력을 배제하려는 의도의 산물이었음을 알 수 있다(Foley, 2014; Kaufman, 2000; Rogers & Streeck, 1995). 20세기 초 직종별 노조가 산업별 노조로 전환되어 가는 시기에, 사용자들은 권위주적인 정부의 도움을 받아 사업장 수준에서 생산과정에 노조활동의 영향력을 억제하는 데 관심과 노력을 기울였다. 이에 대하여 유럽국가의 노동조합들은 당초 사업장 단위에서 노조 이외의 근로자대표 조직이 노조의 세력을 약화시킬 수 있다는 우려를 하였다. 이러한 이유 때문에 비단 유럽의 경우만이 아닌 영국이나 미국에서도 20세기 초에 노조는 노사협의회가 사업장에서 노조의 세력을 약화시킬 것이라는 이유로 반대하였다(이영면·이동진, 2009).

그러나 이후 노사 간 대립적 입장과 역학관계 속에서 독일을 비롯한 유럽대륙 국가들에서 노사협의회는 노동조합의 반대를 극복하고 점차 활성화된다. 특히 1920년에 제정된 독일의 바이마르 헌법은 작업장평의회를 헌법상 기구로 제도화함으로써 큰 전환점을 이루었다(Addison, Schnabel, & Wagner, 2001). 그 결과 독일에서는 산업별 노동조합과 사업장의 작업장평의회가 이원적인 구조로서 근로자대표 조직의 기본틀을 갖추게 된 것이다. 특히 제2차 세계대전 후에는 사업장 차원의 공동 의사결정 제도를 산별 노동조합이 공식적으로 지지하고 노조의 전략으로 받아들이게 된다.

이에 따라 유럽대륙의 여러 나라, 특히 독일에서 노조와 작업장평의회 사이에는 밀접한 공생의 관계가 형성된다. 그러한 공생관계는 역할과 책임을 분담하고 상호 보완하는 관계를 의미한다. 역사적으로 작업장평의회는 직종별노조가 정치적 지향이 강한 산별노조로 전환 내지 흡수됨에 따라 사업장차원에서 근로자 대표기구로서의 역할이 주어진 것이다. 이런 의미에서 작업장평의회는 중앙집권화된 정치적 노조와 경영진의 권리prerogative 간에 타협의 산물이라고 볼 수 있다(Rogers & Streeck, 1995).

반면, 사업장 수준에서 기존에 강한 노조가 있었던 나라에서는 노사협의회가 노동조합과 일정 부분 경쟁적 관계를 유지하게 된다. 즉 보완재적인 측면보다는 대체재적인 측면이 강조되는 것이다. 우리나라나 일본의 경우 기업별 노조가 자리잡고 있었고 미국의 경우 독자적인 세력을 형성한 지역별 노조가 사업장 수준에서 대표권을 행사하고 있었다.

이러한 상황에서 사용자들은 노사관계를 협력적으로 유도하려는 의도에서 사업장 차원의 근로자대표제도에 관심을 기울이게 되었다. 이러한 이유로 노사협의회는 일정부분 노동조합과 경쟁하는 대체적 관계를 띠게 된 것이다. 이러한 나라들에서는 비 노조기업을 중심으로 노사협의회가 대안적 목소리 장치로 자리를 잡게 되었다(Kim & Kim, 2004).

한편, 우리나라의 노사협의회제도는 1963년에 노동조합법에 근거하여 임의적 제도로서 최초로 공식화되었다. 이는 1960년대 초기 산업화시대에 권위주의 정부 아래에서 노사협력을 강화하고 산업평화를 기하기 위한 의도에서 비롯된 것이다(김훈·이승욱, 2000; 배규식 외, 2007). 여기에는 제2차 세계대전 후 급속한 경제재건을 이룬 독일의 경제체제에서 노사협의회제도가 중요한 노사협력의 수단으로 작용했다는 긍정적 학습효과가 작용하였다고 볼 수 있다(Kim & Kim, 2004). 이와 같은 법제화에도 불구하고 우리나라의 노사협의회제도는 임의적 제도라는 한계 및 노동조합의 거부감 등으로 제도도입 이후에도 상당기간 영향력을 발휘하지 못한 상태로 유지되었다.

이러한 노사협의회제도가 본격적으로 도입되게 된 계기는 일정한 산업발전의 성과를 바탕으로 노사협력을 보다 강화하기 위한 취지에서 1980년에 노사협의회법이 제정되고 100인 이상 사업장에 제도도입이 의무화되면서부터이다. 하지만 당시에도 정부는 노사협력을 강조하여 노동계는 1987년 민주화과정에서 노사협의회의 폐지를 강력하게 주장하였다. 그러나 1997년에는 다시 한 번 근로자참여 및 협력증진에 관한 법률이 종전 노사협의회법을 대체하여 제정됨으로써, 30인 이상 사업장까지 의무적용 대상이 확대되는 등 제도가 더욱 강화되었다. 1997년의 법개정은 1995년부터 시작된 노사관계개혁위원회에서 노사정이 함께 법개정을 추진한 결과라는 점에서 유의할 필요가 있다.

3. 노사협의회제도의 기능

그간 비노조 근로자대표제도로서의 노사협의회의 효용과 한계에 대해서는 많은 이론적 연구가 있었다(Budd, 2014; Chi, Freeman, & Kleiner, 2011; Freeman & Lazear, 1995; Kaufman, 2014; Kaufman & Levine, 2000; Marsden & Cañibano, 2010; Willman, Bryson, Gomez, & Kretschmer, 2014).

거래비용에 미치는 영향

노사협의회제도가 갖는 서비스 내지 편익의 이론적 성격과 관련하여 불완전한 정보 내지 정보의 비대칭성이 존재하는 상황에서 거래비용을 줄일 수 있는 기능을 한다(Kaufman & Levine, 2000; Willman et al., 2014). 기업과 같은 조직 내에서 정보는 위계구조를 통해서 상하로 이동하는데 단계마다 정보가 재처리되거나 새로이 가공될 수 있고, 중간관리자가 의도적으로 정보의 흐름을 제약할 수도 있다.

즉 조직의 중간관리자들이 조직의 목표에 충실하지 않고 자신이나 본인이 속한 집단의 이익 등을 위하여 의도적으로 정보를 왜곡하는 기회주의적 태도를 보일 수 있다. 대리인 문제가 발생하는 것이다. 이러한 위계적 조직구조 속에서의 정보 흐름의 제약이나 왜곡 문제에 대한 대응방안으로 노동조합이나 노사협의회와 같은 근로자 대표 조직은 근로자들이 경영진과 직접 만날 수 있는 기회를 제공함으로써 조직 상하 간 의사소통뿐 아니라 정보의 신뢰성과 정확성을 높이는 데도 기여한다(Freeman & Lazear, 1995; Willman et al., 2014).

그러나 노사협의회를 통한 정보공유나 협의기능이 경영진에 의한 신속한 의사결정을 제약할 경우, 오히려 거래비용을 높일 수 있는 한계도 있다. 결과적으로 신속한 의사결정을 제약함으로써 기업조직이 환경 변화에 적시에 유연하게 대응하는 것을 어렵게 한다는 한계가 지적된다(Müeller, 2012).

외부경제 효과

노사협의회와 같은 근로자대표 조직은 조직 내에 구성원들이 직접 비용을 지불하거나 관심을 기울여 해결하려고 하지 않는 공공재 내지 외부효과가 있는 서비스의 공급 문제를 해소하는 데 기여할 수 있다. 일반적으로 공공재의 경우 소비에 있어 비배제적 내지 비경합적 성격으로 인해 시장기능에 맡겨둘 경우 과다 내지 과소 생산되는 것으로 알려져 있다. 사업장 내에서도 근로자 개인 입장에서는 비용 대 효용 관점에서는 관심을 기울이려고 들지 않으나 꼭 필요한 서비스들이 많다.

예컨대 작업장의 소음 감소, 산업안전, 적당한 작업속도 등 사업장 내에는 다양한 유형의 공공재가 있다. 이러한 공공재는 노사 모두에게 외부적 편익 내지 비용을 유발하기 때문에 적정한 생산 및 공급이 이루어지는 의사결정 메커니즘이 필요하다. 근로자들이 스스로의 비용으로 공급하려 하지 않는 공공재 성격의 서비스를 생산하는데 노사협의회와 같은 집단적 의사결정은 유용한 도구가 될 수 있다(Kaufman & Levine, 2000).

생산성에 미치는 영향

노사협의회의 생산성 향상에 대한 긍정적 견해는 사용자의 기회주의적 행동을 차단함으로써 장기적으로 협력을 지속시킬 수 있고 경영진 의사결정의 질을 높일 수 있다고 주장한다. 노사 간 불신 상황을 극복하는 데 있어 노사협의회는 근로자들이 기업의 경영정보를 청취할 수 있는 소통창구로서 역할을 하고 법적으로 주어진 경영정보에 대한 협의기능을 통해 경영진과 원활한 의사소통을 가능하게 한다. 이에 따라 경영진과 근로자들 사이에 신뢰관계가 형성됨으로써 단기적 이익을 다투는 데 치중하기보다는 장기적 협력을 추구할 유인이 생긴다는 것이다. 따라서 이런 경우라면 경영진이 유능하다 하더라도 근로자 경영 참여의 필요성이 인정된다고 할 것이다.

한편으로 노사협의회는 경영진의 의사결정의 질을 높이는 데도 기여할 수 있다. 노사협의회를 통해 근로자들이 작업과정 등에서 느끼는 현장의 문제점이나 개선대안 등을 적극 제기할 경우 경영진이 미처 생각하지 못한 원인진단 및 대응책을 제시할 수 있다. 또한 근로자들의 의사표시를 위한 대변기능을 부여하고 불만을 표출할 수 있도록 한다면 이직비용을 줄일 수 있을 것이다(Hirshman, 1970). 노사협의회의 고용안정 기능이 근로자의 업무 몰입을 유도하고, 근로의욕을 증진하며, 애사심을 유도할 수 있다면 기업의 경영성과에 긍정적 효과를 가져 올 수 있는 것이다.

반면, 기업 생산성 측면에서 노사협의회의 역할에 대한 부정적 시각으로서 피츠로이와 크래프트(FitzRoy & Kraft, 1985)는 경영진 역량모델을 제시하고 있다. 이들은 경영진이 유능하다면 군이 노사협의회가 없더라도 근로자들과의 효과적 의사소통이 가능하다고 주장한다. 한편, 노사협의회 활동은 이윤 극대화 등을 위한 경영진의 목표와 배치될 수도 있다. 이에 따라 신속하고 적절한 의사결정을 제약할 뿐 아니라 기업의 인적·물적 자원배분에 있어 최적배분을 어렵게 할 수 있다는 것이다(Müeller, 2012).

또한 기업의 인사권행사에 있어 노동조합과의 합의나 노사협의회와 협의 등을 거치도록 하는 경우에는 인력활용의 유연성을 제약할 뿐더러 이러한 고용안정성이 역기능을 발휘할 경우 근로자들의 근로의욕을 저해하는 도덕적 해이를 유발할 수 있다는 문제점도 지적된다(Müeller, 2012).

근로자 이익대변 기능

노사협의회제도는 근로자 고충처리 기능을 담당한다. 우리나라의 경우 30인 이상의 사업장은 3인 이내의 고충처리위원을 두어야 하고 고충처리위원은 노사협의회 위원 중에서 선임하도록 제도화되어 있다. 또한 노사협의회는 복지시설의 설치와 관리 그리고 사내근로복지기금의 설치 등의 사항에 대한 의결권한을 행사한다. 한편, 근로자의 채용·배치, 안전·보건·그밖의 작업환경개선, 인사·노무관리제도 개선, 임금의 지불방법·체계·구조 등의 제도개선, 작업과 휴게시간의 운영, 작업수칙의 제정 또는 개정, 근로자 복리증진 등에 관한 협의기능을 행사함으로써 직접 또는 간접적으로 근로자 이익대변 기능을 수행하도록 규정하고 있다.

이와 같이 공식적으로 제도화된 이익대변 기능 이외에도 우리나라의 노사협의회 중 일부는 노동조합과 같이 임금교섭이나 단체교섭과 같은 유사 노동조합의 기능을 수행하는 것으로 알려져 있다(배규식 외, 2007; Lee & Na, 2015). 일부 노사협의회는 단체교섭 기능 이외에 전임자를 두거나 심지어 쟁의행위까지 수행하는 것으로 나타난다.[5] 다만, 이러한 노사협의회의 기능은 공식적으로 제도화되어 있지는 않고 사용자의 동의와 지원 아래 이루어진다는 특색이 있다.

4. 노동조합 기능과의 유사성과 차이점

노동조합은 산업혁명 이후 근로자들의 대표적 조직으로서 오랜 기간의 역사적 경험을 통해 형성되고 발전해왔다(김윤환, 1981; 김형배, 2014; 유경준·박은정, 2012; 임종률, 2014; 최종태, 1996; Bennett & Kaufman, 2007; Dunlop, 1958; Freeman & Rogers, 1984; Hirsch & Addison, 1986; Rosenfeld, 2014). 노동조합은 임금이나 근로조건에 대한 단체교섭 등 노동 3권 행사를 통해 근로자의 이해관계를 대변하고, 권익을 보호하는 것을 주된 역할로 한다. 한편으로 사용자와 경영상황이나 현안에 대한 정보를 공유하고, 협력적 관계가 형성될 경우 양보교섭 등을 통한 장기적 공동의 이해관계를 목표로 하면서 근로자대표들의 경영참여 및 현장근로자 제안활성화 등을 통해 거래비용의 절감이나 외부경제 등 긍정적 효과를 가져올 수 있다.

반면, 근로자 권익보호에 치중하고, 근로자들의 배타적 이해관계에 치중할 경우 시장환경 변화에 따른 신속한 경영의사결정의 자율성을 제약하고, 과도한 임금인상이나 경직적 인력운영 등으로 노동비용을 높이는 부작용을 초래할 수 있다. 즉 기업의 입장에서 노사간 유용한 의사소통의 창구역할을 할 수 있는 반면에 노동비용 증가 및 경영간섭 등의 부정적 역기능을 초래할 수도 있다.

이러한 노동조합의 이중적 기능에 대해 프리만과 메도프(Freeman & Medoff, 1984)는 순기능인 소통 기능voice·response face과 역기능인 독점적 기능monopoly face으로 설명한 바 있다. 노동조합의 독점적 기능은 임금수준을 완전경쟁시장에서 보다 높이고 실업을 유발하며 물가상승 및 투자와 경제성장 저하 등의 부작용을 초래할 수 있다. 반면, 노동조합은 사용자와 근로자간 의사소통을 촉진함으로써 근로자의 근무의욕을 높여 이직을 낮추고, 근로자모집 및 훈련에 들어가는 비

〈표 1〉 2000년 이후 노사협의회제도 관련 연구 동향

주요 효과	계	국내				국외			
		소계	2000 ~2005	2006 ~2010	2011 ~2016	소계	2000 ~2005	2006 ~2010	2011 ~2016
계	52	19	6	7	6	33	11	10	12
노동조합과 노사협의회 관계	24	9	4*	2	3	15	7	3	5
노사협의회 활성화 요인	9	3	1*	1	1	6	1	3	2
노사협의회 효과	19	7	1	4	2	12	3	4	5

*1개 논문에서 해당항목의 복수의 주제를 다룬 경우 각각 포함.

용을 절감시킬 수 있으며, 작업방식이나 생산방법 등에 대한 조언 및 협력의식을 제고할 수 있는 긍정적 효과도 있다(Freeman & Medoff, 1984; Hammer & Avgar, 2008; Verma, 2014). 이와 같이 기본적으로 노동조합과 노사협의회는 근로자대표제도로서 근로자 이익을 대변하고, 노사 간 집단적 의사소통의 통로라는 점에서 유사한 기능을 수행하면서도 근로자 목소리 기능의 형태나 방식 및 사용자의 태도 등에서 아래와 같은 차이가 있다.

첫째, 노동조합은 노사협의회에 비해 사용자로부터 보다 독립적이고 자율적으로 활동하는 특성을 갖는다. 노사협의회가 사용자의 지원과 용인 아래 근로자 대표기능을 수행하는 반면에 노동조합은 원칙적으로 사용자와 독립적 입장에서 근로자들의 권익을 옹호한다.

둘째, 노동조합은 사용자와의 이해관계가 대립하는 경우 파업 등 강제적 수단을 동원하여 이해관계를 관철할 수 있다. 반면, 노사협의회는 노사 간 공동 이해관계를 반영하는 조직이다. 각종 근로자참여, 생산성 향상, 고충처리 등을 통해 협력한다. 노동조합의 조직화 등을 회피하기 위한 수단으로 사용되기도 한다(배규식 외, 2007).

셋째, 노동조합은 원칙적으로 임금, 생계비, 복리후생 및 고용안정 등 분배적 교섭사항에 대한 배타적 교섭권을 행사하는 것이 일반적이

다. 반면, 노사협의회는 교육훈련, 정보공유, 의사소통, 작업환경 개선 등 노사 공동의 이해관계 이슈를 주로 다룬다. 우리나라의 경우 노사협의회가 임금이나 단체교섭을 하는 경우도 있으나 이는 상호 신뢰에 기반하여 사용자의 용인 아래 이루어진다는 점에서 본질적으로 차이가 있다.

넷째, 협력적 관계를 전제로 하는 노사협의회에 비해 노동조합의 경우에는 사용자의 입장에서 의사결정의 지연이나 경영권 침해, 노동시장 유연성 저해 등의 부작용이 더 클 수 있다. 이와 관련 프리맨과 레이지어(Freeman & Lazear, 1995)는 노사협의회가 잘 운영될 경우 근로자들의 이익에 초점을 두는 노동조합에 비해 조직성과를 더 높일 수 있다는 주장을 펴고 있다.

3
최근 노사협의회제도 연구성과 개관

1. 분석대상 논문

이 논문은 대표적인 비노조 근로자대표제도NER의 하나인 노사협의회제도의 최근 연구성과를 살펴보는 것을 주된 목적으로 한다. 따라서 노사협의회 및 노동자 협의체works council를 핵심용어(키워드)로하여 한국학술정보KISS DB 및 경영경제 분야 학술출판 기업 엡스코EBSCO DB 등을 검색하여 주요 학술지에 게재된 논문을 파악하고 분석대상에 포함하였다. 주로 2000년 이후 발표된 최근의 논문을 참고하였고 그전에 발표된 논문이라도 유의미한 시사점을 주는 논문은 일부 포함하였다. 그 결과 노사협의회를 주제로 실증분석 등을 실시한 국제학술지 논문 45편 및 국내 논문 20편 등 총 65편을 대상으로 연구성과를 살펴보았다.

이중 최근의 연구 동향을 개관해 볼 수 있도록 2000년 이후 발간된 논문을 국내외, 연구주제, 시기별로 구분해보면 〈표 1〉과 같다. 노동조합과 노사협의회 사이의 관계에 대한 연구가 24편으로 가장 많이 이루어졌고 노사협의회 효과에 대한 연구 19편, 노사협의회 활성화

요인에 대한 연구 9편 등으로 나타났다. 비노조 근로자대표제도로서 노사협의회가 전통적 근로자대표제도로서의 노동조합의 기능을 보완하는지 여부에 대한 연구가 많았음을 알 수 있다.

2. 노동조합과 노사협의회 사이의 관계에 대한 연구

노사협의회와 노동조합 간의 관계에 대해 좀 더 살펴보면 첫 번째 관점은 대체재라는 주장이다. 예를 들어 한 작업장에서 노사협의회와 노동조합이 동시에 존재하게 되면 경쟁과 갈등이 생기며 역할에서도 중복이 되는 문제점이 발생한다. 그리고 회사는 노사협의회를 이용해서 노조의 역할을 약화시키고 결국은 노조를 파괴하려는 생각을 가지게 된다는 것이다. 그러나 다른 관점은 서로가 보완재라는 관점이다. 서로의 역할이 중복되지 않으며 서로 다른 욕구를 충족시킬 수 있다는 주장이다. 노조는 분배적 이슈distributive issues에 대해 논의하고, 노사협의회는 통합적 이슈integrative issues에 대해 논의한다는 것이다(Lee & Kaufman, 2018).

대체적 관계라는 연구

산업계나 노동계 입장에서 노동조합과 노사협의회 사이의 관계를 바라보는 시각은 국가별 시기별로 매우 다양하다. 유럽의 노사협의회의 경우 도입 초기에는 산업계에서 적극적이었고 노동계에서는 노조를 약화시키려 한다는 우려의 시선이 있었다. 이후 제도화가 이루어지고 산업 차원의 노사관계를 작업장 차원에서 보완하는 순기능이 크다는 인식이 확산됨에 따라 노동계에서도 이를 전략적으로 수용하고 제도를 옹호하는 적극석 태도로 전환하였음을 알 수 있다.

그러나 우리나라의 노동계에서는 아직까지도 노사협의회 제도에 여전히 소극적 입장인 것으로 보인다. 이는 노사협의회가 노조와 상호 공존하고 보완적 역할을 하기보다는 노조 회피수단 내지 노조의 역할을 무력화하는 도구로 악용될 수 있다는 우려 때문이다(Gollan, 2007; Patmore, 2016; Satrya & Parasuraman, 2007). 즉 노사협의회가 노동조합을 대체할 것이라는 우려 때문이다.

대체관계라는 견해에서는 노사협의회가 노동조합과 같이 근로자의 권익 보호기능을 제대로 발휘하기 어렵고, 오히려 사측에 의해 노동조합의 기능을 저해하는 용도로 악용될 수 있다는 주장이 있다. 비노조 근로자대표제도에 대한 비판론자들은 법적으로 보장된 협상력이 주어지지 않기 때문에 경영진의 위협 앞에 쉽게 무력화하거나 굴복할 것이라고 주장한다(Gollan, 2002; Terry, 1999). 비노조 근로자대표제도가 단체교섭권이나 파업을 통한 강제력을 행사할 수 없기 때문에 대등한 교섭력을 발휘할 수 없다는 것이다.

예컨대 노사협의회의 협정은 노동법에 의해 강제될 수 없고, 노사협의회가 사업장 가동을 중단시키는 것은 합법적인 것이 아니므로 임금이나 부가급여 등의 분배적 이슈에 있어서 개선이 매우 어려워질 수 있는 것이다. 또한 비노조 근로자대표제도는 사용자의 불이익이나 보복조치에 취약할 수 있다. 미국이나 우리나라에서 노동조합이나 조합간부에 대한 불이익 조치나 조합원과 일반 근로자 사이에 차별적 조치를 하는 것은 부당노동행위 금지에 의해 규제되고 정당한 노동조합 활동은 법적으로 보호받는 데 비해, 비노조 근로자대표제도에서는 이러한 법적 보호장치가 마련되어 있지 않다.

이에 따라 비노조 대표제도는 고충처리, 근로자에 대한 차별보호, 인사 공정성, 성적 괴롭힘 등의 사업장 문제 발생시 근로자 보호에 취약할 수 있다(Kim & Kim, 2004). 또다른 비판론자들은 노조에 비해 비노조 대표제도의 자주적 재정의 취약성, 외부 법적 보호장치에 대한 접근애로 등을 주장한다. 미국의 경우 1930년대 근로자대표의 역할에 충실하지 못하고 사용자의 입장을 대변하는 조직이 되었기 때문에 대부분의 비노조 근로자대표제도는 사용자의 부당노동행위로 간주되었다(Kaufman, 2000, 2014; Pencavel, 2003; Rees, 2007). 그러나 이러한 포괄적인 금지로 인해 이후에 미국의 작업장에서는 노조를 통하거나 아니면 다른 대안이 없는 상황이 오랫동안 전개되어 왔다고 할 수 있다(Freeman & Rogers, 1999; Kaufman, 2015; Leroy, 2006).

1960년대와 1970년대 영국에서 독일식 공동결정제도의 영향을 받아 제도화 논의가 활발히 이루어졌던 노사간 공동협의위원회joint consultation committee가 활성화되지 못한 것은 경영권 침해를 우려한 사업주 단체의 반대뿐 아니라 노동조합의 기능약화를 우려한 노동계의 반대에 부딪혔기 때문이다(Foley, 2014). 이렇게 볼 때 노사협의회가 노동조합의 단체교섭 기능을 대체할 우려가 있거나, 노사협의회의 정보공유 및 협의기능이 노사 간 힘의 역학관계에 불리한 영향을 미칠 수 있다는 불신이 깔려 있는 경우에는 양 제도 간에 보완적 관계설정이 어려울 수 있는 것이다.

우리나라의 연구결과를 보면 대체적 관계를 추론하는 일부 연구가 발견된다. 2000년 노사관계·인적자원관리 패널 예비조사 자료를 노용진·박용승(2008)은 노사협의회의 효과성 정도가 근로자들의 노조 몰입에 유의한 부(-)의 영향을 미치고, 이러한 부(-)의 영향을 미치는 데 있어 노조조직률로 표현된 교섭력이 유의한 양(+)의 조절효과를 보인다는 결과를 제시하고 있다. 한국노동연구원의 2009년 사업체패널조사를 활용한 연구는 조직규모나 세력이 상대적으로 약한 기업별 노조에서 산별노조에 비해 노사협의회가 보다 활성화되었다는 결과를 제시하고 있다(이동진, 2012). 김동배(2009)는 노동조합 조합원의 경우 근로자 참여가 노조참여 및 노조몰입에 정(+)의 효과를 미치지만, 무노조 사업장의 근로자의 경우 노조선호도와 부(-)의 관계를 보여서 노조에 대한 수요를 줄이는 대체효과가 있다고 했다.

보완적 관계라는 연구

노사협의회와 같은 비노조 근로자대표제도는 노동조합에 대해 보완적 기능을 할 수도 있다. 앞에서 살펴본 바와 같이 독일의 노사협의회제도 발전 연혁에서도 살펴본 바와 같이 산별노조 차원의 단체협상을 사업장 차원의 노사협의회가 보완적으로 기능할 여지가 충분하다. 당초 노동조합이 노사협의회 도입을 반대하다가 제2차 세계대전 후 공식적 전략으로 채택한 것을 보더라도 사용자와 다양한 대화채널이 상호 이해와 협력을 증진하는 수단으로 기능할 수 있는 가능성이 열려 있는 것이다. 이와 관련하여 로저스와 스트릭(Rogers & Streeck, 1995)은 서구유럽 9개 나라의 노사협의회 사례를 종합적으로 연구한 결과 노사협의회가 사업장 내에서 사용자와 근로자 간 또 다른 의사소통의 효과적 통로로서 상호보완적으로 기능할 수 있다는 결론을 제시한 바 있다.

골란과 마키(Gollan & Markey, 2001)는 근로자의 권리가 법률적으로 강하게 보호받는 경우에는 노사협의회가 노동조합의 기능을 저해하지 않고 효과적인 근로자대표제도로서 기능할 수 있다는 연구결과를 제시하였다. 또한 단체협약이 효과적으로 작동하는 경우에도 노사협의회가 노동조합과 보완적 기능을 수행하는 것으로 나타난다(IDE International Research Group, 1993). 노동조합이 노사협의회와 원활히 공존을 모색하는 경우에는 사업장에서 복수의 근로자 목소리 대변 기능이 활성화될 수 있고 노사 간 협력이 한층 강화될 수 있는 것이다 (Foley, 2014).

또한 노동조합과 노사협의회는 교섭이나 협의 의제에 따라 상호 보완적으로 역할을 할 수도 있다. 카우프만과 타라스(Kaufman & Taras, 2000)는 노사협의회가 일반적으로 산업안전, 교육훈련 등 노사간 공동의 이해관계 이슈를 효과적으로 다룰 수 있고 노동조합은 임금, 고용안정 등 분배적 이슈를 다루기에 보다 적합하다고 주장한다. 이와 같이 노사협의회는 노사 간 교섭력에 의해 영향을 받지 않는 공통의 이해관계 이슈를 다룸으로써 생산성 제고와 함께 근로자 직무만족에 기여하고 장기적인 협력적 노사관계를 구축하는 데도 기여한다는 것이다. 노동조합은 단체협상 등을 통해 분배적 기능에 역점을 두고 활동하고 노사협의회는 노사간 커뮤니케이션 활성화, 경영참여, 분쟁예방기능 등을 수행할 수 있는 것이다(김훈·이승욱, 2000).

김동배·박경원(2014)은 작업장 수준의 참여와 노사협의회의 활성화 등 7가지 관행을 합산지수화하여 근로자 참여를 정의하고 이를 노동조합 조직률과 역U자형 비선형관계가 있음을 보이면서 이러한 결과는 일반적인 미국의 선행연구결과인 근로자참여와 노동조합 간 부(-)의 관계 및 미국이외의 국가들의 선행연구결과인 근로자참여와 노동조합 간 대체로 정(+)의 관계와도 다른 결과를 제시한 바 있다. 즉 기존의 선행연구들이 정확하지 못함을 지적한 것과 같다.

이와 관련 우리나라의 선행연구를 살펴보면 노사관계가 협력적일 경우 노사협의회가 노동조합과 공존하면서 상호 보완적으로 활성화될 수 있다는 연구결과를 제시하고 있다(김동헌, 2003; 노용진, 2001; 허찬영, 2000). 김동헌(2003)은 노동조합이 있는 경우 노사협의회제도

〈표 2〉 노사협의회와 노동조합 간 대체재와 보완재 논의에 대한 연구

	연구자	핵심 내용
대체재	패트모어(2016), 샤트이아와 파라슈라만(2007)	노조 회피수단 또는 노조 무력화 도구
	골란(2002), 테리(1999)	법적으로 보장된 협상력이 없음, 파업권 없음
	김과 김(2004)	고충처리, 차별보호 등 근로자 보호에 취약함
	카우프만과 타라스(2000)	재정의 취약성, 외부 법적 보호장치에 대한 접근어려움
	카우프만(2000, 2014), 펜케블(2003), 리스(2007)	노사협의회는 사용자의 부당노동행위에 불과함
	프리맨과 로저스(1999), 카우프만(2015), 리로이(2006)	미국에서 노사협의회는 허용되지 않음
	폴리(2014)	노동계가 노조의 기능약화를 우려하여 노사협의회 반대
	노용진·박용승(2008)	노사협의회가 노조몰입에 부(−)의 영향
	이동진(2012)	기업별 노조에서 노사협의회가 보다 활성화
	김동배(2009)	무노조 경우 근로자참여와 노조선호도와 부(−)의 관계
보완재	로저스와 스트리크(1995)	노조와는 다른 효과적 통로로 상호보완적 기능
	골란과 마키(2001)	근로자의 법적 권리 보호 시에 노조기능을 저해 않음
	IDE 국제 리서치 그룹(1993)	단체협약이 효과적으로 작동 시에 노조와 보완적 기능
	폴리(2014)	공존을 모색하는 경우 목소리 대변기능이 활성화
	카우프만과 타라스(2000)	노사 공동이해관계 이슈를 보다 효과적으로 다룸
	김훈·이승욱(2000)	커뮤니케이션 활성화, 경영참여, 분쟁예방기능
	김동배·박경원(2014)	근로자참여는 노조 조직률과 역U자형 비선형관계
	김동헌(2003)	유노조 사업장에서 노사협의회가 보다 활성화
	허찬영(2000)	노조와 노사협의회간에 상호보완적 관계가 지배적
	노용진(2001)	노조와 노사협의회는 비선형적인 U자형 관계
	최준하·이영면(2016)	노조수단성 인식이 높을수록 노사협의회 선호가 높음

출처: 필자가 정리함.

가 보다 활성화되었다는 연구결과를 통해 두 제도가 상호 보완적이
라는 결론을 내렸다. 허찬영(2000)도 노사협의회와 단체교섭 간 관계
를 노사협의회 대체형, 단체교섭 대체형, 분리형, 연결형 등으로 나누
어 살펴보면서 상호 보완적 관계가 지배적이라고 제시하였다. 노용진

(2001)의 경우 두 제도 간 관계가 비선형적인 U자형의 관계를 가진다고 주장하였다. 한국노동패널 13차 패널자료를 이용한 연구에서도 노동조합 선호와 노사협의회 선호에 대한 다항로짓 분석결과 노동조합 수단성 인식이 높을수록 노사협의회 선호가 높아지고 노사협의회가 있는 사업장 근로자일수록 노동조합 수단성 인식이 높아져 두 제도에 대한 근로자 인식이 보완적임을 확인하였다(최준하·이영면, 2016).

3. 노사협의회 활성화 요인

독일의 경우 5인 이상 사업장에 노사협의회 설치가 의무화되어 있으나 그렇다고 미 설치시에 강제되지는 않고 있다. 이러한 독일의 노사협의회 설치에 관한 애디슨과 그의 동료(Addison et al., 2001)의 연구는 기업규모가 커질수록 노사협의회 설치가 늘어나는 것을 보이고 있다. 또한 이러한 기업규모 이외의 요인으로 사업장의 설립연도가 오래될수록, 남성근로자 비율이 높을수록 노사협의회 설치가 증가한다는 결과를 제시한다. 한편, 지르잔과 스미스(Jirjahn & Smith, 2006)는 소유경영체제에 있어 소유경영이 분리되지 않은 경우에 언로가 개방되지 않아 노사협의회 설치비율이 낮으며 사용자측 위원의 참여가 적극적일수록 노사협의회가 성공적으로 운영될 가능성이 높다고 보고하고 있다.

또한 헬펜과 슈슬러(Helfen & Schuessler, 2009)는 근로자의 참여 및 직접적 감독에 관한 긍정적 태도가 노사협의회 설치에 유의한 긍정적 영향을 미친다고 밝히고 있다. 지르잔과 스미스(Jirjahn & Smith, 2006)는 인사관리 요인으로서 전체 근로자 중 시간제근로자와 수습근로자의 비중이 높을수록 노사협의회에 대한 관심이 감소하여 노사협의회 설치 비율이 낮게 나타나는 사실도 확인했다. 나아가 지르잔과 스미스(Jirjahn & Smith, 2006)는 근로자에 대한 교육훈련 시간이 많을수록 노사협의회 설치 비율이 높았고, 성과배분제 실시 여부가 노사협의회 설치에 유의한 영향을 미치는 것으로 나타났으며, 기업 내 소집단활동이 활발할 경우에는 노사협의회 설치 비율이 낮아진다는 사실도 확인했다. 모리시마(Morishima, 1992)는 노조가 있는 기업에서 기업 성과가 낮아 임금제시 수준이 낮을수록 예비교섭의 장으로 노사협의회를 활용하려는 경향이 있음을 밝혔다.

한편 노동조합과 노사협의회의 관계에 대한 연구에서 헬펜과 슈슬러(Helfen & Schuessler, 2009)에 따르면 독일의 경우 노조가 결성된 사업장에서 노사협의회 설치 비율이 높았다. 이를 단순하게 해석하면, 독일의 경우 노동조합이 노사협의회와 상호 호혜적 보완 관계에 있음을 추론케 한다. 지르잔과 스미스(Jirjahn & Smith, 2006) 연구에서는 노동조합의 단체협약 적용률이 높을수록 노사협의회 설치가 늘어나는 것으로 나타났다. 영국의 사례에서 주택조합과 전문서비스기업 등 2개 기업의 근로자들을 대상으로 한 인식연구에 있어 조직 내 신뢰와 정의 관념이 높을수록 노사협의회가 활성화되는 것으로 나타났고, 정의 관념이 노사협의회 활성화에 미치는 영향에 있어 노사관계가 양의 조절효과를 가지는 결과를 보였다(Kougiannou, Redman, & Dietz, 2015). 또한 네덜란드의 노사협의회 활성화 연구에서 근로자대표의 태도와 경영진의 리더십 스타일에 따른 상호작용이 가장 중요한 요인이고 상호작용이 많을수록 노사협의회가 활성화된다는 연구결과가 제시되었다(Van den Berg, Grift, & Van Witteloostuijn, 2011).

다른 한편, 우리나라의 사례에서 노용진(2001)은 노사관계와 노사협의회 활성화 정도에서 노사관계가 협력적일수록 노사협의회가 보다 활성화되고 노조조직률이 노사협의회 활성화와 U자형의 비선형 관계를 보임을 확인하였다. 또한 재무성과가 높은 사업장일수록 노사협의회가 활성화된다는 연구결과도 제시된다(이동진, 2013).

이영면·이동진(2009)은 노동연구원의 2005년 사업장 패널자료를 활용하여 사업장의 조직특성과 인사관리 특성 요인에 대해 성공적 노사협의회 운영의 영향요인을 분석하고 있다. 조직특성으로 사업장의 규모가 클수록 제품의 해외진출을 추진 중인 경우, 전문경영체제인 경우, 해외진출을 추진 중인 경우 성공적 노사협의회 운영에 유의미한 정(+)의 영향을 미치는 것을 보여주었다. 한편 동 연구에서 기업이 원·하청 도급관계에 있는지 여부는 유의미한 영향이 없는 것으로 나타났고, 인사관리 특성 중 비정규직 비율이나 노동조합의 존재 유무는 통계적으로 유의미한 차이가 없었으나, 교육시간이나 소집단활동 참여율은 성공적 운영확률을 높이는 것으로 제시되었다. 이에 따라 일부 고성과 작업시스템 관행이 노사협의회와 긍정적 상관관계가 있음을 밝히고 있다.

4. 노사협의회 활성화의 효과

노사협의회의 효과와 한계

노사협의회와 같은 비노조 근로자대표제도의 효용성을 주장하는 학자들은 비노조 근로자대표제도가 제 기능을 발휘하면 기업의 생산성이 높아지고, 사업장 내에서 근로자들의 영향력이 커지면서 근로자들의 직무만족도나 업무 몰입이 높아질 것이라고 주장한다(Freeman & Rogers, 1999; Kaufman & Kleiner, 1993; Rogers & Streeck, 1995).

〈표 3〉 노사협의회 활성화요인에 대한 국내외 선행연구 주요내용

	연구자	핵심 내용
조직 요인	이영면·이동진(2009), 애디슨 등(2001), 지르잔과 스미스(2006)	사업장규모, 전문경영체제에서 활성화 기업규모, 설립연도가 오래될수록 활성화 소유경영이 분리된 경우 설립 증가
인사관리	이영면·이동진(2009), 지르잔과 스미스(2006)	교육시간, 소집단 활동 참여율이 긍정요인 수습·시간제 근로자 비율이 낮을수록 활성화
노사관계	노용진(2001), 헬펜과 스슬러(2007), 지르잔과 스미스(2006), 모리시마(1992)	노사관계가 협력적일수록 활성화. 노조가 있는 기업에서 예비교섭에 활용. 노조가 결성된 사업장일수록 설립 증가. 단체협약적용률이 높을수록 증가.
기타	헬펜과 스슬러(2009), 코우지안누 등(2015), 반 덴 베즈흐 등(2011)	근로자의 참여·감독에 대한 긍정적인 태도 신뢰와 정의 관념 근로자대표와 경영진 리더십간 상호작용

출처: 필자가 정리함.

이와 관련 1990년대에 이루어진 노사협의회 등 근로자들의 집단적 의사표시제도에 대한 일부 실증연구 결과들은 노사협의회가 효과적으로 기능한다면 기업생산성을 높일 수 있다는 긍정적 결과를 보여준 바 있다(Farrell & Gibbons, 1991; Freeman & Lazear, 1995). 노사협의회의 근로자들에 대한 기업정보 공유기능이 근로자들의 사업장 내 영향력을 높이고 이에 따라 근로자들의 직무만족도를 높이는 경향이 있다는 연구결과들도 있었다(Freeman & Lazear, 1995; Freeman & Rogers, 1999). 이와 같이 노사협의회가 기업이나 근로자 모두에게 유익할 수 있다는 연구가 있는 반면, 몇몇 실증연구들은 긍정적 효과가 매우 적거나 거의 없다는 결과들도 있었다(Levine, 1995; Levine & Tyson, 1990).

한편, 노사협의회가 우리나라와 같이 의무화된 독일의 경우 노사협의회의 기업 생산성 효과에 대하여 아이에이비IAB 사업장패널, 하노버Hannover 패널 등 대규모 표본들에 대해 광범위한 연구가 진행되었으나 그 연구결과는 일관되지 않다. 생산성효과가 거의 없거나 유의

미한 효과가 없다는 연구결과들도 있고(Addison, Schank, Schnabel, & Wagner, 2006; Schank, Schnabel, & Wagner, 2004), 약 15%대의 생산성 증가 효과가 있다는 연구결과도 있으며(Addison, Teixeria & Zwick 2010; Wolf & Zwick, 2008), 최고 30%까지 생산성을 높인다는 연구결과도 있다(Frick & Moeller, 2003). 이러한 결과들은 어떤 표본을 사용하였는가 또는 어떤 통계분석 방법을 사용하는가 등에 따라 다양한 차이를 나타내고 있다고 한다(Müeller, 2012).

또한 노사협의회는 근로시간이나 안전과 건강에 대한 협의 및 결정 기능을 행사하고 작업관행을 변화시키며 고용안정·고용차별·일가정 양립 등 사업장의 다양한 이슈에 영향을 미침으로써 직접 또는 간접적으로 직무만족에 영향을 미칠 수 있다. 이와 관련 독일의 사례에서 그런드와 슈미트(Grund & Schmitt, 2013)는 2001년과 2006년 독일 사회경제패널GSOEP, German Socio-Economic Panel 자료를 비교하여 노사협의회가 있는 경우에 그렇지 않은 경우에 비해 근로자 직무만족도가 더 높다는 연구결과를 제시하고 있다.

이에 반하여 지르한과 체츠바드제(Jirjahn & Tsertsvadze, 2006)는 2001년 독일사회경제패널자료를 활용하여 직무만족이 노사협의회와 오히려 부정적 관계가 있다는 연구결과를 보인다. 한편 독일의 경우 노사협의회가 산별노조의 기능을 인적구성이나 역할 등에서 사업장 차원에서 보완적 역할을 수행하고 있는 바 이러한 독일의 사례에서 노사협의회가 임금을 인상시킴으로써 직무만족도를 높인다는 연구결과들은 다수 제시되고 있다(Addison et al., 2010; Gartner & Stephan, 2004; Heinze & Wolf 2010; Hübler & Jirjahn, 2003).

독일의 금속 산업 사업장들에 대한 연구에서는 노사협의회가 이익공유profit sharing 임금인상을 촉진한다는 연구결과를 보이고 있다(Haipeter, 2016). 또한 노사협의회가 임금인상이 공정하다는 인식을 높이고, 임금인상의 공정성인식에 대한 영향에 있어 양(+)의 조절효과를 갖는다는 연구결과도 제시되었다(Pfeifer, 2014). 한편, 노사협의회가 사업장 내 도제훈련apprenticeship training을 촉진하고, 그러한 기업특수적 훈련결과 근로자들의 장기근속을 유도하고 있다는 연구결과도 제시된다(Kriechel, Muehlemann, Pfeifer, & Schütte, 2014). 평생학습과 관련하여 노사협의회가 기업이 제공하는 훈련을 보다 활성화시킨다는 연구결과도 있다(Stegmaier, 2012). 또한 노사협의회가 있는 사업장의 여성근로자 비율 증가가 노사협의회를 통해 일·가정 양립 고용관행에 긍정적 효과가 있다는 연구결과도 있다(Heywood & Jirjahn, 2009).

우리나라의 경우 노사협의회가 경영성과에 미치는 영향에 대한 연구로서 클라이너와 이(Kleiner & Lee, 1997)의 경우 노사협의회가 수익성에는 유의한 영향을 미치지 않지만, 노동생산성에 통계적으로 유의한 긍정적 효과가 있음을 밝혀냈다. 동 연구는 또한 노사협의회가 근로자의 직무만족에 유의한 긍정적 영향을 가진다는 결과를 제시했다. 또한 김과 퓌이의(Kim & Feuille, 1998)의 연구는 노사협의회가 유효하게 운영될 경우 노동생산성과 수익성에 모두 긍정적 영향을 나타냄을 밝혔다. 김훈·이영면(1993), 원창희·김동헌(1998) 등의 경우 노사협의회의 유효성을 독립변수로 사용하여 경영성과를 높인다는 연구결과를 제시하고 있다.

또한 노사협의회는 고성과 작업시스템과 유의한 상관관계를 가진다고 할 수 있다(이영면·이동진, 2009). 이와 관련 심용보·허찬영(2013)은 2011년 노사발전재단이 실시한 설문조사 결과를 기초로 노사협의회가 고성과 작업시스템과 인당 영업이익 간 유의미한 긍정적 조절효과를 가지나 고성과 작업시스템과 연간 이직율 간의 조절효과는 없다는 결과를 보였다. 사업장 노사협의회 활성화가 혁신활동에 유의한 양의 영향을 미치고 이러한 영향이 교육훈련 활동에 의해 부분적으로 매개된다는 결과도 제시되었다(이동진, 2015). 한편, 이상민(2006)은 노사협의회가 노동조합이 존재하는 사업장에서는 기술혁신에 긍정적인 영향을 미치지 않지만 무노조 사업장에서는 긍정적 영향을 미친다는 결과를 제시하였다.

노동조합과 노사협의회 효과를 비교한 연구

노사협의회와 노동조합의 효과를 직접 비교하여 살펴본 연구는 많지는 않지만 몇몇 국내외 연구결과가 발견된다. 노사협의회는 아니나 일본의 사례에 대한 모리시마와 추루(Morishima & Tsuru, 2000)는 노동조합과 노사공동협의회joint consultation body나 근로자 협의회employee associations 사이의 효과성을 비교 연구하였다. 그 결과 516개 기업의 인사관리 담당자들은 노동조합이 더 강력한 목소리 장치라고 답변한 반면에, 69개 기업의 1,804명의 근로자들은 노동조합과 근로자협의회 사이에 큰 차이가 없고, 경우에 따라서는 근로자협의회가 더 효과적이라는 응답을 보였다. 이에 따라 뚜렷한 차이를 발견하기 어렵다는 결론을 도출했다.

한편, 우리나라의 사례에서 협력적 노사관계에 있는 노동조합(3개 기업)과 유효한 노사협의회(3개 기업)를 대상으로 노동조합과 노사협의회의 효과를 비교한 연구는 근로자의 목소리 대변에 있어서 10개의 교섭 및 협의의제를 대상으로 근로자 설문조사를 통해 효과성을 측정한 결과 노동조합이 노사협의회에 비해 효과가 큰 것으로 나타났다(Kim & Kim, 2004). 다만 동 연구에서 근로자 조직몰입, 직무만족, 협력적 노사관계 등에 있어서는 두 제도 간 별다른 차이가 없었다는 연

〈표 4〉 노사협의회 효과 연구 주요내용

	연구자	핵심 내용
생산성 효과	애디슨 등(2001), 파렐과 기번스(1991), 프리맨과 러지르(1995), 김과 푀이유(1998), 클라이너와 리(1997), 울프와 제이크(2008)	노사협의회가 기업의 생산성 증가에 기여
	애디슨 등(2006), 레빈과 타이슨(1990), 레빈(1995), 생크 등(2004),	노사협의회 생산성 효과가 거의 없음
	노용진(2008)	노사협의회 활성화가 미흡한 사업장에 비해 노동생산성을 높이지 않으나, 노동조합이 있는 사업장에 비해서는 높임
경영 성과	김훈·이영면(1993), 원창희·김동헌(1998)	기업의 경영성과 제고에 기여
	클라이너와 리(1997)	기업의 경영 성과에 유의한 영향이 없음
직무만족	그룬트와 슈미트(2013), 클라이너와 리(1997)	노사협의회가 임금을 높여서 직무만족도를 제고
	지르잔과 체츠바드제(2006)	노사협의회가 직무만족에 부정적 관계
임금	하이페터(2016)	노사협의회가 이윤공유 임금인상을 촉진
	파이퍼(2014)	노사협의회가 임금의 공정성 인식을 높임
고성과 작업 시스템	심용보·허찬영(2013), 이동진(2015), 이영면·이동진(2009)	효과적 노사협의회가 고성과작업 관행과 정의 관계 고성과작업 관행과 인당 영업이익 간 조절효과 발휘 노사협의회 활성화가 사업장 혁신성과에 긍정적
기타	이상민(2006), 크리엘 등(2014), 스테크마이어(2012)	노사협의회가 기업 도제훈련에 긍정적 영향 기업제공 교육훈련에 긍정적 영향 노사협의회가 기술혁신을 촉진

(출처: 필자가 정리함)

구결과를 보였다. 동 연구는 노사협의회의 효과성이 낮게 나타남에도 불구하고 노사협의회가 대안적 근로자대표제도로서 주목을 받는 이유는 노동조합의 임금인상 영향 등에 따른 수익성 악화나 경영권 employer prerogative 침해에 대한 사용자의 거부감 때문이라는 견해를 제시하고 있다.

다른 한편 노용진(2009)은 노사협의회를 기능의 활성화 정도에 따라 유사노동조합형, 고유기능형, 유명무실형 등으로 구분하고 2006년 노동연구원 사업체패널 조사자료를 활용하여 분석한 결과, 노사협의 회의 여러 유형이 근로자대표 기능이 미흡한 곳보다 노동생산성을 높 이지 않으나 노동조합에 비해서는 노동생산성을 높인다는 사실을 보 여주었다. 한편, 이상민(2004)은 2001년 한국노동교육원에서 실시한 노사협의회 설문조사 결과를 활용하여 유효한 노사협의회가 기술혁 신에 긍정적 영향을 미치는 반면에 노동조합은 기술혁신에 부정적 영 향을 미친다고 밝혔다. 동 연구는 노동조합이 집단적 발언효과를 통 한 생산성 향상이나 고용안정을 통해 기업특수적 훈련투자를 활성화 시키는 효과보다는 의사결정 지연, 노동절감에 따른 고용불안, 임금상 승에 따른 투자동기 위축 등의 부정적 효과가 크기 때문이라는 근거 를 제시하고 있다.

노동조합 효과 연구와의 차이점

본 논문의 연구목적이 노동조합과의 관계를 기초로 노사협의회의 효용과 한계를 살펴보는 차원에서 노사협의회의 효과에 대한 연구를 노동조합의 효과에 대한 연구와 비교해 볼 필요가 있을 것이다.

최근 노동조합의 효과에 대한 국내외 연구는 임금에 미치는 영향, 고 용안정, 생산성·수익성, 근로시간, 기술혁신에 미치는 영향에 대한 연 구가 많이 이루어졌다(윤명수·김정우, 2014; 조성재·조준모·조동훈·이종 현·황선웅, 2007; Bryson, Forth, & Millward, 2002; Doucouliagos & La- roche, 2009; Hammer & Avgar, 2014).

노동조합의 임금 프리미엄과 관련하여 조합원의 실리를 추구하는 경제적 조합주의를 채택하는 영미형 국가의 경우 비교적 높게 나오 는 반면, 산업별 교섭을 하는 유럽 국가들의 경우 임금 프리미엄이 유의하지 않거나 없는 것으로 나타났다(조성재 외, 2007; Bryson et al., 2002; Budd & Na, 2000). 우리나라의 경우 한국노동패널을 이용한 연구에서는 임금효과가 통계적으로 유의한 6~7%라는 추정이 있었다(강창희, 2003). 한국직업능력개발원의 인적자본기업패널(2005) 자료를 사용하여 제조업부문 생산직 남성근로자의 노동조합 임금효과가 약 4.3~7.0%, 헤크먼Heckman 2단계 추정방법에 의할 때 4.9~7.7%라는 연구가 있었다(류재우, 2007). 한국노동패널 2006년 2012년 자료를 활용하여 노동조합 가입의 순효과가 3.7-5.5%라는 결과도 제시된 바 있다(윤명수·김정우, 2014).

고용안정 효과와 관련하여 노동조합이 해고 확률을 낮춘다는 결과가 제시된 바 있다(Moreton, 1999). 우리나라의 경우 금속산업을 대상으로 노동조합의 직장이직에 미치는 효과를 분석한 결과 노동조합이 연간 이직률을 27.4% 감소시킨다는 연구가 있었다(어수봉, 1993). 노동조합의 교섭구조와 고용 불안정성에 대한 실증연구들로서 기업별 교섭 구조하에서 고용 불안정성이 산업별 교섭구조보다 더 낮다는 연구결과도 있다(Calmfors & Driffill, 1988). 기업별 교섭구조에서 고용 불안정성이 산업별 교섭보다 더 높다는 연구결과도 있었다(Scarpetta, 1996). 또한 노동조합 조합원들의 고용불안에 따른 노동조합 가입선택을 고려할 때 노동조합 간부들이 조합원의 일자리에 대한 기대수준을 높여 고용불안 의식을 높인다는 연구결과도 제시되었다(Hammer & Avgar, 2005). 또한 노조원의 직장유지율과 비노조원의 직장유지율을 비교한 결과 노동조합의 고용안정효과가 발휘되고 있다는 결과를 제시한 연구도 있다(조성재 외, 2007).

한편, 노동조합의 생산성 효과 관련하여 긍정적인 연구결과도 제시되는 반면, 비용측면까지 고려할 때 수익성에는 큰 변화가 없거나 불투명하다는 연구결과들도 제시되었다(Booth, 1995; Voos & Mishel, 1986 외). 기술혁신과의 관계에서 미국에서 노조 조직률과 기술혁신 (R&D 투자)과의 25개 선행연구에 대한 메타분석한 결과에 따르면, 노조 조직률은 기술혁신과의 208개 상관관계 연구 중 47%가 통계적으로 부정적이면서 유의미한 반면, 10%만이 통계적으로 유의미한 긍정적 결과로 나타났다(Doucouliagos & Laroche, 2009).

이러한 노동조합의 효과에 대한 연구결과를 노사협의회에 대한 연구결과와 비교해 볼 때 다음과 같은 몇 가지 시사점을 얻을 수 있다.

첫째, 연구주제와 관련하여 노동조합의 경우 임금인상, 고용안정 등 분배적 사항에 대한 연구가 많이 이루어졌고 노사협의회의 경우에는 직무만족, 교육훈련, 고성과작업시스템 등 노사 공동 이해관계 사항에 대한 주제가 많이 다루어졌다.

둘째, 노동조합이 노사협의회에 비해 근로자의 임금인상 및 고용안정 등 분배적 의제를 통한 근로조건 보호에 보다 유용하게 작동하는 반면 노사협의회의 경우 고성과작업시스템 활성화, 교육훈련 등 노사 공동의 이해를 증진시키는 데 효과적으로 작동한 것으로 보인다.

셋째, 근로자대표제도에 의한 노동비용 증가, 경영 의사결정 자율성 제약 등을 고려할 때 노사협의회가 노동조합에 비해 기업의 생산성이나 수익성에는 보다 긍정적 효과를 나타낼 수 있다는 결과를 살펴볼 수 있다.

4
향후 연구과제 제안

지금까지 분석결과를 정리하면 노사협의회가 노동조합의 대체재라기보다는 보완재라는 연구결과도 상당히 많이 존재함을 확인하였다. 특히 노동조합 조직률이 낮은 상황이라면 비노조 사업장에서 노사협의회의 적극적 역할에 대해서도 탐색해볼 필요가 있다. 여기서는 그러한 전제조건하에서 노사협의회제도에 대해 향후 좀 더 활발하게 진행되어야 할 연구과제를 제시하고자 한다.

1. 유노조사업장 노동조합과 노사협의회 사이의 관계

유노조 사업장의 경우 노사 간 역학관계 내지 노사관계 환경이 노사협의회 활성화에 미치는 영향을 파악해볼 필요가 있다. 노동조합과 노사협의회는 기능 및 성격이 구분되나 노동조합과 노사협의회가 병존하는 경우 인적 구성이 중복되는 경우가 많아 노사협의회의 운영이 노동조합 내지 노사관계의 영향을 밀접히 받을 것으로 추론해볼 수 있다. 특히 노동조합이 기업별 노조 성격을 갖고 있거나 산별노조라

하더라도 기업단위에서 노동조합이 강한 영향력을 발휘할 때는 노사관계 환경이나 노조의 힘이나 위상에 따라 노사협의회의 활성화 정도나 성과 등이 달라질 수 있을 것이다.

이와 관련 노사관계에서 노사협력의 수준에 따라 노사협의회의 활성화 정도가 달라진다는 문제제기가 가능하다. 1950년대, 1960년대에 서구 국가들에서 노사협의회consultative councils가 독일과 네덜란드를 제외하고 쇠퇴한 이유를 노사관계 환경에 부합하는 노사협의회제도를 발전시키는 데 성공하지 못했기 때문이라는 지적도 있다(Rogers & Streeck, 1995).

이렇게 볼 때 노동조합과 노사협의회의 기능이 보완적일지 대체적일지는 노사 당사자의 태도, 노사관계의 성숙도 등의 영향을 받을 것으로 가정할 수 있다. 노사 간 활발한 의사소통이 이루어지고 신뢰관계가 형성된 경우에는 노사협의회가 노동조합과 보완적 관계 형성이 가능할 것이다. 노사관계가 적대적일 경우 사용자는 기본적으로 노조회피 전략을 취할 가능성이 높다. 이러한 전략은 노사협의회에 대해서도 크게 달라지지 않을 것이다.

2. 무노조 사업장 노사협의회제도의 역할

외국의 경우도 마찬가지지만 우리나라도 노조조직률이 정체 상태를 보이는 가운데, 노조조직률 양극화 등으로 소규모 사업장은 근로자대표제도가 특히 취약한 상황이다. 2015년 기준으로 노동조합 조직현황을 볼 때 300인 이상 기업의 노동조합 조직률은 63.9%에 달하지만, 30인 미만 사업장은 0.1%에 불과하다(고용노동부, 2016). 우리나라 근로자 중에서 300인 이상의 사업장에서 일하는 근로자가 254만명 수준이지만, 300인 미만의 사업장에서 일하는 근로자가 1,447만 명에 이른다는 점을 고려하면 소규모 무노조사업장 근로자대표제도에 대한 이론적 검토와 논의는 매우 중요한 과제라고 할 것이다(고용노동부, 2017).

특히 우리나라의 노동조합은 2000년 이후 상당수 노조가 산별노조로 조직을 전환하였지만, 실질적인 교섭에 있어서는 여전히 기업별 교섭체제를 유지하고 있다. 이에 따라 산별노조 체제를 취하거나 단체협약 효력확장 제도 등을 두고 있는 서구 유럽의 나라들과 달리 소규모 사업장의 경우 노동조합에 의한 근로자대표기능의 활성화를 기대하기 어렵다. 이러한 상황에서 근로자 이익대변 기능과 함께 노사 간 원활한 의사소통을 촉진하는 차원에서 노사협의회 등을 통한 무노조기업의 대안적 근로자대표제도를 연구하는 의의가 크다(배규식 외, 2007; 이영면·전운배, 2011; Gollan, 2007; Kaufman, 2015; Kaufman & Levine, 2000; Kaufman & Taras, 2000; Levine, 1995; Rogers & Streeck, 1995). 특히 대기업·원청회사와 중소기업·하청회사 간 근로조건 격차를 해소하고 영세 사업장의 작업장 혁신 및 경쟁력 강화를 지원하기 위해서도 소규모 무노조사업장 노사협의회 활성화를 위한 대안적 근로자대표제도로서 목소리 기능 활성화를 위한 관심과 지원이 필요한 상황이다(김훈·이정우, 2011; 이영면·전운배, 2011; 조성재, 2011).

이를 위해 소규모 무노조사업장 노사협의회의 현황 및 효용, 활성화 장애요인, 제도적 지원방안 등에 대한 이론적 논의를 심화시켜 나갈 필요가 있다. 나아가 사회양극화 해소 차원에서 대기업·원청회사와 중소기업·하청회사 간 노사협의회를 매개로 근로조건 격차를 줄이고, 상생·협력을 확대할 수 있는 방안에 대해서도 이론적 관심과 함께 연구성과를 축적해갈 필요가 있다(이영면·박지순·권혁, 2007).

3. 교섭의제별 노동조합과 노사협의회의 역할

노동조합과 같은 근로자대표제도는 조합원의 단결에 기초한 교섭력을 바탕으로 경영진에 대해 근로자의 권익을 옹호하는 독점적 기능과 함께 공동이익 증진에 기여하는 소통기능을 수행한다고 알려져 있다(Freeman & Lazear, 1995; Kaufman & Levine, 2000). 이와 같은 노동조합의 사업장 내 역할은 크게 근로자 근로조건 향상을 위한 분배적 기능distributive issues, 근로자에 대한 차별방지 등 개별권익보호 기능employee advocacy issues, 공동이익 기능common interest issues으로 구분해볼 수 있다(Kochan, 1979). 한편으로 노사협의회도 사용자의 동의와 이해를 바탕으로 위와 유사한 역할을 수행한다고 볼 수 있다(권수한, 2013; 배규식, 2007; 양동훈, 2008; Kaufman & Taras, 2000; Lee & Na, 2015).

이러한 역할에 대한 연구를 보면 협력적 노사관계를 전제로 3개 노동조합 사업장과 노사협의회가 활성화된 3개 사업장을 대상으로 개별 교섭의제별 효과성 차이를 살펴본 국내 연구도 있다(Kim & Kim, 2004). 일본의 사례에서 노사협의회는 아니지만 공동협의체joint consultation body나 근로자협의회employee association를 대상으로 회사 및 근로자대표 개인설문을 기초로 노동조합과 노사협의회의 효과성을 규명한 연구가 있다(Morishima & Tsuru, 2000).

근로자대표제도의 분배적 기능과 관련하여 비록 제도화되어 있지 않으나 우리나라의 일부 노사협의회는 사용자의 용인 아래 정기적 단체교섭, 임금교섭 및 쟁의행위, 전임자 유지 등 유사 노동조합 기능을 수행하는 것으로 알려져 있다(이동진·이영면·성상현, 2013; Lee & Na, 2015). 따라서 개별교섭 의제별 또는 교섭의제 유형별로 노사협의회의 효과성을 좀 더 자세히 규명해볼 필요가 있다. 노동조합과 노사협의회 사이의 관계에 대한 연구와 함께 노사협의회의 근로자대표제도로서의 효과성에 대한 연구를 본격화함으로써 대안적 근로자대표제도로서의 효용과 한계에 대한 이해를 높일 수 있을 것이다.

4. 근로자 참여와 노사협의회의 관계

　노동조합 조직률 하락 등 근로자대표제도의 약화 현상을 설명하는 유력한 견해로서 1970년대 이후 전 세계적으로 확산되고 있는 고성과 작업조직의 활성화를 이유로 제시하는 주장이 있다. 미국의 경우 근로자들의 노조가입 수요를 낮추는 요인으로 인구 구성의 변화나 산업구조의 변경보다 사용자의 인적자원관리 모형이나 근로자 의사결정 참여가 보다 중요한 요인이라는 견해들이 제기된 바 있다(Kochan, Katz, & McKersie, 1986; McLoughlin & Gourlay, 1994). 또한 일부 연구는 1970년대 이후 미국 노사관계의 전개과정이 무노조기업 인적자원관리 모형이나 의사결정 참여가 유노조기업에 영향을 미친 결과라고 주장하고 있다(Kochan et al., 1986). 따라서 이러한 주장과 관련하여 팀제, 품질개선 소집단 활동, 제안제도 등 사용자주도의 근로자 직접참여 관행이 노사협의회 활성화에 미치는 영향을 살펴볼 필요가 있다. 더 나아가서는 노동조합 활성화에 미치는 영향도 더 자세히 살펴볼 필요가 있다.

　근로자참여는 기업전략 수준에서의 근로자대표제도를 통한 간접참여와 인적자원관리를 통한 근로자 직접참여로 구분해볼 수 있다(Hammer, 2000). 이러한 근로자 직접참여에 대해서는 근로자의 동기, 조직효과성 등에 대한 근로자들의 기여에 영향을 미치는 요인들을 다루고 있다(Rogers & Streeck, 1995). 한편, 근로자 직접참여는 근로자대표제도를 통한 간접참여에 비해 근로자들의 참여권한이 제한적이나 참여의 경험을 직접 제공함으로써 심리적 욕구 충족의 효과가 더 크다고 알려져 있다. 따라서 사용자의 전략에 의해 노조의 역할을 대신하는 차원에서 직접참여 방식이 사용되기도 한다(Gollan, 2002).

국내 선행연구로 김동배·이경묵(2003)은 한국노동연구원의 사업체패널조사 결과를 분석하여 근로자의 직접참가와 함께 노사협의회와 같은 근로자 대표를 통한 간접참가와 성과배분과 같은 재무참가를 확대해야 한다고 주장했다. 유병홍·김동주(2011)는 우리나라 사업체패널조사 자료를 가지고 분석한 결과, 무노조 기업에서 간접참여인 노사협의회 활동과 직접참여 둘 다 기업의 성과에 긍정적인 영향을 미치는 것으로 나타났고 상호보완적인 성격을 가진다고 보고하고 있다. 이후에 박경원·김동배(2014)는 인적자원관리의 노동조합 대체효과를 검증하였다. 인적자원관리와 노동조합 간에는 대체성과 보완성이 공존한다는 결과를 보이면서 구체적으로 자율작업팀의 도입이 노동조합 조직률에 유의한 부(-)의 영향을 미치는 반면에 소집단활동은 통계적으로 유의한 정(+)의 영향을 미친다고 하였다.

근로자 직접참여가 근로자대표제도 수단성인식에 미치는 영향은 단선적이지 않다. 고성과 작업조직 관행이 근로자대표제도를 대체한다는 관점에서 근로자들의 의사결정 참여로 인해 근로자들의 직무불만족이 줄어들고, 조직지원인식 등을 통해 조직몰입이 높아진다고 볼 때 부정적 영향을 미칠 것으로 기대할 수 있다. 한편, 근로자 경영참여가 장기적 조직성과에 어떤 영향을 미칠 것인가도 근로자 고용안정과 관련하여 중요한 고려요인이 된다(Farber & Saks, 1980). 즉 근로자 의사결정 참여가 조직성과 향상에 기여할 수 있다면 근로자대표제도 필요성을 낮출 것으로 추론할 수 있다는 점에서 같은 방향의 영향을 예측할 수 있다.

다른 한편, 근로자 직접참여를 통해 근로자 간 의견수렴을 용이하게 하고, 참여의지를 높이게 된다면 근로자대표제도 효과성에 정의 영향을 미칠 것으로 추론해볼 수 있다. 특히 스토리(Storey, 1992)의 논의와 같이 인적자원관리를 인적측면과 자원측면으로 나누어볼 때 직접참여가 근로자에 대한 생산과 효율을 중시하는 자원측면을 강조하여 근로자들의 자율성과 성장욕구 향상 등 인적측면을 억제하는 방향으로 운영된다면 근로자대표제도의 필요성을 높일 것이다. 이와 관련해서 노용진·박우성(2007)은 한국노동패널 8차 조사자료를 활용하여 의사결정 참여가 노동조합 가입의사에 통계적으로 유의한 정의 영향을 미치고 있고, 이는 우리나라의 인적자원관리 관행이 인적측면보다는 자원측면을 강조하는 성격이 강하고 직접참여 경험이 보상기대를 높이기 때문이라고 설명하고 있다.

근로자의 참여 형태를 기존의 직접 참여와 간접 참여로 구분하는 방식에서 벗어나서 참여 주체의 관점에 따라 구분한 연구도 있다. 손동희(2009)는 참여의 목적을 기준으로 근로자의 신변이나 이해관계 특성이 주요한 목적인 형평성 참여equity-oriented employee involvement와 조직경쟁력과 품질향상 등 효율성 증대를 목적으로 하는 참여인 효율성 참여efficiency-oriented employee involvement로 구분하여 조직의 재무적 성과에 기여하는 바를 분석하였다. 효율성 참여는 모든 모형에서 정(+)의 영향을 미쳤으나 형평성 참여는 부분적으로 부(-)의 영향을 미쳤다. 하지만 이상의 국내 연구들은 아직 일반적인 경향이나 인과관계를 밝히기에는 많이 부족하다. 향후 추가적인 연구가 많이 필요하다고 하겠다.

5. 근로자 태도변수와 노사협의회의 관계

근로자들의 심리학적 태도변인들은 근로자대표제도의 효과성에 영향을 미칠 수 있다(이영면·나인강·박재희, 2016; Grund & Schmitt, 2013; Hammer, 2000; Hammer & Avgar, 2005; Hammer & Smith, 1978; Jirjahn & Tsertsvadze, 2006). 그중에서도 근로자 직무만족이나 조직몰입 등과 같은 직무태도가 근로자대표제도 선호나 태도에 어떤 영향을 미칠 것인가는 많은 관심과 논쟁을 일으켜 온 과제이다. 직무만족이나 조직몰입과 같은 직무태도 변수들은 근로자들이 직무나 조직에 느끼는 정서를 반영한다.

이러한 근로자 직무태도는 이직률이나 생산성 향상과 같은 조직성과 변수와 밀접히 관련되어 있다(Dyer & Reeves, 1995). 이에 따라 사용자는 근로자 직무만족이나 조직몰입 향상을 위해 다양한 인사관리 관행을 활용한다. 따라서 직무만족이나 조직몰입이 근로자대표제도 효과성 인식에 어떤 영향을 미치는지 살펴보는 것은 근로자대표제도의 역할이나 기능을 이해하는 것뿐 아니라 조직성과 향상을 위한 사용자의 조직 및 인사관리 관행을 설계하는 데도 중요한 시사점을 제공한다고 볼 수 있다.

직무만족과 같은 근로자의 태도특성의 근로자대표제도와의 관계에 대한 연구는 노동조합 가입의도를 중심으로 많은 연구가 이루어져 왔다. 일찍이 코칸(Kochan, 1979)은 노동조합 가입의도가 임금이나 복리후생과 같은 근로조건을 개선하기 위한 것이고 직무에 대한 불만족과 정의 관계를 보인다는 연구결과를 제시하였다. 이와 관련, 직무만족과 노동조합 가입의도 간에는 부(-)의 관계가 있다는 결과를 제시한 바 있다. 한편으로 직무만족이 노동조합에 대한 태도, 가입의사, 투표성향에 미치는 영향에 대한 연구에서도 직무불만족 수준이 높을 때

노동조합에 대한 긍정적 태도가 나타난다는 연구가 있다(Hammer & Smith, 1978).

또한 노동조합 찬반투표에서도 직무만족도가 낮을 때 찬성이 많다는 결과를 제시한 연구도 있다(Schriesheim, 1978). 이후 상당수 연구결과는 직무만족도와 노조몰입 등의 노동조합에 대한 태도가 부(-)의 관계를 갖는다는 연구결과를 보인다(Bamberger, Kluger, & Suchard, 1999). 다만, 다중회귀분석을 사용한 연구들에서는 통계적으로 유의하지 않다는 결과들도 다수 제시되고 있다(DeCotiis & LeLourn, 1981; YoungBlood, DeNisi, Molleston, & Mobley, 1984). 관련해서 이중몰입 dual commitment에 대한 연구, 즉 조직몰입과 노조몰입을 동시에 살펴보는 연구도 상당한 수준으로 진행된 바 있다.

한편, 우리나라의 경우 노용진·박우성(2007)은 노동패널 8차 자료를 활용하여 직무만족과 노조의 수단성이 각각 노조가입 의사에 유의한 부(-)와 정(+)의 영향을 갖는다는 결과를 보이고 있다. 한편, 직무만족이나 조직몰입 등과 같은 근로자 태도 변수가 노사협의회 선호에 미치는 영향은 노사협의회가 근로자 이익대변과 관련해서 근로조건을 개선하는 수단으로 기능하는지 사용자와의 공동협력을 위한 대화채널로서 평가되는지에 따라 영향을 받는다고 볼 수 있다. 이러한 관계를 상정할 경우 두 기능의 기대효과에 대한 상대적 크기에 따라 상호 관계가 달라질 것이라고 추론해볼 수 있다.

이와 관련 오계택(2007)의 노동패널자료 연구는 직무만족이나 조직몰입이 노사협의회에 대한 선호에 유의미한 영향이 없는 것으로 나타났다. 박경원(2014)은 디코티스와 레로우란(Decotiis & LeLouran, 1981)의 연구결과와 관련하여 노동조합에 대한 가입의사에 대한 노동조합 도구성은 정(+)의 관계를, 그리고 직무만족도는 대체로 부(-)의 관계를 보인다는 결과를 제시한 바 있다. 좀 더 많은 실증연구가 진행되어서 근로자의 태도변수와 노사협의회 또는 노동조합 가입이나 활동에 대한 일반적인 관계가 정립될 필요가 있다.

6. 노사협의회가 기업의 성과에 미치는 영향

노사협의회와 같은 근로자대표제도를 통한 근로자의 간접참여 제도가 직무만족도 제고를 통해 기업 성과에 기여할 것인가는 이 분야 연구의 주요한 관심사 중 하나이고 오래 연구되어 왔다(Addison et al., 2001; Müeller, 2012; Nienhüser, 2014). 이와 관련 인적자원 전략과 관련한 성과를 측정함에 있어 다이어와 리브스(Dyer & Reeves, 1995)는 기업 성과를 직무만족도, 결근율, 이직률과 같은 인적자원성과, 생산성·제품의 품질 및 서비스 등 조직성과, ROI·ROA와 같은 재무회계성과, 주식가격이나 주가수익률과 같은 주식시장 성과로 구분하고 인적자원 관리전략은 인적자원관리 성과에 우선 영향을 미치고 순차적으로 조직성과, 재무회계성과 및 주식시장 성과에 영향을 미친다고 설명하고 있다. 노사협의회가 노사 공동이익 증진을 목적으로 사용자의 용인 및 지원 아래 활성화 여부가 결정될 수 있는 제도라면 기업 성과에 미치는 영향이 규명될 때 사용자의 지지를 이끌어낼 수 있다. 노사협의회가 직무만족도나 조직몰입과 같은 직접적 인과관계가 높은 성과에 어떤 영향을 미치는지 나아가 재무성과와는 어떤 관련을 갖는 지도 자세히 살펴볼 필요가 있다(권순식·심상완·조효래·이건혁, 2009; Müeller, 2012; Nienhüser, 2014).

노사협의회는 노동조합과 같은 간접적 근로자대표제도의 성격을 갖고 있음에도 노사 공동의 이해관계를 추구하는 조직이라는 점에서 근로자 직무만족이나 노동생산성 등에 미치는 영향이 노동조합과 다를 수 있다. 노동조합은 단체교섭이나 파업을 통해 근로자 이해관계를 효과적으로 대변할 수 있는 반면에 파업에 대한 부담, 사용자의 보복에 대한 두려움, 시장임금을 상회하는 임금수준으로 인한 기업 경영 악화나 구조조정 시 고용불안 가능성 등을 내포할 수 있다. 더욱이 노사관계가 대립적·투쟁적이라면 기업의 경쟁력을 저해할 수 있다. 이는 기업의 생산성 저하를 통한 지불능력을 낮춰 근로조건 향상에 한계가 있고, 도산 가능성 까지 야기할 수 있는 것이다. 이러한 노동조합과 달리 노사협의회는 노사 간 분배적 이슈가 아닌 산업안전, 교육훈련, 모성보호 등의 공동의 이해관계를 주로 다룸으로써 근로자 이해관계를 대변하면서도 사용자의 동의나 지지를 얻을 수 있는 장점이 있다. 이에 따라 근로자의 참여욕구를 충족시키면서 사용자와 소통을 촉진하고 기업 생산성 향상에도 도움이 될 수 있는 만큼 근로자 직무만족도에 긍정적 영향을 미칠 수 있는 것이다.

우리나라의 경우 클라이너와 리(Kleiner & Lee, 1997)는 10개의 제조업체, 506명의 산업분포·기업규모 등을 반영한 대표성 있는 근로자 표본을 설정하여 설문조사한 결과 노사협의회가 효과적이라고 생각하는 근로자들의 경우 그렇지 않은 근로자들에 비해 직무만족도가 약 18% 정도 높다는 연구결과를 제시하고 있다. 원창희·김동헌(1998)의 노동조합과 노사협의회의 생산성 효과에 관한 연구를 진행한 바 있고, 이후에 노용진(2009)은 노사협의회가 노동조합에 비해 노동생산성을 높인다는 결과를 보여주었다. 노사협의회가 사용자의 경영권 prerogative 제약이나 의사결정 지연 등의 한계가 있음에도 노사공동의 이해증진 제도로서의 평가받기 위해서는 조직성과와 어떤 관련을 갖는지 연구 성과가 축적될 필요가 있다.

18장

국제인적자원관리
: 다국적기업에서의 인력, 프랙티스, 지식의 국가 간 이동을 중심으로

정 철

(영국) 레딩대학교 헨리비즈니스스쿨 조교수, E-mail: c.chung@henley.ac.uk

연세대학교에서 경영학 학사, 석사학위를 받았고 영국 랭커스터 대학교에서 경영학 박사학위를 받았다. 한국 및 일본 다국적기업의 국제인적자원관리, 지식·역량·프랙티스 개발 및 국가 간 전파, 제도화된 환경에서 기업의 대안적 실천 행위 등의 주제에 관심을 가지고 연구하고 있다.

1

서론

국제인적자원관리International human resource management는 국제적 맥락하에서 인적자원관리 현상을 연구하는 인적자원관리 및 국제경영의 한 분야이다. 1990년대 이전 국제인적자원관리 분야는 다국적기업의 해외 주재원 연구와 거의 동의어로 인식될 정도로 연구의 범위가 한정되어 있었다. 국제인적자원관리는 여전히 상대적으로 신생 분야로 인식되고 있지만, 지난 20여 년간 기업 및 경제의 글로벌화와 맞물려서 연구주제의 다양성이나 연구의 양적 측면에서 많은 발전을 해온 것으로 평가되고 있다. 비교적 최근에는 국제인적자원관리 분야에 특화된 다수의 핸드북이 출간된 바 있고 인적자원관리나 국제경영의 주요 저널에서 국제인적자원관리 분야 전반에 대한 리뷰 페이퍼가 여러 편 발표되었다(예: Björkman & Welch, 2015; Brewster, Mayrhofer, & Smale, 2016; Cooke, Veen, & Wood, 2017; Cooke et al., 2019; Farndale et al., 2017). 그러나 아직 국제인적자원관리 분야는 나름의 학문적 정체성을 갖춘 독립된 분야라기보다는 관련된 다양한 분과 학문들-인적자원관리, 국제비교노사관계, 조직이론, 조직행동론, 다국적기업론 등—이 서로 다른 관심을 가지고 연구를 수행하는 공통의 연구 영역 정도로 볼 수 있을 것이다.

　연구 분야로서 국제인적자원관리라는 용어는 다국적기업의 인적자원관리를 지칭하는 것으로 한정하여 쓰이기도 하지만, 국제인적자원관리의 영역을 비교문화경영Cross-cultural management studies과 비교인적자원관리Comparative Human Resource Management까지 포함하여 광범위하게 규정할 경우 다국적기업의 인적자원관리를 구분하여 지칭하는 용어로 전략적국제인적자원관리Strategic International Human Resource Management를 사용하기도 한다. 쿡과 동료들(Cooke et al., 2019)은 2000년부터 2014년까지 39개의 영문 저널에 출간된 342편의 국제인적자원관리 논문에 대한 리뷰를 통해 다국적기업 인적자원관리 연구에서 그간 중점적으로 연구되어온 세 가지의 주제를 도출한바 있다. 첫째는 다국적기업 해외법인 인사제도·프랙티스, 둘째는 주재원 관리expatriate management 및 다국적기업 해외법인 인력 운영International staffing, 셋째는 다국적기업에서의 지식 공유에 있어서 인적자원관리의 역할이다. 이 세 가지 주제를 살펴보면 공통적인 키워드가 '이동성mobility'이다. 즉 다국적기업에 초점을 둔 국제인적자원관리 연구는 결국 다국적기업이라는 맥락에서 인력, 프랙티스, 지식 등의 이동에 관해 탐구하는 학문이라고 볼 수 있다. 그밖에 최근에 연구되는 주제로 글로벌 커리어, 다국적 팀, 글로벌 리더십, 다국적기업에서의 인사기능 조직화 organizing HR functions 등이 있으나 본고에서는 다국적기업의 인적자원관리에 한정해서 가장 활발히 연구되어온 세 가지 주요 주제를 중심으로 각 주제에 대한 연구 동향과 향후 연구과제에 대해 살펴보도록 한다.

2
다국적기업 해외법인 인사제도 연구

1. 주재국 효과, 출신국 효과, 지배 효과

다국적기업의 해외 법인 인사제도 및 프랙티스는 국제인적자원관리 분야에서 가장 활발히 연구되어온 주제 중 하나이다. 이 주제에 대한 초기 연구는 주로 다국적기업 현지법인의 인사제도가 본사의 제도와 유사한지, 아니면 주재국 현지의 제도와 유사한지, 그리고 그러한 경향성에 영향을 미치는 다양한 요인들에 대한 탐색에 집중되었다. 예를 들어 로젠즈와이그와 노리아(Rosenzweig & Nohria, 1994)는 미국에서 사업을 영위하는 해외 다국적기업들을 대상으로 미국 현지 법인의 인사제도가 현지 인사 프랙티스와 유사한지, 아니면 각 다국적기업의 본사 인사 프랙티스와 유사한지를 조사하였다.

연구결과 연구대상이 된 여섯 개 영역의 인사 제도 사이에 정도의 차이는 있지만 본사 인사 프랙티스보다는 현지 인사 프랙티스와 유사하다는 결론에 도달했고, 이를 신제도이론을 활용하여 현지 제도적 환경에서의 동형화isomorphism 매커니즘(DiMaggio & Powell, 1983)이 작용한 결과로 해석한 바 있다. 그러나 이 연구는 두 가지 점에서 일반화에 한계가 있다. 첫째는 미국이라는 환경이 인적자원관리 관련한 제도화 수준이 상대적으로 매우 높은 특수한 환경이라는 점, 둘째는 연구대상으로 선택된 인사 프랙티스가 대체로 현지 제도 및 관행의 영향이 큰 영역의 프랙티스(휴가, 복리수행, 성별분포, 교육, 참여 등)라는 점이다. 따라서 이후 연구들은 다국적기업의 주재국·출신국 조합, 인사 프랙티스 영역 측면에서 다양한 연구 세팅으로 연구가 확대되어왔다(예: Bae, Chen, & Lawler, 1998; Björkman, Fey, & Park, 2007).

한편 다국적기업 현지법인 인사제도와 다국적기업 본국 또는 본사의 인사제도간의 높은 유사성을 보고한 연구결과도 다수 보고된 바 있다. 이러한 경향성을 다국적기업의 '출신국 효과country of origin effect'라고 한다(Ferner, 1997). 이러한 출신국 효과에 주목하는 학자들은 첫째, 다국적기업 본국의 제도적 환경에 깊이 배태되어embedded 있는 인사제도와 관행이 존재하고 둘째, 다국적기업 본국 출신 관리자들이 그러한 자국 인사 제도와 관행을 당연시하기 때문에 다국적기업이 해외에 진출하더라도 현지 인사제도보다는 본사의 인사제도 및 관행을 해외 법인에 적용할 가능성이 높다고 설명한다(Björkman, 2006). 이러한 주장은 실제로 미국 다국적기업의 영국 법인(예: Ferner et al. 2004), 독일 기업의 영국 및 스페인 법인(예: Ferner, Quintanilla, & Varul, 2001), 일본기업의 중국 법인(예: Gamble, 2010), 영국 기업의 중국 법인(Gamble, 2006) 등 다양한 연구 세팅에서의 경험 연구를 통해 입증된바 있다. 이 주제로 2000년대에 이루어진 연구들은 주로 미국, 서유럽, 일본 등 선진국 출신 다국적기업들을 대상으로 하였다. 이 기업들에는 출신국 효과가 나타나는 앞의 두 가지 가정이 대체로 유효하다고 볼 수 있을 것이다.

비교적 최근에는 다국적기업 해외 법인의 인사 프랙티스가 본사 프랙티스 또는 현지 프랙티스의 영향도 일부 받지만 그보다는 세계 경제 질서에서 지배적인 위치를 차지하는 국가에 속한 기업들의 프랙티스(예: 미국 기업의 인사 프랙티스)와 더 유사하다는 연구결과가 보고된 바 있는데(예: Pudelko, & Harzing, 2007) 이러한 경향성을 '지배 효과dominance effect'라고 한다. 스미스와 멕신스(Smith & Meksins, 1995)는 특정 시점, 특정 사회에서 특정한 조직화 방식이 나타나는 현상을 경제체제 효과System effects, 사회적 효과Societal effects, 지배효과Dominance effects의 세 가지가 상호작용한 결과로 설명한다. 이 이론적 틀은 경영 관행의 글로벌화·차별화global convergence·divergence 논의와 관련된 후속 연구들에 적용되어 왔다(예: Edwards et al., 2013). 여기서 지배효과란 국가경제의 위계 관계hierarchy of national economies 속에서 지배적인 영향력을 행사하는 국가 경제(예를 들면 현재의 미국, 1980년대의 일본)에 속한 기업들의 경영관행이 일종의 '베스트 프랙티스best practice'로 간주되어 활발히 다른 국가 기업들에게 확산되는 효과를 말한다. 이러한 지배효과는 신흥국가emerging country 출신의 다국적기업에서도 강하게 나타나는 것으로 보고된 바 있다(예: Aguzzoli, & Geary, 2014).

2. 다중 제도적 맥락과 미시 정치

지금까지 논의를 종합하면 다국적기업 해외 법인 인사 프랙티스는 주재국 효과, 출신국 효과, 지배 효과가 작용한 결과로 볼 수 있다. 그러나 이러한 세 가지 효과 중 어느 것이 특정 상황에서 더 큰 결정요인으로 작용할 것인지는 의문으로 남는다. 다국적기업 해외 법인은 주재국, 본국, 제3국 등 복수의 제도적 맥락multiple institutional contexts에 놓이기 때문에 해외 법인 관리자 입장에서는 이러한 제도적 맥락 중

어떤 쪽에 좀 더 집중적으로 대응할지 전략적 선택의 여지indeterminacy
가 생기게 된다(Edwards, Colling, & Ferner, 2007). 이 때문에 다국적
기업 현지 법인이라는 연구 세팅은 행위자에 의한 특정 제도적 맥락
의 형성 또는 선택에 대한 이론 개발의 기회를 제공할 수 있다는 점에
서 구조결정론적 제도이론의 한계를 극복하고자 하는 학자들의 주목
을 받아왔다(Kostova, Roth, & Dacin, 2008).

행위자 중심 제도이론actor-centric institutionalism을 지지하는 학자들
(주로 유럽의 학자들)에 의하면 다국적기업 해외법인 인사 프랙티스는
다중적인 제도적 맥락하에서 관련 행위자들(예컨데, 다국적기업 본사
와 현지 법인 관리자들) 간의 전략적 협상 또는 미시 정치micro-politics의
결과로 볼 수 있다(Ferner, Almond, & Colling, 2005; Geppert & Dör-
renbächer, 2014; Morgan & Kristensen, 2006). 현지 관리자는 현지의
특수한 제도적 환경에 대한 이해, 현지의 주요 이해당사자들과의 네
트워크, 구체적인 현지 사례에 근거한 현지화 논리와 주장 등을 본사
의 정책을 거부하거나 수정하는 데 영향을 줄 수 있는 권력 자원power
resource으로 활용할 수 있다(Geppert & Dörrenbächer, 2014). 다국적기
업 본사 관리자 역시 공식적인 지휘·명령체계, 주재원의 파견, 현지 관
리자의 선발 및 사회화에 대한 영향력 행사, 현지 법인들 간의 비교를
통한 내부 경쟁 압력 형성 등 다양한 권력자원을 동원하여 본사의 의
도를 관철시키고자 할 수 있다. 이런 관점에서 다국적기업에서의 각
종 관리 프랙티스란 다중적인 제도적 맥락하에서 행위자들 나름의 합
리성, 정체성, 이해interest의 추구를 둘러싼 정치적 과정의 산물contested
terrain에 다름 아니다(Edwards & Bélanger, 2009).

최근 연구 동향 중 주목할 만한 논의와 함께 향후 연구과제로 크게
두 가지를 제시하고자 한다. 첫째는 다국적기업의 인사 프랙티스 전

파 및 실행에 기여하는 조직 내부 메커니즘 및 프로세스에 대한 연구이다. 다중 제도적 맥락에서 다국적기업 조직 내부의 행위자들에 의한 미시 정치 과정에 주목하는 연구들이 비교적 최근에 주목을 받고 있고 다국적기업 내에서 국가 간 프랙티스 전파에 영향을 미치는 행위자 요인, 과정적 요인, 관계적 요인 등에 대한 탐색적 연구(예: Chung, Bozkurt, & Sparrow, 2012), 프랙티스 전파를 위한 다양한 통합 메커니즘의 활용에 대한 연구(예: Smale, Björkman, & Sumelius, 2013) 들이 있지만 여전히 외부 요인들에 초점을 둔 연구에 비하면 부족한 편이다(Björkman, Barner-Rasmussen, Ehrnrooth & Mäkelä, 2009). 한편 미시 정치 과정의 탐색에만 지나치게 집중할 경우 행위자의 자유도를 과대 해석하고 특정 행위자의 행위 역량과 정치적 과정을 촉진 또는 제약하는 상황 요인들에 대해 간과할 수 있는 위험성이 있음도 지적된 바 있다(Edwards, Colling, & Ferner, 2007). 따라서 향후에는 미시적 요인 또는 거시적 요인 어느 한쪽에 치우친 연구보다는, 다양한 국가·산업 수준의 거시적 요인과 함께 조직 내부 요인, 조직 내부 이해관계자들에 의한 의사결정 과정들을 함께 분석함으로써 내외부 요인들의 상호작용에 대한 종합적 이해를 추구하는 방향으로 연구가 이루어져야 할 것이다(Björkman & Welch, 2015; Edwards, Colling, & Ferner, 2007).

둘째는 연구대상 측면에서 한국과 신흥국 등 새롭게 부상하는 국가 출신 다국적기업에 대한 연구로의 확대이다. 지난 10여 년간 국제경영학계에서 가장 활발히 연구된 주제 중 하나가 신흥국 출신 다국적기업emerging multinational enterprises의 국제화에 대한 연구이다. 신흥국 출신 다국적기업들이 국제화 동기나 행위 측면에서 기존 구미 선진국 출신 다국적기업과 다른 패턴을 보임에 주목하여 이를 어떻게 이론화할 것인지에 대한 논쟁이 있어왔다(예: Luo & Tung, 2007; Madhok & Keyhani, 2012; Peng, 2012; Ramachandran & Pant, 2010; Ramamurti, 2012). 신흥국 출신 다국적기업의 해외법인 인사 프랙티스 측면에서 발견된 현상은 앞서 언급한 바와 같이 본사의 인사 프랙티스보다는 제3의 지배적 국가의 인사 프랙티스를 해외 법인에 전파하고자 하는 경향성이 두드러진다는 것이다. 이는 브라질 다국적기업(Aguzzoli & Geary, 2014), 중국 다국적기업(Cooke, 2014), 한국 다국적기업(Chung, Bozkurt, & Sparrow, 2014; Glover & Wilkinson, 2007), 터키 다국적기업(Demirbag, Tatoglu, & Wilkinson, 2016) 등의 연구에서 공통적으로 발견되었다. 그렇다면 기존 연구에서 다국적기업 본사 인사 프랙티스의 해외법인에의 전파를 출신국 효과로 설명했는데 그와는 다른 패턴을 보이는 신흥국 출신 다국적기업의 경우 출신국 효과를 어떻게 봐야 할 것인지의 문제가 대두된다.

이 문제와 관련하여 신흥국 출신 다국적기업의 출신국 효과를 이해하기 위해서 사용되는 출신국 부담 요인liability of origin이라는 개념에 주목할 필요가 있다. 신흥국 출신 다국적기업은 기존 다국적기업으로서의 불리한 점liabilities of foreignness에 더해서 출신국으로 인해 불리한 점liabilities of origin-예컨대 본국에서 제도화된 경영 프랙티스의 부족, 스스로의 역량에 대한 확신 부족self-doubt, 해외법인에서 경영 역량·프랙티스에 대한 정당성legitimacy 또는 신뢰 부족 등-을 극복해야 한다(Ramachandran & Pant, 2010). 따라서 이러한 출신국 부담 요인liabilities of origin으로 어떤 형태가 있고 이것을 극복하기 위해서 신흥국 출신 다국적기업들은 인적자원관리 측면에서 어떤 노력을 하며 그 결과는 무엇인지, 왜 그런 결과가 나오는지에 대한 연구가 앞으로 주목받을 수 있을 것이다. 또한 신흥국 출신 다국적기업은 해외법인에 소위 말하는 '베스트 프랙티스'를 전파하는 과정에서 많은 갈등을 겪는 것으로 보고되고 있다(예: Aguzzoli & Geary, 2014; Glover & Wilkinson, 2007). 본사에 뿌리 깊이 박혀 있는 비공식적인 경영 스타일이나 관행이 공식적인 '선진' 제도의 전파 과정에 의도치 않게 반영됨으로써 제도 전파를 둘러싼 본사와 해외법인간의 갈등을 유발하는 현상이 나타나곤 한다. 이에 대한 이해를 위해서는 다중 제도적 환경에서 미시 정치 과정에 주목하는 행위자 중심 제도이론적 접근이 유용할 것이다.

3
다국적기업 인력 운영 연구

1. 다국적기업 인력 운영: 주재원 파견과 현지 인력 활용

　다국적기업 인적자원관리 연구에 있어서 집중적으로 연구가 이루어진 또 하나의 주제는 다국적기업 인력 운영 이슈이다. 이 주제에 대해 꽤 오래되었지만 지금도 여전히 유효한 개념적 분류 틀로 펄무터(Perlmutter, 1969)의 다국적기업 유형 분류를 들 수 있다. 펄무터는 다국적기업이 하나의 유형이 아니라 질적으로 상당한 차이가 있는 여러 다른 유형이 존재한다고 주장하였다. 여러 해외 시장에 걸쳐서 기업을 운영하는 전반적인 접근 방식international orientation에 따라 본국 중심 기업ethnocentric firm, 현지 중심 기업polycentric firm, 글로벌 지향 기업geocentric firm 등으로 구분하였다. 특히 각각의 다국적기업 유형은 인력 운영 방식에 있어서 큰 차이를 보인다. 이 분류틀에 따라 다국적기업 인력 운영의 일반적인 패턴과 이슈를 정리하면 다음과 같다.

　첫째, 본국 중심 다국적기업의 경우 본사와 해외 법인의 주요 보직에 본국 출신parent country national: PCN 인력을 주로 활용한다. 대표적인 예로 일본 다국적기업을 들 수 있다. 일본재외기업협회의 2012년 조사에 의하면 일본 다국적기업 해외 법인장의 71%가 일본인인 것으로 나타났다(Japan Overseas Enterprises Association, 2012). 파나소닉 등 일본의 몇몇 기업들은 주재원 파견으로 인한 비용 절감, 사업의 현지화, 현지 인력에 대한 비전 제시 등을 위해 적극적으로 현지인력을 육성하여 현지 법인 리더로 활용하고자 노력하고 있으나 여전히 주재원 비율이 높은 것으로 나타나고 있다(Chung & Furusawa, 2016). 주재원 활용은 본사와의 긴밀한 의사소통, 현지 법인에 대한 통제, 본사의 지식 및 문화 전파 등에 있어서 훨씬 유리하기 때문에 주재원 의존도를 줄이는 것은 쉽지 않은 것으로 보인다(Mayrhofer & Brewster, 1996).

둘째, 현지 중심 다국적기업은 사업의 현지화에 초점을 두기 때문에 현지인HCN, host country national 들을 주요 보직에 주로 활용한다. 이러한 인력 현지화는 해당 기업의 현지 시장과 고객에 대한 이해 확보, 현지인 고용으로 인해 현지 일자리 창출자라는 좋은 이미지 형성, 현지 인력에 대한 비전 제시를 통한 조직 몰입도 제고, 주재원 파견 비용 절감 등의 효과를 기대할 수 있다(Evans et al., 2010). 그러나 현지 노동시장에서의 경험 있는 인력의 수급 상황과 본사의 현지법인에 대한 통제 정도 및 방식 등에 따라 특히 관리자급에서의 현지인의 활용 정도에 있어서 기업간에 상당한 편차가 나타날 수밖에 없다(Sparrow, Brewster, & Chung, 2017). 보다 적극적으로 인력의 현지화를 추구하는 기업들은 별도의 현지 인력 발굴, 선발, 육성 프로그램을 통해서 현지화를 보다 앞당기고자 노력한다(Chung & Furusawa, 2016).

셋째, 글로벌 지향 다국적기업의 경우 국적에 상관없이 주요 포지션에 필요한 역량 측면에서 최적임자를 활용한다. 또한 글로벌 차원의 잡 포스팅 시스템을 활용하여 글로벌 내부 노동시장을 개발하거나, 본사와 현지 사정에 모두 밝은 인재를 육성하기 위해서 본국출신

직원에게는 현지에서, 현지채용 지원들에게는 본사에서 사전 교육·근무 경험을 제공하기도 한다. 글로벌 기업이 되기 위해서 일반적으로 다국적기업의 본국 출신 임원으로 채워지는 최고경영자팀을 다국적 인재들로 구성하는 사례도 있다(Sparrow et al., 2017).

1980년대부터 시작된 다국적기업 인력 운영 연구는 초창기에는 본사에서 파견된 주재원 연구에 집중되었다(Collings et al., 2008). 현지인HCN 또는 제3국인TCN, third-country national도 다국적기업에서 활용하는 인력 유형이긴 하지만 상대적으로 연구가 활발하게 이루어지지 못했다. 주재원 관련 연구에서는 주재원의 현지 적응adjustment에 대한 연구와 함께 주재원 선발, 육성, 성과관리, 복귀 등 주재원 관리의 각 과정에 대한 연구가 집중되었다(Stahl et al., 2002). 그 이후에는 미국 이외의 다른 국가 출신 다국적기업들에서의 주재원 관리에 관한 연구와 함께 점점 늘어나는 여성 주재원에 대한 연구, 과다한 비용이 발생하는 주재원 파견에 대한 대안으로 단기 파견short-term assignment 등 다양한 유형의 해외 파견 및 인력 운영 대안에 대한 탐색적 연구가 이루어졌다(Collings et al., 2008).

다국적기업의 인력 운영 연구에서는 주로 해외 법인의 인력 운영 subsidiary staffing 이슈가 중점적으로 연구되어 왔다. 이때 주된 관심사는 해외 법인 핵심 보직에 본국 출신과 현지 채용 인력 중 누구를 선택하고 이러한 선택에 영향을 미치는 요인은 무엇인지, 그리고 어떤 선택이 현지 법인 성과에 더 긍정적인지, 그러한 조건은 무엇인지 등이었다(예: Gaur et al., 2007; Gong, 2003; Harzing, 2001; Hyun et al., 2014).

해외 법인 인력 운영 연구에 있어서 주요 발견 중 하나는 해외 법인장 또는 해외 법인의 전반적인 인력 구성에서 주재원이 차지하는 비율이 다국적기업의 출신 국가에 따라 큰 차이가 있다는 것이다. 특히 서구권 다국적기업에 비해서 늦게 해외에 진출한 일본 다국적기업들이 주목을 받았다. 이들은 미국이나 유럽 다국적기업보다 해외법인장 자리에 주재원을 활용하는 비율이 훨씬 높은 것으로 나타났다(Harzing, 2001; Kopp, 1994). 해외법인장 인력 현지화의 여러 장점과 이를 위한 다양한 노력에도 불구하고 여전히 주재원 비율이 높은 데는 몇 가지 원인이 있다(Chung & Furusawa, 2016).

우선, 일본 특유의 문화, 즉 맥락과 상황에 대한 암묵적인 이해에 기반한 의사소통 문화(high context culture: Hall, 1976) 때문에 일본인이 아닌 법인장은 본사와의 긴밀한 의사소통에 어려움을 겪을 수 있다(Yasumuro, 1982). 또한 개인에게 부여되는 업무상 역할과 책임을 사전에 모두 명시하기보다는 모호한 '회색지대grey zone'를 남겨두어 상황에 따라 유연하게 역할과 책임을 조정하는 일본 특유의 업무 규정 문화가 존재하는데 현지인들은 이러한 불분명한 역할, 책임 체계에 불만을 가질 수 있고 잘 적응하지 못할 수 있다. 이는 현지인들이 해당법인에 지속적으로 일하면서 리더로 성장해나가는 데 장애가 될 수 있다(Hayashi, 1994). 또한 장기간 해외 파견시 본사 내부 인적 네트워크에서 소외 가능성, 복귀 시 보직의 부재, 해외 시장보다는 일본 국내시장을 중시하는 경향 등으로 일본기업 본사 인력들은 해외 파견보다는 본사 근무를 선호하는 경향이 있다(Yoshihara, 2008). 그러다 보니일본 다국적기업들은 일본 본사에서 주로 성장한 인력들로 본사 경영진을 구성하게 된다. 이들은 해외 업무 경험과 영어로의 커뮤니케이션 역량이 부족한 경우가 많기 때문에 주재원 없이 직접 현지 인력들과 의사소통하는 데 어려움을 겪게 된다. 따라서 해외법인장은 일본어로 긴밀하게 의사소통할 수 있는 일본인이 맡아서 해야 원활한 업무 수행이 가능하고 이는 해외 법인의 인력 현지화가 더딘 한 원인으로 지적되고 있다(Yoshihara, 2008).

해외법인 주요 보직에 현지인을 배치하는 것이 법인 성과에 더 긍정적인지, 아니면 주재원을 배치하는 것이 더 나은지에 대해서는 상반된 실증연구 결과가 보고된 바 있다. 예를 들어 공(Gong, 2003)의 일본 다국적기업의 해외법인 대상 연구에 의하면 해외법인장이 일본인 주재원일수록 해당 해외법인의 성과(노동 생산성 - 인당 매출액으로 측정)가 높은 것으로 나타났다. 해외법인이 위치한 국가와 본국인 일본과의 문화적 거리cultural distance가 멀수록 일본인 주재원을 법인장으로 배치하는 경향이 높고 일본인 법인장이 법인 성과에 미치는 긍정적인 영향도 더 커지는 것으로 나타났다. 이러한 효과는 시간이 경과할수록 줄어드는 것으로 나타나서 시간의 경과에 따른 본사와 해외법인 간의 상호 학습효과가 반영되는 것으로 해석된다. 또한 해외법인 경영진 팀 수준, 그리고 해외법인 인력 전체 수준에서 주재원 비율을 활용하여 분석했을 경우에도 유사한 결과를 나타냈다. 한국 다국적기업의 해외법인을 대상으로 한 연구(Hyun et al., 2014)에서도 해외법인 경영진 및 전체 인력에서 주재원의 비율이 높을수록 법인성과가 높은 것으로 나타났다. 반면 일본 다국적기업의 해외법인을 대상으로 조사한 다른 연구(Gaur et al., 2007)에 의하면 해외법인 인력 중 주재원 비율이 높을수록 해외법인 성과(노동 생산성)가 오히려 낮은 것으로 나타난 반면, 법인장의 국적은 성과에 유의미한 영향을 끼치지 않는 것으로 나타났다. 한편 다국적기업들의 미국 주재 법인들에 대한 연구(Colakoglu & Caligiuri, 2008)에 의하면 법인 직원 중 주재원의 비율은 성과에 유의미한 영향을 보이지 않았으나 본국과 주재국 사이의 문화적 거리가 큰 경우 주재원 비율은 성과에 부정적인 영향을 끼치는 것으로 나타났다.

이러한 상반된 실증연구 결과를 종합해보면 두 가지의 시사점을 얻을 수 있다. 첫째는 해외법인 경영진 또는 인력을 주재원 또는 현지인 중 어느 쪽으로 구성하는 것이 법인 성과 측면에서 바람직할 것인가라는 질문은 애초에 너무 단순한 질문이라는 것이다. 최근 연구들에 의하면 주재원(또는 현지인) 여부보다는 어떤 주재원이냐가(예를 들어 지식이전 역량을 보유한 주재원) 법인 성과를 더 잘 설명해주는 것으로 나타났다(Chang et al., 2012). 따라서 주재원·현지인 여부, 즉 국적에 기반한 인력 유형 구분은 현지법인 인력 대안을 선택할 때 하나의 요인으로 고려는 해야 하겠지만 그밖의 다른 질적인 차원들이 고려되어야 할 것이다. 둘째는 해외법인 인력구성에 있어서 특정 상황 또는 맥락의 중요성이다. 기존 연구들 간의 상반된 결과에도 불구하고 공통적인 점은 다국적기업 본국과 해외법인 주재국 간의 문화적 차이(Gong, 2003), 또는 제도적 환경의 차이(institutional distance: Gaur et al., 2007) 등 다양한 상황맥락적 요인들이 현지법인 인력 구성과 그 효과에 상당한 영향을 미친다는 점이다. 따라서 좀더 다차원적인 인력 유형의 구분과 함께 다양한 상황 변수들을 함께 고려하는 방향으로 연구가 이루어져야 할 것이다.

2. 전통적 글로벌 인력 유형에 대한 대안들

기존 다국적기업 인력 운영 연구에서는 인력 유형을 주로 국적을 기준으로-다국적기업 본국 출신 인력PCN, 현지인HCN, 제3국인TCN으로 구분한 다음에 이들 유형을 중심으로 연구가 이루어졌다. 한 사람의 국적은 그 사람의 사회적 정체성, 특정 사회의 언어 및 문화에 대한 이해, 관계망의 지역적 범위 등을 상당 부분 규정짓기 때문에, 국제석 맥락에서의 인적 자원 특성을 파악하고 활용하는데 있어서 중요한 요인임에는 분명하다. 그러나, 인력의 이동 측면에서 국제화가 상당히 진전된 지금 시점에서는 기존의 국적 범주로 파악되지 않는 다양한 인력 유형들이 존재한다. 예를 들어 조직에서 해외로 발령 받아서 나가는 기존의 주재원과는 달리 특정 국가 언어, 문화에 대한 사전 이해를 바탕으로 스스로 해외에서의 일자리를 잡아 일하는 자기주도 파견인(self-initiated expatriate: Suutari & Brewster, 2000), 서로 다른 국적의 부모 또는 이민자 가정 출신 등의 이유로 두 개 국가의 언어 및 문화에 대한 이해를 보유하고 있는 인력(bi-cultural: Furusawa & Brewster, 2014), 본사에서 파견나간 주재원과 달리 해외법인 현지 인력으로 본사에 일정 기간 파견된 본사주재 해외법인 인력(inpatriate: Reiche et al, 2009) 등이 있다.

이러한 대안적 인력 유형들의 공통점은 기존의 국적 기준 인력 유형 구분으로는 파악이 안 되는, 복수 국가의 문화와 언어에 대한 이해 및 인적 관계망을 가지고 있다는 점이다. 앞서 논의된 대로 본국 출신 인력과 현지인력은 다국적기업의 인력 운영 측면에서 장단점이 서로 상충되는 반면에, 대안적 인력 유형은 두 가지 언어와 문화에 대한 이해를 바탕으로 그러한 상충적인 면을 극복할 수 있는 잠재력이 있다는 점에서 주목 받고 있다. 또한 다국적기업들은 글로벌 차원의 인력 선발, 파견, 개발 프로그램global talent management을 통해서 다양한 해외 업무 경험을 보유한 인력들을 전략적으로 육성할 수 있다. 이처럼 개인 및 조직 차원의 다양한 요인에 의해 인력의 국가 간 이동이 증대된 상황을 고려할 때 다국적기업의 인력 운영에 있어서 인력의 국적과 함께 어떤 '국제 경험international experience-지역, 기능 영역, 역할 등의 차원에서-의 포트폴리오'를 보유하고 있는지를 분석해야 보다 현실적인 시사점을 얻을 수 있을 것이다.

4

다국적기업 인적자원관리와 지식경영 연구

다국적기업의 인적자원관리 연구에서 또 하나의 전통적인 주제는 다국적기업 내 국가 간 지식 이전에 있어서 인적자원관리의 역할이다. 다국적기업에 대한 고전적인 이론에 따르면 다국적기업이 존재하는 이유는 외국기업으로서 갖게 되는 각종 불리한 점liability of foreign-ness을 극복하면서 해외 현지 기업에 비해서 경쟁 우위를 가질 수 있는 기업 특유의 강점firm-specific advantage 때문이라고 설명한다(Dunning & Lundan, 2008). 이러한 기업 특유의 강점으로 대표적인 것은 본사에서 보유하고 있는 가치 있는 지식 자산을 들 수 있다. 따라서 다국적기업의 중요한 과제는 본사의 지식 자산을 어떻게 해외법인에 효과적으로 이전시켜서 현지 시장에서의 차별적 경쟁력을 확보할 것인지에 있다(Zander & Kogut, 1995).

좀 더 이후의 다국적기업에 대한 지식 기반의 관점에서는 다국적기업을 여러 나라에 걸쳐 있는 각 단위 조직들의 차별화된 글로벌 네트워크로 본다. 이때 각 본사 및 해외법인 등 단위 조직들은 각자의 특유한 강점을 살려서 특유의 지식을 창출하고 이를 글로벌 차원에서 공유 및 활용함으로써 경쟁 우위를 확보할 수 있게 된다(Gupta & Govindarajan, 2000). 따라서 오늘날 다국적기업에서의 지식은 본사에서 해외법인으로 이전될 뿐 아니라 해외법인에서 본사로 역이전(reverse transfer: Edwards, 1998)되기도 하고 해외법인 간에도 서로 이전되는 등 다양한 방향으로 흐르는 것으로 본다. 또한 계획적이고 의도적인 지식 이전뿐 아니라 자연 발생적으로 이루어지는 지식 이전 또한 중요한 것으로 본다(Iles & Yolles, 2002).

이처럼 다국적기업 내에서 지식이 다양한 방향으로 원활히 흐르기 위해서는 조직 차원의 지식이전 역량이 필요한데(Martin & Salomon, 2003), 인적자원관리가 다양한 방식으로 다국적기업의 지식이전 역량 확보에 기여할 수 있다(Sparrow et al., 2017). 첫째는 해외법인의 지식 흡수역량 확대를 촉진할 수 있는 인적자원관리 프랙티스를 개발하고 실행하는 것이다(Minbaeva et al., 2003). 민바에바와 동료들의 연구 (2003)에 의하면 교육, 성과관리, 성과 기반 승진 및 보상, 내부 커뮤니케이션 등의 인적자원관리 프랙티스들이 해외법인의 지식 흡수 역량을 높여서 본사와 해외법인간의 지식 이전을 촉진하는 것으로 나타났다.

둘째는 인력의 이동 배치 및 교육 프로그램을 통해서 본사 및 해외 법인 구성원들간의 접촉을 촉진하고 협력적 분위기를 조성함으로써 이들 간의 지식이전의 토대가 마련될 수 있도록 지원하는 것이다. 즉 본사 및 해외 법인 구성원 간 사회적 자본을 늘리는 인적자원관리 프랙티스를 개발하고 실행하는 것이다(Mäkelä & Brewster, 2009).

셋째는 지식 이전을 촉진하는 다양한 지식 이전 및 공유 조직-예를 들어 글로벌 전문가 네트워크, 실행 공동체community of practice, 다국적 팀, 주재원 네트워크 등-을 활성화하는 것이다(Sparrow, 2012). 최근에는 지식이전뿐 아니라 해외법인의 지식 창출 또는 혁신에서 인적자원관리의 역할에 대한 문제도 향후 연구가 집중되어야 할 이슈로 주목받고 있다(Kawai & Chung, 2019).

5

맺음말

　이상으로 국제인적자원관리의 주요 분야인 다국적기업의 인적자원관리 연구 중 기존에 가장 많이 연구되어온 인적자원관리 프랙티스의 국가 간 이동, 글로벌 차원에서의 인력운영, 그리고 지식이전에 있어서 인적자원관리의 역할 등에 관한 기존 연구들을 간략히 살펴보았다. 국제인적자원관리 연구는 특히 국가 간 교류활동이 활발한 유럽에서 활발히 이루어지고 있다. 또한 다양한 분과학문과의 교류를 통해서 그 영역이 점차 넓어지고 있고, 인적자원관리 또는 국제경영 관련 주요 저널에서 국제인적자원관리와 관련한 연구 논문도 상당히 증가하고 있다. 한편 2000년대 중반 이후에 국내기업 현장에서도 '글로벌 HR'이라는 용어가 확산되어 왔고 이와 연관된 프랙티스 역시 다양하게 도입되고 개발되어 왔다.　따라서 앞으로 한국 다국적기업의 인적자원관리에 관한 다양한 연구도 더욱 활성화되기를 기대한다.

미주

1장

1. 일(work)과 직무(job)는 개념적으로 구분되지만 이 글에서는 양자를 포함하는 포괄적 의미로 사용하고자 한다.

2. 최근 우버(Uber)와 같은 카풀 공유서비스 도입 시도에 대한 택시업계의 반응을 상기해볼 수 있다.

3. 허츠버그는 직무내용의 변화 없이 무의미한 과업의 수를 늘리는 수평적 직무 확대는 더러운 일반 접시를 닦은 후에 다시 더러운 은접시를 닦는 것과 다를 바가 없기 때문에 명확한 한계가 있다고 비판한다(Herzberg, 1968).

4. 최근 국내연구에서 engagement를 '열의' 혹은 '인게이지먼트' 등으로 쓰고 있는데, 이는 기존에 organizational commitment를 '조직몰입'으로 번역해서 광범위하게 쓰이고 있기 때문이라고 생각된다. 하지만 engagement는 일하는 사람이 자신의 신체적, 인지적, 정서적 에너지를 모두 일에 쏟아붓고, 일과 자신이 하나가 되는 것을 의미하기 때문에 '몰입'이라는 용어가 가장 적당하다고 본다.

5. 유명한 뉴욕 맨해튼의 다이아몬드 보석상 사례처럼 수십만 달러 가치의 다이아몬드를 가공을 맡기거나 찾을 때 아무런 계약서 한 장 쓰지 않는 것은 이러한 폐쇄형 네트워크가 주는 신뢰와 감시, 제재 효과 때문이다(Coleman, 1990).

6. 예를 들어, 바둑게임에서 인간의 기보를 입력하고 이를 학습한 '알파고-Lee'가 이세돌 기사를 이겼지만 이후 바둑 규칙만 입력하고 스스로 학습하도록 개발된 '알파고-제로'가 36시간 만에 알파고-Lee의 능력을 초월하고 100전 전승을 거둔 것에서 볼 수 있듯이(Silver et al., 2017) 인공지능에게 구상기능을 부여했을 때 성과는 훨씬 높았다.

7. 매튜 효과(Matthew effect)는 컬럼비아 대학의 사회학자 로버트 머튼(Robert K. Merton)이 『성경』의 「마태복음」에서 착안하여 만든 개념으로써 유리한 지위나 명성이 점점 확대재생산되는 현상이나 자본의 누적적 이점(cumulative advantage)을 의미한다.

3장

1. 본 연구는 인사조직연구 2017년 제25권 제2호에 게재된 논문을 수정보완한 것임

2. 일반적으로 조직행동론에서 몰입은 commitment를 의미하나, 긍정심리학에서 flow를 몰입으로 번역해 사용하고 있다. 본 논문에서는 commitment의 경우 직무몰입으로, flow의 경우 몰입으로 표현한다.

5장

1. 국내 선행연구에서 voice behavior를 '발언행동'(김정진, 2012; 윤석영·권석균, 2015, 최선규·지성구, 2012), '제언행동'(오현정·정명호, 2014) 등으로 번역하여 사용하고 있다. 본 연구에서는 voice behavior의

포괄적인 속성을 보다 잘 표현하기 위해 발언행동이라는 용어를 사용한다. 제언이 의견이나 제안을 표명한다는 제한적 의미로 해석될 여지가 큰 반면, 발언은 상대적 모호성에도 불구하고 제안, 아이디어, 문제제기, 찬성 및 반대와 같은 다양한 도전적 의사표현들을 포괄할 수 있다는 점에서 본 연구에서 의미하는 voice behavior을 상대적으로 더 적절히 대변할 수 있을 것으로 판단된다.

6장

1. 이 글은 『인사조직연구』 2017년 25권 2호(특별호)에 게재된 논문(변혁적·거래적 리더십의 국내 연구 동향과 향후 연구 방향)을 수정 보완한 것임.

7장

1. 이 글은 『인사조직연구』 2016년 8월 제 24권 3호에 게재된 논문(집단 내 개인의 비유사성이 직무성과에 미치는 영향: 비유사성 유형에 따른 차별적 효과와 과업특성의 조절효과에 관한 메타분석 연구)을 수정 보완한 것임.

8장

1. 이 글은 『인사조직연구』 2017년 25권 3호 pp.19-47에 게재된 논문(사회적 네트워크 조직연구의 동향)을 수정 보완한 것임.

2. 사회적 네트워크 연구는 실제에 대한 명제를 도출하는 이론인 동시에 경험적 실증에 필요한 방법론의 성격을 함께 지니고 있다. 따라서 사회적 네트워크 연구에는 포괄적인 방법론으로서 사회적 네트워크 분석(social network analysis)이 포함된다(Wasserman & Faust, 1994). 예컨대, 소셜네트워크(Social Networks) 저널에서 사회적 네트워크 분석의 구체적인 방법과 도구의 꾸준한 발전을 볼 수 있다. 다만, 이 글에서는 조직연구와 관련된 사회적 네트워크의 이론적 측면과 경험적 연구에 초점을 맞춘다.

3. 경제학에서 사용하는 명성(reputation)과 사회학에서 주로 사용되는 지위개념의 차이에 대한 체계적인 논의는 소렌슨(Sorenson, 2014)에서 볼 수 있다.

4. 형성과 반대급부의 현상으로 사회적 네트워크 양자관계의 중단 혹은 단절에 대한 연구도 이루어졌다(예컨대, Rowley, Greve, Rao, Baum, & Shipilov, 2005; Zhelyazkov & Gulati, 2016).

5. 네트워크 동학에 대한 관심은 시간에 따른 네트워크 구조의 변화를 살펴보는 방법론적 접근(Breiger, Carley, & Pattison, 2003; Snijders, van de Bunt, & Steglich, 2010), 통계물리학 분야에서의 거시적 네트워크 특성의 변화에 대한 연구(Newman, Barbasi, & Watts, 2011)에서도 발견된다.

10장

1. 영어로 「마태복음」은 Gospel according to St. Matthew 이며 따라서 매튜(Matthew) 효과라고 명명하였다.

2. 니치는 한 개체나 종이 생존하기 위해 필요한 환경조건 및 자원을 규정하는 n차원의 초공간으로

정의될 수 있다(Hutchinson, 1957).

3. 한편 지위는 전염성(contagious)이 있기 때문에 평판에 비해 더 빠르게 만들어질 수 있는, 즉 생성속도에서 차이가 있다는 점도 이론적으로 제기되었다(Bothner et al., 2011).

11장

1. 이 글은 『인사조직연구』 2015년 23권 4호에 게재된 논문을 수정 보완한 것이다. 본 연구는 2015년 7월 한국인사조직학회 제1회 콜러퀴엄 발표에 기반하여 작성되었다. 발표에 대한 토론에 참여해 주신 김영규, 김지현, 박상찬, 배종훈 교수님과 문헌 자료 수집에 도움을 준 최재호 학생에게 감사드린다. 그리고 논문에 대해 건설적이면서 유용한 제안들을 주신 배종석 교수님과 익명의 세 분 심사자들께도 깊은 감사를 드린다.

2. 이 논문에서 고찰하는 조직학습이론의 역사는 북미 조직이론의 역사에 국한함을 밝혀두고자 한다. 상이한 인식론과 방법론에 기초한 유럽 조직이론 특히 비판조직이론의 흐름하에 있는 조직학습이론은 본 논문의 범주에 벗어난다. 그리고 북미 학자군 내에서도 지식경영(knowledge management)을 중심으로 이루어지는 조직학습연구의 흐름 역시 제외되었는데, 이러한 흐름 속에 있는 대부분의 연구들은 이론화되어 정립되었다기보다는 개념화 수준에 머물러 있기 때문에 조직학습이론의 한 범주로 규정하기 어렵다는 데 기인한다.

3. 만족(satisfying)과 희생(sacrificing)의 합성어인 만족·만희satisficing는 허버트 사이먼Herbert Simon이 1947년에 『관리행동론Administrative Behavior』에서 제안한 개념으로, 의사결정자가 선택을 최적화하지 못하고 최소 기준·열망치aspiration levels를 만족하는 차선의 대안을 선택하는 데 만족한다는 의미를 담고 있다.

4. 제임스 마치James March는 1997년 로버트 서튼Robert Sutton과의 저술에서 종속 변수로 성과를 상정하는 연구가 갖는 인과적 추론의 어려움을 지적하고 있으며, 사이어트Cyert와의 저서 『행동주의 기업이론』에서 성과 피드백이 조직행동에 영향을 미치는 메커니즘을 규명하였다.

5. 이와 관련된 흥미로운 에피소드를 소개하면, 제임스 마치James March는 자신의 논문(March, 1991)을 인용하여 한 학술지에 논문을 투고하였는데, 투고자가 제임스 마치James March 본인인지 몰랐던 익명의 심사자로부터 1991년 제임스 마치James March의 연구 의도를 잘못 이해하고 있다는 지적을 받았다고 한다.

6. 두 제자의 간곡한 요청에 의해 제임스 마치James March는 이 책을 통해 실증연구를 발표하는 예외를 보인다.

7. 이 연구에서는 CEO들을 대상으로 하였음.

8. 이미 진화생물학에서도 비슷한 논리로 붉은여왕이론이 제시된 바 있다.

12장

1. 이 글은 『인사조직연구』 2017년 25권 3호에 게재된 논문을 수정 보완했음.

13장

1. 이 글은 『인사조직연구』에 게재되었던 다음 두 논문을 통합하고 수정보완하여 완성되었음을 밝힌다. 따라서 이 글의 내용에는 두 논문과 중복되는 부분이 포함되어 있다.

   신동엽·정기원. 2016. 프랙티스 관점 전략이론(Strategy As Practice)의 전망과 과제: 전략연구에서 경제학기반 방법론적 개인주의의 극복가능성을 찾아서. 『인사조직연구』, 24(4): 119-164.

   신동엽·노그림. 2017. 행동 전략의 발전과 과제: 전략연구의 행동과학적 전환. 『인사조직연구』, 25(3): 151-194.

2. '프랙티스(practice)'는 우리 말로 실행, 실천, 실무, 관행, 관습, 연습 등 다양하게 번역될 수 있으나 각기 다른 세분화된 함의(implication)를 가지고 있어서 그 어느 것도 원래의 뜻을 정확하게 반영하지 않기 때문에 이 논문에서는 원어 발음을 그대로 차용하여 '프랙티스'로 부르기로 한다. 예를 들면 사전을 찾아보면 '실천'과 '실행'은 일반적으로 '생각한 바를 실제로 행동에 옮기는 것'을 뜻하는데 경영학을 비롯한 기존 사회이론에서 실천은 '이론'이나 '개념'과 대비되고, 실행은 전략경영에서 '계획수립(formulation)'과 대비되는 개념, 즉 영어의 '실행(implementation)'의 뜻으로 주로 사용되었다. 여기에 비해 '실무'는 '실제의 업무 수행'을 뜻하는 한편 '관습'이나 '관행'은 '어떤 사회에서 오랫동안 지켜 내려와 그 사회 성원들이 널리 인정하는 질서'를 뜻한다. 그리고 '연습'은 '반복적으로 익히는 것'을 말한다. 이 논문에서 살펴볼 사회이론의 '프랙티스(practice)'는 이런 의미들이 모두 일부분씩 녹아 있을 뿐 아니라 이들 중 어디에도 해당되지 않는 '정형화된 행위패턴'이나 또는 '상황에 따른 변형' 등도 포괄적으로 내포한다. 따라서 기존 번역들 중 하나를 그대로 사용하는 것은 저자들이 토론하고자 하는 프랙티스(practice)'의 진정한 의미를 협소하게 제한하거나 왜곡시킬 우려가 있기 때문에 이 논문에서는 일단 원어 발음을 차용한 '프랙티스'로 부르기로 결정했다. 'Practice'의 적절한 우리말 번역은 앞으로 전체 한국 매니지먼트학계 수준의 토론과 합의를 통해 결정되어야 할 것이다. 이런 면에서 이 글에서는 '프랙티스 전략(strategy as practice)'도 프랙티스(실행)로서의 전략, 프랙티스 기반 전략, 프랙티스 관점 전략 등 다양한 번역이 가능하나 소통의 효율성을 위해 단순하게 '프랙티스 전략'으로 부르기로 했다.

14장

1. 본 논문은 2009년 『인사·조직연구』 제17권 2호에 '대리인 이론의 비판적 분석과 기업지배구조연구의 새로운 시각'이라는 제목으로 게재된 바 있다. 이 논문은 그 후 10년의 연구성과를 추가하여 작성한, 앞서 출판된 논문의 개정판이다.

15장

1. 이 글은 『인사조직연구』 2017년 25권 4호에 게재된 논문을 수정 보완한 것임.

17장

1. 본 논문은 『인사조직연구』 제25권 제4호 (2017년 11월)에 '노사협의회에 대한 최근 연구성과 및 향

후 연구과제: 노동조합의 대체재와 보완재 논의를 중심으로'란 제목으로 게재된 논문이며, 일부 수정하였음을 밝힙니다.

2. 미국의 노사관계법(NLRA) 해석과 관련한 일렉트로메이션(Electromation) 사건에서 미국의 대법원은 근로조건에 대한 교섭은 노사협의회가 아닌 노동조합이 하여야 한다고 판결함으로써 노사협의회 제도화 노력이 좌절되는데 일정 부분 중요한 영향을 미쳤다고 알려져 있음.

3. 'works council'이란 영어 표현은 19세기에 독일에서 처음 시작되어 운영되던 'Betriebsrat'를 바로 번역한 것임(Patmore, 2016). 국내에서는 독일의 'Betriebsrat'를 근로자평의회 등으로 번역하는 경우가 많지만 우리나라의 노사협의회도 일반적으로 정의하는 'works council'의 개념과 비교적 일치하는 측면이 있어 원칙적으로 혼용하였음(Frege, 2002; Gumbrell-McCormick & Hyman, 2010; Nienhüser, 2014). 다만, 독일의 제도가 공동결정의 성격이 강한 점을 고려하여 동 제도만을 가리킬 때는 작업장평의회로 번역하여 사용함.

4. 유럽직장평의회 지침(European works councils directive)은 유럽연합의 국가들에 대해 유럽연합 내에서 사업을 하는 기업으로 근로자 수가 1,000인 이상이거나, 2개국 이상에 걸쳐 사업을 하면서 각국에서 150인 이상씩의 근로자를 고용하는 경우 직장평의회 근로자들에게 정보권과 의결권을 부여하고 있음.

5. 한국노동연구원의 2013년 사업체패널조사결과를 분석해보면, 973개 무노조 사업장 중 노사협의회에 전임자를 두고 있는 사업장이 8.7%, 임금교섭권 15.8%, 단체교섭권 13.0%, 파업권 8.5% 등 적지 않은 노사협의회가 유사 노동조합 기능을 수행하는 것으로 파악됨.

참고 문헌

1장

정명호. 2017. 인사조직 연구자의 직무 재설계.「인사조직연구」, 25(3): 1-7.

정명호·박혜원. 2009. 조직내 상이한 네트워크가 직무태도에 미치는 차별적 효과.「산업관계 연구」, 19(1): 37-64.

한병철. 2012.『피로사회』. 서울: 문학과 지성사.

Anthony, C. 2018. To question or accept? How status difference influence responses to new epistemic technologies in knowledge work. *Academy of Management Review*, 43(4): 661-679.

Ashforth, B. E., & Humphrey, R. H. 1993. Emotional labor in service roles: The influence of identity. *Academy of Management Review*, 18(1): 88-116.

Bakker, A. B., & Demerouti, E. 2007. The job demands-resource model: State of the art. *Journal of Managerial Psychology*, 22: 309-328.

Bakker, A. B., Rodriguez-Munoz, A., & Sanz Vergel, A. I. 2016. Modelling job crafting behaviours: Implications for work engagement. *Human Relations*, 69(1): 169-189.

Barley, S. R., & Kunda, G. 2001. Bringing work back in. *Organization Science*, 12(1): 76-95.

Berg, J. M., Grant, A. M., Johnson, V. 2009. When callings are calling: Crafting work and leisure in pursuit of unanswered occupational callings. *Organization Science*, 21(5): 973-994.

Bizzi, L. 2017. Network characteristics: When an individual's job crafting depends on the jobs of others. *Human Relations*, 70(4): 436-460.

Bock, L. 2015. *Work rules: Insights from inside Google that will transform how you live and lead*. New York, NY: Twelve.

Bolinger, A. R., Klotz, A. C., & Leavitt, K. 2018. Contributing from inside the outer circle: The identity-based effects of noncore role incumbents on relational coordination and organizational climate. *Academy of Management Review*, 43(4): 680-703.

Braverman, H. 1974. *Labor and monopoly capital*. New York, NY: Monthly Review Press.

Bruning, P. F., & Campion, M. A. 2018. A role-resource approach-avoidance model of job crafting: A multimethod integration and extension of job crafting theory. *Academy of Management Journal*, 61(2): 499-522.

Burt, R. S. 1987. Social contagion and innovation: Cohesion versus structural equivalence. *American Journal of Sociology*, 92: 1287-1335.

Cappelli, P., & Keller, J. R. 2013. Classifying work in the new economy. *Academy of Management Review*, 38(4): 575-596.

Cappelli, P., & Tavis, A. 2016. The performance management revolution. *Harvard Business Review*, 94(10): 58-67.

Cohen, D., & Prusak, L. 2001. *In good company: How social capital makes organizations work*. Boston, MA: Harvard Business School Press.

Coleman, J. S. 1990. *Foundations of social theory*. Cambridge, MA: Harvard University Press.

de Jong, S. B., Van der Vegt, G. S., & Molleman, E. 2007. The relationship among asymmetry in task dependence, perceived helping behavior, and trust. *Journal of Applied Psychology*, 92(6): 1625-1637.

Duffy, M. K., Ganster, D. C., & Pagon, M. E. 2002. Social undermining in the workplace. *Academy of Management Journal*, 45(2): 331-351.

Dutton, J. E., & Heaphy, E. D. 2003. The power of high-quality connections. In K. S. Cameron, J. E. Dutton, & R. E. Quinn (Eds.), *Positive organizational scholarship*: 328-342. San Francisco, CA: Berrett-Koehler.

Gabor, A. 2000. *The capitalist philosophers: The genius of modern business-Their lives, times, and ideas*. New York, NY: Time Business.

Gittell, J. H. 2016. *Transforming relationships for higher performance: The power of relational coordination*. Stanford, CA: Stanford University Press.

Grant, A. M. 2007. Relational job design and the motivation to make a prosocial difference. *Academy of Management Review*, 32(2): 393-417.

Grant, A. M. 2012. Giving time, time after time: Work design and sustained employee participation in corporate volunteering. *Academy of Management Review*, 37(4): 89-615.

Grant, A. M. 2013. *Give and take: Why helping others drives our success*. New York, NY: Penguin Books.

Grant, A. M., & Parker, S. K. 2009. Redesigning work design theories: The rise of relational and proactive perspective. *The Academy of Management Annals*, 3(1): 317-375.

Griffin, R. W. 1987. Toward an integrated theory of task design. *Research in Organizational Behavior*, 9: 79-120.

Hacker, J. 2006. *The great risk shift*. Oxford, UK: Oxford University Press.

Hackman, J. R., & Lawler, E. E. 1971. Employee reactions to job characteristics. *Journal of Applied Psychology*, 55: 259-286.

Hackman, J. R., & Oldham, G. R. 1976. Motivation through the design of work: Test of a theory. *Organization Behavior and Human Performance*, 16: 250-279.

Hackman, J. R., & Oldham, G. R. 1980. *Work redesign*. Reading, MA: Addison-Wesley.

Heaphy, E. D., Byron, K., Ballinger, G. A., Gittell, J. H., Leana, C., & Sluss, D. M. 2018. The changing nature of work relationships *Academy of Management Review*, 43(4): 558-569.

Herzberg, F. 1968. One more time: How to motivate your employees. *Harvard Business Review*, 46: 53-62.

Hochschild, A. S. 1983. *The managed heart: Commercialization of human feeling*. Berkeley, CA: University of California Press.

Humphrey, S. E., Nahrgang, J. D., & Morgeson, F. P. 2007. Integrating motivational, social, and contextual work design features: A meta-analytic summary and theoretical extension of the work design literature. *Journal of Applied Psychology*, 92(6): 1332-1356.

Jermier, J. M. 1998. Introduction: Critical perspectives on organizational control. *Administrative Science Quarterly*, 43(2): 235-256.

Kahn, W. A. 1990. Psychological conditions of personal engagement and disengagement at work. *Acad-*

emy of Management Journal, 33(4): 692-724.

Kahn, W. A. 2007. Meaningful connections: Positive relationships and attachments at work. In J. E. Dutton & B. R. Ragins (Eds.) 2007. *Exploring positive relationships at work*: 189-206. New York, NY: Psychology Press.

Khazanchi, S., Sprinkle, T. A., Masterson, S. S., & Tong, N. 2018. A spatial model of work relationships: The relationship-building and relationship-straining effects of workspace design. *Academy of Management Review*, 43(4): 590-609.

Kilduff, M., & Brass, D. J. 2010. Job design: A social network perspective. *Journal of Organizational Behavior*, 31: 309-318.

Kirkman, B. L., Rosen, B., Tesluk, P. E., & Gibson, C. B. 2004. The impact of team empowerment on virtual team performance: The moderating role of face-to-face interaction. *Academy of Management Journal*, 47(2): 175-192.

Leana, R. T., Appelbaum, E., & Shevchuk, I. 2009. Work process and quality of care in early childhood education: The role of job crafting. *Academy of Management Journal*, 52(6): 692-724.

Maier, S. F., & Seligman, M. E. 1976. Learned helplessness: Theory and evidence. *Journal of Experimental Psychology*, 105(1): 3-46.

Marx, K. 1998. *The germen ideology*. Amherst, MA: Prometheus Books.

Morgeson, F. P., & Humphrey, S. E. 2006. The work design questionnaire (WDQ): developing and validating a comprehensive measure for assessing job design and the nature of Developing. *Journal of Applied Psychology*, 91(6): 1321-1339.

Oh, H., Chung, M-H., & Labianca, G. 2004. Group social capital and group effectiveness: The role of informal socializing ties. *Academy of Management Journal*, 47(6): 860-875.

Okhuysen, G. A., Lepak, D., Ashcraft, K. L., Labianca, G., Smith, V., & Steensma, H. K. 2013. Theories of work and working today. *Academy of Management Review*, 38(4): 491-502.

Pillemer, J., & Rothbard, N. P. 2018. Friends without benefits: Understanding the dark sides of workplace friendship. *Academy of Management Review*, 43(4): 635-660.

Ragins, B. R., & Dutton, J. E. 2007. Positive relationships at work: An introduction and invitation. In J. E. Dutton & B. R. Ragins (Eds.) 2007. *Exploring positive relationships at work*: 3-25. New York, NY: Psychology Press.

Rhoades, L., & Eisenberger, R. 2002. Perceived organizational support: A review of the literature. *Journal of Applied Psychology*, 87(4): 698-714.

Rich, B. L., Lepine, J. A., & Crawford, E. R. 2010. Job engagement: Antecedents and effects on job performance. *Academy of Management Journal*, 53(3): 617-635.

Rousseau, D. M., Ho, V. T., Greenberg, J. 2006. I-deals: Idiosyncratic terms in employment relationships. *Academy of Management Review*, 31(4): 977-994.

Salancik, G. R., & Pfeffer, J. 1978. A social information processing approach to job attitudes and task design. *Administrative Science Quarterly*, 23(2): 224-253.

Schaufeli, W. B., Bakker, A. B. 2004. Job demands, job resources and their relationship with burnout and engagement: A multi-sample study. *Journal of Organizational Behavior*, 25: 293-315.

Shah, P. P. 1998. Who are employees' social referents? Using a social network perspective to determine referent others. *Academy of Management Journal*, 41(3): 249-268.

Silver, D., Schrittwieser, J., Simonyan, K., Antonoglou, I., Huang, A., Guez, A., Hubert, T., Baker, L., Lai, M., Bolton, A., Chen, Y., Lillicrap, T., Hui, F., Sifre, L., van den Driessche, G., Graepel, T., & Hassabis, D. 2017. Mastering the game of Go without human knowledge. *Nature*, 550: 354-359.

Taylor, F. W. 1911. *The principles of scientific management*. New York, NY: Harper & Bros.

Wrzesniewski, A., Berg, J., & Dutton, J. E. 2010. Turn the job you have into the job you want. *Harvard Business Review*, 88(6): 114-117.

Wrzesniewski, A., & Dutton, J. E. 2001. Crafting a job: Revisioning employees as active crafters of their work. *Academy of Management Review*, 26(2): 179-201.

2장

고성훈·문태원. 2012. 공감이 이직의도에 미치는 영향: 긍정적 정체성과 조직몰입의 이중매개 효과를 중심으로. 「인사조직연구」(한국인사조직학회), 20(3): 29-76.

고성훈·문태원. 2013. 기업의 사회적 책임활동 인식이 조직몰입에 미치는 영향에 관한 연구: 컴페션을 매개효과로. 「경영과 정보연구」(대한경영정보학회), 32(3): 189-220.

권석균·최보인. 2010. 집단정서의 수렴과 영향요인. 「인사조직연구」(한국인사조직학회), 18(3): 141-173.

오아라·박경규·용현주. 2013. 공감(compassion)과 정서적 몰입 및 직무성과와의 관계에 관한 연구. 「조직과 인사관리연구」(한국인사관리학회), 37(2): 41-74.

이동섭·조봉순·김기태·김성국·이인석·최용득. 2009. 긍정심리학의 응용을 통한 인사조직연구의 새로운 접근. 「인사조직연구」(한국인사조직학회), 17(2): 307-339.

이승윤·박혜원·배종훈·문형구. 2008. 조직 내 활력관계(Energizing Relationships)의 결정요인에 관한 탐색적 연구. 「인사조직연구」(한국인사조직학회), 16(2): 95-128.

이지영·김명언. 2008. 조직에서의 긍정심리학의 적용: 긍정 조직학의 현주소와 지향점.「한국심리학회지: 산업 및 조직」(한국심리학회), 21(4): 677-703.

이창준·윤정구. 2007. 정서와 리더십에 대한 한 이론적 모형의 검증: 카리스마적 및 감성적 리더십, 집단정서, 집단효과성. 「인사조직연구」(한국인사조직학회), 15(3): 1-51.

채연주. 2015. 직무 빚어내기를 통한 혐오노동의 정상화: 청소노동자의 정체성 형성. 「인사조직연구」(한국인사조직학회), 23(3): 7-41.

Amabile, T. M., Barsade, S. G., Mueller, J. S., & Staw, B. M. 2005. Affect and creativity at work. *Administrative Science Quarterly*, 50(3): 367-403.

Ashforth, B. E., & Humphrey, R. H. 1995. Emotion in the workplace: A reappraisal. *Human Relations*, 48(2): 97-125.

Baker, W., Cross, R., & Wooten, M. 2003. Positive organizational network analysis and energizing relationships. In K. S. Cameron, J. E. Dutton, & R. E. Quinn (Eds.), *Positive organizational scholarship: Foundations of a new discipline*: 328-342. San Francisco, CA: Berrett-Koehler.

Bales, R. F. 1950. *Interaction process analysis*. Chicago, IL: University of Chicago Press.

Barger, P. B., & Grandey, A. A. 2006. Service with a smile and encounter satisfaction: Emotonal contagion and appraisal mechanisms. *Academy of Management Journal*, 49(6): 1229-1238.

Barnett, L. A. 1990. Playfulness: Definition, design, and measurement. *Play and Culture*, 3(4): 319-336.

Barsade, S. G. 2002. The ripple effect: Emotional contagion and its influence on group behavior. *Administrative Science Quarterly*, 47(4): 644-675.

Barsade, S. G., & Knight, A. P. 2015. Group Affect. *Annual Review of Organizational Psychology and Organizational Behavior*, 2(1): 21-46.

Barsade, S. G., & O'Neill, O. A. 2014. What's love got to do with it? A longitudinal study of the culture of companionate love and employee and client outcomes in a long-term care setting. *Administrative Science Quarterly*, 59(4): 551-598.

Barsade, S. G., Brief, A. P., & Spataro, S. E. 2003. The affective revolution in organizational behavior: The emergence of a paradigm. In J. Greenberg (Eds.), *Organizational behavior: The state of the science* (2nd ed.): 3-52. Hillsdale, NJ: Erlbaum & Associates.

Barsade, S. G., Ramarajan, L., & Western, D. 2009. Implicit affect in organizations. *Research in Organizational Behavior*, 29: 135-162.

Barsade, S. G., Ward, A. J., Turner, J. D., & Sonnenfeld, J. A. 2000. To your heart's content: A model of affective diversity in top management teams. *Administrative Science Quarterly*, 45(4): 802-836.

Bartel, C. A., & Saavedra R. 2000. The collective construction of work group moods. *Administrative Science Quarterly*, 45(2): 197-231.

Belkin, L. Y. 2009. Emotional contagion in the electronic communication context: Conceptualizing the dynamics and implications of electronic emotional encounters in organizations. *Journal of Organizational Culture, Communications and Conflict*, 13(2): 105-122.

Bless, H., Bohner, G., Schwarz, N., & Strack, F. 1990. Mood and persuasion: A cognitive response analysis. *Personality and Social Psychology Bulletin*, 16(2): 331-345.

Bollen, J., Mao, H., & Zeng, X. 2011. Twitter mood predicts the stock market. *Journal of Computer Science*, 2(1): 1-8.

Bower, G. H. 1981. Mood and memory. *American Psychologist*, 36(2): 129-148.

Bramesfeld, K. D., & Gasper, K. 2008. Happily putting the pieces together: A test of two explanations for the effects of mood on group-level information processing. *The British Journal of Social Psychology*, 47(2): 285-309.

Cameron, K. S., Dutton, J. E., & Quinn, R. (Eds.). 2003. *Positive organizational scholarship: Foundations of a new discipline*. San Francisco, CA: Berrett-Koehler.

Carnevale, P. J. D., & Isen, A. M. 1986. The influence of positive affect and visual access on the discovery of integrative solutions in bilateral negotiation. *Organizational Behavior and Human Decision Processes*, 37(1): 1-13.

Chan, D. 1998. Functional relations among constructs in the same content domain at different levels of analysis: A typology of composition models. *Journal of Applied Psychology*, 83(2): 234-246.

Chesin, A., Rafaeli, A., & Bos, N. 2011. Anger and happiness in virtual teams: Emotional influences of text and behavior on others' affect in the absence of non-verbal cues. *Organizational Behavior and Human Decision Processes*, 116(1): 2-16.

Chi, N., Chung, Y., & Tsai, T. 2011. How do happy leaders enhance team success? The mediating roles of transformational leadership, group affective tone, and team processes. *Journal of Applied Social Psychology*, 41(6): 1421-1454.

Choi, J. N., Sung, S. Y., Lee, K., & Cho, D.-S. 2011. Balancing cognition and emotion: Innovation implementation as a function of cognitive appraisal and emotional reactions toward innovation. *Journal of Organizational Behavior*, 32(1): 107-124.

Christophe, V., & Rimé, B. 1997. Exposure to the social sharing of emotion: Emotional impact, listener responses and the secondary social sharing. *European Journal of Social Psychology*, 27(1): 37-54.

Clark, L. A., & Watson, D. 1988. Mood and the mundane: Relations between daily life events and self-reported mood. *Journal of Personality and Social Psychology*, 54(2): 296-308.

Clark, M. S., & Isen, A. M. 1982. Toward understanding the relationship between feeling states and social behavior. In A. H. Hastorf, & A. M. Isen (Eds.), *Cognitive social psychology*: 73-108. New York, NY: Elsevier Science.

Cole, M. S., Walter, F., & Bruch, H. 2008. Affective mechanisms linking dysfunctional behavior to performance in work teams: A moderated mediation study. *Journal of Applied Psychology*, 93(5): 945-958.

Collins, R. 1993. Emotional energy as the common denominator of rational action. *Rationality and Society*, 5(2): 203-230.

Demerouti, E., Bakker, A. B., Nachreiner, F., & Schaufeli, W. B. 2001. The job demands-resources model of burnout. *Journal of Applied Psychology*, 86(3): 499-512.

Druskat, V. U., & Wolff, S. B. 2001. Group emotional intelligence and its influence on group effectiveness. In C. Cherniss & D. Goleman(Eds.), *The Emotionally Intelligent Workplace*: 132-155. San Francisco, CA: Jossey-Bass.

Duffy, M. K., & Shaw, J. D. 2000. The Salieri syndrome: Consequences of envy in groups. *Small Group Research*, 31(1): 3-23.

Dutton, J. E., Frost, P. J., Worline, M. C., Lilius, J. M., & Kanov, J. M. 2002. Leading in times of trauma. *Harvard Business Review*, 80(1): 54-61.

Dutton, J. E., Workman, K. M., & Hardin, A. E. 2014. Compassion at work. *Annual Review of Organizational Psychology and Organizational Behavior*, 1(1): 277-304.

Elfenbein, H. A. 2006. Team emotional intelligence: what it can mean and how it can affect performance. In V. Druskat., F. Sala., & G. Mount (Eds.), *Linking Emotional Intelligence and Performance at Work: Current Research Evidence with Individuals and Groups*: 165-184. Mahwah, NJ: Erlbaum Association.

Fink, E. 1960. The ontology of play. In E. Gerber & W. Morgan (Eds), *Sport and the body: A philosophical symposium*: 73-83. Philadelphia, PA: Lea and Febiger.

Fredrickson, B. L. 1998. What good are positive emotions?. *Review of General Psychology*, 2(3): 300-319.

Fredrickson, B. L. 2001. The role of positive emotions in positive psychology. *American Psychologist*, 56(3): 218-226.

Fredrickson, B. L., & Branigan, C. A. 2000. Positive emotions. In T. J. Mayne & G. A. Bonnano (Eds.),

Emotion: Current issues and future directions: 123-151. New York, NY: Guilford Press.

Fredrickson, B. L., & Joiner, T. 2002. Positive emotions trigger upward spirals toward emotional well-being. *Psychological Science*, 13(2): 172-175.

Fredrickson, B. L., Tugade, M. M., Waugh, C. E., & Larkin, G. R. 2003. What good are positive emotions in crises? A prospective study of resilience and emotions following the terrorist attacks on the united states on september 11th, 2001. *Journal of Personality and Social Psychology*, 84(2): 365-376.

Friedman, R., Anderson, C., Brett, J., Olekalns, M., Goates, N., & Lisco, C. C. 2004. The positive and negative effects of anger on dispute resolution: Evidence from electronically mediated disputes. *Journal of Applied Psychology*, 89(2): 369-376.

Frijda, N. H. 1986. *The emotions*. Cambridge, NY: Cambridge University Press.

Frost, P. J. 2003. *Toxic emotions at work: how compassionate managers handle pain and conflict*. Boston, MA: Harvard Business School Press.

Frost, P. J., Dutton, J. E., Worline, M. C., & Wilson, A. 2000. Narratives of compassion in organizations. In S. Fineman (Eds.), *Emotions in organizations*: 25-45, Thousand Oaks, CA: Sage Publications.

Gable, S. L., Reis, H. T., Impett, E. A., & Asher, E. R. 2004. What do you do when things go right? The intrapersonal and interpersonal benefits of sharing positive events. *Journal of Personality and Social Psychology*, 87(2): 228-245.

Garcia-Prieto, P., Mackie, D. M., Tran, V., & Smith, E. R. 2007. Intergroup emotions in workgroups: Some emotional antecedents and consequences of belonging. In E. A. Mannix, M. A. Neal & C. P. Anderson (Eds.), *Research on Managing Groups and Teams*: 145-184. Oxford, UK: Elsevier Science Press.

George, J. M. 1990. Personality, affect, and behavior in groups. *Journal of Applied Psychology*, 75(2): 107-116.

George, J. M. 1995. Leader positive mood and group performance: The case of customer service. *Journal of Applied Social Psychology*, 25(9): 778-794.

George, J. M. 2002. Affect regulation in groups and teams. In R. G. Lord, R. J. Klimoski & R. Kanfer (Eds.), *Emotions in the Workplace: Understanding the Structure and Role of Emotions in Organizational Behavior*: 182-217. San Francisco, CA: Jossey-Bass.

George, J. M., & Brief, A. P. 1992. Feeling good, doing good: A conceptual analysis of the mood at work-organizational spontaneity relationship. *Psychological Bulletin*, 112(2): 310-329.

George, J. M., & King, E. B. 2007. Potential pitfalls of affect convergence in teams: Functions and dysfunctions of group affective tone. In E. A. Mannix, M. A. Neal & C. P. Anderson (Eds.), *Research on Managing Groups and Teams*: 97-124. Oxford, UK: Elsevier Science Press.

Gersick, C. J. 1991. Revolutionary change theories: A multilevel exploration of the punctuated equilibrium paradigm. *The Academy of Management Review*, 16(1): 10-36.

Gibson, C. B. 2003. The efficacy advantage: Factors related to the formation of group efficacy. *Journal of Applied Social Psychology*, 33(10): 2153-2186.

Gittell, J. H. 2001. Supervisory span, relational coordination and flight departure performance: A reassessment of post-bureaucracy theory. *Organization Science*, 12(4): 467-482.

Gittell, J. H. 2002. Coordinating mechanisms in care provider groups: Relational coordination as a mediator and input uncertainty as a moderator of performance effects. *Management Science*, 48(11): 1408-1426.

Gittell, J. H., Seidner, R., & Wimbush, J. 2010. A relational model of how high-performance work systems work. *Organization Science*, 21(2): 299-311.

Grawitch, M. J., Munz, D. C., & Kramer, T. J. 2003. Effects of member mood states on creative performance in temporary workgroups. *Group Dynamics: Theory, Research, and Practice*, 7(1): 41-54.

Grawitch, M. J., Munz, D. C., Elliott, E. K., & Mathis, A. 2003. Promoting creativity in temporary problem-solving groups: The effects of positive mood and autonomy in problem definition on idea-generating performance. *Group Dynamics: Theory, Research, and Practice*, 7(3): 200-213.

Gump, B. B., & Kulik, J. A. 1997. Stress, affiliation, and emotional contagion. *Journal of Personality and Social Psychology*, 72(2): 305-319.

Halbesleben, J. R. B., & Buckley, M. R. 2004. Burnout in organizational life. *Journal of Management*, 30(6): 859-879.

Hareli, S., & Rafaeli, A. 2008. Emotion cycles: On the social influence of emotion in organizations. *Research in Organizational Behavior*, 28: 35-59.

Hatfield, E., Cacioppo, J., & Rapson, R. L. 1992. Primitive emotional contagion. In M. S. Clark (Ed.), *Review of personality and social psychology: Emotion and social behavior*, 14: 151-177. Newbury Park, CA: Sage.

Heaphy, E., & Dutton, J. E. 2008. Positive social interactions and the human body at work: Linking organizations and physiology. *Academy of Management Review*, 33(1): 137-162.

Hentschel, T., Shemla, M., Wegge, J., & Kearney, E. 2013. Perceived diversity and team functioning: The role of diversity beliefs and affect. *Small Group Research*, 44(1): 33-61.

Hmieleski, K. M., Cole, M. S., & Baron, R. A. 2012. Shared authentic leadership and new venture performance. *Journal of Management*, 38(5): 1476-1499.

Hollingshead, A. B., & Carnevale, P. C. 1990. Positive affect and decision frame in integrative bargaining. *Academy of Management: Best papers proceedings*: 385-389.

Huang, M. 2009. A conceptual framework of the effects of positive affect and affective relationships on group knowledge networks. *Small Group Research*, 40(3): 323-346.

Ilies, R., Wagner, D. T., & Morgeson, F. P. 2007. Explaining affective linkages in teams: Individual differences in susceptibility to contagion and individualism-collectivism. *Journal of Applied Psychology*, 92(4): 1140-1148.

Isen, A. M. 2000. Positive affect and decision making. In M. Lewis & J. M. Haviland-Jones (Eds.), *Handbook of emotions* (2nd Ed.): 417-435. New York, NY: Guilford Press.

Isen, A. M., Niedenthal, P., & Cantor, N. 1992. An influence of positive affect on social categorization. *Motivation and Emotion*, 16(1): 65-78.

Janis, I., & Mann, L. 1977. *Decision making: A psychological analysis of conflict, choice, and commitment.* New York, NY: Free Press.

Jehn, K. A. 1995. A multi method examination of the benefits and detriments of intragroup conflict. *Administrative Science Quarterly*, 40(2): 256-282.

Kaplan, S., LaPort, K., & Waller, M. J. 2013. The role of positive affectivity in team effectiveness during crises. *Journal of Organizational Behavior*, 34(4): 473-491.

Kelly, J. R., & Barsade, S. G. 2001. Mood and emotions in small groups and work teams. *Organizational Behavior and Human Decision Processes*, 86(1): 99-130.

Kelly, J. R., & Spoor, J. R. 2006. Affective influences in groups. In J. Forgas (Ed.), *Affect in social thinking and behavior*: 311-325. New York, NY: Psychology Press.

Kelly, J. R., & Spoor, J. R. 2007. Naive theories about the effects of mood in groups: A preliminary investigation. *Group Processes & Intergroup Relations*, 10(2): 203-222.

Klein, K. J., Conn, A. B., Smith, D. B., & Sorra, J. S. 2001. Is everyone in agreement? An exploration of within-group agreement in employee perceptions of the work environment. *Journal of Applied Psychology*, 86(1): 3-16.

Knight, A. P. 2015. Mood at the midpoint: Affect and change in exploratory search over time in teams that face a deadline. *Organization Science*, 26(1): 99-118.

Knight, A. P., & Eisenkraft, N. 2015. Positive is usually good, negative is not always bad: The effects of group affect on social integration and task performance. *Journal of Applied Psychology*, 100(4): 1214-1227.

Kooij-de Bode, H. J. M, van Knippenberg, D., & van Ginkel, W. P. 2010. Good effects of bad feelings: Negative affectivity and group decision-making. *British Journal of Management*, 21(2): 375-392.

Laurenceau, J. P., Feldman-Barrett, L., & Pietromonaco, P. R. 1998. Intimacy as an interpersonal process: The importance of self-disclosure, partner disclosure, and perceived partner responsiveness in interpersonal exchanges. *Journal of Personality and Social Psychology*, 74(5): 1238-1251.

Lazarus, R. S. 1991. *Emotion and adaptation*. New York, NY: Oxford University Press.

Leana, C., Appelbaum, E., & Shevchuk, I. 2009. Work process and quality of care in early childhood education: The role of job crafting. *Academy of Management Journal*, 52(6): 1169-1192.

Lieberman, J. N. 1977. *Playfulness: Its relationship to imagination and creativity*. New York, NY: Academic Press.

Lilius, J. M., Worline, M. C., Dutton, J. E., Kanov, J. M., & Maitlis, S. 2011. Understanding compassion capability. *Human Relations*, 64(7): 873-899.

Lilius, J. M., Worline, M. C., Maitlis, S., Kanov, J., Dutton, J. E., & Frost, P. 2008. The contours and consequences of compassion at work. *Journal of Organizational Behavior*, 29(2): 193-218.

Losada, M., & Heaphy, E. 2004. The role of positivity and connectivity in the performance of business teams: A nonlinear dynamics model. *American Behavioral Scientist*, 47(6): 740-765.

Mackie, D. M., Devos, T., & Smith, E. R. 2000. Intergroup emotions: Explaining offensive action tendencies in an intergroup context. *Journal of Personality and Social Psychology*, 79(4): 602-616.

Mackie, D. M., Silver, L. A., & Smith, E. R. 2004. Intergroup emotions: Emotion as intergroup phenomena. In L. Z. Tiedens & C. W. Leach (Eds.), *The social life of emotions*: 227-245. Cambridge, UK: Cambridge University Press.

Magee, J. C., & Tiedens, L. Z. 2006. Emotional ties that bind: The roles of valence and consistency of group emotion in inferences of cohesiveness and common fate. *Personality and Social Psychology*

Bulletin, 32(12): 1703-1715.

Martin, J., Knopoff, K., & Beckman, C. 1998. An alternative to bureaucratic impersonality and emotional labor: Bounded emotionality at the Body Shop. *Administrative Science Quarterly*, 43(2): 429-469.

Mason, C. M., & Griffin, M. A. 2003. Group absenteeism and positive affective tone: A longitudinal study. *Journal of Organizational Behavior*, 24(6): 667-687.

McGrath, J. E. 1984. *Groups: Interaction and performance*. Englewood Cliffs, NJ: Prentice Hall.

Menges, J. I., & Kilduff, M. 2015. Group emotions: Cutting the gordian knots concerning terms, levels of analysis, and processes. *Academy of Management Annals*, 9(1): 845-928.

Menges, J. I., Walter, F., Vogel, B., & Bruch, H. 2011. Transformational leadership climate: Performance linkages, mechanisms, and boundary conditions at the organizational level. *The Leadership Quarterly*, 22(5): 893-909.

Moore, D., Kurtzberg, T. R., Thompson, L. L., & Morris, M. W. 1999. Long and short routes to success in electronically mediated negotiations: Group affiliations and good vibrations. *Organizational Behavior and Human Decision Processes*, 77(1): 22-43.

Neumann, R., & Strack, F. 2000. Mood contagion: The automatic transfer of mood between persons. *Journal of Personality and Social Psychology*, 79(2): 211-223.

Owens, B. P., Baker, W. E., Sumpter, D. M., & Cameron, K. S. 2016. Relational energy at work: Implications for job engagement and job performance. *Journal of Applied Psychology*, 101(1): 35-49.

Parkinson, B. 1996. Emotions are social. *British Journal of Psychology*, 87(4): 663-683.

Parkinson, B., Fischer, A. H., & Manstead, A. S. R. 2005. *Emotion in Social Relations: Cultural, Group, and Interpersonal Processes*. New York, NY: Psychology Press.

Pescosolido, A. T. 2002. Emergent leaders as managers of group emotion. *Leadership Quarterly*, 13(5): 583-599.

Peters, K., & Kashima, Y. 2007. From social talk to social action: Shaping the social triad with emotion sharing. *Journal of Personality and Social Psychology*, 93(5): 780-797.

Poh, M., Swenson, N. C., & Picard, R. W. 2010. A wearable sensor for unobstrusive, long-term assessment of electrodermal activity. *IEEE Transactions on Biomedical Engineering*, 57(5): 1243-1252.

Pugh, S. D. 2001. Service with a smile: Emotional contagion in the service encounter. *Academy of Management Journal*, 44(5): 1018-1027.

Quinn, R. W., Spreitzer, G. M., & Lam, C. F. 2012. Building a sustainable model of human energy in organizations: Exploring the critical role of resources. *The Academy of Management Annals*, 6(1): 337-396.

Rhee, S. Y. 2006. Shared emotions and group effectiveness: The role of broadening-and-building interactions. In K. Mark Weaver (Eds.) *Proceedings of the Sixty-fifth Annual Meeting of the Academy of Management* (CD), ISSN 1543-8643.

Rhee, S. Y. 2007. Shared emotions and group outcomes: The role of group member interactions. In E. A. Mannix., M. A. Neal & C. P. Anderson (Eds.), *Research on Managing Groups and Teams*: 65-95. Oxford, UK: Elsevier Science Press.

Rhee, S. Y., & Yoon, H. J. 2012. Shared positive affect in workgroups. In Cameron, K. & Spreitzer, G.

(Eds.), *Oxford Handbook of Positive Organizational Scholarship*: 215-227. New York, NY: Oxford University Press.

Rhee, S. Y., Park, H., Bae, J., & Moon, H. K. 2008. Shared emotion in groups: The role of the network structure of affective conversation. *Paper presented at the annual meeting of the Academy of Management*, Anaheim.

Rimé, B. 1995. The social sharing of emotional experience as a source for the social knowledge of emotion. In J. A. Russell, J. M. Fernandez-Dols, A. S. R. Manstead & J. C. Wellenkamp (Eds.), *Everyday conceptions of emotions: An introduction to the psychology, anthropology and linguistics of emotion*: 475-489. Doordrecht, The Netherlands: Kluwer.

Rimé, B. 2009. Emotion elicits the social sharing of emotion: Theory and empirical review. *Emotion Review*, 1(1): 60-85.

Rothbard, N. P., & Wilk, S. L. 2011. Waking up on the right or wrong side of the bed: Start-of-day workday mood, work events, employee affect, and performance. *Academy of Management Journal*, 54(5): 959-980.

Ryan, R. M., & Deci, E. L. 2000. Self-determination theory and the facilitation of intrinsic motivation, social development, and well-being. *American Psychologist*, 55(1): 68-78.

Sandelands, L., & St. Clair, L. 1993. Toward an empirical concept of group. *Journal for the Theory of Social Behaviour*, 23(4): 423-258.

Schachter, S. 1959. *The psychology of affiliation*. Stanford, CA: Stanford University Press.

Schaufeli, W. B., & Bakker, A. B. 2004. Job demands, job resources, and their relationship with burnout and engagement: A multi-sample study. *Journal of Organizational Behavior*, 25(3): 293-315.

Schneider, B. 1987. The people make the place. *Personnel Psychology*, 40(3): 437-453.

Schoenewolf, G. 1990. Emotional contagion: Behavioral induction in individuals and groups. *Modern Psychoanalysis*, 15(1): 49-61.

Schwartz, N., & Clore, G. L. 1983. Mood, misattribution, and judgments of well-being: Informative and directive functions of affective states. *Journal of Personality and Social Psychology*, 45(3): 513-523.

Seong, J. Y., & Choi, J. N. 2014. Effects of group-level fit on group conflict and performance: The initiating role of leader positive affect. *Group & Organization Management*, 39(2): 190-212.

Shah, P. P. 2000. Network destruction: The structural implications of downsizing. *Academy of Management Journal*, 43(1): 101-112.

Sonnentag, S., Kuttler, I., & Fritz, C. 2010. Job stressors, emotional exhaustion, and need for recovery: A multi-source study on the benefits of psychological detachment. *Journal of Vocational Behavior*, 76(3): 355-365.

Sy, T., & Choi, J. N. 2013. Contagious leaders and followers: Exploring multi-stage mood contagion in a leader activation and member propagation (LAMP) model. *Organizational Behavior and Human Decision Processes*, 122(2): 127-140.

Sy, T., Choi, J. N., & Johnson, S. K. 2013. Reciprocal interactions between group perceptions of leader charisma and group mood through mood contagion. *The Leadership Quarterly*, 24(4): 463-476.

Sy, T., Côté, S., & Saavedra, R. 2005. The contagious leader: Impact of the leader's mood on the mood of group members, group affective tone, and group processes. *Journal of Applied Psychology*, 90(2): 295-305.

Tan, H. H., Foo, M. D., & Kwek, M. H. 2004. The effects of customer personality traits on the display of positive emotions. *Academy of Management Journal*, 47(2): 287-296.

Tanghe, J., Wisse, B., & van der Flier, H. 2010. The formation of group affect and team effectiveness: The moderating role of identification. *British Journal of Management*, 21(2): 340-358.

Tesser, A. 1991. Emotion in social comparison and reflection processes. In J. Suls, & T. A. Williams (Eds.), *Social comparison: Contemporary theory and research*: 117-148. Hillsdale, NJ: Erlbaum.

Tiedens, L. Z., Sutton, R. I., & Fong, C. T. 2004. Emotional variation in work groups: Causes and performance consequences. In L. Z. Tiedens & C. W. Leach (Eds.), *The Social Life of Emotions*: 164-186. Cambridge, UK: Cambridge University Press.

Totterdell, P. 2000. Catching moods and hitting runs: Mood linkage and subjective performance in professional sport teams. *Journal of Applied Psychology*, 85(6): 848-859.

Totterdell, P., Kellett, S., Teuchmann, K., & Briner, R. B. 1998. Evidence of mood linkage in work groups. *Journal of Personality and Social Psychology*, 74(6): 1504-1515.

Totterdell, P., Wall, T., Holman, D., Diamond, H., & Epitropaki, O. 2004. Affect networks: A structural analysis of the relationship between work ties and job-related affect. *Journal of Applied Psychology*, 89(5): 854-867.

Tsai, W., Chi, N., Grandey, A. A., & Fung, S. 2012. Positive group affective toneand team creativity: Negative group affective tone and team trust as boundary conditions. *Journal of Organizational Behavior*, 33(5): 638-656.

Tsui, A., Egan, T., & O'Reilly, C. 1992. Being different: Relational demography and organizational attachment. *Administrative Science Quarterly*, 37: 549-579.

Van Kleef, G. A. 2009. How emotions regulate social life: The emotions as social information(EASI) model. *Current Directions in Psychological Science*, 18(3): 184-188.

Van Kleef, G. A., Homan, A. C., Beersma, B., van Knippenberg, D., van Knippenberg, B., & Damen, F. 2009. Searing sentiment or cold calculation? The effects of leader emotional displays on team performance depend on follower epistemic motivation. *Academy of Management Journal*, 52(3): 562-580.

Van Knippenberg, D., Kooij-de Bode, H. J. M., & van Ginkel, W. P. 2010. The interactive effects of mood and trait negative affect in group decision making. *Organization Science*, 21(3): 731-744.

Walter, F., & Bruch, H. 2008. The positive group affect spiral: A dynamic model of the emergence of positive affective similarity in work groups. *Journal of Organizational Behavior*, 29(2): 239-261.

Weiss, H. M., & Cropanzano, R. 1996. Affective events theory: A theoretical discussion of the structure, causes and consequences of affective experiences at work. In B. M. Staw, and L. L. Cummings (Eds.), *Research in Organizational Behavior*: 1-74. Greenwich, CT: JAI Press.

3장

강재호. 2005. 관광산업 종사자의 감성노동과 심리적 안녕 간의 관계 연구.「관광경영학연구」(관광경영학회), 9(3): 1-21.

강재호. 2006. 여행업 종사자의 감정노동과 심리적 웰빙 간의 관계: 조절변수 검증을 중심으로. 경기대학교 박사학위논문.

김대용·김재관. 2014. 요양보호사의 직무스트레스가 직무만족과 심리적 웰빙에 미치는 영향. 「한국자치행정학보」 (한국자치행정학회), 28(4): 421-445.

김상민·차민석. 2013. 긍정심리자본과 오센틱 리더십이 심리적 웰빙에 미치는 영향: 교육훈련전이의 매개효과와 조직공정성의 조절효과를 중심으로. 한국인사조직학회 발표논문집, 1-53.

김해룡. 2009. 기업이미지가 구성원들의 동일시 및 정서적 웰빙에 미치는 영향. 「대한경영학회지」 (대한경영학회), 22(2): 913-929.

김효실. 2014. 감정노동이 직무스트레스와 심리적 웰빙에 미치는 영향. 「관광학연구」 (한국관광학회), 38(8): 321-344.

김효실·차석빈. 2014. 호텔 직원의 감정노동이 심리적 웰빙에 미치는 영향. 「외식경영연구」 (외식경영학회), 17(1): 93-112.

박대훈·장영철·김진욱. 2015. 감정노동이 종업원 심리적 웰빙에 미치는 영향: 상사 신뢰성의 조절효과를 중심으로. 「글로벌경영학회지」 (글로벌경영학회), 12(3): 293-320.

박지연. 2013. 일과 생활의 조화와 상사-부하관계가 조직몰입에 미치는 영향: 직장에서의 행복을 매개변인으로. 계명대학교 석사학위논문.

손은일·송정수. 2012. 심리적 자본이 사회적 지지와 심리적 안녕감에 미치는 영향. 「산업경제연구」 (한국산업경제학회), 25(6): 3953-3975.

신현정·박진성. 2010. 유아교사의 심리적 안녕감에 영향을 주는 관련변인 탐색연구: 직무스트레스와 조직효과성을 중심으로. 「유아교육학논집」 (한국영유아교원교육학회), 14(2): 147-170.

오기만. 2015. 심리적 자본, 행복 및 조직효과성간의 관계에 관한 연구. 동양대학교 석사학위논문.

우정원·홍혜영. 2011. 가족 친화적 조직분위기, 직장-가정갈등과 심리적 안녕감이 조직몰입에 미치는 영향. 「한국심리학회지: 일반」 (한국심리학회), 30(4): 933-957.

이경애. 2010. 유아교사의 행복과 직무관련변인의 관계분석: 직무만족, 교사효능감, 역할수행능력, 이직의도를 중심으로. 동의대학교 박사학위논문.

이정은. 2015. 기혼 여성의 일-가정 갈등과 디스트레스 및 심리적 웰빙과의 관계: 사회적지지와 자아존중감의 매개효과를 중심으로. 숙명여자대학교 석사학위논문.

임전옥·장성숙. 2003. 정서인식의 명확성, 정서조절양식과 심리적 안녕의 관계. 「한국심리학회지: 상담 및 심리치료」 (한국심리학회), 15(2): 259-275.

정미경·정기주 · 조성도. 2015. 고객센터 서비스 상담사의 자아탄력성과 사회적 지지가 서비스 성과와 이직의도에 미치는 영향과 행복감과 부정적 역할지각의 매개효과. 「서비스경영학회지」 (한국서비스경영학회), 16(2): 87-114.

정예지·김문주. 2013. 진성 리더십이 심리적 웰빙과 팀 성과에 미치는 영향에 관한 연구: 팀 에너지의 매개효과를 중심으로. 「조직과 인사관리연구」 (한국인사관리학회), 37(2): 181-216.

최우재·조윤형. 2013. 진성리더십이 부하의 심리적 웰빙과 적응적 수행성과에 미치는 영향: 자기권능감의 매개효과. 「인사조직연구」 (한국인사조직학회), 21(1): 185-228.

하쾌남. 2016. 유아기 맞벌이 부부의 일-가족균형, 회복탄력성이 행복에 미치는 영향: 직무만족도와 양육효능감의 매개효과. 울산대학교 박사학위논문.

한주희·고민정. 2015. 조직 윤리풍토가 구성원의 윤리적 행동과 웰빙에 미치는 영향: 구성원 윤리가치의 상호작용. 「대한경영학회지」(대한경영학회), 28(11): 2829-2849.

허남철·서재현. 2009. 지적 자극이 역할 내 행동과 심리적 웰빙에 미치는 영향에 관한 연구: 일에 대한 희망과 리더와의 친밀감을 중심으로. 「기업경영연구」(한국기업경영학회), 16(3): 265-286.

Abramson, L. Y., Metalsky, G. I., & Alloy, L. B. 1989. Hopelessness depression: A theory-based subtype of depression. *Psychological Review*, 96(2): 358-372.

Adams, J. S. 1965. Inequity in social exchanges. In L. Berkowitz (Ed.), *Advances in Experimental Social Psychology*, Vol. 2: 1-45. New York, NY: Academic Press.

Adams, V. H., Snyder, C. R., Rand, K. L., King, E. A., Sigmon, D. R., & Pulvers, K. M. 2002. Hope in the workplace. In R. Giacolone & C. Jurkiewicz (Eds.), *Handbook of workplace spirituality and organizational performance*: 367-377. New York, NY: Sharp.

Adelmann, P. K. 1987. Occupational complexity, control, and personal income: Their relation to psychological well-being in men and women. *Journal of Applied Psychology*, 72(4): 529-537.

Alarcon, G., Eschleman, K. J., & Bowling, N. A. 2009. Relationships between personality variables and burnout: A meta-analysis. *Work & Stress*, 23(3): 244-263.

Alfes, K., Shantz, A., & Truss, C. 2012. The link between perceived HRM practices, performance and well being: The moderating effect of trust in the employer. *Human Resource Management Journal*, 22(4): 409-427.

Alloway, R., & Bebbington, P. 1987. The buffer theory of social support: A review of the literature. *Psychological Medicine*, 17(1): 91-108.

Amabile, T. M. 1983. The social psychology of creativity: A componential conceptualization. *Journal of Personality and Social Psychology*, 45(2): 357-376.

Argyle, M. 1987. *The psychology of happiness*. London, England: Routledge.

Arnold, K. A., Turner, N., Barling, J., Kelloway, E. K., & McKee, M. C. 2007. Transformational leadership and psychological well-being: The mediating role of meaningful work. *Journal of Occupational Health Psychology*, 12(3): 193-203.

Ashleigh, M. J., Higgs, M., & Dulewicz, V. 2012. A new propensity to trust scale and its relationship with individual well-being: Implications for HRM policies and practices. *Human Resource Management Journal*, 22(4): 360-376.

Avey, J. B., Luthans, F., Smith, R. M., & Palmer, N. F. 2010. Impact of positive psychological capital on employee well-being over time. *Journal of Occupational Health Psychology*, 15(1): 17-28.

Babajide, E. O., & Akintayo, I. 2011. Occupational stress, psychological well being and workers' behavior in manufacturing industries in south-west Nigeria. *International Journal of Management and Innovation*, 3(1): 32-42.

Bakker, A. B., & Demerouti, E. 2007. The job demands-resources model: State of the art. *Journal of Managerial Psychology*, 22(3): 309-328.

Bandura A. 1997. *Self-efficacy: The exercise of control*. New York, NY: Freeman.

Banks, M. H., Clegg, C. W., Jackson, P. R., Kemp, N. J., Stafford, E. M., & Wall, T. D. 1980. The use of the general health Questionnaire as an indicator of mental health in occupational studies. *Journal of Occupational Psychology*, 53(3): 187-194.

Baritz, L. 1960. *The servants of power: A history of the use of social science in american industry*. Middletown, CT: Wesleyan University Press.

Bass, B. M. 1998. *Transformational leadership: Industrial, military, and educational impact.* Mahwah, NJ: Erlbaum.

Beck, A. T. 1967. *Depression: Clinical, experimental, and theoretical aspects.* New York, NY: Hoeber.

Berkman, P. L. 1971. Measurement of mental health in a general population survey. *American Journal of Epidemiology*, 94(2): 105-111.

Boreham, P., Povey, J., & Tomaszewski, W. 2016. Work and social well-being: The impact of employment conditions on quality of life. *The International Journal of Human Resource Management*, 27(6): 593-611.

Bowling, N. A., Eschleman, K. J., & Wang, Q. 2010. A meta analytic examination of the relationship between job satisfaction and subjective well being. *Journal of Occupational and Organizational Psychology*, 83(4): 915-934.

Brickman, P., & Campbell, D. T. 1971. Hedonic relativism and planning the good society. In M. H. Appley (Ed.), *Adaptationlevel theory: A symposium*: 287-302. New York, NY: Academic Press.

Brickman, P., Coates, D., & Janoff-Bulman, R. 1978. Lottery winners and accident victims: Is happiness relative?. *Journal of Personality and Social Psychology*, 36(8): 917-927.

Brown, S. P. 1996. A meta-analysis and review of organizational research on job involvement. *Psychological Bulletin*, 120(21): 235-255.

Brunetto, Y., Farr-Wharton, R., & Shacklock, K. 2011. Supervisor-nurse relationships, teamwork, role ambiguity and well-being: Public versus private sector nurses. *Asia Pacific Journal of Human Resources*, 49(2): 143-164.

Brunetto, Y., Teo, S. T., Shacklock, K., & Farr-Wharton, R. 2012. Emotional intelligence, job satisfaction, well being and engagement: Explaining organisational commitment and turnover intentions in policing. *Human Resource Management Journal*, 22(4): 428-441.

Bygrave, E. 2011. *The power of love: An examination of the measures, antecedents, and outcomes of love of the job.* Unpublished doctoral dissertation, Saint Mary's University, Nova Scotia.

Calnan, M., Wainwright, D., & Almond, S. 2000. Job strain, effort-reward imbalance and mental distress: A study of occupations in general medical practice. *Work & Stress*, 14(4): 297-311.

Cameron, K. S., & Caza, A. 2004. Introduction contributions to the discipline of positive organizational scholarship. *American Behavioral Scientist*, 47(6): 731-739.

Cameron, K. S., Dutton, J. E., & Quinn, R. E. 2003. Foundations of positive organizational scholarship. In K. S. Cameron, J. E. Dutton, & R. E. Quinn (Eds.), *Positive organizational scholarship*: 3-13. San Francisco, CA: Berrett-Koehler.

Chan, K. W., & Wyatt, T. A. 2007. Quality of work life: A study of employees in Shanghai, China. *Asia Pacific Business Review*, 13(4): 501-517.

Chay, Y. W. 1993. Social support, individual differences and well-being: A study of small business entrepreneurs and employees. *Journal of Occupational and Organizational Psychology*, 66(4): 285-302.

Chen, C. C., David, A., Thompson, K., Smith, C., Lea, S., & Fahy, T. 1996. Coping strategies and psychiatric morbidity in women attending breast assessment clinics. *Journal of Psychosomatic Re-*

search, 40(3): 265-270.

Christakis, N. A., & Fowler, J. H. 2009. *Connected: The surprising power of our social networks and how they shape our lives*. New York, NY: Little, Brown and Company.

Chung-Yan, G. A. 2010. The nonlinear effects of job complexity and autonomy on job satisfaction, turnover, and psychological well-being. *Journal of Occupational Health Psychology*, 15(3): 237-251.

Clegg, C., Wall, T., & Kemp, N. 1987. Women on the assembly line: A comparison of main and interactive explanations of job satisfaction, absence and mental health. *Journal of Occupational Psychology*, 60(4): 273-287.

Coutu, D. L. 2002. How resilience works. *Harvard Business Review*, 80(5): 46-56.

Covey, S. R. 1991. *The 7 habits of highly effective people*. New York, NY: Simon & Schuster.

Credé, M., Chernyshenko, O. S., Stark, S., Dalal, R. S., & Bashshur, M. 2005. T*he relationship of job satisfaction to personological and environmental antecedents and volitional workplace behavior*. Manuscript submitted for publication.

Cropanzano, R., & Wright, T. A. 1999. A 5-year study of change in the relationship between well-being and job performance. *Consulting Psychology Journal: Practice and Research*, 51(4): 252-265.

Culbertson, S. S., Fullagar, C. J., & Mills, M. J. 2010. Feeling good and doing great: The relationship between psychological capital and well-being. *Journal of Occupational Health Psychology*, 15(4): 421-433.

Currie, D. 2001. *Managing employee well-being*. Oxford, England: Chandos Publishing.

Daniels, K. 2000. Measures of five aspects of affective well-being at work. *Human Relations*, 53(2): 275-294.

Daniels, K., & Guppy, A. 1994. Relationships between aspects of work-related psychological well-being. *The Journal of Psychology*, 128(6): 691-694.

Danna, K., & Griffin, R. W. 1999. Health and well-being in the workplace: A review and synthesis of the literature. *Journal of Management*, 25(3): 357-384.

Demerouti, E., & Geurts, S. 2004. Towards a typology of work-home interaction. *Community, Work & Family*, 7(3): 285-309.

Di Tella, R., & MacCulloch, R. 2006. Some uses of happiness data in economics. *The Journal of Economic Perspectives*, 20(1): 25-46.

Diener, E. 1984. Subjective well-being. *Psychological Bulletin*, 95(3): 542-575.

Diener, E. 2000. Subject wellbeing: The science of happiness, and a proposal for a national index. *American Psychology*, 55(1): 34-43.

Diener, E., Diener, M., & Diener, C. 1995. Factors predicting the subjective well-being of nations. *Journal of Personality and Social Psychology*, 69(5): 851-864.

Diener, E. D., Emmons, R. A., Larsen, R. J., & Griffin, S. 1985. The satisfaction with life scale. *Journal of Personality Assessment*, 49(1): 71-75.

Diener, E., & Larsen, R. J. 1993. The experience of emotional well-being. In M. Lewis & J. M. Haviland (Eds.), *Handbook of emotions*: 405-415. New York, NY: Guilford Press.

Diener, E., Lucas, R. E., & Scollon, C. N. 2006. Beyond the hedonic treadmill: Revising the adaptation theory of well-being. *American Psychologist*, 61(4): 305-314.

Diener, E., & Seligman, M. E. 2002. Very happy people. *Psychological Science*, 13(1): 81-84.

Dollard, M. F., & Winefield, A. H. 1998. A test of the demand-control/support model of work stress in correctional officers. *Journal of Occupational Health Psychology*, 3(3): 243-264.

Donovan, M. A. 2000. *Cognitive, affective, and satisfaction variables as predictors of organizational behaviors: A structural equation modeling examination of alternative models*. Unpublished doctoral dissertation, University of Illinois, Urbana-Champaign.

Durkheim, E. 1966. *Suicide*. New York, NY: Free Press.

Edwards, J. R. 1992. A cybernetic theory of stress, coping, and well-being in organizations. *Academy of Management Review*, 17(2): 238-274.

Epitropaki, O., & Martin, R. 1999. The impact of relational demography on the quality of leader member exchanges and employees' work attitudes and well being. *Journal of Occupational and Organizational Psychology*, 72(2): 237-240.

Erkutlu, H., & Chafra, J. 2014. Ethical leadership and workplace bullying in higher education. *Hacettepe University Journal of Education*, 29(3): 55-67.

Fillion, L., Tremblay, I., Truchon, M., Côté, D., Struthers, C. W., & Dupuis, R. 2007. Job satisfaction and emotional distress among nurses providing palliative care: Empirical evidence for an integrative occupational stress-model. *International Journal of Stress Management*, 14(1): 1-25.

Fisher, C. D. 2010. Happiness at work. *International Journal of Management Reviews*, 12(4): 384-412.

Fordyce, M. W. 1988. A review of research on the happiness measures: A sixty second index of happiness and mental health. *Social Indicators Research*, 20(4): 355-381.

Fredrickson, B. L. 2001. The role of positive emotions in positive psychology: The broaden-and-build theory of positive emotions. *American Psychologist*, 56(3): 218-226.

Fredrickson, B. L., & Losada, M. F. 2005. Positive affect and the complex dynamics of human flourishing. *American Psychologist*, 60(7): 678-686.

Frese, M., & Zapf, D. 1988. Methodological issues in the study of work stress: Objective vs. subjective measurement of work stress and the question of longitudinal studies. In Cooper, C. L. & Payne, R. (Eds.), *Causes, coping and consequences of stress at work*: 375-412. Oxford, England: John Wiley & Sons.

Freud, S. 1894. *The Neuro-psychoses of Defence*. London, England: Hogarth Press.

Fritz, C., & Sonnentag, S. 2006. Recovery, well-being, and performance-related outcomes: The role of workload and vacation experiences. *Journal of Applied Psychology*, 91(4): 936-945.

Furnham, A., & Schaeffer, R. 1984. Person-environment fit, job satisfaction and mental health. *Journal of Occupational Psychology*, 57(4): 295-307.

Garg, P., & Rastogi, R. 2009. Effect of psychological wellbeing on organizational commitment of employees. *The Icfai University Journal of Organizational Behavior*, 8(2): 42-51.

Gechman, A. S., & Wiener, Y. 1975. Job involvement and satisfaction as related to mental health and personal time devoted to work. *Journal of Applied Psychology*, 60(4): 521-523.

Gilbert, D. T., & Wilson, T. D. 2007. Prospection: Experiencing the future. *Science*, 317: 1351-1354.

Gilbreath, B., & Benson, P. G. 2004. The contribution of supervisor behaviour to employee psychological well-being. *Work & Stress*, 18(3): 255-266.

Gladow, N. W., & Ray, M. P. 1986. The impact of informal support systems on the well being of low income single parents. *Family Relations*, 35(1): 113-123.

Goldberg, D. P. 1972. *The detection of psychiatric illness by questionnaire*. Oxford, England: Oxford University Press.

Goldberg, D. P. 1978. *Manual of the General Health Questionnaire*. Windsor, England: NFER Nelson.

Graham, C., Eggers, A., & Sukhtankar, S. 2004. Does happiness pay?: An exploration based on panel data from Russia. *Journal of Economic Behavior & Organization*, 55(3): 319-342.

Grant, A. M., Christianson, M. K., & Price, R. H. 2007. Happiness, health, or relationships? Managerial practices and employee well-being tradeoffs. *The Academy of Management Perspectives*, 21(3): 51-63.

Guppy, A., & Weatherstone, L. 1997. Coping strategies, dysfunctional attitudes and psychological well-being in white collar public sector employees. *Work & Stress*, 11(1): 58-67.

Hackman, J. R., & Oldham, G. R. 1975. Development of the job diagnostic survey. *Journal of Applied Psychology*, 60(2): 159-170.

Häusser, J. A., Mojzisch, A., Niesel, M., & Schulz-Hardt, S. 2010. Ten years on: A review of recent research on the job demand-control(-support) model and psychological well-being. *Work & Stress*, 24(1): 1-35.

Headey, B., & Wearing, A. 1989. Personality, life events, and subjective well-being: Toward a dynamic equilibrium model. *Journal of Personality and Social Psychology*, 57(4): 731-739.

Hess, A., Kelloway, E. K., Francis, L., Catano, V. M., & Fleming, M. 2005. Development of the positive affective well-being scale. *Paper presented at 66th annual convention of the Canadian Psychological Association*, Montreal, Quebec, Canada.

Hills, P., & Argyle, M. 2002. The Oxford Happiness Questionnaire: A compact scale for the measurement of psychological well-being. *Personality and Individual Differences*, 33(7): 1073-1082.

Hobfoll, S. E. 1989. Conservation of resources: A new attempt at conceptualizing stress. *American Psychologist*, 44(3): 513-524.

Holman, D., Chissick, C., & Totterdell, P. 2002. The effects of performance monitoring on emotional labor and well-being in call centers. *Motivation and Emotion*, 26(1): 57-81.

Houben, M., Van Den Noortgate, W., & Kuppens, P. 2015. The relation between short-term emotion dynamics and psychological well-being: A meta-analysis. *Psychological Bulletin*, 141(4): 901-930.

Huang, L. C., Ahlstrom, D., Lee, A. Y. P., Chen, S. Y., & Hsieh, M. J. 2016. High performance work systems, employee well-being, and job involvement: An empirical study. *Personnel Review*, 45(2): 296-314.

Huselid, M. A. 1995. The impact of human resource management practices on turnover, productivity, and corporate financial performance. *Academy of Management Journal*, 38(3): 635-672.

Ilies, R., Aw, S. S., & Pluut, H. 2015. Intraindividual models of employee well-being: What have we learned and where do we go from here?. *European Journal of Work and Organizational Psychology*,

24(6): 827-838.

Imamoğlu, E. O., & Beydoğan, B. 2011. Impact of self-orientations and work-context-related variables on the well-being of public-and private-sector Turkish employees. *The Journal of Psychology*, 145(4): 267-296.

Ippolito, J., Adler, A. B., Thomas, J. L., Litz, B. T., & Hölzl, R. 2005. Extending and applying the demand-control model: The role of soldier's coping on a peacekeeping deployment. *Journal of Occupational Health Psychology*, 10(4): 452-464.

Johnson, J. V., & Hall, E. M. 1988. Job strain, work place social support, and cardiovascular disease: A cross-sectional study of a random sample of the Swedish working population. *American Journal of Public Health*, 78(10): 1336-1342.

Joo, B. K., Park, J. G., & Lim, T. 2016. Structural determinants of psychological well-being for knowledge workers in South Korea. *Personnel Review*, 45(5): 1069-1086.

Jung, C. 1933. *Modern man in search of a soul*. New York, NY: Harcourt.

Kahn, W. A. 1990. Psychological conditions of personal engagement and disengagement at work. *Academy of Management Journal*, 33(4): 692-724.

Kahneman, D., Diener, E., & Schwarz, N. 1999. *Well-being: Foundations of hedonic psychology*. New York, NY: Russell Sage Foundation.

Kalshoven, K., & Boon, C. T. 2012. Ethical leadership, employee well-being, and helping. *Journal of Personnel Psychology*, 11(1): 60-68.

Kaplan, S., Bradley, J. C., Luchman, J. N., & Haynes, D. 2009. On the role of positive and negative affectivity in job performance: A meta-analytic investigation. *Journal of Applied Psychology*, 94(1): 162-176.

Karasek Jr, R. A. 1979. Job demands, job decision latitude, and mental strain: Implications for job redesign. *Administrative Science Quarterly*, 24(2): 285-308.

Kasser, T., & Ryan, R. M. 1996. Further examining the American dream: Differential correlates of intrinsic and extrinsic goals. *Personality and Social Psychology Bulletin*, 22(3): 280-287.

Kelloway, E. K., Turner, N., Barling, J., & Loughlin, C. 2012. Transformational leadership and employee psychological well-being: The mediating role of employee trust in leadership. *Work & Stress*, 26(1): 39-55.

Kelloway, E. K., Weigand, H., McKee, M. C., & Das, H. 2013. Positive leadership and employee well-being. *Journal of Leadership & Organizational Studies*, 20(1): 107-117.

Keyes, C. L., Shmotkin, D., & Ryff, C. D. 2002. Optimizing well-being: The empirical encounter of two traditions. *Journal of Personality and Social Psychology*, 82(6): 1007-1022.

Kinnunen, U., Geurts, S., & Mauno, S. 2004. Work-to-family conflict and its relationship with satisfaction and well-being: A one-year longitudinal study on gender differences. *Work & Stress*, 18(1): 1-22.

Kornhauser, A. 1965. Mental health of the industrial worker: A detroit study. New York, NY: Wiley.

Kunin, T. 1955. The construction of a new type of attitude measure. *Personnel Psychology*, 8(1): 65-77.

Langner, T. S. 1962. A twenty-two item screening score of psychiatric symptoms indicating impairment. *Journal of Health and Human Behavior*, 3(4): 269-276.

Lin, W., Wang, L., & Chen, S. 2013. Abusive supervision and employee well being: The moderating effect of power distance orientation. *Applied Psychology*, 62(2): 308-329.

Locke, E. A. 1976. The nature and causes of job satisfaction. In N. D. Dunnette (Ed.), *Handbook of industrial and organizational psychology*: 1297-1349. Chicago, IL: Rand McNally.

Lubbers, R. W. 2003. *Self-efficacy and affective well-being among young workers: Examining job quality as an antecedent of employee health and performance outcomes*. Unpublished doctoral dissertation, Toronto: University of Toronto.

Lucas, R. E., Clark, A. E., Georgellis, Y., & Diener, E. 2004. Unemployment alters the set point for life satisfaction. *Psychological Science*, 15(1): 8-13.

Luthans, F. 2002. Positive organizational behavior: Developing and managing psychological strengths. *The Academy of Management Executive*, 16(1): 57-72.

Luthans, F., & Jensen, S. M. 2002. Hope: A new positive strength for human resource development. *Human Resource Development Review*, 1(3): 304-322.

Luthans, F., Luthans, K. W., & Luthans, B. C. 2004. Positive psychological capital: Beyond human and social capital. *Business Horizons*, 47(1): 45-50.

Luthans, F., Youssef, C. M., Sweetman, D. S., & Harms, P. D. 2013. Meeting the leadership challenge of employee well-being through relationship PsyCap and health PsyCap. *Journal of Leadership & Organizational Studies*, 20(1): 118-133.

Lykken, D., & Tellegen, A. 1996. Happiness is a stochastic phenomenon. *Psychological Science*, 7(3): 186-189.

Lyubomirsky, S., & Ross, L. 1997. Hedonic consequences of social comparison: A contrast of happy and unhappy people. *Journal of Personality and Social Psychology*, 73(6): 1141-1157.

Lyubomirsky, S., & Ross, L. 1999. Changes in attractiveness of elected, rejected, and precluded alternatives: a comparison of happy and unhappy individuals. *Journal of Personality and Social Psychology*, 76(6): 988-1007.

Lyubomirsky, S., Dickerhoof, R., Boehm, J. K., & Sheldon, K. M. 2011. Becoming happier takes both a will and a proper way: An experimental longitudinal intervention to boost well-being. *Emotion*, 11(2): 391-402.

Makowska, Z. O. F. I. A. 1995. Psychosocial characteristics of work and family as determinants of stress and well-being of women: A preliminary study. *International Journal of Occupational Medicine and Environmental Health*, 8(3): 215-222.

Marmot, M., Siegrist, J., Theorell, T., & Feeney, A. 1999. Health and the psychosocial environment at work. In M. Marmot, & R. G. Wilkinson (Eds.), *Social determinants of health*: 105-131. Oxford, England: Oxford University Press.

Maslach, C., & Jackson, S. E. 1981. The measurement of experienced burnout. *Journal of Organizational Behavior*, 2(2): 99-113.

Maslow, A. 1979. Humanistic education. *Journal of Humanistic Psychology*, 19(3): 13-25.

Masten, A. S. 2001. Ordinary magic: Resilience processes in development. *American Psychologist*, 56(3): 227-238.

Matthews, R. A., Wayne, J. H., & Ford, M. T. 2014. A work-family conflict/subjective well-being process model: A test of competing theories of longitudinal effects. *Journal of Applied Psychology*, 99(6): 1173-1187.

McKee-Ryan, F., Song, Z., Wanberg, C. R., & Kinicki, A. J. 2005. Psychological and physical well-being during unemployment: A meta-analytic study. *Journal of Applied Psychology*, 90(1): 53-76.

McMahon, D. M. 2006. *Happiness: A history*. New York, NY: Atlantic Monthly Press.

Meyer, J. P., & Allen, N. J. 1991. A three-component conceptualization of organizational commitment. *Human Resource Management Review*, 1(1): 61-89

Morgeson, F. P., & Humphrey, S. E. 2006. The Work Design Questionnaire (WDQ): Developing and validating a comprehensive measure for assessing job design and the nature of work. *Journal of Applied Psychology*, 91(6): 1321-1339.

Morrison, D., Payne, R. L., & Wall, T. D. 2003. Is job a viable unit of analysis? A multilevel analysis of demand-control-support models. *Journal of Occupational Health Psychology*, 8(3): 209-219.

Moyle, P. 1995. The role of negative affectivity in the stress process: Tests of alternative models. *Journal of Organizational Behavior*, 16(S1): 647-668.

Mullarkey, S., Wall, T. D., Warr, P. B., Clegg, C. W., & Stride, C. 1999. *Measures of job satisfaction, mental health and job-related well-being: A bench-marking manual*. Sheffield, England: Institute of Work Psychology.

Munro, L., Rodwell, J., & Harding, L. 1998. Assessing occupational stress in psychiatric nurses using the full job strain model: The value of social support to nurses. *International Journal of Nursing Studies*, 35(6): 339-345.

Myers, D. G. 2000. Hope and happiness. In J. E. Gillham (Ed.), *The science of optimism and hope*: 323-336. Philadelphia, PA: Templeton Foundation Press.

Nielsen, K., & Munir, F. 2009. How do transformational leaders influence followers' affective well-being? Exploring the mediating role of self-efficacy. *Work & Stress*, 23(4): 313-329.

Nielsen, K., Randall, R., Yarker, J., & Brenner, S. O. 2008. The effects of transformational leadership on followers' perceived work characteristics and psychological well-being: A longitudinal study. *Work & Stress*, 22(1): 16-32.

Nielsen, K., Yarker, J., Brenner, S. O., Randall, R., & Borg, V. 2008. The importance of transformational leadership style for the well being of employees working with older people. *Journal of Advanced Nursing*, 63(5): 465-475.

Nielsen, K., Yarker, J., Randall, R., & Munir, F. 2009. The mediating effects of team and self-efficacy on the relationship between transformational leadership, and job satisfaction and psychological well-being in healthcare professionals: A cross-sectional questionnaire survey. *International Journal of Nursing Studies*, 46(9): 1236-1244.

Niemiec, C. P., Ryan, R. M., & Deci, E. L. 2009. The path taken: Consequences of attaining intrinsic and extrinsic aspirations in post-college life. *Journal of Research in Personality*, 43(3): 291-306.

Noblet, A., Rodwell, J., & McWilliams, J. 2001. The job strain model is enough for managers: No augmentation needed. *Journal of Managerial Psychology*, 16(8): 635-649.

Noblet, A., Rodwell, J., & McWilliams, J. 2006. Organizational change in the public sector: Augmenting the demand control model to predict employee outcomes under new public management.

Work & Stress, 20(4): 335-352.

O'Leary, V. E., Alday, C. S., & Ickovics, J. R. 1998. Models of life change and posttraumatic growth. In R. G. Tedeschi, C. L. Park, & L. G. Calhoun (Eds.), *Posttraumatic growth: Positive changes in the aftermath of crisis*: 127-151. Mahwah, NJ: Erlbaum.

Page, K. 2005. *Subjective wellbeing in the workplace*. Unpublished doctoral dissertation, Melbourne, Australia: Deakin University.

Parkes, K. R. 1991. Locus of control as moderator: An explanation for additive versus interactive findings in the demand-discretion model of work stress?. *British Journal of Psychology*, 82(3): 291-312.

Peale, N. V. 2012. *The power of positive thinking*. New York, NY: Random House.

Peccei, R. 2004. *Human resource management and the search for the happy workplace*. Rotterdam, Netherlands: Erasmus Research Institute of Management.

Peterson, C. 2006. *A primer in positive psychology*. Oxford, England: Oxford University Press.

Peterson, S. J., & Luthans, F. 2003. The positive impact and development of hopeful leaders. *Leadership & Organization Development Journal*, 24(1): 26-31.

Pfeffer, J. 1998. Seven practices of successful organizations. *California Management Review*, 40(2): 96-124.

Pierce, J. L., Gardner, D. G., & Crowley, C. 2016. Organization-based self-esteem and well-being: Empirical examination of a spillover effect. *European Journal of Work and Organizational Psychology*, 25(2): 181-199.

Podsakoff, P. M., MacKenzie, S. B., Paine, J. B., & Bachrach, D. G. 2000. Organizational citizenship behaviors: A critical review of the theoretical and empirical literature and suggestions for future research. *Journal of Management*, 26(3): 513-563.

Rantanen, J., Kinnunen, U., Feldt, T., & Pulkkinen, L. 2008. Work-family conflict and psychological well-being: Stability and cross-lagged relations within one-and six-year follow-ups. *Journal of Vocational Behavior*, 73(1): 37-51.

Rathi, N. 2009. Relationship of quality of work life with employees' psychological well-being. *International Journal of Business Insights & Transformation*, 3(1): 52-60.

Reis, D., & Hoppe, A. 2015. Change in affective well being on change in perceived job characteristics: The mediating role of hope. *Journal of Occupational and Organizational Psychology*, 88(1): 19-40.

Reivich, K., & Shatté, A. 2002. *The resilience factor: 7 essential skills for overcoming life's inevitable obstacles*. New York, NY: Random House.

Richardson, F. C., Fowers, B. J., & Guignon, C. B. 1999. *Re-envisioning psychology: Moral dimensions of theory and practice*. San Francisco, CA: Jossey-Bass.

Rogelberg, S. G., Leach, D. J., Warr, P. B., & Burnfield, J. L. 2006. "Not another meeting!" Are meeting time demands related to employee well-being?. *Journal of Applied Psychology*, 91(1): 86-96.

Rogers, C. R. 1964. Toward a modern approach to values: The valuing process in the mature person. *The Journal of Abnormal and Social Psychology*, 68(2): 160-167.

Ryan, R. M., & Deci, E. L. 2000. Self-determination theory and the facilitation of intrinsic motivation, social development, and well-being. *American Psychologist*, 55(1): 68-78.

Ryan, R. M., & Deci, E. L. 2001. On happiness and human potentials: A review of research on hedonic and eudaimonic well-being. *Annual Review of Psychology*, 52(1): 141-166.

Rydstedt, L. W., Devereux, J., & Sverke, M. 2007. Comparing and combining the demand-control-support model and the effort reward imbalance model to predict long-term mental strain. *European Journal of Work and Organizational Psychology*, 16(3): 261-278.

Rydstedt, L. W., Ferrie, J., & Head, J. 2006. Is there support for curvilinear relationships between psychosocial work characteristics and mental well-being? Cross-sectional and long-term data from the Whitehall II study. *Work & Stress*, 20(1): 6-20.

Ryff, C. D. 1989. Happiness is everything, or is it? Explorations on the meaning of psychological well-being. *Journal of Personality and Social Psychology*, 57(6): 1069-1081.

Ryff, C. D. 1995. Psychological well-being in adult life. *Current Directions in Psychological Science*, 4(4): 99-104.

Ryff, C. D., & Keyes, C. L. M. 1995. The structure of psychological well-being revisited. *Journal of Personality and Social Psychology*, 69(4): 719-727.

Schuldberg, D. (1999). Chaos theory and creativity. In M. Runco & S. Pritzker (Eds.), *Encyclopedia of creativity*, Vol. 1: 259-272. New York, NY: Wiley.

Schulman, P. 1999. Applying learned optimism to increase sales productivity. *Journal of Personal Selling & Sales Management*, 19(1): 31-37.

Seligman, M. E. P. 2002. *Authentic happiness*. New York, NY: Free Press.

Seligman, M. E. P., & Csikszentmihalyi, M. 2000. Positive psychology: An introduction. *American Psychologist*, 55(1): 5-14

Siegrist, J. 1996. Adverse health effects of high-effort/low-reward conditions. *Journal of Occupational Health Psychology*, 1(1): 27-41.

Siegrist, J., Wahrendorf, M., Von Dem Knesebeck, O., Jürges, H., & Börsch-Supan, A. 2007. Quality of work, well-being, and intended early retirement of older employees-baseline results from the SHARE study. *The European Journal of Public Health*, 17(1): 62-68.

Snyder, C. R. 2000. *Handbook of hope: Theory, measures, and applications*. San Diego, CA: Academic press.

Snyder, C. R., Irving, L. & Anderson, J. R. 1991. Hope and health: Measuring the will and the ways. In C. R. Snyder & Forsyth, D. R. (Eds.), *Handbook of social and clinical psychology*: 285-305. Elmsford, NY: Pergamon,

Sonnentag, S., & Fritz, C. 2015. Recovery from job stress: The stressor detachment model as an integrative framework. *Journal of Organizational Behavior*, 36(S1): 72-103.

Stajkovic, A. D. 2003. Introducing positive psychology to work motivation: Development of a core confidence model. *Paper presented at the Academy of Management national meeting*, Seattle, Washington.

Stajkovic, A. D., & Luthans, F. 1998. Self-efficacy and work-related performance: A meta-analysis. *Psychological Bulletin*, 124(2): 240-261.

Stewart, M., Reid, G., & Mangham, C. 1997. Fostering children's resilience. *Journal of Pediatric Nursing*, 12(1): 21-31.

Tait, M., Padgett, M. Y., & Baldwin, T. T. 1989. Job and life satisfaction: A reevaluation of the strength of the relationship and gender effects as a function of the date of the study. *Journal of Applied Psychology*, 74(3): 502-507.

Tett, R. P., Simonet, D. V., Walser, B., & Brown, C., 2013. Trait activation theory. In N. Christiansen, & R. P. Tett. (Eds.), *Handbook of personality at work*: 71-100. New York, NY: Routledge.

Thompson, C. A., & Prottas, D. J. 2006. Relationships among organizational family support, job autonomy, perceived control, and employee well-being. *Journal of Occupational Health Psychology*, 11(1): 100-118.

Toor, S. U. R., & Ofori, G. 2009. Authenticity and its influence on psychological well being and contingent self esteem of leaders in Singapore construction sector. *Construction Management and Economics*, 27(3): 299-313.

Tsutsumi, A., & Kawakami, N. 2004. A review of empirical studies on the model of effort-reward imbalance at work: Reducing occupational stress by implementing a new theory. *Social Science & Medicine*, 59(11): 2335-2359.

Tyc, V. L. 1992. Psychosocial adaptation of children and adolescents with limb deficiencies: A review. *Clinical Psychology Review*, 12(3): 275-291.

Van der Doef, M., & Maes, S. 1998. The job demand-control(-support) model and physical health outcomes: A review of the strain and buffer hypotheses. *Psychology and Health*, 13(5): 909-936.

Van Dierendonck, D., Haynes, C., Borrill, C., & Stride, C. 2004. Leadership behavior and subordinate well-being. *Journal of Occupational Health Psychology*, 9(2): 165-175.

Van Katwyk, P. T., Fox, S., Spector, P. E., & Kelloway, E. K. 2000. Using the job-related affective well-being scale(JAWS) to investigate affective responses to work stressors. *Journal of Occupational Health Psychology*, 5(2): 219-230.

Van Yperen, N. W., & Snijders, T. A. 2000. A multilevel analysis of the demands-control model: Is stress at work determined by factors at the group level or the individual level?. *Journal of Occupational Health Psychology*, 5(1): 182-190.

Warr, P. 1987. *Work, unemployment, and mental health*. Oxford, England: Clarendon.

Warr, P. 1990. The measurement of well being and other aspects of mental health. *Journal of Occupational Psychology*, 63(3): 193-210.

Warr, P. 1992. Age and occupational well-being. *Psychology and Aging*, 7(1): 37-45.

Warr, P. 2007. Searching for happiness at work. *The Psychologist*, 20(12): 726-729.

Waterman, A. S. 2008. Reconsidering happiness: A eudaimonist's perspective. *The Journal of Positive Psychology*, 3(4): 234-252.

Watson, D., Clark, L. A., & Tellegen, A. 1988. Development and validation of brief measures of positive and negative affect: The PANAS scales. *Journal of Personality and Social Psychology*, 54(6): 1063-1070.

Weaver, C. N. 1978. Job satisfaction as a component of happiness among males and females. *Personnel Psychology*, 31(4): 831-840.

Weiner, B. 1985. An attributional theory of achievement motivation and emotion. *Psychological Review*, 92(4): 548-573.

Weiss, H. M., & Cropanzano, R. 1996. Affective events theory: A theoretical discussion of the structure, causes and consequences of affective experience at work. In B. N. Staw & L. L. Cummings (Eds.), *Research in organizational behavior*, Vol. 19: 1-74. Greenwich, CT: JAI Press.

Whitener, E. M. 1990. Confusion of confidence intervals and credibility intervals in meta-analysis. *Journal of Applied Psychology*, 75(3): 315-321.

World Health Organization 1998. *Well-being measures in primary healthcare: The Depcare Project*. Copenhagen, Denmark: The Author.

Wright, T. A. 2005. The role of "happiness" in organizational research: Past, present and future directions. In P. L. Perrewe & D. C. Ganster (Eds.), *Research in occupational stress and well-being*, Vol. 4: 225-268. Amsterdam, Netherlands: JAI Press.

Wright, T. A., Bonett, D. G., & Sweeney, D. A. 1993. Mental health and work performance: Results of a longitudinal field study. *Journal of Occupational and Organizational Psychology*, 66(4): 277-284.

Wright, T. A., & Cropanzano, R. 1998. Emotional exhaustion as a predictor of job performance and voluntary turnover. *Journal of Applied Psychology*, 83(3): 486-493.

Wright, T. A., & Cropanzano, R. 2000. Psychological well-being and job satisfaction as predictors of job performance. *Journal of Occupational Health Psychology*, 5(1): 84-94.

Wright, T. A., Cropanzano, R., & Bonett, D. G. 2007. The moderating role of employee positive well being on the relation between job satisfaction and job performance. *Journal of Occupational Health Psychology*, 12(2): 93-104.

Wright, T. A., & Hobfoll, S. E. 2004. Commitment, psychological well-being and job performance: An examination of conservation of resources(COR) theory and job burnout. *Journal of Business and Management*, 9(4): 389-406.

Wright, T. A., & Staw, B. M. 1999. Affect and favorable work outcomes: Two longitudinal tests of the happy-productive worker thesis. *Journal of Organizational Behavior*, 20(1): 1-23.

Wright, T. A., & Walton, A. P. 2003. Affect, psychological well-being and creativity: Results of a field study. *Journal of Business and Management*, 9(1): 21-32.

Wright, T. A., & Wright, V. P. 2002. Organizational research values, ethical responsibility, and the committed-to-participant research perspective. *Journal of Management Inquiry*, 11(2): 173-185.

Youssef, C. M., & Luthans, F. 2007. Positive organizational behavior in the workplace the impact of hope, optimism, and resilience. *Journal of Management*, 33(5): 774-800.

Zapf, D., Dormann, C., & Frese, M. 1996. Longitudinal studies in organizational stress research: A review of the literature with reference to methodological issues. *Journal of Occupational Health Psychology*, 1(2): 145-169.

4장

Ahearne, M. J., MacKenzie, S. B., Podsakoff, P. M., Mathieu, J. E., & Lam S. K. 2010. The role of consensus in sales team performance. *Journal of Marketing Research*, 47: 458-469.

Alge, B. J., Ballinger, G. A., Tangirala, S., & Oakley, J. L. 2006. Information privacy in organizations: Empowering creative and extrarole performance. *Journal of Applied Psychology*, 91: 221 – 232.

Allen, T. D., Smith, M. A., Mael, F. A., O'Shea, P. G., & Eby, L. T. 2009. Organization-level mentoring and organizational performance within substance abuse centers. *Journal of Management*, 35: 1113-1128.

Bachrach, D. G., Powell, B. C., Collins, B. J., & Richey, R. G. 2006. Effects of task interdependence on the relationship between helping behavior and group performance. Journal of Applied Psychology, 91, 1396-1405.

Bolino, M. C., Turnley, W. H., & Bloodgood, J. M. 2002. Citizenship behavior and the creation of social capital in organizations. *Academy of Management Review*, 27: 505-522.

Borman, W. C., & Motowidlo, S. J. 1993. Expanding the criterion domain to include elements of contextual performance. In N. Schmitt & W. C. Borman (Eds.), *Personnel selection in organizations*: 71-98. San Francisco: Jossey-Bass.

Chen, X. P., & Farh, L. J. 1999. The effectiveness of transactional and transformational leader behaviors in Chinese organizations: Evidence from Taiwan. Paper presented at the National Academy of Management Meetings, Chicago.

Chi, N-W., Chung, Y-Y., & & Tsai, W-C. 2011. How do happy leaders enhance team success? The mediating roles of transformational leadership, group affective tone, and team processes. *Journal of Applied Social Psychology*, 41: 1421-1454.

Choi, J. M., & Sy, T. 2010. Group-level organizational citizenship behavior: Effects of demographic faultlines and conflict in small work groups. *Journal of Organizational Behavior*, 31: 1032-1054.

Choi, J. N. 2007. Change-oriented organizational citizenship behavior: Effects of work environment characteristics and intervening psychological processes. *Journal of Organizational Behavior*, 28: 467-484.

Chuang, C-H., & Liao, H. 2010. Strategic human resource management in service context: Taking care of business by taking care of employees and customers. *Personnel Psychology*, 63: 153-196.

Chun, J. S., Shin, Y., Choi, J. N., & Kim, M. S. 2013. How does corporate ethics contribute to firm financial performance? The mediating role of collective organizational commitment and organizational citizenship behavior. *Journal of Management*, 39: 853-877.

Coyle-Shapiro, J. A. M., Kessler, I., & Purcell, J. 2004. Exploring organizationally directed citizenship behavior: Reciprocity or "It's my job?" *Journal of Management Studies*, 41: 85-106.

Dansereau, F., Jr., Graen, G., & Haga, W.J. 1975. A vertical dyad linkage approach to leadership within formal organizations: A longitudinal investigation of the role-making process. *Organizational Behavior and Human Performance*, 13: 46-78.

Deluga, R. J. 1995. The relation between trust in the supervisor and subordinate organizational citizenship behavior. *Military Psychology*, 7: 1-16.

Deluga, R. J. 1998. Leader-member exchange quality and effectiveness ratings: The role of subordinate-supervisor conscientiousness similarity. *Group & Organization Management*, 23: 189-216.

Dierdorff, E. C., Rubin, R. S., & Bachrach, D. G. 2012. Role expectations as antecedents of citizenship and the moderating effects of work context. *Journal of Management*, 38: 573-598.

Farh, J. L., Zhong, C. B., & Organ, D. W. 2004. Organizational citizenship behavior in the People's Republic of China. *Organization Science*, 15: 241-253.

Fisher, R., McPhail, R., & Megetti, G. 2010. Linking employee attitudes and behaviors with business performance: A comparative analysis of hotels in Mexico and China. *International Journal of Hos-*

pitality Management, 29: 397-404.

Frazier, M. L., & Bowler, W. M. 2015. Voice climate, supervisor undermining, and work outcomes: A group-level examination. *Journal of Management*.

Gong, Y., Chang, S., & Cheung, S. Y. 2010. High performance work system and collective OCB: A collective social exchange perspective. *Human Resource Management Journal*, 20: 119-137.

Graen, G. B., & Uhl-Bien, M. 1995. Relationship-based approach to leadership: Development of leader-member exchange (LMX) theory of leadership over 25 years: Applying a multi-level multi-domain perspective. *The Leadership Quarterly*, 6: 219-247.

Hofstede, G. 1980. Culture's Consequences: *International Differences in Work-Related Values*. Beverly Hills, CA: Sage.

Hu, J., & Liden, R. C. 2011. Antecedents of team potency and team effectiveness: An examination of goal and process clarity and servant leadership. *Journal of Applied Psychology*, 96: 851-862.

Hui, C., Law, K. S., & Chen, Z. X. 1999. A structural equation model of the effects of negative affectivity, leader-member exchange, and perceived job mobility on in-role and extra-role performance: A Chinese case. *Organizational Behavior and Human Decision Processes*, 77: 3-21.

Hunter, E. M., Neubert, M. J., Perry, S. J., Witt, L. A., Penney, L. M., & Weinberger, E. 2013. Servant leaders inspire servant followers: Antecedents and outcomes for employees and the organization. *Leadership Quarterly*, 24: 316-331.

Jiao, C., Richards, D.A. & Hackett, R.D. 2013. Organizational citizenship behavior and role breadth: A meta-analytic and cross-cultural analysis. *Human Resource Management*, 52(5): 697-714.

Johnson, J. W. 2001. The relative importance of task and contextual performance dimensions to supervisor judgments of overall performance. *Journal of Applied Psychology*, 86: 984-996.

Kim, H., & Gong, Y. 2009. The roles of tacit knowledge and OCB in the relationship between group-based pay and firm performance. *Human Resource Management Journal*, 19: 120-139.

Kirkbride, P. S., S. F. Y. Tang, & R. I. Westwood. 1991. Chinese conflict preferences and negotiating behavior: Cultural and psychological influences. *Organ.Stud*. 12: 365-386.

Konovsky, M. A., & Pugh, S. D. 1994. Citizenship behavior and social exchange. *Academy of Management Journal*, 37: 656-669.

Lai, J. Y. M., Lam, L. W., & Lam, S. S. K. 2013. Organizational citizenship behavior in work groups: A team cultural perspective. *Journal of Organizational Behavior*, 34: 1039-1056.

LePine, J. A., & Van Dyne, L. 1998. Predicting voice behavior in work groups. *Journal of Applied Psychology*, 83: 853-868.

Lin, C.-C. & Peng, T.-K. 2010, From organizational citizenship behavior to team performance: the mediation of group cohesion to collective efficacy, *Management and Organization Review*, 6(1): 55-75.

MacKenzie, S. B., Podsakoff, P. M., & Podsakoff, N. P. 2011. Effects of challenge-oriented and affiliation-oriented OCBs on organizational effectiveness: Do challenge-oriented behaviors really have an impact on the organizations bottom-line? *Personnel Psychology*, 64: 559-592.

MacKenzie, S. B., Podsakoff, P. M., & Rich, G. A. 1999. Transformational and transactional leadership and salesperson performance. Working paper, Indiana University.

McAllister, D. J. 1995. Affect and cognition-based trust as foundations for interpersonal cooperation in organizations. *Academy of Management Journal*, 38: 24-59.

McClean, E. J., Burris, E. R., & Detert, J. R. 2013. When does voice lead to exit? It depends on leadership. *Academy of Management Journal*, 56: 525-548.

Messersmith, J. G., Patel, P. C., & Lepak, D. P., Gould-Williams, J. 2011. Unlocking the black box: Exploring the link between high-performance work systems and performance. *Journal of Applied Psychology*, 96: 1105-1118.

Moorman, R. H., & Blakely, G. L. 1995. Individualism – collectivism as an individual difference predictor of organizational citizenship behavior. *Journal of Organizational Behavior*, 16: 127-142.

Moorman, R. H., Blakely, G. L., & Niehoff, B. P. 1998. Does perceived organizational support mediate the relationship between procedural justice and organizational citizenship behavior? *Academy of Management Journal*, 41: 351-357.

Morrison, E. W. 1994. Role definition and organizational citizenship behavior-The importance of the employees perspective. *Academy of Management Journal*, 37: 1543-1567.

Morrison, E. W., Wheeler-Smith, S. L., & Kamdar, D. 2011. Speaking up in groups: A cross-level study of group voice climate and voice. *Journal of Applied Psychology*, 96: 183-191.

Ng, T. W. H., & Feldman, D. C. 2012. Employee voice behavior: A meta-analytic test of the conservation of resources framework. *Journal of Organizational Behavior*, 33: 216-234.

Nielsen, T. M., Bachrach, D. G., Sundstrom, E., & Halfhill, T. 2012. Utility of OCB: Organizational citizenship behavior and group performance in a resource allocation framework. *Journal of Management*, 38: 668-694.

Organ, D. W. 1988. *Organizational citizenship behavior: The good soldier syndrome*. Lexington: Lexington Books.

Organ, D. W. 1997. Organizational citizenship behavior: Its construct clean-up time. *Human Performance*, 10: 85-97.

Organ, D. W., & Ryan, K. 1995. A meta-analytic review of attitudinal and dispositional predictors of organizational citizenship behavior. *Personnel Psychology*, 48: 775 – 802.

Ozer, M., Chang, C.-H., & Schaubroeck, J. M. 2014. Contextual moderators of the relationship between organizational citizenship behaviors and challenge and hindrance stressors. *Journal of Occupational and Organizational Psychology*, 87: 557-578.

Podsakoff NP, Whiting SE, Podsakoff PM, & Blume BD. 2009. Individual- and organizational-level consequences of organizational citizenship behaviors: A metaanalysis. *Journal of Applied Psychology*, 94: 122-141.

Podsakoff, P. M., & MacKenzie, S. B. 1997. Impact of organizational citizenship behavior on organizational performance: A review and suggestions for future research. *Human Performance*, 10: 133-151.

Podsakoff, P. M., MacKenzie, S. B., & Bommer, W. H. 1996a. A meta-analysis of the relationships between Kerr and Jermier's substitutes for leadership and employee job attitudes, role perceptions, and performance. *Journal of Applied Psychology*, 81: 380-399.

Podsakoff, P. M., MacKenzie, S. B., & Bommer, W. H. 1996b. Transformational leader behaviors and substitutes for leadership as determinants of employee satisfaction, commitment, trust, and organizational citizenship behaviors. *Journal of Management*, 22: 259-298.

Podsakoff, P.M., MacKenzie, S.B., & Hui, C. 1993. Organizational citizenship behaviors and managerial evaluations of employee performance: A review and suggestions for future research. In: G.R. Ferris (Ed.), *Research in Personnel and Human Resources Management*. vol. 11: 1-40. Greenwich, CT: JAI Press.

Podsakoff, P. M., MacKenzie, S. B., Moorman, R. H., & Fetter, R. 1990. Transformational leader behaviors and their effects on follower's trust in leader, satisfaction, and organizational citizenship behaviors. *Leadership Quarterly*, 1: 107-142.

Podsakoff, P. M., MacKenzie, S. B., Paine, J. B., & Bachrach, D. G. 2000. Organizational citizenship behaviors: A critical review of the theoretical and empirical literature and suggestions for future research. *Journal of Management*, 26: 513-563.

Podsakoff, N. P., Podsakoff, P. M., MacKenzie, S. B., Maynes, T. D., & Spoelma, T. M. 2014. Consequences of unit-level organizational citizenship behaviors: A review and recommendations for future research. *Journal of Organizational Behavior*, 35(S1): 87-119.

Seppälä, T., Lipponen, J., Bardi, A., & Pirttilä-Backman, A. M. 2012. Change-oriented organizational citizenship behaviour: An interactive product of openness to change values, work unit identification, and sense of power. *Journal of Occupational and Organizational Psychology*, 85: 136-155.

Settoon, R. P., Bennett, N., & Liden, R. C. 1996. Social exchange in organizations: Perceived organizational support, leader-member exchange, and employee reciprocity. *Journal of Applied Psychology*, 81: 219-227.

Shore, L. M., & Wayne, S. J. 1993. Commitment and employee behavior: Comparison of affective commitment and continuance commitment with perceived organizational support. *Journal of Applied Psychology*, 78: 774-780.

Skarlicki, D. P., & Latham, G. P. 1996. Increasing citizenship behavior within a labor union: A test of organizational justice theory. *Journal of Applied Psychology*, 81: 161-169.

Sun, L.-Y., Aryee, S., & Law, K. S. 2007. High-performance human resource practices, citizenship behavior, and organizational performance: A relational perspective. *Academy of Management Journal*, 50: 558-577.

Tanghe, J., Wisse, B., & van der Flier, H. 2010. The formation of group affect and team effectiveness: The moderating role of identification. *British Journal of Management*, 21: 340-358.

Tansky, J. W. 1993. Justice and organizational citizenship behavior: What is the relationship? *Employees Responsibilities and Rights Journal*, 6: 195-207.

Tekleab, A. G., & Chiaburu, D. S. 2011. Social exchange: Empirical examination of form and focus. *Journal of Business Research*, 64: 460-466

Van Dyne, L., Cummings, L. L., & Parks, J. M. 1995. Extra-role behaviors: In pursuit of construct and definitional clarity (a bridge over muddied waters). *Research in Organizational Behavior*, 17: 215-285.

Van Dyne, L., Graham, J. G., & Dienesch, R. M. 1994. Organizational citizenship behavior: Construct redefinition, operationalization, and validation. *Academy of Management Journal*, 37: 765-802.

Wang, X-H., & Howell, J. M. 2010. Exploring the dual-level effects of transformational leadership on followers. *Journal of Applied Psychology*, 95: 1134-1144.

Wayne, S. J., Shore, L. M., & Liden, R. C. 1997. Perceived organizational support and leader-member exchange: A social exchange perspective. *Academy of Management Journal*, 40: 82-111.

Werner, J. M. 1994. Dimensions that make a difference: Examining the impact of in-role and extra-role behaviors on supervisory ratings. *Journal of Applied Psychology*, 79: 98-107.

Williams, L. J., & Anderson, S. E. 1991. Job satisfaction and organizational commitment as predictors of organizational citizenship and in-role behaviors. *Journal of Management*, 17: 601-617.

Witt, L. A. 1991. Exchange ideology as a moderator of job attitudes—Organizational citizenship behavior relationships. *Journal of Applied Social Psychology*, 21: 1490-1501.

Xu, E., Huang, X., Lam, C. K., & Miao, Q. 2012. Abusive supervision and work behaviors: The mediating role of LMX. *Journal of Organizational Behavior*, 33: 531-543.

Zhang, Z., Wan, D., & Jia, M. 2008. Do high-performance human resource practices help corporate entrepreneurship? The mediating role of organizational citizenship behavior. *Journal of High Technology Management Research*, 19: 128-138.

5장

김정진. 2012. 종업원의 발언행동과 발언풍조에 관한연구. 「조직과 인사관리연구」 (한국인사관리학회), 36(3): 1-22.

윤석영·권석균. 2015. 발언과 침묵: 리더십의 영향과 조직효과성, 「인사조직연구」 (한국인사조직학회), 23(3): 43-71.

오현정·정명호. 2014. 제언행동의 선행요인과 집단갈등 지각의 조절효과, 「인사조직연구」 (한국인사조직학회), 22(4): 35-70.

최선규·지성구. 2012. 상사의 행동특성이 구성원의 심리적 안전감, 침묵과 친사회적 발언행동에 미치는 영향. 「조직과 인사관리연구」 (한국인사관리학회), 36(4): 99-123.

Ashford, S. J., Rothbard, N. P., Piderit, S. K., & Dutton, J. E. 1998. Out on a limb: The role of context and impression management in selling gender-equity issues. *Administrative Science Quarterly*, 43(1): 23 - 57.

Barry, M., & Wilkinson, A. J. 2016. Pro-social or pro-management? A critique of the conception of employee voice as a pro-social behaviour within organizational behaviour. *British Journal of Industrial Relations*, 54(2): 261-284.

Bashshur, M. R., & Oc, B. 2015. When voice matters a multilevel review of the impact of voice in organizations. *Journal of Management*, 41(5): 1530-1554.

Brinsfield, C., Edwards, M., & Greenberg, J. 2009. Voice and Silence in Organizations: Historical Overview and Current Conceptualizations. In J. Greenberg & M. Edwards (Eds.), *Voice and silence in organizations*, vol. 1: 3 - 33. Bingley, England: Emerald.

Burris, E. R. 2012. The risks and rewards of speaking up: Managerial responses to employee voice. *Academy of Management Journal*, 55(4): 851-875.

Burris, E. R., Detert, J. R., & Chiaburu, D. S. 2008. Quitting before leaving: The mediating effects of psychological attachment and detachment on voice. *Journal of Applied Psychology*, 93(4): 912-922.

Crant, J. M. 2000. Proactive behavior in organizations. *Journal of Management*, 26(3): 435-462.

Detert, J. R. & Burris, E. R. 2007. Leadership behavior and employee voice: Is the door really open? *Academy of Management Journal*, 50(4): 869-884.

Detert, J. R. & Edmondson, A. C. 2011. Implicit voice theories: Taken-for-granted rules of self-censorship at work. *Academy of Management Journal*, 54(3): 461-488.

Edmondson, A. C. 2003. Speaking up in the operating room: How team leaders promote learning in interdisciplinary action teams. *Journal of Management Studies*, 40(6): 1419–1452.

Farrell, D. 1983. Exit, voice, loyalty, and neglect as responses to job dissatisfaction: A multidimensional scaling study. *Academy of Management Journal*, 26(4): 596-607.

Grant, A. M. 2013. Rocking the boat but keeping it steady: The role of emotion regulation in employee voice. *Academy of Management Journal*, 56(6): 1703-1723.

Grant, A. M., & Ashford, S. J. 2008. The dynamics of proactivity at work. *Research in Organizational Behavior*, 28: 3-34.

Hirschman, A. O. 1970. Exit, voice, and loyalty: *Responses to decline in firms, organizations, and states*. Cambridge, MA: Harvard University Press.

Hofstede, G. 2001. Culture's consequences: *Comparing values, behaviors, institutions and organizations across nations*(2nd ed.). Thousand Oaks, CA: Sage.

Kaufman, B. E. 2015. Theorising determinants of employee voice: An integrative model across disciplines and levels of analysis. *Human Resource Management Journal*, 25(1): 19-40.

Kassing, J. W. 2002. Speaking up identifying employees' upward dissent strategies. *Management Communication Quarterly*, 16(2): 187-209.

LePine, J. A., & Van Dyne, L. 1998. Predicting voice behavior in work groups. *Journal of Applied Psychology*, 83(6): 853–868.

LePine, J. A., & Van Dyne, L. 2001. Voice and cooperative behavior as contrasting forms of contextual performance: Evidence of differential relationships with big five personality characteristics and cognitive ability. *Journal of Applied Psychology*, 86(2): 326-336.

Liang, J., Farh, C. I., & Farh, J. L. 2012. Psychological antecedents of promotive and prohibitive voice: A two-wave examination. *Academy of Management Journal*, 55(1): 71-92.

Maynes, T. D., & Podsakoff, P. M. 2014. Speaking more broadly: An examination of the nature, antecedents, and consequences of an expanded set of employee voice behaviors. *Journal of Applied Psychology*, 99(1): 87-101.

McClean, E. J., Burris, E. R., & Detert. J. R. 2013. When does voice lead to exit? It depends on leadership. *Academy of Management Journal*, 56(2): 525-548.

Morrison, E. W. 2011. Employee voice behavior: Integration and directions for future research. *Academy of Management Annals*, 5(1): 373-412.

Morrison, E. W. 2014. Employee voice and silence. *Annual Review of Organizational Psychology and Organizational Behavior*, 1(1): 173-197.

Morrison, E. W., & Milliken, F. J. 2003. Speaking up, remaining silent: The dynamics of voice and silence in organizations. *Journal of Management Studies*, 40(6): 1353–1358.

Mowbray, P. K., Wilkinson, A., & Tse, H. H. 2015. An integrative review of employee voice: Identifying a common conceptualization and research agenda. *International Journal of Management*

Reviews, 17(3): 382-400.

Ng, T. W. H., & Feldman, D. C. 2012. Employee voice behavior: A meta-analytic test of the conservation of resources framework. *Journal of Organizational Behavior*, 33(2): 216–34.

Osigweh, C. A. 1989. Concept fallibility in organizational science. *Academy of Management Review*, 14(4): 579-594.

Podsakoff, P. M., & MacKenzie, S. B. 1997. Impact of organizational citizenship behavior on organizational performance: A review and suggestions for future research. *Human Performance*, 10(2): 133-151.

Premeaux, S. F., & Bedeian, A. G. 2003. Breaking the silence: The moderating effects of self-monitoring in predicting speaking up in the workplace. *Journal of Management Studies*, 40(6): 1537–1562.

Rusbult, C. E., Farrell, D., Rogers, G., & Mainous, A. G. 1988. Impact of exchange variables on exit, voice, loyalty, and neglect: An integrative model of responses to declining job status satisfaction. *Academy of Management Journal*, 31(3): 599-627.

Tangirala, S., & Ramanujam, R. 2008. Exploring nonlinearity in employee voice: The effects of personal control and organizational identification. *Academy of Management Journal*, 51(6): 1189–1203.

Van Dyne, L., Ang, S., & Botero, I. C. 2003. Conceptualizing employee silence and employee voice as multidimensional constructs. *Journal of Management Studies*, 40(6): 1359-1392.

Van Dyne, L., Cummings, L. L., & Parks, J. M. 1995. Extra-role behaviors: In pursuit of construct and definitional clarity. In L. L. Gummings & B. M. Staw (Eds.), *Research in Organizational Behavior*, vol. 17: 215-285. Greenwicb, GT: JAI Press.

Van Dyne, L., & LePine, J. A. 1998. Helping and voice extra-role behaviors: Evidence of construct and predictive validity. *Academy of Management Journal*, 41(1): 108-119.

Venkataramani, V., & Tangirala, S. 2010. When and why do central employees speak up? An examination of mediating and moderating variables. *Journal of Applied Psychology*, 95(3): 582-591.

Withey, M. J., & Cooper, W. H. 1989. Predicting exit, voice, loyalty, and neglect. *Administrative Science Quarterly*, 34(4): 521-539.

6장

고수일. 2011. 혁신행동에 대한 변혁적·거래적 리더십의 효과. 「조직과 인사관리연구」 (한국인사관리학회), 35(1): 1-21.

고현숙·신제구·김정훈·백기복. 2010. 한국의 LMX 리더십이론 연구의 현황과 과제. 「리더십연구」 (대한리더십학회), 2(1): 109-139.

고환상. 2011. 상사의 리더십과 개인의 셀프리더십이 조직몰입과 조직시민행동에 미치는 영향. 「경영교육연구」 (한국경영교육학회), 26(5): 347-377.

권석균·오승희·최보인. 2016. 자발적 동기의 활성화: 핵심직무특성과 변혁적 리더십의 영향과 성과행동. 「조직과 인사관리연구」 (한국인사관리학회), 40(2): 31-58.

권석균·이춘우. 2004. 공기업 조직 구성원의 변혁적·거래적 리더십과 리더신뢰. 「조직과 인사관리연구」 (한국인사관리학회), 28(1): 173-208.

권석균·최보인. 2010. 집단정서의 수렴과 영향요인. 「인사조직연구」 (한국인사조직학회), 18(3): 141-173.

권중생. 2013. 4가지 팔로워십 특성. 「인적자원관리연구」 (한국인적자원관리학회), 20(1): 39-61.

권혁기·박봉규. 2010. 변혁적 리더십과 자기효능감이 직무만족에 미치는 영향. 「인적자원관리연구」 (한국인적자원관리학회), 17(2): 203-218.

김나정. 2014. 한국 조직사회의 세대별 리더십 인식과 수용의 차이에 대한 단상. 「리더십연구」 (대한리더십학회), 5(3): 5-24.

김남현·이주호. 1997. 조직의 문화유형, 최고경영자의 리더십 유형 및 행동성과에 관한 실증연구. 「인사조직연구」 (한국인사조직학회), 5(1): 193-238.

김동배·김기태·최병권. 2015. 근로자참여가 조직 및 노동조합 몰입에 미치는 영향. 「산업관계연구」 (한국고용노사관계학회), 25(4): 1-25.

김문준·장석인. 2015. 변혁적·거래적 리더십과 조직몰입 간의 관계에서 직무만족의 매개효과 연구. 「인적자원관리연구」 (한국인적자원관리학회), 22(1): 25-43.

김병직·김지연. 2014. 변혁적 리더십과 혁신 행동 사이에서의 감사와 삶의 만족의 순차적 매개효과, 그리고 조직 부과 완벽주의의 조절효과 연구. 「한국심리학회지: 산업 및 조직」 (한국심리학회), 27(1): 107-136.

김수겸·홍남선. 2015. 변혁적·진정성 리더십이 중·소기업의 조직성과에 미치는 영향. 「대한경영학회지」 (대한경영학회), 28(9): 2325-2349.

김승곤·설현도. 2014. 택배조직 본사관리자의 변혁적·거래적 리더십이 택배영업 소장의 팀 교환관계 (TMX) 및 조직몰입에 미치는 영향. 「기업경영연구(구 동림경영연구)」 (한국기업경영학회(구 한국동림경영학회)), 21(5): 151-174.

김정남·정연란. 2012. 팀 유형과 리더십 스타일이 팀 유효성에 미치는 상호작용 효과. 「한국심리학회지: 산업 및 조직」 (한국심리학회), 25(2): 325-347.

김정원·채순화·배성현. 2005. 변혁적 리더십과 상사신뢰 및 조직몰입의 다차원 관계: 신뢰의 직접효과와 조절효과검증. 「조직과 인사관리연구」 (한국인사관리학회), 29(4): 31-62.

김진희. 2008. 팀워크, 조직냉소주의 및 조직시민행동에 대한 변혁적 리더십과 거래적 리더십의 효과: 고용지원센터 팀을 대상으로. 「인사조직연구」 (한국인사조직학회), 16(4): 1-40.

김태성·허찬영. 2012. 노동조합위원장의 변혁적·거래적 리더십이 조직유효성에 미치는 영향에 관한 연구. 「산업관계연구」 (한국고용노사관계학회), 22(4): 117-148.

김학돈. 1997. 변혁적·거래적·카리스마적 리더십과 조직문화의 적합성이 행동적 유효성에 미치는 영향 (2). 「기업경영연구(구 동림경영연구)」 (한국기업경영학회(구 한국동림경영학회)), 6: 161-182.

김학수·이준호·한수진. 2013. 연구개발팀의 혁신성과에 대한 팀장의 변혁적 리더십 영향과 팀 심리적 안전 풍토의 조절역할에 대한 연구. 「대한경영학회지」 (대한경영학회), 26(8): 1971-2002.

김한준. 2016. 4차 산업혁명이 직업세계에 미치는 영향. 「고용이슈」 (한국고용정보원), 9(5): 88-105.

노영현·이원기. 2012. 창업경영자의 리더십이 창업조직의 조직효과성에 미치는 영향. 「경영교육연구」 (한국경영교육학회), 27(6): 473-492.

딜로이트 글로벌. 2016. 2016 밀레니얼 서베이 발표. https:· ·www2.deloitte.com.

류동웅·신진교. 2013. 변혁적 리더십이 직무만족과 직무성과에 미치는 영향 및 개인특성의 조절효과. 「인적자원관리연구」 (한국인적자원관리학회), 20(2): 215-238.

박동진·장은영·장은혜. 2015. 노조리더의 변혁적 리더십 요인과 노조참여의 관계에서 노조몰입의 매개효과. 「경영교육연구」 (한국경영교육학회), 30(3): 161-181.

박동호·윤필현. 2015. 변혁적 리더십이 팀 개인 효과성에 미치는 영향에 관한 다수준 분석: 팀 개인 창의성의 매개 효과를 중심으로. 「기업경영연구(구 동립경영연구)」 (한국기업경영학회(구 한국동립경영학회)), 22(6): 127-149.

박오수·고동운. 2009. 차상위 리더의 리더에 대한 모욕행위의 적하효과(trickle-down effect): 리더십을 매개하여 부하의 리더신뢰 및 LMX에 미치는 영향. 「경영학연구」 (한국경영학회), 38(4): 1027-1058.

박종훈·박경아. 2001. 리더십과 followership 간의 적합성이 조직유효성에 미치는 효과: 변혁적 리더십과 거래적 리더십 비교. 「조직과 인사관리연구」 (한국인사관리학회), 24(2): 87-115.

박혜정·유태용. 2006. 상사의 정서지능이 부하의 태도 및 수행에 미치는 영향. 「한국심리학회지: 산업 및 조직」 (한국심리학회), 19(2): 125-147.

박희진. 2015. 팀 성격과 팀 학습 행동의 관계: 변혁적 리더십의 조절효과를 중심으로. 「한국심리학회지: 산업 및 조직」 (한국심리학회), 28(3): 331-354.

배범수·노명화. 2016. 팀장의 변혁적 리더십과 팀 적응성과 간의 관계-공유멘탈모델의 매개효과. 「인적자원관리연구」 (한국인적자원관리학회), 23(1): 127-152.

백기복·신제구·차동옥. 1998. 한국경영학계의 리더십 연구 30년. 「경영학연구」 (한국경영학회), 27(1): 113-156.

서준호·윤위석. 2003. 리더십 유형이 신뢰 및 조직시민행동에 미치는 영향에 관한 연구. 「산업관계연구」 (한국고용노사관계학회), 13(2): 41-67.

설현도. 2014. 리더십과 지식창출, 지식공유의 관계에 있어서 관계갈등의 역할. 「대한경영학회지」(대한경영학회), 27(12): 2389-2408.

손성진. 2012. 변혁적 리더십과 기업문화가 말콤볼드리지 품질경영과 조직유효성에 미치는 효과. 「대한경영학회지」 (대한경영학회), 25(3): 1461-1484.

신구범. 2009. 서번트 리더십, 변혁적 리더십과 거래적 리더십 간의 관계에 관한 실증분석. 「인적자원관리연구」(한국인적자원관리학회), 16(1): 87-101.

안여명·유태용. 2010. 개인 및 팀 수준에서 성격과 적응수행 간의 관계. 「한국심리학회지: 산업 및 조직」 (한국심리학회), 23(1): 155-179.

양봉희·김동주. 2010. 변혁적 리더십과 리더의 변화지향성이 조직 구성원의 혁신성과에 미치는 영향-가치일치의 조절효과. 「기업경영연구(구 동립경영연구)」 (한국기업경영학회(구 한국동립경영학회)), 17(4): 233-258.

오선영·노상충·강민우·서용원. 2015. 변혁적 리더십과 인간존중의 조직문화에 의한 회복탄력성이 조직 구성원의 행복감과 조직효과성에 미치는 영향. 「한국심리학회지: 산업 및 조직」 (한국심리학회), 28(4): 829-854.

오종석·정동섭·정현우. 2002. 변혁적 리더십이 부하의 조직시민행동에 미치는 효과 및 개인특성의 조절효과에 관한 연구. 「조직과 인사관리연구」 (한국인사관리학회), 26(3): 161-191.

유치성·손영우·박인조. 2016. 자아탄력성, 감정경험, 삶의 의미 및 직무만족의 구조적 관계- 변혁적 리더십의 조절 효과. 「한국심리학회지: 산업 및 조직」 (한국심리학회), 29(2): 175-201.

윤대혁·정순태. 2006. 변혁적 리더십이 조직시민행동과 조직 구성원의 혁신적 행동에 미치는 영향에 관한 연구. 「인적자원관리연구」 (한국인적자원관리학회), 13(3): 139-169.

윤소천·이지현·손영우·하유진. 2013. 소명의식이 조직몰입과 이식의도에 미치는 영향-심리적 자본과 조직 동일시의 매개효과와 변혁적 리더십, 지각된 상사지지의 조절효과. 「인적자원관리연구」 (한국인적자원관리학회), 20(4): 61-86.

이강옥·손태원. 2004. 변혁적 리더십과 거래적 리더십이 조직몰입에 미치는 영향에 관한 연구.「대한경영학회지」(대한경영학회). 45: 1571-1594.

이경근·박성수. 2010. 변혁적·거래적 리더십과 역할외 행동 간의 관계에서 동일화기반신뢰 및 계산기반신뢰의 매개효과.「대한경영학회지」(대한경영학회), 23(2): 1161-1184.

이규만·안관영. 2006. 변혁적 리더십과 리더-구성원 교환관계 및 구성원 반응 간의 관계.「인적자원관리연구」(한국인적자원관리학회), 13(4): 107-123.

이덕로. 1994. 변형적·거래적 리더십이 부하의 추가노력, 직무만족 및 조직몰입에 미치는 영향.「조직과 인사관리연구」(한국인사관리학회), 18(2): 217-239.

이덕로·서도원·김용순. 2003. 변혁적, 거래적 리더십이 조직시민행동에 미치는 영향.「경영학연구」(한국경영학회), 32(2): 449-474.

이도화·강기형·이종법. 2009. 변혁적 리더십과 팔로워십이 조직 구성원의 성과에 미치는 영향.「인적자원관리연구」(한국인적자원관리학회), 16(특별호): 227-245.

이동섭·최용득. 2010. 긍정심리자본의 선행요인과 결과에 관한 연구.「경영학연구」(한국경영학회), 39(1): 1-28.

이문선·강영순. 2000. 변혁적 리더십과 조직시민행동 간의 자긍심 및 조직몰입의 매개효과.「조직과 인사관리연구」(한국인사관리학회), 24(1): 33-57.

이상호·이원우. 1995. 변혁적 리더십의 동기부여적 효과: 셀프에피커시이론을 중심으로.「조직과 인사관리연구」(한국인사관리학회), 19(4): 53-72.

이원일·정수진. 2010. 변혁적 리더십이 조직성과에서 조절변수의 영향에 관한 연구.「경영교육논총」(한국경영교육학회), 59: 259-283.

이인호·탁진국. 2010. 자기계발 동기가 혁신행동과 직무열의에 미치는 영향.「한국심리학회지: 산업 및 조직」(한국심리학회), 23(4): 605-633.

이임정·윤관호. 2006. 융의 심리유형론에 근거한 MBTI 와 변혁적 리더십 요인과의 관계에 관한 연구.「경영교육논총」(한국경영교육학회), 44: 287-303.

이임정·윤관호. 2007. 디지털 사회에서의 변혁적 리더십에 대한 이해.「경영교육논총」(한국경영교육학회), 47: 263-284.

이종법·박미성·이도화. 2009. 변혁적·거래적 리더십이 조직 구성원의 혁신행동에 미치는 영향.「조직과 인사관리연구」(한국인사관리학회), 33(4): 155-178.

이준호. 2009. 팀 창의성을 위한 다양성과 응집성 관리.「경영교육논총」(한국경영교육학회), 57: 137-161.

이준호·박노윤·한준구. 2013. 콜센터에서 여성 관리자의 변혁적 리더십과 여성 부하의 직무 만족간의 관계.「경영교육연구」(한국경영교육학회), 28(5): 81-111.

이진규·박지환. 2003. 부하가 인지한 상사의 변혁적·거래적 리더십과 성과 간 신뢰 및 가치일치의 매개효과 검증.「경영학연구」(한국경영학회), 32(4): 925-954.

이진규·박지환. 2005. 변혁적 리더십 구성요인별 효과성에 관한 연구: 중간관리자를 대상으로.「인사조직연구」(한국인사조직학회), 13(3): 171-199.

이진규·박지환. 2006. 변혁적 리더십에 대한 리더와 부하의 지각일치 수준이 리더 유효성에 미치는 영향.「조직과 인사관리연구」(한국인사관리학회), 30(2): 93-116.

이철기. 2010. 변혁적·거래적 리더십의 효과에 관한 한국과 중국의 비교 연구.「대한경영학회지」(대한경영학회), 23(6): 3101-3124.

이철희·신강현·허창구. 2012. 변혁적 리더십과 거래적 리더십이 직무열의에 미치는 영향. 「한국심리학회지: 산업 및 조직」 (한국심리학회), 25(1): 147-169.

이화용·장영철. 2004. 변혁적 리더십이 조직의 유효성에 미치는 영향에 관한 연구. 「조직과 인사관리연구」 (한국인사관리학회), 28(4): 215-247.

임대환·김동주. 2014. 변혁적 리더십이 지식공유에 미치는 영향. 「경영교육연구」 (한국경영교육학회), 29(1): 23-51.

임유신·박오수. 2012. 상사와 부하의 쌍 관계에서 정서지능과 그 상호작용의 역할에 관한 연구. 「경영학연구」 (한국경영학회), 41(6): 1261-1293.

임준철·윤정구. 1999. 부하에 의해 인지된 상사의 변혁적 및 거래적 리더십이 부하의 혁신 성향에 미치는 영향: 자기권능감(Self-Efficacy)의 매개역할을 중심으로. 「인사조직연구」 (한국인사조직학회), 7(1): 1-42.

장석인. 2009. 변혁적 및 거래적 리더십이 조직몰입에 미치는 영향에 관한 구조모형분석. 「인적자원관리연구」 (한국인적자원관리학회), 16(2): 213-229.

장현재·탁진국. 2004. MBTI 성격유형과 변혁적·거래적 리더십 행동 간의 관계. 「한국심리학회지: 산업 및 조직」 (한국심리학회), 17(3): 467-483.

전무경·이기은. 2010. 벤처기업 최고경영자의 변혁적·거래적 리더십이 조직만족에 미치는 영향. 「기업경영연구(구 동림경영연구)」 (한국기업경영학회(구 한국동림경영학회)), 17(3): 159-171.

정대용·박권홍. 2010. 중소기업 최고경영자의 변혁적 리더십이 기업 성과에 미치는 영향. 「경영교육논총」 (한국경영교육학회), 62: 245-270.

정동섭·배범수·김학수. 2014. 팀장의 변혁적 리더십이 개인 적응성과에 미치는 영향. 「인사조직연구」 (한국인사조직학회), 22(2): 99-142.

정예지. 2014. 변혁적 리더십과 진성 리더십이 팀 성과에 미치는 차별적 효과에 관한 연구. 「경영학연구」 (한국경영학회), 43(3): 705-743.

정예지·김문주. 2014. 팀 내 공유 리더십이 팀 효능감과 팀 혁신 성향에 미치는 영향에 관한 연구. 「대한경영학회지」 (대한경영학회), 27(5): 635-655.

정현우·김창호. 2006. 종업원의 감성지능이 혁신행동에 미치는 영향에 관한 연구-변혁적 리더십과 거래적 리더십의 조절효과. 「조직과 인사관리연구」 (한국인사관리학회), 30(4): 29-61.

주은하·탁진국. 2005. 변혁적 리더십과 거래적 리더십의 효과에 관한 비교문화연구. 「한국심리학회지: 산업 및 조직」 (한국심리학회), 18(2): 299-315.

차동옥·강대석. 2006. 인식된 조직의 팀 지원과 변혁적 리더십이 팀 구성원들의 교환관계, 에피커시, 그리고 몰입에 미치는 영향. 「조직과 인사관리연구」 (한국인사관리학회), 30(4): 175-208.

채주석·이길환·김찬중. 2011. 변혁적 리더십이 조직 구성원의 창의성에 미치는 영향. 「대한경영학회지」 (대한경영학회), 24(5): 2617-2640.

최석봉·김경환·문계완. 2010. 변혁적 리더십이 혁신행동에 미치는 영향. 「인적자원관리연구」 (한국인적자원관리학회), 17(4): 225-243.

최충식·안종태·김정원. 2007. 변혁적 리더십, 거래적 리더십, 임파워먼트 및 조직 시민행동의 다차원 관계-임파워먼트의 조절효과검증. 「대한경영학회지」 (대한경영학회), 20(3): 1243-1267.

탁진국·장종순. 2003. 거래적 및 변혁적 리더십의 효과. 「한국심리학회지: 산업 및 조직」 (한국심리학회),

16(2): 47-60.

한광현. 1999. 변혁적 거래적 리더십 요인과 스트레스와의 관계에 대한 탐색적 연구. 「경영학연구」 (한국 경영학회), 28(1): 51-74.

한주희·강은주. 2011. 팀 협동학습에서 변혁적 리더십의 다수준 영향력. 「경영교육연구」 (한국경영교육학 회), 26(3): 149-170.

한주희·정진철. 2001. 변혁적 리더십과 팀 유효성에 관한 연구: 자율욕구의 조절효과를 중심으로. 「조 직과 인사관리연구」 (한국인사관리학회), 24(2): 145-166.

한태영·탁진국. 2005. 변혁적 및 거래적 리더십의 효과. 「한국심리학회지: 산업 및 조직」 (한국심리학회), 18(2): 337-360.

허재준. 2017. 4차 산업이 일자리에 미치는 변화와 대응. 「월간 노동리뷰」 (한국노동연구원), 144: 62-71.

홍계훈·양회창. 2014. 부하직원의 Big5 성격과 지각된 조직시민행동 및 혁신행동 간의 관계들에서 변 혁적 리더십의 조절효과에 대한 다수준 연구: 보육교사를 대상으로. 「조직과 인사관리연구」 (한 국인사관리학회), 38(4): 77-114.

홍용기·박종혁. 2009. 리더의 빅 파이브(Big Five) 성격이 팀 애피커시에 미치는 영향-변혁적 리더십의 매개효과를 중심으로. 「인적자원관리연구」 (한국인적자원관리학회), 16(특별호): 303-320.

황혜경·최세경. 2015. 변혁적 리더십이 조직시민행동에 미치는 영향-그룹일체성과 조직 구성원 간 신뢰 의 매개효과를 중심으로. 「인적자원관리연구」(한국인적자원관리학회), 22(2): 171-192.

Avolio, B. J., & Bass, B. M. 2004. MLQ: *Multifactor leadership questionnaire*. Redwood City, CA: Mind Garden.

Avolio, B. J., Bass, B. M., & Jung, D. I. 1999. Reexamining the components of transformational and transactional leadership using the multifactor leadership. *Journal of Occupational and Organizational Psychology*, 72(4): 441-462.

Avolio, B. J., Walumbwa, F. O., & Weber, T. J. 2009. Leadership: Current theories, research, and future directions. *Annual Review of Psychology*, 60: 421-449.

Avolio, B. J., Zhu, W., Koh, W., & Bhatia, P. 2004. Transformational leadership and organizational commitment: Mediating role of psychological empowerment and moderating role of structural distance. *Journal of Organizational Behavior*, 25(8): 951-968.

Ayman, R., Korabik, K., & Morris, S. 2009. Is transformational leadership always perceived as effective? Male subordinates' devaluation of female transformational leaders. *Journal of Applied Social Psychology*, 39(4): 852-879.

Bass, B. M. 1985. *Leadership and performance beyond expectations*. New York, NY: Free Press.

Bass, B. M. 1990. From transactional to transformational leadership: Learning to share the vision. *Organizational Dynamics*, 18(3): 19-31.

Bass, B. M. 1997. Does the transactional-transformational leadership paradigm transcend organizational and national boundaries?. *American Psychologist*, 52(2): 130-139.

Bass, B. M. 1999. Two decades of research and development in transformational leadership. *European Journal of Work and Organizational Psychology*, 8(1): 9-32.

Bass, B. M., & Avolio, B. J. 1993. Transformational leadership: A response to critiques. In M. M. Chemers & R. Ayman (Eds.), *Leadership Theory and Research: Perspectives and Directions*: 49-80. San Diego, CA: Academic Press.

Bass, B. M., & Avolio, B. J. 1994. *Improving organizational effectiveness through transformational leadership*. Thousand Oaks, CA: Sage.

Bass, B. M., & Avolio, B. J. 1997. *Full range leadership development: Manual for the Multifactor Leadership Questionnaire*: 43-44. Palo Alto, CA: Mind Garden.

Bass, B. M., Avolio, B. J., & Atwater, L. 1996. The transformational and transactional leadership of men and women. *Applied Psychology*, 45(1): 5-34.

Bass, B. M., Avolio, B. J., Jung, D. I., & Berson, Y. 2003. Predicting unit performance by assessing transformational and transactional leadership. *Journal of Applied Psychology*, 88(2): 207-218.

Bass, B. M., & Riggio, R. E. 2006. *Transformational leadership*. Mahwah, NJ: Erlbaum.

Bommer, W. H., Rubin, R. S., & Baldwin. 2004. Setting the stage for effective leadership: Antecedents of transformational leadership behavior. *The Leadership Quarterly*, 15(2): 195-210.

Bono, J. E., & Judge. 2004. Personality and transformational and transactional leadership: A meta-analysis. *Journal of Applied Psychology*, 89(5): 901-910.

Breevaart, K., Bakker, A., Hetland, J., Demerouti, E., Olsen, O. K., & Espevik, R. 2013. Daily transactional and transformational leadership and daily employee engagement. *Journal of Occupational and Organizational Psychology*, 87(1): 138-157.

Burns, J. M. 1978. *Leadership*. New York, NY: Harper & Row.

Bycio, P., Hackett, R. D., & Allen, J. S. 1995. Further assessments of Bass's (1985) conceptualization of transactional and transformational leadership. *Journal of Applied Psychology*, 80(4): 468-478.

Chun, J. U., Yammarino, F. J., Dionne, S. D., Sosik, J. J., & Moon, H. K. 2009. Leadership across hierarchical levels: Multiple levels of management and multiple levels of analysis. *The Leadership Quarterly*, 20(5): 689-707.

Clarke, S. 2013. Safety leadership: A meta-analytic review of transformational and transactional leadership styles as antecedents of safety behaviours. *Journal of Occupational and Organizational Psychology*, 86(1): 22-49.

Dansereau, F., & Yammarino, F. J. 1998. *Leadership: The multiple-level approaches: Part B, Contemporary and alternative*. Stamford, CT: JAI Press.

DeChurch, L. A., Hiller, N. J., Murase, T., Doty, D., & Salas, E. 2010. Leadership across levels: Levels of leaders and their levels of impact. *The Leadership Quarterly*, 21(6): 1069-1085.

De Hoogh, A. H., Den Hartog, D. N., & Koopman, P. L. 2005. Linking the Big Five-Factors of personality to charismatic and transactional leadership: perceived dynamic work environment as a moderator. *Journal of Organizational Behavior*, 26(7): 839-865.

Den Hartog, D. N., House, R. J., Hanges, P. J., Ruiz-Quintanilla, S. A., Dorfman, P. W., Abdalla, I. A., & Akande, B. E. 1999. Culture specific and cross-culturally generalizable implicit leadership theories: Are attributes of charismatic · transformational leadership universally endorsed?. *The Leadership Quarterly*, 10(2): 219-256.

Den Hartog, D. N., Muijen, J. J., & Koopman, P. L. 1997. Transactional versus transformational leadership: An analysis of the MLQ. *Journal of Occupational and Organizational Psychology*, 70(1): 19-34.

Dinh, J. E., Lord, R. G., Gardner, W. L., Meuser, J. D., Liden, R. C., & Hu, J. 2014. Leadership theory and research in the new millennium: Current theoretical trends and changing perspectives. *The Leadership Quarterly*, 25(1): 36-62.

Dionne, S. D., Gupta, A., Sotak, K. L., Shirreffs, K. A., Serban, A., Hao, C., Kim, D. H., & Yammarino, F. J. 2014. A 25-year perspective on levels of analysis in leadership research. *The Leadership Quarterly*, 25(1): 6-35.

Dumdum, U. R., Lowe, K. B., & Avolio, B. J. 2002. A meta-analysis of transformational and transactional leadership correlates of effectiveness and satisfaction: An update and extension. In B. J. Avolio & F. J. Yammarino (Eds.), *Transformational and Charismatic Leadership: The Road Ahead*: 35-66. Amsterdam, the Netherlands: JAI Press.

Eisenbeiss, S. A., Van Knippenberg, D., & Boerner, S. 2008. Transformational leadership and team innovation: Integrating team climate principles. *Journal of Applied Psychology*, 93(6): 1438-1446.

Epitropaki, O., & Martin, R. 2005. The moderating role of individual differences in the relation between transformational · transactional leadership perceptions and organizational identification. *The Leadership Quarterly*, 16(4): 569-589.

Harms, P. D., & Credé, M. 2010. Emotional intelligence and transformational and transactional leadership: A meta-analysis. *Journal of Leadership & Organizational Studies*, 17(1): 5-17.

Hater, J. J., & Bass, B. M. 1988. Superiors' evaluations and subordinates' perceptions of transformational and transactional leadership. *Journal of Applied Psychology*, 73(4): 695-702.

Hiller, N. J., DeChurch, L. A., Murase, T., & Doty, D. 2011. Searching for outcomes of leadership: A 25-year review. *Journal of Management*, 37(4): 1137-1177.

Hinkin, T. R., & Schriesheim, C. A. 2008. An examination of "nonleadership": from laissez-faire leadership to leader reward omission and punishment omission. *Journal of Applied Psychology*, 93(6): 1234-1248.

Horstmeier, C. A., Boer, D., Homan, A. C., & Voelpel, S. C. 2016. The differential effects of transformational leadership on multiple identifications at work: A meta-analytic model. *British Journal of Management*, 28(2), 280-298.

Howell, J. M., & Avolio, B. J. 1993. Transformational leadership, transactional leadership, locus of control, and support for innovation: Key predictors of consolidated-business-unit performance. *Journal of Applied Psychology*, 78(6): 891-902.

Howell, J. M., & Hall-Merenda, K. E. 1999. The ties that bind: The impact of leader-member exchange, transformational and transactional leadership, and distance on predicting follower performance. *Journal of Applied Psychology*, 84(5): 680-694.

Johnson, R. E., Venus, M., Lanaj, K., Mao, C., & Chang, C. H. 2012. Leader identity as an antecedent of the frequency and consistency of transformational, consideration, and abusive leadership behaviors. *Journal of Applied Psychology*, 97(6): 1262-1272.

Judge, T. A., & Bono, J. E. 2000. Five-factor model of personality and transformational leadership. *Journal of Applied Psychology*, 85(5): 751-765.

Judge, T. A., & Piccolo, R. F. 2004. Transformational and transactional leadership: A meta-analytic test of their relative validity. *Journal of Applied Psychology*, 89(5): 755-768.

Jung, D. I., & Sosik, J. J. 2002. Transformational leadership in work groups: The role of empowerment, cohesiveness, and collective-efficacy on perceived group performance. *Small Group Re-*

search, 33(3): 313-336.

Kark, R., Shamir, B., & Chen, G. 2003. The two faces of transformational leadership: Empowerment and dependency. *Journal of Applied Psychology*, 88(2): 246-255.

Kark, R., & Van Dijk, D. 2007. Motivation to lead, motivation to follow: The role of the self-regulatory focus in leadership processes. *Academy of Management Review*, 32(2): 500-528.

Leong, L. Y. C., & Fischer, R. 2011. Is transformational leadership universal? A meta-analytical investigation of multifactor leadership questionnaire means across cultures. *Journal of Leadership & Organizational Studies*, 18(2): 164-174.

Lowe, K. B., Kroeck, K. G., & Sivasubramaniam, N. 1996. Effectiveness correlates of transformational and transactional leadership: A meta-analytic review of the MLQ literature. *The Leadership Quarterly*, 7(3): 385-425.

MacKenzie, S. B., Podsakoff, P. M., & Rich, G. A. 2001. Transformational and transactional leadership and salesperson performance. *Journal of the Academy of Marketing Science*, 29(2): 115-134.

Meyer, J. P., Stanley, L. J., & Vandenberg, R. J. 2013. A person-centered approach to the study of commitment. *Human Resource Management Review*, 23(2): 190-202.

Ng, E. S., Schweitzer, L., & Lyons, S. T. 2010. New generation, great expectations: A field study of the millennial generation. *Journal of Business and Psychology*, 25(2): 281-292.

Pawar, B. S., & Eastman, K. K. 1997. The nature and implications of contextual influences on transformational leadership: A conceptual examination. *Academy of Management Review*, 22(1): 80-109.

Pearce, C. L. 2004. The future of leadership: Combining vertical and shared leadership to transform knowledge work. *The Academy of Management Executive*, 18(1): 47-57.

Piccolo, R. F., & Colquitt, J. A. 2006. Transformational leadership and job behaviors: The mediating role of core job characteristics. *Academy of Management Journal*, 49(2): 327-340.

Pieterse, A. N., Van Knippenberg, D., Schippers, M., & Stam, D. 2010. Transformational and transactional leadership and innovative behavior: The moderating role of psychological empowerment. *Journal of Organizational Behavior*, 31(4): 609-623.

Pillai, R., Schriesheim, C. A., & Williams, E. S. 1999. Fairness perceptions and trust as mediators for transformational and transactional leadership: A two-sample study. *Journal of Management*, 25(6): 897-933.

Pillai, R., & Williams, E. A. 2004. Transformational leadership, self-efficacy, group cohesiveness, commitment, and performance. *Journal of Organizational Change Management*, 17(2): 144-159.

Podsakoff, P. M., MacKenzie, S. B., Moorman, R. H., & Fetter, R. 1990. Transformational leader behaviors and their effects on followers' trust in leader, satisfaction, and organizational citizenship behaviors. *The Leadership Quarterly*, 1(2): 107-142.

Popper, M. 2013. Leaders perceived as distant and close: Some implications for psychological theory on leadership. *The Leadership Quarterly*, 24(1): 1-8.

Richardson, H. A., & Vandenberg, R. J. 2005. Integrating managerial perceptions and transformational leadership into a work-unit level model of employee involvement. *Journal of Organizational Behavior*, 26(5): 561 589.

Rubin, R. S., Munz, D. C., & Bommer, W. H. 2005. Leading from within: The effects of emotion recognition and personality on transformational leadership behavior. *Academy of Management Journal*, 48(5): 845-858.

Schaubroeck, J., Lam, S. S., & Cha, S. E. 2007. Embracing transformational leadership: Team values and the impact of leader behavior on team performance. *Journal of Applied Psychology*, 92(4): 1020-1030.

Schippers, M. C., Den Hartog, D. N., Koopman, P. L., & Van Knippenberg, D. 2008. The role of transformational leadership in enhancing team reflexivity. *Human Relations*, 61(11): 1593-1616.

Schriesheim, C. A., Castro, S. L., Zhou, X. T., & DeChurch, L. A. 2006. An investigation of path-goal and transformational leadership theory predictions at the individual level of analysis. *The Leadership Quarterly*, 17(1): 21-38.

Shamir, B., House, R. J., & Arthur, M. B. 1993. The motivational effects of charismatic leadership: A self-concept based theory. *Organization Science*, 4(4): 577-594.

Shin, S. J., & Zhou, J. 2003. Transformational leadership, conservation, and creativity: Evidence from Korea. *Academy of Management Journal*, 46(6): 703-714.

Skogstad, A., Einarsen, S., Torsheim, T., Aasland, M. S., & Hetland, H. 2007. The destructiveness of laissez-faire leadership behavior. *Journal of Occupational Health Psychology*, 12(1): 80-92.

Sosik, J. J., Avolio, B. J., & Kahai, S. S. 1997. Effects of leadership style and anonymity on group potency and effectiveness in a group decision support system environment. *Journal of Applied Psychology*, 82(1): 89-103.

Sosik, J. J., & Godshalk, V. M. 2004. Self-other rating agreement in mentoring: Meeting protege expectations for development and career advancement. *Group & Organization Management*, 29(4): 442-469.

Tsai, W. C., Chen, H. W., & Cheng, J. W. 2009. Employee positive moods as a mediator linking transformational leadership and employee work outcomes. *The International Journal of Human Resource Management*, 20(1): 206-219.

Van Knippenberg, D., & Sitkin, S. B. 2013. A critical assessment of charismatic-transformational leadership research: Back to the drawing board?. *The Academy of Management Annals*, 7(1): 1-60.

Vecchio, R. P., Justin, J. E., & Pearce, C. L. 2008. The utility of transactional and transformational leadership for predicting performance and satisfaction within a path-goal theory framework. *Journal of Occupational and Organizational Psychology*, 81(1): 71-82.

Waldman, D. A., Bass, B. M., & Yammarino, F. Y. 1990. The augmenting effect of transformational leadership. In K. E. Clark & M. B. Clark (Eds.), *Measures of Leadership*: 151-169. West Orange, NJ: Leadership Library of America.

Walumbwa, F. O., Lawler, J. J., & Avolio, B. J. 2007. Leadership, individual differences, and work-related attitudes: A cross-culture investigation. *Applied Psychology*, 56(2): 212-230.

Wang, G., Oh, I. S., Courtright, S. H., & Colbert, A. E. 2011. Transformational leadership and performance across criteria and levels: A meta-analytic review of 25 years of research. *Group & Organization Management*, 36(2): 223-270.

Wang, H., Law, K. S., Hackett, R. D., Wang, D., & Chen, Z. X. 2005. Leader-member exchange as a mediator of the relationship between transformational leadership and followers' performance and organizational citizenship behavior. *Academy of Management Journal*, 48(3): 420-432.

Wesner, M. S., & Miller, T. 2008. Boomers and millennials have much in common. *Organization De-velopment Journal*, 26(3): 89-96.

Wu, J. B., Tsui, A. S., & Kinicki, A. J. 2010. Consequences of differentiated leadership in groups. *Academy of Management Journal*, 53(1): 90-106.

Yammarino, F. J., & Atwater, L. E. 1997. Do managers see themselves as other see them? Implications of self-other rating agreement for human resources management. *Organizational Dynamics*, 25(4): 35-44.

Yang, I. 2015. Positive effects of laissez-faire leadership: conceptual exploration. *Journal of Management Development*, 34(10): 1246-1261.

Zhang, X. A., Li, N., Ullrich, J., & Van Dick, R. 2015. Getting everyone on board: The effect of differentiated transformational leadership by CEOs on top management team effectiveness and leader-rated firm performance. *Journal of Management*, 41(7): 1898-1933.

7장

노현탁. 2014. 최고경영진의 직무 관련 다양성과 기업 성과. 「경영학연구」 (한국경영학회), 43(1): 217-243.

노현탁·유승희. 2014. Understanding the Complex Implications of Relational Demography. 「연세경영연구」 (연세대학교 경영연구소), 51(1): 1-40.

유이정·노현탁. 2016. 집단 내 개인의 비유사성이 직무성과에 미치는 영향. 「인사조직연구」 (한국인사조직학회), 24(3): 69-100.

Adelmann, P. K. 1987. Occupational complexity, control, and personal income: Their relation to psychological well-being in men and women. *Journal of Applied Psychology*, 72(4): 529-537.

Allport, G. W. 1954. *The nature of prejudice*. Cambridge, UK: Addison-Wesley.

Astley, W. G., & Sachdeva, P. S. 1984. Structural sources of intraorganizational: Power: A theoretical synthesis. *Academy of Management Review*, 9(1): 104-113.

Auster, E. R. 1989. Task characteristics as a bridge between macro-and microlevel research on salary inequality between men and women. *Academy of Management Review*, 14(2): 173-193.

Beckman, C. M., & Haunschild, P. R. 2002. Network learning: The effects of partners' heterogeneity of experience on corporate acquisitions. *Administrative Science Quarterly*, 47(1): 92-124.

Brass, D. J. 1984. Being in the right place: A structural analysis of individual influence in an organization. *Administrative Science Quarterly*, 29(4): 518-539.

Brophy, I. N. 1946. The luxury of anti-Negro prejudice. *Public Opinion Quarterly*, 9(4): 456-466.

Bunderson, J. S., & Sutcliffe, K. M. 2002. Comparing alternative conceptualizations of functional diversity in management teams: Process and performance effects. *Academy of Management Journal*, 45(5): 875-893.

Burt, R. S. 1992. *Structural holes*. Cambridge, MA: Cambridge University Press.

Byrne, D. E. 1971. *The attraction paradigm*. San Diego, CA: Academic Press.

Carpenter, M. A., & Westphal, J. D. 2001. The strategic context of external network ties: Examining the impact of director appointments on board involvement in strategic decision making. *Academy of Management Journal*, 44(4): 639-660.

Chaiken, S. 1980. Heuristic versus systematic information processing and the use of source versus message cues in persuasion. *Journal of Personality and Social Psychology*, 39(5): 752-766.

Champoux, J. E. 1991. A multivariate test of the job characteristics theory of work motivation. *Journal of Organizational Behavior*, 12(5): 431-446.

Chattopadhyay, P. 2003. Can dissimilarity lead to positive outcomes? The influence of open versus closed minds. *Journal of Organizational Behavior*, 24(3): 295-312.

Chuang, C. H., & Liao, H. 2010. Strategic human resource management in service context: Taking care of business by taking care of employees and customers. *Personnel Psychology*, 63(1): 153-196.

Cronin, M. A., & Weingart, L. R. 2007. Representational gaps, information processing, and conflict in functionally diverse teams. *Academy of Management Review*, 32(3): 761-773.

Elfenbein, H. A., & O'Reilly, C. A. 2007. Fitting in: The effects of relational demography and person-culture fit on group process and performance. *Group & Organization Management*, 32(1): 109-142.

Elsass, P. M., & Veiga, J. F. 1997. Job control and job strain: A test of three models. *Journal of Occupational Health Psychology*, 2(3): 195-211.

Finkelstein, S., & Hambrick, D. C. 1996, *Strategic leadership: Top executives and their effects on organizations*. St. Paul, MA: West Publishing.

Gaertner, S. L., & Dovidio, J. F. 2014. *Reducing intergroup bias: The common ingroup identity model*. Philadelphia, PA: Psychology Press.

Gargiulo, M., & Benassi, M. 2000. Trapped in your own net? Network cohesion, structural holes, and the adaptation of social capital. *Organization Science*, 11(2): 183-196.

Gelade, G. A., & Ivery, M. 2003. The impact of human resource management and work climate on organizational performance. *Personnel Psychology*, 56(2): 383-404.

Glomb, T. M., & Welsh, E. T. 2005. Can opposites attract? Personality heterogeneity in supervisor-subordinate dyads as a predictor of subordinate outcomes. *Journal of Applied Psychology*, 90(4): 749-757.

Guillaume, Y. R. F., Brodbeck, F. C., & Riketta, M. 2012. Surface-and deep-level dissimilarity effects on social integration and individual effectiveness related outcomes in work groups: A meta-analytic integration. *Journal of Occupational and Organizational Psychology*, 85(1): 80-115.

Hackman, J. R., & Oldham, G. R. 1976. Motivation through the design of work: Test of a theory. *Organizational Behavior and Human Performance*, 16(2): 250-279.

Haleblian, J., & Finkelstein, S. 1993. Top management team size, CEO dominance, and firm performance: The moderating roles of environmental turbulence and discretion. *Academy of Management Journal*, 36(4): 884-863.

Harrison, D. A., Price, K. H., & Bell, M. P. 1998. Beyond relational demography: Time and the effects of surface-and deep-level diversity on work group cohesion. *Academy of Management Journal*, 41(1): 96-107.

Harrison, D. A., Price, K. H., Gavin, J. H., & Florey, A. T. 2002. Time, teams, and task performance: Changing effects of surface-and deep-level diversity on group functioning. *Academy of Manage-*

ment Journal, 45(5): 1029-1045.

Jackson, S. E., Brett, J. F., Sessa, V. I., Cooper, D. M., Julin, J. A., & Peyronnin, K. 1991. Some differences make a difference: Individual dissimilarity and group heterogeneity as correlates of recruitment, promotions, and turnover. *Journal of Applied Psychology*, 76(5): 675-689.

Jackson, S. E., May, K. E., & Whitney, K. 1995. Understanding the dynamics of diversity in decision-making teams. In R. A. Guzzo, E. Salas, & Assoicates (Eds.), *Team Effectiveness and Decision Making in Organizations*: 204-261. San Francisco, CA: Jossey-Bass.

Jehn, K. A., Northcraft, G. B., & Neale, M. A. 1999. Why differences make a difference: A field study of diversity, conflict and performance in workgroups. *Administrative Science Quarterly*, 44(4): 741-763.

Joshi, A., & Roh, H. 2009. The role of context in work team diversity research: A meta-analytic review. *Academy of Management Journal*, 52(3): 599-627.

Joshi, A., Son, J., & Roh, H. 2015. When can women close the gap? A meta-analytic test of sex differences in performance and rewards. *Academy of Management Journal*, 58(5): 1516-1545.

Jung, D., & Sosik, J. 2002. Transformational leadership at work groups: the role of empowerment, cohesiveness, and collective-efficacy on perceived group performance. *Small GroupResearch*, 33(3): 313-336.

Kephart, W. M. 1957. *Racial factors and urban law enforcement*. Philadelphia, PA: University of Pensylvania.

Kilian, C. M., Hukai, D., &McCarty, C. E. 2005. Building diversity in the pipeline to corporate leadership. *Journal of Management Development*, 24(2): 155-168.

Kirchmeyer, C. 1995. Demographic similarity to the work group: A longitudinal study of managers at the early career stage. *Journal of Organizational Behavior*, 16(1): 67-83.

Klein, K. J., Lim, B., Saltz, J. L., &Mayer, D. M. 2004. How do they get there? An examination of the antecedents of centrality in team networks. *Academy of Management Journal*, 47(6): 952-963.

Landy, F. J., & Farr, J. L. 1983. *The measurement of work performance: Methods, theory, and applications*. New York, NY: Academic Press.

Liao, H., Joshi, A., & Chuang, A. 2004. Sticking out like a sore thumb: Employee dissimilarity and deviance at Work. *Personnel Psychology*, 57(4): 969-1000.

Locke, E. A., Alavi, M., & Wagner Iii., J. A. 1997. Participation in decision making: An information exchange perspective. In G. R. Ferris, (Ed), *Research in personnel and human resources management*, vol. 15: 293-331. Greenwich, CT: JAI Press.

Miller, K. I., & Monge, P. R. 1986. Participation, satisfaction, and productivity: A meta-Analytic review. *Academy of Management Journal*, 29(4): 727-753.

Nisbett, R. E., & Ross, L. 1980. *Human inference: Strategies and shortcomings of social judgment*. Englewood Cllffs, NJ: Prentice-Hall.

Pelled, L. H., Xin, K. R., & Weiss, A. M. 2001. No es como mi: Relational demography and conflict in a Mexican production facility. *Journal of Occupational and Organizational Psychology*, 74: 63-84.

Pettigrew, T. F. 1998. Intergroup contact theory. *Annual Review of Psychology*, 49(1): 65-85.

Petty, R. E., & Cacioppo, J. T. 1986. *Comm unication and persuasion: Central and peripheral routes to at-*

titude change. New York, NY: Springer-Verlag.

Podolny, J. M., & Baron, J. N. 1997. Resources and relationships: Social networks and mobility in the workplace. *American Sociological Review*, 62(5): 673-693.

Riordan, C. M. 2000. Relational demography within groups: Past developments, contradictions, and new directions. In K. M. Rowland & G. R. Ferris (Eds.), *Research in Personnel and Human Resource Management*, vol. 19: 131-173. Greenwich, CT: JAI Press.

Riordan, C. M., & Shore, L. M. 1997. Demographic diversity and employee attitudes: An empirical examination of relational demography within work units. *Journal of Applied Psychology*, 82(3): 342-358.

Saavedra, R., & Kwun, S. K. 2000. Affective states in job characteristics theory. *Journal of Organizational Behavior*, 21(2): 131-146.

Tajfel, H., & Turner, J. C. 1979. An integrative theory of intergroup conflict. In W. Austin & S. Worchel (Eds.), *The Social Psychology of Intergroup Relations*: 33-47. Monterey, CA: Brooks-Cole.

Thomas, K. W., & Velthouse, B. A. 1990. Cognitive elements of empowerment: An "interpretive" model of intrinsic task motivation. *Academy of Management Review*, 15(4): 666-681.

Thompson, J. D. 1967. *Organizations in action: social science bases of administrative theory*. New York, NY: McGraw-Hill.

Tsui, A. S., & Gutek, B. A. 1999. *Demographic differences in organizations: Current research and future directions*. Lanham, MD: Lexington Books.

Tsui, A. S., & O'Reilly, C. A. 1989. Beyond simple demographic effects: The importance of relational demography in superior-subordinate dyads. *Academy of Management Journal*, 32(2): 402-423.

Tsui, A. S., Porter, L. W., & Egan, T. D. 2002. When Both Similarities and Dissimilarities Matter: Extending the Concept of Relational Demography. *Human Relations*, 55(8): 899-929.

Tushman, M. L., & Anderson, P. 1986. Technological Discontinuities and Organizational Environments. *Administrative Science Quarterly*, 31(3): 439-465.

Van de Ven, A. H., & Ferry, D. L. 1980. *Measuring and assessing organizations*. New York, NY: John Wiley & Sons.

Van Knippenberg, D., De Dreu, C. K., & Homan, A. C. 2004. Work group diversity and group performance: An integrative model and research agenda. *Journal of Applied Psychology*, 89(6): 1008-1022.

Wagner, W. G., Pfeffer, J., & O'Reilly, C. A. 1984. Organizational demography and turnover in top-management group. *Administrative Science Quarterly*, 29(1): 74-92.

Wiersema, M. F., & Bantel, K. A. 1992. Top management team demography and corporate strategic change. *Academy of Management Journal*, 35(1): 91-121.

Zimmer, L. 1988. Tokenism and women in the work place: The limits of gender-neutral theory. *Social Problems*, 35(1): 64-77.

8장

김홍중. 2016. 사회학적 파상력. 문학동네.

신동엽·정기원. 2016. 프랙티스 관점 전략이론(Strategy As Practice)의 전망과 과제: 전략연구에서 경제학기반 방법론적 개인주의의 극복가능성을 찾아서. 「인사조직연구」 (한국인사조직학회), 24(4): 119-164.

이무원. 2015. 조직학습이론(Organizational Learning Theory)의 과거, 현재, 그리고 미래. 「인사조직연구」 (한국인사조직학회), 23(4): 11-32.

이무원. 2016. 한국의 조직이론 연구 어떻게 나아갈 것인가? 「인사조직연구」 (한국인사조직학회), 24(4): 1-7.

Ahuja, G. 2000. The duality of collaboration: Inducements and opportunities in the formation of inter-firm linkages. *Strategic Management Journal*, 21(3): 317-343.

Ahuja, G., Soda, G., & Zaheer, A. 2012. The genesis and dynamics of organizational networks. *Organization Science*, 23(2): 434-448.

Aral, S., & Van Alstyne, M. 2011. The diversity-bandwidth trade-off. *American Journal of Sociology*, 117(1): 90-171.

Baum, J. A. C., Cowan, R., & Jonard, N. 2010. Network-independent partner selection and the evolution of innovation networks. *Management Science*, 56(11): 2094-2110.

Baum, J. A. C., McEvily, B., & Rowley, T. J. 2012. Better with age? Tie longevity and the performance implications of bridging and closure. *Organization Science*, 23(2): 529-546.

Beckman, C. M., Haunschild, P. R., & Phillips, D. J. 2004. Friends or strangers? Firm-specific uncertainty, market uncertainty, and network partner selection. *Organization Science*, 15(3): 259-275.

Beckman, C. M., Schoonhoven, C., Rottner, R. M., & Kim, S. J. 2014. Relational pluralism in de novo organizations: Boards of directors as bridges or barriers to diverse alliance portfolios? *Academy of Management Journal*, 57(2): 460-483.

Bian, Y. 1997. Bringing strong ties back in: Indirect ties, network bridges, and job searches in China. *American Sociological Review*, 62(3): 366-385.

Borgatti, S. P., & Halgin, D. S. 2011. On network theory. *Organization Science*, 22(5): 1168-1181.

Bothner, M. S., Kim, Y. K., & E. B. Smith, 2012. How does status affect performance? Status as an asset vs. status as a liability in the PGA and NASCAR. *American Journal of Sociology*, 23(2): 416-433.

Breiger, R., Carley, K. M., & Pattison, P. 2003. *Dynamic social network modelling and analysis: Workshop summary and papers*. Washington, DC: The National Academies Press.

Burt, R. S. 1980. Autonomy in a Social Top-ology. *American Journal of Sociology*, 85(4): 892-925.

Burt, R. S. 1982. *Toward a structural theory of action*. New York, NY: Academic Press.

Burt, R. S. 1992. *Structural holes*. Cambridge, MA: Harvard University Press.

Burt, R. S. 2002. Bridge decay. *Social Networks*, 24(4): 333.

Burt, R. S. 2005. *Brokerage and closure: An introduction to social capital*. New York, NY: Oxford University Press.

Burt, R. S. 2008. Information and structural holes: comment on Reagans and Zuckerman. *Industrial and Corporate Change*, 17(5): 953-953.

Burt, R. S., & Burzynska, K. 2017. Chinese entrepreneurs, social networks, and guanxi. *Management and Organization Review*, 13(2): 221-260.

Chung, C.-N., & Luo, X. 2005. Keeping it all in the family: The role of particularistic relationships in business group performance during institutional transition. *Administrative Science Quarterly*, 50(3): 404-439.

Chung, S., Singh, H., & Lee, K. 2000. Com-plementarity, status similarity and social capital as drivers of alliance formation. *Strategic Management Journal*, 21(1): 1-22.

Coleman, J. S. 1988. Social capital in the creation of human capital. *American Journal of Sociology*, 94: S95-S120.

Cyert, R. M., & March, J. G. 1992. *A behavioral theory of the firm*. Cambridge, MA: Blackwell.

Davis, G. 2006. Mechanisms and the theory of organizations. *Journal of Management Inquiry*, 15(2): 114-118.

Davis, G. F. 1991. Agents without principles? The spread of the poison pill through the intercorporate network. *Administrative Science Quarterly*, 36(4): 583-613.

Davis, G. F. 2014. Celebrating organization theory: The after-party. *Journal of Management Studies*, 52(2): 309-319.

Davis, G. F., & Greve, H. R. 1997. Corporate elite networks and governance changes in the 1980s. *American Journal of So-ciology*, 103(1): 1-37.

Davis, G. F., & Marquis, C. 2005. Prospects for organization theory in the early twenty-first century: Institutional fields and mechanisms. *Organization Science*, 16(4): 332-343.

Emerson, R. M. 1962. Power-dependence relations. *American Sociological Review*, 27(1): 31-41.

Granovetter, M. 1973. The strength of weak ties. *American Journal of Sociology*, 78(6): 1360-1380.

Granovetter, M. 1983. The Strength of Weak Ties: A Network Theory Revisited. *Socio-logical Theory*, 1: 201-233.

Granovetter, M. 1985. Economic action and social structure: The problem of em-beddedness. *American Journal of So-ciology*, 91(3): 481-510.

Granovetter, M. 1990. The myth of social network analysis as a special method in the social sciences. *Connections*, 13(2): 13-16.

Greve, H. R. 2005. Interorganizational learning and heterogeneous social structure. *Organization Studies*, 26(7): 1025-1047.

Gulati, R. 1995. Social structure and alliance formation patterns: A longitudinal analysis. *Administrative Science Quar-terly*, 40(4): 619-652.

Gulati, R., & Gargiulo, M. 1999. Where do interorganizational networks come from? *American Journal of Sociology*, 104(5): 1439-1493.

Hansen, M. T. 1999. The search-transfer problem: The role of weak ties in sharing knowledge across organization subunits. *Administrative Science Quarterly*, 44(1): 82-111.

Hannan, M. T., & Freeman, J. 1989. *Organizational ecology*. Cambridge, MA: Harvard University Press.

Haunschild, P. R., & Beckman, C. M. 1998. When do interlocks matter? Alternate sources of information and interlock influence. *Administrative Science Quar-terly*, 43(4): 815-844.

Kim, H., Hoskisson, R. E., & Wan, W. P. 2004. Power dependence, diversification strategy, and performance in keiretsu member firms. *Strategic Management Journal*, 25(7): 613-636.

Kim, J. Y., Howard, M., Pahnke, E. C., & Boeker, W. 2016. Understanding network formation in strategy research: Ex-ponential random graph models. *Strategic Management Journal*, 37(1): 22-44.

Kim, Y. C., & Rhee, M. 2010. The contingent effect of social networks on organizational commitment: A comparison of instru-mental and expressive ties in a multinational high-tech company. *Sociological Perspectives*, 53(4): 479-502.

Kim, Y. C., Lu, J. W., & Rhee, M. 2012. Learn-ing from age difference: InterOrganizational learning and survival in Japanese foreign subsidiaries. *Journal of Inter-national Business Studies*, 43(8): 719-745.

Lazer, D., & Friedman, A. 2007. The network structure of exploration and exploitation. *Administrative Science Quarterly*, 52(4): 667-694.

Lee, J. 2010. Heterogeneity, brokerage, and innovative performance: Endogenous formation of collaborative inventor net-works. *Organization Science*, 21(4): 804-822.

Lee, S.-H., Mun, H. J., & Park, K. M. 2015. When is dependence on other organizations burdensome? The effect of asymmetric dependence on internet firm failure. *Strategic Management Journal*, 36(13): 2058-2074.

Li, D., Eden, L. Hitt, M. A., & Ireland, R. D. 2008. Friends, acquaintances, or strangers? Partner selection in R&D alliances. *Academy of Management Journal*, 51(2): 315-334.

Ma, D., Rhee, M., & Yang, D. 2013. Power source mismatch and the effectiveness of interorganizational relations: The case of venture capital syndication. *Academy of Management Journal*, 56(3): 711-734.

Mahmood, I. P., Chung, C. N., & Mitchell, W. 2013. The Evolving impact of combinatorial opportunities and exhaustion on innovation by business groups as market development increases: *The Case of Taiwan. Management Science*, 59(5): 1142-1161.

Mahmood, I. P., Zhu, H., & Zajac, E. J. 2011. Where can capabilities come from? Network ties and capability acquisition in business groups. *Strategic Management Journal*, 32(8): 820-848.

Mani, D., & Moody, J. 2014. Moving beyond stylized economic network models: The hybrid world of the Indian firm ownership network. *American Journal of Sociology*, 119(6): 1629-1669.

March, J. G., & Simon, H. A. 1993. *Organizations* (2nd ed.). Cambridge, MA: Blackwell Publishers.

Mariotti, F., & Delbridge, R. 2012. Over-coming network overload and redundancy in interorganizational networks: The Roles of potential and latent ties. *Organization Science*, 23(2): 511-528.

Marsden, P. V. 1990. Network data and mea-surement. *Annual Review of Sociology*, 16: 435-463.

Moody, J., & White, D. R. 2003. Structural cohesion and embeddedness: A hierarhical concept of social groups. *American Sociological Review*, 68(1): 103-127.

Newman, M., Barabási, A. L., & Watts, D. J. 2011. *The structure and dynamics of networks*. Princeton, NJ: Princeton Univ-ersity Press.

Pahnke, C. E., McDonald, R., Wang, D., & Hallen, B. 2015. Exposed: venture capital, competitor ties, and entrepreneurial in-novation. *Academy of Management Journal*, 58(5): 1334-1360.

Pfeffer, J., & Salancik, G. R. 1978. *The external control of organizations*. New York, NY: Harper and Row.

Podolny, J. M. 1993. A Status-based model of market competition. *American Journal of Sociology*, 98(4): 829-872.

Podolny, J. M. 1994. Market uncertainty and the social character of economic exchange. *Administrative Science Quarterly*, 39(3): 458-483.

Podolny, J. M., Stuart, T. E., & Hannan, M. T. 1996. Networks, knowledge, and niches: Competition in the worldwide semiconductor industry, 1984-1991. *American Journal of Sociology*, 102(3): 659-689.

Podolny, J. M., & Stuart, T. E. 1995. A role-based ecology of technological change. *The American Journal of Sociology*, 100(5): 1224-1260.

Podolny, J. M., & Baron, J. N. 1997. Resources and relationships: Social networks and mobility in the workplace. *American Sociological Review*, 62(5): 673-693.

Podolny, J. M., & Page, K. L. 1998. Network forms of organization. *Annual Review of Sociology*, 24: 57-76.

Podolny, J. M. 2001. Networks as the pipes and prisms of the market. *American Journal of Sociology*, 107(1): 33-60.

Podolny, J. M. 2008. *Status signals a sociological study of market competition*. Princeton, NJ: Princeton: Princeton Uni-versity Press.

Powell, W. W. 1990. Neither market nor hierarchy: Network forms of organization. In L. L. Cummings, & B. M. Staw (Eds.), *Research in Organizational Behavior*, vol. 12: 295-336. Greenwich, CT: JAI Press.

Powell, W. W., Koput, K. W., White, D. R., & Owen-Smith, J. 2005. Network Dynamics And Field Evolution: The Growth of Interorganizational Collaboration in The Life Sciences. American Journal of Sociology, 119(4): 1132-1205.

Powell, W. W., Koput, K. W., & Smith-Doerr, L. 1996. Interorganizational collaboration and the locus of innovation: Networks of learning in biotechnology. *Administrative Science Quarterly*, 41(1): 116-145.

Puranam, P., Alexy, O., & Reizig, M. 2014. What's "new" about new forms of organizing? *Academic of Management Review*, 39(2): 169-180.

Ranganathan, R., & Rosenkopf, L. 2014. Do ties really bind? The effect of knowledge and commercialization networks on opposition to standards. *Academy of Management Journal*, 57(2): 515-540.

Reagans, R., & Zuckerman, E. W. 2001. Net-works, diversity, and productivity: The social capital of corporate R&D teams. *Organization Science*, 12(4): 502-517.

Reagans, R., Zuckerman, E., & McEvily, B. 2004. How to make the team: Social networks vs. demography as criteria for designing effective teams. *Administrative Science Quarterly*, 49(1): 101-133.

Reagans, R., & Zuckerman, E. W. 2008. Why knowledge does not equal power: the network redundancy trade-off. *Industrial and Corporate Change*, 17(5): 903-903.

Rhee, M. 2004. Network updating and exploratory learning environment. *Journal of Management Studies*, 41(6): 933-949.

Rhee, M. 2007. The time relevance of social capital. *Rationality and Society*, 19(3): 367-389.

Rider, C. I. 2014. *Educational credentials and intra-occupational inequality: Evidence from law firm dissolutions.* Working paper, Georgetown University, Washington, DC.

Rodan, S., & Galunic, C. 2004. More than network structure: How knowledge heterogeneity influences managerial performance and innovativeness. *Strategic Management Journal*, 25(6): 541-562.

Rogan, M., & Sorenson, O. 2014. Picking a (poor) partner: A relational perspective on acquisitions. *Administrative Science Quarterly*, 59(2): 301-329.

Rosenkopf, L., & Almeida, P. 2003. Over-coming local search through alliances and mobility. *Management Science*, 49(6): 751-766.

Rosenkopf, L., & Nerkar, A. 2001. Beyond local search: Boundary-spanning, exploration, and impact in the optical disk industry. *Strategic Management Journal*, 22(4): 287-306.

Rowley, T. J., Greve, H. R., Rao, H., Baum, J. A. C., & Shipilov, A. V. 2005. Time to break up: Social and instrumental antecedents of firm exits from exchange cliques. *Academy of Management Journal*, 48(3): 499-520.

Ruef, M. 2002. Strong ties, weak ties and islands: Structural and cultural predictors of organizational innovation. *Industrial and Corporate Change*, 11(3): 427-449.

Schilling, M. A., & Fang, C. 2014. When hubs forget, lie, and play favorites: Inter-personal network structure, information distortion, and organizational learning. *Strategic Management Journal*, 35(7): 974-994.

Schilling, M. A., & Phelps, C. C. 2007. Inter-firm collaboration networks: The impact of large-scale network structure on firm innovation. *Management Science*, 53(7): 1113-1126.

Scott, R. W., & Davis, G. F. 2006. Organizations and Organizing: Rational, Natural and Open Systems Perspectives. Upper Saddle River, NJ: Prentice Hall.

Shipilov, A., & Li, X. 2012. The missing link: The effect of customers on the formation of relationships among producers in the multiplex triads. *Organization Science*, 23(2): 472-491.

Shipilov, A., Gulati, R., Kilduff, M., Li, S., & Tsai, W. 2014. Relational pluralism within and between organizations. *Academy of Management Journal*, 57(2): 449-459.

Singh, J. 2005. Collaborative networks as determinants of knowledge diffusion pat-terns. *Management Science*, 51(5): 756-770.

Snijders, T. A. B., Van de Bunt, G., & Steglich, C. 2010, Introduction to actor-based models for network dynamics. *Social Net-works*, 32(1): 44-60.

Somaya, D., Williamson, I. O., & Lorinkova, N. 2008. Gone but not lost: The different performance impacts of employee mobility between cooperators versus com-petitors. *Academy of Management Journal*, 51(5): 936-953.

Song, J., Almeida, P., & Wu, G. 2003. Lear-ning-by-hiring: When is mobility more likely to facilitate interfirm knowledge transfer? *Management Science*, 49(4): 351-365.

Sorenson, O. 2014. Status and reputation: Synonyms or separate concepts? *Strategic Organization*, 12(1): 62-69.

Sorenson, O., & Stuart, T. E. 2001. Syndica-tion networks and the spatial diffusion of venture capital investments. *American Journal of Sociology*, 106(6): 1546-1588.

Sorenson, O., & Stuart, T. E. 2008. Bringing the context back In: Settings and the search for syndicate partners in venture capital investment networks. *Admini-strative Science Quarterly*, 53(2): 266-294.

Sorenson, O., & Waguespack, D. M. 2006. Social structure and exchange: Self-confirming dynamics in Hollywood. *Admini-strative Science Quarterly*, 51(4): 560-589.

Stuart, T. E., & Podolny, J. M. 1996. Local search and the evolution of technological capabilities. *Strategic Management Journal*, 17(S1): 21-38.

Sytch, M., & Tatarynowicz, A. 2014a. Ex-ploring the locus of invention: The dynamics of network communities and firms' invention productivity. *Academy of Mana-gement Journal*, 57(1): 249-279.

Sytch, M., & Tatarynowicz, A. 2014b. Friends and Foes: The dynamics of dual social structures. *Academy of Management Journal*, 57(2): 585-613.

Sytch, M., Gulati, R. 2013. Markets as networks, In D. Teece and M. Augier (Eds.) *The Palgrave Encyclopedia of Strategic Management*. Basingstoke, UK: Palgrave Macmillan.

Toh, P. K. 2013. The paradox of collaboration in inventive activities. *Academy of Management Annual Meeting Proceedings*: 215-220.

Tsai, W. 2000. Social capital, strategic relatedness and the formation of intraorganizational linkages. *Strategic Management Journal*, 21(9): 925-939.

Tsai, W. 2001. Knowledge Transfer in intraorganizational networks: Effects of network position and absorptive capacity on business unit innovation and per-for-mance. *Academy of Management Journal*, 44(5): 996-1004.

Tsai, W. 2002. Social structure of "coopetition" within a multiunit organization: Coor-dination, competition, and intraorganizational knowledge sharing. *Organization Science*, 13(2): 179-190.

Tzabbar, D. 2009. When does scientist recruitment affect technological repositioning? *Academy of Management Journal*, 52(5): 873-896.

Uzzi, B. 1996. The sources and consequences of embeddedness for the economic performance of organizations: The network effect. *American Sociological Review*, 61(4): 674-698.

Uzzi, B. 1997. Social structure and competition in interfirm networks: The paradox of embeddedness. *Administrative Science Quarterly*, 42(1): 35-67.

Uzzi, B., & Spiro, J. 2005. Collaboration and creativity: The small world problem. *American Journal of Sociology*, 111(2): 447-504.

Vedres, B., & Stark, D. 2010. Structural folds: Generative disruption in overlapping groups. *American Journal of Sociology*, 115(4): 1150-1190.

Wang, C., Rodan, S., Fruin, M., & Xu, X. U. 2014. Knowledge networks, collaboration networks, and exploratory in-nova-tion. *Academy of Management Journal*, 57(2): 454-514.

Wasserman, S., & Faust, K. 1994. *Social network analysis: methods and applications*. New York, NY: Cambridge University Press.

Watts, D. J. 1999. *Small words: The dynamics of networks between order and randomness*. Princeton, NJ: Princeton University Press.

Yayavaram, S., & Ahuja, G. 2008. Decompo-sability in knowledge structures and its impact on the usefulness of inventions and knowledge-base malleability. *Admini-strative Science Quarterly*, 53(2): 333-362.

Yayavaram, S., & Chen, W.-R. 2015. Changes in firm knowledge couplings and firm innovation performance: The moderating role of technological complexity. *Strategic Management Journal*, 36(3): 377-396.

Zaheer, A., & Soda, G. 2009. Network evolution: The origins of structural holes. *Administrative Science Quarterly*, 54(1): 1-31.

Zhang, X., & Zhu, F. 2011. Group size and incentives to contribute: A natural experiment at Chinese Wikipedia. *The American Economic Review*, 101(4): 1601-1615.

Zhelyazkov, P. I., & Gulati, R. 2016. After the break-Up: The relational and reputational consequences of withdrawals from venture capital syndicates. *Academy of Management Journal*, 59(1): 277-301.

Zhu, H., & Chung, C.-N. 2014. Portfolios of political ties and business group strategy in emerging economies. *Administrative Science Quarterly*, 59(4): 599-638.

Zuckerman, E. W. 1999. The categorical imperative: Securities analysts and the illegitimacy discount. *American Journal of Sociology*, 104(5): 1398-1438.

Zuckerman, E. W. 2003. On networks and markets by Rauch and Casella, eds. *Journal of Economic Literature*, 41(2): 545-565.

9장

김영규·박상찬·배종훈. 2015. 질문한다, 조직학습. 「인사조직연구」(한국인사조직학회), 23(4): 33-60.

배종훈. 2016. 관료제적 규율, 희생제의 그리고 변화관리. 「인사조직연구」(한국인사조직학회), 24(2): 43-76.

이무원. 2015. 조직학습이론(organization learning theory)의 과거, 현재, 미래. 「인사조직연구」(한국인사조직학회), 23(4): 11-32.

Abrahamson, E., & Rosenkopf, L. 1997. Social network effects on the extent of innovation diffusion: A computer simulation. *Organization Science*, 8(3): 289-309.

Adler, P. S., & Kwon, S. 2002. Social capital: Prospects for a new concept. *Academy of Management Review*, 27(1): 17-40.

Ahn, T. K., Esarey, J., & Scholz, J. T. 2009. Reputation and cooperation in voluntary exchanges: Comparing local and central institutions. *Journal of Politics*, 71(2): 398-413.

Ahn, Y. Y., Bagrow, J. P., & Lehmann, S. 2010. Link communities reveal multiscale complexity in networks. *Nature*, 466 (7307): 761-764.

Akerlof, G. A., & Kranton, R. E. 2010. *Identity economics*. Princeton, NJ: Princeton University Press.

Albert, R., & Barabasi, A. L. 2002. Statistical mechanisms of complex networks. *Review of Modern Physics*, 74(1): 47-97.

Albert, S., & Whetten, D. A. 1985. Organizational identity. *Research in Organizational Behavior*, 7: 263-295.

Anheier, H. K., Gerhards, J., & Romo, F. P. 1995. Forms of capital and social structure in cultural fields: Examining Bourdieu's social topology. *American Journal of Sociology*, 100(4): 859-903.

Aral, S., Muchnik, L., & Sundararajan, A. 2009. Distinguishing influence-based contagion from homophily-driven diffusion in dynamic networks. *Proceedings of the National Academy of Science*, 106(51): 21544-21549.

Ashforth, B. E., Rogers, K. M., & Corley, K. G. 2011. Identity in organizations: Exploring cross-level dynamics. *Organization Science*, 22(5): 1144-1156.

Avery, C., & Zemsky, P. 1998. Multidimensional uncertainty and herd behavior in financial markets. *American Economic Review*, 88(4): 724-748.

Bae, J., & Gargiulo, M. 2004. Partner substitutability, alliance network structure, and firm profitability in the telecommunications industry. *Academy of Management Journal*, 47(6): 843-859.

Bae, J., & Koo, J. 2008. Information loss, knowledge transfer cost and the value of social relations. *Strategic Organization*, 6(3): 227-258.

Bae, J., Cha, Y.-J., Lee, H., Lee, B., Baek, S., Choi, S., & Jang, D. 2017. Social networks and inference about unknown events: A case of the match between Google's AlphaGo and Sedol Lee. *PLoS ONE*, 12(2): e0171472.

Bae, J., Lee, J., Baek, S. C., Kang, S., & Noh, H. 2013. Long-distance diffusion and strongly tied bridges: The influence of the originator's network. *Strategic Organization*, 11(2): 156-179.

Banerjee, A., & Munshi, K. 2004. How efficiently is capital allocated? Evidence from the knitted garment industry in Tirupur. *Review of Economic Studies*, 71(1): 19-42.

Banerjee, A., Chandrasekhar, A. G., Duflo, E., & Jackson, M. O. 2013. The diffusion of microfinance. *Science*, 341(6144): 1236498.

Barabasi, A. L., & Albert, R. 1999. Emergence of scaling in random networks. *Science*, 286(5439): 509-512.

Barkoczi, D., & Galesic, M. 2016. Social learning strategies modify the effect of network structure on group performance. *Nature Communications*, 7: 13109.

Bikhchandani, S., Hirshleifer, D., & Welch, I. 1992. A theory of fads, fashion, custom and cultural change as information cascades. *Journal of Political Economy*, 100(5): 992-1027.

Bonner, W., & Rajiva, L. 2007. *Mobs, messiahs, and markets.* Hoboken, NJ: John Wiley & Sons.

Borgatti, S. P., & Cross, R. 2003. A relational view of information seeking and learning in social networks. *Management Science*, 49(4): 432-445.

Borgatti, S. P., & Everett, M. G. 1999. Models of core · periphery structures. *Social Networks*, 21(4): 375-395.

Borgatti, S. P., Everett, M. G., & Johnson, J. C. 2013. *Analyzing social networks.* Thousand Oaks, CA: Sage.

Bothner, M. S. 2002. Competition and social influence: The diffusion of the sixth-generation processor in the global computer industry. *American Journal of Sociology*, 108(6): 1175-1210.

Bothner, M. S., Kim, Y. K., & Smith, E. B. 2012. How does status affect performance? Status as an asset vs. status as a liability in the PGA and NASCAR. *Organization Science*, 23(2): 416-433.

Bothner, M. S., Smith, E. B., & White, H. C. 2010. A model of robust positions in social networks.

American Journal of Sociology, 116(3): 943-992.

Bourdieu, P., & Wacquant, L. J. D. 1992. *An invitation to reflexive sociology*. Chicago, IL: University of Chicago Press.

Brands, R. A., Menges, J., & Kilduff, M. 2015. The leader-in-social network schema: Perceptions of network structure affect gendered attributions of charisma. *Organization Science*, 26(4): 1210-1225.

Burt, R. S. 1987. Social contagion and innovation: Cohesion versus structural equivalence. *American Journal of Sociology*, 92(6): 1287-1335.

Burt, R. S. 1992. *Structural holes: The social structure of competition*. Boston, MA: Harvard University Press.

Burt, R. S. 2010. *Neighbor Networks*. New York, NY: Oxford University Press.

Burt, R. S., & Knez, M. 1995. Kinds of third party effects on trust. *Rationality and Society*, 7(3): 255-292.

Burt, R. S., & Talmud, I. 1993. Market niche. *Social Networks*, 15(2): 133-149.

Burt, R. S., Jannotta, J. E., & Mahoney, J. T. 1998. Personality correlates of structural holes. *Social Networks*, 20(1): 63-87.

Burt, R. S., Kilduff, M., & Tasselli, S. 2013. Social network analysis: Foundations and frontiers on advantage. *Annual Review of Psychology*, 64: 527-547.

Carnabuci, G., & Dioszegi, B. 2015. Social networks, cognitive style, and innovative performance: A contingency perspective. *Academy of Management Journal*, 58(3): 881-905.

Casciaro, T. 1998. Seeing things clearly: Social structure, personality, and accuracy in social network perception. *Social Networks*, 20(4): 331-351.

Castells, M. 1996. *The rise of network society*. Malden, MA: Blackwell Publishing.

Centola, D. 2010. The spread of behavior in an online social network experiment. *Science*, 329(5996): 1194-1197.

Centola, D. 2015. The social origins of networks and diffusion. *American Journal of Sociology*, 120(5): 1295-1338.

Centola, D., & Macy, M. 2007. Complex contagions and the weakness of long ties. *American Journal of Sociology*, 113(3): 702-734.

Centola, D., Willer, R., & Macy, M. 2005. The emperor's dilemma: A computational model of self-enforcing norms. *American Journal of Sociology*, 110(4): 1009-1040.

Christakis, N. A., & Fowler, J. H. 2010. Social network sensors for early detection of contagious outbreaks. *PLoS ONE*, 5(9): e12948.

Chung, S., Singh, H., & Lee, K. 2000. Complementarity, status similarity and social capital as drivers of alliance formation. *Strategic Management Journal*, 21(1): 1-22.

Cipriani, M., & Guarino, A. 2005. Herd behavior in a laboratory financial market. *American Economic Review*, 95(5): 1427-1443.

Coleman, J. 1988. Social capital in the creation of human capital. *American Journal of Sociology*, 94(S): S95-S120.

Coleman, J. S., Katz, E., & Menzel, H. 1966. *Medical innovation*. New York, NY: Bobbs-Mrrill.

Cyert, R., & March, J. G.1963. *A behavioral theory of the firm*. Englewood Cliffs, NJ: Prentice-Hall.

Dahl, R. A. 1961. *Who governs?* New Haven, CT: Yale University Press.

Davis, J. A. 1963. Structural balance, mechanical solidarity, and interpersonal relations. *American Jounal of Sociology*, 68(4): 444-462.

De Kerchove, C., Krings, G., Lambiotte, R., van Dooren, P., & Blondel, V.D. 2009. Role of second trials in cascades of information over networks. *Physical Review E*, 79(1): 016114.

Denrell, J. 2005. Why most people disapprove of me: Experience sampling in impression formation. *Psychological Review*, 112(4): 951-978.

Denrell, J., & March, J. G. 2001. Adaptation as information restriction: the Hot stove effect. *Organization Science*, 12(5): 523-538.

Denrell, J., & Mens, G. L. 2011. Social judgments from adaptive samples. In J. Krueger (ed.), *Social Judgment and Decision Making*: 151-169. New York, NY: Psychology Press.

DiMaggio, P., & Garip, F. 2012. Network effects and social inequality. *Annual Review of Sociology*, 38: 93-118.

Dodds, P. S., & Watts, D. J. 2004. Universal behavior in a generalized model of contagion. *Physical Review Letters*, 92(21): 218701.

Drehmann, M., Oechssler, J., & Roider, A. 2005. Herding and contrarian behavior in financial markets: An internet experiment. *American Economic Review*, 95(5): 1403-1426.

Duguid, M. M., Loyd, D. L., & Tolbert, P. S. 2012. The impact of categorical status, numeri representation, and work group prestige on preference for demographically similar others: A value threat approach. *Organization Science*, 23(2): 386-401.

Dunbar, R. I. M. 1998. The social brain hypothesis. *Evolutionary Anthropology*, 6(5): 178-190.

Dunbar, R. I. M., Arnabildi, V., Conti, M., & Passarella, A. 2015. The structure of online social networks mirrors those in the offline world. *Social Networks*, 43(1): 39-47.

Easely, D., & Kleinberg, J. 2010. *Networks, crowds, and markets*. New York, NY: Cambridge University Press.

Ellison, N. B., Steinfield, C., & Lampe, C. 2007. The benefits of facebook "friends". *Journal of Computer-Mediated Com-munication*, 12(4): 1143-1168.

Emirbayer, M., & Goodwin, J. 1994. Network analysis, culture, and the problem of agency. *American Journal of Sociology*, 99(6): 1411-1454.

Entwisle, B., Faust, K., Rnidfuss, R. R., & Kadeda, T. 2007. Networks and contexts: Variation in the structure of social ties. *American Journal of Sociology*, 112(5): 1495-1533.

Erdos, P., & Renyi, A. 1959. On random graph. *Publictiones Mathematicae, Debrecen*, 6: 290-297.

Espeland, W. N., & Stevens, M. L. 1998. Commensurartion as a social process. *Annual Review of Sociology*, 24: 313-343.

Fang, R., Landis, B., Zhang, Z., Anderson, M. H., Shaw, J. D., & Kilduff, M. 2015. Integrating personality and social networks: A meta-analysis of personality, network position, and work outcomes in organizations. *Organization Science*, 26(4): 1243-1260.

Feld, S. L. 1981. The focused organization of social ties. *American Journal of Sociology*, 86(5): 1015-1035.

Fischer, C. S. 2005. Bowling alone: What's the score? *Social Networks*, 27(2): 155-167.

Friedkin, N. E. 1998. *A structural theory of social influence*. New York, NY: Cambridge University Press.

Gabbay, S. M., & Zuckerman, E. W. 1998. Social capital and opportunity in corporate R&D: The contingent effect of contact diversity on mobility expectations. *Social Science Research*, 27(2): 189-217.

Girvan, M., & Newman, M. E. J. 2002. Community structure in social and biological networks. *Proceedings of the National Academy of Science*, 99(12): 7821-7826.

Goerzen, A., & Beamish, P. W. 2005. The effect of alliance network diversity on multinational enterprise performance. *Strategic Management Journal*, 26(4): 333-354.

Goyal, S. 2007. *Connections*. Princeton, NJ: Princeton University Press.

Granovetter, M. 1973. The strength of weak ties. *American Journal of Sociology*, 78(6): 1360-1380.

Granovetter, M. 1978. Threshold models of collective behavior. *American Journal of Sociology*, 83(6): 1420-1443.

Greenwood, R., Raynard, M., Kodeih, F., Micelotta, E. R., & Lounsbury, M. 2011. Institutional complexity and organizational responses. *Academy of Management Annals*, 5(1): 317-371.

Greve, H. R. 2003. *Organizational learning from performance feedback: A behavioral perspective on innovation and change*. New York, NY: Cambridge University Press.

Hannan, M. T., Polos, L., & Carroll, G. R. 2007. *Logics of organization theory: Audiences, codes, and ecologies*. Princeton, NJ: Princeton University Press.

Hodgson, G. M. 1993. *Economics and evolution*. Ann Arbor, MI: University of Michigan Press.

Hsu, G. 2006. Jacks of all trades and masters of none: Audiences' reactions to spanning genres in feature film production. *Administrative Science Quarterly*, 51(3): 420-450.

Hsu, G., & Hannan, M. T. 2005. Identities, genres, and organizational forms. *Organization Science*, 16(5): 474-490.

Hsu, G., Hannan, M. T., & Polos, L. 2011. Typecasting, legitimation, and form emergence: A formal theory. *Sociological Theory*, 29(2): 97-123.

Ingram, P., & Morris, M. W. 2008. Do people mix at mixers? *Administrative Science Quarterly*, 52(4): 558-585.

Jackson, M. O. 2008. *Social and economic networks*. Princeton, NJ: Princeton Uni-versity Press.

Jackson, M. O., Rogers, B., & Zenou, Y. 2017. The economic consequences of social network structure. *Journal of Economic Literature*, 55(1): 49-95.

Janicik, G. A., & Larrick, R. P. 2005. Social network schemas and the learning of incomplete networks. *Journal of Personality and Social Psychology*, 88(2): 348-364.

Jensen, M. 2003. The role of network resources in market entry: Commercial banks' entry into investment banking, 1991-1997. *Administrative Science Quarterly*, 48(3): 466-497.

Jones, C., Maoret, M., Massa, F. G., & Svejenova, S. 2012. Rebels with a cause: Formation, contestation, and expansion of the de novo category "modern architecture", 1870-1975. *Organization Science*, 23(6): 1523-1545.

Kadushin, C. 2012. *Understanding social networks*. New York, NY: Oxford Uni-versity Press.

Kitsak, M., Gallos, L. K., Havlin, S., Liljeros, F., Muchnik, L., Stanley, H. E., & Makse, H. A. 2010. Identification of influential spreaders in complex networks. *Nature Physics*, 6(11): 888-893.

Kossinets, G., & Watts, D. J. 2009. Origins of homophily in an evolving social network. *American Journal of Sociology*, 115(2): 405-450.

Kovacs, B., & Hannan, M. T. 2015. Conceptual spaces and the consequences of category spanning. *Sociological Science*, 2: 252-286.

Krackhardt, D. 1987. Cognitive social structures. *Social Networks*, 9(2): 109-134.

Krackhardt, D. 1990. Assessing the political landscape: Structure, cognition, and power in organizations. *Administrative Science Quarterly*, 35(2): 342-369.

Krippner, G. R., & Alvarez, A. S. 2007. Embeddedness and the intellectual projects of economic sociology. *Annual Review of Sociology*, 33: 219-240.

Latour, B. 2005. *Reassembling the social: An introduction to actor-network theory*. Oxford, UK: Oxford University Press.

Lee, J. 2010. Heterogeneity, brokerage, and innovative performance: Endogenous formation of collaborative inventor networks. *Organization Science*, 21(4): 804-822.

Lin, N. 2001. *Social capital: A theory of social structure and action*. New York, NY: Cambridge University Press.

Lin, N., & Dumin, M. 1986. Access to occupations through social ties. *Social Networks*, 8(4): 365-385.

Lopez-Pintado, D., & Watts, D. J. 2008. Social influence, binary decisions and collective dynamics. *Rationality and Society*, 20(4): 399-443.

Manski, C. F. 2000. Economic analysis of social interactions. *Journal of Economic Perspectives*, 14(3): 115-136.

Marsden, P. V. 1983. Restricted access in networks and models of power. *American Journal of Sociology*, 88(4): 686-717.

Martin, J. L. 2003. What is field theory? *American Journal of Sociology*, 109(1): 1-49.

Mastrandrea, R., Fournet, J., & Barrat, A. 2015. Contact patterns in a high school: A comparison between data collected using wearable sensors, contact diaries and friendship surveys. *PLoS ONE*, 10(9): e0136497.

McPherson, M., Smith-Lovin, L., & Cook, J. M. 2001. Birds of a feather: Homophily in social networks. *Annual Review of Sociology*, 27: 415-444.

Mehra, A., Kilduff, M., & Brass, D. J. 2001. The social networks of high and low self-monitors: Implications for workplace performance. *Administrative Science Quarterly*, 46(1): 121-146.

Merluzzi, J., & Burt, R. 2013. How many names are enough? Identifying network effects with the least set of listed contacts. *Social Networks*, 35(3): 331-337.

Newman, M. E. J. 2003. Mixing patterns in networks. *Physical Review Letters*, 89 (20): 208701.

Newman, M. E. J. 2010. *Networks: An introduction*. New York, NY: Oxford University Press.

Newman, M. E. J., Strogatz, S. H., & Watts, D. J. 2002. Random graph models of social networks. *Proceedings of the National Academy of Science of the United States of American*, 99(1): 2566-2572.

Obstfeld, D. 2005. Social networks, the Tertius Iungens orientation, and involvement in innovation. *Administrative Science Quarterly*, 50(1): 100-130.

Oh, H., & Kilduff, M. 2008. The ripple effect of personality on social structure: Self-monitoring origins of network brokerage. *Journal of Applied Psychology*, 93(5): 1155-1164.

Padgett, J. F., & Ansell, C. K. 1993. Robust action and the rise of the Medici, 1400-1434. *American Journal of Sociology*, 98(6): 1259-1319.

Pentland, A. 2014. *Social Physics*. New York, NY: Penguin Books.

Phelps, C. C. 2010. A longitudinal study of the influence of alliance network structure and composition on firm exploratory innovation. *Academy of Management Journal*, 53(4): 890-913.

Pierce, T., & Lydon, J. E. 2001. Global and specific relational models in the experience of social interactions. *Journal of Personality and Social Psychology*, 80(4): 613-631.

Podolny, J. M. 1993. A status-based model of market competition. *American Journal of Sociology*, 98(4): 829-872.

Podolny, J. M. 2001. Networks as the pipes and prisms of the market. *American Journal of Sociology*, 107(1): 33-60.

Pontikes, E., & Hannan, M. T. 2014. An ecology of social categories. *Sociological Science*, 1: 311-343.

Portes, A. 1998. Social capital: Its origins and applications in modern sociology. *Annual Review of Sociology*, 24: 1-24.

Powell, W. W. 1990. Neither market nor hierarchy: Network forms of organization. *Research in Organizational Behavior*, 12: 295-336.

Putnam, R. 1995. Bowling alone: American's declining social capital. *Journal of Democracy*, 6(1): 65-78.

Putnam, R. 2000. *Bowling alone: The decline and revival of civic American*. New York, NY: Simon & Schuster.

Reagans, R., & Zuckerman, E. W. 2001. Networks, diversity, and productivity: The social capital of corporate R&D teams. *Organization Science*, 12(4): 502-517.

Rivera, M. T., Soderstrom, S. B., & Uzzi, B. 2011. Dynamics of dyads in social networks: Assortative, relational, and proximity mechanisms. *Annual Review of Sociology*, 36: 91-115.

Salancik, G. R. 1995. Wanted: A good network theory of organization. *Administrative Science Quarterly*, 40(2): 345-349.

Salganik, M. J., Dodds, P. S., & Watts, D. J. 2006. Experimental study of inequality and unpredictability in an artificial cultural market. *Science*, 311(5762): 854-856.

Scharfstein, D. S., & Stein, J. C. 1990. Herd behavior and investment. *American Economic Review*, 80(3): 465-479.

Selznick, P. 1957. *Leadership in administration: A sociological interpretation*. Oakland, CA: University of California Press.

Simmel, G. 1955. *Conflict and the web of group-affiliated organizations*. New York, NY: Free Pres.

Smelseer, N. J., & Swedberg, R. 1994. *The handbook of economic sociology*. Princeton, NJ: Princeton University Press.

Smith, E. B., Menon, T., & Thompson, L. 2012. Status differences in the cognitive activation of social networks. *Organization Science*, 23(1): 67-82.

Strang, D., & Macy, M. W. 2001. In search of excellence: Fads, success stories, and adaptive emulation. *American Journal of Sociology*, 107(1): 147-182.

Stuart, T. 2000. Interorganizational alliances and the performance of firms: A study of growth and innovation rates in a high-technology industry. *Strategic Management Journal*, 21(8): 791-811.

Suri, S., & Watts, D. J. 2011. Cooperation and contagion in web-based networked public goods experiment. *PLoS ONE*, 6(3): e16836.

Tasselli, S., Kilduff, M., & Menges, J. I. 2015. The microfoundations of organizational social networks: A review and an agenda for future research. *Journal of Management*, 41(5): 1361-1387.

Tetlock, P. E., & Gardner, D. 2015. *Superforecasting: The art and science of prediction*. New York, NY: Broadway Books.

Thornton, P. 2002. The rise of the corporation in a craft industry: Conflict and conformity in institutional logics. *Academy of Management Journal*, 45(1): 81-101.

Thornton, P. H., Ocasio, W., & Lounsbury, M. 2012. *The institutional logics perspective: A new approach to culture, structure and process*. New York, NY: Oxford University Press.

Uzzi, B., & Spiro, J. 2005. Collaboration and creativity: The small world problem. *American Journal of Sociology*, 111(2): 447-504.

Valente, T. W. 1996. Social network thresholds in the diffusion of innovations. *Social Networks*, 18(1): 69-89.

Van den Bulte, C., & Lilien, G. L. 2001. Medical innovation revisited: Social contagion versus marketing effort. *American Journal of Sociology*, 106(5): 1409-1435.

Van der Gaag, M., & Snijders, T. A. B. 2005. The resource generator: Social capital quantification with concrete items. *Social Networks*, 27(1): 1-29.

Watts, D. J. 2002. A simple model of global cascades on random networks. *Proceedings of the National Academy of Science*, 99(9): 5766-5771.

Watts, D. J. 2004. The "new" science of networks. *Annual Review of Sociology*, 30: 243-270.

Watts, D. J., & Dodds, P. S. 2007. Influentials, networks, and public opinion formation. *Journal of Consumer Research*, 34(4): 441-458.

Watts, D. J., & Strogatz, S. H. 1998. Collective dynamics of 'small-world' networks. *Nature*, 393(6684): 440-442.

Wellman, B. 1983. Network analysis: Some basic principles. *Sociological Theory*, 1: 155-200.

White, H. 2002. *Markets from Networks*. Princeton, NJ: Princeton University Press.

White, H. C., Boorman, S. A., & Breiger, R. L. 1976. Social structure from multiple networks. I. Blockmodels of roles and positions. *American Journal of Sociology*, 81(4): 730-780.

Willer, D. (Ed.). 1999. *Network exchange theory*. London, UK: Praeger.

Williams, D. 2006. On and off the net: Scales for social capital in an online era. *Journal of Computer-Mediated Communication*, 11(2): 593-628.

Woolcock, M. 2010. The rise and routinization of social capital, 1988-2008. *Annual Review of Political Science*, 13: 469-487.

Zuckerman, E. W. 2010. Why social networks are overrated: Downsides of the commensuration that underlies social network analysis. *Perspectives* (Newsletter of the ASA Theory Section): 3-5.

Zuckerman, E. W. 2012. Construction, concentration, and (dis)continuities in social valuations. *Annual Review of Sociology*, 38: 223-245.

10장

김관우·박찬웅. 2012. 시장의 범주 확장과 지위. 「한국사회학」 (한국사회학회), 46(5): 115-139.

김난도. 2008. 「한국 사람들은 왜 그렇게 명품을 좋아할까」. 서울: 서울대 생활과학연구소.

김영규·박상찬·배종훈. 2015. 질문한다, 조직학습. 「인사조직연구」 (한국인사조직학회), 23(4): 33-60.

김영규·김화리. 2016. 법학교육기관 조직지위와 법률직역에서 사회적 자본의 역할. 「법학연구」 (연세대학교 법학연구원), 26(1): 409-451.

알랭 드 보통. 2004. 「불안」 (정영목 옮김), 파주: 이레출판사.

이무원. 2015. 조직학습이론(Organizational Learning Theory) 의 과거, 현재, 그리고 미래. 「인사조직연구」 (한국인사조직학회), 23(4): 11-32.

정대훈·신동엽. 2016. 조직학습과 지위. 「경영학연구」 (한국경영학회), 45(5): 1623-1644.

한준·신동엽·기노경. 2004. 한국 시스템통합 산업의 생태지위 (Niche) 구조와 기업간 경쟁역학: 네트워크 분석을 통한 기업 성과의 설명. 「경영학연구」 (한국경영학회), 33(5): 1441-1459.

Anderson, C., Ames, D. R., & Gosling, S. D. 2008. Punishing hubris: The perils of overestimating one's status in a group. *Personality and Social Psychology Bulletin*, 34(1): 90-101.

Askin, N., & Bothner, M. S. 2016. Status-aspirational pricing: The "chivas regal" strategy in US higher education, 2006-2012. *Administrative Science Quarterly*, 61(2): 217-253.

Bae, J., & Lee, K. 1998. Social structure and alliance formation in the korean telecommunications industry. *Journal of Industrial Relations*, 7(9): 121-139.

Baum, J. A., & Oliver, C. 1991. Institutional linkages and organizational mortality. *Administrative Science Quarterly*, 36(2): 187-218.

Beckman, C. M., Haunschild, P. R., & Phillips, D. J. 2004. Friends or strangers? Firm-specific uncertainty, market uncertainty, and network partner selection. *Organization Science*, 15(3): 259-275.

Bendersky, C., & Hays, N. A. 2012. Status conflict in groups. *Organization Science*, 23(2): 323-340.

Bendersky, C., & Shah, N. P. 2012. The cost of status enhancement: Performance effects of individuals' status mobility in task groups. *Organization Science*, 23(2): 308-322.

Benjamin, B. A., & Podolny, J. M. 1999. Status, quality, and social order in the California wine industry. *Administrative Science Quarterly*, 44(3): 563-589.

Blau, P. 1964. *Exchange and power in social life*. New York, NY: John Wiley & Sons.

Bonacich, P. 1972. Factoring and weighting approaches to status scores and clique identification. *Journal of Mathematical Sociology*, 2(1): 113-120.

Bonacich, P. 1987. Power and centrality: A family of measures. *American Journal of Sociology*, 92(5): 1170-1182.

Bothner, M. S., Kang, J., & Stuart, T. E. 2007. Competitive crowding and risk taking in a tournament: Evidence from NASCAR racing. *Administrative Science Quarterly*, 52(2): 208-247.

Bothner, M. S., Kim, Y.-K., & Smith, E. B. 2012. How does status affect performance? Status as an asset vs. status as a liability in the PGA and NASCAR. *Organization Science*, 23(2): 416-433.

Bothner, M. S., Kim, Y.-K., & Lee, W. 2015. Primary status, complementary status, and organizational survival in the U.S. venture capital industry. *Social Science Research*, 52: 588-601.

Bothner, M. S., Smith, E. B., & White, H. C. 2011. A model of robust positions in social networks. *American Journal of Sociology*, 116(3): 943-992.

Bourdieu, P. 1984. *Distinction: A social critique of the judgement of taste*. Cambridge, MA: Harvard University Press.

Bowers, A. 2015. Relative comparison and category membership: The case of equity analysts. *Organization Science*, 26(2): 571-583.

Brickson, S. L. 2005. Organizational identity orientation: Forging a link between organizational identity and organizations' relations with stakeholders. *Administrative Science Quarterly*, 50(4): 576-609.

Burt, R. S. 1992. *Structural hole*. Cambridge, MA: Harvard Business School Press.

Carter, R., & Manaster, S. 1990. Initial public offerings and underwriter reputation. *The Journal of Finance*, 45(4): 1045-1067.

Castellucci, F., & Ertug, G. 2010. What's in it for them? Advantages of higher-status partners in exchange relationships. *Academy of Management Journal*, 53(1): 149-166.

Castellucci, F., & Podolny, J. M. 2017. The dynamics of position, capability, and market competition. *Industrial and Corporate Change*, 26(1): 21-39.

Chen, Y., Peterson, R. S., Phillips, D. J., Podolny, J. M., & Ridgeway, C. L. 2012. Introduction to the special issue: Bringing status to the table-attaining, maintaining, and experiencing status in organizations and markets. *Organization Science*, 23(2): 299-307.

Chung, S., Singh, H., & Lee, K. 2000. Com-plementarity, status similarity and social capital as drivers of alliance formation. *Strategic Management Journal*, 21(1): 1-22.

D'Aveni, R. A. 1996. A multipleconstituency, status-based approach to interorganizational mobility of faculty and input-output competition among top business schools. *Organization Science*, 7(2): 166-189.

Delmestri, G., & Greenwood, R. 2016. How cinderella became a queen theorizing radical status change. *Administrative Science Quarterly*, 61(4): 507-550.

Durand, R., & Kremp, P. A. 2016. Classical deviation: Organizational and individual status as antecedents of conformity. *Academy of Management Journal*, 59(1): 65-89.

Durand, R., Rao, H., & Monin, P. 2007. Code and Conduct in French Cuisine: Impact of code changes on external evaluation. *Strategic Management Journal*, 28(5): 455-472.

Eisenhardt, K., & Schoonhoven, C. B. 1996. Resource-based view of strategic alliance formation: Strategic and social effects in entrepreneurial firms. *Organization Science*, 7(2): 136-150.

Ertug, G., & Castellucci, F. 2013. Getting what you need: How reputation and status affect team performance, hiring, and salaries in the NBA. *Academy of Management Journal*, 56(2): 407-431.

Ertug, G., Yogev, T. Lee, Y. G., & Hedstrom, P. 2016. The art of representation: How audiencespecific reputations affect success in the contemporary art field. *Academy of Management Journal*, 59(1): 113-134.

Flynn, F. J. 2003. How much should I give and how often? The effects of generosity and frequency of favor exchange on social status and productivity. *Academy of Management Journal*, 46(5): 539-553.

George, G., Dahlander, L., Graffin, S. D., & Sim, S. 2016. Reputation and status: Expanding the role of social evaluations in management research. *Academy of Management Journal*, 59(1): 1-13.

Gioia, D. A., Schultz, M., & Corley, K. G. 2000. Organizational identity, image, and adaptive instability. *Academy of Management Review*, 25(1): 63-81.

Gould, R. V. 2002. The origins of status hierarchies: A formal theory and empirical test. *American Journal of Sociology*, 107(5): 1143-1178.

Graffin, S. D., Bundy, J., Porac, J. F., Wade, J. B., & Quinn, D. P. 2013. Falls from grace and the hazards of high status: The 2009 british MP expense scandal and its impact on parliamentary elites. *Administrative Science Quarterly*, 58(3): 313-345.

Granovetter, M. S. 1973. The strength of weak ties. *American Journal of Sociology*, 78(6): 1360-1380.

Greenwood, R., Raynard, M., Kodeih, F., Micelotta, E. R., & Lounsbury, M. 2011. Institutional complexity and organizational responses. *Academy of Management Annals*, 5(1): 317-371.

Greve, H. R. 1998. Performance, aspirations, and risky organizational change. *Administrative Science Quarterly*, 44(1): 58-86.

Greve, H. R. 2008. A behavioral theory of firm growth: Sequential attention to size and performance goals. *Academy of Management Journal*, 51(3): 476-494.

Groysberg, B., Polzer, J. T., & Elfenbein, H. A. 2011. Too many cooks spoil the broth: How high-status individuals decrease group effectiveness. *Organization Science*, 22(3): 722-737.

Hahl, O., & Zuckerman, E. W. 2014. The denigration of heroes? How the status attainment process shapes attributions of considerateness and authenticity. *American Journal of Sociology*, 120(2): 504-554.

Hannan, M. T., & Freeman, J. 1977. The population ecology of organizations. *American Journal of Sociology*, 82(5): 929-964.

Heath, C., Larrick, R. P., & Wu, G. 1999. Goals as reference points. *Cognitive Psychology*, 38(1): 79-109.

Heinz, J. P., & Laumann, E. 1982. *Chicago lawyers: The social structure of the bar*. New York, NY: Russell Sage Foundation; Chicago, IL: American Bar Foundation.

Hsu, G. 2006. Jacks of all trades and masters of none: Audiences' reactions to spanning genres in feature film production. *Administrative Science Quarterly*, 51(3): 420-450.

Hsu, G., Hannan, M. T., & Koçak, Ö. 2009. Multiple category memberships in markets: An integrative theory and two empirical tests. *American Sociological Review*, 74(1): 150-169.

Hutchinson, G. E. 1957. Concluding remarks. *Cold Spring Harbour Symposia on Quantitative Biology*, 22: 415-27.

Jasso, G. 2001. Studying status: An integrated framework. *American Sociological Review*, 66(1): 96-124.

Jensen, M., & Roy, A. 2008. Staging exchange partner choices: When do status and reputation matter?. *Academy of Management Journal*, 51(3): 495-516.

Jensen, M. 2006. Should we stay or should we go? Accountability, status anxiety, and client defections. *Administrative Science Quarterly*, 51(1): 97-128.

Jensen, M. 2008. The use of relational discrimination to manage market entry: When do social status and structural holes work against you?. *Academy of Management Journal*, 51(4): 723-743.

Jensen, M., & Kim, H. 2015. The real oscar curse: The negative consequences of positive status shifts. *Organization Science*, 26(1): 1-21.

Jensen, M., Kim, B. K., & Kim, H. 2011. The importance of status in markets: A market identity perspective. In J. L. Pearce (Ed.), *Status in Management and Organizations*: 87-113. Cambridge, UK: Cambridge University Press.

Kahneman, D., & Tversky, A. 1979. Prospect theory: An analysis of decision under risk. *Econometrica*, 47(2): 263-291.

Kang, J. H. 2010. Status inconsistency and strategic behavior: US venture capital investments. *Korean Journal of Sociology*, 44(3): 1-25.

Kilduff, G. J., Willer, R., & Anderson, C. 2016. Hierarchy and its discontents: Status disagreement leads to withdrawal of contribution and lower group performance. *Organization Science*, 27(2): 373-390.

Kim, H., & Jensen, M. 2014. Audience heterogeneity and the effectiveness of market signals: How to overcome liabilities of foreignness in film exports?. *Academy of Management Journal*, 57(5): 1360-1384.

Kim, H. H. S. 2012. Network dynamics of interorganizational tie dissolution. *Korean Journal of Sociology*, 46(3): 139-161.

Kim, Y. K. 2010. Status, closure, and brokerage. *Journal of Strategic Management*, 13(3): 121-149.

Kovács, B., & Johnson, R. 2014. Contrasting alternative explanations for the consequences of category spanning: A study of restaurant reviews and menus in San Francisco. *Strategic Organization*, 12(1): 7-37.

Kovács, B., & Sharkey, A. 2014. The paradox of publicity: How awards can negatively affect the evaluation of quality. *Administrative Science Quarterly*, 59(1): 1-33.

Leifer, E. M., & White, H. C. 1987. A structural approach to markets. In M. Mizruchi & M. Schwartz (Eds.), *Intercorporate Relations: The Structural Analysis of Business*: 85-108. Cambridge, UK: Cambridge University Press.

Lenski, G. E. 1954. Status crystallization: A non-vertical dimension of social status. *American Sociological Review*, 19(4): 405-413.

Lenski, G. E. 1967. Status inconsistency and the vote: A four nation test. *American Sociological Review*, 32(2): 298-301.

Lin, N. 1999. Social networks and status attainment. *Annual Review of Sociology*, 25(1): 467-487.

Lounsbury, M., & Rao, H. 2004. Sources of durability and change in market classifications: A study of the reconstitution of product categories in the American mutual fund industry, 1944-1985. *Social Forces*, 82(3): 969-999.

Lynn, F. B., Podolny, J. M., & Tao, L. 2009. A sociological (de)construction of the relationship between status and quality. *American Journal of Sociology*, 115(3): 755-804.

Malter, D. 2014. On the causality and cause of returns to organizational status evidence from the grands crus classés of the médoc. *Administrative Science Quarterly*, 59(2): 271-300.

Martin, J. L. 2009. *Social structures*. Princeton, NJ: Princeton University Press.

McPherson, M., Smith-Lovin, L., & Cook, J. M. 2001. Birds of a feather: Homophily in social networks. *Annual Review of Sociology*, 27(1): 415-438.

Merton, R. K. 1968. *Social theory and social structure*. New York, NY: Free Press.

Neeley, T. B., & Dumas, T. L. 2016. Unearned status gain: Evidence from a global language mandate. *Academy of Management Journal*, 59(1): 14-43.

Park, D. Y., & Podolny, J. M. 2000. The competitive dynamics of status and niche width: US investment banking, 1920-1949. *Industrial and Corporate Change*, 9(3): 377-414.

Pearce, J. L., & Xu, Q. J. 2012. Rating performance or contesting status: Evidence against the homophily explanation for supervisor demographic skew in performance ratings. *Organization Science*, 23(2): 373-385.

Pfeffer, J. 1997. *New directions for organization theory: Problems and prospects*. New York, NY: Oxford University Press.

Phillips, D. J., & Zuckerman, E. W. 2001. Middle-status conformity: Theoretical restatement and empirical demonstration in two. *American Journal of Sociology*, 107(2): 379-429.

Phillips, D. J., Turco, C. J., & Zuckerman, E. W. 2013. Betrayal as market barrier: Identity-based limits to diversification among high-status corporate law firms 1. *American Journal of Sociology*, 118(4): 1023-1054.

Piazza, A., & Castellucci, F. 2014. Status in organization and management theory. *Journal of Management*, 40(1): 287-315.

Podolny, J. M. 1993. A status-based model of market competition. *American Journal of Sociology*, 98(4): 829-872.

Podolny, J. M. 1994. Market uncertainty and the social character of economic exchange. *Administrative Science Quarterly*, 39(3): 458-483.

Podolny, J. M. 2001. Networks as the pipes and prisms of the market. *American Journal of Sociology*, 107(1): 33-60.

Podolny, J. M. 2005. Status signals: *A sociological study of market competition*. Princeton, NJ: Princeton University Press.

Podolny, J. M., & Morton, F. M. S. 1999. Social status, entry, and predation: The case of british shipping cartels 1879-1929. *Journal of Industrial Economics*, 47(1): 41-67.

Podolny, J. M., & Page, K. L. 1998. Network forms of organization. *Annual Review of Sociology*, 24(1): 57-76.

Podolny, J. M., & Phillips, D. J. 1996. The dynamics of organizational status. *Industrial and Corporate Change*, 5(2): 453-471.

Podolny, J. M., & Stuart, T. E. 1995. A Role-Based Ecology of Technological Change. *American Journal of Sociology*, 100(5): 1224-1260.

Podolny, J. M., Stuart, T. E., & Hannan, M. T. 1996. Networks, knowledge, and niches: Competition in the worldwide semiconductor industry, 1984-1991. *American Journal of Sociology*, 102(3): 659-689.

Pontikes, E. G. 2012. Two sides of the same coin how ambiguous classification affects multiple audiences' evaluations. *Administrative Science Quarterly*, 57(1): 81-118.

Rao, H., Greve, H. R., & Davis, G. F. 2001. Fool's gold: Social proof in the initiation and abandonment of coverage by Wall Street analysts. *Administrative Science Quarterly*, 46(3): 502-526.

Rao, H., Monin, P., & Durand, R. 2005. Border Crossing: Bricolage and the erosion of categorical boundaries in French gastronomy. *American Sociological Review*, 70(6): 968-991.

Reschke, B. P., Azoulay, P., & Stuart, T. 2018. Status spillovers: The effect of status-conferring prizes on the allocation of attention. Administrative Science Quarterly, 63(4): 819-847.

Rhee, M., & Haunschild, P. R. 2006. The liability of good reputation: A study of product recalls in the U.S. automobile industry. *Organization Science*, 17(1): 101-117.

Ridgeway, C. 1991. The social construction of status value: Gender and other nominal characteristics. *Social Forces*, 70(2): 367-386.

Sauder, M. 2006. Third parties and status position: How the characteristics of status systems matter. *Theory and Society*, 35(3): 299-321.

Sauder, M., Lynn, F., & Podolny, J. M. 2012. Status: Insights from organizational sociology. *Annual Review of Sociology*, 38: 267-283.

Sgourev, S. V., & Althuizen, N. 2014. "Notable" or "Not Able" When are acts of inconsistency rewarded?. *American Sociological Review*, 79(2): 282-302.

Sharkey, A. J. 2014. Categories and organizational status: The role of industry status in the response to organizational deviance. *American Journal of Sociology*, 119(5): 1380-1433.

Shipilov, A. V., & Li, S. X. 2008. Can you have your cake and eat it too? Structural holes' influence on status accumulation and market performance in collaborative networks. *Administrative Science Quarterly*, 53(1): 73-108.

Shipilov, A. V., Li, S. X., & Greve, H. R. 2011. The prince and the pauper: Search and brokerage in the initiation of status- heterophilous ties. *Organization Science*, 22(6): 1418-1434.

Slavich, B., & Castellucci, F. 2016. Wishing upon a star: How apprentice-master similarity, status and career stage affect critics' evaluations of former apprentices in the haute cuisine industry. *Organization Studies*, 37(6): 823-843.

Smith, E. B. 2011. Identities as lenses: How organizational identity affects audiences' evaluation of organizational performance. *Administrative Science Quarterly*, 56(1): 61-94.

Spence, A. M. 1974. *Market signaling: Informational transfer in hiring and related screening processes*. Cambridge, MA: Harvard University Press.

Stuart, T. E. 1999. A structural perspective on organizational innovation. *Industrial and Corporate Change*, 8(4): 745-775.

Stuart, T. E., Hoang, H., & Hybels, R. C. 1999. Interorganizational endorsements and the performance of entrepreneurial ventures. *Administrative Science Quarterly*, 44(2): 315-349.

Sutton, R. I., & Galunic, D. C. 1996. Consequences of public scrutiny for leaders and their organizations. In B. M. Staw & L. L. Cummings (Eds.), *Research in organizational behavior*, vol. 18: 201-250. Greenwich, CT: JAI Press.

Thomas-Hunt M. C., & Phillips K. W. 2011. The malleability of race in organizational teams: A theory of racial status activation. In Pearce J. L. (Ed.), *Status in management and organizations*: 238-266. Cambridge, UK: Cambridge University Press.

Thye, S. R. 2000. A status value theory of power in exchange relations. *American Sociological Review*, 65(3): 407-432.

Uzzi, B., & Lancaster, R. 2004. Embeddedness and price formation in the corporate law market. *American Sociological Review*, 69(3): 319-344.

Washington, M., & Zajac, E. J. 2005. Status evolution and competition: Theory and evidence. *Academy of Management Journal*, 48(2): 282-296.

Weber, M. 1978. *Economy and society: An outline of interpretive sociology*. Berkeley, CA: University of California Press.

White, H. C. 1981. Where do markets come from? *American Journal of Sociology*, 87(3): 517-547.

Zaheer, A., & Soda, G. 2009. Network evolution: The origins of structural holes. *Administrative Science Quarterly*, 54(1): 1-31.

Zhao, W., & Zhou, X. 2011. Status inconsistency and product valuation in the California wine market. *Organization Science*, 22(6): 1435-1448.

Zuckerman, E. W. 1999. The categorical imperative: Securities analysts and the illegitimacy discount. *American Journal of Sociology*, 104(5): 1398-1397.

Zuckerman, E. W. 2000. Focusing the corporate product: Securities analysts and de- diversification. *Administrative Science Quarterly*, 45(3): 591-619.

Zuckerman, E. W., Kim, T.-Y., Ukanwa, K., & Rittmann, J. V. 2003. Robust identities or nonentities? Typecasting in the feature-film labor market. *American Journal of Sociology*, 108(5): 1018-1073.

11장

Argote, L. 1999. *Organizational learning: Creating, retaining, and transferring knowledge*. New York, NY: Springer Science & Business Media.

Argote, L. & Greve, H. R. 2007. A behavioral theory of the firm-40 years and counting: Introduction and impact. *Organization Science*, 18(3): 337-349.

Audia, P. G. & Brion, S. 2007. Reluctant to change: Self-enhancing responses to diverging performance measures. *Organizational Behavior and Human Decision Processes*, 102(2): 255-269.

Barnett, W. P. 2008. *The Red Queen among organizations: How competitiveness evolves*. Princeton, NJ: Princeton University Press.

Barnett, W. P. & Hansen, M. 1996. The Red Queen in organizational evolution. *Strategic Management Journal*, 17(Summer Special Issue): 139-157.

Baum, J. A. C. 2007. Cultural group selection in organization studies. *Organization Studies*, 28(1): 37-47.

Baum, J. A. C. & Dahlin, K. B. 2007. Aspiration performance and railroads' patterns of learning from train wrecks and crashes. *Organization Science*, 18(3): 368-385.

Baum, J. A. C. & Ingram, P. 1998. Survival-enhancing learning in the Manhattan hotel industry, 1898-1980. *Management Science*, 44(7): 996-1016.

Baum, J. A. C., Rowley, T. J., Shipilov, A. V., & Chuang, Y. T. 2005. Dancing with strangers: Aspiration performance and the search for underwriting syndicate partners. *Administrative Science Quarterly*, 50: 536-575.

Beckman, C. M., Haunschild, P. R., & Phillips, D. J. 2004. Friends or strangers? Firm-specific uncertainty, market uncertainty, and network partner selection. *Organization Science*, 15(3): 259-275.

Blau, P. M. 1955. *The dynamics of bureaucracy: A study of interpersonal relations in two governmental agencies*. Chicago, IL: The University of Chicago Press.

Chen, W. R. 2008. Determinants of firms' backward- and forward-looking R&D search behavior. *Organization Science*, 19(4): 609-622.

Cohen, M. D., March, J. G., & Olsen, J. P. 1972. A garbage can model of organizational choice. *Administrative Science Quarterly*, 17(1): 1-25.

Cyert, R. M. & March, J. G. 1963. *A behavioral theory of the firm*. Englewood Cliffs, NJ: Prentice Hall.

Darr, E. D., Argote, L., & Epple, D. 1995. The acquisition, transfer, and depreciation of knowledge in service organizations: Productivity in franchises. *Management Science*, 41(11): 1750-1762.

Denrell, J. & March, J. G. 2001. Adaptation as information restriction: The hot stove effect. *Organization Science*, 12(5): 523-538.

Desai, V. M. 2008. Constrained growth: How experience, legitimacy, and age influence risk taking in organizations. *Organization Science*, 19(4): 594-608.

Edmondson, A. 1999. Psychological safety and learning behavior in teams. *Administrative Science Quarterly*, 44: 350-383.

Fang, C., Kim, J. H., & Milliken, F. J. 2014. When bad news is sugarcoated: Information distortion, organizational search and the behavioral theory of the firm. *Strategic Management Journal*, 35(8): 1186-1201.

Gibson, C. B. & Birkinshaw, J. 2004. The antecedents, consequences, and mediating role of organizational ambidexterity. *Academy of Management Journal*, 47(2): 209-226.

Gouldner, A. W. 1954. *Patterns of industrial bureaucracy*. New York, NY: The Free Press.

Greve, H. R. 1998. Performance, aspirations, and risky organizational change. *Administrative Science Quarterly*, 43: 58-86.

Greve, H. R. 2002. Sticky aspirations: Organizational time perspective and competitiveness. *Organiza-*

tion Science, 13(1): 1-17.

Greve, H. R. 2003. *Organizational learning from performance feedback*. Cambridge, UK: Cambridge University Press.

Greve, H. R. 2008. A behavioral theory of firm growth: Sequential attention to size and performance goals. *Academy of Management Journal*, 51(3): 476-494.

Haunschild, P. R. & Chandler, D. 2008. Institutional-level learning: Learning as a source of institutional change. In C. O. R. Green-wood, K. Sahlin, & R. Suddaby (Eds.), *The sage handbook of organiza-tional institutionalism*, London, UK: Sage Publications.

Haunschild, P. R. & Miner, A. 1997. Modes of interorganizational imitation: The effects of outcome salience and uncertainty. *Administrative Science Quarterly*, 42: 475-500.

Haunschild, P. R. & Rhee, M. 2004. The role of volition in organizational learning: The case of auto-motive product recalls. *Management Science*, 50(11): 1545-1560.

Haunschild, P. R. & Sullivan, B. N. 2002. Learning from complexity: Effects of prior accidents and incidents on airlines' learning. *Administrative Science Quarterly*, 47(4): 609-643.

Haveman, H. A. 2009. The Columbia School and the study of bureaucracies: Why organizations have lives of their own. In P. Adler (Ed.), *The oxford handbook of sociology and organization studies: Classical foundations*. Oxford, UK: Oxford Univ-ersity.

He, Z. L. & Wong, P. K. 2004. Exploration vs. exploitation: An empirical test of the ambidexterity hypothesis. *Organization Science*, 15(4): 481-494.

Huber, G. P. 1991. Organizational learning: The contributing processes and the literatures. *Organization Science*, 2(1): 88-115.

Ingram, P. & Baum, J. A. C. 1997. Opportunity and constraint: Organizations' learning from the operating and competitive experience of industries. *Strategic Management Journal*, 18(Summer Special Issue): 75-98.

Joseph, J. & Ocasio, W. 2012. Architecture, attention, and adaptation in the multibusiness firm: General Electric from 1951 to 2001. *Strategic Management Journal*, 33(6): 633-660.

KC, D., Staats, B. R., & Gino, F. 2013. Learning from my success and from others' failure: Evidence from minimally invasive cardiac surgery. *Management Science*, 59(11): 2435-2449.

Kim, J. Y. & Miner, A. S. 2007. Vicarious learning from the failures and near-failures of others: Evidence from the U.S. commercial banking industry. *Academy of Management Journal,* 50(2): 687-714.

Kim, T. & Rhee, M. 2009. Exploration and exploitation: Internal variety and environmental dynamism. *Strategic Organization*, 7(1): 11-41.

Kim, T. & Rhee, M. 2014. Structural and behavioral antecedents of change: Status, distinctiveness, and relative performance. *Journal of Management*, 43(3): 716-741.

Lant, T. K. 1992. Aspiration level adaptation: An empirical exploration. *Management Science*, 38(5): 623-644.

Lavie, D., Stettner, U., & Tushman, M. L. 2010. Exploration and exploitation within and across organizations. *Academy of Management Annals*, 4(1): 109-155.

Levinthal, D. A. 1997. Adaptation on rugged landscapes. *Management Science*, 43(7): 934-950.

Levinthal, D. A. & March, J. G. 1981. A model of adaptive organizational search. *Journal of Economic Behavior and Organization*, 2: 307-333.

Levinthal, D. A. & March, J. G. 1993. The myopia of learning. *Strategic Management Journal*, 14(Winter Special Issue): 95-112.

Levitt, B. & March, J. G. 1988. Organizational learning. *Annual Review of Sociology*, 14: 319-340.

Li, P. P. 2012. Toward an integrative framework of indigenous research: The geocentric implications of Yin-Yang balance. *Asia Pacific Journal of Management*, 29(4): 849-872.

Locke, E. A. & Latham, G. P. 2002. Building a practically useful theory of goal setting and task motivation: A 35-year odyssey. *American Psychologist*, 57(9): 705-717.

Lomi, A. & Harrison, J. R. 2012. The garbage can model of organizational choice: Looking forward at forty. In A. Lomi & J. R. Harrison (Eds.), *Research in the sociology of organizations*, vol. 36: 3-17. Bingley, UK: Emerald Group Publishing.

Madsen, P. M. & Desai, V. 2010. Failing to learn? The effects of failure and success on organizational learning in the global orbital launch vehicle industry. *Academy of Management Journal*, 53(3): 451-476.

March, J. G. 1966. The power of power. In D. Easton (Ed.), *Varieties of political theory*: 39-77. Englewood Cliffs, NJ: Prentice Hall.

March, J. G. 1991. Exploration and exploitation in organizational learning. *Organization Science*, 2(1): 71-87.

March, J. G. 1999. *The pursuit of organizational intelligence: Decisions and learning in organizations*. Cambridge, MA: Blackwell Publishers.

March, J. G. 2005. Parochialism in the evolution of a research community: The case of organization studies. *Management and Organization Review*, 1(1): 5-22.

March, J. G., Schulz, M., & Zhou, X. 2000. *The dynamics of rules: Change in written organizational codes*. Stanford, CA: Stanford University Press.

March, J. G. & Shapira, Z. 1987. Managerial perspectives on risk and risk taking. *Management Science*, 33(11): 1404-1418.

March J. G. & Shapira, Z. 1992. Variable risk preferences and the focus of attention. *Psychological Review*, 99: 172-183.

March, J. G. & Simon, H. A. 1958. *Organizations*. New York, NY: John Wiley.

March, J. G. & Sutton, R. I. 1997. Organizational performance as a dependent variable. *Organization Science*, 8(6): 698-706.

March, J. G. & Weil, T. 2005. *On leadership*. Malden, MA: Blackwell Publishing.

Merton, R. K. 1936. The unanticipated consequences of purposive social action. *American Sociological Review*, 1(6): 894-904.

Merton, R. K. 1949. On sociological theories of the middle range. In R. K. Merton (Ed.), *Social theory and social structure*: 39-53. New York, NY: The Free Press.

Mezias, S. J., Chen, Y. R., & Murphy, P. R. 2002. Aspiration-level adaptation in an American financial services organization: A field study. *Management Science*, 48(10): 1285-1300.

Miller, K. D., Zhao, M. & Calantone, R. J. 2006. Adding interpersonal learning and tacit knowledge to March's exploration-exploitation model. *Academy of Management Journal*, 49(4): 709-722.

Miner, A. S. & Haunschild, P. R. 1995. Population level learning. In L. L. Cummings & B. M. Staw (Eds.), *Research in organizational behavior*, 17: 115-166. Greenwich, CT: JAI Press.

Miner, A. S. & Mezias, S. J. 1996. Ugly duckling no more: Pasts and futures of organizational learning research. *Organization Science*, 7(1): 88-99.

Ocasio, W. 1994. Political dynamics and the circulation of power: CEO succession in U.S. industrial corporations, 1960-1990. *Administrative Science Quarterly*, 39: 285-312.

Ocasio, W. 1997. Towards an attention-based view of the firm. *Strategic Management Journal*, 18(Summer Special Issue): 187-206.

Ocasio, W. 2011. Attention to attention. *Organization Science*, 22(5): 1286-1296.

Perretti, F. & Negro, G. 2006. Filling empty seats: How status and organizational hierarchies affect exploration versus exploitation in team design. *Academy of Management Journal*, 49(4): 759-777.

Phillips, D. J. & Zuckerman, E. W. 2001. Middle-status conformity: Theoretical restatement and empirical demonstration in two markets. *American Journal of Sociology*, 107(2): 379-429.

Piao, M. & Zajac, E. J. 2015. How exploitation impedes and impels exploration: Theory and evidence. *Strategic Management Journal*, 37(7): 1431-1447.

Podolny, J. M. 1993. A status-based model of market competition. *American Journal of Sociology*, 98(4): 829-872.

Posen, H. E. & Levinthal, D. A. 2012. Chasing a moving target: Exploitation and exploration in dynamic environments. *Management Science*, 58(3): 587-601.

Powell, W. W., Koput, K. W., & Smith-Doerr, L. 1996. Interorganizational collaboration and the locus of innovation: Networks of learning in biotechnology. *Administrative Science Quarterly*, 41(1): 116-145.

Rhee, M. 2009. Does reputation contribute to reducing organizational errors? A learning approach. *Journal of Management Studies*, 46: 676-703.

Rhee, M. 2010. The pursuit of shared wisdom in class: When classical Chinese thinkers meet James March. *Academy of Management Learning & Education*, 9: 258-279.

Rhee, M., Barnett, W. P., & March, J. G. 2003. Hyundai motor company. *Stanford Graduate School of Business/Harvard Business School*, Case Number: SM122.

Rhee, M. & Kim, T. 2013. Exploration and exploitation. In D. J. Teece & M. A. Augier (Eds.), *The palgrave encyclopedia of strategic management*. Available from: http: Palgrave Macmillan, London.

Rhee, M. & Kim, T. 2015. Great vessels take a long time to mature: Early success traps and competences in exploitation and exploration. *Organization Science*, 26(1): 180-197.

Rhee, M., Kim, Y. C., & Han, J. 2006. Confidence in imitation: Niche-width strategy in the UK automobile industry. *Management Science*, 52(4): 501-513.

Short, J. C. & Palmer, T. B. 2003. Organizational performance referents: An empirical examination of their content and influences. *Organizational Behavior and Human Decision Processes*, 90(2): 209-224.

Smith, W. K. & Lewis, M. W. 2011. Toward a theory of paradox: A dynamic equilibrium model of organizing. *Academy of Management Review,* 36(2): 381-403.

Sørensen, J. B. & Stuart, T. E. 2000. Aging, obsolescence, and organizational innovation. *Administrative Science Quarterly,* 45(1): 81-112.

Stinchcombe, A. L. 1965. Social structure and organizations. In J. G. March (Ed.), *Handbook of organizations:* 142-193. New York, NY: Routledge.

Sullivan, B. N. 2010. Competition and beyond: Problems and attention allocation in the organizational rulemaking process. *Organization Science,* 21(2): 432-450.

Thornton, P. H. & Ocasio, W. 1999. Institutional logics and the historical contingency of power in organizations: Executive succession in the higher education publishing industry, 1958-1990. *American Journal of Sociology,* 105(3): 801-843.

Tushman, M. L. & O'Reilly III, C. A. 1996. Ambidextrous organizations: Managing evolutionary and revolutionary change. *California Management Review,* 38(4): 8-30.

Vissa, B., Greve, H. R., & Chen, W. R. 2010. Business group affiliation and firm search behavior in India: Responsiveness and focus of attention. *Organization Science,* 21(3): 696-712.

Weick, K. E. 1976. Educational organizations as loosely coupled systems. *Administrative Science Quarterly,* 21(1): 1-19.

12장

김영규·박상찬·배종훈. 2015. 질문한다, 조직학습. 「인사조직연구」(한국인사조직학회), 23(1): 33-60.

김재엽·맹현아·최장호. 2018. 개인평가제도 디커플링과 조직 구성원 태도의 탐색적 연구. 「산업관계연구」(한국고용노사관계학회), 28(3): 17-46.

박상찬·차현진. 2017. 지식창출과 활용의 괴리: 녹색기술인증의 제도론적 분석. 「지식경영연구」(한국지식경영학회), 18(1): 117-138.

신동엽·이상묵·김선혁. 2008. 거시조직이론: 역사적 발전과정과 현황. 신동엽 등(편). 「21세기 매니지먼트 이론의 뉴패러다임」: 26-93. 서울: 위즈덤하우스.

이무원. 2015. 조직학습이론 (Organizational Learning Theory) 의 과거, 현재, 그리고 미래. 「인사조직연구」(한국인사조직학회), 23(4): 11-32.

이무원. 2016. 편집위원장 서언: 한국의 조직이론 연구 어떻게 나아갈 것인가? 「인사조직연구」(한국인사조직학회), 24(4): 1-7.

정명호. 2016. 편집위원장 서언: 탁월한 이론을 찾아서. 「인사조직연구」(한국인사조직학회), 24(2): 1-7.

조선미·강정한. 2011. 제도의 채택과 디커플링(Decoupling) 정도에 영향을 미치는 조직의 특성. 「인사조직연구」(한국인사조직학회), 19(2): 253-297.

최수빈·지형주·김상준. 2018. 교육에서 고용으로: 인턴십의 사후적 의미변화 과정 고찰. 「경영학연구」(한국경영학회), 47(4): 837-864.

Ansari, S. M., Fiss, P. C., & Zajac, E. J. 2010. Made to fit: How practices vary as they diffuse. *Academy of Management Review,* 35(1): 67-92.

Ashworth, R., Boyne, G., & Delbridge, R. 2009. Escape from the iron cage? Organizational change and isomorphic pressures in the public sector. *Journal of Public Administration Research and Theory,*

19(1): 165-187.

Barley, S. R. 2016. 60th anniversary essay ruminations on how we became a mystery house and how we might get out. *Administrative Science Quarterly*, 61(1): 1-8.

Battilana, J., & Dorado, S. 2010. Building sustainable hybrid organizations: The case of commercial microfinance organizations. *Academy of Management Journal*, 53(6): 1419-1440.

Bansal, P., & Hoffman, A. J. 2012. *The Oxford handbook of business and the natural environment*. Oxford, UK: Oxford University Press.

Baum, J. A., Li, S. X., & Usher, J. M. 2000. Making the next move: How experiential and vicarious learning shape the locations of chains' acquisitions. *Administrative Science Quarterly*, 45(4): 766-801.

Besharov, M. L., & Smith, W. K. 2014. Multiple institutional logics in organizations: Explaining their varied nature and implications. *Academy of Management Review*, 39(3): 364-381.

Boxenbaum, E., & Jonsson, S. 2008. Isomorphism, diffusion and decoupling. In R. Greenwood, C. Oliver, R. Suddaby, & K. Sahlin-Andersen (Eds.), *Handbook of organizational institutionalism*: 78–98. London, UK: Sage

Bromley, P., & Powell, W. W. 2012. From smoke and mirrors to walking the talk: Decoupling in the contemporary world. *Academy of Management Annals*, 6(1): 483-530.

Carlos, W. C., & Lewis, B. W. 2017. Strategic silence: Withholding certification status as a hypocrisy avoidance tactic. *Administrative Science Quarterly*, In press (February).

Christensen, L. T., Morsing, M., & Thyssen, O. 2013. CSR as aspirational talk. *Organization*, 20(3): 372-393.

Colquitt, J. A., & Zapata-Phelan, C. P. 2007. Trends in theory building and theory testing: A five-decade study of the Academy of Management Journal. *Academy of Management Journal*, 50(6): 1281-1303.

Crilly, D., Hansen, M. T., & Zollo, M. 2016. The grammar of decoupling: A cognitive-linguistic perspective on firms' sustainability claims and stakeholders' interpretation. *Academy of Management Journal*, 59(2): 705-729.

Crilly, D., Zollo, M., & Hansen, M. T. 2012. Faking it or muddling through? Understanding decoupling in response to stakeholder pressures. *Academy of Management Journal*, 55(6): 1429-1448.

Cyert, R. M., & March, J. G. 1963. *A behavioral theory of the firm*. Englewood Cliffs, NJ: Sage.

Davis, G. F. 2015. Celebrating organization theory: The after-party. *Journal of Management Studies*, 52(2): 309-319.

Delmas, M. A., & Montes-Sancho, M. J. 2010. Voluntary agreements to improve environmental quality: Symbolic and substantive cooperation. *Strategic Management Journal*, 31(6): 575-601.

Delmas, M. A., & Terlaak, A. K. 2001. A framework for analyzing environmental voluntary agreements. *California Management Review*, 43(3): 44-63.

Delmas, M. A., & Toffel, M. W. 2008. Organizational responses to environmental demands: Opening the black box. *Strategic Management Journal*, 29(1): 1027-1055.

DiMaggio, P. J. 1988. Interest and agency in institutional theory. In L. G. Zucker (Ed.), *Institutional patterns and organizations: Culture and environment*: 3-22. Cambridge, MA: Ballinger.

DiMaggio, P. J., & Powell, W. W. 1983. The iron cage revisited: Collective rationality and institutional isomorphism in organizational fields. *American Sociological Review*, 48(2): 147-160.

Dobbin, F., & Sutton, J. R. 1998. The strength of a weak state: The rights revolution and the rise of human resources management divisions 1. *American Journal of Sociology*, 104(2): 441-476.

Edelman, L. B. 1990. Legal environments and organizational governance: The expansion of due process in the American workplace. *American journal of Sociology*, 95(6): 1401-1440.

Edelman, L. B. 1992. Legal ambiguity and symbolic structures: Organizational mediation of civil rights law. *American Journal of Sociology*, 97(6): 1531-1576.

Edelman, L. B., & Suchman, M. C. 1997. The legal environments of organizations. *Annual Review of Sociology*, 23(1): 479-515.

Fama, E. F. 1980. Agency problems and the theory of the firm. *Journal of Political Economy*, 88(2): 288-307.

Fanelli, A., Misangyi, V. F., & Tosi, H. L. 2009. In charisma we trust: The effects of CEO charismatic visions on securities analysts. *Organization Science*, 20(6): 1011-1033.

Fiss, P. C., & Zajac, E. J. 2006. The symbolic management of strategic change: Sensegiving via framing and decoupling. *Academy of Management Journal*, 49(6): 1173-1193.

Frumkin, P., & Galaskiewicz, J. 2004. Institutional isomorphism and public sector organizations. *Journal of Public Administration Research and Theory*, 14(3): 283-307.

George, E., Chattopadhyay, P., Sitkin, S. B., & Barden, J. 2006. Cognitive underpinnings of institutional persistence and change: A framing perspective. *Academy of Management Review*, 31(2): 347-365.

Ginsberg, A., & Buchholtz, A. 1990. Converting to for-profit status: Corporate responsiveness to radical change. *Academy of Management Journal*, 33(3): 445-477.

Goodrick, E., & Salancik, G. 1996. Organizational discretion in responding to institutional practices: Hospitals and cesarean births. *Administrative Science Quarterly*, 41(1): 1-28.

Goodstein, J. D. 1994. Institutional pressures and strategic responsiveness: Employer involvement in work-family issues. *Academy of Management Journal*, 37(2): 350-382.

Greenwood, R., Raynard, M., Kodeih, F., Micelotta, E. R., & Lounsbury, M. 2011. Institutional complexity and organizational responses. *Academy of Management Annals*, 5(1): 317-371.

Guler, I., Guillén, M. F., & Macpherson, J. M. 2002. Global competition, institutions, and the diffusion of organizational practices: The international spread of ISO 9000 quality certificates. *Administrative Science Quarterly*, 47(2): 207-232.

Haack, P., & Schoeneborn, D. 2014. Is decoupling becoming decoupled from institutional theory? A commentary on Wijen. *Academy of Management Review*, 40(2): 307-310.

Hart, S. 1995. A natural resource-based view of the firm. *Academy of Management Review*, 20(4): 986-1014

Haunschild, P. R., & Miner, A. S. 1997. Modes of interorganizational imitation: The effects of outcome salience and uncertainty. *Administrative Science Quarterly*, 42(3): 472-500.

Heese, J., Krishnan, R., & Moers, F. 2016. Selective regulator decoupling and organizations' strategic responses. *Academy of Management Journal*, 59(6): 2178-2204.

Hirsch, P. M. 1997. Sociology without social structure: Neo-institutional theory meets brave new world. *American Journal of Sociology*, 102(6): 1702-1723.

Hirsch, P. M., & Lounsbury, M. 1997. Ending the family quarrel: Toward a reconciliation of "old" and "new" institutionalisms. *American Behavioral Scientist*, 40(4): 406-418.

Heusinkveld, S., Benders, J., & Hillebrand, B. 2013. Stretching concepts: The role of competing pressures and decoupling in the evolution of organization concepts. *Organization Studies*, 34(1): 7-32.

Hiatt, S. R., & Park, S. 2013. Lords of the harvest: Third-party influence and regulatory approval of genetically modified organisms. *Academy of Management Journal*, 56(4): 923-944.

Hill, C. W., & Jones, T. M. 1992. Stakeholder-agency theory. *Journal of Management Studies*, 29(2): 131-154.

Huber, G. P. 1991. Organizational learning: The contributing processes and the literatures. *Organization Science*, 2(1): 88-115.

Jensen, M. C. & Meckling, W. H. 1976. Theory of the firm: Managerial behavior, agency costs and ownership structure. *Journal of Financial Economics*, 3(4): 305-360.

Jensen, M. C. 1986. Agency costs of free cash flow, corporate finance, and takeovers. *The American Economic Review*, 76(2): 323-329.

Keidel, R. W. 1984 Baseball, football, and basketball: Models for business. *Organizational Dynamics*, 12(3): 4-18.

Kennedy, M. T., & Fiss, P. C. 2009. Institutionalization, framing, and diffusion: The logic of TQM adoption and implementation decisions among US hospitals. *Academy of Management Journal*, 52(5): 897-918.

Kim, E. H., & Lyon, T. P. 2014. Greenwash vs. brownwash: Exaggeration and undue modesty in corporate sustainability disclosure. *Organization Science*, 26(3): 705-723.

King, A. A., Lenox, M. J., & Terlaak, A. 2005. The strategic use of decentralized institutions: Exploring certification with the ISO 14001 management standard. *Academy of Management Journal*, 48(6): 1091-1106.

Kodeih, F., & Greenwood, R. 2014. Responding to institutional complexity: The role of identity. *Organization Studies*, 35(1): 7-39.

Kostova, T., & Roth, K. 2002. Adoption of an organizational practice by subsidiaries of multinational corporations: Institutional and relational effects. *Academy of Management Journal*, 45(1): 215-233.

Kostova, T., Roth, K., & Dacin, M. T. 2008. Institutional theory in the study of multinational corporations: A critique and new directions. *Academy of Management Review*, 33(4): 994-1006.

Kraatz, M. S., & Zajac, E. J. 1996. Exploring the limits of the new institutionalism: The causes and consequences of illegitimate organizational change. *American Sociological Review*, 61(5): 812-836.

Levitt, B., & March, J. G. 1988. Organizational learning. *Annual Review of Sociology*, 14(1): 319-338.

Lounsbury, M., & Beckman, C. M. 2015. Celebrating organization theory. *Journal of Management Studies*, 52(2): 288-308.

MacLean, T., Litzky, B. E., & Holderness, D. K. 2015. When organizations don't walk their talk: A cross-level examination of how decoupling formal ethics programs affects organizational members. *Journal of Business Ethics*, 128(2): 351-368.

Manning, P. K. 1979. *Semiotics and loosely coupled organizations*. Revised version of a paper presented to the Southern Sociological Society, Atlanta.

Marano, V., Tashman, P., & Kostova, T. 2017. Escaping the iron cage: Liabilities of origin and CSR reporting of emerging market multinational enterprises. *Journal of International Business Studies*, 48(3): 386-408.

March, J. G., Sproull, L. S., & Tamuz, M. 1991. Learning from samples of one or fewer. *Organization Science*, 2(1): 1-13.

Marquis, C. & Bird, Y. 2018. The Paradox of Responsive Authoritarianism: How Civic Activism Spurs Environmental Penalties in China. *Organization Science* (Forthcoming).

Marquis, C., & Qian, C. 2013. Corporate social responsibility reporting in China: Symbol or substance? *Organization Science*, 25(1): 127-148.

Marquis, C., Toffel, M. W., & Zhou, Y. 2016. Scrutiny, norms, and selective disclosure: A global study of greenwashing. *Organization Science*, 27(2): 483-504.

Meyer, J. W., & Rowan, B. 1977. Institutionalized organizations: Formal structure as myth and ceremony. *American Journal of Sociology*, 83(2): 340-363.

Mezias, S. J. 1990. An institutional model of organizational practice: Financial reporting at the Fortune 200. *Administrative Science Quarterly*, 35(3): 431-457.

Mizruchi, M. S., & Fein, L. C. 1999. The social construction of organizational knowledge: A study of the uses of coercive, mimetic, and normative isomorphism. *Administrative Science Quarterly*, 44(4): 653-683.

Mun, E. & Jung, J. 2018. Change above the glass ceiling: Corporate social responsibility and gender diversity in Japanese firms. *Administrative Science Quarterly*, 63(2): 409-440.

Ocasio, W. 1997. Towards an attention-based view of the firm. *Strategic Management Journal*, 18(1): 187-206.

Oliver, C. 1991. Strategic responses to institutional processes. *Academy of Management Review*, 16(1): 145-179.

Oliver, C. 1992. The antecedents of deinstitutionalization. *Organization Studies*, 13(4): 563-588.

Orton, J. D., & Weick, K. E. 1990. Loosely coupled systems: A reconceptualization. *Academy of Management Review*, 15(2): 203-223.

Pache, A. C., & Santos, F. 2013. Inside the hybrid organization: Selective coupling as a response to competing institutional logics. *Academy of Management Journal*, 56(4): 972-1001.

Park, S., Sine, W. D., & Tolbert, P. S. 2011. Professions, organizations, and institutions: Tenure systems in colleges and universities. *Work and Occupations*, 38(3): 340-371.

Powell, W. W., & Colyvas, J. A. 2008. The microfoundations of institutions. In R. Greenwood, C. Oliver, K. Sahlin, & R. Suddaby (Eds.), *Handbook of organizational institutionalism*: 276-298. London, UK: Sage.

Powell, W. W. & DiMaggio, P. J. 1991. *The new institutionalism in organizational analysis*. Chicago: University of Chicago Press.

Provan, K. G. 1983. The federation as an interorganizational linkage network. *Academy of Management Review*, 8(1): 79-89.

Santos, F. M., & Eisenhardt, K. M. 2009. Constructing markets and shaping boundaries: Entrepreneurial power in nascent fields. *Academy of Management Journal*, 52(4): 643-671.

Schultz, F., Castelló, I., & Morsing, M. 2013. The construction of corporate social responsibility in network societies: A communication view. *Journal of Business Ethics*, 115(4): 681-692.

Scott, W. R. 1987. The adolescence of institutional theory. *Administrative Science Quarterly*, 32(4): 493-511.

Scott, W. R. 1995. *Institutions and organizations*. Thousand Oaks, CA: Sage.

Scott, W. R., & Davis, G. F. 2006. *Organizations and organizing: Rational, natural and open systems perspectives*. Upper Saddle River, NJ: Prentice Hall.

Scott, W. R., & Meyer, J. W. 1994. *Institutional environments and organizations: Structural complexity and individualism*. Thousand Oaks, CA: Sage.

Selznick, P. 1996. Institutionalism "old" and "new." *Administrative Science Quarerly*, 41(2): 270-277.

Shin, T., & You, J. 2017. Pay for talk: How the use of shareholder-value language affects CEO compensation. *Journal of Management Studies*, 54(1): 88-117.

Short, J. L., & Toffel, M. W. 2010. Making self-regulation more than merely symbolic: The critical role of the legal environment. *Administrative Science Quarterly*, 55(3): 361-396.

Sine, W. D., & Lee, B. H. 2009. Tilting at windmills? The environmental movement and the emergence of the US wind energy sector. *Administrative Science Quarterly*, 54(1): 123-155.

Suchman, M. C. 1995. Managing legitimacy: Strategic and institutional approaches. *Academy of Management Review*, 20(3): 571-610.

Sutton, J. R., & Dobbin, F. R. 1996. The two faces of governance: Responses to legal uncertainty in U.S. firms, 1955 to 1985. *American Journal of Sociology*, 61(5): 794-814.

Tashman, P., Marano, V. & Kostova, T. 2018. Walking the walk or talking the talk? Corporate social responsibility decoupling in emerging market multinationals. *Journal of International Business Studies* (Forthcoming).

Terlaak, A. 2007. Order without law? The role of certified management standards in shaping socially desired firm behaviors. Academy of Management Review, 32(3): 968-985.

Terlaak, A., & Gong, Y. 2008. Vicarious learning and inferential accuracy in adoption processes. *Academy of Management Review*, 33(4): 846-868.

Thornton, P. H., Ocasio, W., & Lounsbury, M. 2012. *The institutional logics perspective: A new approach to culture, structure, and process*. Oxford, UK: Oxford University Press.

Tolbert, P. S., & Zucker, L. G. 1983. Institutional sources of change in the formal structure of organizations: The diffusion of civil service reform, 1880-1935. *Administrative Science Quarterly*, 28(1): 22-39.

Tolbert, P. S., & Zucker, L. G. 1996. Institutionalization of institutional theory. In S. Glegg, G. Hardy, & W. Nord (Eds.), *The handbook of organization studies*: 175- 190. Thousand Oaks, CA: Sage.

Townsend, D. M., & Hart, T. A. 2008. Perceived institutional ambiguity and the choice of organizational form in social entrepreneurial ventures. *Entrepreneurship Theory and Practice*, 32(4): 685-700.

Tracey, P., Phillips, N., & Jarvis, O. 2011. Bridging institutional entrepreneurship and the creation of new organizational forms: A multilevel model. *Organization Science*, 22(1): 60-80.

Wang, R., Wijen, F., & Heugens, P. P.M.A.R. 2018. Government's green grip: Multifaceted state influence on corporate environmental actions in China. *Strategic Management Journal*, 39(2): 403-428.

Weber, K., Davis, G. F., & Lounsbury, M. 2009. Policy as myth and ceremony? The global spread of stock exchanges, 1980-2005. *Academy of Management Journal*, 52(6): 1319-1347.

Weick, K. E. 1976. Educational organizations as loosely coupled systems. *Administrative Science Quarterly*, 21(1): 1-19.

Westphal, J. D., & Zajac, E. J. 1994. Substance and symbolism in CEOs' long-term Incentive Plans. *Administrative Science Quarterly*, 39(3): 367-390.

Westphal, J. D., & Zajac, E. J. 1998. The symbolic management of stockholders: Corporate governance reforms and shareholder reactions. *Administrative Science Quarterly*, 43(1): 127-153.

Westphal, J. D., & Zajac, E. J. 2001. Decoupling policy from practice: The case of stock repurchase programs. *Administrative Science Quarterly*, 46(2): 202-228.

Westphal, J. D., Gulati, R., & Shortell, S. M. 1997. Customization or conformity? An institutional and network perspective on the content and consequences of TQM adoption. *Administrative Science Quarterly*, 42(2): 366-394.

Wijen, F. 2014. Means versus ends in opaque institutional fields: Trading off compliance and achievement in sustainability standard adoption. *Academy of Management Review*, 39(3), 302-323.

Yoon, J., & Thye, S. 2000. Supervisor support in the work place: Legitimacy and positive affectivity. *Journal of Social Psychology*, 140(3): 295-316.

York, J. G., Hargrave, T. J., & Pacheco, D. F. 2016. Converging winds: Logic hybridization in the Colorado wind energy field. *Academy of Management Journal*, 59(2): 579-610.

Zajac, E. J., & Westphal, J. D. 2004. The social construction of market value: Institutionalization and learning perspectives on stock market reactions. *American Sociological Review*, 69(3): 433-457.

Zucker, L. G. 1987. Institutional theories of organization. *Annual Review of Sociology*, 13(1): 443-464.

13장

신동엽·노그림. 2017. 행동 전략의 발전과 과제: 전략연구의 행동과학적 전환. 「인사조직연구」, 25(3): 151-194.

신동엽·정기원. 2016. 프랙티스 전략이론 (Strategy As Practice) 의 전망과 과제: 전략연구에서 경제학기반 방법론적 개인주의의 극복가능성을 찾아서. 「인사조직연구」, 24(4): 119-164.

정명호. 2016. 편집위원장 서언: 탁월한 이론을 찾아서. 「인사조직연구」, 24: 1-7.

K-매니지먼트 특별이슈. 2015. . 「인사조직연구」 (한국인사조직학회), 23(1)

Ambrosini, V., Bowman, C., & Burton-Taylor, S. 2007. Inter-team coordination activities as a source of customer satisfaction. *Human Relations*, 60(1): 59-98.

Anand, N., & Peterson, R. A. 2000. When market information constitutes fields: Sensemaking of markets in the commercial music industry. *Organization Science*, 11(3): 270-284.

Artinger, F., Petersen, M., Gigerenzer, G., & Weibler, J. 2014. Heuristics as adaptive decision strategies in management. *Journal of Organizational Behavior*, 36. 397 – 420.

Balogun, J., & Johnson, G. 2005. From intended strategies to unintended outcomes: The impact of change recipient sensemaking. *Organization studies*, 26(11): 1573-1601.

Barnard, C. 1938. *The functions of the executive*. Cambridge, MA: Harvard University Press.

Barney, J. B. 1991. Firm resources and sustained competitive advantage. *Journal of Management*, 17(1): 99-120.

Barney, J. B. 2001. Resource-based theories of competitive advantage: A ten-year retrospective on the resource-based view. *Journal of management*, 27(6): 643-650.

Barr, P. S. 1998. Adapting to unfamiliar environmental events: A look at the evolution of interpretation and its role in strategic change. *Organization Science*, 9(6): 644-669.

Barr, P. S., & Huff, A. S. 1997. Seeing isn't believing: Understanding diversity in the timing of strategic response. *Journal of Management Studies*, 34(3): 337-370.

Beech, N. & Johnson, P. 2005. Discourses of disrupted identities in the practice of strategic change. *Journal of Organizational Change Management*, 18(1): 31 – 47.

Bingham, C. B., & Eisenhardt, K. M. 2011. Rational heuristics: The 'simple rules' that strategists learn from process experience. *Strategic Management Journal*, 32(13): 1437-1464.

Bogner, W. C., & Barr, P. S. 2000. Making sense in hypercompetitive environments: A cognitive explanation for the persistence of high velocity competition. *Organization Science*, 11(2): 212-226.

Boje, D. M. 2008. *Storytelling organizations*. Thousand Oaks, CA: Sage.

Bourdieu, P. 1977. *Outline of a theory of practice* (Vol. 16). Cambridge, MA: Cambridge University Press.

Bromiley, P. 2009. *The behavioral foundations of strategic management*. Hoboken, NJ: John Wiley & Sons.

Brown, S. L., & Eisenhardt, K. M. 1998. *Competing on the edge: Strategy as structured chaos*. Brighton, MA: Harvard Business Press.

Burgelman, R. A. 1996. A process model of strategic business exit: Implications for an evolutionary perspective on strategy. *Strategic Management Journal*, 17(S1): 193-214.

Burns, T. E., & Stalker, G. M. 1961. The management of innovation. *University of Illinois at Urbana-Champaign's Academy for Entrepreneurial Leadership Historical Research Reference in Entrepreneurship*.

Burt, R. S. 1992. *Structural hole*. Cambridge, MA: Harvard Business School Press.

Camerer, C. F., Loewenstein, G., & Rabin, M. (Eds.). 2011. *Advances in behavioral economics*. Princeton, NJ: Princeton University Press.

Caves, R. E., & Porter, M. E. 1978. Market structure, oligopoly, and stability of market shares. *The Journal of Industrial Economics*, 289-313.

Chandler, A.D. Jr. 1962. *Strategy and Structure: Chapters in the History of the American Industrial Enter-*

prise. Cambridge, MA: MIT Press

Chattopadhyay, P., Glick, W. H., & Huber, G. P. 2001. Organizational actions in response to threats and opportunities. *Academy of Management Journal*, 44(5): 937-955.

Chia, R., & Rasche, A. 2010. Building and dwelling world-views : Two alternatives for researching strategy as practice. *Cambridge handbook of strategy as practice*, 34-46.

Child, J. 1972. Organizational structure, environment and performance: The role of strategic choice. *Sociology*, 6(1): 1-22.

Clegg, S., & Dunkerley, D. 1980. *Organization, class and control*. class and control. London: Routledge & Kegan Paul.

Coleman, J. S., & Coleman, J. S. 1994. *Foundations of social theory*. Cambridge, MA: Harvard university press.

Coleman, J. S., & Fararo, T. J. 1992. *Rational choice theory*. Thousand Oaks, CA: Sage.

Colin, C., & George, L. 2004. Behavioral economics: Past, present, future. In Colin F. C., George L., & Mattew R.(Ed.) *Advances in Behavioral Economics*. 3-51. Princeton, NJ: Princeton University Press.

Cook, C. W. 1975. Corporate strategy change contingencies. In *Academy of Management Proceedings* 1975(1): 52-54.

Courtney, H., Kirkland, J., & Viguerie, P. 1997. Strategy under uncertainty. *Harvard Business Review*, 75(6): 67-79.

Cyert, R. M., & March, J. G. 1963. *A behavioral theory of the firm*. Englewood Cliffs, NJ: Prentice-Hall

Daft, R. L., & Macintosh, N. B. 1984. The nature and use of formal control systems for management control and strategy implementation. *Journal of Management*, 10(1): 43-66.

Daft, R. L., & Weick, K. E. 1984. Toward a model of organizations as interpretation systems. *Academy of Management Review*, 9(2): 284-295.

Dane, E., & Pratt, M. G. 2007. Exploring intuition and its role in managerial decision making. *Academy of Management Review*, 32(1): 33-54.

Davis, G. F. 2010. Do theories of organizations progress?. *Organizational Research Methods*, 13(4): 690-709.

Davis, G. F. 2015. Editorial Essay What Is Organizational Research For?. *Administrative Science Quarterly*, 60(2): 179-188.

DiMaggio, P. J., & Powell, W. W. (Eds.). 1991. *The new institutionalism in organizational analysis (Vol 17)*. Chicago, IL: University of Chicago Press.

Dimaggio, P. J., & Powell, W. W. 1983. The iron cage revisited: Institutional isomorphism and collective rationality in organizational fields. *American Sociological Review*, 48(2): 147-160.

Drucker, P. F. 2011. *Technology, management, and society*. Brighton, MA: Harvard Business Press.

Dutton, J. E., Ashford, S. J., O'Neill, R. M., & Lawrence, K. A. 2001. Moves that matter: Issue selling and organizational change. *Academy of Management Journal*, 44(4): 716-736.

Dutton, J. E., Ashford, S. J., O'neill, R. M., Hayes, E., & Wierba, E. E. 1997. Reading the wind: How middle managers assess the context for selling issues to top managers. *Strategic Management Jour-*

nal, 18(5): 407-423.

Dyer, J. H., & Singh, H. 1998. The relational view: Cooperative strategy and sources of interorganizational competitive advantage. *Academy of Management Review*, 23(4): 660-679.

Eisenhardt, K. M. 1989. Making fast strategic decisions in high-velocity environments. *Academy of Management Journal*, 32(3): 543-576.

Ezzamel, M., & Willmott, H. 2008. Strategy as discourse in a global retailer: A supplement to rationalist and interpretive accounts. *Organization Studies*, 29(2): 191-217.

Farjoun, M., & Lai, L. 1997. Similarity judgments in strategy formulation: role, process and implications. *Strategic Management Journal*, 18(4): 255-273.

Fauré, B., & Rouleau, L. 2011. The strategic competence of accountants and middle managers in budget making. *Accounting, Organizations and Society*, 36(3): 167-182.

Feldman, M. S., & Orlikowski, W. J. 2011. Theorizing practice and practicing theory. *Organization Science*, 22(5): 1240-1253.

Fiss, P. C., & Zajac, E. J. 2006. The symbolic management of strategic change: Sensegiving via framing and decoupling. *Academy of Management Journal*, 49(6): 1173-1193.

Foss, N. J., & Lindenberg, S. 2013. Microfoundations for strategy: A goal-framing perspective on the drivers of value creation. *The Academy of Management Perspectives*, 27(2): 85-102.

Fudenberg, D. 2006. Advancing beyond advances in behavioral economics. *Journal of Economic Literature*, 44(3): 694-711.

Galbraith, J. R., & Nathanson, D. A. 1978. *Strategy implementation: The role of structure and process*. Eagan, MN: West Publishing Company.

Gavetti, G., & Levinthal, D. 2000. Looking forward and looking backward: Cognitive and experiential search. *Administrative Science Quarterly*, 45(1): 113-137.

Gavetti, G., & Rivkin, J. W. 2007. On the origin of strategy: Action and cognition over time. *Organization Science*, 18(3): 420-439.

Geertz, C. 1973. *The interpretation of cultures: Selected essays Vol. 5019*. New York, NY: Basic books.

Giddens, A. 1984. *The constitution of society: Outline of the theory of structuration*. Oakland, CA: University of California Press.

Gioia, D. A., & Chittipeddi, K. 1991. Sensemaking and sensegiving in strategic change initiation. *Strategic Management Journal*, 12(6): 433-448.

Gioia, D. A., Thomas, J. B., Clark, S. M., & Chittipeddi, K. 1994. Symbolism and strategic change in academia: The dynamics of sensemaking and influence. *Organization Science*, 5(3): 363-383.

Glueck, W. F. 1972. *Business policy: Strategy formation and management action*. New York, NY: Mc-Graw-Hill.

Gneezy, U., & List, J. A. 2006. Putting behavioral economics to work: Testing for gift exchange in labor markets using field experiments. *Econometrica*, 74(5): 1365-1384.

Golden, B. R., Dukerich, J. M., & Fabian, F. H. 2000. The interpretation and resolution of resource allocation issues in professional organizations: a critical examination of the professional-manager dichotomy. *Journal of Management Studies*, 37(8): 1157-1188.

Golsorkhi, D., Rouleau, L., Seidl, D., & Vaara, E. (Eds.). 2010. *Cambridge handbook of strategy as practice*. Cambridge, MA: Cambridge University Press.

Gomez, M. L., & Bouty, I. 2011. The emergence of an influential practice: food for thought. *Organization Studies*, 32(7): 921-940.

Govindarajan, V. 1988. A contingency approach to strategy implementation at the business-unit level: integrating administrative mechanisms with strategy. *Academy of Management Journal*, 31(4): 828-853.

Granovetter, M. 1985. Economic action and social structure: The problem of embeddedness. *American Journal of Sociology*, 481-510.

Granovetter, M. S. 1973. The strength of weak ties. *American Journal of Sociology*, 1360-1380.

Green, D., & Shapiro, I. 1996. *Pathologies of rational choice theory: A critique of applications in political science*. New Haven, CT: Yale University Press.

Greve, H. R. 2003. A behavioral theory of R&D expenditures and innovations: Evidence from shipbuilding. *Academy of Management Journal*, 46(6): 685-702.

Gupta, A. K., & Govindarajan, V. 1984. Business unit strategy, managerial characteristics, and business unit effectiveness at strategy implementation. *Academy of Management journal*, 27(1): 25-41.

Hambrick, D. C. 2007. The field of management's devotion to theory: Too much of a good thing?. *Academy of Management Journal*, 50(6): 1346-1352.

Hambrick, D. C., & Mason, P. A. 1984. Upper echelons: The organization as a reflection of its top managers. *Academy of Management Review*, 9(2), 193-206.

Hannan, M. T., & Freeman, J. 1977. The population ecology of organizations. *American Journal of Sociology*, 929-964.

Hill, C. W., Jones, G. R., & Schilling, M. A. 2014. *Strategic management theory: An integrated approach*. Boston, MA: Cengage Learning.

Hillman, A. J., & Keim, G. D. 2001. Shareholder value, stakeholder management, and social issues: what's the bottom line?. *Strategic Management Journal*, 22(2): 125-139.

Hodgkinson, G. P. 1997. Cognitive inertia in a turbulent market: The case of UK residential estate agents. *Journal of Management Studies*, 34(6): 921-945.

Hodgkinson, G. P., & Clarke, I. 2007. Conceptual note: Exploring the cognitive significance of organizational strategizing: A dual-process framework and research agenda. *Human Relations*, 60(1): 243-255.

Hodgkinson, G., Whittington, R., Johnson, G. & Schwarz, M. 2006. The role of strategy workshops in strategy development processes: formality, communication, co-ordination and inclusion. *Long Range Planning*, 39: 479-496.

Hodgson, G. M. 2007. Meanings of methodological individualism. *Journal of Economic Methodology*, 14(2): 211-226.

Hoon, C. 2007. Committees as strategic practice: the role of strategic conversation in a public administration. *Human Relations*, 60: 921-952.

Huy, Q. N. 2011. How middle managers' group-focus emotions and social identities influence strategy implementation. *Strategic Management Journal*, 32(13): 1387-1410.

Jarratt, D., & Stiles, D. 2010. How are methodologies and tools framing managers' strategizing practice in competitive strategy development?. *British Journal of Management*, 21(1): 28-43.

Jarzabkowski, P., & Fenton, E. 2006. Strategizing and organizing in pluralistic contexts. *Long Range Planning*, 39(6): 631-648.

Johnson, G., Langley, A., Melin, L., & Whittington, R. 2007. *Strategy as practice: research directions and resources*. Cambridge, MA: Cambridge University Press.

Johnson, G., Prashantham, S., Floyd, S. W., & Bourque, N. 2010. The ritualization of strategy workshops. *Organization Studies*, 31(12): 1589-1618.

Jørgensen, B., & Messner, M. 2010. Accounting and strategising: A case study from new product development. *Accounting, Organizations and Society*, 35(2): 184-204.

Kahneman, D., & Klein, G. 2009. Conditions for intuitive expertise: a failure to disagree. *American Psychologist*, 64(6): 515-526.

Kahneman, D., & Lovallo, D. 1993. Timid choices and bold forecasts: A cognitive perspective on risk taking. *Management Science*, 39(1): 17-31.

Kahneman, D., & Tversky, A. 1979. Prospect theory: An analysis of decision under risk. *Econometrica*, 263-291.

Karlsson, N., Loewenstein, G., & Seppi, D. 2009. The ostrich effect: Selective attention to information. *Journal of Risk and Uncertainty*, 38(2): 95-115.

Khatri, N., & Ng, H. A. 2000. The role of intuition in strategic decision making. *Human Relations*, 53(1): 57-86.

Kinsinger, P., & Walch, K. 2012. Living and leading in a VUCA world. Retrieved from http: · · knowledgenetwork.thunderbird.edu · research · 2012 · 07 · 09 · kinsinger-walch-vuca · .

Lant, T. K., Milliken, F. J., & Batra, B. 1992. The role of managerial learning and interpretation in strategic persistence and reorientation: An empirical exploration. *Strategic Management Journal*, 13(8): 585-608.

Lawrence, P. R., & Lorsch, J. W. 1967. Differentiation and integration in complex organizations. *Administrative Science Quarterly*: 1-47.

Learned, E. P. 1969. *Business policy: Text and cases*. Homewood, IL: Irwin.

Levinthal, D. A. 2011. A behavioral approach to strategy-what's the alternative?. *Strategic Management Journal*, 32(13): 1517-1523.

Levitt, B., & March, J. G. 1988. Organizational learning. *Annual Review of Sociology*, 319-340.

Lieberman, M. D. 2000. Intuition: a social cognitive neuroscience approach. *Psychological Bulletin*, 126(1): 109-137.

Loewenstein, G. F., Weber, E. U., Hsee, C. K., & Welch, N. 2001. Risk as feelings. *Psychological Bulletin*, 127(2): 267-286.

Lounsbury, M., & Beckman, C. M. 2015. Celebrating organization theory. *Journal of Management Studies*, 52(2): 288-308.

Maguire, S., & Hardy, C. 2005. Identity and collaborative strategy in the Canadian HIV · AIDS treatment domain. *Strategic Organization*, 3(1): 11-45.

Mantere, S. 2005. Strategic practices as enablers and disablers of championing activity. *Strategic Organization*, 3: 157–184.

March, J. G. 1976. The technology of foolishness. In March, J. G. & Olsen, J. P. (Eds.), *Ambiguity and choice in organizations*: 253-265. Oslo: Universitetsforlaget.

March, J. G. 1991. Exploration and exploitation in organizational learning. *Organization Science*, 2(1): 71-87.

March, J. G. 2007. The study of organizations and organizing since 1945. *Organization Studies*, 28(1): 9-19.

March, J. G., & Simon, H. A. 1958. *Organizations*. New York, NY: John Wiley and Sons.

Markle, A. B. 2011. Dysfunctional learning in decision processes: the case of employee reciprocity. *Strategic Management Journal*, 32(13): 1411-1425.

Meyer, A. D. 1982. Adapting to environmental jolts. *Administrative Science Quarterly*, 27(4): 515-537.

Meyer, J. W., & Rowan, B. 1977. Institutionalized organizations: Formal structure as myth and ceremony. *American Journal of Sociology*, 340-363.

Miller, C. C., Burke, L. M., & Glick, W. H. 1998. Cognitive diversity among upper-echelon executives: Implications for strategic decision processes. *Strategic Management Journal*: 39-58.

Miller, K. D., & Shapira, Z. 2004. An empirical test of heuristics and biases affecting real option valuation. *Strategic Management Journal*, 25(3): 269-284.

Mintzberg, H. 1973. *The nature of managerial work*. New York, NY: Harper and Row.

Moisander, J., & Stenfors, S. 2009. Exploring the edges of theory-practice gap: Epistemic cultures in strategy-tool development and use. *Organization*, 16

Molloy, E., & Whittington, R. 2005. Organising organising: the practice inside the process. *Advances in Strategic Management*, 22: 491-515.

Nadkarni, S., & Narayanan, V. K. 2007. Strategic schemas, strategic flexibility, and firm performance: The moderating role of industry clockspeed. *Strategic Management Journal*, 28(3): 243-270.

Narayanan, V. K., Zane, L. J., & Kemmerer, B. 2011. The cognitive perspective in strategy: An integrative review. *Journal of Management*, 37(1): 305-351.

Nelson, R., & Winter, S. 1982. *An evolutionary theory of the firm*. Cambridge, MA: Belknap Press of Harvard University Press.

Nutt, P. C. 1993. The formulation processes and tactics used in organizational decision making. *Organization Science*, 4(2): 226-251.

Orlikowski, W. J. 2010. Practice in research: phenomenon, perspective and philosophy. *Cambridge handbook of strategy as practice*, 23-33.

Pearce, J. A., & Robinson, R. B. 1985. *Instructor's Manual to Accompany Strategic Management: Strategy Formulation and Implementation*. Homewood, IL: Irwin.

Pearce, J. A., Robinson, R. B., & Subramanian, R. 1997. *Strategic management: Formulation, implementation, and control*. Chicago, IL: Irwin.

Penrose, E. 1959. *The theory of the firm*. New York , NY: John Wiley & Sons.

Perrow, C. 1967. A framework for the comparative analysis of organizations. *American Sociological Review*, 32(2): 194-208.

Pfeffer, J. 1993. Barriers to the advance of organizational science: Paradigm development as a dependent variable. *Academy of Management Review*, 18(4): 599-620.

Pfeffer, J., & Salancik G. R. 1978. *The External Control of Organizations: A Resource Dependence Perspective*. New York, NY: Harper and Row.

Podolny, J. M. 1993. A status-based model of market competition. *American Journal of Sociology*, 829-872.

Porter, M. E. 1980. *Competitive Strategy: Techniques for Analyzing Industries and Competitors*. New York, NY: Free Press.

Powell, T. C., Lovallo, D., & Fox, C. R. 2011. Behavioral strategy. *Strategic Management Journal*, 32(13): 1369-1386.

Prahalad, C. K., & Hamel, G. 1990. The Core Competence of the Corporation. *Harvard Business Review*, 68(3): 79-91.

Reed, R., & DeFillippi, R. J. 1990. Causal ambiguity, barriers to imitation, and sustainable competitive advantage. *Academy of Management Review*, 15(1): 88-102.

Reger, R. K., & Palmer, T. B. 1996. Managerial categorization of competitors: Using old maps to navigate new environments. *Organization Science*, 7(1): 22-39.

Regnér, P. 2003. Strategy creation in the periphery: inductive versus deductive strategy making. *Journal of Management Studies*, 40(1): 57-82.

Reitzig, M., & Maciejovsky, B. 2015. Corporate hierarchy and vertical information flow inside the firm-a behavioral view. *Strategic Management Journal*, 36(13): 1979-1999.

Reitzig, M., & Sorenson, O. 2013. Biases in the selection stage of bottom-up strategy formulation. *Strategic Management Journal*, 34(7) : 782-799.

Rouleau, L. 2005. Micro-practices of strategic sensemaking and sensegiving: how middle managers interpret and sell change every day. *Journal of Management Studies*, 42: 1414 - 1441.

Rumelt, R. P. 1974. *Strategy, structure, and economic performance*. Boston, MA: Harvard University Press.

Salvato, C. 2003. The Role of Micro-Strategies in the Engineering of Firm Evolution. *Journal of Management Studies*, 40(1): 83-108.

Samra-Fredericks, D. 2003. Strategizing as lived experience and strategists' everyday efforts to shape strategic direction. *Journal of Management Studies*, 40: 57 - 82.

Schendel, D. E., & Hatten, K. J. 1972. Business policy or strategic management: A Broader View for an Emerging Discipline. In *Academy of Management Proceedings* 1972(1): 99-102. Academy of Management.

Schoemaker, P. J. 1993. Multiple scenario development: Its conceptual and behavioral foundation. *Strategic Management Journal*, 14(3) : 193-213.

Schumpeter, J. A. 1934. *The theory of economic development: An inquiry into profits, capital, credit, interest, and the business cycle*. Piscataway, NJ: Transaction publishers.

Seidl, D. 2007. General strategy concepts and the ecology of strategy discourses: A systemic-discursive perspective. *Organization Studies*, 28(2): 197-218.

Sen, A. K. 1977. Rational fools: A critique of the behavioral foundations of economic theory. *Philosophy & Public Affairs*, 317-344.

Shepsle, K. A. 2006. *Rational choice institutionalism*. The Oxford handbook of political institutions, 23-38.

Simon, H. A. 1947. *Administrative Behavior: a Study of Decision-Making Processes in Administrative Organization*. New York, NY: Macmillan.

Simon, H. A. 1959. Theories of decision-making in economics and behavioral science. *American Economic Review*, 49(3): 253-283.

Simon, M., & Houghton, S. M. 2003. The relationship between overconfidence and the introduction of risky products: Evidence from a field study. *Academy of Management Journal*, 46(2): 139-149.

Stensaker, I. & Falkenberg, J. 2007. Making sense of different responses to corporate change. *Human Relations*, 60: 137-178.

Stigler, G. J., & Becker, G. S. 1977. De gustibus non est disputandum. *American Economic Review*, 67(2) : 76-90.

Sturdy, A., Schwarz, M. & Spicer, A. 2006. Guess who is coming for dinner? Structures and uses of liminality in strategic management consultancy. *Human Relations*, 59: 929-960.

Suddaby, R., Hardy, C., & Huy, Q. N. 2011. Introduction to special topic forum: where are the new theories of organization?. *Academy of Management Review*, 36(2): 236-246.

Teece, D. J. 2007. Explicating dynamic capabilities: the nature and micro-foundations of (sustainable) enterprise performance. *Strategic Management Journal*, 28(13): 1319-1350.

Thomas, J. B., Clark, S. M., & Gioia, D. A. 1993. Strategic sensemaking and organizational performance: Linkages among scanning, interpretation, action, and outcomes. *Academy of Management Journal*, 36(2): 239-270.

Vaara, E., & Whittington, R. 2012. Strategy-as-practice: taking social practices seriously. *The Academy of Management Annals*, 61: 285-336.

Vaara, E., Kleymann, B. & Seristö, H. 2004. Strategies as discursive constructions: the case of airline alliances. *Journal of Management Studies*, 41: 1-35.

Wally, S., & Baum, J. R. 1994. Personal and structural determinants of the pace of strategic decision making. *Academy of Management Journal*, 37(4): 932-956.

Weick, K. E. 1995. *Sensemaking in Organizations*, Thousand Oaks, CA: Sage.

Weick, K. E., & Roberts, K. H. 1993. Collective mind in organizations: Heedful interrelating on flight decks. *Administrative Science Quarterly*, 357-381.

Wernerfelt, B. 1984. A resource-based view of the firm. *Strategic Management Journal*, 52: 171-180.

White, H. C., Boorman, S. A., & Breiger, R. L. 1976. Social structure from multiple networks. I. Blockmodels of roles and positions. *American Journal of Sociology*, 730-780.

Whittington, R. 1996. Strategy as practice. Long Range Planning, 29(5): 731-735.

Whittle, A., Suhomlinova, O., & Mueller, F. 2010. Funnel of interests: The discursive translation of organizational change. *The Journal of Applied Behavioral Science*, 46(1): 16-37.

Williamson, O. E. 1975. Market and Hierarchies: Antitrust Implications, New York, NY: The Free Press.

Zucker, L. G. 1977. The role of institutionalization in cultural persistence. *American sociological review*, 726-743.

14장

강윤식·국찬표·윤진수 .2015. 좋은 기업지배구조가 어떻게 기업가치를 제고시키는가?: 이사회의 독립성과 현금보유의 가치. 「재무연구」(한국재무학회), 28(2): 309-350.

김동욱·전영환·김병곤. 2014. 한국 가족기업의 지배구조와 투자기회가 배당정책에 미치는 영향에 관한 연구. 「재무관리연구」(한국재무관리학회), 31(2): 107-140.

김양민. 2005. 국제 인수합병의 주식시장반응에 대한 실증분석: 내부화이론과 대리인이론을 중심으로, 「인사조직연구」(한국인사조직학회), 14(1): 117-142.

김준철·신현한·장진호. 2005. 이사회구조 및 기업집단의 그룹 본부가 경영자보상에 미치는 영향, 「전략경영연구」(한국전략경영학회), 8(1): 21-38.

박지현·김양민. 2012. 엇갈린 선택: 기관투자자의 유형과 연구개발 (R&D) 투자, 「전략경영연구」(한국전략경영학회), 15(3): 19-42.

상장사협의회. 2005. 「사외이사 선임현황 비교분석」

칼 포퍼 (Karl Popper), 미명현 역. 1984. 「열린 사회와 그 적들」, 서울: 민음사 이데아 총서.

Abdullah, S. N. 2004. Board composition, CEO duality and performance among Malaysian Listed Companies. *Corporate Governance*, 4(4): 47-61.

Agrawal, A., & Knoeber, C. 1996. Firm performance and mechanisms to control agency problems between managers and shareholders. *Journal of Financial and Quantitative Analysis*, 31: 377-397.

Amihud, Y., & Lev, B. 1981. Risk reduction as a managerial motive for conglomerate mergers. *The bell journal of economics*, 605-617.

Baysinger, B. D., Kosnik, R. D., & Turk, T. A. 1991. Effects of board and ownership structure on corporate R&D strategy. *Academy of Management Journal*, 34(1): 205-214.

Belliveau, M. A., O Reilly, C. A., & Wade, J. B. 1996. Social capital at the top: Effects of social similarity and status on CEO compensation. *Academy of Management Journal*, 39(6): 1568-1593.

Bhagat, S., & Black, B. S. 1999. The uncertain relationship between board composition and firm performance. *Business Lawyer*, 54: 921-963.

Bhagat, S., & Black, B. S. 2002. The non-correlation between board independence and long term firm performance. *Journal of Corporation Law*, 2: 89-108.

Boeker, W. 1989. The development and institutionalization of subunit power in organizations. *Administrative Science Quarterly*, 34: 388-410.

Burt, R. S. 1992. *Structural holes: The social structure of competition*. Cambridge, MA: Harvard University Press.

Cannella, A. A., Jr. & Lubatkin, M. 1993. Succession as a sociopolitical process: Internal impediments to outsider selection. *Academy of Management Journal*, 36: 763-793.

Coleman, J. S. 1990. Foundations of social theory. Cambridge, MA, Harvard University Press.

Cronqvist, H., & Nilsson, M. 2003. Agency costs of controlling minority shareholders. *Journal of Financial and Quantitative Analysis*, 38(4): 695-719.

Cyert, R. M., & March, J. G. 1963. *A behavioral theory of the firm*. Englewood Cliffs, NJ: Prentice-Hall.

Daily, C. M., Dalton, D. R., & Cannella, A. A. Jr. 2003. Corporate governance: Decades of dialogue and data. *Academy of Management Review*, 28(3): 371-381.

Daily, C. M., & Johnson, J. L. 1997. Sources of CEO power and firm financial performance: A longitudinal assessment. *Journal of Management*, 23: 97-117.

Dalton, D. R., Daily, C. M., Certo, S. T., & Roengpitya, R. 2003. Meta-Analyses of financial performance and equity: Fusion or confusion? *Academy of Management Journal*, 46: 13-26.

Dalton, D. R., Daily, C. M., Ellstrand, A. E., & Johnson, J. L. 1998. Meta-analytic reviews of board composition, leadership structure, and financial performance. *Strategic Management Journal*, 19: 269-290.

Eisenhardt, K. M. 1989. Agency theory: an assessment and review. *Academy of Management Review*, 14(1): 57-74.

Fama, E. 1980. Agency problems and the theory of the firm. *Journal of Political Economy*, 88: 288-307.

Fama, E., & Jensen, M. C. 1983. Separation of ownership and control. *Journal of Law and Economics*, 26: 301-325.

Finkelstein, S., & Boyd, B. 1998. How much does the CEO matter?: The role of managerial discretion in the setting of CEO compensation. *Academy of Management Journal*, 41(2): 179-199.

Finkelstein, S., Hambrick, D., & Cannella, A. A. Jr. 2008. *Strategic Leadership: Theory and Research on executives, top management teams, and boards*. New York: Oxford University press.

Finkelstein, S., & Mooney, A. C. 2003. Not the usual suspects: How to use board process to make board better. *Academy of Management Executives*, 17: 101-113.

Forbes, D. P., & Milliken, F. J. 1999. Cognition and corporate governance: Understanding boards of directors as strategic decision-making groups. *Academy of Management Review*, 24: 489-505.

Garg, A. K. 2007. Influence of board size and independence on firm performance: A study of Indian companies. Vikalpa: *The Journal for Decision Makers*, 32(3): 39-60.

Gaver, J. J., & Gaver, K. M. 1993. Additional evidence on the association between the investment opportunity set and corporate financing, dividend, and compensation policies. *Journal of Accounting and Economics*, 16: 125-160.

Ghoshal, S. 2005. Bad management theories are destroying good management practices. *Academy of Management Learning and Education*, 4: 75-91.

Golden, B. R., & Zajac, E. J. 2001. When will board influence strategy? Inclination × Power = Strategic Change. *Strategic Management Journal*, 22: 1087-1111.

Gomez-Mejia, L. R. 1994. Executive compensation: A reassessment and future research agenda, *Research in Personnel and Human Resource Management*, 12: 161-222.

Gugler, K. 2003. Corporate governance, dividend payout policy, and the interrelation between dividends, R&D, and capital investment. *Journal of Banking & Finance*, 27(7): 1297-1321.

Hambrick, D. C., &. Finkelstein, S. 1987. Managerial Discretion: A bridge between polar views of organizations, In *Research in Organizational Behavior*, edited by L. L. Cummings & B. M. Staw, 369-406. Greenwich, CT, JAI Press.

Harrison, J. R., Torres, D. L., & Kukalis, S. 1988. The changing of the guard: turnover and structural change in the top management positions. *Administrative Science Quarterly*, 33: 211-232.

Hayek, F.A. 1989. The pretence of knowledge, *The American Economic Review*, 79(6): 3-7.

Hayward, M. L., & Hambrick, D. C. 1997. Explaining the premiums paid for large acquisitions: Evidence of CEO hubris. *Administrative Science Quarterly*, 103-127.

Hill, C. W. L., & Snell, S. A. 1988. External control, corporate strategy, and firm performance in research intensive industries. *Strategic Management Journal*, 9: 577-590.

Hill, C. W. L., & Snell, S. A. 1989. Effects of ownership structure and control on corporate productivity. *Academy of Management Journal*, 32(1): 25-46.

Hoskisson, R. E., Hitt, M. A., Johnson, R. A., & Grossman, W. 2002. Conflicting voices: The effects of institutional heterogeneity and internal governance on corporate innovation strategies. *Academy of Management Journal*, 45: 697-716.

Jensen, M. C. 1986. Agency costs of free cash-flow, corporate finance and takeovers. *American Economic Review*, 76: 323-329.

Jensen, M. C., & Meckling, W. C. 1976. Theory of the firm: managerial behavior, agency costs, and ownership structure. *Journal of Financial Economics*, 3: 305-360.

Jensen, M. C., & Meckling, W. C. 1979. Rights and production functions: An application to labor-managed firms and codetermination. *Journal of Business*, 52(4): 469-506.

Johnson, B. 1982. *Executive compensation, size, profit and cost in the electric utility industry*. Unpublished doctoral dissertation. Florida State University:

Johnson, J. L., Daily, C., & Ellstrand, A. 1996. Board of directors: A review and research agenda. *Journal of Management*, 22: 409-438.

Kang, E., & Zardkoohi, A. 2005. Board leadership structure and firm performance. *Corporate Governance: An international Review*, 13(6): 785-799.

Kim, Y. 2007. The proportion and social capital of outside directors and their impacts on Firm Value: Evidence from Korea. *Corporate Governance: An International Review*, 15(6): 1168-1176.

Klein, P., Shapiro, D., & Young, J. 2005. Corporate governance, family ownership and firm value: the Canadian evidence. *Corporate Governance: An international Review*, 13(6): 769-784.

Krause, R., Semadeni, M., & Cannella, A. A. 2014. CEO duality: A review and research agenda. *Journal of Management*, 40: 256-286.

Kwok, J. 1998. *Does CEO duality matter?: An integrative approach*. Unpublished doctoral dissertation. Virginia Polytechnic Institute and State University.

La Porta, R. Lopez-de-Silanes, F., Shleifer, A., & Vishny, R. 2000. Investor Protection and Corporate Governance. *Journal of Financial Economics*, 58: 3-27.

Leung, S., Richardson, G., & Jaggi, B. 2014. Corporate board and board committee independence, firm performance, and family ownership concentration: An analysis based on Hong Kong firms. *Journal of Contemporary Accounting & Economics*, 10(1): 16-31.

Mallette, P., & Fowler, K. L. 1992. Effects of board composition and stockownership on the adoption of poison pills. *Academy of Management Journal*, 35: 1010-1035.

March, J. G. 1962. The business firm as a political coalition. *Journal of Politics*, 24: 662-678.

Michaely, R., & Roberts, M. 2006. Dividend smoothing, agency costs, and information asymmetry: Lessons from the dividend policies of private firms. *Working Paper*, Cornell University.

Mintzberg, H. 2005. How inspiring. How sad. Comment on Sumantra Ghoshal's paper. *Academy of Management Learning and Education*, 4: 108-108.

Molz, R. 1988. Managerial domination of boards of directors and financial performance. *Journal of Business Research*, 16: 235-249.

Mork, R. A., Shleifer, A., & Vishny, R. W. 1988. Management ownership and market valuation: An empirical analysis. *Journal of Financial Economics*, 20: 293-315.

Myers, S. C. 1977. Determinants of corporate borrowing. *Journal of Financial Economics*, 5(2): 147-175.

Myers, S. C., & Turnbull, S. M. 1977. Capital budgeting and the capital asset pricing model: Good news and bad news. *The Journal of Finance*, 32(2): 321-333.

Ocasio, W. 1994. Political dynamics and the circulation of power: CEO succession in U.S. industrial corporations, 1960~1990. *Administrative Science Quarterly*, 39(2): 285-312.

Pearce, J. A, & Zahra, S. A. 1991. The relative power of CEO and boards of directors: Association with corporate performance. *Strategic Management Journal*, 12: 135-153.

Peng, M. W. 2004. Outside directors during institutional transitions. *Strategic Management Journal*, 25: 453-471.

Peng, M. W., Buck, T., & Filatotchev, I. 2003. Do outside directors and new managers help improve firm performance? An exploratory study in Russian privatization. *Journal of World Business*, 38(4): 348-360.

Perrow, C. 1986. *Complex organizations*. New York: Random Press.

Pfeffer, J. 1973. Size, composition, and function of hospital boards of directors: a study of organization-environment linkage. *Administrative Science Quarterly*, 18: 349-364.

Pfeffer, J. 1981. *Power in organizations*. Marshfield, MA: Pitman Publishing.

Pfeffer, J. 1992. *Managing with power: Politics and influence in organizations*. Boston: Harvard Business School Press.

Putnam, R. D. 1993. The prosperous community: Social capital and public life. *American Prospect*, 13: 35-42.

Putnam, R. D. 2000. *Bowling alone: The collapse and revival of American community*. New York: Simon & Schuster.

Reagans, R. & Zuckerman, E. W. 2001. Networks, diversity, and productivity: The social capital of corporate R&D teams. *Organization Science*, 12(4): 502-517

Rechner, P. L., & Dalton, D. R. 1991. CEO duality and organizational performance: a longitudinal analysis. *Strategic Management Journal*, 12(2): 155–160.

Ross, S. A. 1973. The economic theory of agency: The principal's problem. *The American Economic Review*, 63(2): 134-139.

Salancik, G. R., & Pfeffer, J. 1977. Who gets power and how they hold on to it: A strategic-contingency model of power. *Organizational Dynamics*, 5: 3-21.

Schelenger, M. H., Wood, D. D., & Tashakori, D. A. 1989. Board of director composition, wealth, and dividend policy. *Journal of Management*, 15: 457-467.

Shleifer, A. & Vishny, R. W. 1986. Large shareholders and corporate control. *Journal of Political Economy*, 94: 461-488.

Simon, H. A. 1991. Organizations and markets. *Journal of Economic Perspectives*, 5: 25-44.

Singh, H., & Harianto, F. 1989. Management board relationships, takeover risk, and the adoption of golden parachutes. *Academy of Management Journal*, 32: 7–24.

Smith, A. 1776. *An inquiry into the nature and causes of the wealth of nations: Volume one*. London: printed for W. Strahan; and T. Cadell, 1776.

Smith, C. W., & Watts, R. 1992. The investment opportunity set and corporate financing, dividend and compensation policies. *Journal of Financial Economics*, 32: 263-292.

Stulz, R. 1990. Managerial discretion and optimal financing policies. *Journal of Financial Economics*, 26(1): 3-27.

Thompson, J. D., & McEwen, W. J. 1959. Organizational goals and environment: Goal setting as an interaction process. *American Sociological Review*, 23: 23-31.

Tosi, H., Shen, W., & Gentry, R. J. 2003. Why outsiders on boards can't solve the corporate governance problems. *Organizational Dynamics*, 32(2): 180-192.

Tosi, H., Werner, S., Katz, J., & Gomez-Mejia, L. 2000. How much does performance matter?: A meta-analysis of CEO pay studies. *Journal of Management*, 26: 301-339.

Wade, J., & O'Reilly, C. A., & Chandratat, I. 1990. Golden parachutes: CEOs and the exercise of social influence. *Administrative Science Quarterly*, 35: 587-603.

Westphal, J. D., & Bednar, M. K. 2005. Pluralistic ignorance in corporate boards and firms' strategic persistence in response to low firm performance. *Administrative Science Quarterly*, 50(2): 262-298.

Weshtphal, J. D., & Zajac, E. J. 1995. Who shall govern? CEO · Board power, demographic similarity, and new director selection. *Administrative Science Quarterly*, 40: 60-83.

Yang, T. & Zhao, S. 2014. CEO duality and firm performance: Evidence from an exogenous shock to the competitive environment. *Journal of Banking & Finance*, 49: 534-552.

Yoshikawa, T., & Phan, P. H. 2003. The Performance Implications of Ownership Driven Governance Reform. *European Management Journal*, 21(6): 698-706.

Zajac, E. J., & Westphal, J. D. 1996. Who shall succeed? How CEO · board preferences and power affect the choice of new CEOs. *Academy of Management Journal*, 39: 64-90.

김재원·김성수·류성민. 2004. HR 부서의 전략적 의사결정 참여가 인사관리의 효과성에 미치는 영향. 「인사조직연구」 (한국인사조직학회), 12(3): 127-161.

김진희. 2010. 경영 전략이 HR 부서의 역량과 몰입형 인사제도 활성화에 미치는 효과. 「인적자원관리연구」(한국인적자원관리학회), 17(4): 373-386.

김현동·이동진. 2012. 작업장 혁신프로그램 토착화에서 HR 부서 및 노동조합의 역할과 활동 탐색. 「인적자원관리연구」 (한국인적자원관리학회), 19(1): 177-196.

류성민. 2007. 조직 상황, 인사부문의 역할 및 역량, 조직성과 간의 관계에 관한 연구. 서울대학교 박사학위논문.

류성민. 2013. HR 부서의 전략적 역할이 조직성과에 미치는 영향: 전략변화시기를 중심으로. 「경영연구」(한국산업경영학회), 28(2): 243-279.

류성민 · 김성수. 2007. 환경, 인사부문의 전략적 참여, 인사시스템, 인사관리 효과성 및 기업 성과의 관계에 관한 연구. 「인사조직연구」 (한국인사조직학회), 15(1): 1-43.

류성민 · 박지성. 2015. 인사관리부문의 역량과 인사관리 효과성: 인적 자본과 사회적 자본의 영향. 「조직과 인사관리연구」 (한국인사관리학회), 39(1): 1-36.

박우성 · 유규창. 2001. 인적자원관리의 패러다임 변화와 인사부문의 역할-인적자원관리 전문가 서베이 결과를 중심으로. 「조직과 인사관리연구」(한국인사관리학회), 25(2): 347-369.

박지성. 2016. HR 부서의 전략적 역할에 있어 조직간 분화에 관한 연구: 행위와 구조적 접근을 중심으로. 서울대학교 박사학위논문, 서울.

Antila, E. M., & Kakkonen, A. 2008. Factors affecting the role of HR managers in international merger and acquisitions: A multiple case study. *Personnel Review*, 37(3): 280-299.

Arthur, J. B., Herdman, A. O., & Yang, J. 2016. How top management HR beliefs and values affect high-performance work system adoption and implementation ef-f-ec-tiveness. *Human Resource Management*, 55(3): 413-435.

Beer, M. 1997. The transformation of the human resource function: Resolving the tension between a traditional administrative and a new strategic role. *Human Resource Management*, 36(1): 49-56.

Bennett, N., Ketchen, D. J., & Schultz, E. B. 1998. An examination of factors associated with the integration of human resource management and strategic decision making. *Human Resource Management*, 37(1): 3-16.

Bowen, D. E., Galang, C., & Pillai, R. 2002. The role of human resource management: An exploratory study of cross-country variance. *Human Resource Management*, 41(1): 103-122.

Brandl, J., & Pohler, D. 2010. The human resource department's role and conditions that affect its development: Explanations from Austrian CEO's. *Human Resource Management*, 49(6): 1025-1046.

Brockbank, W. 1999. If HR were really strategically proactive: Present and future directions in HR's contribution to competitive advantage. *Human Resource Management*, 38(4): 337-352.

Buyens, D., & De Vos, A. 2001. Perceptions of the value of the HR function. *Human Resource Management Journal*, 11(3): 70-89.

Caldwell, R. 2003. The changing roles of personnel managers: Old ambiguities and new uncertainties. *Journal of Management Studies*, 40(4): 983-1004.

Caroll, S. J. 1991. The new HRM roles, responsibilities, and structures. In R. S. Schuler (Ed.), *Managing human resources in the information age*: 204-226. Washington, DC: Bureau of National Affairs.

Chang, W.-H. A., & Huang, T. C. 2010. The impact of human resource capabilities on internal customer satisfaction and organizational effectiveness. *Total Quality Management*, 21(6): 633-648.

Conner, J., & Ulrich, D. 1996. Human resource roles: Creating value, not rhetoric. *Human Resource Planning*, 19(3): 38-49.

Cunningham, I., & Hyman, J. 1999. Devolving human resource responsibilities to the line: Beginning of the end or a new beginning for personnel?. *Personnel Review*, 28(1 · 2): 9-27.

Galang, M. C., & Ferris, G. R. 1997. Human resource department power and influence through symbolic action. *Human Relations*, 50(1): 1403-1426.

Golden, K. A., & Ramanujam, V. 1985. Between a dream and a nightmare: On the integra-tion of human resource management and strategic business planning. *Human Resource Management*, 24(4): 429-452.

Hailey, V. H., Famdale, E., & Truss, C. 2005. The HR department's role in organizational performance. *Human Resource Management Journal*, 15(3): 49-66.

Jacoby, S. M., Nason, E. M., & Saguchi, K. 2005. The role of the senior HR executive in Japan and the United States: Em-ployment relations, corporate governance, and values. *Industrial Relations*, 44(2): 207-241.

Khatri, N., & Budhwar, P. S. 2002. A study of strategic HR issues in an Asian context. *Personnel Review*, 31(2): 166-188.

Kim, A., Ryu, S., Kim, S., & Lepak, D. 2017. Determinants of the strategic involvement of human resource department: Evidence from large South Korean firms. *Asia Pacific Journal of Human Resources*, 55(1): 44-63.

Kim, H., & Kang, S.-C. 2013. Strategic HR functions and firm performance: The moderating effects of high-involvement work practices. *Asia Pacific Journal of Management*, 30(1): 91-113.

Kim, S., & Ryu, S. 2011. Social capital of the HR department, HR's change agent role, and HR effectiveness: Evidence from South Korean firms. *International Journal of Human Resource Management*, 22(8): 1638-1653.

Kochan, T. 2007. Social legitimacy of the human resource management profession: A I.S. perspective. In P. Boxall, J. Purcell, & P. Wright (Eds.), *The Oxford Handbook of Human Resource Management*: 599-619. New York, NY: Oxford University Press.

Krishnan, S., & Singh, M. 2011. Strategic human resource management: Three-stage process model and its influencing factors. *South Asian Journal of Management*, 18(1): 60-82.

Kulik, C. T., & Perry, E. L. 2008. When less is more: The effect of devolution on HR's strategic role and construed image. *Human Resource Management*, 47(3): 541-558.

Lawler, E. E., & Boudreau, J. W. 2009. *Achieving excellence in human resources management: An assessment of human resource functions*. Stanford, CA: Stanford University Press.

Legge, K. 1978. *Power, innovation, and problem-solving in personnel management*. London, UK: McGraw-Hill Company.

Lemmergaard, J. 2009. From administrative expert to strategic partner. *Employee Relations*, 31(2): 182–196.

Lengnick-Hall, M. L., & Lengnick-Hall, C. A. 2003. HR's role in building relationship networks. *Academy of Management Executive*, 17(4): 53–63.

Martell, K., & Carroll, S. J. 1995. How strategic is HRM?. *Human Resource Management*, 34(2): 253–267.

Russ, G. S., Galang, M. C., & Ferris, G. R. 1998. Power and influence of the human resources function through boundary spanning and information management. *Human Resource Management Review*, 8(2): 125–148.

Ryu, S., & Kim, S. 2013. First-line managers' HR involvement and HR effectiveness: The case of South Korea. *Human Re-source Management*, 52(6): 947–966.

Schuler, R. S. 1990. Repositioning the human resource function: Transformation or demise?. *Academy of Management Executive*, 4(3): 49–59.

Sheehan, C. 2005. A model for HRM strategic integration. *Personnel Review*, 34(2): 192–209.

Sheehan, C., Cooper, B., Holland, P., & Cieri, H. D. 2007. The relationship between HRM avenues of political influence and perceived organizational performance. *Human Resource Management*, 46(4): 611–629.

Sheehan, C., De Cieri, H., Greenwood, M., & Van Buren, H. J. 2014. HR professional role tensions: Perceptions and responses of the top management team. *Human Resource Management*, 53(1): 115–130.

Storey, J. 1992. *Developments in the management of human resources*. Oxford, UK: Blackwell Publishers.

Sumelius, J., Bjorkman, I., & Smale, A. 2008. The influence of internal and external social networks on HRM capabilities in MNC subsidiaries in China. *International Journal of Human Resource Management*, 19(12): 2294–2310.

Teo, S. T. T., & Rodwell, J. J. 2007. To be strategic in the new public sector, HR must remember its operational activities. *Human Resource Management*, 46(1): 265–284.

Thite, M., Budhwar, P., & Wilkinson, A. 2014. Global HR roles and factors influencing their development: Evidence from emerging Indian IT services multinationals. *Human Resource Management*, 53(6): 921–946.

Truss, C. 2009. Changing HR functional forms in the UK public sector. *International Journal of Human Resource Management*, 20(4): 717–737.

Truss, C., Gratton, L., Hope-Hailey, V., Stiles, P., & Zaleska, J. 2002. Paying the piper: Choice and constraint in changing HR functional roles. *Human Resource Management Journal*, 12(2): 39–63.

Tyson, S. 1987. The management of the personnel function. *Journal of Management Studies*, 24(5): 523–532.

Ulrich, D. 1997. *Human resource champions: The next agenda for adding value and defining results*. Boston, MA: Harvard Business School Press.

Ulrich, D., & Brockbank, W. 2005. *HR: The value proposition*. Boston, MA: Harvard Business School.

Welbourne, T. M., & Andrews, A. O. 1996. Predicting the performance of initial public offerings: Should human resource management be in the equation?. *Academy of Management Journal*,

39(4): 891-919.

Welbourne, T. M., & Cyr, L. A. 1999. The human resource executive effect in initial public offering firms. *Academy of Management Journal*, 42(6): 616-629.

Whittaker, S., & Marchington, M. 2003. De-veloping HR responsibility to the line: Threat, opportunity or partnership?. *Employee Relations*, 25(3): 245-261.

Wright, P. M., McMahan, G., McCormik, B., & Sherman, W. 1998. Strategy, core competence, and HR involvement as determinants of HR effectiveness and refinery performance. *Human Resource Management*, 37(1): 17-30.

16장

강건구·천명환. 2007. 소매점 판매원의 라이프스타일 및 판매행동과 직무만족 간의 관계. 「한국콘텐츠학회논문지」(한국콘텐츠학회), 7(8): 245-254.

강선희. 2010. 산재보험법상 유족보상연금의 남녀차별적 지급기준. 「노동정책연구」(한국노동연구원), 10(4): 181-209.

강선희. 2011. 산재보험법상 자녀의 유족보상연금 수급기준과 지급체계에 대한 고찰. 「산업관계연구」(한국고용노사관계학회), 21(2): 109-132.

강성춘·박지성·박호환. 2011. 전략적 인적자원관리 국내 연구 10년: 걸어온 길, 그리고 가야 할 길. 「인사조직연구」(한국인사조직학회), 19(2): 51-108.

강성호·조준용. 2016. 중·고령층 고용변화 추이와 고용안정성이 탈빈곤에 미치는 영향. 「한국콘텐츠학회논문지」(한국콘텐츠학회), 16(2): 231-242.

강인. 2016. 베이비붐 세대의 성공적 노화 인식과 노후 준비에 관한 연구. 「한국콘텐츠학회논문지」(한국콘텐츠학회), 16(9): 460-472.

강주연·오유·김기승. 2015. 대졸자 특성과 취업 소요기간. 「산업관계연구」(한국고용노사관계학회), 25(2): 31-49.

강현정·김윤정. 2011. 노년기 사회적 배제의 실태 및 예측 요인. 「한국콘텐츠학회논문지」(한국콘텐츠학회), 11(9): 323-334.

고수일. 2012. 내재적 동기에 대한 성과. 「경영학연구」(한국경영학회), 31(2): 509-528.

고용노동부. 2015. 「2015년 근로형태별근로실태조사 보고서」, http:··laborstat.molab.go.kr·newOut·renewal·statreport·onlinepublist.jsp?cd=8&koen=ko&select=4&P_ID=3&rptId=4.

권대봉·김재현·이형민·이윤수. 2012. 아웃플레이스먼트(Outplacement) 연구의 경향 분석: 2000년대 이후 국내 학술지를 중심으로. 「HRD연구」(한국인력개발학회), 14(3): 1-23.

권순원·위경우·김봄이. 2011. 근로자 속성에 따른 퇴직연금 최적유형 선택에 관한 연구. 「대한경영학회지」(대한경영학회), 24(1): 549-568.

김가율. 2006. 비고용인구의 노동력상태 이행역동과 영향요인에 관한 연구. 「노동정책연구」(한국노동연구원), 6(1): 1-37.

김경희·김선희. 2016. 보육교사의 자기분화, 자기효능감이 심리적 안녕감에 미치는 영향. 「한국콘텐츠학회논문지」(한국콘텐츠학회), 16(4): 289-300.

김나정·차종석. 2014. 한국 근로자들의 경력성공 인식에 관한 탐색적 연구. 「Andragogy Today」(한국성인교육학회), 17(4): 253-287.

김남원·장선철·임은실. 2016. 은퇴 및 노후생활 인식과 은퇴준비행동 및 은퇴만족도의 관계. 「한국콘텐츠학회논문지」 (한국콘텐츠학회), 16(9): 66-77.

김동훈·손명주. 2015. 물리치료사의 사회인구학적 특성이 독립개원의 필요성 인식과 전문직업성에 미치는 영향. 「한국콘텐츠학회논문지」 (한국콘텐츠학회), 15(12): 378-386.

김문주. 2014. 팀 내다양성이 팀 학습에 미치는 영향에 관한 연구. 「경영학연구」 (한국경영학회), 43(3): 671-704.

김미화·이용재. 2016. 사회적기업과 영리기업간 조직문화차이와 조직성과에 미치는 영향. 「한국콘텐츠학회논문지」 (한국콘텐츠학회), 16(12): 667-676.

김민성·김영민·박태수. 2013. 최저임금 변화가 지역고용에 미치는 효과분석. 「산업관계연구」 (한국고용노사관계학회), 23(2): 37-73.

김수현·이정아·정주연. 2013. 여성 중고령노동자와 저임금 노동시장의 상호구성. 「노동정책연구」 (한국노동연구원), 13(3): 59-90.

김시진·김정원·김종인. 2008. 중·고령 인적자원의 고용과 활용: 해외 사례연구. 「인적자원관리연구」 (한국인적자원관리학회), 15(3): 19-30.

김용민. 2009. 사회복지관의 조직풍토가 사회복지사의 직무만족에 미치는 영향에 관한 연구. 「한국콘텐츠학회논문지」 (한국콘텐츠학회), 9(10): 328-338.

김유선. 2009. 한국 노동시장의 임금결정요인. 「산업관계연구」 (한국고용노사관계학회), 19(2): 1-25.

김은하·백학영. 2012. 성별 저임금근로의 위험과 임금격차. 「노동정책연구」 (한국노동연구원), 12(2): 75-104.

김정은·강경주·이영면. 2017. 연령별 이직의사결정요인에 대한 연구. 「노동정책연구」 (한국노동연구원), 17(1): 55-84.

김정호. 2013. 직장보육시설과 여성의 고용안정. 「노동정책연구」 (한국노동연구원), 13(2): 127-154.

김주섭. 2002. 직업훈련 참가결정에 관한 연구. 「노동정책연구」 (한국노동연구원), 2(3): 81-100.

김주섭. 2005. 청년층의 고학력화에 따른 학력과잉 실태 분석. 「노동정책연구」 (한국노동연구원), 5(2): 1-29.

김창석·최수일. 2012. 노인의 자원봉사활동 참여 동기와 활동만족도 간의 영향관계. 「한국콘텐츠학회논문지」 (한국콘텐츠학회), 12(4): 315-326.

김태정. 2011. 인구고령화의 파급영향 및 대응방향: 노동공급 및 연금제도를 중심으로. 「금융경제연구」 (한국은행 금융경제연구원), working paper 제459호.

남재량·박기성. 2010. 비정규직법의 고용효과 연구. 「노동정책연구」 (한국노동연구원), 10(4): 65-99.

노용진. 2009. 기업 내 교육훈련의 영향요인에 관한 미시적 접근. 「산업관계연구」 (한국고용노사관계학회), 19(3): 27-55.

노재철. 2015. 임금피크제 도입운영에 관한 비교법적 검토. 「한국콘텐츠학회논문지」 (한국콘텐츠학회), 15(11): 93-103.

문성옥·이종엽. 2015. 근로자 생산성 향상을 위한 고몰입 인적자원관리 전략. 「산업관계연구」 (한국고용노사관계학회), 25(1): 123-148.

문호성. 2016. 보육교사의 임파워먼트가 정서적 몰입에 미치는 영향. 「한국콘텐츠학회논문지」 (한국콘텐츠학회), 16(6): 63-72.

박경숙. 2002. 노동시장의 고령화와 업종 직종에서의 연령분리현상. 「노동정책연구」 (한국노동연구원), 2(2): 69-87.

박명호. 2011. 한국과 EU 고령화 비교연구. 「EU학 연구」 (한국EU학회), 16(1): 99-126.

박상현·곽대영. 2007. 보상제도 및 상사·동료와의 관계가 여행업 종사원의 직무만족과 이직의도에 미치는 영향. 「한국콘텐츠학회논문지」 (한국콘텐츠학회), 7(11): 270-279.

박오수·김기태. 2001. 조직세대별 인사제도 선호경향에 대한 탐색적 연구. 「인사관리연구」 (한국인사관리학회), 25(1): 167-197.

박은영·김은주. 2008. 작업치료사의 직무스트레스와 자기효능감. 「한국콘텐츠학회논문지」 (한국콘텐츠학회), 8(10): 208-216.

박재흥. 2005. 한국사회의 세대 구성. 「문학과사회」, 18(3): 172-186.

박재흥. 2009. 세대명칭과 세대갈등 담론에 대한 비판적 검토. 「경제와사회」 (비판사회학회), 81(3): 10-34.

박주완·이성·황성록. 2011. 경영 전략에 따른 제조업체의 교육훈련 특성 비교. 「산업교육연구」 (한국산업교육학회), 22(3월): 47-66.

박준성. 2012. POSCO의 정년연장형 임금피크제 사례. 「산업관계연구」 (한국고용노사관계학회), 22(4): 1-29.

박호환. 2014. 정년 60세 시대의 인적자원관리 혁신 과제와 사용자를 위한 체크리스트. 「산업관계연구」 (한국고용노사관계학회), 24(1): 67-85.

백유진·김언수. 2014. 불안정한 산업에서의 최고경영자 교체유형 결정요인 및 교체이후 성과. 「전략경영연구」 (한국전략경영학회), 17(2): 47-77.

성상현·박희준·안종태. 2013. 정년연장 시대의 저성과자 관리. 「대한경영학회지」 (대한경영학회), 26(12): 3257-3278.

성지미. 2011. 자영업 선택과 성과 간의 관계. 「노동정책연구」 (한국노동연구원), 11(3): 53-80.

성지미·안주엽. 2006. 중고령자 취업 결정요인. 「노동정책연구」 (한국노동연구원), 6(1): 39-74.

손종칠. 2010. 중고령자 은퇴 및 은퇴 만족도 결정요인 분석. 「노동정책연구」 (한국노동연구원), 10(2): 125-153.

손지아·박순미. 2011. '괜찮은 일자리(Decent Job)'의 관점에서 본 장애인 고용의 질에 대한 탐색적 연구. 「노동정책연구」 (한국노동연구원), 11(1): 131-165.

송강영·이태용. 2009. 전문대학 체육전공자의 개인특성에 따른 직업가치관 차이 분석. 「한국콘텐츠학회논문지」 (한국콘텐츠학회), 9(11): 399-406.

신계수·조성숙. 2011. 중년층의 직업특성과 활동특성이 은퇴준비에 미치는 영향. 「한국콘텐츠학회논문지」 (한국콘텐츠학회), 11(11): 296-312.

신재웅·김문석. 2010. 리더십과 조직성과의 관계에 관한 연구. 「인적자원개발연구」 (한국인적자원개발학회), 13(2): 91-109.

심재구·정홍량·유인규. 2012. 방사선종양학과 방사선사의 직무 만족에 관한 조사 연구. 「한국콘텐츠학회논문지」 (한국콘텐츠학회), 12(8): 224-232.

안주엽. 2014. 합리적 정년연장과 정책과제. 「산업관계연구」 (한국고용노사관계학회), 24(1): 87-108.

양순미·홍숙자. 2002. 중년기 농촌여성의 노후준비와 관련변인 연구. 「한국가정관리학회지」 (한국가

정관리학회), 20(6): 141-149.

오태헌·조용대. 2014. 퇴직전문인력 활용에 관한 한·일 비교연구. 「대한경영학회지」 (대한경영학회), 27(7): 1139-1165.

유길상. 2003. 한국 실업급여 수급자의 특성. 「노동정책연구」 (한국노동연구원), 3(1): 171-195.

유용식. 2013. 베이비붐 세대의 노후준비도에 영향을 미치는 요인. 「한국콘텐츠학회논문지」 (한국콘텐츠학회), 13(12): 738-747.

유은사·이신숙. 2014. 노인의 자아정체감에 대한 가족지지와 사회적지지의 영향에 관한 탐색적 연구. 「한국콘텐츠학회논문지」 (한국콘텐츠학회), 14(12): 254-273.

유인순·최수일. 2012. 베이비부머의 성격특성이 노후준비행동에 미치는 영향. 「한국콘텐츠학회논문지」 (한국콘텐츠학회), 12(4): 245-262.

유홍준·김기헌·오병돈. 2014. 고용의 질: 연령계층화와 구조적 지체에 대한 탐색(1983-2012). 「노동정책연구」 (한국노동연구원), 14(3): 1-36.

육창환·전인오. 2014. 창업가의 특성요인이 창업의지에 미치는 영향. 「한국콘텐츠학회논문지」 (한국콘텐츠학회), 14(10): 661-676.

윤석명·박성민. 2002. 인구 고령화가 국민연금에 미치는 영향 분석. 「노동정책연구」 (한국노동연구원), 2(2): 51-67.

이경묵. 2008. 인사·조직연구의 발전과 미래 과제: 인사·조직연구 게재논문과 한국인사·조직학회 학술대회 발표논문 분석결과를 중심으로. 「인사·조직연구」 (한국인사조직학회), 16(3): 161-211.

이병훈. 2008. 공공부문과 민간부문의 인적자원 투자에 관한 비교 연구. 「노동정책연구」 (한국노동연구원), 8(2): 63-81.

이병희. 2002. 경제위기 전후 청년 일자리의 구조 변화. 「노동정책연구」 (한국노동연구원), 2(4): 1-16.

이상훈·박태수·표민호. 2014. 숙련퇴직자의 아웃플레이스먼트 도입방안에 관한 연구. 「대한경영학회지」 (대한경영학회), 27(12): 2265-2285.

이서영·임효연. 2013. 요양보호사의 전문성 인식과 직무만족에 관한 연구. 「한국콘텐츠학회논문지」 (한국콘텐츠학회), 13(7): 238-247.

이승렬. 2011. 자영업자의 산재보험 가입 의향 분석. 「노동정책연구」 (한국노동연구원), 11(4): 55-80.

이신숙. 2017. 일에 참여하고 있는 노인의 사회적 자본형성과 자기효능감에 관한 연구. 「한국콘텐츠학회논문지」 (한국콘텐츠학회), 17(2): 555-572.

이연숙·박경일. 2016. 재가방문 요양보호사의 대인관계스트레스가 이직의도에 미치는 영향. 「한국콘텐츠학회논문지」 (한국콘텐츠학회), 16(11): 369-383.

이정. 2014. 정년연장에 따른 노동법상의 쟁점과 과제. 「산업관계연구」 (한국고용노사관계학회), 24(1): 21-45.

이정숙·강기정. 2015. 경력단절여성의 희망근로형태(시간제·전일제)에 영향을 미치는 재취업결정요인. 「인적자원개발연구」 (한국인적자원개발학회), 18(4): 23-51.

이정우. 2015. 고령자 퇴직이행 지원제도로서 임금피크제도와 점진적 퇴직제도의 비교 연구. 「사회보장연구」 (한국사회보장학회), 31(4): 187-225.

이정화·김지화. 2012. 일부 치과위생사의 직무스트레스 및 사회심리적 스트레스와의 관련성 연구. 「한국콘텐츠학회논문지」 (한국콘텐츠학회), 12(1): 400-408.

이종환. 2014. 민간경비원의 조직문화와 직무특성 및 직무지속의지의 관계. 「한국콘텐츠학회논문지」 (한국콘텐츠학회), 14(1): 444-454.

이춘우. 2014. 한국기업의 조직문화: 조직문화적 역량관점과 공유가치(DNA)구조 관점에서의 한국 대기업의 성장동력 탐색. 「인사조직연구」 (한국인사조직학회), 22(1): 39-93.

이혜남·임청환. 2013. 방사선사의 조직문화와 셀프리더십 유형으로 본 조직유효성. 「한국콘텐츠학회논문지」 (한국콘텐츠학회), 13(8): 292-300.

이호길. 2016. 베이비부머 세대의 은퇴불안이 여가활동과 주관적 안녕감에 미치는 영향. 「호텔경영학연구」 (한국호텔외식관광경영학회), 25(4): 163-180.

인태봉·정범구. 1999. 연구인력의 연봉제 선호인식의 결정요인과 결과요인에 관한 연구. 「인적자원개발연구」(한국인적자원개발학회), 1(2): 59-97.

임공수. 2017. 모집·채용에서의 우대조치에 대한 합리적 이유. 「산업관계연구」 (한국고용노사관계학회), 27(1): 21-51.

임동호·황지숙. 2014. 요양보호사의 직무만족이 조직몰입에 미치는 영향. 「한국콘텐츠학회논문지」 (한국콘텐츠학회), 14(10): 151-159.

임소라. 2006. 서비스 교육 효과에 영향을 미치는 병원 직원의 개인적 속성과 교육 훈련의 요인. 「인적자원개발연구」 (한국인적자원개발학회), 8(2): 21-46.

임정도. 2013. 병원에 종사하는 의료기사 직종의 전문직업성과 조직성과. 「한국콘텐츠학회논문지」 (한국콘텐츠학회), 13(12): 910-920.

임정연·이영민. 2015. 순차분석을 활용한 베이비붐 세대의 직업이동 분석. 「한국콘텐츠학회논문지」 (한국콘텐츠학회), 15(3): 146-159.

장영. 2006. 유리천장(Glass Ceiling)의 지각과 직무만족. 「인적자원개발연구」 (한국인적자원개발학회), 8(1): 149-176.

장윤섭·양준석. 2017. 근로자 고령화가 기업의 신기술 도입과 생산성에 미치는 효과. 「노동정책연구」 (한국노동연구원), 17(1): 109-136.

장지연·호정화. 2002. 취업자 평균 은퇴연령의 변화와 인구특성별 차이. 「노동정책연구」 (한국노동연구원), 2(2): 1-21.

장지연·양수경. 2007. 사회적 배제 시각으로 본 비정규 고용. 「노동정책연구」 (한국노동연구원), 7(1): 1-22.

정순돌·김성원. 2012. 사회복지학 분야 '고령화 사회' 연구 동향: 인식과 대책. 「사회과학 연구논총」 (이화여자대학교 이화사회과학원), 27(6월): 275-311.

정효채·석진홍·박우성. 2013. 연령이 직무만족에 미치는 영향. 「노동정책연구」 (한국노동연구원), 13(2): 67-93.

정흥준·최용득. 2016. 청년세대의 정규직 전환 가능성 인식과 도움행동. 「경영학연구」 (한국경영학회), 45(6): 2065-2088.

조동훈. 2013. 자영업 결정요인 국제 비교 분석. 「산업관계연구」 (한국고용노사관계학회), 23(2): 127-146.

조동훈. 2014. 고령자 은퇴시점 결정요인 분석. 「산업관계연구」 (한국고용노사관계학회), 24(1): 47-66.

조동훈. 2015. 세대별 성별 임금격차에 관한 연구. 「산업관계연구」 (한국고용노사관계학회), 25(1): 1-25.

조석봉·변승환. 2008. 콘텐츠 개발을 위한 실버세대의 여가활동 분석에 관한 연구. 「한국콘텐츠학회

논문지」 (한국콘텐츠학회), 8(8): 81-89.

조선주. 2011. 여성 자원봉사활동의 결정요인과 경제적 가치 추정.「노동정책연구」 (한국노동연구원), 11(3): 81-107.

조선주·최윤영. 2008. 특수형태근로부문의 레미콘운송종사자와 골프장경기보조원의 소득결정요인에 관한 연구.「노동정책연구」 (한국노동연구원), 8(4): 55-80.

조영태. 2016.「정해진 미래」. 서울: 북스톤.

조호대·조민상. 2011. 사회질서 유지를 위한 경찰공무원의 조직효과성.「한국콘텐츠학회논문지」 (한국콘텐츠학회), 11(12): 764-773.

주민경·송선희. 2012. 한국 노인의 성공적 노후 개념에 대한 암시적 타당화.「한국콘텐츠학회논문지」 (한국콘텐츠학회), 12(2): 505-516.

차종석·김영배. 1997. 연구개발 인력의 경력지향성과 성과.「경영학연구」 (한국경영학회), 26(4): 961-986.

채희원·송재용. 2009. 최고경영진의 인구통계학적 특성이 하이테크 기업의 기술적 혁신에 미치는 영향.「전략경영연구」 (한국전략경영학회), 12(2): 83-104.

최기성. 2016. 의중-시장임금 갭이 대졸자 첫 취업까지의 기간에 미치는 영향.「노동정책연구」 (한국노동연구원), 16(2): 33-63.

최명화·조성숙. 2014. 중년 직장인의 퇴직 후 창업효능감 및 창업의도에 영향을 미치는 요인.「한국콘텐츠학회논문지」 (한국콘텐츠학회), 14(7): 226-241.

최무진. 1999. 정보처리에 있어 윤리적 판단에 관한 실증적 연구.「경영학연구」 (한국경영학회), 28(3): 677-703.

최선미·최지민·김순은. 2014. 고령화 사회에 대한 인식유형과 정책적 시사점.「행정논총」 (서울대학교 한국행정연구소), 52(2): 229-256.

최영근·정승화·임지선. 2011. 신기술 기반 벤처기업에서 창업자의 인적 자본 특성과 기업공개 소요 기간과의 관계에서 벤처캐피탈 투자의 매개효과.「조직과 인사관리연구」 (한국인사관리학회), 35(3): 87-114.

최유석·오유진·문유진. 2015. 대학생의 노인세대 인식.「한국콘텐츠학회논문지」 (한국콘텐츠학회), 15(5): 228-241.

통계청. 2017.「경제활동인구조사: 고령자고용현황」. http: · · www.index.go.kr · potal · stts · idxMain · selectPoSttsIdxSearch.do?idx_cd=1496.

한국경영자총협회. 2013.「기업 정년연장 실태조사」. http: · · www.kefplaza.com · kef · kef_press_view.jsp?num=2804&pageNum=1.

한국경영자총협회. 2014.「승진관리 실태조사」. http: · · www.kefplaza.com · kef · kef_press_view.jsp?num=3644&pageNum=0&sMode=1000&keyword=%BD%C2%C1%F8.

한태영. 2014. 중장년 근로자의 가교일자리 전직 현상과 성공 요인: 질적 연구방법론을 통한 탐색적 연구.「조직과 인사관리연구」 (한국인사관리학회), 38(2): 223-265.

함홍안·이종건. 2010. 공기업의 바람직한 전직지원제도 구축방안.「대한경영학회지」 (대한경영학회), 23(4): 2035-2054.

행정안전부. 2017.「'17년 8월말 주민등록 인구수 5,175만 명」 (9월 3일자 보도자료). http: · · www.moi.go.kr · frt · bbs · type010 · commonSelectBoardArticle.do?bbsId=BBSMSTR_000000000008&n

ttId=59453.

허원구. 2015. 베이비부머세대 근로자의 경제, 사회요인이 주관적 건강평가에 미치는 영향.「한국콘텐츠학회논문지」(한국콘텐츠학회), 15(9): 257-272.

홍석태·양해술. 2008. 한국 중고령자의 노인교육이 노후준비에 미치는 영향.「한국콘텐츠학회논문지」(한국콘텐츠학회), 8(5): 287-299.

황덕순. 2001. 경제위기 이후의 빈곤에 대한 동태분석.「노동정책연구」(한국노동연구원), 가을호: 31-59.

황수경. 2003. 내부자(Insiders) 노동시장과 외부자(Outsiders) 노동시장의 구조 분석을 위한 탐색적 연구.「노동정책연구」(한국노동연구원), 3(3): 49-86.

Anderson, J. R. 1993. Problem solving and learning. American Psychologist, 48(1): 35-44.

Armstrong-Stassen, M., & Templer, A. 2005. Adapting training for older employees: The Canadian response to an aging work-force. Journal of Management Develop-ment, 24(1): 57-67.

Atchley, R. C. 1989. A continuity theory of normal aging. The Gerontologist, 29(2): 183-190.

Bal, P. M., de Jong, S. B., Jansen, P. G., & Bakker, A. B. 2012. Motivating employees to work beyond retirement: A multi-level study of the role of I-deals and unit climate. Journal of Management Studies, 49(2): 306-331.

Baltes, B. B., & Young, L. M. 2009. Aging and work · family issues. In K. S. Shultz & G. A. Adams(Eds.), Aging and work in the 21st century: 251-275. Mahwah, NJ: Psychology Press.

Baltes, P. B., & Baltes, M. M. 1990. Psy-chological perspectives on successful aging: The model of se-lective optimization with compensation. Successful Aging: Per-spectives from the Behavioral Sciences, 1(1): 1-34.

Baltes, P. B., Reese, H. W., & Lipsitt, L. P. 1980. Life-span developmental psychology. Annual Review of Psychology, 31(1): 65-110.

Barnes-Farrell, J. L., & Piotrowski, M. J. 1989. Workers' perceptions of discrepancies between chrono-logical age and personal age: You're only as old as you feel. Psychology and Aging, 4(3): 376-377.

Boehm, S. A., Kunze, F., & Bruch, H. 2014. Spotlight on age-diversity climate: The impact of age-inclusive HR practices on firm-level outcomes. Personnel Psy-chology, 67(3): 667-704.

Brank, E. M. 2011. Baby boomers at work: Growing older and working more. In R. L. Wiener & S. L. Willborn(Eds.), Disability and aging discrimination: 93-105. New York, NY: Springer.

Byran, J., & Luszcz, M. A. 1996. Speed of information processing as a mediator between age and free-recall performance. Psychology and Aging, 11(1): 3-9.

Cahill, K. E., Giandrea, M. D., & Quinn, J. F. 2013. Retirement patterns and the macroeconomy, 1992-2010: The prevalence and determinants of bridge jobs, phased retirement, and reentry among three recent cohorts of older Americans. The Gerontol-ogist, 55(3): 384-403.

Carstensen, L. L. 1995. Evidence for a life-span theory of socioemotional selectivity. Current Directions in Psychological Science, 4(5): 151-156.

Carstensen, L. L. 2006. The influence of a sense of time on human development. Science, 312(5782): 1913-1915.

Carstensen, L. L., Pasupathi, M., Mayr, U., & Nesselroade, J. R. 2000. Emotional experience in everyday life across the adult life span. *Journal of Personality and Social Psychology*, 79(4): 644-655.

Caspi, A., Roberts, B. W., & Shiner, R. L. 2005. Personality development: Stability and change. *Annual Review of Psychology*, 56(1): 453-484.

Cattell, R. B. 1963. Theory of fluid and crystallized intelligence: A critical experiment. *Journal of Educational Psychology*, 54(1): 1-22.

Chaffin, A. J., & Harlow, S. D. 2005. Cogni-tive learning applied to older adult learners and technology. *Educational Geron-tology*, 31(4): 301-329.

Cherry, K. E., & Palmore, E. 2008. Relating to older people evaluation (ROPE): A measure of self-reported ageism. *Edu-cational Gerontology*, 34(10): 849-861.

Dannefer, D. 2003. Cumulative advantage · disadvantage and the life course: Cross- fertilizing age and social science theory. *The Journals of Gerontology Series B: Psychological Sciences and Social Sciences*, 58(6): 327-337.

Ebner, N. C., Freund, A. M., & Baltes, P. B. 2006. Developmental changes in personal goal orientation from young to late adulthood: From striving for gains to maintenance and prevention of losses. *Psychology and Aging*, 21(4): 664-678.

Elder, G. H. 1998. The life course as developmental theory. Child Development, 69(1): 1-12.

Elder, G. H., Johnson, M. K., & Crosnoe, R. 2004. The emergence and development of life course theory. In J. T. Mortimer & M. J. Shanahan (Eds.), *Handbook of the life course*: 3-19. New York, NY: Springer.

Erikson, E. 1963. *Childhood and society*. New York, NY: WW Norton & Co., Inc.

Finkelstein, L. M., & Burke, M. J. 1998. Age stereotyping at work: The role of rater and contextual factors on evaluations of job applicants. *The Journal of General Psychology*, 125(4): 317-345.

Gobeski, K. T., & Beehr, T. A. 2009. How retirees work: Predictors of different types of bridge employment. *Journal of Organizational Behavior*, 30(3): 401-425.

Hagestad, G. O. & Uhlenberg, P. 2006. Should we be concerned about age segregation? Some theoretical and empirical ex-plora-tions. *Research on Aging*, 28(6): 638-653.

Hall, D. T. 1986. *Career development in organiz-ations*. San Francisco, CA: Jossey-Bass Inc Pub.

Hall, D. T. 2002. *Careers in and out of organizations*. Thousand Oaks, CA: Sage.

Hall, D. T., & Mirvis, P. H. 1995. The new career contract: Developing the whole person at midlife and beyond. *Journal of Vocational Behavior*, 47(3): 269-289.

Heckhausen, J., & Schulz, R. 1995. A life-span theory of control. *Psychological Review*, 102(2): 284-304.

Heckhausen, J., Wrosch, C., & Schulz, R. 2010. A motivational theory of life-span development. *Psychological Review*, 117(1): 32-60.

Hedge, J. W., & Borman, W. C. (Eds.). 2012. *The Oxford handbook of work and aging*. New York, NY: Oxford University Press.

Hedge, J. W., Borman, W. C., & Lammlein, S. E. 2006. *The aging workforce: Realities, myths, and implications for organizations*. Washington, DC: American Psychological Association.

Hertel, G., Rauschenbach, C., Thielgen, M. M., & Krumm, S. 2015. Are older workers more active copers? Longitudinal effects of age-contingent coping on strain at work. *Journal of Organizational Behavior*, 36(4): 514-537.

Horn, J. L. 1994. Theory of fluid and crystallized intelligence. In R. J. Sternberg (Ed.), *Encyclopedia of human intelligence*: 443-451. New York, NY: MacMillan.

Hornung, S., Rousseau, D. M., & Glaser, J. 2008. Creating flexible work arrangements through idiosyncratic deals. *Journal of Applied Psychology*, 93(3): 655-664.

Inceoglu, I., Segers, J., & Bartram, D. 2012. Age-related differences in work motivation. *Journal of Occupational and Org-anizational Psychology*, 85(2): 300-329.

Johnson, R. W. 2011. Phased retirement and workplace flexibility for older adults: Opportunities and challenges. *The ANNALS of the American Academy of Political and Social Science*, 638(1): 68-85.

Kanfer, R., & Ackerman, P. L. 2004. Aging, adult development, and work motivation. *Academy of Management Review*, 29(3): 440-458.

Kim, J. 2007. Relationship between job satisfaction and self-rated health status among salaried workers in Korea. 「노동정책연구」 (한국노동연구원), 7(4): 143-164.

Kim, N., & Gordon, J. R. 2014. Addressing the stress of work and elder caregiving of the graying workforce: The moderating effects of financial strain on the relationship between work-caregiving conflict and psychological well-being. *Human Resource Management*, 53(5): 723-747.

Kim, N., & Hall, D. T. 2013. Protean career model and retirement. In M. Wang (Ed.), *The Oxford handbook of retirement*: 102-116. New York, NY: Oxford University Press.

Kim, S., & Feldman, D. C. 2000. Working in retirement: The antecedents of bridge employment and its consequences for quality of life in retirement. *Academy of Management Journal*, 43(6): 1195-1210.

Kooij, D. T., de Lange, A., Jansen, P., & Dikkers, J. 2008. Older workers'otivation to continue to work: Five meanings of age: A conceptual review. *Journal of Managerial Psychology*, 23(4): 364-394.

Kooij, D. T., de Lange, A. H., Jansen, P. G., Kanfer, R., & Dikkers, J. S. 2011. Age and work-related motives: Results of a meta-analysis. *Journal of Organizational Behavior*, 32(2): 197-225.

Kooij, D. T., Guest, D. E., Clinton, M., Knight, T., Jansen, P. G., & Dikkers, J. S. 2013. How the impact of HR practices on employee well-being and performance changes with age. *Human Resource Management Journal*, 23(1): 18-35.

Kossek, E. E., Thompson, R. J., & Lautsch, B. A. 2015. Balanced Workplace Flexibility. *California Management Review*, 57(4): 5-25.

Kulik, C. T., Perera, S., & Cregan, C. 2016. Engage me: The mature-age worker and stereotype threat. *Academy of Management Journal*, 59(6): 2132-2156.

Kunze, F., Boehm, S. A., & Bruch, H. 2011. Age diversity, age discrimination climate and performance consequences: A cross organizational study. *Journal of Organizational Behavior*, 32(2): 264-290.

Kunze, F., Raes, A. M., & Bruch, H. 2015. It matters how old you feel: Antecedents and performance consequences of average relative subjective age in organizations. *Journal of Applied Psychology*, 100(5): 1511-1526.

Lansford, J. E., Sherman, A. M., & Autonucci, T. C. 1998. Satisfaction with social networks: An examination of socioemotional selectivity theory across cohorts. *Psychology and Aging*, 13(4): 544-552.

Lawrence, B. 1996. Interest and indifference: The role of age in the organizational sciences. In G. R. Ferris (Ed.), *Research in personnel and human resources management*, vol. 14: 1-59. Greenwich, CT: JAI Press.

Lazazzara, A., Karpinska, K., & Henkens, K. 2013. What factors influence training opportunities for older workers? Three factorial surveys exploring the attitudes of HR professionals. *The International Journal of Human Resource Management*, 24(11): 2154-2172.

Levinson, D. J., Darrow, C. N., Klein, E. B., Levinson, M. H., & McKee, B. 1978. *The seasons of a man's life*. New York, NY: Knopf.

Levy, B. R. 2001. Eradication of ageism requires addressing the enemy within. *The Gerontologist*, 41(5): 578-579.

Levy, B. R. 2003. Mind matters: Cognitive and physical effects of aging self-stereo-types. *The Journals of Gerontology Series B: Psychological Sciences and Social Sciences*, 58(4): 203-211.

Loretto, W., & White, P. 2006. Employers' attitudes, practices and policies towards older workers. *Human Resource Management Journal*, 16(3): 313-330.

Lucas, R. E., & Donnellan, M. B. 2011. Per-sonality development across the life span: Longitudinal analyses with a national sample from Germany. *Journal of Personality and Social Psychology*, 101(4): 847-861.

Masunaga, H., & Horn, J. 2001. Expertise and age-related changes in components of intelligence. *Psychology and Aging*, 16(2): 293-311.

Maurer, T. J. 2001. Career-relevant learning and development, worker age, and beliefs about self-efficacy for development. *Jour-nal of Management*, 27(2): 123-140.

McClelland, D. C. 1961. *The achieving society*. New York, NY: Van Nostrand Reinhold.

Moody, H. R. 1976. Philosophical presup-positions of education for old age. *Educational Gerontology*, 1(1): 1-15.

Mor-Barak, M. E. 1995. The meaning of work for older adults seeking employment: The generativity factor. *The International Jour-nal of Aging and Human Development*, 41(4): 325-344.

Ng, T. W., & Feldman, D. C. 2010. The relationship of age to ten dimensions of job performance. *Journal of Applied Psy-chology*, 93(2): 392-423.

Ng, T. W., & Feldman, D. C. 2013a. How do within-person changes due to aging affect job performance?. *Journal of Vo-cational Behavior*, 83(3): 500-513.

Ng, T. W., & Feldman, D. C. 2013b. A meta-analysis of the relationships of age and tenure with innovation-related behaviour. *Journal of Occupational and Organizational Psychology*, 86(4): 585-616.

OECD. 2014a. Ageing and employment policies: Statistics on average effective age of retirement. http: · · www.oecd.org · els · emp · average-effective-age-of-retirement.htm.

OECD. 2014b. Life expectancy at birth. https: · · data.oecd.org · healthstat · life-expectancy-at-birth.htm.

OSEN. 2016. '엑소더스'…스타2 프로게이머, 생존경쟁 시작했다. OSEN, 2016.10.26. http: · · osen.mt.co.kr · article · G1110523451.

Polat, T., Bal, P. M., & Jansen, P. G. 2017. How do development HR practices contribute to employ-ees' motivation to continue working beyond retirement age?. *Work, Aging and Retirement*, 3(4): 366-378.

Rau, B. L., & Adams, G. A. 2005. Attracting retirees to apply: Desired organizational characteristics of bridge employment. *Journal of Organizational Behavior*, 26(6): 649-660.

Raymo, J. M., Warren, J. R., Sweeney, M. M., Hauser, R. M., & Ho, J. H. 2011. Precarious employ-ment, bad jobs, labor unions, and early retirement. *Journals of Gerontology Series B: Psychological Sciences and Social Sciences*, 66(2): 249-259.

Rhodes, S. R. 1983. Age-related differences in work attitudes and behavior: A review and conceptual analysis. *Psychological Bulletin*, 93(2): 328-367.

Rothwell, W. J., Sterns, H. L., Spokus, D., & Reaser, J. 2008. *Working longer: New strategies for manag-ing, training, and retaining older employees*. New York, NY: Amacom.

Rousseau, D. M., Ho, V. T., & Greenberg, J. 2006. I-deals: Idiosyncratic terms in employment rela-tionships. *Academy of Management Review*, 31(4): 977-994.

Rubin, D. C., & Berntsen, D. 2006. People over forty feel 20% younger than their age: Subjective age across the lifespan. *Psychonomic Bulletin & Review*, 13(5): 776-780.

Schulz, R., & Heckhausen, J. 1996. A life span model of successful aging. *American Psychologist*, 51(7): 702-714.

Shultz, K. S. 2003. Bridge employment: Work after retirement. In G. A. Adams & T. A. Beehr (Eds.), *Retirement: Reasons, processes, and results*: 215-241. New York, NY: Springer.

Shultz, K. S. & Adams, G. A. (Eds.). 2009. *Aging and work in the 21st century*. Mahwah, NJ: Psychology Press.

Specht, J., Egloff, B., & Schmukle, S. C. 2011. Stability and change of personality across the life course: The impact of age and major life events on mean-level and rank-order stability of the Big Five. *Journal of Personality and Social Psychology*, 101(4): 862-882.

Sterns, H. L. 1986. Training and retraining adult and older adult workers. In J. E. Birren, P. K. Rob-inson, & J. E. Livingston(Eds.), *Age, health, and employment*: 93-113. Englewood Cliffs, NJ, US: Prentice-Hall.

Sterns, H. L., & Doverspike, D. 1989. Aging and the training and learning process. In I. Goldstein (Ed.), *Training and development in organizations*: 299-332. San Francisco, CA: Jossey Bass.

Sterns, H. L., & Miklos, S. M. 1995. The aging worker in a changing environment: Organizational and individual issues. *Journal of Vocational Behavior*, 47(3): 248-268.

Super, D. E., Crites, J. O., Hummel, R., Moser, H., Overstreet, & Warnath, C. 1957. *Vocational devel-opment: A framework for research*. New York, NY: Teachers College Press.

Truxillo, D. M., Cadiz, D. M., Rineer, J. R., Zaniboni, S., & Fraccaroli, F. 2012. A lifespan perspective on job design: Fitting the job and the worker to promote job satisfaction, engagement, and per-formance. *Organizational Psychology Review*, 2(4): 340-360.

United Nations. 2001. World population ageing: 1950-2050. http: · · www.un.org · esa · population · publications · worldageing19502050 · .

United Nations. 2009. Population ageing and development 2009. http: · · www.un.org · esa · population · publications · ageing · ageing2009.htm.

United Nations, Department of Economic and Social Affairs, Population Division. 2015. *World population ageing* 2015 (ST · ESA · SER.A · 390). New York, NY: United Nations.

van Vianen, A. E., Dalhoeven, B. A., & De Pater, I. E. 2011. Aging and training and development willingness: Employee and supervisor mindsets. *Journal of Organizational Behavior*, 32(2): 226-247.

von Bonsdorff, M. E., Shultz, K. S., Leskinen, E., & Tansky, J. 2009. The choice between retirement and bridge employment: A continuity theory and life course per-spective. *The International Journal of Aging and Human Development*, 69(2): 79-100.

Waldman, D. A., & Avolio, B. J. 1986. A meta-analysis of age differences in job per-formance. *Journal of Applied Psychology*, 71(1): 33-38.

Wang, M., & Wanberg, C. R. 2017. 100 years of applied psychology research on individual careers: From career management to retirement. *Journal of Applied Psychology*, 102(3): 546-563.

Wang, M., Zhan, Y., Liu, S., & Shultz, K. S. 2008. Antecedents of bridge employment: A longitudinal investigation. *Journal of Applied Psychology*, 93(4): 818-830.

Warr, P. 2001. Age and work behaviour: Physical attributes, cognitive abilities, knowledge, personality traits, and motives. *International Review of Industrial and Organizational Psychology*, 16: 1-36.

Weckerle, J. R., & Shultz, K. S. 1999. In-fluences on the bridge employment decision among older U.S. workers. *Journal of Occupational and Organizational Psy-chology*, 72(3): 317-330.

Weigl, M., Mueller, A., Hornung, S., Zacher, H., & Angerer, P. 2013. The moderating effects of job control and selection, optimization, and compensation strategies on the age-work ability relationship. *Journal of Organizational Behavior*, 34(5): 607-628.

Wong, J. D., & Shobo, Y. 2017. The moderating influences of retirement transition, age, and gender on daily stressors and psychological distress. *The International Journal of Aging and Human Development*, 85(1): 90-107.

Wortman, J., Lucas, R. E., & Donnellan, M. B. 2012. Stability and change in the Big Five personality domains: Evidence from a longitudinal study of Australians. *Psy-chology and Aging*, 27(4): 867-874.

Zacher, H., & Frese, M. 2009. Remaining time and opportunities at work: Relationships between age, work characteristics, and occupational future time perspective. *Psy-chology and Aging*, 24(2): 487-493.

Zacher, H., & Frese, M. 2011. Maintaining a focus on opportunities at work: The interplay between age, job complexity, and the use of selection, optimization, and compensation strategies. *Journal of Organizational Behavior*, 32(2): 291-318.

Zacher, H., Heusner, S., Schmitz, M., Zwierzanska, M. M., & Frese, M. 2010. Focus on opportunities as a mediator of the relationships between age, job complexity, and work performance. *Journal of Vocational Behavior*, 76(3): 374-386.

Zaniboni, S., Truxillo, D. M., & Fraccaroli, F. 2013. Differential effects of task variety and skill variety on burnout and turnover intentions for older and younger workers. *European Journal of Work and Organiz-ational Psychology*, 22(3): 306-317.

17장

강창희. 2003. 노동조합의 임금효과와 근로자대표권 연구. 제4회 한국노동패널 학술대회 발표논문집: 243-265.

고용노동부. 2016. 「2015년 전국 노동조합 조직현황」. 세종: 고용노동부.

고용노동부. 2017. 「2017년 5월 사업체노동력조사 결과 발표」. 세종: 고용노동부. www.moel.go.kr.

권수한. 2013. 무노조기업의 노사협의회 유형 연구. 「노동연구」 (고려대학교 노동문제연구소), 25: 257-294.

권순식·심상완·조효래·이건혁. 2009. 근로자참여와 조직성과: 노사소통의 매개 역할. 「산업관계연구」 (한국고용노사관계학회), 19(4): 17-42.

김훈·이승욱. 2000. 「노사협의회의 쟁점과 과제」. 서울: 한국노동연구원.

김훈·이영면. 1993. 노사협의회의 운영과 그 효과. 「분기별 노동동향분석」 (한국노동연구원), 3(4): 82-94.

김훈·이정우. 2011. 노사협의회의 운영실태: 무노조 사업체를 중심으로. 「노동리뷰」 (한국노동연구원), 2월호, 50-71.

김동배. 2009. 근로자 참여가 노동조합에 대한 태도에 미치는 영향. 「산업관계연구」 (한국고용노사관계학회), 19(3): 1-26.

김동배·박경원. 2014. 근로자 참여가 노동조합에 미치는 영향: 탐색적 연구. 「대한경영학회지」 (대한경영학회), 27(12): 2287-2307.

김동배·이경묵. 2003. 「근로자 참여의 영향요인과 성과」. 연구보고서 2003-09. 서울: 한국노동연구원.

김동헌. 2003. 노사협의회 활성화 영향요인. 「산업관계연구」 (한국고용노사관계학회), 13(1): 1-14.

김윤환. 1981. 「한국노동운동사」. 서울: 청사.

김형배. 2014. 「노동법」. 서울: 박영사.

노용진. 2001. 유노조기업 내 노사협의회 활성화의 결정요인: 노사관계의 성격을 중심으로. 「인사관리연구」 (한국인사관리학회), 25(2): 267-286.

노용진. 2009. 비노조 근로자이익대표조직의 경영성과에 미치는 영향: 노사협의회를 중심으로. 「산업관계연구」 (한국고용노사관계학회), 19(2): 125-151.

노용진·박용승. 2008. 노사협의회와 근로자의 노조몰입. 「조직과 인사관리연구」 (한국인사관리학회), 32(2): 77-109.

노용진·박우성. 2007. 무노조기업 내 근로자의 의사결정참여와 노조가입 의사. 제8회 한국노동패널 학술대회논문집: 181-203.

류재우. 2007. 노동조합과 임금구조. 「노동경제논집」 (한국노동경제학회), 30(1): 31-53.

박경원. 2014. 한국노동패널을 이용한 노동조합의 대표성 격차(Representation Gap) 분석. 제11회 한국노동패널 학술대회 논문집. 서울대학교 호암교수회관 컨벤션센터, 5월 30일.

박경원·김동배. 2014. 인적자원관리는 노동조합을 대체하는가? 2005-2011 사업체패널조사를 이용한 실증분석. 「산업노동연구」 (한국산업노동학회), 20(3): 197-228.

배규식. 2007. 무노조기업의 고용관계 연구: 노사협의회를 중심으로. 「노동사회」 (한국노동사회연구소), 124: 152-172.

배규식·노용진·심상완. 2007. 「무노조기업의 고용관계: 노사협의회와 대안적 근로자대표기구를 중심으로」. 정책연구 2007-3. 서울: 한국노동연구원.

손동희. 2009. 근로자 참여 유형과 성과: 효율성과 형평성을 중심으로. 「산업관계연구」 (한국고용노사관계학회), 19(1): 169-195.

심용보·허찬영. 2013. 작업장혁신과 노사파트너십간의 상호작용이 조직성과에 미치는 영향에 관한 실증연구: 노사협의회 활성화의 조절효과를 중심으로. 「인적자원관리연구」 (한국인적자원관리학회), 20(2): 77-96.

양동훈. 2008. 무노조기업에서의 근로자 참여기구의 역할. 「서강경영논총」 (서강대학교 경영대학), 19(2): 81-94.

어수봉. 1993. 노동조합의 직장안정효과-조립금속산업을 중심으로. 「노동경제논집」 (한국노동경제학회), 16(단일호): 231-262.

오계택. 2007. 노동조합과 노사협의회의 관계: 대체재인가 보완재인가. 「제8회 한국노동패널학술대회 논문집」, 409-431.

원창희·김동헌. 1998. 노동조합과 노사협의회의 생산성 효과. 「노동경제논집」 (한국노동경제학회), 21(1): 177-194.

유경준·박은정. 2012. 노동조합과 근로자대표제시스템에 관한 연구. 「산업관계연구」 (한국고용노사관계학회), 22(1): 1-24.

유병홍·김동주. 2011. 무노조사업장에서 노사협의회를 통한 간접 참여와 근로자 직접참여가 기업 성과에 미치는 영향. 「기업경영연구」 (한국기업경영학회), 39: 219-242.

윤명수·김정우. 2014. 노조선호를 고려한 노조임금효과 패널분석. 「산업노동연구」 (한국산업노동학회), 20(3): 167-196.

이동진. 2012. 노동조합과 노사협의회간 관계에 대한 실증연구. 한국인사관리학회 학술대회 발표논문집: 68-83.

이동진. 2013. 재무성과 및 노동조합의 전략적 참여와 사업장내 노사협의회 활성화에 관한 연구. 「인사조직 연구」 (한국인사조직학회), 21(4): 191-217.

이동진. 2015. 사업장내 노사협의회 활성화와 교육훈련 및 혁신에 관한 연구. 「조직과 인사관리연구」 (한국인사관리학회), 39: 1-27.

이동진·이영면·성상현. 2013. 노동조합의 전략적 참여와 사업장내 노사협의회 활성화에 관한 실증연구. 「조직과 인사관리연구」 (한국인사관리학회), 37: 155-179.

이상민. 2004. 노사협의회와 노동조합의 법적 권한이 기술혁신에 미치는 영향. 「노동정책연구(한국노동연구원)」, 4(1): 89-110.

이상민. 2006. 노동자대표조직이 기술혁신에 미치는 영향. 「인사조직 연구」 (한국인사조직학회), 14(3): 41-70.

이영면·나인강·박재희. 2016. 글로벌 금융위기 이후 고용형태와 노동조합 조합원 여부에 따른 노동조합 우호도 변화에 관한 연구. 「노동정책연구」 (한국노동연구원), 16(4): 129-153.

이영면·박지순·권혁. 2007. 「원하청 도급관계에서의 노동법적 쟁점 및 과제」, 동국대학교 산학협력단.

이영면·이동진. 2009. 성공적인 노사협의회 운영의 영향요인에 대한 연구. 「노동정책연구」 (한국노동연구원), 9(4): 83-118.

이영면·전운배. 2011. 소규모 무노조 사업장의 고용관계 정책대안에 대한 탐색적 연구. 「인적자원관리연구」(한국인적자원관리학회), 18(3): 55-79.

임종률. 2014. 「노동법」, 서울: 박영사.

조성재. 2011. 복수노조 시대의 무노조기업 고용관계. 「노동리뷰」(한국노동연구원), 2월호, 72-80.

조성재·조준모·조동훈·이종현·황선웅. 2007. 「노사관계 및 노동조합의 사회경제적 영향분석」. 서울: 한국노동연구원.

최종태. 1996. 「현대노사관계론」. 서울: 경문사.

최준하·이영면. 2016. 노조 미가입 근로자의 근로자대표제도 인식에 대한 영향요인 연구. 「노동정책연구」(한국노동연구원), 16(3): 27-54.

허찬영. 2000. 노사협의회 운영실태 및 활성화 방안. 「2000년도 국제학술대회 발표논문집」, 한국노사관계학회.

Addison, J. T., Schank, T., Schnabel, C., & Wagner, J. 2006. Works councils in the production process. *Schmollers Jahrbuch*, 126(2): 251-283.

Addison, J. T., Schnabel, C., & Wagner, J. 2001. Works councils in Germany: their effects on establishment performance. *Oxford Economic Papers*, 53(4): 659-694.

Addison, J. T., Teixeira, P., & Zwick, T. 2010. German works councils and the anatomy of wages. *Industrial & Labor Relations Review*, 63(2): 247-270.

Appelbaum, E., & Batt, R. 1994. *The new American workplace: Transforming work systems in the United States*, New York, NY: ILR Press.

Bamberger, P. A., Kluger, A. N., & Suchard, R. 1999. Research notes: The antecedents and consequences of union commitment: A meta-analysis. *Academy of Management Journal*, 42(3): 304-318.

Bennett, J., & Kaufman, B. E. 2007. *What do unions do: A Twenty-year perspective*. New Brunswick, NJ: Transaction Publishers.

Booth, A. L. 1995. *The economics of the trade union*. New York, NY: Cambridge University Press.

Bryson, A., Forth, J., & Millward, N. 2002. *All change at work?: British employment relations as Portrayed by the Workplace Industrial Relations Survey Series*. London, UK: Routledge.

Bryson, A., Willman, P., Gomez, R., & Kretschmer, T. 2013. The comparative advantage of non-union voice in Britain, 1980-2004. *Industrial Relations: A Journal of Economy and Society*, 52(S1): 194-220.

Budd, J. 2014. The future of employee voice. In A. Wilkinson, J. Donaghey, T. Dundon, & R. B. Freeman (Eds.), *Handbook of research on employee voice*: 477-487. Northampton, MA: Edward Elgar.

Budd, J. W., & Bhave, D. 2008. *The SAGE handbook of industrial and employment relations*, London, UK: Sage Publications.

Budd, J. W., & I. G. Na. 2000. The union membership wage premium for employees covered by collective bargaining agreements. *Journal of Labor Economics*, 18(4): 783-807.

Calmfors, L., & J. Driffill. 1988. Bargaining structure, corporatism and macroeconomic performance. *Economic Policy*, 3(6): 13-61.

Cappelli, P., & Neumark, D. 2001. High performance work practice improve establishment level outcomes?. *Industrial and Labor Relations Review*, 54(4): 737-775.

Chi, W., Freeman, R. B., & Kleiner, M. M. 2011. Adoption and termination of employee involvement programs. *Labour*, 25(1): 45-62.

Decotiis, T. A., & LeLouran, J. 1981. A predictive study of voting behavior in a representation election using union instrumentality and work perceptions. *Organizational Behavior and Human Performance*, 27(1): 103-118.

Dobbins, T., & Dundon, T. 2014. Non-union employee representation. In A. Wilkinson, J. Donaghey, T. Dundon, & R. B. Freeman (Eds.), *Handbook of research on employee voice*: 342-360. Northampton, MA: Edward Elgar.

Doucouliagos, H., & P. Laroche. 2009. Unions and profits: A Meta-regression analysis. *Industrial Relations*, 48(1): 146-184.

Dunlop, J. T. 1993. (First published in 1958.) *Industrial relations systems*, revised edition. Boston, MA: Harvard Business School Press.

Dyer, L., & Reeves, T. 1995. Human resource strategies and firm performance: What do we know and where do we need to go?. *International Journal of Human Resource Management*, 6(3): 656-670.

Farber, H. S., & Saks, D. H. 1980. Why workers want unions: The role of relative wages and job characteristics. *The Journal of Political Economy*, 88(2): 349-369.

Farrell, J., & Gibbons, R. 1991. *Union voice*. Mimeo, Ithaca, NY: Cornell University Press.

FitzRoy, F. R., & Kraft, K. 1985. Unionization, wages and efficiency: Theories and evidence from the U.S. and West Germany. *Kyklos*, 38(4): 537-54.

Foley, J. 2014. Industrial democracy in the twenty-first century. In A. Wilkinson, J. Donaghey, T. Dundon, & R. B. Freeman (Eds.), *Handbook of research on employee voice*: 66-81. Northampton, MA: Edward Elgar.

Freeman, R. B. 1981. The effect of unionism on fringe benefits. *Industrial and Labor Relations Review*, 234(4): 489-509.

Freeman, R. B. 1984. Longitudinal analyses of the effects of trade unions. *Journal of Labor Economics*, 2(1): 1-26.

Freeman, R. B., & Lazear, E. P. 1995. An economic analysis of works councils. In J. Rogers, & W. Streeck. (Eds.), *Works councils: Consultation, representation, and cooperation in industrial relations*: 27-50. Chicago, Illinois: University of Chicago Press.

Freeman, R. B., & Medoff, J. L. 1979. The two faces of unionism, *NBER Working Paper No. 364*. Cambridge, MA: National Bureau of Economic Research.

Freeman, R. B., & Medoff, J. L. 1984. *What do unions do?*, New York, NY: Basic Books.

Freeman, R. B., & Rogers, J. 1999. *What workers want*. Itchaca, NY: Cornell University Press.

Frege, C. 2002. A critical assessment of the theoretical and empirical research on German works councils. *British Journal of Industrial Relations*, 40(2): 221-248.

Frick, B. and Moeller, I. 2003. Mandated works councils and firm performance: Labor productivity and personnel turnover in German establishments. *Schmollers Jahrbuch-Journal of Applied Social Science Studies*, 123: 423-454.

Gartner, H., & Stephan, G. 2004. How collective contracts and works councils reduce the gender wage gap. *IAB Discussion Paper*, 07 · 2004. Nürnberg, GER: Bundesagentur für Arbeit(IAB).

Godard, P. J. 2004. A critical assessment of the high-performance paradigm. *British Journal of Employment Relations*, 42(2): 349-378.

Gollan, P. J. 2002. So what's the news? Management strategies towards non-union employee representation at News International. *Industrial Relations Journal*, 33(4): 316-331.

Gollan, P. J. 2007. *Employee representation in non-union firms*. London, UK: Sage Publications Inc.

Gollan, P. J., & Markey, R. 2001. Conclusions: models of diversity and interaction. In R. Markey, P. J. Gollan, & A. Hodgkinson (Eds.), *Models of employee participation in a changing global environment: Diversity and interaction*: 322-343. Adlershot: Ashgate.

Grund, C., & Schmitt, A. 2013. Works councils, wages and job satisfaction. *Applied Economics*, 45: 299-310.

Gumbrell-McCormick, R., & Hyman, R. 2010. Works councils: The European model of industrial democracy? In A. Wilkinson, P. Gollan, M. Marchington, and D. Lewin (Eds.), *The Oxford handbook of participation in organizations*: 286-314. Oxford, UK: Oxford University.

Haipeter, T. 2016. Works councils and profit sharing in the German metalworking industry. In Fietze, S., & Matiaske, W. (Eds.), *Dimensions and perspectives on financial participation in Europe*: 177-204. Nomos Nomos (forthcoming).

Hammer, T. H. 2000. Nonunion representational forms: An organizational behavior perspective. In B. E. Kaufman, & D. G. Taras (Eds.), *Nonunion employee representation: History, contemporary practice, and policy*: 176-195. New York, NY: M. E. Sharpe.

Hammer, T. H., & Avgar, A. 2005. The impact of unions on job satisfaction, organizational commitment and turnover. *Journal of Labor Research*, 26(2): 241-266.

Hammer, T. H., & Avgar, A. 2014. The impact of unions on job satisfaction, organizational commitment, and turnover. In J. Bennett, & B. E. Kaufman (Eds.), *What do unions do: A Twenty-year perspective*. New Brunswick, New Jersey, NJ: Transaction Publishers.

Hammer, W. C., & Smith, F. J. 1978. Work attitudes as predictors of union activity. *Journal of Applied Psychology*, 63(4): 415-421.

Heinze, A., & Wolf, E. 2010. The intra-firm gender wage gap: a new view on wage differentials based on linked employer-employee data. *Journal of Population Economics*, 23(3): 851-879.

Helfen, M., & Schuessler, E. S. 2009. Uncovering divergence: Management attitudes towards HRM practices and works council presence in German SMEs. *Economic and Industrial Democracy*, 20(2): 207-240.

Heywood, J. S., & Jirjahn, U. 2009. Family-friendly practices and worker representation in Germany. *Industrial Relations*, 48(1): 121-145.

Hirsch, B. T., & Addison, John T. 1986. *The economic analysis of unions: New approaches and evidence*. London, UK: Allen & Unwin.

Hirshman, A. O. 1970, *Exit, voice and loyalty: Responses to decline in firms, organizations and states*. Cambridge, MA: Harvard University Press.

Hübler, O., & Jirjahn, U. 2003. Works councils and collective bargaining in Germany: The impact on productivity and wages. *Scottish Journal of Political Economy*, 50(4): 471-491.

IDE International Research Group. 1993. *Industrial democracy in Europe revisited*. Oxford, UK: Oxford University Press.

Jirjahn, U., & Tsertsvadze, G. 2006. Works councils and job satisfaction. *Jahrbücher für Nationalökonomie und Statistik*, 226(5): 537-561.

Jirjahn, U., & Smith, S. C. 2006. What factors lead management to support or oppose employee participation-With and without works councils? Hypotheses and evidence from Germany, *Industrial Relations*, 45(4): 650-680.

Kaufman, B. E. 2000. Accomplishments and shortcomings of nonunion employee representation in the Pre-Wagner Act years: A reassessment, In B. E. Kaufman & D. G. Taras (Eds.), *Nonunion employee representation: history, contemporary practice, and policy*: 21-60. Armonk, NY: M. E. Sharpe.

Kaufman, B. E. 2014. The future of employee voice in the USA. In S. Johnstone & P. Ackers (Eds.), *Finding a voice at work? New perspectives on employment relations*: 278-299. Oxford, UK: Oxford University Press.

Kaufman, B. E. 2015. Theorizing determinants of employee voice: An integrative model across disciplines and levels of analysis. *Human Resource Management Journal*, 25(1): 19-40.

Kaufman, B. E., & Kleiner, M. M. (Eds.). 1993. *Employee representation: alternatives and future directions*. Ithaca, NY: Cornell University Press.

Kaufman, B. E., & Levine, D. I. 2000. An economic analysis of employee representation In B. E. Kaufman and D. G. Taras (Eds.), *Nonunion employee representation: history, contemporary practice, and policy*: 149-175. Armonk, NY: M. E. Sharpe.

Kaufman, B. E., & Taras, D. G. 2000. *Nonunion Employee Representation: Findings and Conclusions. In B. E. Kaufman & D. G. Taras (Eds.), Nonunion employee representation: history, contemporary practice, and policy*: 21-60. Armonk, NY: M. E. Sharpe.

Kim, D. H., & Feuille, P. 1998. Works councils in Korea: Implications for employee representation in the United States. *Paper presented at the annual meeting of Industrial Relations Research Association*, 1: 146-154.

Kim, D.-O., & Kim, H.-K. 2004. A Comparison of the effectiveness of unions and non-union works councils in Korea: Can non-union employee representation substitute for trade unionism?. *International Journal of Human Resource Management*, 15(6): 1069-1093.

Kleiner, M. M., & Lee, Y.-M. 1997. Works councils and unionization: Lessons from South Korea. *Industrial Relations*, 36(1): 1-16.

Kochan, T. A. 1979. How American workers view labor unions?. *Monthly Labor Review*, 102(4): 23-31.

Kochan, T. A., Katz, H. C., & McKersie, R. B. 1986. *The Transformation of American Industrial Relations*. New York, NY: Basic Books.

Kougiannou, K., Redman, T., & Dietz, G. 2015. The outcomes of works councils: the role of trust, justice and industrial relations climate. *Human Resource Management Journal*, 25(4): 458-477.

Kriechel, B., Muehlemann, S., Pfeifer, H., & Schütte, M. 2014. Works councils, collective bargaining, and apprenticeship training-evidence from German firms. *Industrial Relations: A Journal of Economy and Society*, 53(2): 199-222.

Lee, Y.-M., & Na, I.-G. 2015. *The future of representation? Wage bargaining and works councils in Korea.* Mimeo.

Lee, Y.-M., & Kaufman, B. E. 2018. Works Councils in Korea: History, Performance and Assessment. In Y.-M. Lee, & B. E. Kaufman (Eds.), *The Korean Employment and Industrial Relations*, ch. 14. Cheltenham, UK: Edward Elgar (in press).

Leroy, M. 2006. The power to create or obstruct employee voice: Does U.S. policy skew employer preference for 'no voice' workplaces?. *Socio-Economic Review*, 4(2): 311-320.

Levine, D. I. 1995. *Reinventing the workplace: How business and employees can both win.* Washington, DC: Brookings Institution.

Levine, D. I., & Tyson, L. D. 1990. A participation, productivity, and the firm's environment. In A. S. Blinder (Ed.), *Paying for Productivity*: 183-243. Washington, D.C.: The Brookings Institution.

Marsden, D., & Cañibano, A. 2010. An economic perspective on employee participation. In A. Winlinson, P. J. Gollan, M. Marcjington, & D. Lewin (Eds.), *The Oxford handbook of participation in organizations.* Oxford, UK: Oxford University Press.

McLoughlin, I., & Gourlay. S. 1994. *Enterprise without unions: Industrial relations in the non-union firm*, Buckingham, UK: Open Book Press.

Moreton, D. 1999. A model of labour productivity and union density in British private sector unionised establishments, *Oxford Economic Papers*, 51(2): 322-344.

Morishima, M. 1992. Use of joint consultation committees by large Japanese firms. *British Journal of Industrial Relations*, 30(3): 405-423.

Morishima, M., & Tsuru, T. 2000. Nonunion employee representation in Japan, In B. E. Kaufman and D. G. Taras (Eds.), *Nonunion employee representation: History, contemporary practice, and policy*: 386-409. Armonk, NY: M. E. Sharpe.

Müeller, S. 2012. Works councils and establishment productivity. *Industrial Labor Relations Review*s, 65(4): 880-898.

Nienhüser, W. 2014. Works councils. In A. Wilkinson, J. Donaghey, T. Dundon, & R. B. Freeman (Eds.), *Handbook of research on employee voice*: 247-62. Northampton, MA: Edward Elgar.

Patmore, G. 2016. *Worker voice: Employee representation in the workplace in Australia, Canada, Germany the UK and the US 1914-1939.* Liverpool, UK: Liverpool University Press.

Pencavel, J. 2003. Company unions, wages, and work hours. In D. Lewin and B. Kaufman (Eds.), *Advances in Industrial and Labor Relations*, Vol. 12: 7-38. New York, NY: Emerald.

Pfeifer, C. 2014. Determinants of fair own wage perceptions: the moderating effect of works councils and performance evaluations. *Applied Economics Letters*, 21(1): 47-50.

Pil, F. K., & MacDuffie, J. P. 1996. The adoption of high involvement work practices. *Industrial Relations*, 35(3): 423-455.

Poole, M. 1992. *Industrial democracy: Concise encyclopedia of participation and co-management*: 429-439. Berlin, GER: Walter de Gruyter.

Rees, J. 2007. What if a company union wasn't a 'Sham'?. *The Rockefeller Plan in Action, Labor History*, 48(4): 457-475.

Rogers, J., & Streeck, W. 1995. The study of works councils: Concepts and problems. In J. Rogers, & W.

Streeck (Eds.), *Works councils: Consultation. representation, and corporation in industrial relations*: 3-26. Chicago, IL: University of Chicago Press.

Rosenfeld, J. 2014. *What unions no longer do*, Cambridge, MA: Harvard University Press.

Satrya, A., & Parasuraman, B. 2007. Partnership as union strategy–Does it work in Asia? Case studies of Indonesia and Malaysia. *Indian Journal of Industrial Relations*, 42(4): 589-619.

Scarpetta, S. 1996. Assessing the role of labour market policies and institutional settings on unemployment: A cross-country study. *OECD Economic studies*, 26(1): 43-98.

Schank, T., Schnabel, C., & Wagner, J. 2004. Works councils–sand or grease in the operation of German firms?. *Applied Economics Letters*, 11(3): 159-161.

Schriesheim, C. A. 1978. Job satisfaction, attitude toward unions and voting in a union representation election. *Journal of Applied Psychology*, 63(4): 548-552.

Stegmaier, J. 2012. Effects of works councils on firm-provided further training in Germany. *British Journal of Industrial Relations*, 50(4): 667-689.

Storey, J. 1992. *Developments in the management of human resource management*. Oxford: Blackwell.

Terry, M. 1999. System of collective employee representation in non-union Firms in the UK. *Industrial Relations Journal*, 30(1): 16-30.

Van den Berg, A., Grift, Y., & Van Witteloostuijn, A. 2011. Works councils and organizational performance. *Journal of Labor Research*, 32(2): 136-156.

Verma, A. 2014. What do unions do to the workplace? Union effects on management and HRM policies. In J. Bennett, & B. E. Kaufman (Eds.), *What do unions do: A Twenty-year perspective*. New Brunswick, NJ: Transaction Publishers.

Voos, P. B., & L. R. Mishel. 1986. The union impact on profits in the supermarket industry. *The Review of Economics and Statistics*, 4(1): 513-517.

Wilkinson, A., Donaghey, J., Dundon T., & Freeman, E. B. 2014. *Handbook of research on employee voice*, Northampton, MA: Edward Elgar.

Willman, P., Bryson, A., Gomez, R., & Kretschmer, T. 2014. Employee voice and the transaction cost economics project. In A. Wilkinson, J. Donaghey, T. Dundon, & R. B. Freeman (Eds.), *Handbook of research on employee voice*: 52-65. Northampton, MA: Edward Elgar.

Wolf, E., & Zwick, T. 2008. Reassessing the productivity impact of employee involvement and financial incentives. *Schmalenbach Business Review*, 60: 160-181.

Youngblood, S. A., DeNisi, A. S., Molleston, J. L., & Mobley, W. H. 1984. The impact of work environment, instrumentality beliefs, perceived labor union image, and subjective norms on union voting intentions. *Academy of Management Journal*, 27(3): 576-590.

18장

Aguzzoli, R., & Geary, J. 2014. An 'emerging challenge': The employment practices of a Brazilian multinational company in Canada. *Human Relations*: 67(5), 587-609.

Bae, J., Chen, S. J., & Lawler, J. J. 1998. Variations in human resource management in Asian countries: MNC home-country and host-country effects. *International Journal of Human Resource Manage-*

ment: 9(4), 653-670.

Björkman, I. 2006. International human resource management research and institutional theory. In *Handbook of Research in International Human Resource Management*, edited by G. Stahl & I. Björkman. Cheltenham: Edward Elgar: 463 – 73.

Björkman, I., Barner-Rasmussen, W., Ehrnrooth, M., & Mäkelä, K. 2009. 'Performance Management across Borders'. In P. Sparrow (eds.) *Handbook of International Human Resource Management*, Chichester: John Wiley & Sons: p. 229-250.

Björkman, I., Fey, C. F., & Park, H. J. 2007. Institutional theory and MNC subsidiary HRM practices: Evidence from a three-country study. *Journal of International Business Studies*: 38(3), 430-446.

Björkman, I., & Welch, D. 2015. Framing the field of international human resource management research. *International Journal of Human Resource Management*: 26(2), 136 – 150.

Brewster, C., Mayrhofer, W., & Smale, A. 2016. Crossing the streams: HRM in multinational enterprises and comparative HRM. *Human Resource Management Review*: 26(4), 285 – 297.

Chang, Y. Y., Gong, Y., & Peng, M. W. 2012. Expatriate knowledge transfer, subsidiary absorptive capacity, and subsidiary performance. *Academy of Management Journal*: 55(4), 927-948.

Chung, C., Bozkurt, Ö., & Sparrow, P. 2012. Managing the duality of IHRM: Unravelling the strategy and perceptions of key actors in South Korean MNCs. *International Journal of Human Resource Management*: 23(11), 2333-2353.

Chung, C. & Furusawa, M. 2016. The HRM of foreign MNCs operating in Europe. In: Dickmann, M., Brewster, C. and Sparrow, P. (eds.) *International Human Resource Management: Contemporary Human Resource Issues in Europe*, 3rd edition. New York: Routledge.

Chung, C., Sparrow, P., & Bozkurt, Ö. 2014. South Korean MNEs' international HRM approach: Hybridization of global standards and local practices. *Journal of World Business*: 49(4), 549-559.

Colakoglu, S., & Caligiuri, P. 2008. Cultural distance, expatriate staffing and subsidiary performance: The case of US subsidiaries of multinational corporations. *International Journal of Human Resource Management*: 19(2), 223-239.

Collings, D. G., Scullion, H., & Dowling, P. J. 2009. Global staffing: a review and thematic research agenda. *International Journal of Human Resource Management*: 20(6), 1253-1272.

Cooke, F. L. 2014. Chinese multinational firms in Asia and Africa: Relationships with institutional actors and patterns of HRM practices. *Human Resource Management*: 53(6), 877-896.

Cooke, F. L., Veen, A., & Wood, G. 2017. What do we know about cross-country comparative studies in HRM? A critical review of literature in the period of 2000-2014. *International Journal of Human Resource Management*: 28(1), 196 – 233.

Cooke, F. L., Wood, G., Wang, M., & Veen, A. 2019. How far has international HRM travelled? A systematic review of literature on multinational corporations (2000 – 2014). *Human Resource Management Review*: 29(1), 59-75.

Demirbag, M., Tatoglu, E., & Wilkinson, A. 2016. Adoption of High-Performance Work Systems by local subsidiaries of developed country and Turkish MNEs and indigenous firms in Turkey. *Human Resource Management*: 55(6), 1001-1024.

DiMaggio, P., & Powell, W. W. 1983. The iron cage revisited: Collective rationality and institutional isomorphism in organizational fields. *American Sociological Review*: 48(2), 147-160.

Dunning, J.H. & Lundan, S.M. 2008. *Multinational Enterprises and the Global Economy*. Cheltenham: Edward Elgar Publishing.

Edwards, T. 1998. Multinationals, labour management and the process of reverse diffusion: A case study. *International Journal of Human Resource Management*: 9 (4): 696-709.

Edwards, P., & Bélanger, J. 2009. The multinational firm as a contested terrain. In S. Collinson & G. Morgan (eds) *Images of the Multinational Firm*. Chichester: Wiley. p. 193-216.

Edwards, T., Colling, T., & Ferner, A. 2007. Conceptual approaches to the transfer of employment practices in multinational companies: an integrated approach. *Human Resource Management Journal*: 17(3), 201-217.

Edwards, P. K., Sánchez-Mangas, R., Tregaskis, O., Levesque, C., McDonnell, A., & Quintanilla, J. 2013. Human resource management practices in the multinational company: A test of system, societal, and dominance effects. *ILR Review*: 66(3), 588-617.

Evans, P., Pucik, V. & Björkman, I. 2010. *The Global Challenge: International Human Resource Management (2nd edition)*, New York: McGraw Hill-Irwin.

Hall, E. T. 1976. Beyond Culture, Garden City, New York: Doubleday and Company.

Farndale, E., Raghuram, S., Gully, S., Liu, X., Phillips, J. M., & Vidović, M. (2017). A vision of international HRM research. *International Journal of Human Resource Management*: 28(12), 1625-1639.

Ferner, A. 1997. Country of origin effects and HRM in multinational companies. *Human Resource Management Journal*: 7(1), 19-37.

Ferner, A., Almond, P., Clark, I., Colling, T., Edwards, T., Holden, L., & Muller-Camen, M. 2004. Dynamics of central control and subsidiary autonomy in the management of human resources: Case-study evidence from US MNCs in the UK. *Organization Studies*: 25(3), 363-391.

Ferner, A., Almond, P., & Colling, T. 2005. Institutional theory and the cross-national transfer of employment policy: The case of 'workforce diversity' in US multinationals. *Journal of International Business Studies*: 36(3), 304-321.

Ferner, A., Quintanilla, J., & Varul, M. Z. 2001. Country-of-origin effects, host-country effects, and the management of HR in multinationals: German companies in Britain and Spain. *Journal of World Business*: 36(2), 107-127.

Furusawa, M., & Brewster, C. 2015. The bi-cultural option for global talent management: The Japanese · Brazilian Nikkeijin example. *Journal of World Business*: 50(1), 133-143.

Gamble, J. 2006. Introducing Western-style HRM practices to China: Shop floor perceptions in a British multinational. *Journal of World Business*: 41(4): 328-43.

Gamble, J. 2010. Transferring organizational practices and the dynamics of hybridization: Japanese retail multinationals in China. *Journal of Management Studies*: 47(4): 705-32.

Gaur, A. S., Delios, A. & Singh, K. 2007. Institutional environments, staffing strategies, and subsidiary performance. *Journal of Management*: 33(4): 611-636.

Geppert, M., & Dörrenbächer, C. 2014. Politics and power within multinational corporations: Mainstream studies, emerging critical approaches and suggestions for future research. *International Journal of Management Reviews*: 16(2), 226-244.

Glover, L., & Wilkinson, A. 2007. Worlds colliding: The translation of modern management practices within a UK based subsidiary of a Korean-owned MNC. *International Journal of Human Resource Management*: 18(8), 1437-1455.

Gong, Y. 2003. Subsidiary staffing in multinational enterprises: agency, resources, and performance. *Academy of Management Journal*: 46(6): 728-739.

Gupta, A.K. & Govindarajan, V. 2000. Knowledge flows within multinational corporations. *Strategic Management Journal*: 21 (4): 473-496.

Harzing, A. W. 2001. Who's in charge? an empirical study of executive staffing practices in foreign subsidiaries. *Human Resource Management*: 40(2): 139-158.

Hayashi, K. 1994. *Cross Cultural Interface Corporate Management*. Tokyo: Nihonkeizaishinbun Shuppansha (in Japanese).

Hyun, H-J., Oh, C. H. & Paik, Y. 2014. Impact of nationality composition in foreign subsidiary on its performance: a case of Korean companies. *International Journal of Human Resource Management*: 26(5): 1-25.

Iles, P. & Yolles, M. 2002. International joint ventures, HRM and viable knowledge migration. *International Journal of Human Resource Management*: 13(4): 624-641.

Japan Overseas Enterprises Association 2012. *The Report of Questionnaire Survey of Globalization of Management in Overseas Subsidiaries*. Tokyo: Japan Overseas Enterprises Association (in Japanese).

Kawai, N., & Chung, C. 2019. Expatriate utilization, subsidiary knowledge creation and performance: The moderating role of subsidiary strategic context. *Journal of World Business*: 54(1), 24-36.

Kostova, T., Roth, K., & Dacin, M. T. 2008. Institutional theory in the study of multinational corporations: A critique and new directions. *Academy of Management Review*: 33(4), 994-1006.

Luo, Y., & Tung, R. L. 2007. International expansion of emerging market enterprises: A springboard perspective. *Journal of International Business Studies*: 38(4), 481-498.

Madhok, A., & Keyhani, M. 2012. Acquisitions as entrepreneurship: Asymmetries, opportunities, and the internationalization of multinationals from emerging economies. *Global Strategy Journal*: 2(1), 26-40.

Mäkelä, K. & Brewster, C. 2009. Interunit interaction contexts, interpersonal social capital, and the differing levels of knowledge sharing. *Human Resource Management*: 48 (4): 591-613.

Martin, X. & Salomon, R. 2003. Knowledge transfer capacity and its implications for the theory of the multinational corporation. *Journal of International Business Studies*: 34 (4): 356-373.

Mayrhofer, W., & Brewster, C. 1996. In praise of ethnocentricity: Expatriate policies in European multinationals. *The International Executive*: 38(6), 749-778.

Minbaeva, D.B., Pedersen, T., Björkman, I., Fey, C.F. & Park, H.J. 2003. MNC knowledge transfer, subsidiary absorptive capacity, and HRM. *Journal of International Business Studies*: 34 (6): 586-599.

Morgan, G., & Kristensen, P. H. 2006. The contested space of multinationals: Varieties of institutionalism, varieties of capitalism. *Human Relations*: 59(11), 1467-1490.

Peng, M. W. 2012. The global strategy of emerging multinationals from China. *Global Strategy Journal*: 2(2), 97-107.

Perlmutter, H. V. 1969. The tortuous evolution of the multinational corporation. *Columbia Journal of*

World Business: 4(1), 9-18.

Pudelko, M., & Harzing, A. W. 2007. Country-of-origin, localization, or dominance effect? An empirical investigation of HRM practices in foreign subsidiaries. *Human Resource Management*: 46(4), 535-559.

Ramachandran, J., & Pant, A. 2010. The liabilities of origin: an emerging economy perspective on the costs of doing business abroad. In D. Timothy, P. Torben, & T. Laszlo (Eds.), *The Past, Present and Future of International Business and Management, Advances in International Management* (pp. 231-265), Volume 23. Bingley: Emerald Group Publishing.

Ramamurti, R. 2012. What is really different about emerging market multinationals?. *Global Strategy Journal*: 2(1), 41-47.

Reiche, S., Kraimer, M. L. and Harzing, A. W. 2009, Inpatriates as agents of cross-unit knowledge flows in multinational corporations, in Sparrow, P. R. (Ed.), *Handbook of international human resource management: integrating people, process and context*, Chichester: John Wiley & Son: pp. 151-170.

Rosenzweig, P. M., & Nohria, N. 1994. Influences on human resource management practices in multinational corporations. *Journal of International Business Studies*: 25(2), 229-251.

Smith, C., & Meiksins, P. 1995. System, society and dominance effects in cross-national organisational analysis. *Work, employment and society*: 9(2), 241-267.

Sparrow, P., Brewster, C., & Chung, C. 2017. *Globalizing Human Resource Management*, (2nd edition). New York: Routledge.

Stahl, G. K., Miller, E. & Tung, R. 2002. Towards the boundaryless career: a closer look at the expatriate career concept and the perceived implications of an international assignment. *Journal of World Business*: 37(3), 216-227.

Suutari, V., & Brewster, C. 2000. Making their own way: International experience through self-initiated foreign assignments. *Journal of World Business*: 35(4), 417-436.

Yasumuro, K. 1982. *The Theory of International Management Behavior*. Tokyo: Moriyama Shoten (in Japanese).

Yoshihara, H. 2008. Belated change in international management of Japanese multinationals. *Rikkyo Business Review*: 1: 4-15.

Zander, U. & Kogut, B. 1995. Knowledge and the speed of the transfer and imitation of organizational capabilities: An empirical test. *Organization Science*: 6 (1): 76-92.

매니지먼트 이론 2.0

초판 1쇄 발행 2019년 4월 20일
초판 1쇄 발행 2019년 4월 26일

기획 한국인사조직학회
지은이 정명호 이승윤 고성훈 김철영 박원우 전민종 이정연 최용득 이동섭 최병권 문형구 주영란 정재식 노현탁
유이정 김영춘 배종훈 김지은 김영규 이무원 박상찬 김동수 차현진 신동엽 정기원 노그림 김양민 박지성
류성민 김나정 김성철 박근형 최준하 이영면 정 철

펴낸이 안현주
경영총괄 장치혁
디자인 표지 최승협 본문 장덕종
마케팅영업팀장 안현영

펴낸곳 클라우드나인 　　**출판등록** 2013년 12월 12일(제2013 – 101호)
주소 우) 121 – 898 서울시 마포구 월드컵북로 4길 82(동교동) 신흥빌딩 6층
전화 02 – 332 – 8939 　**팩스** 02 – 6008 – 8938
이메일 c9book@naver.com

값 39,000원
ISBN 979 – 11 – 89430 – 21 – 4 03320